매튜 풀

청교도 성경주석

MATTHEW POOLE'S COMMENTARY

디모데전서 ~ 히브리서

박문재 옮김

역자 **박문재**

역자는 서울대학교 법과대학, 장로회신학대학교 신대원 및 대학원(Th.M.)을 졸업하였다. 역서로 비슬리 머리의 『예수와 하나님 나라』,존 브라이트의 『이스라엘 역사』, F.F. 브루스의 『바울』, B.S. 차일즈의 『구약신학』, 아이히로트의 『구약성서신학 I, II』, 제임스 D.G. 던의 『바울 신학』, 『매튜 헨리 주석』(「요한복음」, 시가서·선지서 전부)외에 다수 있다.

매튜 풀 청교도 성경주석 20

디모데전서~히브리서

1판 1쇄 발행 2016년 4월 7일

1판 3쇄 발행 2023년 3월 1일

발행인 박명곤 CEO 박지성 CFO 김영은

기획편집 채대광, 김준원, 박일귀, 이승미, 이은빈, 이지은, 성도원

디자인 구경표, 임지선

마케팅 임우열, 김은지, 이호, 최고은

펴낸곳 CH북스

출판등록 제406-1999-000038호

전화 070-4917-2074 **팩스** 0303-3444-2136

주소 서울시 강서구 마곡중앙6로 40, 장흥빌딩 10층

홈페이지 www.hdjisung.com **이메일** main@hdjisung.com

제작처 영신사

청 교 도
성경주석

20

매튜 풀

청교도 성경주석

MATTHEW POOLE'S COMMENTARY

디모데전서 ~ 히브리서

박문재 옮김

SINCE 1984
크리스천
다이제스트

MATTHEW POOLE'S COMMENTARY

디모데전서

MATTHEW POOLE'S COMMENTARY

서론

디모데는 루가오니아 지방에 있는 "루스드라"에서 태어나 거기에서 살았던 원주민이었는데, 그의 어머니 "유니게"는 유대 여자로서 믿는 자였고, 그의 아버지는 헬라인이었지만, 유대교로 개종한 사람이었던 것 같다(행 16:1; 딤후 1:5). 디모데의 부모는 자신들의 아들이 하나님을 경외하고 공경하는 자가 되기를 바라는 경건한 소망을 품고서, 그 아들이 자신의 이름을 들을 때마다 자기가 어떤 사람이 되어야 하는지를 늘 상기하게 되기를 바라는 마음에서, "하나님을 공경하는 자"라는 의미를 지닌 이 이름을 그에게 붙여 주었을 것이다. 그들은 이 아들이 어릴 때부터 그에게 성경을 가르쳐 주었고, 성경의 교훈으로 그 아들을 양육하였다. 디모데는 바울의 첫 번째 제자였던 것으로 보이지는 않지만, 디모데후서 3:11에서 바울이 "안디옥과 이고니온과 루스드라에서 당한 일과 어떠한 박해를 받은 것을 네가 과연 보고 알았거니와"라고 말한 것으로 보아서, 디모데는 바울이 루스드라에 오기 전에 있었던 안디옥과 이고니온에서 바울과 함께 있다가, 자신의 고향인 루스드라에 와서, 바울의 지시로 할례를 받았다는 것은 분명하다(행 16:1-3).

그 후로 바울은 디모데를 데리고 다니면서, 그를 보내어 여러 교회들에 자신의 메시지를 전하게 하였다. 디모데는 병약한 사람이긴 하였지만(딤전 5:23), 깊은 은혜 속에 있었고, 뛰어난 은사들을 지니고 있었다(딤후 1:5; 3:15; 고전 4:17). 나중에, 디모데는 바울과 장로회에 의해서 안수를 받고 사역자로 세움을 받았다(딤후 1:6). 디모데는 신실한 사람이었기 때문에, 바울은 그를 매우 아끼고 사랑하였다(빌 2:19-21). 그래서 바울은 디모데를 "내 사랑하고 신실한 아들 디모데"(고전 4:17), "믿음 안에서 참 아들 된 디모데"(딤전 1:2), "사랑하는 아들 디모데"(딤후 1:2), "나의 동역자 디모데"(롬 16:21), "그리스도의 복음을 전하는 하나님의 일꾼인 디모데"(살전 3:2), "나와 같이 주의 일을 힘쓰는 자"(고전 16:10) 등으로 부른다.

바울은 디모데를 데살로니가와 베뢰아에 잠시 머물러 있게 하였다가(행 17:13-14), 아덴에 와서는 사람들을 보내어 디모데를 거기로 다시 오게 하였다(행 17:15). 바울이 고린도에 있을 때에는, 디모데가 마게도냐에 있다가 바울에게 합류하기 위해서 고린도로 왔고(행 18:5), 바울은 그를 다시 마게도냐로 보냈다(행 19:22). 디모데는 마게도냐로 갔다가 다시 고린도로 돌아와서, 바울과 함께 아시아로 갔다(행 20:4). 아시아에서 바울은 디모데에게 에베소로 가서 머물면서 거기에 있는 교회들을 돌보는 "전도자의 일"을 하라고 부탁하였고(딤후 4:5), 자기가 로마로 간 후에는, 두기고를 에베소로 대신 보내고, 디모데를 로마로 오게 하였다(딤후 4:9, 12). 바울은 아직 나이가 젊은 디모데를 에베소로 보내어 혼자 있으면서 교회들을 돌보는 큰 일을 행하게 한 후에, 이 서신을 그에게 써서, 모든 위험들에 적절하게 대처하도록 격려하고, 그의 직무를 어떤 식으로 수행해야 하는지에 대해서 지시한다. 바울이 이 서신을 쓴 목적은, 먼저는 디모데, 다음으로는 모든 복음 사역자들이 전도와 기도, 치리와 대적들에 대처하는 일 등과 같은 목회의 일을 어떤 식으로 행해 나가야 하는지에 대하여 지시하고 권면하기 위한 것이다. 바울이 이 서신을 언제 썼는지는 확실하지 않지만, 그리스도께서 죽으신 지 21년이 되는 해이자, 바울이 회심한 지 19년이 되는 해쯤이었을 것이라고 추정된다. 바울이 마게도냐에 있을 때, 에베소로 돌아오기 전에 이 서신을 썼다는 것은 확실하다(행 19:1).

MATTHEW POOLE'S COMMENTARY

디모데전서 1장

개요

1. 인사말(1–2).
2. 자기가 전에 디모데에게 한 당부를 상기시킴(3–4).
3. 교훈의 목적은 사랑인데, 어떤 자들은 거기에서 떠나, 자신들도 알지 못하는 율법을 가르침(5–7).
4. 율법의 목적은 악을 정죄하는 것이었는데, 복음의 목적도 마찬가지임(8–11).
5. 자기는 전혀 자격이 없는 자인데도 불구하고, 하나님께서 자기를 부르셔서 직분을 맡기신 것을 찬송하면서, 자신의 사례는 그 어떤 죄인이라도 회개하고 믿으면, 그리스도로 말미암아 하나님의 긍휼하심을 얻을 것임을 보여 주는 것이라고 함(12–17).
6. 디모데에게 그가 맡은 소임을 합당하게 행하도록 당부하고, 진리를 떠난 자들을 조심하라고 경고하면서, 자기가 그 중에서 후메내오와 알렉산더를 사탄에게 내어 주었다고 말함(18–20).

1. 우리 구주 하나님과 우리의 소망이신 그리스도 예수의 명령을 따라 그리스도 예수의 사도 된 바울은.

그리스도 예수의 사도 된 바울은. 바울은 열두 제자처럼 예수께서 이 땅에 계실 때에 직접 사도로 세우심을 받지는 않았지만(마 10장), 다메섹으로 가는 길 위에서 하늘로부터 들려오는 소리를 듣고, 부활하신 예수 그리스도에 의해서 직접 사도로 부르심을 받은 자였다(행 9:3-5, "사울이 길을 가다가 다메섹에 가까이 이르더니 홀연히 하늘로부터 빛이 그를 둘러 비추는지라 땅에 엎드러져 들으매 소리가 있어 이르시되 사울아 사울아 네가 어찌하여 나를 박해하느냐 하시거늘 대답하되 주여 누구시니이까 이르시되 나는 네가 박해하는 예수라"; 행 9:15, "이 사람은 내 이름을 이방인과 임금들과 이스라엘 자손들에게 전하기 위하여 택한 나의 그릇이라").

우리 구주 하나님과 … 그리스도 예수의 명령을 따라. 바울은 고린도전서 1:1에서는 자기가 "하나님의 뜻을 따라" 그리스도 예수의 사도로 부르심을 받았다고 말하는데, 이 어구는 하나님께서 바울이 사도가 되는 것을 소극적이고 수동적으로 허용하셨다는 것이 아니라, 적극적으로 바울을 사도로 부르시고자 하셨고, 그렇게 명령하셨다는 것을 보여 준다. 그가 로마서 1:1과 고린도전서 1:1에서 자기가 "사도로 부르심을 받았다"고 말한 것도 이것과 동일한 의미이다. 바울이 여기에서 오직 "그리스도 예수" 앞에만 우리의 "주"라는 호칭을 붙이고 "하나님" 앞에는 붙이지 않은 것은, 그리스도께서 나중에 그의 나라를 아버지 하나님께 바쳐 드릴 때까지는, 이 나라를 다스리시는 "주"는 그리스도이시기 때문이다(매튜 풀이 사용한 역본에는 "주 그리스도 예수"로 되어 있다 — 역주).

우리의 소망이신. 헬라어 본문에는 "우리의 소망"이라는 어구만이 나오고, 우리의 소망이 누구인지, 그 대상은 밝히고 있지 않은데, 이것은 창세기 31:53에 대한 번역이 "야곱이 그의 아버지 이삭이 경외하는 이를 가리켜 맹세하고"로 되어 있지만, 원래 히브리어 본문에는 "야곱이 그의 아버지 이삭의 경외를 가리켜 맹세하고"로 되어 있는 것과 같다. 즉, 창세기 본문에서 "이삭이 경외하는 이"를 "이삭의 경외"로 표현한 것과 마찬가지로, 바울은 여기에서 "우리의 소망이 되시는 이"를 "우리의 소망"이라고만 표현한 것이다. 바울은 이렇게 "우리의 소망"이라는 이 영광스러운 찬양의 말을 우리의 구주이신 예수 그리스도께 돌린다. 왜냐하면, 우리를 멸망시키고자 하는 온갖 해악들로부터 벗어나게 하여 우리로 하여금 영원히 복된 삶을 살 수 있게 해 주는 데 필요한 모든 것이 오직 그리스도 안에 있어서, 그리스도는 우리에게 "지혜와 의로움과 거룩함과 구원함"(고전 1:30)이 되시기 때문이다. 그런 까닭에, 사도는 에베소서 2:12("그 때에 너희는 그리스도 밖에 있었고 이스라엘 나라 밖의 사람이라 약속의 언약들에 대하여는 외인이요 세상에서 소망이 없고 하나님도 없는 자이더니")에서 그리스도가 없는 이방인들을 "소망이 없는" 자들이라고 말한다. 이것으로부터 분명한 것은 예수 그리스도는 영원하신 하나님이시라는 것이다. 왜냐하면, 만일 예수께서 지금까지 인류 역사상에 존재하였던 모든 사람들 중에서 가장 뛰어난 사람이었다고 할지라도, 단지 사람에 지나지 않은 분이셨다면, 예레미야 선지자가 "여호와께서 이와 같이 말씀하시니라 무릇 사람을 믿으며 육신으로 그의 힘을 삼고 마음이 여호와에게서 떠난 그 사람은 저주를 받을 것이라"(렘 17:5)고 말하였듯이, 사람을 의지하는 것은 헛된 것일 수밖에 없는 까닭에, 예수는 절대로 우리의 "소망"이 되실 수 없으셨을 것이기 때문이다.

2. 믿음 안에서 참 아들 된 디모데에게 편지하노니 하나님 아버지와 그리스도 예수 우리 주께로부터 은혜와 긍휼과 평강이 네게 있을지어다.

바울은 디모데를 "믿음 안에서" 자신의 "아들"이라고 부르심으로써 그를 높이는데, 이것은 디모데가 그에 의해서 기독교로 회심하여 하나님의 생명을 얻어 다시 태어났다는 것을 의미한다. 또한, 바울이 디모데를 자신의 "아들"이라고 표현한 것은, 마치 아들이 아버지를 공경하고 본받듯이, 지금까지 디모데가 자기를 아버지처럼 공경하고 자신의 경건과 덕목을 본받아 왔고, 자기는 디모데를 효성이 가득한 아들처럼 여기고 그에 대하여 깊은 애정을 지니고 있다는 것을 나타낸 것이다. 바울은 이 편지를 받게 될 디모데를 그런 식으로 지칭함으로써, 그가 온전히 잘되고 복되기만을 간절히 바라고 있다는 자신의 심정을 표현하는데, 바울의 이러한 심정은 디모데에게 "은혜와 긍휼과 평강"이 있기를 기도한 것 속에 잘 드러나 있다. "은혜"는 하나님이 값없이 거저 베풀어 주시는 은총과 선의는 물론이고, 거기로부터 오는 온갖 영적인 은사들, 즉 구원에 반드시 필요한 은사들이나 복음 전도의 큰 사역에 필요한 은사들을 가리킨다. "긍휼"은 우리가 그리스도인으로서 살아 갈 때에 하나님께서 우리에게 인자하신 사랑을 베풀어 주시고 죄를 사하여 주시며 위로하시고 붙들어 주시며 도우시는 것을 가리킨다. "평강"은 일차적으로 하나님께서 우리에게 주시는 평안, 즉 하나님이 그리스도 안에서 우리와 화목하게 되셨다는 확신과 거룩하게 하시는 성령께서 우리를 육신의 정욕들로부터 벗어나게 하심으로 인하여 우리의 양심과 심령이 안식과 평안을 얻는 것을 가리키는데, 이러한 평강은 악인들에게는 결코 주어질 수 없다. 또한, 이러한 일차적인 의미의 "평강" 외에도, 바울은 디모데가 사람들로부터의 미움과 박해로부터 벗어나서 사람들과 화평한 가운데 좀 더 편안한 마음으로 전도자로서의 사역을 성공적으로 감당할 수 있게 되는 것을 의미하는 이차적인 의미의 "평강"도 디모데에게 있기를 기원하였을 것이다. 바울은 이러한 복들이 "하나님 아버지"와 "그리스도 예수 우리 주"로부터 디모데에게 주어지기를 기도한다. 왜냐하면, "하나님"은 모든 선하고 복된 것들의 원천이자 근원이시고, "그리스도 예수"는 하나님의 온갖 은사들이 우리에게 주어지는 통로가 되시기 때문이다. 그리스도의 중보가 없이는, 하나님은 봉인된 샘이시기 때문에, 그 어떤 은혜도 우리에게 흘러 올 수 없다. 바울이 하나님을 "우리 아버지"라고 표현한 것은, 하나님께서는 자기 아들 그리스도 예수 안에서 우리를 자녀로 택하시고서, 우리의 아버지라는 자격으로 자녀가 된 우리에게 자신의 "은혜와 긍휼과 평강"을 베풀어 주시는 것이기 때문이다. 또한, 바울이 그리스도를 "우리 주"라고 표현한 것은, 그리스도께서는 우리를 지으셨을 뿐만 아니라 속량하심으로써 우리를 다스리시는 최고의 권세를 지니고 계신 분이시기 때문이다.

3. 내가 마게도냐로 갈 때에 너를 권하여 에베소에 머물라 한 것은 어떤 사람들을

명하여 다른 교훈을 가르치지 말며.

"에베소"는 소아시아에서 큰 도시였고, 바울은 그 도시로 가서 전도하다가(행 19:1, "아볼로가 고린도에 있을 때에 바울이 윗지방으로 다녀 에베소에 와서 어떤 제자들을 만나"), "데메드리오"라는 은장색이 주동이 되어 소요를 일으켜서 그를 해치려고 하였지만, 그 도시의 관리의 중재로 소요가 그치는 일을 겪었다. 그런 후에, 바울은 에베소를 떠나서 "마게도냐"로 갔다(행 20:1-3). 신학자들은 이 때에 바울은 마게도냐로 떠나면서, 디모데를 에베소에 남겨 두었다고 생각한다. 바울이 디모데를 에베소에 남겨 둔 목적은, 디모데로 하여금 "어떤 사람들을 명하여 다른 교훈," 즉 자기가 전하였던 것과 반대되고 복음의 가르침과 반대되는 교훈을 "가르치지 말라"고 하게 하기 위한 것이었다(갈 1:8-9, "우리나 혹은 하늘로부터 온 천사라도 우리가 너희에게 전한 복음 외에 다른 복음을 전하면 저주를 받을지어다 우리가 전에 말하였거니와 내가 지금 다시 말하노니 만일 누구든지 너희가 받은 것 외에 다른 복음을 전하면 저주를 받을지어다").

우리는 여기에서 이 때에 디모데에게 맡겨진 직분이 어떤 것이었는지에 대하여 물을 수 있는데, 에베소에는 한 곳에서 모일 수 있는 인원보다 훨씬 더 많은 수의 제자들이 있었을 것으로 추정된다는 점에서, 디모데에게 주어진 직분은 단지 한 회중을 돌보는 목사의 직분이 아니라, 여러 목사들이나 교사들을 감독하는 직분이었던 것으로 보여진다. 이 직분이 임시직이었는지, 아니면 항존직이었는지, 그리고 하나님께서는 이 직분을 교회에 계속해서 존속시키고자 하셨던 것인지는 의문이다. 이 직분이 항존직이었고, 하나님께서 이 직분을 교회에 존속시키기를 원하셨다고 보는 사람들은, 디모데가 이 때에 맡은 직분이 "감독"의 직분이었다고 본다. 반면에, 이 직분이 임시직이었다고 보는 사람들은, 디모데가 당시에 맡은 직분은 "전도자의 일"(딤후 4:5)이었다고 말한다. 사도행전 21:8("이튿날 떠나 가이사랴에 이르러 일곱 집사 중 하나인 전도자 빌립의 집에 들어가서 머무르니라")과 에베소서 4:11("그가 어떤 사람은 사도로, 어떤 사람은 선지자로, 어떤 사람은 복음 전하는 자로, 어떤 사람은 목사와 교사로 삼으셨으니")은 초대 교회에 "전도자"라는 직분이 존재하였다는 것을 보여 준다. 그리고 이것이 디모데에게 주어진 직분이었다는 것은 디모데후서 4:5("너는 모든 일에 신중하여 고난을 받으며 전도자의 일을 하며 네 직무를 다하라")이 보여 준다. 또한, 어떤 교회가 새롭게 세워진 경우에는, 임시로 어떤 사람에게 특별한 권세를 주어서 그 곳으로 보내어, 그 교회가 제대로 자리를 잡고 질서가 잡힐 때까지, 그 교회를 돌보게 하는 것은 새삼스러운 일이 아니라 아주 흔하게 있는 일이다. 바울이 여기에서 "내가 너를 권하여 에베소에 머물라 한 것은"이라고 말한 것을, 우리가 편견 없이 살펴본다면, 우리는 바울이 디모데를 에베소에 있는 교회들을 돌보는 "감독"으로 세운 것이라고 볼 수 없을 것으로 보인다. 왜냐하면, 에베소는 바울이 돌보아야 할 자신의 교구였던 까닭에, 만일 그가 자기 외에 다른 감독을 거기에 세우고자 한 것이라면, 그는 자신의 직무를 유기하고, 자기를 그곳의 감독으로 세우신 하나님의 뜻을 저버리는 것이 되었을 것인데, 그에게는 굳이 그렇게 할 이유가 없었기 때문이다. 따라서 우리가 바울이 디모데를 에베소의 감독으로 세운 것이라고 말한다면, 그것은 암묵적으로 바울이 자신의 직무를 유기하는 범죄를 저질렀다고 비난하는 셈이 될 것이다. 여기에서 "머물다"로 번역된 '프로스메이나이'(προσμεῖναι)라는 단어는 반드시 디모데가 에베소에 상주하였다는 것을 의미하지는 않는다. 왜냐하면, 이 단어는 단지 얼마 동안만 머물러 있는 것을 나타내는 데 사용되기 때문이다. 예를 들면, 바울은 단지 "여러 날" 동안 고린도에 더 머물러 있었던 것뿐인데도, 사도행전 18:18에서는 이 단어를 사용해서 "바울은 더 여러 날 머물다가 형제들과 작별하였다"고 말한다. 따라서 바울의 의도는, 그가 종종 그랬던 것처럼, 자기가 마게도냐로 갈 때, 디모데를 에베소에 잠시만 머물러 있게 하고자 한 것이었던 것으로 보인다. 사도행전은 이 때로부터 육 개월 후쯤에는 디모데는 바울과 함께 헬라에 있었고, 바울은 디모데와 함께 마게도냐와 드로아와 밀레도로 가서(행 20:1, 4), 거기에서 사람을 보내 에베소의 장로들 또는 감독들을 불러서, 그들에게 마지막으로 엄중한 당부를 하였다고 기록하고 있는데, 이것은 우리가 앞에서 설명한 것을 더욱 분명하게 확증해 준다.

요컨대, 만일 바울이 디모데를 에베소의 감독으로 임명한 것이었다면, 바울은 이 서신의 서두에서 디모데를 그러한 영광스러운 호칭으로 불렀을 가능성이 높았으리라는 것이다. 주교제도 또는 감독제도를 열렬히 옹호하는 사람들은 본문에 나오는 몇 마디 단어들 속에서 무수히 많은 신비들을 너무나 교묘하고 영악하게 이끌어 내어서, 디모데는 소아시아의 수도였던 에베소의 감독으로서 온 아시아의 대주교였다고 단정적으로 말하지만, 모든 것을 공정하게 숙고해 보면, 바울은 디모데에게 일종의 사도적 권세를 일시적으로 수여하여서 한동안 에베소 교회에 머물러 있으면서 교회의 일들을 처리하게 하였던 것일 가능성이 높다. 왜냐하면, 에베소 교회에서 거짓 교사들에게 사도들이 가르친 것과 다른 교훈을 가르치지 말라고 권위를 가지고 명하는 것은 사도로서의 권세의 일부였기 때문이다. 오직 사도들의 가르침만이 하나님으로부터 온 것이었기 때문에, 교회에서 가르치는 직분을 맡은 모든 사람들은 오직 사도들의 가르침만을 전하여야 한다는 것은, 하나님이 교회에 세운 영원한 규례이다. 이것은 사람들에게는 올바른 길에서 벗어나서 잘못된 행실로 나아가고자 하는 성향이 강하게 존재하는 것과 마찬가지로, 하나님의 진리들로부터 벗어나서 잘못된 생각으로 나아가고자 하는 성향도 강하게 존재한다는 것을 보여 준다. 만일 그렇지 않았다면, 바울은 굳이 이제 새롭게 세워진 에베소 교회에서 잘못된 가르침이 행해질 것을 우려하여 디모데를 남겨 두어 감독하게 할 필요가 없었을 것이다.

4. 신화와 끝없는 족보에 몰두하지 말게 하려 함이라 이런 것은 믿음 안에 있는 하나님의 경륜을 이룸보다 도리어 변론을 내는 것이라.

"신화"는 디도서 1:14에 언급된 "유대인의 허탄한 이야기와 진리를 배반하는 사람들의 명령"을 가리키는 것일 가능성이 크지만, 좀 더 일반적으로 온갖 헛되고 미신적인 사변들을 가리키는 것일 수도 있다. 사도는 그러한 "신화와 끝없는 족보"에 관한 이야기들은 복음 전도의 목적, 즉 사람들을 경건함 가운데서 세우는 것에 도움이 되지 않는다고 말한다. 유대인들은 하나님께서 창세 전에 무슨 일들을 하셨는지 등등에 관한 무수한 구전 전승들을 가지고 있었고, 너무나 많은 미로들로 끝이 안 보일 정도로 얽혀 있는 "끝없는 족보들"에 관한 무수한 구전 전승들을 가지고 있었다. 그리고 기독교 신앙으로 개종한 유대인들 중 일부는 유대교 랍비들의 가르침과 실천을 따라 몸에 익은 그런 것들을 여전히 간직하고서, 그리스도인들의 모임에서 설교하거나 강론할 때, 그런 것들을 주제로 삼아서 말하거나 가르치곤 하였던 것 같다. 사도가 이 구절을 비롯해서 다른 여러 곳에서 "다른 교훈들"을 가르치는 것이라고 규정하고서, 맹렬하게 규탄하고 있는 것이 바로 그런 것들이었다(딤전 6:3-5, "누구든지 다른 교훈을 하며 바른 말 곧 우리 주 예수 그리스도의 말씀과 경건에 관한 교훈을 따르지 아니하면 그는 교만하여 아무 것도 알지 못하고 변론과 언쟁을 좋아하는 자니 이로써 투기와 분쟁과 비방과 악한 생각이 나며 마음이 부패하여지고 진리를 잃어버려 경건을 이익의 방도로 생각하는 자들의 다툼이 일어나느니라"; 딤후 2:23, "어리석고 무식한 변론을 버리라 이에서 다툼이 나는 줄 앎이라"; 딛 1:14; 3:9, "어리석은 변론과 족보 이야기와 분쟁과 율법에 대한 다툼은 피하라 이것은 무익한 것이요 헛된 것이니라").

사도는 그런 것들은 그리스도인들을 경건함 가운데서 세우는 데 전혀 도움이 되지 않기 때문에, 복음을 전하는 자들은 그런 것들을 가르치는 것을 피하여야 하고, 믿는 자들은 그런 것들에 귀를 기울여서는 안 된다고 말한다. 사도가 여기에서 '오이코도미안 테우'(οἰκοδομίαν θεοῦ, 한글개역개정에는 "하나님의 경륜을 이룸")라는 표현을 사용하는데, 이것은 사람들은 하나님 안에서, 즉 하나님을 아는 지식과 하나님을 사랑하는 것을 비롯해서 하나님이 주신 온갖 영적인 은혜들 안에서 자라가고 세워져 간다는 점에서, 사람들이 하나님에 의해서 세움을 입는다는 것을 나타내는 것일 수도 있고, 하나님의 역사를 통해서 사람들이 하나님의 뜻을 따라 섬기는 가운데 더욱더 하나님께 영광과 존귀를 돌리게 되는 것을 나타내는 것일 수도 있다.

바울은 사람들이 하나님에 의해서 세움을 받게 되는 것은 "믿음 안에" 있을 때에만 가능하다고 말한다. 복음 전도자들은 복음의 교훈을 전하고 가르치며, 사람들은 하나님께서 계시하신 "믿음"의 교훈만을 받아들여야 하고, 하나님의 권위에 의해 주어진 교훈에만 동의하여야 한다. 따라서 하나님의 계시에 토대를 두고 있지 않고, 하나님의 계시에 의거해서 증명되지 않은 교훈을 사람들이 받아들였을 때에는, 하나님에 의해서 세움을 받는 것은 불가능하다. 왜냐하면, 사람들을 세우는 것은 사람들의 지혜가 아니라 하나님의 권능이기 때문이다. 이 본문으로부터 우리가 알 수 있는 것은, 교회의 초창기부터 사람들이 만들어 낸 "신화들"과 허탄한 이야기들과 사변들, 끝도 없는 족보들을 들먹이며 설교하고 강론하는 헛된 자들이 얼마든지 등장할 수 있다는 것이다. 그런 것들을 "교훈"이라는 이름으로 가르치는 자들은 듣는 자들에게 그 어떤 신령한 유익도 줄 수 없고 사람들에게 구원을 가져다줄 수도 없다. 왜냐하면, 그런 것들은 단지 사람들의 기지와 유머만을 드러내 보여 주는 것들일 뿐이기 때문이다. 또한, 여기에서 우리는 오직 하나님의 뜻을 드러내 주는 선지자들의 교훈만을 경청할 신앙적인 의무가 있을 뿐이고, 그렇지 않은 자들의 교훈에 귀 기울일 의무는 전혀 없다는 것을 알게 된다. 왜냐하면, 다른 교훈들에 대해서는 사람들은 얼마든지 자기에게 유익한 것이면 듣고 그렇지 않으면 듣지 않을 수 있으며, 이치에 맞다고 생각되면 받아들이고 그렇지 않으면 거부할 수 있기 때문이다.

5. 이 교훈의 목적은 청결한 마음과 선한 양심과 거짓이 없는 믿음에서 나오는 사랑이거늘.

이 교훈의 목적은 … 사랑이거늘. 여기에서 "교훈"으로 번역된 단어는 '파랑겔리아' (παραγγελία)인데, 이 단어는 일반적이고 보편적인 규범이나 법을 가리키는 것이 아니라 윗사람이 어떤 것에 대하여 구체적으로 지시하거나 명한 것을 의미한다(행 5:28; 16:24; 딤전 1:18). 따라서 "사랑은 율법의 완성"(롬 13:10)이라는 점에서, 하나님의 율법 전체의 목적이 "사랑"이라는 것도 맞고, 특히 복음에 나타난 하나님의 교훈이 목표로 하고 사람들 가운데서 생겨나게 하고자 하는 것이 하나님에 대한 열렬한 사랑과 이웃에 대한 사랑과 복음에 대한 사랑이라는 점에서, 그 목적이 "사랑"이라는 것은 두말할 필요도 없는 것이기는 하지만, 나는 사도가 여기에서 말한 "교훈"을 제한적으로 해석해서, "이 교훈"은 사람들의 구원과 관련된 하나님의 계시된 뜻을 전하거나 강론한 것을 가리키는 것이라고 보아야 한다고 생각한다. 사도가 에베소 교인들에게 베푼 "교훈"의 목적이 "사랑"이었다는 것은 의심의 여지가 없다. 사람들의 심령 속에서 하나님과 이웃에 대한 사랑이 생겨나게 하는 것은 사도가 이 교훈을 전한 목적(finis operantis)이었을 뿐만 아니라, 그의 사역이 이루어낸 결과물(finis operis)이기도 하였는데, 이 "사랑"은 전도자들이 사람들에게 허탄한 이야기들을 전하여, 사람들의 머리를 온갖 허탄한 질문들과 사변들로 가득 채우는 것을 통해서는 얻어질 수 없는 것이었다.

청결한 마음과 선한 양심과 거짓이 없는 믿음에서 나오는. 하나님과 이웃에 대한 사랑은 깨끗하고 거룩하고 진실한 마음에서 나오는 것이어야 하고, 주제넘고 뻔뻔스러운 잘못들로 인하여 양심이 심하게 가책을 받지 않는 선하고 거룩한 삶에서 나오는 것이어야 하며, "거짓이 없는 믿음"에 뿌리를 내리고 있는 것임과 동시에 그런 믿음에 수반되는 것이어야 한다. "믿음"은 하나님의 계시를 견고히 붙들고 있는 것을 의미하는 것이기 때문에, "사랑"은 "믿음"에 뿌리를 내리고 있는 것이어야 하고, "믿음"은 하나님의 교훈을 믿고 그 교훈을 따라 살아가는 자들에게 주어져 있는 하나님의 약속들이 우리에게 성취될 것을 우리의 심령이 그리스도 안에서 믿고 안식하는 것을 의미하는 것이기 때문에, "사랑"은 "믿음"에 수반되는 것이어야 한다. 이러한 것들은 하나님의 율법 전체, 특히 하나님께서 자신의 사역자들에게 전하라고 명하신 것들이 이루고자 하는 고귀한 목적들인데, 전도자들이 "신화들과 끝없는 족보들"을 사람들에게 전하거나, 사람들이 그러한 전도자들이 전하는 교훈에 귀 기울여서는 결코 얻어질 수 없다. 왜냐하면, 그런 것들은 오직 사람들의 머리를 무익하고 헛된 사변들과 의문들로만 가득 채워서, 사람들 가운데서 다툼과 분쟁만을 조장하여 사람들의 마음을 더럽힐 뿐이고, 하나님과 이웃에 대한 사랑이 생겨나게 하고 사람들의 마음을 깨끗하게 하며 사람들로 하여금 거룩한 삶을 살게 하는 데에는 조금도 도움이 되지 않으며, 사랑과 청결한 마음과 거룩한 삶은 오직 "거짓이 없는 믿음"이라는 뿌리에서만 생겨날 수 있기 때문이다.

6. 사람들이 이에서 벗어나 헛된 말에 빠져.

"사람들이 이에서 벗어나"라는 구절에서 사용된 관계대명사 '혼'(ὧν)은 복수형이기 때문에, "이것들에서"라는 의미이다. 따라서 이 구절은 사람들이 사도가 앞에서 말한 "이 교훈"과 "이 교훈의 목적," 그리고 "청결한 마음과 선한 양심과 거짓이 없는 믿음"에서 벗어난 것을 가리킨다. "벗어나"로 번역된 '아스토케산테스'(ἀστοχήσαντες)는 범위나 표적으로부터 이탈한 것을 의미한다. 사도는 어떤 사람들은 하나님께서 우리에게 복음을 전하라고 하신 참된 목적에서 벗어나서 다른 목적으로 사람들에게 교훈을 베풀거나, 적어도 복음의 교훈이 지닌 참된 목적으로부터 벗어난 교훈을 전하였다고 말한다. 사람들에게 바르게 교훈을 전하거나 가르치기 위해서는 두 가지가 필수적인데, 첫 번째는 우리 자신이 올바른 목적을 지니는 것이고, 두 번째는 합당한 수단과 올바른 순서를 따라 그 목적을 이루는 것이다. 이 두 가지 중에서 어느 하나에 실패하는 사람은 누구든지, 과녁을 제대로 보지 못하거나, 잘못된 과녁을 겨냥해서 화살을 쏠 때, 화살이 올바른 과녁을 맞출 수 없는 것과 마찬가지로, 사람들에게 올바른 교훈을 전하거나 가르칠 수 없다. 사도가 여기에서 언급하고 있는 전도자들은 전도의 참된 목적이 무엇인지를 전혀 생각하지 않았거나, 처음부터 전도의 참된 목적을 이루기 위하여 사람들에게 교훈을 베푼 것이 아닌 자들이다. 그들이 그렇게 하였기 때문에, 그들의 교훈은 하나님의 복음을 전하는 전도에서 벗어나서 쓸데없는 말들을 늘어놓는 "헛된 말"로 변질되어 버린 것이다. 여기에서 "헛된 말"로 번역된 단어는 쓸데없고 무익한 어리석은 말을 가리킨다. 사도는 디도서 1:10에서는 이 단어의 형용사형을 사용해서, "불순종하고 헛된 말을 하며 속이는 자가 많은 중 할례파 가운데 특히 그러하니"라고 말한다. 따라서 이 단어는 원래 선한 목적에 전혀 도움이 되지 않거나, 적어도 어떤 말을 하는 목적을 전혀 이룰 수 없는 온갖 종류의 어리석고 부적절한 말을 가리킨다. "신화들"이나 무익하고 허탄한 이야기들은 사람들을 세우는 데 아무런 도움이 되지 않는다는 점에서 쓸데없고 어리석은 말에 지나지 않는다.

7. 율법의 선생이 되려 하나 자기가 말하는 것이나 자기가 확증하는 것도 깨닫지 못하는도다.

사도는 여기에서 그런 사람들이 "율법의 선생들"(νομοδιδάσκαλοι - '노모디다스칼로이')이 되고자 한다고 말함으로써, 자기가 지금 염두에 두고 있는 사람들이 유대인들이거나 유대인들이었던 사람들이라는 것을 보여 준다. 유대인들이나, 유대인으로서 그리스도를 믿게 된 사람들 중 일부는, 사람이 하나님 앞에서 의롭다 하심을 얻기 위해서는 율법을 지켜야 한다고 역설하였고, 율법을 해석해 놓은 장로들의 전통과 사람들로 하여금 실수로 하나님의 율법을 범하는 일이 없게 하기 위하여 서기관들이 설정해 놓은 "율법의 울타리들"(sepimenta legis)을 사람들에게 가르치는 일에 힘을 쏟았다. 그러한 율법의 울타리들은 장로들의 전통만큼이나 별 의미 없고 무익한 무수한 질문들을 양산하였고, 이 헛된 전도자들은 그런 논쟁들과 다툼들을 다루는 데 많은 시간과 노력을 허비하였다. 사도는, 그런 자들은 하나님의 율법을 깨닫지도 못하고, 그들이 제시하고 대답한 무수한 질문들이 도대체 무슨 의미인지를 깨닫지도 못하였지만, 그러면서도 "율법의 선생들"로 대접받고자 하는 야심을 지니고 있다고 말한다. 사람들에게 대단하고 훌륭한 자들로 인정받아서 명성을 날리고자 하는 그들의 헛된 야심은 그들이 잘못되고 허탄한 것들을 사람들에게 가르치는 원인이 되었다. 또한, 그들은 자신들도 알지 못하고 깨닫지 못한 것들을, 마치 아주 확실히 알고 있다는 듯이, 주제넘고 뻔뻔스러우며 대담하게 전하고 가르쳤다는 점에서, 그들의 잘못은 더욱더 큰 것이었고 한층 더 용서 받을 수 없는 것이 되었다.

8. 그러나 율법은 사람이 그것을 적법하게만 쓰면 선한 것임을 우리는 아노라.

그러나 율법은 … 선한 것임을 우리는 아노라. 사도는 자기가 지금 하나님의 율법을 배척하거나 그 율법에 대하여 부정적으로 말하고 있는 것이 아니라는 것을 보여 주기 위해서, 자기는 "율법은 거룩하고 계명도 거룩하고 의로우며 선하다"(롬 7:12)는 것과 "율법은 신령한"(롬 7:14) 줄을 모르는 것이 결코 아니라고 말한다. 율법이 선하다는 것은 의심할 여지 없이 분명한 사실이다. 하지만 율법은 우리로 하여금 하나님 앞에서 의롭다 하심을 얻게 해 준다는 의미에서 선한 것이 아니라, 우리에게 우리의 죄를 깨닫게 해 주어서, 우리를 그리스도께서 인도해 주며, 우리에게 하나님과 동행하지 않으면 안 된다는 것을 깨우쳐 주는 "초등교사"라는 의미에서 선하다(갈 3:24, "율법이 우리를 그리스도께로 인도하는 초등교사가 되어 우리로 하여금 믿음으로 말미암아 의롭다 함을 얻게 하려 함이라"). 또한, 율법의 계명들이 공평하고 거룩하다는 것은 진실하고 정결한 마음을 지닌 자들에게는 지극히 명백하다. 사람이 그것을 적법하게만 쓰면. 율법은 그 자체로 본성적으로 선할 뿐만 아니라, 하나님께서 율법을 주시면서 어디에 사용해야 하는지를 정해 주신 목적을 따라서 사람들이 율법을 사용한다면, 율법은 사람들에게도 유익하다.

9. 알 것은 이것이니 율법은 옳은 사람을 위하여 세운 것이 아니요 오직 불법한 자와 복종하지 아니하는 자와 경건하지 아니한 자와 죄인과 거룩하지 아니한 자와 망령된 자와 아버지를 죽이는 자와 어머니를 죽이는 자와 살인하는 자며.

알 것은 이것이니 율법은 옳은 사람을 위하여 세운 것이 아니요. 사도가 여기에서 말하고 있는 "율법"은 수많은 규례들로 이루어진 모세 율법을 배제하는 것은 아니겠지만 일차적으로 도덕법을 가리키는 것으로 보아야 한다. 왜냐하면, 율법 중에서 도덕법은 죄인들을 찌르고 두렵게 하는 규정들로 무장되어 있어서, 하나님께 반역하는 죄인들을 억제하는 기능을 하기 때문이다. "옳은 사람"은, 하나님의 은혜의 원리가 자신의 심령 속에 심어져 있어서, 하나님을 아는 지식과 하나님을 사랑하는 마음으로 인하여, 하나님을 기쁘시게 하는 일들을 택해서 행하고, 적극적으로 열렬하게 하나님의 뜻을 행하는 사람을 가리킨다. 율법에서 명하고 있는 거룩한 삶은 하나님을 사랑하고 이웃을 사랑하는 것으로 이루어져 있고, 이성이 있는 모든 피조물들은 반드시 그러한 거룩한 삶을 영원히 살아야 할 의무가 있기 때문에, 율법은 모든 사람을 위해 주어진 것이기는 하지만, 하나님께서 지극히 두려운 방식으로 이스라엘 백성에게 율법을 주셨고, 율법을 범하는 자들이 받게 될 수많은 무시무시한 형벌들도 율법에 함께 정해 놓으신 것은, 일차적으로 악인들을 염두에 두시고서 율법을 주신 것임을 보여 준다. 왜냐하면, 악인들은 하나님이 주신 율법을 범한 경우에는 무서운 형벌을 받을 수밖에 없게 된다는 것을 알게 되어야만, 그 두려움으로 인해서 함부로 죄를 짓지 못하게 되기 때문이다. 사도는 여기에서 사용된 '케이타이'(κεῖται)라는 단어를 사용함으로써, 그 점을 좀 더 분명하게 보여 준다. 왜냐하면, 이 단어는 "제정되었다"는 의미만이 아니라 "두어졌다, 놓아졌다"는 의미도 지니고 있기 때문이다. 율법은 "옳은 사람"을 위해서 "두어지거나 놓아진" 것이 아니다. 마태복음 3:10에서도 이 단어를 사용해서, "이미 도끼가 나무 뿌리에 놓였으니 좋은 열매를 맺지 아니하는 나무마다 찍혀 불에 던져지리라"고 말하고 있다. 여기에서는 이 동사는 여격 명사와 직접 결합되어 있는 반면에, 거기에서는 이 동사와 명사 사이에 '프로스'(πρός)라는 전치사가 놓여 있고, 명사가 대격으로 사용되고 있다는 점에서, 이 두 본문은 구문상으로는 서로 차이가 있기는 하지만, 의미는 동일하다. 거짓 교사들은 율법을 들먹이며 그리스도인들을 위협하고 두려워하게 하였던 것으로 보이는데, 사도는 그들의 그러한 행태에 제동을 걸면서, 율법은 정죄의 기능을 지니고 있기 때문에, "옳은 사람"을 위해서 제정된 것이 아니라고 반박한다. 즉, 율법은 "옳은 사람"을 두렵게 하기 위해 있는 것이 아니고, 중대한 죄악을 저지르며 살아가고 있는 악인들을 두렵게 하기 위해 존재한다는 것이다.

오직 불법한 자와 복종하지 아니하는 자와 경건하지 아니한 자와 죄인과 거룩하지 아니한 자와 망령된 자와 아버지를 죽이는 자와 어머니를 죽이는 자와 살인하는 자며. 사도는 이 죄인들을 일반적이고 포괄적인 용어들을 사용해서 말한 후에, 좀 더 구체적으로 여러 부류의 죄인들을 열거해 나가는 방식을 취한다. 어떤 이들은 여기에서 사도는 십계명에 나오는 여러 계명들을 염두에 두고서 여러 부류의 죄인들을 나열하고 있는 것이라고 생각하지만, 나는 과연 사도가 그렇게 하고 있는 것인지 잘 모르겠다. "불법한 자들"은 하나님이나 인간의 법을 전혀 개의치 않고 살아가는 자들을 가리키고, "복종하지 아니하는 자들"은 그 누구의 말도 듣지 않고 제멋대로 살아가고자 하는 자들을 가리키며, "경건하지 아니한 자들"로 번역된 단어는 그 어떤 신앙심도 없어서 하나님을 예배하지도 않고 안중에 두지 않은 채 살아가는 자들을 가리키고, "죄인들"로 번역된 단어는 악명 높고 극악무도한 죄인들을 가리키며, "거룩하지 아니한 자와 망령된 자"는 그 어떤 경건한 마음도 지니고 있지 않아서, 거룩한 것들에 대하여 외설적으로 말하고, 음탕하고 방탕하게 살아가는 자들을 가리키는 일반적인 용어들이다. "아버지를 죽이는 자와 어머니를 죽이는 자"는 부모에게 치명적인 상처를 입혀서 죽게 하지는 않을지라도, 부모를 때리는 패륜아들, 즉 십계명 중에서 제5계명을 어기는 자들을 가리킨다. "살인하는 자들"로 번역된 '안드로포노이스'(ἀνδροφόνοις)는 제6계명을 어기는 자들로서, 악의적이로든, 아니면 혈기에 사로잡혀서 우발적으로든 사람을 죽이는 자들을 가리킨다.

10. 음행하는 자와 남색하는 자와 인신 매매를 하는 자와 거짓말하는 자와 거짓 맹세하는 자와 기타 바른 교훈을 거스르는 자를 위함이니.

"음행하는 자와 남색하는 자"는 제7계명을 어기는 자들로서, 음행이나 간음, 수간, 동성애를 행하거나, 짐승 같은 욕정을 충족시키기 위한 행위들을 하는 자들을 가리킨다. "인신 매매를 하는 자들"은 사람들을 잡아다가 노예로 삼는 자들을 비롯해서, 어떤 목적을 위해서든 사람들을 납치하는 자들을 가리킨다. 이 단어는 무엇보다도 바다에서는 해적들, 땅에서는 군인들이 사람들을 납치하는 가장 비일비재하게 일어나는 범죄를 일차적으로 가리키는 것으로 보이지만, 자신의 친척들에게서 사람들을 훔치는 범죄도 여기에 포함되는데, 이것은 제8계명을 범하는 죄 중에서도 가장 극악무도한 범죄들 중 하나이다. "거짓말하는 자들"은 거짓인 줄을 뻔히 알면서도 거짓된 것을 말하는 자들을 가리키는데, 다른 사람들을 속이기 위하여 거짓된 것을 말하는 경우가 특히 여기에 해당된다. "맹세하는 자들"은 거짓 맹세를 하는 자들을 가리킨다. 그 밖에 다른 온갖 부류의 죄인들을 다 열거하려면 한이 없을 것이었기 때문에, 사도는 자기가 여기에서 열거하지 않은 부류의 죄인들을, "기타 바른 교훈을 거스르는 자들"이라는 일반적인 표현을 사용해서 포괄적으로 제시한다. "바른 교훈"은 사람들로 하여금 선악을 제대로 분별하고 판단하게 해 주는 하나님의 변질되지 않은 거룩하고 순전한 진리를 의미한다. 사도는 하나님께서 율법을 사람들에게 주신 것은 이런 악인들로 하여금 그러한 범죄들을 저지르지 못하도록 억제하거나, 그런 악인들을 정죄하기 위한 것이고, 그러한 흉악무도한 범죄들을 저지르지 않은 자들이나, 비록 과거에 그런 범죄들을 저질렀다고 할지라도, 지금은 "주 예수 그리스도의 이름과 우리 하나님의 성령 안에서 씻음과 거룩함과 의롭다 하심을 받은"(고전 6:11) 자들을 두렵게 하기 위한 것이 아니라고 말한다. 사도가 여기에서 말하고 있는 것처럼, 율법은 "옳은 사람들"을 두렵게 하거나 정죄하기 위하여 주어진 것이 결코 아니었다. 왜냐하면, 로마서 8:1-4에서 "이제 그리스도 예수 안에 있는 자에게는 결코 정죄함이 없나니 이는 그리스도 예수 안에 있는 생명의 성령의 법이 죄와 사망의 법에서 너를 해방하였음이라 율법이 육신으로 말미암아 연약하여 할 수 없는 그것을 하나님은 하시나니 곧 죄로 말미암아 자기 아들을 죄 있는 육신의 모양으로 보내어 육신에 죄를 정하사 육신을 따르지 않고 그 영을 따라 행하는 우리에게 율법의 요구가 이루어지게 하려 하심이니라"고 말씀하고 있기 때문이다.

11. 이 교훈은 내게 맡기신 바 복되신 하나님의 영광의 복음을 따름이니라.

사도는 자기가 방금 앞에서 말한 "바른 교훈"이 무엇을 가리키는 것인지를 여기에서 구체적으로 설명한다. 즉, 자기가 말한 "바른 교훈"은 복음 안에 담겨 있고, 복음은 "의"에 대하여 가르쳐 주는 완전한 규범이라는 것이다. 그는 복음을 "복되신 하나님의 영광의 복음"이라고 표현한다. 복음은 하늘로부터 계시된 교훈으로서, 거기에는 지혜와 권능, 긍휼과 공의 같은 하나님의 성품들로부터 나온 명령들이 집약되어 있어서, 하나님의 영광이 아주 찬란하게 빛을 발한다(고후 4:6, "어두운 데에 빛이 비치라 말씀하셨던 그 하나님께서 예수 그리스도의 얼굴에 있는 하나님의 영광을 아는 빛을 우리 마음에 비추셨느니라"; 엡 1:6, 12). 사도는 하나님을 "복되신"이라는 수식어를 붙이고 있는데, 이것은 하나님의 지극히 선하심을 나타내기 위한 것이다. 왜냐하면, 하나님께서는 자신의 온전하시고 탁월하신 온갖 속성들로 말미암아 무한히 복되신 분이어서, 그 어떤 피조물도 하나님께 그 어떤 유익도 더할 수가 없는데도, 자기 아들을 우리의 속전으로 내어 주시고, 그 아들과 더불어서 은혜와 영광을 우리에게 주시기를 기뻐하셨다는 점에서, 지극히 복되신 분이실 뿐만 아니라 우리의 찬송을 받아 마땅하신 분이시기 때문이다. 사도는 "내게 맡기신 바"라는 어구를 덧붙임으로써, 자기가 받은 복음과 거짓 교사들이 복음이라는 이름 아래 사람들에게 퍼뜨리고 다니는 거짓된 교훈들을 구별한다.

12. 나를 능하게 하신 그리스도 예수 우리 주께 내가 감사함은 나를 충성되이 여겨 내게 직분을 맡기심이니.

바울은 하나님께서 자기에게 차고 넘치는 은총을 베풀어 주셔서 "사도"라는 존귀한 직분으로 자기를 부르신 것에 대하여, 그리스도께 자신의 지극히 겸손하고 정중한 감사를 표한다. 왜냐하면, 바울이 여기에서 "직분"이라고 말한 것은 "사도"의 직분을 가리키는 것으로 보아야 하기 때문이다. 사도직은 교회에 지금까지 존재해 왔던 직분들 중에서 가장 영광스러운 직분이었고, 그리스도께서 친히 세우신 직분이었기 때문에, 바울은 그러한 사도직을 높여서 아무런 수식어도 붙이지 않은 채로 "직분"이라고만 표현하고, 자기가 사도직을 충성되이 수행해 올 수 있었던 모든 공을 우리 구주께 돌리며 감사와 찬송을 드린다. 그는 "그리스도께서 나를 능하게 하셨다"고 고백한다. 즉, 그리스도께서는 자기가 저 존귀하고 감당하기 어려운 직분을 충성되이 수행하는 데 필요한 믿음과 열심과 담대함을 비롯한 온갖 자질들과 능력들을 자기에게 주셔서, 사도직을 충성되게 감당할 수 있게 해 주셨다는 것이다(고후 3:5, "우리가 무슨 일이든지 우리에게서 난 것 같이 스스로 만족할 것이 아니니 우리의 만족은 오직 하나님으로부터 나느니라"). 하나님께서 이 거룩한 직분을 주신 목적은, 세상에 빛을 비추어서 사람들을 새롭게 하심으로써, 미신으로부터 벗어나게 하시고, 육신적인 사람들이 기뻐하는 사악하고 헛된 행실에서 벗어나게 하시며, 인간 사회에 아주 깊이 뿌리내려 왔던 저 부패하고 타락한 관습들을 폐하시고, 위로부터 오는 진리를 심으시며, 부패하고 타락한 본성과 정반대되는 거룩한 법을 널리 반포하시기 위한 것이었다. 사도직에게 맡겨진 이러한 사역은 어둠의 세력들이 타락한 세상과 손을 잡고서 행하는 교활함과 잔인함, 교묘한 술수들과 폭력과 반대되는 것이었다. 바울이 그러한 원수들에 맞서서 자신의 사도직을 제대로 충성되이 수행해 올 수 있었던 것은 전적으로 그리스도 덕분이었다. 바울은 예수 그리스도께서 자기를 "충성되이 여기신" 것을, 자기가 그리스도께 감사하게 된 동기로 제시한다. 이것은 그리스도께서 바울을 충성된 자로 만들고자 하셨다는 것을 보여주는 명백한 증거이다. 바울의 충성됨 또는 신실함은 하나님께서 그에게 은혜를 주셔서 사도의 직분으로 부르시게 된 원인이나 동기가 아니라, 그 열매이자 결과였다. 그는 고린도전서 7:25에서 자기가 "주의 자비하심을 받아서 충성스러운 자가 된" 것이라고 말함으로써, 그러한 사실을 확증해 준다. 만일 그리스도께서 바울에게 은혜를 베풀지 않으셨는데도, 그가 충성되고 신실한 자였기 때문에, 우리 구주께서 그를 사도로 부르신 것이라면, 그는 굳이 이렇게 그리스도께 진심으로 감사할 이유가 없었을 것이다. 왜냐하면, 그리스도께 진심으로 감사한다는 것은 언제나 그리스도로부터 모종의 은총과 은택을 입었다는 것을 전제하기 때문이다.

13. 내가 전에는 비방자요 박해자요 폭행자였으나 도리어 긍휼을 입은 것은 내가 믿지 아니할 때에 알지 못하고 행하였음이라.

바울은 이렇게 말한다: "내가 전에는 그리스도를 욕하고 비방한 자였다는 점에서, 나는 하나님께서 내게 은혜를 베푸셔서 사도라는 저 지극히 존귀한 직분을 내게 맡겨 주신 것을 한층 더 감사하지 않을 수 없다." 여기에서 "비방자"로 번역된 단어는 하나님이신 그리스도를 모독하는 말들을 하며 비방하고 욕한 것을 의미한다. 바울은 유대교를 열렬하게 믿는 사람이었기 때문에, 그의 신성모독은 유대인들이 하나님으로 인정하지 않은 그리스도, 곧 삼위일체 하나님 중에서 두 번째 위격에 해당하는 그리스도께만 국한된 것이었다. 바울은 사도행전 26:11에서 전에는 자기가 그리스도인들을 "모든 회당에서 여러 번 형벌하여 강제로" 그리스도를 "모독하는 말을 하게 하고 그들에 대하여 심히 격분하여 외국 성에까지 가서 박해하였다"고 고백한다. 그가 "박해자"였다는 것에 대해서는, 사도행전 8:3에서는 "사울이 교회를 잔멸할새 각 집에 들어가 남녀를 끌어다가 옥에 넘기니라"고 말하고, 사도행전 9:1에서는 "사울이 주의 제자들에 대하여 여전히 위협과 살기가 등등하였다"고 말하며, 사도행전 22:4-5에서는 그가 직접 "내가 이 도를 박해하여 사람을 죽이기까지 하고 남녀를 결박하여 옥에 넘겼노니 이에 대제사장과 모든 장로들이 내 증인이라 또 내가 그들에게서 다메섹 형제들에게 가는 공문을 받아 가지고 거기 있는 자들도 결박하여 예루살렘으로 끌어다가 형벌 받게 하려고 갔다"고 고백한다. 바울은 자기가 "우리 종교의 가장 엄한 파를 따라 바리새인의 생활을 하였다"는 것은 유대인들이 다 아는 사실이라고 말하면서(행 26:5), 자기는 그런 식으로 양육과 교육을 받았기 때문에, "율법의 의로는 흠이 없는 자"(빌 3:6)였지만, "나사렛 예수의 이름을 대적하여 많은 일을 행하여야 될 줄 스스로 생각하고 예루살렘에서 이런 일을 행하여 대제사장들에게서 권한을 받아 가지고 많은 성도를 옥에 가두며 또 죽일 때에 내가 찬성 투표를 한"(행 26:9-10) "폭행자," 즉 당시에 유대교를 열심으로 믿는 자로서 가지고 있던 양심을 따라 오직 그리스도인들에 대해서만은 그들을 해롭게 한 "폭행자"였다고 고백한다.

그러나 이 모든 것이 그가 자신의 잘못된 신앙 양심이나 유대교에서 자신의 윗사람들의 명령에 의해서 저지른 일들이었다고 할지라도, 그는 "박해자"와 "폭행자"라는 오명에서 벗어날 수 없었기 때문에, 그에게는 값없이 죄를 사해 주시는 하나님의 긍휼하심이 절실히 필요하였는데, 그는 자기가 "믿지 아니할 때에 알지 못하고 행하였기" 때문에, 하나님이 값없이 베풀어 주시는 "긍휼을 입게" 된 것이라고 말한다. 인간 사회에서 일단 법이 공표되면, 사람들이 그 법을 몰라서 범죄하였다고 말해 보아야 아무 소용이 없는 것과 마찬가지로, 하나님께서 일단 사람들에게 자신의 율법을 주신 후에는, 사람들이 자신들은 율법을 알지 못해서 범죄하게 된 것이라고 변명해 보아야, 그런 변명은 통할 수 없다. 따라서 바울이 "알지 못하고" 무지해서 그리스도인들을 박해하였다고 할지라도, 그는 하나님의 죄 사하시는 "긍휼"을 필요로 하였다. 무지(ignorance)는 범죄 전체에 대한 변명은 될 수 없고 단지 부분적인 변명만이 될 수 있기 때문에, 특히 그 무지가 어쩔 수 없었던 것인 경우에는, 범죄의 정도는 조금 가벼워질 수 있다. 하지만 바울이 여기에서 말한 자신의 무지는 어쩔 수 없는 것이 아니었다. 그는 유대 땅에 살고 있었고, 그가 그리스도인들을 박해하기 몇 년 전에 복음은 이미 유대인들에게 전파되고 있었다. 따라서 그는 그리스도와 사도들이 복음을 전하는 것을 들었을 것이고, 이적들을 행하는 것을 보았을 것이다. 그러나 그는 바리새인으로 자라났고, 그리스도를 불구대천의 원수로 여겼던 저 분파의 잘못된 편견들 아래에서 양육을 받았기 때문에, 그리스도와 복음을 제대로 알 수 없는 무지함 가운데 있었다. 그리스도께서는 사람들이 교육으로 인한 편견들로 인한 무지에 대해서는 어느 정도 정상참작을 해 주신다. 또한, 바울은 자기가 "믿지 아니할 때에" 그런 잘못들을 저질렀다고 말한다. 모든 유대인들이 그랬듯이, 바울은 한 분 참되시고 살아 계신 하나님을 믿었고, 유대교의 방식을 따라 하나님을 예배하였지만, 자기는 그 때에 그리스도를 믿지 아니한 불신자였다고 표현한다. 어떤 사람이 한 분 하나님이 계시다는 것을 믿는다고 할지라도, 예수 그리스도를 하나님의 아들이자 자신의 구주로 영접하지 않았다면, 그 사람은 복음적인 의미에서 불신자이다. 바울이 여기에서 자기가 진리를 비방하고 박해하기는 하였지만, 불신자로서 무지해서 그런 것이라고 해명하는 말을 덧붙이고 있는 첫 번째 이유는, 자신의 죄를 사하시고 구원하신 하나님의 "긍휼"을 정당화하기 위한 것이다. 왜냐하면, 어떤 사람이 위로부터 빛을 받아서 구원의 진리를 알았으면서도, 육신적인 이유들로 인해서 의도적이고 악의적으로 그 진리에 대적함으로써 성령을 훼방하는 죄를 범한 경우에는, 그러한 죄는 절대로 사함 받을 수 없다고 복음은 단호하게 말씀하고 있기 때문이다. 바울은 그런 경우에 해당되지 않았기 때문에, 하나님께서 그에게 긍휼을 베푸신 것은 하나님의 이 지극히 지혜로운 법에 어긋나는 것이 아니었다. 또한, 그가 자신의 무지를 여기에서 언급한 두 번째 이유는, 사람들이 하나님의 긍휼하심을 악용하는 것을 막기 위한 것이었다. 왜냐하면, 사람들은 여기에 언급된 바울의 사례를 듣고서, 성도들을 박해하거나 죄악 가운데 살아가는 것이 악한 짓이라는 것을 뻔히 알면서도, 자신들도 바울처럼 나중에 가서 하나님의 긍휼하심을 얻으면 모든 것이 해결될 것이라고 생각하고서, 마음 놓고 그런 악한 짓들을 저지를 수 있는 소지가 충분히 있었기 때문이다.

14. 우리 주의 은혜가 그리스도 예수 안에 있는 믿음과 사랑과 함께 넘치도록 풍성하였도다.

우리 주의 은혜가 … 넘치도록 풍성하였도다. 사도는 이렇게 말한다: "하나님께서 나 같이 이렇게 큰 죄악들을 범한 자를 의롭다 하시고, 나 같이 이렇게 거룩하지 못한 자를 거룩하게 하셔서, 나를 부르셔서 저 존귀하고 영광스러운 사도의 직분을 맡기시고, 내게 능력을 주셔서 나로 하여금 그 직분을 충성되이 감당할 수 있게 하신 것을 통해서, 내게 값없이 전적인 은혜로 베풀어 주신 사랑은, 말로 다 표현할 수 없을 정도로 차고 넘치도록 풍성한 것이었다."

그리스도 예수 안에 있는 믿음과 사랑과 함께. 사도는 이렇게 말한다: "그리스도께서는 내 안에서 역사하셔서 믿음을 주심으로써, 나로 하여금 그를 하나님의 아들이자 나의 주와 구주로 영접할 수 있게 해 주셨고, 내가 전에 그토록 극심하게 비방하고 욕하였던 그를 사랑하게 해 주셨으며, 내가 전에 닥치는 대로 무자비하게 박해하고 죽음으로 내몰았던 그의 제자들을 사랑하게 해 주셨다." 그는 자신이 전에 믿지 않았을 때에 자기를 지배하고 있던 죄들과 반대되는 개념으로, 두 가지 주된 은혜들인 "믿음과 사랑"을 언급한다. 왜냐하면, 그가 복음의 교훈을 믿는 "믿음"을 갖게 된 것은 그가 전에 무지하고 신실하지 못했던 것과 반대되고, 그가 그리스도와 믿는 자들에 대하여 지니게 된 "사랑"은 그가 전에 지독한 분노에 사로잡혀서 그리스도를 비방하고 믿는 자들을 잔인하게 박해한 것과 반대되기 때문이다. 그리고 이 두 가지 은혜들은 그리스도로부터 온 것들이었고, 그리스도의 공로의 열매들이자 성령이 바울 속에서 역사하여 만들어낸 것들이었다.

15. 미쁘다 모든 사람이 받을 만한 이 말이여 그리스도 예수께서 죄인을 구원하시려고 세상에 임하셨다 하였도다 죄인 중에 내가 괴수니라.

미쁘다 … 이 말이여. 사도는 자기가 지금부터 하는 말은 복음의 위대한 명제로서, 그 자체로 참된 말씀이고, 하나님께서는 그 말씀 속에서 자신의 진리를 밝히 드러내셨다고 선언한다. 모든 사람이 받을 만한. 사도는 이 말씀은 전적으로 감사함으로 받아서 믿고 간직할 가치가 있는 말씀이라고 말한다. 그리스도 예수께서 죄인을 구원하시려고 세상에 임하셨다 하였도다. 예수 그리스도께서는 정해진 때가 되자 아버지 하나님의 보내심을 받아서(갈 4:4, "때가 차매 하나님이 그 아들을 보내사 여자에게서 나게 하시고 율법 아래에 나게 하신 것은"), 이 세상에 성육신하셔서 사시다가 죽으셨는데, 이것은 단지 죄인들에게 더 나은 삶의 모범을 보여 주시기 위한 것도 아니었고, 사람들을 향하신 하나님의 진노를 누그러뜨리셔서, 사람들이 원하기만 한다면 구원을 받을 수 있게 하시기 위한 것도 아니었으며, 하나님의 공의를 만족시키시고, 죄인들로 하여금 구원을 받을 수 있게 하는 데 필요한 모든 은혜를 확보하심으로써, 죄 가운데서 길을 잃어버리고 사지를 헤매는 양들을 자신의 어깨에 메시고 집으로 돌아오셔서, 죄인들에게 확실한 구원을 얻게 하시기 위한 것이었다.

죄인 중에 내가 괴수니라. 사도는 자기가 다른 어떤 사람들만큼이나 큰 죄인, 아니 가장 흉악한 죄인이었다고 말한다. 그가 이렇게 말한 것은, 지금은 비록 회심을 하였지만, 자기가 전에 그리스도를 비방하고 그리스도인들을 박해한 것을 자신의 눈앞에 떠올렸기 때문이다. 박해자들은 가장 흉악한 죄인들에 속한다. 어떤 이들은 이 구절에서 사용된 관계대명사(한글개역개정에서는 이 관계대명사의 선행사가 앞에 나온 "죄인들"이라고 보고서, "죄인 중에"라고 번역하였다 — 역주)가 "죄인들"이 아니라 "구원하다"에 걸리는 것으로 이해해서, 바울이 여기에서 자기는 전에 그토록 큰 죄인이었는데, 하나님의 긍휼하심을 받아서, 그리스도께서 죄인들에게 베푸신 구원을 일찍이 얻게 되었다고 말한 것으로 생각한다.

16. 그러나 내가 긍휼을 입은 까닭은 예수 그리스도께서 내게 먼저 일체 오래 참으심을 보이사 후에 주를 믿어 영생 얻는 자들에게 본이 되게 하려 하심이라.

이 절의 처음에 나오는 단어인 '알라'(ἀλλά)는 통상적으로 "그러나"로 번역된다. 내가 긍휼을 입은 까닭은. 사도는 하나님께서 자기에게 긍휼을 보이신 이유를 여기에서 제시한다. 내게 먼저. 여기에서 "먼저"로 번역된 단어는 헬라어 본문에서는 형용사이기 때문에, 이 어구는 "괴수인 내게"라는 의미이다. 즉, 여기에서 사도는 앞에서 이미 말하였듯이, "죄인 중에 괴수"인 자기에게 예수 그리스도께서 은혜를 베푸신 것에 대하여 말하고 있는 것이다.

예수 그리스도께서 … 일체 오래 참으심을 보이사. 그는 이렇게 말한다: "내가 그리스도의 복음과 그의 성도들을 그토록 광분하여 박해하였는데도, 그리스도께서는 내게 대하여 오래 참으심을 보이시고 나를 용납하셨을 뿐만 아니라, 내 마음을 변화시키셔서 나로 하여금 그리스도를 영접하여 사랑하게 만드셨다." 또는, "예수 그리스도께서 내게 먼저 일체 오래 참으심을 보이사"라는 구절은, 우리 구주께서 이방인들을 회심시키시기 위하여 바울을 보내신 목적을 나타내기 위한 것일 수도 있다. 왜냐하면, 그리스도께서 자기를 비방하고 믿는 자들을 박해한 극악무도한 죄를 저지른 바울에게 그의 죄를 사해 주셨을 뿐만 아니라 사도라는 존귀한 직분을 맡기기까지 하셨다는 것은 하나님의 오래 참으심과 관용하심과 자비를 보여 주는 두드러진 사례였기 때문에, 바울이라는 인물 자체는 이방인들로 하여금 복음을 받아들여서 믿고 순종하게 만드는 데 강력한 유인책이 될 수 있었기 때문이다. 이것은 바울이 하나님께서는 자기가 다른 죄인들에게 그의 오래 참으심과 값없이 베풀어 주시는 은혜를 보여 주는 "본이 되게 하려" 하셨다는 말을 덧붙이는 것을 통해서 더욱 분명해진다. 즉, 바울이 자신의 사례를 들어 이방인들에게 복음을 전할 때, 이방인들은 자신들이 지난날에 저지른 죄악들 때문에 하나님의 긍휼하심을 받을 수 없을 것이라고 절망할 이유가 전혀 없다는 것을 알게 되어서, 그가 전하는 그리스도와 그의 복음을 기꺼이 받아들여서 믿을 수 있게 되었다는 것이다. 영생 얻는 자들에게. 그리스도를 진정으로 믿는 것과 영생 사이에는 확실한 연결관계가 존재하기 때문에, 그리스도를 믿는 자는 반드시 영생을 얻게 되어 있다.

17. 영원하신 왕 곧 썩지 아니하고 보이지 아니하고 홀로 하나이신 하나님께 존

귀와 영광이 영원무궁하도록 있을지어다 아멘.

사도는 여기에서 잠시 본론에서 벗어나서, 송영을 통해서 하나님께 영광을 돌린다. 그는 하나님을 "왕," 즉 만유를 조율하시고 다스리시는 분이라고 부른다. 하나님이 "영원하신" 분이라는 것은 하나님은 존재의 처음도 없고 존재의 끝도 없는 분이라는 의미이다. 하나님은 피조물이 아니시기 때문에, 그 존재가 사멸에 종속되지 않으시는 분이시라는 점에서 "썩지 아니하는" 분이시다. 하나님은 유한한 인간의 눈으로 볼 수 없고 우리의 감각에 지각되지 않으시는 분이시라는 점에서 "보이지 아니하는" 분이시다. 하나님은 원래부터 최고의 지혜 자체이신 분이시고, 모든 지혜가 하나님으로부터 나온다는 점에서 "홀로 지혜로우신"(한글개역개정에는 "홀로 하나이신") 분이시다. 하나님은 이런 속성들을 지니신 분이시기 때문에, 모든 찬송과 경배와 고백을 받으시기에 합당하신 분이시다. 우리는 하나님께 영원토록 찬송과 경배를 드림으로써, 하나님을 영원토록 존귀하게 해드리고 영광을 받으시게 해 드리는 것이 마땅하다.

18. 아들 디모데야 내가 네게 이 교훈으로써 명하노니 전에 너를 지도한 예언을 따라 그것으로 선한 싸움을 싸우며.

아들 디모데야 내가 네게 이 교훈으로써 명하노니. 사도는 다른 곳에서는 디모데를 자신의 "형제"라고 부르기도 하는데, 여기에서는 "아들"이라고 부른다. 여기에서 "아들"은 혈육으로 맺어진 아들을 지칭하는 것이 아니라, 영적인 아들을 의미한다. 사도는 디모데를 "아들"이라고 부름으로써, 자기가 그를 아들처럼 깊이 사랑하고 아낀다는 것을 보여 준다. 사도가 여기에서 "이 교훈으로써 명한다"고 말한 것은, 자기가 디모데전서 1:3-4에서 "내가 마게도냐로 갈 때에 너를 권하여 에베소에 머물라 한 것은 어떤 사람들을 명하여 다른 교훈을 가르치지 말며 신화와 끝없는 족보에 몰두하지 말게 하려 함이라"고 말하면서 당부하였던 것, 즉 거짓 교사들이 에베소 교회에서 자기가 전한 복음 외에 다른 교훈을 전하지 못하게 하라고 당부하였던 것을 가리키는 것으로 보인다.

전에 너를 지도한 예언을 따라. 이 "예언들"은 전에 믿음 좋은 사람들이 디모데에게 해 주었던 말들을 가리키는 것일 수도 있지만, 바울이나 몇몇 믿는 자들이 이 젊은이에 관하여 하나님으로부터 받은 계시들을 가리키는 것일 가능성이 높다. **그것으로 선한 싸움을 싸우며.** 사도는 디모데가 에베소 교회에서 사역자이자 그리스도인으로서 행할 때, 그를 반대하는 자들이 생겨나게 될 것이지만, 전에 그에게 주어진 예언들을 기억하고서, 낙심하지 말고, 모든 대적들과 맞서 싸우는 가운데, 믿음을 지키고 전하라고 명하면서, 계속해서 어떻게 싸워 나가야 하는지에 대하여 자세하게 설명해 준다.

19. 믿음과 착한 양심을 가지라 어떤 이들은 이 양심을 버렸고 그 믿음에 관하여는 파선하였느니라.

여기에서 "믿음"은 믿음의 교훈을 의미한다. 믿음의 교훈을 갖는다는 것은, 그 교훈을 굳게 붙잡고서, 흔들리거나 요동함이 없는 것이고, 그 교훈을 버리거나 부인하는 것은 더더욱 없는 것을 가리킨다. "착한 양심"은 사도행전 24:16에서 "하나님과 사람에 대하여 항상 양심에 거리낌이 없는" 것이라고 부르는 것을 가리키는데, 히브리서 10:22에서 "우리가 마음에 뿌림을 받아 악한 양심으로부터 벗어나고 몸은 맑은 물로 씻음을 받았으니 참 마음과 온전한 믿음으로 하나님께 나아가자"고 말할 때의 "악한 양심"과 반대되는 개념이다. 따라서 여기에서 말하는 "착한 양심"은 거룩한 삶을 살아갈 때에만 지닐 수 있는 순전하고 깨끗한 양심을 가리킨다. 왜냐하면, 우리의 행위들은 그대로 우리의 양심에 반영되어서, 양심이 흠이나 오점으로 얼룩지기도 하고 아무런 흠도 없는 순결함을 지니게 되기도 하기 때문이다. "어떤 이들은 이 양심을 버렸다"는 것은 거룩한 삶을 살고 착한 양심을 지니기 위하여 전혀 애쓰지 않았다는 것을 의미하고, "그 믿음에 관하여는 파선하였다"는 것은, 믿음을 잃어버리고서, 복음의 진리들로부터 떨어져 나갔다는 것을 의미한다. 복음의 진리들에서 벗어나서 거룩한 삶을 영위하는 것은 거의 불가능하다. 복음의 진리들은 사람들의 행실에 영향을 미치기 때문에, 일반적으로 사람들의 거룩함은 그들이 믿음의 참된 교훈을 얼마나 붙잡고 있느냐에 비례하고, 어떤 정욕을 사랑하여 거기에 사로잡히게 되면, 잘못되고 그릇된 판단과 생각에 빠지게 된다.

20. 그 가운데 후메내오와 알렉산더가 있으니 내가 사탄에게 내준 것은 그들로 훈계를 받아 신성을 모독하지 못하게 하려 함이라.

그 가운데 후메내오와 알렉산더가 있으니. 사도는 믿음의 교훈을 버림으로써 착한 양심에 있어서 파선한 사람들 중에서 "후메내오와 알렉산더"라는 두 사람을 구체적으로 언급한다. "후메내오"에 대해서는 디모데후서 2:16-18에 나온다: "망령되고 헛된 말을 버리라 그들은 경건하지 아니함에 점점 나아가나니 그들의 말은 악성 종양이 퍼져나감과 같은데 그 중에 후메내오와 빌레도가 있느니라 진리에 관하여는 그들이 그릇되었도다 부활이 이미 지나갔다 함으로 어떤 사람들의 믿음을 무너뜨리느니라." 그는 부활이 이미 지나갔다고 단언함으로써, 많은 사람들의 믿음을 무너뜨렸다. "알렉산더"에 대해서는 디모데후서 4:14-15에 나온다: "구리 세공업자 알렉산더가 내게 해를 많이 입혔으매 주께서 그 행한 대로 그에게 갚으시리니 너도 그를 주의하라 그가 우리 말을 심히 대적하였느니라." 그는 바울을 크게 대적한 자였다. 어떤 이들은 여기에 언급된 "알렉산더"는 사도행전 19:22에 언급된 "알렉산더"와 동일 인물로서, 당시에는 바울의 친구였다가, 나중에는 적으로 돌아서서 바울에게 많은 해를 입혔다고 생각한다.

내가 사탄에게 내준 것은. 우리는 이것과 동일한 구절을 고린도전서 5:5에서 보았기 때문에, 자세한 설명은 그 곳을 참조하면 될 것이다. 어떤 이들은 이 표현을 근거로 삼아서, 하나님께서 초대 교회에는 사도들에게 신자들에 대한 출교를 재가하는 특별한 권세를 주셨고, 이렇게 출교된 자들은 사탄에게 넘겨져서 큰 고통을 당하게 하신 것이라고 생각하지만, 우리는 성경에서 그러한 설명에 대한 근거를 발견할 수 없다. 따라서 나는 바울이 여기에서 자기가 이 두 사람을 "사탄에게 내주었다"고 말한 것은, 그들에게 출교 조치를 행하여 교회에서 쫓아내어 세상으로 다시 돌려 보냈다는 것을 의미하는 것이라고 생각한다. 왜냐하면, 세상은 교회 및 그리스도의 나라와 반대되는 곳이고, 사탄은 "이 세상의 임금"(요 12:31; 14:30; 16:11)이라 불리기 때문이다. 사도는 믿는 자들이 듣고 더 큰 두려움을 느끼도록 하기 위하여, 출교를 "사탄에게 내주는" 것이라는 개념으로 표현하고 있다.

그들로 훈계를 받아 신성을 모독하지 못하게 하려 함이라. 사도는 자기가 그들을 출교시킨 것은 그들로 하여금 멸망하게 하기 위한 것이 아니라, 이러한 권징을 행하여서 그들로 하여금 자신들의 잘못을 깨닫고 바로잡게 하기 위한 것이라고 말한다. 즉, 그들은 사람들에게 해롭고 가증스러운 잘못된 교설들을 퍼뜨려서 하나님을 모독하거나, 하나님을 모독하는 말들이 포함된 자신들의 악한 생각들을 퍼뜨려서 신성모독을 저질러 왔는데, 출교는 그들로 하여금 다시는 그런 짓을 하지 못하도록 하게 하는 따끔한 경고가 되리라는 것이다.

MATTHEW POOLE'S COMMENTARY

디모데전서 2장

개요

1. 모든 사람, 특히 왕들과 고위 관리들을 위하여 기도하고 감사하라고 권면함(1-3).
2. 하나님께서는 모든 사람이 구원받기를 원하심(4-6).
3. 바울이 이방인들을 가르치는 것이 자신의 사명이라고 말함(7).
4. 여자들이 어떤 옷차림을 하여야 하는지에 대하여 명함(8-10).
5. 여자들이 가르치는 것을 허락하지 않음(11-14).
6. 여자들이 어떤 조건들 아래에서 해산함을 통해 구원을 얻게 될 것이라고 약속함(15).

1. 그러므로 내가 첫째로 권하노니 모든 사람을 위하여 간구와 기도와 도고와 감사를 하되.

우리가 앞에서 이미 말하였듯이, 바울은 마게도냐로 가면서 디모데를 에베소 교회에 머물게 하고서, 자기가 없는 동안에 에베소 교회에서 몇 가지 일들을 처리하게 하였다. 그런 후에, 그는 이 서신을 통해서 디모데에게 에베소 교회에서 해결해야 할 일들과 관련하여 여러 가지를 지시하는데, 그가 디모데에게 첫 번째로 권면한 것은 모든 사람을 위하여 기도하라는 것이었다. "간구"로 번역된 '데에세이스' (δεήσεις)는 결여되었거나 부족한 것들을 채워 달라고 기도하는 것이고, "기도"로 번역된 '프로슈카스' (προσευχὰς)도 거의 동일한 의미이지만, 어떤 이들은 "기도"는 우리의 선한 행실이나 우리에게 있는 선한 것들이 더욱더 늘어나게 해 달라고 간구하는 것을 의미한다고 본다. "도고"로 번역된 '엔튜크세이스' (ἐντεύξεις)는 다른 사람들과 관련된 기도로서, 다른 사람들이 해악들을 피하게 해 달라고 하거나, 다른 사람들에게 좋은 일들이 생기게 해 달라고 하는 것을 의미한다. "감사"는 하나님께서 우리 자신이나 다른 사람들에게 선한 일들을 베풀어 주신 것과 관련해서 하나님을 찬송하는 것이다. '휘페르 판톤' (ὑπὲρ πάντων)은 "모든 사람을 위하여"로 해석될 수도 있고 "모든 사람에 의해서"로 해석될 수도 있기 때문에, 바울은 여기에서 에베소 교회의 모든 사람에게 이렇게 하라고 명하도록 디모데에게 말하고 있는 것이라고 볼 수도 있고, "모든 사람을 위하여" 이렇게 하라고 디모데에게 말하고 있는 것이라고 볼 수도 있다. 하지만 바울은 다음 절에서 "임금들과 높은 지위에 있는 모든 사람"에 대해서도 '휘페르'라는 전치사를 사용하고 있고, 에베소 교회의 교인들 중에는 "임금들"이 없었을 것이기 때문에, 이 전치사는 "~위하여"로 해석하는 것이 옳다는 것을 보여 준다. 바울은 무엇보다도 먼저 "첫째로" 권한다고 말함으로써, 여러 가지 유형의 "기도"가 하나님의 교회에서 공적으로 행해져야 할 일차적이고 주된 사역이라는 것을 확증해 준다. 왜냐하면, 여기에서 "첫째로"는 시간적으로 먼저라는 의미가 아니라, 순서상으로 최우선이라는 의미로서, 디모데가 수행해야 할 공적인 사역 중에서 결코 소홀히 해서는 안 되는 중요한 부분이라는 것을 보여 주는 것이기 때문이다. 바울은 모든 사회적 지위와 계층의 사람들과 모든 부류의 사람들을 위해서 이러한 기도들을 할 것을 디모데에게 명한다. 하지만 한 가지 예외가 있는데, 요한일서 5:16에서는 "사망에 이르는 죄가 있으니 이에 관하여 나는 구하라 하지 않노라"고 말하고 있기 때문에, 그리스도인들은 그런 죄를 지은 사람들을 위해서는 기도하지 않아도 된다.

2. 임금들과 높은 지위에 있는 모든 사람을 위하여 하라 이는 우리가 모든 경건과 단정함으로 고요하고 평안한 생활을 하려 함이라.

임금들과 높은 지위에 있는 모든 사람을 위하여 하라. 당시에 세상의 임금들은 모두 이교도들로서, 기독교 신앙의 원수들이었고, 그랬기 때문에 그런 임금들을 섬기는 높은 지위에 있는 신하들도 대체로 이교도들이었지만, 사도는 그리스도인들은 자신들의 모임에서 그들을 위하여 기도를 해야 한다고 명한다. 사도는 그리스도인들이 이교도들인 임금들과 고위 관리들을 위하여 어떤 기도를 해야 하는지를 구체적으로 말하고 있지는 않지만, 그 기도 내용은 이 절의 후반부에 나오는 것에 국한된 것은 아니었을 것임은 의심의 여지가 없다. 왜냐하면, 그가 후반부에서 말하고 있는 내용은 그들을 위한 기도가 아니라 그리스도인들을 위한 기도로 여겨지기 때문이다. 따라서 임금들과 고관들을 위한 기도는 그들이 처한 처지에 따라서 결정되어야 한다. 위정자들이 우상 숭배자들이고 기독교를 박해하는 자들이라면, 그리스도인들은 그들의 마음이 변화되어 회심하게 해 달라고 기도하여야 한다. 하지만 그들이 건강하게 아무 탈 없이 잘 지내고 하는 일들마다 형통하게 해 달라는 기도는, 그런 기도가 하나님의 영광을 위한 것일 때에만 해야 할 것이다. 또한, 그리스도인들은 그들이 하나님의 인도하심을 받아서 나라나 도시를 제대로 잘 다스리게 해 달라고 기도하고, 그들이 잘하고 있는 일들이나 그들의 선한 계획들이 성공하게 해 달라고 기도하여야 한다.

이는 우리가 모든 경건과 단정함으로 고요하고 평안한 생활을 하려 함이라. 사도의 이 말 속에는, 그리스도인들이 위정자들을 위하여 기도하여야 하는 이유가 담겨 있고, 그러한 기도들의 선한 결과가 담겨 있다. 왜냐하면, 만왕의 왕이시고 만주의 주이신 하나님께서 임금들과 고관들이라는 직분을 사람들에게 주시고, 그들에게 존귀와 위엄을 더하실 뿐만 아니라, 권위와 권세로 무장하게 하셔서, 그들로 하여금 행악자들을 벌하고, 선을 행하는 자들을 보호하고 장려하여, 공적인 질서와 평화를 유지하게 하신 것은, 모든 사람이 "모든 경건과 단정함 가운데서 고요하고 평안한 삶을 영위하도록" 하시기 위한 것이기 때문이다. 그래서 구약 시대에도 하나님께서는 유대인들에게 그들이 포로로 끌려가서 살게 될 나라나 성읍이 평안해야, 그들도 평안할 것이기 때문에, 그 나라나 성읍을 위하여 기도하라고 명하셨다: "너희는 내가 사로잡혀 가게 한 그 성읍의 평안을 구하고 그를 위하여 여호와께 기도하라 이는 그 성읍이 평안함으로 너희도 평안할 것임이라"(렘 29:7).

3. 이것이 우리 구주 하나님 앞에 선하고 받으실 만한 것이니.

우리의 친구들이든 원수들이든 모든 사람들을 위하여 기도하고, 특히 나라들이나 성읍들을 다스리는 임금들과 고관들을 위하여 기도하는 것은, 하나님의 뜻과 명령을 따르는 것이기 때문에 "선하고," 하나님의 뜻에 순종하는 모든 행위들이 그러하듯이, "받으실 만한" 것이다. 여기에서 "구주"는 우리에게 필요한 것들을 공급해 주셔서 우리로 살게 하시고 우리를 보호해 주시는 아버지 하나님을 가리키는 것일 수도 있고, 좀 더 구체적으로 그리스도를 가리키는 것일 수도 있다. 전자와 관련해서는, 마태복음 5:44-45에서 주님은 하나님을 "그 해를 악인과 선인에게 비추시며 비를 의로운 자와 불의한 자에게 내려주시는" 분이시라고 말씀하시며, 하나님이 그런 분이시라는 사실을, 우리에게 "너희 원수를 사랑하며 너희를 박해하는 자를 위하여 기도하라"고 명하시는 것의 근거로 삼으시고, "이같이 한즉 하늘에 계신 너희 아버지의 아들"이 될 것이라고 말씀하신다. 후자와 관련해서는, 그리스도께서는 우리의 영원한 구원을 위하여 자기 목숨을 내어 주심으로써, 원래 하나님과 원수가 되었던 우리를 하나님과 화목하게 하시는 일을 하셨기 때문에, "우리 구주"로 불리게 되셨다. 따라서 우리가 우리의 친구들만이 아니라 우리의 원수들을 위해서도 기도할 때, 우리는 하늘에 계신 우리 아버지의 자녀들이라는 것과 그리스도를 본받는 자들이라는 것을 증명해 보이는 것이기 때문에, 우리의 그러한 사랑의 기도는 하나님께 "선하고 받으실 만한 것"이 될 수밖에 없다.

4. 하나님은 모든 사람이 구원을 받으며 진리를 아는 데에 이르기를 원하시느니라.

사도는 그리스도인들에게는 모든 사람을 위하여 사랑 가운데서 기도해야 할 의무가 있고, 우리가 그렇게 하는 것이 하나님을 기쁘시게 해드리는 분명하고 설득력 있는 이유를 여기에서 제시하는데, 그것은 하나님의 사랑은 모든 사람에게 미치기 때문에, 하나님께서는 모든 사람이 구원받기를 원하시고, 그렇게 되기 위해서 모든 사람들이 구원의 유일한 길인 복음 진리를 알게 되고 믿게 되기를 원하신다는 것이다. 그런 까닭에, 우리 구주께서 사도들에게 주신 사명과 명령은 온 인류를 포함하는 보편적이고 포괄적인 것이었다: 주님께서는 마태복음 28:19-20에서는 "너희는 가서 모든 민족을 제자로 삼아 아버지와 아들과 성령의 이름으로 세례를 베풀고 내가 너희에게 분부한 모든 것을 가르쳐 지키게 하라"고 명하셨고, 마가복음 16:15에서는 "너희는 온 천하에 다니며 만민에게 복음을 전파하라"고 명하심으로써, 그 어떤 족속이나 그 어떤 사람도 배제하지 않으셨다. 따라서 사도들은 있는 힘을 다해서 자신들의 직분을 감당하고자 하였다: "나는 이제 너희를 위하여 받는 괴로움을 기뻐하고 그리스도의 남은 고난을 그의 몸된 교회를 위하여 내 육체에 채우노라"(골 1:24).

하지만 여기에서 한 가지 질문이 생긴다: 대부분의 사람들이 멸망하는 것이 현실인데, 어떻게 바울은 하나님께서는 "모든 사람이 구원을 받게" 되기를 원하신다고 말할 수 있는 것인가? 이 난점을 해결하기 위해서는, 우리는 성경적인 표현방식에서 "하나님의 뜻"에는 두 가지 종류가 있다는 것을 유의하여야 한다. 즉, "하나님의 뜻"은 첫 번째로 종종 하나님께서 친히 자신의 권능으로, 또는 도구들을 사용하셔서 어떤 일들을 반드시 하시겠다고 결정하신 하나님의 영원하신 계획과 작정하심을 가리키고, 두 번째로는 하나님께서 사람들에게 자기가 기뻐하는 이런저런 일들을 행하라고 명하시고 초대하시는 것을 가리킨다. 첫 번째 의미에서의 하나님의 뜻은 언제나 한 치의 오차도 없이 그대로 이루어진다(시 115:3, "오직 우리 하나님은 하늘에 계셔서 원하시는 모든 것을 행하셨나이다"). 그래서 하나님께서는 이사야서 46:10에서 "내가 시초부터 종말을 알리며 아직 이루지 아니한 일을 옛적부터 보이고 이르기를 나의 뜻이 설 것이니 내가 나의 모든 기뻐하는 것을 이루리라 하였노라"고 말씀하신다. 만일 하나님께서 계획하시고 작정하신 일들이 반드시 이루어지지 않는다면, 그것은 하나님께서 변덕을 부리셔서 자신의 뜻을 바꾸시거나, 그 일들을 이루실 능력이 없으시다는 것을 의미하기 때문에, 우리가 하나님의 뜻이 이루어지지 않을 수도 있다고 말하는 것은 불경스러운 신성모독에 해당하게 된다. 반면에, 두 번째 의미에서의 하나님의 뜻은 하나님께서 사람들에게 자기가 기뻐하시는 일들을 알려 주시고 행하라고 명하시는 것인데, 하나님께서 변덕을 부리신 것도 아니고 능력이 없으신 것이 아닌데도, 그런 일들은 흔히 이루어지지 않는다. 따라서 하나님께서는 에스겔서 33:11에서 "나의 삶을 두고 맹세하노니 나는 악인이 죽는 것을 기뻐하지 아니하고 악인이 그의 길에서 돌이켜 떠나 사는 것을 기뻐하노라"고 말씀하심으로써, 자기가 무엇을 기뻐하시는지를 분명하게 밝히시는 경우가 많고, 때로는 어떤 일들이 자신의 거룩함과 반대되는 것이기 때문에 기뻐하지 않으신다고 밝히시기도 하시지만, 하나님께서 적극적으로 개입하셔서 반드시 그 모든 일들이 자기가 기뻐하시는 방향으로 이루어지게 하지는 않으신다. 그래서 하나님께서는 이사야서 65:12에서 "내가 너희를 칼에 붙일 것인즉 다 구푸리고 죽임을 당하리니 이는 내가 불러도 너희가 대답하지 아니하며 내가 말하여도 듣지 아니하고 나의 눈에 악을 행하였으며 내가 즐겨하지 아니하는 일을 택하였음이니라"고 탄식하신다. 하나님의 뜻을 이렇게 두 가지로 구분하는 것은 성경에 분명한 근거가 있는 것이기 때문에, 이러한 설명은 앞의 질문에 대한 충분한 대답이 된다. 왜냐하면, 이 절에서 바울이 "하나님은 모든 사람이 구원을 받으며 진리를 아는 데에 이르기를 원하시느니라"고 말한 것이나, 베드로가 베드로후서 3:9에서 동일한 취지로 "오직 주께서는 너희를 대하여 오래 참으사 아무도 멸망하지 아니하고 다 회개하기에 이르기를 원하시느니라"고 말한 것에 대해서, 우리는 이 본문에 나오는 하나님의 뜻은, 하나님이 무엇을 작정하셨는가를 말하고 있는 것이 아니라, 하나님께서 사람들에게 자기가 무엇을 기뻐하는지를 밝히신 것으로 이해하여야 하기 때문이다. 즉, 바울은 이 절에서 하나님께서는 거룩하시고 자비로우셔서 죄인들이 회개하고 살게 되는 것을 무척 기뻐하신다는 것을 보여 주고 있다는 것이다. 사람들을 향하신 하나님의 이러한 사랑은, 하나님께서 중보자이신 예수 그리스도로 말미암은 구원의 길을 사람들에게 열어 놓으신 것 속에서도 극명하게 드러났고, 하나님께서 복음의 모든 교훈들과 초대들과 명령들과 약속들을 통해서, 복음에 제시된 모든 조건들 위에서 그리스도께로 나아오는 자들은 누구든지 결코 내쫓지 않으실 것이고, 회개하고 믿는 모든 자들에게는 반드시 구원의 은혜를 베푸시겠다고 선언하신 것 속에서도 극명하게 드러났다.

5. 하나님은 한 분이시요 또 하나님과 사람 사이에 중보자도 한 분이시니 곧 사람이신 그리스도 예수라.

사도는 하나님이 한 분이시라는 것과 중보자가 한 분이시라는 것, 이 두 가지 근거를 들어서, 하나님께서 모든 사람을 사랑하신다는 것을 증명한다. 수많은 다양한 사회들이 존재하고 무수한 사람들이 존재하지만, 만유를 창조하시고 보존하시는 분이신 하나님은 오직 한 분이시다. 만일 많은 하나님들이 존재한다면, 그리스도인들의 하나님은 그 밖의 다른 사람들의 하나님이 아닐 수도 있고, 따라서 하나님의 사랑은 오직 자기 백성에게만 국한되고, 다른 사람들은 다른 하나님들의 사랑을 받아야 하는 것일 수도 있을 것이다. 그러나 세상에는 복음 안에서 자신을 계시하신 오직 한 분의 참 하나님만이 존재하시기 때문에, 오직 그 하나님만이 모든 사람의 하나님, 즉 모든 사람을 지으시고 보존하시는 하나님이시라는 필연적인 결론이 도출된다. 사도는 이러한 근거를 들어서, "하나님은 모든 사람이 구원을 받기를 원하신다"고 말한다. 그는 로마서 3:29-30에서도 "하나님은 다만 유대인의 하나님이시냐 또한 이방인의 하나님은 아니시냐 진실로 이방인의 하나님도 되시느니라 할례자도 믿음으로 말미암아 또한 무할례자도 믿음으로 말미암아 의롭다 하실 하나님은 한 분이시니라"고 말함으로써, 여기에서와 동일한 논리로, 그리스도를 믿는 믿음으로 말미암은 구원이 유대인들에게만이 아니라 이방인들에게도 해당된다는 것을 논증한다. 사도는 하나님께서는 모든 사람이 구원 받기를 원하신다는 것을 아주 확실하게 드러내기 위해서, "하나님과 사람 사이에 중보자"가 "한 분" 계시는데, 그는 "사람이신 그리스도 예수"라는 말을 덧붙인다. 인간의 죄가 하나님의 공의를 짓밟아서, 하나님께서 진노하셨고, 인간의 죄책은 속죄 없이는 사해질 수 없는 것이었을 때, 하나님께서는 자기 아들을 자신의 짓밟힌 위엄과 자신의 반역한 신민들을 중재하는 중보자로 세우시고서 사람의 몸을 입고 이 땅에 오게 하셨다. 여기에서 우리가 주목할 것은 하나님이 한 분이시라는 것과 중보자가 한 분이시라는 것 간에 존재하는 병행관계이다. 모든 사람의 하나님은 오직 한 분이시기 때문에, 모든 사람을 죄에서 구원하실 중보자도 한 분이시라는 것이다. 중보자가 한 분이시라는 사실을 근거로 한 사도의 논증의 요지는 이런 것이다: 만일 이 세상에 있는 수많은 족속들과 나라들만큼이나 많은 중보자들이 존재한다면, 각각의 중보자들이 자신들이 중재하고자 하는 족속이나 나라를 구원하는 은혜를 하나님으로부터 얻어낼 수 있을 정도로 유효하고 강력할지는 의심스러울 수 있다. 그러나 중보자는 오직 한 분

뿐이시고, 그는 "자기를 힘입어 하나님께 나아가는 자들을 온전히 구원하실 수 있으시기"(히 7:25) 때문에, 모든 사람은 오직 한 분 동일하신 중보자가 계신다는 것과 하나님께서는 모든 사람을 구원하고자 하신다는 것을 확신할 수 있어서, 그러한 복된 구원을 위하여 회개와 믿음을 통해서 은혜 언약을 받아들일 수 있게 된다는 것은 분명하다. 사도는 자기가 말하고자 하는 것을 좀 더 강력하게 확증하기 위해서, 자기가 말하는 중보자는 "사람이신 그리스도 예수"시라고 구체적으로 적시함으로써, 모든 사람들에게 이 중보자가 그들과 똑같이 "사람"으로 오신 분이시기 때문에, 그들이 이 중보자가 마련해 놓은 구원에 참여할 수 있을 것이라는 소망을 갖게 만든다. 즉, 모든 사람들은 이 위대하신 중보자가 하늘로부터 오셔서 그들과 똑같은 연약한 본성을 입으시고서 구원을 이루어내셨기 때문에(히 4:15, "우리에게 있는 대제사장은 우리의 연약함을 동정하지 못하실 이가 아니요 모든 일에 우리와 똑같이 시험을 받으신 이로되 죄는 없으시니라"), 기꺼이 그들을 동정하시고 도우셔서 천국으로 이끄실 것임을 확신할 수 있게 된다는 것이다.

6. 그가 모든 사람을 위하여 자기를 대속물로 주셨으니 기약이 이르러 주신 증거니라.

여기에서 "대속물"로 번역된 단어인 '안티뤼트론'(ἀντίλυτρον)은 대단히 강조적으로 사용되고 있다. "대속물"은 다른 사람의 상태와 자신의 상태를 맞바꾸는 것, 즉 다른 사람의 목숨을 살리기 위해서 자신의 목숨을 내어 주는 것을 의미하는데, 우리 구주께서 우리를 위하여 하신 일이 바로 그것이었다. 성경은 "전에는 우리도 다 그 가운데서 우리 육체의 욕심을 따라 지내며 육체와 마음의 원하는 것을 하여 다른 이들과 같이 본질상 진노의 자녀이었더니"(엡 2:3)라고 말함으로써, 모든 사람은 수많은 패역한 죄들을 저질러서 영원한 사망에 처해질 운명에 놓여 있는 자들이라는 것을 우리에게 알려 준다. 우리 인간이 이렇게 통탄스러운 상태에 처해 있을 때, 하나님의 아들이신 예수 그리스도께서는 저 거룩한 사랑으로 말미암아 우리를 다시 하나님과 화목하게 하고 우리로 하여금 하나님의 은총을 다시 회복할 수 있게 하시기 위하여, 우리의 죄로 인하여 우리가 마땅히 받아야 할 벌을 스스로 감당하심으로써, 그 지극히 귀한 보혈과 생명을, 우리를 속량하시기 위한 대속물로 주셨다(마 20:28, "인자가 온 것은 섬김을 받으려 함이 아니라 도리어 섬기려 하고 자기 목숨을 많은 사람의 대속물로 주려 함이니라"). 여기에서 어떤 사람들은 "성경에서는 그리스도께서 모든 사람을 위하여 자기를 대속물로 주셨다고 말씀하고 있는데도,

현실에서는 너무나 많은 사람들이 자신들의 죄 가운데서 멸망당하고 있는 것은 모순이 아니냐?"고 반론을 제기할지도 모른다. 거기에 대한 나의 대답은 분명한데, 그것은 그리스도께서 자신을 대속물로 드려서 모든 사람이 구원받을 수 있는 길을 열어 놓으신 것과 사람들이 믿음으로 그 구원을 자신의 것으로 받아들이는 것은 전혀 별개의 문제라는 것이다. 그리스도께서는 모든 사람이 구원을 얻는 데 장애가 되는 것들을 모두 다 제거하기에 충분한 대속물을 지불하셨고, 모든 사람이 하나님과 화목하게 되는 데 필요한 모든 것들을 다 이루셨지만, 오직 살아 있는 믿음으로 말미암아 그리스도를 영접하고 그에게 순종하는 자들만이 실제로 구원에 참여하게 된다. 즉, 오직 믿는 자들만이 구원을 받을 수 있다. 어떤 사람이 멸망하였다면, 그것은 중보자 안에 있는 의(righteousness)에 결함이 있어서가 아니라, 그 사람이 자신의 정욕과 욕심을 따라 사는 것을 좋아해서, 하나님이 복음 안에서 그에게 베푸시는 은혜와 긍휼을 완악하게 거부하였기 때문이다. 따라서 멸망당하는 자들은 복음 안에서 계시된 하나님의 사랑을 배은망덕하게도 거부하고 배척해서 구원을 받지 못하는 것인데도, 그것을 마치 그리스도의 대속에 무슨 문제나 결함이 있는 것처럼 여겨서, 모든 사람을 향하신 하나님의 사랑과 긍휼의 영광을 가리거나 훼손하는 것은 잘못된 것이다.

7. 이를 위하여 내가 전파하는 자와 사도로 세움을 입은 것은 참말이요 거짓말이 아니니 믿음과 진리 안에서 내가 이방인의 스승이 되었노라.

이를 위하여 내가 전파하는 자와 사도로 세움을 입은 것은. 사도는 자기가 하나님의 선하심과 진리에 대하여 증거하고 있는 복음을 온 세상에 널리 전파하여 사람들에게 알리기 위하여 전도자와 사도로 세움을 받았다고 말한다. 여기에서 "전파하는 자"로 번역된 단어는 어떤 것을 널리 선포하여 알리는 공적인 직분자를 가리키고, "사도"는 그리스도에 의해서 직접 부르심을 받아서 복음을 널리 전파하도록 보내심을 받은 자를 가리킨다(딤후 1:11, "내가 이 복음을 위하여 선포자와 사도와 교사로 세우심을 입었노라").

참말이요 거짓말이 아니니. 사도는 여기에서 그리스도를 증인으로 삼아서, 자기는 참된 것만을 말하고 있는 것이라고 단언한다(KJV에는 "그리스도 안에서"라는 어구가 들어 있다 – 역주). 이 구절은 맹세의 형식으로 되어 있지는 않지만, 내용적으로는 맹세인데, 사도는 여기에서 실질적으로 맹세로써 말할 수밖에 없었다. 왜냐하면, 하나님께서 이방인들에게 구원의 길을 계시하시기 위하여 누군가를 보내셨다는 사실을 유대인들에게 설득해서 받아들이게 하기는 쉽지 않았기 때문이다.

믿음과 진리 안에서 내가 이방인의 스승이 되었노라. 사도는 자기에게 특별히 맡겨진 사명은 믿음과 진리의 교훈으로 이방인들을 가르치는 것이라고 말한다(행 9:15; 26:17; 갈 2:7-9, "그들은 내가 무할례자에게 복음 전함을 맡은 것이 베드로가 할례자에게 맡음과 같은 것을 보았고 베드로에게 역사하사 그를 할례자의 사도로 삼으신 이가 또한 내게 역사하사 나를 이방인의 사도로 삼으셨느니라"). 또는, 이것은 사도가 신실하고 참되게 이방인들을 가르치도록 세움을 입었다는 의미일 수도 있다.

8. 그러므로 각처에서 남자들이 분노와 다툼이 없이 거룩한 손을 들어 기도하기를 원하노라.

그러므로 각처에서 남자들이 … 기도하기를 원하노라. 여기에서 사도는 디모데가 교회의 일들을 해 나가는 것과 관련해서 한 가지 당부를 하는데, 그것은 남자 신자들이 하나님을 예배하기 위하여 함께 모일 때마다, 그 곳이 어디이든, 디모데를 중심으로 해서 중보기도가 필요한 사람들을 위하여 함께 기도하라는 것이었다. 우리 구주께서 요한복음 4:21에서 사마리아 여자에게 "여자여 내 말을 믿으라 이 산에서도 말고 예루살렘에서도 말고 너희가 아버지께 예배할 때가 이르리라"고 말씀하신 때가 이제 도래하여서, 구약 시대에는 예루살렘 성전에 모여서 예배하고 기도하도록 되어 있었던 반면에, 이제는 믿는 자들이 어디에서나 함께 모여서 예배하고 기도할 수 있게 되었기 때문에, 사도는 여기에서 "각처에서," 즉 그 곳이 예배를 위해 특별히 지어진 집들이든, 아니면 일반적인 집들이든, 아니면 그 어떤 곳이든, 믿는 자들이 모이는 모든 곳에서 기도하라고 당부한다.

거룩한 손을 들어. 먼저, 사도는 믿는 자들이 기도할 때에 "거룩한 손을 들고" 기도하여야 한다고 경고한다. 즉, 믿는 자들은 죄악을 품지 않은 마음으로 하나님 앞에 나아와서, 악한 일을 행하지 않은 "거룩한 손"을 들고서 기도하여야 한다는 것이다. 왜냐하면, 날 때부터 맹인이었던 사람이 우리 주님으로부터 고침을 받은 후에, "하나님이 죄인의 말을 듣지 아니하시고 경건하여 그의 뜻대로 행하는 자의 말은 들으시는 줄을 우리가 아나이다"(요 9:31)라고 말한 것처럼, 하나님께서는 죄인들의 기도를 듣지 않으시기 때문이다.

분노와 다툼이 없이. 다음으로, 사도는 믿는 자들이 기도할 때에 "분노"를 품고 기도해서는 안 된다고 경고한다. 즉, 믿는 자들은 악의나 앙심을 마음에 품은 채로 하나님 앞에 기도하러 나아가서는 안 된다는 것이다. 왜냐하면, 믿는 자들은 "하늘에 계신 우리 아버지여 … 우리가 우리에게 죄 지은 자를 사하여 준 것 같이 우리 죄를 사하여 주시옵고"(마 6:15)라고 기도하여야 하는데, 마음에 분노를 품은 자들은 그런 기도를 드릴 수 없을 것이기 때문이고, 또한 우리 주님께서는 "너희가 사람의 잘못을 용서하면 너희 하늘 아버지께서도 너희 잘못을 용서하시려니와 너희가 사람의 잘못을 용서하지 아니하면 너희 아버지께서도 너희 잘못을 용서하지 아니하시리라"(마 6:14-15)고 분명하게 밝히셨기 때문이다. 또한, 사도는 믿는 자들은 "의심"을 품고 기도해서도 안 된다고 경고한다(한글개역개정에는 "다툼"으로 되어 있고, 흠정역에는 "의심"으로 되어 있는데, 이 단어에는 이 두 가지 의미가 다 있다 — 역주). 즉, 믿는 자들은 자신들이 기도하는 것들을 들어 주시고자 하시는 하나님의 선하심과 참되심과 능력을 의심하지 말고 기도하여야 한다는 것이다. 그래서 야고보서 1:6-7에서는 "오직 믿음으로 구하고 조금도 의심하지 말라 의심하는 자는 마치 바람에 밀려 요동하는 바다 물결 같으니 이런 사람은 무엇이든지 주께 얻기를 생각하지 말라"고 말한다.

9. 또 이와 같이 여자들도 단정하게 옷을 입으며 소박함과 정절로써 자기를 단장하고 땋은 머리와 금이나 진주나 값진 옷으로 하지 말고.

여자들도 단정하게 옷을 입으며. 사도가 여자 신자들에 대하여 디모데에게 당부하는 것은, 여자들의 차림새, 특히 여자들이 공적인 모임에 하나님을 예배하기 위하여 올 때에 어떤 차림새로 오는 것이 합당한 것인지에 관한 것이다. 왜냐하면, 사도가 이 장에서 이 절의 전후에서 당부하고 있는 것들은 주로 그러한 공적인 모임과 관련된 것들이기 때문이다. 사도는 여자들의 차림새와 관련해서, 여자들은 여자다운 정숙함과 순결한 신앙과 단아한 행실과 각자의 나이를 반영해서 품위 있고 "단정하게 옷을 입고 단장하는" 것이 마땅하다고 말한다. 우리의 차림새는 본질적으로 가치중립적인 것이기 때문에, 신앙과는 아무런 상관이 없고, 우리가 어떤 차림새를 하느냐에 따라서, 하나님께 드리는 우리의 예배가 받아들여지기도 하고 거부되기도 하는 것은 아니지만, 단정하고 품위 있게 차려 입고서 하나님을 예배하는 것이 합당하다.

소박함과 정절로써 자기를 단장하고. 마음의 겸손함과 정숙함은 몸을 어떤 식으로 단장하느냐와 어떻게 행동하고 처신하느냐를 보면 그대로 드러난다. 따라서 믿는 자들은 겸손함과 정숙함으로 단장된 자신들의 심령을 드러내는 방식으로 겉모습을 단장하는 것이 합당하다.

땋은 머리와 금이나 진주나 값진 옷으로 하지 말고. 사도는 여자 신자들은 머리를 땋거나 곱슬곱슬하게 하지 말고, "금이나 진주나 값진 옷으로" 장식하지 말라고 명한다. 즉, 사도는 여자들이 많은 시간이나 노력을 들이지 않는 가운데 여자의 품격에 어울리는 장신구들을 하는 것 자체를 정죄하는 것이 아니고, 단지 자신들의 형편이나 분수에 맞지 않는 지나치게 비싼 장신구들을 하거나, 몸을 단장하는 데 쓸데없이 많은 시간과 공을 들이는 것을 정죄하는 것이고, 특히 하나님을 예배하는 공적인 모임에 올 때, 자신을 과시하고 많은 사람들 앞에서 뽐내고 자랑하기 위해서 그런 장식을 하거나, 마음속에 있는 음탕함과 무절제함을 드러내거나, 다른 사람들을 실족하게 할 수 있는 장신구나 옷으로 장식하는 것을 정죄한다. 베드로 사도도 베드로전서 3:3-4에서 "너희의 단장은 머리를 꾸미고 금을 차고 아름다운 옷을 입는 외모로 하지 말고 오직 마음에 숨은 사람을 온유하고 안정한 심령의 썩지 아니할 것으로 하라 이는 하나님 앞에 값진 것이니라"고 말함으로써, 여기에서와 거의 동일한 권면을 하고 있지만, 거기에서 베드로는 특히 믿는 자들의 공적인 모임과 관련한 여자들의 차림새가 아니라, 여자들의 일상적인 행실에 대하여 말하고 있다는 점이 여기에서 바울 사도가 말하고 있는 것과 다르다. 베드로 사도가 말하였듯이, 여자들의 일상적인 차림새가 단정하여야 한다면, 여자들이 하나님을 예배하는 공적인 모임에 올 때에는 더더욱 단정한 모습으로 와야 한다는 것은 두말할 필요가 없다. 여자들이 하나님 앞에 기도하러 갈 때, 마치 춤추는 무도장이나 춤 교습소에 가는 것 같은 차림새를 하고 간다면, 그것은 얼마나 합당하지 않은 일이겠는가. 그런데 실제로 크리소스토모스(Chrysostom)는 자기 시대에 그런 사람들이 있다고 탄식하였다.

10. 오직 선행으로 하기를 원하노라 이것이 하나님을 경외한다 하는 자들에게 마땅한 것이니라.

사도는 믿는 여자들은 "선행"으로 자신들을 단장하는 것이 마땅하다고 말한다. 왜냐하면, "선행"은 경건한 신앙을 지닌 여자들에게 가장 합당한 장신구이고, 땋아서 둘둘 말아 마치 똥을 싸놓은 것 같은 모양의 머리 장식이나, 작은 노란색 흙덩이나 돌 같은 모양을 한 머리 장식이나, 가련한 누에 모양을 한 머리 장식은 경건한 부녀들이 경멸하는 것이 마땅하기 때문이다.

11. 여자는 일체 순종함으로 조용히 배우라.

사도는 예배를 위한 공적인 모임에서는 여자들은 자신의 본분을 지켜서 조용히 배움으로써, 여자의 머리인 남자에게 순종한다는 것을 나타내는 것이 마땅하다고 말한다.

12. 여자가 가르치는 것과 남자를 주관하는 것을 허락하지 아니하노니 오직 조용할지니라.

사도는 믿는 자들의 공적인 모임에서 "여자가 가르치는 것"은 허락되지 않는 것이 원칙이라고 말한다. 하지만 마리아나 안나, 훌다와 드보라처럼, 성령의 특별한 은사를 받아서 여선지자가 된 경우는 예외이다. 사도는 고린도전서 11:5에서 "무릇 여자로서 머리에 쓴 것을 벗고 기도나 예언을 하는 자는 그 머리를 욕되게 하는 것이니 이는 머리를 민 것과 다름이 없음이라"고 말함으로써, 실제로 초대 교회에서 여자들도 예언하였다는 것을 보여 준다. 따라서 여자들이 믿는 자들의 공적인 모임에서 일상적으로 가르친다면, 그것은 여자의 머리인 "남자를 주관하는 것"이 된다. 사도는 고린도전서 11:3에서 "나는 너희가 알기를 원하노니 각 남자의 머리는 그리스도요 여자의 머리는 남자요 그리스도의 머리는 하나님이시라"고 말함으로써, 여자가 남자를 주관하는 것을 금하였고, 여기에서도 다시 한 번 그것을 금한다. 교회에서 일부 특별한 계시들을 받은 여자들이 말을 하고 가르치자, 다른 여자들도 그것을 보고서 담대함을 얻어서 자신들도 그렇게 하고자 했던 것으로 보이고, 사도는 여기에서 바로 그런 여자들에 대하여 경고하고 있는 것 같다. 그럼에도 불구하고, 여자들은 가정에서는 자녀들을 가르칠 수 있고, 특히 남편의 부재 중에는 집안의 자녀들과 권속들을 가르칠 의무가 있다.

13. 이는 아담이 먼저 지음을 받고 하와가 그 후며.

사도는 하나님께서 남자를 여자보다 먼저 지으셨다는 것, 그리고 남자가 여자를 위해서 지음 받은 것이 아니라, 여자가 남자를 위하여 돕는 배필로 지음을 받은 것이라는 사실을 근거로 들어서, 남자를 위해 지음 받은 여자가 남자를 주관해서는 안 된다고 말한다.

14. 아담이 속은 것이 아니고 여자가 속아 죄에 빠졌음이라.

또한, 사도는 아담이 뱀에게 먼저 속은 것도 아니었고, 뱀의 직접적인 시험을 받아 거기에 넘어간 것도 아니었으며, 단지 뱀의 하수인이 된 여자의 유혹을 받고 속아 넘어간 것인 반면에, 시간적인 순서상으로 먼저 죄에 빠진 것도 여자였고, 남자를 유혹해서 범죄하게 만드는 데 기여한 것도 여자였기 때문에, 뱀에게 속아서 인류가 죄에 빠지게 된 주된 책임은 여자에게 있고, 그런 이유로 인해서 하나님께서는 여자를 남자의 권위 아래 두신 것이라고 말하면서, 그렇기 때문에 여자들은 남자의 권위를 인정하고 스스로를 낮추어 행하는 것이 마땅하고, 남자를 주관해서는 안 된다고 명한다.

15. 그러나 여자들이 만일 정숙함으로써 믿음과 사랑과 거룩함에 거하면 그의 해산함으로 구원을 얻으리라.

그러나 여자들이 … 그의 해산함으로 구원을 얻으리라. 여자는 뱀에게 속아서 금지된 열매를 맨 먼저 먹고, 뱀의 하수인이 되어서, 남편으로 하여금 자기와 똑같이 행하도록 유혹하는 잘못을 저질렀기 때문에, 하나님께서는 모든 여자들을 남자의 권위 아래에 두시고서, 여자들로 하여금 스스로 낮아져서 섬기는 삶을 살게 하시고, 남자를 주관하여 하나님이 세우신 질서를 어지럽히지 않도록 명하셨다. 하지만 나중에 여자에게서 나신 중보자의 대속 사역으로 말미암아, 여자들은 현세에서 해산으로 인한 위험으로부터 건짐을 받게 되었을 뿐만 아니라, 영원한 구원도 받을 수 있게 되었기 때문에, 절망할 이유는 전혀 없다. 사도는 여기에서 여자들은 하나님이 자신들에게 주신 의무를 신실하게 준행하고, 자신들에게 주어진 십자가들과 고난들을 인내로써 감당하며, 특히 "해산함"으로 인한 고통과 위험을 감수함으로써 구원을 받을 수 있다고 말하는데, 마찬가지로 남자들도 믿음을 가지고서 거룩한 삶을 살아가고, 하나님이 사람들에게 명하신 일들을 순종하여 행하며, 하나님이 사람들에게 주시는 십자가들과 고난들을 인내로써 감당함이 없이는 구원 받을 수 없다는 점에서, 남자나 여자는 동일한 입장과 처지에 놓여 있다고 할 수 있다. 왜냐하면, 여자들은 먼저 뱀에게 속아서 범죄하였고, 남편을 유혹해서 똑같은 죄를 짓게 한 까닭에, 하나님의 진노하심의 주된 표적이 되기는 하였지만, 그리스도께서는 자신의 고난과 죽으심을 통해서 그러한 비참하고 쓰디쓴 죄의 결과물들을 다 제거해 주셨기 때문이다.

만일 정숙함으로써 믿음과 사랑과 거룩함에 거하면. 사도는 여자들이 그리스도를 믿는 믿음을 가지고서 하나님과 자신의 남편과 성도들을 사랑하며 모든 거룩함 가운데서 정숙하게 살아간다면, 구원을 얻게 될 것이라고 말한다. 어떤 이들은 사도가 앞에서 14절에 나오는 "여자"와 여기에 나오는 "구원을 얻으리라"는 동사를 모두 단수형으로 사용하고 있다는 점을 근거로 들어서, 이 구절에서 "거하면"이라는 복수형 동사의 주어는 "여자들"이 아니라 "자녀들"로 보아야 한다고 주장한다. 하지만 어떤 종이나 성별을 나타내는 집합명사를 단수형으로 표현하였다가, 나중에는 그것을 복수형으로 받는 것은 흔한 일일 뿐만 아니라, 여기에서 사도가 여자들이 낳은 자녀들이 믿음을 지니고 거룩하게 살아야만, 어머니가 구원받을 수 있다고 말함으로써, 여자들에게는 자녀들을 믿음 가운데서 양육하기 위하여 온 힘을 다해야 할 이유가 있다는 것을 보여 준 것이라고 말하는 것은, 이치에 맞지 않고, "거하면"이라는 동사에 대한 합당한 해석이 되기도 어려운 것으로 보인다.

MATTHEW POOLE'S COMMENTARY

디모데전서 3장

개요

1. 감독의 직분을 원하는 것은 선한 일을 사모하는 것임(1).
2. 감독이 되는 데 필요한 자격요건들(2-7).
3. 집자가 되는 데 필요한 자격요건들(8-13).
4. 바울이 디모데에게 이 서신을 쓴 이유를 밝힘(14-15).
5. 기독교 계시의 중요한 진리들(16).

1. 미쁘다 이 말이여, 곧 사람이 감독의 직분을 얻으려 함은 선한 일을 사모하는 것이라 함이로다.

미쁘다 이 말이여. 사도는 먼저 자기가 이제 하려는 말이 참되고 믿을 만한 말이기 때문에, 아무도 이의를 제기할 수 없고 의심해서도 안 되는 말이라고 단정적으로 선언한다. 사람이 감독의 직분을 얻으려 함은 선한 일을 사모하는 것이라. "사람이 감독의 직분을 얻으려 한다"는 것은 "어떤 사람이 하나님의 교회를 감독하는 직분을 맡고자 한다면"이라는 뜻이다. "감독"으로 번역된 헬라어 '에피스코페'(ἐπισκοπή)는 일반적으로는 다른 사람들을 감독하는 것을 의미하지만, 이후에 이어지는 말들을 감안하면, 여기에서 이 단어는 교회에 속한 사람들과 일들을 감독하는 것이라는 제한적인 의미를 지닌다. 이 말을 통해서 사도는 적절하고 바람직한 상황에서 교회에 감독의 직분을 두는 것은 합법적인 것임을 보여 주고, 감독의 직분을 원하는 사람은 "선한 일"(*καλὸν ἔργον* - '칼론 에르곤'), 선하고 고귀한 일을 하고자 하는 것이라고 말한다. 교회에서 직분은 "일"이고 "일"이어야 한다. 복음 사역자라는 직함을 지니고 있는 것은 단순히 명예로운 직함을 가지고 있는 것이 아니라, 실제로 "선한 일"을 하는 것을 의미한다. 교회의 "직분"은 가장 고귀한 일이다. 사도는 "사람이 마땅히 우리를 그리스도의 일꾼이요 하나님의 비밀을 맡은 자로 여길지어다 그리고 맡은 자들에게 구할 것은 충성이니라"(고전 4:1-2)고 말하고, "우리가 그리스도를 대신하여 사신이 되어 하나님이 우리를 통하여 너희를 권면하시는 것 같이 그리스도를 대신하여 간청하노니"(고후 5:20)라고 말하며, 요한계시록 2:1에서는 복음 사역자들을 하나님께서 교회들에 보내신 "사자들"이라고 지칭한다. 감독의 직분은 이렇게 선하고 크며 고귀한 일이자 사역이기 때문에, 하나님께서 좀 더 약하고 열등한 성인 여자들이 감독의 직분을 맡는 것을 제한하신 것은 전혀 이상한 일이 아니다. 왜냐하면, 남자들이라고 해서 모두가 다 감독의 직분을 맡을 수 있는 것도 아니고, 남자들 중에서도 사도가 이후에 설명하는 자격요건들을 갖춘 사람들만이 감독의 직분을 맡을 수 있기 때문이다.

2. 그러므로 감독은 책망할 것이 없으며 한 아내의 남편이 되며 절제하며 신중하며 단정하며 나그네를 대접하며 가르치기를 잘하며.

사도는 이 절부터 7절까지에 걸쳐서 복음적인 감독이 되고자 한다면 어떤 사람이어야 하는지를 완벽하게 설명해 나간다. 즉, 여기에는 감독이 되고자 하는 사람들은 어떤 덕목들을 갖추고 있어야 하고, 어떤 악들에서 벗어나 있어야 하며, 행실은 어떠하여야 하고, 자신의 가정은 어떻게 다스리고 있어야 하며, 교회에서는 어떻게 행하고, 외인들에 대해서는 어떻게 행하고 있는 자여야 하는지에 대한 설명이 자세하게 나온다. "감독"은 하나님의 교회를 감독하는 직분을 맡은 사람을 가리킨다. "책망할 것이 없어야" 한다는 것은, 감독은 자신의 인생 속에서 어떤 중대한 죄악을 저질러서 진정으로 비난받아 마땅한 사람이어서는 안 된다는 것이다. "한 아내의 남편이 되어야" 한다는 것은, 당시에 많은 유대인들이 여러 명의 아내를 두었던 것과는 달리, 오직 한 명의 아내만을 두고, 동시에 두 명 이상의 아내를 두어서는 안 된다는 것이다. 일부다처제는 유대인들 가운데서만이 아니라 그 밖의 다른 동방의 나라들 가운데서 일상적으로 행해졌다. 그러나 일부다처제는 하나님께서 결혼 제도를 제정하신 목적에 어긋나는 것이었다. 어떤 이들은 사도가 여기에서 한 남자가 일생 동안에 오직 한 명의 아내만을 두어야만 감독의 직분을 맡을 자격이 있다고 말한 것으로 해석해서, 복음 사역자가 재혼하는 것을 잘못된 일로 규정하지만, 성경이나 인간의 이성이나 각 나라들의 관습에 비추어 볼 때, 그들의 그러한 주장은 근거가 없다. 왜냐하면, 남자들은 결혼 후에 얼마 되지 않아서 첫 번째 아내와 사별하는 일이 많은데, 만일 그런 경우에 재혼이 불법이라면, 하나님께서 결혼 제도를 제정하신 목적이 그들에게는 이루어질 수 없기 때문이다. 사도는 여기에서 사역자들에게 단지 "한 아내의 남편"이 되어야 한다고 명하고 있을 뿐이고, 사역자가 되려면 반드시 결혼하여야 한다고 말하고 있지 않기 때문에, 하나님께서 독신의 은사를 주신 경우에는 얼마든지 독신으로 지낼 수 있지만, 로마 가톨릭 교회가 성직자는 결혼해서는 안 된다는 마귀적인 가르침을 베풀고 있는 것과는 달리, 사역자들이 결혼하는 것은 전적으로 합법적인 것임을 아주 분명하게 보여 준다. 여기에서 "절제하며"로 번역된 단어는 바로 뒤에 나오는 "신중하며"로 번역된 단어와 동일한 의미를 지니고 있기는 하지만, 서로 중복되기 때문에, 이 단어는 "깨어 있으며"로 번역하는 것이 좋을 것이다. 즉, 감독은 자신의 직무를 유기하는 일이 없이, 자기에게 맡겨진 양들을 늘 깨어서 돌보아야 하고, 자신의 양들로부터 오랫동안 떨어져 있거나, 함께 있기는 하지만 나태하게 행하여서는 안 된다는 것이다. "신중하다"는 것은, 감독은 사려 깊음과 겸손함과 신중함이 몸에 배어 있어서, 자신의 감정을 다스릴 줄 알아야 한다는 것이다. "단정하다"는 것은, 감독은 품위 있고 단아한 몸가짐과 행실을 지닌 자여야 하고, 교만하고 거만하여 다른 사람들을 멸시하는 자이거나, 다른 사람들과 잘 어울리지 못하는 까다롭고 괴팍한 자여서도 안 된다는 것이다. "나그네를 대접하는" 자라는 것은, 감독은 나그네들, 특히 복음 진리로 인하여 박해를 받아 자신의 고향 땅을 떠날 수밖에 없었던 그런 사람들을 소중히 여기고 사랑하여 온갖 예를 다하여 기꺼이 대접할 줄 아는 자여야 한다는 것이다. "가르치기를 잘한다"는 것은, 감독은 다른 사람들을 가르치는 것을 좋아하고, 가르치는 능력과 자질을 갖추고 있어야 하며, 무지하거나 게으른 자여서는 안 된다는 것이다.

3. 술을 즐기지 아니하며 구타하지 아니하며 오직 관용하며 다투지 아니하며 돈을 사랑하지 아니하며.

"술을 즐긴다"는 것은, 술을 마시면 이성을 잃는 것은 아닐지라도, 술을 마시는 것을 즐겨하기 때문에, 술집에서 술잔을 기울이는 것이 상습화되어 있는 것이다. "구타한다"는 것은, 툭 하면 사람들과 싸우고, 화가 나면 주먹질을 참지 못하는 것이다. "관용한다"는 것은, 사람들에게 가혹하게 행하지 않고, 언제나 공평하게 행하며, 인내심이 많고 온유하며 예의가 바른 사람이어서, 다른 사람들과 다투기를 싫어하여, 자신의 권리가 침해당하더라도 참는 것이다. "다투지 아니한다"는 것은, 주먹으로나 입으로나 다른 사람들과 싸우지 않는 것이다. "돈을 사랑한다"는 것은, 돈을 지나치고 죄악될 정도로 사랑해서, 어떻게든 돈을 벌려고 애를 쓰는 것이다.

4. 자기 집을 잘 다스려 자녀들로 모든 공손함으로 복종하게 하는 자라야 할지며.

자기 집을 잘 다스려. 하나님께서 우리에게 주신 가정은, 우리가 교회를 잘 돌보고 다스릴 수 있는지를 시험하는 곳이기 때문에, 좀 더 작은 공동체인 가정을 잘 다스리는 사람은 자기가 교회를 제대로 다스릴 수 있다는 것을 증명하는 것이다. 자녀들로 모든 공손함으로 복종하게 하는 자라야 할지며. 감독이 되고자 하는 사람은 자녀들이 무례하고 품위 없으며 패역하게 행하도록 내버려 두어서는 안 되고, 자녀들에 대하여 진중하고 위엄 있게 행함으로써, 자녀들로 하여금 공손하게 순종하도록 하여야 한다.

5. (사람이 자기 집을 다스릴 줄 알지 못하면 어찌 하나님의 교회를 돌보리요).

어떤 사람에게 가정이 있고, 그 사람이 그 작은 공동체를 다스릴 수 있는 충분한 자질이나 정직성을 지니고 있지 못하다는 것이 드러났다면, 자기와 늘 함께 생활하는 가족들조차도 제대로 다스리지 못하는 사람이 하나님의 교회를 맡아서 제대로 다스릴 수 있을 것이라고 생각하는 것은 어불성설이 아니겠는가? 왜냐하면, 교회는 가정보다 훨씬 더 큰 공동체이고, 감독은 교회의 지체들과 늘 함께 생활하는 것도 아니며, 교회를 돌보기 위해서는 가정을 돌보는 것보다 훨씬 더 많은 신경을 써야 하는 반면에, 가정을 다스릴 때와 같은 강제력을 사용할 수도 없기 때문이다.

6. 새로 입교한 자도 말지니 교만하여져서 마귀를 정죄하는 그 정죄에 빠질까 함이요.

"새로 입교한 자"는 최근에 그리스도의 교회의 지체가 된 초신자를 가리킨다. 그런 사람들은 자신들이 새롭게 얻은 지식이나 신분이나 권위로 인해서 교만해질 위험성이 크기 때문에, 마귀가 자신의 교만함으로 인해서 받게 된 형벌과 똑같은 형벌을 받게 될 위험이 있거나, 분수를 모르고 행하거나 어떤 악들을 행함으로써 마귀에게 정죄를 당할 빌미를 줄 수 있다. 어떤 이들은 여기에서 "마귀"를 가리키는 것으로 번역된 '디아볼루' (διαβόλου)가 마귀를 가리키는 것이 아니라, 새로 입교한 자 중에서 감독이 된 자를 고소하고 비난하는 자를 가리키는 것으로 이해해서, 이 구절에서 사도는 새로 입교한 자를 감독으로 세우게 되면, 그 사람은 교만하여져서, 자신의 교만한 행실을 고소하거나 비난하는 자들을 역으로 판단하고 비난하며 정죄하는 죄에 빠지게 될 위험이 있다고 말하고 있는 것으로 본다.

7. 또한 외인에게서도 선한 증거를 얻은 자라야 할지니 비방과 마귀의 올무에 빠질까 염려하라.

또한 외인에게서도 선한 증거를 얻은 자라야 할지니. 사도는 교회의 말뚝 밖에 있는 자들 가운데서도 선한 평판을 듣고 있는 사람들을 감독으로 세워야 한다고 말한다. 여기에서 "외인들"이라는 어구는 그런 의미이다. 고린도전서 5:12("밖에 있는 사람들을 판단하는 것이야 내게 무슨 상관이 있으리요마는 교회 안에 있는 사람들이야 너희가 판단하지 아니하랴")과 데살로니가전서 4:12("이는 외인에 대하여 단정히 행하고 또한 아무 궁핍함이 없게 하려 함이라")을 보라. 물론, 외인들에게서 선한 평판을 얻고 있지 않은 사람들도 얼마든지 교회의 지체들이 될 수는 있지만, 교회를 다스리는 자들이 되어서는 안 된다. 왜냐하면, 하나님의 영광은 교회의 지도자들에 대한 사람들의 평판에 많이 좌우되는 까닭에, 교회를 다스리는 자들은 언덕 위에 세워진 등불 같이 그 선한 행실로 빛을 발하는 자들이 되어야 하기 때문이다.

비방과 마귀의 올무에 빠질까 염려하라. 사도는 외인들에게 평판이 좋지 않은 자들을 감독으로 세워서는 안 되는 이유를 여기에서 제시한다. 사도가 제시하는 첫 번째 이유는 외인들이 그들의 이전의 악한 삶을 트집 잡아서 그들을 비방함으로써, 사람들이 그들이 베푸는 가르침을 들을 때에 선입견을 갖게 되면 안 되기 때문이라는 것이고, 두 번째 이유는 "마귀의 올무"에 빠지면 안 되기 때문이라는 것이다. 여기에서 "마귀의 올무"는 그들을 고소하거나 비방하는 자의 올무라는 뜻일 수도 있고, 형제들을 고소하고 비방하는 짓을 일삼는다고 해서 "참소하는 자"라는 뜻의 이름을 얻게 된 마귀의 올무를 가리키는 것일 수도 있다. 외인들로부터 평판이 좋지 않은 사람들이 감독이 되면, 그들은 자신들을 비방하는 외인들에 대하여 증오와 분노, 복수하고자 하는 마음을 품게 될 위험도 있고, 외인들의 비방을 받고 위축되어서 자신들의 직무를 제대로 수행하지 못하게 될 위험도 있으며, 그들의 다스림을 받는 신자들이 그들의 이전의 행실에 대한 외인들의 비방을 빌미로 삼아서 순종하지 않게 될 위험도 있게 된다.

8. 이와 같이 집사들도 정중하고 일구이언을 하지 아니하고 술에 인박히지 아니하고 더러운 이를 탐하지 아니하고.

여기에서 "집사들"로 번역된 단어는 섬기는 자들이라는 의미이기 때문에, 교회에서 봉사하고 섬기는 일을 맡아 행하는 모든 사람들에게 적용될 수 있지만, 교회에서 가난한 자들에게 식사를 대접하는 일을 맡게 된 직분자들을 좀 더 제한적으로 가리키는 데 사용된 용어이기도 하다. 사도행전 6장을 보면, 예루살렘 교회에서 제자들이 많아져서 식사 대접을 하는 일이 많은 시간과 수고를 들여야 하는 일이 되자, 열두 사도는 "모든 제자를 불러" "우리가 하나님의 말씀을 제쳐 놓고 접대를 일삼는 것이 마땅하지 아니하니 형제들아 너희 가운데서 성령과 지혜가 충만하여 칭찬 받는 사람 일곱을 택하라 우리가 이 일을 그들에게 맡기고 우리는 오로지 기도하는 일과 말씀 사역에 힘쓰리라"고 말함으로써, 처음으로 일곱 집사가 세움을 입게 되었고, 로마서 12:7-8과 빌립보서 1:1에서도 "집사"라는 단어를 그런 의미로 사용하고 있다. 따라서 우리는 사도가 앞에서는 감독의 자격요건들에 대하여 말한 후에, 이제 여기에서는 감독과는 구별되는 "집사의 직분"을 맡을 사람은 어떤 자격요건들을 갖추어야 하는지에 대하여 말하고 있는 것으로 해석하여야 한다. 그렇기 때문에, 사도는 집사에 대해서는 "가르치기를 잘하는" 것을 자격요건들 중의 하나로 언급하지 않는다. 물론, 집사들 중에서 스데반과 빌립은 말씀을 전하고 가르쳤지만, 빌립은 "전도자"라는 직분을 겸하였고, 이 때는 박해의 때였기 때문에, 직분을 맡지 않은 평신도들조차도 도처에 나가서 복음을 전하는 일을 하였다는 것을 우리는 감안하여야 한다. 여기에서 사도는 먼저 집사의 직분을 맡을 사람들은 "정중한" 사람일 것을 요구한다. 즉, 집사들은 가볍고 경박한 기질을 지닌 사람이어서는 안 되고, 신중하고 침착하며 겸손하고 품위 있는 행실을 지닌 사람이어야 한다는 것이다. "일구이언을 아니한다"는 것은, 지나치게 말이 많은 사람이어서도 안 되고, 자신의 입으로 말한 것을 무겁게 여기지 않고, 자기가 만나는 사람들이나 장소나 상황에 맞춰서 말을 바꾸고 뒤집는 사람이어서는 안 된다는 것이다. "술에 인박히지 아니한다"는 것은 술집이나 술 마시는 곳에 자주 가지 않는 사람이어야 한다는 것이다. "더러운 이를 탐한다"는 것은, 이익을 얻고 돈을 버는 데 혈안이 되어서, 그 어떤 추악하고 비열한 방법으로라도 수단과 방법을 가리지 않는 이득을 챙기는 것을 의미한다. 따라서 "더러운 이를 탐하지 아니하는" 자들은 어떤 식으로든 더럽고 정직하지 못한 방법으로 돈을 벌거나 이득을 얻는 것을 혐오하는 자들이다.

9. 깨끗한 양심에 믿음의 비밀을 가진 자라야 할지니.

집사의 직분을 맡을 자들은 무지하거나 변덕스러운 자들이어서는 안 되고, 복음의 비밀들을 알고 믿고 간직하고서, 거룩한 삶을 살아가는 자들이어야 한다.

10. 이에 이 사람들을 먼저 시험하여 보고 그 후에 책망할 것이 없으면 집사의 직분을 맡게 할 것이요.

교회의 낮은 직분을 맡게 될 자들에 대해서도 잘 살피고 검증한 후에 직분을 맡기는 것이 합당하지만, 특히 교회의 높은 직분을 맡게 될 자들에 대해서는 더욱더 자세히 살피고 신중한 논의를 거치는 것은 물론이고, 그들에게 직분을 맡기기 한참 전부터 그들의 삶과 행실이 어떠한지를 눈여겨보아야 한다. 특히, 사도는 여기에서 감독과 집사의 직분을 맡을 자들의 삶과 행실을 잘 살펴보도록 명하는 것으로 보이고, 그러한 검증을 통해서 그들이 "책망할 것이 없다"는 것이 확인되면, 그 때 가서 그들에게 직분을 맡기는 것이 합당하다고 말한다.

11. 여자들도 이와 같이 정숙하고 모함하지 아니하며 절제하며 모든 일에 충성된 자라야 할지니라.

흠정역에서는 "그들의 여자들," 즉 "그들의 아내들"이라고 번역하고 있지만, 헬라어 본문에는 "그들의"가 없다. 이렇게 어떤 이들은 사도가 여기에서 집사들의 아내들에 대하여 말하고 있는 것으로 오해하기도 하지만, 사도는 로마서 16:1("내가 겐그레아 교회의 일꾼으로 있는 우리 자매 뵈뵈를 너희에게 추천하노니")에 언급된 "뵈뵈" 같이 집사의 직분을 맡은 여자들에 대해서 말하고 있는 것이다. 우리는 사도가 "이와 같이 정숙하고"라는 표현을 통해서, 남자 집사이든 여자 집사이든, 집사의 직분을 맡게 될 자들은 가볍고 경박하며 수다스러운 자들이어서는 안 되고, 침착하고 진지하고 진중한 자들이어야 한다고 말하고 있는 것으로 이해할 수 있을 것이다. "모함하지 아니한다"로 번역된 단어는 헬라어로 "마귀 짓을 하는"이라는 의미이다. "마귀"라는 이름은 "모함하는 자"라는 의미를 지닌다. 사도는 다른 사람들을 욕하고 비방하며 모함하는 자들이 집사가 되어서는 안 된다고 말한다. "절제한다"는 것이 무슨 의미인지에 대해서는, 우리가 디모데전서 3:2을 살펴볼 때에 설명한 바 있다. "모든 일에 충성되다"는 것은, 모든 면에서 정직하여서, 무슨 일이든 믿고 맡길 수 있다는 것이 검증된 사람이라는 것을 의미한다.

12. 집사들은 한 아내의 남편이 되어 자녀와 자기 집을 잘 다스리는 자일지니.

사도가 이 절에서 말하는 집사의 두 가지 자격요건들은 감독에 대해서도 요구한 자격요건들이었다. 이 두 가지가 무엇을 의미하는지에 대해서는, 우리가 이미 디모데전서 3:2, 4에서 살펴본 바 있다.

13. 집사의 직분을 잘한 자들은 아름다운 지위와 그리스도 예수 안에 있는 믿음에 큰 담력을 얻느니라.

집사의 직분을 잘한 자들은 아름다운 지위를 … 얻느니라. 집사의 직분을 잘 감당한 자들은 "아름다운 지위," 즉 상당한 존귀함을 얻게 되기 때문에, 아무도 집사의 직분을 사양하거나 무시해서는 안 된다. 어떤 이들은 사도는 여기에서 집사의 직분을 잘한 자들은 교회의 더 높은 직분을 얻게 될 것이라고 말하고 있는 것으로 해석하지만, 앞의 설명이 사도의 의도에 더 부합하는 것으로 보인다. 왜냐하면, 초대 교회가 집사의 직분을 충성되이 잘 감당해 온 자들 중에서 교회의 더 높은 직분을 맡을 자들을 선택하였을 가능성은 대단히 높고, 또한 그렇게 하는 것이 이치에 합당한 것이기는 하지만, 교회의 더 높은 직분을 맡게 된 모든 자들을 집사들 중에서 선택하는 것이 보편화되어 있었던 것도 아니었고, 집사들 중에서는 그 직분을 잘 감당한 자들이 아주 많았을 것이지만, 그렇다고 하더라도 그들이 모두 다 말씀을 잘 가르치는 은사를 받은 '디닥티코이' (διδακτικοὶ, "가르치기에 능한 자들")였던 것은 아니었을 것인데, 초대 교회는 말씀을 잘 가르치는 은사를 받지 않은 사람들에게 교사나 목사나 감독의 직분을 맡겼을 것 같지는 않기 때문이다.

그리스도 예수 안에 있는 믿음에 큰 담력. 집사의 직분을 잘 감당한 사람들은 대체로 그리스도의 믿음의 교훈을 담대하게 전할 수 있는 "담력"(παῤῥησίαν - '파르레시안')을 얻게 된다. 왜냐하면, 집사의 직분을 수행하다 보면, 교회의 목회자들이나 지체들과 많은 교제를 갖게 되고, 그러한 교제를 통해서 믿음의 교훈을 더 잘 알게 될 뿐만 아니라, 우리가 일상적인 경험을 통해서 알고 있듯이, 많은 사람들이 자기가 잘 모르는 것들을 낯선 사람들에게 전할 때에는 지나치게 수줍어하고 망설이게 되는데, 이제 믿음의 교훈을 아는 지식에 대하여 자신감이 붙은 까닭에, 그러한 수줍어하고 소극적으로 행하는 것을 떨쳐 버리고 담대하게 믿음의 교훈을 전할 수 있게 되기 때문이다. 또는, 사도는 여기에서 선한 양심으로부터 생겨나는 "담력"에 대해서 말하고자 한 것일 수도 있다. 집사의 직분을 맡은 자들이 자신의 직분을 소홀히 하고 불성실하게 감당하게 되면, 그들은 죄책감으로 인해서 소극적이게 되고 의기소침하게 된다. 그러나 하나님의 선하고 신실하며 충성된 종들은 주 예수 안에 있는 믿음이 주는 "자유함"과 "담력"을 얻게 되어서, 자신의 직분과 관련된 모든 일들을 두려움 없이 담대하게 감당하게 된다.

14. 내가 속히 네게 가기를 바라나 이것을 네게 쓰는 것은.

사도는 자기가 지금 마게도냐 또는 아덴, 또는 그 근방의 어느 곳에 있으면서 이 서신을 써서, 에베소에 남아서 교회의 일들을 돌보고 있는 디모데에게, 에베소에 있는 여러 교회들의 직분을 맡을 자들로 어떤 사람들을 세워야 하는지에 대하여 명하고 있는 것은, 자기가 에베소에 있는 디모데에게 속히 가기를 바라고 있기는 하지만, 실제로는 언제가 되어야 갈 수 있을지가 확실하지 않기 때문이라고 말한다. 사도는 결국 에베소로 디모데를 찾아가지 못하였고, "드로아"에서 디모데를 만났다 (행 20:5).

15. 만일 내가 지체하면 너로 하여금 하나님의 집에서 어떻게 행하여야 할지를 알게 하려 함이니 이 집은 살아 계신 하나님의 교회요 진리의 기둥과 터니라.

만일 내가 지체하면 너로 하여금 하나님의 집에서 어떻게 행하여야 할지를 알게 하려 함이니. 사도는 이렇게 말한다: "나는 빠른 시일에 너를 만나러 갈 수 있기를 바라지만, 하나님께서 나를 어떻게 하실지는 나도 모르는 일이기 때문에, 그동안에 내가 네게 맡긴 에베소 교회의 일들을 네가 어떤 식으로 처리해야 하는지를 알게 하기 위하여 이 서신을 썼다. 그 일들은 아주 중요하다. 왜냐하면, 에베소에 있는 성도들은, 이교도들의 신들이나 신격화된 죽은 자들이나 우상들을 섬기는 생명 없는 자들과는 달리, 그 자체가 생명이실 뿐만 아니라 생명의 원천이신 하나님의 부르심을 받아 교회를 이룬 자들일 뿐만 아니라, 하나님께서 그들 가운데서 거하셔서, 그들로부터 예배를 받으시는 '하나님의 집' 이기 때문이다." 그리스도께서는 하나님의 교회를 사랑하셔서, 그 교회를 위하여 자신을 내어 주심으로써, "물로 씻어 말씀으로 깨끗하게 하사 거룩하게" 하셨을 뿐만 아니라(엡 5:26), 사람이 자기 집에 대하여 그렇게 하듯이, 자신의 성령의 은혜와 은사들로 매일같이 교회를 확장하시고 아름답게 단장하셔서, "자기 앞에 영광스러운 교회로 세우사 주름 잡힌 것이나 이런 것들이 없이 거룩하고 흠이 없게" 하고 계시기 때문에(엡 5:27), 사도는 "하나님의 집"인 교회를 지극히 사랑하였고, 교회를 돌보는 일에 온 힘을 다하였는데, 에베소에 남아서 교회를 돌보고 있는 디모데에게 지금 이 서신을 쓰게 된 것도 바로 그런 마음에서였다.

이 집은 살아 계신 하나님의 교회요 진리의 기둥과 터니라. 사도는 계속해서 교회는 "진리의 기둥과 터"(στύλος καὶ ἑδραίωμα - '스튈로스 카이 헤드라이오마')라고 말한다. 헬라어 본문에 나오는 "기둥"과 "터"라는 두 단어는 이 구절의 의미를 제대로 밝히는 데 아주 중요하지만, 영어로는 그 의미들을 제대로 드러내기가 어렵다. 여기에서 "터"로 번역된 단어인 '헤드라이오마' 는 "별"을 의미하는 '헤드라' (ἕδρα)에서 온 것인데, '헤드라' 는 이교의 신전들에서 우상을 떠받치는 좌대, 또는 그 위에 우상을 놓았던 장소를 가리킨다. 따라서 '헤드라이오마' 는 어떤 것을 세워 두거나 기대어 놓을 때에 사용하는 견고한 받침대를 의미하기 때문에, "기둥"으로 번역된 첫 번째 단어와 거의 동일한 의미를 지닌다. 그러므로 사도는 여기에서 "진리"를 밑에서 떠받쳐 주고 옆에서 견고하게 지지해 주는 것이 바로 "하나님의 집"인 교회라는 것을 말하기 위해서, 서로 거의 동일한 의미를 지니는 두 단어를 사용한 것이다. "기둥"은 건물을 견고히 지지해 주는 역할을 하고, 여기에서 "터"로 번역된 받침대 또는 좌대는 조각상을 밑에서 견고히 떠받쳐 준다. 또한, "기둥들"은 옛적에 왕들이나 법정에서 반포한 공적인 포고문들을 모든 사람들이 볼 수 있게 붙여 놓는 데도 사용되었다. 이런 의미에서 사도는 교회를 "진리의 기둥과 터"라고 부른다. 왜냐하면, 교회는 하나님의 진리들을 널리 알리고 떠받치며 지지하는 곳인 까닭에, 진리들의 본산이고, 오직 거기에서만 진리들이 발견될 수 있기 때문이다. 하나님께서는 자신의 말씀들과 비밀들을 교회에 맡기셨고, 마치 포고문들을 기둥들에 붙이듯이, 교회에 붙여 놓으셔서, 모든 사람들로 하여금 하나님의 진리들을 보고 알 수 있게 하셨다. 그러나 그러한 구원의 진리, 또는 우리가 그 진리를 믿는 믿음은, 교황주의자들이 헛되이 주장하는 것과는 달리, 교회의 권위에 의해서 확정되는 것이 아니라, 그 진리의 원천이신 하나님의 권위에 의해서 확정된다. 개별적인 교회들은 진리들을 드러내고 증언하지만, 개 교회들의 증언은 그 진리들이 참되다는 것을 보증하는 토대나 근거가 될 수는 없다. 오직 보편 교회만이, 우리가 앞에서 살펴본 의미에서 진리의 "기둥과 터"가 될 수 있다. 그리고 디모데가 돌보고 있던 에베소 교회는 그 보편 교회의 진정한 일부를 구성하고 있었다.

16. 크도다 경건의 비밀이여, 그렇지 않다 하는 이 없도다 그는 육신으로 나타난 바 되시고 영으로 의롭다 하심을 받으시고 천사들에게 보이시고 만국에서 전파되시고 세상에서 믿은 바 되시고 영광 가운데서 올려지셨느니라.

크도다 경건의 비밀이여, 그렇지 않다 하는 이 없도다. 우리가 여기에서 "그리고"(한글개역개정에는 번역되지 않음 — 역주)로 번역한 불변화사 '카이'(καὶ)는 여러 가지 의미와 용법으로 사용되기 때문에, 여기에는 어떤 의미로 사용되고 있는지를 따져 보아야 하지만, 이 불변화사가 앞 절의 마지막에 언급된 "진리"에 걸리는 것인지, 아니면 디모데가 하나님의 집을 돌보는 데 온 힘을 다해야 하는 또 다른 이유를 제시하기 위한 도입어로 사용되고 있는 것인지는 불확실하다. 전자로 해석하는 경우에는, 이 불변화사는 보충해설을 위한 도입어가 되고, 사도는 자기가 앞에서 "진리의 기둥과 터"라고 말하였을 때, "진리"가 무엇을 의미하는지를 여기에서 보충적으로 설명하고 있는 것이 된다. 즉, "진리"는 "경건의 비밀"이라는 것이다. 사도는 먼저 복음을 "경건의 비밀"이라고 부른 후에, 복음이 "경건의 비밀"인 이유를 증명해 나간다. 왜냐하면, 복음이라는 것은 어떻게 하는 것이 하나님을 올바르게 예배하고, 하나님 앞에서 올바르게 행하는 것인지를 가르치는 "경건"에 관한 교훈이기 때문이다. "비밀"(또는, "신비")이라는 단어는 이교도들로부터 유래한 단어인데, 그들은 자신들의 미신이나 우상 숭배와 관련해서 비밀들을 가지고 있었다. "비밀"은 신성하고 비밀스러운 것을 의미한다. 이교도들에게는 크고 작은 신들이 있었고, 크고 작은 비밀들이 있었다. 바울은 경건에 관한 교훈인 복음을 "큰 비밀"이라고 부르고, 복음이 큰 비밀이라는 것에 이의를 제기하는 사람은 아무도 없다고 말한다. 그런 후에, 사도는 복음이 무엇인지를 우리에게 말해 주기 위해서, 복음의 핵심을 설명해 나간다.

그는 육신으로 나타난 바 되시고 영으로 의롭다 하심을 받으시고. 복음은 참 하나님이신 분, "만물 위에 계셔서 세세에 찬양을 받으실 하나님"(롬 9:5)이 "육신으로 나타난 바 되셨다"는 것을 우리에게 가르쳐 준다(요 1:14, "말씀이 육신이 되어 우리 가운데 거하시매 우리가 그의 영광을 보니 아버지의 독생자의 영광이요 은혜와 진리가 충만하더라"). 어떻게 무한한 신성이 유한한 인성과 연합되어서 한 인격을 이룰 수 있었는가 하는 것은 "비밀"이고 "큰 비밀"이다. 이렇게 육신으로 나타나신 이 하나님께서는 "영으로 의롭다 하심을 받으셨다." 어떤 이들은 여기에서 "영"은 그리스도께서 지니신 신성을 지칭하는 것이라고 보고서, 그리스도께서는 이 신성을 지니고 계셨기 때문에, 육신을 입고 계시면서도 수많은 이적들을 행하실 수 있으셨고, 죽임을 당하신 후에는 죽은 자 가운데서 다시 살아나셔서, "의롭다 하심을 받으시고," 자기가 하나님의 아들이라는 것을 생생하게 증명하신 것이라고 말한다. 또는, 여기에서 "영"은 삼위일체 하나님의 제3위이신 성령을 지칭하는 것일 수도 있다. 그리스도께서는 이 성령의 역사를 통해서 동정녀 마리아의 몸에 잉태되셨다(눅 1:34-35, "마리아가 천사에게 말하되 나는 남자를 알지 못하니 어찌 이 일이 있으리이까 천사가 대답하여 이르되 성령이 네게 임하시고 지극히 높으신 이의 능력이 너를 덮으시리니 이러므로 나실 바 거룩한 이는 하나님의 아들이라 일컬어지리라").

천사들에게 보이시고. 천사들은 그리스도께서 잉태되셨다는 것을 알렸고(눅 1:32-33), 그리스도께서 태어나신 것을 보고서 하나님께 찬송하고 영광을 돌렸으며(눅 2:10-11), 그리스도께서 시험을 다 받으신 후에는 그에게 나아와 수종을 들었고(마 4:11), 그리스도께서 죽음의 고난을 받으실 때에는 그를 위로하고, 그리스도의 부활을 알렸으며(마 28장), 그리스도께서 승천하실 때에는 그를 호위하였다(행 1:10).

만국에서 전파되시고. 그리스도께서 이방인들에게 전파되신 일도 지극히 큰 "비밀"이었기 때문에, 베드로는 환상을 통해서 확증을 받기 전까지는(행 10장), 그것이 하나님의 뜻이라는 것을 믿을 수 없었다. 어떤 이들은 사도가 이 말을 여기에 덧붙인 이유는, 우리가 앞에서 말했듯이, 이교도들에게는 크고 작은 비밀들이 있었는데,

그 중에서 큰 비밀들은 외인들이 아는 것을 허락해서는 안 된다는 미신이 있었기 때문에, 그러한 미신을 타파하기 위한 것이었다고 생각한다.

세상에서 믿은 바 되시고. 몇 사람의 어부들의 증언과 사역, 그리고 그리스도께서 유대 땅에서 행하신 일들에 관한 소문에 의거해서, 세상 사람들이 그리스도를 자신들의 구주로 영접하고 받아들인 것은 다른 어떤 것들만큼이나 "큰 비밀"이었다. 그것은 그리스도의 가르침은 인간의 이성으로는 이해할 수 없는 것이었고, 인간 본성의 성향이나 취향에 맞지도 않는 것이었다는 점에서 특히 그러하였다.

영광 가운데서 올려지셨느니라. 사도는 그리스도께서 승천하신 사실 속에는 그리스도의 부활이 이미 전제되어 있기 때문에, 굳이 부활에 대해서는 언급하지 않는다. 그리스도께서 영광 중에 승천하신 일은 그리스도가 "육신으로 나타나신 바 된 하나님"이시라는 것을 증명해 주는 결정적인 증거였다.

MATTHEW POOLE'S COMMENTARY

디모데전서 4장

개요

1. 후일에 큰 배교가 일어날 것이라고 예언하고, 그 배교에 대하여 설명함(1–5).
2. 어떤 교훈들을 가르쳐야 하는지를 디모데에게 명함(6–11).
3. 디모데 자신과 그의 가르침을 받는 자들을 구원하기 위해서 어떤 규범들에 의거해서 자신의 행실을 규율해야 하는지를 말해 줌(12–16).

1. 그러나 성령이 밝히 말씀하시기를 후일에 어떤 사람들이 믿음에서 떠나 미혹하는 영과 귀신의 가르침을 따르리라 하셨으니.

성령이 밝히 말씀하시기를. 옛적에 선지자들은 하나님으로부터 받은 말씀들을 전할 때에는, 그 계시들을 전하기에 앞서 먼저 "여호와께서 말씀하시기를"(사 1:2; 렘 1:2; 욜 1:1)이라는 말을 덧붙임으로써, 자기가 이제부터 전하는 것들이 하나님의 말씀이라는 것을 분명하게 밝히는 것이 관례였다. 여기에서 사도도 마찬가지로 장래에 일어날 일들에 관하여 예언하기에 앞서, "성령이 밝히 말씀하시기를"이라는 말을 덧붙임으로써, 자기가 지금부터 하는 말들은 성령으로부터 받은 말씀들이라는 것을 분명히 한다. 여기에서 "밝히"는 성령이 바울에게 계시하신 것이 분명하다는 것을 나타내는 말로서, "모호하게"와 반대되는 "분명하게"를 의미한다. 이렇게 초대 교회에서 성령은 사람들에게 역사하여 분명하게 말씀하셨기 때문에, 사도행전 10:19에서는 "베드로가 그 환상에 대하여 생각할 때에 성령께서 그에게 말씀하시되 두 사람이 너를 찾으니"라고 보도하고, 사도행전 13:1-2에서는 "안디옥 교회에 선지자들과 교사들이 있으니 곧 바나바와 니게르라 하는 시므온과 구레네 사람 루기오와 분봉 왕 헤롯의 젖동생 마나엔과 및 사울이라 주를 섬겨 금식할 때에 성령이 이르시되 내가 불러 시키는 일을 위하여 바나바와 사울을 따로 세우라 하시니"라고 보도한다. 왜냐하면, 구약 시대의 선지자들에게는 계시들이 다양한 방식으로 그림자들과 모형들을 통해서 종종 주어졌던 반면에, 신약 시대에는 성령께서 사람들이 아주 똑똑하고 분명하게 알아들을 수 있는 방식으로 계시들을 주셨고, 여기에서는 장차 어떤 미혹하는 자들이 교회에 들어와서 거짓된 교훈들을 퍼뜨릴 것인지에 대해서 바울에게 분명하게 계시해 주셨기 때문이다. 따라서 사도가 "성령이 밝히 말씀하셨다"는 것은, 우리가 앞에서 인용한 사도행전 10:19과 13:2의 경우처럼, 성령께서 사도의 내면에 계시해 주셨다는 것을 가리키는 것일 수도 있고, 이 구절에서 동사가 '레게이' (λέγει)라는 현재 시제로 사용되고 있는 점으로 미루어 볼 때, 사도가 글로 기록된 말씀, 곧 구약 성경을 통해서 계시를 받았다는 것을 가리키는 것일 수도 있는데, 후자일 가능성이 훨씬 더 높다. 당시에는 신약 성경은 기록되지 않았기 때문에, 오직 구약 성경만이 있었다.

하지만 여기에서 문제가 되는 것은, 성령께서 구약 성경의 어느 곳에서 후일에 배교가 있을 것에 대하여 분명하게 말씀하셨느냐 하는 것이다. 조셉 미드(Joseph Mede, 주후 1586-1638년, 성서학자)는 바울은 다니엘서 11장을 염두에 두고 그런 말을 한 것이라고 주장하면서, 그 중에서 다니엘서 11:30에 나오는 "이는 깃딤의 배들이 이르러 그를 칠 것임이라"는 말씀은 로마 제국에 대한 예언이고, 다니엘서 11:35-39에 나오는 말씀, 즉 "그들 중 지혜로운 자 몇 사람이 몰락하여 무리 중에서 연단을 받아 정결하게 되며 희게 되어 마지막 때까지 이르게 하리니 이는 아직 정한 기한이 남았음이라 그 왕은 자기 마음대로 행하며 스스로 높여 모든 신보다 크다 하며 비상한 말로 신들의 신을 대적하며 형통하기를 분노하심이 그칠 때까지 하리니 이는 그 작정된 일을 반드시 이룰 것임이라 그가 모든 것보다 스스로 크다 하고 그의 조상들의 신들과 여자들이 흠모하는 것을 돌아보지 아니하며 어떤 신도 돌아보지 아니하고"라는 말씀은 적그리스도에 대한 예언이라고 말한다. 이 박식한 사람은 이 구절들은 로마 제국의 수많은 승리와 번영과 몰락과 분할에 관한 놀라울 정도로 뛰어난 예언인데, 특히 36절에서 그들이 자신들의 이전의 이교적인 우상 숭배를 내팽개쳐 버리고, 그런 후에 기독교 신앙으로부터 변절하며, 거기에서 "여자들이 흠모하는 것"으로 표현된 "혼인"을 금하고, 그 어떤 신도 인정하지 않게 될 것이라고 말하고 있는 부분이 바울이 여기에서 말하고 있는 배교와 일치한다고 주장한다.

사도는 이러한 배교가 "후일에" 일어나게 될 것이라고 말한다. 우리가 앞에서 언급한 저 유명한 저자에 의하면, "마지막 때"는 로마 시대에 시작된 그리스도의 나라의 때이다. 그는 사도는 바로 그 시기에 이 서신을 쓰면서, 그 때로부터 "후일에" 있을 일에 대하여 예언하고 있는 것이기 때문에, 그가 언급한 "후일"은 이 마지막 때의 후반부를 가리키는 것이고, 로마 제국의 멸망을 기점으로 시작되었으며, 따라서 로마가 멸망하고 나서, 데살로니가후서 2:7-8에서 "불법의 비밀이 이미 활동하였으나 지금은 그것을 막는 자가 있어 그 중에서 옮겨질 때까지 하리라 그 때에 불법한 자가 나타나리니 주 예수께서 그 입의 기운으로 그를 죽이시고 강림하여 나타나심으로 폐하시리라"고 말하고 있는 "불법한 자," 곧 적그리스도가 나타났다고 말한다.

사도는 "후일에 어떤 사람들이 믿음에서 떠나 미혹하는 영"에 귀를 기울이게 될 것이라고 분명하게 말씀하였다고 말한다. 여기에 언급된 "미혹하는 영들"에 대해서, 어떤 이들은 "귀신들"을 가리키는 것으로 이해하고, 어떤 이들은 거짓 교사들, 또는 곧이어서 언급되고 있는 "귀신들의 가르침"이라 불리는 거짓된 교훈들을 가리키는 것으로 이해한다. "귀신들의 가르침들"에 대해서는, 어떤 이들은 귀신들이 일러준 교훈들, 또는 귀신들의 교활한 술수에 의해서 널리 퍼뜨려진 교훈들을 가리키는 것으로 이해하고, 어떤 이들은 귀신들에 의해서 널리 퍼진 교훈들이 아니라, 귀신들에 관한 가르침들을 가리키는 것으로 이해해서, 마지막 때에 귀신들에 관한 이교적인 가르침들이 다시 부활하게 될 것을 의미하는 것이라고 설명한다. 이교의 귀신들은 열등한 부류의 신들, 즉 이교도들이 섬기는 최고신들과 사람들 사이에 존재하는 일종의 중간적인 존재들이었는데, 이 귀신들이 하는 일은 최고신들과 사람들 사이에 서서 중재해 주고 사람들을 변호해 주는 것이었다. 왜냐하면, 이교도들은 사람들이 최고신들에게 직접 나아가는 것은 불법이라고 생각하였기 때문이었다. 오늘날 교황주의자들이 천사들과 성인들의 우상들을 만들어 놓고 경배하듯이, 옛적의 이교도들이 귀신들의 우상을 만들어 놓고 그 앞에 절하고 섬겼다. 이것과 관련해서 좀 더 자세한 설명은 조셉 미드(Joseph Mede)가 쓴 『마지막 때의 배교』(*The Apostasy of the Latter Times*, 1641년)와 이 본문에 대하여 매튜 풀이 쓴 라틴어로 된 『주석집요』에 나와 있다. 특히 3절에 언급된 두 가지 가르침, 곧 "혼인을 금하는" 것과 "어떤 음식물은 먹지 말라고 하는" 것을 고려하면, 조셉 미드의 설명은 이 본문의 의미에 대한 제대로 된 설명일 가능성이 대단히 높다.

2. 자기 양심이 화인을 맞아서 외식함으로 거짓말하는 자들이라.

이 구절의 흠정역은 마치 "거짓말하는 자들이라"의 의미상의 주어가 앞 절에 언급된 "영들"이나 "가르침들"인 것처럼 번역해 놓았기 때문에, 이해하기가 몹시 어렵고, 헬라어 본문의 의미와도 맞지 않는다. 왜냐하면, "거짓말하는 자들이라"로 번역된 단어는 헬라어 본문에서 속격으로 되어 있고, 앞 절에 나온 "영들"이나 "가르침들"은 여격으로 되어 있어서, 문법적으로 "거짓말하는 자들이라"의 의미상의 주어를 바로 앞에 나온 "영들"이나 "가르침들"로 보기는 어렵고, 따라서 이 구절의 의미상의 주어는 앞 절의 처음에 언급된 "어떤 사람들"이라고 하여야 하기 때문이다. 앞 절과 이 절을 서로 연결해서 번역하면, 이렇게 될 것이다: "그러나 성령이 분명하게 말씀하시기를 후일에 어떤 사람들이 자기 양심이 화인을 맞아서 외식함으로 거짓말함으로써 믿음에서 떠나 미혹하는 영들과 귀신들의 가르침들을 따르리라 하셨으니." 이것이 이 구절의 의미라는 것은 의심의 여지가 없다. 그러므로 사도는 이 절에서 그 "어떤 사람들"이 어떤 식으로 미혹을 받아 배교하게 될 것인지에 대하여 설명하고 있는 것이 된다. 즉, 그 사람들은 마치 뜨거운 인두로 지져서 마비가 되어 버린 것처럼, 그 양심이 마비되고 죽어 버려서, 외식함 가운데서 천연덕스럽게 거짓말을 하게 되고, 그것 때문에 미혹하는 영들과 귀신들의 가르침들에 미혹되어 배교하게 될 것이라는 것이다. 사도는 미혹된 자들의 특징을 "외식함"이라고 규정한다. 믿음에서 떠나 귀신들의 가르침들에 미혹된 자들은 그들 속에 경건이나 신앙이라는 것은 조금도 없는데도, 마치 자신들이 대단한 경건과 신앙을 지닌 자들처럼 행세하며 밥 먹듯이 거짓말을 일삼게 될 것인데, 바로 이것이 겉과 속이 다르게 행하는 "외식함"의 의미이다. "양심이 화인을 맞은" 자들은, 경건에 대한 감각이나 인식이 전혀 없을 정도로 그 양심이 딱딱해지고 굳어 있어서, 그 어떤 죄악을 저질러도 무감각하고 아무렇지도 않은 자들을 가리킨다. 사도는 이렇게 "외식함"과 "화인 맞은 양심"이라는 이 두 가지 표현을 통해서, 다른 사람들을 속이고 미혹시켜서 거짓된 가르침으로 이끄는 자들이 어떤 자들인지를 우리에게 설명해 준다. 즉, 그런 자들은 자신들이 깊은 경건과 신앙을 지니고 있는 자들인 것처럼 외식하지 않으면 다른 사람들을 미혹할 수 없기 때문에 그런 식으로 외식하게 되고, 아울러 그렇게 외식하고 사람들을 속여도 아무런 죄책감을 느끼지 못할 정도로 양심이 마비되어 있기 때문에 그렇게 할 수 있다는 것이다. 또한, 사도는 "외식함"과 "화인 맞은 양심"이라는 이 두 가지 표현을 통해서, 우리 시대에서 귀신들에 관한 가르침들로 사람들을 미혹시키고, 혼인을 금하고 특정한 음식물들을 먹지 말라고 명하는 거짓 교사들을 너무나 잘 설명해 주고 있다. 사도는 그런 자들의 미혹되고 잘못된 가르침들은 무수히 많지만, 여기에서는 단지 두 가지만을 예로 들고 있다.

3. 혼인을 금하고 어떤 음식물은 먹지 말라고 할 터이나 음식물은 하나님이 지으신 바니 믿는 자들과 진리를 아는 자들이 감사함으로 받을 것이니라.

혼인을 금하고. 헬라어 본문에서는 혼인하는 것을 방해한다는 뜻이지만, 이것은 법으로 혼인을 금지시키고, 어기는 자에게는 엄한 형벌을 가하는 것을 가리키는 것으로 보인다. 사도가 여기에서 언급하고 있는 자들이 누구인지를 놓고서 큰 논란이 있어 왔다. 왜냐하면, 이런 명령을 내린 자가 누구인지를 알아야만, 우리는 여기에서 사도가 장래의 어느 때에 대해서 말하고 있는 것인지를 알 수 있게 될 것이기 때문이다. 역사상에서 혼인을 금하는 명령을 내리고 집행할 수 있었던 사람들이 누구였는지를 생각해 보면, 우리는 이 예언을 교황주의자들 외에는 그 누구에게도 적용하기가 힘들다는 것을 알게 된다. 교황주의자들 이전에도 혼인을 정죄한 무리들이 있기는 하였지만, 그들은 단지 소수의 미미한 집단이었기 때문에, 형벌이 수반되는 법률들을 통해서 혼인을 금할 수 있는 권세를 지니고 있지도 않았고, 교회에서의 자신들의 지위와 위세를 과시하고 유지하기 위해서 그렇게 한 것이기 때문에, 경건한 체 위장하여 외식할 필요도 없었다. 따라서 교황주의자들이 주장하는 것처럼, 사도의 이 예언이 에비온파(the Ebionites), 사투르니누스(Saturninus)와 마르키온(Marcion)의 추종자들 등에 적용될 수 있기는 하겠지만, 사도는 여기에서 교황주의자들에 대하여 말하고 있는 것일 가능성이 훨씬 더 높다. 왜냐하면, 그들은 모든 성직자들에게 혼인하는 것을 금지하였고, 실제적으로 혼인을 금지시킬 권세를 지닌 최초의 집단이었으며, 앞에 언급된 그런 분파들보다 훨씬 더 후대에 속하는 자들이기 때문이다. **어떤 음식물은 먹지 말라고 할 터이나.** 사도는 이 거짓 교사들은 경건을 가장해서 외식함 가운데서 특정한 음식물을 먹지 말라는 가르침을 베풀 것이라고 말한다. 이것은 그 어느 집단만큼이나 교황주의자들에게 잘 부합하는 예언이다. 왜냐하면, 그들이 고기를 먹는 것을 금지하고 있는 것은 잘 알려져 있는 사실이기 때문이다 조셉 미드(Joseph Mede)는 여기에서 성령은 가톨릭의 수도사들과 그들에게 이러한 명령을 내린 자들에 대하여 말씀하고 있는 것임을 확신한다.

음식물은 하나님이 지으신 바니 … 감사함으로 받을 것이니라. 다른 것들과 마찬가지로 "음식물"도 하나님께서 사람들이 사용하라고 지으셨기 때문에, 우리는 짐승들을 죽여서 그 고기를 먹을 권한이 있고, 단지 "감사함으로" 음식물들을 먹으면 된다. 이것은 우리 그리스도인들이 식사를 하기 전에 우리 앞에 차려진 음식에 복을 내려 주시기를 기도하고, 식사를 마친 후에는 하나님께 감사를 돌려드리는 관습이 합당하다는 것을 확증해 준다. 우리 구주께서는 "무리를 명하여 잔디 위에 앉히시고 떡 다섯 개와 물고기 두 마리를 가지사 하늘을 우러러 축사하시고 떡을 떼어 제자들에게 주시매 제자들이 무리에게 주게" 하시거나(마 14:19), "떡 일곱 개와 그 생선을 가지사 축사하시고 떼어 제자들에게 주시니 제자들이 무리에게 주게" 하심을 통해서(마 15:36), 우리에게 친히 모범을 보여 주셨다.

믿는 자들과 진리를 아는 자들이. 이것은 진리를 믿지도 않고 알지도 못하는 자들은 음식물을 먹어서는 안 된다는 의미가 아니라, 믿지 않는 자들은 믿는 자들에게 주어진 것과 같은 피조물들과 관련해서 그러한 선하고 적법한 권한을 가지고 있지 않다는 의미이다. 그래서 사도는 디도서 1:15에서 "깨끗한 자들에게는 모든 것이 깨끗하나 더럽고 믿지 아니하는 자들에게는 아무 것도 깨끗한 것이 없고"라고 말한다. 즉, 진리를 믿고 아는 자들은 하나님께서 모든 음식물들을 먹을 수 있는 자유와 권한을 자신들에게 주신 것을 아는 반면에, 믿지 않는 자들은 음식물들에 대한 자신들의 미신적인 생각들과 제도들로 인하여 그러한 자유와 권한을 박탈당하거나 제대로 누리지 못한다는 것이다.

4. 하나님께서 지으신 모든 것이 선하매 감사함으로 받으면 버릴 것이 없나니.

하나님께서 지으신 모든 것이 선하매. 하나님께서 지으신 모든 것은 그 자체로 선할 뿐만 아니라(창 1:31, "하나님이 지으신 그 모든 것을 보시니 보시기에 심히 좋았더라"), 그 모든 것 속에는 부정함이 없고, 깨끗해서(딛 1:15), 사람들이 그 모든 것들을 "감사함으로" 사용하는 것은 적법하다. **버릴 것이 없나니.** 그렇기 때문에, 우리는 그 어떤 것도 부정하거나 더러운 것으로 규정하고서 거부하고 배척해서는 안 된다. **감사함으로 받으면.** 우리는 하나님이 지으신 모든 것을 사용하는 것이 허락되어 있지만, 그 사용이 적법한 것이 되기 위한 한 가지 조건이 있는데, 그것은 우리가 하나님께 영광을 돌리고 감사를 표하는 가운데 사용하여야 한다는 것이다.

5. 하나님의 말씀과 기도로 거룩하여짐이라.

이 구절에서 "거룩하여진다"는 것은 "깨끗하게 된다," 또는 "사용하기에 적법하게 된다"는 것을 의미한다. 여기에서 "하나님의 말씀"은 복음을 가리키는 것일 수도 있고, 하나님의 정하심을 가리키는 것일 수도 있다. 전자의 해석과 관련해서는, 하나님께서는 여전히 율법을 따라 정한 음식과 부정한 음식을 구별하고 있던 베드로에게 환상을 보여 주시면서, "하나님께서 깨끗하게 하신 것을 네가 속되다 하지 말라"(행 10:15)고 말씀하심으로써, 하나님께서 지으신 모든 것들은 복음 안에서 믿는 자들에게 다 깨끗한 것임을 분명하게 보여 주셨다. 후자와 관련해서는, 하나님께서는 처음부터 모든 것을 선하고 깨끗하게 창조하셨다. 또한, 여기에서 "기도"는 우리가 어떤 것에 대하여 복을 내려 주시라고 하나님께 드리는 기도를 가리킨다.

6. 네가 이것으로 형제를 깨우치면 그리스도 예수의 좋은 일꾼이 되어 믿음의 말씀과 네가 따르는 좋은 교훈으로 양육을 받으리라.

"네가 이것으로 형제를 깨우치면"은 "네가 에베소에 있는 그리스도인들에게 공적으로 말씀을 전하거나, 좀 더 사적으로 교훈을 베풀어서, 이러한 것들을 그들에게 가르친다면"이라는 뜻이다. "그리스도 예수의 좋은 일꾼이 될" 것이라는 것은 "네가 그렇게 하였을 때, 너는 단지 사람들의 종이 되는 것이 아니라, 예수 그리스도의 종으로서의 직분을 신실하고 충성되게 감당하게 될" 것이라는 것이다. 복음 사역자들은 무엇보다도 먼저 그리스도의 일꾼들 또는 종들이고, 이차적으로 교회의 일꾼들이자 종들이다. 어떤 고관의 종이 다른 낮은 지위의 종들에게 품삯이나 음식물을 나누어 줄 때, 그는 자신으로부터 음식물이나 품삯을 받는 자들에게는 "일꾼"이지만, 그것은 이차적인 것이고, 그 종의 지위나 신분은 무엇보다도 먼저 자신의 주인의 종이다. "믿음의 말씀과 … 좋은 교훈으로 양육을 받으리라"는 것은 복음의 일꾼들은 참된 믿음으로 양육을 받고 끝까지 그 믿음을 지키는 자들이 되어야 한다는 것이다. 사도는 디모데가 믿음의 말씀과 선한 교훈에 무지한 자가 아니라, 이미 다 배워서 알고 있기 때문에, 단지 계속해서 그 안에 거하고 끝까지 믿음을 지켜 나가기만 하면 된다는 의미로, "네가 따르는"이라는 말을 덧붙인다.

7. 망령되고 허탄한 신화를 버리고 경건에 이르도록 네 자신을 연단하라.

망령되고 허탄한 신화를 버리고. 사도는 믿음이나 거룩한 삶에 진보나 성장을 가져오는 데 아무런 도움이 되지 않는 온갖 부적절한 말들을 경멸적인 의미로 "나이 든 여인네들이 꾸며낸 실없는 이야기들"이라고 부른다. 그런 이야기들은 하나님의 말씀에 아무런 근거도 없는 것들이고, 강단에서 선포하기에도 부적절한 것들이다. 경건에 이르도록 네 자신을 연단하라. 이것은 경건에 진보가 있게 해 주는 것들을 부지런히 행하고, 경건에 도움이 되는 그런 것들을 다른 사람들에게도 나누어 주며, 자신의 행실과 삶 속에서 경건에 이르는 연습을 끊임없이 하라는 것이다.

8. 육체의 연단은 약간의 유익이 있으나 경건은 범사에 유익하니 금생과 내생에 약속이 있느니라.

육체의 연단은 약간의 유익이 있으나. 특정한 음식물을 먹지 않거나, 정해진 금식일들을 지켜 금식하거나, 뜬 눈으로 밤을 지새우거나, 땅에 눕거나, 맨발로 걷거나, 베옷을 입거나, 금주하고 혼인을 하지 않는 것 같은 육체적인 연단은 사람의 마음과 영혼을 더 나아지게 해 주지 못하기 때문에, 별 유익이 없다. 그러한 것들은 적절하게 사용한다면, 특히 우리가 어떤 심각한 일들을 만난 경우에는 우리로 하여금 기도하기에 더 적합한 심령 상태로 만들어 주는 데 유용할 수도 있기 때문에, 사도는 그러한 것들이 전혀 유익이 없다고 말하지는 않지만, 우리는 그런 것들에 주안점을 두고서 신앙의 훈련을 하는 것은 합당하지 않을 뿐만 아니라, 그런 것들 자체만으로는 아무런 유익도 없다는 것을 유념하여야 한다.

경건은 범사에 유익하니. "경건"은 하나님을 믿고 경외하는 마음으로 진심으로 하나님을 예배하고 섬기는 데 있고, 좀 더 일반적으로 말한다면, 하나님이 명하신 것들에 순종해서 거룩한 삶을 살아가는 데 있는데, 그런 경건은 범사에 유익하다.

금생과 내생에 약속이 있느니라. 사도는 경건으로 인하여 우리에게 주어지는 유익들은 우리의 공로로 말미암아 얻게 되는 것들이 아니고, 하나님께서 전적인 은혜로 값없이 거저 우리에게 주시는 것이라는 의미에서, 그 유익들을 하나님이 우리에게 주신 "약속"이라고 표현한다. 하나님께서는 경건하게 살아가는 우리에게, 우리가 이 땅에서 살아가는 "금생" 동안에는 건강과 평안과 형통의 약속만이 아니라 모든 좋은 것들을 약속하셨고, 현세에서의 삶이 끝나고 나서 우리가 들어가게 될 "내생"에서는 구원과 영원히 복된 삶을 약속하셨다.

9. 미쁘다 이 말이여 모든 사람들이 받을 만하도다.

사도는 앞에서 자기가 경건의 유익에 관하여 한 말은 참된 것이고, 모든 사람들이 받을 만한 가치가 있는 말이라는 것을 여기에서 강조한다. 사도는 디모데전서 1:15에서도 "미쁘다 모든 사람이 받을 만한 이 말이여 그리스도 예수께서 죄인을 구원하시려고 세상에 임하셨다 하였도다"라고 말함으로써, 복음의 위대한 명제에 대하여 여기에서와 똑같은 말을 덧붙여서 강조한 바 있기 때문에, 거기에 나오는 설명을 보라. 그리스도께서 죄인들을 구원하시기 위하여 세상에 오셨다는 것과, 죄인들이 불경건한 자에서 경건한 자로 변화되어서 경건으로 연단되어 끝까지 믿음을 지키는 자들은 금생에서 복된 자들이 될 뿐만 아니라 내생에서도 구원을 받게 되리라는 것은, 이성이 있는 모든 피조물들이 받을 가치가 있는 두 가지 미쁘고 놀라운 말씀들이다.

10. 이를 위하여 우리가 수고하고 힘쓰는 것은 우리 소망을 살아 계신 하나님께 둠이니 곧 모든 사람 특히 믿는 자들의 구주시라.

이를 위하여 우리가 수고하고 힘쓰는 것은 우리 소망을 살아 계신 하나님께 둠이니. 만일 우리가 "경건은 범사에 유익하다"는 것을 "미쁜 말씀"으로 믿지 않았고, 영원히 살아 계시는 하나님께서 경건하게 살아가는 자들에게 주신 약속들을 이루실 것을 믿지 않았다면, 도대체 무엇 때문에 우리가 수고하고 힘쓰며 모욕을 감수하고자 하겠는가? 우리가 하나님의 일에 힘쓰고, 하나님으로 인해서 욕을 당하며, 하나님의 뜻을 따라 하나님을 섬기며 경건한 삶을 산다는 이유로 박해를 받고, 그리스도의 법을 성취하기 위해서 우리 자신을 부인하고 육신의 모든 소욕들과 세상의 즐거움들을 버리는 이유는, 우리가 경건에는 하나님의 약속이 주어져 있고, 하나님께서는 그 약속을 반드시 이루실 것임을 믿기 때문이 아닌가? 그러나 여기에서 어떤 이들은 이렇게 반론을 제기할 수 있을 것이다: 이 땅에서 경건하게 살아가고자 하는 자들이 수고하고 욕을 당하여야 한다면, 경건이 범사에 유익하다는 말씀과 경건에는 금생에 있어서의 복된 삶에 대한 약속이 주어져 있다는 말씀을 우리가 어떻게 믿을 수 있다는 것인가? 그러한 반론에 대한 대답은, 하나님을 위하여 수고하는 것 자체가 우리에게 무거운 짐이 아니라 상급이고, 하나님을 섬기는 것은 그 자체가 온전한 자유라는 것이다. 경건에 대하여 하나님께서 우리에게 주신 금생의 약속들은 우리로 하여금 육신적으로 편안하고 안락하게 해 주겠다는 약속이 아니라, 내적인 평안과 만족을 우리에게 주시고, 모든 일에서 우리에게 힘과 위로를 주시고 우리를 붙들어 주시겠다는 약속이다. 하늘에 계신 우리 아버지께서는 자신의 지혜와 판단을 따라서 자신의 영광과 우리의 유익을 위하여 적절하다고 생각하시는 것들을 우리에게 베풀어 주시기 때문에, 어떤 것들이 우리에게 유익한지는 우리가 판단할 수 있는 것이 아니고, 오로지 하나님만이 판단하실 수 있으시다.

모든 사람 특히 믿는 자들의 구주시라. 하나님의 약속들은 결코 헛될 수 없다. 왜냐하면, 하나님은 만유를 보존하시는 분이시라는 의미에서 "모든 사람의 구주"시라고 할 수 있고, 시편 33:18-19에서 "여호와는 그를 경외하는 자 곧 그의 인자하심을 바라는 자를 살피사 그들의 영혼을 사망에서 건지시며 그들이 굶주릴 때에 그들을 살리시는도다"라고 말한 것처럼, 좀 더 특별한 의미에서 "믿는 자들의 구주"이시기 때문이다. 이것이 이 본문의 의미인 것으로 보이지만, 어떤 이들은 사도는 여기에서 믿는 자들이 얻은 영원한 구원을 염두에 두고서, "믿는 자들의 구주"라고 말한 것으로 이해하기도 한다. 하지만 그런 식으로 이해하게 되면, 하나님은 그런 의미에서는 모든 사람의 구주가 아니게 된다는 점에서, 그런 식의 이해는 사도가 여기에서 "모든 사람의 구주"라고 말한 것과 부합하지 않게 된다. 게다가, 사도는 이 본문에서 성자이신 예수 그리스도의 사역은 일단 배제하고, 오직 성부 하나님의 고유한 사역을 염두에 두고 말하고 있는 것으로 보인다.

11. 너는 이것들을 명하고 가르치라.

사도는 이 서신의 이 부분만이 아니라 앞 부분에서 언급한 모든 것들을 디모데가 자신의 설교를 비롯한 온갖 가르침들의 내용으로 삼아서 에베소 교회의 신자들에게 가르쳐서 행하게 만들기를 원한다.

12. 누구든지 네 연소함을 업신여기지 못하게 하고 오직 말과 행실과 사랑과 믿음과 정절에 있어서 믿는 자에게 본이 되어.

누구든지 네 연소함을 업신여기지 못하게 하고. 사도는 디모데가 에베소 교회를 살피고 돌보는 일을 빈틈 없이 잘 행하여서, 그 누구도 그가 나이가 젊다는 이유로 그를 무시하거나 멸시할 수 있는 빌미를 주지 말라고 명한다. 오직 말과 행실과 사랑과 믿음과 정절에 있어서 믿는 자에게 본이 되어. 디모데가 모든 면에서 그리스도인들에게 모범이 되는 삶을 산다면, 비록 그가 젊다고 해도, 사람들은 그를 함부로 무시할 수 없을 것이었기 때문에, 사도는 그에게 "본"이 되라고 말한다. 사도는 여기에서 디모데에게 오직 모든 사역자들의 본이 되라고 말하는 것이 아니고, 모든 "믿는 자들"의 본이 되라고 말하고 있는 것이기 때문에, 여기에서 "말"은 일상적으로 하는 말들이나 사람들과 나누는 대화들을 가리킨다. "말"에 있어서 본이 되기 위해서는, 허황되거나 속된 말, 쓸데없고 부적절한 말을 하지 말고, 진실하고 진중하게 말하며, "무릇 더러운 말은 입 밖에도 내지 말고 오직 덕을 세우는 데 소용되는 대로 선한 말을 하여 듣는 자들에게 은혜를 끼쳐야"(엡 4:29) 한다. "행실"에 있어서 본이 되기 위해서는, 사람들과의 온갖 교제 속에서 의롭고 아름다우며 진중하게 처신하여야 한다. 또한, 사도는 그리스도를 사랑하는 마음과 그리스도께 영광을 돌리고자 하는 마음으로 불타올라서 뜨거운 열심으로 모든 일에서 모든 사람들에게 "사랑"과 형제애를 나타내 보이는 일들을 하라고 명한다. "믿음"에서 본이 되라는 것은, 복음의 교훈을 고백하고, 그 교훈에 견고하게 머물러 있으라는 것이고, "정절"에서 본이 되라는 것은 모든 행실과 삶이 정결하고 거룩하여야 한다는 것을 의미한다. 이것이 복음 사역자들이 사람들로부터 멸시를 받지 않을 수 있는 길이다. 복음 사역자들이 이것과 다른 방법들을 사용한다면, 그들은 하나님께서 홉니와 비느하스에 대하여 말씀하신 것이 그들에게 이루어지는 것을 보게 될 것이다: "나를 존중히 여기는 자를 내가 존중히 여기고 나를 멸시하는 자를 내가 경멸하리라"(삼상 2:30). 복음 사역자들이 이 말씀을 명심하지 않고, 자기들이 생각해 낸 다른 방법들을 사용해서 사람들로부터 멸시받는 것을 피하고 존경을 얻고자 한다면, 그들이 어떤 직함을 갖고 있고, 어떤 노력을 기울이고, 어떤 식으로 사람들을 휘어잡든, 그들은 결국 하나님께서 그들에게 선언하신 저주를 피할 수 없게 될 것이다.

13. 내가 이를 때까지 읽는 것과 권하는 것과 가르치는 것에 전념하라.

내가 이를 때까지. 사도는 일단 자기가 갈 때까지 디모데에게 이런 것들에 전념하라고 말한다. 이것은 그 이후에는 이런 것들을 하지 않아도 된다는 뜻이 아니라, 그 이후에 어떻게 해야 할 것인지는 그 때에 가서 그에게 지시하겠다는 것이다. "읽는 것"은 디모데 자신이 가르침을 받음과 동시에 다른 사람들을 세우기 위하여 성경을 읽는 것을 가리킨다. "권하는 것"은 성경에서 가르치고 있는 그리스도인으로서의 마땅한 도리를 행하라고 권면하는 것을 의미한다. "가르치는 것"은 신앙의 기본적이고 중요한 이치들을 가르치는 것을 가리킨다.

14. 네 속에 있는 은사 곧 장로의 회에서 안수 받을 때에 예언을 통하여 받은 것을 가볍게 여기지 말며.

네 속에 있는 은사 … 가볍게 여기지 말며. "네 속에 있는 은사"는 하나님께서 디모데에게 그의 직분을 감당할 수 있도록 하시기 위하여 주신 능력, 또는 하나님께서 그를 부르셔서 맡기신 직무를 가리키고, "가볍게 여기지 말라"는 것은 그렇게 주어진 능력을 부지런히 사용해서 그에게 맡겨진 직무를 충성되게 잘 감당하라는 것이다. 장로의 회에서 안수 받을 때에 예언을 통하여 받은 것. 이것은 장로들이 모여서 디모데를 안수하였을 때, 하나님의 성령의 강력한 역사를 통해서 "예언," 즉 하나님의 뜻을 계시해 준 것을 의미한다. 하나님께서는 어떤 사람을 부르셔서 특별한 일을 맡기실 때에는 통상적으로 그렇게 하시듯이, 디모데를 사역자로 세우실 때에도, 그 직분을 잘 감당할 수 있는 능력도 그에게 함께 주셨다.

15. 이 모든 일에 전심 전력하여 너의 성숙함을 모든 사람에게 나타나게 하라.

이 모든 일에 전심 전력하여. 여기에서 "전심"으로 번역된 '멜레타' (μελέτα)는 온 마음과 생각을 다해서 이 일들을 돌보라는 뜻이고, "전력"으로 번역된 단어는 이 일들에 빠져서 그 속에서 살라는 의미를 지니고 있기 때문에, 이 일들을 디모데가 돌보아야 할 일들 중의 일부로 여기지 말고 전부이자 모든 것, 가장 중요한 일로 여기라는 뜻이다. 너의 성숙함을 모든 사람에게 나타나게 하라. 사람들에게 주어진 은사들은 쓰면 쓸수록, 그리고 힘써 연구하면 할수록 더욱더 향상되고 진보하는 법이기 때문에, 사도는 디모데도 자기가 그에게 명한 이 일들에 전심 전력을 다함으로써 진보를 나타내어, 모든 사람이 그가 사역자로서 성숙해진 것을 볼 수 있게 하라고 말한다.

16. 네가 네 자신과 가르침을 살펴 이 일을 계속하라 이것을 행함으로 네 자신과 네게 듣는 자를 구원하리라.

네가 네 자신과 가르침을 살펴. 사도는 디모데에게 자신이 어떻게 살아가고 있고 자신의 삶을 어떤 식으로 영위해 나가고 있는지를 잘 살펴서, 과연 자기가 에베소 교인들의 모범이 될 만한 삶을 살고 있는지를 점검하고, 자신이 에베소 교인들에게 가르치는 일을 신실하게 수행하고 있는지, 그리고 무엇을 가르치고 있는지를 잘 살펴서, 과연 자기가 에베소 교인들을 가르치는 직무를 충성되게 감당하고 있는 것인지를 점검하는 일을 게을리하지 말라고 명한다. 이 일을 계속하라. 사도는 디모데에게 자신을 살피는 일과 자신의 가르침을 살피는 일, 이 두 가지 일을 잠시만 하는 것이 아니라 계속해서 꾸준히 해 나가라고 명한다. 이것을 행함으로 네 자신과 네게 듣는 자를 구원하리라. 사도는 디모데가 이 두 가지 일을 꾸준히 신실하게 해 나간다면, 그가 자신의 영혼을 구원하고, 그에게서 듣거나 그와 교제하는 자들의 영혼을 구원하는 데 있어서 그가 해야 할 일들을 다하고 있는 것이라고 말해 준다.

MATTHEW POOLE'S COMMENTARY

디모데전서 5장

개요

1. 서로 다른 처지에 있는 여러 부류의 사람들에게 어떤 식으로 권면해야 하는지를 디모데에게 가르쳐 줌(1-2).
2. 과부들에 대하여(3-16).
3. 장로로서 그 직분을 잘 감당하는 자는 배로 존경을 받을 만함(17-18).
4. 범죄한 자들에 대한 권징은 충분한 증거를 토대로 공개적이고 공정하게 행하여야 함(19-21).
5. 누구에게나 함부로 경솔하게 직분을 주어서는 안 됨(22).
6. 디모데의 건강과 관련한 조언(23).
7. 누가 어떤 사람인지는 쉽게 드러나기도 하고 잘 드러나지 않기도 함(24).

1. 늙은이를 꾸짖지 말고 권하되 아버지에게 하듯 하며 젊은이에게는 형제에게 하듯 하고.

늙은이를 꾸짖지 말고 권하되 아버지에게 하듯 하며. 사도는 여기에서 "장로"라는 의미도 지닌 단어를 사용하고 있기는 하지만, 이 절의 대구가 되는 다음 절을 보면, 이 단어는 교회의 직분자인 장로가 아니라 단순히 나이 든 남자를 가리킨다는 것이 분명히 드러난다. 여기에서 "꾸짖다"라는 번역은 너무 약하게 번역된 것이다. 사도가 이 구절과 대비시키고 있는 구절에서 "아버지에게 하듯 권하라"고 말하고 있는 것이 보여 주듯이, 이 단어는 "너무 거칠게 개 꾸짖듯 꾸짖다"로 번역하는 것이 합당하다. 실제로, 이 단어는 원래 두들겨 패거나 채찍으로 때리는 것을 의미한다. 이것은 나이 든 남자들을 책망할 때에는 어른으로서 존중하는 것도 없고 품격도 없이 책망하여서는 안 되고, 남들이 보기에, 책망이나 꾸짖음이라기보다는 오히려 서로 의견을 나누고 협의하거나 권면하는 것과 같아야 한다는 것이다. 젊은이에게는 형제에게 하듯 하고. 젊은이들을 대할 때에도 지혜롭고 사려 깊게 대하여야 하는데, 사역자들은 그들을 책망할 때, 그들이 "형제들"이라는 사실을 명심하고서, 그들을 "형제"로 대하고, 고압적이거나 도도한 태도로 행하여서는 안 된다.

2. 늙은 여자에게는 어머니에게 하듯 하며 젊은 여자에게는 온전히 깨끗함으로

자매에게 하듯 하라.

늙은 여자에게는 어머니에게 하듯 하며. 나이 든 여자들을 대할 때에도 마찬가지로 동일하게 지혜롭고 사려깊게 대하여야 한다. 젊은 여자에게는 온전히 깨끗함으로 자매에게 하듯 하라. 사역자들은 젊은 여자들을 대할 때, 그들도 그리스도 안에서 우리와 동등한 자매들이라는 것을 명심하여야 할 뿐만 아니라, 그들이 여성이라는 점을 특별히 고려해서, 더욱더 신중하고 사려깊게 대하고, 정욕이나 불순한 동기가 아닌 온전히 순수한 마음으로 대하여야 한다.

3. 참 과부인 과부를 존대하라.

과부들은 이전에 고결한 혼인의 상태에서 살아가다가 남편을 잃은 자들인데, 사도는 디모데에게 그런 과부들 중에서 "참 과부들"을 존귀히 대하라고 명할 뿐만 아니라, 교회는 그들을 부양할 책임이 있다고 말한다(행 6:1). 진정으로 과부라고 할 수 있는 "참 과부들"이 누구인지에 대해서는, 사도는 5절에서 자세하게 설명하는데, 남편을 잃고 혼자가 되어서 의지할 데 없어 오직 하나님께 소망을 두고 경건하게 살아가는 여자들이 바로 "참 과부들"이다. "과부"로 번역된 헬라어는 혼자가 되어서 의지할 데 없는 자라는 의미를 지니고 있다.

4. 만일 어떤 과부에게 자녀나 손자들이 있거든 그들로 먼저 자기 집에서 효를 행하여 부모에게 보답하기를 배우게 하라 이것이 하나님 앞에 받으실 만한 것이니라.

만일 어떤 과부에게 자녀나 손자들이 있거든 그들로 먼저 자기 집에서 효를 행하여. 사도는 3절에서 "참 과부들"에 대하여 언급하고 나서, 여기에서는 자기가 말한 "참 과부들"은 단지 남편만 없는 여자들이 아니라, 그리스도인인 "자녀나 손자들," 또는 가까운 친척 등과 같이, 자신을 부양해 줄 사람이 아무도 없어서 생계가 막연하게 된 여자들을 가리킨다는 것을 보여 준다. 따라서 과부들이라고 해도 자녀나 손자들처럼 그들을 부양해 줄 사람이 있는 경우에는, 사도는 자녀들이나 손자들이 과부가 된 자신들의 어머니나 할머니를 봉양해야 한다고 가르친다. 여기에서 "효를 행하다"로 번역된 헬라어는 '톤 이디온 오이콘 유세베인'(τον ἴδιον οἶκον εὐσεβεῖν)은 문자 그대로 직역하면 "그들 자신의 집을 섬기다" 또는 "그들 자신의 집에 대하여 경건하게 행하다"가 된다. 즉, 그들 자신의 집에 대하여 공경함이나 합당한 예를 보이라는 것이다. 왜냐하면, "경건하게 행하여 섬긴다"는 것은 공경하여야 마땅한 윗사람에게 존경과 존귀함과 예를 바치는 것을 의미하기 때문이다. 여기에서 사도가 헬라어에서 "경건함"을 표현할 때에 일반적으로 사용되는 '유세베인'이라는 단어를 사용하고 있는 것은, 어떤 사람의 부모나 조부모가 스스로의 힘으로 살아갈 수 없어서 도움이 필요한 상황에서, 그 후손인 그가 그들을 봉양할 수 있는 정도의 재물을 갖고 있으면서도, 그렇게 하지 않는다면, 그 사람은 아무리 자기가 신앙이 있고 경건한 체하더라도, 그 사람의 신앙이나 경건은 헛된 것임을 우리에게 알게 해 준다. 여기에서 "손자들"로 번역된 '에크고나' (ἔκγονα)는 어떤 사람의 후손들을 가리킨다.

부모에게 보답하기를 배우게 하라. 이렇게 후손들이 자신의 부모나 조부모를 봉양하는 것은 다른 사람들을 구제하는 것과는 완전히 성격이 다른 것으로서, 그들이 마땅히 행하여야 할 도리이다. 즉, 후손들이 부모나 조부모를 봉양하는 것은, 그들의 부모나 조부모가 그들을 키워 주고 양육하며 교육을 시키기 위하여 온갖 수고와 노고를 아끼지 않은 것에 대하여 보답하는 것이기 때문에, 구제가 아니라 공의의 문제라는 것이다.

이것이 하나님 앞에 받으실 만한 것이니라. 부모나 조부모를 봉양하는 것은 하나님이 명하시고 기쁘게 받으시는 선하고 의롭고 고귀한 일이다. 에베소서 6:2에서는 "네 아버지와 어머니를 공경하라 이것은 약속이 있는 첫 계명이니"라고 말한다. 사도는 하나님께서 부모를 공경하라고 명하셨을 때, 하나님이 우리에게 명하신 "행위"가 무엇인지만이 아니라 그 "대상"까지도 알게 해 준다는 점에서, 바로 그러한 하나님의 계명을 탁월하게 설명하고 있다. 즉, 사도는 한편으로는 후손들은 자신들의 부모나 조부모를 말로만 공경해서는 안 되고, 반드시 재물을 사용해서 실질적으로 봉양해야 한다고 함으로써, 하나님께서 우리에게 부모를 "공경하라"고 하셨을 때, "공경"의 의미가 무엇인지를 분명하게 보여 주고, 다른 한편으로는 후손들은 단지 자신들의 부모만이 아니라, 조부모 등을 포함해서 자신의 조상들이라면 누구든지 다 실질적으로 봉양한 의무가 있다는 것을 분명하게 보여 준다.

5. 참 과부로서 외로운 자는 하나님께 소망을 두어 주야로 항상 간구와 기도를 하거니와.

사도는 3절에서 자기가 언급한 "참 과부들"이라는 것이 무슨 뜻이고 누구를 지칭하는 것인지를 여기에서 설명한다. 여기에서 "외로운"으로 번역된 '메모노메네' (μεμονωμένη)는, 남편을 잃고 혼자가 되어서, 부양해 줄 남편이나 자녀나 친척이 전혀 없는 것을 의미한다. 따라서 "참 과부들"은 그렇게 혼자가 되어 의지할 데가 없는 처지 가운데서, 오로지 하나님께 소망을 두고서 하나님만을 믿고 의지하며,

"주야로 항상 간구와 기도"를 하면서, 하나님께 헌신하는 삶을 사는 과부들이다. 사도는 교회나 그리스도인들이 "참 과부들"만을 존대하고 돌보아야 하고, 그렇지 않은 과부들에 대해서는 존대하거나 돌볼 필요가 없다고 말하고 있는 것이 아니고, 교회라면 적어도 "참 과부들"을 돌볼 책임이 있다고 말하고 있는 것이다. 모든 과부들은 나라에서 돌보는 것이 마땅하고, 모든 선한 그리스도인들도 그리스도인으로서만이 아니라 인간으로서 모든 과부들을 돌보는 것이 마땅하지만, 교회나 그리스도인들은 우선적이고 일차적으로 의지할 데 없어서 오직 하나님만을 의지하는 "참 과부들"을 돌보는 것이 마땅하다.

6. 향락을 좋아하는 자는 살았으나 죽었느니라.

여기에서 "향락을 좋아하는 자"로 번역된 헬라어인 '헤 데 스파탈로사'(ἡ δὲ σπαταλῶσα)는 육신의 정욕을 따라 방탕하고 사치스럽게 살아가는 여자를 의미한다(약 5:5, "너희가 땅에서 사치하고 방종하여 살륙의 날에 너희 마음을 살찌게 하였도다"). 좋은 음식을 먹고 술을 마시며 비싼 옷을 사는 데 쓸데없이 돈을 낭비하는 여자들은, 죄 가운데서 허영에 사로잡혀서 육신과 영혼의 온갖 더러운 일들을 행하며 사치와 향락을 누리며 이 세상을 살아가기 때문에, 세상적으로 볼 때에는 자기 마음대로 거칠 것 없이 살아감으로써 생생하게 살아 있는 자들 같지만, 영적으로는 죽은 자들이다.

7. 네가 또한 이것을 명하여 그들로 책망 받을 것이 없게 하라.

사도는 디모데가 자신의 사역 속에서 이런 것들을 분명하게 가르쳐서, 모든 그리스도인들, 특히 여자들이 흠 없이 살아갈 수 있게 하라고 명한다.

8. 누구든지 자기 친족 특히 자기 가족을 돌보지 아니하면 믿음을 배반한 자요 불신자보다 더 악한 자니라.

사도는 여기에서 "자기 친족"(ἰδίων - '이디온')과 "자기 가족"(οἰκείων - '오이케이온')을 분명하게 구별하여 말함으로써, 그리스도인들에게는 "자기 가족"만이 아니라 "자기 친족"까지도 돌볼 책임이 있다는 것을 분명히 한다. "자기 친족"은 어떤 사람의 가문 또는 혈족 전체를 의미하고, "자기 가족"은 함께 거주하며 살아가는 사람들을 의미하는 것으로 보인다. 사도는 자신의 친족에 대해서는 힘닿는 데까지 도와야 하고, 특히 자신의 가족에 대해서는 책임지고 부양하여야 한다고 말하면서, 그리스도인들 중에서 그러한 도리와 책임을 저버린 자들은 기독교의 "믿음을 배반하고" 부정한 자들, 즉 말로는 기독교 신앙을 고백하지만 행위로는 그 신앙을 부정하는 자들이라고 말한다. 즉, 그런 자들은 복음의 교훈과 규범을 따라 살아가지 않는 자들이라는 것이다. 사도는 거기에서 한 걸음 더 나아가서, 그런 자들은 믿음을 부정한 자들일 뿐만 아니라, "불신자보다 더 악한 자," 곧 기독교 신앙을 지니고 있지 않은 이교도들보다 더 악한 자들이라고 말한다. 왜냐하면, 이교도들 중에서도 선한 본성을 지닌 많은 사람들은 본성의 빛에 의해서 자신의 가족과 친족을 돌보는 것을 마땅한 도리이자 책임으로 생각하고, 설령 그들이 자신의 가족과 친족을 돌보지 않는다고 하여도, 그들은 하나님께서 친히 계시하신 율법을 통해서 그것을 명하셨다는 것을 모르는 자들인 까닭에, 그것을 아는 그리스도인들보다 더 변명의 여지가 있기 때문이다.

9. 과부로 명부에 올릴 자는 나이가 육십이 덜 되지 아니하고 한 남편의 아내였던 자로서.

과부로 명부에 올릴 자는 나이가 육십이 덜 되지 아니하고. 사도가 여기에서 말하고 있는 "명부"가 어떤 명부인지, 즉 여자 집사들의 명부인지, 또는 교회로부터 구제를 받아야 할 자들의 명부인지는 지극히 불확실하다. 여기에서 "명부에 올리다"로 번역된 '카타레게스토'(καταλεγέσθω)를 "선발하다, 택하다"로 번역하는 사람들은 전자를 지지하는 것으로 보이는데, 그 사람들은 당시에는 병든 사람들이 입원할 수 있는 병원이나 공공장소가 없었기 때문에, 초대 교회에서는 나이 든 과부들 중에서 여자 집사들을 선발해서, 가난하고 병든 여자들을 돌보는 일을 하게 하고, 그 모든 비용을 교회에서 다 부담하였다고 말한다. 사도가 말한 "명부"가 나이 든 과부들 중에서 선발된 여자 집사들의 명부였든, 아니면 좀 더 폭넓게 보아서 교회로부터 구제를 받을 과부들의 명부였든, 그들의 나이를 고려한 것은 다음과 같은 이유들에서 아주 현명한 처사였다. 첫째로, 비교적 젊은 과부들은 자신의 힘으로 일을 해서 생계를 꾸려나갈 수 있었던 까닭에, 교회에 부담을 주거나 폐를 끼칠 이유가 없었다. 둘째로, 젊은 과부들은 언제든지 다시 재혼할 수 있었던 까닭에, 굳이 교회가 나서서 그들을 돌볼 필요가 없었다. 셋째로, 나이 든 과부들은 육신의 정욕을 따라 방탕하게 살며 향락을 즐김으로써 추문을 일으킬 염려가 별로 없었다.

한 남편의 아내였던 자로서. 사도가 말한 이 조건은 우리로서는 이해하기가 더 힘든 조건인 것으로 보인다. 왜냐하면, 이전 시대에 유대인들과 이방인들 가운데서는 남자들이 동시에 여러 명의 아내를 둘 수 있는 일부다처제가 허용되었던 반면에, 여자들에게 여러 명의 남편을 둘 자유를 허용하는 법은 존재하지 않았기 때문이다. 또한, 사도가 여기에서 여자들이 남편을 사별한 후에 다시 재혼을 했다가 과부가 되었을 때에는 자격요건이 되지 않는다고 말한 것으로 이해하고자 하는 경우에는, 하나님의 율법에서는 그 어디에서도 남자나 여자가 자신의 배우자의 사별로 인해 재혼하는 것을 금하지 않았기 때문에, 우리는 그런 식으로 이해하기도 어렵다. 따라서 사도는 여기에서 어떤 과부가 첫 번째 남편이 죽지 않은 상태에서, 자신의 잘못으로 인해서든, 아니면 자신의 자발적인 의지로든, 그 남편과 법적으로 이혼하고, 두 번째 남편과 재혼하였다가 그 남편을 사별하고 과부가 된 경우에는 자격요건이 되지 않는다고 말한 것으로 이해하여야 한다. 사도가 그런 과부를 명부에 올려서는 안 된다고 한 것은, 그런 과부를 명부에 올려서 교회가 보호하고 부양하게 되면, 교회에 욕이 되고 누가 될 것이어서, 그렇게 되는 것을 피하기 위한 것으로 보인다.

10. 선한 행실의 증거가 있어 혹은 자녀를 양육하며 혹은 나그네를 대접하며 혹은 성도들의 발을 씻으며 혹은 환난 당한 자들을 구제하며 혹은 모든 선한 일을 행한 자라야 할 것이요.

"선한 행실의 증거가 있다"는 것은 하나님의 뜻과 명령에 합당한 "선한 행실"을 행해 온 것으로 평판이 나 있는 과부는 명부에 올릴 자격이 있다는 것이다. "자녀를 양육하며"는 자신의 자녀들을 주의 교훈과 훈계로 잘 양육한 것을 의미한다. "나그네를 대접하며"는 다른 곳에서 쫓겨 오거나 그 밖의 다른 이유로 타지에 온 그리스도인들이 이교도들 가운데서는 묵을 곳을 발견할 수 없었을 때, 그들을 자신의 집으로 맞아들여 묵을 곳을 제공한 것을 의미한다. "성도들의 발을 씻으며"는 하나님의 종들을 위해서 지극히 미천한 일이라도 기꺼이 해 온 것을 가리키는데, 뜨거운 나라들에서는 신발을 신어도 뜨거운 것은 마찬가지였기 때문에, 그런 나라들에서 먼 길을 온 사람들의 발을 씻어서 시원하게 해 주고 기운을 차리게 해 주는 것은 큰 섬김이었다. "환난 당한 자들을 구제하며"는 어떤 종류의 어려움이든, 곤경에 처한 자들을 있는 힘껏 도와주어 온 것을 의미한다. "모든 선한 일을 행한 자"는 자기가 행하고자 한 모든 선한 일들을 다 행할 능력이나 기회가 없었다고 할지라도, 자기가 할 수 있는 한에서 힘닿는 데까지 부지런히 선을 행해 온 것을 의미한다. 교회가 그런 과부들을 교회가 구제하고 존귀하게 대하며 교회의 일에 헌신할 과부들의 명부에 올리는 것은 지극히 합당하다.

11. 젊은 과부는 올리지 말지니 이는 정욕으로 그리스도를 배반할 때에 시집 가고자 함이니.

젊은 과부는 올리지 말지니. 사도가 이 절의 후반부에서 재혼에 대하여 말하고 있는 것으로 보아서, 여기에서 "젊은 과부들"은 9절에서 말한 것처럼 "육십"이 될 된 과부들을 가리키는 것이 아니라, 아직까지 여전히 출산할 수 있는 좀 더 젊은 과부들을 가리키는 것으로 보인다. 그런 과부들은, 병이 들거나 불구가 되거나 정신이상이 된 특별한 사정이 없는 한, 얼마든지 스스로 일해서 생계를 유지할 수 있었기 때문에, 사도는 그런 과부들을 교회의 명부에 올려서, 교회의 일을 하는 가운데 부양을 받게 하지 말라고 명한다.

이는 정욕으로 그리스도를 배반할 때에 시집 가고자 함이니. 여기에서 "정욕으로 그리스도를 배반하다"로 번역된 헬라어는 '카타스트레니아소시 투 크리스투'(καταστρηνιάσωσι τοῦ Χριστοῦ)이다. 불가타 역본에서는 이 어구를 "그리스도 안에서 점점 음란하게 되다"로 번역하였는데, 그러한 번역은 문법에도 맞지 않고 문맥상으로도 맞지 않기 때문에, 나는 불가타 번역자가 왜 그렇게 번역하였는지를 도무지 이해할 수 없다. 또한, 에라스무스(Erasmus)가 여기에서 사용된 동사를 "그들이 간음을 저질렀을 때"라고 번역한 것도 적절하지 않다. 왜냐하면, 요한계시록 18:9에서는 이 동사에서 전치사 '카타'를 제외한 형태를 사용해서, "향락을 누리며 살아가다"(한글개역개정에는 "사치하다")라는 의미를 나타내고 있는데, 그러한 의미가 불가타 역본의 "점점 음란하게 되다"라는 번역보다 더 낫다는 것은 분명하기 때문이다. 이 동사는 원래 짐승처럼 잘 먹고 살이 쪄서 원기왕성하게 되거나 고집스럽게 되는 것을 가리킨다. "그리스도를 배반한다"는 것은 복음의 교훈과 규범을 배신하고, 그리스도에 대한 자신들의 신앙 고백을 배신하는 것을 의미한다. 또는, 이것은 젊은 과부들이 가난하고 병든 과부들을 돌보고 섬기는 일을 너무나 비천하고 힘든 일로 여겨서 경멸하는 것을 가리키는 것일 수 있다. 이렇게 젊은 과부들이 그러한 일을 경멸할 때, 그러한 일은 그리스도의 이름으로 그리스도의 영광을 위하여 그리스도의 지체들에게 행하는 일이기 때문에, 그 과부들은 그리스도를 배반하는 것이 된다. 그렇게 되었을 때, 젊은 과부들은 결국 다시 재혼을 하게 될 것이고, 과부라는 위치에서 교회를 섬길 수 없게 될 것이다.

12. 처음 믿음을 저버렸으므로 정죄를 받느니라.

이 구절의 의미를 이해하는 데에 난점들이 있는데, 두 가지가 문제가 된다. 첫 번째는 우리가 여기에서와 다른 곳에서 "저주, 심판, 정죄" 등으로 번역하고 있는 '크리마'(κρῖμα)는 무엇을 의미하는가 하는 것이고, 두 번째는 그런 젊은 과부들이 어떤 점에서 "처음 믿음을 저버렸다"고 할 수 있는가 하는 것이다. 많은 사람들은 우리가 "저주, 심판, 정죄" 등으로 번역한 헬라어 '크리마'를 좀 더 온건한 의미로 번역하였어야 하고, 실제로 그렇게 할 수 있다고 생각한다. 따라서 어떤 이들은 여기에서 이 단어는 죄책 또는 오점을 뜻한다고 생각하고, 어떤 이들은 사람들로부터의 오명을 뜻한다고 말하고, 어떤 이들은 선한 사람들이 그런 과부를 나쁘게 평가하게 된다는 것을 뜻한다고 생각한다. 그러나 사도는 여기에서 그 과부들의 "처음 믿음을 저버렸기" 때문에 "정죄를 받는다"고 말하고 있기 때문에, 우리가 '크리마'의 의미를 정확히 이해하기 위해서는, 먼저 "처음 믿음"이 무엇을 의미하는지를 이해하지 않으면 안 된다. 어떤 이들은 사도가 말한 "처음 믿음"은 기독교 신앙에 대한 이 과부들의 신앙 고백을 가리키는 것이라고 생각하고, 어떤 이들은 이 과부들이 재혼하지 않겠다고 교회에 약속하거나 서약한 것을 가리키는 것이라고 생각한다. 후자의 해석을 주장하는 사람들은 교회의 명부에 올려져서 교회의 일을 하며 부양을 받는 모든 과부들은 평생 동안 재혼하지 않겠다는 서약을 하게 되어 있었다는 것을 전제하는 것인데, 그러한 전제는 근거가 희박하다. 따라서 나는 사도가 여기에서 말한 "처음 믿음"은 그 과부들이 이전에 또는 처음에 기독교 신앙을 고백한 것을 가리키는 것이라고 본다. 그 과부들이 전에 고백한 기독교 신앙을 저버리는 것은, 단지 다른 그리스도인들로부터 비난을 받는 것에서 그치는 일이 아니라, 영원한 정죄나 심판이나 저주를 받을 일이었다. 그러므로 나는 사도가 이 절에서 하고자 하는 말은 이런 것이라고 생각한다: "그리스도인이 된 젊은 과부들은 마치 가시나무들 가운데 핀 백합화들처럼, 무수히 많은 이교도들 가운데서 소수의 아름다운 꽃들이라는 것은 분명하지만, 그 젊은 과부들 중에서 일부는 재혼하고자 하는 욕구로 인해서 이교도들과 다시 결혼하게 될 수 있고, 그렇게 결혼한 후에 자신의 이교도 남편에게 미혹되어서 기독교 신앙으로부터 배교하는 일이 벌어질 수 있다." 그래서 사도는 "육십이 덜 된" 젊은 과부들을 교회의 일을 하며 부양을 받을 과부들의 명부에 올렸다가, 그들이 정욕을 참지 못하고 이방인들과 재혼하게 되면, 그것은 교회에 큰 치욕과 타격을 가져다주는 일이 될 수 있기 때문에, 그런 일이 일어나지 않도록 미연에 방지하기 위해서, 얼마든지 재혼할 수 있는 젊은 과부들은 명부에 올려서는 안 된다고 명하고 있는 것이다. 게다가, 사도는 15절에서 "이미 사탄에게 돌아간 자들도 있도다"라는 말을 덧붙임으로써, 이 구절을 그런 식으로 해석하는 것이 합당하다는 것을 확증해 주고 있는 것으로 보인다.

13. 또 그들은 게으름을 익혀 집집으로 돌아 다니고 게으를 뿐 아니라 쓸데없는 말을 하며 일을 만들며 마땅히 아니할 말을 하나니.

사도는 왜 너무 젊은 과부들을 교회의 명부에 올려서 교회의 일을 하게 해서는 안 되는지, 그 밖의 다른 이유들을 여기에서 제시한다. 또 그들은 게으름을 익혀 집집으로 돌아 다니고. 젊은 과부들은 젊고 집에서 할 일도 없으며 그들을 이끌어 주거나 다스릴 남편도 없기 때문에, 이 집 저 집 돌아다니며 함께 어울려서 수다를 떨게 된다. 게으를 뿐 아니라 쓸데없는 말을 하며 일을 만들며 마땅히 아니할 말을 하나니. 이렇게 젊은 과부들은 할 일 없이 몰려다니며 수다를 떨 뿐만 아니라, 그들 자신이나 다른 사람들의 일과 관련해서 부적절한 말들을 퍼뜨리고, 다른 사람들과 다른 가정들의 일에 관심을 가지고서 쓸데없는 말들을 하여 문제를 만들게 된다. 그들은 많은 말들을 하다 보니, 어리석게 되어서, 하지 않아야 할 말들을 하게 된다. 이것으로부터 우리가 알게 되는 것은, 그리스도인들은 침착하고 신중하게 행하고 말하여야 하고, 자신의 혀를 다스릴 줄 알아야 하며, 무슨 말을 해야 할지를 미리 잘 숙고하여야 한다는 것이다.

14. 그러므로 젊은이는 시집 가서 아이를 낳고 집을 다스리고 대적에게 비방할 기회를 조금도 주지 말기를 원하노라.

그러므로 젊은이는 시집 가서 … 원하노라. 사도는 여기에서 "내가 원하노라"고 말함으로써, 자기가 지금 하는 말은 반드시 그렇게 해야 한다는 절대적인 명령이 아니라, 단지 제한적인 의미만을 지니는 권면이라는 것을 밝힌다. 왜냐하면, 그는 하나님께서 가치중립적인 일로 남겨 두신 일을 자신의 명령을 통해서 반드시 그렇게 해야 하는 일로 바꾸어 놓고자 하지 않았기 때문이다. 따라서 사도가 이렇게 말하는 요지는, 젊은 과부들이 독신의 은사를 하나님으로부터 받지 않았고, 자기가 앞에서 말한 것같이 볼썽사나운 일들을 하고 다니는 것을 자제할 수 없다면, 재혼하는 것이 더 낫다는 것이다. 아이를 낳고. 이것은 단지 자녀들을 낳는 것만이 아니라 양육하고 돌보는 것까지 포함한다. 집을 다스리고. 이것은 가사를 잘 돌보라는 것인데, 이것이 원래 여자들의 고유한 영역이다. 대적에게 비방할 기회를 조금도 주지 말기를. 젊은 과부들은 이런 식으로 도덕성과 품위를 보이는 삶을 살아감으로써, 기독교 신앙의 대적들인 유대인들이나 이방인들에게 교회나 교회의 특정한 지체들을 비방할 수 있는 빌미를 주지 않는 것이 마땅하다.

15. 이미 사탄에게 돌아간 자들도 있도다.

사도는 젊은 과부들로 인해서 교회가 지금도 이미 충분히 욕을 먹고 있기 때문에, 더 이상 그런 일이 일어나지 않도록, 최대한 주의할 필요가 있다고 말한다. 사도의 이 말에 비추어 볼 때, 젊은 과부들 중 일부가 기독교 신앙을 배반하고 이교도들과 다시 재혼하여 유대교나 이교로 개종하였고, 일부는 무절제하고 방탕하며 음탕한 행실로, 기독교 신앙에 합당하지 않은 삶을 살아감으로써, 교회를 욕되게 하였던 것으로 보인다.

16. 만일 믿는 여자에게 과부 친척이 있거든 자기가 도와 주고 교회가 짐지지 않게 하라 이는 참 과부를 도와 주게 하려 함이라.

만일 믿는 여자에게 과부 친척이 있거든 자기가 도와 주고 교회가 짐지지 않게 하라. 그리스도인인 남자나 여자들에게 자신들과 가까운 친척 관계에 있는 과부가 있고, 그들이 그 과부를 부양할 수 있는 힘이 있다면, 자신의 부모나 가까운 친척을 부양하는 것은 그들의 자연적이고 본성적인 도리이기 때문에, 그 도리를 저버리지 말고, 그들이 그 과부를 부양하는 것이 마땅하다. 왜냐하면, 교회는 돌보아야 할 사람들이 충분히 많고, 또한 교회의 주된 의무는 도덕적이고 영적인 것과 관련된 것이기 때문이다. 이는 참 과부를 도와 주게 하려 함이라. "참 과부들"은 남편과 자식은 물론이고, 자신들을 부양해 줄 그 어떤 가까운 친척도 없는 과부들을 가리키는데, 교회는 오직 이렇게 전혀 의지할 데가 없는 과부들만을 구제하고 돌볼 수 있어야 한다.

17. 잘 다스리는 장로들은 배나 존경할 자로 알되 말씀과 가르침에 수고하는 이들에게는 더욱 그리할 것이니라.

잘 다스리는 장로들은 배나 존경할 자로 알되. 사도가 여기에서 말한 "장로들"이 누구를 가리키는 것인지를 놓고 많은 논란이 있어 왔다. 그들이 단순히 복음 전도자들이 아니라는 것은 분명하다. 왜냐하면, 사도는 그들이 사람들로부터 "배나 존경"을 받을 만한 자들이라고 말하고 있기 때문이다. 매튜 풀이 라틴어로 쓴 『주석집요』에는 주석자들이 이 문제에 대하여 제시한 견해들이 자세하게 나와 있는데, 그러한 견해들은 크게 여섯 가지로 요약될 수 있다. (1) 어떤 이들은 사도가 여기에서 말한 "장로들"은 교회의 나이 든 지체들 중에서, 목회자들을 도와서 함께 교회를 치리하는 일을 하지만, 말씀을 전하거나 성례전을 집례하지는 않는 사람들을 가리키는 것이라고 생각한다. (2) 어떤 이들은 여기에서 "장로들"은 목회자로 일하다가 나이가 들어 은퇴한 사람들을 가리키는 것이라고 생각한다. (3) 어떤 이들은 교회의 지체들 중에서 방백들이나 고위 관리들을 가리키는 것으로 이해한다. 하지만 당시에 기독교회의 지체들 중에는 그런 사람들이 없었다는 점에서, 이 견해는 다른 모든 견해들보다 가장 가능성이 희박한 것으로 보인다. (4) 어떤 이들은 "집사들"은 교회의 직분자들로서 "장로"라 불렸고, 따라서 사도도 "집사들"을 여기에서 "장로들"이라고 지칭한 것으로 본다. (5) 어떤 이들은 여기에서 "장로들"은 이곳저곳을 다니며 사역한 사도들이나 복음전도자들과는 달리, 특정한 지역의 양 무리들과 함께 살면서 사역하는 통상적인 개교회들의 목회자들을 가리키는 것으로 이해한다. 하지만 초대 교회에서 목회자들은 모두 다 "말씀과 가르침에 수고하는 이들"이었고, 그렇지 않은 목회자는 존재하지 않았다는 점에서, 이 견해는 가능성이 낮다. (6) 어떤 이들은 사도가 여기에서 말한 "장로들"은 교회에서 말씀을 전하는 일은 하지 않았지만, 성례전들을 집례하고, 교회의 기도를 이끌며, 문제가 있는 지체들을 개인적으로 경책하는 일을 담당한 사람들을 가리키는 것으로 이해한다. 그러나 초대 교회에 그러한 직분자들이 존재하였음을 확실하게 보여 주는 성경의 증거 또는 그 밖의 다른 권위 있는 증거가 우리에게는 없다. 나는 이 견해들 중에서 어느 것이 가장 옳은지를 결정하지 않고, 독자들의 판단에 맡겨 두고자 한다. 여기에 언급된 "장로들"이 누구를 지칭하는 것이든, 사도는 "장로들"을 "배나 존경할 자"로 여겨야 한다고 분명하게 말한다. "배나 존경할 자로 여겨야" 한다는 것은 지극히 존중하고 공경하여야 한다는 것을 의미하지만, 거기에는 그들을 부양하여야 한다는 의미도 내포되어 있다. 말씀과 가르침에 수고하는 이들에게는 더욱 그리할 것이니라. 사도는 그런 "장로들" 중에서 복음을 전하는 데 힘쓰는 자들을 더욱 존경하여야 한다고 말한다.

18. 성경에 일렀으되 곡식을 밟아 떠는 소의 입에 망을 씌우지 말라 하였고 또 일꾼이 그 삯을 받는 것은 마땅하다 하였느니라.

사도는 앞에서 "장로들"을 "배나 존경할 자로 알아야" 한다고 말한 바 있는데, 거기에서 "배나 존경하여야 한다"는 말 속에는, 그들을 부양하여야 한다는 의미가 내포되어 있다는 것을 여기에서 분명히 한다. 즉, 교회는 "말씀과 가르침에 수고하는" 장로들만이 아니라 교회를 다스리고 치리하는 일을 하는 장로들도 부양하는 것이 마땅하다는 것이다. 사도는 고린도전서 9:9에서도 여기에서와 동일한 취지로 신명기 25:4("곡식 떠는 소에게 망을 씌우지 말지니라")을 인용해서, "모세의 율법에 곡식을 밟아 떠는 소에게 망을 씌우지 말라 기록하였으니 하나님께서 어찌 소들을 위하여 염려하심이냐"고 말한 바 있다. 이 두 본문은 어느 쪽이나 교회로부터 부양을 받는 것이 장로들의 의무라고 말하는 것이 아니라, 교회의 지체들에게는 장로들을 부양할 의무가 있다고 말함으로써, 장로나 사역자들이 어떤 상황이나 형편에서는 바울처럼 교회로부터 부양 받기를 사양할 수도 있다는 것을 보여 준다.

19. 장로에 대한 고발은 두세 증인이 없으면 받지 말 것이요.

장로에 대한. 여기에서 "장로"는 교회에서 나이 든 지체를 가리키기도 하고 직분자를 가리키기도 하지만, 사도는 앞에서 후자에 해당하는 "장로들"에 대하여 말하고 있었기 때문에, 여기에서도 주로 후자를 염두에 두고 이 말을 하고 있는 것으로 보인다. 고발은 두세 증인이 없으면 받지 말 것이요. 두세 증인이 있는 경우에만 권징 절차를 진행하여야 한다는 것이다. 신명기 17:6에 나오는 "죽일 자를 두 사람이나 세 사람의 증언으로 죽일 것이요 한 사람의 증언으로는 죽이지 말 것이며"라는 율법은 나이 든 사람들이든 젊은 사람들이든 특히 사형에 해당하는 범죄들에 적용된 것이었지만, 사도는 이 율법을 교회의 직분자들에 대한 고발에 특히 적용하라고 말한다. 왜냐하면, 교회의 직분자들이 자신들에게 맡겨진 소임을 충성되게 수행하다 보면, 통상적으로 이해관계가 얽힌 사람들로부터 모함을 받기가 쉽기 때문이었다.

20. 범죄한 자들을 모든 사람 앞에서 꾸짖어 나머지 사람들로 두려워하게 하라.

여기에서 "범죄한 자들"은 다른 사람들이 다 아는 추악한 범죄를 공개적으로 저지른 자들을 가리킨다. 사도는 그러한 공개적인 범죄를 저지른 자들에 대해서는 사역자들이 사적으로 만나서 책망해서는 안 되고, 온 교회 앞에서 공적으로 책망하여야 한다고 말한다. 왜냐하면, 상처가 곪은 부분에는 모두 다 고약을 발라야 하듯이, 모든 신자들이 다 아는 범죄를 저지른 자는 모든 신자들 앞에서 책망해야만, 다른 모든 사람들이 자신들도 그러한 범죄를 저지르는 경우에는 그러한 벌을 받게 될 것임을 알고서 두려워하게 되기 때문이다. 사도가 여기에서 이러한 공개적인 징벌의 목적으로 제시한 것은, 신명기 13:11에서 "그리하면 온 이스라엘이 듣고 두려워하여 이같은 악을 다시는 너희 중에서 행하지 못하리라"고 말한 것과 일치한다.

21. 하나님과 그리스도 예수와 택하심을 받은 천사들 앞에서 내가 엄히 명하노니 너는 편견이 없이 이것들을 지켜 아무 일도 불공평하게 하지 말며.

하나님과 그리스도 예수와 택하심을 받은 천사들 앞에서 내가 엄히 명하노니 너는 … 이것들을 지켜. "이것들"은 사도가 앞에서 말한 것 전체를 가리키는 것일 수도 있고, 이후에 말하게 될 모든 것들을 가리키는 것일 수도 있다. 나는 사도가 여기에서 말한 "이것들"은 이 서신에서 지금까지 그가 디모데에게 명한 모든 것들을 가리키는 것으로 보는 것이 가장 합당하다고 생각한다. 즉, 사도는 자기가 디모데에게 한 말들은 하나님의 뜻이라는 것을 분명히 알지도 못하는 가운데 그에게 명한 것이 아니라, 하나님과 주 예수 그리스도로부터 분명하게 받은 말씀들이라는 것을 여기에서 밝히고 있는 것이다. 그가 디모데에게 "이것들"을 지키라고 "엄히 명하고" 있는 것이 그것을 잘 보여 준다. 왜냐하면, 그는 디모데에게 "이것들"을 하나님과 그리스도 앞에서 행하듯이 지키라고 명할 뿐만 아니라, 자기가 "이것들"을 하나님과 그리스도로부터 받아서 신실하게 전하였다는 것을 증언해 주고, 디모데가 자신이 그에게 엄히 명한 이것들을 과연 신실하게 잘 지켜 행하는지 소홀히 하는지를 지켜보아 주도록 선한 천사들을 증인들로 호출하고 있기 때문이다. 여기에서 사도가 타락한 악한 천사들로부터 선한 천사들을 구별하기 위해, "택하심을 받은 천사들"이라는 표현을 사용한 것임은 의심의 여지가 없다.

편견이 없이 … 아무 일도 불공평하게 하지 말며. 사도는 "편견이 없이" 행하라고 말함으로써, 디모데에게 부자든 가난한 자이든 친구이든 적이든 사람들의 외적인 형편과 처지에 상관없이 모두에게 똑같이 자기가 지금까지 명한 대로 할 것을 요구한다. "불공평"은 어떤 이유로든 재판관에게 결코 합당하지 않다. 왜냐하면, 재판관은 어떠한 이유로든 어느 쪽으로 기울어서는 안 되고, 균형을 유지하는 가운데, 사람들을 보고 판단하는 것이 아니라 오직 사실에 입각해서만 판단하여야 하기 때문이다. 사도가 앞에서 디모데에게 명한 것들 중에서 일부는 사도가 굳이 엄히 명령하여 지키게 하거나, 특별히 하나님으로부터 구체적으로 지시를 받았다고 하기에는 너무 사소한 일들인 것처럼 보일 수 있지만, 교회의 참된 존귀함과 명성을 지켜 내는 일은 그 무엇보다도 아주 중요한 일이었기 때문에, 사소한 것처럼 보이는 일들에서도 결코 소홀함이 없게 하기 위하여, 사도는 그러한 일들에 대해서도 어떻게 해야 하는지를 디모데에게 알게 한 것이었다. 따라서 우리는 교회에서 행해지는 사소한 일들로 말미암아서 얼마든지 교회의 영광과 명성이 훼손되고 무너질 수 있다는 것을 생각할 때, 그러한 일들을 사소한 일들로 치부하여 소홀히 하는 일이 있어서는 안 된다.

22. 아무에게나 경솔히 안수하지 말고 다른 사람의 죄에 간섭하지 말며 네 자신을 지켜 정결하게 하라.

아무에게나 경솔히 안수하지 말고. 우리가 이것을 다음과 같은 의미로 이해하여야 한다는 것은 분명하다: "너는 갑작스럽게 어떤 사람을 구별해서 교회의 어떤 직분을 맡겨서는 안 된다." "안수"는 외적인 예식으로서, 어떤 사람을 축복할 때에도 사용되었고(창 48:14-16, "이스라엘이 오른손을 펴서 차남 에브라임의 머리에 얹고 왼손을 펴서 므낫세의 머리에 얹으니 … 그가 요셉을 위하여 축복하여 이르되 내 조부 아브라함과 아버지 이삭이 섬기던 하나님, 나의 출생으로부터 지금까지 나를 기르신 하나님, 나를 모든 환난에서 건지신 여호와의 사자께서 이 아이들에게 복을 주시오며 이들로 내 이름과 내 조상 아브라함과 이삭의 이름으로 칭하게 하시오며 이들이 세상에서 번식되게 하시기를 원하나이다"), 어떤 사람에게 권세를 수여할 때에도 사용되었다(민 27:18-20, "여호와께서 모세에게 이르시되 눈의 아들 여호수아는 그 안에 영이 머무는 자니 너는 데려다가 그에게 안수하고 그를 제사장 엘르아살과 온 회중 앞에 세우고 그들의 목전에서 그에게 위탁하여 네 존귀를 그에게 돌려 이스라엘 자손의 온 회중을 그에게 복종하게 하라"; 신 34:9, "모세가 눈의 아들 여호수아에게 안수하였으므로 그에게 지혜의 영이 충만하니 이스라엘 자손이 여호와께서 모세에게 명령하신 대로 여호수아의 말을 순종하였더라"). 신약 시대에는 "안수"라는 이 외적인 예식은 병자들이 낫기를 기도할 때(막 16:18; 행 28:8, "보블리오의 부친이 열병과 이질에 걸려 누워 있거늘 바울이 들어가서 기도하고 그에게 안수하여 낫게 하매"), 축복할 때(막 10:16, "그 어린 아이들을 안고 그들 위에 안수하시고 축복하시니라"), 성령의 은사들을 수여할 때(행 19:6, "바울이 그들에게 안수하매 성령이 그들에게 임하시므로 방언도 하고 예언도 하니"), 사람들을 성별해서 교회의 특정한 직분에 임직할 때(딤전 4:14; 행 6:5-6, "온 무리가 이 말을 기뻐하여 믿음과 성령이 충만한 사람 스데반과 또 빌립과 브로고로와 니가노르와 디몬과 바메나와 유대교에 입교했던 안디옥 사람 니골라를 택하여 사도들 앞에 세우니 사도들이 기도하고 그들에게 안수하니라") 사용되었다. 따라서 "안수하다"라는 표현은 종종 안수라는 외적인 예식을 통해서 행해지는 일 전체를 나타낸다. 사도는 어떤 사람이 하나님을 아는 지식과 거룩한 행실이라는 면에서 교회의 특정한 직분을 맡기에 합당한 사람인지를 먼저 검증해 보지도 않고, 그런 과정을 모두 생략한 채 느닷없이 어떤 사람에게 직분을 맡겨서는 안 된다고 말한다(딤전 3:10, "이에 이 사람들을 먼저 시험하여 보고 그 후에 책망할 것이 없으면 집사의 직분을 맡게 할 것이요").

다른 사람의 죄에 간섭하지 말며. 여기에서 "간섭하다"로 번역된 단어는 "참여하다, 가담하다"라는 의미이다. 우리는 어느 때든지 우리의 행실과 삶 속에서 다른 사람들의 죄에 참여하거나 가담하거나 휘말려들지 않도록 조심하여야 하지만, 사도는 여기에서 특히 자기가 방금 앞에서 말한 것, 즉 사람들을 안수하여 구별해서 교회의 특정한 직분자로 세우는 일과 관련해서 이 말을 하고 있는 것으로 보인다. 왜냐하면, 사역자들이 어떤 사람이 과연 교회의 직분을 맡을 만한 자인지를 먼저 합당한 절차를 거쳐서 시험하고 검증해 보지도 않고, 하나님을 잘 알지 못하고 잘못된 생각을 지니고 있거나 행실이 방정하지 못하고 방탕하게 살아가는 사람들에게 느닷없이 안수해서 교회의 직분자로 세운 경우에는, 그 사역자들은 그 사람이 직분자가 되어서 교회에 끼치는 모든 해악에 대하여 책임이 있고, 따라서 "다른 사람의 죄에 참여하는" 것이 되기 때문이다. 그런 경우에 사역자들은 그 사람을 충분히 검증해 보았더라면, 그 사람에게 말씀을 가르치는 은사가 없다거나, 그 사람이 맡게 될 직분을 제대로 감당할 수 없다거나, 하나님이 요구하시는 거룩한 삶을 살고 있지 않다는 것을 알게 되었을 것이고, 그런 경우에 그 사람이 직분자가 되는 것을 얼마든지 막을 수 있었을 것이었는데도, 그렇게 하지 않아서 그 사람이 교회에 해악을 끼치는 죄를 짓게 한 것이기 때문에, "다른 사람의 죄에 참여한" 자들이 된다. 우리는 하나님께서는 사역자들에게 교회의 직분자들을 세울 때에는 먼저 그 사람들을 시험하고 검증한 후에 그렇게 하고, 그런 과정을 거침이 없이 느닷없이 경솔하게 직분자들을 세워서는 안 된다는 조건 아래에서, 사역자들에게 직분자들을 세울 권세를 허락하신 것임을 명심하여야 한다. **네 자신을 지켜 정결하게 하라.** 사도가 여기에서 말한 "정결함"은, 이 단어의 원래의 의미대로, 모든 일에서 범죄함이 없이 깨끗한 것을 의미하는 것이라고 볼 수 있겠지만, 여기에서는 그가 앞에서 말한 것, 즉 다른 사람들의 죄에 참여하거나 가담하지 말라는 것과 연결시켜서 이해하는 것이 훨씬 더 합당하다. 즉, 하나님을 알지 못하고 잘못된 생각을 지닌 그런 부류의 사람들이 교회 속으로 들어와서, 교회의 순수함을 해치는 일은 얼마든지 일어날 수 있기는 하지만, 사도는 디모데에게 그의 손으로 직접 그런 자들을 교회의 직분자들로 세움으로써 교회의 순수함을 잃게 만들어서는 안 되기 때문에, 그런 일에서 "네 자신을 지켜 정결하게" 하여야 한다고 말한다.

23. 이제부터는 물만 마시지 말고 네 위장과 자주 나는 병을 위하여는 포도주를 조금씩 쓰라.

이제부터는 물만 마시지 말고 … 포도주를 조금씩 쓰라. 당시에는 많은 사람들이 포도주를 살 돈이 없어서가 아니라, 신앙적인 이유로 육신의 소욕을 절제하기 위하여 경건의 훈련의 일환으로 포도주를 마시지 않고 오직 물만 마셨던 것으로 보이고, 그 점에서 디모데도 마찬가지였지만, 사도는 디모데에게 물과 함께 포도조도 조금씩 마시라고 권한다. 네 위장과 자주 나는 병을 위하여는. "위장"을 언급한 것은, 디모데가 음식을 소화하는 데 문제가 있었다는 것을 보여 주고, "자주 나는 병들"은 디모데가 몸이 약해서 자주 병에 걸렸음을 보여 준다.

24. 어떤 사람들의 죄는 밝히 드러나 먼저 심판에 나아가고 어떤 사람들의 죄는 그 뒤를 따르나니.

사도가 이 절에서 말하고자 하는 것이 무엇인가 하는 것은 여기에서 "심판"으로 번역된 헬라어 '크리신' (κρίσιν)이 무엇을 가리키느냐에 달려 있는데, 이 단어가 하나님의 심판을 가리키는 것인지, 아니면 교회의 판단을 가리키는 것인지는 확실하지 않다. 우리가 이 단어를 하나님의 심판을 가리키는 것으로 이해한다면, 이 절의 의미는 이런 것이 된다: 어떤 사람들은 그 사람들이 하나님의 심판대 앞에 나아가기 전에 자신들이 저지른 죄들에 대하여 현세에서 벌을 받는 반면에, 어떤 사람들의 죄는 좀 더 은밀하게 감추어져 있어서, 그 사람들이 하나님의 심판대 앞에 나아가서야 벌을 받는다. 그러나 이러한 해석은 바울이 자기가 지금까지 말해 왔던 것과는 다른 주제를 여기에서 새롭게 꺼내 들어서 말하고 있다는 것을 전제해야만 하는데, 사도가 그런 식으로 갑자기 자신의 주제를 바꾸는 경우가 드물지 않기는 하지만, 우리는 굳이 사도가 이 대목에서 그렇게 하고 있는 것이라고 볼 필요는 없다. 따라서 나는 여기에서 사도가 말한 "심판"은 어떤 사람에게 교회의 특정한 직분을 맡기는 것이 합당한지 그렇지 않은지에 대한 교회의 판단을 가리키는 것이라고 본다. 즉, 사도는 이렇게 말하고 있는 것이다: 어떤 사람들의 경우에는, 그들의 방탕하고 추악하고 잘못된 행실과 삶이 분명하게 공개적으로 이미 드러나 있어서, 그들이 장로나 집사의 직분을 맡을 자격이 있는 자들인지에 대해서 교회의 판단을 기다릴 필요조차 없기 때문에, 그런 자들에게 직분을 맡기지 않아야 한다는 것은 두말할 필요가 없다. 반면에, 어떤 사람들의 경우에는, 그들이 잘못된 생각과 신앙을 지니고 있고, 육신의 정욕을 따라 행하는 것이 강하다는 것이 분명하게 드러나 있지 않아서, 교회의 직분을 맡은 후에야 그런 사실들이 드러나게 되지만, 결국 모든 것이 다 드러나게 되기 때문에, 그런 사람들의 정체가 드러나게 된 때, 교회의 법정은 그런 자들을 심판하여 그 직분을 박탈하여야 한다는 것이다.

25. 이와 같이 선행도 밝히 드러나고 그렇지 아니한 것도 숨길 수 없느니라.

어떤 사람들의 죄와 마찬가지로, 어떤 사람들의 거룩한 삶과 행실도 모든 사람들에게 너무나 분명하게 드러나서, 굳이 교회의 판단을 기다릴 필요가 없는 경우도 있고, 어떤 사람들의 삶은 그렇게 모범적인 것이 아니어서, 그들의 선한 행실도 잘 드러나지 않지만, 사역자들은 그 사람들의 내면 깊은 곳에 사랑이 있어서, 그 사랑에서 그들의 선한 행실이 나오고 있다고 생각하고 있더라도, 확실한 증거가 없는 때에는, 사역자들의 판단이 잘못된 것이 아니라면, 그 선한 행실들은 오랫동안 감추어질 수 없기 때문에, 머지않아 그들이 어떤 사람들인지가 드러나게 되어 있고, 따라서 사역자들은 그들에 대하여 어떤 식으로 처신하여야 할지를 알게 되는 경우도 있다. 또는, 사도가 여기에서 말한 "그렇지 아니한 것"은 악행을 가리키는 것일 수도 있다. 그렇게 해석하는 경우에는, 사도는 디모데가 자신의 직무를 제대로 부지런히 행하여 교회를 잘 치리하고 다스리기만 한다면, 사람들의 악행이 비록 감추어져 있었다고 하더라도, 오랫동안 감추어질 수는 없고, 반드시 머지않아 그들은 자신들의 잘못된 신앙과 생각을 드러내고, 그들의 육신의 소욕들은 그릇되고 잘못된 행위들로 표출되어서, 자신들이 악한 자들이라는 것을 드러내게 될 것이기 때문에, 그 때에 가서 그들을 권징하면 될 것이라고 말하고 있는 것이 된다. 따라서 나는 24절에서 사도가 언급한 "심판"은 하나님의 심판이 아니라 교회의 판단을 의미하는 것으로 보고서, 24절과 25절을 해석하는 것이 더 낫다고 본다. 물론, 하나님께서는 선한 행실에 대해서는 어떤 때에는 이 현세에서 상을 주기도 하시지만, 분명한 것은 우리가 행한 선한 행위들에 대해서는 하나님께서 현세에서든 내세에서든 반드시 상을 주신다는 것이다.

MATTHEW POOLE'S COMMENTARY

디모데전서 6장

개요

1. 종들의 도리(1-2).
2. 사도의 가르침을 따라 가르치지 않는 자들은 기독교 신앙을 훼손하는 자들이기 때문에 피하여야 함(3-5).
3. 자족하는 마음이 있으면 경건은 큰 유익이 됨(6-8).
4. 탐심의 해악(9-10).
5. 디모데가 피하여야 할 것들과 따르고 행하여야 할 것들(11-16).
6. 부자들에게 자신의 부를 믿고 교만하고 자만하지 말고, 너그러운 마음으로 후히 베풀라고 명함(17-19).
7. 디모데에게 참된 믿음을 고수하고, 망령되고 헛된 논쟁을 피하라고 함(20-21).

1. 무릇 멍에 아래에 있는 종들은 자기 상전들을 범사에 마땅히 공경할 자로 알지니 이는 하나님의 이름과 교훈으로 비방을 받지 않게 하려 함이라.

"멍에 아래에 있는 종들"은, 종의 신분에서 벗어나 자유민이 되지 못하고, 여전히 종이라는 신분의 멍에 아래에 매여 있는 자들을 가리킨다. 사도는 종들은 자신의 주인을 지극히 공경하여야 할 자로 여기는 것이 마땅하다고 말한다. 그리스도인인 종들은 자신의 주인을 덜 공경해도 되는 것이 아니라, 도리어 믿지 않는 종들보다도 배나 더 자신의 주인을 공경해야 할 자로 여기고 공경하여야 한다는 것이다. 종들이 그렇게 자신의 주인을 지극히 공경하여야 하는 이유는, "하나님의 이름과 교훈"이 비방을 받거나 욕을 먹게 하지 않기 위한 것이고, 사람들 가운데서 복음에 대한 선한 평판이 있게 하고, 하나님께서 사람들 가운데서 비방을 받는 것이 아니라 도리어 존귀히 여김을 받으시게 하기 위한 것이다. 왜냐하면, 그리스도인으로서 믿음을 지닌 종들이 그렇지 않은 종들보다 자신의 주인을 더 공경하고 더 순종하게 되면, 아무도 복음이나 기독교 신앙이라는 것이 종들에게 불순종을 가르치고 사회 질서와 인간관계를 무너뜨린다고 욕할 수 없게 되고, 도리어 정반대로 사람들이 기독교를 믿게 되면, 자신들의 도리와 의무를 더욱 성실하고 진실하게 행하게 되고, 종들은 더욱더 자기 주인에게 충성하게 된다고 칭찬하게 되기 때문이다.

2. 믿는 상전이 있는 자들은 그 상전을 형제라고 가볍게 여기지 말고 더 잘 섬기게 하라 이는 유익을 받는 자들이 믿는 자요 사랑을 받는 자임이라 너는 이것들을 가르치고 권하라.

믿는 상전이 있는 자들은 그 상전을 형제라고 가볍게 여기지 말고 더 잘 섬기게 하라. 그리스도인인 종들 중에는 복음적으로 볼 때에 믿지 않는 자들이었던 유대인들이나 이교도들의 종들인 자들이 있었는데, 사도는 그런 종들이 자신의 주인에게 어떻게 행하여야 하는지에 대해서는 1절에서 이미 말하였기 때문에, 여기에서는 그리스도인인 주인을 섬기는 종들이 어떻게 행하여야 하는지에 대해서 말한다. 사도는 사탄의 술수와 계략들을 모르는 바가 아니었기 때문에, 믿지 않는 주인을 섬기는 그리스도인인 종들은 자신의 주인이 우상 숭배자이거나 잘못된 종교를 믿는 자로서, 복음의 원수라는 것을 이유로, 자신의 주인을 공경하기는커녕 도리어 멸시하고 무시하며, 자신들에게 맡겨진 일들을 소홀히 하게 될 유혹에 빠져들 위험성이 많고, 믿는 주인을 섬기는 그리스도인인 종들은 자신의 주인이 자기와 똑같이 믿는 사람으로서 영적으로 본다면 자기와 대등한 자신의 형제라고 생각해서, 자신의 주인을 별로 공경하지 않고 가볍게 생각하며, 자신에게 맡겨진 일들도 부지런하고 성실하게 행하지 않게 될 유혹에 빠져들 위험성이 많다는 것을 미리 예견할 수 있었다. 그래서 사도는 여기에서 복음의 가르침은 이 두 가지 모두를 허용하지 않는다는 것을 분명하게 선언하면서, 전자에 속한 종들은 자신의 주인이 우상 숭배자라고 해서 멸시하는 것이 아니라 지극히 공경하는 것이 마땅한 것과 마찬가지로, 후자에 속한 종들은 자신의 주인이 영적으로는 자기와 대등한 형제라고 해서, 마치 자신들이 자기 주인과 대등한 처지에 있는 자들이라도 된다는 듯이 행해서는 안 되고, 더욱더 신실하고 충성되게 잘 섬기는 것이 마땅하다고 말한다. 사도가 여기에서 "더 잘 섬기게 하라"고 말한 것은, 자신의 주인을 지극히 공경하여 섬기는 것은 모든 종들의 한결같은 도리이고 의무이지만, 그 주인이 그리스도인인 경우에는, 한층 더 공경하고 섬기는 것이 그리스도인인 종에게 합당하다는 의미이다.

이는 유익을 받는 자들이 믿는 자요 사랑을 받는 자임이라. 여기에서 사도는 그리스도인인 종들이 그리스도인인 주인을 더 잘 섬겨야 하는 이유를 제시하는데, 그리스도인인 주인들은 그리스도인인 종들과 동일한 "주"를 사랑하고 그 동일한 "주"로부터 사랑을 받는 자들이고, 하나님께서 주신 선물이신 그리스도 예수께 함께 속한 자들이며, 그리스도의 피로 말미암은 구속의 큰 은택을 함께 입은 자들이어서, 모든 선한 그리스도인들이라면 마땅히 사랑하여야 할 자들이기 때문이라고 말한다. 너는 이것들을 가르치고 권하라. 사도는 디모데가 에베소에 있는 그리스도인들에게, 자기가 명한 이것이 하나님의 뜻이라는 것을 분명히 밝히고, 거기에 순종하도록 가르쳐야 한다고 말한다.

3. 누구든지 다른 교훈을 하며 바른 말 곧 우리 주 예수 그리스도의 말씀과 경건에 관한 교훈을 따르지 아니하면.

여기에서 사도는 교회에서 자기가 가르친 것과 다른 것을 공적으로나 사적으로 가르치는 경우에는 어떤 일들이 벌어지게 될 것인지에 대하여 디모데에게 말해 준다. 그는 자기가 가르친 것을 "바른 말들"로 지칭하는데, 그것이 무엇을 의미하는지에 대해서는 곧이어서 보충설명을 한다. 여기에서 "바른 말들"로 번역된 헬라어는 직역하면 "건강하고 건전한 말들"이 되는데, 사도가 자신의 가르침을 그렇게 부르는 이유는, 그 말들은 죄라는 병을 막아 주거나 영혼의 질병들을 고쳐 주는 효력을 지니고 있기 때문이다. 사도는 자신의 가르침, 또는 "바른 말들"은 다름 아닌 "우리 주 예수 그리스도의 말씀과 경건에 관한 교훈"이라고 분명하게 밝힌다. 즉, 그것들은 그리스도께서 말씀하신 것들이거나 그리스도로부터 나온 말씀들이고, 그리스도의 존귀와 영광을 드러내는 말씀들이며, 신앙과 경건에 진보를 가져다주는 말씀들이고, 신앙과 경건의 올바른 규범에 따른 가르침들이라는 것이다.

4. 그는 교만하여 아무 것도 알지 못하고 변론과 언쟁을 좋아하는 자니 이로써 투기와 분쟁과 비방과 악한 생각이 나며.

그는 교만하여. 사도는 교회에서 다른 사람들에게 "다른 교훈"을 가르치는 자들의 첫 번째 특성을 "교만"이라고 말한다. 즉, 그런 자들은 자기 자신을 대단한 자로 여기고서 교만함으로 마음이 잔뜩 부풀어 있는 광신자들이라는 것이다. 아무 것도 알지 못하고. 사도는 그들은 자신들이 대단한 것들을 알고 있는 자들로 자부하지만, 사실은 "아무 것도 알지 못하는" 자들이라고 못 박아 말한다. 변론과 언쟁을 좋아하는 자니. 그런 자들은 아무런 쓸데없는 문제들에 골몰하고 몰두하고, 그런 문제들을 놓고 논쟁하기를 즐기는 자들이다.

이로써 투기와 분쟁과 비방과 악한 생각이 나며. 그런 자들은 사람들이 어떤 사람들을 자신들보다 더 지혜롭다고 생각하면, 그들의 마음속에서는 불같이 "투기"가 일어난다. 또한, 그들은 자신들은 아무 것도 모르는 무지한 자들임에도 불구하고, 교만하기 짝이 없어서, 다른 사람이 자신들보다 많이 알고 있다는 것을 절대로 수

궁할 수 없기 때문에, 밥 먹듯이 "분쟁"을 일삼는다. "비방"은 자신들이 실제로는 아무 것도 아닌 자들인데도 마치 대단한 자들인 것처럼 생각하는 자들이 자신의 경쟁자로 생각되는 사람들을 공격하고 보복할 때에 흔히 사용하는 무기이다. 그들은 사람들이 다른 사람들을 자신들보다 더 대단하고 훌륭하다고 생각하는 것을 보면, 즉시 그 사람들을 욕하고 비방하는 일을 개시한다. 여기에서 "생각들"로 번역된 헬라어 '휘포노이아이'(ὑπόνοιαι)는 "의심하는 것"을 뜻하기 때문에, "악한 생각들"로 번역된 어구는 "악한 쪽으로 의심하는 것"을 의미한다. 그들은 자기들보다 더 뛰어나다고 생각되는 자들에게서 실제로 비방하거나 욕할 만한 것들을 발견하지 못한 경우에는, 단순한 추측과 의심을 토대로 해서 무자비하게 그 사람들을 헐뜯고 중상모략을 일삼는다.

5. 마음이 부패하여지고 진리를 잃어 버려 경건을 이익의 방도로 생각하는 자들의 다툼이 일어나느니라.

여기에서 "다툼들"로 번역된 '파라디아트리바이'(παραδιατριβαὶ)는 서로의 일에 개입해서 서로 물어뜯고 악담을 퍼붓는 것을 의미한다. 원래 이 단어는 말들이 한 발로 다른 발을 치는 것을 가리킨다. 전치사 '파라'(παρα)가 붙지 않은 '디아트리바이'는 좋은 의미에서 학문적으로 치고 받고 논쟁을 벌이는 것을 뜻하지만, 이 전치사가 붙어 있는 경우에는, 나쁜 의미에서 궤변론자들이 진리를 발견하기 위한 목적이 아니라, 단지 논쟁 자체에서 이겨서 자신의 지적인 능력을 과시하기 위한 악한 목적으로 툭 하면 논쟁을 벌이는 것을 의미한다. 사도는 이러한 "다툼들" 또는 논쟁들은 마음이 부패해서 제대로 된 판단력과 분별력을 잃어버린 자들로부터 생겨난다고 말한다. 그런 자들은 진리를 찾아내기 위해서, 또는 경건의 유익을 얻기 위해서 논쟁하는 것이 아니기 때문에, 그들은 경건을 재물이나 자신의 명성 같은 "이익"을 얻기 위한 수단으로 악용하거나, 그런 자들에게 있어서는 재물이나 자신의 명성 같은 "이익"이 곧 그들의 "경건"이다. 사도는 디모데에게 그런 자들과는 사적으로 교제하거나 어울리지 말라고 말한다. 또한, 그들의 잘못된 언행들이 공적으로 문제가 되었는데도, 그들이 계속해서 자신의 잘못을 고치려고 하지 않고 고집을 부린다면, 그들을 출교시켜서 교회로부터 내쫓는 것이 마땅하다.

6. 그러나 자족하는 마음이 있으면 경건은 큰 이익이 되느니라.

그리스도를 믿는 참된 믿음으로 거룩한 삶을 살아가는 것을 뜻하는 "경건"은 그 자체로 선한 유익이 있는데, 그것은 "자족하는 마음"(αὐταρκείας - '아우타르케이

아스')이다. 사도는 여기에서 "경건"을, 하나님께서 우리에게 정해 주신 운명이나 분깃에 대하여 우리의 심령이 만족하는 것과 분리시켜서, 우리가 경건한 삶을 살게 되면, 하나님이 우리에게 "자족하는 마음"을 상으로 주신다고 말하고 있는 것이 아니다. 왜냐하면, 경건한 삶을 살아가는 사람들은 자기에게 무엇이 부족하다거나 결여되어 있다고 생각하지 않고, 하나님께서 자신에게 주신 것들로 만족하는 마음, 즉 "자족하는 마음"을 가질 수밖에 없고, 그런 "자족하는 마음"을 갖지 않는 "경건"이라는 것은 존재할 수 없기 때문이다. 솔로몬은 잠언 14:14에서 "마음이 굽은 자는 자기 행위로 보응이 가득하겠고 선한 사람도 자기의 행위로 그러하리라"고 말함으로써, 악인들이 자신의 행위로 만족하는 것과 같이, 선한 자들도 자신의 행위로 만족할 것이라고 말한다. "자족하는 마음," 이 한 가지만으로도 이미 "경건"은 "큰 이익"(πορισμὸς μέγας - '포리스모스 메가스')이다.

7. 우리가 세상에 아무 것도 가지고 온 것이 없으매 또한 아무 것도 가지고 가지 못하리니.

이것은 욥이 "내가 모태에서 알몸으로 나왔사온즉 또한 알몸이 그리로 돌아가올지라 주신 이도 여호와시요 거두신 이도 여호와시오니 여호와의 이름이 찬송을 받으실지니이다"(욥 1:21)라고 말한 것과 일치하고, 우리의 경험과도 일치하는 것으로서, 우리가 이 세상의 것들을 많이 가지려고 분수를 넘어서서 무절제하게 욕심을 부리고 지나친 행동들을 해서는 안 된다는 것을 강력히 경고해 주는 말씀이다. 왜냐하면, 우리가 이 세상에서 있는 힘을 다해서 세상의 것들을 얻었다고 할지라도, 그것들은 단지 우리가 이 세상에서 나그네 길을 걸으면서 사용할 "여비"(viaticum)에 지나지 않아서, 죽을 때에는 다 이 세상에 남겨두고 가야 할 것들이기 때문이다. 우리가 죽은 후에 남겨 놓은 것들이 누구의 손에 들어가게 될지는 아무도 모르는 일이기 때문에, 전도자는 우리가 힘써 벌어서 모아 놓은 것들을 우리가 죽은 후에 가져갈 "그 사람이 지혜자일지, 우매자일지야 누가 알랴마는 내가 해 아래에서 내 지혜를 다하여 수고한 모든 결과를 그가 다 관리하리니 이것도 헛되도다"(전 2:19)라고 말하였다.

8. 우리가 먹을 것과 입을 것이 있은즉 족한 줄로 알 것이니라.

사도는 우리가 이 세상에서 얻은 것들을 죽은 후에 내세로 가져갈 수 없다는 것을 근거로 삼아서, 경건으로 인한 "자족하는 마음"이 우리에게 큰 유익이라는 것을 여기에서 다시 한 번 확증한다. 그러므로 하나님께서 우리에게 꼭 필요한 것 이상의 것들을 우리에게 주신다면, 우리는 그것을 감사함으로 받아서, 하나님의 영광을 위하여 사용하는 것이 마땅하다. 그러나 하나님께서 우리에게 꼭 필요한 것들만을 주신다고 할지라도, 우리는 실망하거나 좌절하거나 불평하지 말고, 자족하는 마음을 갖는 것이 마땅하다. 따라서 우리에게 먹을 것과 입을 것이 있다면, 우리는 그것으로 만족할 줄 알아야 하고, 우리에게 더 많은 것을 주시지 않은 것에 대하여 하나님께 불평하면서, 부당한 수단을 사용해서 더 많은 것을 얻으려고 욕심을 부려서는 안 된다.

9. 부하려 하는 자들은 시험과 올무와 여러 가지 어리석고 해로운 욕심에 떨어지나니 곧 사람으로 파멸과 멸망에 빠지게 하는 것이라.

이 절의 서두에 나오는 불변화사 '데'(δέ)는 역접의 의미("그러나")로 해석할 수도 있고, 이유를 나타내는 것("왜냐하면")으로 해석할 수도 있다. "부하려 하는 자들"은, 이 세상의 재물이나 좋은 것들을 많이 가져서 부유해지고자 하는 도가 지나친 무절제한 욕망과 탐심을 지니고서, 하나님의 법에는 아랑곳하지 않고, 불법적인 것이든 합법적인 것이든 온갖 수단과 방법을 동원해서 어떻게 해서든지 이 세상의 재물과 좋은 것들을 얻고자 하는 자들을 가리킨다. 그런 자들은 수많은 "시험과 올무"에 빠지게 되고, 자신들의 영혼에 "올무"가 되고 덫이 될 악한 생각들과 행위들을 서슴지 않고 하게 되기가 쉽기 때문에, 하나님의 법에 어긋나는 수많은 "어리석고 해로운 욕심들"에 사로잡히고 휘둘려서, 오직 하나님의 권능과 강력한 은혜에 의해서만 막을 수 있는 영원한 "파멸과 멸망" 속으로 그들 자신을 몰아넣게 된다.

10. 돈을 사랑함이 일만 악의 뿌리가 되나니 이것을 탐내는 자들은 미혹을 받아 믿음에서 떠나 많은 근심으로써 자기를 찔렀도다.

돈을 사랑함이 일만 악의 뿌리가 되나니. "돈" 그 자체는 악이 아니지만, 돈을 지나치게 사랑하는 것, 즉 돈을 벌려고 지나치게 욕심을 부리거나 돈을 지나치게 좋아하고 기뻐하는 것은 많은 "악"의 원인이고, 죄를 짓고 벌을 받게 되는 원인이다. 이것을 탐내는 자들은 미혹을 받아 믿음에서 떠나. 돈을 지나치게 탐하여 열심히 돈을 좇아간 자들은 잘못된 길로 들어서서, "믿음," 곧 복음의 가르침과 기독교 신앙으로부터 떠났다. 여기에서 "이것을"으로 번역된 관계대명사는 여성이기 때문에, 문법적으로는 중성 명사인 '아르귀리온'(ἀργύριον, "돈")이 아니라, 바로 앞에 나오는 '필라르귀리아'(φιλαργυρία, "돈을 사랑함")를 받고 있기는 하지만, 의미상으로는 "돈"을 받는 것으로 보아야 한다. 많은 근심으로써 자기를 찔렀도다. 사도는 돈을 사랑하는 자들은 "믿음"에서 떠났을 뿐만 아니라, 돈을 모으기 위해서 노심초사하고, 돈을 잃어버릴까봐 염려하고 걱정하느라고, 무수한 "근심"에 싸여서 살았고, 그러한 근심들은 그들의 영혼들을 찔렀다고 말한다.

11. 오직 너 하나님의 사람아 이것들을 피하고 의와 경건과 믿음과 사랑과 인내와 온유를 따르며.

오직 너 하나님의 사람아. 여기에서 "하나님의 사람"은 세상을 섬기는 것이 아니라 하나님을 섬기는 하나님의 일꾼을 가리킨다. 이것은 구약에서 가져온 호칭이다. 구약에서는 흔히 이 호칭을 하나님의 뜻을 계시하는 일을 하는 사람에게 적용한다. 열왕기하 1:9에서는 엘리야에 대하여, "오십부장과 그의 군사 오십 명을 엘리야에게로 보내매 그가 엘리야에게로 올라가 본즉 산 꼭대기에 앉아 있는지라 그가 엘리야에게 이르되 하나님의 사람이여 왕의 말씀이 내려오라 하셨나이다"라고 말하고 있고, 열왕기하 4:40, 42에서는 엘리사에 대하여, "한 사람이 바알 살리사에서부터 와서 처음 만든 떡 곧 보리떡 이십 개와 또 자루에 담은 채소를 하나님의 사람에게 드린지라"고 말하고 있다. 사도는 디모데를 이러한 호칭으로 부름으로써, 그는 하나님을 섬기는 종으로서 세상을 정죄하는 것이 너무나 마땅한 일이라는 것을 다시 한 번 상기시켜 준다.

이것들을 피하고. 이것은 돈을 사랑해서 세상의 재물을 열심히 좇아서는 안 된다는 것이다. 의와 경건과 믿음과 사랑과 인내와 온유를 따르며. "의"는 사람들과의 교제 속에서 공의를 따르고, 의로운 삶을 추구하는 것이다. "경건"은 하나님을 경외하고 예배하는 삶을 의미하고, "믿음"은 믿음을 토대로 해서 살아가라는 것이다. "사랑"은 하나님과 이웃에 대한 사랑을 가리키고, "인내"는 사람들로부터 해악을 입더라도 묵묵히 감당하는 것을 의미하며, "온유"는 성급하고 경솔하게 화를 내는 것과 반대되는 온유한 심령을 가리킨다.

12. 믿음의 선한 싸움을 싸우라 영생을 취하라 이를 위하여 네가 부르심을 받았고 많은 증인 앞에서 선한 증언을 하였도다.

믿음의 선한 싸움을 싸우라. "믿음의 싸움"은, 우리가 온 힘을 다해서 믿음의 교훈을 지키거나, 믿음의 규범에 합당한 삶을 살아감으로써 믿음의 교훈을 실천에 옮길 때, 세상과 육신과 마귀로부터 오는 반대와 공격에 맞서 싸우는 것이다. 이러한 "믿음의 싸움"은 세상 사람들이 자신들의 욕망을 채우거나 지키기 위해서 악한 싸움을 하는 것이나, 검투사들이 검투장에서 어처구니없는 목적으로 서로 싸우고 죽이는 것과는 달리, 그 싸움의 동기나 결과가 본질적으로 고귀하고 선하기 때문에, 사도는 이것을 "선한 싸움"이라고 부르면서, 디모데에게 그러한 싸움을 싸우라고 명한다. 여기에서 사도는 디모데가 믿음을 위해 싸워야 할 싸움을, 군사들이 전쟁터에서 싸우는 싸움이나 검투사들이 검투장에서 싸우는 싸움에 빗대어 말하고 있다.

영생을 취하라. 사도는 검투장에서 검투사들이 서로 싸워서, 최종적인 승리자가 상을 거머쥐는 것에 비유해서, 디모데에게 "믿음의 싸움"을 잘 싸워서 그 상으로 반드시 "영생"을 거머쥐어야 한다고 말한다. 여기에서 "취하라"는 "거머쥐어라"는 뜻이다. **이를 위하여 네가 부르심을 받았고.** "이를 위하여"는 "믿음의 선한 싸움"을 가리키는 것일 수도 있고, "영생"을 가리키는 것일 수도 있지만, 전자가 더 합당하다. 즉, 사도는 디모데가 "믿음의 싸움"을 위하여 부르심을 받았다고 말하고 있는 것이다. 여기에서의 "부르심"은 하나님의 성령에 의한 내적인 부르심을 가리키는 것이기도 하지만, 일차적으로는 교회에서 사역자로 부름 받은 외적인 부르심을 가리킨다. **많은 증인 앞에서 선한 증언을 하였도다.** 이것은 디모데가 세례를 받을 때, 또는 사역자로 안수를 받을 때, 에베소의 많은 그리스도인들이 보는 앞에서 자신의 신앙 고백이나 서약이나 약속을 한 것을 가리킨다.

13. 만물을 살게 하신 하나님 앞과 본디오 빌라도를 향하여 선한 증언을 하신 그리스도 예수 앞에서 내가 너를 명하노니.

사도가 에베소 교회를 얼마나 아끼고 소중히 여기고 있는가 하는 것은 이렇게 엄중한 형식을 빌려서 디모데에게 명하고 있는 것에서 그대로 드러난다. 사도는 디모데가 신실하고 충성된 사역자라는 것을 너무나 잘 알고 있었음에도 불구하고, 디모데가 에베소 교회를 위하여 해야 할 일들을 자기가 분명하게 명함으로써, 자신이 해야 할 일을 다하였다는 사실을 증언해 줄 증인들로 하나님과 그리스도 예수를 호출한 가운데, 자기가 지금까지 명한 것들을 반드시 행할 것을 디모데에게 엄히 명한다. 사도가 여기에서 하나님을 "만물을 살게 하신 하나님"이라고 부른 것은, 당시에 복음이 처한 상태와 구체적으로 관련되어 있는 것으로 보인다. 즉, 당시에는 복음의 교훈과 복음을 고백하는 자들을 대적하는 많은 원수들로부터 많은 위협들이 있었기 때문에, 사도는 하나님께서는 죽은 자들도 살리시는 그런 분이시기 때문에, 죽음의 위협조차도 두려워할 필요가 없다는 것을 분명하게 선언함으로써, 디모데에게 힘과 위로를 더해 주고자 한 것이었다는 것이다. 사도는 로마서 4:17에서도 아브라함에 대하여 말하면서, "기록된 바 내가 너를 많은 민족의 조상으로 세웠다 하심과 같으니 그가 믿은 바 하나님은 죽은 자를 살리시며 없는 것을 있는 것으로 부르시는 이시니라"고 말한다. 아울러, 사도는 그리스도 예수께서 "본디오 빌라도를 향하여 선한 증언"을 하신 사실을 말함으로써, 디모데의 주이신 그리스도께서 이미 죽음의 위협에 굴하지 않으시고 "선한 증언"의 모범을 보이신 것을 보여 주면서, 디모데도 주님의 본을 따라 행하여야 한다는 것을 다시 한 번 분명히 한다.

14. 우리 주 예수 그리스도께서 나타나실 때까지 흠도 없고 책망 받을 것도 없이 이 명령을 지키라.

사도가 여기에서 디모데에게 명하고 있는 것은, 그가 그리스도인이자 복음 사역자로서, 하나님으로부터 위임받은 온갖 의무들을 일생 동안 신실하고 충성되게 준행함으로써, 장차 그리스도께서 재림하셨을 때, 그의 직분 중에서 어느 한 부분이라도 소홀히 한 것에 대한 의로우신 책망을 받지 않게 하라는 것이다. 사도는 디모데에게 하는 자신의 명령의 엄중함을 더욱 강조하기 위해서, "주 예수 그리스도께서 나타나실 때"를 언급하는데, 그 다음에 나오는 "흠도 없고 책망 받을 것도 없이"라는 어구는 이 재림의 때가 바로 심판의 날이라는 것을 분명하게 보여 준다. 여기에서 사도는 마치 주 예수 그리스도께서 재림하실 때까지 디모데가 사역을 계속하게 될 것처럼 말하고 있는 듯이 보이지만, 데살로니가후서 2:2-3에서 "영으로나 또는 말로나 또는 우리에게서 받았다 하는 편지로나 주의 날이 이르렀다고 해서 쉽게 마음이 흔들리거나 두려워하거나 하지 말아야 한다는 것이라 누가 어떻게 하여도 너희가 미혹되지 말라 먼저 배교하는 일이 있고 저 불법의 사람 곧 멸망의 아들이 나타나기 전에는 그 날이 이르지 아니하리니"라고 경고한 것처럼, 실제로는 결코 그렇게 생각한 것이 아니었다. 왜냐하면, 사도는 자기가 열거한 수많은 큰 사건들이 다 일어나고 나서야 비로소 그 날이 오게 될 것임을 확신하고 있었기 때문이다. 따라서 사도가 디모데에게 "우리 주 예수 그리스도께서 나타나실 때까지"라고 말한 취지는, 우리 구주께서 서머나 교회의 사자에게 "너는 장차 받을 고난을 두려워하지 말라 볼지어다 마귀가 장차 너희 가운데에서 몇 사람을 옥에 던져 시험을 받게 하리니 너희가 십 일 동안 환난을 받으리라 네가 죽도록 충성하라 그리하면 내가 생명의 관을 네게 주리라"(계 2:10)고 말씀하신 것과 동일한 것으로서, 죽음을 두려워하지 말고 죽을 때까지 충성하라는 것이다. 왜냐하면, 어떤 사람이 일단 죽게 되면, 죽은 때로부터 심판의 날까지는 그 어떤 변화도 없게 되는 까닭에, 죽을 때까지 충성한 사람들은 그리스도께서 나타나실 때까지 그 모습 그대로 있게 되기 때문이다. 우리 주 예수 그리스도께서 장차 나타나서서, 죽을 때까지 충성한 자신의 종들에게는 영광스러운 상을 내리시게 될 것인 반면에, 자신들에게 맡겨진 직분을 소홀히 한 종들에 대해서는 무시무시한 단죄를 행하실 것임을 진정으로 믿을 때, 그러한 믿음은 우리로 하여금 육신의 무사안일함을 떨쳐내 버리고, 우리에게 맡겨진 의무들을 열심으로 충성되게 행할 수 있게 만들어 주는 가장 강력한 원동력이 된다.

15. 기약이 이르면 하나님이 그의 나타나심을 보이시리니 하나님은 복되시고 유일하신 주권자이시며 만왕의 왕이시며 만주의 주시요.

기약이 이르면 하나님이 그의 나타나심을 보이시리니. 이 구절의 서두에 나오는 관계대명사는 여기에서 번역된 대로 앞에 나온 "주 예수 그리스도의 나타나심"을 받는다. 따라서 이 구절은 하나님께서 자신의 때에, 즉 하나님이 가장 합당하다고 여기시거나 정하신 때에(이것이 이 헬라어 어구의 의미이다), 그리스도께서 재림하시게 하실 것이라는 의미이거나, 그리스도께서 재림하실 것임을 미리 보이실 것이라는 의미이다. 우리가 후자의 의미로도 해석할 수 있는 이유는, 일부 헬라어 사본들에는 관계대명사가 여성으로 되어 있어서, 삼위일체 하나님의 역사의 순서를 구별하고 있기 때문이다. 즉, 그리스도의 초림과 관련해서, 성부 하나님께서 보내셔서 그리스도께서 이 땅에 오셨듯이, 그리스도의 재림 때에도, 성부 하나님께서 그리스도께서 재림하실 것을 미리 보여 주시고, 또한 보내심으로써, 그리스도께서 재림하시게 될 것이라는 것이다.

하나님은 복되시고 유일하신 주권자이시며. 모든 "주권"과 권세는 오직 하나님께 있고, 왕들이 소유한 주권이나 권세는 모두 하나님께서 주신 것들이기 때문에, 하나님은 "유일하신 주권자"이시다. 또한, 하나님은 모든 복과 행복의 근원이시기 때문에, "복되신 주권자"이시다. 만왕의 왕이시며 만주의 주시요. 하나님이 "만왕의 왕"이시고 "만주의 주"이시라는 것은, 오직 하나님만이 가장 강력한 주권과 권세를 지니신 진정한 왕이자 주이시고, 다른 모든 왕들과 주들은 하나님의 신하들일 뿐이다. "만왕의 왕"과 "만주의 주"라는 어구들은 여기에서 성부 하나님께 적용되고 있는 것으로 보이지만, 성자와 성령께도 적용된다. 요한계시록 17:14("그들이 어린 양과 더불어 싸우려니와 어린 양은 만주의 주시요 만왕의 왕이시므로 그들을 이기실 터이요")과 19:16("그 옷과 그 다리에 이름을 쓴 것이 있으니 만왕의 왕이요 만주의 주라 하였더라")에서는 이 어구들을 그리스도께 적용하고 있다.

16. 오직 그에게만 죽지 아니함이 있고 가까이 가지 못할 빛에 거하시고 어떤 사람도 보지 못하였고 또 볼 수 없는 이시니 그에게 존귀와 영원한 권능을 돌릴지어다 아멘.

오직 그에게만 죽지 아니함이 있고. "죽지 아니함," 즉 불멸은 오직 하나님께 속한 것이고, 우리의 영혼과 천사들의 불멸성은 하나님이 수여하신 것이다. 또는, 여기에서 "죽지 아니함"은 영원함 또는 변하지 아니함과 동일한 의미이다. 가까이 가지 못할 빛에 거하시고. 요한일서 1:5에서는 "우리가 그에게서 듣고 너희에게 전하는 소식은 이것이니 곧 하나님은 빛이시라 그에게는 어둠이 조금도 없으시다는 것이니라"고 말하고 있는 것처럼, 하나님은 언제나 말로 표현할 수 없는 영광으로 둘러싸여 계시고, 현세에서는 아무도 그 빛으로 가까이 갈 수 없다.

어떤 사람도 보지 못하였고 또 볼 수 없는 이시니. 모세나 스데반이나 그 어떤 사람도 온전한 모습의 하나님의 영광을 보지 못하였고 알지 못하였다. 또한, 어떤 사람들은 육신의 눈으로 하나님의 뒷모습이나 하나님의 현현들을 보았고, 하나님의 은혜로 말미암아 자신들의 영혼으로 영적으로 하나님을 볼 수 있기는 하였지만, 아무도 육신의 눈으로 하나님을 온전히 볼 수 없고, 하나님을 온전히 이해할 수 없다. 그에게 존귀와 영원한 권능을 돌릴지어다 아멘. "존귀"와 "영원한 권능"은 오직 영원히 죽지 않으시고 영광의 빛 가운데 거하시며 사람들의 눈으로 볼 수 없는 하나님께만 속한 것이기 때문에, 우리는 "존귀와 영원한 권능"을 영원토록 하나님께 돌리는 것이 마땅하다.

17. 네가 이 세대에서 부한 자들을 명하여 마음을 높이지 말고 정함이 없는 재물에 소망을 두지 말고 오직 우리에게 모든 것을 후히 주사 누리게 하시는 하나님께 두며.

네가 이 세대에서 부한 자들을 명하여. 은혜에 있어서 부요하고, 내세의 좋은 것들에 있어서 부요한 자들에게는 이러한 명령이나 당부가 필요하지 않지만, 에베소 교회에는 세상의 재물이나 집이나 땅은 많이 가지고 있지만, 깊은 은혜 속에서 만들어진 미덕들에 있어서는 빈곤하기 짝이 없는 자들도 있었기 때문에, 사도는 여기에서 그런 자들에게 명할 말을 디모데에게 알려 준다. 마음을 높이지 말고. 세상에서 재물을 많이 가지고 있는 부자들은 흔히 자기 자신을 대단한 자로 여겨서 자고해져서 자만에 빠지는 경우가 비일비재하기 때문에, 그렇게 되지 않도록 조심하여야 한다.

정함이 없는 재물에 소망을 두지 말고. 부자들은 마치 자신이 소유한 재물이 그들을 모든 해악에서 안전하게 해 주고 행복하게 해 줄 수 있을 것으로 믿고서, 자신의 재물을 "견고한 성"(잠 10:15)으로 여기고서 의지해서는 안 된다. 오직 우리에게 모든 것을 후히 주사 누리게 하시는 하나님께 두며. 우리가 소유하고 있는 모든 것은, 비록 우리가 우리의 돈을 주고 산 것이라고 해도, 하나님께서 우리에게 주셔서 누리게 하신 것이다. 그렇기 때문에, 부자들은 세상의 재물이 아니라 하나님을 의지하고, 하나님께 소망을 두어야 한다. 하나님은 생명 자체이시고, 영원히 사시는 분이실 뿐만 아니라, 다른 모든 존재들에게 생명을 수여하시는 분이시다.

18. 선을 행하고 선한 사업을 많이 하고 나누어 주기를 좋아하며 너그러운 자가 되게 하라.

선을 행하고. 부자들은 기회 있을 때마다, 다른 사람들에게 선을 행하여야 한다. 선한 사업을 많이 하고. 부자들은 구제를 많이 하여야 할 뿐만 아니라, 좀 더 일반적으로 경건이나 사랑에 속한 온갖 선한 일들을 많이 하여야 한다. 나누어 주기를 좋아하며. 하나님께서는 부자들을 자신의 것을 맡아 관리하는 청지기들로 삼으신 것이기 때문에, 부자들은 궁핍한 자들에게 그 하나님의 것을 나누어 주는 것에 인색해서는 안 된다. 너그러운 자가 되게 하라. 부자들은 하나님의 청지기로서, 자신의 주인인 하나님의 명령에 따라 아무런 불평 없이 값없이 후히 나누어 주어야 한다. 왜냐하면, 그렇게 하는 것이 하나님이 주신 재물을 맡아 관리하는 청지기들에게 합당한 일이기 때문이다.

19. 이것이 장래에 자기를 위하여 좋은 터를 쌓아 참된 생명을 취하는 것이니라.

재물이나 부 자체는 단지 현세에서만 소유하고 누릴 수 있는 것이기는 하지만, 우리가 그 재물로 하나님께서 우리에게 행하라고 명하신 일들을 행하게 되면, 우리는 그 재물을 사용해서 "장래"를 준비할 수 있게 된다. 우리 주님께서는 누가복음 12:33에서는 "너희 소유를 팔아 구제하여 낡아지지 아니하는 배낭을 만들라 곧 하늘에 둔 바 다함이 없는 보물이니 거기는 도둑도 가까이 하는 일이 없고 좀도 먹는 일이 없느니라"고 말씀하셨고, 마태복음 6:20에서는 "오직 너희를 위하여 보물을 하늘에 쌓아 두라 거기는 좀이나 동록이 해하지 못하며 도둑이 구멍을 뚫지도 못하고 도둑질도 못하느니라"고 말씀하셨다. 우리가 하나님의 명령에 순종해서 우리의 재물을 사용하였다고 해서, 그것이 우리로 하여금 영생을 얻을 수 있게 해 주는 공로가 되는 것은 결코 아니지만, 우리는 내세를 위한 "좋은 터"를 쌓을 수 있다. 왜냐하면, 우리는 우리의 몇 푼 안 되는 재물으로 "영생"을 살 수는 없지만, 하나님께서는 우리의 순종함을 보시고서 값없이 거저 우리에게 "참된 생명"과 "영원한 복"을 주실 것이기 때문이다.

20. 디모데야 망령되고 헛된 말과 거짓된 지식의 반론을 피함으로 네게 부탁한 것을 지키라.

디모데야 … 네게 부탁한 것을 지키라. "네게 부탁한 것"은 복음의 교훈을 가리키는 것일 수도 있고 사역자로서의 직분을 가리키는 것일 수도 있다. 전자의 경우에는, 사역자들이 복음의 교훈을 변질시키지 않고 순수하게 지켜서 행하고 가르치는 것은 너무나 마땅한 일이다. 후자의 경우에는, 사도는 디모데에게 전도자의 직무를 신실하고 충성되게 행하여서, 그리스도와 그리스도의 가르침을 제대로 잘 전하고 가르치라고 명하고 있는 것이다. 망령되고 헛된 말. 이것은 복음을 전하고 가르친다는 미명 하에 온갖 속되고 헛된 말들을 늘어놓는 것을 피하라는 것이다. 거짓된 지식의 반론을 피함으로. 또한, 사역자들은 "학문"이라 불리는 거짓된 지식에서 나오는 온갖 쓸데없는 사변들과 논쟁들은 복음을 전하는 것에 아무런 도움이 되지 않기 때문에 피하는 것이 마땅하다.

21. 이것을 따르는 사람들이 있어 믿음에서 벗어났느니라 은혜가 너희와 함께 있을지어다.

이것을 따르는 사람들이 있어 믿음에서 벗어났느니라. 어떤 사람들은 학문이라는 미명 하에 자신의 지식들을 자랑하며, 자기가 박식하고 영리한 사람이라는 것을 과시하고자 하는 욕망에 사로잡혀서, 기독교 신앙에 어긋나는 거짓되고 잘못된 생각들에 빠지게 되고, 결국에는 믿음의 교훈으로부터 떠나게 되었다. 은혜가 너희와 함께 있을지어다. 사도는 디모데후서 1:2에서는 "사랑하는 아들 디모데에게 편지하노니 하나님 아버지와 그리스도 예수 우리 주께로부터 은혜와 긍휼과 평강이 네게 있을지어다"라고 축복한다. 헬라어 사본들에는 "디모데전서는 프리기아 파카티아나(Phrygia Pacatiana)의 주도인 라오디게아에서 씌어졌다"는 후기가 있다.

MATTHEW POOLE'S COMMENTARY

디모데후서

MATTHEW POOLE'S COMMENTARY

서론

디모데후서는 로마에서 씌어진 것이 거의 확실하다. 이 서신을 쓸 당시에, 바울은 로마에 죄수로 갇혀 있었고(딤후 1:8, "주를 위하여 갇힌 자 된 나"), 대부분의 해석자들은 바울이 디모데후서 4:7-8에서 "나는 선한 싸움을 싸우고 나의 달려갈 길을 마치고 믿음을 지켰으니 이제 후로는 나를 위하여 의의 면류관이 예비되었으므로 주 곧 의로우신 재판장이 그 날에 내게 주실 것이며 내게만 아니라 주의 나타나심을 사모하는 모든 자에게도니라"고 말한 것을 근거로 해서, 그가 죽기 얼마 전에 이 서신을 썼을 것이라고 생각한다. 바울은 회심한 지 35년이 되는 해였던 주후 68년에 죽었다고 전해진다. 따라서 이 서신은 그가 디모데전서를 쓰고 나서 대략 16년이 지나서 씌어졌다. 바울이 서신을 쓴 목적은 디모데전서를 쓴 목적과 거의 동일해서, 디모데에게 그의 직분을 신실하고 충성되게 감당하고, 믿음을 굳게 지키며, 그의 직무를 성실하게 수행하고, 온갖 언쟁이나 악한 논쟁을 피하라는 등등의 권면을 함과 동시에 격려하기 위한 것이다. 또한, 바울은 디모데에게 후일이 지금보다 한층 더 위험한 날들이 될 것 같다고 경고하면서, 가르치는 일을 행하는 것과 고난을 감내하는 것과 관련해서 자신의 모범을 그에게 설명해 주고, 앞으로 있을 박해와 역경의 힘든 시기를 미리 준비하라고 조언한다.

MATTHEW POOLE'S COMMENTARY

디모데후서 1장

개요

1. 바울이 디모데에게 하는 애정어린 인사말(1–2).
2. 바울은 외조모와 어머니로부터 물려받은 디모데의 저 참된 믿음을 기억하고서, 디모데를 위하여 끊임없이 기도하고 있다고 말함(3–5).
3. 디모데 안에 있는 하나님의 은사를 불일 듯 하게 하기 위하여 자기가 권면하고 있는 것이라고 말함(6–7).
4. 복음의 증언을 부끄러워하지 말고, 자신의 본받아서 복음을 위해 기꺼이 고난을 받을 것을 권함(8–12).
5. 그가 배운 바른 말씀의 교훈을 굳게 붙잡으라고 권함(13–14).
6. 아시아에 있는 교회들의 모든 신자들이 자기를 버린 것을 상기시킴(15).
7. 오네시보로가 자기에게 여러 번 잘해 준 것을 칭찬함(16–18).

1. 하나님의 뜻으로 말미암아 그리스도 예수 안에 있는 생명의 약속대로 그리스도 예수의 사도 된 바울은.

하나님의 뜻으로 말미암아 … 그리스도 예수의 사도 된 바울은. 디모데전서 1:1에 대한 설명을 보라. 생명의 약속대로. 이 말씀은 사도가 로마서 1:1-2에서 "예수 그리스도의 종 바울은 사도로 부르심을 받아 하나님의 복음을 위하여 택정함을 입었으니 이 복음은 하나님이 선지자들을 통하여 그의 아들에 관하여 성경에 미리 약속하신 것이라"고 말한 것과 거의 동일하다. 그가 거기에서 자기는 "하나님의 복음을 위하여 택정함을 입었으니"라고 말한 것처럼, 여기에서도 "생명의 약속대로"는, 그의 사도직의 목적 또는 그가 해야 할 일은 "생명의 약속"이 들어 있는 복음을 전파하는 것임을 나타내기 위한 것이다. 그리스도 예수 안에 있는. 하나님께서는 옛적부터 우리에게 영원한 생명을 약속하셨지만, 만일 그리스도 예수가 아니었다면, 우리는 그 약속을 받을 수 없었을 것이다. 왜냐하면, 그 약속은 그리스도 예수 안에서 성취되었고, 그리스도 예수 안에서만 우리의 것이 될 수 있기 때문이다.

2. 사랑하는 아들 디모데에게 편지하노니 하나님 아버지와 그리스도 예수 우리 주께로부터 은혜와 긍휼과 평강이 네게 있을지어다.

이 절에 대해서는 디모데전서 1:2에 대한 설명을 보라. 사도는 거기에서는 "믿음 안에서 참 아들 된 디모데에게 편지하노니 하나님 아버지와 그리스도 예수 우리 주께로부터 은혜와 긍휼과 평강이 네게 있을지어다"라고 말함으로써, 자기와 디모데의 관계가 영적으로 아버지와 "아들"의 관계라는 것을 밝힌 반면에, 여기에서는 "사랑하는 아들"이라고 말함으로써, 디모데에 대한 자신의 애정과 사랑을 드러낸다. 이 점을 제외하면, 여기 나오는 인사말은 디모데전서 1:2에 나오는 인사말과 동일하다.

3. 내가 밤낮 간구하는 가운데 쉬지 않고 너를 생각하여 청결한 양심으로 조상적부터 섬겨 오는 하나님께 감사하고.

청결한 양심으로 조상적부터 섬겨 오는 하나님께 감사하고. 바울이 여기에서 말한 "조상들"은 그의 가까운 직계 조상들을 가리키는 것일 수도 있고, 아브라함과 이삭과 야곱을 가리키는 것일 수도 있다. 왜냐하면, 그는 그들이 섬겼던 바로 그 동일한 하나님을 섬기고 있는 것이기 때문이다. 하지만 여기에서 한 가지 질문이 제기된다: 우리의 마음을 청결하게 해 줄 수 있는 것은 오로지 복음의 믿음뿐인데(행 15:9, "믿음으로 그들의 마음을 깨끗이 하사 그들이나 우리나 차별하지 아니하셨느니라"), 바울은 태어날 때부터 유대인이었고, 복음의 믿음과 반대되는 유대교에 열심이 있던 사람이었는데, 어떻게 자신의 조상적부터 섬겨 오던 하나님을 자기가 "청결한 양심으로" 섬겨 왔다고 말할 수 있는 것인가? 이 질문에 대한 나의 대답은 이런 것이다: 여기에서 "청결한 양심"은, 사도가 빌립보서 3:6에서 "열심으로는 교회를 박해하고 율법의 의로는 흠이 없는 자라"고 말하였을 때, "율법의 의로는 흠이 없는" 것을 의미하는 것으로 보인다는 것이다. 바울이 믿었던 유대교는 사람들의 마음을 청결하게 해 줄 수 있는 것은 아니었지만, 그는 유대교의 모든 가르침들을 철저하고 엄격하게 지켰다. 또는, 여기에서 바울은 자기가 지금 자신의 조상적부터 섬겨 오던 바로 그 동일한 하나님을 "청결한 마음으로" 섬기고 있다고, 현재의 자신에 대해서 말하고 있는 것일 수도 있다. 내가 밤낮 간구하는 가운데 쉬지 않고 너를 생각하여. 사도는 하나님께서 디모데에게 주신 은혜와 은사들을 생각하고서 하나님께 감사하고 있는 것일 수도 있고, 하나님이 자기로 하여금 매일 기도할 때에 자신의 마음속에 디모데를 생각나게 해 주신 것에 대하여 감사하고 있는 것일 수도 있다(몬 1:4, "내가 항상 내 하나님께 감사하고 기도할 때에 너를 말함은"). 바울의 이 말을 통해서 우리는 그리스도인들이 서로를 위하여 기도하는 것은 모든 그리스도인들에게 합당한 의무라는 것과, 우리에게 그러한 의무를 행하고자 하는 마음이 들었을 때, 우리 자신은 그러한 선한 생각을 해낼 수 없는 존재이기 때문에, 하나님께서 그러한 선한 생각을 우리 마음에 주신 것을 감사하여야 한다는 것을 알게 된다.

4. 네 눈물을 생각하여 너 보기를 원함은 내 기쁨이 가득하게 하려 함이니.

초대 교회의 그리스도인들 사이에서는 형제애가 지극하였기 때문에, 사도는 자기로부터 멀리 떨어져 있는 그리스도인들을 보고 싶어 하는 자신의 심정을 자주 표현한다(롬 1:11, "내가 너희 보기를 간절히 원하는 것은 어떤 신령한 은사를 너희에게 나누어 주어 너희를 견고하게 하려 함이니"; 살전 2:17, "형제들아 우리가 잠시 너희를 떠난 것은 얼굴이요 마음은 아니니 너희 얼굴 보기를 열정으로 더욱 힘썼노라"). 하지만 사도는 여기에서 자기가 디모데를 보고 싶어 하는 한 가지 특별한 이유를 밝히는데, 그 이유는 그가 밀레도에서 디모데와 에베소 교회의 장로들을 거기로 불러서 작별인사를 할 때에 디모데가 흘린 "눈물"이 자꾸 그의 눈에 아른거렸기 때문이었다(행 20:37-38, "이 말을 한 후 무릎을 꿇고 그 모든 사람들과 함께 기도하니 다 크게 울며 바울의 목을 안고 입을 맞추고 다시 그 얼굴을 보지 못하리라 한 말로 말미암아 더욱 근심하고 배에까지 그를 전송하니라"). 또한, 사도는 자기가 디모데를 직접 보게 된다면, 자신의 "기쁨"이 충만하게 될 것이기 때문에, 그를 보고자 하는 마음이 간절하다고 말하는데, 이것은 디모데가 에베소 교회에서 전도자의 직무를 감당하면서 은혜와 은사에 있어서 성장한 모습을 보게 된다면, 자신의 기쁨이 이루 말할 수 없이 충만하게 될 것이라고 말하고 있는 것이다.

5. 이는 네 속에 거짓이 없는 믿음이 있음을 생각함이라 이 믿음은 먼저 네 외조모 로이스와 네 어머니 유니게 속에 있더니 네 속에도 있는 줄을 확신하노라.

사도는 자기가 디모데를 사랑하고 아끼는 또 다른 이유를 여기에서 밝히는데, 그것은 디모데가 복음에 대한 믿음을 진실하게 고백하고 지켜 나가고 있다는 것이었다. 디모데의 아버지는 "헬라인"이었기 때문에(행 16:1), 사도는 그 아버지에 대해서는 아무 말도 하지 않은 채, "외조모 로이스"와 "어머니 유니게"가 참된 믿음을 지니고 있었다는 사실만을 언급한 후에, 자기가 확실하게 말할 수는 없지만, 그런 참된 믿음이 디모데에게도 있을 것을 확신한다고 말한다.

6. 그러므로 내가 나의 안수함으로 네 속에 있는 하나님의 은사를 다시 불일듯 하게 하기 위하여 너로 생각하게 하노니.

그러므로 내가 … 너로 생각하게 하노니. 바울은 디모데를 지극히 사랑하고 아꼈기 때문에, 책망이나 경책 같은 것을 하지 않은 것이 아니라, 도리어 그에 대한 자신의 신실한 의무를 다하여서, 디모데에게 그의 직분을 충성되게 잘 감당해야 한다고 따끔하게 충고하고 경고하기를 마다하지 않는다.

네 속에 있는 하나님의 은사를 다시 불일듯 하게 하기 위하여. 사도는 디모데가 참된 믿음 안에서 자신의 직분을 잘 감당하도록 하기 위하여, 하나님께서 그의 "속에" 불붙여 놓으셨던 거룩한 불에 새 생명을 불어넣기 위하여("불일듯 하다"라는 단어는 재들에 묻혀서 점점 꺼져가고 식어가는 불씨를 다시 되살리는 것을 의미한다), 날마다 기도하고 하나님의 일들을 묵상하며, 하나님이 그에게 주신 "은사들," 곧 영적인 능력들을 제대로 자주 사용하라고 충고한다. 나의 안수함으로. 하나님께서는 바울과 장로들로 하여금 디모데에게 안수하여 "전도자"로 세우게 하셨고, 그 때에 디모데가 전도자의 직분을 제대로 감당할 수 있게 하시기 위하여 그에게 "은사들"을 주셨다.

7. 하나님이 우리에게 주신 것은 두려워하는 마음이 아니요 오직 능력과 사랑과 절제하는 마음이니.

하나님이 우리에게 주신 것은 두려워하는 마음이 아니요. 여기에서 "두려워하는 마음"은, 사역자들에게 합당한 저 거룩한 불굴의 담대함과 반대되는 것으로서, 두려워하고 겁을 집어먹고 심약한 것을 의미한다. 사도는 그러한 "두려워하는 마음"은 성령의 은사도 아니고, 하나님으로부터 온 것도 아니라고 말한다.

오직 능력과 사랑과 절제하는 마음이니. "능력"은 그리스도인으로서의 담대함과 불굴의 용기를 가리킨다. 하나님께서 우리에게 주신 그러한 담대함과 불굴의 용기는, 우리로 하여금 온갖 위협 속에서도 우리에게 주어진 의무를 감당하기를 사양하지 않게 하고, 도리어 지극히 큰 위험과 난관들에도 담대하게 맞설 수 있게 해 준다. "사랑"은 하나님에 대한 사랑과 하나님의 백성에 대한 사랑을 의미한다. 하나님이 우리에게 주신 이 "사랑"은 아주 강력해서, 우리로 하여금 그리스도와 그의 교회와 백성을 위해서 기꺼이 우리의 목숨을 내어 놓게 만든다. 여기에서 "절제하는 마음"으로 번역된 '소프로니스무' (σωφρονισμοῦ)는, 어떤 이들은 건전하고 올바른 마음으로 번역하기도 하고, 어떤 이들은 침착하고 평안한 마음으로 번역하기도 한다. 믿음 안에서 올바르고 건전하게 분별하고 판단하는 마음은 복음 사역자들에게는 반드시 필요하다. 또한, 우리의 혈기를 다스리고 절제하는 것, 즉 절제된 마음은 성령의 은사이다. 사도가 여기에서 이 단어를 통해서 말하고자 하는 것은, 우리가 혈기나 감정들을 잘 다스리고 절제해서, 평온하고 침착한 마음으로 사역을 해나감으로써, 우리의 혈기나 감정이 우리의 직분을 수행하는 데 아무런 방해가 되지 않게 하여야 한다는 것인 것 같다. 또한, 위험이 닥칠 때마다 휘청거리는 심약하거나 병약한 마음과 반대되는 개념인 "건전한 마음"이라는 번역도 사도의 의도를 충분히 잘 표현해 주고 있는 것으로 보인다.

8. 그러므로 너는 내가 우리 주를 증언함과 또는 주를 위하여 갇힌 자 된 나를 부끄러워하지 말고 오직 하나님의 능력을 따라 복음과 함께 고난을 받으라.

그러므로 너는 내가 우리 주를 증언함과 또는 주를 위하여 갇힌 자 된 나를 부끄러워하지 말고. 사도는 디모데가 "우리 주를 증언함"을 부끄러워해서도 안 되고, "주를 위하여 갇힌 자 된" 자기를 부끄러워해서도 안 된다고 말한다(한글개역개정에는 '내가 우리 주를 증언함"이라고 되어 있지만, 헬라어 본문과 흠정역 등에는 "네가 우리 주를 증언함" 또는 "우리 주에 대한 증언"으로 되어 있다 — 역주). 여기에서 "증언"은 "본디오 빌라도를 향하여 선한 증언을 하신 그리스도 예수"(딤전 6:13)의 바로 그 증언을 가리키는 것일 수도 있고, 디모데가 행해야 하는 저 증언을 가리키는 것일 수도 있다. 왜냐하면, 그리스도의 사역자들은 그리스도의 증인들이 되는 것이 마땅하기 때문이다(행 1:8, "오직 성령이 너희에게 임하시면 너희가 권능을 받고 예루살렘과 온 유대와 사마리아와 땅 끝까지 이르러 내 증인이 되리라"). "주를 위하여 갇힌 자 된 나"라는 구절은 바울이 이 서신을 쓸 당시에 로마에 죄수로 갇혀 있었다는 사실을 보여 준다. 사도는 자기가 죄수로 로마에 갇혀 있다는 사실 때문에, 디모데가 자기와 자기가 그에게 베푼 가르침을 부끄러워해서는 안 된다고 말한다.

오직 하나님의 능력을 따라 복음과 함께 고난을 받으라. 사도는 디모데에게 하나님께서 그를 복음 사역자로 부르신 것을 기뻐하고서, 자기가 복음을 고백하고 전함으로써 받게 된 저 "고난들," 또는 복음과 떼려야 뗄 수 없는 저 "고난들"을 자기와 함께 기꺼이 받으라고 권면한다. 아울러, 사도는 하나님이 주시는 능력을 의지해서 그러한 고난을 받으라고 말한다. 왜냐하면, 하나님께서는 우리로 하여금 그리스도를 믿고 그리스도를 위하여 고난을 받게 하시기 위하여 우리에게 그렇게 할 수 있는 능력도 주시기 때문이다(빌 1:29, "그리스도를 위하여 너희에게 은혜를 주신 것은 다만 그를 믿을 뿐 아니라 또한 그를 위하여 고난도 받게 하려 하심이라").

9. 하나님이 우리를 구원하사 거룩하신 소명으로 부르심은 우리의 행위대로 하심이 아니요 오직 자기의 뜻과 영원 전부터 그리스도 예수 안에서 우리에게 주신 은

혜대로 하심이라.

하나님이 우리를 구원하사. 하나님께서는 우리를 구원의 상태로 옮기셨고, 우리에게 장차 영원한 형벌과 사망으로부터 구원받을 수 있는 권리를 수여하셨다. 거룩하신 소명으로 부르심은. 하나님께서는 우리로 하여금 구원을 얻게 하시기 위하여, 유효한 부르심을 통해서 우리를 부르셔서 새롭게 하시고 거룩하게 하셨다. 우리의 행위대로 하심이 아니요 오직 자기의 뜻과 … 은혜대로 하심이라. 하나님께서 우리에게 그렇게 하신 것은 우리에게 그럴 만한 자격이 있거나 공로가 있어서가 아니었고, 오로지 자신의 값없이 거저 주시는 사랑으로 인해서, 영원 전부터 우리를 구원하시기로 계획하시고 작정하셨고, 때가 되자 그 계획을 실제로 이루신 것이기 때문에, 전적으로 은혜로 된 것이었다.

영원 전부터. 우리를 구원하시기 위한 하나님의 계획과 작정하심은 "영원 전," 즉 창세 전에 이루어진 것이기 때문에, 그 구원은 우리의 행위로 말미암은 것이 될 수 없었고, 오로지 전적인 은혜로 된 것일 수밖에 없다(엡 1:4, "창세 전에 그리스도 안에서 우리를 택하사"; 딛 3:4-5, "우리 구주 하나님의 자비와 사람 사랑하심이 나타날 때에 우리를 구원하시되 우리가 행한 바 의로운 행위로 말미암지 아니하고 오직 그의 긍휼하심을 따라 중생의 씻음과 성령의 새롭게 하심으로 하셨나니"). 그리스도 예수 안에서 우리에게 주신. 이 구원은 예수 그리스도의 공로와 중보로 말미암아 이루어진 것이었다.

10. 이제는 우리 구주 그리스도 예수의 나타나심으로 말미암아 나타났으니 그는 사망을 폐하시고 복음으로써 생명과 썩지 아니할 것을 드러내신지라.

이제는 우리 구주 그리스도 예수의 나타나심으로 말미암아 나타났으니. 하나님께서 그리스도 예수를 통해서 이루고자 하셨던 계획은 구약 시대에는 많은 부분이 감춰져 있었지만, 그리스도께서 이 땅에 오심으로써 분명해졌다. 그는 사망을 폐하시고. 그리스도께서는 자신의 죽음으로써 사망의 독침과 권세를 제거하시고서, 우리를 "둘째 사망"으로부터 건져 내셨다(계 2:11, "귀 있는 자는 성령이 교회들에게 하시는 말씀을 들을지어다 이기는 자는 둘째 사망의 해를 받지 아니하리라").

복음으로써 생명과 썩지 아니할 것을 드러내신지라. 그리스도께서는 복음의 가르침을 통해서 영원한 생명에 관한 약속들을 분명하게 드러내셨다. 이 약속들은 율법 아래에서도 존재하였지만, 아주 희미하게 계시되었기 때문에, 대부분의 사람들에게 감춰져 있다가, 이제 대낮처럼 밝히 계시되어서, 달리는 자들도 읽을 수 있을 정도로 분명하게 나타났다.

11. 내가 이 복음을 위하여 선포자와 사도와 교사로 세우심을 입었노라.

내가 이 복음을 위하여 선포자와 … 세우심을 입었노라. 하나님께서는 그리스도의 오심으로 말미암아 분명하게 계시된 자신의 저 은혜로우신 계획과 목적, 그리고 온 천하에 밝히 계시된 복음으로 말미암은 저 영원한 생명과 영원히 죽지 않는 삶을 널리 전파하도록 하시기 위하여, 바울을 이 복음을 전할 자로 세우셨다. **사도와 교사.** 하나님께서는 바울로 하여금 복음을 전파하도록 하시기 위하여, 그를 "사도"로 세우시고 파송하셔서, 특별히 이방인들을 가르치는 "교사"가 되게 하셨다. 바울은 디모데전서 2:7에서도 "이를 위하여 내가 전파하는 자와 사도로 세움을 입은 것은 참말이요 거짓말이 아니니 믿음과 진리 안에서 내가 이방인의 스승이 되었노라"고 말한다.

12. 이로 말미암아 내가 또 이 고난을 받되 부끄러워하지 아니함은 내가 믿는 자를 내가 알고 또한 내가 의탁한 것을 그 날까지 그가 능히 지키실 줄을 확신함이라.

이로 말미암아 내가 또 이 고난을 받되 부끄러워하지 아니함은. 사도는 자기가 바로 그 복음을 널리 전파하기 위하여 이방인들을 가르치다가, 유대인들에 의해서 백성들을 선동하고 부추기는 자로 고발을 당해서 로마인들에게 넘겨져서 로마로 압송되어 감옥에 갇혀 있게 된 것이기 때문에, 자기는 자신이 이렇게 갇힌 자가 된 것을 부끄러워하지 않는다고 말한다.

내가 믿는 자를 내가 알고 또한 내가 의탁한 것을 그 날까지 그가 능히 지키실 줄을 확신함이라. 사도는 자기가 믿음으로 하나님께 의탁한 것, 즉 자신의 영혼 또는 현세와 내세에서 자기와 관련된 모든 것을, 하나님께서 심판의 날까지 지켜 주실 수 있으시다는 것을 의심하지 않는다고 말한다. 이 본문에 나오는 "내가 의탁한 것"에 대해서, 어떤 이들은 그것은 믿는 자들의 무리 또는 교회를 가리키는 것이라고 생각하고, 어떤 이들은 사도의 수고와 고난의 열매와 상을 가리키는 것이라고 생각하며, 칼빈(Calvin)은 우리의 영원한 구원은 그리스도께서 지키고 계시는 것이라는 점에서, 사도가 "내가 의탁한 것"이라고 말한 것은 영생을 가리키는 것이라고 본다. 하지만 나는 내가 앞에서 설명한 것이 더 합당하다고 생각한다. 그리고 나의 설명은 베드로 사도가 "하나님의 뜻대로 고난을 받는 자들은 또한 선을 행하는 가운데에 그 영혼을 미쁘신 창조주께 의탁할지어다"(벧전 4:19)라고 말한 것과도 부합한다. 하나님께서는 자신의 사역자들인 우리에게 자신의 복음을 의탁하시고(딤전

6:20, "디모데야 망령되고 헛된 말과 거짓된 지식의 반론을 피함으로 네게 부탁한 것을 지키라"), 우리는 성경의 예를 따라 우리의 영혼을 하나님께 의탁한다(눅 23:46, "예수께서 큰 소리로 불러 이르시되 아버지 내 영혼을 아버지 손에 부탁하나이다 하고 이 말씀을 하신 후 숨지시니라"; 행 7:59, "그들이 돌로 스데반을 치니 스데반이 부르짖어 이르되 주 예수여 내 영혼을 받으시옵소서 하고"). 따라서 여기에서 바울은 이렇게 말하고 있는 것이다: "나는 내가 받는 고난에는 관심이 없다. 오직 나는 현세와 내세에서 내가 관심을 갖고 있는 모든 것들을 하나님께 의탁하였고, 또한 나는 하나님께서는 그 모든 것들을 지켜 주실 수 있으시다는 것을 알고 있다."

13. 너는 그리스도 예수 안에 있는 믿음과 사랑으로써 내게 들은 바 바른 말을 본받아 지키고.

디모데가 바울에게서 들은 "바른 말"은 복음의 교훈 외에 다른 것을 가리킬 수 없다. 복음은 그 자체로 순전하고 부패한 것이 전혀 없어서, 단 하나라도 부패한 가르침을 담고 있지 않기 때문에, 복음을 들은 영혼은 영적으로 건강해지게 된다. 디모데는 바울에게서 바로 그러한 "바른" 가르침을 받았었다. 바울이 글로 기록해서 디모데에게 가르침을 베푼 것인지 그렇지 않은지 하는 문제는 별로 중요하지 않지만, 만일 글로 기록된 가르침을 준 것이었다면, 그는 디모데에게 그 가르침을 "지키라"고만 명했을 것인데, 여기에서는 "본받아 지키라"고 한 것으로 보아서, 디모데가 그에게서 듣고 마음속에 새겨 둔 그 가르침의 "본"을 그대로 따라 행하고, 거기에 맞춰서 에베소 교인들에게 말씀을 전하라고 한 것으로 보인다. 사도는 자기가 디모데에게 베푼 가르침의 "본"의 요지는 "믿음과 사랑"이라는 것을 분명히 한다. 왜냐하면, 복음이 가르치는 모든 것은 주 예수 그리스도를 믿는 것이거나 그의 계명들을 지키는 것인데, 그것은 사랑을 나타내 보이는 것으로 요약될 수 있기 때문이다(요 14:15, "너희가 나를 사랑하면 나의 계명을 지키리라"). 또는, 이 구절의 의미는 이런 것일 수 있다: "네가 내게서 배운 신앙의 기본원리들 가운데서 네 자신을 올바르게 지키라." 사도는 "그리스도 예수 안에 있는"이라는 어구를 덧붙임으로써, 자기가 말하는 "믿음과 사랑"이라는 것은, 그리스도를 자신의 구속주로 믿는 "믿음"과 그리스도의 모든 계명들에 순종하여 살아가는 것으로 나타나는 "사랑"을 의미하는 것임을 분명히 보여 준다. 아무리 정통적인 신앙을 지닌 사람들일지라도, 이러한 "믿음과 사랑"을 실제로 실천하여 나타내지 않는다면, 그들의 신앙은 헛된 것이 되어서, 천국이 아니라 지옥에 가게 될 수도 있다.

14. 우리 안에 거하시는 성령으로 말미암아 네게 부탁한 아름다운 것을 지키라.

네게 부탁한 아름다운 것을 지키라. 이것이 무엇을 의미하는지는 사도가 디모데전서 6:20에서 설명하고 있다: "디모데야 망령되고 헛된 말과 거짓된 지식의 반론을 피함으로 네게 부탁한 것을 지키라." 사도가 디모데에게 지키라고 명한 "네게 부탁한 아름다운 것"은 복음의 교훈, 또는 그 복음을 전파하기 위하여 디모데에게 주어진 직분을 가리킨다. 즉, 사도는 디모데에게 그에게 맡겨진 목회 사역을 신실하고 충성되게 감당하라고 명하고 있는 것이다.

우리 안에 거하시는 성령으로 말미암아. 사도는 자신이 부탁한 것을 디모데가 지키기 위해서는, 모든 믿는 자들 안에 내주하시는 성령의 도우심과 역사를 의지하여야 한다고 말하는데, 성령의 역사와 도우심은 모든 믿는 자들에게 필요하지만, 특히 복음 사역자들에게는 한층 더 필요하다. 왜냐하면, 성령의 도우심이 없이는, 우리의 마음과 생각을 믿음과 그 교훈 안에서 건전하고 건강하게 지킬 수도 없고, 우리의 심령이 늘 변함없는 믿음과 사랑을 나타내 보일 수도 없기 때문이다. 우리 주님께서는 성령을 구하는 자들에게 성령을 주시지만, 일단 우리 안에 성령께서 내주하시게 되면, 우리는 성령을 곤혹스럽게 하거나 근심하게 하거나 거역하거나 소멸하지 말아야 한다.

15. 아시아에 있는 모든 사람이 나를 버린 이 일을 네가 아나니 그 중에는 부겔로와 허모게네도 있느니라.

네가 아나니. 아마도 디모데는 어떤 사람들에 대해서는 그들이 배교한 사실을 이미 개인적으로 알고 있었고, 어떤 사람들에 대해서는 바울이 알려 주고 확증해 준 것을 통해서 배교 사실을 알았던 것으로 보인다. 아시아에 있는 모든 사람이 나를 버린 이 일을. 성경에서는 흔히 많은 사람들을 나타낼 때에 "모든 사람"이라고 표현하는 일이 비일비재하기 때문에, 우리는 여기에서 바울이 "모든 사람"이라고 말한 것도 문자 그대로 모든 사람이 아니라 많은 사람을 의미하는 것으로 해석하여야 한다. 어떤 이들은 여기에서 "모든 사람"은 유대인들 중에서 기독교로 개종한 모든 사람을 가리키는 것이라고 해석하고, 어떤 이들은 바울을 따라서 로마로 간 아시아 지역의 교인들이 거기에서 그가 고난을 받는 것을 보고서 배교한 것이라고 해석하며, 어떤 이들은 지금 디모데가 사역하고 있던 아시아 지역에 현재 거하고 있는 믿는 자들 중에서 다수가 배교한 것이라고 해석한다. 그들은 바울에게 등을 돌렸다. 즉, 그들은 바울이 죄수로서 "갇힌 자"가 된 것을 보고서는, 기독교 신앙을 완전히 떠났거나, 바울과의 교제를 완전히 끊고 떠나갔다는 것이다. 그 중에는 부겔로와 허모게네도 있느니라. 이 두 사람에 대해서는 여기 외에는 성경의 그 어디에서도 언급되어 있지 않기 때문에, 우리에게는 이 두 사람에 대하여 확실하게 말할 수 있는 것은 아무것도 없다.

16. 원하건대 주께서 오네시보로의 집에 긍휼을 베푸시옵소서 그가 나를 자주 격려해 주고 내가 사슬에 매인 것을 부끄러워하지 아니하고.

원하건대 주께서 오네시보로의 집에 긍휼을 베푸시옵소서. 사도가 이 서신을 쓰고 있을 당시에, 오네시보로가 살아 있었던 것인지, 아니면 이미 죽었는지는 대단히 불확실하다. 왜냐하면, 사도는 이 본문에서 당사자인 오네시보로가 아니라, "오네시보로의 집"을 위해서 기도하고 있고, 디모데후서 4:19에서도 "오네시보로의 집에 문안하라"고 말하고 있기 때문이다. 그가 나를 자주 격려해 주고. 이것은 사도가 아시아에 있을 때였거나 로마에 있을 때였을 것이지만, 이 말 직후에 오네시보로가 "내가 사슬에 매인 것을 부끄러워하지 아니하였다"고 말하고 있는 것으로 보아서, 오네시보로는 로마까지 사도를 따라와서 수발을 들어주었던 것으로 보인다. 내가 사슬에 매인 것을 부끄러워하지 아니하고. 사도가 죄인으로 갇혀 있는 동안에, 오네시보로는 사도를 돌보아 주었다. 사도는 오네시보로가 자기에게 베풀어 준 은혜를 생각하고서, 오네시보로의 가족에게 긍휼을 베풀어 주시라고 하나님께 기도한다.

17. 로마에 있을 때에 나를 부지런히 찾아와 만났음이라.

로마에 있을 때에. 사도가 로마에 죄수로 갇혀 있는 동안에, 오네시보로는 개인적으로 로마를 자주 방문해서 사도를 찾아가 돌보아 주었다. 나를 부지런히 찾아와 만났음이라. 사도가 로마의 "셋집"에 머물러 있든지(행 28:30-31, "바울이 온 이태를 자기 셋집에 머물면서 자기에게 오는 사람을 다 영접하고 하나님의 나라를 전파하며 주 예수 그리스도에 관한 모든 것을 담대하게 거침없이 가르치더라"), 감옥에 갇혀 있든지, 오네시보로는 어떻게 해서든지 사도를 찾아내어 만나서 도움을 주었다.

18. (원하건대 주께서 그로 하여금 그 날에 주의 긍휼을 입게 하여 주옵소서) 또 그가 에베소에서 많이 봉사한 것을 네가 잘 아느니라.

사도가 여기에서 하고 있는 말은 우리로 하여금 오네시보로가 아직 여전히 살아 있는 것이 아닌가 하고 생각하게 만든다. 사도는 오네시보로가 "그 날에 주의 긍휼"을 입게 해 달라고 기도하는데, 여기에서 "긍휼"은 육적으로나 영적으로 모든 선한 것을 포괄적으로 가리키는 표현이다. 사도는 하나님께서 그러한 긍휼을 이 선한 자에게 허락하셔서, 주 예수 그리스도께서 산 자와 죽은 자를 심판하시게 될 "그 날에" 긍휼을 입게 해 달라고 기도한다. 왜냐하면, 오네시보로는 로마에서 죄수로 갇혀 있던 사도를 돌보아 주었을 뿐만 아니라, 자신이 살고 있던 에베소에서도 교회를 위하여 많은 일을 행한 인물이었기 때문이다. 디모데도 오네시보로가 에베소 교회에서 많은 봉사를 한 것을 알고 있었다.

MATTHEW POOLE'S COMMENTARY

디모데후서 2장

개요

1. 그리스도의 좋은 병사가 되어, 그의 수고와 고난에 대한 확실한 상을 바라보는 가운데, 자신의 직분을 변함없이 끝까지 감당하라고 디모데에게 권면함(1–14).
2. 진리의 말씀을 올바르게 분별하고, 망령되고 헛된 말을 피하라고 함(15–16).
3. 후메내오와 빌레도의 위험스러운 오류(17–18).
4. 하나님의 터는 견고하게 섰다고 함(19).
5. 귀한 그릇과 천한 그릇(20–21).
6. 무엇을 피하여야 하고 무엇을 따라야 하며, 그리스도의 종들이 모든 사람에 대하여 어떻게 행하여야 하는지를 가르침(22–26).

1. 내 아들아 그러므로 너는 그리스도 예수 안에 있는 은혜 가운데서 강하고.

이 절에서 사도가 말하고자 한 것은 다음 둘 중의 하나이다: "너는 예수 그리스도의 은혜에 관한 기쁜 소식을 알리는 복음을 전파할 때에 네게 닥쳐오는 위험들을 보고서 놀라거나 겁을 집어먹지 말고, 강건함과 용맹스러움을 나타내어야 한다." 또는, "너는 그리스도 예수의 은혜의 힘을 의지하여 강하여야 한다. 왜냐하면, 그러한 은혜의 힘이 없이는 너는 아무것도 할 수 없기 때문이다."

2. 또 네가 많은 증인 앞에서 내게 들은 바를 충성된 사람들에게 부탁하라 그들이 또 다른 사람들을 가르칠 수 있으리라.

또 네가 많은 증인 앞에서 내게 들은 바를. 여기에서 사도가 말하고 있는 "네가 많은 증인들 가운데서 내게 들은 것들"은 복음의 교훈을 가리킨다. 디모데가 바울에게서 들은 복음의 교훈은 옛적의 많은 선지자들의 증언에 의해서 확증된 것이다. 또는, 이것은 디모데가 바울과 장로들에 의해서 안수를 받고 직분을 받을 때, 바울이 거기에 있는 많은 증인들 앞에서 디모데에게 말하여 부탁한 것을 가리킨다.

충성된 사람들에게 부탁하라 그들이 또 다른 사람들을 가르칠 수 있으리라. 사도는 자기가 디모데에게 부탁했던 것처럼, 디모데도 다른 사람들을 복음 사역자들로 세워서 복음을 전할 것을 부탁하라고 명하면서, 사람들을 복음 사역자로 세울 때에는, 그 사람들이 자신들이 지니고 있는 지식을 다른 사람들에게 전할 수 있는 능력이 있는지를 확인하여야 하고, 아울러 그 사람들이 과연 자신들에게 맡겨진 일을 충성되게 감당할 수 있을지도 확인하여야 한다고 말한다.

3. 너는 그리스도 예수의 좋은 병사로 나와 함께 고난을 받으라.

너는 … 나와 함께 고난을 받으라. "고난을 받으라"로 번역된 어구는 헬라어로는 "고난의 해악들을 겪으라"는 의미이다. 사도는 디모데에게 고난과 환난의 해악들을 예상하고, 그런 것들에 직면해서 인내로써 잘 견디고 감당하라고 명한다. 그리스도 예수의 좋은 병사로. 복음 사역자의 삶은 편안하고 즐거운 삶이 아니고, 무수한 위험과 곤경에 처할 수밖에 없는 힘들고 고된 "병사"의 삶이라는 것이다.

4. 병사로 복무하는 자는 자기 생활에 얽매이는 자가 하나도 없나니 이는 병사로 모집한 자를 기쁘게 하려 함이라.

사도는 디모데에게 그의 삶은 수많은 어려움들과 위험들을 만나고 죽을 고비들을 넘겨야 하는 "병사"의 삶이라고 말하고서는, 그러한 고난과 환난의 무수한 해악을 피하지 말고 기꺼이 받으라고 권면한 후에, 여기에서는 "병사들"이 어떻게 해야 하는지를 그에게 상기시킨다. 일단 군대로 소집된 병사들은 장사나 농사짓는 일 등과 같은 자신들의 생업을 중단하여야 한다. 왜냐하면, 병사들은 자신들의 대장의 명령에 따라서 전쟁을 하도록 하기 위하여 소집된 것인데, 만일 그들이 자신들의 이전의 생업을 계속해 나간다면, 그것은 그들을 병사로 부르고 소집한 이를 실망시키는 일이 될 것이기 때문이다. 따라서 복음 사역자가 된 사람들은 자원해서 이전에 자신들이 세상에서 행하던 생업이나 일들을 그만두고, 전적으로 복음 사역에 자기 자신을 헌신하여야 한다. 그들이 그렇게 할 때에만, 그들은 자신들을 병사로 택하시고 부르신 주 예수 그리스도를 기쁘시게 해드릴 수 있다.

5. 경기하는 자가 법대로 경기하지 아니하면 승리자의 관을 얻지 못할 것이며.

당시에는 여러 경기들이 행해져서, 경기에 나간 사람들은 씨름을 하거나 싸우거나 달리기를 통해서 서로 경쟁하였고, 각각의 시합에서 우승한 사람들에게는 "승리자의 관"이 주어졌다. 하지만 승리자가 아무리 자기가 행한 시합에서 일등을 하였다고 할지라도, 그 시합에서 정해진 "법"을 지키지 않았다면, 그는 자신의 머리에 쓸 "승리자의 관"을 얻을 수 없었다. 사도는 이것은 영적인 전쟁 또는 시합에서도 마찬가지라고 말한다. 영적인 싸움에서 이긴 자들에게는 세상에서 주어지는 승리자의 관보다도 훨씬 더 큰 상, 즉 영광의 면류관이 주어진다. 그러나 영적인 싸움을 하는 자들을 위해서 하나님께서 정해 주신 "법"을 지키지 않은 자들은 아무도 그 영광의 면류관을 얻을 수 없게 될 것이다.

6. 수고하는 농부가 곡식을 먼저 받는 것이 마땅하니라.

사도는 앞에서 복음 사역자를 "병사"에 비유해서, 복음 사역자는 세상에서의 생업이나 일들에 불필요하게 얽매여서는 안 된다는 교훈을 이끌어냈고, 경기에 나가서 우승을 다투는 자에 비유해서, 복음 사역자들은 대적들의 반대와 박해의 와중에서도 자기 자신을 지켜 나가고 자신의 직분을 제대로 감당하기 위해서는, 하나님께서 정해 주신 법을 반드시 지켜야 한다는 교훈을 이끌어냈는데, 이제 여기에서는 그리스도께서 친히 그러하셨듯이(마 13장), 복음 사역자를 "농부"에 비유한다. 이것은 복음 사역자의 의무를 상기시켜 주기 위한 것일 수도 있고, 복음 사역자가 받을 유익을 상기시켜 주기 위한 것일 수도 있다. 전자로 해석하면, 사도는 디모데에게 먼저 그 자신의 영혼을 구원하는 일에 관심을 갖고, 다음으로 다른 사람들의 영혼을 구원하는 일에 관심을 가져야 한다는 것을 상기시켜 주고 있는 것이 된다. 후자로 해석하면, 사도는 디모데에게 농사를 짓느라고 수고한 농부에게는 자기가 거둔 곡식을 자기가 소유하고 가장 먼저 먹을 특권이 있다고 말함으로써, 많은 사람들을 "의"로 돌아오게 한 자들의 특권을 상기시켜 주고 있는 것이 된다(단 12:3, "많은 사람을 옳은 데로 돌아오게 한 자는 별과 같이 영원토록 빛나리라").

7. 내가 말하는 것을 생각해 보라 주께서 범사에 네게 총명을 주시리라.

내가 말하는 것을 생각해 보라. 사도는 디모데에게 자기가 말하고 있는 것들을 스스로 한 번 깊이 생각해 보고 헤아려 보라고 권한다. 주께서 범사에 네게 총명을 주시리라. 하지만 하나님께서 디모데의 생각을 여셔서 그것들을 깨달을 수 있게 해 주시고, 그의 마음을 여셔서 그 모든 것들을 받아들이게 해 주시지 않는다면, 그는 그가 알아야 하고 깨달아야 할 모든 것들을 제대로 알 수 없고 깨달을 수 없다.

8. 내가 전한 복음대로 다윗의 씨로 죽은 자 가운데서 다시 살아나신 예수 그리스도를 기억하라.

다윗의 씨로 죽은 자 가운데서 다시 살아나신 예수 그리스도를 기억하라. 사도는 앞에서 디모데가 복음을 전할 때에 겪게 될 고난과 환난들에 대비하여 그를 무장시키는 말을 다 마친 후에, 이제 여기에서는 복음의 교훈에 관하여 말하는 것으로 넘어가서, 복음의 두 가지 중요한 주제, 즉 그리스도의 성육신과 그의 부활을 언급한다. 사도가 여기에서 특히 이 두 가지를 거론하면서, 그리스도인들이 반드시 기억해야 할 것들이라고 강조하고 있는 이유는, 복음의 이 두 가지 중요한 사실이 당시에 사람들에 의해서 부정되고 있었거나, 가장 먼저 반대에 부딪치게 될 것으로 여겨졌기 때문이었다. 특히, 유대인들은 그리스도의 성육신을 부정하였고, 이방인들은 그리스도의 부활을 믿으려고 하지 않았다. 그래서 그리스도의 성육신과 관련해서, 사도는 디모데에게 특히 예수 그리스도께서 "다윗의 씨"로 태어나셨다는 것, 즉 유대인들이 스스로 인정하고 고백하였듯이, "다윗의 자손"으로 태어나신 참 메시야가 바로 예수 그리스도이셨다는 것을 기억하라고 강조한다. 실제로 사도 시대가 끝나고 나서 얼마 되지 않아서, 그리스도께서 참 사람이셨다는 사실은 마르키온주의자들(the Marcionites)과 마니교도들(the Manichees) 등에 의해서 부정되었다. 또한, 그리스도의 부활과 관련해서, 사도는 "죽은 자 가운데서 다시 살아나신 예수 그리스도"를 기억하라고 강조한다. 사도는 로마서의 서두인 1:4에서도 "성결의 영으로는 죽은 자들 가운데서 부활하사 능력으로 하나님의 아들로 선포되셨으니 곧 우리 주 예수 그리스도시니라"고 분명하게 선언하고 있고, 로마서 4:25("예수는 우리가 범죄한 것 때문에 내줌이 되고 또한 우리를 의롭다 하시기 위하여 살아나셨느니라")과 8:34("누가 정죄하리요 죽으실 뿐 아니라 다시 살아나신 이는 그리스도 예수시니 그는 하나님 우편에 계신 자요 우리를 위하여 간구하시는 자시니라")에서는 그리스도인들의 구원과 위로가 그리스도의 부활에 대한 믿음에 많이 달려 있다고 말한다. 이렇게 그리스도께서 참 하나님이시라는 것, 그리고 믿는 자들의 구원과 위로가 그리스도의 부활의 사실성 여부에 달려 있었기 때문에, 사도는 예수 그리스도께서 "죽은 자 가운데서 다시 살아나신" 것을 꼭 기억하라고 디모데에게 당부한다.

내가 전한 복음대로. 그리스도의 성육신과 부활은 사도가 디모데에게 전한 복음의 교훈에 속한 것이었다. 하나님께서는 바울에게 복음을 전하라고 맡기셨기 때문에, 바울은 이 복음을 "나의 복음"(롬 2:16; 16:25)이라고 부르고, 갈라디아서 1:11에서는 "나의 복음"이라고 말한 것이 무엇을 의미하는지를 풀어서 설명하여 "내가 전한 복음"이라고 분명하게 밝힌다. 또한, 사도는 데살로니가전서 1:5과 데살로니가후서 2:14에서는 "우리의 복음"이라고 복수형으로 표현하기도 한다. 즉, 복음은 "나의 복음"이기도 하고 "우리의 복음"이기도 하다는 것이다. 왜냐하면, 사도를 비롯한 모든 복음 사역자들은 동일한 복음을 전하는 일꾼들이기 때문이다.

9. 복음으로 말미암아 내가 죄인과 같이 매이는 데까지 고난을 받았으나 하나님의 말씀은 매이지 아니하니라.

복음으로 말미암아 내가 죄인과 같이 매이는 데까지 고난을 받았으나. 사도는 자기가 복음을 인해서 고난을 받아 왔고, 이제는 마치 행악자처럼 쇠사슬로 묶이는 지경까지 이르게 되었다고 말한다. 하나님의 말씀은 매이지 아니하니라. 그러나 사도는 사람들은 자기를 묶을 수 있었지만, 복음을 묶어 둘 수는 없었기 때문에, 복음은 자기를 비롯한 복음 사역자들에 의해서 지금도 여전히 전파되고 있다고 말한다. 왜냐하면, "하나님의 말씀은 매이지 않는다"는 것은, 사람들이 사도를 묶었지만, 자기는 여전히 복음을 전하고 있다는 의미일 수도 있고, 다른 복음 사역자들이 계속해서 복음을 전하고 있다는 의미일 수도 있기 때문이다.

10. 그러므로 내가 택함 받은 자들을 위하여 모든 것을 참음은 그들도 그리스도 예수 안에 있는 구원을 영원한 영광과 함께 받게 하려 함이라.

그러므로 내가 택함 받은 자들을 위하여 모든 것을 참음은. 사도는 자기가 모욕과 수치와 갇히는 것을 비롯해서 "모든 것"을 참고 감당하고 있다고 말한다. 왜냐하면, 그는 "죄와 싸우되 아직 피흘리기까지는 대항하지" 않았기 때문이다(히 12:4). 또한, 사도는 자기 그런 모든 것을 참고 감당하는 것은 "택함 받은 자들을 위한" 것이라고 말한다. 즉, 사도는 자신은 "택함 받은 자들"을 위하여 모든 것을 참고 감당하고 있는데, 이것은 그리스도를 위하여 그의 모범을 본받고 그에 대한 자신의 사랑을 증언하기 위한 것이라고 말하고 있는 것이다. 그들도 그리스도 예수 안에 있는 구원을 영원한 영광과 함께 받게 하려 함이라. 사도는 여기에서 자기가 "택함 받은 자들"을 어떤 식으로 위하는 것인지를 설명한다. 즉, 자기는 하나님께서 영생을 주시기로 택하신 자들이 자신의 인내와 변함 없는 믿음을 보고서, 복음의 믿음 안에 견고히 서서, 그 믿음을 끝까지 지킴으로써 "그리스도 예수 안에 있는 구원을 영원한 영광과 함께 받게" 하려고 하는 것이라고 말한다.

11. 미쁘다 이 말이여 우리가 주와 함께 죽었으면 또한 함께 살 것이요.

미쁘다 이 말이여. 이것과 동일한 구절은 디모데전서 1:15과 4:9에도 이미 나온 바 있다. 거기에 나오는 설명을 보라. 우리가 주와 함께 죽었으면. 우리는 두 가지 방식으로 그리스도와 함께 죽는다: (1) 그리스도께서 죄에 대하여 죽으신 것처럼, 우리도 죄에 대하여 죽었다(롬 6:5, "만일 우리가 그의 죽으심과 같은 모양으로 연합한 자가 되었으면 또한 그의 부활과 같은 모양으로 연합한 자도 되리라"). (2) 우리가 진리를 증언함으로써 고난을 받는 것도 그리스도와 함께 죽는 것이다(고후 4:10, "우리가 항상 예수의 죽음을 몸에 짊어짐은 예수의 생명이 또한 우리 몸에 나타나게 하려 함이라"). 사도가 여기에서 말하고 있는 "주와 함께 죽는" 것은 후자를 의미한다.

또한 함께 살 것이요. 우리가 그리스도와 함께 살게 되는 것도 두 가지가 있다. 하나는 "새 생명"으로 다시 살아나는 것이고(롬 6:4, "우리가 그의 죽으심과 합하여 세례를 받음으로 그와 함께 장사되었나니 이는 아버지의 영광으로 말미암아 그리스도를 죽은 자 가운데서 살리심과 같이 우리로 또한 새 생명 가운데서 행하게 하려 함이라"), 다른 하나는 후일에 영광 중에 부활하여 그리스도와 함께 영원히 살게 되는 것인데, 여기에서 사도가 말하고자 하는 것은 후자이다.

12. 참으면 또한 함께 왕 노릇 할 것이요 우리가 주를 부인하면 주도 우리를 부인하실 것이라.

참으면 또한 함께 왕 노릇 할 것이요. 우리가 그리스도의 이름을 위하여 고난을 받으면서도, 그리스도의 믿음의 교훈을 굳게 붙잡고서 끝까지 변함 없이 시인하거나, 그리스도께서 우리에게 맡기신 일들을 충성되게 행한다면, 장차 우리는 그리스도와 함께 영광 중에 "왕 노릇" 하게 될 것이다(롬 8:17, "자녀이면 또한 상속자 곧 하나님의 상속자요 그리스도와 함께 한 상속자니 우리가 그와 함께 영광을 받기 위하여 고난도 함께 받아야 할 것이니라").

우리가 주를 부인하면 주도 우리를 부인하실 것이라. 그러나 우리가 박해나 죽음 같은 위험이 닥칠 것을 예상하고서, 그리스도의 진리를 부인하거나, 그리스도에 대한 신앙고백을 버리고 변절한다면, 그리스도께서는 심판의 날에 아버지 하나님과 거룩한 천사들 앞에서 우리를 모른다고 부인하시게 될 것이다(마 10:33, "누구든지 사람 앞에서 나를 부인하면 나도 하늘에 계신 내 아버지 앞에서 그를 부인하리라"; 막 8:38, "누구든지 이 음란하고 죄 많은 세대에서 나와 내 말을 부끄러워하면 인자도 아버지의 영광으로 거룩한 천사들과 함께 올 때에 그 사람을 부끄러워하리라").

13. 우리는 미쁨이 없을지라도 주는 항상 미쁘시니 자기를 부인하실 수 없으시리라.

우리는 미쁨이 없을지라도 주는 항상 미쁘시니. 우리는 믿을 수도 있고 안 믿을 수도 있으며, 하나님께서 우리에게 맡기신 일들을 충성되게 감당할 수 있기도 하고 그렇지 않을 수도 있지만, 하나님께서는 늘 신실하신 분이시기 때문에, 믿는 자들에게 주신 약속들이나, 믿지 않는 자들에게 주신 경고들을 둘 다 한 치의 오차도 없이 그대로 집행하실 것이다. 자기를 부인하실 수 없으시리라. 진리 자체이신 하나님께서 자신이 하신 말씀을 지키시지 않으신다는 것은 불가능한 일이다. 왜냐하면, 그것은 하나님께서 "자기를 부인하시는" 것이 될 것이기 때문이다.

14. 너는 그들로 이 일을 기억하게 하여 말다툼을 하지 말라고 하나님 앞에서 엄히 명하라 이는 유익이 하나도 없고 도리어 듣는 자들을 망하게 함이라.

너는 그들로 이 일을 기억하게 하여 말다툼을 하지 말라고 하나님 앞에서 엄히 명하라. 사도는 디모데에게 자기가 그에게 명한 것들을 에베소 교회의 다른 교사들에게 가르쳐서, 그들로 하여금 이 모든 것들을 명심하고서, 하나님의 말씀을 전하여야 할 강단에서 "말다툼"을 하지 못하도록, 하나님 앞에서 엄히 명하라고 말한다. 사도가 디모데에게 "하나님 앞에서" 명하라고 말한 것은, 그들이 디모데로부터 이 모든 것들을 다 똑똑히 들었다는 것을 확인해 주실 증인으로 하나님을 세우면, 하나님께서는 이후로 그들의 일거수일투족을 살피셔서, 과연 그들이 이 모든 것들을 지켜 행하였는지에 대하여 장차 그 책임을 물으시게 되실 것을 그들로 알게 하여서, 그들로 하여금 다시는 강단에서 하나님의 말씀을 빙자하여 "말다툼"을 하지 못하게 하기 위한 것이다.

이는 유익이 하나도 없고 도리어 듣는 자들을 망하게 함이라. 사도는 자기가 앞에서 말한 "말다툼"은 듣는 자들에게 아무런 유익도 없는 것일 뿐만 아니라, 신자들의 믿음을 무너뜨리고 파괴해서, 신자들로 하여금 믿음의 문제들과 관련하여 서로 의견이 같은 사람들끼리 파당들을 형성하여 서로 시기하고 다투고 분쟁하게 만들 뿐이라고 말한다. 사도는 디모데전서 1:3-4에서 "내가 마게도냐로 갈 때에 너를 권하여 에베소에 머물라 한 것은 어떤 사람들을 명하여 다른 교훈을 가르치지 말며 신화와 끝없는 족보에 몰두하지 말게 하려 함이라 이런 것은 믿음 안에 있는 하나님의 경륜을 이룸보다 도리어 변론을 내는 것이라"고 말함으로써, 디모데를 에베소 교회에 머물게 한 중요한 목적 중의 하나가 교회의 다른 교사들이 "다른 교훈"을 가르치지 못하게 하는 것이었다는 것을 보여 주고, 그 교사들이 가르친 "다른 교훈"이 "신화와 끝없는 족보"에 관한 것이었음을 보여 주었다. 이렇게 믿는 자들이 복음의 "바른 말"을 떠나 새로운 것을 찾기 시작하면, 교회에서는 시기와 다툼과 분쟁이 일어날 수밖에 없기 때문에, 사도는 디모데전서 6:3-5에서 "누구든지 다른 교훈을 하며 바른 말 곧 우리 주 예수 그리스도의 말씀과 경건에 관한 교훈을 따르지 아니하면 그는 교만하여 아무 것도 알지 못하고 변론과 언쟁을 좋아하는 자니 이로써 투기와 분쟁과 비방과 악한 생각이 나며 마음이 부패하여지고 진리를 잃어 버려 경건을 이익의 방도로 생각하는 자들의 다툼이 일어나느니라"고 말한 바 있다.

15. 너는 진리의 말씀을 옳게 분별하며 부끄러울 것이 없는 일꾼으로 인정된 자로 자신을 하나님 앞에 드리기를 힘쓰라.

부끄러울 것이 없는 일꾼으로 인정된 자로 자신을 하나님 앞에 드리기를 힘쓰라. 사도는 디모데가 힘써야 하는 것은, 거짓 교사들처럼 사람들을 기쁘게 해 주기 위하여, 그들이 듣기 좋아하는 말들을 박학다식하고 색다르게 전함으로써, 그들로부터 찬탄을 자아내고 박수갈채를 얻고자 하는 것이 아니라, 이 일에 있어서 그의 주인이시고, 그가 충성되게 섬기는 것이 마땅한 분이신 하나님으로부터 인정을 받고자 하는 것이라고 말한다. 주인이 맡기신 일을 충성되고 신실하게 잘하고 있는 "일꾼"은, 사람들이 그를 어떤 식으로 바라보고 판단하고 평가하든, 부끄러워야 할 이유가 전혀 없다.

너는 진리의 말씀을 옳게 분별하며. 여기에서 "옳게 분별하다"로 번역된 '오르토토문타' (ὀρθοτομοῦντα)는 "제대로 올바르게 잘라내는" 것을 의미하는데, 흠정역에서는 "올바르게 나누고 구분하다"로 번역하고 있다. 사도가 이 비유를, 제사장들이 그들의 몫인 희생제물들을 모두에게 골고루 분배되도록 올바르게 잘라내는 것으로부터 가져온 것인지, 아니면 목수들이 목재 중에서 잘라내서 버릴 것들을 정확히 잘라내고, 다른 부분들도 미리 표시해 둔 선에 맞춰서 올바르게 잘라서 나누는 것으로부터 가져온 것인지, 또는 요리사나 집주인이나 부모가 여러 손님들이나 자녀들에게 골고루 음식을 나누는 것으로부터 가져온 것인지, 또는 길을 내는 사람들이 길을 제대로 내기 위해서 정확히 땅을 파고 바위를 깎아내는 것으로부터 가져온 것인지, 또는 농부들이 쟁기를 가지고 밭이랑을 올바르게 갈라내는 것으로부터 가져온 것인지는 중요하지 않다. 사도가 여기에서 이 비유를 통해서 말하고자 하는 것은, 복음 사역자들은 하나님의 말씀을 올바르게 제대로 다루어서, 모든 사람에게 각자의 몫과 분깃을 나누어 주어야 한다는 것이다. 어떤 이들은 '오르토토메인' (ὀρθοτομεῖν)이라는 단어는 종종 올바른 길을 개척한다는 것을 의미한다는 사실을 근거로 삼아서, 여기에서 사도는 디모데에게 직접 스스로 모범을 보여서 다른 사람들을 위한 올바른 길을 개척하라고 명하고 있는 것이라고 생각하지만, 이 동사의 그러한 의미는 본문에 전혀 부합하지 않는다. 왜냐하면, 설령 이 동사가 그런 의미를 지니고 있다고 할지라도, 이 동사를 그런 의미로 "진리의 말씀"(τὸν λόγον τῆς ἀληθείας - '톤 로곤 테스 알레테이아스')이라는 어구와 함께 사용하는 것은 부자연스럽고 어색하기 때문이다.

16. 망령되고 헛된 말을 버리라 그들은 경건하지 아니함에 점점 나아가나니.

망령되고 헛된 말을 버리라. 사도는 복음 사역을 수행함에 있어서 온갖 부적절하고 합당하지 않은 말들, 즉 그가 디모데전서 1:4에서 "신화와 끝없는 족보"라고 말한 것과 디모데전서 4:7에서 "망령되고 허탄한 신화"라고 말한 것을 "망령하고 헛된 말들"이라는 이러한 욕되고 수치스러운 용어들로 규정한다. 여기에서 그는 그런 것들을 '케노포니아스'(κενοφωνίας), 즉 "공허하고 헛되며 무익한 말들"이라고 부른다. 이런 말들은 그 자체로는 망령되고 불경스러운 말들은 아닐 수도 있지만, 확실하고 유익한 복음의 진리들만을 전하고 가르쳐야 마땅한 복음 사역에서 사용되는 경우에는 망령되고 불경스러운 말들이 될 수밖에 없었다. 그들은 경건하지 아니함에 점점 나아가나니. 사도는 그런 말들은 마침내 잘못되고 불경건한 삶을 초래하게 될 것이라고 말한다.

17. 그들의 말은 악성 종양이 퍼져나감과 같은데 그 중에 후메내오와 빌레도가 있느니라.

그들의 말은 악성 종양이 퍼져나감과 같은데. 이 구절의 헬라어 본문을 직역하면 다음과 같다: "그들의 말은 괴저처럼 꼴(또는, 초장)을 갖게 될 것이다." 여기에서 '강그라이나'(γάγγραινα)는 "괴저"(gangrene)를 의미하는데, 흠정역에서는 "악성 종양"으로 잘못 번역하였다. 영어와 라틴어에서 "괴저"를 뜻하는 단어는 둘 다 헬라어에서 온 것이다. 악성 종양과 괴저는 그러한 질병에 걸리게 되는 원인과 성질, 그 질병들이 사람의 몸을 파괴하는 시기에 있어서 큰 차이가 있다. 이 두 질병이 일치하는 것은 인체의 인접한 부분들을 잠식해 들어간다는 것이다. 악성 종양은 인접한 부분들을 먹어 들어가는 반면에, 괴저는 인접한 부분들을 괴사시킨다. 이 질병의 이러한 성질로 인해서, 여기에서 사도는 잘못된 교훈들을 전하고 가르치는 자들의 "말"을 이 질병에 비유하고 있다. 왜냐하면, 그런 자들의 "말"과 "괴저"는 둘 다 인접한 것들을 잠식해 들어가서 괴사시킨다는 점에서 공통점을 지니기 때문이다. 여기에서 "퍼져나감"으로 번역된 헬라어 어구는 직역하면 "꼴 또는 초장을 가짐"인데, "꼴" 또는 "초장"을 뜻하는 '노멘'(νομὴν)은 요한복음 10:9에서 "내가 문이니 누구든지 나로 말미암아 들어가면 구원을 받고 또는 들어가며 나오며 꼴을 얻으리라"고 한 말씀에 나오는 "꼴"과 동일한 단어이다. 믿음과 관련된 잘못된 교훈들은 대체로 다른 사람들을 감염시키는 성질을 지니는데, 그 이유는 통상적으로 어떤 사람들이 잘못된 교훈들을 고안해내거나 받아들이는 것은 자신들의 잘못된 정욕이나 욕심을 충족시키기 위한 것인 까닭에, 그 잘못된 교훈들은 사람들의 악한 욕망과 성향을 만족시켜 주는 성질을 지니고 있어서, 바로 그러한 동일한 악한 욕망과 성향을 지니고 있는 다른 사람들도 자연스럽게 그 잘못된 교훈들을 기뻐하여 받아들이게 되기 때문이다.

그 중에 후메내오와 빌레도가 있느니라. "후메내오"는 디모데전서 1:20에 이미 한 번 언급된 바 있다. 사도는 거기에서는 "후메내오"를 "알렉산더"와 함께 언급하는 반면에, 여기에서는 "빌레도"와 함께 언급하는데, "빌레도"는 이 대목 외에는 성경의 다른 곳에는 전혀 언급되어 있지 않다.

18. 진리에 관하여는 그들이 그릇되었도다 부활이 이미 지나갔다 함으로 어떤 사람들의 믿음을 무너뜨리느니라.

진리에 관하여는 그들이 그릇되었도다. 사도는 이 두 사람이 "망령되고 헛된 말"에 빠져 있음으로 인해서 믿음의 교훈과 관련해서 잘못되었다는 것을 이미 말한 바 있다. 부활이 이미 지나갔다 함으로. 그들이 저지른 구체적인 잘못은 부활에 관한 가르침과 관련된 것이었는데, 그들은 "부활이 이미 지나갔다"고 말하였다. 장차 "부활이라는 것은 결코 없을 것이라는 말은 이 세상에서 육신의 정욕과 욕심을 따라 살아가고 있는 사람들에게는 정말 기쁜 가르침일 수밖에 없다. 오로지 먹고 마시며 즐기는 삶만을 살아가는 사람들은 죽는 것에 대해서 생각하는 것을 극도로 싫어하고, 죽음을 생각할 수밖에 없는 경우에는, 적어도 장차 "부활"이 있어서 최후의 심판을 받아야 한다는 것만은 절대로 인정하고 싶어하지 않는다. 그러므로 장차 부활이 없을 것이라는 잘못된 가르침은 그런 사람들에게 너무나 반가운 것이었기 때문에, "괴저"처럼 퍼져나가서 사람들의 영혼을 괴사시킨 것은 전혀 이상한 일이 아니었다. 이 사람들이 어떤 논리에 입각해서 장래의 부활을 부정하였는지는 성경에도 나오지 않고, 성경 외의 그 어떤 다른 저자의 글을 통해서도 확실하게 알 수가 없다. 어떤 이들은 마태복음 27:52에서 "무덤들이 열리며 자던 성도의 몸이 많이 일어나되"라고 말하고 있는 것을 근거로 삼아서, 그들은 그리스도께서 부활하실 때에 이미 사람들의 부활도 일어났고, 따라서 부활은 지나갔다고 주장한 것이라고 말한다. 어떤 이들은 오직 믿는 자들에게만 허용된 중생과 영화(glorification)를 장래의 일반적인 부활과 혼동해서, 그들은 부활을 영적인 의미로 해석해서, 사람들이 거듭나고 영화롭게 된 것을 부활이라고 말하고, 따라서 부활은 이미 일어났고, 장래에 부활이 있는 것이 아니라고 주장한 것이라고 말한다. 어떤 이들은 그들은 사람들이 자녀들을 낳음으로써 자기 자신을 재생산하는 것이 바로 부활이고, 다른 부활은 없다고 주장한 것이라고 말한다. 어떤 이들은 그들은 사람들이 세례를 받아서 새 사람이 되는 것이 바로 부활이기 때문에, 그것 외에 다른 부활은 없다고 주장한 것이라고 말한다. 몸의 부활을 부인한 자들로는, 바울 시대에는 사두개인들이 있었고, 그 이후에는 마르키온(Marcion), 바실리데스(Basilides), 발렌티누스(Valentinus), 아펠레스(Apelles) 등이 있었으며, 우리 시대에 속한 일부 사람들도 그런 자들의 뒤를 따라 왔고, 지금도 여전히 따르고 있다. 이렇게 몸의 부활을 부인하는 자들은 하나님께서 그리스도인들에게보다도, 몸의 부활을 믿을 수 없다고 말하는 무굴 제국에 속한 저 무수한 이교도들에게 더 자비하실 것이라고 생각하는 것이다. 두 부류의 사람들이 몸의 부활을 부인하는 죄를 지어 왔다: (1) 세상의 철학자들은 신앙에서 다루는 모든 주제들을 이성으로 다 설명하는 것이 마땅하다고 생각하기 때문에, 몸의 부활은 비이성적인 것이라고 여기고서 부인한다. (2) 육신의 정욕을 따라 방탕하게 살아가는 자들은 짐승처럼 살아가기 때문에, 짐승들이 그런 것처럼, 죽으면 모든 것이 무로 돌아가는 것으로 믿고 싶어 한다.

어떤 사람들의 믿음을 무너뜨리느니라. 부활이 지나갔다고 하는 잘못된 가르침에 물들어 있는 자들은, 몸의 부활을 토대로 하는 여러 가지 중요한 신조들, 즉 그리스도의 부활이나 영생 등을 부인함으로써(고전 15장), 그들 자신의 "믿음"을 무너뜨릴 뿐만 아니라, 다른 사람들의 믿음도 무너뜨린다. 왜냐하면, 다른 사람들에게 장래에 부활이 없다고 말하거나 가르쳐서 믿게 하는 것은 그 사람들을 불신자들로 만드는 것이기 때문이다. 따라서 그러한 이단들은 그리스도인이라고 할 수 없고, 불신자들이 되어 버린 것이기 때문에, 기독교회에 머물러서는 안 되고, 그리스도의 양 무리로부터 떠나서 그들이 속하여야 할 무리, 즉 불신자들의 무리에 합류하는 것이 마땅하다.

19. 그러나 하나님의 견고한 터는 섰으니 인침이 있어 일렀으되 주께서 자기 백성을 아신다 하며 또 주의 이름을 부르는 자마다 불의에서 떠날지어다 하였느니라.

그러나 하나님의 견고한 터는 섰으니. 에베소 교회에서 꽤 유명한 인물들이었을 이 두 사람, 곧 "후메내오와 빌레도"가 믿음에서 떨어져 나가서, 다른 사람들의 믿음을 무너뜨리는 악한 도구들이 되었다고 할지라도, 이 세상에는 여전히 그리스도 예수라는 "반석" 위에 자신들의 믿음을 건축한 하나님의 백성이 많이 존재한다(마 7:25, "비가 내리고 창수가 나고 바람이 불어 그 집에 부딪치되 무너지지 아니하나니 이는 주추를 반석 위에 놓은 까닭이요"). 인침이 있어 일렀으되 주께서 자기 백성을 아신다 하며. 그러한 사람들은 "주께서 자기 백성을 아신다"는 사실로 인한 "인침"이 있어서, "견고한 터"에 서 있다. 하나님께서는 자신의 영원하신 작정하심과 계획에 따라 자신의 택하신 자들을 미리 아실 뿐만 아니라, 그들을 실제로 부르셔서 자기 백성이 되게 하시고, 끝까지 믿음을 지켜 구원에 이르게 하시기 때문에, 하나님의 백성으로서의 그들의 지위와 신분은 인침을 받은 것이고 견고한 것이다. 이렇게 하나님께서는 영원 전부터 자기 백성을 아시고, 진정으로 하나님의 백성인 사람들을 자신의 권능으로 붙드셔서 끝까지 믿음을 지키게 하여 구원에 이르게 하시기 때문에, 그들이 완전히 미혹되어서 믿음에서 떠나는 일은 불가능하다.

또 주의 이름을 부르는 자마다 불의에서 떠날지어다 하였느니라. 주의 이름을 부르는 모든 자들, 즉 진정으로 하나님의 택함 받은 자들은 믿음과 선한 양심에 있어서 파선한 악인들의 장막에서 떠나는 것이 마땅하다. 그러므로 사도는 디모데에게 이 사람들의 배교를 보고서, 하나님의 교회가 무너질 수도 있다거나 무너질 것이라고 생각해서는 안 된다고 말한다. 왜냐하면, 그들이 기독교 신앙과 경건의 탈을 쓰고서 많은 사람들을 미혹시킨다고 할지라도, 하나님께서 자기 백성으로 택하지 않으신 자들, 곧 "멸망의 자식들"만이 거기에 미혹될 뿐이고, 하나님이 진정으로 택하신 자들이 믿음에서 떠나는 일은 일어나지 않는 까닭에, 하나님의 교회가 무너지는 일은 있을 수 없기 때문이다. 하나님의 견고한 터에 서 있고 하나님의 인침이 있는 사람들은 복음의 올바른 교훈 위에 굳게 서서, 저 저주받을 잘못된 교훈에 의해서 요동하지 않는다는 것이다. 하지만 사도는 우리의 구원과 관련된 하나님의 작정하심이나 약속이 확실하다고 해서, 우리가 하나님께서 작정하시거나 약속하신 것을 얻기 위해서, 하나님이 우리에게 마련해 주신 여러 수단들을 사용하여 힘쓰고 애쓰지 않아도 되는 것은 아니기 때문에, 여기에서 명령법 동사를 사용해서 "떠날지어다"라고 명한다.

20. 큰 집에는 금 그릇과 은 그릇뿐 아니라 나무 그릇과 질그릇도 있어 귀하게 쓰는 것도 있고 천하게 쓰는 것도 있나니.

여기에서 사도는 "큰 집에는" 여러 종류의 재료들로 만들어지고 여러 가지 용도를 위하여 사용되는 여러 종류의 그릇들이 있어서, "금"이나 "은"으로 만들어진 그릇들이 있는가 하면, "나무"나 "흙"으로 만들어진 그릇들도 있고, 좀 더 귀한 용도로 사용하기 위하여 만들거나 산 그릇들이 있는가 하면, 좀 더 천한 용도로 사용하기 위하여 만들거나 산 그릇들도 있다는 비유를 들어서, 하나님의 교회도 그런 "큰 집"과 마찬가지라고 말한다. 따라서 하나님의 교회에도 여러 부류의 지체들이 존재하기 때문에, 성령께서 그들 속에 내주하셔서 하나님의 말씀으로 그들의 심령을 연단하셔서, 불 속에서 연단된 금이나 일곱 번 연단된 은 같이 되게 하심으로써, 보배로운 믿음을 얻게 된 지체들도 있지만, 모든 지체들이 다 금이나 은 같이 찬란한 믿음을 갖고 있는 것은 아니어서, 어떤 지체들은 그들 속에 보배로운 믿음을 전혀 갖고 있지 않고, 단지 흙이나 나무 같은 심령만을 지니고 있어서, 참된 은혜나 참된 사랑이 결여되어 있으므로, 그들의 더러움에서 정결하게 되지 못한 상태에서 오직 육신적인 욕심들만을 추구하기만 할 뿐이다. 이렇게 어떤 지체들은 선한 일을 위하여 지음을 받고서 하나님을 존귀하게 해 드리는 삶을 살기 때문에, 장차 하나님으로부터 존귀와 영광을 상으로 받게 될 것인 반면에, 어떤 지체들은 악한 삶을 살다가 결국에는 믿음과 신앙고백으로부터 떠나 배교하여 하나님을 욕되게 함으로써, "내버린 은"(렘 6:30, "사람들이 그들을 내버린 은이라 부르게 될 것은 여호와께서 그들을 버렸음이라")과 "멸망의 자식들"로서 하나님에 의해서 영원히 버림받게 될 것이다.

21. 그러므로 누구든지 이런 것에서 자기를 깨끗하게 하면 귀히 쓰는 그릇이 되어 거룩하고 주인의 쓰심에 합당하며 모든 선한 일에 준비함이 되리라.

그러므로 누구든지 이런 것에서 자기를 깨끗하게 하면. 여기에서 "이런 것들"은 다른 사람들의 믿음을 무너뜨리는 저 악한 자들을 가리키는 것일 수도 있고, 그들의 악한 교훈들과 행실을 가리키는 것일 수도 있다. 귀히 쓰는 그릇이 되어 거룩하고 주인의 쓰심에 합당하며. 하나님께서는 "다른 교훈"을 따라 그들 자신을 더럽히지 않고, 오직 복음의 올바른 교훈 위에서 그들 자신을 정결하게 지키는 자들을 따로 구별하셔서, 자신의 교회에서 그리스도를 위한 용도로 귀한 그릇들로 사용하실 것이다.

모든 선한 일에 준비함이 되리라. 믿음의 문제들과 관련된 저 저주받을 잘못되고 해로운 교훈들에 의해서 물들어 있거나, 그런 잘못된 교훈들을 말하는 자들과 어울려서 자신을 더럽힌 사람들은 "선한 일"을 할 수 있는 준비가 전혀 되어 있지 않은 자들인 반면에, 그런 잘못된 교훈들을 멀리하고 복음의 올바른 교훈 위에 견고히 서 있는 사람들은 "모든 선한 일"을 할 수 있는 준비가 되어 있는 자들이다.

22. 또한 너는 청년의 정욕을 피하고 주를 깨끗한 마음으로 부르는 자들과 함께

의와 믿음과 사랑과 화평을 따르라.

또한 너는 청년의 정욕을 피하고. 사도가 여기에서 말하고 있는 "청년의" 정욕들이라는 것은 청년에게서 가장 강하게 나타나는 죄악된 욕망들과 성향들과 취향들을 의미한다. 그것들은 육신의 정욕들일 수도 있고, 야심이나 과시욕이나 교만이나 허영이나 다른 사람들을 멸시하는 것 같은 영적이거나 정신적인 욕망들일 수도 있다. 의와 믿음과 사랑과 화평을 따르라. "의"는 그 누구에게도 해를 끼치지 않고, 도리어 모든 사람을 각 사람에게 합당한 것을 따라 대하는 의로움, 또는 거룩한 삶의 의를 의미한다. "믿음"은 악한 논쟁이나 의심 없이 하나님의 계시들을 그대로 받아들이는 것을 의미한다. "사랑"에 대해서는, 사도는 고린도전서 13:4-7에서 "사랑은 온유하며 시기하지 아니하며 사랑은 자랑하지 아니하며 교만하지 아니하며 무례히 행하지 아니하며 자기의 유익을 구하지 아니하며 성내지 아니하며 악한 것을 생각하지 아니하며 불의를 기뻐하지 아니하며 진리와 함께 기뻐하고 모든 것을 참으며 모든 것을 믿으며 모든 것을 바라며 모든 것을 견디느니라"고 말한다. "화평"은 다툼이 없이 하나가 되는 것이다. 주를 깨끗한 마음으로 부르는 자들과 함께. 우리는 부패한 마음과 행실을 지닌 자들이 아니라, 순수하고 진실하게 하나님을 섬기고 예배하는 자들과 함께 잘 지내는 것이 마땅하다.

23. 어리석고 무식한 변론을 버리라 이에서 다툼이 나는 줄 앎이라.

이것은 사도가 디모데전서 1:4("신화와 끝없는 족보에 몰두하지 말게 하려 함이라 이런 것은 믿음 안에 있는 하나님의 경륜을 이룸보다 도리어 변론을 내는 것이라")과 4:7("망령되고 허탄한 신화를 버리고 경건에 이르도록 네 자신을 연단하라")과 디모데후서 2:16("망령되고 헛된 말을 버리라 그들은 경건하지 아니함에 점점 나아가나니")에서 한 명령과 동일한 성격의 것이다. 사도가 이 두 개의 짧은 서신에서 이 명령을 네 번이나 반복하고 있다는 사실은, 복음 사역자들이 듣는 자들의 덕을 세워서 그들의 믿음이나 거룩한 삶에 진보나 성장이 있게 하는 데 아무런 도움이 되지 못하는 것들, 즉 "신화"나 "족보" 같은 것들을 회중 가운데서 강론하거나 말하는 데 시간을 허비하지 않는 것이 얼마나 중요하다고 생각하였는지를 잘 보여 준다. "신화"는 나이 든 아낙네들이 지어낸 이야기들을 의미하는 말로서, 교황주의자들이 유포한 수많은 전설들, 외경에 나오는 벨과 용에 관한 설화, 토빗과 그의 개에 관한 설화 등등과 같은 전설이나 설화들을 가리키고, "족보"는 구약이나 신약에 나오는 무수한 인물들의 확인되지도 않은 족보들을 세세하게 따지고 얘기하는 것을 가리킨다. 이렇게 "신화"와 "족보"를 비롯해서 허탄하고 부적절한 이야기들이나 쓸데없고 무익한 질문들을 파고드는 것은, 믿는 자들의 덕을 세우는 데에는 아무런 유익이 되지 않고, 오로지 호기심을 만족시키고 다툼과 불경건함만을 조장할 뿐이다. 사도는 디모데전서 6:3-4("누구든지 다른 교훈을 하며 바른 말 곧 우리 주 예수 그리스도의 말씀과 경건에 관한 교훈을 따르지 아니하면 그는 교만하여 아무 것도 알지 못하고 변론과 언쟁을 좋아하는 자니 이로써 투기와 분쟁과 비방과 악한 생각이 나며")에서 그러한 "망령되고 헛된 말들"은 오직 교만과 무지와 과시욕에서 나오는 것이라고 말하였는데, 여기에서는 동일한 취지로 그런 말들을 복음 전도의 목적에 전적으로 부적절한 말들이라는 의미에서 "어리석고 무식한 변론"이라고 부른다. 인간의 본성이 헛되고 하나님의 뜻에 복종하려고 하지 않는다는 사실은, 그러한 말들이 이치에 맞지 않는 지극히 부적절한 것이고, 사도가 그토록 그런 말들을 하지 말라고 강조하였는데도, 교황주의자들이 교회를 장악한 오랜 세월 동안에 사람들은 돼지나 먹는 그러한 "쥐엄나무 열매들" 외에는 다른 좋은 것을 먹지 못하였다는 사실에 의해서 너무나 분명하게 드러난다. 사도는 이 두 개의 서신을 통해서 복음 사역자들이 그러한 헛된 말들을 전파해서는 안 된다고 디모데에게 여러 번 강조해서 역설하였고, 디도서 3:9에서는 디도에게도 "어리석은 변론과 족보 이야기와 분쟁과 율법에 대한 다툼은 피하라 이것은 무익한 것이요 헛된 것이니라"고 말하였으며, 고린도전서 2:1-5에서는 "형제들아 내가 너희에게 나아가 하나님의 증거를 전할 때에 말과 지혜의 아름다운 것으로 아니하였나니 … 내 말과 내 전도함이 설득력 있는 지혜의 말로 하지 아니하고 다만 성령의 나타나심과 능력으로 하여 너희 믿음이 사람의 지혜에 있지 아니하고 다만 하나님의 능력에 있게 하려 하였노라"고 말함으로써, 그런 "망령되고 헛된 말들"이 아니라 오직 성령의 역사에 의지해서 복음을 전한 자신의 모범까지 거론하며 역설하였음에도 불구하고, 너무나 많은 사람들이 아직도 여전히 자신의 능력과 학식을 과시하기 위한 교만함에서, 또는 경건의 비밀과 복음 전도의 진정한 목적에 대한 무지로 인해서, 또는 무익한 사변들과 새로운 것들에 대한 호기심에서, 가엾은 사람들의 영혼에 줄 양식으로 쥐엄나무 열매보다 더 나은 양식을 거의 발견하지 못하고 있다.

24. 주의 종은 마땅히 다투지 아니하고 모든 사람에 대하여 온유하며 가르치기를 잘하며 참으며.

주의 종은 마땅히 다투지 아니하고. "주의 종"으로서 복음 사역을 맡은 사람들은 싸우거나 다투어서는 안 된다. 그들은 주먹질을 하며 싸워서도 안 되고 입으로 논쟁하고 다투어서도 안 된다. 모든 사람에 대하여 온유하며. 주의 종은 온유하고 점잖으며 공손하여야 한다. 가르치기를 잘하며 참으며. 이 구절에 대해서는 디모데전서 3:2-3에 대한 설명을 보라.

25. 거역하는 자를 온유함으로 훈계할지니 혹 하나님이 그들에게 회개함을 주사 진리를 알게 하실까 하며.

거역하는 자를 온유함으로 훈계할지니. 주의 종은 잘못된 교훈에 빠져 있는 자들을 욕하거나 비방하거나 혈기로 야단쳐서는 안 되고, 온유하게 가르쳐서 그들의 잘못된 것들을 깨우쳐 주어야 한다. 왜냐하면, 진리를 반대하고 거역하는 자들이라고 해서, 모두가 다 앞으로도 영원히 회개하지 않을 자들이거나, 악의나 적대감에서 반대하거나 거역하는 자들인 것이 아니고, 그 중에는 무지와 연약함으로 인해서 그렇게 행하는 자들도 있기 때문이다.

혹 하나님이 그들에게 회개함을 주사 진리를 알게 하실까 하며. 어떤 사람들이 지금은 비록 진리를 거역한다고 할지라도, 하나님께서는 얼마든지 그들에게 회개할 마음을 주셔서 진리를 시인하게 하실 수도 있으시다. 그런데 하나님께서는 그런 자들에 대한 그러한 역사를 친히 행하시는 것이 아니라, 사역자들을 통해서 하신다. 그러므로 사역자들은 하나님께서 그런 자들에게 역사하셔서 회개하게 하시고 진리를 시인하게 하시도록 하기 위하여, 그런 자들을 대할 때에 합당한 수단과 도구를 사용해야 하는데, 그것은 혈기로 욕하고 꾸짖는 것이 아니라, 그들을 인자하고 공손하게 대하고, 온유하게 가르치는 것이다. 입이 거칠거나 더러운 사역자는 다른 사람의 마음을 깨끗하게 하는 도구가 되기 힘들다.

26. 그들로 깨어 마귀의 올무에서 벗어나 하나님께 사로잡힌 바 되어 그 뜻을 따르게 하실까 함이라.

그들로 깨어. 여기에서 "깨어"로 번역된 헬라어 '아나넵소신' (ἀνανήψωσιν)은 원래 술에 취해서 자다가 잠에서 깨어나는 것을 의미한다. 죄 가운데 있는 상태는 술 취한 상태와 같아서, 사람들은 죄 가운데 있을 때에는 제정신이 아니기 때문에 이성을 올바르게 사용할 수 없다. 마귀의 올무에서 벗어나. "마귀의 올무"는 마귀의 유혹과 시험들을 가리킨다. 마귀는 그러한 온갖 유혹과 시험들을 "올무"로 사용해서 사람들의 심령을 은밀하게 사로잡는다. 하나님께 사로잡힌 바 되어. 여기에서 "사로잡히다"로 번역된 단어에 해당하는 히브리어는 사람들이 전쟁에서 포로로 잡히는 것을 의미한다. 이렇게 죄인들은 마귀에게 사로잡힌 전쟁 포로들과 같은 지극히 비참한 상태에 있다(한글개역개정에서 "하나님께"로 번역된 어구는 헬라어 본문에는 대명사를 사용해서 "그에 의해서"로 되어 있고, 매튜 풀은 여기에서 대명사 "그"는 앞에 나온 "마귀"를 가리키는 것으로 본다 — 역주).

그 뜻을 따르게 하실까 함이라. "그 뜻을 따르게"로 번역된 어구는 직역하면 "그 뜻에"가 되는데, 어떤 이들은 여기에서 "그 뜻"은 하나님의 뜻을 의미하는 것으로 본다. 그렇게 해석하는 경우에는, 이 절에서 사도가 말하고자 하는 것은, 하나님께서는 진리를 거역하는 자들을 제정신으로 깨어나게 하시고, 마귀의 올무로부터 벗어나서 하나님께 사로잡힌 바 되게 하셔서 하나님의 뜻을 따르게 하실 수 있으시다는 것이 된다. 하지만 나는 여기에서 "그 뜻에"라는 어구는 "사로잡힌 바 되어"라는 분사에 걸리고, "그 뜻"은 마귀의 뜻을 의미하는 것으로 보는 것이 더 합당하다고 생각한다. 그렇게 해석하는 경우에는, 이 절의 후반부는 마귀에게 사로잡혀서 포로가 되어 마귀의 뜻대로 움직이고 있는 죄인들의 비참한 상태를 묘사한 것이 된다. 그들은 마귀가 가라고 하면 가고, 오라고 하면 오며, 이것을 하라고 하면 그것을 하는 자들이라는 것이다. 따라서 이 절 전체의 의미는 이런 것이 된다: "그들은 마귀에게 포로로 사로잡혀서 마귀의 뜻대로 행하고 있는 자들이지만, 깨어나서 마귀의 그러한 올무에서 벗어나게 될까 함이라."

MATTHEW POOLE'S COMMENTARY

디모데후서 3장

개요

1. 말일에 어떤 악한 자들이 나타나게 될 것인지를 예언함(1–5).
2. 진리의 원수들이 어떤 자들인지를 설명함(6–9).
3. 디모데에게 자신의 모범을 설명해 줌(10–13).
4. 그가 배운 교훈에 거하라고 권하고, 성경이 여러 가지로 유익하다는 것을 말해 줌(14–17).

1. 너는 이것을 알라 말세에 고통하는 때가 이르러.

여기에서 "말세에"로 번역된 단어는 디모데전서 4:1에 이미 나온 바 있다: "성령이 밝히 말씀하시기를 후일에 어떤 사람들이 믿음에서 떠나 미혹하는 영과 귀신의 가르침을 따르리라 하셨으니." 성경에서 이 단어는 그리스도께서 승천하신 때로부터 세상의 종말 때까지에 이르는 전 기간을 지칭한다. 우리는 이 단어를 창세기 49:1; 이사야서 2:2; 미가서 4:1; 사도행전 2:17; 히브리서 1:2; 야고보서 5:3; 베드로후서 3:3에서 만날 수 있다. 어떤 이들은 여기에 언급된 "말세에"가 이 기간 전체에서 후기에 해당하는 때를 가리키는 것이라고 생각하지만, 사도행전 2:17("하나님이 말씀하시기를 말세에 내가 내 영을 모든 육체에 부어 주리니 너희의 자녀들은 예언할 것이요 너희의 젊은이들은 환상을 보고 너희의 늙은이들은 꿈을 꾸리라")과 히브리서 1:2("이 모든 날 마지막에는 아들을 통하여 우리에게 말씀하셨으니 이 아들을 만유의 상속자로 세우시고 또 그로 말미암아 모든 세계를 지으셨느니라")은 "말세에"가 우리가 앞에서 말한 전 기간을 지칭하는 것임을 분명하게 보여 준다. "고통하는 때"는 헬라어 본문에서 "어려운 때," 즉 악한 자들이 아주 많아져서, 그리스도인들이 선한 양심을 가지고서 이 세상에서 살아가거나, 그래도 행복한 상태에서 살아가는 것이 어렵게 되는 때를 가리킨다.

2. 사람들이 자기를 사랑하며 돈을 사랑하며 자랑하며 교만하며 비방하며 부모를 거역하며 감사하지 아니하며 거룩하지 아니하며.

사람들이 자기를 사랑하며. 사도는 말세를 살아가는 자들은, 대체로 하나님이나 다른 사람들을 사랑하지 않고, 자기 자신을 사랑하는 자들이 될 것이라고 말한다. 사랑은 "자기의 유익을 구하지 아니하는"(고전 13:5) 것을 특징으로 하지만, 그런 사랑은 식어지게 될 것이고, 사람들은 전적으로 자신의 유익만을 추구하게 될 것이다. **돈을 사랑하며.** 사람들은 지나치게 돈을 사랑하는 자들이 되어서, 수단과 방법을 가리지 않고 어떻게 해서든지 돈을 벌려고 할 것이고, 비열하고 야비할 정도로 돈에 집착하게 될 것이다. **자랑하며.** 사람들은 그들 자신을 과시하고 자랑하는 것을 좋아해서, 허영에 사로잡혀서 자신들에게 있지도 않은 것들을 자랑하며 자기만족을 누리고자 할 것이다. **교만하며.** 사람들은 교만해져서, 그들 자신을 대단하고 잘난 자로 생각하게 될 것이다. **비방하며.** 사람들은 하나님과 다른 사람들에 대하여 악하게 말하며 욕하게 될 것이다. **부모를 거역하며.** 사람들은 자신을 낳아 주고 길러 준 부모에게도 순종하지 않고, 패역하게 행하며, 제멋대로 살고자 하게 될 것이다. **감사하지 아니하며.** 사람들은 하나님과 다른 사람들로부터 받은 은혜에 대하여 전혀 감사하지 않는 자들이 될 것이다. **거룩하지 아니하며.** 사람들은 하나님에 대해서는 불경한 자들이 될 것이고, 다른 사람들에 대해서는 순수하지 못한 자들이 될 것이다.

3. 무정하며 원통함을 풀지 아니하며 모함하며 절제하지 못하며 사나우며 선한 것을 좋아하지 아니하며.

무정하며. 사람들은 천륜상으로 사랑하고 공경하여야 할 사람들에 대하여 비정한 자들이 될 것이다. "무정하다"로 번역된 헬라어는 로마서 1:31("우매한 자요 배약하는 자요 무정한 자요 무자비한 자라")에서도 동일한 의미로 사용되고 있다. **원통함을 풀지 아니하며.** 이것은 언약을 맺지 않는다는 의미이기도 하고, 앙심을 품고서 풀지 않는다는 의미이기도 하다. 사람들의 마음이 앙심으로 가득 차 있으면, 그들은 자기가 미워하는 자와 화해하기 위한 언약을 맺고자 하지 않는다. **모함하며.** 여기에서 "모함하다"로 번역된 헬라어는 마귀를 가리킬 때에 사용하는 단어와 동일한 어원에서 나온 단어로서, "거짓 고소하는 자들"로 번역될 수 있다. 이렇게 마귀 짓을 하는 자들은 참된 사실이 아니라는 것을 아랑곳하지 않고 수단과 방법을 가리지 않고 온갖 거짓 것으로 다른 사람들을 고소하고 비방함으로써, 그들에 대한 자신들의 악의를 쏟아 붓는 자들이다. **절제하지 못하며.** 여기에서 말하는 "절제하지 못하는" 자들은 욕망을 절제하지 못해서 술이나 음식을 과도하게 먹고 마시며, 온갖 욕망을 따라 지저분하고 더럽게 행하는 자들이다. **사나우며.** "사납다"는 것은 온유함이나 자비함 같은 것이 전혀 없이 잔인한 것이다. 선한 것을 좋아하지 아니하며. "선한 것을 좋아하지 아니하는" 자들은 선한 자들에 대해서 그 어떤 호감이나 선의를 갖지 않으며, 도리어 선한 자들을 미워하여 적대감을 드러내는 자들이다.

4. 배신하며 조급하며 자만하며 쾌락을 사랑하기를 하나님 사랑하는 것보다 더 하며.

배신하며. 여기에서 "배신하다"로 번역된 '프로도타이'(προδόται)는, 자신들이 마땅히 진실함으로 대하여야 할 사람들을 거짓으로 대하고 속이며, 자신들에 대한 다른 사람들의 신뢰를 저버리고 배반하는 자들을 가리킨다. 성경에서는 누가복음 6:16에서는 "예수를 파는 자 될 가룟 유다"라고 말함으로써, 가룟 유다에게 이 단어("파는 자")를 적용하고 있고, 사도행전 7:52에서는 "너희 조상들이 선지자들 중의 누구를 박해하지 아니하였느냐 의인이 오시리라 예고한 자들을 그들이 죽였고 이제 너희는 그 의인을 잡아 준 자요 살인한 자가 되나니"라고 말함으로써, 그리스도를 십자가에 못 박은 유대인들에게 이 단어("잡아 준 자")를 적용하고 있다. 헬라의 작가들은 이 단어에서 파생된 동사를 사람들과 장소들과 원인들에 적용한다. 여기에서 "배신한다"는 것은 말세에는 사람들 사이에서 전반적으로 거짓이 횡행하게 될 것이라는 의미이다. 마태복음 10:21에서는 "장차 형제가 형제를, 아버지가 자식을 죽는 데에 내주며 자식들이 부모를 대적하여 죽게 하리라"고 말한다. 즉, 말세에는 사람들이 자신들의 윗사람에게는 말할 것도 없고 자신들의 혈육에게도 거짓되고, 자신들의 신앙고백에 있어서도 거짓되게 행하리라는 것이다. 조급하며. "조급하다"는 것은 깊이 생각하거나 고려하지 못하고, 경솔하고 성급하게 행하는 것을 의미한다. 자만하며. "자만하다"는 것은 사람들이 그들 자신이나 그들이 한 일들을 대단한 것으로 여기고서, 그 마음이 풍선처럼 부풀어 올라서, 자고하고 오만한 것을 뜻한다. 쾌락을 사랑하기를 하나님 사랑하는 것보다 더하며. 사람들은 하나님께서 그들에게 주신 것들을 사용하여 적절한 만족과 기쁨을 누리려고 하는 것이 아니라, 하나님의 계명들을 어기고서 음란하고 향락적인 삶을 즐겨서, 어떻게 해서든지 쾌락을 극대화시켜서 누리려고 함으로써, 그들이 하나님을 기쁘시게 해드리는 삶보다는 자신들의 정욕을 채우며 살아가는 삶을 더 사랑하는 자들이라는 것을 분명하게 드러내 보이게 될 것이다.

5. 경건의 모양은 있으나 경건의 능력은 부인하니 이같은 자들에게서 네가 돌아서라.

경건의 모양은 있으나. 여기에서 "모양"은 실재하는 것이나 실질과 반대되는 겉모습이나 외형, 가면, 우연적인 형태 등을 가리킨다. 따라서 "경건의 모양이 있다"는 것은, 말세에는 그리스도인이라고 고백하고, 하나님을 올바르게 예배하는 것처럼 보이지만, 실제로는 그리스도인이 아닌 자들이 많고, 하나님의 교회인 것처럼 보이지만 실제로는 아닌 교회들이 많을 것임을 의미한다.

경건의 능력은 부인하니. 실질적인 경건 또는 경건의 실재는, 단지 입으로만 그리스도를 믿는다고 고백하고, 그리스도인이라는 공허한 이름만을 지니고 있는 것에 있는 것이 아니라, 진실함과 의로움과 사랑과 화평함과 자기부인과 자신의 육신을 죽이는 데 있는 것인데, 말세에 사람들은 말로는 그런 것들을 시인하지만 행위로는 그 모든 것들을 다 부인하게 될 것이다. "경건의 능력"은 하나님께서 주신 생명과 능력을 가지고서 그리스도인답게 행하고 살아가는 것이다. **이같은 자들에게서 네가 돌아서라.** 사도는 자기가 앞에서 말한 그런 부류의 사람들에게서 "돌아서라"고 디모데에게 말한다. "돌아서라"는 것은 교회에서 성도로서 함께 교제하는 것은 물론이고, 사적으로도 친밀하게 지내서는 안 된다는 것이다.

6. 그들 중에 남의 집에 가만히 들어가 어리석은 여자를 유인하는 자들이 있으니 그 여자는 죄를 중히 지고 여러 가지 욕심에 끌린 바 되어.

그들 중에 남의 집에 가만히 들어가 어리석은 여자를 유인하는 자들이 있으니. 사도는 앞에서 "경건의 모양은 있으나 경건의 능력은 부인하는" 자들에 대하여 말하였는데, 여기에서는 그들 중의 한 부류가 어떤 짓을 하고 있는지에 대하여 말한다. 그들은 믿는 자들의 집을 여기저기 집집마다 기웃거리고 돌아다니면서, 모든 집들과 가정들의 비밀들을 염탐하고 캐내는 것을 자신들의 업으로 삼는 자들이다. 그들은 그런 식으로 각 가정의 비밀들을 이용해서, 그 집에서 약한 지체에 속한 여자들, 특히 지혜롭지 못하고 어리석은 여자들을 사로잡아서 장악해 버린다. 사도는 여기에서 "여자들"을 지칭할 때, 경멸의 의미로 축소사가 붙어 있는 '귀나이카리아'(*γυναικάρια*)라는 단어를 사용한다. 즉, 이 단어는 올바른 신앙이 어떤 것인지를 제대로 분별할 수 없는 어리석은 보잘것없는 여자들을 가리킨다. 그런 여자들은 "경건의 모양은 있으나 경건의 능력은 부인하는" 자들이 그녀의 귀에 들려주는 감언이설에 속아 넘어가서 그들의 포로가 되어 버린다.

그 여자는 죄를 중히 지고 여러 가지 욕심에 끌린 바 되어. 그들은 경건하고 정직한 여자들을 상대로 그렇게 하는 것이 아니라, 많은 죄를 지은 여자들을 상대로 그런 짓을 일삼는다. 그런 여자들은 육체의 정욕만이 아니라 교만이나 허영심 같은 여러 죄악된 성향을 지니고 있는 여자들이기 때문에, 그들의 감언이설에 쉽게 넘어간다. "욕심"에 끌리게 되면, 양심으로 생각했을 때에는 잘못된 것임이 분명한 경우에도, 늘 그 잘못된 것이 마치 올바른 것처럼 합리화되고 정당화되는 법이다. 따라서 이런 여자들은 여자이기 때문이라기보다는 그녀들 속에 있는 강한 죄악된 성향들과 여러 가지 욕심들 때문에 쉽게 유혹되어 범죄하게 되는 것이다.

7. 항상 배우나 끝내 진리의 지식에 이를 수 없느니라.

그런 여자들은 진리를 "항상 배우는" 것처럼 보이지만, 그녀들 속에 있는 "여러 가지 욕심들"로 인해서 진리를 행할 수 없게 되고, 따라서 진리의 지식을 진정으로 얻은 것이 아니다. 여기에서 "지식"으로 번역된 '에피그노신'(ἐπίγνωσιν)은 머리로 아는 것이 아니라 행위와 실천을 통해서 알게 되는 것을 가리킨다.

8. 얀네와 얌브레가 모세를 대적한 것 같이 그들도 진리를 대적하니 이 사람들은 그 마음이 부패한 자요 믿음에 관하여는 버림 받은 자들이라.

얀네와 얌브레가 모세를 대적한 것 같이 그들도 진리를 대적하니. "얀네와 얌브레"가 "모세"를 대적했다는 말은 여기 외에는 성경의 그 어디에도 나오지 않는다. 해석자들은 이 두 사람은 서로 형제였고, 애굽 왕 바로의 마술사들 중에서 우두머리들이었는데, 모세가 이적들을 행하였을 때(출 7:11, "바로도 현인들과 마술사들을 부르매 그 애굽 요술사들도 그들의 요술로 그와 같이 행하되"), 모세를 대적하였다고 말한다. 이 두 사람의 이름은 바울 시대에는 유대인들의 전승이나 공적인 기록을 통해서 알려져 있었을 것이다. 사도는 거짓되고 부패한 교사들이 그리스도의 사역자들이 전한 복음의 진리에 대적하여 다른 교훈들을 복음이라는 이름으로 전하고 가르치는 것은 옛적에 "얀네와 얌브레"가 행한 것과 똑같은 짓이라고 분명하게 말한다.

이 사람들은 그 마음이 부패한 자요. 사도는 이 사람들, 즉 거짓 교사들은 그 마음이 추악하고 더럽고 지저분한 욕심들로 부패해 있는 자들이라고 말한다. 믿음에 관하여는 버림 받은 자들이라. 여기에서 "버림 받은 자들"로 번역된 '아도키모이'(ἀδόκιμοι)는 믿음의 교훈과 관련해서 제대로 된 올바른 판단이나 분별을 할 수 없는 자들, 또는 믿음과 관련된 생각에 있어서 선하지 않아서 하나님의 인정을 받지 못한 자들을 가리킨다.

9. 그러나 그들이 더 나아가지 못할 것은 저 두 사람이 된 것과 같이 그들의 어리

석음이 드러날 것임이라.

그러나 그들이 더 나아가지 못할 것은. 하나님께서는 자기 교회 안에 있는 진실한 자들을 지키시고 보호하실 것이기 때문에, 그러한 거짓 교사들이 소수의 어리석고 무지한 여자들을 유혹하고 미혹해서 포로로 사로잡는다고 할지라도, 많은 신자들을 그런 식으로 미혹하지는 못할 것이다. 저 두 사람이 된 것과 같이 그들의 어리석음이 드러날 것임이라. 하나님께서 모세를 대적한 "얀네와 얌브레"가 그들의 뜻을 이루도록 내버려 두지 않으신 것과 같이, 거짓 교사들이 어리석고 정신 나간 자들이라는 것을 자신의 섭리를 통해 모든 사람들 앞에 분명하게 드러내셔서, 그런 부류의 사람들이 쇠퇴하게 하실 것이다. 하나님께서는 자신의 섭리를 통해서, 그 누구도 이길 수 없고 저항할 수 없는 진리의 빛을 통해서 만유를 다스리고 계시기 때문에, 거짓 교사들이 아무리 그럴 듯해 보이는 교묘한 거짓과 술수로 사람들을 감쪽같이 속이고 있을지라도, 결국에는 그들의 거짓은 만천하에 드러나게 될 것이고, 그들은 당혹해서 어쩔 줄 모르게 되고 말 것이다. 초대 교회의 거짓 교사들에 대한 사도의 이러한 예언은 실제로 정확히 성취되었다. 하나님께서는 얀네와 얌브레를 벌거벗겨서 그들의 초라한 정체를 백일하에 다 드러내셨듯이, 초대 교회의 거짓 교사들에 대해서도 그렇게 하셨다.

10-11. [10]나의 교훈과 행실과 의향과 믿음과 오래 참음과 사랑과 인내와 [11]박해를 받음과 고난과 또한 안디옥과 이고니온과 루스드라에서 당한 일과 어떠한 박해를 받은 것을 네가 과연 보고 알았거니와 주께서 이 모든 것 가운데서 나를 건지셨느니라.

나의 교훈과 행실과 의향과 믿음과 오래 참음과 사랑과 인내와 박해를 받음과 고난과 또한 안디옥과 이고니온과 루스드라에서 당한 일과 어떠한 박해를 받은 것을 네가 과연 보고 알았거니와. 이 구절의 헬라어 본문은 '쉬 데 파레콜루테카스 무 테 디다스칼리아' (σὺ δὲ παρηκολούθηκάς μοῦ τῇ διδασκαλίᾳ)로 되어 있기 때문에, 이 구절은 다음과 같은 의미이다: "너는 나와 동행해서 나를 부지런히 따라다녔기 때문에, 내가 어떤 교훈을 전해 왔는지, 내가 어떤 식으로 살아 왔는지, 나의 목적과 의도가 무엇이었는지, 내가 어떤 믿음을 가르치고 고백해 왔는지, 내가 악의적인 대적들이나 약한 형제들에 대하여 얼마나 오래 참고 견뎌왔는지, 내가 나의 친구들이든 원수들이든 모든 사람들에게 어떠한 사랑을 보여 왔는지, 내가 다른 사람들로부터 받은 해악들에 대하여 어떠한 인내를 보여 왔는지, 내가 복음을 전하다가 어떤 박해들을 받았는지, 내가 안디옥과 이고니온과 루스드라에서 어떤 환난들을 겪었는지, 내가 지금까지 어떠한 박해들을 감당해 왔는지를 누구보다도 잘 알고 있다." 사도가 비시디아 안디옥에서 겪은 환난은 사도행전 13:14, 45, 50에 나와 있고, 비시디아를 떠나 이고니온에 갔을 때에 겪게 된 환난은 사도행전 14장에 나와 있으며, 이고니온을 떠나 루스드라에 가서 겪게 된 박해는 사도행전 14:19에 나와 있다. 바울이 이 모든 일들을 겪는 동안에, 디모데는 그와 동행하며 그를 계속해서 따라다녔기 때문에, 이 모든 일에 대한 증인이 될 수 있었던 것으로 보인다. 이것은 디모데에 대한 최초의 언급은 바울이 유대인들 때문에 디모데로 하여금 할례를 받게 한 일에 대하여 기록하고 있는 사도행전 16장에 나오지만, 바울은 그 이전부터 이미 디모데를 알고 있었다는 것을 보여 준다. 주께서 이 모든 것 가운데서 나를 건지셨느니라. 하나님께서 이 모든 일로부터 바울을 건지셨고, 내내 바울을 따라다녔던 디모데는 그 사실을 잘 알고 있었다. 그래서 사도는 그러한 사실을 근거로 해서 디모데에게, 자기가 진리를 전하고 거룩한 삶을 살다가 환난들과 박해들과 고난들을 겪었지만, 하나님께서 그 모든 일에서 자기를 건져 주신 것을 그가 직접 눈으로 다 보았으니, 자기와 동일한 진리를 전하고 자기와 동일한 거룩한 삶을 살다가 겪게 되는 고난들을 인내로써 잘 감당하라고 격려한다.

12. 무릇 그리스도 예수 안에서 경건하게 살고자 하는 자는 박해를 받으리라.

사도는 하나님의 섭리가 그러하고, 세상에서 사람들의 악의가 그러하기 때문에, 순수한 믿음과 선한 양심을 지켜서 살아가고자 하는 사람들은 모두는 아닐지라도 대체로 육신적으로나 명성이나 재물과 관련해서 이런저런 종류의 박해를 겪게 된다고 말한다. 사람들이 하나님을 믿지 않고 속되게 살아가거나 도덕적으로 정직하게 살아간다면, 충분히 안전하고 겉보기에 평안하게 살아갈 수 있다. 하지만 사람들이 그리스도를 믿는 믿음을 고백하고 그리스도를 사랑하여 그의 계명들을 지켜 살아가고자 한다면, 그들은 환난과 박해들에 노출되게 될 것이다. 왜냐하면, 세상은 자신들이 사는 방식대로 살려고 하지 않고, 자신들이 믿는 대로 믿으려고 하지 않는 사람들이 평안하게 살도록 내버려 두지 않기 때문이다.

13. 악한 사람들과 속이는 자들은 더욱 악하여져서 속이기도 하고 속기도 하나니.

악한 사람들과 속이는 자들은 더욱 악하여져서. 사도는 디모데에게, 시간이 흐르면 상태가 호전되고 더 나아지게 될 것이라고 기대해서는 안 된다고 말한다. 왜냐하면, 정욕과 욕심에 이끌려서 악을 행하는 자들과 이리저리 돌아다니면서 다른 사람들을 속이는 것을 업으로 삼아 살아가는 "속이는 자들"(γόητες - '고에테스')은, 세월이 흐를수록 점점 더 악해져서, 속이고자 하는 마음도 점점 더 강해지고, 자신들을 반대하는 자들에 대한 앙심과 적대감도 점점 더 커질 것이기 때문이다. 속이기도 하고 속기도 하나니. 그렇게 악한 자들과 속이는 자들은 점점 더 악해져서 사람들을 "속이는" 것을 밥 먹듯이 하게 될 것이고, 하나님께서는 그런 자들을 심판하셔서 내버려 두심으로써, 그들로 하여금 스스로 속게 하셔서, 그들 자신의 영혼을 멸망에 이르게 하실 것이다.

14. 그러나 너는 배우고 확신한 일에 거하라 너는 네가 누구에게서 배운 것을 알며.

그러나 너는 배우고 확신한 일에 거하라. 사도는 디모데에게 자기에게서 배운 것, 즉 그리스도인이자 사역자로서 믿음에 관한 가르침들과 거룩한 삶에 관한 교훈들을 계속해서 지켜 행하라고 말한다. 또한, 그러한 것들은 디모데가 지금까지 진리로 믿고 확신해 온 것들이다. 너는 네가 누구에게서 배운 것을 알며. 사도는 그에게 믿음과 거룩한 삶에 관한 교훈들을 가르친 자기가 누구인지를 그에게 다시 한 번 상기시킨다. 즉, 그는 우리 주 예수 그리스도의 사도로부터 배운 것이기 때문에, 그리스도께 직접 배운 것이나 마찬가지라는 것이다.

15. 또 어려서부터 성경을 알았나니 성경은 능히 너로 하여금 그리스도 예수 안에 있는 믿음으로 말미암아 구원에 이르는 지혜가 있게 하느니라.

또 어려서부터 성경을 알았나니. 디모데는 어릴 때부터 "어머니 유니게"와 "외조모 로이스"에게서 성경의 교훈으로 가르침을 받았기 때문에(딤후 1:5, "이는 네 속에 거짓이 없는 믿음이 있음을 생각함이라 이 믿음은 먼저 네 외조모 로이스와 네 어머니 유니게 속에 있더니 네 속에도 있는 줄을 확신하노라"), 구약성경, 곧 모세와 선지자들의 글에 대하여 알고 있었다. 여기에서 "성경"은 구약성경을 가리킨다. 왜냐하면, 당시에는 신약성경은 아직 공식적으로 기록되거나 성경에 편입되지 않았기 때문이다.

성경은 능히 너로 하여금 … 구원에 이르는 지혜가 있게 하느니라. 성경에는 우리로 하여금 천국에 이를 수 있도록 충분히 지혜롭게 해 줄 수 있는 교훈이 있기 때문에, 플라톤이나 피타고라스 등과 같은 이방의 철학자들의 글로부터 도움을 받을 필요가 없다. 그리스도 예수 안에 있는 믿음으로 말미암아. 그러한 지혜는 그리스도 예수를 믿는 믿음, 즉 성경을 하나님의 뜻을 계시하는 글들로 믿고 동의할 뿐만 아니라, 그리스도를 우리의 구주로 받아들이는 믿음으로 말미암는다.

16. 모든 성경은 하나님의 감동으로 된 것으로 교훈과 책망과 바르게 함과 의로 교육하기에 유익하니.

모든 성경은 하나님의 감동으로 된 것으로. 여기에서 "성경"으로 번역된 헬라어는 사실 "글"을 의미하고, 그 이상의 것을 의미하지 않기 때문에, 어떤 이들은 이 구절을 이렇게 번역한다: "하나님의 감동으로 된 모든 글은." 모든 글들이 아니라, 오직 구약에 속한 모든 책들만이 "하나님의 감동으로 된"(θεόπνεύστος - '테오프뉴스토스') 것들이다. 베드로후서 1:21에서는 이것을 이렇게 설명한다: "예언은 언제든지 사람의 뜻으로 낸 것이 아니요 오직 성령의 감동하심을 받은 사람들이 하나님께 받아 말한 것임이라."

교훈과 책망과 바르게 함과 의로 교육하기에 유익하니. 우리가 구원받기 위해서는 진리의 모든 말씀들을 알고 믿어야 하는데, 진리의 모든 "교훈"은 성경에 있기 때문에, 성경은 우리가 "교훈"을 가르침 받는 데 유익하다. "책망"은 우리에게 어떤 진리를 깨우쳐 주어서 우리로 하여금 지체 없이 믿게 하거나, 우리에게 어떤 죄를 깨우쳐 주어서 우리로 하여금 지체 없이 그 죄로 인하여 낮아지게 하는 것인데, 이러한 용도에도 성경은 유익하다. "바르게 함"은 우리가 책망 받아 마땅한 것들에 대하여 책망하거나, 우리에게 있는 잘못된 것들을 지적해서, 어떤 것들이 올바른 것인지를 보여 주고, 우리의 삶을 고치게 만드는 것인데, 이러한 용도에도 성경은 유익하다. "의로 교육하는" 것은 우리에게 참된 의를 가르쳐서, 우리로 하여금 하나님 앞에 의로운 자로 나타나게 만들어 주는 것인데, 이러한 용도에도 성경은 유익하다. 왜냐하면, 로마서 1:17에서 "복음에는 하나님의 의가 나타나서 믿음으로 믿음에 이르게 하나니 기록된 바 오직 의인은 믿음으로 말미암아 살리라 함과 같으니라"고 말하고 있는 것처럼, 하나님께서는 성경을 통해서 믿는 자들에게 자신의 "의"를 계시하시기 때문이다.

17. 이는 하나님의 사람으로 온전하게 하며 모든 선한 일을 행할 능력을 갖추게 하려 함이라.

이는 하나님의 사람으로 온전하게 하며. 성경으로 가르침을 받을 때, 복음 사역자들과 모든 경건한 사람들은 이 세상에서 죽을 몸을 입고 살아가는 동안에 가능한 한도 내에서 온전해질 수 있고, 그들이 각자의 부르심들과 처지에서 마땅히 해야 할 일들을 해낼 수 있게 된다. 모든 선한 일을 행할 능력을 갖추게 하려 함이라. 또한, 성경으로 가르침을 받을 때, 사람들은 그것이 경건의 일이든 의로운 일이든 사랑의 일이든, 하나님께서 기쁘게 받으실 온갖 선한 일들을 행할 수 있게 된다. 이렇게 성경은 모든 선한 일들에 대하여 우리에게 가르침을 베풀어 주기 때문에, 그리스도인들은 선한 일들을 하기 위한 도구들을 마련하기 위하여 블레셋 사람들에게로 내려갈 필요도 없고, 자신들이 구체적으로 무엇을 해야 하고, 어떻게 하나님을 섬겨야 하며, 자신의 행실을 어떤 식으로 관리해야 하는지를 알기 위해서 구전 전승들에 귀를 기울이거나 이방의 철학자들의 글들을 펼쳐 볼 필요도 없다.

MATTHEW POOLE'S COMMENTARY

디모데후서 4장

개요

1. 디모데에게 그에게 맡겨진 직무를 온 마음을 다하여 심혈을 기울여서 행할 것을 엄히 명함(1-5).
2. 자기가 떠날 때가 다 되었다고 말하고, 장차 자기가 죽은 후에 자기에게 있게 될 영광스러운 일에 대하여 말함(6-8).
3. 디모데에게 마가를 대동하고 자기에게 속히 오라고 하면서, 아울러 몇 가지 물건을 가져오라고 말함(9-13).
4. 알렉산더를 조심하라고 경고함(14-15).
5. 자기가 처음으로 자신을 변호했을 때에 무슨 일이 일어났었는지를 말해 줌(16-18).
6. 문안인사와 축도로 마침(19-22).

1. 하나님 앞과 살아 있는 자와 죽은 자를 심판하실 그리스도 예수 앞에서 그가 나타나실 것과 그의 나라를 두고 엄히 명하노니.

하나님 앞과 살아 있는 자와 죽은 자를 심판하실 그리스도 예수 앞에서 … 엄히 명하노니. 사도가 여기에서 하나님을 언급하는 이유는, 하나님께서는 디모데가 행하는 모든 일들을 다 보고 계시는 분이시고, 그가 자기에게 맡겨진 직무를 충성되게 감당하였는지에 대하여 장차 결산을 하시고 책임을 물으실 분이시기 때문이다. 또한, 하나님의 아들이신 주 예수 그리스도는 디모데가 더 염두에 두어야 할 분이다. 왜냐하면, "그리스도 예수"는 디모데에게 복음 사역을 맡기신 "주"이신 까닭에, 특별한 의미에서 디모데는 그리스도 예수의 종이실 뿐만 아니라, 장차 다시 오셔서 재림 이전에 죽은 자들과 재림 때에 여전히 살아 있는 자들을 모두 심판하실 심판주가 되셔서 디모데를 구체적으로 심판하실 분이시기 때문이다(고전 15:52, "나팔 소리가 나매 죽은 자들이 썩지 아니할 것으로 다시 살아나고 우리도 변화되리라"; 살전 4:15-17, "우리가 주의 말씀으로 너희에게 이것을 말하노니 주께서 강림하실 때까지 우리 살아 남아 있는 자도 자는 자보다 결코 앞서지 못하리라 주께서 호령과 천사장의 소리와 하나님의 나팔 소리로 친히 하늘로부터 강림하시리니 그리스도 안에서 죽은 자들이 먼저 일어나고 그 후에 우리 살아 남은 자들도 그들과 함께 구름 속으로 끌어 올려 공중에서 주를 영접하게 하시리니 그리하여 우리가 항상 주와 함께 있으리라").

그가 나타나실 것과 그의 나라를 두고. 이것은 그리스도께서 재림하여 두 번째로 나타나셔서, 자신의 영광의 나라를 세우시고, 지금까지 자신이 다스리던 나라를 아버지 하나님께 바쳐 드릴 때를 의미한다. 여기에서 사도는 디모데를 하나님과 그리스도 예수 앞으로 호출해서, 장차 그리스도께서 그를 심판하시기 위하여 다시 오실 때, 그의 노하신 얼굴을 볼 것이냐, 아니면 그의 영광의 나라에 참여하는 자가 될 것이냐, 이 둘 중에서 하나를 선택하라는 듯이 명하고 있는 것임을 보여 줌으로써, 자기가 지금부터 디모데에게 하는 명령이 극히 준엄한 엄명이라는 것을 분명히 한다. 사도가 디모데에게 이렇게 엄명하고 있는 것이 무엇인지는 다음 절에 나온다.

2. 너는 말씀을 전파하라 때를 얻든지 못 얻든지 항상 힘쓰라 범사에 오래 참음과 가르침으로 경책하며 경계하며 권하라.

너는 말씀을 전파하라. 이것은 전령관이나 무엇인가를 소리쳐 알리려고 하는 자처럼 많은 사람들이 듣고 알 수 있도록 외치고 선포하라는 것이다. 이사야서 58:1을 보면, 하나님께서는 "크게 외치라 목소리를 아끼지 말라 네 목소리를 나팔 같이 높여 내 백성에게 그들의 허물을, 야곱의 집에 그들의 죄를 알리라"고 이사야 선지자에게 명하신다. "말씀"은 "진리의 말씀"(딤후 2:15)을 가리킨다. 또는, 사도는 "천국 복음"(마 4:23; 24:14), "하나님의 복음"(막 1:14), "복음"(막 13:10; 16:15)을 강조의 의미로 여기에서 "말씀"이라고 표현한 것이다. 사도는 디모데에게 나이 든 여자들이 지어낸 "신화들"이나 "끝없는 족보들"이나 사악한 논쟁들이나 덕 세우는 데 아무런 유익이 없는 온갖 쓸데없는 질문들은 버리고 오직 "하나님의 말씀"만을 전파하라고 명한다. 이것은 복음 사역자들로 자처하면서도, 말씀을 전하지 않거나, 허탄하고 무익한 것들만을 전하는 자들을 책망하는 말이다.

항상 힘쓰라. 이것은 온 힘을 다해서 부지런히 말씀을 전파하기 위하여 애쓰라는 것이기 때문에, 형식적으로 냉랭하게 말씀을 전하는 것을 책망하는 말이다. 하나님께서는 이사야 선지자에게 "크게 외치라 목소리를 아끼지 말라 네 목소리를 나팔 같이 높여" 외치라고 명하셨다. 왜냐하면, 죄인들은 귀머거리 독사들 같아서, 아무리 큰 소리로 외쳐도 듣지 못하기 때문이다.

때를 얻든지 못 얻든지. 우리는 주일에만 말씀을 전파하는 것이 아니라, 기회가 있을 때면 언제든지 말씀을 전해야 하고, 말씀을 전해도 안전한 때만이 아니라, 육신의 지혜가 "때가 아니다"라고 속삭일 때에도 말씀을 전파하여야 한다. 이것은 말씀을 잘 전하려고 하지 않는 사람들이나, 육신의 지혜를 따라 말씀을 전해야 할 때와 전하지 않아야 할 때를 가려서 전하는 사람들을 책망하는 말이다.

범사에 … 경책하며 경계하며 권하라. "경책하다"로 번역된 '엘렝크손'(ἔλεγξον)은 진리를 부정하는 자들을 깨우쳐서 잘못을 알게 해 주는 것을 뜻하고, "경계하다"로 번역된 단어는 악한 삶을 살아가는 모든 죄인들을 바로잡아 올바른 삶으로 인도하기 위하여 책망하는 것을 뜻한다. 이것은 사람들이 듣기 좋아하는 말들만을 전하는 사역자들을 책망하는 말이다. 하나님께서는 에스겔 선지자로 하여금 그런 자들, 즉 사람들이 듣기 좋아하는 말들만을 전하고 올바른 말씀을 전하지 않는 자들을 쳐서 이렇게 예언하게 하셨다: "너 인자야 너의 백성 중 자기 마음대로 예언하는 여자들에게 경고하며 예언하여 이르기를 주 여호와의 말씀에 사람의 영혼을 사냥하려고 손목마다 부적을 꿰어 매고 키가 큰 자나 작은 자의 머리를 위하여 수건을 만드는 여자들에게 화 있을진저 너희가 어찌하여 내 백성의 영혼은 사냥하면서 자기를 위하여는 영혼을 살리려 하느냐 너희가 두어 움큼 보리와 두어 조각 떡을 위하여 나를 내 백성 가운데에서 욕되게 하여 거짓말을 곧이 듣는 내 백성에게 너희가 거짓말을 지어내어 죽지 아니할 영혼을 죽이고 살지 못할 영혼을 살리는도다"(겔 13:17-19). "권하다"로 번역된 단어는, 경우에 따라, 설득하는 것을 의미하기도 하고 위로하는 것을 의미하기도 한다.

오래 참음과 가르침으로. "오래 참음"은 이러한 경책하는 것이나 경계하는 것이나 권하는 것이 사려 깊고 온유하게 이루어져야 한다는 것을 보여 준다. 하나님께서는 우리가 사람들을 가르칠 때에 사용하는 기술은 들어 쓰시지만, 우리의 혈기는 들어 쓰시지 않으신다. "가르침"은 사람들을 책망하거나 설득하거나 위로할 때에는 반드시 교훈이 수반되어야 한다는 것을 보여 준다. 이것은 사람들이 듣기 좋아하는 말들만을 동원해서 신실하지 못하게 사람들을 대하거나, 다른 사람들의 영혼을 온유함으로 가르쳐서 변화시키고자 하기보다는 자신의 혈기를 부리는 사역자들을 책망하는 말이다.

3. 때가 이르리니 사람이 바른 교훈을 받지 아니하며 귀가 가려워서 자기의 사욕을 따를 스승을 많이 두고.

때가 이르리니. 선지자들의 글이 보여 주듯이, 사람들은 어느 시대나 늘 그래 왔지만, 특히 이런 일들이 두드러지게 일어나는 때가 장차 오게 될 것이다. 왜냐하면, 세월이 흘러서 인간 세상이 점점 더 나이 들어갈수록, 사람들은 점점 더 미쳐가게 될 것이기 때문이다. 사람이 바른 교훈을 받지 아니하며. 세상에서 살게 될 사람들만이 아니라 그리스도인으로 자처하며 교회에 속하였다고 말하는 사람들 가운데서도 아주 많은 사람들이 "바른 교훈," 즉 그들의 심령을 죄와 욕심이라는 질병으로부터 회복시켜 주는 능력이나 효력, 또는 생명력을 지니고 있는 그 어떤 교훈도 받아들이려고 하지 않고 도리어 못 견뎌하게 될 것이다.

자기의 사욕을 따를 스승을 많이 두고. 사람들은 자신의 욕심들을 만족시켜 주는 선생들을 찾아서, 그런 선생들을 마치 더미를 쌓듯이 무수히 두게 될 것이다. 그들은 하나님의 뜻을 따라서가 아니라 자신들의 마음이 가는 대로, 즉 다른 것들은 전혀 고려하지 않고, 오직 자신들의 욕심들을 잘 충족시켜 주는 사람이냐 아니냐만을 기준으로 해서, 선생들을 선택하게 될 것이다. 귀가 가려워서. 사도는 여기에서 말세에 사람들이 "자기의 사욕"을 만족시켜 주는 선생들을 선택하게 되는 이유를 보여 주는데, 그것은 사람들은 "귀가 가렵고," 따라서 자신들의 가려운 귀를 긁어 줄 선생들이 그들에게 필요하기 때문이라는 것이다. 사람들의 심령 속에 있는 "욕심"이라는 질병은 그들의 귀를 가렵게 할 것이고, 그들은 자신들의 가려운 귀를 긁어서 시원하게 해 주는 선생들의 교훈에만 귀를 기울이고자 할 것이다.

4. 또 그 귀를 진리에서 돌이켜 허탄한 이야기를 따르리라.

또 그 귀를 진리에서 돌이켜. 사도는 사람들이 진리로부터는 그들의 귀를 돌려 버리고 듣지 않게 될 것이라고 말한다. 사람들은 한편으로는 진리가 너무 진부하고 뻔한 말들이고, 심오한 것이나 멋지거나 그럴 듯하지 않다는 이유로, 진리를 경멸하고 조롱할 것이고, 다른 한편으로는 진리가 선포되면, 자신들의 감춰진 욕심들과 악한 행실들이 드러나게 되기 때문에, 진리를 용납하지 못하고 미워하게 될 것이다. 허탄한 이야기를 따르리라. "허탄한 이야기들"은 사람들의 머리로 지어낸 이야기들, 아무런 유익도 없는 허황된 이야기들, 진리와는 아무런 상관도 없는 이야기들을 가리킨다. 그러한 이야기들은 사람들의 더러운 욕심들을 건드리지도 않고 간섭하지도 않기 때문에, 사람들은 진리 대신에 그런 이야기들에 귀를 기울이게 될 것이다. "미사는 사람들의 마음을 불편하게 해서는 안 된다"는 말은 교황주의자들 가운데서 오랫동안 회자되어 온 금언이다.

5. 그러나 너는 모든 일에 신중하여 고난을 받으며 전도자의 일을 하며 네 직무를 다하라.

그러나 너는 모든 일에 신중하여 고난을 받으며. 여기에서 "신중하다"로 번역된 단어는 소극적으로는 잠을 자지 않는 상태를 의미하고, 적극적으로는 어떤 목적을 위해서 계속해서 깨어 있으려고 애쓰는 것을 의미한다. 따라서 이것은 늘 모든 죄와 나태함과 안일함을 멀리하고, 모든 일에서 하나님께 영광을 돌릴 수 있게 행하기 위하여 애쓰라는 것이다.

전도자의 일을 하며. 디모데의 일은 "전도자," 즉 복음을 전하고 가르치는 자의 "일"로서 크고 막중한 일이었다(엡 4:11, "그가 어떤 사람은 사도로, 어떤 사람은 선지자로, 어떤 사람은 복음 전하는 자로, 어떤 사람은 목사와 교사로 삼으셨으니"). 바울은 그리스도의 사도로서 자신이 터를 닦아 놓은 교회를 다스리도록 하기 위하여 디모데를 에베소 교회에 남겨 두었었다. 네 직무를 다하라. 사도는 디모데가 그에게 맡겨진 "전도자"의 직무를 신실하고 충성되게 감당함으로써, 다른 사람들로부터 명실상부한 "전도자"로 인정받게 되어야 한다고 말한다.

6. 전제와 같이 내가 벌써 부어지고 나의 떠날 시각이 가까웠도다.

전제와 같이 내가 벌써 부어지고. 여기에서 "전제와 같이 부어지다"로 번역된 '스펜도마이' (σπένδομαι)는 원래 "전제로 드려지다"를 의미하는데, 전제는 "붓는" 방식으로 드려졌다. 어떤 이들은 '스펜도마이'는 오직 어떤 계약을 확증하기 위하여 전제를 드리는 경우만을 가리킨다고 말한다. 그러한 해석에 의하면, 이 구절은 바울이 자기가 폭력적인 죽음을 죽게 될 것임을 알았다는 것만을 보여 주는 것이 아니라, 그의 죽음이 그가 지금까지 전하고 가르쳐 온 복음의 교훈을 견고하게 하고 확증하는 역할을 하게 될 것임을 보여 주는 것이기도 하다. 사도는 빌립보서 2:17에서 "만일 너희 믿음의 제물과 섬김 위에 내가 나를 전제로 드릴지라도 나는 기뻐하고 너희 무리와 함께 기뻐하리니"라고 말할 때에도 여기에서와 동일한 단어를 사용한다. 한 박식한 저자는 이 단어가 거기에서는 이미 준비된 제물에 더해지는 전제를 의미하는 반면에, 여기에서는 제물 위에 포도주를 부음으로써 제물을 준비하는 것으로서의 전제를 의미하기 때문에, 두 본문에서 동일한 단어가 사용되고 있기는 하지만, 의미는 서로 약간 다르다고 생각한다. 흠정역 번역자들은 그런 차이를 염두에 두었던 때문인지는 몰라도, 이 구절을 "내가 전제와 같이 부어질 준비가 되어 있고"로 번역한다.

나의 떠날 시각이 가까웠도다. 여기에서 "떠남"으로 번역된 '아날뤼세오스' (ἀναλύσεως)는 원래 "풀어짐"을 의미한다. 왜냐하면, 죽는다는 것은, 흙으로 만들어진 우리가 다시 풀어져서 흙으로 돌아가는 것이기 때문이다. 여기에서 어떤 사람들은 바울이 자기가 죽을 때가 아주 가까이 다가왔다는 것을 어떻게 알게 된 것이냐고 물을 수 있다. 바울이 하나님의 계시로 그것을 알게 된 것일 수도 있고, 네로 황제의 기질이나 악의, 또는 자기를 대하는 태도를 관찰함을 통해서 그것을 알게 된 것일 수도 있다.

7. 나는 선한 싸움을 싸우고 나의 달려갈 길을 마치고 믿음을 지켰으니.

나는 선한 싸움을 싸우고. 나의 일생은 군사처럼 계속해서 싸우는 삶이었다. 그러나 나는 야심가들이나 호전적인 자들 같이 악한 싸움을 싸워 온 것이 아니다. 나의 싸움은 선하고 고귀한 믿음의 싸움, 즉 세상과 육신과 마귀를 대적하여 싸우는 싸움이자, 성도들에게 주어진 믿음을 지키고, 육신의 소욕을 거슬러서 성령의 소욕을 따라 행하고자 하며, 높은 곳에 있는 영적으로 악한 존재들과 맞서 싸우는 싸움이었다. 나의 달려갈 길을 마치고. 하나님께서는 나에게 그리스도인으로서, 그리고 그리스도의 사도이자 사역자로서 "달려갈 길"을 정해 주셨고, 나는 이제 내가 "달려갈 길"을 다 달려서 마침내 끝을 맺었다. 믿음을 지켰으니. 나는 믿음의 교훈을 끝까지 지켰고, 나의 사역 안에서와 나의 사역을 통해서 그 믿음의 교훈을 끝까지 붙들었으며, 믿음의 은혜 가운데서 살아 왔다.

8. 이제 후로는 나를 위하여 의의 면류관이 예비되었으므로 주 곧 의로우신 재판장이 그 날에 내게 주실 것이며 내게만 아니라 주의 나타나심을 사모하는 모든 자에게도니라.

이제 후로는 나를 위하여 의의 면류관이 예비되었으므로. "면류관"은 헬라의 경기들에서 승리자들이 머리에 썼던 관이다. 한 사람이 자신의 인생길이라는 "달려갈 길"을 다 마친 후에, 하나님께서 그 사람의 머리에 "면류관"을 씌워 주신다는 것은, 그 사람의 인생 전체를 영광으로 둘러 주시는 것이기 때문에, 그것은 이루 말할 수 없이 큰 상일 수밖에 없는데, 하나님께서 정해 주신 "달려갈 길"을 다 마친 내게 "이제 남아 있는 것"(이것이 여기에서 "이제 후로는"으로 번역된 헬라어인 λοιπὸν - '로이폰'의 의미이다)은 바로 그 "면류관"이다. 그 면류관이 내게 확실하게 준비되어 있고(골 1:5), 내게 주어지기로 정해져 있다(히 9:27, "한번 죽는 것은 사람에게 정해진 것이요 그 후에는 심판이 있으리니"). "의의 면류관"은 그리스도께서 자신의 의로 사신 면류관으로서, 하나님께서 그러한 "의의 면류관"을 내게 주시기로 되어 있다는 것은 내게 차고 넘치는 놀라운 상을 주시는 것일 뿐만 아니라, 하나님의 참되심과 의로우심을 증명해 주는 것이기도 하다(요일 1:9, "만일 우리가 우리 죄를 자백하면 그는 미쁘시고 의로우사 우리 죄를 사하시며 우리를 모든 불의에서 깨끗하게 하실 것이요").

주 곧 의로우신 재판장이 그 날에 내게 주실 것이며. "그 날"은 최후의 심판의 날을 의미한다. 그 날에 내 영혼이 육신을 입고 전인적으로 부활하여, 심판을 받게 될 것이다. "주 곧 의로우신 재판장"은 "그 날에" 모든 사람을 심판하시는 일을 맡게 되실 예수 그리스도를 가리킨다. 주께서는 그 날에 나를 심판하셔서, 내게 "의의 면류관"을 주실 것인데, 이것은 전적으로 주의 은혜로 말미암아 주어진 것이다. 왜냐하면, 내가 한 모든 일은 그러한 "의의 면류관"을 받을 만한 공로가 되지 못하기 때문이다. 내게만 아니라 주의 나타나심을 사모하는 모든 자에게도니라. 이 면류관은 오직 내게만 특별히 주어지는 상이 아니고, 이 세상에서 그리스도께서 심판하시러 다시 오시기를 간절히 사모하고 기뻐할 수 있을 정도의 삶을 산 모든 사람들에게도 그리스도께서 이 동일한 상을 주실 것이다.

9. 너는 어서 속히 내게로 오라.

이 서신을 쓸 당시에 바울은 로마에 죄수의 몸이 되어 갇혀 있었다. 사도가 빌립보서 2:19에서 "내가 디모데를 속히 너희에게 보내기를 주 안에서 바람은 너희의 사정을 앎으로 안위를 받으려 함이니 이는 뜻을 같이하여 너희 사정을 진실히 생각할 자가 이밖에 내게 없음이라"고 말한 것은, 여기에서의 사도의 간절한 소원을 따라 디모데가 실제로 로마에 가서 바울을 만나 한동안 거기에서 바울과 함께 머물러 있었다는 사실을 보여 준다.

10. 데마는 이 세상을 사랑하여 나를 버리고 데살로니가로 갔고 그레스게는 갈라디아로, 디도는 달마디아로 갔고.

사도는 왜 디모데가 자기에게 와 주기를 바라고 있는 것인지, 그 이유를 여기에서 밝히는데, 그것은 지금까지 자기와 함께 있던 사람들 중 대부분이 지금은 자기를 떠나고 없기 때문이었다. 데마는 이 세상을 사랑하여 나를 버리고 데살로니가로 갔고. 어떤 이들은 여기에 나오는 "데마"가 요한삼서 1:12("데메드리오는 뭇 사람에게도, 진리에게서도 증거를 받았으매 우리도 증언하노니 너는 우리의 증언이 참된 줄을 아느니라")에 언급된 "데메드리오"와 동일인물인데, 단지 그 이름을 줄여서 부른 것이라고 생각한다. "데마"는 한동안 로마에서 바울과 함께 있었다(골 4:14, "사랑을 받는 의사 누가와 또 데마가 너희에게 문안하느니라"). 어떤 이들은 데마가 완전히 배교한 것인지, 아니면 데살로니가에 어떤 세상적인 볼 일이 있어서 잠시 바울을 떠나 거기로 갔다가 나중에 다시 돌아온 것인지는 확실하지 않다고 말한다. 따라서 어떤 이들은 데마가 "이 세상을 사랑하였다"는 것은 단지 그가 세상 일에 마음을 두었다는 의미일 뿐이고, 그 이상의 의미는 아니라고 해석하는 반면에, 어떤 이들은 데마는 바울이 처한 위험을 예감하고 겁에 질려서, 바울의 곁을 완전히 떠나, 네로의 박해의 위험을 피하기 위하여 로마에서 아주 멀리 떨어져 있던 자신의 고향 땅인 "데살로니가"로 간 것이라고 생각한다. 그레스게는 갈라디아로. "갈라디아"는 소아시아에 있던 로마의 속주로서, "그레스게"는 아마도 복음을 전하기 위하여 그곳에 간 것으로 보인다. 디도는 달마디아로 갔고. "달마디아"는 스클라보니아(Sclavonia)에 있는데, 디도가 복음을 전하기 위하여 거기에 갔다는 것은 의심의 여지가 없다.

11. 누가만 나와 함께 있느니라 네가 올 때에 마가를 데리고 오라 그가 나의 일에 유익하니라.

누가만 나와 함께 있느니라. "누가"가 로마에서 사도와 함께 있었다는 사실은, 골로새서 4:14에서 "사랑을 받는 의사 누가와 또 데마가 너희에게 문안하느니라"고 한 말 속에서 확인된다. "누가"는 의사였고, 바울의 "동역자"였다(몬 1:24, "나의 동역자 마가, 아리스다고, 데마, 누가가 문안하느니라"). 네가 올 때에 마가를 데리고 오라. "마가"에 대한 언급은 사도행전 12:12과 15:37에 나온다. 그는 "바나바의 생질"(골 4:10)이었다. 우리가 방금 앞에서 인용한 빌레몬서 1:24은 그 후에 마가가 로마로 가서 바울과 함께 있었다는 것을 보여 준다. 그가 나의 일에 유익하니라. "나의 일"은 복음 사역을 의미한다. 바울은 비록 죄인으로 갇혀 있는 몸이었지만, 그에게는 자신을 돌보는 일이 아니라 복음 사역이 더 중요하였다.

12. 두기고는 에베소로 보내었노라.

사도는 에베소 교회를 돌보고 있던 디모데에게 로마로 와서 자기와 함께 하라고 한 후에, 디모데 대신에 에베소 교회를 돌보게 하기 위하여 "두기고"를 거기로 보냈다고 말한다.

13. 네가 올 때에 내가 드로아 가보의 집에 둔 겉옷을 가지고 오고 또 책은 특별히 가죽 종이에 쓴 것을 가져오라.

네가 올 때에 내가 드로아 가보의 집에 둔 겉옷을 가지고 오고. "드로아"는 아시아에 있던 한 도시였는데, 사도행전은 바울이 거기에 두 번 이상 갔었다는 사실을 보여 준다. 사도행전 16:8에서는 그가 "드로아"에서 마게도냐 사람이 자기를 청하는 "환상"을 보았다는 사실을 보도하고 있고, 20:4-12에서는 그가 예루살렘으로 연보를 전하러 함께 갈 여러 사람을 "드로아"에서 만나서 거기에서 칠일 동안 머물면서 복음을 전하다가, "유두고라 하는 청년"이 강론을 듣다가 떨어져 죽은 것을 다시 살린 사건을 보도하고 있다. 또한, 사도는 고린도후서 2:12-13에서는 "내가 그리스도의 복음을 위하여 드로아에 이르매 주 안에서 문이 내게 열렸으되 내가 내 형제 디도를 만나지 못하므로 내 심령이 편하지 못하여 그들을 작별하고 마게도냐로 갔노라"고 말한다. 사도는 이전에 "드로아"에 사는 "가보"의 집에 "겉옷"을 두고 왔었는데, 지금 죄수로 갇혀서 생활하는 데 옷이 부족하였기 때문에, 디모데에게 거기에 들러서 그 겉옷을 가져와 달라고 부탁하고 있는 것이다. 또 책은 특별히 가죽 종이에 쓴 것을 가져오라. 해석자들은 이 책들이 어떤 책들이었고, 이 양피지로 된 책들에는 어떤 내용이 기록되어 있었는지를 알아내기 위하여 몰두하지만, 그런 문제들은 그들이 아무리 알아내려고 해도 알아낼 수 없는 것들이다.

14. 구리 세공업자 알렉산더가 내게 해를 많이 입혔으매 주께서 그 행한 대로 그에게 갚으시리니.

구리 세공업자 알렉산더가 내게 해를 많이 입혔으매. 신약성경에는 "알렉산더"라는 이름을 가진 사람이 세 명 등장하는데, 한 사람은 그리스도의 십자가를 진 구레네 사람 시몬의 아들이고(막 15:21, "마침 알렉산더와 루포의 아버지인 구레네 사람 시몬이 시골로부터 와서 지나가는데 그들이 그를 억지로 같이 가게 하여 예수의 십자가를 지우고"), 또 한 사람은 대제사장 안나스의 친척이며(행 4:6, "대제사장 안나스와 가야바와 요한과 알렉산더와 및 대제사장의 문중이 다 참여하여"), 마지막 한 사람은 사도가 여기에서 말한 에베소 사람 알렉산더이다(행 19:33, "유대인들이 무리 가운데서 알렉산더를 권하여 앞으로 밀어내니 알렉산더가 손짓하며 백성에게 변명하려 하나"). 그러나 사도행전 본문이 보여 주듯이, 에베소 사람 "알렉산더"는 당시에 바울의 제자였다. 따라서 그는 나중에 배교하였던 것으로 보이고, 그 후에 바울에 의해서 출교를 당하였다(딤전 1:19-20, "믿음과 착한 양심을 가지라 어떤 이들은 이 양심을 버렸고 그 믿음에 관하여는 파선하였느니라 그 가운데 후메내오와 알렉산더가 있으니 내가 사탄에게 내준 것은 그들로 훈계를 받아 신성을 모독하지 못하게 하려 함이라"). 알렉산더는 바울이 자기를 출교시킨 것에 앙심을 품고 그에게 많은 해악을 입힌 것으로 보이는데, 그 장소가 에베소였는지 아니면 로마였는지는 확실하지 않다. 주께서 그 행한 대로 그에게 갚으시리니. 바울은 여기에서 알렉산더를 심판해 달라고 하나님께 기도하고 있기 때문에, 우리가 우리의 원수들을 심판해 달라고 하나님께 기도하는 것이 어느 정도까지 합법적인 것인지가 문제가 된다. 이 문제에 대해서는 시편 99:6; 예레미야서 11:20; 12:3에 대한 나의 설명을 보라.

15-16. [15]너도 그를 주의하라 그가 우리 말을 심히 대적하였느니라 [16]내가 처음 변명할 때에 나와 함께 한 자가 하나도 없고 다 나를 버렸으나 그들에게 허물을 돌리지 않기를 원하노라.

내가 처음 변명할 때에 나와 함께 한 자가 하나도 없고 다 나를 버렸으나. 이것은 사도가 로마의 법정에서 네로 황제 앞에서 처음으로 출두하여 심문을 받았을 때, 그리스도인들 중에서 사도를 옹호하거나 도와준 사람이 한 명도 없었고, 모든 그리스도인들이 사도가 위험에 처한 것을 보고 겁에 질려서 감히 나서지를 못하였기 때문에, 사도만이 홀로 자기 자신을 변호할 수밖에 없는 처지가 되어 버렸다는 것이다. 그들에게 허물을 돌리지 않기를 원하노라. 사도는 그들이 인간의 연약함으로 말미암아 범죄한 것이기 때문에, 하나님께서 그들의 잘못을 용서하시기를 소망한다고 말한다.

17. 주께서 내 곁에 서서 나에게 힘을 주심은 나로 말미암아 선포된 말씀이 온전히 전파되어 모든 이방인이 듣게 하려 하심이니 내가 사자의 입에서 건짐을 받았느니라.

주께서 내 곁에 서서 나에게 힘을 주심은. 사도는 자기와 함께한 그리스도인이 한 명도 없는 그런 상황에서도 하나님께서는 자기 곁에 서서 자기와 함께해 주셨다고 말한 후에, 하나님이 자기 "곁에 서 계셨다"는 것이 무슨 의미인지를 곧바로 설명하는데, 그것은 그에게 "힘을 주셨다"는 것이라고 말한다. 즉, 하나님께서 사도에게 담대함과 내적인 능력을 주셔서, 사도가 자기 자신과 자기가 행한 일을 변호할 수 있었다는 것이다. 나로 말미암아 선포된 말씀이 온전히 전파되어. 하나님께서 나와 함께 하셔서 내게 힘을 주심으로써, 나로 하여금 내 자신과 내가 행한 일을 변호하게 하신 것은, 나의 말을 들은 모든 사람들이 나와 함께 하시는 하나님의 임재와 하나님이 내게 주신 담대함을 보고서, 내가 말하는 것들이 내 자신이나 사람으로부터 나온 것이 아니라, 하나님으로부터 나온 것이고, 하나님께서 한 사람을 통해서 모든 사람들에게 하시는 말씀이라는 것을 온전히 알게 하고자 하신 것이다.

모든 이방인이 듣게 하려 하심이니. 이것은 로마의 법정에 있던 모든 이방인들로 하여금 내가 말한 것을 듣고서 복음을 믿게 하시기 위한 것이었다. 내가 사자의 입에서 건짐을 받았느니라. 사도는 자기가 지금은 자기에게 닥쳤던 저 큰 위험에서 벗어나 있는 상태라고 말한다. 아마도 사도는 당시 로마 황제였던 네로가 야만적으로 잔인한 자였기 때문에, 여기에서 네로를 "사자"라고 부르고 있는 것 같다.

18. 주께서 나를 모든 악한 일에서 건져내시고 또 그의 천국에 들어가도록 구원하시리니 그에게 영광이 세세무궁토록 있을지어다 아멘.

주께서 나를 모든 악한 일에서 건져내시고. 믿음은 체험을 통해서 자라나고 성장하기 때문에, 다윗은 사무엘상 17:37, 46-47에서 "여호와께서 나를 사자의 발톱과 곰의 발톱에서 건져내셨은즉 나를 이 블레셋 사람의 손에서도 건져내시리이다 … 오늘 여호와께서 너를 내 손에 넘기시리니 내가 너를 쳐서 네 목을 베고 블레셋 군대의 시체를 오늘 공중의 새와 땅의 들짐승에게 주어 온 땅으로 이스라엘에 하나님이 계신 줄 알게 하겠고 또 여호와의 구원하심이 칼과 창에 있지 아니함을 이 무리에게 알게 하리라 전쟁은 여호와께 속한 것인즉 그가 너희를 우리 손에 넘기시리라"고 말할 수 있었고, 사도도 고린도후서 1:10에서 "그가 이같이 큰 사망에서 우리를 건지셨고 또 건지실 것이며"라고 말할 수 있었다. 여기에서 "악한 일"로 번역된 어구는 바울이 시험과 유혹에 빠져서 저지르게 될 수 있는 모든 죄를 가리키는 것일 수도 있고, 다른 사람들이 사도에게 가하고자 하는 온갖 해악들을 가리키는 것일 수도 있다. 사도는 우리로 하여금 악한 때에 믿음을 발휘하여 하나님을 의지하는 법을 배우도록 하기 위하여, 이러한 어구를 비롯해서 다양한 어구들을 통하여 자신의 믿음을 표현한다. 즉, 우리는 하나님께서 우리에게 닥친 위험으로 인한 해악으로부터, 또는 그 위험으로 인하여 우리가 범죄하게 되는 것으로부터 우리를 건져내실 것임을 믿어야 한다는 것이다. 왜냐하면, 하나님께서 우리를 환난이나 고난으로 인한 해악이나 범죄함으로부터 지켜 주실 것임을 우리가 믿지 못한다면, 우리의 믿음은 토대가 없는 것이기 때문이다.

또 그의 천국에 들어가도록 구원하시리니. 하나님께서 우리를 그러한 위험으로부터 구원하시고 지켜 주시는 목적은, 우리로 하여금 현세에서 잘 살도록 하시기 위한 것이 아니라, 저 영광스러운 하늘의 존귀한 유업을 받게 하시기 위한 것이다. 그에게 영광이 세세무궁토록 있을지어다 아멘. 모든 영광과 존귀가 하나님께 돌아가기를 기원하는 것은 하나님을 찬송하는 통상적인 형태이다.

19. 브리스가와 아굴라와 및 오네시보로의 집에 문안하라.

"브리스가와 아굴라"는 사도가 고린도전서 16:19에서 언급한 "아굴라와 브리스길라"(한글개역개정에는 "아굴라와 브리스가")와 동일인물들이다. 사도는 여기에서 "브리스가"(Prisca)로 부르고 있는 인물을 거기에서는 "브리스길라"(Priscilla)로 부른다. 사도가 "오네시보로의 집"만을 언급하고 "오네시보로와 그의 집"이라고 하지 않았다는 사실만으로, 우리가 오네시보로는 당시에 죽은 사람이라고 결론을 내릴 수는 없지만, 아마도 당시에 오네시보로는 죽은 사람이었을 가능성이 크다. 사도는 디모데후서 1:16-18에서 "원하건대 주께서 오네시보로의 집에 긍휼을 베푸시옵소서 그가 나를 자주 격려해 주고 내가 사슬에 매인 것을 부끄러워하지 아니하고 로마에 있을 때에 나를 부지런히 찾아와 만났음이라 (원하건대 주께서 그로 하여금 그 날에 주의 긍휼을 입게 하여 주옵소서) 또 그가 에베소에서 많이 봉사한 것을 네가 잘 아느니라"고 말한 바 있다.

20. 에라스도는 고린도에 머물러 있고 드로비모는 병들어서 밀레도에 두었노니.

에라스도는 고린도에 머물러 있고. 사도는 이 "에라스도"에 대하여 로마서 16:23에서 "나와 온 교회를 돌보아 주는 가이오도 너희에게 문안하고 이 성의 재무관 에라스도와 형제 구아도도 너희에게 문안하느니라"고 말한다. "에라스도"는 고린도의 재무관이었고, 고린도에 거주하고 있었다. 사도행전에서는 사도가 "에라스도"를 마게도냐로 보냈다고 보도한다(행 19:22, "자기를 돕는 사람 중에서 디모데와 에라스도 두 사람을 마게도냐로 보내고 자기는 아시아에 얼마 동안 더 있으니라").

드로비모는 병들어서 밀레도에 두었노니. "드로비모"는 에베소 사람으로서(행 21:28-29, "이스라엘 사람들아 도우라 이 사람은 각처에서 우리 백성과 율법과 이 곳을 비방하여 모든 사람을 가르치는 그 자인데 또 헬라인을 데리고 성전에 들어가서 이 거룩한 곳을 더럽혔다 하니 이는 그들이 전에 에베소 사람 드로비모가 바울과 함께 시내에 있음을 보고 바울이 그를 성전에 데리고 들어간 줄로 생각함이러라"), 바울이 예루살렘에 연보를 전달하러 갈 때에 함께 동행하였던 자들 중 한 사람이었다(행 20:4, "아시아까지 함께 가는 자는 베뢰아 사람 부로의 아들 소바더와 데살로니가 사람 아리스다고와 세군도와 더베 사람 가이오와 및 디모데와 아시아 사람 두기고와 드로비모라"). 이 때에 "드로비모"는 병에 걸려서 에베소에서 멀지 않은 아시아의 한 도시였던 "밀레도"에 남겨져 있었다.

21. 너는 겨울 전에 어서 오라 으불로와 부데와 리노와 글라우디아와 모든 형제가 다 네게 문안하느니라.

너는 겨울 전에 어서 오라. 사도가 디모데에게 겨울이 오기 전에 서둘러서 빨리 오라고 말한 것은, 겨울철에 배를 타고 여행하는 것은 더 위험하였기 때문이거나, 겨울철이 되면 자기를 도와줄 사람이 더 절실하게 필요하였기 때문이었을 것이다. 으불로와 부데와 리노와 글라우디아와 모든 형제가 다 네게 문안하느니라. 이 사람들에 대한 언급은 오직 여기에만 나오고, 성경의 다른 곳에는 전혀 나오지 않는다. "으불로"는 헬라어 이름이고, 나머지 사람들의 이름은 라틴어 이름이며, "글라우디아"는 여자의 이름이다. 바울은 당시에 자기와 함께 로마에 있던 이 사람들을 비롯한 다른 모든 그리스도인들의 문안인사를 디모데에게 전한다.

22. 나는 주께서 네 심령에 함께 계시기를 바라노니 은혜가 너희와 함께 있을지어다.

나는 주께서 네 심령에 함께 계시기를 바라노니. 이 동일한 기원은 갈라디아서 6:18("형제들아 우리 주 예수 그리스도의 은혜가 너희 심령에 있을지어다 아멘")과 빌레몬서 1:25("우리 주 예수 그리스도의 은혜가 너희 심령과 함께 있을지어다")에도 나온다. 은혜가 너희와 함께 있을지어다. 하나님의 값없이 거저 주시는 은혜와 거기에서 파생되는 온갖 것들이 너희의 모든 필요에 맞춰서 너희에게 함께 하기를 기원한다. 헬라어 사본들에는 다음과 같은 후기가 덧붙여져 있다: "에베소 교회의 최초의 감독으로 서품된 디모데에게 보내진 이 두 번째 서신은 로마에서 바울이 네로 앞에 두 번째로 호출되었을 때에 씌어졌다."

MATTHEW POOLE'S COMMENTARY

디도서

MATTHEW POOLE'S COMMENTARY

서론

많은 땅을 정복하기 위하여 출정한 원정군의 총대장은 자신이 정복한 도시에 자기 자신이 직접 오랫동안 머물러 있을 수는 없고, 거기에 수비대장과 수비대를 남겨둔 채로, 또다시 진군하여 또 다른 도시들을 정복하여야 하기 때문에, 자기가 정복한 각 도시에 남겨 둔 수비대장들에게 서신들을 통해서 어떻게 행하여야 하는지를 지시하는 것과 마찬가지로, 이방인들의 사도인 바울은 자신이 정복해야 할 땅이 아주 넓었기 때문에(행 26:15-18, "주께서 이르시되 나는 네가 박해하는 예수라 … 내가 네게 나타난 것은 곧 네가 나를 본 일과 장차 내가 네게 나타날 일에 너로 종과 증인을 삼으려 함이니 이스라엘과 이방인들에게서 내가 너를 구원하여 그들에게 보내어 그 눈을 뜨게 하여 어둠에서 빛으로, 사탄의 권세에서 하나님께로 돌아오게 하고 죄 사함과 나를 믿어 거룩하게 된 무리 가운데서 기업을 얻게 하리라 하더이다"), 자기가 "달려갈 길"을 다 마칠 때까지는, 사람들에게 복음을 전하여 믿고 순종하게 만든 도시들에 오랫동안 머물러 있을 수 없었고, 자신의 제자들 중에서 충성된 자들을 사역자로 세우고 각 도시에 남겨 두어서 거기에 있는 그리스도의 교회들을 지키게 하였고, 멀리서 그 사역자들에게 서신들을 써서, 각각의 사역자들이 자신들에게 맡겨진 교회들에서 생긴 문제들을 어떻게 해결하고, 거기에서 무엇을 어떻게 전하며, 어떤 식으로 처신하여야 하는지를 지시하였다.

이런 맥락 속에서 사도는 에베소 교회에는 디모데를 남겨 두었고, 그레데 교회에는 디도를 남겨 두었다. "그레데"는 헬라에 속한 큰 섬으로서, 북쪽으로는 에게 해와 닿아 있었고, 남쪽으로는 아프리카 해에 닿아 있었다. 이 섬은 옛적에는 "쿠레스"(Cures)라 불렸고, 그 주민들은 "그레데인"(행 2:11)이라 불렸다. 사도행전 27장에 이 섬에 대한 언급이 나오는데, 바울이 로마로 압송될 때에 타고 간 배는 이 섬의 해변을 끼고 항해하였다(행 27:13). 그레데 섬은 길이가 430km, 너비가 80km, 둘레가 1,300km이었고, 이전에 이 섬에는 백 개의 도시들이 있었는데, 그 중에 유명한 도시들로는 코르티나(Cortina), 퀴돈(Cydon), 그놋수스(Gnossus), 미노이스(Minois, 유명한 지리학자인 스트라보의 고향)가 있었다. 그레데 섬은 지금은 "칸디아"(Candia)로 불린다. 이 섬은 최근까지만 해도 베니스인들이 차지하고 있었는데, 지금은 터키인들이 점령하고 있다. 이 곳은 매우 부유한 곳으로서 포도주로 유명하였고, 놋쇠가 최초로 발견된 곳이기도 하다. 그레데 섬에 복음이 최초로 심겨진 때가 언제였는지에 대해서는 성경이 말해 주고 있지 않지만, 바울이 디도를 거기에 남겨 둔 사실이 보여 주듯이, 거기에 최초로 복음을 전한 사람은 바울이었다. 디도는 헬라인이었고(갈 2:3), 디도서 1:4("같은 믿음을 따라 나의 참 아들 된 디도에게 편지하노니")이 보여 주듯이, 바울의 전도에 의해서 회심하였고, 나중에는 복음 사역자가 되었다. 왜냐하면, 바울은 고린도후서 8:23에서는 "디도로 말하면 나의 동료요 너희를 위한 나의 동역자요"라고 말하고 있고, 고린도후서 2:13에서는 "내 형제 디도"라고 부르며, 예루살렘의 형제들에게 전할 연보를 모으는 일에 디도를 자신의 사자로 사용하기도 하였다(고후 8:6, "우리가 디도를 권하여 그가 이미 너희 가운데서 시작하였은즉 이 은혜를 그대로 성취하게 하라 하였노라").

바울은 디도서 1:5에서 "내가 너를 그레데에 남겨 둔 이유는 남은 일을 정리하고 내가 명한 대로 각 성에 장로들을 세우게 하려 함이니"라고 말한다. 사도가 디도서 3:12에서 "내가 아데마나 두기고를 네게 보내리니 그 때에 네가 급히 니고볼리로 내게 오라 내가 거기서 겨울을 지내기로 작정하였노라"고 말하고 있는 것은, 그가 이 서신을 "니고볼리"에서 써서 디도에게 보냈다는 사실을 보여 준다. 성경에는 "니고볼리"라 불리는 도시가 네 곳이 나온다. 사도가 이 서신을 쓴 목적은, 어떤 사람들을 사역자들로 세워야 하고, 거짓 교사들을 어떻게 처리하여야 하며, 복음 전도 및 삶과 관련해서 온갖 부류의 사람들에 대하여 어떤 식으로 처신해야 하는지를 디도에게 지시하기 위한 것으로 보인다.

MATTHEW POOLE'S COMMENTARY

디도서 1장

개요

1. 인사말(1–4).
2. 사도가 디도를 그레데에 남겨 둔 목적(5).
3. 교회에서 직분을 맡을 자들이 갖추어야 할 자격요건들(6–9).
4. 악한 교사들의 입을 막아야 함(10–11).
5. 그레데인들의 악한 성품(12–16).

1. 하나님의 종이요 예수 그리스도의 사도인 나 바울이 사도 된 것은 하나님이 택하신 자들의 믿음과 경건함에 속한 진리의 지식과.

하나님의 종이요 예수 그리스도의 사도인 나 바울이 사도 된 것은. "하나님의 종"은 하나님께서 맡기신 직분을 따라 일하는 자이다. 바울은 자신이 "사도," 즉 예수 그리스도에 의해서 복음을 전하도록 직접 보내심을 받은 자라는 것을 자신의 최고의 영광이자 위엄으로 여기고, 자신의 그러한 신분을 자랑한다. 하나님이 택하신 자들의 믿음. 사도는 자신이 사도가 된 것은 하나님이 창세 전에 택하신 자들이 믿어 왔던 것을 따라서 된 것이라고 말함으로써, 자기가 전하는 것은 새로운 교훈이 아니라는 것을 보여 준다. 또는, 어떤 이들은 여기에서 '카타'(κατὰ)는 목적을 나타내는 것으로 해석하여야 한다고 생각하고, 디모데후서 1:1("하나님의 뜻으로 말미암아 그리스도 예수 안에 있는 생명의 약속대로 그리스도 예수의 사도 된 바울은")과 디도서 1:9("미쁜 말씀의 가르침을 그대로 지켜야 하리니 이는 능히 바른 교훈으로 권면하고 거슬러 말하는 자들을 책망하게 하려 함이라")에서도 이 전치사는 목적의 의미로 사용되고 있다고 말한다. 이 견해에 의하면, 디모데후서 1:1은 "하나님의 뜻으로 말미암아 그리스도 예수 안에 있는 생명의 약속을 위하여 그리스도 예수의 사도 된 바울은"으로 번역되고, 디도서 1:9은 "가르침을 위한 믿음의 말씀을 그대로 지켜야 하리니 이는 능히 바른 교훈으로 권면하고 거슬러 말하는 자들을 책망하게 하려 함이라"로 번역되고, 사도는 이 본문에서 "나는 하나님께서 택하신 자들 안에 믿음이 생겨나서 영생에 이르게 하기 위한 도구로 보내심을 받았다"고 말한 것으로 해석되는데, 이것은 다메섹 도상에서 부활하신 주님께서 바울에게 나타나셔서, "내가 너를 구원하여 그들에게 보내어 그 눈을 뜨게 하여 어둠에서 빛으로, 사탄의 권세에서 하나님께로 돌아오게 하고 죄 사함과 나를 믿어 거룩하게 된 무리 가운데서 기업을 얻게 하리라"(행 26:17-18)고 말씀하신 것과 일치한다. 왜냐하면, 오직 하나님께서 "영생을 주시기로 작정된 자들"만이 믿게 되고(행 13:48), 바울은 그런 사람들이 믿음을 갖는 것을 돕기 위하여 보내심을 받은 자이기 때문이다. 어떤 이들은 여기에서 사도가 "하나님이 택하신 자들의 믿음을 위하여"라고 말한 것은 단지 자기 자신을 율법의 사역자들과 구별하기 위한 것일 뿐이라고 생각한다.

경건함에 속한 진리의 지식. 사람들은 진리를 아는 지식을 통해서 믿음으로 나아가게 되는데, 믿음이라는 것은 진리를 시인하고 고백하고 인정하는 것이다. 하지만 진리에 속한 모든 지식들이 믿음을 낳는 것이 아니라, 하나님에 대한 참된 예배와 하나님의 뜻에 대한 전적인 순종으로 이루어지는 경건한 삶을 만들어 내는 "진리의 지식"만이 믿음을 낳는다.

2. 영생의 소망을 위함이라 이 영생은 거짓이 없으신 하나님이 영원 전부터 약속하신 것인데.

영생의 소망을 위함이라. 믿음은 진리를 시인하고 고백하며 순종하는 것을 낳을 뿐만 아니라, 믿는 자들의 심령 속에 영원한 구원이나 행복에 대한 확실한 "소망" 또는 기대를 낳는다. 이 영생은 거짓이 없으신 하나님이 … 약속하신 것인데. 진창이 있어야 거기에서 골풀이 자라나고, 물이 있어야 거기에서 붓꽃이 자라나는 것과 마찬가지로, "영생"은 하나님의 약속으로부터 생겨나는데, 하나님께서는 진리의 하나님이시고 참되신 하나님이시기 때문에, 이 약속은 결코 거짓말일 수 없고, 반드시 성취될 수밖에 없다. 여기에서 "약속하셨다"로 번역된 '에펭게일라토'(ἐπηγγείλατο)는 "계획하셨다, 의도하셨다"로 번역될 수도 있다. 따라서 우리가 그 다음에 나오는 어구가 "영원 전부터"를 의미하는 것으로 보는 경우에는, 하나님께서는 자신이 택하신 모든 자들의 머리이자 대표자이신 그리스도께 영생을 약속하신 것이라고 해석할 수도 있고, 하나님께서 영원 전부터 영생을 "계획하셨다" 또는 "의도하셨다"로 해석할 수도 있다. 영원 전부터. 여기에서 "영원 전부터"로 번역된 어구는 시간이 시작되기 전인 "창세 전에"를 의미할 수도 있고, 로마서 16:25("나의 복음과 예수 그리스도를 전파함은 영세 전부터 감추어졌다가")에서처럼 "수많은 세대 이전에"를 의미할 수도 있다. 이렇게 하나님께서는 비록 좀 더 모호하게 약속하시기는 하셨지만, 오래 전부터 영생을 약속하셨다(창 15:1; 17:7; 22:18).

3. 자기 때에 자기의 말씀을 전도로 나타내셨으니 이 전도는 우리 구주 하나님이 명하신 대로 내게 맡기신 것이라.

자기 때에. 이것은 헬라어로 "제때"를 의미하기 때문에, 하나님께서 영원 전에 정해 놓으신 바로 그 때이자 하나님의 지혜로 볼 때에 지극히 합당하고 선한 때를 가리킨다. 자기의 말씀을 전도로 나타내셨으니. 이 영생의 약속은 구약 시대에는 현세와 관련된 약속들이라는 겉모습을 띠고 상당히 모호하게 사람들에게 나타났지만, 하나님께서는 자신이 정하신 때가 되자, 사람들을 복음 사역자들로 부르시고 세우셔서, "전도"를 통해서 이 영생의 약속을 분명하게 전하게 하시고 드러내게 하셨다.

이 전도는 우리 구주 하나님이 명하신 대로 내게 맡기신 것이라. 이 전도의 일 또는 하나님의 말씀은 하나님의 뜻에 의해서, 또는 하나님의 직접적인 명령에 의해서 내게 맡겨졌다. 이것에 대해서는 사도행전 26:15-18을 보라: "내가 대답하되 주님 누구시니이까 주께서 이르시되 나는 네가 박해하는 예수라 일어나 너의 발로 서라 내가 네게 나타난 것은 곧 네가 나를 본 일과 장차 내가 네게 나타날 일에 너로 종과 증인을 삼으려 함이니 이스라엘과 이방인들에게서 내가 너를 구원하여 그들에게 보내어 그 눈을 뜨게 하여 어둠에서 빛으로, 사탄의 권세에서 하나님께로 돌아오게 하고 죄 사함과 나를 믿어 거룩하게 된 무리 가운데서 기업을 얻게 하리라 하더이다."

4. 같은 믿음을 따라 나의 참 아들 된 디도에게 편지하노니 하나님 아버지와 그리스도 예수 우리 구주로부터 은혜와 평강이 네게 있을지어다.

같은 믿음을 따라 나의 참 아들 된 디도에게 편지하노니. 이것을 통해서 우리는 디도가 바울을 통해서 기독교로 회심하였다는 사실을 알게 된다. 사도는 디모데전서 1:2에서도 "믿음 안에서 참 아들 된 디모데에게 편지하노니 하나님 아버지와 그리스도 예수 우리 주께로부터 은혜와 긍휼과 평강이 네게 있을지어다"라고 말한다. 하나님 아버지와 그리스도 예수 우리 구주로부터 은혜와 평강이 네게 있을지어다. 이 인사말은 디모데전서 1:2과 디모데후서 1:2에서 사도가 디모데에게 한 인사말과 동일하고, 그의 대부분의 서신들에도 이것과 약간의 차이만 나는 인사말이 나온다. 이 구절에 대해서는 디모데전서 1:2과 디모데후서 1:2, 그리고 그의 여러 서신들의 시작 부분에 대한 설명을 보라.

5. 내가 너를 그레데에 남겨 둔 이유는 남은 일을 정리하고 내가 명한 대로 각 성

에 장로들을 세우게 하려 함이니.

내가 너를 그레데에 남겨 둔 이유는. "그레데"는 지금은 "칸디아"(Candia)로 불린다. "그레데"에 대해서는 이 디도서 주석의 서론을 보라. 남은 일을 정리하고. 내가 다른 곳들로 서둘러서 황급하게 떠나는 바람에, 그레데에서 미처 처리하지 못한 남은 일들을 정리해서 올바른 질서를 잡게 하기 위한 것이다. 내가 명한 대로 각 성에 장로들을 세우게 하려 함이니. 이 섬에는 백 개나 되는 도시들이 있었다고 하는데, 얼마나 많은 도시들에 복음이 전해지고 믿는 자들이 생겨나게 되었는지는 성경에 나오지 않는다. 바울은 디도로 하여금 자기가 정해 준 대로 그레데에 있는 여러 교회들을 다스리고, 거룩한 직분을 맡을 사람들을 세우며, 전도자의 직무를 행하도록 하기 위하여 그레데에 디도를 남겨 두었다. 이런 일들은 바울이 계속해서 그레데에 머물러 있을 수 있었다면, 그가 직접 처리하였을 일들이었다.

6. 책망할 것이 없고 한 아내의 남편이며 방탕하다는 비난을 받거나 불순종하는 일이 없는 믿는 자녀를 둔 자라야 할지라.

책망할 것이 없고. 사도는 이제 어떤 사람들을 교회의 "장로들" 또는 직분자들로 세워야 마땅한지에 대하여 디도에게 지시를 내린다. 이 절에서는 생략법이 사용되고 있기 때문에, 어떤 단어들을 보충해 넣어야만 의미가 온전히 통하게 된다: "어떤 사람이 책망할 것이 없는 경우가 아니라면, 아무나 장로로 세우지 말라." "책망할 것이 없다"는 것에 대해서는 디모데전서 3:10에 대한 설명을 보라. 사도는 만일 책망할 것이 있는 자들을 장로로 세우는 경우에는, 악한 자들이 그것을 트집 잡아서 분란을 야기시킬 수 있기 때문에, 그 어떤 큰 범죄를 저질러서 사람들로부터 비난받을 수 있는 여지가 있는 사람들을 장로들로 세우지 말라고 말하고 있는 것이다.

한 아내의 남편이며. 동시에 여러 명의 아내를 두는 것은 유대인들이나 이방인들에 의해서 허용된 것이었지만, 그리스도의 법에 의하면 죄악된 것이었기 때문에, 사도는 교회의 직분을 맡을 자들은 오직 한 아내만을 두어야 한다고 분명하게 말한다. 디모데전서 3:2에 대한 설명을 보라.

방탕하다는 비난을 받거나. 여기에서 "방탕"이라는 일반적인 단어로 번역된 헬라어 '아소티아스'(ἀσωτίας)는 온갖 종류의 사치와 술취함과 음행과 방탕을 의미한다. 영어로 "술고래"를 뜻하는 단어도 바로 이 단어로부터 왔다. 불순종하는 일이 없는 믿는 자녀를 둔 자라야 할지라. 여기에서 "불순종하는"으로 번역된 단어는, 자신의 지위에 따른 분수를 지키지 않는 군사들, 또는 길들여지지 않아서 멍에를 메려고 하지 않는 가축 등과 같이, 다른 사람의 다스림에 복종하지 않고 제멋대로 행하는 것을 가리킨다. "믿는 자녀들을 두었다"는 것은 적어도 그 사람의 가정이 믿음의 가정이어서, 그 사람의 자녀들도 믿는 자들이어야 한다는 것을 의미하거나, 적어도 그 자녀들이 도덕적인 의미에서 정직하여야 한다는 것을 의미한다. 이것은 당시에 복음 사역자들은 얼마든지 결혼할 수 있었다는 것을 보여 준다. 여기에서 한 가지 질문이 생길 수 있다: 아버지는 훌륭한 믿음을 지니고 있다고 할지라도, 자녀들은 악할 수 있는데, 그렇다고 해서 믿음이 없는 악한 자녀들을 두었다고 해서, 훌륭한 믿음을 지닌 사람을 교회의 직분자로 세우지 말아야 하는 이유는 무엇인가? 우리는 이 질문에 대하여 두 가지로 대답할 수 있다: 첫 번째는 교회의 명예와 평판은 교인들 개개인의 이해관계보다 우선시되어야 하기 때문이라는 것이고, 두 번째는 악한 자녀들을 두었다는 것은 그 사람들이 자신의 자녀들로 하여금 자신의 권세에 복종하게 하지 못해서 자신의 집을 제대로 다스리지 못해 왔음을 보여 준다는 점에서 나쁜 징조라고 할 수 있는 까닭에, 그 사람들은 교회라는 좀 더 큰 사회를 다스리는 데에도 지극히 부적절한 사람들이라고 할 수 있기 때문이라는 것이다.

7. 감독은 하나님의 청지기로서 책망할 것이 없고 제 고집대로 하지 아니하며 급히 분내지 아니하며 술을 즐기지 아니하며 구타하지 아니하며 더러운 이득을 탐하지 아니하며.

감독은 … 책망할 것이 없고. 하나님의 교회를 감독하는 직분을 맡게 될 사람은 그 어떤 추악한 죄로 인하여 그 누구에게도 비방을 받지 않을 사람이어야 한다. 하나님의 청지기로서. 사도가 고린도전서 4:1에서 "사람이 마땅히 우리를 그리스도의 일꾼이요 하나님의 비밀을 맡은 자로 여길지어다"라고 말한 것처럼, 감독은 하나님의 비밀을 맡아서 하나님의 집에서 그 집에 속한 종들에게 나누어 주는 직무를 수행하는 종들 중의 우두머리이기 때문에, 하나님의 집에 속한 모든 종들에게 모범이 되어야 한다. 제 고집대로 하지 아니하며. "제 고집대로" 하는 사람이라는 것은, 자기 자신이나 자신의 재능이나 판단이나 기지를 대단한 것으로 여겨서, 교만하고, 완고하며, 집요하고, 자만에 빠져서, 자기 자신만 좋으면 그만인 사람을 가리킨다. 왜냐하면, 여기에서 "제 고집대로 하다"로 번역된 '아우타데'(αὐθαδη)는 이 모든 것을 의미하기 때문이다.

급히 분내지 아니하며. "급히 분낸다"는 것은 성미가 급해서 툭 하면 금방 화를 내고 혈기를 부리는 것이다. 그런 사람이 감독이 된다면, 어떻게 사람들을 온유함으로 잘 가르칠 수 있겠는가? 술을 즐기지 아니하며. 이것과 동일한 구절은 디모데전서 3:3에 이미 나온 바 있는데, 자세한 것은 거기에 나오는 설명을 보라. 구타하지 아니하며 더러운 이득을 탐하지 아니하며. 이 두 가지 자격요건도 디모데전서 3:3에 이미 나온 바 있다. 거기에 나오는 자세한 설명을 보라.

8. 오직 나그네를 대접하며 선행을 좋아하며 신중하며 의로우며 거룩하며 절제하며.

오직 나그네를 대접하며. 이것은 외인들을 대접하고 환대하는 것을 좋아하는 것을 말한다. 자세한 것은 디모데전서 3:2에 대한 설명을 보라. 선행을 좋아하며. 이것은 선한 자들을 좋아하는 사람, 또는 모든 선한 일들을 좋아하는 사람을 가리킨다. 신중하며. 디모데전서 3:2에 대한 설명을 보라. 의로우며. 이것은 사람들을 상대할 때에 각 사람에게 합당한 대로 행하는 것을 가리킨다. 거룩하며. "거룩하다"는 것은 하나님을 경외하고 섬기며, 하늘에 속한 신령한 삶을 살아가는 것을 의미한다. 절제하며. "절제한다"는 것은 자신의 모든 악한 성향과 소질들을 억제하고, 자신의 육신의 소욕들을 이성의 지배 아래 두는 것을 가리킨다.

9. 미쁜 말씀의 가르침을 그대로 지켜야 하리니 이는 능히 바른 교훈으로 권면하고 거슬러 말하는 자들을 책망하게 하려 함이라.

미쁜 말씀의 가르침을 그대로 지켜야 하리니. 감독은 자기와 어울리는 무리들의 생각에 휩쓸리거나, 자기 시대가 좋아하는 것을 따라 마음과 생각을 바꾸는 경박하고 변덕스러운 사람이어서는 안 되고, 나를 비롯한 여러 사도들에게서 배운 믿음의 말씀을 견고하게 붙드는 사람이어야 한다. 이는 능히 바른 교훈으로 권면하고. 감독의 일은 다른 사람들을 설득하고 권하여서 믿음을 갖게 만들거나 믿음을 따라 살게 만드는 것이다. 거슬러 말하는 자들을 책망하게 하려 함이라. 감독은 올바른 설득이나 권면을 통해서 복음의 "바른 교훈"을 거슬러 말하는 자들을 깨우쳐야 한다. 그런데 감독 자신이 "믿음의 말씀"과 "바른 교훈"을 제대로 알지 못한다면, 어떻게 그런 일을 수행할 수 있겠는가?

10. 불순종하고 헛된 말을 하며 속이는 자가 많은 중 할례파 가운데 특히 그러하니.

불순종하고 헛된 말을 하며. 이 두 단어는 이미 앞에 나온 바 있다. "불순종하는" 자들은 고집이 세서 가르침을 들으려 하지 않고 자기 마음대로 하려고 하는 자들을 가리키고, "헛된 말을 하는" 자들은 쓸데없이 무익하고 어리석으며 허탄한 이야기들을 늘어놓는 자들을 가리킨다. 사도는 자기 시대에 이런 사람들이 많이 있다고 말한다. 속이는 자가 많은 중. "속이는 자들"은 다른 사람들의 심령을 속이는 자들, 또는 그들 자신의 심령을 속이는 자들을 가리킨다.

할례파 가운데 특히 그러하니. 사도는 유대인들 중에 특히 그런 사람들이 많다는 말을 덧붙인다. 왜냐하면, 유대인들은 율법과 복음을 혼합해서, 복음을 믿는 것만으로는 부족하고 유대교의 율법 예식들도 지켜야만 구원을 받을 수 있다고 주장하며 이방 그리스도인들을 압박하였고, 모든 유대인들은 다 구원을 받게 되어 있다고 가르쳤기 때문이다. 당시에 유대인들은 온 땅의 지면에 널리 흩어져 살고 있었기 때문에, 그레데에도 그런 유대인들이 많이 있었다.

11. 그들의 입을 막을 것이라 이런 자들이 더러운 이득을 취하려고 마땅하지 아니한 것을 가르쳐 가정들을 온통 무너뜨리는도다.

그들의 입을 막을 것이라. 사도는 디도에게 그런 자들의 입을 막아야 한다고 아주 강력하게 말한다. 이것은 올바른 교훈으로 설득하고 권면해서 그런 자들을 깨우침으로써 그들의 입을 막을 수 있는 장로들과 감독들을 세워서 각 성에 두어야 한다는 의미일 수도 있고, 디도에게 직접 그런 자들로 하여금 아무 말도 하지 못하게 만들라고 명하고 있는 것일 수도 있다. 하지만 이방인들의 나라와 도시에서 "그들의 입을 막을" 수 있는 방법은 그리스도인들로 하여금 그런 자들의 말을 듣지 않게 하는 것 외에 다른 방법은 없는 것으로 보인다. 이런 자들이 … 가정들을 온통 무너뜨리는도다. 그런 자들은 그리스도인들의 믿음의 토대를 와해시킴으로써, 그리스도인들의 모든 가정들을 무너뜨리고 있다.

마땅하지 아니한 것을 가르쳐. 그런 자들은 잘못되고 거짓된 교훈을 그리스도인들에게 주입시키고 있다. 더러운 이득을 취하려고. 그런 자들이 그런 짓을 하는 이유는 오직 "더러운 이득"을 얻기 위한 것이다. 그것은 거짓된 교훈으로 사람들의 믿음과 구원의 토대를 무너뜨림으로써, 사람들을 속여서 그 영혼들을 파멸시킨 결과로 얻는 이득이기 때문에, "더러운 이득"이다.

12. 그레데인 중의 어떤 선지자가 말하되 그레데인들은 항상 거짓말쟁이며 악한 짐승이며 배만 위하는 게으름뱅이라 하니.

그레데인 중의 어떤 선지자가 말하되. 그레데인들에 대하여 사도가 여기에 인용한 대로 말한 사람은 헬라 시인 에피메니데스(Epimenides)였다. 그는 시인으로서, 이방인들이 신탁이라고 말하는 것들을 썼기 때문에, 사도는 그를 "선지자"라고 부른다. 그레데인들은 항상 거짓말쟁이며. 그레데인들은 거짓말하고 거짓되게 행하는 것으로 유명하였기 때문에, 그것은 속담이 되었다. 악한 짐승이며. 그들은 잔인함 또는 속임수로 인해서 "악한 짐승들"로 불렸다. 배만 위하는 게으름뱅이라 하니. 그들은 정직하게 땀 흘려서 일하는 것을 싫어하고, 먹고 마시고 노는 것을 아주 좋아한 게으른 사람들이었다. 사도가 여기에서 그레데 출신의 선지자가 그레데인들에 대하여 말한 이 모든 것들을 인용하고 있는 이유는, 그레데인들은 그런 사람들이기 때문에, 디도는 더욱더 깨어서 정신을 바짝 차리고서 자신의 직무를 성실하게 수행할 필요가 있다는 것을 말해 주기 위한 것이다.

13. 이 증언이 참되도다 그러므로 네가 그들을 엄히 꾸짖으라 이는 그들로 하여금 믿음을 온전하게 하고.

이 증언이 참되도다. 나는 나의 경험을 통해서 에피메니데스(Epimenides)가 한 그러한 "증언"이 참되다는 것을 발견하고 확인하였다. 그들 중에서 기독교 신앙을 받아들여서 신앙고백을 한 자들조차도 그들의 민족에 배어 있는 그러한 악들의 잔재를 여전히 지니고 있다. 그러므로 네가 그들을 엄히 꾸짖으라. 네가 그런 자들을 상대할 때에는, 그들을 "엄히"(ἀποτόμως - '아포토모스'), 즉 호되고 날카롭게 책망하거나 깨우치라. 이 비유는 아마도 외과의사들이 수술할 때에 죽은 살을 도려내는 것으로부터 유래한 것인 것 같다. 이는 그들로 하여금 믿음을 온전하게 하고. 그런 자들은 엄히 꾸짖음을 받을 때에만, 복음의 올바른 교훈에 서고, 그들의 마음이나 생각이 그러한 악에 물들지 않게 될 수 있다.

14. 유대인의 허탄한 이야기와 진리를 배반하는 사람들의 명령을 따르지 않게 하려 함이라.

유대인의 허탄한 이야기. 사도는 디모데에게 보낸 서신들에서는 나이 든 여자들이 지어낸 이야기들, 즉 "신화들"이라고 말한 것을 여기에서는 "유대인의 허탄한 이야기들"이라고 부름으로써, 자기가 어떤 사람들에 대하여 말하고 있는 것인지를 우리에게 분명히 보여 준다. 즉, 사도는, 유대인들 중에서 기독교로 개종하기는 하였지만, 여전히 유대교에 몸담고 있던 때에 배웠던 여러 가지 교훈들을 그대로 지니고 있어서, 유대인들이 말하곤 하였던 것과 같은 "허탄한 이야기들"을 그리스도인들에게 말하고 가르치고 있던 자들을 경계하여야 한다고 디도에게 말하고 있는 것이다. 진리를 배반하는 사람들의 명령. 이것은 복음과 복음 안에 들어 있는 진리의 교훈으로부터 떠나 있는 바리새인들과 서기관들의 전승들과 제도들을 가리킨다.

15. 깨끗한 자들에게는 모든 것이 깨끗하나 더럽고 믿지 아니하는 자들에게는 아무 것도 깨끗한 것이 없고 오직 그들의 마음과 양심이 더러운지라.

깨끗한 자들에게는 모든 것이 깨끗하나. 사도는 여기에서 "깨끗한 자들"과 "더럽고 믿지 아니하는 자들"을 서로 대비시키고 있기 때문에, "깨끗한 자들"은 거룩한 삶 가운데서 사랑으로 말미암아 역사하는 믿음을 통해서 깨끗해진 마음을 지닌 모든 사람들을 가리킨다. 사도는 그러한 "깨끗한 자들"에게는 "모든 것," 즉 모든 먹을 것과 마실 것을 비롯해서 하나님께서 지으신 모든 것들이 "깨끗하다"고 말한다. 베드로 사도가 여전히 유대교의 정결법에 얽매여 있어서, 정한 것과 부정한 것을 구별하여, 부정한 것을 꺼려하고 있을 때, 하나님께서는 그에게 환상과 하늘로부터의 음성을 통해서 믿는 자들에게는 모든 것이 깨끗하다는 사실을 깨우쳐 주신다: "베드로가 이르되 주여 그럴 수 없나이다 속되고 깨끗하지 아니한 것을 내가 결코 먹지 아니하였나이다 한대 또 두 번째 소리가 있으되 하나님께서 깨끗하게 하신 것을 네가 속되다 하지 말라 하더라"(행 10:14-15). 따라서 정한 것과 부정한 것을 구별하는 구약의 하나님의 율법에도 불구하고, 복음 아래 있는 모든 믿는 자들은 그 어떤 것이라도 먹을 수 있다.

더럽고 믿지 아니하는 자들에게는 아무 것도 깨끗한 것이 없고. 하지만 믿지 않는 자들, 즉 믿음으로 말미암아 그 마음이 깨끗해지지 않아서 여전히 더러운 자들에게는 그 어떤 것도 깨끗하지 않다(행 15:7-9, "많은 변론이 있은 후에 베드로가 일어나 말하되 형제들아 너희도 알거니와 하나님이 이방인들로 내 입에서 복음의 말씀을 들어 믿게 하시려고 오래 전부터 너희 가운데서 나를 택하시고 또 마음을 아시는 하나님이 우리에게와 같이 그들에게도 성령을 주어 증언하시고 믿음으로 그들의 마음을 깨끗이 하사 그들이나 우리나 차별하지 아니하셨느니라"). 오직 그들의 마음과 양심이 더러운지라. 믿지 않는 자들의 마음과 생각과 이해력은 더럽혀져 있고, 어떤 것들에 대하여 실제적인 판단을 할 때에 작용하는 그들의 양심도 더럽혀져 있다. 따라서 그들이 어떤 것들을 부정하다고 하여 먹지 않는다면, 그들은 미신으로 말미암아 더럽혀져 있는 것이고, 그들이 어떤 것들을 부정하다고 여기면서도 먹는다면, 그들은 사람들의 행위를 규율하는 양심의 명령을 거슬러서 행함으로써 죄를 짓는 것이다.

16. 그들이 하나님을 시인하나 행위로는 부인하니 가증한 자요 복종하지 아니하는 자요 모든 선한 일을 버리는 자니라.

그들이 하나님을 시인하나. 사도는 여기에서 유대인들에 대하여 말하고 있다. 유대인들은 모두 자신들이 한 분 살아계시고 참되신 하나님을 알고 있고 믿고 있다고 말하였다. 행위로는 부인하니. 유대인들은 입으로는 그렇게 한 분 여호와 하나님을 믿는다고 말하였지만, 실제로 삶 속에서는 마치 이 세상에 하나님이 계시지 않는다는 듯이 무신론자들처럼 살았다(롬 2:17-24). 가증한 자요 복종하지 아니하는 자요 모든 선한 일을 버리는 자니라. 따라서 모든 참된 믿음을 지닌 사람들이 볼 때, 유대인들은 "가증스러운 자들"이고, 복음을 믿지 않는 자들이며, 하나님의 법에 순종하지 않는 자들이며, 그 어떤 선한 일에 대해서도 기피하고 꺼리는 자들이다.

MATTHEW POOLE'S COMMENTARY

디도서 2장

개요

1. 가르침 및 삶과 관련해서 디도에게 주는 사도의 지시들(1-8).
2. 종들의 도리(9-10).
3. 복음은 모든 사람들에게 악을 버리고 올바르고 의로우며 경건한 삶을 영위하라고 가르침(11-15).

1. 오직 너는 바른 교훈에 합당한 것을 말하여.

너는 사람들을 바른 믿음과 거룩한 삶으로 이끄는 "바른 교훈"에 부합하는 것들을 전하여야 한다. 너는 사람들에게 허탄한 이야기들을 들려주는 자들처럼 말씀을 전하지 말고, 오직 사람들의 덕을 세우는 데 유익한 내용들을 주제로 삼아 말씀을 전하라. "유대인의 허탄한 이야기들"을 전하는 자들의 입을 막을 수 있는 가장 효과적인 방법은 "바른 교훈에 합당한 것"을 전하는 것이다. 블레셋인들의 우상인 "다곤"은 하나님의 법궤 앞에서 반드시 무너지게 되어 있다.

2. 늙은 남자로는 절제하며 경건하며 신중하며 믿음과 사랑과 인내함에 온전하게 하고.

늙은 남자로는 절제하며. '프레스뷔타스'(πρεσβύτας)는 교회의 직분자인 "장로들"을 의미할 수도 있지만, 여기에서는 교회의 신자들 중에서 나이 든 남자들을 가리키는 것으로 보인다. 사도는 나이 든 남자들이 몸과 마음에 있어서 "건강한 자들"(νηφάλιοι - '네팔리오이')이 되게 해 줄 그런 교훈을 전하여야 한다고 디도에게 말한다. 우리는 이 단어를 디모데전서 3:2, 11에서 이미 살펴본 바 있다.

경건하며. 여기에서 "경건하다"로 번역된 단어는 경박하거나 변덕스럽지 않고 진중하고 침착하게 행하는 것을 의미한다. 신중하며. 여기에서 "신중하다"로 번역된 단어는 사람이 자신의 혈기나 감정을 다스리고 절제할 수 있는 것을 의미한다. 믿음과 사랑과 인내함에 온전하게 하고. "믿음에 온전하다"라는 어구는 디도서 1:13에 이미 나온 바 있다. 거기에 나오는 설명을 보라. 믿음에 있어서 온전하다는 것은 잘못되고 거짓된 교훈으로 부패하지도 않고, 변덕스러움이나 회의주의에 의해서 병들지도 않은 믿음을 의미한다. “인내함”은 해악들을 참고 감내하는 것을 의미한다.

3. 늙은 여자로는 이와 같이 행실이 거룩하며 모함하지 말며 많은 술의 종이 되지 아니하며 선한 것을 가르치는 자들이 되고.

늙은 여자로는 이와 같이. 너는 남들보다 훨씬 나이가 많은 여자들도 가르쳐야 한다. 행실이 거룩하며. “행실이 거룩하다”로 번역된 ‘엔 카타스테마티 히에로프레페이스’(ἐν καταστήματι ἱεροπρεπεῖς)는 거룩함이 몸에 배어 있는 것을 의미한다. ‘카타스테마티’는 매우 다양한 의미를 지니고 있어서, 상태나 몸짓이나 습성을 의미하는데, 흠정역이 이 단어를 포괄적인 의미를 지닌 일반적인 단어인 “행실”로 번역한 것은 잘한 것이다. “행실”은 옷차림이나 몸가짐 등을 포함한 한 사람의 행동거지 전체를 나타낸다.

모함하지 말며. 여기에서 “모함하다”로 번역된 단어는 “거짓 고소하는 자들”이라는 의미이다. “거짓 고소하는 자”는 마귀에게 붙여진 이름이다. 왜냐하면, 마귀는 “형제들을 고소하는 자들”이고, 처음부터 거짓말하는 자였기 때문이다. 다른 사람들을 거짓으로 고소하거나 비방하거나 모함하는 모든 자들은 마귀와 똑같은 짓을 하는 자들이기 때문에, 바로 이 마귀의 이름으로 불릴 수 있다. 많은 술의 종이 되지 아니하며. “많은 술의 종이 되지 아니하며”는 헬라어 본문을 그대로 직역한 것이다. 왜냐하면, 술집에 뻔질나게 드나드는 자들은 술의 종이 되었다고 말할 수 있기 때문이다. 선한 것을 가르치는 자들이 되고. 나이 든 여자들은 오랜 세월 동안 신앙의 성장을 이루어서, 자신의 가르침과 모범적인 삶을 통해서 다른 사람들에게 선한 것이 무엇인지를 가르치는 자들이 되는 것이 마땅하다.

4. 그들로 젊은 여자들을 교훈하되 그 남편과 자녀를 사랑하며.

그들로 젊은 여자들을 교훈하되. 젊은 여자들은, 특히 이교도들 가운데서 살아가는 경우에는, 자신들의 젊은 혈기를 주체하지 못하고 경박하게 들떠서 행하고, 다른 사람들이 행하는 대로 따라서 행하기가 쉽다. 그러한 행실들은 젊은 여자들에게 적합한 행동방식일지는 몰라도, 좀 더 진중하게 행하여야 할 그리스도인들에게 합당한 행동방식은 아니다. 그렇기 때문에, 나이 든 여자들은 젊은 여자들에게 신중하고 절제하며 바르게 행할 것을 교훈할 필요가 있다. 그 남편과 자녀를 사랑하며. 젊은 여자들이 자신의 남편과 자녀를 사랑하는 것은 자연스러운 일이기 때문에, 사도는 여기에서 그러한 인간적인 본능이나 인지상정을 따라 사랑하는 것에 대하여 말하고 있는 것이 아니라, 그리스도인답게 진심으로 참되게 사랑하는 것에 대하여 말하고 있는 것으로 보인다.

5. 신중하며 순전하며 집안 일을 하며 선하며 자기 남편에게 복종하게 하라 이는 하나님의 말씀이 비방을 받지 않게 하려 함이라.

신중하며. "신중하다"로 번역된 '소프로나스'(σώφρονας)는 절제하는 것을 의미한다. 즉, 젊은 여자들은 자신의 모든 혈기와 감정을 다스릴 줄 알아야 한다는 것이다. 분별 있게 행하는 것은 그러한 신중함의 한 열매일 뿐이다. 순전하며. "순전하다"로 번역된 단어는 순수한 것을 의미한다. 이 단어에는 정절을 지킨다는 의미도 포함되어 있기는 하지만, 정절을 지키는 것은 순수한 것의 일부일 뿐이다. 집안 일을 하며. 젊은 여자들은 여기저기 돌아다니면서 수다를 떨고 노는 데 시간을 허비하지 말고, 가정을 돌보는 일에 소홀함이 없어야 한다.

자기 남편에게 복종하게 하라. 사도는 에베소서 5:22에서도 "아내들이여 자기 남편에게 복종하기를 주께 하듯 하라"고 명한다. 남편은 아내의 머리이기 때문에, 아내들은 남편들에게 복종하는 것이 마땅하다. 이는 하나님의 말씀이 비방을 받지 않게 하려 함이라. 젊은 여자들이 신앙의 규범은 물론이고 본성과 도덕의 규범에 어긋나는 행실을 사람들 앞에서 보인다면, 그것은 하나님을 향한 그들의 본분과 의무를 다하지 못한 것일 뿐만 아니라, 복음의 신뢰성과 평판에도 악영향을 끼치는 것이다. 왜냐하면, 사람들은 그런 식으로 방종하게 행하는 젊은 여자들이 그들의 악하고 무례한 행실을 마치 기독교 신앙으로부터 배운 것이라고 생각해서, 복음에 대하여 나쁘게 말하고 비방하게 되기 때문이다.

6. 너는 이와 같이 젊은 남자들을 신중하도록 권면하되.

"신중하다"로 번역된 단어는 사람들이 자신의 혈기를 다스리고 절제해서 분별있고 지혜로우며 올바르게 행하는 것을 의미한다. 이 권면은 젊은 남자들에게 특히 필요하다. 왜냐하면, 젊은 남자들은 혈기가 왕성해서 혈기를 따라 성급하게 행하기 쉽기 때문이다.

7. 범사에 네 자신이 선한 일의 본을 보이며 교훈에 부패하지 아니함과 단정함과.

범사에 네 자신이 선한 일의 본을 보이며. 어떤 교사가 자신의 가르침을 통해서만이 아니라 자신의 모범과 "본"을 통해서도 사람들을 가르치지 않는다면, 그는 다른 사람들을 가르치기에 합당한 좋은 교사가 아니다. 왜냐하면, 어떤 의사가 특정한 병에 걸려서 낫지 않고 있는 상태에서 자기와 동일한 병을 앓는 다른 사람들에게 처방을 해 준다면, 사람들은 그 의사가 자신의 병도 고치지 못하면서, 자신들에게 처방해 주는 것을 보고서, 그 처방을 따르기를 거부하며, "의사여, 네 자신부터 고쳐라"고 핀잔을 줄 것이 뻔하기 때문이다. 그러므로 사도는 디도에게 "범사에 네 자신이 선한 일의 본을 보이라"고 명한다. 사역자들이 스스로 본을 보이지 않으면서, 다른 사람들에게 어떤 것들을 가르치고 명한다면, 사람들이 그 사역자들의 가르침이나 명령을 듣지 않을 것이다. 왜냐하면, 사역자들이 어떤 길로 걷고 있으면서, 그 길은 위험한 길이라고 아무리 힘주어 말해도, 사람들은 자신의 지도자들이 지금 실제로 걷고 있는 그 길이 위험하고 해로운 길이라는 것을 거의 믿지 않을 것이기 때문이다.

교훈에 부패하지 아니함과 단정함. 사역자는 부패하지 않은 건강하고 바른 교훈을 전하여야 하고, 무게 있고 진실하게 권위를 가지고서 교훈을 전하여야 한다. 일부 헬라어 사본에는 '아프타르시안'(ἀφθαρσίαν)이라는 단어가 나오지만, 다수의 사본들에는 나오지 않고, 여기에서 "부패하지 아니함"으로 번역된 '아디아프토리안'(ἀδιαφθορίαν)과 그 의미도 대동소이하기 때문에, 많은 해석자들은 그 단어를 번역하지 않는다.

8. 책망할 것이 없는 바른 말을 하게 하라 이는 대적하는 자로 하여금 부끄러워 우리를 악하다 할 것이 없게 하려 함이라.

책망할 것이 없는 바른 말을 하게 하라. 바울은 아직 여전히 디도를 비롯해서 그레데에서 일하는 사역자들에게, 그들이 사역을 할 때에 어떤 식으로 행하여야 하는지에 대하여 지시하고 있는 것으로 보인다. 왜냐하면, 후반부에 나오는 "너희를"(한글개역개정에는 "우리를")은 사역자들을 가리키는 것으로 보아야 하고, 만일 사도가 오직 디도만을 염두에 둔 것이라면, "너를"이라고 했어야 할 것이기 때문이다. 사도는 디도가 위엄과 권위를 갖춘 가운데 내용면에서 부패하지 않은 바른 교훈을 전하고, 다른 사람들의 영혼을 바르게 하고 건강하게 해 줄 유익한 교훈을 전하기를 바랐을 뿐만 아니라, 형식면에서도 그 누구에게도 책잡히지 않을 방식으로 그런 교훈들을 전하기를 바랐다. 왜냐하면, 여기에서 '로곤'(λόγον)은 말을 할 때에 사용하는 태도나 어법이나 문구를 가리키는 것으로 보이기 때문이다. 카이사르(Caesar)의 아내는 순결하고 정숙할 뿐만 아니라 다른 사람들로부터 의심받을 만한 처신을 하면 안 된다는 말이 있는데, 이 말은 복음 사역자들에게도 그대로 적용된다. 따라서 복음 사역자들이 전하는 교훈들과 그 교훈들을 전할 때에 사용하는 문구라든가 표현들은 바르고 장중하여야 할 뿐만 아니라, 아무에게도 비방하거나 책잡을 빌미를 주지 않는 것이어야 한다.

이는 대적하는 자로 하여금 부끄러워 우리를 악하다 할 것이 없게 하려 함이라. 이렇게 사역자들이 바른 교훈들을 아무런 책도 잡을 수 없는 방식으로 전하는 것을 볼 때, 진리를 대적하는 자들은 복음 사역자들을 비방하고 중상모략 하고자 하였던 자신들의 악의를 도리어 부끄러워하게 될 수 있다.

9. 종들은 자기 상전들에게 범사에 순종하여 기쁘게 하고 거슬러 말하지 말며.

종들은 자기 상전들에게 … 순종하여. 사도는 계약에 의해서 다른 사람들 밑에서 일을 해야 하는 의무를 짊어지게 된 종들이든, 아니면 법적인 소유권이 주인에게 있는 노예들이든, 모든 부류의 종들에게 그들의 주인의 명령에 순종해야 한다고 말한다. 그리스도인이 된 종들은 신앙적인 관점에서 자신들은 사람들의 종이 아니라는 이유로, 이교도인 주인에게 순종할 이유가 없다고 생각하거나, 자신들의 주인이 그리스도인이고, 따라서 자신들의 형제라는 이유로, 자신들이나 주인이나 대등한 위치에 있다고 생각해서 주인과 맞먹고자 하고 순종하려고 하지 않아서는 안 된다는 것이다. 사도는 디모데전서 6:2에서도 "믿는 상전이 있는 자들은 그 상전을 형제라고 가볍게 여기지 말고 더 잘 섬기게 하라 이는 유익을 받는 자들이 믿는 자요 사랑을 받는 자임이라 너는 이것들을 가르치고 권하라"고 말한 바 있다.

범사에 … 기쁘게 하고. 여기에서 "범사에"는 "세상일들에서"라는 뜻이다. 왜냐하면, 그리스도인인 종들은 영적으로는 자유인이고, 그들의 주인은 오직 하늘에 계신 아버지 하나님뿐이시지만, 세상일들과 관련해서 그들의 주인의 종들이기 때문에, 그 일들을 신실하게 행하여 주인을 기쁘게 하는 것이 도리이기 때문이다. 거슬러 말하지 말며. 종들은 주인으로부터 책망을 들을 때에 건방지게 말대꾸를 해서도 안 되고, 주인의 명령을 거슬러 불순종해서도 안 된다.

10. 훔치지 말고 오히려 모든 참된 신실성을 나타내게 하라 이는 범사에 우리 구주 하나님의 교훈을 빛나게 하려 함이라.

훔치지 말고. 여기에서 "훔치다"로 번역된 '노스피조메누스'(νοσφιζομένους)는 다른 사람들의 것을 취하여 우리 자신이 사용하는 것을 의미한다. 원래 이 단어는 어떤 것의 전부가 아니라 일부를 취하는 것을 뜻하였다. 사도행전 5:1-3을 보면, 아나니아와 삽비라가 자신들의 소유를 팔아서 사도들에게 전부를 바치지 않고 일부를 자신들의 몫으로 떼어 놓는 죄를 범하였는데, 이 때에 사용된 것이 바로 이 동사이다: "아나니아라 하는 사람이 그의 아내 삽비라와 더불어 소유를 팔아 그 값에서 얼마를 '감추매' 그 아내도 알더라 얼마만 가져다가 사도들의 발 앞에 두니 베드로가 이르되 아나니아야 어찌하여 사탄이 네 마음에 가득하여 네가 성령을 속이고 땅값 얼마를 '감추었느냐.'" 오히려 모든 참된 신실성을 나타내게 하라. "모든 참된 신실성"은 정직함과 진실함과 근면성실함을 가리킨다.

이는 범사에 우리 구주 하나님의 교훈을 빛나게 하려 함이라. 그리스도인인 종들은 자신들이 고백한 복음을 욕되게 하거나 욕먹게 해서는 안 되고, 도리어 복음은 우리를 지키시고 보호하시는 아버지 하나님과 우리의 찬송 받으실 구주이신 예수 그리스도의 교훈이라는 것을 명심하고서, 범사에 자신의 주인들에게 바르게 행하여 복음을 빛내고, 그들로 하여금 복음을 칭송하게 하는 것이 마땅하다.

11. 모든 사람에게 구원을 주시는 하나님의 은혜가 나타나.

구원에 관한 기쁜 소식을 담고 있는 우리 주 예수의 복음은 이제 구약 시대에서와는 달리 감추어져 있거나 희미하게 알려져 있는 것이 아니라, 해 또는 밝은 별처럼 중천에 떠올라서, 복음을 받아들인 온갖 부류의 사람들에게, 그들이 지금 처한 처지와 형편 속에서 마땅히 해야 할 도리들과 일들을 지시해 주고 있다.

12. 우리를 양육하시되 경건하지 않은 것과 이 세상 정욕을 다 버리고 신중함과 의로움과 경건함으로 이 세상에 살고.

경건하지 않은 것과 이 세상 정욕을 다 버리고. "경건하지 않은 것"은 그 어떤 신적인 존재도 없다고 여기는 무신론을 신봉하고 살아가는 것, 또는 신에 대한 우리 자신의 그릇되고 미신적인 생각들을 따라 신을 섬기는 거짓된 종교를 믿고 살아가는 것을 가리킨다. "이 세상 정욕"은 세상 사람들 속에서 공통적으로 발견되는 성향들과 불법적인 욕구들과 세속적인 것들을 추구하는 욕심들을 가리킨다.

신중함과 의로움과 경건함으로 이 세상에 살고. "신중함"은 우리 자신과 관련된 것으로서, 우리 자신의 감정이나 혈기를 잘 다스려서 절제하며 살아가는 것을 의미하고, "의로움"은 다른 사람들과 관련된 것으로서, 각 사람에게 합당한 것을 주는 것을 의미하며, "경건함"은 하나님과 관련된 것으로서, 우리가 하나님을 지극히 공경하는 가운데 우리에게 명하신 일들을 경건하게 준행하는 것을 의미한다. 사도는 우리가 이 세상에 사는 동안에는 이러한 "신중함과 의로움과 경건함"과 반대되는 방향으로 나아가고자 하는 시험들에 늘 부딪칠 것이라는 의미에서 "이 세상에서"라는 어구를 여기에 덧붙인다.

13. 복스러운 소망과 우리의 크신 하나님 구주 예수 그리스도의 영광이 나타나심

을 기다리게 하셨으니.

복스러운 소망. 우리의 복된 "소망"의 대상 또는 목표는 우리 영혼의 구원이다(갈 5:5, "우리가 성령으로 믿음을 따라 의의 소망을 기다리노니"; 골 1:5, "너희를 위하여 하늘에 쌓아 둔 소망으로 말미암음이니 곧 너희가 전에 복음 진리의 말씀을 들은 것이라").

우리의 크신 하나님 구주 예수 그리스도의 영광이 나타나심을 기다리게 하셨으니. 우리는 우리의 그러한 복된 소망이 이루어지기를 바라는 마음으로, "크신 하나님" 우리 "구주 예수 그리스도"께서 이 땅에 다시 오셔서 최후의 심판을 행하실 날만을 손꼽아 기다리고 있다. 여기에서 "크신 하나님"과 "우리의 구주 예수 그리스도"는 동일인물이다. (1) 하나님께서는 예수 그리스도를 산 자와 죽은 자를 심판할 심판주로 임명하셨다. (2) 여기에서 "나타나심"으로 번역된 '에피파네이아' (ἐπιφάνεια)는 저 찬송 받으실 삼위일체 하나님 중에서 오직 두 번째 위격에 해당하시는 성자 예수 그리스도께만 적용된다(살후 2:8, "그 때에 불법한 자가 나타나리니 주 예수께서 그 입의 기운으로 그를 죽이시고 강림하여 나타나심으로 폐하시리라"; 딤전 6:14, "우리 주 예수 그리스도께서 나타나실 때까지 흠도 없고 책망 받을 것도 없이 이 명령을 지키라"; 딤후 4:1, 8). 이 본문은 그리스도께서 신성을 지니고 계셨다는 사실을 너무나 극명하게 보여 준다. 여기에서 예수 그리스도는 단지 "하나님"으로 불리는 것이 아니라, 신격화된 신들에게는 절대로 불가능한 "크신 하나님"(μεγάλου θεοῦ - '메갈루 테우')으로 불린다.

14. 그가 우리를 대신하여 자신을 주심은 모든 불법에서 우리를 속량하시고 우리를 깨끗하게 하사 선한 일을 열심히 하는 자기 백성이 되게 하려 하심이라.

그가 우리를 대신하여 자신을 주심은. "우리의 크신 하나님 구주 예수 그리스도"께서는 단지 하나님에 의해서 보내심을 받았고 하나님이 우리에게 주신 분이실 뿐만 아니라(요 3:16, "하나님이 세상을 이처럼 사랑하사 독생자를 주셨으니 이는 그를 믿는 자마다 멸망하지 않고 영생을 얻게 하려 하심이라"), 스스로 자원하셔서 육신을 입으시고 이 땅에 오셔서, "우리를 대신하여"(ὑπὲρ ἡμῶν - '휘페르 헤몬') 자신을 내어 주셔서 죽임을 당하셨다.

모든 불법에서 우리를 속량하시고 우리를 깨끗하게 하사 선한 일을 열심히 하는 자기 백성이 되게 하려 하심이라. 그리스도께서는 자신의 죽으심으로써 그 핏값으로 우리를 구원하시기 위하여, 육신의 정욕의 노예와 포로가 되어서 죄의 권세 아래에서 죄의 종노릇을 하고 있던 우리를 "속량하셨는데," 이것은 우리를 깨끗하게 하셔서, "자기 백성"(λαὸν περιούσιον - '라온 페리우시온')이 되게 하시기 위한 것이었다. 어떤 이들은 여기에서 "자기 백성"으로 번역된 어구는 오직 예수 그리스도께 속한 최고의 특별한 백성을 가리키는 것으로 해석하고, 어떤 이들은 예수 그리스도께서는 우리가 그의 특별한 백성이 되는 길을 열어 놓으셨고, 우리는 우리 자신이 애쓰고 힘써서 그의 백성이 되고자 하여야 한다는 것을 뜻하는 것이라고 해석하며, 어떤 이들은 우리가 예수 그리스도의 특별한 백성이라는 사실을 명심하게 하기 위하여 사도가 이 말을 하고 있는 것이라고 해석한다. 사도는 "선한 일을 열심히 하는" 것이야말로 예수 그리스도의 백성의 정체성이라고 말한다. 즉, 그리스도의 백성은 하나님께서 기쁘게 받으실 만하고 우리 자신과 다른 사람들에게 유익이 되는 모든 일들을 열심으로 행하고 추구하는 사람들이라는 것이다.

15. 너는 이것을 말하고 권면하며 모든 권위로 책망하여 누구에게서든지 업신여김을 받지 말라.

너는 이것을 말하고 권면하며. 내가 이 서신에서 너에게 말한 모든 것들은, 네가 다른 사람들에게도 말하여 행하게 하기 위하여 내가 말한 것이다. 모든 권위로 책망하여. 너는 어떤 사람들이 잘못하여 그들을 책망해야 할 경우에는, 고압적인 태도로 하지 말고 온유함으로 하여야 하지만, 대충 가볍게 책망하는 것이 아니라, 모든 권위와 위엄을 갖추고서 책망하여야 한다. 누구에게서든지 업신여김을 받지 말라. 너는 그 누구에게도 너를 멸시할 빌미를 주지 않도록 처신하여야 한다.

MATTHEW POOLE'S COMMENTARY

디도서 3장

개요

1. 그리스도인들은 세상 권세들에 복종하고 모든 사람과 화평하게 지내야 함(1–2).
2. 그리스도인들은 하나님의 긍휼하심으로 말미암아 그리스도를 통해서 죄에서 구원받은 자들로서 선한 일들에 힘써야 함(3–8).
3. 족보들에 관한 이야기와 율법에 관한 다툼을 피하여야 함(9).
4. 완고한 이단들을 멀리하여야 함(10–11).
5. 바울이 디도에게 언제 어디로 자기에게 오라고 함(12–13).
6. 그리스도인들에게 자비를 베푸는 행위들을 권장함(14).
7. 문안인사와 축도로 끝마침(15).

1. 너는 그들로 하여금 통치자들과 권세 잡은 자들에게 복종하며 순종하며 모든 선한 일 행하기를 준비하게 하며.

너는 그들로 하여금 통치자들과 권세 잡은 자들에게 복종하며 순종하며. 당시에 최고의 세상 권세자들은 모두 다 이교도들이었고, 그들이 다스리는 영지들에 그리스도인들의 친구는 없었다. 이것은 그리스도들로 하여금 세상 권세자들을 거슬러 반역하거나, 적어도 그들에게 자원해서 기꺼이 복종하고 순복하고자 하지 않게 만드는 유혹과 시험이 될 수 있었다. 그래서 사도는 그리스도인들은 세상 권세자들에게 복종하고 순종하여야 할 의무가 있다는 것을 역설하는데, 단지 여기에서만이 아니라 로마서 13:1에서도 똑같은 취지로 "각 사람은 위에 있는 권세들에게 복종하라 권세는 하나님으로부터 나지 않음이 없나니 모든 권세는 다 하나님께서 정하신 바라"고 강조한다. 마찬가지로, 베드로 사도도 "인간의 모든 제도를 주를 위하여 순종하되 혹은 위에 있는 왕이나 혹은 그가 악행하는 자를 징벌하고 선행하는 자를 포상하기 위하여 보낸 총독에게 하라"(벧전 2:13-14)고 말한다. 여기에서 "통치자들"로 번역된 단어는 최고의 권세자들을 가리키고, "권세 잡은 자들"로 번역된 단어는 최고의 권세자들 아래에 있는 고위 관리들을 가리키는 것으로 보이는데, 베드로 사도는 이것을 베드로전서 2:13-14에서 각각 구별하여 구체적으로 말하고 있다. 모든 선한 일 행하기를 준비하게 하며. 그리스도인들은 그 자체로 하나님께서 기쁘게 받으실 만하고 영예로운 선한 모든 일들을 기꺼이 행할 준비가 되어 있어야 한다.

2. 아무도 비방하지 말며 다투지 말며 관용하며 범사에 온유함을 모든 사람에게 나타낼 것을 기억하게 하라.

아무도 비방하지 말며. 이 구절의 헬라어 본문은 직역하면 "아무도 모독하지 말며"가 된다. 영어에서 "모독하다"(blaspheme)라는 단어는 일상적인 대화 속에서는 오직 하나님을 모독한다고 말할 때에만 사용되게 되었지만, 원래 "모독한다"는 그 대상이 하나님이든 사람이든, 그 대상에 대하여 악한 말을 하는 것을 가리킨다. 다투지 말며. 여기에서 "다툰다"는 것은 몸으로 싸우는 것과 말로 싸우는 것 둘 모두를 가리킨다. 관용하며. "관용한다"는 것은 겸손히 자기 자신을 절제하여 공평하고 공정하게 행하는 것을 뜻한다. 범사에 온유함을 모든 사람에게 나타낼 것을 기억하게 하라. 그리스도인들은 모든 일에서 모든 사람에게 온유함으로 대하고, 분노와 혈기를 나타내서는 안 된다.

3. 우리도 전에는 어리석은 자요 순종하지 아니한 자요 속은 자요 여러 가지 정욕과 행락에 종 노릇 한 자요 악독과 투기를 일삼은 자요 가증스러운 자요 피차 미워한 자였으나.

우리도 전에는 어리석은 자요. 우리가 "어리석은 자"였다는 것은, 전에 우리가 진리를 아는 지식이나 지혜, 또는 영적인 총명함이나 명철함이 없는 자였다는 것이다. 순종하지 아니한 자요. "순종하지 아니한다"는 것은 불순종할 뿐만 아니라 믿지도 않는다는 것을 의미하고, 진리에 동의하지도 않고 복음의 규범을 따라 살아가지도 않는다는 것을 의미한다. 속은 자요. 우리도 전에는 죄의 속임수에 넘어가 속아서 살아간 자였다. 여러 가지 정욕과 행락에 종 노릇 한 자요. 우리가 전에는 육신의 정욕과 욕심의 노예였다.

악독과 투기를 일삼은 자요. 우리도 전에는 분노를 우리의 마음속에 품었고, 그 분노가 끓어올라서 복수하고자 하는 앙심이 되어, 우리의 언행 속에 나타났으며, 다른 사람들이 잘되는 것을 보면 시기하는 마음이 끓어올라서 참을 수 없어 하였다. 가증스러운 자요. 우리는 믿음이 좋거나 선한 사람들이 가증스럽게 여길 만한 자들이었다. 피차 미워한 자였으나. 우리는 전에는 우리의 이웃이나 선한 사람들을 미워하는 자들이었다. 사도는 우리 자신이 이전에 이런 자들이었다고 말하고, 지금도 여전히 그런 상태에서 벗어나지 못하고 있는 사람들을 우리가 불쌍히 여겨야 한다고 말한다.

4. 우리 구주 하나님의 자비와 사람 사랑하심이 나타날 때에.

"자비"로 번역된 '크레스토테스'(χρηστότης)는 다른 사람들에게 기꺼이 선을 행하고자 하는 것을 의미하는데, 하나님 안에 있는 저 본래의 선하심은 하나님으로 하여금 사람들을 사랑하고 선을 행하시게 만들었다. 하나님의 이러한 인자하심과 그 인자하심으로 말미암아 인간을 사랑하시게 된 것은 영원 전부터 하나님 안에 있다가, 하나님께서 자기 아들 예수 그리스도를 이 땅에 보내셔서 죽으심으로써 우리를 속량하게 하시고, 그 후에 자신의 성령을 보내셔서, 그리스도의 속량하심의 효력이 우리 각자의 심령에 적용되게 하신 것을 통해서 "나타났다."

5. 우리를 구원하시되 우리가 행한 바 의로운 행위로 말미암지 아니하고 오직 그의 긍휼하심을 따라 중생의 씻음과 성령의 새롭게 하심으로 하셨나니.

우리를 구원하시되. 하나님께서는 우리를 영원한 구원의 상태에 두셨고, 장차 영원한 구원을 받게 될 권세를 우리에게 주셨다. 우리가 행한 바 의로운 행위로 말미암지 아니하고. 예법에 속한 행위이든 도덕적인 행위이든, 우리의 영원한 구원의 토대는 우리의 행위가 아니다. 사도는 디모데후서 1:9에서도 "하나님이 우리를 구원하사 거룩하신 소명으로 부르심은 우리의 행위대로 하심이 아니요 오직 자기의 뜻과 영원 전부터 그리스도 예수 안에서 우리에게 주신 은혜대로 하심이라"고 말한다. 오직 그의 긍휼하심을 따라. 우리가 영원한 구원을 얻게 된 것은 오직 자비하신 하나님께서 비참한 곤경에 처해 있는 우리를 보시고서 애간장이 다 타실 정도로 불쌍히 여기시고 긍휼히 여기셨기 때문이다. 중생의 씻음. 하나님께서는 큰 대야에 우리를 넣으셔서 씻어 주신 것처럼 "중생"을 통해서 우리를 씻어 모든 죄로부터 깨끗하게 해주셨다. 세례는 중생의 약속이자 표징이다. 성령의 새롭게 하심으로 하셨나니. 성령께서는 우리의 본성을 변화시키시고 새롭게 하신다.

6. 우리 구주 예수 그리스도로 말미암아 우리에게 그 성령을 풍성히 부어 주사.

성령은 우리를 새롭게 하실 뿐만 아니라, 좀 더 흔한 은사들이나 좀 더 특별한 은사들을 우리에게 나누어 주시는데, 하나님께서는 "우리 구주 예수 그리스도"의 공로와 중보로 "말미암아" 성령을 우리에게 "풍성히" 차고 넘치게 부어 주셔서, 성령으로 하여금 우리 속에서 그런 일들을 하게 하셨다.

7. 우리로 그의 은혜를 힘입어 의롭다 하심을 얻어 영생의 소망을 따라 상속자가 되게 하려 하심이라.

우리로 그의 은혜를 힘입어 의롭다 하심을 얻어. 하나님께서는 우리에게 값없는 사랑을 베푸셔서 우리의 모든 죄를 제거하시고, 그리스도의 의를 우리의 의로 여겨 주셔서, 우리를 의롭다고 해 주셨는데, 이것은 전적으로 하나님이 우리에게 값없이 거저 베풀어 주신 은혜로 말미암아 된 일이다. 상속자가 되게 하려 하심이라. 우리는 하나님에 의해서 그 은혜로 말미암아 의롭다 하심을 얻음으로써, 하나님의 자녀가 되고 "상속자"가 될 수 있었다. 사도는 로마서 8:17에서 "자녀이면 또한 상속자 곧 하나님의 상속자요 그리스도와 함께 한 상속자니"라고 말한다.

영생의 소망을 따라. 어떤 이들은 사도는 여기에서 우리가 무엇을 상속받는 "상속자"인지를 설명해 주기 위하여 "영생"이라는 말을 덧붙인 것으로 이해해서, 이 구절을 이렇게 읽는다: "우리로 그의 은혜를 힘입어 의롭다 하심을 얻어 소망을 따라 영생의 상속자가 되게 하려 하심이라." 그러나 믿는 자들이 천국을 상속받게 되어 있다는 것은 너무나 분명한 일이기 때문에(마 25:34, "그 때에 임금이 그 오른편에 있는 자들에게 이르시되 내 아버지께 복 받을 자들이여 나아와 창세로부터 너희를 위하여 예비된 나라를 상속받으라"), 우리는 굳이 여기에서 사도가 상속의 대상을 밝히기 위하여 "영생"이라고 말한 것으로 해석할 필요는 없다. 우리는 지금 우리에게 유업을 주실 하나님으로부터 떨어져 있기 때문에, 오직 소망을 따라서만 유업을 이어받게 될 상속자라는 것은 사실이다.

8. 이 말이 미쁘도다 원하건대 너는 이 여러 것에 대하여 굳세게 말하라 이는 하나님을 믿는 자들로 하여금 조심하여 선한 일을 힘쓰게 하려 함이라 이것은 아름다우며 사람들에게 유익하니라.

이 말이 미쁘도다. 이 어구는 앞에서도 몇 번 나온 바 있다(딤전 1:15, "미쁘다 모든 사람이 받을 만한 이 말이여 그리스도 예수께서 죄인을 구원하시려고 세상에 임하셨다 하였도다"; 3:1, "미쁘다 이 말이여, 곧 사람이 감독의 직분을 얻으려 함은 선한 일을 사모하는 것이라 함이로다"; 4:8-9, "육체의 연단은 약간의 유익이 있으나 경건은 범사에 유익하니 금생과 내생에 약속이 있느니라 미쁘다 이 말이여 모든 사람들이 받을 만하도다"; 딤후 2:11, "미쁘다 이 말이여 우리가 주와 함께 죽었으면 또한 함께 살 것이요"). 여기에서 "이 말"은 사도가 앞에서 한 말을 가리킬 수도 있고, 앞으로 할 말을 가리킬 수도 있다.

원하건대 너는 이 여러 것에 대하여 굳세게 말하라. 사도는 디도에게 자기가 지금까지 그에게 해 준 말들을 다른 사람들에게 끊임없이 확실하고 분명하게 가르치라고 명한다. 이는 하나님을 믿는 자들로 하여금 조심하여 선한 일을 힘쓰게 하려 함이라.

사도는 "하나님을 믿는 자들"이 자기가 지금까지 가르친 것들을 참된 것으로 받아들여서, 자신들의 심령을 하나님과 예수 그리스도께 의지하는 가운데, 이 모든 것들을 행하고자 한다면, 하나님께서 그들에게 명하신 모든 선한 일들을 행하는 데 심혈을 기울여야 하는 그들의 본분과 도리를 다할 수 있게 될 것이라고 말한다. 왜냐하면, 모든 선한 일들을 행하는 데 힘쓰는 것은 사도가 앞에서 말한 영생과 구원에 대한 약속을 받은 자들의 속성이기 때문이다. 이것은 아름다우며 사람들에게 유익하니라. 사도가 지금까지 가르친 것들은 그 자체로 참된 것들이기 때문에, 사람들이 그것들을 알고 깨닫는 것은 유익한 일이다.

9. 그러나 어리석은 변론과 족보 이야기와 분쟁과 율법에 대한 다툼은 피하라 이것은 무익한 것이요 헛된 것이니라.

어리석은 변론. 너는 복음 사역자로서의 직무를 수행할 때에 사람들을 경건함으로 세우는 데 아무런 도움이 되지 않는 쓸데없고 무익한 질문들에는 상관하지 말라. 사도는 디모데후서 2:23에서도 "어리석고 무식한 변론을 버리라 이에서 다툼이 나는 줄 앎이라"고 말한다. 족보 이야기. 이것은 성경에 나오는 유명한 사람들의 족보를 따져 들어가는 것을 말한다. 사도는 디모데전서 1:4에서도 "신화와 끝없는 족보에 몰두하지 말게 하려 함이라 이런 것은 믿음 안에 있는 하나님의 경륜을 이룸보다 도리어 변론을 내는 것이라"고 말한다.

분쟁. 말들이나 어떤 문제들을 놓고 논쟁하고 다투는 것은 무익한 일이다. 사도는 디모데전서 6:3-5에서 "누구든지 다른 교훈을 하며 바른 말 곧 우리 주 예수 그리스도의 말씀과 경건에 관한 교훈을 따르지 아니하면 그는 교만하여 아무 것도 알지 못하고 변론과 언쟁을 좋아하는 자니 이로써 투기와 분쟁과 비방과 악한 생각이 나며 마음이 부패하여지고 진리를 잃어 버려 경건을 이익의 방도로 생각하는 자들의 다툼이 일어나느니라"고 말하고, 디모데전서 6:20-21에서는 "디모데야 망령되고 헛된 말과 거짓된 지식의 반론을 피함으로 네게 부탁한 것을 지키라 이것을 따르는 사람들이 있어 믿음에서 벗어났느니라"고 말한다. 율법에 대한 다툼. 이것은 특히 율법 및 율법에 대한 장로의 전통들과 제도들을 놓고 질문들을 제기하고 논쟁을 벌이는 것을 가리킨다. 이것은 무익한 것이요 헛된 것이니라. 이러한 일들은 그리스도인들에게 아무런 도움이나 유익이 되지 못하고 헛된 것일 뿐이다.

10. 이단에 속한 사람을 한두 번 훈계한 후에 멀리하라.

이단에 속한 사람을. "이단"이라는 용어의 통상적인 용법에 따르면, 다음과 같은 두 가지 요건이 갖추어지면, "이단"이라고 할 수 있다: (1) 어떤 신앙 문제들에 있어서의 오류가 있을 때. (2) 그 오류를 계속해서 완악하고 고집스럽게 붙들고 있을 때. 초대 교회에서도 "이단"이 이런 것을 의미하였는지는 지금의 우리로서는 알 수 없지만, 사도가 여기에서 말한 "이단"은 그가 앞 절에서 말한 것과 관련되어 있는 것으로 보인다. 즉, 어떤 사람이 디도의 온갖 만류에도 불구하고 여전히 계속해서 "어리석은 변론과 족보 이야기와 분쟁과 율법에 대한 다툼"을 끈질기게 붙들고 이어간다면, 그 사람은 사도가 여기에서 말하고 있는 "이단에 속한 사람"이라는 것이다.

한두 번 훈계한 후에 멀리하라. 사도는 그런 자들에게는 "한두 번" 훈계하고, 그랬는데도 여전히 말을 듣지 않고 그런 일들을 계속해 나간다면, 그들을 배척하고 멀리하라고 말한다. 사도가 여기에서 "멀리하라"고 한 것이 출교를 의미하는지는 확실하지 않다. 왜냐하면, "멀리하다"로 번역된 '파라이테오마이'(παραιτεόμαι)는 단지 "피하다, 배척하다, 거부하다"를 의미할 뿐이기 때문이다.

11. 이러한 사람은 네가 아는 바와 같이 부패하여 스스로 정죄한 자로서 죄를 짓느니라.

"부패하다"로 번역된 '엑세스트랍타이'(ἐξεστραπται)는 참되고 바른 길에서 벗어나는 것을 의미한다. 이단에 속한 사람들은 참되고 바른 길에서 벗어나 범죄하는 자들이기 때문에, 그들 자신의 양심에 의해서 정죄를 받게 된다. 왜냐하면, 그리스도를 전하지 않고, "어리석은 변론과 족보 이야기와 분쟁과 율법에 대한 다툼"에 골몰하는 자들은 그들이 자신의 본분과 도리를 다하고 있지 않다는 정죄를 그들 자신의 양심으로부터 들을 수밖에 없게 되기 때문이다.

12. 내가 아데마나 두기고를 네게 보내리니 그 때에 네가 급히 니고볼리로 내게 오라 내가 거기서 겨울을 지내기로 작정하였노라.

신약성경에는 "아데마"에 대해서는 다른 곳에서 언급이 없지만, "두기고"에 대한 언급은 자주 나온다. 이 두 사람은 복음 사역자들이었다. 바울은 "니고볼리"에서 겨울을 지내기로 작정하고서, 거기에서 디도를 만나기 위하여, 디도가 그레데에 있는 교회를 비우는 사이에서 그 대신에 교회를 돌볼 사람으로 "아데마"나 "두기고" 중에서 어느 한 사람을 거기로 보낼 계획이었다. 그러나 사도는 그레데 교회를 한시라도 목자가 없는 상태로 놓아 두지 않기 위해서, 이 두 사람 중 어느 한 명이 그레데에 도착하면, 그 때에 디도가 니고볼리에 있는 자기에게 오기를 바랐다.

13. 율법교사 세나와 및 아볼로를 급히 먼저 보내어 그들로 부족함이 없게 하고.

신약성경에는 "세나"에 대해서는 이 곳 외에 다른 곳에서는 언급되고 있지 않지만, "아볼로"에 대해서는 우리가 사도행전과 고린도전서 3:4-5("어떤 이는 말하되 나는 바울에게라 하고 다른 이는 나는 아볼로에게라 하니 너희가 육의 사람이 아니리요 그런즉 아볼로는 무엇이며 바울은 무엇이냐 그들은 주께서 각각 주신 대로 너희로 하여금 믿게 한 사역자들이니라"), 22("바울이나 아볼로나 게바나 세계나 생명이나 사망이나 지금 것이나 장래 것이나 다 너희의 것이요")에서 읽을 수 있다. 이 두 사람은 니고볼리에 있는 바울에게로 오게 되어 있었던 것으로 보인다. 사도는 이 두 사람이 니고볼리에 오는 여정에서 부족한 것이 없도록 디도가 신경을 써서 여러 가지를 챙겨 주기를 바랐다.

14. 또 우리 사람들도 열매 없는 자가 되지 않게 하기 위하여 필요한 것을 준비하는 좋은 일에 힘 쓰기를 배우게 하라.

또 우리 사람들도. "우리 사람들"은 우리에게 속한 복음 사역자들을 가리키는 것일 수도 있고, 그리스도인들 모두를 가리키는 것일 수도 있다. 좋은 일에 힘 쓰기를 배우게 하라. "힘쓰다"로 번역된 헬라어는 "탁월하다, 맨 앞에 있다, 나타내 보이다, 계속해 나가다"를 의미하는데, 이 네 가지 의미는 각각 저명한 후원자들을 갖고 있다. 필요한 것을 준비하는. 이것은 교회나 다른 사람들에게 필요한 것들을 준비해 주는 것, 또는 그들 자신의 필요한 것들을 준비하는 것을 의미한다. 어떤 이들은 여기에서 "좋은 일에 힘쓰다"로 번역된 어구를 정직한 거래를 배운다는 의미라고 설명하지만, 나는 그런 설명은 이 어구의 참된 의미에 생소하고 이질적인 것이라고 본다.

15. 나와 함께 있는 자가 다 네게 문안하니 믿음 안에서 우리를 사랑하는 자들에게 너도 문안하라 은혜가 너희 무리에게 있을지어다.

믿음 안에서 우리를 사랑하는 자들에게 너도 문안하라. "믿음 안에서 우리를 사랑한다"는 것은 우리가 복음 안에 있고 복음을 위해 있는 그리스도인이기 때문에 우리를 사랑한다는 것을 의미한다. 은혜가 너희 무리에게 있을지어다. 하나님의 값없는 사랑이 너의 분깃이 되고, 그레데에 있는 모든 그리스도인들의 분깃이 되기를 기원한다. 헬라어 사본들에는 "이것은 마게도냐의 니고볼리에서 그레데인들의 교회의 최초의 감독으로 서품된 디도에게 씌어졌다"는 후기가 덧붙여져 있다.

MATTHEW POOLE'S COMMENTARY

빌레몬서

MATTHEW POOLE'S COMMENTARY

서론

이 서신은 특정한 주제와 아주 제한된 일로 인해서 씌어지게 되었다는 점에서, 바울이 쓴 다른 서신들과 다르다. 바울이 데살로니가후서 3:17에서 "나 바울은 친필로 문안하노니 이는 편지마다 표시로서 이렇게 쓰노라"고 말한 것처럼, 이 서신에는 그러한 "표시"가 들어 있기 때문에, 바울이 이 서신을 썼다는 것은 의심의 여지가 없다. 바울은 이 서신을 빌레몬에게 써서 보냈는데, 정작 이 "빌레몬"이 어떤 사람이었는지를 결정하는 문제는 그렇게 쉽지가 않다. 어떤 이들은 바울이 골로새서 4:9에서 "신실하고 사랑을 받는 형제 오네시모를 함께 보내노니 그는 너희에게서 온 사람이라 그들이 여기 일을 다 너희에게 알려 주리라"고 말한 것을 근거로 삼아서, 빌레몬은 브루기아 사람으로서 골로새에 살고 있던 사람이었을 것이라고 판단한다. 바울은 빌레몬을 "동역자"(1:1), "형제"(1:7), "동역자"(1:17)로 부르고 있다는 사실은 빌레몬이 복음 사역자였다는 것을 보여 준다. 바울이 1:19에서 "나 바울이 친필로 쓰노니 내가 갚으려니와 네가 이 외에 네 자신이 내게 빚진 것은 내가 말하지 아니하노라"고 말한 것을 근거로 삼아서, 우리는 하나님께서 바울을 도구로 사용하셔서 빌레몬을 회심시키신 것으로 추정한다. 빌레몬은 종을 두고 있었고, 바울이 "성도들의 마음이 너로 말미암아 평안함을 얻었으니"(1:7)라고 말한 것으로 보아서, 그는 상당한 재력가였던 것으로 보인다. 빌레몬의 집은 그리스도인들이 모이는 교회로 사용되었다(1:2).

바울이 이 서신을 언제 썼는지는 확실하지 않지만, 그가 "나이가 많은 나 바울은 지금 또 예수 그리스도를 위하여 갇힌 자 되어"(1:9)라고 말하고 있는 것으로 보아서, 그는 "나이가 많고" 죄수로 "갇힌 자" 된 때에 이 서신을 쓴 것은 확실하다. 따라서 이것으로부터 분명한 것은 바울은 이 서신을 로마에서 썼다는 것이다. 바울은 "오직 너는 나를 위하여 숙소를 마련하라 너희 기도로 내가 너희에게 나아갈 수 있기를 바라노라"(1:22)고 말함으로써, 이때에 자기가 자유의 몸이 될 것이라는 기대를 가지고 있었다는 점에서, 어떤 이들은 그가 디모데후서를 쓰기 전에 이 서신을 썼을 것이라고 생각한다. 왜냐하면, 바울은 디모데후서에서는 "나는 선한 싸움을 싸우고 나의 달려갈 길을 마치고 믿음을 지켰으니"(딤후 4:7)라고 말함으로써, 자신이 자유의 몸이 될 것이라는 기대나 소망을 전혀 보이지 않기 때문이다. 또한, 바울은 디모데후서 4:10에서는 "데마는 이 세상을 사랑하여 나를 버리고 데살로니가로 갔고"라고 말하고 있는 반면에, 여기 빌레몬서에서는 "나의 동역자 마가, 아리스다고, 데마, 누가가 문안하느니라"(1:24)고 말함으로써 데마의 문안인사를 빌레몬에게 전하고 있다. 어떤 이들은 이것을 근거로 삼아서, 데마가 바울을 떠나 데살로니가로 갔다가 다시 그에게 돌아온 후에, 바울이 이 서신을 썼을 것이라고 생각하지만, 그러한 주장에는 데마가 바울에게 다시 돌아왔는지의 여부가 확실하지 않다는 문제점이 있다. 바울은 골로새서와 빌레몬서를 거의 같은 때에 썼을 가능성이 대단히 높다. 왜냐하면, 골로새서 4:9에는 "신실하고 사랑을 받는 형제 오네시모"에 대한 언급이 나오고, 여기에 언급된 마가, 아리스다고, 에바브라, 데마, 아킵보는 골로새서에서도 언급되고, 빌레몬서에 언급된 사역자들 중에서 골로새서에 언급되지 않은 사람은 오직 "압비아"뿐이기 때문이다.

이 서신의 목적은 분명한데, 그것은 오네시모를 빌레몬과 화해시키는 것이다. 오네시모는 빌레몬의 종이었었는데, 주인의 재물 중 얼마를 횡령해서 그에게 손해를 끼쳤던 것으로 보인다. 오네시모는 빌레몬에게 그런 잘못을 저지르고 나서 로마로 왔고, 거기에서 "갇힌 자"로 있던 바울에 의해서 회심하게 되었다(1:10). 사도는 오네시모가 다른 사람의 종이었기 때문에, 그를 자기 곁에 붙잡아 두지 않고, 그의 주인인 빌레몬에게 그를 용서해 달라는 서신을 써서 그에게 주어 그를 돌려보내고자 하였는데, 바로 그것이 사도가 이 서신을 쓰게 된 동기였다. 사도는 그가 로마서를 비롯한 여러 서신들을 쓸 때에 보여 주었던 능숙한 화법을 이 서신에서도 구사해서 노련한 웅변가로서의 면모를 유감없이 보여 준다. 왜냐하면, 사도는 이 서신을 통해서 빌레몬으로 하여금 오네시모를 용서해 주고 다시 받아 주도록 설득하기 위하여 여러 가지 주제들을 가지고 여러 방면에서 놀라운 솜씨로, 빌레몬이 오네시모를 용서하고 다시 받아 주어야 할 이유들과 근거들을 제시하고 있기 때문이다. 어떤 이들은 바울이 이렇게 빌레몬을 설득하기 위하여 심혈을 기울인 것을 근거로 삼아서, 바울은 빌레몬이 탐욕스러운 자여서, 자신의 부탁을 들어주기가 조금 어려울 것임을 알고 있었던 것이라고 추정하기도 한다.

MATTHEW POOLE'S COMMENTARY

빌레몬서 1장

개요

1. 인사말(1-3).
2. 바울은 빌레몬의 사랑과 믿음을 듣고 자기가 기뻐하였다는 것을 밝힘(4-7).
3. 빌레몬에게서 전에 도망친 종인 오네시모가 지금은 신실한 그리스도인이 된 것을 말하면서, 그를 너그럽게 다시 받아 주기를 간절하게 부탁함(8-21).
4. 바울은 자기가 곧 놓여나게 될 것으로 예상되기 때문에, 자기를 위한 숙소를 마련해 줄 것을 요청함(22).
5. 문안인사와 축도로 끝마침(23-25).

1. 그리스도 예수를 위하여 갇힌 자 된 바울과 및 형제 디모데는 우리의 사랑을 받는 자요 동역자인 빌레몬과.

그리스도 예수를 위하여 갇힌 자 된 바울과 및 형제 디모데는. 사도는 자기가 그리스도와 그의 복음을 위하여, 즉 예수 그리스도의 복음을 전하다가 죄수의 몸이 되어 갇혀 있다고, 빌레몬에게 자기를 소개한다. 그가 여기에서 디모데를 언급하고 있다는 사실은, 디모데후서 4:9, 21에서 그가 바란 대로 디모데가 로마에 갇혀 있던 그에게 와 있었다는 것을 분명하게 보여 주고, 아울러 빌레몬서가 디모데후서보다 나중에 쓰어졌다는 것도 잘 보여 준다. 디모데후서는 사도가 마지막으로 쓴 서신이 아니었다. 사도는 서신의 첫머리에 나오는 인사말에서 자기 자신 외에 다른 사람을 함께 언급하며 인사를 전하곤 하였는데, 고린도전서 1:1에는 "소스데네," 고린도후서 1:1; 빌립보서 1:1; 골로새서 1:1에는 "디모데"가 언급되어 있고, 데살로니가전서 1:1에는 "실루아노와 디모데"가 언급된다. 디모데가 여러 서신들의 인사말에서 언급되고 있다는 것은, 그가 바울을 거의 늘 그림자처럼 함께 수행하였던 인물이었다는 것을 보여 준다. 사도는 이렇게 자신의 서신들에서 나이가 아주 젊었던 디모데의 이름을 자신의 이름과 나란히 언급함으로써 자신의 겸손함을 보여 주고 있다.

우리의 사랑을 받는 자요 동역자인 빌레몬. 사도가 빌레몬을 "동역자"로 지칭하고 있다는 사실은, 그가 단지 그리스도인이었을 뿐만 아니라 복음 사역자였다는 것을 보여 준다. 아마도 그는 브루기아 지역의 골로새 교회에서 일하고 있던 여러 사역자들 중의 한 사람이었을 가능성이 높다. 왜냐하면, 그의 종 오네시모는 골로새 사람이었던 것으로 보이기 때문이다(골 4:9, "신실하고 사랑을 받는 형제 오네시모를 함께 보내노니 그는 너희에게서 온 사람이라").

2. 자매 압비아와 우리와 함께 병사 된 아킵보와 네 집에 있는 교회에 편지하노니.

자매 압비아 우리와 함께 병사 된 아킵보. "압비아"는 로마식의 여자 이름이었다. 사도가 복음 사역자였던 "아킵보"보다 "자매 압비아"를 먼저 언급한 것으로 보아서, "압비아"는 빌레몬의 아내였을 가능성이 높다. 골로새서 4:9에서 사도는 "아킵보에게 이르기를 주 안에서 받은 직분을 삼가 이루라고 하라"고 말하고 있는 것은 "아킵보"가 복음 사역자였다는 것을 보여 준다. 사도는 아킵보를 "우리와 함께 병사 된 아킵보"라고 부르는데, 이것은 그가 바울이 겪었던 많은 위험들 중에서 일부를 함께 겪었기 때문이었지만, 우리는 성경에서 그런 기사를 볼 수 없다.

네 집에 있는 교회에. "네 집에 있는 교회"는 빌레몬의 집에 기거하며 함께 살았던 모든 그리스도인들을 가리킨다. 우리는 로마서 16:5("저의 집에 있는 교회"); 고린도전서 16:19("아굴라와 브리스가와 그 집에 있는 교회"); 골로새서 4:15("눔바와 그 여자의 집에 있는 교회")에서도 이것과 동일한 표현을 볼 수 있다. 사도는 "교회"라는 용어를 언제나 교회의 치리권 아래 있는 공동체를 가리키는 데에만 사용하는 것이 아니라, 종종 교회라는 이름으로 일상적으로 함께 교제하는 그리스도인들의 무리를 가리키는 데에도 사용한다. 어떤 이들은 "교회"에 속한 그리스도인들이 늘 빌레몬의 집에서 만나 교제하고 예배를 드린 것이라고 생각하지만, 그것은 당시에 그렇게 하는 것은 아주 위험한 일이었기 때문에, 그런 일은 거의 불가능한 일이었다는 사실을 고려하지 않아서 그렇게 생각하는 것 같다.

3. 하나님 우리 아버지와 주 예수 그리스도로부터 은혜와 평강이 너희에게 있을지어다.

이것은 사도 바울이 통상적으로 사용한 인사말이다. 로마서 1:7; 고린도전서 1:3; 고린도후서 1:2에 대한 설명을 보라.

4. 내가 항상 내 하나님께 감사하고 기도할 때에 너를 말함은.

이 절에 대한 자세한 것은 디모데후서 1:3에 대한 설명을 보라.

5. 주 예수와 및 모든 성도에 대한 네 사랑과 믿음이 있음을 들음이니.

네 사랑과 믿음이 있음을 들음이니. "네 사랑"은 하나님과 성도들에 대한 빌레몬의 사랑을 가리킨다(1:7, "성도들의 마음이 너로 말미암아 평안함을 얻었으니 내가 너의 사랑으로 많은 기쁨과 위로를 받았노라"). 사도가 여기에서 "사랑"을 "믿음"보다 먼저 언급하고 있는 것은 이 두 가지 영적인 덕목의 자연스러운 순서와 반대되는 것이다. 왜냐하면, 디모데전서 1:5에서 "이 교훈의 목적은 청결한 마음과 선한 양심과 거짓이 없는 믿음에서 나오는 사랑이거늘"이라고 말한 것처럼, 사랑은 믿음의 열매이기 때문이다. 그리고 실제로 사도는 디모데전서 1:14("우리 주의 은혜가 그리스도 예수 안에 있는 믿음과 사랑과 함께 넘치도록 풍성하였도다")과 디모데후서 1:13("너는 그리스도 예수 안에 있는 믿음과 사랑으로써 내게 들은 바 바른 말을 본받아 지키고") 등에서는 믿음을 먼저 말하고 그 다음에 사랑을 언급한다. 따라서 이것은 사도가 여기에서 믿음과 결합된 사랑, 그리고 사랑으로써 그 참됨이 증명된 믿음에 대하여 말하고 있다는 것을 보여 준다. "믿음"은 그리스도를 믿는 믿음을 가리킨다.

주 예수와 및 모든 성도에 대한. 빌레몬이 지니고 있던 사랑과 믿음은, 그리스도 안에서 그가 갖고 있는 믿음, 즉 그리스도께서 그를 구원하여 주실 것임을 믿는 믿음, 그리고 그리스도를 향한 그의 사랑이었다. 이러한 믿음과 사랑은 그가 "성도"라 불리는 모든 그리스도인들에게 기꺼이 선을 행한 데서 잘 드러났다. 왜냐하면, 다윗이 시편 16:2-3에서 "내가 여호와께 아뢰되 주는 나의 주님이시오니 주 밖에는 나의 복이 없다 하였나이다 땅에 있는 성도들은 존귀한 자들이니 나의 모든 즐거움이 그들에게 있도다"라고 고백한 것처럼, 예수 그리스도에 대한 빌레몬의 믿음과 사랑은 땅에 있는 "성도들"에 대한 사랑으로 그대로 이어졌기 때문이다.

6. 이로써 네 믿음의 교제가 우리 가운데 있는 선을 알게 하고 그리스도께 이르도록 역사하느니라.

이로써 네 믿음의 교제가 … 역사하느니라. 여기에서 "교제"로 번역된 단어는 그리스도인들이 동일한 믿음으로 서로 교통하는 것을 의미한다. 사도는 빌레몬이 "주 예수 및 모든 성도에 대한 사랑과 믿음"을 나타내 보임으로써, 그가 다른 모든 그리스도인들과 동일한 믿음을 지니고 있음을 분명하게 증명하였다고 말한다. 왜냐하면, 빌레몬이 행한 그러한 성도 간의 교통은 동일한 믿음 안에서의 성도들의 교제의 열매이기 때문이다. 빌레몬이 보여 준 성도들 간의 교제와 교통은 그의 믿음이 아무런 효력이 없는 죽은 믿음이 아니고, "하나님이 택하신 자들의" 참된 "믿음"(딛 1:1)이고, "사랑으로써 역사하는 믿음"(갈 5:6)이며, "행함"으로 드러나고 증명된 믿음(약 2:18)이라는 것을 보여 준 것이었다.

우리 가운데 있는 선을 알게 하고 그리스도께 이르도록. 빌레몬이 주 예수 그리스도와 성도들에 대한 사랑과 믿음 속에서 그리스도의 종들에게 행한 선한 일들을 보고서, 그들은 예수 그리스도께서 은혜 가운데서 빌레몬의 심령 속에서 역사하셔서 모든 선한 덕목들을 만들어내셨다는 것을 인정하게 되었다. (이 절의 흠정역은 "이로써 그리스도 예수 안에서 너희 안에 있는 모든 선한 것이 인정받음으로써 네 믿음의 교제가 효력을 나타내게 되었느니라"로 되어 있다 — 역주).

7. 형제여 성도들의 마음이 너로 말미암아 평안함을 얻었으니 내가 너의 사랑으로 많은 기쁨과 위로를 받았노라.

내가 너의 사랑으로 많은 기쁨과 위로를 받았노라. 너의 사랑은 단지 곤경에 처해 있다가 너의 도움으로 곤경에서 벗어난 가난한 성도들에게만 미친 것이 아니라, 나를 비롯한 다른 많은 그리스도인들에게도 영향을 미쳤다. 왜냐하면, 하나님께서 너의 심령에 역사하셔서 너의 마음을 그런 식으로 여시고 넓히셔서 성도들을 구제하셨다는 것을 우리가 전해들은 것은 우리에게 놀라운 기쁨이자 위로였기 때문이다. 한 사람 속에서 나타난 은혜의 열매들은 모든 그리스도인들에게 큰 기쁨을 선사하고, 그들로 하여금 하나님께 진심으로 감사하게 만든다. 왜냐하면, 하나님께서는 자신이 행하신 역사로 말미암아 모든 사람들로부터 영광을 받으시는 것이 합당하기 때문이다.

형제여 성도들의 마음이 너로 말미암아 평안함을 얻었으니. 여기에서 "평안함을 얻었다"로 번역된 '아나페파우타이'(ἀναπέπαυται)는, 마치 여행자들이 하루의 여정을 끝내거나, 품꾼이 하루의 수고를 끝낸 후에 편안하게 쉬게 된 것과 같이, 안식을 누리게 되었다는 것을 의미한다. 빌레몬은 성도의 마음이 그러한 안식을 누릴 수 있게 해 주었다.

8. 이러므로 내가 그리스도 안에서 아주 담대하게 네게 마땅한 일로 명할 수도 있으나.

이러므로 내가 그리스도 안에서 아주 담대하게 네게 … 명할 수도 있으나. "아주 담대하게"로 번역된 헬라어 본문은 직역하면 "많은 담대함으로"가 되는데, 여기에서 "담대함"으로 번역된 '파르레시안'(παῤῥησίαν)은 아무런 거리낌 없이 과감하게 말하는 것, 또는 권세와 권위를 가지고 말하는 것, 또는 히브리서 10:19("형제들아 우리가 예수의 피를 힘입어 성소에 들어갈 담력을 얻었나니")에서 사용된 용법처럼 합당한 권한을 가지고 있어서 당당하고 담대한 것을 가리킨다. "그리스도 안에서" 명한다는 것은, 그리스도의 사도로서 그리스도를 대신하여, 또는 그리스도를 위하여 명한다는 것이다. "네게 명할 수도 있다"는 것은 그리스도의 사도인 바울이 그러한 권위를 가지고서 빌레몬에게 명하는 것은 얼마든지 합당한 일이라는 것이다.

마땅한 일로. "마땅한"으로 번역된 '아네콘'(ἀνῆκον)은 어떤 사람이 그렇게 행하는 것이 도리이고 합당하다는 의미이다. 따라서 사도는 자기가 이제부터 빌레몬에게 말하게 될 것은 빌레몬이 그리스도인이자 복음 사역자로서 마땅히 그렇게 행하여야 하는 일이고, 자기는 그리스도의 사도로서 그 일을 명할 권위와 권세를 지니고 있다고 말하고 있다는 것이다.

9. 도리어 사랑으로써 간구하노라 나이가 많은 나 바울은 지금 또 예수 그리스도를 위하여 갇힌 자 되어.

도리어 사랑으로써 간구하노라. 여기에서 "사랑으로써 간구한다"는 것은, 사도가 빌레몬은 앞에서 말한 것 같이 그토록 선하고 성도들에게 사랑을 베푼 인물이기 때문에, 그에게 다시 한 번 그의 사랑을 보여 줄 기회를 주기 위하여 이렇게 쓰고 있는 것이라는 의미일 수도 있지만, 자기는 빌레몬을 사랑하기 때문에, 자기가 사랑하고 아끼는 형제이자 친구에게 사도로서의 권위를 내세울 필요가 없다고 생각해서, 사도로서 명하는 것이 아니라, 사랑하고 아끼는 마음으로 이렇게 부탁하고 간청하는 것이라는 의미이다.

나이가 많은 나 바울은. 사도는 자기는 지금 나이가 많이 들었기 때문에, 빌레몬에게 어떤 부탁을 하는 데 오랜 시간을 들여서 진을 빼고 싶지 않다는 뜻을 넌지시 전한다. 또는, 이것은 사도가 자신은 장로의 직분을 지닌 자로서, 복음 사역에 있어서 빌레몬의 형제라는 것을 강조하고 있는 것일 수도 있다. 지금 또 예수 그리스도를 위하여 갇힌 자 되어. 나는 지금 그리스도를 위하여 죄수의 몸이 되어 갇혀 있기 때문에, 직접 너에게 가서 부탁할 수도 없는 처지이다. 나는 너의 신앙과 경건이 어떠함을 알고 있기 때문에, 내가 그리스도를 위하여 갇힌 자가 된 것을 네가 생각한다면, 바로 그 점을 생각해서라도 너는 나의 부탁을 들어줄 것이라고 생각한다.

10. 갇힌 중에서 낳은 아들 오네시모를 위하여 네게 간구하노라.

아들 오네시모를 위하여 네게 간구하노라. 여기에 언급된 오네시모는 사도가 골로새서 4:9에서 "신실하고 사랑을 받는 형제 오네시모"라고 말한 바로 그 인물이다. 사도는 "오네시모"가 최근까지만 해도 빌레몬의 종이었지만, 이제는 자기가 낳은

"아들"이라고 말한다. 갇힌 중에서 낳은. 사도는 자기가 육신적으로가 아니라 영적으로 오네시모를 낳아서, 그의 영적인 아버지가 되었다고 말하면서, 오네시모는 자기가 나이 들어서 죄수의 몸으로 갇힌 자로 고난을 받는 와중에 그리스도께 낳아 드린 아들이라고 말한다.

11. 그가 전에는 네게 무익하였으나 이제는 나와 네게 유익하므로.

그가 전에는 네게 무익하였으나. 사도는 "무익하다, 쓸모없다"라는 뜻을 지닌 '아크레스톤'(ἄχρηστον)이라는 단어를 사용해서, 전에 오네시모가 빌레몬에게 해악을 끼친 사실을 부드럽게 표현한다. 왜냐하면, 사도가 1:18에서 "그가 만일 네게 불의를 하였거나 네게 빚진 것이 있으면 그것을 내 앞으로 계산하라"고 말한 것으로 보아서, 오네시모는 자신의 주인이 빌레몬의 재물 중 일부를 몰래 훔쳐서 가지고 달아남으로써, 자신의 주인에게 물질적인 손해와 정신적인 해악을 끼치고, 도둑질과 배신이라는 이중의 죄를 범하였던 것으로 보이기 때문이다.

이제는 나와 네게 유익하므로. 사도는 오네시모가 자신의 지난날의 잘못을 회개하고 이제 그리스도를 믿고 알게 되었기 때문에 빌레몬에게 유익한 존재가 되었고, 아울러 그가 회심한 것은 사도인 자신의 면류관을 더욱 영화롭게 해 준 것이고, 또한 그동안 그가 갇힌 자 된 자기를 돌보아 주는 일을 해 왔기 때문에 사도인 자기에게도 유익한 존재가 되었다고 말한다. 사도는 앞에서 사용한 "무익한"과 반대되는 "유익한"이라는 뜻을 지닌 '유크레스톤'(εὔχρηστον)이라는 단어를 사용한다.

12. 네게 그를 돌려 보내노니 그는 내 심복이라.

네게 그를 돌려 보내노니. 사도는 자기가 오네시모를 설득해서 자신의 심부름으로 빌레몬에게 되돌아가는 것임을 밝힌다. 그는 내 심복이라. 사도는 오네시모는 자기가 자신의 영혼을 사랑하는 것같이 그렇게 사랑하는 자라는 것을 강조함으로써, 만일 빌레몬이 오네시모를 박해한다면, 그것은 자기를 박해하는 것과 같은 것임을 보여 주면서, 빌레몬에게 그를 따뜻하게 맞아 주기를 부탁한다.

13. 그를 내게 머물러 있게 하여 내 복음을 위하여 갇힌 중에서 네 대신 나를 섬기게 하고자 하나.

사도는 오네시모는 자기가 그 정도로 신뢰하는 자이기 때문에, 그를 그리스도의 복음을 위하여 갇힌 자가 된 자기 곁에 두고서, 빌레몬이 여기에 있었더라면 자기에게 해 주었을 일들을 그로 하여금 하게 하고 싶은 마음이 간절하다고 자신의 뜻을 밝힌다.

14. 다만 네 승낙이 없이는 내가 아무 것도 하기를 원하지 아니하노니 이는 너의 선한 일이 억지 같이 되지 아니하고 자의로 되게 하려 함이라.

다만 네 승낙이 없이는 내가 아무 것도 하기를 원하지 아니하노니. 오네시모는 너의 종이었고 지금도 너의 종이기 때문에, 오네시모를 어떻게 할 것인지를 결정할 권한은 너에게 있다. 그러므로 나는 네가 알지도 못하고 동의하지도 않는 가운데, 내 마음대로 오네시모를 내 곁에 두는 것은 합당하지 않은 일이다. 만일 내가 그렇게 한다면, 너는 울며 겨자 먹기로 어쩔 수 없이 오네시모가 내 곁에 있는 것을 추후에 허락하기는 하겠지만, 그렇게 되면, 그것은 네가 억지로 내게 선심을 쓰는 것이 되고, 기꺼이 기쁜 마음으로 자원해서 나를 위하여 하는 일이 되지 못하게 될 것이다. 따라서 나는 이 일이 그런 식으로 억지로 되는 것을 원하지 않고, 네가 "자의로" 진심으로 나를 위하여 나의 청을 들어주는 방식으로 이 일이 나의 원대로 되기를 바란 것이다.

이는 너의 선한 일이 억지 같이 되지 아니하고 자의로 되게 하려 함이라. 사도는 자기가 오네시모를 빌레몬에게 되돌려 보내면, 빌레몬이 오네시모를 용서하고 받아들여서, 다시 그를 자기에게 보내 주기를 바란 것으로 보인다. 즉, 만일 사도가 오네시모를 빌레몬에게 돌려보내지 않은 채로, 빌레몬에게 오네시모가 그에게 저지른 잘못을 용서해 주고, 오네시모를 자기 곁에 있게 해 달라고 했다면, 빌레몬이 사도의 그러한 부탁을 들어준다고 해도, 그것은 억지로 그렇게 한 것이 될 수밖에 없었기 때문에, 이 일이 빌레몬의 "자의로" 이루어지게 하기 위하여, 먼저 오네시모를 빌레몬에게 되돌려 보내서, 빌레몬이 오네시모에 대한 처분을 자신의 자의로 할 수 있게 한 것이다.

15. 아마 그가 잠시 떠나게 된 것은 너로 하여금 그를 영원히 두게 함이리니.

오네시모는 자기가 주인의 재물을 도둑질하여 너를 떠나 도망치게 되었을 때에 어떤 생각으로 그렇게 하였는지는 모르지만, 하나님께서는 자신의 지혜로우신 섭리 가운데서 오네시모로 하여금 도둑질과 배신이라는 범죄를 자행하게 된 것을 계기로 자신의 죄를 깨닫고 제정신이 들어서 자기에게 구주가 필요하다는 것을 알게 하신 것일 수 있다. 이런 섭리 가운데서 오네시모는 자신의 죄를 회개하고 하나님께로 돌아와서, 그리스도를 자신의 구주로 영접하게 된 것이기 때문에, 너는 "영원히"(αἰώνιον - '아이오니온'), 즉 너희 두 사람이 이 세상에 살아 있는 동안 오네시모를 너그럽게 받아들여서 사랑하고 아껴 주는 것이 마땅하다.

16. 이 후로는 종과 같이 대하지 아니하고 종 이상으로 곧 사랑 받는 형제로 둘 자라 내게 특별히 그러하거든 하물며 육신과 주 안에서 상관된 네게랴.

이 후로는 종과 같이 대하지 아니하고 종 이상으로 사랑 받는 형제로 둘 자라. 사도는 이제부터는 오네시모는 단순히 "종"이 아니라, 종보다도 훨씬 더 큰 사랑을 받을 자격이 있는 "형제"라고 말한다. 내게 특별히 그러하거든. 오네시모는 바울로 말미암아 회심하여서 영적으로 그의 아들이었고, 또한 갇혀 있던 그의 수발을 들며 극진히 섬겨 온 자였기 때문에, 특히 그에게는 더욱더 "종"이 아니라 사랑 받아 마땅한 "형제"였다. 하물며 육신과 주 안에서 상관된 네게랴. 오네시모는 이제 기독교 신앙으로 회심하여 빌레몬과 동일한 형제가 된 자일 뿐만 아니라, 원래부터 "육신적으로도" 빌레몬과 같은 곳에 살아 왔던 그의 종이자 권속이기 때문에, 오네시모와 빌레몬의 관계는 오네시모와 바울의 관계보다 훨씬 더 특별한 것이었다.

17. 그러므로 네가 나를 동역자로 알진대 그를 영접하기를 내게 하듯 하고.

그러므로 네가 나를 동역자로 알진대. 여기에서 "동역자"로 번역된 '코이노논' (κοινωνὸν)은, 서로 교제하는 자, 복음의 동일한 은혜 안에 함께 있는 자, 복음으로 인한 동일한 환난과 시련들을 함께 겪은 자를 가리킨다. 그를 영접하기를 내게 하듯 하고. 오네시모는 나의 친구이기 때문에, 너는 그를 단지 용서하는 데서 그치지 말고, 마치 나를 대하듯이, 그를 반갑게 영접해 주기를 바란다.

18. 그가 만일 네게 불의를 하였거나 네게 빚진 것이 있으면 그것을 내 앞으로 계산하라.

오네시모가 어떤 식으로든 네게 신실하지 못한 짓을 하였거나, 네게 물질적으로 손해를 끼쳤거나, 네게 어떤 채무가 있다면, 그 모든 것을 내 앞으로 달아 놓으라. 내가 그 모든 것을 대신 갚을 것이다.

19. 나 바울이 친필로 쓰노니 내가 갚으려니와 네가 이 외에 네 자신이 내게 빚진 것은 내가 말하지 아니하노라.

나는 오네시모가 네게 진 빚을 내가 반드시 갚겠다는 약속을 이렇게 친필로 쓰고 있다. 하지만 하나님께서는 나를 도구로 사용하셔서, 너를 회심시키시고 하나님께로 돌아오게 하셨기 때문에, 사실 너는 내게 그것보다 훨씬 더 큰 빚, 즉 네 목숨의 빚을 지고 있다는 것을, 내가 굳이 말하지 않아도 알아야 한다. 어떤 사람의 도움으로 하나님께 회심한 자들은 자신의 영적인 아버지인 사람에게 큰 빚을 지고 있는 것이다. 그래서 사도는 로마서 15:27에서 "저희가 기뻐서 하였거니와 또한 저희는 그들에게 빚진 자니 만일 이방인들이 그들의 영적인 것을 나눠 가졌으면 육적인 것으로 그들을 섬기는 것이 마땅하니라"고 말한다.

20. 오 형제여 나로 주 안에서 너로 말미암아 기쁨을 얻게 하고 내 마음이 그리스도 안에서 평안하게 하라.

오 형제여. 여기에서 "오"로 번역된 '나이'(ναὶ)는 "옳도다"라는 의미로서, 맹세하거나 단언하거나 설득하거나 간청하는 데 사용되는데, 여기에서는 지극한 사랑이 담긴 "형제여"라는 호칭과 함께 간청의 의미로 사용된 것으로 보인다. 나로 주 안에서 너로 말미암아 기쁨을 얻게 하고. 네가 그리스도인의 사랑으로서 나의 권고에 순종하는 것을 본다면, 나의 마음을 기쁠 것이기 때문에, 나는 네가 나의 부탁을 들어줌으로써 나로 하여금 영적인 기쁨을 얻게 해 주기를 바란다.

내 마음이 그리스도 안에서 평안하게 하라. 사도는 1:12에서 "그는 내 심복이라"고 할 때에 여기에서 "마음"으로 번역된 단어를 사용하고 있기 때문에, "내 마음"은 오네시모를 가리키는 것일 수도 있고, 단순히 사도의 속사람을 가리키는 것일 수도 있다. 즉, 사도는 빌레몬이 자신의 부탁을 들어준다면, 오네시모 또는 자신의 마음이 편해져서 안식을 얻게 될 것이라고 말하고 있는 것이다.

21. 나는 네가 순종할 것을 확신하므로 네게 썼노니 네가 내가 말한 것보다 더 행할 줄을 아노라.

나는 내가 네게 부탁하는 일을 네가 기꺼이 들어줄 것이라는 확신이 내게 없었다면, 이렇게 네게 이 편지를 쓰지 않았을 것이다. 나는 가엾은 오네시모에 대한 나의 사랑과 그를 돕고자 하는 나의 마음에서, 네가 나의 부탁을 기꺼이 들어줄 것을 의심하지 않았기 때문에, 이 편지를 쓴 것이다.

22. 오직 너는 나를 위하여 숙소를 마련하라 너희 기도로 내가 너희에게 나아갈 수 있기를 바라노라.

어떤 이들은 이 구절을 근거로 삼아서, 사도가 빌레몬서를 디모데후서보다 먼저 썼다고 생각한다. 왜냐하면, 사도는 디모데후서 4:6-8에서는 "전제와 같이 내가 벌써 부어지고 나의 떠날 시각이 가까웠도다 나는 선한 싸움을 싸우고 나의 달려갈 길을 마치고 믿음을 지켰으니 이제 후로는 나를 위하여 의의 면류관이 예비되었으므로 주 곧 의로우신 재판장이 그 날에 내게 주실 것이며 내게만 아니라 주의 나타나심을 사모하는 모든 자에게도니라"고 말함으로써, 여기에서와는 다른 인식을 보여주고 있기 때문이다. 하지만 디모데후서 4:9("너는 어서 속히 내게로 오라"), 21("너는 겨울 전에 어서 오라")은 사도가 디모데후서를 쓸 당시에는 디모데가 사도 곁에 없었던 것을 분명하게 보여 주는 반면에, 빌레몬서를 쓸 당시에는 사도 곁에 있었다. 따라서 사도는 디모데후서를 쓸 당시에는 자기가 풀려나게 될 희망이 없다고 생각하였지만, 그 후에 빌레몬서를 쓸 때에는 교회의 기도의 도움으로 말미암아 자기가 풀려나서 다시 그들에게 갈 수 있을 것이라는 확신 가운데서 빌레몬에게 자신의 거처를 준비해 놓으라고 말할 수 있었다.

23. 그리스도 예수 안에서 나와 함께 갇힌 자 에바브라와.

우리는 골로새서 1:7에서도 "에바브라"에 대한 언급을 보는데, 거기에서 사도는 에바브라에 대해서 "우리와 함께 종 된 사랑하는 에바브라에게 너희가 배웠나니 그는 너희를 위한 그리스도의 신실한 일꾼이요"라고 말한다. 에바브라는 로마로 가서 바울과 함께 있었지만(골 4:12, "그리스도 예수의 종인 너희에게서 온 에바브라가 너희에게 문안하느니라 그가 항상 너희를 위하여 애써 기도하여 너희로 하나님의 모든 뜻 가운데서 완전하고 확신 있게 서기를 구하나니"), 거기에는 그가 바울과 마찬가지로 "갇힌 자"였다는 언급은 나오지 않는다. 그러나 이제 여기에서는 사도는 에바브라가 "나와 함께 갇힌 자"라고 말한다. 이렇게 에바브라는 바울과 같은 곳에, 또는 같은 이유로 갇혀 있게 되었다.

24. 또한 나의 동역자 마가, 아리스다고, 데마, 누가가 문안하느니라.

사도가 여기에서 언급한 사람들은 모두 복음 사역자들이었다. 이 사람들은 골로새서 4:10, 12, 14에서도 언급된다. 그들은 모두 이 때에 로마에서 바울의 곁에 있었다: 사도행전 12:12, 25; 15:37, 39; 19:29; 20:4; 27:2; 디모데후서 4:10을 보라.

25. 우리 주 예수 그리스도의 은혜가 너희 심령과 함께 있을지어다.

이 절에 대하여 자세한 것은 갈라디아서 6:18; 로마서 16:24; 고린도전서 16:23; 빌립보서 4:23; 데살로니가후서 3:18에 대한 설명을 보라. "너희 심령과 함께"는 "너희와 함께"라는 의미이다. "우리 주 예수 그리스도의 은혜"는 그리스도의 영이 믿는 자들 속에서 역사하셔서 베풀어 주시는 온갖 은혜를 의미하는데, 사도는 이것을 고린도후서 13:13에서 좀 더 자세하게 풀어서 우리에게 설명해 준다: "주 예수 그리스도의 은혜와 하나님의 사랑과 성령의 교통하심이 너희 무리와 함께 있을지어다." "아멘"은 반드시 이루어질 것을 믿고 기원하며 확신하는 의미를 지닌 불변화사이다. 사도는 "아멘"을 마지막에 덧붙임으로써, 자기가 기원한 것이 이루어지기를 간절히 원하는 자신의 마음과 반드시 이루어질 것이라는 자신의 믿음을 분명하게 보여 준다. 이 서신은 주로 빌레몬과 관련된 것이기는 하지만, 사도는 "너희"라는 표현을 사용함으로써, 단지 빌레몬을 위해서만이 아니라, 빌레몬과 마찬가지로 귀한 믿음을 지니고 있는 골로새의 모든 그리스도인들을 위해서 기도하는 것임을 분명히 한다. 헬라어 사본들에는 "이 서신은 로마에서 종 오네시모에 의해서 빌레몬에게 씌어졌다"는 후기가 덧붙여져 있다.

MATTHEW POOLE'S COMMENTARY

히브리서

MATTHEW POOLE'S COMMENTARY

서론

대부분의 헬라어 사본들에는 이 서신의 첫머리에 사도 바울의 이름이 나오지만, 일부 사본들에는 나오지 않기 때문에, 많은 이들은 이 서신을 사도 바울이 아니라 다른 사람, 특히 이단에 속한 사람이 쓴 것으로 의심해 왔다. 하지만 이 서신의 저자를 바나바, 누가, 클레멘스(Clemens)로 추정하는 견해는 근거가 없는 것으로 보인다. 왜냐하면, 성령이 히브리서 10:34("너희가 갇힌 자를 동정하고 너희 소유를 빼앗기는 것도 기쁘게 당한 것은 더 낫고 영구한 소유가 있는 줄 앎이라"), 13:19("내가 더 속히 너희에게 돌아가기 위하여 너희가 기도하기를 더욱 원하노라"), 13:23("우리 형제 디모데가 놓인 것을 너희가 알라 그가 속히 오면 내가 그와 함께 가서 너희를 보리라")에서 이 서신의 저자와 그의 상황에 대하여 말씀하고 있는 내용들은 그들 중 그 누구에게도 부합하지 않기 때문이다.

사도 바울이 이 서신을 썼다는 것과 그러한 사실은 당시에 여러 곳에 흩어져 있던 그리스도의 교회들에게 잘 알려져 있었다는 것은 지극히 확실하지만, 성령께서 베드로후서 3:15-16에서 "우리가 사랑하는 형제 바울도 그 받은 지혜대로 너희에게 이같이 썼고 또 그 모든 편지에도 이런 일에 관하여 말하였으되 그 중에 알기 어려운 것이 더러 있으니 무식한 자들과 굳세지 못한 자들이 다른 성경과 같이 그것도 억지로 풀다가 스스로 멸망에 이르느니라"고 분명하게 증언하고 있듯이, 부패한 마음을 지닌 자들이 오늘날과 마찬가지로 그 때에도 사실을 왜곡하였다.

히브리서의 내용이 사도 바울의 다른 나머지 서신들과 흡사하다는 것, 사도 베드로가 그들에게 썼던 진리를 강력하게 확증하고 있다는 것(히 6:2, "세례들과 안수와 죽은 자의 부활과 영원한 심판에 관한 교훈의 터를 다시 닦지 말고 완전한 데로 나아갈지니라"; 10:26-27, "우리가 진리를 아는 지식을 받은 후 짐짓 죄를 범한즉 다시 속죄하는 제사가 없고 오직 무서운 마음으로 심판을 기다리는 것과 대적하는 자를 태울 맹렬한 불만 있으리라"), 사도 바울이 갇힌 자로 있는 상태를 분명하게 표현하고 있다는 것(히 10:34, "너희가 갇힌 자를 동정하고 너희 소유를 빼앗기는 것도 기쁘게 당한 것은 더 낫고 영구한 소유가 있는 줄 앎이라"; 13:19, "내가 더 속히 너희에게 돌아가기 위하여 너희가 기도하기를 더욱 원하노라"; 골 4:18, "나 바울은 친필로 문안하노니 내가 매인 것을 생각하라 은혜가 너희에게 있을지어다"), 바울과 늘 함께 하며 동역하였던 디모데에 관한 언급(히 13:23; 골 1:1), 자신의 서신을 받게 될 자들에 대한 사랑과 관심(롬 9:1-3; 10:1), 유대교가 기독교에서 완성되었다는 바울의 잘 알려진 가르침, 성전의 휘장이 찢어진 것은 안디옥과 갈라디아 등지에서 유대인들에게만이 아니라 이방인들에게도 성전 또는 교회가 개방되었음을 보여 주는 것이라는 그의 가르침, 또한 바울이 자신의 모든 서신에서 자기가 썼다는 것을 확인해 주기 위하여 친필로 쓴 표시를 히브리서도 가지고 있다는 것(히 13:25, "은혜가 너희 모든 사람에게 있을지어다"; cf. 살후 3:17-18, "나 바울은 친필로 문안하노니 이는 편지마다 표시로서 이렇게 쓰노라 우리 주 예수 그리스도의 은혜가 너희 무리에게 있을지어다"), 모든 세대의 교회가 대체로 이 서신의 저자를 바울로 인정해 왔다는 것 등을 종합적으로 고려해 볼 때, 나는 히브리서를 사도 베드로가 증언한 바울의 저작들 중의 하나라고 확정적으로 말하는 것이 어렵지 않은 것으로 보인다고 말할 수 있다.

바울이 다른 서신들과는 달리 이 서신에는 그 첫머리에 자신의 이름을 쓰지 않은 이유는, 유대인들은 이유도 없이 바울을 모세 율법의 원수로 규정하고 적대시하는 확고한 편견을 지니고 있었기 때문에, 이 서신에 바울의 이름이 기록되어 있는 것을 보는 경우에는 이 서신을 읽을 때에 그 내용을 있는 그대로 읽고 받아들이지 않고 그러한 편견을 가지고 읽을 것을 우려해서, 자신의 이름을 생략한 것으로 추정된다. 왜냐하면, 이 서신의 명칭이 "히브리인들에게 보낸 서신"(히브리서)이라는 것에서 알 수 있듯이, "히브리인"은 "헤버"의 후손들이라는 의미였고, 사도 바울은 "헤버"(Heber)의 후손이었던 아브라함을 공통의 조상으로 모시는 믿는 이스라엘의 흩어진 지파들, 즉 모든 유대인들로 하여금 읽게 하기 위하여 이 서신을 쓴 것이었기 때문이다. "헤버"와 "아브라함"은 각자의 시대에서 우상을 숭배하는 세상으로부터 구별되어서 살아간 족장들이었고, 하나님의 교회는 이 두 족장의 권속을 통해서 이어졌다. 하나님께서는 출애굽기 3:18("그들이 네 말을 들으리니 너는 그들의 장로들과 함께 애굽 왕에게 이르기를 히브리 사람의 하나님 여호와께서 우리에게 임하셨은즉 우리가 우리 하나님 여호와께 제사를 드리려 하오니 사흘길쯤 광야로 가도록 허락하소서 하라")에서 자신을 "히브리 사람의 하나님 여호와"라고 하시고, 창세기 14:13("히브리 사람 아브람")에서는 유대인들이 그토록 자랑스러워하였던 자신들의 조상(요 8:33; 고후 11:22)인 아브라함을 "히브리 사람"이라고 부르심으로써, "헤버"의 이름에 존귀를 더하셨다.

사도 베드로는 "예수 그리스도의 사도 베드로는 본도, 갈라디아, 갑바도기아, 아시아와 비두니아에 흩어진 나그네 곧 하나님 아버지의 미리 아심을 따라 성령이 거룩하게 하심으로 순종함과 예수 그리스도의 피 뿌림을 얻기 위하여 택하심을 받은 자들에게 편지하노니 은혜와 평강이 너희에게 더욱 많을지어다"(벧전 1:1-2)라고 말함으로써, 사도 바울이 이스라엘의 흩어진 지파들 중에서 믿는 자들을 위하여 히브리서를 썼다는 것을 확증해 준다. 베드로후서 1:1("예수 그리스도의 종이며 사도인 시몬 베드로는 우리 하나님과 구주 예수 그리스도의 의를 힘입어 동일하게 보배로운 믿음을 우리와 함께 받은 자들에게 편지하노니") 및 3:15("또 우리 주의 오래 참으심이 구원이 될 줄로 여기라 우리가 사랑하는 형제 바울도 그 받은 지혜대로 너희에게 이같이 썼고")과 비교해 보라.

사도 바울이 그의 다른 서신들과 마찬가지로, 이스라엘의 흩어진 자들에게 쓴 히브리서조차도 헬라어로 쓴 이유는, 당시에 온 세상에서 가장 널리 사용된 언어가 헬라어였고, 요세푸스(Josephus)가 직접 증언하고 있듯이, 특히 이 히브리인들이 일상적으로 쓰던 언어였기 때문이다(행 6:1, "그 때에 제자가 더 많아졌는데 헬라파 유대인들이 자기의 과부들이 매일의 구제에 빠지므로 히브리파 사람을 원망하니"). 이 서신에서 사용된 헬라어 관용어구들이나 히브리어 용어들을 헬라어로 번역한 것들은 그러한 사실을 아주 잘 보여 준다. 사도가 이 서신을 쓴 때는, 그가 로마에서 네로 황제 앞에서 심문을 받고 나서(딤후 4:16-17, "내가 처음 변명할 때에 나와 함께 한 자가 하나도 없고 다 나를 버렸으나 그들에게 허물을 돌리지 않기를 원하노라 주께서 내 곁에 서서 나에게 힘을 주심은 나로 말미암아 선포된 말씀이 온전히 전파되어 모든 이방인이 듣게 하려 하심이니 내가 사자의 입에서 건짐을 받았느니라"), 비교적 자유롭게 복음을 전하고 있던 때로서(행 28:30-31, "바울이 온 이태를 자기 셋집에 머물면서 자기에게 오는 사람을 다 영접하고 하나님의 나라를 전파하며 주 예수 그리스도에 관한 모든 것을 담대하게 거침없이 가르치더라"), 이 때는 디모데가 풀려나서 바울에게 오고 있던 때였고(히 13:23, "우리 형제 디모데가 놓인 것을 너희가 알라 그가 속히 오면 내가 그와 함께 가서 너희를 보리라"), 그리스도인들에 대한 피비린내 나는 열 번의 박해들 중에서 첫 번째 박해가 시작되기 전이었다(히 12:4, "너희가 죄와 싸우되 아직 피흘리기까지는 대항하지 아니하고"). 사도는 바로 이 시기에 자신이 쓴 여러 서신들을 각 교회들에 보내었는데, 그 중의 하나가 히브리서였다.

사도가 믿는 히브리인들에게 이 서신을 쓴 목적은, 모세의 모든 경륜은 오직 히브리인들을 주 예수 그리스도께로 인도하기 위한 것이었고, 그 경륜은 그리스도 안에서 온전하게 된 것이며, 그리스도는 모세의 경륜 아래에서의 모든 그림자들의 참된 실체이시기 때문에, 그들이 유대교를 버리고 그리스도인들이 된 것은 그들의 조상들이 대대로 간직해 왔던 신앙을 버린 것이 아니라 도리어 완성한 것임을 자세하게 증명하고 밝히기 위한 것이었다. 사도는 이러한 사실에 대한 그들의 믿음을 굳게 하여서, 그들로 하여금 저 처절하고 잔인한 박해들을 겪으면서, 그들의 원수들이 그들의 자유와 가족과 재산과 땅과 목숨까지 다 가져간다고 하여도, 그러한 고난을 더욱 기쁜 마음으로 기꺼이 감당할 수 있도록 힘을 더해 주기 위하여, 이 땅에서 모세의 율법, 즉 제사장제도, 희생제사, 여러 규례들, 예식들을 중심으로 한 교회는 그들의 양심을 깨끗하게 하여 그들을 하나님께로 인도하기에 무력한 것이었고, 그런 것들은 단지 하나님께서 자기 아들을 통해서 이 땅에 세우시기로 작정하신 더 나은 참된 교회, 즉 유대인들과 이방인들이 함께 모이는 하늘에 속한 교회의 모형이자 그림자일 뿐이었기 때문에, 하나님의 목적은 모세 교회를 이 땅에 지속시키는 것이 아니었고, 자기 아들 예수 그리스도로 말미암아 세워진 교회가 세상 끝날까지 요동하지 않고 지속되게 하는 것이었다는 것을 히브리인들에게 보여 준다.

사도는 이러한 목적을 위해서, 첫 번째로 예수 그리스도의 인격과 직분들이 지극히 뛰어나고 탁월한 것임을 그들에게 가르치는데, 그리스도의 신성(1장), 천사들을 능가하는 그리스도의 인성(2장), 모세를 능가하는 선지자이신 그리스도(3장), 아론을 능가하는 제사장이신 그리스도(히 4장), 멜기세덱을 능가하는 왕이자 제사장이신 그리스도(5-7장)에 대한 설명이 차례로 이어진다. 두 번째로, 사도는 땅에 속한 모세 교회를 능가하는 그리스도에 의해서 세워진 하늘에 속한 교회와 그 부속물들에 관한 가르침을 그들에게 베푸는데, 그리스도로 말미암은 지극히 큰 언약(8장), 레위인들에 의한 모든 제사와 규례와 직분을 능가하는 효력을 지닌 복음 제사와 규례들과 직분들(9장에서 10:18까지)에 대한 설명이 차례로 이어진다. 세 번째로, 사도는 이러한 놀라운 특권들을 수여받은 히브리인들로 하여금 위대한 복음 사역자이신 그리스도와 그가 세우신 하늘에 속한 교회에 합당한 의무들을 행하도록 하기 위하여, 자기가 지금까지 가르쳐 왔던 것을 구체적으로 적용하기 시작한다(10장에서 13:20까지). 네 번째이자 마지막으로, 사도는 히브리인들로 하여금 그들에게 주어진 그러한 합당한 의무들을 제대로 수행할 수 있게 해 달라는 엄숙한 기도를 하나님께 드린 후에(13:20-21), 그들이 자기가 그들에게 쓴 이 서신을 있는 그대로 받아들여 행하기를 바라는 자신의 심정을 덧붙이고, 머지않아 디모데를 그들에게 보낼 것이고, 자기도 그들을 곧 보게 되기를 소망한다는 말을 통해서 그들을 위로하고 나서, 교회가 보내는 문안인사와 자신의 축도로 이 서신 전체를 마무리한다(13:22-25).

MATTHEW POOLE'S COMMENTARY

히브리서 1장

개요

1. 하나님께서 이 마지막 날들에 자기 아들을 통해서 자신을 계시하셨는데, 이 아들이 원래부터 지니고 있던 본성적인 위엄에 대하여 말함(1-3).
2. 그리스도의 직분은 천사들보다 뛰어나심(4-14).

1. 옛적에 선지자들을 통하여 여러 부분과 여러 모양으로 우리 조상들에게 말씀하신 하나님이.

하나님이. 사도는 이 히브리인들이 자기가 이 서신 속에서 하는 말들을 다 믿어 주기를 바라고 있었기 때문에, 그들이 하나님을 경외하는 자들이라면, 하나님을 생각해서라도 자기가 그들에게 베푸는 가르침을 신뢰하고 믿어 주어야 한다는 것을 엄숙하게 밝히기 위해서, 가장 먼저 "하나님"에 대하여 언급한다. 사도가 여기에서 언급하는 "하나님"은 단지 본성적인 하나님이 아니라 이스라엘의 역사에 개입하셔서 "우리 조상들"에게 역사하시고 말씀하신 인격적인 하나님이시다. 성부 하나님은 절대주권을 지니신 분이시고, 불변하시는 분이시며, 첫 번째 계시와 두 번째 계시의 원천이신 분이시다. 사도는 여기에서 성부 하나님과 성자 하나님 각각의 역사만이 아니라 관계와 관련해서도 본래의 순서를 지켜서 말하고 있다.

여러 부분. 여기에서 "여러 부분으로"로 번역된 '폴뤼메로스'(πολυμερῶς)는, "많은 부분들, 시간상의 많은 변화들, 많은 시기들과 기회들, 많은 계시의 단편들로"라는 의미이다. 하나님께서는 자신의 뜻을 단번에 계시하신 것이 아니고, 오랜 시간을 두고 이런저런 시기들과 기회들을 이용해서 조금씩 계시하셨다. 하나님은 아담에게 아주 일반적인 약속을 주신 후에, 에녹과 노아와 아브라함과 다윗에게 그 약속을 점점 더 구체적으로 설명해 주셨는데, 그 약속은 그리스도께서 장차 다윗의 가문에서 아브라함의 자손으로 임하게 되리라는 것이었다. 하나님께서는 "여기서도 조금, 저기서도 조금"(사 28:13) 그리스도와 관련된 약속을 나타내 보이셨다.

여러 모양으로. 하나님께서는 자신의 다양하고 다채로운 지혜에 걸맞게, 여러 가지 다양한 형태와 모양으로 히브리인들의 조상들에게 계시하셨다. 때로는 천사들이나 수풀 속의 불이나 불기둥과 구름기둥으로, 그리고 시내 산에서 "불이 붙는 산과 침침함과 흑암과 폭풍과 나팔 소리와 말하는 소리"(히 12:18)로 사람들이 깨어서 눈으로 보고 귀로 들을 수 있는 형태로도 계시하셨고, 때로는 꿈이나 이상(민 12:6), 우림과 둠밈, 법궤로부터의 음성, 하늘로부터의 모형들과 표적들, 수수께끼 같고 비밀한 말들, 레위인들이 주관하는 예식들을 통해서도 계시하셨으며, 때로는 하나님의 빛으로 우리의 영혼에 직접 강력하게 역사하심을 통해서 계시하셨다. **말씀하신.** 하나님께서는 자신의 지혜로 생각해 내시고 자신의 뜻으로 작정하신 인간의 구원의 길에 관한 자신의 마음과 뜻을 분명하게 계시하시고 밝히 말씀하셨다.

옛적에. 아담으로부터 그리스도께서 오실 때까지에 이르는 대략 4,000여년의 시간. **우리 조상들에게.** "우리 조상들"은 이 히브리인들의 거룩한 조상들을 가리킨다. 그들은 아담으로부터 시작해서 히브리서 11장에 기록된 옛적의 믿는 자들을 포함한 구약 시대의 하나님의 교회에 속한 모든 사람들, 하나님께서 창세기 3:15에서 "내가 너로 여자와 원수가 되게 하고 네 후손도 여자의 후손과 원수가 되게 하리니 여자의 후손은 네 머리를 상하게 할 것이요 너는 그의 발꿈치를 상하게 할 것이니라"고 말씀하신 때로부터 그리스도께서 오실 때까지 이 땅에 살았던 믿는 자들이다.

선지자들을 통하여. "선지자들"은 하나님께서 구약 시대에 속하는 여러 세대에 걸쳐서 자신의 뜻을 구약 교회에 계시하시는 데 사용하셨던 저 거룩한 사람들이다. 히브리서 2:4에서 "하나님도 표적들과 기사들과 여러 가지 능력과 및 자기의 뜻을 따라 성령이 나누어 주신 것으로써 그들과 함께 증언하셨느니라"고 말하고 있는 것처럼, 그들은 하나님의 종들로서, 하나님이 맡기신 부분에서 하나님의 뜻과 마음을 전하였다. 그들은 하나님의 입이 되어서 하나님의 뜻을 말로 전하기도 하였고, 하나님의 서기관이 되어서 하나님의 뜻을 글로 기록하기도 하였다. 이런 "선지자들"로는, 대홍수 이전에는 아벨과 에녹 등이 있었고, 노아가 있었으며, 대홍수 이후에는 아브라함, 이삭, 야곱, 요셉, 모세, 다윗 등이 있었다. 하나님께서는 이 선지자들에게 자신의 뜻을 무오하게 알려 주셨고, 그들은 자신들이 계시 받은 하나님의 뜻을 말과 글로 무오하게 교회에 전달하였다. 사도 베드로가 "예언은 언제든지 사람의 뜻으로 낸 것이 아니요 오직 성령의 감동하심을 받은 사람들이 하나님께 받아 말한 것임이라"(벧후 1:21)고 말하였듯이, 하나님께서는 은혜로 자신의 선지자들의 마음과 혀와 손에 함께 하셨다.

2. 이 모든 날 마지막에는 아들을 통하여 우리에게 말씀하셨으니 이 아들을 만유의 상속자로 세우시고 또 그로 말미암아 모든 세계를 지으셨느니라.

이 모든 날 마지막에는. "이 모든 날 마지막"은 옛 세상의 날들이 끝나고, 하나님께서 모세를 통해서 이스라엘에 주신 율법의 날들이 끝나고, 복음의 날이 시작되었을 때, 즉 세계사에서 네 번째 왕국인 로마 제국의 날들이 전성기를 맞이하고 있던 때, 그리스도께서는 이 세상에 오셨고, 장차 이 세상이 끝날 때, 그리스도의 나라는 완성이 될 것이다(단 2:40, 44, "넷째 나라는 강하기가 쇠 같으리니 쇠는 모든 물건을 부서뜨리고 이기는 것이라 쇠가 모든 것을 부수는 것 같이 그 나라가 뭇 나라를 부서뜨리고 찧을 것이며 … 이 여러 왕들의 시대에 하늘의 하나님이 한 나라를 세우시리니 이것은 영원히 망하지도 아니할 것이요 그 국권이 다른 백성에게로 돌아가지도 아니할 것이요 도리어 이 모든 나라를 쳐서 멸망시키고 영원히 설 것이라"). 이것이 "이 모든 날"의 "마지막"인 이유는, 그리스도께서 이전의 모든 날들에 모형과 예표로 주어졌던 것들을 완성하시고, 세상 끝까지 "흔들리지 않는 나라"(히 12:25-28)를 세우시게 될 것이기 때문이다. 이 마지막 날들은 아주 분명한 빛과 아주 큰 긍휼이 주어지는 최고의 날들이다.

말씀하셨으니. "말씀하셨다"는 것은 하나님께서 단번에 온전히 자신의 뜻을 우리에게 계시하셨다는 것이다(요 1:17-18, "율법은 모세로 말미암아 주어진 것이요 은혜와 진리는 예수 그리스도로 말미암아 온 것이라 본래 하나님을 본 사람이 없으되 아버지 품 속에 있는 독생하신 하나님이 나타내셨느니라"; 유 1:3-4, "성도에게 단번에 주신 믿음의 도"). 이렇게 하나님께서는 이 마지막 날들에 자신의 놀랍고 기이한 일들을 이전보다 더 분명하게 나타내셨다(엡 3:3-11; 벧전 1:10-12, "이 구원에 대하여는 너희에게 임할 은혜를 예언하던 선지자들이 연구하고 부지런히 살펴서 자기 속에 계신 그리스도의 영이 그 받으실 고난과 후에 받으실 영광을 미리 증언하여 누구를 또는 어떠한 때를 지시하시는지 상고하니라 이 섬긴 바가 자기를 위한 것이 아니요 너희를 위한 것임이 계시로 알게 되었으니 이것은 하늘로부터 보내신 성령을 힘입어 복음을 전하는 자들로 이제 너희에게 알린 것이요 천사들도 살펴보기를 원하는 것이니라").

우리에게. 믿는 히브리인들은 하나님께서 그리스도 안에서 그들에게 주신 최고의 계시를 갖게 되었다는 점에서, 그들의 조상들보다 더 큰 은총을 입은 자들이었다(마 13:16-17, "그러나 너희 눈은 봄으로, 너희 귀는 들음으로 복이 있도다 내가 진실로 너희에게 이르노니 많은 선지자와 의인이 너희가 보는 것들을 보고자 하여도 보지 못하였고 너희가 듣는 것들을 듣고자 하여도 듣지 못하였느니라"; 눅 10:23-24).

아들을 통하여. "아들"은 우리 주 예수 그리스도를 가리킨다. 그리스도께서는 아들로서 아버지 하나님으로부터 오셨다(요 1:14, "말씀이 육신이 되어 우리 가운데 거하시매 우리가 그의 영광을 보니 아버지의 독생자의 영광이요 은혜와 진리가 충만하더라"; 16:28, "내가 아버지에게서 나와 세상에 왔고 다시 세상을 떠나 아버지께로 가노라"). 그리스도는 "아버지 품 속에 있는 독생하신 하나님"(요 1:18)이시고, 옛 세상과 새 세상을 창조하시는 하나님의 온전하신 "말씀"(요 1:1)이시다. 그리스도께서는 "지혜"이시고 진리 자체이시며, 자신이 "아는 것을 말하고 본 것을 증언하시기"(요 3:11) 때문에, 하나님의 모든 것을 단 하나의 오류도 없이 가르치시고 밝히 드러내 보이실 수 있으신 분이다.

이 아들을. 성자이신 예수 그리스도는 말로 표현할 수 없는 신비한 출생을 통해서 본성적으로 성부 하나님으로부터 나셨다(잠 8:22-31, "여호와께서 그 조화의 시작 곧 태초에 일하시기 전에 나를 가지셨으며 만세 전부터, 태초부터, 땅이 생기기 전부터 내가 세움을 받았나니 아직 바다가 생기지 아니하였고 큰 샘들이 있기 전에 내가 이미 났으며 산이 세워지기 전에, 언덕이 생기기 전에 내가 이미 났으니"; 30:4). 성부 하나님의 모든 사랑의 종착지는 성자 예수 그리스도이시다(골 1:13). 그리스도는 거룩한 씨가 되어서 하나님의 자녀들을 낳으셔서, 하나님의 권속을 창설하시고 세우실 분이시다(히 3:3-6, "그는 모세보다 더욱 영광을 받을 만한 것이 마치 집 지은 자가 그 집보다 더욱 존귀함 같으니라 집마다 지은 이가 있으니 만물을 지으신 이는 하나님이시라 또한 모세는 장래에 말할 것을 증언하기 위하여 하나님의 온 집에서 종으로서 신실하였고 그리스도는 하나님의 집을 맡은 아들로서 그와 같이 하셨으니 우리가 소망의 확신과 자랑을 끝까지 굳게 잡고 있으면 우리는 그의 집이라").

세우시고. 성부 하나님께서는 결코 변할 수 없는 자신의 계획과 작정하심을 따라서 참 하나님이자 참 사람이신 성자 예수 그리스도를 만유의 상속자로 세우셨다(벧전 1:20, "그는 창세 전부터 미리 알린 바 되신 이나 이 말세에 너희를 위하여 나타내신 바 되었으니"). 에베소서 1:9-11("그 뜻의 비밀을 우리에게 알리신 것이요 그의 기뻐하심을 따라 그리스도 안에서 때가 찬 경륜을 위하여 예정하신 것이니 하늘에 있는 것이나 땅에 있는 것이 다 그리스도 안에서 통일되게 하려 하심이라 모든 일을 그의 뜻의 결정대로 일하시는 이의 계획을 따라 우리가 예정을 입어 그 안에서 기업이 되었으니")을 보라. 하나님의 이러한 계획과 작정하심을 따라 예수 그리스도는 만유를 다스리실 권세를 얻게 되셨다. 그래서 히브리서 2:16에서는 "이는 확실히 천사들을 붙들어 주려 하심이 아니요 오직 아브라함의 자손을 붙들어 주려 하심이라"고 말하고, 히브리서 10:5에서도 "주께서 세상에 임하실 때에 이르시되 하나님이 제사와 예물을 원하지 아니하시고 오직 나를 위하여 한 몸을 예비하셨도다"라고 말한다. 이 일을 위하여 예수 그리스도께는 왕의 직분(시 2:6-7, "내가 나의 왕을 내 거룩한 산 시온에 세웠다 하시리로다 내가 여호와의 명령을 전하노라 여호와께서 내게 이르시되 너는 내 아들이라 오늘 내가 너를 낳았도다"), 제사장의 직분(히 3:1-2, "함께 하늘의 부르심을 받은 거룩한 형제들아 우리가 믿는 도리의 사도이시며 대제사장이신 예수를 깊이 생각하라 그는 자기를 세우신 이에게 신실하시기를 모세가 하나님의 온 집에서 한 것과 같이 하셨으니"), 선지자의 직분(행 3:22, "모세가 말하되 주 하나님이 너희를 위하여 너희 형제 가운데서 나 같은 선지자 하나를 세울 것이니 너희가 무엇이든지 그의 모든 말을 들을 것이라")이 주어졌다. 하나님의 변할 수 없는 작정하심을 따라, 예수 그리스도는 하나님의 아들로서 "만유의 상속자"가 되셨고, 참 하나님이자 참 사람으로서 중보자가 되셨다. 이것은 예수 그리스도께서 원래부터 성부 하나님으로부터 수여받으신 권세이기 때문에, 우리에게 이 권세를 나누어 주실 수 있으셨다(롬 8:17, "자녀이면 또한 상속자 곧 하나님의 상속자요 그리스도와 함께 한 상속자니"). 그리스도께서는 부활하시고 승천하셔서 성부 하나님의 오른편에 앉으심으로써, 원래 수여받으셨던 "만유의 상속자"로서의 지위에 정식으로 취임하셨다(히 12:2, "믿음의 주요 또 온전하게 하시는 이인 예수를 바라보자 그는 그 앞에 있는 기쁨을 위하여 십자가를 참으사 부끄러움을 개의치 아니하시더니 하나님 보좌 우편에 앉으셨느니라"; 마 28:18; 엡 1:20-23, "그의 능력이 그리스도 안에서 역사하사 죽은 자들 가운데서 다시 살리시고 하늘에서 자기의 오른편에 앉히사 모든 통치와 권세와 능력과 주권과 이 세상뿐 아니라 오는 세상에 일컫는 모든 이름 위에 뛰어나게 하시고 또 만물을 그의 발 아래에 복종하게 하시고 그를 만물 위에 교회의 머리로 삼으셨느니라 교회는 그의 몸이니 만물 안에서 만물을 충만하게 하시는 이의 충만함이니라"; 빌 2:9-11, "이러므로 하나님이 그를 지극히 높여 모든 이름 위에 뛰어난 이름을 주사 하늘에 있는 자들과 땅에 있는 자들과 땅 아래에 있는 자들로 모든 무릎을 예수의 이름에 꿇게 하시고 모든 입으로 예수 그리스도를 주라 시인하여 하나님 아버지께 영광을 돌리게 하셨느니라").

상속자로. "상속자"는 모든 것을 다스리고 주관하는 권세를 물려받은 자인데, 하나님의 약속을 따라 예수 그리스도는 "장자"로서 하나님의 모든 유업을 물려받으셨다(시 89:27, "내가 또 그를 장자로 삼고 세상 왕들에게 지존자가 되게 하며"; 롬 8:29, "하나님이 미리 아신 자들을 또한 그 아들의 형상을 본받게 하기 위하여 미리 정하셨으니 이는 그로 많은 형제 중에서 맏아들이 되게 하려 하심이니라"; 골 1:15, 17, "그는 보이지 아니하는 하나님의 형상이시요 모든 피조물보다 먼저 나신 이시니 … 그는 몸인 교회의 머리시라 그가 근본이시요 죽은 자들 가운데서 먼저 나신 이시니 이는 친히 만물의 으뜸이 되려 하심이요"). 하나님의 법과 작정하심에 따라, 예수 그리스도는 장자로서 만유의 상속자가 되셨는데, 상속자는 "모든 것의 주인"이다(갈 4:1, 내가 또 말하노니 유업을 이을 자가 모든 것의 주인이나"). 성부 하나님께서는 자신의 "장자"이신 성자 그리스도께 만유를 주시고(시 2:7-8, "내가 여호와의 명령을 전하노라 여호와께서 내게 이르시되 너는 내 아들이라 오늘 내가 너를 낳았도다 내게 구하라 내가 이방 나라를 네 유업으로 주리니 네 소유가 땅 끝까지 이르리로다"), 그의 피로 그의 유업을 사서 세워나가게 하셨고, 그리스도께서는 자기 피로 사신 자신의 모든 형제로 그 유업에 함께 참여하게 하셨다(계 5:9-14, "일찍이 죽임을 당하사 각 족속과 방언과 백성과 나라 가운데에서 사람들을 피로 사서 하나님께 드리시고 그들로 우리 하나님 앞에서 나라와 제사장들을 삼으셨으니 그들이 땅에서 왕 노릇 하리로다"). 베드로전서 1:3-4("우리 주 예수 그리스도의 아버지 하나님을 찬송하리로다 그의 많으신 긍휼대로 예수 그리스도를 죽은 자 가운데서 부활하게 하심으로 말미암아 우리를 거듭나게 하사 산 소망이 있게 하시며 썩지 않고 더럽지 않고 쇠하지 아니하는 유업을 잇게 하시나니 곧 너희를 위하여 하늘에 간직하신 것이라"), 18-19과 비교해 보라.

만유의. "만유"는 하나님께 속한 모든 것들, 즉 하나님의 존재와 관련된 모든 것, 하나님이 가지신 모든 것, 하나님께서 하실 수 있으시거나 하시고자 하시는 모든 것을 가리킨다. 하나님께서 다스리시는 모든 곳들, 즉 하늘과 땅과 지옥도 다 그리스도의 소유이다. 그리스도는 천사들의 주이시기 때문에(엡 1:21; 골 1:18), 천사들을 종으로 부리셔서 우리를 돕고 지키는 일을 하게 하시고(히 1:14; 계 5:11; 19:10), 마귀들의 주로서 마귀들을 제어하셔서, 그가 허락하시는 한도 내에서만 오거나 갈 수 있게 하시며(마 8:31; 골 2:15), 성도들의 주이시고(요 17:13; 롬 8:29), 그의 원수들인 악인들의 주이시며(살후 1:8-9, "하나님을 모르는 자들과 우리 주 예수의 복음에 복종하지 않는 자들에게 형벌을 내리시리니 이런 자들은 주의 얼굴과 그의 힘의 영광을 떠나 영원한 멸망의 형벌을 받으리로다"), 모든 피조물들의 주이시고(골 1:15-17), 하나님께서 과거와 현재와 미래에 영적으로나 물질적으로나 행하시는 모든 일들의 주이시며, 또한 죄 사함과 평강과 의와 생명과 영광의 주이시고, 현세와 내세의 온갖 종류의 모든 복들의 주이시다. 성자 예수 그리스도께서는 이 모든 것을 소유할 권리를 지니고 계시고, 실제로 소유하고 계시며, 자신의 뜻대로 처분하실 수 있으시다. 그리스도께서는 모세와 그의 모든 사역을 포함한 율법과 자신의 복음에 속한 모든 것을 자신의 기쁘신 뜻을 따라 정하고 변경하고 행하실 수 있으시다.

그로 말미암아. 참 하나님이자 참 사람이신 성자 예수 그리스도는 단지 하나님과의 관계 속에서도 부차적인 존재이시고, 하나님께서 자신의 일을 하시는 데 사용하시는 도구에 불과하신 분이신 것이 아니라, 성부 하나님과 모든 중요한 일들을 함께 하시는 동역자이시다. 만유에 대한 모든 청사진은 하나님의 "말씀"이시자 "지혜"이신 성자 안에 있었고, 따라서 만유는 성자에 의해서 만들어지고, 그 각각의 독특한 형태와 모양이 결정되었다(요 1:1-3, "태초에 말씀이 계시니라 이 말씀이 하나님과 함께 계셨으니 이 말씀은 곧 하나님이시니라 그가 태초에 하나님과 함께 계셨고 만물이 그로 말미암아 지은 바 되었으니 지은 것이 하나도 그가 없이는 된 것이 없느니라"; 5:19-20; 골 1:16). 삼위일체 하나님께서 하신 일들은 성부와 성자와 성령께서 모두 각자의 역할에 따라 함께 참여하여 이루신 일들이기 때문에, 어떤 일들을 이룰 때에 필요한 행위와 지혜와 뜻과 권능에는 성부와 성자와 성령께서 모두 다 참여하신다.

지으셨느니라. 성부 하나님께서는 성자 예수를 세우셔서, 무에서 만유를 창조하시고 조성하셔서 존재하게 하셨다. 이것은 성자 예수 그리스도께 구속사역을 위한 능력이 있으시다는 것을 암시한다. 왜냐하면, 세계들을 창조하신 이는 세계들을 없애실 수 있는 능력도 가지고 계시기 때문이다(히 11:3, "믿음으로 모든 세계가 하나님의 말씀으로 지어진 줄을 우리가 아나니 보이는 것은 나타난 것으로 말미암아 된 것이 아니니라").

모든 세계를. "모든 세계들"로 번역된 '투스 아이오나스'(τοὺς αἰῶνας)는 성경의 다른 곳에서는 나오지 않고, 오직 이 서신에만 나오는 어구로서, 엄밀하게 말하면

"시대들"과 시간을 기준으로 측량되는 것들을 가리킨다. 이 단어는 히브리어에서 "시대"와 "세계"를 의미하는 '올람'(עולם)에 해당된다. 따라서 여기에서 이 단어를 "세계들"로 번역한 것은 합당하다. 왜냐하면, 이 단어는 세계들과 그 세계들에 속한 모든 피조물들과 일들을 가리키기 때문이다. 성경은 천사들과 영화롭게 된 성도들이 거하는 윗세상, 즉 "새벽 별들이 기뻐 노래한"(욥 38:7) 하늘에 속한 세계(히 1:10, "주여 태초에 주께서 땅의 기초를 두셨으며 하늘도 주의 손으로 지으신 바라")가 존재한다는 것을 우리에게 알게 해 준다. 창세기 1:1과 비교해 보라: "태초에 하나님이 천지를 창조하시니라." 또한, 땅에 속한 아랫세상이 존재하고, 그 주민은 거기에 있는 것들에 의지해서 살아가는 사람들이다(시 24:1, "땅과 거기에 충만한 것과 세계와 그 가운데에 사는 자들은 다 여호와의 것이로다"). 또한, 그리스도께서 만드신 새로워진 세계, 즉 새 하늘과 새 땅이 존재한다(히 12:26-28, "그 때에는 그 소리가 땅을 진동하였거니와 이제는 약속하여 이르시되 내가 또 한 번 땅만 아니라 하늘도 진동하리라 하셨느니라 이 또 한 번이라 하심은 진동하지 아니하는 것을 영존하게 하기 위하여 진동할 것들 곧 만드신 것들이 변동될 것을 나타내심이라 그러므로 우리가 흔들리지 않는 나라를 받았은즉 은혜를 받자"). 베드로후서 3:13도 보라: "우리는 그의 약속대로 의가 있는 곳인 새 하늘과 새 땅을 바라보도다." 우리가 현재 살아가는 세계는 아담의 세계이다(엡 1:21). 장차 도래할 세계는 둘째 아담이신 하늘로부터 오신 주께서 창조하시고 다스리시는 세계이다(시 8:5-8). 이것에 대해서는 히브리서 2:5("하나님이 우리가 말하는 바 장차 올 세상을 천사들에게 복종하게 하심이 아니니라")을 보라.

3. 이는 하나님의 영광의 광채시요 그 본체의 형상이시라 그의 능력의 말씀으로 만물을 붙드시며 죄를 정결하게 하는 일을 하시고 높은 곳에 계신 지극히 크신 이의 우편에 앉으셨느니라.

이는 … 광채시요. 사람의 몸을 입으시고 이 땅에 복음을 일구기 위하여 오셔서 고난을 받으신 후에 죽으시고 부활하신 하나님의 아들은 본성적으로 '아파우가스마'(ἀπαυγασμα), 즉 찬란한 빛을 발하시는 "광채"셨다. 이 단어는 성자 하나님의 영원한 출생을 묘사한 것으로서, 그 출생이 지극히 아름답고 탁월하며 영광스러운 것이었음을 보여 준다. 성자 하나님이 지니신 "광채"는 성부 하나님의 광채와 동일한 것으로서, 성부 하나님으로부터 끊임없이 발산되어 나오는 온전한 영광의 광채, 빛 중의 빛, 영광 중의 영광이라는 것이다. 이것은 햇빛들이 해로부터 나오고, 인간의 정신을 담은 말이 인간의 지성이라는 저 영적인 빛으로부터 나온 눈에 보이지 않는 광채인 것과 같다.

하나님의 영광의. 여기에서 "하나님의 영광"은 본성적인 영광이다. "빛"은 하나님의 본성이 희미하게 눈에 보이는 모습으로 나타난 것일 뿐이다. 하나님께서는 영광 중에서 자기 자신을 빛으로 나타내셨다: 모세에게(출 33:18-23; 34:5, 29-31); 선지자 이사야에게(사 6:1-4); 선지자 에스겔에게(겔 1:4-28; 10장); 다니엘에게(단 10:5-6, 8, 16-19); 요한에게(계 1, 4, 5장). 마찬가지로, 그리스도께서는 변화산에서 자신의 본성적인 영광을 드러내셨다(마 17:1-7). 해나 천사들에게 볼 수 있는 피조된 빛이 찬란하다면, 하나님의 본성적인 영광은 얼마나 더 찬란하겠는가! 순전함이나 아름다움이나 빛은 얼마나 보기 좋은가! 그러나 그러한 것들은 하나님의 영광에 비하면 아무것도 아니다. 우리는 하나님을 지혜, 거룩함, 선하심, 의로우심, 권능 등과 같이 모든 피조된 것들 중에서 가장 탁월한 것들로 표현하지만, 그런 것들은 하나님의 영광 자체가 아니다. 하나님의 영광 외에는 그 어떤 것도 참된 영광이 아니다. 그런데 이 근본적으로 탁월한 하나님의 본성적인 영광은 오직 성자 예수 그리스도 안에서만 빛을 발한다(요 1:14, "말씀이 육신이 되어 우리 가운데 거하시매 우리가 그의 영광을 보니 아버지의 독생자의 영광이요 은혜와 진리가 충만하더라"). 이것은 성부와 성자가 삼위일체 하나님 안에서 아버지와 아들이라는 구별된 존재로서 영원히 함께 존재한다는 것을 보여 준다.

형상이시라. 햇빛들은 더 약한 모습이기는 하지만, 해와 함께 동시에 존재하기 때문에, 사도는 여기에서 성자 예수 그리스도는 성부 하나님의 "형상"이시라는 말씀을 덧붙인다. "형상"으로 번역된 '카락테르'(χαρακτὴρ)는 모든 면에서 똑같은 깎아 만든 형상을 가리킨다. 이 단어는 조각을 하거나 인쇄하거나 새기거나 깎거나 인을 쳐서 만들어 낸 똑같은 모습을 가리키기 때문에, 원형과 그 복사판은 서로 구별되어 존재하지만, 본질적으로 똑같다는 것을 표현해 준다. 따라서 성자 예수 그리스도가 성부 하나님의 형상이라는 것은, 성부와 성자는 서로 구별되어 존재하기는 하지만, 그 본성이 동일하기 때문에, 성자는 모든 면에서 성부 하나님과 동일하다는 것을 의미한다(골 1:15, "그는 보이지 아니하는 하나님의 형상이시요").

그 본체의. 이 어구의 헬라어는 '테스 휘포스타세오스 아우투'(τῆς ὑποστάσεως αὐτοῦ)로서, 성자 그리스도께서는 성부 하나님의 본성과 본질을 그대로 빼닮은 분임을 보여 준다. 그리스도는 단순히 신적인 본성을 지닌 존재이신 것이 아니라, 구체적으로 성부 하나님의 본성과 본질을 지니신 분이시라는 것이다. 성자 그리스도는 성부 하나님과 동일한 하나님이시기 때문에, 예수께서 빌립에게 "빌립아 내가 이렇게 오래 너희와 함께 있으되 네가 나를 알지 못하느냐 나를 본 자는 아버지를 보았거늘 어찌하여 아버지를 보이라 하느냐"(요 14:9)고 말씀하셨듯이, 예수 그리스도를 본 것은 성부 하나님을 본 것이다. 예수 그리스도는 하나님을 눈에 보이는 형태로 나타내신 분이시다(골 2:9, "그 안에는 신성의 모든 충만이 육체로 거하시고").

붙드시며. 하나님의 섭리로 인한 모든 역사는 "붙들다"라는 단어로 표현된다. 여기에서 "붙들다"로 번역된 '페론'(φέρων)은 유지시키고, 먹이고, 보존하고, 다스리고, 무너뜨리고, 일으켜 세우고, 위로하고, 벌하는 등등을 다 포괄하는 단어이다. 만일 인간의 죄로 말미암아 점점 혼돈 속으로 빠져들어 무로 돌아가고 있던 피조세계를 예수 그리스도께서 개입하시고 붙드셔서 멈추지 않으셨다면, 하나님께서 창조하신 피조세계는 인간의 죄로 말미암아 이미 산산조각이 나 버리고 말았을 것이다(골 1:17, "그가 만물보다 먼저 계시고 만물이 그 안에 함께 섰느니라"). 지금 이 순간에도 그리스도께서는 이렇게 만유를 보존하시며 다스리고 계신다(사 9:6, "이는 한 아기가 우리에게 났고 한 아들을 우리에게 주신 바 되었는데 그의 어깨에는 정사를 메었고 그의 이름은 기묘자라, 모사라, 전능하신 하나님이라, 영존하시는 아버지라, 평강의 왕이라 할 것임이라"; 요 5:22, "아버지께서 아무도 심판하지 아니하시고 심판을 다 아들에게 맡기셨으니").

만물을. 여기에서 "만물"(*τὰ πάντα* - '타 판타')은 인격체들과 사물들, 즉 천사들, 사람들, 선하거나 악한 피조물들, 작거나 큰 피조물들, 모든 사건들을 포함하는 보편적이고 포괄적인 모든 것, 곧 만유를 뜻한다(행 17:24-31). **그의 능력의 말씀으로.** 그리스도께서는 입으로 어떤 분명한 소리를 내시는 것이 아니라, 몸짓이나 뜻이나 권능 있는 말씀으로 자신이 하고 싶으신 모든 일들을 행하시고 이루신다. 그리스도의 말씀은 절대적이고 강력하며 불가항력적인 말씀이다. 그리스도께서 어떤 일을 행하시는 것은 우리 인간이 말하는 것만큼이나 쉬운 일이다. 그리스도의 말씀은 곧 능력이기 때문에, 이 둘은 서로 붙어 다닌다. 말씀과 능력은 창조 때에도 함께 하였고(창 1:3, 6, 7), 섭리 속에서도 함께 한다(시 33:9; 148:8). **죄를 정결하게 하는 일을 하시고.** 여기에서 "죄들"은 천사들의 죄가 아니라 인간의 죄를 가리킨다(히 2:16, "이는 확실히 천사들을 붙들어 주려 하심이 아니요 오직 아브라함의 자손을 붙들어 주려 하심이라"). 예수 그리스도께서는 자기 자신을 하나님께 제물로 드리셔서, 우리의 죄로 인한 결과물들, 즉 우리에게 붙어 있던 죄책과 더러운 것과 형벌을 제거하셨다. 이렇게 그리스도께서 자신의 대속과 공로를 통해서 우리의 죄로 인한 죄책과 그 결과물들을 제거하심으로써, 하나님의 공의는 만족을 얻게 되었고, 하나님께서는 우리의 죄를 사하시는 긍휼하심을 베푸실 수 있으셨기 때문에, 그리스도를 믿는 자들을 의롭다고 하셔서, 그들의 죄로 인한 정죄로부터 벗어날 수 있게 해 주시고(롬 3:24-26; 요일 1:7, 9), 그리스도의 영을 그들 가운데 보내셔서 그들의 죄를 죽이시고 정결하게 해 주셨다(롬 10:10, 12, 14, 18). 고린도전서 6:11; 에베소서 5:25-27도 참조하라. "하나님의 일에 자비하고 신실한" 복음의 "대제사장"(히 2:17)이신 예수 그리스도께서는 참 하나님이자 참 사람으로서 홀로 제사장도 되시고 제단과 희생제물도 되셔서, 그 누구의 도움도 받지 않으시고 직접 우리를 죄로부터 정결하게 하시는 대속의 사역을 이루어내셨다. 그는 육신을 입으심으로써 신성과 인성을 한 인격 안에 지니시고서, 자신의 영원한 성령으로 말미암아 자기 자신을 하나님께 화목제물로 드리시고서, 죽으신 후에 그 즉시 자신의 언약의 피를 가지고 천국에 있는 지성소로 들어가셔서, 그 피를 영원하신 재판장이신 성부 하나님께 드리심으로써, 우리의 죄를 온전히 대속하시고 속량하셨다(히 7:17; 9:11-12, 14, 24, 26; 10:10, 12, 14).

앉으셨느니라. 그리스도께서는 죄인들을 위하여 속죄 제사를 드리신 후에, 사십일 동안 이 땅에 계시다가, 인성을 입으신 채로 영원히 썩지 않는 몸과 영혼을 지니시고서 승천하시고, 다시 한 번 두 번째로 하늘의 지성소로 들어가셔서, 지극히 존귀하고 절대로 변할 수 없는 대제사장의 자리에 오르셔서, 하나님의 우편에 앉으셨다(ἐκάθισεν - '에카티센'). 그리스도께서는 이 땅의 지성소에서 하나님의 법궤 앞에 서 있어야 했던 대제사장들과는 달리 서지 않으시고 "앉으신" 채로, 성부 하나님께 순종하는 가운데 함께 동역하고 계시고(시 110:1, "여호와께서 내 주에게 말씀하시기를 내가 네 원수들로 네 발판이 되게 하기까지 너는 내 오른쪽에 앉아 있으라 하셨도다"), 모든 천사들과 사람들과 피조물들은 그리스도께 복종한다(엡 1:20-22, "그의 능력이 그리스도 안에서 역사하사 죽은 자들 가운데서 다시 살리시고 하늘에서 자기의 오른편에 앉히사 모든 통치와 권세와 능력과 주권과 이 세상뿐 아니라 오는 세상에 일컫는 모든 이름 위에 뛰어나게 하시고 또 만물을 그의 발 아래에 복종하게 하시고"). 그리스도께서는 하나님의 우편에 확고하게 안온하게 좌정해 계시는 가운데(행 3:21), 그 어떤 방해도 없이 늘 자기 백성을 위하여 간구하고 계신다(히 7:25, "그러므로 자기를 힘입어 하나님께 나아가는 자들을 온전히 구원하실 수 있으니 이는 그가 항상 살아 계셔서 그들을 위하여 간구하심이라").

우편에. 이것은 참 하나님이시자 참 사람이신 그리스도께서 승천하셔서 얼마나 높은 영광으로 나아가게 되셨는지를 보여 주는 비유적인 표현으로서, 이 땅에서 지극히 큰 왕이 자신의 보좌에 앉아 그의 위엄을 나타내는 것으로부터 가져온 비유이다(겔 1:4, 26-28; 단 7:9-14; 딤전 1:17, "영원하신 왕 곧 썩지 아니하고 보이지 아니하고 홀로 하나이신 하나님께 존귀와 영광이 영원무궁하도록 있을지어다 아멘"). 왕이신 성부 하나님께서는 자신의 장자이신 예수 그리스도를 지극히 높이셔서, 자기와 같은 권능과 위엄과 영광을 수여하셨고(히 8:1, "지금 우리가 하는 말의 요점은 이러한 대제사장이 우리에게 있다는 것이라 그는 하늘에서 지극히 크신 이의 보좌 우편에 앉으셨으니"; 히 10:12; 12:2), 예수 그리스도께서는 하늘에서 온갖 지극한 복과 위엄과 즐거움들(시 16:11), 차고 넘치는 존귀와 영광(히 2:7), 만유를 다스리는 모든 권세(마 28:18, "예수께서 나아와 말씀하여 이르시되 하늘과 땅의 모든 권세를 내게 주셨으니"), 만유를 다스리시는 왕으로서 필요한 온갖 영광스러운 능력들과 자질들을 향유하고 계신다. 그리스도께서 성부 하나님과 똑같이 이 모든 것들을 향유하시고 누리실 수 있으신 것은, 성부 하나님께서 그리스도를 통해서 모든 일을 하시기 때문인데, 이것은 그 어떤 피조물에게도 불가능한 일이다(히 1:13, "어느 때에 천사 중 누구에게 내가 네 원수로 네 발등상이 되게 하기까지 너는 내 우편에 앉아 있으라 하셨느냐"). 모든 세계들에서 모든 일들을 행하실 수 있으신 모든 권세가 예수 그리스도의 수중에 있다.

높은 곳에 계신 지극히 크신 이의. 예수 그리스도께서는 가장 높은 하늘에서 이 모든 권세를 지니고 계시고, 거기에서 모든 일들을 다스리심으로써 자신의 영광을 나타내고 계신다(히 7:26, "이러한 대제사장은 우리에게 합당하니 거룩하고 악이 없고 더러움이 없고 죄인에게서 떠나 계시고 하늘보다 높이 되신 이라"; 8:1; 엡 4:10). 그리스도께서는 단지 가장 복되신 상태에서만이 아니라, 아울러 가장 높은 곳에서 영원히 다스리실 것이다. 또한, 하나님께서는 "허물로 죽은 우리를 그리스도와 함께 살리셨고 또 함께 일으키사 그리스도 예수 안에서 함께 하늘에 앉히셨기"(엡 2:5-6) 때문에, 우리도 가장 높은 곳에서 가장 복된 상태로 우리의 주 예수 그리스도와 함께 다스리게 될 것이다.

4. 그가 천사보다 훨씬 뛰어남은 그들보다 더욱 아름다운 이름을 기업으로 얻으심이니.

그가 천사보다 훨씬 뛰어남은. 위대한 복음의 일꾼이신 이 참 하나님이자 참 사람이신 성자 그리스도는 천사들보다 더 뛰어나신 분이시기 때문에, 모든 선지자들보다 뛰어난 분이시라는 것은 두말할 필요가 없다. 그리스도께서 이렇게 천사들보다 뛰어나게 되신 것은, 하나님께서 영원 전부터 그렇게 하시기로 작정하셨고, 이 모든 날의 마지막에 그를 이 땅에 보내셔서 죽임을 당하게 하신 후에, 그를 "죽은 자들 가운데서 다시 살리시고 하늘에서 자기의 오른편에 앉히사 모든 통치와 권세와 능력과 주권과 이 세상뿐 아니라 오는 세상에 일컫는 모든 이름 위에 뛰어나게 하셨기"(엡 1:20-21) 때문이었다. 예수 그리스도께서는 그의 신성으로는 성자 하나님이신 까닭에 성부 하나님과 동등된 존재로서 지극히 뛰어나신 분이시기 때문에, 그와 비할 자가 없는 것은 당연하지만, 그의 인성에 있어서도 그의 인성은 한 인격 안에서 그의 신성과 연합되어 있기 때문에, 천사들보다 훨씬 뛰어나신 분이시다. 히브리서 1:6-7을 보라: "그가 맏아들을 이끌어 세상에 다시 들어오게 하실 때에 하나님의 모든 천사들은 그에게 경배할지어다 말씀하시며 또 천사들에 관하여는 그는 그의 천사들을 바람으로, 그의 사역자들을 불꽃으로 삼으시느니라 하셨으되." "천사들"은 하나님과 같은 "영들"이고, "신들"로 불리는 존재들로서(히 1:7; 시 104:4), 지극히 순전하고 영화로우며 능력 있는 하늘에 속한 피조물들이다(막 8:38; 13:32; 살후 1:7, "주 예수께서 자기의 능력의 천사들과 함께 하늘로부터 불꽃 가운데에 나타나실 때에"). 천사들 가운데는 위계질서가 있어서, 천사들에 대해서 에베소서 1:21에서는 "통치와 권세와 능력과 주권"을 열거하고, 골로새서 1:16에서는 "왕권들이나 주권들이나 통치자들이나 권세들"을 열거한다. 그리스도께서는 시내 산에서 자신의 율법을 이스라엘에게 수여하실 때에 천사들을 자신의 일꾼들로 사용하셨다(히 2:2; 행 7:53, "너희는 천사가 전한 율법을 받고도 지키지 아니하였도다"; 갈 3:19, "그런즉 율법은 무엇이냐 범법하므로 더하여진 것이라 천사들을 통하여 한 중보자의 손으로 베푸신 것인데 약속하신 자손이 오시기까지 있을 것이라"). 예수 그리스도께서는 인격과 직임과 이름에 있어서 천사들보다 말로 표현할 수 없을 정도로 무한히 뛰어나신 분이시다.

그들보다 더욱 아름다운 이름을 기업으로 얻으심이니. 예수 그리스도께서 얻으신 "아름다운 이름"은, 그가 하나님의 "장자"이자 "상속자"로서, 그에게 고유한 상속권이라는 생래적인 권리에 의해서 보장된 것이었기 때문에, 그리스도께서는 단지 명목상으로가 아니라 실질적으로 "아름다운 이름"을 지니고 계셨고, 그 이름은 그가 어떤 분이신지를 말해 주는 것이었다. 그러므로 이 "아름다운 이름"을 지니신 그리스도는 다른 그 어떤 존재보다도 뛰어나신 분이실 수밖에 없었다. 예수 그리스도는 성육신하신 성자 하나님이시고(사 7:14; 9:6), 하늘과 땅과 땅 아래에 있는 모든 피조물들의 주이시며(빌 2:9-11), 하나님이 보내신 단순한 사자가 아니라 "아들"이시고(마 17:5; 요 1:18), 자기 백성의 구속주이시자 의롭다 하신 이, 구원자이시다(눅 1:31-32). 예수 그리스도는 다른 모든 존재들보다 더 뛰어난 권능과 영광과 위엄을 지닌 이름을 갖고 계시는 분이시다(엡 1:21; 빌 2:9-11). "그들보다 더욱 아름다운 이름"이라는 것은 천사들이 지니고 있는 모든 뛰어난 이름들을 훨씬 능가하는 질적으로 판이하게 다른 이름을 의미한다. 심지어 천사장도 예수 그리스도를 섬기는 종일 뿐이다(살전 4:16, "주께서 호령과 천사장의 소리와 하나님의 나팔 소리로 친히 하늘로부터 강림하시리니"). 천사들이라는 이름도 영적인 존재들 가운데서 뛰어난 이름이지만, 예수 그리스도의 이름은 그런 이름보다 훨씬 더 뛰어난 이름이기 때문에, 천사들은 그 이름 앞에 무릎을 꿇고 복종한다. 예수 그리스도는 이름만이 아니라 모든 것에서 천사들보다 훨씬 뛰어나신 분이다.

5. 하나님께서 어느 때에 천사 중 누구에게 너는 내 아들이라 오늘 내가 너를 낳았다 하셨으며 또 다시 나는 그에게 아버지가 되고 그는 내게 아들이 되리라 하셨느냐.

하나님께서 어느 때에 천사 중 누구에게 너는 내 아들이라 오늘 내가 너를 낳았다 하셨으며. 사도는 여기에서 이 서신의 수신자인 히브리인들이 인정하는 성경 본문들을 사용해서, 그리스도께서 천사들보다 더 뛰어난 지극히 아름다운 이름을 지니고 계신다는 사실을 증명한다. 즉, 그리스도께서는 하나님의 아들이라는 이름을 지니고 계시는 반면에, 천사들은 그런 이름을 지니고 있지 않다는 것이다. 왜냐하면, 모든 존재를 높이기도 하시고 낮아지게도 하시는 절대적인 권세를 지니고 계시는 성부 하나님께서 자신의 규례나 능력의 말씀을 통해서 그 어떤 천사에게도 "너는 내 아들이라"고 하신 적이 없으시기 때문이다. 물론, 하나님께서는 천사들을 자신의 "아들들"이라고 표현하기도 하신다(욥 2:1, "또 하루는 하나님의 아들들이 와서 여호와 앞에 서고 사탄도 그들 가운데에 와서 여호와 앞에 서니"; 시 89:6, "무릇 구름 위에서 능히 여호와와 비교할 자 누구며 신들 중에서 여호와와 같은 자 누구리이까"[여기에서 "신들"은 직역하면 "능하신 자의 아들들"이다 — 역주]). 이것은 하나님께서 자신의 교회의 지체들(창 6:2, "하나님의 아들들이 사람의 딸들의 아름다움을 보고 자기들이 좋아하는 모든 여자를 아내로 삼는지라")이나, 왕들과 방백들(시 82:1, 6, "내가 말하기를 너희는 신들이며 다 지존자의 아들들이라 하였으나")을 자신의 아들들이라고 부르는 것과 맥을 같이하는 것이지만, 이런 경우에는 언제나 "아들들"이라는 복수형이 사용된다. 하나님께서는 천사들이 지닌 뛰어난 능력과 지위와 사역을 생각해서, 천사들을 "아들들"이라고 부르시지만(욥 38:7, "그 때에 새벽 별들이 기뻐 노래하며 하나님의 아들들이 다 기뻐 소리를 질렀느니라"), 단수형의 "하나님의 아들"은 오직 그리스도께만 해당되고, 다른 그 어떤 존재에게도 붙여질 수 없다. **너는 내 아들이라.** 이 말씀은 시편 2:7에서 인용된 것으로서, "하나님이자 사람인 너, 오직 너만이 나의 아들, 내게 있는 유일한 아들, 본성적으로 나의 아들"이라는 뜻이다(롬 8:32, "자기 아들을 아끼지 아니하시고 우리 모든 사람을 위하여 내주신 이가 어찌 그 아들과 함께 모든 것을 우리에게 주시지 아니하겠느냐"). 성령께서는 이 말씀은 원래 그리스도에 대한 말씀이고, 단지 모형적으로만 다윗에 대한 말씀이라고 분명하게 확인해 주신다(행 13:33, "하나님이 예수를 일으키사 우리 자녀들에게 이 약속을 이루게 하셨다 함이라 시편 둘째 편에 기록한 바와 같이 너는 내 아들이라 오늘 너를 낳았다 하셨고"). 이렇게 예수 그리스도만이 오직 하나님의 유일하신 "아들"이라는 사실은, 그리스도께서 모든 존재보다 뛰어나신 분이라는 것, 그리고 그가 하나님의 아들이시라는 것은 본성적으로 그에게 속한 속성이라는 것을 분명하게 보여 준다. **오늘 내가 낳았다.** "오늘"은 그리스도께서 성육하신 날을 가리키기도 하지만(사 9:6; 눅 1:31-32, 35), 특히 그가 부활하셔서, 능력으로 하나님의 독생자로 선포되신 날을 가리킨다(롬 1:4, "성결의 영으로는 죽은 자들 가운데서 부활하사 능력으로 하나님의 아들로 선포되셨으니 곧 우리 주 예수 그리스도시니라"). 예수 그리스도께서는 승천하신 후에, 하늘과 땅을 다스리시는 최고의 왕이자 대제사장으로 취임하심으로써(히 5:5), 천사들보다 더 뛰어나고 아름다운 이름과 지위와 권세를 소유하게 되셨다(엡 1:20-21). 그리스도께서 하나님의 아들이 되신다는 것은 이런 것들을 의미하기 때문에, 그러한 의미에서의 "아들"이라는 이름은 인간에게는 절대로 어울릴 수 없다. 왜냐하면, 하나님께서 우리를 낳으셨다고 할지라도, 그것은 하나님이 우리에게 역사하셔서 우리의 심령에 하나님께 속한 거룩한 성품을 주입하신 것을 의미할 뿐이지만, 예수 그리스도가 하나님의 "아들"이라는 것은 그가 영원한 출생에 의해서 본성적으로 본래부터 지니고 계신 "아들"로서의 지위를 의미하기 때문이다.

또 다시 나는 그에게 아버지가 되고 그는 내게 아들이 되리라 하셨느냐. 여기에서 사도는 성경의 또 다른 본문을 인용한다: 사무엘하 7:14("나는 그에게 아버지가 되고 그는 내게 아들이 되리니"); 역대상 17:13-14("나는 그의 아버지가 되고 그는 나의 아들이 되리니 나의 인자를 그에게서 빼앗지 아니하기를 내가 네 전에 있던 자에게서 빼앗음과 같이 하지 아니할 것이며 내가 영원히 그를 내 집과 내 나라에 세우리니 그의 왕위가 영원히 견고하리라 하셨다 하라"); 22:10("그가 내 이름을 위하여 성전을 건축할지라 그는 내 아들이 되고 나는 그의 아버지가 되어 그 나라 왕위를 이스라엘 위에 굳게 세워 영원까지 이르게 하리라 하셨나니"). 사도는 하나님께서는 이렇게 예수 그리스도에게는 "나는 그에게 아버지가 되고 그는 내게 아들이 되리라"고 말씀하셨지만, 천사들에게는 그렇게 말씀하신 적이 없으시다고 말한다. 이 말씀은 외형적으로는 하나님께서 그리스도의 모형인 솔로몬에게 하신 말씀이지만, 실제로는 장차 영원히 자신의 교회를 다스릴 만유의 왕이자 대제사장이 될 그리스도에게 하신 말씀이었고, 다윗도 그렇게 이해하였다(시 110:1, "여호와께서 내 주에게 말씀하시기를 내가 네 원수들로 네 발판이 되게 하기까지 너는 내 오른쪽에 앉아 있으라 하셨도다"). 또한, 시편 89:19, 26-29을 참조하라. 이 말씀은 예수 그리스도 안에서 그대로 이루어졌다. 그리스도께서는 하나님의 독생자이셨고, 왕으로 태어나셔서, 마침내 하나님의 계획과 작정하심에 따라서 만유의 상속자이자 주이자 왕이 되셨다.

6. 또 그가 맏아들을 이끌어 세상에 다시 들어오게 하실 때에 하나님의 모든 천사들은 그에게 경배할지어다 말씀하시며.

여기에서 사도는 하나님께서 천사들에게 예수 그리스도께 경배하라고 명하셨다는 사실을, 위대한 복음의 일꾼이신 예수 그리스도가 모든 천사들보다 더 뛰어나신 분이시라는 것을 증명해 주는 또 하나의 증거로 제시한다. 또 그가 맏아들을 이끌어 세상에 다시 들어오게 하실 때에. 어떤 이들은 여기에서 "또"로 번역된 '팔린'(πάλιν)은 성부 하나님께서 하신 말씀에 걸리는 것으로 보고서, "또 말씀하시며"로 해석하고, 어떤 이들은 그런 식으로 해석하는 경우에는 "또"와 "말씀하시며"가 너무 멀리 떨어져 있어서 부자연스럽고, 성경에 그런 구문은 잘 나오지 않는다는 이유로, 헬라어 본문에 나와 있는 그대로, "또 그가"로 해석하는 것이 자연스럽다고 생각한다.

여기에서 질문이 생기는데, 그것은 하나님께서 자신의 장자를 세상에 들어오게 하시는 것은 언제인가 하는 것이다. 어떤 이들은 예수 그리스도께서 성육신하신 때를 가리키는 것이라고 말하고, 어떤 이들은 예수 그리스도께서 심판하러 다시 오실 때를 가리키는 것이라고 말한다. 사도가 시편 2:7과 사무엘하 7:14로부터 가져온 앞서의 증거들을 고려한다면, 하나님께서 자기 아들을 세상에 들어오게 하시는 때는, 그리스도께서 부활하시고 승천하셔서, 하나님이 그리스도를 큰 왕으로 선포하신 때, 즉 그리스도께서 실제로 천사들이든 사람들이든 모든 신들보다 지극히 높아지신 때를 가리키는 것으로 보는 것이 가장 합당할 것으로 보인다. 시편 2:7("내가 여호와의 명령을 전하노라 여호와께서 내게 이르시되 너는 내 아들이라 오늘 내가 너를 낳았도다"), 시편 97:1, 9("여호와께서 다스리시나니 땅은 즐거워하며 허다한 섬은 기뻐할지어다 … 여호와여 주는 온 땅 위에 지존하시고 모든 신들보다 위에 계시니이다"), 사도행전 13:33("곧 하나님이 예수를 일으키사 우리 자녀들에게 이 약속을 이루게 하셨다 함이라 시편 둘째 편에 기록한 바와 같이 너는 내 아들이라 오늘 너를 낳았다 하셨고"), 골로새서 1:15, 18("그는 보이지 아니하는 하나님의 형상이시요 모든 피조물보다 먼저 나신 이시니 … 그는 몸인 교회의 머리시라 그가 근본이시요 죽은 자들 가운데서 먼저 나신 이시니 이는 친히 만물의 으뜸이 되려 하심이요")을 보라. 그 때에 예수 그리스도께서 만유의 주이자 왕이심이 밝히 드러나게 되었고, 모든 피조물들이 예수 그리스도를 만유의 주이자 왕으로 인정하고 고백하게 되었다(빌 2:9-11).

하나님의 모든 천사들은 그에게 경배할지어다 말씀하시며. 하나님께서는 자신의 성경에 선지자로 하여금 자신의 명령을 기록하게 하심으로써, 자기가 천사들에게 어떤 명령을 하였는지를 분명하게 보여 주신다. 즉, 하나님께서는 메시야 시편인 97편에서 "너희 신들아 여호와께 경배할지어다"(7절)라고 "신들"(천사들)에게 "여호와"(예수 그리스도)께 경배할 것을 명하신다. 이 본문을 히브리어 본문으로 보면 더욱 생생하다: "너희 모든 신들아 그에게 무릎을 꿇어라." 칠십인역에서는 "신들"을 "천사들"로 번역하였고, 바울은 여기에서 칠십인역 본문을 인용하고 있다. 성경은 "천사들"을 "신들"이라고 부르기 때문에(시 8:4-5, "사람이 무엇이기에 주께서 그를 생각하시며 인자가 무엇이기에 주께서 그를 돌보시나이까 그를 하나님['신들']보다 조금 못하게 하시고 영화와 존귀로 관을 씌우셨나이다"), 성령도 그것을 보증하고 있다. 당시에 천하에 흩어져 살고 있던 히브리인들은 헬라어를 사용하였기 때문에,

히브리어 성경보다는 헬라어로 씌어진 칠십인역을 일상적으로 사용하였다. 천사들은 이렇게 자기 아들에게 경배하라는 성부 하나님의 명령을 따라, 그 아들이 부활하셨을 때(마 28:2; 눅 24:4; 요 20:12), 그 아들이 승천하실 때(행 1:9-10; 계 5:11-12), 그 아들에게 복종하고 경배한다. 경배받는 이가 경배하는 이들보다 더 뛰어난 이라는 점에서, 예수 그리스도는 천사들보다 더 뛰어나신 분이다.

7. 또 천사들에 관하여는 그는 그의 천사들을 바람으로, 그의 사역자들을 불꽃으로 삼으시느니라 하셨으되.

또 천사들에 관하여는. 사도는 위대하신 복음의 일꾼이신 예수 그리스도께서 천사들보다 더 뛰어나다는 또 다른 증거를 여기에 덧붙인다. 즉, 그리스도께서는 "하나님"이라는 이름을 지니고 계시는 반면에, 천사들은 단지 하나님의 "사역자들"이라 불린다는 것이다. 천사들을 지으셨기 때문에, 그들의 본성과 직무를 가장 잘 아시는 하나님께서는 시편 104:4에서 자신의 성령을 통해서 그들이 어떤 존재들인지를 증언하신다: "바람을 자기 사신으로 삼으시고 불꽃으로 자기 사역자를 삼으시며"(이 히브리어 본문과 사도가 이 절에서 인용한 본문은 동일하다 — 역주). 그는 그의 천사들을 바람으로. (매튜 풀과 흠정역의 번역에는 "그는 그의 천사들을 영들로 만드시고"로 되어 있다 — 역주). 하나님께서는 천사들을 영적이고 지적이며 영원히 죽지 않는 존재로 창조하심으로써, 동류의 피조물들 중에서 가장 고귀한 존재가 되게 하셨다. 여기에서 '프뉴마타'(πνεύματα, 한글개역개정에는 "바람")는 "바람"을 의미하는 것이 아니라, "인자"처럼 영적이고 지적인 존재를 의미한다. 즉, 여기에서 사도는 천사들이 신속하고 힘 있게 다닌다고 해서, 천사들을 "바람"에 비유하고 있는 것이 아니라는 것이다. 따라서 이 구문에서 "영들"은 주어가 아니라, 천사들에 대해서 설명하는 술어이다. 그의 사역자들을 불꽃으로 삼으시느니라. 천사들은 하나님의 심부름으로 하나님의 뜻을 사람들에게 전하는 일을 하는 "사역자들"이자 종들일 뿐이다. 그들은 크신 왕을 모시고 섬기는 존귀한 관리들로서, 하나님의 명령을 받들어 수행하며 하나님이 기뻐하시는 일들을 이루는 존재들이다(히 1:14; 시 103:20-21, "능력이 있어 여호와의 말씀을 행하며 그의 말씀의 소리를 듣는 여호와의 천사들이여 여호와를 송축하라 그에게 수종들며 그의 뜻을 행하는 모든 천군이여 여호와를 송축하라"). 천사들은 빛나고 영광스럽고 뛰어난 피조물들인 "스랍들"이기는 하지만, 천국의 관리들로서, 하나님의 보좌를 옹위하고 시립해 있다가, 하나님의 명령이 떨어지면, 그 즉시 그 명령에 순종하여 바람이나 번개처럼 신속하게 움직여서 그 명령을 이루어내는 자들이다. 천사들은 빛과 영광과 탁월함을 지니고 있기 때문에, 성령께서는 천사들을 "그룹들"(창 3:24; cf. 겔 1:5; 10:1-15)이라고 부르기도 하고, "스랍들"(사 6:6)이라고 부르기도 하지만, 그럼에도 불구하고 여전히 피조물들이고, 성자이신 예수 그리스도보다 못한 존재들이다. 왜냐하면, 천사들은 성자 하나님의 종들이기 때문이다.

8. 아들에 관하여는 하나님이여 주의 보좌는 영영하며 주의 나라의 규는 공평한 규이니이다.

아들에 관하여는. 사도는 일반적으로 성부를 부르는 "하나님"이라는 호칭을 성자에게 돌림으로써, 예수 그리스도는 "하나님"이시고, 천사들은 그 하나님이 지으신 존재이자 그 하나님의 종이기 때문에, 예수 그리스도께서 천사들보다 더 뛰어나시다는 것은 두말할 필요가 없는 것임을 보여 준다. 위대하신 복음의 일꾼이신 그리스도께서는 "나라"를 가지고 계시고, 그 나라에는 그의 사역자들과 종들이 있는데, 천사들이 바로 그의 사역자들이자 종들이라는 것이다. 이 증거는 시편 45:6-7에서 인용한 것이다: "하나님이여 주의 보좌는 영원하며 주의 나라의 규는 공평한 규이니이다 왕은 정의를 사랑하고 악을 미워하시니 그러므로 하나님 곧 왕의 하나님이 즐거움의 기름을 왕에게 부어 왕의 동료보다 뛰어나게 하셨나이다." 이것은 성부 하나님께서 솔로몬이나 다윗이 아니라 참 하나님이자 참 사람이 되신 성자 예수 그리스도에게 하신 말씀이다. 이 시편 전체는 메시야에 관한 것으로서, 이 시편에 들어 있는 내용은 메시야 외에는 그 누구에게도 적용될 수 없는 것들이다. 이 시편은 메시야를 찬양하는 가운데, 메시야와 그의 교회의 신비한 혼인에 대하여 묘사하고 있다. 에베소서 5:23-33과 요한계시록 19:7-8("우리가 즐거워하고 크게 기뻐하며 그에게 영광을 돌리세 어린 양의 혼인 기약이 이르렀고 그의 아내가 자신을 준비하였으므로 그에게 빛나고 깨끗한 세마포 옷을 입도록 허락하셨으니 이 세마포 옷은 성도들의 옳은 행실이로다"); 22:17과 비교해 보라.

하나님이여 주의 보좌는. 이 본문이 그리스도의 신성을 증명하는 증거가 되지 않도록 하기 위해서, 어떤 이단들은 "하나님"을 속격으로 바꾸어, "하나님의 당신의 보좌는"으로 해석하지만, 그러한 번역은 히브리어 본문이나 헬라어 본문의 문법과 정면으로 배치되는 것이다. 또한, 어떤 이들은 "하나님이여"로 번역된 '호 테오스' (ὁ θεὸς)를 주격으로 보고서, "하나님은 영원히 주의 보좌이시고"로 번역하여, 이것은 하나님께서 그리스도의 보좌를 견고하게 하실 것임을 의미하는 것이라고 해석하기도 한다. 그러나 그러한 해석들은 말도 안 되는 것을 고집하는 억지 주장일 뿐이다. 왜냐하면, 이 본문은 성부 하나님께서 자기 아들에게, 그리고 자기 아들에 대하여 하고 계시는 말씀으로서, 앞서 천사들에 대하여 한 말과 대비시켜서, 자기 아들이 어떤 존재인지에 대하여 설명하고 묘사하는 것이기 때문이다. 즉, 천사들은 피조된 "영들"인 반면에, 하나님의 아들 예수 그리스도는 "하나님"이시다. 천사들은 하나님의 나라, 곧 천국에서 하나님의 "사역자들"이자 종들인 반면에, 예수 그리스도는 거기에서 왕이시다. 그러므로 그리스도의 이름이 천사들의 이름보다 더 아름답다는 것은 두말할 필요가 없다. 단수형으로 된 "하나님"은 피조물에게는 결코 붙여질 수 없는 이름이기 때문에, 예수 그리스도의 신성, 즉 그가 삼위일체 하나님 중에서 성자 하나님이시라는 사실을 잘 보여 준다. **영영하며.** 참 하나님과 참 사람이자 위대하신 복음의 일꾼으로서의 예수 그리스도의 직무는 왕으로서 행하신 일이었다. 그리스도는 크신 왕이시고, 천사들은 사람들과 마찬가지로 그리스도의 나라의 신민들이다. 사람들이 그리스도의 신민이라는 것은 그들이 그리스도인이라 불리는 것에서 알 수 있다. "보좌"는 왕의 권위와 통치권과 권능의 상징이다. 예수 그리스도는 자신의 나라에서 왕의 보좌에 좌정하신 채로 자신의 왕권을 행사하신다. 예수 그리스도께서 앉으신 "보좌"는 천국의 보좌로서, 그 다스리심은 온전하고 영원까지 이어진다. 천국의 보좌에 앉으셔서 만유를 다스리시는 왕권은 원래 성자 하나님에게 주어진 고유한 유업이었는데, 이제는 참 하나님과 참 사람이신 예수 그리스도께서 그 왕권을 물려받으셨다. 만유에 대한 이러한 성자 예수의 고유한 통치권은 영원토록 지속된다(골 1:15-17, "그는 보이지 아니하는 하나님의 형상이시요 모든 피조물보다 먼저 나신 이시니 만물이 그에게서 창조되되 하늘과 땅에서 보이는 것들과 보이지 않는 것들과 혹은 왕권들이나 주권들이나 통치자들이나 권세들이나 만물이 다 그로 말미암고 그를 위하여 창조되었고 또한 그가 만물보다 먼저 계시고 만물이 그 안에 함께 섰느니라 ").

주의 나라의 규는 공평한 규이니이다. 예수 그리스도께서 자신의 나라에서 왕으로 다스리고 계신다는 것을 보여 주는 또 하나의 분명한 증거는 그에게 있는 "규"이다. 여기에서 "규"는 그리스도께서 세상을 다스리시기 위하여 사람들에게 부어 주시는 자신의 "성령"을 가리킨다. 그리스도의 영인 성령께서는 그리스도께서 이루신 대속의 역사를 토대로 해서 특별한 은혜의 역사를 통하여 그리스도의 말씀과 규례들을 사용하여 그리스도의 택하신 자들의 마음을 인도하셔서 성부 하나님의 뜻에 순종하게 하신다. 이 "규"는 그 자체로 의롭고 공평할 뿐만 아니라, 이 "규"의 권능 아래에서 그리스도의 모든 택하신 자들은 하나님의 의로우시고 순전하신 마음과 뜻을 따라 의롭게 된다. 시편 110:1-3을 보라: "여호와께서 내 주에게 말씀하시기를 내가 네 원수들로 네 발판이 되게 하기까지 너는 내 오른쪽에 앉아 있으라 하셨도다 여호와께서 시온에서부터 주의 권능의 규를 내보내시리니 주는 원수들 중에서 다스리소서 주의 권능의 날에 주의 백성이 거룩한 옷을 입고 즐거이 헌신하니 새벽 이슬 같은 주의 청년들이 주께 나오는도다."

9. 주께서 의를 사랑하시고 불법을 미워하셨으니 그러므로 하나님 곧 주의 하나님이 즐거움의 기름을 주께 부어 주를 동류들보다 뛰어나게 하셨도다 하였고.

주께서 의를 사랑하시고 불법을 미워하셨으니. 왕이신 그리스도께서 자신의 나라에서 다스리시는 것은 그의 "보좌" 및 "규"에 합당한 다스리심이어서, 지극히 선하신 다스리심이다. 왜냐하면, 그리스도께서는 "의"를 지극히 사랑하셨고, "불법"을 지극히 미워하셔서, 스스로 의로우시고 거룩하신 분으로서, 자신의 삶과 죽음을 통해 사람들의 죄를 속하시고, 믿는 자들을 거룩하게 하셨기 때문이다. 그러므로 예수 그리스도께서는 원래부터 본성적으로 의로우시고 완전하시기 때문에, 영원토록 그렇게 행하신다.

그러므로 하나님 곧 주의 하나님이 즐거움의 기름을 주께 부어. 사도는 여기에서 성부 하나님을 "하나님"이라 부르고, 그것을 좀 더 명확히 하기 위해서 "주의 하나님"이라는 보충설명을 덧붙이고 있기 때문에, 여기에서 성부 하나님께서 성자 하나님에게 말씀하고 있다는 것은 분명하다. 성부 하나님은 그리스도의 인성과 관련해서는 그리스도의 하나님이시다(눅 1:35, "천사가 대답하여 이르되 성령이 네게 임하시고 지극히 높으신 이의 능력이 너를 덮으시리니 이러므로 나실 바 거룩한 이는 하나님의 아들이라 일컬어지리라"). 즉 성부 하나님께서는 그리스도의 인성을 지으셨고(갈 4:4, "때가 차매 하나님이 그 아들을 보내사 여자에게서 나게 하시고 율법 아래에 나게 하신 것은"), 인성을 입으신 그리스도를 하나님과 죄인들인 인간 사이의 중보자로 세우셨다(요 20:17, "예수께서 이르시되 나를 붙들지 말라 내가 아직 아버지께로 올라가지 아니하였노라 너는 내 형제들에게 가서 이르되 내가 내 아버지 곧 너희 아버지, 내 하나님 곧 너희 하나님께로 올라간다 하라 하시니"). 예수 그리스도께서는 성부 하나님과의 언약 속에서 성부 하나님의 위대하신 복음의 일꾼이 되셨고, 교회의 머리가 되셨다. 이렇게 그리스도께서는 의를 사랑하시고 불법을 미워하셨고, 이것은 성부 하나님이 그에게 "성령과 능력"으로 기름을 부어 주신 이유였다(요 3:34, "하나님이 보내신 이는 하나님의 말씀을 하나니 이는 하나님이 성령을 한량 없이 주심이니라"; 행 10:38, "하나님이 나사렛 예수에게 성령과 능력을 기름 붓듯 하셨으매 그가 두루 다니시며 선한 일을 행하시고 마귀에게 눌린 모든 사람을 고치셨으니 이는 하나님이 함께 하셨음이라"). 성부 하나님께서는 이렇게 그리스도에게 기름을 부으셨을 뿐만 아니라, 문자 그대로 기름 부음을 받았던 모든 왕들과 선지자들보다 그리스도를 높이시고, 성부 하나님으로부터 신적인 능력과 권세를 수여받은 모든 천사들보다 그리스도를 높이셔서, 그리스도로 하여금 우리를 위하여 성부 하나님과의 모든 교제 속에서 최고의 즐거움을 누리게 하셨다. 예수 그리스도께서는 바로 이 즐거움과 기쁨으로 우리를 충만하게 하시기를 원하신다(요 15:11, "내가 이것을 너희에게 이름은 내 기쁨이 너희 안에 있어 너희 기쁨을 충만하게 하려 함이라"; 17:13, "지금 내가 아버지께로 가오니 내가 세상에서 이 말을 하옵는 것은 그들로 내 기쁨을 그들 안에 충만히 가지게 하려 함이니이다").

주를 동류들보다 뛰어나게 하셨도다. "주의 동류들"은 하나님의 나라를 함께 상속받을 자들을 가리킨다. 예수 그리스도께서 성부 하나님으로부터 받으신 것들은 성부 하나님이 성도들이나 천사들에게 수여하신 모든 것들을 능가하는 것이었다. 하나님께서는 예수 그리스도에게는 성령을 "한량없이" 부어 주셨다(요 3:34). 우리가 향유하고 누리는 것들은 무엇이든지 다 예수 그리스도의 충만함으로부터 온다(요 1:16, "우리가 다 그의 충만한 데서 받으니 은혜 위에 은혜러라"; 눅 4:18-21).

10. 또 주여 태초에 주께서 땅의 기초를 두셨으며 하늘도 주의 손으로 지으신 바라.

또 주여. 사도는 앞에서 그리스도께서 천사들보다 더 뛰어난 이름, 곧 "하나님"이라는 이름을 지니셨다는 증거를 제시한 후에, 또 다른 증거를 제시하는 것으로 이행하기 위하여, 여기에 이러한 단어들을 먼저 도입한다. 즉, 사도는 앞에서 예수 그리스도가 하나님이시라는 사실을 시편 45:6-7로부터 증명하였고, 이제 그리스도가 하나님이시라는 것을 입증해 줄 좀 더 구체적인 증거를 이 절과 다음 두 절에 걸쳐서 제시하는데, 이 증거는 시편 102:25-27로부터 인용한 것이다: "주께서 옛적에 땅의 기초를 놓으셨사오며 하늘도 주의 손으로 지으신 바니이다 천지는 없어지려니와 주는 영존하시겠고 그것들은 다 옷 같이 낡으리니 의복 같이 바꾸시면 바뀌려니와 주는 한결같으시고 주의 연대는 무궁하리이다." 사도가 여기에서 또 하나의 증거로서 제시한 본문의 취지는 이런 것이다: "나는 앞에서 예수 그리스도께서 하나님이시라고 말씀한 본문을 증거로 제시하였는데, 거기에서 그리스도가 하나님이시라는 것은, 세상을 지으신 위대하신 창조주 여호와가 바로 그리스도라는 것이다. 위대하신 복음의 선지자이신 그리스도는 바로 그런 하나님이시다." 이것은 시편 102편에 기록된 그리스도에게 드려진 기도를 히브리서 1:8에 나오는 성령의 증언과 비교해 보면 분명하게 드러난다. 왜냐하면, 그 시편에서 여호와께서 행하실 역사들로 돌려지고 있는 것들, 즉 사람들을 속량하시는 일(시 102:20-21, "이는 갇힌 자의 탄식을 들으시며 죽이기로 정한 자를 해방하사 여호와의 이름을 시온에서, 그 영예를 예루살렘에서 선포하게 하려 하심이라")과 이방인들을 부르시는 일(시 102:15, 18, 22, "그 때에 민족들과 나라들이 함께 모여 여호와를 섬기리로다")은 바로 성자 하나님이신 예수 그리스도께서 행하신 일들이기 때문이다.

태초에. "태초에"는 시간이 시작되어서 모든 것들의 척도이자 한계가 되게 된 때를 가리킨다(창 1:1, "태초에 하나님이 천지를 창조하시니라"). 천사들과 같은 그 어떤 피조물이 존재하기 이전에, 예수 그리스도는 여호와이셨고(요 1:1, "태초에 말씀이 계시니라 이 말씀이 하나님과 함께 계셨으니 이 말씀은 곧 하나님이시니라"), 나중에 자기 자신이 여호와시라는 것을 나타내셨다. 그리스도의 신성을 부인하는 자들은 성령이 인용한 이 시편 본문에는 여호와라는 이름이 나오지 않는다고 말하지만, 이 모든 절들에서 사용된 "주"("당신"이라는 대명사")는 24절에 나오는 "하나님"을 받고 있고, 이 "하나님"은 이 시편의 1, 12, 15, 16, 18, 19, 21, 22절에 나오는 "여호와"를 가리킨다. 따라서 이 시편에서 사용된 "주"와 "하나님"과 "여호와"는 모두 한 동일한 존재를 의미한다. 또한, 히브리서 본문에서 '퀴리오스'(κύριος, "주")는 신약성경에서 말하는 구속주를 나타낸다는 것은 잘 알려져 있는 사실이다. "주"이신 예수 그리스도는 여호와께서 만유를 창조하실 때에 사용하신 하나의 도구이셨던 것이 아니라, 모든 존재의 근원이신 여호와 자신이셨다.

주께서 땅의 기초를 두셨으며 하늘도 주의 손으로 지으신 바라. "땅의 기초를 두셨으며 하늘도 주의 손으로 지으신" 것이라는 말씀은, 여호와께서 6일 동안에 걸쳐서 행하신 창조의 사역 전체를 가리킨다. 예수 그리스도는 땅과 그 안의 모든 피조물들, 그리고 하늘과 그 안의 모든 피조물들이 존재하게 된 유일하게 참된 근원이셨다. 그는 만유를 건축하시고 세우신 위대하신 조물주이셨다. 예수 그리스도께서는 만유를 친히 지으셔서 소유하시고 다스리고 계신다(고전 8:6, "우리에게는 한 하나님 곧 아버지가 계시니 만물이 그에게서 났고 우리도 그를 위하여 있고 또한 한 주 예수 그리스도께서 계시니 만물이 그로 말미암고 우리도 그로 말미암아 있느니라"). 요한복음 1:3("만물이 그로 말미암아 지은 바 되었으니 지은 것이 하나도 그가 없이는 된 것이 없느니라")과 골로새서 1:16("만물이 그에게서 창조되되 하늘과 땅에서 보이는 것들과 보이지 않는 것들과 혹은 왕권들이나 주권들이나 통치자들이나 권세들이나 만물이 다 그로 말미암고 그를 위하여 창조되었고")을 보라. "하늘들"과 거기에 있는 모든 것들이 예수 그리스도의 손으로 지으신 것이라면, 예수 그리스도는 천사들을 지으신 분이기 때문에, 그 인격과 이름과 직분에 있어서 천사들보다 더 뛰어나신 분이라는 것은 두말할 필요가 없다.

11. 그것들은 멸망할 것이나 오직 주는 영존할 것이요 그것들은 다 옷과 같이 낡아지리니.

그것들은 멸망할 것이나. "그것들"은 앞 절에 나온 "하늘들"을 가리킨다. 이방의 철학자들이 하늘을 영원히 있고 결코 쇠하지 않는 것으로 여겼던 것에서 알 수 있듯이, 하늘들은 여호와께서 창조하신 피조세계 중에서 가장 뛰어난 부분이기 때문에, 사도는 여기에서 "하늘들"을 예로 들어서, "하늘들"조차도 "멸망할" 것이라고 말한다. 궁창만이 아니라 거기에 있는 것들 자체도 여러 가지 변화를 겪는다. 해와 같은 하늘들에 있는 영광스러운 광명들도 흠과 녹을 지니고 있고, 홍망성쇠를 겪기 때문에, 그러한 것들의 현재의 본래의 형태는 변하고 쇠퇴하여 풀어 없어진다(사 51:6, "너희는 하늘로 눈을 들며 그 아래의 땅을 살피라 하늘이 연기 같이 사라지고 땅이 옷 같이 해어지며 거기에 사는 자들이 하루살이 같이 죽으려니와 나의 구원은 영원히 있고 나의 공의는 폐하여지지 아니하리라"; 마 24:35, "천지는 없어질지언정 내 말은 없어지지 아니하리라").

오직 주는 영존할 것이요. 여호와이신 성자 예수 그리스도께서는 언제까지나 영원무궁토록 변함이 없으시고 늘 한결같으셔서, 그의 신분과 지위는 영원까지 이어지고, 그의 나라도 무궁할 것이다. 이렇게 예수 그리스도께서 영원무궁토록 변함이 없으실 것이라는 사실은 그의 신성을 증명해 준다. 여기에서 "영존하다"로 번역된 단어는 현재 시제로 사용되어서, 언제까지나 변함이 없이 지속된다는 의미이다. 그리스도께서는 모든 시대 이전에도 계셨고, 모든 시대 가운데서도 계셨으며, 모든 시대 이후에도 계실 것이고, 언제까지나 변함이 없으실 것이다(애 5:19, "여호와여 주는 영원히 계시오며 주의 보좌는 대대에 이르나이다"). 히브리서 13:8에서는 "예수 그리스도는 어제나 오늘이나 영원토록 동일하시니라"고 말한다.

그것들은 다 옷과 같이 낡아지리니. 사도는 하늘들이 쇠하여 결국에는 없어지게 될 것임을 보여 주기 위해서, 여기에서 낡은 옷의 비유를 든다. 옷을 오래 입으면 낡아져서 형태와 재질이 변형되고 결국에는 썩어 없어지게 되는 것과 마찬가지로, 하늘들도 점차 현재의 모습을 잃어버리고 그 형태와 모양이 변형되어 사멸하게 될 것이다(벧후 3:7, 10, "이제 하늘과 땅은 그 동일한 말씀으로 불사르기 위하여 보호하신 바 되어 경건하지 아니한 사람들의 심판과 멸망의 날까지 보존하여 두신 것이니라 … 주의 날이 도둑 같이 오리니 그 날에는 하늘이 큰 소리로 떠나가고 물질이 뜨거운 불에 풀어지고 땅과 그 중에 있는 모든 일이 드러나리로다"). 히브리서 8:13에서는 "새 언약이라 말씀하셨으매 첫 것은 낡아지게 하신 것이니 낡아지고 쇠하는 것은 없어져 가는 것이니라"고 말하고 있는 것처럼, 현재 있는 하늘들도 결국에는 없어지고 말 것이다.

12. 의복처럼 갈아입을 것이요 그것들은 옷과 같이 변할 것이나 주는 여전하여 연대가 다함이 없으리라 하였으나.

의복처럼 갈아입을 것이요. 여기에서 "의복"으로 번역된 '페리볼라이온'(περιβόλαιον)은 사람들이 마음대로 걸치기도 하고 벗어 버리기도 하는 "겉옷"이나 외투 같은 것을 가리킨다. 사람들은 자신들에게 외투가 필요 없을 때에는 잘 개서 한 쪽에 치워 둔다. 마찬가지로, 이 땅에 성육신하신 위대하신 복음의 일꾼이신 성자 하나님께서는 현재의 하늘들이 쓸모없게 되었을 때에는 둘둘 말아서 한 쪽으로 치워 두실 것이다.

그것들은 옷과 같이 변할 것이나. 예수 그리스도께서는 하늘들을 변화시키셔서, 새롭게 조형하셔서 더욱 영화롭고 좋은 곳으로 변형시키실 것이다(사 34:4, "하늘의 만상이 사라지고 하늘들이 두루마리 같이 말리되 그 만상의 쇠잔함이 포도나무 잎이 마름 같고 무화과나무 잎이 마름 같으리라"; 65:17, "보라 내가 새 하늘과 새 땅을 창조하나니 이전 것은 기억되거나 마음에 생각나지 아니할 것이라"; 66:22, "내가 지을 새 하늘과 새 땅이 내 앞에 항상 있는 것 같이 너희 자손과 너희 이름이 항상 있으리라 여호와의 말이니라"). 베드로후서 3:10-13과 비교해 보라: "주의 날이 도둑 같이 오리니 그 날에는 하늘이 큰 소리로 떠나가고 물질이 뜨거운 불에 풀어지고 땅과 그 중에 있는 모든 일이 드러나리로다 이 모든 것이 이렇게 풀어지리니 너희가 어떠한 사람이 되어야 마땅하냐 거룩한 행실과 경건함으로 하나님의 날이 임하기를 바라보고 간절히 사모하라 그 날에 하늘이 불에 타서 풀어지고 물질이 뜨거운 불에 녹아지려니와 우리는 그의 약속대로 의가 있는 곳인 새 하늘과 새 땅을 바라보도다."

주는 여전하여. 모든 피조물들 중에서 지극히 뛰어난 하늘들도 이렇게 변화되는데, 예수 그리스도는 영원무궁토록 변함이 없이 "여전하시다"는 사실은, 사도가 앞에서 말한 대로, 그가 "여호와"이시라는 것을 잘 보여 준다(히 13:8, "예수 그리스도는 어제나 오늘이나 영원토록 동일하시니라"). 그리스도께서는 사람의 몸을 입으시고 인성을 취하셨지만, 이전과 조금도 달라진 것이 없으시고, 이전이나 지금이나 지극히 뛰어나신 하나님 여호와이시다(말 3:1, 6; 고전 12:5). 연대가 다함이 없으리라. 성자 하나님의 존재는 연대나 시간에 의한 제한이나 끝이 있는 것이 아닌 것과 마찬가지로, 인성을 입으신 예수 그리스도의 "연대"도 결코 "다함이 없을" 것이다. 왜냐하면, 그리스도께서는 죽은 자 가운데서 부활하셔서 더 이상 죽지 않으시고 "영원히 계셔서"(요 12:34), 자신의 나라를 영원무궁토록 다스리시게 될 것이기 때문이다(눅 1:33; 벧전 4:11). 이렇게 예수 그리스도는 영원히 존재하시고 영원토록 변함이 없으신 분이시기 때문에, 그 지위와 이름에 있어서 천사들과는 비교를 할 수 없을 정도로 뛰어나신 분이시다!

13. 어느 때에 천사 중 누구에게 내가 네 원수로 네 발등상이 되게 하기까지 너는 내 우편에 앉아 있으라 하셨느냐.

어느 때에 천사 중 누구에게 … 하셨느냐. 사도는 이제 위대한 복음의 일꾼이신 예수 그리스도께서 그 지위와 직분과 이름에 있어서 천사들보다 더 뛰어나신 분이라는 것을 보여 주는 마지막 증거를 여기에서 제시한다. 즉, 예수 그리스도는 하나님의 우편에 앉아서 하나님과 어깨를 나란히 하는 분이신 반면에, 천사들은 그리스도의 성도들을 섬기는 사역자들이자 일꾼들에 불과하기 때문에, 그리스도께서 천사들보다 더 뛰어나고 아름다운 이름을 지니고 계신다는 것은 의심의 여지가 없다는 것이다. 사도는 여기에서 그리스도의 지위를 증명한다. 왜냐하면, 그는 여호와께서 자신의 천사들 중 그 누구에게도 "너는 내 우편에 앉아 있으라"고 말씀하심으로써, 자신의 우편에 앉는 영광과 존귀를 주신 적이 없으시다고 말하고 있기 때문이다. 사도는 이 성경 본문을 인용해서, 하나님께서는 천사들에게 이러한 영광스러운 말씀을 주신 적이 없으시다는 것을 반문의 형식으로 이 서신의 수신자들인 히브리인들에게 제시한다. 즉, 사도의 이러한 반문 속에는, 천사들이 하나님으로부터 그런 영광스러운 말씀을 듣는다는 것은 아예 불가능한 일이라는 뉘앙스가 담겨 있다. 성부 하나님께서는 그 어떤 천사에게도 이 말씀을 하신 적이 없으셨지만, 주 예수 그리스도께는 이 말씀을 하셨을 뿐만 아니라, 성경에 기록해 두셨다. 그리스도께서 성부 하나님의 우편에 앉게 되시리라는 것은 이미 확정된 사실이었다. 이 말씀은 시편 110:1에 기록되어 있다: "여호와께서 내 주에게 말씀하시기를 내가 네 원수들로 네 발판이 되게 하기까지 너는 내 오른쪽에 앉아 있으라 하셨도다." 거기에서 성부 하나님께서는 자신의 능력의 말씀으로 그리스도에게 모든 천사들과 사람들을 다스리고 주관하는 권능과 존귀와 영광과 위엄을 확정적으로 수여하셨고(고전 15:25, "그가 모든 원수를 그 발 아래에 둘 때까지 반드시 왕 노릇 하시리니"), 예수 그리스도께서는 승천하신 이래로 지금도 성부 하나님의 우편에서 만유를 다스리고 계시며, 앞으로도 다스리실 것이다(히 1:3).

내가 네 원수로 네 발등상이 되게 하기까지 너는 내 우편에 앉아 있으라. "내가 네 원수로 네 발등상이 되게 하기까지"는, 이 세상이 존속하는 모든 날 동안에 하나님께서 자신의 권능으로 자신의 절대주권과 나라에 반기를 드는 모든 것들과 모든 사람들을 복속시키시고, 모든 마귀들과 악한 자들을 길거리의 흙처럼 자신의 발 아래에 밟으셔서 가장 미천한 상태로 만드시고 철저히 멸하셔서, 자신의 성도들을 영화롭게 하실 때까지를 의미한다(살후 1:7-10, "환난을 받는 너희에게는 우리와 함께 안식으로 갚으시는 것이 하나님의 공의시니 주 예수께서 자기의 능력의 천사들과 함께 하늘로부터 불꽃 가운데에 나타나실 때에 하나님을 모르는 자들과 우리 주 예수의 복음에 복종하지 않는 자들에게 형벌을 내리시리니 이런 자들은 주의 얼굴과 그의 힘의 영광을 떠나 영원한 멸망의 형벌을 받으리로다 그 날에 그가 강림하사 그의 성도들에게서 영광을 받으시고 모든 믿는 자들에게서 놀랍게 여김을 얻으시리니"). 여기에서 "~까지"라는 단어는 이 때가 되면 그리스도의 통치권은 끝나게 되고, 그 이후로는 그리스도께서 만유를 다스리시지 않게 되신다는 의미가 아니고, 단지 이 때 이전에도 그리스도께서 만유를 다스리시고 계신다는 사실을 분명하게 보여 주는 것이다. 즉, 이 세상이 존속하는 동안에 원수들이 많고 강하다고 할지라도, 예수 그리스도께서는 결국에는 그 모든 원수들을 멸하시고, 그의 나라를 성부 하나님께 바쳐 드리게 될 것이다(고전 15:24, 28, "그 후에는 마지막이니 그가 모든 통치와 모든 권세와 능력을 멸하시고 나라를 아버지 하나님께 바칠 때라 … 만물을 그에게 복종하게 하실 때에는 아들 자신도 그 때에 만물을 자기에게 복종하게 하신 이에게 복종하게 되리니 이는 하나님이 만유의 주로서 만유 안에 계시려 하심이라"). 그 때에 성자 하나님께서는 그의 나라를 성부 하나님께 바쳐 드리시고, 그 이후로 함께 영원무궁토록 그 나라를 다스리시게 되실 것이고, 그 다스리심에는 끝이 없을 것이다. 즉, 그리스도께서는 참 하나님과 참 사람이자 중보자로서 하나님으로부터 받은 왕권은, 그의 모든 원수들이 복속되어서 중보자로서의 자신의 사역이 완성되었을 때에는, 그 왕권과 나라를 성부 하나님께 바쳐 드려서, 성부 하나님으로 하여금 모든 것 안에서 모든 것이 되게 하시지만, 성자 하나님으로서 성부 하나님과 더불어서 그 나라를 영원무궁토록 다스리시게 되시리라는 것이다.

14. 모든 천사들은 섬기는 영으로서 구원 받을 상속자들을 위하여 섬기라고 보내심이 아니냐.

모든 천사들은 섬기는 영으로서. 사도는 여기에서 천사들은 단지 위대하신 복음이 일꾼이신 예수 그리스도와 그의 몸인 교회의 지체들을 섬기는 사역자들이기 때문에, 그 지위와 본성과 이름에 있어서 그리스도보다 더 미천한 존재들일 수밖에 없다는 것을 증명한다. 사도가 여기에서 사용한 이 부정의 반문은 단호한 긍정을 의미한다. 이 서신의 수신자들인 히브리인들은 구약성경을 통해서 천사들의 본성과 위엄과 직무에 대해서 잘 알고 있었는데, 사도는 그러한 것들을 여기에서 되풀이한다. 즉, 천사들은 본성적으로 "영들"로서, 하나님의 명령을 받아 일하는 영원히 죽지 않고 육신을 입지 않은 지적인 피조물들이라는 것이다. 이렇게 천사들은 아주 뛰어난 존재들이기는 하지만, 그럴지라도 여전히 피조물들에 불과하다. 반면에, 그리스도는 피조되지 않으신 영이시고, 천사들은 그들의 주이신 그리스도의 종들일 뿐이다. 천사들 가운데도 서열이 있어서 천사장도 있고 가장 낮은 천사도 있지만, 그럼에도 불구하고 지위고하를 막론하고, 천사들은 모두 그리스도의 종들이고, 천사들 자신도 자신들이 그리스도의 종들이라는 것을 시인하고 고백한다(계 19:10, "내가 그 발 앞에 엎드려 경배하려 하니 그가 나에게 말하기를 나는 너와 및 예수의 증언을 받은 네 형제들과 같이 된 종이니 삼가 그리하지 말고 오직 하나님께 경배하라"; 22:9, "그가 내게 말하기를 나는 너와 네 형제 선지자들과 또 이 두루마리의 말을 지키는 자들과 함께 된 종이니 그리하지 말고 하나님께 경배하라 하더라).

섬기라고 보내심이 아니냐. 따라서 모든 천사들은 그리스도의 지시에 따라 움직이고, 그리스도의 명령에 따라 오거나 간다. 천사들이 하는 일들은 그리스도의 지시와 명령을 받아 행하는 것들이다. 천사들은 그리스도께서 명하신 일들을 수행하거나(행 5:19, " 주의 사자가 밤에 옥문을 열고 끌어내어"; 12:7, 11, "홀연히 주의 사자가 나타나매 옥중에 광채가 빛나며 또 베드로의 옆구리를 쳐 깨워 이르되 급히 일어나라 하니 쇠사슬이 그 손에서 벗어지더라 … 이에 베드로가 정신이 들어 이르되 내가 이제야 참으로 주께서 그의 천사를 보내어 나를 헤롯의 손과 유대 백성의 모든 기대에서 벗어나게 하신 줄 알겠노라 하여"), 그리스도의 뜻을 사람들에게 알린다(계 1:1, "예수 그리스도의 계시라 이는 하나님이 그에게 주사 반드시 속히 일어날 일들을 그 종들에게 보이시려고 그의 천사를 그 종 요한에게 보내어 알게 하신 것이라"; 시 103:21 등). 천사들은 그리스도께서 그들에게 지시하신 모든 일들을 기쁜 마음으로 하나도 남김없이 철저하고 신속하게 시행한다.

구원 받을 상속자들을 위하여. "구원 받을 상속자들"은, 하나님께서 택하시고 자신의 자녀들로 부르셔서, 자신의 독생자와 더불어 함께 상속자들이 되게 하신 자들이고, 장차 영원한 영광을 받게 되어 있고, 마침내 받게 될 자들을 가리킨다. 천사들의 임무는 이러한 "구원 받을 상속자들"을 섬기고 도와서, 마침내 그들에게 준비된 영원한 영광을 얻게 해 주는 것인데, 천사들 자신도 그리스도에 의해서 이러한 목적을 위하여 택함 받은 존재들이다(딤전 5:21, "하나님과 그리스도 예수와 택하심을 받은 천사들 앞에서 내가 엄히 명하노니"; 딤후 2:10, "내가 택함 받은 자들을 위하여 모든 것을 참음은 그들도 그리스도 예수 안에 있는 구원을 영원한 영광과 함께 받게 하려 함이라"). 이 모든 것은 예수 그리스도께서 천사들보다 더 뛰어난 분이시고 더 아름다운 이름을 지니신 분이라는 것을 증명해 준다.

MATTHEW POOLE'S COMMENTARY

히브리서 2장

개요

1. 우리는 복음의 교훈에 더욱 착념하는 것이 마땅함(1-4).
2. 내세를 다스리시는 권세는 천사들에게가 아니라 인자에게 허락된 것이기 때문에, 인자는 그 전에 먼저 낮아지셔서 고난을 당하시는 것이 합당함(5-18).

1. 그러므로 우리는 들은 것에 더욱 유념함으로 우리가 흘러 떠내려가지 않도록 함이 마땅하니라.

그러므로. 이 절을 포함해서 네 개의 절에 걸쳐서, 사도는 위대한 복음의 선지자이신 예수 그리스도는 그의 신성과 관련해서 그의 본성과 인격에 있어서 모든 천사들보다 더 뛰어나신 분이라는 교리를 적용하는 가운데, 하나님께서 선지자들을 보내셔서 우리에게 말씀하셨을 때에도, 우리가 그 말씀을 듣는 것이 마땅하였다고 한다면, 하나님께서 모든 선지자들보다 더 뛰어나실 뿐만 아니라 천사들보다 더 뛰어나신 위대하신 복음의 선지자인 자기 아들을 보내셔서 우리에게 말씀하실 때에는, 우리가 얼마나 더 온 마음과 힘을 다해서 그 말씀에 귀를 기울이는 것이 마땅하겠느냐고 말한다.

우리는 … 더욱 유념함으로. 사도들과 복음 사역자들과 그리스도인 지체들은 하나님의 명령으로 우리의 구원에 꼭 필요하고 필수불가결한 것들을 우리에게 전하고 가르친 것이기 때문에, 우리 믿는 자들은 이스라엘 백성들이 모세와 그의 율법 사역에 유념하였던 것보다 훨씬 더 우리의 온 마음과 뜻을 다하여, 그들이 전하고 가르친 복음의 교훈에 속한 모든 것들에 유념하는 것이 마땅하다(고후 11:23; 엡 3:20). 또한, 우리는 우리의 온 마음을 다하여 복음의 교훈에 유념할 뿐만 아니라, 그 교훈을 받아들여 믿고 고백하며, 마음에 간직하여 두고 행하여야 한다(약 1:22, "너희는 말씀을 행하는 자가 되고 듣기만 하여 자신을 속이는 자가 되지 말라"). 복음은 예수 그리스도께서 성부 하나님에게서 직접 보고 듣고 받으신 것들을 자신의 사역자들에게 가르쳐 주시고 전하라고 하신 것이기 때문에, 우리는 온 마음을 다하여 그 교훈에 착념하여야 한다. 들은 것에. 사도는 믿는 히브리인들이 지금까지 들어 온 것들은, 하나님의 아들 예수 그리스도께서 우리에게 자세하게 계시하신 하나님의 모든 마음과 뜻, 즉 그리스도께서 친히 가르치신 후에 자신의 사도들 안에서 그의 성령을 통해서 우리에게 가르쳐 주신 저 복음의 교훈 전체라고 말한다(롬 10:14-16).

우리가 흘러 떠내려가지 않도록 함이 마땅하니라. 사도가 여기에서 그것들을 "흘러 떠내려가게" 하는 것은 그가 앞서 말한 "유념하는" 것의 반대되는 개념이다. 사도는 히브리인들에게 그들이 지금까지 전해 듣고 가르침 받은 것들이 흘러 떠내려가게 해서는 안 된다고 말한다. 즉, 그들이 새는 그릇들이 되거나, 그들의 심령 속에 틈새들이 있어서, 마치 갈라지거나 금이 가거나 부서진 그릇, 또는 갈라진 땅의 틈새로 물이 빠져나가듯이, 그리스도의 지극히 보배로운 복음이 그들에게서 새어나가거나 빠져나가게 해서는 안 된다는 것이다. 복음의 교훈을 잊어버린다거나, 마음 속에서 복음의 교훈과 신앙고백을 부인하고 배교하는 것은, 성령이 이 비유에서 금지하고 있는 '파라르뤼오멘'(παραῤῥυῶμεν, "흘러 떠내려가다")을 자행하는 것이다. 사도는 3절에서 복음의 교훈을 흘러 떠내려가게 하는 자들은 "보응"을 받아서 그 신변에 위험이 있게 될 것이라고 말함으로써, 그러한 위험을 그렇게 하지 말아야 할 동기로 삼고 있기 때문에, 여기에서 "흘러 떠내려가는" 것이라는 말 속에는 그러한 의미가 함축되어 있다고 볼 수는 있겠지만, 직접적으로 그런 의미가 담겨 있는 것은 아니다. 왜냐하면, 여기에서 우리는 그리스도의 복음을 "흘러 떠내려가게 하는" 것에 대해서 말하고 있는 것이고, 우리 자신이 흘러 떠내려가는 것에 대하여 말하고 있는 것이 아니지만, 우리가 그리스도의 교훈을 "흘러 떠내려가게" 하는 경우에는, 필연적으로 우리 자신도 마침내 그리스도로부터 멀어져서 "흘러 떠내려가게" 될 수밖에 없기 때문이다.

2. 천사들을 통하여 하신 말씀이 견고하게 되어 모든 범죄함과 순종하지 아니함이 공정한 보응을 받았거든.

이 절과 다음 절에서 성령께서는 사도가 앞에서 말한 우리의 의무, 즉 복음의 교훈을 "흘러 떠내려가게" 해서는 안 된다는 것을 우리가 반드시 지켜야 하는 합리적인 동기를 제시하는데, 그것은 그러한 의무를 소홀히 한 자들은 하나님의 보응을 받아서 큰 위험에 처하게 된다는 것이다. 천사들을 통하여 하신 말씀이. 하나님께서는 옛적에 시내 산에서 이 히브리인들의 조상들에게 자신의 천사들을 시켜서 율법을 수여하셨다(신 33:2, "여호와께서 시내 산에서 오시고 세일 산에서 일어나시고 바란 산에서 비추시고 일만 성도 가운데에 강림하셨고 그의 오른손에는 그들을 위해 번쩍이는 불이 있도다"). 그 때에 천사들은 그리스도의 사역자들이자 종들로서 거기에 있었다(행 7:38, "이스라엘 자손에 대하여 하나님이 너희 형제 가운데서 나와 같은 선지자를 세우리라 하던 자가 곧 이 모세라 시내 산에서 말하던 그 천사와 우리 조상들과 함께 광야 교회에 있었고 또 살아 있는 말씀을 받아 우리에게 주던 자가 이 사람이라"). 갈라디아서 3:19에서는 "그런즉 율법은 무엇이냐 범법하므로 더하여진 것이라 천사들을 통하여 한 중보자의 손으로 베푸신 것인데 약속하신 자손이 오시기까지 있을 것이라"고 말한다. 하나님께서 모세를 비롯한 선지자들에게 주신 계시들은 구약성경에 명령들과 금령들과 약속들과 경고들의 형태로 담겨져 있고, 그것들은 하나님의 율법 전체를 구성하는데, 이 모든 것들은 하나님이 천사들의 손을 빌려서 계시해 주신 것들이다. 여기에서 "율법"을 나타내는 '로고스'(λόγος, "말씀")라는 단어는 동방의 거의 대부분의 언어들에서 "말씀"과 아울러서 "명령"을 의미한다. 따라서 '로고스'의 동사형인 '레게인'(λεγεῖν)은 "말하다"라는 의미인 동시에 "명하다"라는 의미이기도 하다. 이 율법 또는 "말씀"은 비록 천사들에 의해서 교회에 전해지고 공표된 것이기는 했지만, 구속주이신 하나님으로부터 온 것이었기 때문에, 이스라엘 백성은 그 말씀을 지킬 의무가 있었다.

견고하게 되어. 이렇게 천사들의 손을 빌려 이스라엘 백성에게 주어진 하나님의 율법은, 그 율법을 자의적으로 사용하거나 멸시하는 자들을 벌하시겠다고 하신 하나님의 엄숙한 경고로 말미암아 견고하게 되었다. 하나님의 율법을 행하지 않거나 범한 자들은 어김없이 벌을 받았다. 하나님께서는 약속들을 이루시고 심판들을 집행하심으로써, 자신의 율법을 견고하게 세우셨다(히 10:28, "모세의 법을 폐한 자도 두세 증인으로 말미암아 불쌍히 여김을 받지 못하고 죽었거든"). 하나님의 명령과 경고를 무시하고 율법을 범한 자들은 단 한 사람도 하나님의 벌을 피할 수 없었고, 이것은 하나님의 율법을 견고하고 힘 있게 만들어 주었다. 신명기 17:12("사람이 만일 무법하게 행하고 네 하나님 여호와 앞에 서서 섬기는 제사장이나 재판장에게 듣지 아니하거든 그 사람을 죽여 이스라엘 중에서 악을 제하여 버리라")을 보라. 하나님이 이스라엘에게 주신 율법은 창조주의 율법일 뿐만 아니라, 구속주의 율법이기도 하였다. 왜냐하면, 이 율법은 이스라엘 백성을 애굽에서 구원하신 하나님이 그들과 맺으신 계약이었고, 그들이 동의하고 확증한 계약으로서, 견고하게 된 것이기 때문이다(수 24:22, 24, "여호수아가 백성에게 이르되 너희가 여호와를 택하고 그를 섬기리라 하였으니 스스로 증인이 되었느니라 하니 그들이 이르되 우리가 증인이 되었나이다 하더라 … 백성이 여호수아에게 말하되 우리 하나님 여호와를 우리가 섬기고 그의 목소리를 우리가 청종하리이다 하는지라").

모든 범죄함과 순종하지 아니함이. 모든 "범죄와 불순종"이라는 것은 사람들이 율법을 어기고 자신의 뜻대로 행한 모든 것을 가리킨다. 율법에서 금한 것들을 자행함으로써 율법을 내팽개쳐 버리거나, 율법에서 행하라고 명한 것들에 불순종하여 의도적으로 행하지 않는 것이 거기에 해당한다. 사도는 여기에서 환유법을 사용해서, 하나님의 율법과 관련된 모든 죄악들을 "범죄와 불순종"이라는 이 두 가지로 표현한다.

공정한 보응을 받았거든. "공정한 보응"은 그들의 죄의 경중에 따라서 합당한 벌을 받는 공의로운 보응을 의미한다. 로마서 2:6에서 "하나님께서 각 사람에게 그 행한 대로 보응하시되"라고 말하고 있듯이, 하나님께서는 친히, 또는 자신이 사용하시는 도구들을 통해서 정확히 공의에 따라서 한 치의 오차도 없이 해악에 대해서는 해악으로, 죄에 대해서는 죽음으로 보응하신다. 하나님의 이러한 보응은 사형에 해당하는 죄를 범한 자들에게는 그 사람에 대하여, 그리고 가벼운 범죄들에 대해서는 범죄한 자를 대신한 희생제물에 대하여 확실하게 집행되었다(히 10:28, "모세의 법을 폐한 자도 두세 증인으로 말미암아 불쌍히 여김을 받지 못하고 죽었거든"; 롬 1:32, "그들이 이같은 일을 행하는 자는 사형에 해당한다고 하나님께서 정하심을 알고도 자기들만 행할 뿐 아니라 또한 그런 일을 행하는 자들을 옳다 하느니라"; 고전 10:5-11).

3. 우리가 이같이 큰 구원을 등한히 여기면 어찌 그 보응을 피하리요 이 구원은 처음에 주로 말씀하신 바요 들은 자들이 우리에게 확증한 바니.

어찌 그 보응을 피하리요. 이 말씀은 2절에 나온 말씀 중에서 율법을 범한 자들에 대한 벌에 관한 내용과 서로 상응관계가 있다. 즉, 이스라엘 백성들이 "천사들을 통하여 하신 말씀"을 어겼어도 어김없이 벌을 받았는데, 우리가 "아들"을 통하여 하신 말씀을 거역한다면, 그 벌이 어떠하겠느냐는 것이다. 여기에서 성령께서는 복음이 지닌 능력 중에서 복음을 멸시하는 자들에게 선고하는 심판에 대해서 말씀하고 있는 것인데, 사람들이 복음을 멸시할 때에 심판을 받게 된다는 것은 복음이 견고하게 되었음을 보여 주는 것이다. 사도는 결론부에 의문사 "어찌"를 앞세운 반문을 사용함으로써, 실질적으로 "보응"을 절대로 피할 수 없을 것임을 강조한다. 이사야서 20:6("그 날에 이 해변 주민이 말하기를 우리가 믿던 나라 곧 우리가 앗수르 왕에게서 벗어나기를 바라고 달려가서 도움을 구하던 나라가 이같이 되었은즉 우리가 어찌 능히 피하리요 하리라")의 끝부분을 참조하라. 의로우신 하나님께서 복음의 원수로 행하는 자들에게 경고하신 의로운 심판은 마태복음 10:15("내가 진실로 너희에게 이르노니 심판 날에 소돔과 고모라 땅이 그 성보다 견디기 쉬우리라"); 11:22, 24; 데살로니가후서 1:7-9("환난을 받는 너희에게는 우리와 함께 안식으로 갚으시는 것이 하나님의 공의시니 주 예수께서 자기의 능력의 천사들과 함께 하늘로부터 불꽃 가운데에 나타나실 때에 하나님을 모르는 자들과 우리 주 예수의 복음에 복종하지 않는 자들에게 형벌을 내리시리니 이런 자들은 주의 얼굴과 그의 힘의 영광을 떠나 영원한 멸망의 형벌을 받으리로다"); 히브리서 10:28-29("모세의 법을 폐한 자도 두세 증인으로 말미암아 불쌍히 여김을 받지 못하고 죽었거든 하물며 하나님의 아들을 짓밟고 자기를 거룩하게 한 언약의 피를 부정한 것으로 여기고 은혜의 성령을 욕되게 하는 자가 당연히 받을 형벌은 얼마나 더 무겁겠느냐 너희는 생각하라")에 기록되어 있는데, 복음을 멸시한 자들은 누구든지 그러한 심판을 절대로 피할 수 없다. 실질적으로 복음을 멸시한 자들은, 그리스도인이라는 이름을 지니고 있다거나, 교회에서 직분을 맡아 행해 왔다고 해도, 하나님의 의로우신 형벌과 보응에서 벗어날 수 없을 것이다.

우리가 이같이 큰 구원을 등한히 여기면. "구원을 등한히 여긴다"는 것은 복음을 별것 아닌 것으로 여기고서 가볍게 여기고 관심을 갖지도 않고 무시하고 멸시하거나 배척하는 것을 의미한다(마 22:2-6, "천국은 마치 자기 아들을 위하여 혼인 잔치를 베푼 어떤 임금과 같으니 그 종들을 보내어 그 청한 사람들을 혼인 잔치에 오라 하였더니 오기를 싫어하거늘 다시 다른 종들을 보내며 이르되 청한 사람들에게 이르기를 내가 오찬을 준비하되 나의 소와 살진 짐승을 잡고 모든 것을 갖추었으니 혼인 잔치에 오소서 하라 하였더니 그들이 돌아보지도 않고 한 사람은 자기 밭으로, 한 사람은 자기 사업하러 가고 그 남은 자들은 종들을 잡아 모욕하고 죽이니"). 여기에서 사도가 말한 "구원을 등한히 여기는" 것은 그가 앞에서 말한 하나님의 율법을 범하는 죄들과 상응관계에 있다. 복음을 받아들이기를 거부하거나, 복음이 요구하는 의무들로 나아가기를 거부하는 것은 복음을 등한히 여기는 것이고, 그러한 행위는 결국 배교로 귀결된다. 왜냐하면, 천사들을 통해서 주어진 율법과 대비되고 있는 그리스도의 복음의 법은 믿는 자들에게 구원을 계시하고 약속하고 있어서, 진정으로 복음을 믿고 순종하는 자들에게는 현세와 내세의 모든 신령한 복을 주지만, 복음을 등한히 여기고 멸시하며 받아들이지 않는 자들에게는 영원한 멸망의 심판을 경고하고 있기 때문이다. 사도는 여기에서 환유법을 사용해서, 복음을 "구원"이라고 부른다. 왜냐하면, 복음의 내용은 "구원"이고(엡 1:13), 복음은 사람들을 구원하는 능력과 힘을 지니고 있기 때문이다(행 13:26; 롬 1:16, "이 복음은 모든 믿는 자에게 구원을 주시는 하나님의 능력이 됨이라"). 반면에, 율법은 천사들을 통해서 계시된 육적인 모형들과 현세적인 약속들을 담고 있는 "죽게 하는 율법 조문의 직분"이자 "정죄의 직분"이었고(고후 3:7, 9), 사람들의 마음을 덮고 있는 "수건"으로 말미암아, 사람들에게 죽이는 것이 되었다. 하지만 하나님께서 자기 아들을 통해서 주신 말씀, 곧 복음은 사람들에게 구원의 길을 온전하고 분명하게 계시하고 있기 때문에, "구원"의 복음이다. 이 구원은 현세적인 것이 아니라 현세를 뛰어넘어서 하늘에 속한 영원한 구원이기 때문에, 진정으로 복음을 받아들여 믿는 자들을 최악의 원수와 영원토록 이어질 극심한 형벌로부터 건져서, 천국에서 영원한 행복과 복을 누리는 삶을 살게 해 주는 그런 구원이다. 이 구원은 지극히 밝은 빛으로 빛나고(고후 4:4, "그리스도의 영광의 복음의 광채") 엄청난 능력으로 역사하여 많은 죄인들을 영원한 생명으로 이끄는 그런 구원이기 때문에, 사도는 이 구원을 "이같이 큰 구원"이라고 말한다.

이 구원은 처음에 주로 말씀하신 바요. 사도는 처음에 "주"께서 이 구원을 사람들에게 말씀하시고 전하시고 가르치셨다고 함으로써, 이 구원을 등한히 하는 것이 얼마나 큰 죄인지를 다시 한 번 강조한다. 이 구원은 모든 진리의 원천이 되시는 주 예수 그리스도에게서 연원하고 시작되어서, 가장 먼저 히브리인들에게 알려졌고, 나중에 이방인들도 이 구원에 관한 소식을 듣게 되었다. 그리스도께서는 죽으시고 부활하시기 전에 대략 삼 년 동안 이 구원을 히브리인들에게 전파하셨다(마 4:17, "이때부터 예수께서 비로소 전파하여 이르시되 회개하라 천국이 가까이 왔느니라 하시더라"). 하지만 사도가 여기에서 "처음에" 주께서 이 구원을 말씀하셨다고 한 데에는 더 깊은 뜻이 있는 것으로 보인다. 왜냐하면, 주께서는 이 구원에 대해서 구약의 모든 선지자들이나 세례 요한이 가르친 것을 뛰어넘어서, "처음으로" 조금도 모호함이 없이 지극히 분명하고 확실하게 말씀하시고 전하셨지만, 마찬가지로 "처음에" 낙원에서 우리의 타락한 첫 조상들에게 이 구원을 말씀하셨고(창 3:15, "내가 너로 여자와 원수가 되게 하고 네 후손도 여자의 후손과 원수가 되게 하리니 여자의 후손은 네 머리를 상하게 할 것이요 너는 그의 발꿈치를 상하게 할 것이니라"), 그 이후로 모든 선지자들을 통해서 이 구원을 말씀하셨기 때문이다. 그럼에도 불구하고, 사도가 말한 "처음에"는 시간적인 선후관계를 의미하는 것이 아니라, 이 구원의 일을 "주"께서 친히 맡으셨다는 사실을 강조하고 있는 것으로 보인다. "중보자"이시고, 산 자와 죽은 자의 "주"이시며, 천사들과 모든 통치자들과 권세들의 "머리"이시고, 자신의 능력의 말씀으로 만유를 다스리시는 위대하신 "선지자"이신 "주"께서 친히 이 구원을 말씀하시고 전하셨다는 것이다. 율법은 "천사들"을 통해서 말씀하신 반면에, 복음은 성자 하나님께서 친히 말씀하신 것이기 때문에(히 1:2), 만유의 주가 되시는 분이 친히 말씀하신 복음은 율법과는 비교가 될 수 없다.

들은 자들이 우리에게 확증한 바니. 이 구원은 주 예수 그리스도에 의해서 친히 전파됨으로써 견고히 되고, 그 진정성이 확보되었다. 삼위일체 하나님께서는 하늘에서 이 구원에 대하여 증언하시고, 이 땅에서는 이적들과 표적들과 기사들과 능력의 역사들을 통해서, 그리스도 예수 그리스도를 통해서(요 5:36, "내게는 요한의 증거보다 더 큰 증거가 있으니 아버지께서 내게 주사 이루게 하시는 역사 곧 내가 하는 그 역사가 아버지께서 나를 보내신 것을 나를 위하여 증언하는 것이요"), 그리스도의 사도들을 통해서(고후 12:12, "사도의 표가 된 것은 내가 너희 가운데서 모든 참음과 표적과 기사와 능력을 행한 것이라"), 성령의 은사들을 통해서 이 구원을 확증하신다. 하나님께서는 그리스도의 사도들과 복음 전도자들에게 아주 다양한 성령의 은사들을 나누어 주셔서, 그들의 복음 사역이 능력 있게 행해질 수 있게 하셨다(행 2:1-3; cf. 고전 12:9-11). 이렇게 이 구원은 사도들과 히브리인들을 비롯해서 모든 믿는 자들에게 확증된 것이다. 그리고 바울도 이 서신을 씀으로써, 이 구원을 확증하는 일에 동참하고 있다. 그는 부활하신 주와 그의 사도들에게서 이 구원에 대하여 들었고, 그가 만난 사도들에게 확증함과 동시에 확증을 받았다(행 9:17, 19; 갈 2:9, "야고보와 게바와 요한도 내게 주신 은혜를 알므로 나와 바나바에게 친교의 악수를 하였으니"). 그리스도의 제자들과 사도들은 그리스도에게서 이 복음을 들은 후에, 자신들의 피로 이 복음을 전하고 쓰고 인침으로써, 이 구원에 대하여 증언하였다(빌 1:12; 벧후 1:16-17). 즉, 그들은 성령의 이적들과 은사들을 통한 확증을 받았기 때문에, 그들 자신도 기꺼이 복음을 위하여 고난을 당함으로써 이 복음을 듣는 자들에게 이 구원을 확증할 수 있었다.

4. 하나님도 표적들과 기사들과 여러 가지 능력과 및 자기의 뜻을 따라 성령이 나

누어 주신 것으로써 그들과 함께 증언하셨느니라.

하나님도 … 그들과 함께 증언하셨느니라. 사도는 구원의 복음을 등한히 하는 것이 얼마나 큰 죄인지를 보여 주는 또 다른 증거를 보여 주는데, 그것은 하나님께서 성령의 역사들과 은사들을 통해서 이 구원을 증언하셨기 때문에, 이 구원을 무시하고 배척하는 것은 중죄를 짓는 것이고, 거기에 합당한 벌을 받을 수밖에 없다는 것이다. 삼위일체 하나님, 곧 성부와 성자와 성령께서는 각자에게 맡겨진 역할에 따라 모든 수단들을 동원하셔서 이 구원의 복음을 증언하심으로써 확증하고 계시지만, 그 중에서 최고의 증인은 성부 하나님이시다. 성부 하나님께서 이 구원을 증언하시고 계시기 때문에, 이 구원을 믿지 않고 등한히 하는 것은 지극히 큰 죄가 될 수밖에 없다.

표적들과 기사들. 복음을 전할 때에 자연의 법칙을 뛰어넘는 "표적들과 기사들과 능력들"이 임한다는 것은, 하나님께서 복음의 법에 함께 하시고 복음의 법을 인정하신다는 것을 의미하는 것이다(막 16:17, "믿는 자들에게는 이런 표적이 따르리니 곧 그들이 내 이름으로 귀신을 쫓아내며 새 방언을 말하며"). 이러한 이적들은 율법을 확증해 준 이적들보다 더 풍성하게 주어졌고 더 영광스러운 것들이었다(행 2:22, 43; 4:30). 이러한 이적들은 그것들을 본 모든 사람들에게 경이로움을 불러일으켰고, 그것들을 듣거나 읽은 자들에게 놀라움을 불러일으켰다(롬 15:18-19, "그리스도께서 이방인들을 순종하게 하기 위하여 나를 통하여 역사하신 것 외에는 내가 감히 말하지 아니하노라 그 일은 말과 행위로 표적과 기사의 능력으로 성령의 능력으로 이루어졌으며 그리하여 내가 예루살렘으로부터 두루 행하여 일루리곤까지 그리스도의 복음을 편만하게 전하였노라"). 여러 가지 능력들. 이것은 오직 하나님의 초자연적인 능력으로만이 가능한 이적들을 가리키는 것으로서, 모든 병든 자들을 고치는 것, 죽은 자들을 다시 살리는 것, 귀신들을 쫓아내는 것 등이다(막 16:17-18). 이러한 것들은 지혜와 능력의 역사들임과 동시에 크신 긍휼하심의 역사들이다.

자기의 뜻을 따라 성령이 나누어 주신 것으로써. 이것은 하나님께서 자신의 뜻을 따라 각 사람에게 나누어 주신 성령의 은사들, 예를 들면 방언, 예언 등과 같은 은사들을 가리킨다(롬 12:6-8; 고전 12:7-10). 사람은 본성적으로 이러한 은사들을 가질 수 없지만, 구속주께서는 자신의 성령을 통해서 각 사람에게 여러 가지 서로 다른 다양한 은사들을 나누어 주신다. 이 기이한 역사를 행하시는 분은 오직 하나님이시다. 어떤 사람에게 어떤 은사를 어느 때에 어떤 방식으로 어느 정도로 나누어 주실

지는 오로지 하나님의 "뜻"에 의해 결정된다(롬 12:3; 고전 7:17; 12:4, 7, 11, 18; 엡 4:7).

5. 하나님이 우리가 말하는 바 장차 올 세상을 천사들에게 복종하게 하심이 아니니라.

천사들에게. 사도는 지금까지는 그 신성과 관련해서 옛적의 모든 선지자들보다 뛰어나실 뿐만 아니라, 천사들보다 더 뛰어난 이름과 직분을 지니신 위대하신 복음의 일꾼이신 예수 그리스도의 구원의 복음을 구체적으로 적용해서 말한 후에, 이제 여기에서는 예수 그리스도께서는 그의 한 인격 안에서의 또 다른 본성인 그의 인성과 관련해서도 마찬가지라는 것을 히브리인들에게 보여 주기 시작하는데, 이 절에서는 먼저 그것을 소극적인 측면에서 증명한다. 이 절의 처음 부분에서 사용되고 있는 "이유"를 나타내는 불변화사는, 여기에서 사도가 하나님께서 "장차 올 세상"을 다스리실 자로 정하신 것은 천사들이 아니라 예수 그리스도시라고 말하고 있는 것이, 예수 그리스도가 천사들보다 뛰어나다는 것을 보여 주는 증거로서 제시하고 있는 것임을 보여 준다. 즉, 비록 천사들은 눈에 보이지 않는 영적이고 지적인 존재들이기는 하지만, 하나님께서는 천사들 중 그 누구에게도 "장차 올 세상"을 다스리라고 명하신 적이 없고, 오직 "장차 올 세상"으로 하여금 오직 예수 그리스도 앞에 무릎을 꿇게 하셨다는 것이다. 사도가 이렇게 말하는 것은, 당시에 히브리인들은 이 땅에 육신으로 오신 성자 하나님과 그의 복음은 등한히 하고, 천사들과 천사들을 통해서 주어진 율법을 더 공경하고 소중히 여기고 있었기 때문이었다.

하나님이 … 복종하게 하심이 아니니라. 만유를 창조하시고 만유의 주로서 만유를 자신의 뜻대로 처분할 권한을 지니고 계신 "하나님"께서는, 천사들로 하여금 만유를 주관하게 하시거나 다스리게 하지 않으셨다. 하나님께서는 만유를 천사들의 권세 아래 두겠다고 작정하시거나 예언하시거나 약속하신 적이 결코 없으셨다.

장차 올 세상. 우리는 하나님께서 "장차 올 세상"을 위대하신 복음의 일꾼이신 그리스도의 발 아래에 두셨다는 것을 단언하고 증명하고 있는 시편 8:5-8의 성경 본문에 의거해서 이 어구를 해석하여야 한다: "그를 하나님보다 조금 못하게 하시고 영화와 존귀로 관을 씌우셨나이다 주의 손으로 만드신 것을 다스리게 하시고 만물을 그의 발 아래 두셨으니 곧 모든 소와 양과 들짐승이며 공중의 새와 바다의 물고기와 바닷길에 다니는 것이니이다." 따라서 사도가 여기에서 말하는 "장차 올 세상"은 하늘과 땅으로 이루어진 세상이고(히 2:3, 6-7), 바울이 히브리서를 쓸 당시에 아직 오지 않은 세상이었으며(히 2:8), 현재의 세상과는 구별되는 세상이고(엡 1:21-22, "모든 통치와 권세와 능력과 주권과 이 세상뿐 아니라 오는 세상에 일컫는 모든 이름 위에 뛰어나게 하시고 또 만물을 그의 발 아래에 복종하게 하시고 그를 만물 위에 교회의 머리로 삼으셨느니라"), 참 하나님이자 참 사람이신 그리스도께서 다스리신다는 것은 분명하게 드러나게 될 세상이며, 우리의 관점에서 볼 때에 현세와 천국의 중간에 있는 세상, 즉 "내세"이다(눅 18:30, "현세에 여러 배를 받고 내세에 영생을 받지 못할 자가 없느니라"; 딤전 4:8, "육체의 연단은 약간의 유익이 있으나 경건은 범사에 유익하니 금생과 내생에 약속이 있느니라"). 천사들은 현세에서는 하나님의 명령에 의해서 상당한 정도의 통치권을 행사하고 있지만, "장차 올 세상"에서는 그러한 통치권을 행사할 수 없다. "장차 올 세상"은 "의가 있는 곳인 새 하늘과 새 땅"으로 이루어져 있다(벧후 3:13). 베드로는 바울이 특히 이것과 관련해서 그에게 주어진 계시를 따라 히브리인들에게 편지를 썼다고 증언하고, 옛적의 선지자들도 이것에 대하여 증언하며(사 65:17-18; 66:22), 사도는 히브리서 4:7-10에서 "오랜 후에 다윗의 글에 다시 어느 날을 정하여 오늘이라고 미리 이같이 일렀으되 오늘 너희가 그의 음성을 듣거든 너희 마음을 완고하게 하지 말라 하였나니 만일 여호수아가 그들에게 안식을 주었더라면 그 후에 다른 날을 말씀하지 아니하셨으리라 그런즉 안식할 때가 하나님의 백성에게 남아 있도다 이미 그의 안식에 들어간 자는 하나님이 자기의 일을 쉬심과 같이 그도 자기의 일을 쉬느니라"고 말함으로써, "장차 올 세상"에서 우리가 안식하게 될 것이라고 말하고, 이사야 선지자도 이사야서 66:22-23에서 "내가 지을 새 하늘과 새 땅이 내 앞에 항상 있는 것 같이 너희 자손과 너희 이름이 항상 있으리라 여호와의 말이니라 여호와가 말하노라 매월 초하루와 매 안식일에 모든 혈육이 내 앞에 나아와 예배하리라"고 말한다. 또한, 사도는 로마서 8:19-23에서 "피조물이 고대하는 바는 하나님의 아들들이 나타나는 것이니 피조물이 허무한 데 굴복하는 것은 자기 뜻이 아니요 오직 굴복하게 하시는 이로 말미암음이라 그 바라는 것은 피조물도 썩어짐의 종 노릇 한 데서 해방되어 하나님의 자녀들의 영광의 자유에 이르는 것이니라 피조물이 다 이제까지 함께 탄식하며 함께 고통을 겪고 있는 것을 우리가 아느니라 그뿐 아니라 또한 우리 곧 성령의 처음 익은 열매를 받은 우리까지도 속으로 탄식하여 양자 될 것 곧 우리 몸의 속량을 기다리느니라"고 말함으로써, 모든 피조물들이 "썩어짐의 종 노릇" 하는 것에서 해방되어, "장차 올 세상"에서 둘째 아담이자 하늘로부터 오신 주의 복되신 통치 아래에서 살아가게 될 것을 고대하고 있다는 것을 보여 준다.

시편 8편은 이것을 우리에게 확증해 준다. 어떤 이들이 생각해 온 것과는 달리, 시편 8편은 첫째 아담과 그가 다스리는 세상에 대한 묘사가 아니라, 참 하나님이시자 참 사람이신 둘째 아담과 그가 다스리시게 될 세상에 대한 묘사이다. 왜냐하면, 그리스도께서는 마태복음 21:16("예수께 말하되 그들이 하는 말을 듣느냐 예수께서 이르시되 그렇다 어린 아기와 젖먹이들의 입에서 나오는 찬미를 온전하게 하셨나이다 함을 너희가 읽어 본 일이 없느냐 하시고")에서 이 시편의 2절에 나오는 "주의 대적으로 말미암아 어린 아이들과 젖먹이들의 입으로 권능을 세우심이여 이는 원수들과 보복자들을 잠잠하게 하려 하심이니이다"라는 말씀을 인용하셔서, 이 시편이 자기에 대하여 기록한 것임을 증언하셨고, 이 시편의 내용은 그리스도 외에 그 누구에게도 적용될 수 없는 것이기 때문이다.

이 "장차 올 세상"은 그리스도께서 복음 언약을 전하시는 일을 개시하실 때에 시작된 하늘에 속한 세상이고, 이 복음 언약을 섬기는 사역자들과 일꾼들은 천사들이 아니라 사람들이기 때문에(시 8:2), 천사들은 율법에는 관여하였지만 복음에는 관여하지 못한다. 복음 사역자들이 성령의 능력을 힘입어 행하는 말씀 사역을 통해서, 택함 받은 자들의 죄악된 본성에 영원한 생명이 접붙여져서, 그들은 "이 악한 세대에서" 건짐을 받아(갈 1:4), 새로운 피조물들이 되어서, 이 새로운 세상의 주민들이 되기에 합당한 자들로 변화된다(고후 4:6; 5:17; cf. 엡 4:22-24). 그리스도께서는 복음을 통해서 이교와 유대교를 무너뜨리시고(눅 10:18; 히 12:26), 성령을 통해서 새로운 피조물들로 변화된 택함 받은 자들을 새로운 규례들과 특권들로 구성된 새로운 세상인 교회, 즉 "천국"으로 이끌어 오심으로써, "장차 올 세상"은 시작되었는데, 이 교회와 시내 산에서 시작된 교회는 하늘과 땅만큼이나 서로 다른 것이었다. 그리고 그리스도께서는 지금도 교황주의라는 이교와 회교를 무너뜨리고 계시고(계 19:19-21), 유대인과 이방인들을 비롯한 모든 사람들을 자기 자신에게 복종시키고 계신다(슥 14:9; 롬 11:25-26). 그리스도인들로 이루어진 이 하늘에 속한 나라는 장차 하늘의 하나님으로부터 새 예루살렘이 내려옴으로써 한층 더 온전한 나라가 될 것이고(계 21:1-2; 22:1-5), 그런 식으로 한층 더 진전된 그리스도의 나라는 지극히 평화롭고 영광스러우며 형통하는 나라가 될 것이다. 성경은 그 때에 예수를 위해 순교한 자들의 몸이 부활하여 그들의 영혼과 결합됨으로써, 부활하셔서 영광을 입으신 그리스도와 같이 될 것이라고 말함으로써(빌 3:21; 계 20:4-6), 그 나라가 더욱 영광스러운 나라가 될 것임을 보여 준다. 그 때에 그들의 주이신 예수 그리스도께서 하늘로부터 이 새로운 세상 또는 나라에 다시 임하셔서, 이 세상의 주가 되어 다스리실 것이고, 옛 세상에서 천사들이 맡았던 직분들과 역할들은 이제 성도들이 대신하게 될 것이다(막 12:25). 따라서 복음 사역자들은 이 새 세상에서 왕들이 되어서, 옛 세상에서 천사들이 차지하였던 "통치자들과 권세들"의 보좌에 앉아, 만왕의 왕이신 그리스도를 보좌하여 만유를 다스리게 될 것이다(계 5:10; 20:4). 또한, 복음 사역자들은 그리스도께서 부활하신 후에 사십 일 동안 그랬던 것처럼, 이 새 세상에서 제사장들이 되어서, 그들의 머리가 되시는 그리스도의 가르침을 따라 성도들에게 하나님의 나라의 일들과 그들의 의무들에 대하여 가르치게 될 것이다. 이 새 세상에서 성도들이 다스리는 동안에, 마귀는 쇠사슬에 묶여 있게 될 것이고, 성도들과 나라들은 이전에 그랬던 것과는 달리 마귀에게 미혹을 당하지 않게 될 것이기 때문에(계 20:1-3), 마귀를 대적하거나 제어할 선한 천사들이 필요하지 않게 될 것이다. 이 천 년 동안의 새 세상이 끝날 무렵에 마귀는 한동안 다시 놓여나서(히 2:3, 7-8), 또다시 세상을 미혹할 것이고, 크신 주이자 왕이신 그리스도께서는 천사장이 부는 하나님의 나팔 소리가 울려 퍼지는 가운데 모든 천군천사와 함께 큰 영광 중에 공중에 강림하실 것인데, 이 때에 그리스도 안에서 죽은 자들이 먼저 일어나고, 그 후에 산 자들도 순식간에 변화될 것이다. 최고의 재판장이신 그리스도께서 성도들을 공개적으로 인정하시고, 법정을 여셔서, 최후의 심판의 배심원들로 세우시고 나면, 마귀들과 모든 회개하지 않은 악한 자들이 천사들에 의해서 그리스도의 법정으로 끌려나오게 될 것이고, 거기에서 무수히 많은 자들이 정죄를 받게 될 것인데, 그들은 자신들에 대한 모든 고소에 대하여 아무런 말도 하지 못하고 시인할 수밖에 없게 될 것이기 때문에, 크신 재판장이신 그리스도께서는 그들에게 영원한 멸망의 벌을 엄숙하게 선고하시고, 모든 성도들은 그러한 선고에 동의하고 환호하게 될 것이며(계 20:2, 11-12, 15; 고전 6:2-3), 마귀들과 믿지 않는 자들에게 선고된 형벌은 천사들에 의해서 집행될 것이다(마 13:41-43). 이렇게 최후의 심판을 끝내신 이 위대하신 왕이자 주이신 예수 그리스도께서는 이 세상을 떠나셔서 다시 하늘들의 하늘로 개선하셔서, 지극히 높은 영광 중에서 그의 나라를 성부 하나님께 바치실 것이고, 하나님께서는 모든 것 중에서 모든 것이 되실 것이다(고전 15:22-28).

우리가 말하는 바. 사도는 이 "장차 올 세상"은 자기가 이 서신에서 계속해서 설명해 나가고 있는 것이라고 말한다.

6. 그러나 누구인가가 어디에서 증언하여 이르되 사람이 무엇이기에 주께서 그를 생각하시며 인자가 무엇이기에 주께서 그를 돌보시나이까.

그러나 누구인가가 어디에서 증언하여 이르되. 사도는 "장차 올 세상"이 예수 그리스도께서 다스리시는 세상이 될 것이라는 말씀이 히브리인들에게 더 큰 무게와 권위를 갖도록 하기 위하여, 선지자들 중의 한 사람의 글을 인용해서, "장차 올 세상"이 위대하신 복음의 일꾼이신 그리스도의 발 아래에 두어지게 될 것임을 증명한다. 즉, 하나님께서는 "장차 올 세상"을 예수 그리스도에게 복속시키셨다는 것이다. 여기에서 "누구"는 왕이자 선지자였던 다윗이었고, 예수 그리스도는 다윗의 "주"이심과 동시에 다윗의 자손이셨다. 시편 8편의 표제는 이 시편의 저자가 다윗임을 밝힌다. 히브리인들은 그러한 사실을 잘 알고 있었기 때문에, 사도는 굳이 "다윗"의 글에서 이 말씀을 인용했다는 것을 구체적으로 밝힐 필요가 없다고 생각해서, "누구인가가"라고만 표현한 후에, 자기가 앞서 말한 것, 즉 예수 그리스도께서 "장차 올 세상"의 "주"시라는 사실을 다윗이 "아주 분명하고 철저하게 증언하였다"(διεμαρτύρατο - '디에마르튀라토')고 말한다. 마찬가지로, 이 말씀이 시편 8편에 나온다는 사실도 히브리인들이 잘 알고 있었기 때문에, 사도는 "어디에서"라고만 언급한다. 이렇게 다윗은 말과 글로써, 그 누구도 반박할 수 없도록 분명하게 이 사실을 사람들에게 알게 하였다.

사람이 무엇이기에. 이 시편에서 다윗이 경탄을 금치 못한 대상은 첫째 아담이나 다른 어떤 사람이 아니라, 이 히브리인들의 메시야이자 복음 선지자, 참 하나님이자 참 사람이신 지극히 뛰어나신 분으로서, 이 땅에 성육신하신 "사람이신 그리스도 예수"(딤전 2:5)였다. 다윗이 이 시편에서 경탄을 금치 못하며 말하고 있는 내용들에 부합하는 인물은 오직 예수 그리스도뿐이다. 왜냐하면, 이 시편이 씌어질 당시에, 아담은 이미 만유에 대한 자신의 통치권을 상실한 상태여서, "통치자들과 권세들"(엡 1:20-22)이나 만물을 자신의 발 아래에 두는 영광과 존귀를 지니고 있지 않았고, 장차 그러한 영광과 존귀를 받으실 분은 오직 예수 그리스도뿐이셨기 때문이다(히 2:8). 또한, 그리스도께서는 친히 이 시편이 자기에 대하여 말하고 있는 것이라고 분명히 말씀하신다(마 21:16). 이것은 인간에게는 하나님으로부터 만물을 다스리는 왕권을 수여받을 만한 자격이 전혀 없다는 반박에 대한 충분한 답변이 된다.

주께서 그를 생각하시며. 하나님께서는 자기 아들 예수 그리스도로 하여금 벌레

같은 존재에 불과한 사람의 모양을 입고 이 땅에 오게 하셔서, 한 인격 안에 신성과 인성이 함께 거하게 하시고, 그렇게 인성을 입으신 자기 아들을 지극히 높이셔서 만유를 다스리게 하심으로써, 사람이신 그리스도에 대한 각별한 마음을 드러내셨다. **인자가 무엇이기에.** 여기에서 "인자"는 둘째 아담에게 붙여진 고유한 호칭이다. 아담은 사람이었지만, "인자," 즉 사람의 아들이 아니었고, 하나님께서 친히 지으신 존재였다(눅 3:38). 그러나 성령께서는 그리스도는 "인자"이시고(단 7:13, "내가 또 밤 환상 중에 보니 인자 같은 이가 하늘 구름을 타고 와서 옛적부터 항상 계신 이에게 나아가 그 앞으로 인도되매"), "안식일의 주인"(눅 6:5, "인자는 안식일의 주인이니라"), 참 하나님이자 참 사람이신 분(요 3:13, "하늘에서 내려온 자 곧 인자 외에는 하늘에 올라간 자가 없느니라"; 5:27)이심을 증언한다. **주께서 그를 돌보시나이까.** 여기에서 "돌보다"로 번역된 '에피스켑테'(ἐπισκέπτῃ)는 각별한 관심을 갖고 돌보아 주고, 모든 면에서 세세하게 신경을 써서, 아주 부지런하고 주도면밀하게 모든 필요한 것을 공급해 주는 것을 의미한다. 여기에서 다윗은 하나님께서 사람에 대하여 이렇게까지 놀랄 만큼 엄청나고 대단한 사랑과 관심을 보여 주시는 것을 발견하고서, 입을 다물지 못할 정도로 경탄을 금치 못한다. 예수 그리스도께서는 죄인들을 위하여 자신의 모든 영광을 버리시고 사람의 천한 육신을 입으셨다! 그리스도께서 그런 식으로 해서 이루신 대속의 역사는 천사들에게조차 너무나 기이하고 깜짝 놀랄 일이었다.

7. 그를 잠시 동안 천사보다 못하게 하시며 영광과 존귀로 관을 씌우시며.

그를 잠시 동안 천사보다 못하게 하시며. "못하게 하셨다"로 번역된 '엘랏토사스'(ἠλάττωσας)는 예수 그리스도께서 이전에는 더 높은 지위에 계셨다는 것을 보여 주는데, 이 내용에 부합하는 사람은 오직 "사람이신 그리스도 예수" 외에는 없다. 빌립보서 2:6-8을 보라: "그는 근본 하나님의 본체시나 하나님과 동등됨을 취할 것으로 여기지 아니하시고 오히려 자기를 비워 종의 형체를 가지사 사람들과 같이 되셨고 사람의 모양으로 나타나사 자기를 낮추시고 죽기까지 복종하셨으니 곧 십자가에 죽으심이라." 여기에서 "잠시 동안"으로 번역된 '브라퀴 티'(βράχυ τὶ)는 "정도"와 "기간"을 나타내는 것이라고 할 수 있다. 예수 그리스도께서는 자신의 본성에 있어서 "조금" 낮아지셔서 종의 형체를 입으시고 사람이 되셨고, 자신의 상태에 있어서도 자신의 본래의 영광을 버리시고 고난을 당하시고 죽으셨다. 하지만 예수 그리스도께서 그런 상태로 계신 것은 "잠시 동안"뿐이었다. 왜냐하면, 그는 대략

33년 동안 종의 형체를 입으시고 이 땅에 사셨고, 무덤에 사흘 동안 계셨기 때문이다(엡 4:9, "올라가셨다 하였은즉 땅 아래 낮은 곳으로 내리셨던 것이 아니면 무엇이냐"). 이렇게 성자 하나님께서는 천사들보다 조금 못하게 되셨다. 사도는 여기에서 "천사들"이라고 표현하지만, 이 시편의 히브리어 본문에는 '엘로힘'("하나님의 아들들")으로 되어 있다. 인성이라는 관점에서 볼 때, 성육신하신 그리스도께서는 천사들보다 조금 못한 존재가 되셨다.

영광과 존귀로 관을 씌우시며. 이것은 대관식에서 왕들에게 "관"을 씌워 주는 것에서 유래한 표현이다. 히브리인들은 예수 그리스도를 멸시하고 배척하고 죽였지만, 하나님께서는 그리스도를 하늘로 이끌어 올리셔서, 자신의 우편에 있는 보좌에 앉히시고, 왕으로서의 최고의 위엄과 존귀와 영광을 그리스도께 수여하셨다(엡 1:20-21; 4:9-10; 빌 2:9, "이러므로 하나님이 그를 지극히 높여 모든 이름 위에 뛰어난 이름을 주사"). 이렇게 해서, 예수 그리스도께서는 하나님이 창조하신 천지의 모든 것을 다스리시는 왕권과 통치권을 수여받으시고 최고의 주가 되셔서, 하나님의 우편에 앉으셔서, 자신의 뜻을 따라 만유를 주관하시고 다스리시고 계신다(시 8:6, "주의 손으로 만드신 것을 다스리게 하시고 만물을 그의 발 아래 두셨으니"). 빌립보서 2:10-11을 보라: "하늘에 있는 자들과 땅에 있는 자들과 땅 아래에 있는 자들로 모든 무릎을 예수의 이름에 꿇게 하시고 모든 입으로 예수 그리스도를 주라 시인하여 하나님 아버지께 영광을 돌리게 하셨느니라."

8. 만물을 그 발 아래에 복종하게 하셨느니라 하였으니 만물로 그에게 복종하게 하셨은즉 복종하지 않은 것이 하나도 없어야 하겠으나 지금 우리가 만물이 아직 그에게 복종하고 있는 것을 보지 못하고.

만물을 그 발 아래에 복종하게 하셨느니라 하였으니. 사도가 인용하고 있는 본문들 속에서, 공평하시고 의로우신 여호와 성부 하나님은 시종일관 "주"("당신")로 표현된다. 예수 그리스도는 성부 하나님이 세우신 왕이시다. 왜냐하면, 예수 그리스도의 지위와 직분은 "통치자들과 권세들"과 모든 이름 위에 뛰어나시고, 현세와 내세의 모든 사람들과 사물들과 장소들 위에 뛰어나시며, 모든 사람들과 모든 천사들보다 뛰어나시고, 하늘과 땅과 바다와 음부의 모든 피조물들 위에 뛰어나셔서, 만유가 그의 왕적인 통치 아래 있고, 만유는 그의 발 아래 엎드려 있어서, 예수 그리스도께서는 만유를 자신의 뜻대로 하실 수 있으시기 때문이다. 이렇게 만유가 예수 그리스도의 발 아래에 복종하게 하신 것은 성부 하나님께서 명하신 일이다. 시편 8:6-

8; 고린도전서 15:24-29; 에베소서 1:20-22; 빌립보서 2:9-10; 골로새서 2:10을 보라. 동방의 나라들의 관습에 따르면, 신민들은 자신들의 왕의 발 아래에 무릎을 꿇고 엎드린 것처럼(출 11:8; 사 49:23), 모든 피조물들은 만주의 주이시고 만왕의 왕이신 예수 그리스도의 발 앞에 무릎을 꿇고 엎드린다. 하나님께서는 만유로 하여금 자신들의 주이신 예수 그리스도 앞에 무릎을 꿇고 엎드려 경배하게 하셨다. 하지만 "만물을 그 발 아래에 복종하게 하셨다"는 것은 예수 그리스도께서 자신의 모든 대적들에 대하여 승리하시고 그들을 철저하게 복속시켜서 자기 앞에 무릎 꿇게 하셨다는 의미가 강하기 때문에, 이것은 특히 예수 그리스도의 원수들인 죄, 마귀들, 죄인들, 사망을 염두에 둔 표현이다. 여호수아서 10:22-25은 옛적에 여호수아가 그리스도의 모형으로서 한 일을 보여 주는데, 이것은 하나님께서 장차 예수 그리스도를 통하여 자신의 모든 원수들에게 어떻게 행하실지를 미리 보여 주신 것이었다: "그 때에 여호수아가 이르되 굴 어귀를 열고 그 굴에서 그 다섯 왕들을 내게로 끌어내라 하매 그들이 그대로 하여 그 다섯 왕들 곧 예루살렘 왕과 헤브론 왕과 야르뭇 왕과 라기스 왕과 에글론 왕을 굴에서 그에게로 끌어내니라 그 왕들을 여호수아에게로 끌어내매 여호수아가 이스라엘 모든 사람을 부르고 자기와 함께 갔던 지휘관들에게 이르되 가까이 와서 이 왕들의 목을 발로 밟으라 하매 그들이 가까이 가서 그들의 목을 밟으매 여호수아가 그들에게 이르되 두려워하지 말며 놀라지 말고 강하고 담대하라 너희가 맞서서 싸우는 모든 대적에게 여호와께서 다 이와 같이 하시리라 하고." 시편 110:1에 나오는 "여호와께서 내 주에게 말씀하시기를 내가 네 원수들로 네 발판이 되게 하기까지 너는 내 오른쪽에 앉아 있으라 하셨도다"라는 말씀도 하나님의 아들 예수 그리스도의 모든 원수들에 대한 말씀이다(고전 15:25-26, "그가 모든 원수를 그 발 아래에 둘 때까지 반드시 왕 노릇 하시리니 맨 나중에 멸망 받을 원수는 사망이니라"). 교회는 그리스도의 몸으로서, 피조물들이기 때문에 그리스도와는 다르고, 그의 택함 받은 자들로서 그를 경배하고 공경하지만, 왕이신 그리스도의 아내인 왕후로서 그를 사랑하고 공경한다(시 45:9, 11; 엡 1:22-23; 엡 5:23-24). 교회는 그리스도께 복종하지만, 그리스도의 아내로서의 위엄과 존귀도 지닌다. 교회는 그리스도와 혼인하기 전에는, 남편과 아내로서 그리스도와 대등한 존재가 아니었다. 그러나 동방의 황제들은 왕이 노예보다 더 큰 자라고 생각하지 않고 서로 대등하다고 생각하기 때문에, 태어날 때부터 노예이거나 포로로 잡혀서 노예가 된 여자와 얼마든지 결혼하였듯이, 그리스도께서는 신분상으로는 자신의 발 아

래에 있어야 할 죄인들을 취하여, 자신의 몸이자 교회이자 왕후로 삼아서, 자신의 우편에 앉히시고 지극히 사랑하신다.

만물로 그에게 복종하게 하셨은즉 복종하지 않은 것이 하나도 없어야 하겠으나. 만물 중에서 그리스도께 복종하지 않는 것은 아무것도 없기 때문에, 천사들과 "장차 올 세상"이 그리스도께 복종하고 있다는 것은 의심의 여지가 없다. 그리스도께서 잉태되시고 태어나셨을 때, 헤롯에 의해서 위험에 처하게 되셨을 때, 마귀에게 시험을 받으셨을 때, 공생애 사역을 시작하셨을 때, 십자가에 못 박혀 돌아가셨을 때, 부활하셨을 때, 승천하셨을 때, 천사들이 그리스도를 섬겼다는 것은 분명하기 때문에, 우리는 그리스도께서 지금 하나님의 우편에 앉으셔서 다스리고 계실 때에도, 여전히 천사들은 그리스도의 명령들에 순종하여, 그 명하신 것들을 수행하고 있다는 것을 알게 된다(시 8:8).

지금 우리가 만물이 아직 그에게 복종하고 있는 것을 보지 못하고. 그리스도께서 승천하신 후에 만유를 다스리시는 권세를 얻으셨음에도 불구하고, 아직은 그 권세를 사용하셔서 자신의 모든 원수들을 이기셔서 철저하게 복속시키지도 않으셨고, 자신의 모든 백성으로 하여금 자기에게 복종하게 하시지도 않으셨다는 것은, 우리의 경험상으로 너무나 분명하다. 하지만 그것은 모든 시대에서 점진적으로 이루어지게 될 것이고, 그리스도께서 장차 이 땅에 다시 오셔서, 자신의 원수들을 영원한 멸망으로 벌하시고, 자신의 성도들 가운데서 영광을 받으시게 될 때에 온전히 이루어지게 될 것이다(고전 15:24, 26; 살후 1:7-10; 계 20:11-15).

9. 오직 우리가 천사들보다 잠시 동안 못하게 하심을 입은 자 곧 죽음의 고난 받으심으로 말미암아 영광과 존귀로 관을 쓰신 예수를 보니 이를 행하심은 하나님의 은혜로 말미암아 모든 사람을 위하여 죽음을 맛보려 하심이라.

오직 우리가 천사들보다 잠시 동안 못하게 하심을 입은 자. 여기에서 사도는 시편 기자의 말을 두 번째로 적용하고 있는데, 이것은 복음의 선지자이신 예수 그리스도께서 성령이 그 시편에서 말씀하고자 하셨던 "인자" 또는 아담이라는 것을 보여 주고, 그 시편에서 말하고자 한 것("그를 잠시 동안 천사보다 못하게 하시며 영광과 존귀로 관을 씌우시며," 7절)이 예수 그리스도께서 낮아지셔서 고난을 받으셨다가 그 후에 높아지셔서 영광을 받게 되신 것에 대한 것임을 보여 준다.

곧 죽음의 고난 받으심으로 말미암아 영광과 존귀로 관을 쓰신 예수를 보니. 그리스도께서 사람이 되셔서 천사들보다 잠시 동안 못하게 되실 수밖에 없으셨던 이유 또는 목적은, 그가 존귀와 영광의 관을 쓰시기 위해서는, 십자가에 못 박혀 죽어야 하셨기 때문이었다(빌 2:7-11, "오히려 자기를 비워 종의 형체를 가지사 사람들과 같이 되셨고 사람의 모양으로 나타나사 자기를 낮추시고 죽기까지 복종하셨으니 곧 십자가에 죽으심이라 이러므로 하나님이 그를 지극히 높여 모든 이름 위에 뛰어난 이름을 주사 하늘에 있는 자들과 땅에 있는 자들과 땅 아래에 있는 자들로 모든 무릎을 예수의 이름에 꿇게 하시고 모든 입으로 예수 그리스도를 주라 시인하여 하나님 아버지께 영광을 돌리게 하셨느니라"). 하나님께서 예수 그리스도께 "영광과 존귀"로 관을 씌우신 이유는, 그가 자기 자신을 인간의 죄를 위한 대속제물로 내어 주시고, 자신의 피로 그 죄를 속하셨기 때문이었다.

이를 행하심은 하나님의 은혜로 말미암아. 예수 그리스도께서 그렇게 하신 것은 하나님의 선하시고 기뻐하시는 뜻을 따라 된 것이었다. 오직 하나님만이 죄인들에 대한 그의 지극하신 값없는 사랑과 은총으로 말미암아 이 일을 계획하시고 작정하실 수 있으셨다(요 3:16; 요일 4:9-10, "하나님의 사랑이 우리에게 이렇게 나타난 바 되었으니 하나님이 자기의 독생자를 세상에 보내심은 그로 말미암아 우리를 살리려 하심이라 사랑은 여기 있으니 우리가 하나님을 사랑한 것이 아니요 하나님이 우리를 사랑하사 우리 죄를 속하기 위하여 화목 제물로 그 아들을 보내셨음이라"). 그러므로 히브리인들은 예수 그리스도에 대하여 거리낌을 가질 이유가 전혀 없었다(고전 1:23, "우리는 십자가에 못 박힌 그리스도를 전하니 유대인에게는 거리끼는 것이요 이방인에게는 미련한 것이로되").

죽음을 맛보려 하심이라. 이것은 하나님의 공의를 만족시키고 죄들을 속하기 위하여 희생제물로서 죽는 것을 의미하는 비유이지만(사 53:10, "여호와께서 그에게 상함을 받게 하시기를 원하사 질고를 당하게 하셨은즉 그의 영혼을 속건제물로 드리기에 이르면 그가 씨를 보게 되며 그의 날은 길 것이요 또 그의 손으로 여호와께서 기뻐하시는 뜻을 성취하리로다"), 여기에는 단지 죽는다는 의미만이 표현되어 있는 것이 아니라, 그리스도께서 몸과 심령으로 온갖 지독한 고난을 무수히 겪으신 후에, 결국에는 죽음으로 그 모든 고난을 끝내신다는 의미가 표현되어 있다. "죽음을 맛본다"는 죽음의 잔을 벌컥벌컥 들이마신다는 것이 아니라, 입을 담그는 정도로 조금 마신다는 것을 의미한다(마 26:39, "조금 나아가사 얼굴을 땅에 대시고 엎드려 기도하여 이르시되 내 아버지여 만일 할 만하시거든 이 잔을 내게서 지나가게 하옵소서 그러나 나의 원대로 마시옵고 아버지의 원대로 하옵소서 하시고"). 아테네 사람들이 소크라테스를 죽였을 때처럼, 헬라인들은 사람들을 죽일 때에 독배를 주어 마시게 하는 방식으로 죽였는데, 이 비유는 헬라인들의 그러한 관습에서 유래한 것이다.

모든 사람을 위하여. 하나님께서는 우리 모두의 죄악을 그리스도로 하여금 짊어지게 하시고 그를 벌하심으로써, 모든 사람의 죄가 사함 받게 하시고, 모든 사람과 화목하게 되기를 원하셨다(사 53:4-6; 요일 2:2, "그는 우리 죄를 위한 화목 제물이니 우리만 위할 뿐 아니요 온 세상의 죄를 위하심이라"). 그런데도 사람들이 그리스도의 대속으로 말미암아 구원받지 못한다면, 그것은 그들이 회개하지도 않고 그리스도를 믿지도 않기 때문이다(고후 5:19-21; 요 10:15). 이 서신의 수신자들이었던 히브리인들은, 그리스도께서 하신 일과 그 일로 인하여 나타난 결과들을, 마치 눈으로 본 것처럼 분명하게 잘 알고 있었다. 왜냐하면, 복음 안에 나타나 있는 그리스도의 이러한 대속사역은 믿음을 지닌 사람들에게는 너무나 확실하고 분명하게 드러났고, 오직 믿지 않는 자들만이 그 사실을 알 수 없었기 때문이었다.

10. 그러므로 만물이 그를 위하고 또한 그로 말미암은 이가 많은 아들들을 이끌어 영광에 들어가게 하시는 일에 그들의 구원의 창시자를 고난을 통하여 온전하게 하심이 합당하도다.

그러므로 … 합당하도다. 사도는 그리스도께서 잠시 동안 천사들보다 못하게 되실 수밖에 없었다는 것을 보여 주기 위해서, 여기에서 그리스도께서 낮아지셔서 고난을 받으셔야 했던 또 다른 이유를 덧붙이는데, 이것은 성령께서 이 히브리인들이 하나님께서는 왜 그리스도를 그런 식으로 죽게 하셔야 하였는가 하는 의문을 품지 못하도록, 그러한 질문에 대하여 미리 대답을 해 주고 계시는 것이다: "그러므로 그리스도께서는 고난을 받으시고 죽으시는 것이 합당하였다. 그것은 그리스도께서 온전하게 되시기 위하여 꼭 필요하였던 일이었다. 하나님께서는 이 고난과 죽으심을 통해서 하나님으로서의 자신의 지혜와 공의와 긍휼과 권능을 다 나타내 보이셨다." 하나님께서는 자신이 취할 수 있는 모든 방법들 중에서 이 방법이야말로 하나님이라는 지위와 신분에 합당한 것임을 아시고, 그렇게 하시는 것이 최선이라고 생각하셨다. 또한, 하나님께서는 선지자들을 통하여 자신의 이러한 계획과 작정하심을 교회에 알게 하셨기 때문에, 하나님이 그 계획을 성취하시는 것은 하나님의 참되심에 합당한 것이었다(사 53:1-12; 눅 24:25-27).

만물이 그를 위하고 또한 그로 말미암은 이가. 사도는 여기에서 그리스도를 우리에게 내어 주셔서 우리의 죄를 위하여 대신 죽게 하신 성부 하나님이 어떤 분이신지를 우리에게 일깨워 준다. 만물은 성부 하나님의 영광을 드러내기 위하여 존재하고, 만물은 성부 하나님으로 말미암아 존재하게 되었다. 하나님은 자신의 능력 있는 말씀으로 만물을 만드시고 계속해서 붙들어 주고 계신다. 그런데, 이렇게 만물을 창조하신 분이자 만물로부터 영광을 받으시는 분이라는 이 두 가지 속성은 복음의 선지자이시고 하나님이자 사람이신 그리스도께도 그대로 돌려진다(요 1:3, "만물이 그로 말미암아 지은 바 되었으니 지은 것이 하나도 그가 없이는 된 것이 없느니라"; 골 1:16, "만물이 그에게서 창조되되 하늘과 땅에서 보이는 것들과 보이지 않는 것들과 혹은 왕권들이나 주권들이나 통치자들이나 권세들이나 만물이 다 그로 말미암고 그를 위하여 창조되었고"). 이것은 대속사역에 있어서 그리스도께서는 성부 하나님이 사용하신 단순한 도구가 아니라, 성부 하나님과 동역하신 것임을 보여 준다(롬 3:26).

많은 아들들을 이끌어 영광에 들어가게 하시는 일에. "이끌다"로 번역된 '아가곤타'(ἀγαγόντα)의 의미상의 주어는 앞에 나온 "그"(αὐτῷ - '아우토')가 될 수 없다. 왜냐하면, '아우토'는 여격으로 되어 있기 때문이다. 따라서 이 동사의 의미상의 주어는 뒤에 나오는 "창시자"(ἀρχηγὸν - '아르케곤')이다. 즉, 그들의 구원의 창시자가 많은 아들들을 이끌어 영광에 들어가게 하신다는 것이다. 따라서 "많은 아들들"을 영화롭게 하시는 이는 성부 하나님이시지만, 그들을 영광으로 이끄시는 분은 "그들의 구원의 창시자"이신 예수 그리스도이시라고 보아야 한다. 그래서 에베소서 2:18에서는 "이는 그로 말미암아 우리 둘이 한 성령 안에서 아버지께 나아감을 얻게 하려 하심이라"고 말하고, 3:12에서는 "우리가 그 안에서 그를 믿음으로 말미암아 담대함과 확신을 가지고 하나님께 나아감을 얻느니라"고 말한다. 그리스도께서는 그들이 도달하여야 할 곳과 거기로 가는 길을 보여 주실 뿐만 아니라, 그들을 친히 인도하신다(벧전 3:18, "그리스도께서도 단번에 죄를 위하여 죽으사 의인으로서 불의한 자를 대신하셨으니 이는 우리를 하나님 앞으로 인도하려 하심이라"). 그들은 죄인의 신분이었지만, 거듭나고 양자가 되고, 그들의 구원의 창시자로 인하여 그리스도인이라는 호칭을 얻음으로써, 하나님께로 나아가기에 합당한 자들이 되었다(요 1:12-13, "영접하는 자 곧 그 이름을 믿는 자들에게는 하나님의 자녀가 되는 권세를 주셨으니 이는 혈통으로나 육정으로나 사람의 뜻으로 나지 아니하고 오직 하나님께로부터 난 자들이니라"). 그리스도께서는 자신의 고난을 통해서 그들을 위하여 그들의 지위와 유업을 얻으신 후에(롬 8:14-18; 벧전 1;2-5), 그들을 위해 준비된 하늘의 가나안으로 그들을 인도하셔서, 그들로 하여금 저 영광스러운 지위와 상태를 누리게 하셨다(마 25:34; 벧전 5:10; 요일 3:1-2).

그들의 구원의 창시자를 고난을 통하여 온전하게 하심이. 예수 그리스도는 "만물의 으뜸"(골 1:18)으로서, 그 지위와 위엄에 있어서 모든 천사들과 사람들보다 뛰어나시고, 만물을 자신의 권세 아래에서 다스리시며 많은 형제들을 이끄시는 최고의 지도자이기 때문에, 사도는 여기에서 그리스도를 "그들의 구원의 창시자"(ἀρχηγὸς - '아르케고스')라고 부른다. 많은 형제들의 "구원의 창시자"이시고 그들을 구원으로 이끄실 인도자 되시는 예수 그리스도께서는 "온전하게" 되실 필요가 있으셨다. 여기에서 "온전하게 하다"로 번역된 '텔레이오사이'(τελειῶσαι)는 어떤 사람이 희생제사를 통해서 자기에게 맡겨진 직무를 완성하는 것을 의미한다. 그래서 그리스도께서는 누가복음 13:32에서 이 단어를 사용하셔서, "오늘과 내일은 내가 귀신을 쫓아내며 병을 고치다가 제삼일에는 완전하여지리라"고 말씀하시는데, 여기에서 "제삼일에는 완전하여지리라"는 것은 그리스도께서 죽으셨다가 제삼일에 부활하심으로써, 하나님이 자기에게 맡기신 대속의 사역을 완성하실 것이라는 의미이다(요 19:30, "예수께서 신 포도주를 받으신 후에 이르시되 다 이루었다 하시고 머리를 숙이니 영혼이 떠나가시니라"). 이 위대하신 복음 선지자께서는 자신의 온갖 고난들을 죽음의 희생제사로 완성하시고 그 피로써 완전한 중보자, 즉 하늘에서 하나님의 우편에 앉아 영원히 다스리게 될 왕의 직분에 취임하기에 합당한 자격을 얻으셨는데, 그는 이렇게 하심으로써 구약 시대에 사람들에게 계시되었던 자신에 대한 모형과 예표들을 성취하시고 이루셨다(히 9:11-12, 14-15, 22-24; cf. 출 29장). 그리스도는 자기 백성의 구원과 관련해서, 자신의 핏값으로 그들의 구원을 사심으로써, 그 구원을 창시하신 분이자 온전하게 하신 분이시다. 즉, 그리스도는 자신의 고난과 죽음을 통해서 그들이 구원받을 길을 열어 놓으셨고, 자신의 말씀과 성령을 통해서 그들을 그 구원에 합당한 자들로 준비시키시며, 자신의 중보기도를 통해서 그들의 구원을 이루신다. 또한, 그리스도께서는 그들의 구원을 방해하고 반대하는 모든 것들을 다 물리치셔서, 마침내 그들로 하여금 하늘에 있는 영원한 영광에 실제로 참여하게 하실 것이다.

11. 거룩하게 하시는 이와 거룩하게 함을 입은 자들이 다 한 근원에서 난지라 그러므로 형제라 부르시기를 부끄러워하지 아니하시고.

거룩하게 하시는 이와. 이 절의 첫 부분에 나오는 이유를 나타내는 불변화사는, 사도가 이 절에서 말하고자 하는 것은 하나님의 아들 예수 그리스도께서 성육신하신 이유에 대한 것임을 보여 준다. 즉, 그리스도께서는 죄인들을 "거룩하게 하시는" 중보자와 "거룩하게 함을 입을" 죄인들이 본성적으로 서로 하나가 되고 연합되어야 하였기 때문에 사람의 몸을 입으시고 인성을 취하시기 위하여 성육신하셔야 하였다는 것이다. 위대하신 복음의 일꾼이신 예수 그리스도께서는 자신의 고난을 통해서 "많은 아들들"을 영광으로 이끌어야 하셨는데, 이것은 죄로 인하여 형벌을 받게 되어 있던 인간과 동일한 본성으로 하나가 되고 연합되지 않으면 불가능한 일이었기 때문에, 그들의 머리가 되어야 하셨다. 이렇게 해서, 참 하나님으로서 참 사람이 되신 그리스도께서는 자신의 죽음으로 말미암아 모든 죄인들을 위하여 죄 사함 받을 길을 열어 놓으신 후에, 그들 중에서 회개하고 믿는 자들을 구별하시고 성별하셔서, 자신의 성령으로 말미암아 그들의 모든 더러움을 씻어 주시고 거룩하게 하시는 역사를 해 나가고 계신다(고전 6:11; 딛 3:4-7; 히 9:14; 10:10, 14).

거룩하게 함을 입은 자들이. "거룩하게 함을 입은 자들"은, 회개하고 믿어서 그리스도의 피로 의롭다 하심을 얻고 그의 성령으로 거룩하게 된 죄인들을 가리킨다(엡 5:25-27, "남편들아 아내 사랑하기를 그리스도께서 교회를 사랑하시고 그 교회를 위하여 자신을 주심 같이 하라 이는 곧 물로 씻어 말씀으로 깨끗하게 하사 거룩하게 하시고 자기 앞에 영광스러운 교회로 세우사 티나 주름 잡힌 것이나 이런 것들이 없이 거룩하고 흠이 없게 하려 하심이라"). **다 한 근원에서 난지라.** 이것은 "거룩하게 하시는 이"와 "거룩하게 함을 입은 자들"이 모두 다 한 본성, 즉 인성을 지닌 존재들이라는 것을 의미한다. 인성을 지닌 존재만이 똑같이 인성을 지닌 사람들을 죄에서 속량할 수 있기 때문에, 천사들은 사람들의 죄를 속량하는 일을 할 수 있는 자격이 없다. 예수 그리스도라는 한 인격 안에는, 그가 원래부터 지니고 있던 신성이 인간의 영혼 및 몸과 연합되어 있다. 이렇게 그리스도께서는 성육신을 통해서 우리와 한 본성이 되셨기 때문에(히 2:14), 자기 자신을 성부 하나님께 온전히 거룩하게 드리심으로써, 믿음으로 그의 뒤를 따르는 모든 형제들을 거룩하게 하실 수 있으셨다. 구약 시대의 율법에서 유월절에 드려진 첫 열매 또는 만물, 그리고 오순절에 드려진 "처음 익은 곡식 가루"가 거룩하면, 나머지 다른 모든 열매들이나 곡식들이 다 거룩해진 것과 마찬가지로, 참 하나님이신 그리스도께서는 하나님께 드려지는 거룩한 첫 열매 또는 처음 익은 곡식 가루가 되셔서, 우리 죄인들을 거룩하게 하시기 위하여, 우리와 똑같은 인성을 입으시고서, 온 인류의 머리이자 대표자가 되셨다.

그러므로 형제라 부르시기를 부끄러워하지 아니하시고. 예수 그리스도께서는 동일한 본성으로 그들과 연합되어 계셨기 때문에, 그들을 "형제들"이라고 부르신다. 그는 거룩하신 하나님이시고, 그들은 추악한 죄인들이라는 사실을 고려하면, 그들을 자신의 형제들이라고 부르시는 것을 부끄러워하실 법도 한데, 그것을 부끄러워하지 않으셨다. 도리어, 그리스도께서는 자신의 능력의 말씀으로 그들을 하나님의 자녀들로 만드셔서, 자기와 더불어 하나님의 유업을 받는 상속자들이 되게 하셨고, 자기와 성부 하나님이 하나이듯이, 그들도 하나님과 하나가 되는 영광을 얻게 하셨다(요 17:22, "내게 주신 영광을 내가 그들에게 주었사오니 이는 우리가 하나가 된 것 같이 그들도 하나가 되게 하려 함이니이다").

12. 이르시되 내가 주의 이름을 내 형제들에게 선포하고 내가 주를 교회 중에서 찬송하리라 하셨으며.

사도는 여기에서 참 하나님이시자 참 사람이시고 위대하신 복음의 일꾼이신 그리스도께서 그로 말미암아 거룩함을 입은 자들을 자신의 "형제들"이라고 부르셨다는 것과 동일한 본성으로 말미암아 그런 관계가 형성되었다는 것을 보여 주는 증거를 제시한다. 이 증거는 시편 22:22("내가 주의 이름을 형제에게 선포하고 회중 가운데에서 주를 찬송하리이다")에서 가져온 것으로서, 사도는 이 증거를 인용해서, 그리스도께서는 거기에서 선지자가 말하였던 것을 그대로 말씀하셨다고 단언한다. 이 시편이 메시야이신 예수 그리스도에 관한 것이라는 것은, 그리스도께서 이 시편에 나오는 다른 구절들도 자기 자신에게 적용하시고, 성령도 마찬가지라는 사실에 의해서 분명하게 증명된다. 이 시편을 읽는 사람들은 누구든지 거기에서 십자가에 못 박히신 그리스도를 생생하게 볼 수 있다.

내가 주의 이름을 내 형제들에게 선포하고. 여기에서 "나"는 위대하신 복음의 선지자이신 예수 그리스도이다. 오직 그리스도만이 "주," 즉 성부 하나님을 보았고, 성부 하나님으로부터 나오신 분이시다(요 1:18, "본래 하나님을 본 사람이 없으되 아버지 품 속에 있는 독생하신 하나님이 나타내셨느니라"). 그렇기 때문에, 오직 그리스도만이 "주의 이름"을 알고, "주"께서 만유 위에 계셔서 만유를 다스리고 계시는 분이시라는 것과 사람들을 구원하고자 하시는 계획을 가지신 분이심을 사람들에게 가르쳐서, 그들로 하여금 자신들과 성부 하나님 및 그리스도와의 관계에 적절한 이름을 알고 "주"를 찬송하게 하실 수 있으셨다. 성부 하나님께서는 옛적에 그의 모든 영광스러운 모습으로 모세에게 나타나셔서 그에게 자신의 이름을 알게 하신 것처럼(출 34:5-7, "여호와께서 구름 가운데에 강림하사 그와 함께 거기 서서 여호와의 이름을 선포하실새 여호와께서 그의 앞으로 지나시며 선포하시되 여호와라 여호와라 자비롭고 은혜롭고 노하기를 더디하고 인자와 진실이 많은 하나님이라 인자를 천대까지 베풀며 악과 과실과 죄를 용서하리라 그러나 벌을 면제하지는 아니하고 아버지의 악행을 자손 삼사 대까지 보응하리라"), 이제는 자신의 아들 예수 그리스도로 말미암아 자기 이름을 사람들에게 알게 하시고, 그들에게 "아버지"가 되셔서, 그리스도와 그들이 "형제들"이 될 것이라는 약속을 이루셨다(요 20:17, "예수께서 이르시되 나를 붙들지 말라 내가 아직 아버지께로 올라가지 아니하였노라 너는 내 형제들에게 가서 이르되 내가 내 아버지 곧 너희 아버지, 내 하나님 곧 너희 하나님께로 올라간다 하라 하시니"). 막달라 마리아를 보내셔서 이러한 메시지를 자신의 사도들과 제자들에게 전하게 하신 부활하신 예수 그리스도는 그들과 동일한 인성을 지니신 그들의 형제로서, 성부 하나님의 집에서 그 권속에 속한 아들이자 상속자이셨고, 무엇보다도 그들 중에서 가장 먼저 나신 "장자"이셨다. 형제들은 하나이기 때문에, 예수 그리스도와 그의 거룩함을 입은 자들은 하나이다(히 2:14; 눅 1:31, 35; 요 17:22-23; 롬 8:14). 또한, 로마서 8:17, 29; 갈라디아서 4:5-7; 에베소서 3:14-15을 보라.

내가 주를 교회 중에서 찬송하리라. 여기에서 "교회"는 "예수 그리스도의 신비의 몸에 속한 여러 회중들"을 의미하기 때문에, 그리스도께서는 자신의 "형제들" 중에서 성부 하나님을 찬송할 것이라고 말씀하고 계시는 것이다. 그리스도와 그들은 한 분 아버지 하나님께 속한 자들이다. 차이점이 있다면, 그리스도는 본성적으로 그런 것이고, 그들은 은혜로 말미암아 그렇게 되었다는 것이다. 또한, 그리스도와 그들은 한 조상, 즉 한 몸으로부터 왔다(눅 3:23, 38). 예수 그리스도께서는 이 땅에 계실 때에 최후의 만찬에서 "교회"를 대표하는 열두 사도 가운데서 자신의 아버지 하나님을 엄숙하게 찬송하셨다(마 26:30; 막 14:26).

13. 또 다시 내가 그를 의지하리라 하시고 또 다시 볼지어다 나와 및 하나님께서 내게 주신 자녀라 하셨으니.

또 다시 내가 그를 의지하리라 하시고. 사도는 여기에서 그리스도로 말미암아 거룩함을 입은 자들이 그리스도의 형제들이라는 추가적인 증거를 제시하시는데, 그것은 그리스도께서는 성부 하나님에 대하여 그들의 형제로서 합당한 모습을 보이셨다는 것이다. 예수 그리스도와 그들은 모두 "믿음의 권속"에 속한 자들이다(갈 6:10). 그들의 일은 하나님을 믿는 것이다. 그리고 그렇게 하는 자들은 누구든지 "형제들"이다. 그리스도께서는 그렇게 하셨기 때문에, 그들의 형제이실 수밖에 없다. 그리스도와 그들은 그와 그들에게 동일한 한 분 하나님 아버지를 의지하고 있다. 예수 그리스도께서는 하나님을 믿고 신뢰하고 의지하셨고, 하나님께서는 인성을 입으신 그리스도를 도우셔서, 대속사역을 완성하는 데 필요한 온갖 일들과 고난들을 잘 통과하실 수 있게 하셨다.

어떤 이들은 성령께서 로마서 15:9("이방인들도 그 긍휼하심으로 말미암아 하나님께 영광을 돌리게 하려 하심이라 기록된 바 그러므로 내가 열방 중에서 주께 감사하고 주의 이름을 찬송하리로다 함과 같으니라")에서 시편 18:49("여호와여 이러므로 내가 이방 나라들 중에서 주께 감사하며 주의 이름을 찬송하리이다")을 그리스도께 적용하고 있는 것을 근거로 삼아서, 그리스도께서는 시편 18:1-3("나의 힘이신 여호와여 내가 주를 사랑하나이다 여호와는 나의 반석이시요 나의 요새시요 나를 건지시는 이시요 나의 하나님이시요 내가 그 안에 피할 나의 바위시요 나의 방패시요 나의 구원의 뿔이시요 나의 산성이시로다 내가 찬송 받으실 여호와께 아뢰리니 내 원수들에게서 구원을 얻으리로다")에서 다윗의 입을 빌려 이렇게 말씀하신 것이라고 생각한다. 그러나 어떤 이들은 그 시편을 그리스도에 대한 것으로 보는 것은 적절하지 않고, 사도가 여기에서 인용한 말씀은, 그가 자주 인용할 뿐만 아니라 히브리인들에게 아주 친숙하였던 칠십인역에는 나오지 않지만, 그리스도께서 하나님을 의지하신다는 말씀과 그리스도의 형제들인 하나님의 "자녀들"에 관한 말씀에 가장 가까운 본문은 이사야서 8:17-18("이제 야곱의 집에 대하여 얼굴을 가리시는 여호와를 나는 기다리며 그를 바라보리라 보라 나와 및 여호와께서 내게 주신 자녀들이 이스라엘 중에 징조와 예표가 되었나니 이는 시온 산에 계신 만군의 여호와께로 말미암은 것이니라")인데, 이사야서 8장은 하나님이자 사람이신 구속주에 관한 분명한 예언이고, 이 땅에서 예수 그리스도에 의해서 정확히 성취된 것이라고 생각한다. 따라서 사도가 여기에서 인용한 두 본문의 출처는 이사야서 8장이라고 보는 것이 가장 합리적인 것으로 보인다.

또 다시 볼지어다 나와 및 하나님께서 내게 주신 자녀라 하셨으니. 사도는 여기에서 문자적으로는 이사야 선지자가 한 말을, 예수 그리스도께서 그들의 "형제들"이라는 것을 보여 주는 세 번째 증거로 제시한다. 이것은 이사야 선지자가 당시에 자기와 하나님의 자녀들이 여호와 하나님을 의지한다는 이유로 세상의 비웃음과 조롱을 당하는 것을 탄식하며 한 말이었다. 하지만 거기에서 이사야 선지자는 그리스도의 모형이었고, 이 말씀은 그리스도 안에서 생생하게 성취되었다. 이 본문에 나오는 "볼지어다"라는 단어는 이것이 교회가 주목하고 잘 깨달아서 명심하여야 할 아주 중요하고 중대한 일이라는 것을 암시해 준다. "나와 및 하나님께서 내게 주신 자녀들"은 하늘에 계신 동일한 아버지 하나님의 자녀들인 "나와 나의 형제들"이라는 의미이다(요 11:52; 20:17; 요일 3:1). 그들은 이 세상에서 이상한 자들로 취급을 받아서 멸시와 조롱을 당하였지만, 성부 하나님께서 그리스도의 대속사역을 근거로 해서 값없이 거저 택하시고 구원하셔서, 그의 성령을 통해서 하나님의 자녀들로 합당한 자들로 거룩하게 하심으로써, 장차 하늘의 영광으로 들어가게 될 자들이었다(요 17:2, 6, 8-9, 11, 19, 22, 24).

14. 자녀들은 혈과 육에 속하였으매 그도 또한 같은 모양으로 혈과 육을 함께 지니심은 죽음을 통하여 죽음의 세력을 잡은 자 곧 마귀를 멸하시며.

자녀들은 혈과 육에 속하였으매. 사도는 그리스도께서 거룩하게 하신 자녀들과 형제들이 사람들이라는 것을 증명한 후에, 이제 여기에서는 그들을 거룩하게 하신 이도 그들과 함께 동일한 본성을 지니신 분이라는 것을 증명함으로써, 11절에서 "거룩하게 하시는 이와 거룩하게 함을 입은 자들이 다 한 근원에서 난지라 그러므로 형제라 부르시기를 부끄러워하지 아니하셨다"고 단언하셨던 것을 확증한다. 하나님의 택하심을 받아 하나님의 자녀들이 되어 그리스도의 형제들로 그들에게 주어져서 그와 더불어 하나님의 상속자들이 된 자들은, 단순히 인성을 지닌 자들일 뿐만 아니라, 그들의 공통의 조상인 아담의 후손들이라는 공통점으로 인해서 서로 형제들이었다. 여기에서 '케코이노네켄' (κεκοινώνηκεν, "함께 속하였다," 한글개역개정에는 "속하였다")이라는 단어는, 그들은 모두 진짜 인성을 지닌 자들로서, 그런 진짜 인성을 모두 공유하고 거기에 함께 참여해서 하나가 된 자들이라는 의미를 보여 준다. 즉, 그들은 모두 진정으로 진짜 사람들이고, 그들 각자는 그러한 인성을 공유하고 있다는 것이다. "혈과 육"은 문자적으로는 단지 수많은 연약함들을 지니고 있는 육신만을 표현하고 있는 것이기는 하지만, 여기에서는 인성 전체를 나타내는 환유법적 표현이다.

그도 또한 같은 모양으로 혈과 육을 함께 지니심은. '파라플레시오스' (παραπλησίως, "같은 모양으로")라는 단어는 성자 그리스도께서 그들과 거의 동일한 "혈과 육"을 취셨다는 것을 보여 준다. 즉, 예수 그리스도께서는 우리와 똑같은 진정한 혈과 육을 취하셔서 진짜 인성을 입으셨지만, 다만 우리의 죄악된 육신의 연약함들로부터는 자유로우셨다는 점에서는, 그가 입으신 육신은 우리가 입은 육신과 달랐기 때문에, 사도는 여기에서 "같은 모양으로"라는 단어를 사용한 것이다(히 2:17; 4:15, "우리에게 있는 대제사장은 우리의 연약함을 동정하지 못하실 이가 아니요 모든 일에 우리와 똑같이 시험을 받으신 이로되 죄는 없으시니라"). 따라서 "같은 모양으로"라는 단어는 그리스도께서 입으신 인성이 우리와 다른 것임을 보여 주는 것이 아니라, 도리어 동일한 것임을 보여 준다. 여기에서 "함께 지니셨다"로 번역된 '메테스켄'(μετέσχεν)은 그리스도께서 자신의 형제들과 동일한 본성을 입으시고 그들의 동료가 되셨다는 것을 보여 준다. 사도는 앞에서 사람들에 대해서는 '케코이노네켄'이라는 단어를 사용하였지만, 여기에서 그리스도에 대해서는 '메테스켄'이라는 다른 단어를 사용하는데도, 마르키온주의자들(the Marcionites)과 마니교도들(the Manichees)은 그것을 왜곡해서, 마치 그리스도께서 그들과 동일한 인성을 취하여 단지 인간일 뿐인 존재가 된 것처럼 말한다. 그러나 예수 그리스도께서는 자신이 원래부터 지니고 계셨던 신성에 더하여, 사람들과 동일하지만 죄로부터는 자유로운 육신과 영혼으로 이루어진 인성을 덧입으신 것이기 때문에, 그의 신성과 인성은 한 인격 안에서 서로 연합되게 된 것이다. 이렇게 함으로써, 이것은 그리스도께서는 사람들과 이중으로 연합되는 결과를 가져왔다. 즉, 그리스도께서는 한편으로는 자신의 성육신을 통해서 모든 인류와 동일한 본성에 속하신 자가 되셔서 그들의 머리가 되셨고, 다른 한편으로는 그들 모두를 위하여 죽으심으로써 천사들이 아니라 온 인류에게 구원의 길을 열어 놓으실 수 있으셨다. 그래서 이제 회개하고 그리스도를 믿는 모든 자들은 실제로 거룩함을 입어서, 그리스도의 택함 받은 몸의 지체로서 그와 연합되게 되고, 결국에는 그리스도로 말미암아 영원한 구원으로 구원받게 될 것이다.

죽음을 통하여 죽음의 세력을 잡은 자 곧 마귀를 멸하시며. 예수 그리스도께서는 하나님으로서의 자신의 권능을 행사하는 방식을 통해서가 아니라, 하나님께서 약속하신 대로 십자가 위에서 죽으시는 방식을 통해서, 영원히 죽지 않는 존재인 마귀를 제거하신 것이 아니라, 마귀에게 있던 사람들을 죽이는 힘(κρατος - '크라토스,' 한글개역개정에는 "세력")을 회복불가능하게 무효화하시고 무력화시키셨다. 어떤 존재들을 살리시고 죽이시는 영원한 죽음과 관련된 권세(ἐξουσία - '엑수시아')는 오직 그리스도께만 있고, 그리스도께서는 그 권세를 자신의 원수들에 대해서 사용하신다. 그리스도께서는 모든 죄인들의 죄를 대신 짊어지시고 죽으심으로써 하나님의 공의를 이미 만족시키셨기 때문에, 죄인들이 회개하고 믿게 되기만 하면, 마귀가 율법에 의해서 그들에 대하여 가지고 있던 죽음의 권세는 무효화되고 무력화되고 만다. 고전 15:55-57에서는 "사망아 너의 승리가 어디 있느냐 사망아 네가 쏘는 것이 어디 있느냐 사망이 쏘는 것은 죄요 죄의 권능은 율법이라 우리 주 예수 그리스도로 말미암아 우리에게 승리를 주시는 하나님께 감사하노니"라고 말함으로써, 마귀는 율법을 근거로 해서 사람들의 죄로 인해서 사망의 권세를 지니게 되지만, 그리스도께서는 자신의 죽으심을 통해서 마귀가 율법과 죄를 빌미로 사람들에 대하여 사망의 권세를 휘두르는 것을 무효화시키시고 무력화시키셨다는 것을 보여 준다. 사도는 여기에서 "마귀"라는 단어를 집합적으로 사용해서, 마귀와 그가 부리는 모든 악한 영들을 지칭한다(마 25:41, "또 왼편에 있는 자들에게 이르시되 저주를 받은 자들아 나를 떠나 마귀와 그 사자들을 위하여 예비된 영원한 불에 들어가라"). 마귀는 온갖 거짓말로 사람들을 유혹해서 죄 가운데 빠뜨린 후에, 그 죄를 빌미로 사람들에게 독침을 쏘아서 죽음에 이르게 만든다. 이렇게 마귀는 사람들을 죄로 유혹하는 강력한 힘을 갖고 있기 때문에, 사람들을 죽음에 이르게 하는 권세를 가지고 있다고 말하고, 또한 율법이 그의 손에 넘겨 준 사형집행자로서의 권한을 가지고서 사람들을 괴롭히고 멸한다는 의미에서 죽음의 권세를 지니고 있다고 말한다. 그리스도께서는 자신의 죽으심을 통해서 사람들을 속량하셔서 마귀의 손아귀에서 건져 내셨고, 마귀의 모든 일들을 멸하시며, 사람들을 사로잡아서 죽음에서 영원한 생명으로 옮겨 놓으신다.

15. 또 죽기를 무서워하므로 한평생 매여 종 노릇 하는 모든 자들을 놓아 주려 하심이니.

사도는 앞에서 그리스도께서 마귀를 멸하셨다고 말하였는데, 이 절에서는 그 결과를 설명한다. 즉, 사람들은 이전에는 죽음을 두려워하여 마귀에게 매여서 마귀의 노예들로 살아갔었지만, 이제는 그 두려움에서 벗어날 수 있게 되었다는 것이다. **놓아 주려 하심이니.** 예수 그리스도께서는 마귀의 힘을 부수시고 무효화시키심으로써, 사람들을 마귀로 인하여 입고 있던 해악으로부터 실제로 온전히 벗어나게 해 주셨다. **또 죽기를 무서워하므로.** 사람들의 영혼은 자신들에게 다가올 영적인 죽음과 현세적인 죽음과 영원한 죽음을 예감하고서, 극심한 두려움과 공포 가운데서 극도의 불안과 염려로 요동하고 들끓게 된다. 왜냐하면, 하나님의 진노는 그들의 육신만을 멸하시는 것이 아니라, 그들을 하나님으로부터 영원히 분리시키셔서, 사람들이 상상할 수 있는 가장 끔찍한 상태 가운데서 가장 끔찍한 무리들과 함께 가장 끔찍한 곳에 영원히 가두어 두실 것인데, 그들은 이것을 예감하기 때문이다(욥 18:11, 14; 24:17; 시 55:4-5; 73:19; 88:14-18).

한평생 매여 종 노릇 하는 모든 자들을. 사람들은 인간으로서의 정상적인 삶을 영위하게 되면, 자신의 죄를 깨닫게 되고, 그 때에 이러한 두려움과 공포가 생겨나게 되어서, 가인과 유다에게서 분명하게 볼 수 있듯이, 한평생 죽음에 대한 그러한 두려움에서 벗어나지 못하고 두려워하고 놀라고 괴로워하는 가운데 인생을 살아가게 된다. 왜냐하면, 그들은 그들 자신의 죄와 죄책으로 인해서 가장 잔인한 독재자인 마귀의 노예들이 되어서, 일생동안 두려움 가운데서 마귀를 섬기며 살아갈 수밖에 없게 되고, 그러한 비참하고 끔찍한 상태에서 빠져나올 수 없게 되기 때문이다. 예수 그리스도께서는 죽음이 두려워서 그러한 마귀의 노예로서의 끔찍하고 비참한 삶을 살아가고 있던 자들을 자신의 죽으심을 통해서 건져 내셔서, 하나님의 자녀들로서의 영광스러운 자유를 누리게 하신다(롬 8:21; 골 1:13, "그가 우리를 흑암의 권세에서 건져내사 그의 사랑의 아들의 나라로 옮기셨으니").

16. 이는 확실히 천사들을 붙들어 주려 하심이 아니요 오직 아브라함의 자손을 붙들어 주려 하심이라.

이는 확실히 천사들을 붙들어 주려 하심이 아니요. 사도는 앞에서 그리스도께서 자신의 형제들을 마귀에게 종 노릇 하는 삶으로부터 건져 주셨다고 단언하였는데, 여기에서는 그 일이 어떤 방법을 통해서 이루어지게 되었는지를 보여 준다. 즉, 그 일은 복음의 선지자이신 예수 그리스도께서 천사가 아니라 사람이 되심으로써 가능하였다는 것이다. 그리스도께서는 자신의 죽으심을 통해서 사람들을 마귀의 수중에서 건져 내시기 위하여, 스스로 그들과 동일한 본성을 취하셨다. 여기에서 "확실히 … 아니요"로 번역된 '우 데푸' (οὐ δήπου)는 "결코 아니다"를 의미할 수 있는데, 어떤 이들은 여기에서 '에피람바네타이' (ἐπιλαμβάνεται)를 "붙들어 주다"로 해석해서, 성자 그리스도께서는 타락한 천사들을 "붙들어 주려고," 즉 그들을 구원하거나 회복시켜 주시려고 하신 것이 아니라는 의미로 이 구절을 설명한다. 그러나 사도는 이 장이나 앞 장에서 타락한 천사들에 대해서는 일언반구도 말하고 있지 않기 때문에, 여기에 언급된 "천사들"이 타락한 천사들을 가리키는 것일 수는 없다. 또한, 선한 천사들은 하나님을 떠나거나 타락하지 않았기 때문에, 그리스도께서 그들에게 구원의 손길을 내미실 이유가 전혀 없으시다. 사도는 여기에서 그리스도와 관련해서 일반적으로 천사들에게는 해당되지 않고 "아브라함의 자손" 에게는 해당되는 어떤 것을 말하고자 한 것이기 때문에, '에피람바네타이' 는 "붙들어 주다"가 아니라 "취하다"를 의미한다. 즉, 예수 그리스도께서는 모든 천사에게 공통된 본성을 자기 자신의 본성으로 취하셔서, 저 범죄하여 타락한 영들을 속하시고자 하신 것이 아니었다는 것이다.

오직 아브라함의 자손을 붙들어 주려 하심이라. 예수 그리스도께서는 "아브라함의 자손" 의 본성을 취하셔서 자신의 신성과 하나가 되게 하시고 한 인격을 이루게 하셨다. 우리는 여기에서 "아브라함의 자손"을 아브라함의 육신적인 자손들 또는 믿는 자손들을 가리키는 집합명사로 이해해서는 안 되고, 하나님께서 아브라함에게 "네 씨로 말미암아 천하 만민이 복을 받으리니"(창 22:18)라고 약속하신 바로 그 자손, 곧 사람이 되신 그리스도 예수를 가리키는 것으로 이해하여야 한다(갈 3:16, "이 약속들은 아브라함과 그 자손에게 말씀하신 것인데 여럿을 가리켜 그 자손들이라 하지 아니하시고 오직 한 사람을 가리켜 네 자손이라 하셨으니 곧 그리스도라"). 성자 그리스도께서는 아브라함의 후손이었던 동정녀 마리아에게 잉태되셔서, 한 인격 안에서 신성과 인성을 동시에 지니시고서는, 우리 주 예수 그리스도가 되셨고, 그 결과 모든 민족 중에서 하나님의 택함 받은 자들에게 구원의 복을 가져다주실 수 있으셨다. 사도는 성자 그리스도께서 인성을 입으시고서, 하나님이 아브라함에게 약속하신 "자손"이 되셨다는 사실을 여기에서 단언하는 한편, 하나님께서 천사들에게는 그런 약속을 주신 적이 단 한 번도 없으셨기 때문에, 성자 그리스도가 천사의 본성을 입으셨다는 것은 전혀 근거 없는 말이라고 단언한다(슥 13:7; 눅 1:31, 35; 갈 4:4, "때가 차매 하나님이 그 아들을 보내사 여자에게서 나게 하시고 율법 아래에 나게 하신 것은"; 딤전 2:5, "하나님은 한 분이시요 또 하나님과 사람 사이에 중보자도 한 분이시니 곧 사람이신 그리스도 예수라"). 어떤 이들은 '에피람바네타이' 라는 동사가 헬라어 저자들의 글에서는 결코 "취하다"라는 의미로 사용된 적이 없다고 이의를 제기하는데, 그들의 그러한 이의제기는, 성령께서는 사람들이 사용하는 단어들을 삼위일체나 성자나 양자됨 같은 하나님의 크신 신비들을 말씀하는 데 사용하실 때에는 그 통상적인 의미를 뛰어넘는 의미로 사용하시는 것은 비일비재한 일이라는 사실을 고려하지 않은 데서 생겨난 것일 뿐이다.

17. 그러므로 그가 범사에 형제들과 같이 되심이 마땅하도다 이는 하나님의 일에 자비하고 신실한 대제사장이 되어 백성의 죄를 속량하려 하심이라.

그러므로 그가 … 마땅하도다. 성자께서 자신의 인격 안에 인성을 취하셔서 "아브라함의 자손"이 되심으로써, 자신의 "형제들과 같이" 되시고, 잠시 동안 천사들보다 못하게 되신 이유들 중에서 마지막 이유는, 대제사장이 되어서, 죄인들을 하나님과 화목하게 하는 결과를 가져올 제사를 드리실 자격을 얻으시기 위한 것이었다. 왜냐하면, 성자께서는 만일 사람이 되시고 아브라함의 자손이 되지 않으신다면, 제사장이 되실 수도 없으시고 희생제물이 되실 수도 없으실 것이었기 때문이다. "마땅하도다"로 번역된 '오페일렌'(ὤφειλεν)은 꼭 필요하였다는 의미만이 아니라, 적절하고 합당하며 올바른 것이었다는 의미이기도 하다. 즉, 성자께서는 "중보자"가 되시고 "보증"이 되고 "제사장"이 되셔서, 하나님과 사람이라는 두 당사자 간의 문제를 중재하시는 일을 하시기 위해서는 인성을 입으시는 것이 꼭 필요한 일이었을 뿐만 아니라 적절하고 합당한 일이었다는 것이다. 한편으로, 이 "중보자"는 하나님에 대하여 의로우시고 하나님을 만족시키기 위해서는 신성을 지니신 참 하나님이셔야 하였다. 아담은 전에 하나님을 배신하고 범죄하였기 때문에, 하나님께서는 인간을 신뢰할 수 없으셨고, 인간에 불과한 자는 중보자가 될 수 없었다. 다른 한편으로, 이 "중보자"는 인간의 상태를 이해하고 연대하며 공감할 수 있는 온전한 구원자가 되시기 위해서는 참 사람이셔야 하였다(슥 13:7). 따라서 성부 하나님이 보시기에, 참 하나님이자 참 사람이셨던 예수 그리스도께서는 인간에 불과한 자로서는 불가능하였던 죄인들을 대속하시는 일을 감당하기에 조금도 부족함이 없는 합당하고 마땅한 분이었다. 피조물에 불과한 존재가 어떻게 하나님과 중재하는 일을 감당할 수 있겠는가? 오직 인간을 사랑하셔서 인간을 구원하고자 하는 마음이 간절하셨던 성육신하신 성자 하나님 외에 그 누가 감히 이 일을 감당하겠는가? 그래서 예레미야서 30:21에서는 "그 영도자는 그들 중에서 나올 것이요 그 통치자도 그들 중에서 나오리라 내가 그를 가까이 오게 하리니 그가 내게 가까이 오리라 참으로 담대한 마음으로 내게 가까이 올 자가 누구냐 여호와의 말씀이니라"고 말한다. 예수 그리스도는 우리와 같은 본성을 입으시고 우리와 같은 사람이 되셔서 우리 가운데서 나오신 분이시기 때문에, 그의 중보를 통한 은택을 우리에게 전해 주기에 가장 합당하신 분이셨다. 이렇게 그리스도께서 인성을 입으시고 우리와 같이 되신 것은, 그것을 통해서 그가 우리를 대속해 주실 수 있는 충분한 자격을 갖추게 되신 것은 물론이고, 그 대속의 공로가 천사들이 아니라 동일한 본성을 지닌 우리에게 돌려져서 우리를 새롭게 하는 결과를 가져다주었다. **범사에 형제들과 같이 되심이.** 그리스도께서는 모든 것에서 그들과 똑같이 참된 몸과 영혼을 지닌 사람이 되셨고, 이것은 온전한 구속주가 되시기 위해서 꼭 필요한 것이었다. 이렇게 그리스도께서는 본성과 속성들과 상태와 감정 등 모든 것에서 그들과 같이 되셨고, 슬픔과 근심과 고통을 느끼시는 것이나 죽음을 겪으시는 것에서 그들과 같이 되셨다.

이는 … 자비하고 신실한 대제사장이 되어. 그리스도께서는 죄와 고통과 손실로 인한 죄인들의 참상을 아셨고, 아픔과 괴로움을 진심으로 그들과 함께 하실 수 있으셨기 때문에, 그들에 대한 차고 넘치는 긍휼하심으로 그들을 구원하실 수 있으셨다. 그들에 대한 그의 긍휼하심과 불쌍히 여기심과 동정하심은, 사람들과 천사들은 감히 그 경지에 도달할 수 없을 정도로 지극히 큰 것이었다(사 53:3-4; 63:9). 만일 그리스도께서 그들을 조금도 긍휼히 여기지 않으시고, 그들의 하소연을 배척하시거나, 그들을 쳐서 고소하셨다면, 그들은 영원히 멸망할 수밖에 없게 되었을 것이다. 하나님께서는 유대인들을 자기가 그렇게 긍휼히 여기실 것이라고 약속하셨다(히 8:12, "내가 그들의 불의를 긍휼히 여기고 그들의 죄를 다시 기억하지 아니하리라 하셨느니라"). 요한복음 5:45과 비교해 보라: "내가 너희를 아버지께 고발할까 생각하지 말라 너희를 고발하는 이가 있으니 곧 너희가 바라는 자 모세니라." 모세는 중보자로서의 자신의 직무에 실패할 수 있고, 실제로 실패하였다(출 32:19, "진에 가까이 이르러 그 송아지와 그 춤 추는 것들을 보고 크게 노하여 손에서 그 판들을 산 아래로 던져 깨뜨리니라"). 그러나 예수 그리스도께서는 그들을 긍휼히 여기시는 데 결코 실패할 수 없으시고, 늘 자비하시다. 또한, 그리스도께서는 하나님에게와 회개하고 믿는 자들에게 "신실하시다." 그리스도는 그렇게 신실하셔서 그들을 결코 속이지 않으실 것이기 때문에, 그들은 그들 자신과 그들의 일을 안심하고 그리스도께 맡길 수 있고, 그리스도를 의지할 수 있다. 그리스도께서는 하나님이 그에게 맡기신 대속사역을 신실하게 감당하셔서 하나님을 온전히 만족시키셨고, 자기를 믿고 의지하는 모든 영혼들을 끝까지 영원한 구원에 이르게 하심으로써, 자신에게 맡겨진 일을 완수하실 것이다(사 11:5; 고전 10:13; 살전 5:23-24). "대제사장"은 하나님의 기록된 율법과 규범을 따라 하나님께 제사를 지내고 하나님과 관련된 모든 일들을 주관하는 직분자였다. 대제사장은 사람이어야 했고, 우리와 똑같이 비참한 상태에 처하여 시험들을 받는 자라야만, 대제사장이 될 자격이 있었다. 사도는 히브리 7-10장에서 이 대제사장직에 대하여 자세하게 다룬다. 예수 그리스도는 인류 역사상에 존재하였던 모든 대제사장들 중에서 으뜸가는 최고의 대제사장이 되셔서, 다른 모든 대제사장들이 연약함 가운데서 그의 그림자로서 행하여 왔던 모든 일들을 완벽하게 성취하시고 이루셨다. 성자 그리스도께서는 성육신하심으로써 실제로 이 대제사장직에 취임하셨는데, 이것에 대한 설명은 나중에 나온다.

하나님의 일에 … 백성의 죄를 속량하려 하심이라. 그리스도께서 하신 모든 일은 모두 하나님의 일로서, 죄인들과 하나님의 관계에 관한 모든 일이었다(히 5:1, "대제사장마다 사람 가운데서 택한 자이므로 하나님께 속한 일에 사람을 위하여 예물과 속죄하는 제사를 드리게 하나니"). 따라서 대속, 중보기도, 축복은 그의 큰 관심사들이었고, 그의 주된 일은 하나님과 죄인들을 화목하게 하는 일이었다. 여기에서 "속량하다"로 번역된 '힐라스케스타이' (ἱλάσκεσθαι)는 원래 희생제사를 통해서 어떤 사람을 다른 사람과 화해하게 하거나 화목하게 하는 것을 의미한다. 대제사장이신 예수 그리스도께서는 자기 자신을 희생제물로 삼아 하나님께 제사를 드리심으로써, 하나님의 공의를 만족시키시고, 하나님의 진노를 제거하셔서, 회개하고 믿은 죄인들이 범한 온갖 크고 작은 죄들에 대한 사하심을 얻어 내셨고, 이것을 통해서 하나님과 죄인들을 화목하게 하시고, 그 죄인들로 하여금 이 땅에서는 하나님과 교제할 수 있게 하시고, 내세에서는 영원토록 하나님을 향유하고 누릴 수 있게 하셨다(고후 5:19, 21).

18. 그가 시험을 받아 고난을 당하셨은즉 시험 받는 자들을 능히 도우실 수 있느니라.

고난을 당하셨은즉. 사도는 예수 그리스도께서 범사에 자신의 형제들과 같이 되셨다고 말하였는데, 이 절에서는 그 이유를 예시한다. 즉, 그리스도께서는 인성을 취하시고 성육신하셔서 그들과 똑같이 고난을 받으심으로써 그들의 고통과 아픔을 공감하시고 함께 느끼실 수 있으셨기 때문에, 자비하시고 신실하신 대제사장이 되실 수 있으셨다는 것이다. 인류 역사상에서 예수 그리스도만큼 크고 많은 지독한 고난들을 겪은 사람은 없었다. 그리스도께서는 죄가 죄인들에게 어떠한 고통과 괴로움을 가하는지를 몸소 겪으셨기 때문에, 죄인들이 겪는 고통과 괴로움을 아셨다. 그는 죄가 없으신 분이셨지만, 안으로는 하나님으로부터 오는 두려움과 공포를 겪으셨고, 밖으로는 자신의 몸에 극심한 고통들을 감내하셨다! 그러한 극심한 공포와 고통은 유례가 없는 것이었다.

그가 시험을 받아. 그리스도께서 시험을 받으신 것은 그의 안에 내재해 있는 어떤 부패함이나 죄로 말미암은 것이 결코 아니었고(히 4:15; 요 14:30), 그의 밖에 있는 철천지원수였던 마귀와 그 마귀가 자신의 도구들로 부리는 악한 영들과 사람들로부터 온 것이었다. 그리스도께서 공생애를 시작하시자마자, 마귀는 첫째 아담에게 그랬던 것처럼 그를 속이고 유혹해서 대속사역을 행하지 못하게 하고자 하였고, 그 이후에는 자신의 졸개들을 시켜서 온갖 수단과 방법을 동원하여 그의 사역을 훼방하게 하였는데, 그러한 이야기들은 복음서를 가득 채우고 있다. 그리스도께서는 이러한 시험들을 통해서, 시험들이 무엇이고, 그러한 시험들 아래에서는 죄를 피한다는 것이 얼마나 어려운 일이며, 그러한 시험들이 얼마나 두려운 것들이고(히 5:7, "그는 육체에 계실 때에 자기를 죽음에서 능히 구원하실 이에게 심한 통곡과 눈물로 간구와 소원을 올렸고 그의 경건하심으로 말미암아 들으심을 얻었느니라"), 그러한 시험들로 인하여 죄악에 빠져든 자들을 얼마나 불쌍히 여기는 것이 마땅한 일인지를 아셨다. 또한, 그리스도께서는 이러한 시험들을 통해서, 죄는 죄를 범한 자들에게 극심한 해악들을 초래하기 때문에, 자신의 형제들을 죄에서 건져 내어 견고하게 하는 것이 절실한 일이고(눅 22:43-44), 자신의 도움 없이 자기 형제들은 시험을 받아 실족하기가 너무나 쉽다는 것을 아셨다.

시험 받는 자들을 능히 도우실 수 있느니라. 예수 그리스도께서는 자신의 형제들과 똑같이 되셔서, 그들과 똑같은 슬픔과 시험과 고난을 받으심으로써, 그들의 아픔과 고통을 똑같이 느끼시고 긍휼히 여기심으로써, 그들을 자애롭게 어루만지시며 넉넉히 도우실 수 있게 되셨다. 물론, 이전에도 그리스도께서는 하나님으로서 그들을 긍휼히 여기시는 마음을 지니고 계셨지만, 마치 그것만으로는 충분하지 않으시다는 듯이, 시험을 받을 수 있는 인간의 본성을 입으시고, 그들의 시험과 고난을 직접 체휼하심으로써, 고난과 시험 중에 있는 자신의 형제들을 더 생생하게 불쌍히 여기실 수 있으셨다. 그리스도께서는 이렇게 친히 시험을 받으시고 고난을 겪으심으로써, 자기와 똑같은 시험과 고난을 받는 우리 모두를 도와주시고 건져 주실 수 있는 능력을 얻게 되셨다. 그리스도께서 시험 가운데서 죽기까지 하나님께 순종하신 것은, 우리에게 모범을 보여 주시고, 우리가 그렇게 하지 못하는 것에 대하여 우리를 질책하시는 가운데, 마치 선심 쓰시듯이 자기 백성을 구원하기 위하신 것이 아니었고, 도리어 죄로 말미암아 시험 중에서 고통당하는 자신의 형제들을 더욱더 불쌍히 여기셔서, 그들로 하여금 그 모든 시험들을 넉넉히 이길 수 있게 해 줄 온갖 확실한 방책들로 그들을 붙잡아 주시기 위한 것이었다. 이것은 믿고 회개하는 죄인들이 바라거나 가질 수 있는 소망과 위로 중에서 가장 강력하고 확실한 것으로서, 모든 절망을 이길 수 있게 해 주는 최고의 소망과 위로가 된다. 이 서신의 수신자인 히브리인들이 이 모든 사실을 깨닫기만 한다면, 그들의 메시야이신 예수 그리스도께서 인성을 입으시고 낮아지셔서 천사들보다 잠시 동안 못하게 되신 후에 죽음을 맛보시기까지 온갖 시험과 고난을 감당하신 것은 결국 만유의 주와 머리로서 높아지시기 위한 것이었기 때문에, 그들은 그리스도의 그러한 낮아지신 모습을 거리끼는 것으로 여길 이유가 전혀 없었다.

MATTHEW POOLE'S COMMENTARY

히브리서 3장

개요

1. 그리스도께서는 모세보다 더 존귀하신 분임(1-6).
3. 그러므로 우리는 광야에서 이스라엘 백성이 보여 준 완악함과 불신앙을 본받지 않도록 조심하여야 함(7-19).

1. 그러므로 함께 하늘의 부르심을 받은 거룩한 형제들아 우리가 믿는 도리의 사도이시며 대제사장이신 예수를 깊이 생각하라.

사도는 이 장의 처음부터 4장의 끝까지에 걸쳐서, 죄인들을 하나님과 화목하게 하시기 위하여 성부 하나님에 의해서 그들의 위대하신 선지자로 세우심을 받고 이 땅에 성육신하신 성자에 관한 복음의 교훈을 몇 가지 용도로 사용하는데, 그의 의도는 이 장의 처음 여섯 절에 집약되어 있다. 거기에서 사도는 예수 그리스도는 천사들보다 더 뛰어나신 분이실 뿐만 아니라, 모세보다 더 뛰어나신 분이시라고 말하는 식으로, 그리스도를 모세와 비교해서 이 서신의 수신자들인 히브리인들에게 예수 그리스도의 직분을 좀 더 자세하게 설명하고 확증함으로써, 이 히브리인들이 예수 그리스도를 지극히 존귀하신 분으로 여기고서 높이고 공경하는 것이 마땅함을 보여 준다. 이 위대하신 복음의 선지자이신 예수 그리스도께서는 인성을 입으시고 잠시 동안 천사들보다 못하게 되셔서, 우리를 대신하여 고난을 겪으시고 자신의 죽으심으로 우리를 대속하심으로써, 우리에게 영원한 구원이라는 무한히 큰 은택을 베푸셨기 때문에, 육신적으로 그리스도와 동일한 혈통을 따라 아브라함의 자손들인 히브리인들 중에서, 그리스도를 믿어 이 구원에 참여하여 그리스도인이 되어, 그리스도 안에서 하나님의 자녀가 되고 그의 성령으로 말미암아 거룩함을 입은 자들은 이 사실을 더욱더 깊이 생각하는 것이 마땅하다(벧전 1:1-5, "예수 그리스도의 사도 베드로는 본도, 갈라디아, 갑바도기아, 아시아와 비두니아에 흩어진 나그네 곧 하나님 아버지의 미리 아심을 따라 성령이 거룩하게 하심으로 순종함과 예수 그리스도의 피 뿌림을 얻기 위하여 택하심을 받은 자들에게 편지하노니 은혜와 평강이 너희에게 더욱 많을지어다"; 벧후 1:1, "예수 그리스도의 종이며 사도인 시몬 베드로는 우리 하나님과 구주 예수 그리스도의 의를 힘입어 동일하게 보배로운 믿음을 우리와 함께 받은 자들에게 편지하노니").

그러므로 함께 하늘의 부르심을 받은 거룩한 형제들아. 하나님께서는 "하늘의 부르심"을 통해서 복음으로 히브리인들을 세상으로부터 불러내셔서 예수 그리스도를 장자로 하여 다 같은 형제들이 되게 하셨다. 하나님은 자신의 성령을 통해서 그들의 마음에 빛을 비쳐 주시고, 그들의 의지와 뜻을 새롭게 하시며, 그들로 하여금 복음에 순종하게 하심으로써, 그들의 심령을 거룩하게 하시고, 그들의 영적 상태를 복되게 하셨는데, 이렇게 복음을 통해서 하나님의 권능과 긍휼의 역사가 두드러지게 드러났다. 하나님께서는 먼저 주도적으로 나서서 사람들에게 역사하셔서, 하늘로부터 들려오는 하나님의 음성을 듣게 하시고, 천국에 합당한 삶을 살게 하시며, 결국에는 천국에서 영원히 안식하게 하신다.

깊이 생각하라. 여기에서 "깊이 생각하라"로 번역된 '카타노에사테'(κατανοήσατε)는 어떤 교훈을 단지 한 번 생각하거나 깨닫는 데서 그치는 것이 아니라, 마음에 담아두고서 두고두고 계속해서 반복적으로 생각하고, 우리의 마음 중심에서 그 교훈에 합당한 믿음과 순종이 저절로 나타날 정도로 숙고하는 것을 의미한다(사 52:15, "그가 나라들을 놀라게 할 것이며 왕들은 그로 말미암아 그들의 입을 봉하리니 이는 그들이 아직 그들에게 전파되지 아니한 것을 볼 것이요 아직 듣지 못한 것을 깨달을 것임이라").

사도이시며. 여기에서 "사도"는 하늘로부터 보내심을 받은 하나님의 사자라는 의미이다. 성자 예수 그리스도께서는 하나님의 파송을 받으셔서 인성을 입으시고 이 땅에 성육신하셔서, 하나님의 사자로서의 권세로써 하나님으로부터 위임받으신 모든 일들을 수행하셨고, 또한 자신의 사도들을 세우시고 파송하셔서 자신의 일들을 하게 하셨다(요 20:21, "예수께서 또 이르시되 너희에게 평강이 있을지어다 아버지께서 나를 보내신 것 같이 나도 너희를 보내노라"). 따라서 바울이 여기에서 언급한 "사도"의 의미는 말라기 3:1에서 말한 "언약의 사자"라는 호칭 속에서 잘 드러난다: "만군의 여호와가 이르노라 보라 내가 내 사자를 보내리니 그가 내 앞에서 길을 준비할 것이요 또 너희가 구하는 바 주가 갑자기 그의 성전에 임하시리니 곧 너희가 사모하는 바 언약의 사자가 임하실 것이라." 즉, 예수 그리스도께서는 "사도"로서 히브리인들에게 하나님의 언약을 제시하시고 확증하시는 일을 하셨다. 하나님께서 모세를 애굽 왕 바로에게 보내고자 하셨을 때, 모세가 "오 주여 보낼 만한 자를 보내소서"(출 4:13)라고 말하였는데, 거기에서 "보낼 만한 자"는 하나님의 메시지를 제대로 전달하실 수 있으신 예수 그리스도를 가리키는 것이었고, 실제로 모세는 신명기 18:15에서 예수 그리스도를 가리켜서, "네 하나님 여호와께서 너희 가운데 네 형제 중에서 너를 위하여 나와 같은 선지자 하나를 일으키시리니 너희는 그의 말을 들을지니라"고 말하였다(행 3:22-23, "모세가 말하되 주 하나님이 너희를 위하여 너희 형제 가운데서 나 같은 선지자 하나를 세울 것이니 너희가 무엇이든지 그의 모든 말을 들을 것이라 누구든지 그 선지자의 말을 듣지 아니하는 자는 백성 중에서 멸망 받으리라 하였고 또한 사무엘 때부터 이어 말한 모든 선지자도 이 때를 가리켜 말하였느니라").

우리가 믿는 도리의 … 대제사장이신 예수를. 성자 예수 그리스도는 하나님과 히브리인들 사이의 모든 문제를 해결하기 위하여 세우심을 받으신 위대하신 복음의 대제사장이셨다(히 2:17, "그가 범사에 형제들과 같이 되심이 마땅하도다 이는 하나님의 일에 자비하고 신실한 대제사장이 되어 백성의 죄를 속량하려 하심이라"). 구약 교회에서 여러 사람들에게 분배되었던 대제사장 직분은 모두 예수 그리스도 안에서 하나로 수렴되었다. 구약 교회의 모든 대제사장들은 단지 희미한 모형들이었을 뿐이고, 오직 예수 그리스도만이 그들 모두를 뛰어넘는 참된 실체로서, 하나님으로부터 부르심을 받아 거룩함을 입은 모든 자들에게 유일하게 합당하신 대제사장이시다. 그들 모두가 고백한 기독교의 믿음과 경건을 주관하시는 지극히 뛰어나신 일꾼이신 그리스도께서는 이 땅에 육체로 계실 때에 성부 하나님에 의해서 성령으로 기름 부음을 받으시고서(히 1:2), 우리의 구원자이신 "예수"이자 우리와 함께 하시는 하나님이신 "임마누엘"로서 자기 백성을 그들의 죄로부터 구원하시고 하나님과 다시 하나 되게 하셨다(마 1:21, 23; 요 17:21-23).

2. 그는 자기를 세우신 이에게 신실하시기를 모세가 하나님의 온 집에서 한 것과 같이 하셨으니.

사도는 이 위대하신 복음의 일꾼이신 예수 그리스도를 모세와 비교해서, 모세도 하나님의 집에서 충성을 다한 일꾼이었지만, 예수 그리스도는 모세보다도 더 자신의 직분에 충성하셨다는 것을 보여 줌으로써, 이 서신의 수신자인 히브리인들이 어떻게 하는 것이 마땅한지를 스스로 생각해 보게 만든다.

그는 자기를 세우신 이에게 신실하시기를. 예수 그리스도께서는 하나님이 자기에게 이 일을 맡기신 의도와 목적에 따라 정확히 꼭 그대로 모든 것을 수행하셨다. 그리스도께서는 하나님의 위대하신 선지자로서(행 3:22), 하나님께서 자기를 보내신 자들에게 지극히 신실하게 하나님을 계시하셨고(요 1:18), 하나님의 모든 구원 계획을 밝히 나타내셨다(요 3:31-34; 5:34; 8:28, 38). 그리스도께서는 죄인들의 죄를 속하시기 위하여 자기 자신을 하나님께 희생제물로 드리시는 자신의 제사장 직분을 충성되게 감당하셨고, 지금도 여전히 죄인들을 위하여 충성되게 중보기도를 하고 계시며, 영원히 그렇게 하심으로써, 자신에게 맡겨진 일을 지극히 참되고 신실하게 감당하실 것이다(히 7:24-28; 9:11-12, 14, 24, 26). 그리스도께서는 자기에게 계시된 하나님의 뜻을 따라 지난날에 하나님이 사람들에게 보여 주셨던 자신의 모든 모형들과 예표들을 성취하시는 데 신실하셨고, 구약의 모든 예법들을 변화시키셔서 복음적인 것들로 채우심으로써 완성하시는 데 신실하셨다. 그리스도께서는 자기를 세우셔서 그러한 직분들을 맡기시고 공식적으로 파송하신 성부 하나님께 참되고 신실하셨다. 여기에서 "세우신"으로 번역된 '포이에산티'(ποιήσαντι)는 어떤 직분을 맡을 자를 창조하신 것을 의미하는 것이 아니라, 기존에 이미 존재하는 어떤 자에게 어떤 직분을 맡기신 것을 의미한다. 즉, 하나님께서는 그리스도께 기름을 부으셔서 이 특별한 직분을 수여하시고 거기에 따른 특별한 직무를 수행하게 하셨다는 것이다(행 2:36, "그런즉 이스라엘 온 집은 확실히 알지니 너희가 십자가에 못 박은 이 예수를 하나님이 주와 그리스도가 되게 하셨느니라").

모세가 하나님의 온 집에서 한 것과 같이 하셨으니. 모세는 하나님과 이스라엘 백성들 사이를 중재한 인물이었고, 하나님께서는 모세를 통해서 도덕과 사법과 예법에 관한 율법을 이스라엘 백성들에게 수여하셨다. 그래서 유대인들은 모세를 지극히 공경하였고, 하나님께서는 모세가 충성된 자였다는 것을 증언하신다. 예수 그리스도께서는 모세처럼 충성된 분이셨을 뿐만 아니라, 충성됨의 정도에 있어서 모세는 인간이었기 때문에 완전할 수 없었지만 그리스도는 완전하셨다는 점에서, 모세를 능가하셨다. 모세는 하나님이 산에서 자기에게 보여 주신 "본"을 그대로 지키고 따른 것인 반면에, 그리스도께서는 성부 하나님의 뜻을 온전히 이루셨기 때문에, 모세보다 더 뛰어나신 분이었다(요 5:30, "내가 아무 것도 스스로 할 수 없노라 듣는 대로 심판하노니 나는 나의 뜻대로 하려 하지 않고 나를 보내신 이의 뜻대로 하려 하므로 내 심판은 의로우니라"; 6:38, "내가 하늘에서 내려온 것은 내 뜻을 행하려 함이 아니요 나를 보내신 이의 뜻을 행하려 함이니라"). 모세는 본문에서 "하나님의 온 집"으로 표현된 이스라엘 교회 전체에서 충성하였지만, 그리스도께서는 하늘과 땅에 있는 하나님의 집과 권속 전체에서 충성하셨고, 그러한 하나님의 집과 권속에 속한 모든 일들을 하나도 빠짐없이 다 돌보고 계시고, 거기에 속한 모든 사람들은 아무리 작은 자라 할지라도 다 돌보시고 구원하신다.

3. 그는 모세보다 더욱 영광을 받을 만한 것이 마치 집 지은 자가 그 집보다 더욱 존귀함 같으니라.

그는 모세보다 더욱 영광을 받을 만한 것이. 사도는 모세는 하나님이 친히 증언하셨듯이(민 12:6-8, "너희 중에 선지자가 있으면 나 여호와가 환상으로 나를 그에게 알리기도 하고 꿈으로 그와 말하기도 하거니와 내 종 모세와는 그렇지 아니하니 그는 내 온 집에 충성함이라 그와는 내가 대면하여 명백히 말하고 은밀한 말로 하지 아니하며 그는 또 여호와의 형상을 보거늘 너희가 어찌하여 내 종 모세 비방하기를 두려워하지 아니하느냐") 하나님과 친밀한 인물이었고, 히브리인들에게 가장 큰 선지자였지만, 위대하신 복음의 선지자이신 예수 그리스도는 모세보다 더 뛰어나시고 더 큰 영광을 받기에 합당하신 분이시라는 것을 증명한다. 사도는 하나님이 사람보다 더 뛰어나시다는 부인할 수 없는 명제에 의거해서, 모세는 사람인 반면에, 그리스도는 하나님이시라고 말함으로써 그것을 증명한다. 예수 그리스도는 교회와 만유를 지으신 분이시다. 그리스도께서 교회를 지으셨다면, 그리스도는 온 교회보다 더 뛰어나신 분이시고, 교회의 한 지체에 불과한 모세보다 더 큰 영광과 존귀를 받으시기에 합당하신 분이라는 것은 자명한 사실이다. 이 위대하신 복음의 선지자이신 예수 그리스도는 최고의 판단자이신 성부 하나님에 의해서 그리스도인들의 "사도"와 "대제사장"으로 세우심을 입으신 참 하나님이자 참 사람이신 분으로서, 자기 자신 안에 모든 탁월함과 뛰어난 것을 다 갖추고 계신 분이시기 때문에, 모세보다 더 큰 영광과 존귀를 받으시는 것은 지극히 합당하고 마땅한 일이다. 모세는 하나님의 "종"이었던 반면에, 예수 그리스도는 하나님의 아들이시다. 그리스도는 하나님의 품 안에 계셨고, 하나님의 얼굴을 보셨으며, 하나님과 동류이셨다(슥 13:7; 요 1:14, 18, "본래 하나님을 본 사람이 없으되 아버지 품 속에 있는 독생하신 하나님이 나타내셨느니라"). 모세는 단지 하나님의 음성을 들었고, 하나님의 뒷모습만을 보았을 뿐이다(출 33:19-20, 23; 34:5-7). 모세는 단지 그 얼굴에만 광채가 있었던 반면에, 예수 그리스도는 그 존재 전체가 영광의 광채이셨다(출 34:29-30; 고후 3:7; cf. 마 17:2-6; 벧후 1:17).

마치 집 지은 자가 그 집보다 더욱 존귀함 같으니라. 하나님께서는 이 "집"을 예수 그리스도를 염두에 두시고서 지으셨고, 이 집의 건축자는 예수 그리스도이셨기 때문에, 이 집을 이루는 돌 하나도 예수 그리스도 없이는 놓여진 것이 없었다. 여기에서 "집"이라는 비유로 표현된 것은 하나님의 영적인 건물과 성전을 가리킨다(고전 3:10, 16-17, "내게 주신 하나님의 은혜를 따라 내가 지혜로운 건축자와 같이 터를 닦아 두매 다른 이가 그 위에 세우나 그러나 각각 어떻게 그 위에 세울까를 조심할지니라 … 너희는 너희가 하나님의 성전인 것과 하나님의 성령이 너희 안에 계시는 것을 알지 못하느냐 누구든지 하나님의 성전을 더럽히면 하나님이 그 사람을 멸하시리라 하나님의 성전은 거룩하니 너희도 그러하니라"). 이 집은 하나님의 "권속"으로 표현되기도 한다(엡 2:19-22, "이제부터 너희는 외인도 아니요 나그네도 아니요 오직 성도들과 동일한 시민이요 하나님의 권속이라 너희는 사도들과 선지자들의 터 위에 세우심을 입은 자라 그리스도 예수께서 친히 모퉁잇돌이 되셨느니라 그의 안에서 건물마다 서로 연결하여 주 안에서 성전이 되어 가고 너희도 성령 안에서 하나님이 거하실 처소가 되기 위하여 그리스도 예수 안에서 함께 지어져 가느니라"). 요컨대, 여기에 언급된 "집"은 예수 그리스도라는 터 위에 예수 그리스도에 의해서 지어진 하나님의 교회이고, 거기에서 모세는 단지 하나의 산 돌 또는 지체였다(벧전 2:4-8). 그러므로 이 교회를 건축하신 예수 그리스도께서 그가 건축하시는 교회나 그 교회의 한 지체인 모세보다 더 큰 영광과 존귀를 받으시는 것은 마땅한 일이다.

4. 집마다 지은 이가 있으니 만물을 지으신 이는 하나님이시라.

집을 지은 사람이 그 집보다 더 뛰어난 법이기 때문에, 하나님의 집을 지은 예수 그리스도가 하나님의 집 자체보다 더 뛰어나신 분이라는 것은 두말할 필요가 없다. **집마다 지은 이가 있으니.** 여기에서 "집"은 이 땅에 존재하는 모든 인위적인 건축물, 사람들이 거주하기 위해 짓는 유형의 집을 가리킨다. "집"이라는 단어는 어떤 사람들에 의해서 고안되고 설계되고 일으켜진 정치적인 집단이나 나라를 가리키는 비유적인 의미로 사용되기도 하지만, 여기에서는 유형의 집을 나타낸다. 모든 집은 저절로 생겨난 것일 수 없고, 반드시 거기에는 그 집을 "지은 이"가 존재한다. 마찬가지로, 모세가 충성한 집이나 그리스도께 세우신 집도 모두 "지은 이"가 존재한다. **만물을 지으신 이는 하나님이시라.** 이스라엘 교회이든 기독교회이든 모든 시대에 자신의 교회를 지으시고, 그 교회에 속한 모든 것들을 지으신 분은 본질적으로 "하나님"이시다(마 16:18; 요 1:1, 3; 골 1:19-20, "아버지께서는 모든 충만으로 예수 안에 거하게 하시고 그의 십자가의 피로 화평을 이루사 만물 곧 땅에 있는 것들이나 하늘에 있는 것들이 그로 말미암아 자기와 화목하게 되기를 기뻐하심이라"). 하나님의 일을 하시고 만물을 지으신 그리스도께서는 명목상으로만이 아니라 본성적으로 "하나님"이시다. 온 세계는 그리스도께서 지으신 것이고, 그 중에서 교회는 가장 진귀하고 탁월한 작품이다. 모세는 그 집의 일부인 반면에, 그리스도는 그 집의 일부가 아니라 그 집을 지으신 분이시다. 예수 그리스도는 교회와 모세를 창조하시고 지으신 분이시기 때문에, 모세보다 무한히 더 뛰어나시다.

5. 또한 모세는 장래에 말할 것을 증언하기 위하여 하나님의 온 집에서 종으로서 신실하였고.

사도는 앞에서 복음의 일꾼이신 예수 그리스도는 단지 하나님의 집을 지으신 분이시기 때문에 모세보다 더 뛰어나신 분이시라는 것을 증명하였는데, 이제 이 절과 다음 절에서는 모세는 종인 반면에 그는 "아들"이시기 때문에 모세보다 더 뛰어나신 분이심을 증명한다. 또한 모세는 … 하나님의 온 집에서 종으로서 신실하였고. 너희 히브리인들 중 다수가 믿고 의지하는 너희의 위대한 율법의 선지자인 모세는 하나님의 뜻을 따라서 하나님이 그에게 맡기신 일들을 하나님의 교회에서 진실하고 충성되게 수행하여(요 5:45; 출 40:16-33), 하나님의 뜻을 조금이라도 더하거나 빼지 않고 있는 그대로 행하였다(민 12:7). 모세는 "일꾼"(θεράπων - '테라폰,' 한글개역개정에는 "종")으로서, 하나님의 그 어떤 충성된 일꾼들만큼이나 신실하였다. 모세는 주인이 시키는 대로 어쩔 수 없이 일해야 했던 노예나 종이 아니었고, 하나님이 그를 부르시고 맡기신 저 영광스러운 직분을 자원하는 마음으로 온 힘을 다해 불철주야 충성한 일꾼이었다. 그는 청지기 일꾼이자 선지자이자 왕으로서 하나님의 뜻을 따라 모든 것을 살피고 다스렸다. 그럼에도 불구하고, 모세는 그리스도의 온 집과 권속, 즉 그리스도의 교회를 섬기는 일꾼에 지나지 않았다.

장래에 말할 것을 증언하기 위하여. 모세의 충성됨과 신실함은 그가 하나님께서 그에게 알게 하신 모든 것들을 있는 그대로 정직하게 교회에 증언하여서, 교회로 하여금 하나님의 뜻을 분명하게 알게 하였다는 사실에서 잘 드러났다. 그가 이스라엘 교회에 충성되게 전한 하나님의 뜻은 이후에 여러 선지자들에 의해서, 그리고 신약 시대에 들어와서는 그리스도와 그의 사도들에 의해서 더욱 자세하고 분명하게 전해질 것이었고, 성령께서는 이 서신을 통해서도 그리스도와 그의 교회에 관하여 더욱 자세하게 히브리인들에게 말씀하고 계신다(요 5:46, "모세를 믿었더라면 또 나를 믿었으리니 이는 그가 내게 대하여 기록하였음이라"). 이것은 모세는 하나님이 그에게 맡기신 일에 충성하였고, 하나님의 뜻을 신실하게 전하였으며, 그가 증언한 것은 바로 그리스도였다는 것을 보여 준다.

6. 그리스도는 하나님의 집을 맡은 아들로서 그와 같이 하셨으니 우리가 소망의 확신과 자랑을 끝까지 굳게 잡고 있으면 우리는 그의 집이라.

그리스도는 하나님의 집을 맡은 아들로서 그와 같이 하셨으니. 성부 하나님에 의해서 기름 부음을 받으시고서, 복음의 선지자가 되셔서, 하나님이 자기에게 맡기신 일에 놀랍도록 신실하시고 참되셨던 복음의 선지자이신 그리스도께서는, 만유의 상속자이자 주이신 분이셨기 때문에, 자연법과 만민법에 의해서 최고의 일꾼보다 더 뛰어나신 복음의 일꾼이셨다(갈 4:1). 예수 그리스도는 자신의 피로 교회를 사셔서(행 20:28) 스스로 그 교회를 지으시고, 자신의 교회의 머리이자 주가 되셨다. 모세는 단지 그 교회의 주이신 예수 그리스도의 기뻐하시는 뜻을 따라 그 교회를 섬긴 "일꾼"이었을 뿐이다.

우리는 그의 집이라. 사도는 히브리인들로 하여금 지금까지 그들에게 말씀하신 것들을 명심하고서, 앞으로도 계속해서 예수 그리스도의 가르침과 다스리심 아래에서 그리스도인으로서의 그들의 달려갈 길을 인내로써 잘 달려가도록 하기 위하여, 예수 그리스도의 뛰어나심에 대하여 말한 후에, 이제는 그들이 예수 그리스도께서 세우신 교회의 일부이고 지체들이라는 특권을 지니고 있다는 것을 일깨워 준다. 즉, 히브리인들은 천사들보다 뛰어나시고 모세보다 뛰어나신 예수 그리스도의 "집"이자 몸이며 교회이고, 그리스도의 보편 교회의 지체들이며, 하나님이 자신의 성령으로써 내주하시는 성전이라는 것이다(고전 3:16-17; cf. 엡 2:21; 3:17; 딤전 3:15). 그들은 예수 그리스도께서 자신의 임재로 영광스럽게 하시고 온전하게 하실 "그의 집"이고, 그가 이전에 예루살렘 성전을 영광스럽게 하셨던 것보다 훨씬 더 큰 영광으로 충만하게 하실 "그의 집"이다(출 40:34-35; 대하 7:1-2; 사 6:1, 5; cf. 학 2:6). 그리고 그 집은 천국에서는 얼마나 더 온전히 그리스도의 영광으로 충만하게 되겠는가(빌 3:21, "그는 만물을 자기에게 복종하게 하실 수 있는 자의 역사로 우리의 낮은 몸을 자기 영광의 몸의 형체와 같이 변하게 하시리라")! 그러므로 히브리인들은, 자신들에게 주어졌고 앞으로 주어지게 될 그러한 영광을 생각해서, 그리스도를 믿는 도리를 더욱더 굳게 지키고 신실하고 충성되게 행하는 것이 마땅하다.

우리가 소망의 확신과 자랑을 … 잡고 있으면. 여기에서 "잡는다"는 것은, 히브리인들의 모든 대적들이 그들을 그리스도를 믿는 도리로부터 떼어 놓기 위하여 온갖 시험과 유혹으로 공격해 온다고 할지라도, 그들은 마치 두 손으로 꼭 붙잡는 것처럼, 온 힘을 다해서 그러한 공격을 물리치고, 그리스도를 믿는 도리를 굳게 붙잡아야 한다는 것을 의미한다. 여기에서 "소망의 확신"으로 번역된 '파르레시안 테스 엘피도스'(παρῤῥησίαν τῆς ἐλπίδος)는, 온갖 박해와 고난을 받는 가운데서, 그들의 소망에 대하여 의심이나 요동함이나 두려움이나 흔들림이 없이, 온 세상 앞에서 확신 가운데서 그들의 소망을 기쁜 마음으로 담대하게 고백하는 것이다. 여기에서 "소망"은 예수 그리스도에 의해서 그들이 영원한 영광 가운데서 구원을 받게 될 것에 대한 확고한 기대를 가리키기 때문에, 그러한 "소망" 속에는 반드시 믿음이 포함되어 있다. 왜냐하면, 우리는 우리가 믿지 않는 것을 소망할 수는 없기 때문이다. 우리가 그리스도를 진심으로 믿고 순종한다면, 성부 하나님께서 믿는 우리에게 주시겠다고 약속하시고, 그리스도께서 자신의 피로 사셔서, 복음을 통해서 우리에게 알게 해 주신 것들은 장차 우리에게 반드시 주어질 것이기 때문에, 우리는 하나님이 우리에게 약속하신 것들을 가장 확실한 토대 위에서 믿고 소망할 수 있다(히 3:14; 6:11; 행 26:6-7; cf. 골 1:5, 23; 딛 2:13; 벧전 1:3). 따라서 이러한 "소망"은 우리의 영혼으로 하여금 온갖 환난과 고난 가운데서도 기쁨과 확신을 유지할 수 있게 해 주고, 환난 가운데서도 그리스도인들로 하여금 즐거워할 수 있게 해 준다(롬 5:2-4, "또한 그로 말미암아 우리가 믿음으로 서 있는 이 은혜에 들어감을 얻었으며 하나님의 영광을 바라고 즐거워하느니라 다만 이뿐 아니라 우리가 환난 중에도 즐거워하나니 이는 환난은 인내를, 인내는 연단을, 연단은 소망을 이루는 줄 앎이로다"; 12:12, "소망 중에 즐거워하며"). 이 소망이 있는 자들은 눈에 보이는 좋은 일이 없어도 여전히 즐거워하고 기뻐할 수 있다(고후 6:10, "근심하는 자 같으나 항상 기뻐하고 가난한 자 같으나 많은 사람을 부요하게 하고 아무 것도 없는 자 같으나 모든 것을 가진 자로다"; cf. 벧전 5:10).

끝까지 굳게. 이러한 소망의 "확신"과 "자랑"은 끝까지 유지되어야 한다. 그들은 자신들의 영혼이 최종적으로 구원을 얻게 될 때까지, 변함없이 늘 그러한 소망의 "확신"과 "자랑"을 견지하여야 한다(골 1:23, "만일 너희가 믿음에 거하고 터 위에 굳게 서서 너희 들은 바 복음의 소망에서 흔들리지 아니하면 그리하리라"; 벧전 1:5-10, "믿음의 결국 곧 영혼의 구원을 받음이라"). 그리스도인들은 자신의 힘을 의지해서 환난과 고난을 이기고자 해서는 안 되고, 늘 끊임없이 하나님이 정해 주신 수단과 방편들을 사용해서 하나님의 도우심을 구해야 하는데, 하나님을 의지해서 하나님이 정하신 수단과 방편들을 사용하여 도우심을 구하는 자들에게는 하나님의 도우심이 반드시 주어지게 될 것이다(고전 1:8-9, "주께서 너희를 우리 주 예수 그리스도의 날에 책망할 것이 없는 자로 끝까지 견고하게 하시리라 너희를 불러 그의 아들 예수 그리스도 우리 주와 더불어 교제하게 하시는 하나님은 미쁘시도다").

7. 그러므로 성령이 이르신 바와 같이 오늘 너희가 그의 음성을 듣거든.

사도는 이제 7-11절에서 이 서신의 수신자인 히브리인들의 조상들이 옛적에 그리스도의 음성을 듣고 순종하기를 거부하였던 서글픈 사례에 대하여 말함으로써, 히브리인들이 복음의 선지자이신 예수 그리스도에 관한 교훈을 잘 받아들여서 선용하여야 한다고 경고한다. 조상들의 사례에 대한 설명은 삽입문으로 처리하는 것이 좋기 때문에, 이 절의 첫머리에 나오는 추론의 불변화사인 "그러므로"는 12절에 나오는 "형제들아 너희는 … 조심할 것이요"와 연결되는 것으로 보아야 한다.

그러므로 성령이 이르신 바와 같이. "성령"은 삼위일체 하나님 가운데 세 번째 위격에 해당하는 거룩하신 이이시고, 본성적으로 거룩하시다. 이 성령은 시편 기자가 쓰고 있는 내용의 진정한 저자인데, 여기에서는 자기가 쓴 것을 직접 인용하고 있다(시 95:7-11, "그는 우리의 하나님이시요 우리는 그가 기르시는 백성이며 그의 손이 돌보시는 양이기 때문이라 너희가 오늘 그의 음성을 듣거든 너희는 므리바에서와 같이 또 광야의 맛사에서 지냈던 날과 같이 너희 마음을 완악하게 하지 말지어다 그 때에 너희 조상들이 내가 행한 일을 보고서도 나를 시험하고 조사하였도다 내가 사십 년 동안 그 세대로 말미암아 근심하여 이르기를 그들은 마음이 미혹된 백성이라 내 길을 알지 못한다 하였도다 그러므로 내가 노하여 맹세하기를 그들은 내 안식에 들어오지 못하리라 하였도다"). 따라서 성령께서 친히 기록하신 히브리인들의 조상들에 관한 이 사례는 참되고 틀림이 없기 때문에, 그들은 이 말씀을 읽고 깨우침을 얻는 것이 마땅하다.

오늘 너희가 그의 음성을 듣거든. "오늘"은 하나님의 교회를 건축하시고 주가 되신 그리스도께서 그들에게 말씀하시는 바로 그 때이다. 여기에서 "듣다"라는 단어는 단지 귀로만 듣는 것이 아니라, 마음으로도 들어 청종하는 것을 의미하기 때문에, 이것은 하나님께서는 복음의 선지자이신 그리스도의 음성을 들은 자들이 즉시 그 말씀을 청종하기를 바라시고, 내일로 미루는 것을 원하지 않으신다는 의미이다. 우리가 하나님의 "음성을 듣는" 것, 즉 하나님의 말씀을 듣고 믿고 사랑하고 순종하는 것은 우리가 온갖 무수한 제물로 하나님께 제사하는 것보다 더 낫다(삼상 15:22, "사무엘이 이르되 여호와께서 번제와 다른 제사를 그의 목소리를 청종하는 것을 좋아하심 같이 좋아하시겠나이까 순종이 제사보다 낫고 듣는 것이 숫양의 기름보다 나으니"). "언약의 사자"인 그리스도께서는 모세와 선지자들을 통해서 자신의 마음과 뜻을 이스라엘 사람들에게 말씀하셨는데, 그것은 자기 안에서 성취될 하나님의 언약을 믿으라는 것이었다(시 95:6-8, "오라 우리가 굽혀 경배하며 우리를 지으신 여호와 앞에 무릎을 꿇자 그는 우리의 하나님이시요 우리는 그가 기르시는 백성이며 그의 손이 돌보시는 양이기 때문이라 너희가 오늘 그의 음성을 듣거든 너희는 므리바에서와 같이 또 광야의 맛사에서 지냈던 날과 같이 너희 마음을 완악하게 하지 말지어다").

8. 광야에서 시험하던 날에 거역하던 것 같이 너희 마음을 완고하게 하지 말라.

너희 마음을 완고하게 하지 말라. 사도는 앞에서 히브리인들에게 그들의 "소망의 확신과 자랑을 끝까지 굳게 잡고 있으라"고 한 말을 더욱 강화하기 위해서, 여기에서는 자신의 그러한 권면을 무시하고, 도리어 그들의 마음을 완악하게 하여 불순종하는 일이 있어서는 안 된다는 말을 덧붙이면서, "완고하게 하다"라는 표현을 사용하는데, 이것은 그들의 마음을 돌같이 딱딱하게 하여서, 하나님의 음성이 그 마음에 조금도 각인되지 않고 들어가지도 않아서, 도무지 깨달을 수도 없고 믿을 수도 없으며 순종할 수도 없게 되는 것을 의미한다(신 15:17; 삼상 6:6, "애굽인과 바로가 그들의 마음을 완악하게 한 것 같이 어찌하여 너희가 너희의 마음을 완악하게 하겠느냐 그가 그들 중에서 재앙을 내린 후에 그들이 백성을 가게 하므로 백성이 떠나지 아니하였느냐"). 즉, 하나님께서는 그들의 마음이 "살" 같이 연해서, 자신의 뜻을 그 연한 마음판에 쓸 수 있게 되기를 원하신다는 것이다(고후 3:3, "너희는 우리로 말미암아 나타난 그리스도의 편지니 이는 먹으로 쓴 것이 아니요 오직 살아 계신 하나님의 영으로 쓴 것이며 또 돌판에 쓴 것이 아니요 오직 육의 마음판에 쓴 것이라"). 여기에서 그들이 자신들의 마음을 완고하게 하는 것은 그들의 존재 전체를 완악하게 하는 것인데, 이렇게 그들이 그들 자신을 완악하게 하였을 때, 하나님께서는 그들의 완악함에 대하여 진노하셔서 그들을 더욱 완악하게 하셔서 멸망에 이르게 하신다.

거역하던 것 같이. 여기에서 "거역하던 것"으로 번역된 '엔 토 파라피크라스모' (ἐν τῷ παραπικράσμῷ)는, 히브리인들의 조상들이 광야에서 여호와 하나님을 거역하고 심하게 다투었던 일과 그 때와 그 장소를 모두 포괄하는 개념이다. 이 때의 사건에 대해서 민수기 20:13에서는 "이스라엘 자손이 여호와와 다투었으므로 이를 므리바 물이라 하니라 여호와께서 그들 중에서 그 거룩함을 나타내셨더라"고 말한다. "므리바"는 "다툼"이라는 의미로서, 이스라엘 백성이 여호와 하나님과 다툰 곳의 지명이기도 하고, 그 사건을 가리키는 것이기도 하다. 광야에서 시험하던 날에. "광야에서 시험하던 날에"는 "맛사의 날에"("맛사"는 히브리어로 "시험"이라는 뜻 — 역주)라는 의미로서, 이스라엘 백성이 광야에서 먹을 물이 없어서 불평하면서 여호와 하나님과 다투고 진노하시게 한 때를 가리킨다(출 17:2, 7; 신 6:16; 33:8). 이스라엘 백성은 여호와 하나님께서 바다를 가르시는 것을 보았고, 그 후로도 하나님이 베푸신 수많은 이적들을 보았지만, 여전히 불신앙 가운데서 하나님과 심하게 다투고서는, "여호와께서 우리 중에 계신가 안 계신가"라고 소리치며 빈정거리기까지 하였다(시 95:8, "너희는 므리바에서와 같이 또 광야의 맛사에서 지냈던 날과 같이 너희 마음을 완악하게 하지 말지어다"). 사도가 여기에서 말한 "광야에서 시험하던 날"은 히브리인들의 조상들이 광야에서 여호와 하나님을 시험하고 불평하였던 사십 년의 기간 전체를 가리키는 것일 수도 있다.

9. 거기서 너희 열조가 나를 시험하여 증험하고 사십 년 동안 나의 행사를 보았느니라.

거기서 너희 열조가 나를 시험하여 증험하고. 너희의 조상들은 내가 앞에서 언급한 때와 장소에서, 즉 광야에서 사십 년 동안 자신들의 불신앙을 내보이며 나의 성령을 격동시켰다. 그런데 너희는 바로 그러한 조상들로부터 나온 부패한 자손들로서, 너희의 조상들과 그 전통들을 자랑하고 있지만, 너희의 조상들로부터 너희의 대에 이르기까지 대대로 반역을 행해옴으로써, 너희의 상태는 더욱 악화되어 있다(행 7:51-53). 너희의 조상들은 자신들에게 물이 없다는 이유로, 여호와 하나님의 권능과 지혜와 참되심과 섭리에 의문을 품기도 하고, 어떤 때에는 아예 그런 것들을 부정하기까지 하였다(민 16장). 그들은 자신들의 구속주이신 그리스도께서 자신들의 욕망과 욕구들을 채워주지 않는 것처럼 보일 때에는 언제든지 그리스도를 부정하고 배교하여 애굽으로 다시 돌아가고자 하여, 그리스도와 맞서 싸우고 다투곤 하였다. 그들은 그리스도에 대하여 충분한 증거를 보았기 때문에 그리스도를 의심할 수 없었음에도 불구하고, 오로지 자신들의 뜻대로 해주지 않는다는 이유만으로 그리스도와 다투고 그리스도를 부정하고자 하였다(고전 10:9, "그들 가운데 어떤 사람들이 주를 시험하다가 뱀에게 멸망하였나니 우리는 그들과 같이 시험하지 말자").

사십 년 동안 나의 행사를 보았느니라. 그들은 자신들의 구속주이신 그리스도께서 그들을 위하여 애굽에서와 광야에서 무수한 이적들을 베푸시는 것을 두 눈으로 똑똑히 보았는데도, 그런 이적들에 아랑곳하지 않고 얼마 되지 않아 곧 그리스도를 시험하였다. 그리스도께서 그들에게 은혜를 베푸시거나 그들을 벌하시기 위하여 베푸신 이적들, 즉 불의 이적과 땅이 갈라지는 이적과 불뱀의 이적과 칼의 이적과 그들 중의 수많은 사람들을 죽이신 이적 등은 그들로 하여금 그리스도를 불신하는 것이 얼마나 큰 죄악인지를 깨닫게 하는 데 충분한 증거들이었지만(신 29:2-4, "모세가 온 이스라엘을 소집하고 그들에게 이르되 여호와께서 애굽 땅에서 너희의 목전에 바로와 그의 모든 신하와 그의 온 땅에 행하신 모든 일을 너희가 보았나니 곧 그 큰 시험과 이적과 큰 기사를 네 눈으로 보았느니라 그러나 깨닫는 마음과 보는 눈과 듣는 귀는 오늘 여호와께서 너희에게 주지 아니하셨느니라"), 그들은 여전히 "사십 년 동안" 그들의 마음을 완악하게 하였고, 그 결과 그들 중에서 두 사람, 곧 여호수아와 갈렙을 제외한 모든 사람들이 광야에서 죽는 벌을 받았다. 하나님께서는 그들이 오랜 세월에 걸쳐서 자신의 권능이 어떠함을 충분히 보고 경험했으면서도 자기를 믿지 못하는 것을 보시고 크게 노하셔서 결국 그들을 심판하셨다(출 32:9-10, "여호와께서 또 모세에게 이르시되 내가 이 백성을 보니 목이 뻣뻣한 백성이로다 그런즉 내가 하는 대로 두라 내가 그들에게 진노하여 그들을 진멸하고 너를 큰 나라가 되게 하리라"; 민 14:22-23, "내 영광과 애굽과 광야에서 행한 내 이적을 보고서도 이같이 열 번이나 나를 시험하고 내 목소리를 청종하지 아니한 그 사람들은 내가 그들의 조상들에게 맹세한 땅을 결단코 보지 못할 것이요 또 나를 멸시하는 사람은 한 사람도 그것을 보지 못하리라").

10. 그러므로 내가 이 세대에게 노하여 이르기를 그들이 항상 마음이 미혹되어 내 길을 알지 못하는도다 하였고.

그러므로 내가 이 세대에게 노하여. 히브리인들의 조상들이 이렇게 불신앙 가운데서 자신들의 마음을 완악하게 하여 사십 년 동안 줄기차게 그리스도를 시험하였기 때문에, 그들의 구속주 하나님께서는 근심하시고 노하셨다(사 63:16; 고전 10:9). 하나님은 혈기가 없으신 분이시기 때문에, 하나님께서 노하셨다고 말하는 것은 적절하지 않지만, 사람들이 힘들고 무거운 짐에 눌려 있게 되면 점차 참을 수 없게 되듯이, 사도는 하나님이 히브리인들의 조상들에게 그러한 심정이 되셔서, 결국 그들을 더 이상 용납하지 않으시기로 작정하시고, 그들에 대하여 노하시고 경멸하게 되셨다고 말한다(암 2:13). 마치 배가 암초의 날카로운 모서리에 들이받혀서 손상을 입듯이, 그들은 끊임없이 하나님을 들이받았고, 하나님께서는 그들의 그러한 행위들로 인하여 손실과 노여움과 괴로움을 겪으셨다. 광야 세대 중에서 갈렙과 여호수아를 제외한 모든 사람들이 여호와 하나님을 이런 식으로 대적하여 근심하시게 하였다(시 95:10, "내가 사십 년 동안 그 세대로 말미암아 근심하여 이르기를 그들은 마음이 미혹된 백성이라 내 길을 알지 못한다 하였도다").

이르기를 그들이 항상 마음이 미혹되어. 그들은 하나님의 교훈과 예배에 있어서 늘 온 마음을 다해서 속임수와 거짓말을 따랐기 때문에, 거짓과 속임은 그들의 존재 전체에 퍼져서, 진리가 있어야 할 곳이 거짓과 속임이 깊이 자리 잡은 곳이 되어 버렸고, 그들의 마음은 얼이 빠져서 미쳐 버린 상태가 되었다. 이것이 그들이 광야에 있던 기간 내내 그들의 상태였다. 내 길을 알지 못하는도다 하였고. 하나님께서 그들 가운데서 늘 역사하셨고, 하나님의 말씀이 늘 그들에게 주어졌음에도 불구하고, 그들은 하나님의 마음을 알고자 하지 않았고, 하나님의 길을 인정하고 사랑하여 그 길로 행하고자 하지 않았다. 그들은 하나님의 법과 교훈과 계시된 진리와 명령들을 모두 다 자신들의 등 뒤로 던져 버렸다(겔 23:35, "주 여호와께서 이같이 말씀하셨느니라 네가 나를 잊었고 또 나를 네 등 뒤에 버렸은즉 너는 네 음란과 네 음행의 죄를 담당할지니라").

11. 내가 노하여 맹세한 바와 같이 그들은 내 안식에 들어오지 못하리라 하였다 하였느니라.

내가 노하여 맹세한 바와 같이. 그들은 그런 식으로 늘 그들의 구속주를 시험하고 노여우시게 하였기 때문에, 하나님께서는 마침내 그들을 벌하시기로 작정하시고서는, 되돌이킬 수 없는 맹세를 통해서 그들에게 반드시 복수하실 것이라는 자신의 지극히 확고한 결심을 표명하셨는데, 이것은 그들에 대한 하나님의 진노하심으로 말미암은 것이었다. 우리는 하나님께서 은혜로 말미암아 우리에게 약속하신 것들을 반드시 지키시는 것과 마찬가지로, 진노하심으로 말미암아 맹세로써 복수하시겠다고 작정하신 것들도 반드시 그대로 이루신다는 것을 알아야 한다(민 14:27-36; 시 95:11). 히 6:16-18을 보라: "사람들은 자기보다 더 큰 자를 가리켜 맹세하나니 맹세는 그들이 다투는 모든 일의 최후 확정이니라 하나님은 약속을 기업으로 받는 자들에게 그 뜻이 변하지 아니함을 충분히 나타내시려고 그 일을 맹세로 보증하셨나니 이는 하나님이 거짓말을 하실 수 없는 이 두 가지 변하지 못할 사실로 말미암아 앞에 있는 소망을 얻으려고 피난처를 찾은 우리에게 큰 안위를 받게 하려 하심이라." 하나님께서 그들에게 복수하시기로 작정하신 것은 전적으로 하나님에 대한 그들의 불평과 불신앙으로 인하여 촉발된 하나님의 "진노하심" 때문이었다.

그들은 내 안식에 들어오지 못하리라. 하나님께서는 그들에게 내리실 벌을, 어떤 것을 강하게 부정하는 형식의 문장으로 표현하신다. 즉, 하나님께서 원래 그들에게 준비하셨던 "안식"에 그들이 들어오지 못하게 하시는 것이 그들에 대한 벌이라고 선언하신 것이다: "그들은 내 안식에 결코 들어오지 못할 것이다. 만일 그들이 내 안식에 들어오게 된다면, 나는 참되지도 않고 하나님도 아닐 것이다." 여기에서 하나님께서 말씀하신 "안식"은 문자적으로는 가나안 땅이었지만(신 12:9-10, "너희가 너희 하나님 여호와께서 주시는 안식과 기업에 아직은 이르지 못하였거니와 너희가 요단을 건너 너희 하나님 여호와께서 너희에게 기업으로 주시는 땅에 거주하게 될 때 또는 여호와께서 너희에게 너희 주위의 모든 대적을 이기게 하시고 너희에게 안식을 주사 너희를 평안히 거주하게 하실 때에"), 그것은 모형에 불과하고, 진정한 "안식"은 천국이다. 이것을 말씀하신 이는 구속주이시고, 우리가 그의 "안식"에 들어가서 그 안식을 누릴 수 있는 것은 오직 그가 자신의 권능으로 우리를 위한 자신의 안식을 확보하셔서 우리에게 주실 때에만 가능하다. 구속주께서는 우리로 하여금 이 안식에 들어가게 하실 수도 있으시고, 우리가 이 안식에 들어가는 것을 막으실 수도 있으시다(마 7:21-23, "나더러 주여 주여 하는 자마다 다 천국에 들어갈 것이 아니요 다만 하늘에 계신 내 아버지의 뜻대로 행하는 자라야 들어가리라 그 날에 많은 사람이 나더러 이르되 주여 주여 우리가 주의 이름으로 선지자 노릇 하며 주의 이름으로 귀신을 쫓아 내며 주의 이름으로 많은 권능을 행하지 아니하였나이까 하리니 그 때에 내가 그들에게 밝히 말하되 내가 너희를 도무지 알지 못하니 불법을 행하는 자들아 내게서 떠나가라 하리라"). 그들이 하나님의 안식에 들어가지 못한다는 것은, 그들로부터 모든 평강이 차단되어서, 그들은 영원토록 슬픔과 근심과 괴로움 속에서 살아가고, 이 안식과 반대되는 모든 해악들을 맛보며 살아가게 된다는 것을 의미한다.

12. 형제들아 너희는 삼가 혹 너희 중에 누가 믿지 아니하는 악한 마음을 품고 살아 계신 하나님에게서 떨어질까 조심할 것이요.

사도는 자기가 앞에서 들었던 광야에서의 조상들의 죄와 거기에 대한 하나님의 심판의 두려운 사례를 여기에서는 이 서신의 수신자인 히브리인들에게 적용해서, 그들의 조상들과 똑같은 하나님의 복수와 보응을 받지 않으려면, 그들은 자신의 조상들과 같은 범죄를 저질러서는 안 되고, 특히 "불신앙"을 조심하여야 한다고 경고한다.

형제들아 너희는 삼가 … 조심할 것이요. 여기에서 "조심하라"로 번역된 '블레페테'(βλέπετε)는 눈으로 보라는 뜻이 아니고 마음으로 조심하라는 뜻이다. 즉, 그들은 그들의 조상들과 관련해서 앞서 들은 심판과 해악을 겪지 않기 위해서는 정신을 바짝 차리고서 깨어서 극히 조심하여야 한다는 것이다(히 12:15, 25, "너희는 삼가 말씀하신 이를 거역하지 말라 땅에서 경고하신 이를 거역한 그들이 피하지 못하였거든 하물며 하늘로부터 경고하신 이를 배반하는 우리일까보냐"; 고전 8:9). 그들은 믿는 히브리인들이었기 때문에, 육신적으로 바울의 "형제들"이었을 뿐만 아니라, 동일하게 그리스도를 참되게 믿는 "형제들"이었다. 바울은 그들 가운데서 혹시라도 "쓴 뿌리"가 나지 않도록, 한 사람 한 사람을 잘 살피고 조심하라고 당부한다(히 12:15-16, "너희는 하나님의 은혜에 이르지 못하는 자가 없도록 하고 또 쓴 뿌리가 나서 괴롭게 하여 많은 사람이 이로 말미암아 더럽게 되지 않게 하며 음행하는 자와 혹 한 그릇 음식을 위하여 장자의 명분을 판 에서와 같이 망령된 자가 없도록 살피라").

혹 너희 중에 누가 믿지 아니하는 악한 마음을 품고. "마음"은 모든 죄가 생겨나서 말과 행위로 표출되어 나오는 가장 중요한 곳이다(마 15:18-20, "입에서 나오는 것들은 마음에서 나오나니 이것이야말로 사람을 더럽게 하느니라 마음에서 나오는 것은 악한 생각과 살인과 간음과 음란과 도둑질과 거짓 증언과 비방이니 이런 것들이 사람을 더럽게 하는 것이요 씻지 않은 손으로 먹는 것은 사람을 더럽게 하지 못하느니라"; cf. 약 1:14-15, "오직 각 사람이 시험을 받는 것은 자기 욕심에 끌려 미혹됨이니 욕심이 잉태한즉 죄를 낳고 죄가 장성한즉 사망을 낳느니라"). "마음"은 지성과 의지와 감정을 모두 포함하는 속사람 전체를 가리킨다. 모든 사람의 "마음"은 본성적으로 악하고 악에 물들어 있으며 끊임없이 악을 만들어낸다(창 6:5; cf. 렘 17:9). 전능자의 은혜만이 이 마음을 변화시킬 수 있다. 하나님께서는 이 은혜를 사람들에게 주시기 위하여 그 은혜를 얻을 수 있는 여러 가지 수단이나 방편들을 마련해 놓으시고서, 사람들의 심령에 역사하셔서 그러한 수단이나 방편들을 사용하고자 하는 마음을 불러일으키시는 방식으로, 사람들의 마음을 변화시키신다. "불신앙"은 그 자체로는 사람들의 마음에 계시된 하나님의 뜻에 동의하지 않거나 믿지 않는 것을 의미하지만, 부정함과 우상 숭배와 불의와 미신 등과 같은 것들을 아주 왕성하게 생산해 내는 모태로서, 다른 모든 죄악들의 원천이자 근원이 된다. 이 히브리인들의 조상들은 여호와 하나님을 믿지 않는 "불신앙"으로 인해서, 그들의 마음을 완악하게 하고, 하나님께 반역하고 불평하는 죄를 자행하였다. "불신앙"은 배교의 뿌리이다. "불신앙"에 빠진 사람들은 그리스도 안에서 그들이 하나님과 맺은 언약을 깨뜨린 후에 하나님을 배신하게 된다. 바울은 이러한 위험천만하고 불경건하며 뒤틀린 "불신앙"의 마음을 품어서는 안 된다고 이 서신의 수신자인 히브리인들에게 경고하고, 한시라도 그리고 조금이라도 불신앙의 마음을 허용하지 말라고 말한다. 그들의 마음속에 하나님을 불신하는 사악함이 조금이라도 일시적으로라도 결코 있어서는 안 된다는 것이다(롬 11:20-21, "옳도다 그들은 믿지 아니하므로 꺾이고 너는 믿으므로 섰느니라 높은 마음을 품지 말고 도리어 두려워하라 하나님이 원 가지들도 아끼지 아니하셨은즉 너도 아끼지 아니하시리라").

살아 계신 하나님에게서 떨어질까. "하나님에게서 떨어진다"는 것은 그 마음이 하나님으로부터 분리되어서 멀어지는 것을 의미한다. "떨어진다"는 말 속에는 총체적이고 실제적이며 최종적인 변절의 의미가 담겨 있다. 그것은 그들이 고백하고 받아들였던 하나님으로부터 형식적으로는 물론이고 실제적으로 배교하는 것이고, 그들의 합법적인 주권자를 대적하여 실제로 반역하는 것이며, 기독교 신앙과 그 창시자를 부정하는 것이다. 기독교 신앙의 창시자이신 하나님은 죽은 우상들과는 달리, 온갖 종류의 생명, 특히 영적이고 영원한 생명의 원천이자 근원이신 분이시기 때문에 "살아 계신 하나님"이시다(요 5:19-21, 25-26). 이 "살아 계신 하나님"은 우리 주 예수 그리스도이시다(히 3:7). 사도는 그리스도는 시내 산에서 이 히브리인들의 조상들에게 율법을 주신 분으로서(히 12:26), 광야의 조상들은 "불신앙"으로 말미암아 그를 시험하였지만(고전 10:9), 히브리인들은 "그의 음성을 듣거든" 그 음성에 순종하여야 한다고 말한다. 따라서 예수 그리스도와 그를 믿는 신앙으로부터 떠나 배교하는 것은 하나님에게서 떠나 배교하는 것이고, 영원한 생명을 거부하고 영원한 벌을 자초하는 것으로서, 그런 자들은 영원토록 "살아 계신 하나님"으로부터 영원한 형벌을 받게 될 것이다. 사도는 히브리인들에게 이러한 "불신앙"에 빠지지 않도록 조심하라고 경고한다. 왜냐하면, 그들이 그러한 "불신앙"에 빠지지 않기 위해서 평소에 조심하지 않는다면, 그들에게 박해가 닥쳐와서, 평안과 자유와 안전과 재산과 명예와 혈육과 목숨조차 잃게 될 상황이 될 때, 그들이 그런 모든 손실을 다 감수하고서 기독교 신앙을 지키는 것은 불가능하기 때문이다.

13. 오직 오늘이라 일컫는 동안에 매일 피차 권면하여 너희 중에 누구든지 죄의 유혹으로 완고하게 되지 않도록 하라.

오직 오늘이라 일컫는 동안에 매일 피차 권면하여. "불신앙"에 빠지지 않기 위한 수단 또는 방법은 "권면하는" 것이다. 따라서 그때그때 적절한 하나님의 계명들과 약속들과 경고들을 가지고서 형제들을 자주 진지하게 권하고 위로하며 힘을 주어 분발하게 하여 믿음을 꼭 붙들고 지켜 나가게 하고, 형제들의 마음에서 모든 악, 특히 배교로 이어질 "불신앙"을 제거해 주는 것은 모든 그리스도인들에게 주어진 의무이다. 또한, "권면"은 사적으로만이 아니라 공적으로도, 즉 말씀들과 성례전들을 그리스도인들의 회중 전체에게 주기적으로 베푸는 것을 통해서도 행해져야 한다. 그리스도인들은 서로의 지체로서 회중의 모임에 참여하여 말씀을 나누고 함께 성례전에 참여하여야 한다(고전 12:25, 27). 그리고 그리스도인들은 이러한 의무를 "오늘이라 일컫는 동안에" 즉시 행하여야 한다. 왜냐하면, 우리는 "오늘이라 일컫는 동안에만" 일하고 먹고 살아가고 있는 것이고, 내일이 되면 과연 우리가 이 세상에 존재할 수 있을지는 아무도 모르는 일이기 때문이다. 그리스도께서 "오늘 우리에게 일용할 양식을 주시옵고"(마 6:11)라고 기도하라고 하셨고, "내일 일을 위하여 염려하지 말라 내일 일은 내일이 염려할 것이요 한 날의 괴로움은 그 날로 족하니라"(마 6:34)고 하셨던 것처럼, 그리스도인들은 "한 날의 괴로움"만이 아니라 "한 날의 의무"도 "그 날로" 충분하다. 하나님께서 사람들을 부르시고 초청하시고 권하시며, 사람들의 기도를 들으시고, 사람들을 도우시는 은혜와 회개의 날이 지속되고 있는 "오늘이라 일컫는 동안"이, 바로 그리스도인들이 서로를 권면하기에 적절한 때이기 때문에, 하나님께서는 그들에게 그렇게 하기를 원하신다(히 3:7; 시 95:7). 그리고 모든 그리스도인들은 서로를 권면하는 일에서 실패하지 않기 위해서는, 다른 사람들에게 권면하기 전에, 먼저 자기 자신을 살피지 않으면 안 된다. 또한, 이 권면은 가정에서부터 시작하는 것이 좋다.

너희 중에 누구든지 죄의 유혹으로 완고하게 되지 않도록 하라. 바울은 히브리인들이나 그 밖의 다른 사람들이 자신들에게 선포된 복음을 거부하거나, 복음을 믿는다고 고백한 후에 배교하여 복음을 떠남으로써, 그들의 마음이 불신앙으로 말미암아 일시적으로가 아니라 습관적으로 완악해져서, 하나님께 늘 반역하는 상태에 이르게 되어서는 안 된다고 경고한다. 우리의 심령이 본성적으로 타고난 죄악은 그 자체로 끔찍할 정도로 사악해서, 그 진면목을 그대로 드러낸다면, 누구나 기겁을 하고 혐오할 수밖에 없지만, 마귀는 죄의 그러한 흉악한 모습을 감추고 그럴 듯하게 포장해서 덫을 놓아서 날 때부터 죄악에 물들어 있는 우리의 지성과 마음을 속이고 유혹하며 끌어당기기 때문에(약 1:14-15), 우리의 심령은 죄악들을 계속해서 집어삼킴으로써, 점점 더 완악해져서, 하나님의 약속들이나 경고들이나 권면들이 우리의 심령에 조금도 새겨질 수 없게 되고, 하나님의 그 어떤 말씀을 들어도 아무런 느낌도 없게 되어서, 결국에는 기독교 신앙을 버리고, 완전히 배교를 하고 만다(렘 17:9; 엡 4:22, "너희는 유혹의 욕심을 따라 썩어져 가는 구습을 따르는 옛 사람을 벗어 버리고"; 딤전 1:9).

14. 우리가 시작할 때에 확신한 것을 끝까지 견고히 잡고 있으면 그리스도와 함께 참여한 자가 되리라.

그리스도와 함께 참여한 자가 되리라. 이 절의 처음 부분에 나오는 '가르'(γὰρ)는, 사도가 앞에서 "누구든지 죄의 유혹으로 완고하게 되지 않도록 하라"고 권면한 이유를 여기에서 제시하고 있는 것임을 보여 준다. 즉, 우리 믿는 그리스도인들과 형제들은, 죄의 시험들에 빠져서 완악한 자들이 되지 않고, 반대로 우리가 지금 믿고 확신하고 있는 것을 끝까지 견지해야만, 하나님께서 "우리가 믿는 도리의 사도"이신 그리스도께 약속하신 모든 것들, 즉 하나님의 충만, 영원한 생명, 은혜, 영광, 모든 선한 것에 "함께 참여한 자들"(μέτοχοι - '메토코이')이 될 수 있다는 것이다. 우리 믿는 자들은 그리스도와 연합하여 하나가 될 때에만, 그리스도의 충만에 동참할 수 있게 된다(요 1:16; 엡 1:22-23, "또 만물을 그의 발 아래에 복종하게 하시고 그를 만물 위에 교회의 머리로 삼으셨느니라 교회는 그의 몸이니 만물 안에서 만물을 충만하게 하시는 이의 충만함이니라"; 골 1:19, "아버지께서는 모든 충만으로 예수 안에 거하게 하시고"; 2:9-10, "그 안에는 신성의 모든 충만이 육체로 거하시고 너희도 그 안에서 충만하여졌으니 그는 모든 통치자와 권세의 머리시라"). 그리스도께서는 자신의 성령으로 말미암아 우리를 죄의 시험과 속임, 그리고 그것으로 인하여 완악하게 되는 것으로부터 건져 주실 수 있으시다.

우리가 시작할 때에 확신한 것을 끝까지 견고히 잡고 있으면. 우리가 "시작할 때에 확신한 것"을 우리의 마음속에서 영적으로 견고하게 끝까지 붙잡는다면, 우리는 그리스도와 함께 참여한 자들이 될 것이다. 여기에서 "시작할 때에 확신한 것"으로 번역된 어구는 직역하면 "확신한 것의 시작"인데, "시작"을 뜻하는 '아르켄'(ἀρχὴν)은 학문과 관련해서 사용될 때에는 기본적이거나 주된 진리를 의미하고, 일들과 관련해서 사용될 때에는 우리가 달려가야 할 길의 처음을 의미한다. 따라서 기독교 신앙에 있어서의 첫 걸음은 "은혜의 시작"이라고 말한다. "확신한 것"으로 번역된 '휘포스타세오스'(ὑποστάσεως)는, 인격적 관계의 경우에는 삼위일체 하나님 가운데서의 성자의 경우처럼 진정한 실재를 의미하고(히 1:3, "이는 하나님의 영광의 광채시요 그 본체의 형상이시라"), 사물의 경우에는 다른 것들을 떠받치고 있는 기초와 토대를 의미한다. 기독교 신앙에서 '휘포스타시스'(ὑπόστασις)는 일차적으로 교회를 떠받치고 계시는 그리스도를 가리킨다(엡 2:20-22, "너희는 사도들과 선지자들의 터 위에 세우심을 입은 자라 그리스도 예수께서 친히 모퉁잇돌이 되셨느니라"). 사도는 히브리서 11:1("믿음은 바라는 것들의 '실상'이요 보이지 않는 것들의 증거니")에서는 우리가 그리스도를 영접할 때에 필요한 도구인 "믿음"을 이 단어로 표현하면서, 믿음은 우리가 소망하는 것들을 우리의 영혼에 현재적으로 실재하게 만들어 준다고 말한다. 따라서 여기에서 사도가 "시작할 때에 확신한 것을 잡고 있으라"고 말한 것은, 그리스도인들이 죽을 때까지 견고히 붙들고 놓지 않아야 할 기독교 신앙의 가장 기본이 되고 중요한 진리, 즉 그리스도 자신과 그리스도에 관한 교훈을 꼭 잡고 있어야 한다는 것이고, 또한 그리스도인들이 처음에 받은 믿음을 견고히 붙들고서, 그 믿음을 점점 키워가서, 그 믿음이 우리의 마음속에 깊이 뿌리를 내려서, 우리가 살아 있는 동안에 흔들림이 없게 하여야 한다는 것이다. 우리 믿는 자들이 이것을 견고히 붙잡고 있으면, 우리는 그리스도와 함께 참여한 자들이 될 수 있다. 왜냐하면, 우리에게 "믿음"이 있다는 것은 우리가 참된 은혜 가운데 있다는 것이고, 이 믿음으로 말미암아 우리는 은혜 가운데서 그리스도와의 교제를 계속해 나갈 수 있게 되며, 결국에는 하나님께서 그리스도 안에서 약속하신 것들에 참여할 수 있게 되기 때문이다. 모든 믿는 자들은 이러한 소망을 가지고서 더욱더 자신들의 믿음을 견고히 할 수 있도록 분발하는 것이 마땅하다!

15. 성경에 일렀으되 오늘 너희가 그의 음성을 듣거든 격노하시게 하던 것 같이 너희 마음을 완고하게 하지 말라 하였으니.

사도는 여기에서 다시 한 번 옛적의 조상들의 한 사례를 이 서신의 수신자인 히브리인들에게 적용하는데, 그것은 옛적에 그들의 조상들에게 말씀하셨던 그리스도께서 지금은 그들에게 말씀하고 계시고, 그 동일한 음성을 그들의 조상들은 청종하지 않아서 "격노하시게" 하였지만, 그들은 내일이 아니라 "오늘이라고 일컫는 동안에" 메시야에 대하여 하나님께서 말씀하시는 것을 들을 때, 그들의 조상들처럼 하나님의 음성에 귀를 막아 버리거나, 불신앙으로 그들의 마음을 완악하게 하지 말라는 것이다. 그들의 조상들은 불신앙과 마음의 완악함으로 인하여, 하나님을 따르겠다고 한 그들의 엄숙한 맹세와 약속을 헌신짝처럼 내버리고 배교하여 하나님을 떠남으로써, 하나님의 성령을 격노하시게 하였다.

16. 듣고 격노하시게 하던 자가 누구냐 모세를 따라 애굽에서 나온 모든 사람이 아니냐.

듣고 격노하시게 하던 자가 누구냐. (이 구절을 흠정역은 "그들이 들었을 때에 어떤 이들은 격노하시게 하였다"로 번역한다 — 역주.) 사도는 그들도 그들의 조상들처럼 얼마든지 그리스도를 격노하시게 할 수 있기 때문에, 그렇게 하지 않기 위해서는 그들의 마음을 완악하게 하지 않아야 한다는 것을 다시 한 번 역설하려고, 여기에서 이스라엘의 회중 중에서 대부분이 자신들의 불신앙과 완악한 마음으로 인해서 하나님의 성령을 격노하시게 하였다는 사실을 강조한다. 그리스도께서는 이전과는 달리 하늘로부터 그들의 조상들에게 말씀하셨고, 모세를 통해서 매일 말씀하셨지만, 그들은 그들로 하여금 살게 하시기 위하여 주신 말씀들을 청종하지 않고 믿지 않음으로써, 그리스도를 격노하시게 하였다.

모세를 따라 애굽에서 나온 모든 사람이 아니냐. (이 구절을 흠정역은 "비록 모세를 따라 애굽에서 나온 모든 사람은 아니지만"으로 번역한다 — 역주.) 이것은 시편 기자의 본문에 대한 올바른 해석으로서, 사도는 조상들의 사례를 히브리인들이 따를 선한 모범으로 제시하고 있다: "너희는 갈렙과 여호수아 같이 하나님을 믿고 순종한 자들을 본받아야 한다." 바울은 이 절에서 이렇게 불순종하여 격노하시게 한 자들과 믿고 순종한 자들을 대비시킴으로써, 두 부류의 사람들을 모두 부각시킨다. 그들은 모두 똑같이 종살이 하던 애굽에서 건짐을 받아 광야로 나왔고, 하나님께서는 그들의 인도자인 모세를 통해서 무수한 이적들을 베풀어 주셨기 때문에, 한 사람도 빠짐없이 하나님을 믿는 믿음을 갖고서 하나님께 순종하는 것이 마땅하였다. 하지만 그들 중의 대부분은 불평불만을 늘어놓으며, 구속주와 다투어서 격노하시게 만들었기 때문에, 그들의 죄는 이루 말할 수 없이 큰 것일 수밖에 없었다! 그런 와중에서 갈렙과 여호수아 같이 자들이 하나님을 믿고 순종한 것은 얼마나 아름답고 기쁜 일인가!

17. 또 하나님이 사십 년 동안 누구에게 노하셨느냐 그들의 시체가 광야에 엎드

러진 범죄한 자들에게가 아니냐.

사도는 저 옛적에 광야에서 불신앙에 빠져서 믿지 않은 자들이 하나님을 노하시게 한 자들이라는 것을 좀 더 생생하게 보여 주고, 히브리인들에 대한 자신의 권면이 더욱더 설득력이 있게 하기 위하여, 여기에서 이러한 반문들을 사용해서 말해 나간다: "하나님께서 누구에게 노하셨는지가 너희의 눈에 똑똑히 보이느냐." 이러한 반문은 그들로 하여금 그들의 조상들이 겪었던 일이 그들에게 주는 교훈과 경고에 더욱더 주목하게 만든다: 하나님께서 누구에게 노하셨던 것인지를 똑똑히 보라. 하나님의 뜻을 거역하고 하나님께 반기를 든 자들은 하나님이 애굽으로부터 건져내신 바로 그 자들이었다. 이것은 누가 보아도 노할 일이 아니겠는가. 여기에서 "노하다"로 번역된 단어에 대해서는 히브리서 3:10에 대한 설명을 보라. 신명기 7:26("너는 가증한 것을 네 집에 들이지 말라 너도 그것과 같이 진멸 당할까 하노라 너는 그것을 멀리하며 '심히 미워하라' 그것은 진멸 당할 것임이니라")의 칠십인역 본문에서, 이 단어는 이스라엘이 우상들에 대하여 마땅히 가져야 할 감정, 즉 심히 가증하게 여기고 몹시 혐오하는 것을 나타내기 위하여 사용되고 있다. 즉, 우상들은 이스라엘 백성들의 심령을 심하게 괴롭혀 분노하게 만드는 것들이어야 한다는 것이다. 그래서 우상들은 분노를 불러오는 것들이라 불린다. 하나님께서는 히브리인들의 조상들이 자기와 맺은 언약을 광야에서 사십 년 내내 번번이 깨뜨리는 것을 보시고서 상심하셨고 진노하셨다. 이 죄인들은 자신들의 "불신앙"과 불평불만과 우상 숭배와 하나님이 세우신 직분자들과 규례들에 대하여 반기를 드는 일들과 그 밖에도 자신들의 욕심들을 따라 행하는 일들을 통해서 하나님의 성령을 격노하시게 하였기 때문에, 하나님께서는 여러 가지 심판들을 보내셔서 그들을 멸하시고 무덤과 지옥에 떨어지게 하셨다(고전 10:5-11). 모세를 비롯한 하나님의 사람들은 이러한 죄인들에 속하지 않았다. 왜냐하면, 하나님께서는 그들의 죄를 사하시고 그들을 받으셨기 때문이다. 모세는 문자 그대로의 가나안에 들어가지는 못하였지만, 하늘의 가나안으로 들어갔다.

18. 또 하나님이 누구에게 맹세하사 그의 안식에 들어오지 못하리라 하셨느냐 곧 순종하지 아니하던 자들에게가 아니냐.

사도는 히브리인들이 불신앙에 빠져서 배교하는 것을 막기 위해서, 하나님께서 광야에서 배교자들에게 하신 무시무시한 "맹세"를 다시 한 번 거론한다. 우리는 하나님께서 하시는 맹세에 대해서는 히브리서 3:11에서 이미 살펴보았다(민 14:30,

"여분네의 아들 갈렙과 눈의 아들 여호수아 외에는 내가 맹세하여 너희에게 살게 하리라 한 땅에 결단코 들어가지 못하리라"). 하나님께서 맹세하신 내용은, 그들은 자기가 그들에게 약속하셨던 가나안에 들어가지 못할 것이고, 그 약속의 땅을 소유하지 못하리라는 것이었다. 온 땅은 하나님의 소유이기 때문에, 가나안 땅도 당연히 하나님의 소유였다. 하나님께서는 가나안을 그들에게 약속하셨지만, 그들이 배교자들이 되자, 그들에게서 가나안 땅을 소유할 권리를 박탈하시고, 그들의 자손들에게 그 땅을 주셨는데, 성령께서 여기에서 가나안 땅을 "안식"이라고 부르고 있는 것은 가나안 땅은 천국과 거기에서의 안식의 모형이었기 때문이다. 하나님께서는 자신의 공의를 따라 그들의 배교에 대하여 맹세로써 그들이 가나안 땅에 들어가지 못할 것이라고 선고하셨기 때문에, 하나님의 그러한 선고는 돌이킬 수 없는 것이었다. 하나님의 이러한 선고는 광야에서 배교한 자들에 대한 최종적이고 확정적인 선고였던 까닭에, 배교자들이 되어 버린 히브리인들의 조상들은 하나님의 영원한 안식을 얻을 수 있는 권리를 최종적으로 상실하게 되었다. "순종하지 아니하던 자들"은, 하나님의 모든 긍휼과 심판의 이적들을 보았으면서도, 그 마음이 완악해져서, 하나님의 말씀들을 믿지 못하고 그 명령들에 불순종하며 하나님과의 언약을 깨뜨리고서(히 8:9; 렘 31:32), 하나님을 떠나 배교하여, 하나님과 다투다가 멸망한 자들을 가리킨다.

19. 이로 보건대 그들이 믿지 아니하므로 능히 들어가지 못한 것이라.

이 서신의 수신자들인 히브리인들은 하나님께서 자신이 맹세하신 것을 그들의 조상들에게 그대로 행하신 것을 잘 알고 있었기 때문에, 그들과 이 서신을 읽는 모든 자들은 자신들의 죄와 거기에 대한 하나님의 벌을 두려워하는 것이 마땅하였다. 왜냐하면, 실제로 복음은 믿지 않는 자들에게 하나님의 "안식"에 들어가지 못하게 하는 벌을 가하기 때문이다. 우리는 하나님의 기록된 말씀 속에서, 히브리인들의 조상들이었던 그 배교자들이 광야에서 죽어서 가나안 땅에 들어가지 못하였다는 것을 읽을 수 있다. 하나님께서는 그들이 가나안 땅으로 들어갈 수 없게 하실 것이라는 맹세를 그대로 행하셔서, 광야에서 그들을 심판하시고 죽이심으로써, 그들이 가나안 땅에 들어가는 것을 막으셨다. 왜냐하면, 그들은 하나님의 말씀을 믿기를 거부하고서, 그러한 불신앙에서 생겨난 온갖 불경스러운 행위들을 자행하였으며, 하나님의 약속들을 배척하고, 하나님의 명령들에 반기를 들며, 하나님의 섭리에 불평하였기 때문이었다. 하나님께서는 사람들의 외모를 보시는 분이 아니시다. 옛적에 광야의 이스라엘 백성들이 그러한 벌을 받았다는 것을 생각할 때, 오늘날 우리가 하나님의 아들과 복음을 거슬러서 범죄한다면, 우리에 대한 벌은 얼마나 더 혹독하고 무겁겠는가! 히브리서 10:26-29을 보라: "우리가 진리를 아는 지식을 받은 후 짐짓 죄를 범한즉 다시 속죄하는 제사가 없고 오직 무서운 마음으로 심판을 기다리는 것과 대적하는 자를 태울 맹렬한 불만 있으리라 모세의 법을 폐한 자도 두세 증인으로 말미암아 불쌍히 여김을 받지 못하고 죽었거든 하물며 하나님의 아들을 짓밟고 자기를 거룩하게 한 언약의 피를 부정한 것으로 여기고 은혜의 성령을 욕되게 하는 자가 당연히 받을 형벌은 얼마나 더 무겁겠느냐 너희는 생각하라."

MATTHEW POOLE'S COMMENTARY

히브리서 4장

개요

1. 그리스도인들의 안식은 믿음으로 얻어짐(1-11).
2. 하나님의 말씀의 능력(12-13).
3. 하나님의 아들 예수께서 우리의 대제사장이시기 때문에, 우리는 우리가 믿는 도리를 굳게 붙잡고서, 은혜의 보좌 앞에 담대히 나아가야 함(14-16).

1. 그러므로 우리는 두려워할지니 그의 안식에 들어갈 약속이 남아 있을지라도 너희 중에는 혹 이르지 못할 자가 있을까 함이라.

그러므로 우리는 두려워할지니. 사도는 이 히브리인들의 조상들이 광야에서 그들의 불신앙으로 말미암아 그들에게 약속되었던 가나안 땅에 들어갈 수 없게 된 사건을 통해서 이와 같은 교훈을 이끌어 내어서, 히브리인들에게 이렇게 무시무시한 벌, 즉 복음을 통해서 믿는 자들에게 약속된 저 하늘의 가나안에 들어가지 못하게 되는 벌이 수반되는 저 불신앙의 죄를 피하라고 충고한다. 사람들은 두려워하게 될 때, 자신의 심령에 해로운 것을 적극적으로 피하고자 하는 마음이 생겨나기 때문에, 히브리인들은 자신의 조상들의 사례를 보고서 두려워하는 마음을 가짐으로써, 하나님 아버지의 약속을 경시했다가 천국에 들어가지 못하게 되는 일이 없도록, 도리어 그 약속을 어린아이 같은 마음으로 잘 받아서 소중히 여기는 것이 마땅한 일이었다. 성령께서 여기에서 말한 두려움은 믿음으로부터 생겨나는 두려움이다(빌 2:12, "나의 사랑하는 자들아 너희가 나 있을 때뿐 아니라 더욱 지금 나 없을 때에도 항상 복종하여 두렵고 떨림으로 너희 구원을 이루라").

그의 안식에 들어갈 약속이 남아 있을지라도. 여기에서 "그의 안식에 들어간다"는 것은 하나님의 은혜로 값없이 천국에 들어가서, 거기에서 하나님과 더불어 영광스러운 안식을 누리게 되는 것을 의미한다. 민수기 14:23-24("내가 그들의 조상들에게 맹세한 땅을 결단코 보지 못할 것이요 또 나를 멸시하는 사람은 한 사람도 그것을 보지 못하리라 그러나 내 종 갈렙은 그 마음이 그들과 달라서 나를 온전히 따랐은즉 그가 갔던 땅으로 내가 그를 인도하여 들이리니 그의 자손이 그 땅을 차지하리라"), 29-32("너희 시체가 이 광야에 엎드러질 것이라 너희 중에서 이십 세 이상으로서 계수된 자 곧 나를 원망한 자 전부가 여분네의 아들 갈렙과 눈의 아들 여호수아 외에는 내가 맹세하여 너희에게 살게 하리라 한 땅에 결단코 들어가지 못하리라 너희가 사로잡히겠다고 말하던 너희의 유아들은 내가 인도하여 들이리니 그들은 너희가 싫어하던 땅을 보려니와 너희의 시체는 이 광야에 엎드러질 것이요")이 보여주듯이, 하나님께서는 맹세를 통해서 어떤 사람들은 가나안 땅에 들어가지 못할 것이라고 말씀하셨고, 어떤 사람들은 그 땅에 들어가게 될 것이라고 약속하셨다. 이것은 믿는 자들에게 주어질 지극히 놀랍고 영광스러운 하늘의 안식에 관한 약속이었다(사 11:10, "그 날에 이새의 뿌리에서 한 싹이 나서 만민의 기치로 설 것이요 열방이 그에게로 돌아오리니 그가 거한 곳이 영화로우리라"). 이 약속은 하나님께서 그의 전적인 은혜로 말미암아 믿는 자들에 주신 것으로서, 믿는 자들에게 여전히 유효하게 "남아 있다." 그러나 여기에서 "남아 있다"로 번역된 '카타레이포메네스' (καταλειπομένης)는 "저버리다, 내팽개치다"라는 죄악된 행위를 가리키는 것으로서, 옛적에 히브리인들의 조상들이 하나님의 율법에 대한 그들의 불신앙과 불순종으로 말미암아 이 땅에서의 안식을 내팽개쳐 버린 것처럼, 우리도 그 조상들과 똑같은 죄를 범함으로써, 더 나은 안식에 관한 하나님의 약속을 저버리거나 거부하는 일이 있어서는 안 된다는 의미로 해석될 수 있다.

너희 중에는 혹 이르지 못할 자가 있을까 함이라. 사도는 이 서신의 수신자들인 모든 히브리인들이 이러한 두려움을 지녀서, 단 한 영혼이라도 불신앙으로 말미암아 영원한 안식에 들어가지 못하는 일이 생기지 않기를 원하고 있음을 보여 준다. 그러기 위해서는, 그들 모두가 하나님의 그러한 약속을 조금이라도 경시해서는 안 될 뿐만 아니라, 그런 모습으로 비치는 것조차도 두려워하여야 한다. 왜냐하면, "악은 어떤 모양이라도 버리라"(살전 5:22)는 말씀처럼, 믿는 자들에게는 하나님의 약속을 경시하는 모양새라도 있어서는 안 되기 때문이다. 여기에서 "이르지 못하다"로 번역된 '히스테레케나이' (ὑστερηκέναι)는 달리기하는 자들이 뒤처지고 낙오되어서 결국 결승점에 들어오지 못하는 것에서 가져온 비유이다. 천국에 이르도록 달려가겠다고 고백하고 공언한 그리스도인들이 결국 천국에 도달하지 못한다면, 그들은 얼마나 비참한 자들이겠는가(고전 9:24-26, "운동장에서 달음질하는 자들이 다 달릴지라도 오직 상을 받는 사람은 한 사람인 줄을 너희가 알지 못하느냐 너희도 상을 받도록 이와 같이 달음질하라 이기기를 다투는 자마다 모든 일에 절제하나니 그들은 썩을 승리자의 관을 얻고자 하되 우리는 썩지 아니할 것을 얻고자 하노라 그러므로 나는 달음질하기를 향방 없는 것 같이 아니하고 싸우기를 허공을 치는 것 같이 아니하며"). 천국을 향해 달려가다가 낙오되어서 결국 지옥에 도달하게 된 자들은 얼마나 비참한 자들이겠는가!

2. 그들과 같이 우리도 복음 전함을 받은 자이나 들은 바 그 말씀이 그들에게 유익하지 못한 것은 듣는 자가 믿음과 결부시키지 아니함이라.

그들과 같이 우리도 복음 전함을 받은 자이나. 성령께서 이 서신의 수신자들인 히브리인들에게 하나님께서 약속하신 안식에 들어가지 못하게 될 것을 두려워해야 한다고 강조하는 이유는, 그들의 조상들이 그들과 다른 말씀을 들은 것이 아니라 그들과 동일한 말씀을 듣고도, 불신앙과 불순종으로 말미암아 안식에 들어가지 못한 것인 까닭에, 그들도 두려워하지 않는다면, 그들의 조상들과 똑같은 죄를 범하고 안식에 들어가지 못하게 될 수 있었기 때문이었다. 이 서신의 수신자들인 히브리인들과 온 교회는 그들에게 외적으로 전해진 복음을 듣고서, 성육신하신 성자 하나님으로 말미암은 구원의 기쁜 소식을 받아들여서 믿는다고 고백함으로써, 하나님의 영원한 안식에 관한 약속이 그들에게 주어졌다. 그리고 그들이 진정으로 복음을 믿고 변화되었다면, 그들에게는 하나님의 안식이 반드시 주어질 것이었다. 물론, 히브리인들에게는 이 복음이 좀 더 영광스러운 형태로 계시되긴 하였지만, 히브리인들의 조상들에게도 이 동일한 복음이 주어졌다(고후 3:10-11, "영광되었던 것이 더 큰 영광으로 말미암아 이에 영광될 것이 없으나 없어질 것도 영광으로 말미암았은즉 길이 있을 것은 더욱 영광 가운데 있느니라"). 왜냐하면, 아브라함의 "씨"인 주 예수 그리스도 안에서 "천하 만민이 복을 받을"(창 22:18) 것이라는 복음이 아브라함과 그의 자손들에게 전해졌기 때문이다(요 8:56, "너희 조상 아브라함은 나의 때 볼 것을 즐거워하다가 보고 기뻐하였느니라"). 그리스도는 "여호와의 군대 대장"이자 "언약의 사자"로서, 그들을 이 땅의 가나안과 하늘의 가나안으로 인도하시는 분이셨다(출 23:20; 수 5:13-15; 사 11:10). 따라서 누구든지 오직 그리스도로 말미암아서만 하나님의 안식으로 들어갈 수 있는데, 이것은 예수 그리스도께서 친히 증언하신 것이었고(요 5:39, 46, "너희가 성경에서 영생을 얻는 줄 생각하고 성경을 연구하거니와 이 성경이 곧 내게 대하여 증언하는 것이니라 … 모세를 믿었더라면 또 나를 믿었으리니 이는 그가 내게 대하여 기록하였음이라"), 그의 성령께서도 증언한 것이었다(행 15:11, "우리는 그들이 우리와 동일하게 주 예수의 은혜로 구원 받는 줄을 믿노라").

들은 바 그 말씀이 그들에게 유익하지 못한 것은. 복음이 이 히브리인들의 조상들에게 전해져서, 그들은 복음을 들었거나 들을 수 있었다(롬 10:14-15; cf. 시 92:4; 사 52:7). 하지만 복음은 그들 중 다수에게 아무런 효과가 없어서, 그들은 이 땅에서의 가나안이나 하늘의 가나안에 들어갈 수 없었고, 하나님의 안식에 들어갈 수 없었다. 그들은 하나님께서 요구하신 대로 행하지 않았기 때문에, 하나님께서는 돌이킬 수 없는 선고를 통해서 그들을 배제해 버리셨다. 히브리서 3:17, 19을 보라. 듣는 자가 믿음과 결부시키지 아니함이라. 여기에서 "결부시키다"로 번역된 '슁케크라메노스'(συγκεκραμένος)는, 우리가 먹고 마신 것들이 우리의 몸에 공급되는 자양분이 되도록 하기 위하여 위에서 서로 혼합하여 뒤섞어 주는 것으로부터 가져온 비유이다. 사도는 이 히브리인들의 조상들의 죄는, 자신들이 들은 복음을 그들의 심령 속에서 참된 믿음으로 받아 서로 뒤섞어서 소화를 시켜야 했는데도, 그렇게 하지 않은 것이라고 밝힌다. 그 결과, 믿는 자들에게 구원을 주시는 하나님의 강력한 능력이자 지혜인 복음은 믿지 않는 그들에게 정죄와 영원한 사망의 말씀이 되어 버렸다(고전 1:18, "십자가의 도가 멸망하는 자들에게는 미련한 것이요 구원을 받는 우리에게는 하나님의 능력이라"; 벧전 2:2-3).

3. 이미 믿는 우리들은 저 안식에 들어가는도다 그가 말씀하신 바와 같으니 내가 노하여 맹세한 바와 같이 그들이 내 안식에 들어오지 못하리라 하셨다 하였으나 세상을 창조할 때부터 그 일이 이루어졌느니라.

이미 믿는 우리들은 저 안식에 들어가는도다. 사도는 우리가 저 옛적의 조상들처럼 불신앙에 빠지지 않고, 하나님의 약속을 꼭 붙들고 믿음에 거하여야 하는 또 다른 이유로서, 믿음이 우리에게 주는 확실한 복을 제시하는데, 그것은 우리가 믿음에 거하여야만 하나님이 약속하신 안식에 들어갈 수 있다는 것이다. 왜냐하면, 사도 베드로가 "예수 그리스도의 종이며 사도인 시몬 베드로는 우리 하나님과 구주 예수 그리스도의 의를 힘입어 동일하게 보배로운 믿음을 우리와 함께 받은 자들에게 편지하노니"(벧후 1:1)라고 말한 것처럼, 동일한 보배로운 믿음에 참여한 진정한 그리스도인들은, 옛적에 믿은 갈렙과 여호수아가 그랬던 것처럼(민 14:24, 30, "여분네의 아들 갈렙과 눈의 아들 여호수아 외에는 내가 맹세하여 너희에게 살게 하리라 한 땅에 결단코 들어가지 못하리라"), 하나님의 안식에 들어갈 수 있는 동일한 특권을 얻게 되기 때문이다. 우리 믿는 자들은 지금 이 땅에서는 하나님과 화목을 이루게 되고, 우리의 마음속에는 성령으로 말미암아 하나님의 사랑이 부은 바 되며, 우리가 하나님과 화목하게 되었고 의롭다 하심을 얻었으며 새롭게 되었고 하나님의 자녀들이 되었다는 사실을 성령께서 친히 우리의 심령에 증언해 주심으로써, 하나님의 영광에 대한 소망 가운데서 기뻐하고 즐거워하게 될 뿐만 아니라(롬 5:1-2, 5), 믿음과 순종을 끝까지 지킴으로써, 하나님이 우리를 위해 마련해 놓으신 천국에서의 최종적이고 완전한 안식에 들어가게 될 것인데, 사도는 여기에서 우리에게 이 후자의 안식에 들어가지 못하게 될 것을 두려워하여 조심하라고 경고하고 있다.

그가 말씀하신 바와 같으니 내가 노하여 맹세한 바와 같이. 하나님께서는 이것을 자신의 맹세로써 친히 확증하셨다(히 3:11, 18; 시 95:11). 하나님은 모든 믿지 않는 자들은 결단코 자신의 안식에 들어오지 못할 것이라고 맹세하셨을 뿐만 아니라, 반면에 모든 믿는 자들은 반드시 자신의 안식에 들어오게 될 것이라고 약속하셨다. 그들이 내 안식에 들어오지 못하리라 하셨다 하였으나. 다윗이 시편 95편에서 말한 저 "안식"은 하나님께서 육일에 걸쳐 창조의 일을 하신 후에 일곱째 날에 쉬신 그 안식도 아니었고, 유대인들이 가나안 땅에 들어가서 이 땅에서 안식을 누리게 된 것도 아니었다. 히브리인들은 가나안 땅에서 그들의 조상들이 누린 안식이 바로 하나님께서 말씀하신 안식이었기 때문에, 안식에 관한 하나님의 약속은 이미 이루어졌다고 생각하였지만, 앞으로 바울이 그들에게 좀 더 자세하게 설명하는 것에서 알 수 있듯이, 이 안식은 내세에서(히 2:5, "하나님이 우리가 말하는 바 장차 올 세상을 천사들에게 복종하게 하심이 아니니라") 이루어질 안식, 또는 하늘에서 영광 중에 안식하는 것을 가리키는 것이었다.

세상을 창조할 때부터 그 일이 이루어졌느니라. 어떤 이들은 이 구절의 맨 처음에 나오는 '카이토이'(καίτοι)라는 불변화사를 양보의 의미로 해석해서, 이 구절은 "하나님께서 창조의 일을 다 마치신 후에 이미 자신의 안식을 마련해 두셨지만"이라는 뜻이라고 생각하지만, 여기에서 하나님께서는 하늘의 안식의 모형인 가나안 땅에서의 안식에 대하여 말씀하고 계시는 것이다. 어떤 이들은 이 구절은 하나님께서는 자신의 창조의 일이 끝났을 때에 안식이 마련되어 있었지만, 그들은 그들의 불신앙으로 말미암아 자신의 안식에 들어오지 못하게 할 것이라고 맹세하셨다는 의미라고 말한다. 어떤 이들은 이 구절은 하나님께서 가나안의 안식에 대하여 말씀하시기 훨씬 전에, 세상을 창조하는 일을 마치시자마자 하늘의 안식에 대하여 말씀하셨다는 의미라고 생각한다. 이 마지막 해석이 성령께서 여기에서 의도하신 것에 가장 부합하는 것으로 보인다.

4. 제칠일에 관하여는 어딘가에 이렇게 일렀으되 하나님은 제칠일에 그의 모든 일을 쉬셨다 하였으며.

제칠일에 관하여는 어딘가에 이렇게 일렀으되. 사도는 다윗이 말한 "안식"(시 95:11, "그러므로 내가 노하여 맹세하기를 그들은 내 안식에 들어오지 못하리라 하였도다")은 제칠일의 안식이 지나가고 삼천 년 후에 말해진 것이기 때문에, 제칠일의 안식을 의미하는 것이 아니라는 것을 증명한다. 따라서 다윗이 말한 "안식"은 당시에 말해지고 알려지긴 하였지만 장차 도래할 안식이었다. 왜냐하면, 모세는 히브리인들이 아주 잘 아는 본문인 창세기 2:1-3("천지와 만물이 다 이루어지니라 하나님이 그가 하시던 일을 일곱째 날에 마치시니 그가 하시던 모든 일을 그치고 일곱째 날에 안식하시니라 하나님이 그 일곱째 날을 복되게 하사 거룩하게 하셨으니 이는 하나님이 그 창조하시며 만드시던 모든 일을 마치시고 그 날에 안식하셨음이니라")에서 제칠일의 안식, 즉 안식일에 대하여 말하고 기록하였지만, 제칠일의 안식은 하나님께서 믿는 자들에게 맹세로써 약속하신 저 지극히 놀라운 안식의 모형일 뿐이었기 때문이다.

하나님은 제칠일에 그의 모든 일을 쉬셨다 하였으며. 제칠일의 안식은 하나님께서 천지를 창조하신 후에 지치셔서 안식하신 것이 아니라(사 40:28, "너는 알지 못하였느냐 듣지 못하였느냐 영원하신 하나님 여호와, 땅 끝까지 창조하신 이는 피곤하지 않으시며 곤비하지 않으시며"), 자신이 만들고자 하셨던 온갖 것들을 다 창조하신 후에 창조의 사역을 그치셨다는 것이다. 하지만 이 때에 하나님께서 자신의 섭리를 통해서 만물을 돌보시는 일을 그치신 것은 아니었다(행 17:25, "이는 만민에게 생명과 호흡과 만물을 친히 주시는 이심이라"). 하나님은 제칠일에 창조의 일을 쉬셨고, 자기 백성을 위하여 그 날을 안식일로 제정하셨다(창 2:3). 이 안식일은 천사들과 사람들의 순종이 온전히 이루어질 때에 그들에게 주어진 영원한 안식을 나타내는 모형이었을 뿐이고, 시편 95편에서 다윗이 말한 하나님의 안식도 아니었고, 하나님께서 복음에서 믿는 자들에게 약속하신 안식도 아니었다. 왜냐하면, 그러한 안식은 장차 도래할 안식이었던 반면에, 제칠일의 안식은 세상을 창조한 때로부터 존재한 안식이었기 때문이다.

5. 또 다시 거기에 그들이 내 안식에 들어오지 못하리라 하였으니.

또 다시 거기에. 여기에 나오는 '카이'(καὶ)는 이 절에 언급될 다윗이 말한 안식을,

앞 절에 언급된 모세가 말한 창조의 일로부터의 제칠일의 안식이 서로 동일하다는 것을 보여 주는 역할을 순접의 계사가 아니라, 여기에서 언급된 다윗이 말한 하나님의 또 다른 안식이 앞에서 이미 언급된 제칠일의 안식과 다른 것임을 보여 주는 역할을 하는 역접의 계사이다. 즉, 모세는 제칠일의 안식에 대하여 말하였지만, 반면에 다윗은 시편에서 또 다른 안식에 대하여 말하였다는 것이다. 왜냐하면, 다윗은 시편 95:11("그러므로 내가 노하여 맹세하기를 그들은 내 안식에 들어오지 못하리라 하였도다")에서 제칠일의 안식이 아니라 하나님의 최종적이고 영원한 안식에 대하여 말한 것이기 때문이다.

그들이 내 안식에 들어오지 못하리라 하였으니. 3절("이미 믿는 우리들은 저 안식에 들어가는도다 그가 말씀하신 바와 같으니 내가 노하여 맹세한 바와 같이 그들이 내 안식에 들어오지 못하리라 하셨다 하였으나 세상을 창조할 때부터 그 일이 이루어졌느니라")과 6절("그러면 거기에 들어갈 자들이 남아 있거니와 복음 전함을 먼저 받은 자들은 순종하지 아니함으로 말미암아 들어가지 못하였으므로")을 비교하면 드러나듯이, 여기에서 '에이'(εἰ)는 긍정의 서술문을 이끌고 있다(한글개역개정에는 부정의 서술문으로 번역되어 있다 — 역주). 즉, 그들은 아주 오래 전에 말해진 모세의 안식과 다른 다윗의 안식을 장차 진정으로 향유하게 되리라는 것이다. 히브리어 본문에서는 모세의 안식에 관한 본문과 다윗의 안식에 관한 본문에서 "안식"을 나타내는 단어는 서로 다르다. 창세기 2:2-3에 언급된 "안식하다"는 '샤바트'로 표현되어 있는 반면에, 시편 95:11에서 다윗이 말한 안식, 즉 하나님께서 복음을 통해서 믿는 자들에게 맹세하신 안식이자, 우리의 영혼이 영광 중에서 누리게 될 온전하고 영원한 최고의 "안식"은 '메누하'로 표현되어 있다.

6. 그러면 거기에 들어갈 자들이 남아 있거니와 복음 전함을 먼저 받은 자들은 순종하지 아니함으로 말미암아 들어가지 못하였으므로.

사도는 다윗이 언급하였고 하나님께서 복음을 통해서 믿는 자들에게 맹세하신 안식은 모세가 말한 제칠일의 안식을 가리키는 것일 수 없다는 것을 증명한 후에, 이제 계속해서 다윗이 성령으로 말미암아 이 더 나은 안식에 대하여 쓴 것은 이스라엘 백성이 가나안 땅에 들어간 지 사백 년 후이고, 가나안 땅에 들어간 이스라엘 백성 중에서 믿지 않은 자들은 이 더 나은 안식에 들어가지 못하였다는 사실을 들어서, 다윗이 말한 안식은 이스라엘이 가나안 땅에 들어가서 누리게 된 안식을 가리키는 것일 수도 없다는 것을 증명한다.

그러면 거기에 들어갈 자들이 남아 있거니와. 다윗이 시편 95편에서 말한 안식은 장차 도래할 안식이기 때문에, 믿는 자들은 복음을 통해서 그들에게 주어진 영광스러운 안식을 실제로 온전히 향유하게 될 것임에 틀림없다. 히브리서 4:9-11을 보라. 복음 전함을 먼저 받은 자들은 순종하지 아니함으로 말미암아 들어가지 못하였으므로. 이스라엘 백성들은 가나안 땅으로 들어가서 거기에 살면서, 모세와 다윗 등등에 의해서 이 안식에 관한 기쁜 소식을 전해 들었지만, 그들의 불신앙과 불순종으로 말미암아 이 더 나은 안식에 들어가지 못하였다. 이 더 나은 안식은 가나안에 들어가서 누리게 된 안식 이후에 주어질 안식이었기 때문에, 이 두 안식은 서로 동일한 것일 수 없었고, 다윗은 이 둘 중에서 오직 더 나은 안식에 대해서만 말한 것이었다.

7. 오랜 후에 다윗의 글에 다시 어느 날을 정하여 오늘이라고 미리 이같이 일렀으되 오늘 너희가 그의 음성을 듣거든 너희 마음을 완고하게 하지 말라 하였나니.

다윗의 글에 다시 어느 날을 정하여. 이것은 다윗이 시편 95편에서 어느 한 날을 정하여, 하나님께서 "내가 노하여 맹세하기를 그들은 내 안식에 들어오지 못하리라"고 하셨다고 말한 것이 유대인들이 가나안 땅에 들어가서 안식하게 된 것을 가리키는 것이 아니었다는 또 하나의 추가적인 증거이다. 이것은 성령께서 이렇게 말씀하신 것과 같다: "내가 지금까지 제시한 증거들 외에도 또 하나의 증거를 제시하자면, 그것은 하나님께서 선지자 다윗을 통해서, 다른 모든 날들과 구별되는 어느 특정한 날을 '오늘' 이라고 지칭하며, 지금까지 하나님이 말씀하신 것과는 다른 더 나은 안식이 사람들에게 주어질 것이라고 말씀하셨다는 것이다. 선지자가 이 안식에 대하여 말하였다는 것은 시편 95:7-8("그는 우리의 하나님이시요 우리는 그가 기르시는 백성이며 그의 손이 돌보시는 양이기 때문이라 너희가 오늘 그의 음성을 듣거든 너희는 므리바에서와 같이 또 광야의 맛사에서 지냈던 날과 같이 너희 마음을 완악하게 하지 말지어다")이 분명하게 증언해 주고 있다."

오랜 후에 … 오늘이라고. 다윗은 이스라엘이 가나안 땅에 들어가서 안식을 얻은 지 사백 년이 지난 때에, "오늘"이라고 한 날을 지정해서, 이 날에 하나님의 안식이 주어질 것이라고 말하고 있다는 점에서, 다윗이 말한 "오늘"은 다윗 시대 또는 그 이후에 올 복음 시대를 가리키는 것이기 때문에, 그 "오늘"은 다윗 때로부터 사백 년이라는 긴 세월 이전의 여호수아의 때를 가리키는 것일 수 없다. 미리 이같이 일렀으되 오늘 너희가 그의 음성을 듣거든 너희 마음을 완고하게 하지 말라 하였나니. 너희는 다윗이 말한 그 "오늘"에 하나님의 안식을 약속하는 복음을 들었을 때에, 옛적에 너희의 조상들처럼 불신앙으로 말미암아 너희의 마음을 닫고서, 복음을 통해서 들려오는 하나님의 음성을 듣지 않으려고 해서는 안 되고, 반드시 그 음성을 받아들여서 믿어야 한다.

8. 만일 여호수아가 그들에게 안식을 주었더라면 그 후에 다른 날을 말씀하지 아니하셨으리라.

이것은 앞서 7절에서의 논증을 토대로 해서, 그 논증을 강화하기 위하여 또 다른 식으로 그 논증을 제시하고 있는 것이다. 즉, 만일 여호수아가 이스라엘을 가나안 땅으로 이끌고 가서 거기에서 모든 믿는 자들에게 안식을 준 것이라고 가정해 본다면, 하나님께서는 그 때로부터 사백 년이 지난 때에 다윗을 통해서, 사람들이 자신의 안식을 누리게 될 "다른 날"에 대하여 말씀하실 이유나 필요가 전혀 없었을 것이라는 것이다. 이스라엘을 이끌고 가나안 땅에 들어가서, 이스라엘로 하여금 이 땅에서의 안식을 얻게 한 인물이었던 여호수아는, 모든 믿는 자들을 하늘의 가나안에서의 참된 안식으로 이끄실 예수 그리스도의 모형이었다(행 7:45).

만일 여호수아가 그들에게 안식을 주었더라면. 만일 가나안 땅에서의 안식이 하나님께서 믿는 자들에게 주시겠다고 약속하셨던 온전하고 완전한 안식이었다면, 그러한 안식은 여호수아에 의해서 이미 주어진 것이 될 것이다. 그 후에 다른 날을 말씀하지 아니하셨으리라. 그러므로 만일 그것이 사실이라면, 하나님께서는 다윗을 통해서 복음 안에서 모든 믿는 자들에게 주어질 하늘에 속한 더 나은 안식에 대하여 결코 말씀하지 않으셨을 것이다. 따라서 하나님이 창조의 일을 마치신 후에 사람들에게 주신 제칠일의 안식과 이스라엘에게 주신 가나안 땅에서의 안식은 이 영적이고 영원한 안식을 희미하게 보여 주는 그림자들이자 모형들일 뿐이었다. 여기에서 이렇게 사도는 그들이 이미 자신들에게 하나님이 약속하신 안식이 주어진 것이라고 생각한다면, 그것은 하나님께서 어처구니없고 어이없게 말씀하시고 행하신 것이라고 조롱하는 것이나 다름없다는 식으로 논증함으로써, 하나님이 약속하신 안식이 제칠일의 안식이거나 가나안 땅에서의 안식을 가리키는 것이라는 주장을 단호하게 거부한다.

9. 그런즉 안식할 때가 하나님의 백성에게 남아 있도다.

사도는 앞에서 여러 증거들을 제시하며 논증한 것들을 토대로 해서, 복음 안에서 모든 믿는 자들에게 주어질 더 나은 안식이 장래에 기다리고 있음이 틀림없다는 결론을 도출해 낸다. 이 안식은 지금까지 언급된 다른 안식들보다 시간적으로는 뒤에 주어지는 것이지만, 모든 믿는 자들은 반드시 그 안식을 누리게 될 것이다. 모든 진실하게 믿는 자들이자 하나님의 참된 이스라엘은 10절에 설명된 지극히 영광스러운 안식을 누리게 될 것인데, 그들은 모두 하나님의 소유인 하나님의 백성이다. 그들은 이 영원한 안식의 상태에서 하나님의 성품을 지닌 지극히 거룩한 자들이 될 것이기 때문에, 하나님께서는 그들을 자기 백성이라고 부르시는 것을 부끄러워하지 않으신다. 하나님의 백성들은 이 땅에서 그러한 안식에 들어가서 내적인 평안을 얻고 하나님의 자녀의 영광스러운 자유를 얻게 되는데, 이것은 그들이 장차 빛 가운데서 성도들의 영원한 기업을 온전히 소유하게 될 것임을 보여 주는 보증이다(골 1:12-13, "우리로 하여금 빛 가운데서 성도의 기업의 부분을 얻기에 합당하게 하신 아버지께 감사하게 하시기를 원하노라 그가 우리를 흑암의 권세에서 건져내사 그의 사랑의 아들의 나라로 옮기셨으니"; 벧전 1:3-5, "우리 주 예수 그리스도의 아버지 하나님을 찬송하리로다 그의 많으신 긍휼대로 예수 그리스도를 죽은 자 가운데서 부활하게 하심으로 말미암아 우리를 거듭나게 하사 산 소망이 있게 하시며 썩지 않고 더럽지 않고 쇠하지 아니하는 유업을 잇게 하시나니 곧 너희를 위하여 하늘에 간직하신 것이라 너희는 말세에 나타내기로 예비하신 구원을 얻기 위하여 믿음으로 말미암아 하나님의 능력으로 보호하심을 받았느니라"; 계 14:13).

10. 이미 그의 안식에 들어간 자는 하나님이 자기의 일을 쉬심과 같이 그도 자기의 일을 쉬느니라.

이미 그의 안식에 들어간 자는. 사도는 여기에서는 참된 안식의 성격이 모든 수고를 쉬는 것이라는 사실을 토대로 해서, 앞에서 "안식할 때가 하나님의 백성에게 남아 있다"고 말한 것을 다시 한 번 증명한다. 왜냐하면, 이스라엘 백성들은 가나안 땅에 들어가서도 여전히 수고하며 그들의 일을 쉬지 못하였다는 사실은, 그들이 가나안 땅에 들어가서 누린 안식은 참된 안식이 아니라는 것을 보여 주는 것인 까닭에, 그것은 참된 안식이 과거에 이미 도래한 것이 아니라 장래에 도래할 것임을 보여 주기 때문이다. 모든 참된 믿는 자들은 하나님의 안식을 온전히 향유하고서, 하나님이 주시는 온갖 지극한 복을 누리게 되고, 하나님의 사랑 가운데서 안식하게 된다. 반면에, 제칠일의 안식과 가나안 땅에서 주어진 안식은 단지 그 모형들에 불과한 것들이었기 때문에, 그러한 안식들 아래에서 살아간 사람들은 자신들의 수고와 일을 쉴 수가 없다.

그도 자기의 일을 쉬느니라. 그러한 참된 그리스도인들은 온갖 종류의 비참함과 염려와 고난의 죄악된 일들과 수고들을 그치고 안식해 왔고, 복음적인 순종의 모든 일들을 마친 후에는 온전한 안식을 영원토록 누리게 될 것이다. 하나님이 자기의 일을 쉬심과 같이. 하나님께서는 일을 하신 후에 안식하셨기 때문에, 하나님의 백성들도 그러한 모든 일을 그치고, 하나님이 안식하신 바로 그 안식을 누려 왔는데, 모든 믿는 자들은 하나님의 백성들이기 때문에, 다른 안식이 아니라, 하나님이 누리신 바로 그 안식을 누리는 것이 합당하다.

어떤 이들은 이 절에서 "그"는, 하나님의 백성들이고 참된 믿는 자들의 교회의 지체들인 우리의 주이시고 머리이신 예수 그리스도를 가리키는 것으로 보고, 이 절에 나오는 말씀은 예수 그리스도께 적용되는 것이라고 생각한다. 즉, 사도는 여기에서 성부 하나님의 옛 창조와 성자 그리스도의 새 창조를 나란히 병행시켜서 설명하면서, 성부와 성자는 자신들의 일을 선하고 온전하게 완성하시고서는, 그 일을 그치시고 안식하셨는데, 모든 믿는 자들은 그들의 머리이신 예수 그리스도의 발자취를 따라 먼저 일하고 고난 받다가 나중에는 안식에 들어가게 될 것이라고 말하고 있다는 것이다.

11. 그러므로 우리가 저 안식에 들어가기를 힘쓸지니 이는 누구든지 저 순종하지 아니하는 본에 빠지지 않게 하려 함이라.

그러므로 우리가 저 안식에 들어가기를 힘쓸지니. 이것은 앞에서의 가르침의 적용이다. 즉, 많은 사람들이 불신앙으로 말미암아 하나님의 안식에 들어가지 못하기 때문에, 우리는 그 안식에 들어가기 위하여 힘써야 한다는 것이다. 여기에서 "힘쓰다"로 번역된 '스푸다소멘' (σπουδάσωμεν)은 온 마음과 뜻과 정성과 힘을 다하여 불철주야 부지런히 힘쓰고 애쓰는 것을 의미한다. 베드로 사도는 이 단어를 사용해서 "형제들아 더욱 '힘써' 너희 부르심과 택하심을 굳게 하라 너희가 이것을 행한즉 언제든지 실족하지 아니하리라"(벧후 1:10)라고 권면한다. 하나님의 안식에 들어가기 위하여 온 힘을 다하는 것이야말로, 우리가 이 세상에서 살아가면서 행하여야 할 가장 중요하고 절실하며 꼭 필요한 일이다. 그러므로 우리는 하나님의 안식에 들어가기 위하여 온 마음을 다하여 착념하고 몰두하며, 우리의 확고한 의지를 그 일을 하는 데 견고하게 세우고, 우리의 모든 힘을 다 최고로 다 쏟아 부어서, 그 일에 필요한 모든 것들을 하나도 빠짐없이 철저하게 행하여야 하고, 믿음의 순종을 드리는 데 한 치의 오차도 없이 하는 것이 마땅하고, 그럴 때에만 영원히 복되고 영광스러운 저 하나님의 안식을 온전히 향유하게 될 것이다(벧후 1:5-11, "그러므로 너희가 더욱 힘써 너희 믿음에 덕을, 덕에 지식을, 지식에 절제를, 절제에 인내를, 인내에 경건을, 경건에 형제 우애를, 형제 우애에 사랑을 더하라 이런 것이 너희에게 있어 흡족한즉 너희로 우리 주 예수 그리스도를 알기에 게으르지 않고 열매 없는 자가 되지 않게 하려니와 이런 것이 없는 자는 맹인이라 멀리 보지 못하고 그의 옛 죄가 깨끗하게 된 것을 잊었느니라 그러므로 형제들아 더욱 힘써 너희 부르심과 택하심을 굳게 하라 너희가 이것을 행한즉 언제든지 실족하지 아니하리라 이같이 하면 우리 주 곧 구주 예수 그리스도의 영원한 나라에 들어감을 넉넉히 너희에게 주시리라").

이는 누구든지 저 순종하지 아니하는 본에 빠지지 않게 하려 함이라. 바울은 이 서신의 수신자들인 히브리인들 중에서 단 한 사람이라도 저 옛적에 그들의 조상들이 빠졌던 "불순종의 본"에 빠져서, 그 결과로 하나님이 약속하신 안식에 들어가지 못하고 멸망을 당하는 일이 또 다시 일어나서는 안 된다고 경고한다. 여기에서 사용된 불변화사 '엔'(ἐν)은 "~안에"가 아니라 "~속으로"를 의미하는 것으로 읽을 수 있다. 그렇게 읽는 경우에, 이 구절은 "너희 중에서 누구도 반역자들과 배교자들임이 증명되는 일이 있어서는 안 된다"는 뜻이 된다. 또는, 이 불변화사는 "~을 따라서, ~을 좇아서"를 의미하는 것으로 읽을 수도 있다. 그렇게 읽는 경우에, 이 구절은 "너희 중에서 누구도 너희의 믿지 않은 조상들처럼 하나님의 안식에 들어가지 못하고 멸망과 지옥과 온갖 참상들에 빠지는 일이 있어서는 안 된다"는 뜻이 된다. 하나님께서는 사람이든 천사이든 배교한 자들에 대해서는 가차 없이 혹독한 벌을 내리셨고, 마찬가지로 앞으로도 그런 죄를 짓는 자들에 대해서는 한 치의 용서나 관용을 베풀지 않으실 것이다. 우리는 옛적에 이스라엘 백성이 보여 준 타산지석의 사례로 이미 경고를 받은 자들이기 때문에(고전 10:11; "그들에게 일어난 이런 일은 본보기가 되고 또한 말세를 만난 우리를 깨우치기 위하여 기록되었느니라"), 만일 우리가 불신앙과 불순종에 빠져서 배교하게 된다면, 우리에 대한 벌은 더욱더 크고 엄중할 것이다. 히브리서 10:26-27, 29을 보라: "우리가 진리를 아는 지식을 받은 후 짐짓 죄를 범한즉 다시 속죄하는 제사가 없고 오직 무서운 마음으로 심판을 기다리는 것과 대적하는 자를 태울 맹렬한 불만 있으리라 모세의 법을 폐한 자도 두세 증인으로 말미암아 불쌍히 여김을 받지 못하고 죽었거든 하물며 하나님의 아들을 짓밟고 자기를 거룩하게 한 언약의 피를 부정한 것으로 여기고 은혜의 성령을 욕되게 하는 자가 당연히 받을 형벌은 얼마나 더 무겁겠느냐 너희는 생각하라." 옛적의 이스라엘 백성들은 고집을 부리고 그 마음을 완악하게 하여, 하나님의 안식을 약속한 복음에 불순종하였기 때문에, 하나님께서는 광야에서 그들을 멸하시고, 영원히 지옥 속으로 처넣어 버리셨다. 그러므로 너희가 그들이 받은 벌을 피하고자 한다면, 그들이 범한 죄, 즉 불신앙과 불순종으로 인한 배교를 경계하고 온 힘을 다해 피하고자 하여야 한다.

12. 하나님의 말씀은 살아 있고 활력이 있어 좌우에 날선 어떤 검보다도 예리하여 혼과 영과 및 관절과 골수를 찔러 쪼개기까지 하며 또 마음의 생각과 뜻을 판단하나니.

하나님의 말씀은. 사도는 히브리인들로 하여금 하나님의 안식에 들어가기 위하여 힘써야 한다는 것을 다시 한 번 역설하기 위해서, 여기에서는 하나님의 말씀은 능력이 있기 때문에, 그들이 말씀에 착념하여 힘쓴다면, 충분히 그렇게 할 수 있다고 말한다. 성육신하신 말씀이신 예수 그리스도께서 하늘로부터 가져와서 이 세상에 전하신 복음의 법과 교훈은, 그의 부르심과 지시에 따라 성령의 감동 아래 신구약 성경의 거룩한 기자들에 의해서 기록되었다(벧후 1:19-21, "또 우리에게는 더 확실한 예언이 있어 어두운 데를 비추는 등불과 같으니 날이 새어 샛별이 너희 마음에 떠오르기까지 너희가 이것을 주의하는 것이 옳으니라 먼저 알 것은 성경의 모든 예언은 사사로이 풀 것이 아니니 예언은 언제든지 사람의 뜻으로 낸 것이 아니요 오직 성령의 감동하심을 받은 사람들이 하나님께 받아 말한 것임이라"). 신구약성경은 하나님께서 자신이 세우신 아들을 통해서 전하신 복음의 모든 명령들과 금령들과 약속들과 경고들을 담고 있다(히 2:1-4, "우리는 들은 것에 더욱 유념함으로 우리가 흘러 떠내려가지 않도록 함이 마땅하니라 … 이 구원은 처음에 주로 말씀하신 바요 들은 자들이 우리에게 확증한 바니 하나님도 표적들과 기사들과 여러 가지 능력과 및 자기의 뜻을 따라 성령이 나누어 주신 것으로써 그들과 함께 증언하셨느니라"; 4:1-2). 그리고 구체적으로, 하나님의 백성들에게 하나님의 안식에 들어갈 때가 남아 있다는 말씀은, 우리가 앞에서 이미 자세하게 살펴보았듯이, 다윗에 의해 시편 95편에 기록된 권면과 약속과 경고의 말씀으로서, 예수 그리스도께서 이 땅에 성육신하셔서 그 복음의 법이 온전하다는 것을 친히 보여 주시고 증명해 주셨다.

살아 있고. 하나님의 말씀은 성육신하신 말씀과 마찬가지로 "살아 있어서"(ζῶν - '존'), 단지 살아 있는 말씀일 뿐만 아니라 살리는 말씀이기 때문에, 영적으로 죽은 죄인들을 살려서 그리스도인으로 살아가게 해 주고, 죄와 허물 가운데서 죽었던 우리의 영혼은 이 말씀으로 인하여 살아나서 하나님에 대하여 살아 있는 자들이 된다. 하나님의 말씀은 하나님의 호흡이자 숨이기 때문에, 우리에게 영과 생명을 전달해 준다(딤후 3:16; 벧전 1:23, "너희가 거듭난 것은 썩어질 씨로 된 것이 아니요 썩지 아니할 씨로 된 것이니 살아 있고 항상 있는 하나님의 말씀으로 되었느니라"). 다윗도 그것을 경험하였고, 하나님의 말씀이 자기에게 불어넣어 준 생명을 지니고 있었다(시 119:50, "이 말씀은 나의 고난 중의 위로라 주의 말씀이 나를 살리셨기 때문이니이다"). 교회의 지체들도 마찬가지이다(고전 4:15, "그리스도 예수 안에서 내가 복음으로써 너희를 낳았음이라"; 고후 3:6, 17-18, "영은 살리는 것이니라 … 주는 영이시니 주의 영이 계신 곳에는 자유가 있느니라 우리가 다 수건을 벗은 얼굴로 거울을 보는 것 같이 주의 영광을 보매 그와 같은 형상으로 변화하여 영광에서 영광에 이르니 곧 주의 영으로 말미암음이니라"). 하나님의 말씀은 그리스도로 말미암아 우리를 인도하고 지도하여서 영원한 생명에 이르게 한다(요 6:68, "시몬 베드로가 대답하되 주여 영생의 말씀이 주께 있사오니 우리가 누구에게로 가오리이까").

활력이 있어. "활력이 있다"로 번역된 '에네르게스'(ἐνεργὴς)는, 하나님의 말씀이 성령의 역사로 말미암아(고후 3:8) 사람들의 심령에 강력하게 작용하여, 사람들로 하여금 죄를 깨닫게 하고 회심하게 하고 위로를 받게 하거나 정죄하고 죽이는 데 놀라운 힘을 발휘하는 것을 가리킨다. 하나님의 말씀은 하나님의 권능처럼 행한다. 그래서 로마서 1:16, 18에서는 "내가 복음을 부끄러워하지 아니하노니 이 복음은 모든 믿는 자에게 구원을 주시는 하나님의 능력이 됨이라 먼저는 유대인에게요 그리고 헬라인에게로다 … 하나님의 진노가 불의로 진리를 막는 사람들의 모든 경건하지 않음과 불의에 대하여 하늘로부터 나타나나니"라고 말한다.

좌우에 날선 어떤 검보다도 예리하여. "예리하다"로 번역된 '토모테로스'(τομώτερος)는, 하나님의 말씀은 아주 날카로워서, 어떤 것을 찾아내거나 부패한 것을 잘라 내거나 죽이는 데 합당하다는 것을 가리킨다. 이 모든 것은 하나님의 말씀에 어울린다. 이 어구의 헬라어 본문은 직역하면 "두 입을 지닌 어떤 검보다도 예리하여"가 된다. 히브리인들은 물어뜯고 찢고 상처를 내는 "날"을 "입"으로 표현한다(계 1:16; 2:12). 하나님의 말씀은 사람들의 심령에 그 어떤 날카로운 검보다도 더 예리하게 작용해서, 사람들의 마음속으로 꿰뚫고 들어가서 죄를 잘라 내거나 죽인다. 그래서 하나님의 말씀은 "성령의 검"이라 불린다(엡 6:17, "성령의 검 곧 하나님의 말씀을 가지라"; cf. 행 2:37, "그들이 이 말을 듣고 마음에 찔려 베드로와 다른 사도들에게 물어 이르되 형제들아 우리가 어찌할꼬 하거늘"; 7:54, "그들이 이 말을 듣고 마음에 찔려 그를 향하여 이를 갈거늘"). 하나님의 말씀은 그리스도께서 자기 백성을 위해 공격하거나 방어하실 때에 사용하는 무기로서, 그 어떤 것도 이 말씀의 검 앞에서는 저항하지 못한다. 그리스도께서는 이 성령의 검을 가지고 자신의 진리를 지키시고, 자신의 대적들을 무찌르신다(사 11:4, "그의 입의 막대기로 세상을 치며 그의 입술의 기운으로 악인을 죽일 것이며"; cf. 계 19:13, 15, 21).

혼과 영과 및 관절과 골수를 찔러 쪼개기까지 하며. "찌르다"로 번역된 '디이크누메노스'(διϊκνούμενος)는 하나님의 말씀이 전해지는 것들은 다 뚫리고 관통된다는 것을 의미한다. 따라서 하나님의 말씀은 모든 반대를 뚫고 나아가서, 아무리 단단하게 결합된 것들도 여러 조각으로 나누고 분리해서, 사람 속에 있는 지극히 내밀한 모든 것들을 낱낱이 다 드러낸다. 여기에서 바울은 사람의 가장 내밀한 곳에 있는 여러 가지 것들을 열거함으로써, 사람의 가장 은밀한 것들조차도 하나님의 말씀 앞에서 다 드러나게 된다는 것을 보여 준다. "혼"으로 번역된 '프쉬케'는 본성적인 생명과 그 여러 기능들을 가리키는 것이라기보다는, 거듭나지 않은 육신적인 심령을 가리키는 것으로 보인다(고전 2:14, "육에 속한 사람은 하나님의 성령의 일들을 받지 아니하나니 이는 그것들이 그에게는 어리석게 보임이요, 또 그는 그것들을 알 수도 없나니 그러한 일은 영적으로 분별되기 때문이라"). 그러한 동물적이고 육신적인 심령은 순전히 인간적인 것으로서(고전 3:3, "너희는 아직도 육신에 속한 자로다 너희 가운데 시기와 분쟁이 있으니 어찌 육신에 속하여 사람을 따라 행함이 아니리요"), 마치 육신적인 눈으로는 영을 볼 수 없는 것과 마찬가지로, 하나님께 속한 일들을 분별할 수 있는 힘과 빛이 결여되어 있다(롬 8:5-8). "영"으로 번역된 '프뉴마토스'(πνεύματος)는 거듭나서 영적인 존재가 된 사람의 심령을 가리킨다(살전 5:23). 성령에 의해서 빛을 받고 새로워져서 그 다스리심을 받게 된 심령은 그 내용물은 바뀌지 않지만 그 특질과 속성들이 바뀌게 되어서, 그러한 심령의 지성과 의지와 감정은 영적인 것이 되고, 하나님의 신령한 뜻에 부합하는 행위들로 나타난다(고전 2:10, 12, 14-15). 사람의 심령이 이 두 종류의 심령 중에서 어느 쪽이든, 하나님의 말씀은 그 심령들을 꿰뚫기 때문에, 사도는 하나님의 말씀을 통해서 자신의 뜻을 따라 그 심령들에 들어가 역사한다. "관절"로 번역된 '하르몬'(ἁρμῶν)은 손과 발 같은 사람의 지체들이 아니라, 그 지체들을 서로 연결시켜 주는 신경들과 여러 가지 막들과 근육들을 가리키고, 이러한 것들은 해부할 때에만 드러난다. "골수"는 뼈들 안에 있기 때문에, 골수에 닿기 위해서는 뼈를 부러뜨리거나 뼈에 구멍을 뚫어야 한다. 바울은 이러한 비유들을 통해서, 죄인들 속에 있는 가장 딱딱하거나 조밀하거나 내밀하거나 은밀하게 감춰진 부분들은 사람으로서는 보거나 닿을 수조차 없지만, 하나님의 말씀은 그런 것들을 꿰뚫고 들어가서, 각 사람의 상태에 따라 그 선이나 악을 드러내거나, 하나님의 진노를 나타내거나, 위로를 전할 수 있다는 것을 보여 준다.

또 마음의 생각과 뜻을 판단하나니. 하나님의 말씀은 사람들의 마음속에 있는 생각이나 의도를 가장 정확하게 분석해내고 드러내는 재판관이다. 하나님의 말씀은 사람들의 생각이나 의도의 경중과 옳고 그름을 정확히 판별해서, 그러한 생각이나 의도가 근본적인 진리와 합치하는지의 여부를 드러내고, 재판관으로서 그러한 생각이나 의도를 지닌 자에게 죄를 물을 것인지 무죄로 방면할 것인지를 결정할 수 있다(롬 2:12, 15-16; cf. 고전 14:24-25). 하나님의 말씀은 사람들의 "마음"과 떼려야 뗄 수 없을 정도로 결합되어 있는 "영혼"이 생각하거나 실행하는 지극히 내적이고 은밀하고 끊임없이 행해지는 움직임들을 드러낸다. 우리의 영혼 속에서는 지극히 은밀하고 교묘한 견해들이거나 인식들이거나 결심들이거나 작정들이 연이어서 끊임없이 생겨나는데, 우리 자신은 그런 것들을 알지 못하여도, 우리의 마음을 지으신 하나님께서 그런 것들을 어찌 알지 못하시겠는가? 창세기 6:5("여호와께서 사람의 죄악이 세상에 가득함과 그의 마음으로 생각하는 모든 계획이 항상 악할 뿐임을 보시고")과 예레미야서 17:9-10("만물보다 거짓되고 심히 부패한 것은 마음이라 누가 능히 이를 알리요마는 나 여호와는 심장을 살피며 폐부를 시험하고 각각 그의 행위와 그의 행실대로 보응하나니")을 보라.

13. 지으신 것이 하나도 그 앞에 나타나지 않음이 없고 우리의 결산을 받으실 이의 눈 앞에 만물이 벌거벗은 것 같이 드러나느니라.

지으신 것이 하나도 그 앞에 나타나지 않음이 없고. 이 절의 처음에 나오는 '카이'(καὶ)는 단순한 계사가 아니라, 이유를 나타내는 것으로서, 사도는 앞에서 복음의 말씀이 능력이 말하였는데, 이제 그 이유를 보여 주고 있는 것이다. 즉, 하나님의 말씀이 능력이 있는 것은, 그 말씀을 하신 하나님은 모든 사람들과 사물들을 다 보시고 아시며, 자신의 말씀을 그러한 능력과 힘으로 가득 채우시기 때문이라는 것이다. 성자 하나님께서 창조하신 모든 피조물들, 곧 천사들과 사람들은 물론이고, 지극히 큰 자로부터 지극히 작은 자에 이르기까지, 그리고 리워야단으로부터 진드기에 이르기까지 온갖 종류의 피조물들, 특히 복음 전도의 대상인 모든 피조물들(막 16:15, "너희는 온 천하에 다니며 만민에게 복음을 전파하라")은 단 하나도 빠짐없이 하나님 앞에서 있는 그대로 다 드러나고 절대로 감추어질 수 없다. 여기에서 "나타나지 않음"으로 번역된 '아파네스'(ἀφανὴς)는 감추어지거나 은폐되어서 드러나지 않고 눈에 보이지 않으며 숨겨져 있는 것을 의미한다. 여기에서 대명사 "그"는 앞 절에 나온 "말씀"(λογὸς - '로고스')를 받는 것이 아니라, 그리스도 안에서 역사하시는 하나님을 가리키는데, 이것은 이후에 나오는 대명사가 잘 보여 준다. 참 하나님이자 참 사람이신 예수 그리스도 앞에서는 그 어떤 것도 숨겨질 수 없기 때문에, 그 말씀의 권능 앞에서 모든 것은 그대로 다 드러날 수밖에 없다. 따라서 불신앙이나 외식하는 것이 모든 것을 꿰뚫어 보시는 그리스도의 눈 앞에서 숨겨질 수 없고 그대로 다 드러나게 되리라는 것은 두말할 필요가 없다.

만물이 벌거벗은 것 같이 드러나느니라. 만물은 전체적으로나 개별적으로나 단 하나의 예외도 없이 모든 은폐물들이 다 제거되고 벗겨진 채로 "벌거벗은 것 같이" 있는 그대로 다 드러나고, 은밀하게 감춰져 있던 모든 비밀한 것들도 백일하에 다 드러나게 된다. 왜냐하면, 성자 하나님께서는 모든 것을 안과 밖을 다 보시고, 모든 것이 그에게 마치 휘장이 벗겨지거나 해부된 것처럼 다 드러나기 때문이다. "드러나다"로 번역된 '테트라켈리스메나'(τετραχηλισμένα)는, 제사장들이 희생제물의 껍질을 벗기고 목을 잘라낸 후에, 뼈와 살을 나누어서 분리해 내거나, 목부터 배까지 아래로 쫙 갈라서, 그 속에 있는 온갖 내장들이 부정한 것이든 정한 것이든 다 분명하게 드러나게 하는 것으로부터 가져온 비유이다. 이렇게 세상에 있는 모든 것, 특히 죄인들의 가장 깊은 곳에 자리 잡고 있는 지극히 은밀하고 내밀한 생각들조차도 그리스도 안에서 하나님께 하나도 빠짐없이 낱낱이 다 그대로 드러나게 된다. 하나님께서는 죄인들의 모든 은밀한 불신앙이나 배교의 생각이나 외식을 다 분명하게 샅샅이 찾아내신다(렘 17:9-10, "만물보다 거짓되고 심히 부패한 것은 마음이라 누가 능히 이를 알리요마는 나 여호와는 심장을 살피며 폐부를 시험하고 각각 그의 행위와 그의 행실대로 보응하나니"). 하나님은 그 죄인들의 눈을 만드신 분이시기 때문에, 누구보다도 모든 것을 가장 잘 보시는 것은 당연하다.

우리의 결산을 받으실 이의 눈 앞에. 하나님의 눈은 독수리의 눈처럼, 그 어떤 눈도 알아볼 수 없고 찾아낼 수 없는 일들이자 장소들인 사람들의 심령을 꿰뚫어 보신다

(욥 28:7, 10; 시 94:9; 잠 20:12). 바울이 지금까지 하나님의 말씀의 능력에 대하여 쓴 것들을, 참 하나님이시자 참 사람이시고 위대한 복음의 일꾼이신 예수 그리스도께 적용한다. 예수 그리스도의 말씀은 아주 강력해서 모든 것을 꿰뚫는데, 바울이 말한 이 모든 것들도 바로 그 예수 그리스도의 말씀이다. 예수 그리스도는 모든 것을 아시고 공평하게 판단하시는 재판장이시고, 그의 복음의 말씀에 나오는 권면과 약속과 경고의 말씀들은 모든 사람의 심령에 깊이 파고 들어가서 그 마음의 은밀한 것들을 있는 그대로 다 드러낸다.

14. 그러므로 우리에게 큰 대제사장이 계시니 승천하신 이 곧 하나님의 아들 예수시라 우리가 믿는 도리를 굳게 잡을지어다.

사도는 이제 이 절을 시작으로 해서 5:11에 이르기까지, 위대하신 복음의 일꾼이신 예수 그리스도는 그의 제사장 직분과 관련해서 다른 모든 제사장들, 특히 아론과 레위인들의 제사장 직분을 뛰어넘는 "대제사장"이시라는 것을 보여 준다. 성령께서 이것을 이 서신의 수신자들인 히브리인들에게 가르치는 목적은, 지금까지 그들에게 가르친 내용들을 토대로 해서, 예수 그리스도는 그들의 대제사장으로서, 그들을 하나님이 약속하신 안식으로 데려다 주는 일에 유일하게 합당하신 분이심과 동시에, 적극적으로 그렇게 하고자 하시는 분이시고, 그들이 하나님이 약속하신 안식에 도달하기 위해서는, 대제사장이신 예수 그리스도를 믿고 의지하며 꼭 붙드는 것이 필수적인 것이었기 때문이다. 히브리서 2:17-18("그가 범사에 형제들과 같이 되심이 마땅하도다 이는 하나님의 일에 자비하고 신실한 대제사장이 되어 백성의 죄를 속량하려 하심이라 그가 시험을 받아 고난을 당하셨은즉 시험 받는 자들을 능히 도우실 수 있느니라"); 3:1, 6("그러므로 함께 하늘의 부르심을 받은 거룩한 형제들아 우리가 믿는 도리의 사도이시며 대제사장이신 예수를 깊이 생각하라 … 그리스도는 하나님의 집을 맡은 아들로서 그와 같이 하셨으니 우리가 소망의 확신과 자랑을 끝까지 굳게 잡고 있으면 우리는 그의 집이라")을 보라.

그러므로 우리에게 큰 대제사장이 계시니. 그러므로 우리는 성령으로 말미암아 믿음을 통해서 예수 그리스도를 영접하는 데서 그치지 말고, 여기에서 말하고 있는 대로 "대제사장"이신 예수 그리스도와 진정으로 하나가 되고 연합되어서 교제하는 것이 마땅하다(히 2:11; 3:1). 예수 그리스도는 모든 대제사장들 중에서 가장 크신 대제사장이시기 때문에, 그와 견줄 수 있는 자는 아무도 없다. 이 땅에서 아론을 포함한 모든 대제사장들은 단지 진정한 대제사장이신 예수 그리스도의 불완전한 모형들일 뿐이었다. 예수 그리스도께서는 하나님의 모든 예배를 진정으로 주관하실 수 있는 유일하신 "큰 대제사장"이시기 때문에, 다른 모든 대제사장들이 주관한 하나님 예배는 단지 그림자들에 불과한 것들이었다. 오늘날 로마에 있는 적그리스도가 참칭하고 있는 "하늘과 땅에서 가장 크신 만유의 제사장"(Pontifex optimus maximus)이라는 호칭은 오직 예수 그리스도께만 합당한 것이고, 예수 그리스도께서는 늘 우리를 위하여 유일하게 참되시고 크신 대제사장으로서의 직무를 행하고 계신다.

승천하신 이. 예수 그리스도께서는 옛적의 모든 모형들을 다 성취하시고서, 하늘의 지성소로 들어가셔서, 하나님의 안식을 얻으셨을 뿐만 아니라, 우리도 그 안식을 얻을 수 있는 길을 열어 놓으셨다. 이 일은 그가 우리의 죄로 인한 하나님의 공의의 심판을 대신 받으시고, 우리에게 임할 저주를 자신이 대신 담당하시며, 그와 우리가 하나님의 안식에 들어가지 못하게 방해하는 온갖 원수들인 죄와 진노와 사망과 마귀와 싸워 이기시고, 우리를 위하여 그 안식을 확보하심으로써 이루어진 것이었다(히 9:23-24, 28, "하늘에 있는 것들의 모형은 이런 것들로써 정결하게 할 필요가 있었으나 하늘에 있는 그것들은 이런 것들보다 더 좋은 제물로 할지니라 그리스도께서는 참 것의 그림자인 손으로 만든 성소에 들어가지 아니하시고 바로 그 하늘에 들어가사 이제 우리를 위하여 하나님 앞에 나타나시고 … 이와 같이 그리스도도 많은 사람의 죄를 담당하시려고 단번에 드리신 바 되셨고 구원에 이르게 하기 위하여 죄와 상관 없이 자기를 바라는 자들에게 두 번째 나타나시리라").

곧 하나님의 아들 예수시라. 자기 백성을 그들의 모든 죄로부터 구원하실 구원자이자 그들의 "임마누엘"이신 예수 그리스도께서는, 영원한 출생에 의해서 성자 하나님이신 분으로서, 사람의 몸과 심령을 취하시고 성육신하셔서, 동정녀 마리아를 성령의 능력이 뒤덮는 이적을 통해서 잉태되어 이 땅에 나신 분이셨다(마 1:20-21, 23). 예수 그리스도께서는 한 인격 안에서 자신의 고유의 신성에 인성을 취하시고서 모든 "의"를 이루시고, 우리의 죄를 위하여 희생제물이 되어 죽으셨다가, 우리의 본성을 그대로 지니신 채로 부활하시고 승천하셔서 하늘의 지성소로 들어가심으로써, 우리의 모든 죄를 대속하셨고, 모든 믿는 자들이 하늘에서 하나님의 안식에 들어갈 수 있는 길을 열어 놓으셨다.

우리가 믿는 도리를 굳게 잡을지어다. 예수 그리스도를 창시자로 하는 신앙 전체는 그 기본원리들과 실천의 양면에서 유대인들의 신앙인 유대교와 반대되는 것으로서

(히 3:1, "함께 하늘의 부르심을 받은 거룩한 형제들아 우리가 믿는 도리의 사도이시며 대제사장이신 예수를 깊이 생각하라"), 그의 백성들이 조금의 방심함도 없이 아주 견고하고 끈질기고 단단히 붙잡아야 한다. 우리가 이 "믿는 도리" 안에서 예수 그리스도를 꼭 붙잡고서, 그를 의지하여 하나님의 안식에 들어가고자 애쓴다면, 우리는 반드시 그 안식에 들어가게 될 것이다(히 7:24-25). 왜냐하면, "머리"가 있는 곳에 "몸"이 있는 것은 당연한 일이기 때문이다(요 14:2-3; 17:24).

15. 우리에게 있는 대제사장은 우리의 연약함을 동정하지 못하실 이가 아니요 모든 일에 우리와 똑같이 시험을 받으신 이로되 죄는 없으시니라.

우리에게 있는 대제사장은 우리의 연약함을 동정하지 못하실 이가 아니요. 사도는 앞에서 말한 것처럼, 이 서신의 수신자들인 히브리인들에게 기독교 신앙을 끝까지 굳게 붙잡아야 한다는 것을 더욱 강조하기 위해서, 여기에서는 우리의 대제사장이신 예수 그리스도께서는 그를 의지해서 하나님의 안식에 들어가고자 하는 모든 사람들의 사정과 형편과 처지를 모르는 체하시는 분이 아니고, 도리어 함께 아파하시고 동정하시는 분이시라는 것을 알고서, 힘을 내라고 격려한다. 즉, 예수 그리스도는 우리가 끝까지 굳게 붙잡고서 모든 것을 의지해도 좋을 그런 분이시라는 것이다. 예수 그리스도께서는 이미 영광을 받으셨기 때문에, 굳이 우리를 동정하실 필요나 이유는 없는 분이시지만, 자기도 우리와 똑같은 처지가 되어 보셨기 때문에, 회개하는 죄인들을 냉정하거나 무정하게 대하시는 것은 불가능하다. "동정하다"로 번역된 '쉼파테사이' (συμπαθῆσαι)는, 다른 사람이 어려운 처지에 있을 때, 마치 자기가 그런 처지에 있는 것처럼 느끼고 동정하는 것을 의미한다. 예수 그리스도께서는 모든 사람들과 똑같이 자신도 고난들을 겪으셨기 때문에, 모든 사람들을 동정하실 수밖에 없으시다(행 9:5, "주여 누구시니이까 이르시되 나는 네가 박해하는 예수라"; cf. 사 58:9, "네가 부를 때에는 나 여호와가 응답하겠고 네가 부르짖을 때에는 내가 여기 있다 하리라"). 예수 그리스도께서는 하나님으로서는 무한히 자비하시고 긍휼이 많으시며, 인간으로서는, 죄악된 것들만을 제외하고서 사람들이 겪을 수밖에 없는 온갖 참상들을 다 동정하신다. 예수 그리스도께서는 동정과 연민과 불쌍히 여기시는 마음을 지니고 계시기 때문에, 사람들이 겪는 모든 일들 중에서 자신이 불쌍히 여기기에 합당한 모든 일들에 대하여 함께 슬퍼하시고 함께 아파하시며, 그런 잘못된 것들을 바로잡기 위하여 함께 애쓰신다. 그는 죄악된 심령들이 느끼는 죄책감, 두려움, 의심, 두려워 떠는 것, 하나님 앞에서 자신이 없는 것, 온갖 연약한 것들, 그들 안에 있는 약한 은혜, 온갖 괴로움들, 육신의 온갖 고뇌, 죄의 열매들을 사랑으로 감싸 안으시며, 그들에게 역사하셔서 그들을 바로잡아 나가신다. 예수 그리스도께서는 사람이 되셔서 직접 그런 것들을 경험하셨기 때문에, 죄를 짓지는 않으셨지만, 그런 것들로 인한 인간의 괴로움을 잘 아시는데, 만일 그가 성육신하지 않으시고 하늘의 영광 중에 그대로 계셨다면, 이런 것들을 이렇게 직접 경험으로 아시지는 못하셨을 것이다. 우리의 심령의 이러한 죄악된 연약함들은 우리를 죄악으로 이끌고, 시험들에 대하여 저항할 수 없게 만들어서, 우리 영혼의 교활하고 강력한 원수는 우리를 이기고 지배하여, 날마다 더 많은 죄를 짓고 죄책을 쌓아가도록 하기 때문에, 우리에게는 그런 우리를 향하신 예수 그리스도의 그러한 동정과 연민이 반드시 필요하다. 히브리서 5:2; 고린도전서 2:3; 고린도후서 11:23-31; 12:5, 9-10을 보라.

모든 일에 우리와 똑같이 시험을 받으신 이로되 죄는 없으시니라. "시험을 받다"로 번역된 '페페이라스메논'(πεπειρασμένον)은 마귀에 의해서 온갖 종류의 고난들로 철저하게 고통을 겪음으로써 범죄하도록 외적으로 유혹을 받은 것을 의미한다. 예수께서는 온전히 거룩하신 분이셨던 까닭에, 내적으로는 유혹을 받을 수 없는 분이셨지만(요 14:30, "이 후에는 내가 너희와 말을 많이 하지 아니하리니 이 세상의 임금이 오겠음이라 그러나 그는 내게 관계할 것이 없으니"), 외적으로는 마귀의 맹렬한 공격을 받고(마 4:1-11), 다른 어떤 사람보다도 사람들에 의해서 시험을 받아, 아담이 범하였고 다른 모든 사람들이 날마다 자행하는 것과 동일한 죄들로의 유혹을 받으셨다. 예수 그리스도께서는 죄의 저주, 하나님의 진노, 자신의 심령 속에서의 고뇌들과 슬픔들, 자신의 육신 속에서의 극심한 고통들을, 요람에서 시작해서 십자가에서 죽으시기까지 느끼시고 겪으셨다. 그는 세상과 사탄과 하나님으로부터 오는 영혼과 육신의 온갖 괴로움과 고난 속에서 온갖 종류의 영적이고 육신적인 유혹들에 처하셨다. 그는 굶주림과 목마름, 지침과 근심 같은 현세의 온갖 고통들을 다 겪으심으로써(사 53:3-10), 우리 모두가 겪어야 하는 것들을 우리 모두와 똑같이 겪으셨을 뿐만 아니라 우리 모두보다 더욱 극심하게 겪으셨다. 그가 겪으신 고통들은 그 종류에 있어서는 우리가 겪는 것과 동일한 것이었지만, 그 정도에 있어서는 우리를 훨씬 능가하는 것이었다. 그에게는 감각과 지각이 생생하게 살아 있어서 그러한 고통들을 극한으로 경험하신 것이기 때문에, 우리가 겪는 고통들은 단지 그 그림자들에 불과한 것이다. 하지만 예수 그리스도께서는 하나님의 거룩하신 분으로서, 그러한 모든 시험들 가운데서도 죄를 짓지 않으셨다. 시험들은 결코 그를 이기고 정복할 수 없었고, 도리어 그가 모든 시험들을 이기셨다. 그러한 시험들로 인한 고난들은 예수 그리스도를 단 한 치도 흐트러 놓을 수 없었다. 그러한 시험들과 고난들 아래에서 그의 감정들은 죄에 전혀 물들지 않고 전혀 손상됨이 없이 순진무구함을 보여 주었고, 그는 그러한 순진무구한 감정으로 자기와 똑같은 시험들과 고난 가운데 있는 우리를 동정하시고 불쌍히 여기실 수 있으셨다. 죄는 동정과 연민의 감정을 무디게 하고 딱딱하게 만들지만, 예수 그리스도께서는 모든 시험 중에서 죄를 짓지 않으셨기 때문에, 동정하시고 불쌍히 여기시는 그의 마음은 조금도 손상되지 않았고 부패함이 스며들지 않았다. 그러므로 예수께서 우리를 위하여 드리시는 중보기도는 하나님 앞에서 역사하는 힘이 더 크다. 따라서 모든 그리스도인들은 그리스도의 이러한 위대하신 모범을 본받아서, 시험이 올 때마다 그를 의지해서 그 시험에 맞서 이기는 것이 마땅하지 않겠는가?

16. 그러므로 우리는 긍휼하심을 받고 때를 따라 돕는 은혜를 얻기 위하여 은혜의 보좌 앞에 담대히 나아갈 것이니라.

그러므로 우리는 … 은혜의 보좌 앞에 담대히 나아갈 것이니라. 우리에게 있는 "대제사장"은 우리의 연약함들을 잘 아시고, 우리가 겪는 시험들과 고난들을 겪으셨지만 죄는 없으셔서, 우리를 얼마든지 긍휼히 여기실 수 있는 마음을 가지신 분이시기 때문에, 죄책으로 인하여 자신이 초라하게 느껴져서 우리 구주로부터 오는 은총들의 필요를 느껴 그 영혼이 간절해진 우리는 속히 그에게로 나아가는 것이 마땅하다. 따라서 믿음과 사랑으로 움직이는 우리의 심령은 우리의 대제사장이신 예수 그리스도를 의지해서, 그의 아버지이자 우리의 아버지이신 하나님 앞에 끊임없이 나아가서, 부르짖을 수밖에 없게 된다. 히브리서 10:19-22을 보라. 우리의 크신 "대제사장"은 우리의 형편과 처지에 관한 중보기도를 그의 공로의 향에 싸서 하나님께 올려 드리고 계시기 때문에, 우리는 그 어떤 부끄러움이나 낙심함도 없이 얼굴을 정면으로 향한 채로 담대하고 확신 있게 우리의 대제사장의 이름으로 하나님께 나아가야 한다. 우리가 하나님 앞에 나아감에 있어서, 이제 우리에게는 불신앙이나 의심이나 두려움이 조금이라도 있어서는 안 되기 때문에, 그런 것들은 다 내어 버리라. 왜냐하면, 이제 모든 믿는 자들이 우리의 대제사장이신 예수 그리스도를 의지하여 하나님께 나아가 기도하면, 하나님께서는 우리의 대제사장으로 말미암아 우리의 기도를 반드시 들어주시게 되어 있기 때문이다(롬 5:1-2; 엡 2:18; 3:12; 요일

3:21-22; 5:14-15). 예수 그리스도께서는 우리의 대제사장이 되셔서 대속의 제사를 드리심으로써, 추상 같은 공의의 보좌였던 하나님의 보좌를 "은혜의 보좌"로 바꾸어 놓으셨다. 옛적에 성막과 성전의 지성소에 안치되어 있던 언약궤 위의 시은좌는 바로 이 "은혜의 보좌"를 보여 주는 모형이었다. 하나님의 보좌에 대한 모든 공포와 두려움은 이제 그리스도에 의해서 제거되었다. 이제 우렛소리와 번개와 음성들과 나팔소리는 그쳤고, 죄인들에게 죄 사함과 평안을 말씀하시고 죄인들을 정결하게 하고 구원하시는 잔잔한 음성이 그 보좌로부터 들려온다. 영광과 위엄과 능력으로 온통 둘러싸여 있는 하나님의 보좌는 이제 믿는 자들에게는 오직 은혜의 보좌일 뿐이다(계 5:1, 6, 13; cf. 히 8:1; 12:2; 엡 1:20). 예수 그리스도께서는 이제 우리 손을 잡고서 우리를 거기로 데려다 주시고, 자신의 보혈을 의지해서 우리를 위하여 변호하시기 때문에, 우리는 지극히 큰 담대함과 확신으로 그 보좌 앞으로 나아갈 수 있다.

긍휼하심을 받고 때를 따라 돕는 은혜를 얻기 위하여. 우리는 이제 예수 그리스도께서 그의 보혈의 공로와 중보기도로 긍휼의 아버지 하나님으로부터 얻어 내신 열매들에 실제로 참여할 수 있는데, 우리의 참상에 걸맞는 불쌍히 여기심, 우리의 죄악된 심령을 위한 죄 사함, 우리를 모든 환난 중에서 건지심(사 63:7-9), 언제나 때를 따라 우리에게 필요한 모든 은혜, 특히 우리에게 가장 절실하게 필요할 때에 주어지는 은혜가 바로 그런 열매들이다. 우리에게 도움이 아주 절실할 때가 바로 하나님으로부터 은혜를 받기에 가장 적절한 때이다. 우리의 연약함들, 환난들, 시험들, 죄의 올무들, 극심한 박해들이 우리를 둘러싸고 있을 때, 우리는 우리의 대제사장이신 예수 그리스도를 의지해서 하나님의 은혜의 보좌 앞에 나아가 "때를 따라 돕는 은혜"를 간구할 수 있다. 그러한 은혜가 주어짐이 없이는, 우리는 우리의 신앙을 끝까지 견고하게 붙들 수도 없고, 하나님이 우리에게 약속하신 안식에 들어갈 수도 없다.

MATTHEW POOLE'S COMMENTARY

히브리서 5장

개요

1. 사람들 가운데서 택해진 대제사장직에 대하여(1–4).
2. 그리스도의 대제사장직이 지닌 특질들(5–10).
3. 그리스도의 대제사장직에 대한 좀 더 자세한 설명을 미룰 수밖에 없는 이유(11–14).

1. 대제사장마다 사람 가운데서 택한 자이므로 하나님께 속한 일에 사람을 위하여 예물과 속죄하는 제사를 드리게 하나니.

대제사장마다 사람 가운데서 택한 자이므로. 이 절의 처음 부분에 나오는 "이유"를 나타내는 불변화사는, 성령께서 지금부터 하는 말씀이 그가 앞에서 복음의 대제사장이신 예수 그리스도에 관하여 말하였던 것, 즉 예수 그리스도는 아론을 포함한 그의 모든 모형들보다, 우리의 심정과 처지를 공감하시고 동정하시며 자애롭게 품어 주시는 마음이 지극히 크신 분이라는 것이 참 말이라는 것을 강조하기 위한 것임을 보여 준다. 이렇게 사도는 앞에서 한 말씀을 다시 한 번 강조하고 역설함으로써, 이 서신의 수신자들인 히브리인들이 이 대제사장의 모형들이었던 레위인들의 제사장 직분에 다시는 연연해하지 말고, 오직 이 대제사장과 그에게서 나온 믿음의 도리를 굳게 붙잡는 것이 얼마나 마땅한 일인지를 분명히 한다. 우리의 대제사장이신 예수 그리스도께서는 이전의 모든 모형들이 미리 희미하게 보여 주었던 저 영원한 실체이시기 때문에, 기원과 속성들과 직임과 부르심에 있어서 자신의 모든 모형들보다 이루 말할 수 없이 뛰어나신 분이시다. 하나님이 제정하신 질서 가운데서 하나님의 율법에 따라 대제사장이 될 사람들은 사람들 가운데서 택함을 받아서 사람들을 위해 일하여야 하였기 때문에, 대제사장들은 그 자신이 천사들이 아니라 사람들이었고, 천사들이 아니라 사람들을 위해 일하는 자들이었다. 하나님께서는 대제사장들을 다른 사람들로부터 구별하시고 성별하셔서, 다른 사람들보다 더 높은 지위와 반열에 두셨다(출 28:1, "너는 이스라엘 자손 중 네 형 아론과 그의 아들들 곧 아론과 아론의 아들들 나답과 아비후와 엘르아살과 이다말을 그와 함께 네게로 나아오게 하여 나를 섬기는 제사장 직분을 행하게 하되"). 대제사장직은 하나님께서 자신의 율법에서 정하신 것을 따라 거기에 합당한 자들에게 주어졌기 때문에, 사람들은 자기 마음대로 대제사장직을 찬탈하거나 참칭해서는 안 되었다. 이것은 그리스도에게서 성취되었기 때문에, 하나님께서는 그리스도 이후로는 기독교회에서 제사장이라 불리는 직분자들을 사람들 가운데서 택하여 세우시지 않으셨다. 기독교회의 직분자들 중에는 대제사장들이 결코 존재하지 않고, 그 직분자들은 "제사장들"(ἱερεῖς - '히에레이스')이라는 호칭으로 불리지도 않는다. 그러므로 기독교회에 제사장들, 제단들, 희생제사들, 성전들이라 불리는 것들이 존재한다고 말하는 것은 잘못된 것이다. 그렇게 말하는 것은 신약성경에서 말하는 것과 정면으로 배치되는 것이기 때문에, 설령 교부들이 그런 표현들을 사용하였다고 해도, 우리는 그것들을 비유적인 의미로 이해하여야 하고, 만일 문자 그대로 이해하고자 한다면, 그것은 잘못된 것이다.

하나님께 속한 일에 사람을 위하여. '카티스타타이' (καθίσταται, 한글개역개정에는 번역되지 않음 — 역주)는 "세움을 입었다"는 의미이다. 즉, 하나님께서 대제사장들을 세우신 목적은, 사람들의 육신적이거나 영적인 유익을 위하여 제사를 드리며 복을 빌어 주게 하기 위한 것이라는 것이다. 히브리서 8:3("대제사장마다 예물과 제사 드림을 위하여 세운 자니")을 보라. 하나님께서 이렇게 어떤 사람을 세우셔서 대제사장 직분을 주시게 되면, 그 사람은 대제사장으로서 하나님으로부터 받은 권세를 지니게 되고, 하나님과 관련된 일들과 관련해서 사람들을 섬기는 종교적인 직분자로서의 사역을 감당해야 하는 의무를 지게 된다. 여기에서 '타' (τὰ - "일")라고만 한 것은 불완전한 구문으로서, 히브리서 2:7에서처럼 그 앞에 전치사를 붙여서, '엔 토이스' (ἐν τοῖς, "것들에서") 또는 '카타 타' (κατα τὰ, "것들에 대하여")라고 하여야 한다. 죄인들은 자신의 힘으로, 또는 자신이 직접 하나님과 상대할 수 없기 때문에, 그들이 하나님을 상대하기 위해서는, 하나님의 뜻을 알고 그 뜻대로 행할 수 있는 제사장에 의한 중보가 필요하다. 따라서 하나님께서 죄인들을 위하여 그러한 중보를 수행해 줄 제사장 직분을 제정하신 것은 무한하신 긍휼하심을 보여 주신 것이다. 아담의 타락 이래로 인류가 언제나 그러한 의식을 지니고 있었다는 것은 그것이 사실이라는 것을 증명해 준다. 왜냐하면, 인류 역사상에서 종교와 신전과 예배장소, 그리고 제사장이 없는 나라나 민족은 존재하지 않았기 때문이다.

예물과 속죄하는 제사를 드리게 하나니. 제사장들은 만유의 주이자 왕이신 하나님께 "예물과 제물"을 드릴 수 있었는데, "예물들"은 짐승이 아닌 곡식의 첫 열매나 포도주나 기름 등과 같은 화목제물들을 의미하고, "제물들"은 죄를 속하기 위하여 드려진 희생제사들에서 죄인 대신에 드려진 짐승의 희생제물들을 의미한다. 이러한 제물들은 하나님의 공의를 만족시키고, 하나님의 진노를 제거하며, 하나님의 복을 얻는 데 꼭 필요하였다. 하나님이 기뻐하시는 제물들이 어떤 것들이고, 누가 죄인들을 위하여 그 제물들을 드려야 하는지에 대해서는, 오직 하나님만이 정하실 수 있으셨기 때문에, 하나님께서는 이것을 아담과 노아와 아브라함에게 보이셨고, 시내산에서 모세에게 자세하게 보이셨으며, 그 때에 이것과 관련해서 모세에게 계시된 율법은 모세 오경의 마지막 네 권에 기록되어 있다.

2. 그가 무식하고 미혹된 자를 능히 용납할 수 있는 것은 자기도 연약에 휩싸여 있음이라.

그가 무식하고 미혹된 자를 능히 용납할 수 있는 것은. 모형으로 주어진 대제사장들이 사람들에게 보여 준 동정과 연민은 복음의 대제사장이신 예수 그리스도에게서 두드러지게 성취될 것이었다. 각각의 대제사장들은 자신들과 똑같은 연약함들에 휩싸여 있는 모든 사람들을 동정하고 연민하며 불쌍히 여기는 것이 마땅하였는데, 이것은 대제사장들이 맡은 직무와 일과 방식과 관련해서 하나님의 정하신 것이었다(히 2:18, "그가 시험을 받아 고난을 당하셨은즉 시험 받는 자들을 능히 도우실 수 있느니라"; 4:15, "우리에게 있는 대제사장은 우리의 연약함을 동정하지 못하실 이가 아니요 모든 일에 우리와 똑같이 시험을 받으신 이로되 죄는 없으시니라"). 여기에서 "용납하다"로 번역된 '메트리오파테인'(μετριοπαθεῖν)은, 엄밀하게 말해서, 다른 사람들의 잘못이나 실수를 겸손하고 너그럽게 용납하고, 그 잘못이나 실수로 인한 고통이나 손해를 기꺼이 감내할 뿐만 아니라, 그러한 잘못이나 실수로 곤경에 처한 자들을 자신의 힘이 닿는 데까지 건져내고 돕고 힘이 되어 주고자 하는 것을 의미한다. 따라서 그것은 히브리서 2:18과 로마서 12:15("즐거워하는 자들과 함께 즐거워하고 우는 자들과 함께 울라")에서 보여 주는 것과 같은 "동정"과 "연민"으로서, 함께 고통하고 함께 아파하는 것이다. 하지만 제사장들은 하나님이 정하신 법과 의도에 따라서 동정과 연민을 베풀어야 하고, 하나님께서는 제사장들로 하여금 합당하지 않은 자들에게, 또는 합당하지 않은 정도로 동정과 연민을 보이도록 하신 것이 아니기 때문에, 합당하지 않은 자들에게 동정이나 연민을 보이거나, 지나친 동정과 연민을 보이는 것은 잘못된 것이다. 그러나 우리의 위대하신 대제사장의 동정과 연민은 그러한 대제사장들이나 제사장들이 보이는 동정과 연민을 훨씬 능가하는 것이었고, 사람들 가운데서 세움 받은 대제사장이나 제사장들과는 아예 비교가 되지 않는 것으로서, 그 동정과 연민은 차고 넘칠 정도로 풍성하였지만, 죄를 지으시는 것은 없으셨다. 사람들 가운데서 세움 받은 제사장들은 자신이 해야 할 일들에 대한 지식의 부족으로 인해서, 또는 미리 충분한 주의를 기울이지 않아서 부지불식간에 죄를 짓게 될 수 있는데, 그렇게 부지중에 범한 잘못들도 죄였기 때문에, 율법은 그러한 죄들에 대해서도 희생제사를 드리도록 규정하였다(레 4:2; 민 15:24-29).

"미혹된 자들"로 번역된 '플라노메노이스' (πλανωμένοις)는 여행자들이 자신들이 가야 할 원래의 길에서 벗어나는 것에서 가져온 비유이다. 따라서 우리는 여기에서 "미혹된 자들"은 연약함이나 맹렬한 시험에 의해서 잘못된 길로 빠지게 되었거나, 자신들의 견해들이나 행위들로 인하여 하나님을 노여우시게 한 죄인들을 가리키는 것으로 이해하여야 한다. 그런 자들의 죄를 속해 주기 위한 희생제사는 레위기 5:6("그 잘못으로 말미암아 여호와께 속죄제를 드리되 양 떼의 암컷 어린 양이나 염소를 끌어다가 속죄제를 드릴 것이요 제사장은 그의 허물을 위하여 속죄할지니라")에 규정되어 있다. 그러나 그러한 속죄제사는 자신의 죄를 깨닫고 고백하며, 그들을 불쌍히 여기셔서 그 죄를 사해 주실 우리의 대제사장께 죄 사함을 구하는 자들을 위한 것이었고, 뻔뻔스럽게도 자신의 죄를 인정하지 않는 자들이나 죽을 죄를 지은 죄인들을 위한 것이 아니었다. 왜냐하면, 그런 자들은 하나님이나 사람들로부터 긍휼을 얻을 자격이 없는 자들이었기 때문이다. 그런 자들은 자신들의 죄를 속할 수 있는 희생제사가 마련되어 있지 않았기 때문에, 긍휼하심을 받지 못하고 죽어야 하였다(민 15:30-31, "본토인이든지 타국인이든지 고의로 무엇을 범하면 누구나 여호와를 비방하는 자니 그의 백성 중에서 끊어질 것이라 그런 사람은 여호와의 말씀을 멸시하고 그의 명령을 파괴하였은즉 그의 죄악이 자기에게로 돌아가서 온전히 끊어지리라"; cf. 출 22:14). 하나님의 제단도 그런 자들을 보호해 주지 않았다(왕상 2:28, 31). 사람의 연약함으로 인한 죄들은 레위인 중에서 세움 받은 대제사장도 얼마든지 범할 수 있었기 때문에, 대제사장 자신도 하나님의 긍휼하심을 입어야 했다.

자기도 연약에 휩싸여 있음이라. 대제사장들도 연약함과 죄와 무지와 오류와 불순종에 의해 둘러싸여서 괴롭힘을 당하였다. 대제사장들은 자신들이 마땅히 해야 할 일들이나 그들이 드리는 희생제사들과 관련해서 연약하였고, 그 연약함으로 인해서 해마다 백성들을 위한 속죄제와는 별도로 그들을 위한 속죄제도 드려져야 하였다(히 10:1, 11, "율법은 장차 올 좋은 일의 그림자일 뿐이요 참 형상이 아니므로 해마다 늘 드리는 같은 제사로는 나아오는 자들을 언제나 온전하게 할 수 없느니라 … 제사장마다 매일 서서 섬기며 자주 같은 제사를 드리되 이 제사는 언제나 죄를 없게 하지 못하거니와"). 또한, 대제사장들은 자신들의 형제들과 마찬가지로 그 영혼과 육신이 모두 다 연약하여서, 그 형제들과 똑같은 괴로움들과 고통 가운데서 살아갈 수 있었다. 이 모든 연약함들이 대제사장들을 둘러싸고 있었다. 이렇게 대제사장들은 스스로 온통 죄와 연약함 가운데서 살아가야 하였기 때문에, 자신의 형제들의 처지와 형편을 동정하는 마음을 지닐 수 있었고, 자기 자신과 자신의 형제들을 위하여 더욱 기꺼이 정성껏 희생제사를 드리고 중보기도를 할 수 있었다. 우리의 "큰 대제사장"이신 예수 그리스도께서는 이렇게 레위인 대제사장들이 지니고 있던 동정과 연민을 훨씬 더 높은 수준에서 지니고 계셨지만, 죄는 없으셨다(히 4:15).

3. 그러므로 백성을 위하여 속죄제를 드림과 같이 또한 자신을 위하여도 드리는 것이 마땅하니라.

사도는 여기에서 율법에 따라 사람들 중에서 세움 받은 대제사장들에게는 연약함과 그 연약함으로 인한 무지와 오류의 죄들이 존재하였다는 것을 증명해 보여 준다. **그러므로 백성을 위하여 속죄제를 드림과 같이.** 대제사장들은 하나님께서 율법에 명시적으로 정해 놓으신 것들을 따라 자신의 직무를 수행할 의무가 있었기 때문에(레 1장), 온 율법 책이 명하고 있는 것들을 정확하게 순종하고 준행하였는데, 그것은 이스라엘 교회에 속한 개별적인 죄인들이 범죄하여 희생제물을 가지고 왔을 때에 그들을 위하여 희생제사를 드리는 것(레 4장)과 일 년에 한 번 속죄일에 이스라엘 교회 전체의 죄를 속하기 위하여 희생제사를 드리는 것이었다(레 16:15-34).

또한 자신을 위하여도 드리는 것이 마땅하니라. 또한, 대제사장들은 그들 자신의 죄를 위하여 일상적으로 희생제사를 드려야 하였고(레 4:3), 일 년에 한 번 속죄일에도 특히 자기 자신을 위하여 희생제사를 드려야 하였다(레 16:6-14). 어떤 제사장이 반드시 죄인일 수밖에 없었던 것은 아니지만, 그가 죄인이 아니라면, 그것은 전적으로 하나님의 긍휼하심에 의한 것이었다. 아담은 순전함과 무죄함 가운데서 자기 자신과 하와를 위하여 자신의 창조주께 기도와 찬송을 드렸지만, 타락 이후에는 우리 주 예수 그리스도만이 죄 없으신 유일한 대제사장이셨다. 그런데도 우리의 대제사장은 회개하고 믿는 죄인들의 죄들과 참상들을 그 어떤 대제사장들보다도 더 잘 아셨고 더 불쌍히 여기시고 긍휼히 여기셨다. 그리스도의 모형들이었던 대제사장들은 하나의 모형으로서의 속죄제사를 하나님께 드렸던 반면에, 우리의 대제사장이신 예수 그리스도께서는 진정한 속죄제사를 드리시고서, 하나님이 자기에게 속죄제사를 드린 자에게 약속하신 대로, 우리를 위하여 죄 사함을 확보하셨다.

4. 이 존귀는 아무도 스스로 취하지 못하고 오직 아론과 같이 하나님의 부르심을 받은 자라야 할 것이니라.

사도는 여기에서 예수 그리스도의 대제사장직의 모형이었던 레위인들의 제사장직과 레위인들을 그 직분으로 부르신 것에 대하여 마지막으로 설명한다. 이 존귀는 아무도 스스로 취하지 못하고. 대제사장의 존귀한 직분을 취할 수 있는 사람은 오직 대제사장 직분을 창설하신 분의 부르심을 받은 자여야 하고, 그러한 부르심을 받지 않은 사람이 대제사장직을 취한다면, 그것은 불법이 된다. 어떤 사람들은 대제사장직을 찬탈하기도 하였고, 어떤 사람들은 하나님의 율법을 거슬러 대제사장직을 합당하지 않은 자들에게 나누어 주기도 하였다. 이렇게 엘리의 아들들이나 여로보암의 제사장들처럼, 사람들이 자기 마음대로 대제사장직을 맡아 그 직분을 그릇되게 수행하거나 그 직분으로 말미암아 자신의 이득을 취하는 경우에는, 그러한 대제사장직과 그들이 드린 희생제사들과 그들의 사역은 거짓된 것들이다(삼상 2:13; 미 3:11-12, "그들의 우두머리들은 뇌물을 위하여 재판하며 그들의 제사장은 삯을 위하여 교훈하며 그들의 선지자는 돈을 위하여 점을 치면서도 여호와를 의뢰하여 이르기를 여호와께서 우리 중에 계시지 아니하냐 재앙이 우리에게 임하지 아니하리라 하는도다 이러므로 너희로 말미암아 시온은 갈아엎은 밭이 되고 예루살렘은 무더기가 되고 성전의 산은 수풀의 높은 곳이 되리라"). 대제사장직은 지극히 존귀한 직분이었기 때문에, 멜기세덱과 이드로는 왕과 대제사장을 겸직하였다.

오직 아론과 같이 하나님의 부르심을 받은 자라야 할 것이니라. 대제사장직과 그 직무를 창설하시고 그 성공을 보장하시는 분은 하나님이시기 때문에, 하나님께서 자신의 율법을 따라 다른 사람들로부터 구별하여 부르셔서 존귀를 더하신 자들에게만, 대제사장직을 맡아서 하나님의 영광과 사람들의 복을 위하여 그 직무를 수행할 수 있는 자격이 주어졌다. 아론의 경우는 하나님께서 어떤 식으로 사람들을 부르시고 구별하셔서 대제사장으로 삼으시는지를 보여 주는 대표적인 사례였다. 하나님께서는 아론의 지파와 가문을 구별하시고, 그들의 장자 중에서 자기를 섬길 자들을 세우게 하셨다. 즉, 하나님께서는 아론을 대제사장으로 삼으시고, 그의 자손들이 그의 대제사장직을 계승하고, 아울러 제사장직도 맡게 하셨다. 하나님께서는 모세를 통해서 공식적으로 아론을 성별하셨고, 아론이 최초의 희생제사를 드릴 때, 하늘로부터 불을 내리셔서 그 제물을 받으심으로써, 아론의 대제사장직을 확증하셨으며, 아론의 싹 난 지팡이로 대적들을 멸하게 하심으로써, 자기가 아론을 대제사장으로 부르셨다는 것을 증명하셨다(출 28:29-30; 민 16:35; 17:5).

5. 또한 이와 같이 그리스도께서 대제사장 되심도 스스로 영광을 취하심이 아니요 오직 말씀하신 이가 그에게 이르시되 너는 내 아들이니 내가 오늘 너를 낳았다 하셨고.

사도는 이제 하나님이 율법에 정하신 대제사장직과 주 예수 그리스도의 대제사장 간의 병행, 즉 아론의 자손들 중에서 세움 받은 대제사장들에게 요구되었던 자격요건들이, 그들이 사람이었기 때문에 필연적으로 수반될 수밖에 없었던 연약함을 제외하고 모두 예수 그리스도 안에서 초월적으로 성취되었다는 것을 보여 준다. 또한 이와 같이 그리스도께서 대제사장 되심도 스스로 영광을 취하심이 아니요. 사도는 이 병행에 대한 설명을, 예수 그리스도께서 대제사장직으로 부르심을 받으셨다는 사실로부터 시작한다. 즉, 참 하나님이자 참 사람이시고 위대하신 복음의 대제사장이신 예수 그리스도께서는 이 땅에 육체로 계실 때에 성령으로 기름 부음을 받으시고 대제사장직에 취임하신 것이기 때문에, 그는 이 대제사장직을 맡을 자격이 전혀 없었는데도, 자신의 어떤 야심으로 인해서 이러한 존귀와 위엄을 찬탈하신 것이 결코 아니었다는 것이다(요 8:54, "예수께서 대답하시되 내가 내게 영광을 돌리면 내 영광이 아무 것도 아니거니와 내게 영광을 돌리시는 이는 내 아버지시니 곧 너희가 너희 하나님이라 칭하는 그이시라"). 이렇게 예수 그리스도께서는 그의 모형이었던 옛적의 일부 대제사장들이 그랬던 것과는 달리, 대제사장직이나 대제사장으로서의 권세를 스스로 취하시거나 빼앗은 것이 결코 아니었다.

오직 말씀하신 이가 그에게 이르시되. 성부 하나님께서는 이전에 아론에게 그러셨던 것처럼, 예수 그리스도에게 자기가 그를 자신의 대제사장으로 부르고 세웠다고 말씀하셨다. 그토록 지극히 높은 위엄과 그토록 지극히 영광스러운 권능이 수여되는 대제사장직에 예수 그리스도를 세우실 수 있으셨던 분은 오직 영원하신 여호와뿐이셨다. 여호와 하나님께서는 예수 그리스도에게 자기가 그를 대제사장으로 부르고 세웠다고 말씀하셨고, 시편 2:7-8에서 "내가 여호와의 명령을 전하노라 여호와께서 내게 이르시되 너는 내 아들이라 오늘 내가 너를 낳았도다 내게 구하라 내가 이방 나라를 네 유업으로 주리니 네 소유가 땅 끝까지 이르리로다"고 증언하고 있듯이, 대제사장직을 수행하시는 예수 그리스도를 영화롭게 하심으로써, 예수 그리스도께서 대제사장직에 취임하였다는 것을 확증하시고 널리 알리셨다.

너는 내 아들이니. 히브리서 1:5에서 "하나님께서 어느 때에 천사 중 누구에게 너는 내 아들이라 오늘 내가 너를 낳았다 하셨으며"라고 말하고, 사도행전 13:33에서 "곧 하나님이 예수를 일으키사 우리 자녀들에게 이 약속을 이루게 하셨다 함이라 시편 둘째 편에 기록한 바와 같이 너는 내 아들이라 오늘 너를 낳았다 하셨고"라고 말하고 있듯이, 여기에서 "너"는 다윗이 아니라 예수 그리스도이다. 예수 그리스도는 "아버지의 독생자"(요 1:14)이시고, "아버지 품속에 있는 독생하신 하나님"(요 1:18)이시며, 하나님의 "장자"이시다(시 89:27, "내가 또 그를 장자로 삼고 세상 왕들에게 지존자가 되게 하며"). 로마서 8:29("하나님이 미리 아신 자들을 또한 그 아들의 형상을 본받게 하기 위하여 미리 정하셨으니 이는 그로 많은 형제 중에서 맏아들이 되게 하려 하심이니라")과 골로새서 1:18("그는 몸인 교회의 머리시라 그가 근본이시요 죽은 자들 가운데서 먼저 나신 이시니 이는 친히 만물의 으뜸이 되려 하심이요")을 보라. 예수 그리스도께서는 하나님의 아들이셨기 때문에, 성부 하나님께서는 그를 자기가 기뻐하는 직분으로 부르셔서 세우실 수 있으셨다. 예수 그리스도께서는 하나님의 장자이셨기 때문에, 제사장과 왕이 될 자격을 갖추고 계셨다. 그래서 성부 하나님께서는 예수 그리스도를 왕과 대제사장으로 부르셨고, 예수 그리스도께서는 그 부르심을 거부하지 않으시고 기꺼이 맡으셨다.

내가 오늘 너를 낳았다. 예수 그리스도께서는 영원 전부터 성자로서 대제사장이 되실 권리와 자격을 지니고 계셨지만, 그가 대제사장으로 정식으로 취임하신 때는 부활의 날이었고, 따라서 그 날에 하나님께서는 예수 그리스도를 대제사장으로 낳으신 것이었다. 한나가 사무엘을 제사장으로 봉헌하였듯이, 예수 그리스도께서는 자신의 피로 자기를 성별하여 봉헌하셨고(히 9:10-12, 23-24), 부활의 날에 성부 하나님이 그를 자신의 아들이자 중보자, 왕이자 대제사장이자 선지자라고 공식으로 선포하신 후에(롬 1:4, "성결의 영으로는 죽은 자들 가운데서 부활하사 능력으로 하나님의 아들로 선포되셨으니 곧 우리 주 예수 그리스도시니라"), 대제사장직을 수행하기 위한 영광과 권세를 수여받으시고서 하늘의 지성소로 들어가, 아버지 하나님의 우편에 앉으셔서, 거기에서 날마다 우리를 위하여 중보기도 하시며 대제사장으로서의 직무를 수행하고 계신다(히 7:25, 28; 9:24; cf. 시 2:8).

6. 또한 이와 같이 다른 데서 말씀하시되 네가 영원히 멜기세덱의 반차를 따르는 제사장이라 하셨으니.

또한 이와 같이 다른 데서 말씀하시되 네가 영원히 … 제사장이라 하셨으니. 사도는 여기에서 다윗이 시편 110:4("여호와는 맹세하고 변하지 아니하시리라 이르시기를 너는 멜기세덱의 서열을 따라 영원한 제사장이라 하셨도다")에 기록한 성부 하나님의 또 다른 증언을 들어서, 하나님께서 예수 그리스도를 대제사장으로 부르시고 이 직분을 수여하셨으며, 예수 그리스도의 영원한 대제사장직을 확증하셨다는 것을 증명하는데, 그리스도께서는 마태복음 22:41-45("바리새인들이 모였을 때에 예수께서 그들에게 물으시되 너희는 그리스도에 대하여 어떻게 생각하느냐 누구의 자손이냐 대답하되 다윗의 자손이니이다 이르시되 그러면 다윗이 성령에 감동되어 어찌 그리스도를 주라 칭하여 말하되 주께서 내 주께 이르시되 내가 네 원수를 네 발 아래에 둘 때까지 내 우편에 앉아 있으라 하셨도다 하였느냐 다윗이 그리스도를 주라 칭하였은즉 어찌 그의 자손이 되겠느냐 하시니")에서 이 시편의 증언이 자기에 대한 것이라고 친히 확인해 주신다. 즉, 예수 그리스도는 인간으로서는 다윗의 자손이셨지만, 참 하나님이자 참 사람이신 분으로서는 다윗의 주이심과 동시에, 죄인들을 위하여 자신을 희생제물로 삼아 제사를 지내심으로써 인간의 모든 죄를 속하시고 또한 중보기도 하시는 소임을 맡으신 대제사장이셨다. 하나님께서는 본문에 나오는 이 말씀을 통해서 예수 그리스도에게 지극히 영광스러운 대제사장직을 수여하시고서 영원토록 그 직분을 수행하게 하셨고(히 7:24), 예수 그리스도의 대제사장직은 영원한 것이기 때문에, 이후로는 사람들 중에서 대제사장을 택하여 세울 필요가 없게 되었다.

멜기세덱의 반차를 따르는. "멜기세덱의 반차"는 유일무이하게 지극히 뛰어난 반차였고, 아론의 반차는 이 멜기세덱의 반차를 우리에게 불완전하게 보여 주는 그림자에 불과한 것이었다. 멜기세덱은 왕이자 대제사장이었기 때문에, 멜기세덱의 반차를 따르는 제사장은 왕적인 제사장이었고, 하나님께서는 예수 그리스도를 그런 제사장으로 세우셨다. 멜기세덱에 대한 자세한 설명은 히브리서 7장에 나온다. 성부 하나님께서는 이것을 다윗에게 계시하셔서, 교회에 예언하게 하셨지만, 이것은 예수 그리스도께서 부활하시고 승천하신 후에, 멜기세덱의 반차를 따른 대제사장으로 선포되고 취임하셔서 하늘의 지성소로 들어가, 거기에서 실제로 영원한 대제사장으로서의 직무를 수행하실 때에 비로소 성취되었다.

7. 그는 육체에 계실 때에 자기를 죽음에서 능히 구원하실 이에게 심한 통곡과 눈물로 간구와 소원을 올렸고 그의 경건하심으로 말미암아 들으심을 얻었느니라.

사도는 여기에서 병행을 통해서, 그리스도의 본성과 사역과 동정이 그의 모형들과 비교해서 훨씬 뛰어난 것임을 보여 준다. **그는 육체에 계실 때에.** 예수 그리스도는 그의 모형들과 마찬가지로, 하나님께서 사람들 가운데서 택하시고 세우신 대제사장이셨다(히 5:1). 그는 이 땅에 성육신하셔서, 인성을 입으시고 우리 가운데 거하셨다(요 1:14). 그가 이 땅에 사시면서 일하실 날들은 한정되어 있었다. 예수 그리스도께서는 "육체에 계실 때"인 이 한정된 날들 동안에 지극히 낮아지시고 유한하시며 연약한 상태에서 하나님의 뜻을 행하며 고난을 받으셨고, 그의 육신에 수반되었던 연약함들은 이제 영원히 제거되었다(히 2:14-15, "자녀들은 혈과 육에 속하였으매 그도 또한 같은 모양으로 혈과 육을 함께 지니심은 죽음을 통하여 죽음의 세력을 잡은 자 곧 마귀를 멸하시며 또 죽기를 무서워하므로 한평생 매여 종 노릇 하는 모든 자들을 놓아 주려 하심이니").

간구와 소원을 올렸고. 하나님께서는 예수 그리스도를 죄인들인 사람들을 위한 대제사장으로 부르시고 세우신 것이었기 때문에, 예수 그리스도께서는 하나님이 기뻐하시는 뜻을 따라 자신의 모형들과 마찬가지로 하나님을 섬기고 하나님께 제사를 드리셨다. 예수 그리스도께서 하나님께 드린 기도들은, 우리를 대속하시기 위하여 그에게 꼭 필요한 것들을 얻으시기 위하여, 하나님께 자신의 소원들을 드리신 것이었고, 그러한 기도들은 그가 드리시기에 합당한 제사였다(히 13:15, "우리는 예수로 말미암아 항상 찬송의 제사를 하나님께 드리자 이는 그 이름을 증언하는 입술의 열매니라"; 벧전 2:5, "너희도 산 돌 같이 신령한 집으로 세워지고 예수 그리스도로 말미암아 하나님이 기쁘게 받으실 신령한 제사를 드릴 거룩한 제사장이 될지니라"). "소원들"로 번역된 '히케테리아스'(ἱκετηρίας)는 신약성경에서 오직 여기에서만 사용된 단어인데, 그 어근은 감람나무 가지를 의미한다. 유대인들은 손에 감람나무 가지를 들고서, 하나님께 자신의 소원을 빌곤 하였기 때문에, 감람나무 가지는 사람들이 기도를 통해서 하나님께 올려드린 그들의 소원을 하나님께서 반드시 응답해 주시거나 이루어 주시기를 바라는 간절한 마음을 상징하는 것이었다. 예수 그리스도의 소원 기도는 한편으로는 지칠 대로 지친 육신, 다른 한편으로는 깊은 고뇌와 극심한 고통 중에 있던 심령으로부터 우러나온 지극히 간절한 것이었다.

그리스도께서는 겟세마네 동산에서 우리의 죄를 위한 희생제물로 자신의 영혼을 드릴 준비를 할 때(눅 22:40, 46)에도 깊은 고뇌 속에서 그런 소원 기도를 드렸고, 십자가 위에서도 그런 소원 기도를 드렸다(마 27:46). 이러한 소원 기도들은 참 하나님이자 참 사람이시고 복음의 대제사장이신 예수 그리스도께서 아버지 하나님께 올려드린 기도들이었다.

심한 통곡과 눈물로. 예수 그리스도께서 겟세마네 동산에서 "힘쓰고 애써 더욱 간절히 기도하시니 땀이 땅에 떨어지는 핏방울 같이 되더라"(눅 22:44)는 복음서의 보도는 그가 얼마나 극심한 고뇌와 고통 속에서 "심한 통곡"으로 자신의 영혼 전체를 온통 쏟아 부어 기도하셨던 것인지를 너무나 분명하게 보여 준다. 그의 영혼의 극심한 고뇌와 고통으로부터 우러나온 통곡과 눈물의 기도로 인하여 그의 몸에서 나온 땀들은 핏방울들로 응고될 정도였다. 그는 자신의 온 영혼을 다하여 기도하셨을 뿐만 아니라, 심한 통곡 가운데서 큰 소리로 부르짖어 기도하셨다. 마찬가지로, 예수 그리스도께서는 십자가 위에서도 하나님께 그런 기도를 올리셨다(마 27:46, "제 구시쯤에 예수께서 크게 소리 질러 이르시되 엘리 엘리 라마 사박다니 하시니 이는 곧 나의 하나님, 나의 하나님, 어찌하여 나를 버리셨나이까 하는 뜻이라"). 그를 덮친 수난은 너무나 극심한 것이었기 때문에, 그는 큰 소리로 부르짖으며 온 힘을 다하여 간절하고 끈질기게 기도하셨고, 그 기도는 하나님의 얼굴을 가리고 있던 구름을 뚫고 올라가서 하나님께 상달되었다. 시편 22편은 예수 그리스도에게서 성취된 것(막 15:34, 37; 눅 23:46)을 예언으로 보여 준다. 예수 그리스도의 이러한 통곡의 기도는 우리를 위하여 하나님의 공의를 만족시켰을 뿐만 아니라, 우리에 대한 그의 애끓는 동정과 연민을 보여 주는 것이었고, 우리가 고난 중에 시험을 당할 때에 그 시험을 넉넉히 이길 수 있는 힘을 얻게 해 주시기 위한 것이기도 하였다(히 2:17-18; 4:15-16).

자기를 죽음에서 능히 구원하실 이에게. 성부 하나님은 본성적으로 선하시고 능력이 많으신 분이시기 때문에, 예수 그리스도의 간구들을 들으시고 응답하고자 하시며 응답하실 수 있으셨고, 모든 은혜와 복과 도움의 원천이시기 때문에, 예수 그리스도를 지극히 큰 위험들로부터 건지시고 구원하셔서, 그에게 닥친 그 어떤 것도 그를 해치거나 죽일 수 없게 하실 수 있으셨다. 실제로 하나님께서는 예수 그리스도께서 죽으시기 전과 죽으실 바로 그 시간에, 죽음 그 자체보다 훨씬 더 두려운 해악들로부터 예수 그리스도를 건져 주셨다. 예수 그리스도께서는 겟세마네 동산에서 기도하실 때와 십자가 위에서 바로 그 치명적인 시험들을 겪으셨는데, 바로 그 시험들로부터 자기와 그들이 보전될 수 있도록 하나님께 기도하라고 자신의 제자들에게 당부하셨다(마 26:37-38). 성부 하나님께서는 예수 그리스도의 심령을 공격하였던 마귀의 저 치명적인 독침들(마 26:41; 막 14:38; 눅 22:40, 46)과 극심한 갈등들 가운데서 그를 끝까지 붙들어 주셔서, 그와 그의 교회에 해악을 끼칠 수 있었던 온갖 저주와 세력에 대하여 승리를 거둘 수 있게 해 주셨다. 예수 그리스도께서 진정으로 두려워하셨던 것은 이러한 죽음들 중의 죽음이었다. 반면에, 예수 그리스도께서는 자신의 목숨을 버리는 죽음 같은 것은 전혀 두려워하지 않으시고, 자신의 영혼과 몸을 아버지 하나님께 기꺼이 맡겨드리고, 그 죽음을 통과하셔서, 영광스럽게 죽음으로부터 부활하셨다.

그의 경건하심으로 말미암아 들으심을 얻었느니라. 예수 그리스도께서 드리신 이러한 능력 있는 기도와 간구가 효과가 있었다는 것은, 그 기도와 간구가 하나님의 귀에 다다라서 하나님의 도우심을 얻게 되었다는 사실에서 잘 드러난다. 하나님께서는 예수 그리스도를 도우셨고 건지셨으며 구원하셨다. 칠십인역에서는 여기에서 "들으심을 얻었다"로 번역된 단어를, 구약에서 하나님께서 사람들의 기도를 들으시고서는 그들을 도우시고 구원하신 것을 나타내는 데 사용하고 있다(시 55:16-18, "나는 하나님께 부르짖으리니 여호와께서 나를 구원하시리로다 저녁과 아침과 정오에 내가 근심하여 탄식하리니 여호와께서 내 소리를 들으시리로다 나를 대적하는 자 많더니 나를 치는 전쟁에서 그가 내 생명을 구원하사 평안하게 하셨도다"; 대하 18:31). "그가 두려워한 것에서"(한글개역개정에는 "그의 경외하심을 인하여")로 번역된 '아포 테스 율라베이아스'(ἀπὸ τῆς εὐλαβείας)라는 어구에서 '율라베이아'는 원래 "두려움, 두려워함"을 의미하는데, 흠정역에서는 이 단어를 "두려움"이 아니라 "그가 두려워한 것"으로 번역하였다. 왜냐하면, 우리가 어떤 두려운 것의 실체를 진정으로 깨닫게 되면, 우리 속에서는 두려움이 생겨나게 되기 때문이다. '율라베이아'라는 단어는 성경에서 두 가지 의미로 사용된다: (1) 이 단어는 "두려운 것"이라는 의미로서, 환유법적으로 사용되어서, 두려움을 불러일으키는 것을 가리키는 의미로 사용된다. 여기에서 예수 그리스도께서 두려워하셨던 것은 죽음 그 자체가 아니라, 자신이 겪는 시험들로 인해서 자신의 고통과 괴로움을 견디지 못하고 절망하여, 아버지 하나님을 불신하고, 자신에게 정해져 있던 죽음을 피해 버리게 되는 것이었고, 마귀가 노렸던 것도 바로 그런 것이었다. 즉, 예수 그리스도께서는 죽음

자체는 두려워하지 않으셨고, 기꺼이 자기 자신을 죽음에 내어 주고자 하셨지만, 자신이 시험에 빠져서 아버지 하나님이 명하신 일을 하지 못하게 될 것을 두려워하신 것이었다. 성부 하나님께서는 예수 그리스도의 기도와 간구를 들으시고서, 그를 이 두려운 것으로부터 건져 주셨다. 하나님은 겟세마네 동산에서 극심한 고통 중에서 기도하고 계셨던 예수 그리스도에게 자신의 천사를 보내셔서 힘을 더하여 주셨고(눅 22:43), 이 수난의 끝에서도 예수 그리스도의 그러한 기도와 간구에 응답하심으로써, 그리스도께서 승리하신 가운데 자신의 영혼을 아버지 하나님의 손에 맡기고서 "다 이루었다"고 하시며 숨을 거두실 수 있게 하셨다(마 27:46, 50; 막 15:37, 39; 요 19:28-30). (2) 이 단어는 예수 그리스도께서 자기가 행하거나 겪은 모든 일에서 하나님을 노여우시게 하지 않고자 마음을 쓰는 경건한 두려움, 즉 하나님을 경외하는 것을 가리키는 의미로 사용된다. 이렇게 하나님을 경외하는 것은 중보자이신 예수 그리스도에게 합당한 태도였고, 이것으로 인하여 그의 기도와 간구가 응답되고, 그가 건지심을 받으실 수 있으셨다. 이것은 사실이고, 여기에서도 이 단어는 이런 의미로 사용된 것일 수 있기는 하지만, 전자의 의미가 본문에 더 부합하는 것으로 보인다. 예수 그리스도께서는 통곡의 간구를 통해서 하나님의 도우심을 받아 자신이 두려워하던 것, 즉 마귀의 시험에 빠지는 것으로부터 벗어나심으로써, 자신도 비록 죄악된 것은 아니지만 연약함에 둘러싸여 있으셨기 때문에, 우리의 대제사장으로서 시험 가운데 있는 우리를 불쌍히 여기시고 동정하실 수 있으시다는 것을 보여 주셨다는 것이다. 또한, 우리의 대제사장이신 그리스도께서는 이 땅에서 자신이 시험에 빠지지 않기 위하여 기도와 간구를 하셔서 하나님의 들으심을 얻으셨던 것처럼, 이제는 하늘에서 우리를 위하여 중보기도를 하심으로써, 우리로 하여금 시험들에서 건짐을 받게 하실 수 있으시다는 것이다.

8. 그가 아들이시면서도 받으신 고난으로 순종함을 배워서.

예수 그리스도께서는 결국 자신의 온갖 모형들을 성취하셨다. 즉, 그는 성육신하신 성자로서, 성부 하나님과 자신의 종들에 불과한 그 어떤 천사나 자신의 모형들인 그 어떤 대제사장보다도 성부 하나님과 더 가까우시고 더 뛰어나신 분이셨고, 신성으로는 영원하신 출생에 의한 하나님의 아들이시며, 인성으로는 성령으로 말미암아 동정녀에게 잉태되신 분으로서, 굳이 고난을 받으실 필요가 없으셨지만, 하나님께서는 자신의 뜻을 그에게 전하셨고, 그는 하나님의 뜻을 기꺼이 따르기를 원하셔서, 하나님의 뜻에 적극적으로 순종하여, 하나님이 그에게 요구하신 대제사장직을 수행하시기 위하여, 이 땅에 육신을 입고 오셔서 온갖 고난을 감수하시고 모든 의를 이루심으로써, 모든 사람의 죄를 속하시는 사역을 완수하셨다. 특히, 예수 그리스도께서는 종의 형체를 입으시고 낮아지신다는 것이 무엇을 의미하는 것인지를 잘 아시면서도, 하나님의 뜻에 순종하여 스스로 기꺼이 지극히 낮아지셔서(빌 2:6-8), 태어나실 때부터 지극히 수치스럽고 저주받은 죽음으로 죽으실 때까지 내내 우리 죄인들을 위하여 온갖 수모와 고난을 감당하셨다. 성부 하나님께서는 그것을 그에게 명하셨고, 그는 그 명령에 기꺼이 순종하셨다. 이것에 대해서는 이사야서 53:1-12을 읽어 보라. 그는 우리의 대제사장이 되셔서 자기 자신을 희생제물로 삼아 하나님께 드리는 과정에서 자신의 연약함으로 인하여 자신을 위하여 기도하셨고, 하나님의 응답하심으로 말미암아 성부 하나님의 뜻을 온전히 이루실 수 있으셨다. 이렇게 예수 그리스도께서는 육신을 입으시고 낮아지신 연약한 가운데서 극심한 고뇌와 고통 속에서 하나님께 순종하셨기 때문에, 인내로써 십자가의 고난을 짊어진다는 것이 얼마나 어려운 일인지를 아시고, 우리가 고난 중에서 얼마나 어려움을 겪는지도 잘 아시는 까닭에, 우리를 불쌍히 여기실 수 있으시다.

9. 온전하게 되셨은즉 자기에게 순종하는 모든 자에게 영원한 구원의 근원이 되시고.

온전하게 되셨은즉. 하나님이자 사람이신 예수 그리스도께서는 대제사장으로서의 자신의 직분을 능력으로 수행하심에 있어서 자신의 모형들인 모든 대제사장을 능가하셨다. 왜냐하면, 그는 인성을 입고 이 땅에 오셔서 고난을 받으시고 죽으신 후에 부활하셔서 승천하심으로써, 하나님께서 그에게 맡기신 모든 일을 제대로 수행하시고 구속사역을 완성하시고서는, 자기 자신을 성별하여 하늘에서 영원한 대제사장으로 취임하셨기 때문이다. 자기에게 순종하는 모든 자에게 영원한 구원의 근원이 되시고. 예수 그리스도의 모형들인 레위인 중에서 세워진 대제사장들은 하나님의 구원의 수단이자 도구들이었지만, 성부 하나님께서는 대속사역을 이루신 예수 그리스도를 영원한 구원을 사람들에게 가져다줄 "근원"이자 "실효적 원인"으로 삼으시고 세우시며 선포하셨다. 따라서 예수 그리스도께서는 자신의 희생제사를 통해서 하나님의 공의를 만족시키심으로써, 죄인들이 하나님과 화목하게 되고 하나님 앞에서 의롭다 하심을 얻을 수 있는 길을 열어 놓으셨을 뿐만 아니라, 승천하셔서 성령을 보내셔서 죄인들 속에서 역사하여 회개와 믿음을 만들어냄으로써 그들로 하여금 그의 은택들을 받아 누릴 수 있게 하시고, 하나님의 우편에 앉으셔서 그들의 대제사장으로서 자신의 피의 공로에 근거해서 그들의 칭의와 구원을 위하여 중보기도 하심으로써, 그들의 모든 죄악으로 인하여 이 세상과 오는 세상에서 입게 될 모든 해악으로부터 그들을 건져 주시는 일을 하고 계시고, 그들로 하여금 은혜의 언약 속에서 약속된 하늘에 속한 온갖 특권들, 즉 의와 거룩함과 상속자로서의 권리와 영광 중에서 하나님과 영원히 살게 되는 것을 이 땅에서만이 아니라 영원토록 안전하게 향유하고 누릴 수 있게 해 주시는 일을 하고 계신다. 하지만 우리의 대제사장이신 예수 그리스도께서 주시는 영원한 구원은 오직 하나님께서 정하신 자격을 갖춘 자들에게만 주어진다. 이 대제사장의 순종과 희생제사로 말미암아 인류에게는 구원을 얻을 수 있는 열리기는 하였지만, 이 대제사장은 이 구원을 오직 회개하고 믿는 죄인들에게 주신다. 즉, 예수 그리스도를 자신의 주이자 왕으로 받아들여서 자기 자신을 온전히 그에게 내맡기고, 끝까지 그의 충성된 신민으로서 자신의 제사장이자 구주이신 그에게 충성하고 순종하는 자들만이 이 영원한 구원을 얻게 된다는 것이다(요 3:16, 18, 36; cf. 마 10:22).

10. 하나님께 멜기세덱의 반차를 따른 대제사장이라 칭하심을 받으셨느니라.

예수 그리스도께서 대제사장으로서의 권세와 권한을 지니게 되신 것은 성부 하나님께서 그를 공식적으로 대제사장으로 세우셨기 때문이다. 하나님께서는 자기가 예수 그리스도를 대제사장으로 세우셨다는 것을 공식적으로 선언하시고 선포하셨다. 하나님께서는 만물을 지으셨기 때문에, 하나님께는 만물에 이름을 주시거나 부르실 권세가 있다. 하나님께서는 예수 그리스도를 대제사장으로 세우시는 일을 공개적이고 공식적으로, 그리고 지극히 영광스럽게 행하셨다. 즉, 예수 그리스도께서 부활하시고 승천하시자, 하나님께서는 자기를 둘러싸고 있는 모든 천사들 앞에서 그를 자신의 우편에 앉게 하셨고, 시편 110:1-2("여호와께서 내 주에게 말씀하시기를 내가 네 원수들로 네 발판이 되게 하기까지 너는 내 오른쪽에 앉아 있으라 하셨도다 여호와께서 시온에서부터 주의 권능의 규를 내보내시리니 주는 원수들 중에서 다스리소서")에 이미 예언되어 있듯이, 모든 천사들은 자신들의 머리이자 왕이신 그에게 복종하였고, 그를 하나님의 왕적인 크신 대제사장으로 인정하였다. 사도는 이 시편 본문의 말씀을 히브리서 7장에서 좀 더 자세하게 설명하면서, 이 복음의 대제사장직은 아론의 반차에 따른 대제사장직보다 더 뛰어난 것으로서, 영원토록 지속될 멜기세덱의 반차를 따른 대제사장직이라는 것을 증명한다.

11. 멜기세덱에 관하여는 우리가 할 말이 많으나 너희가 듣는 것이 둔하므로 설

명하기 어려우니라.

사도는 지금까지 그리스도의 제사장직에 대하여 자세하게 말해 왔지만, 여기에서는 잠시 본론에서 벗어나, 다시 7장에 가서 이 주제로 되돌아갔을 때, 히브리인들로 하여금 그 가르침을 더 이해하고 받아들이도록 하기 위하여, 이 장의 나머지 부분에서 그들을 책망하는 말씀을 해 나가는데, 그리스도의 대제사장직에 대한 그의 가르침이 비록 어렵다고 할지라도, 사실은 그들이 지금쯤은 그것을 충분히 깨달을 수 있어야 하는데, 그들이 믿음 안에서 제대로 성장하지 못하여 이 가르침을 잘 깨달을 수 없다는 것을 그 구체적인 증거로 삼아서 그들을 독려한다.

멜기세덱에 관하여는 우리가 할 말이 많으나 … 설명하기 어려우니라. 이 절의 처음 부분에 나오는 관계대명사 '우'(οὗ)는 어떤 이들은 "멜기세덱"을 가리키는 것으로 보지만(한글개역개정도 마찬가지이다 — 역주), 이 장과 7장에서 이어지는 내용을 보면, 구약의 대제사장이라는 모형의 실체이자 멜기세덱의 반차를 따라 대제사장이 되신 그리스도를 가리키는 것으로 보아야 한다. 욥의 친구인 엘리후가 욥기 32:18에서 "내 속에는 말이 가득하니 내 영이 나를 압박함이니라"고 말한 것처럼, 사도 바울은 성령에 충만해서 그리스도에 관하여 할 말이 차고 넘쳤다. 그리스도의 신비는 지극히 탁월하고 고상하며 중대한 것이었기 때문에 몇 마디 말로는 표현할 수가 없었고, 사도의 입에는 그 신비에 대하여 할 말이 너무나 많았다. 하지만 그 신비는 "설명하기 어려운" 것이어서, 사도는 그 신비를 풀어서 설명하기도 어려웠고, 그들이 깨닫기도 어려웠다.

너희가 듣는 것이 둔하므로. 사도가 그리스도의 신비를 설명해 주어도 그들이 깨닫기 어려웠던 이유는, 그 신비를 들을 수 있는 마음의 귀가 그들에게 열려 있지 않았기 때문이었다. 그들은 깨닫는 것이 젖을 먹는 아기나 어린아이의 수준에 머물러 있었다. 따라서 이 신비를 깨닫기가 어려웠던 이유는 말씀이나 그 신비 자체에 있었던 것이 아니라 그들 자신에게 있었다. 이 히브리인들은 레위인의 대제사장직에 대한 자부심이 워낙 컸기 때문에, 그리스도의 대제사장직에 대한 성령의 이러한 가르침에 대하여 거부감이 작용하고 있었고, 그것은 그들이 이 가르침을 제대로 깨닫고 분별하여 인식하는 데 장애가 되었다. 열두 사도들도 처음에 그랬기 때문에, 그리스도께서는 이 땅에 계실 때에 "내가 아직도 너희에게 이를 것이 많으나 지금은 너희가 감당하지 못하리라"(요 16:12)고 말씀하셨다.

12. 때가 오래 되었으므로 너희가 마땅히 선생이 되었을 터인데 너희가 다시 하

나님의 말씀의 초보에 대하여 누구에게서 가르침을 받아야 할 처지이니 단단한 음식은 못 먹고 젖이나 먹어야 할 자가 되었도다.

때가 오래 되었으므로 너희가 마땅히 선생이 되었을 터인데. 사도는 히브리인들의 깨달음과 의지에 있어서의 그러한 결함이 책망 받아야 할 일임을 보여 준다. 왜냐하면, 그들의 둔함은 그들이 하나님께서 그들에게 그를 알 수 있도록 하기 위하여 주신 방편들을 등한히 한 데서 기인한 것이었던 까닭에, 변명의 여지가 있을 수 없는 그들의 잘못이었기 때문이다. 그들은 하나님께서 그들에게 주신 방편들과 수단들을 잘 활용하였다면, 그리스도의 제사장직에 관한 복음적인 가르침을 얼마든지 더 잘 이해하고 깨닫고서, 그리스도와 그의 사도들의 가르침을 따라 모세의 율법을 비롯한 성경을 통해서 자신들의 가족들이나 그리스도인들이나 이웃들을 가르치는 선생들이 충분히 될 수 있었다.

너희가 다시 … 초보에 대하여 누구에게서 가르침을 받아야 할 처지이니. 하지만 히브리인들은 나태하여 하나님이 주신 방편들을 등한히 하였기 때문에, 그리스도를 아는 그들의 지식은 희미해지고 엷어져서, 제사장직과 예법들에 관한 모세의 옛 경륜에만 집착하였다. 그래서 그들은 성경에 나오는 하나님의 말씀의 "초보"에 속하는 것들을 다른 사람들로부터 다시 배우고 가르침 받아야 할 처지가 되어 버렸다. 여기에서 "초보"는 순서에 있어서 가장 먼저인 것들, 즉 가장 먼저 가르침 받고 배워야 할 것들을 가리키는 것으로서, 기독교 신앙의 모든 가르침들의 토대가 되는 가장 기본적인 원리들을 의미하는데, 이것을 알지 못하고서는 아무도 구원받을 수 없다. "초보"로 번역된 어구는 비유적인 표현으로서, 원래는 인간의 육신을 구성하는 가장 기본적인 요소들을 가리키는 것인데, 여기에서는 성경을 구성하는 가장 기본적인 요소들을 가리키는 데 사용되고 있다. 또는, 이 어구는 어떤 언어를 이해하고 말하고 쓰기 위해서는 먼저 알아야 하는 가장 기본적인 요소들을 가리키는데, 여기에서는 기독교 신앙의 모든 체계의 토대가 되는 것들을 가리키는 의미로 사용되고 있다. 사도는 히브리서 6:1에서도 "우리가 그리스도의 도의 초보를 버리고"라고 말한다. 이 초보적인 신앙원리들은 신약성경의 도처에 산재해 있고, 우리 구주의 말씀과 부합하는 고대의 신조들에 집약되어 있다.

하나님의 말씀의. "하나님의 말씀"으로 번역된 '로기온 투 테우' (λογιῶν τοῦ θεοῦ)는 우리의 구원의 길에 관한 하나님의 계획과 뜻에 대하여 들려주신 말씀들이나 계시들을 가리킨다. 하나님께서는 우리의 대제사장이신 자기 아들을 통해서 우리에게 이 말씀을 주셨고, 그리스도께서는 하늘로부터 이 말씀을 가지고 오셔서 우리에게 가르치셨으며(히 1:1-2), 그리스도께서 택하신 사람들은 성령의 감동을 따라 신약성경에 이 말씀을 기록하였다. 물론, 구약성경도 "하나님의 말씀"이기는 하지만, 구약성경은 신약성경을 통해서 그 본래의 의미가 제대로 드러나고 영광스럽게 된다(롬 3:1-2, "그런즉 유대인의 나음이 무엇이며 할례의 유익이 무엇이냐 범사에 많으니 우선은 그들이 하나님의 말씀을 맡았음이니라").

단단한 음식은 못 먹고 젖이나 먹어야 할 자가 되었도다. 이 히브리인들은 기독교 신앙의 초보적인 교훈들을 거의 다 망각해 버렸기 때문에, 지식에 있어서 젖 먹는 아기나 어린 아이가 되었고, 따라서 "젖"이라는 비유로 표현된 가장 초보적인 영적 양식만을 먹을 수 있었다. 즉, 그들은 복음 중에서 가장 쉽고 간단한 진리들만을 알고 있었고, 다른 사람들에게 그런 것들만을 전해 줄 수 있었다. 여기에서 "젖"은 "약하고 천박한 유대교의 가르침들을 가리키는 것이 아니다(갈 4:3, 9, "이와 같이 우리도 어렸을 때에 이 세상의 초등학문 아래에 있어서 종 노릇 하였더니 … 이제는 너희가 하나님을 알 뿐 아니라 더욱이 하나님이 아신 바 되었거늘 어찌하여 다시 약하고 천박한 초등학문으로 돌아가서 다시 그들에게 종 노릇 하려 하느냐"; 골 2:8, 20, "누가 철학과 헛된 속임수로 너희를 사로잡을까 주의하라 이것은 사람의 전통과 세상의 초등학문을 따름이요 그리스도를 따름이 아니니라 … 너희가 세상의 초등학문에서 그리스도와 함께 죽었거든 어찌하여 세상에 사는 것과 같이 규례에 순종하느냐"). 히브리인들은 기독교 신앙의 가장 초보적인 가르침들만을 알고 있었기 때문에, "의의 말씀"에 대해서는 무지한 아기들이어서, "단단한 음식," 곧 그리스도의 제사장직에 관한 복음의 좀 더 수준 높고 뛰어난 가르침들을 깨닫거나 소화할 수 없었다. 요한복음 3:10, 12에서 예수 그리스도께서는 니고데모가 명목상으로는 이스라엘의 선생이지만, 하늘의 일들, 곧 복음에 대해서는 어린 아기라고 말씀하신다.

13. 이는 젖을 먹는 자마다 어린 아이니 의의 말씀을 경험하지 못한 자요.

사도는 자기가 앞서 사용한 비유 또는 알레고리를 은연중에 적용하여 이 서신의 수신자들인 히브리인들의 상태와 그 정반대의 상태가 어떤 것인지를 설명함으로써, 히브리인들이 그러한 어린 아기들이라는 것을 증명한다. **이는 젖을 먹는 자마다.** 히브리인들은 하나 같이 하나님의 말씀 중에서 가장 초보적인 원리들과 가르침들만을 받을 수 있었고, 거기에서 더 나아간 가르침들을 받을 수 없었으며, 게다가 그러한 초보적인 가르침들조차 제대로 소화해 낼 수 없었다.

의의 말씀을 경험하지 못한 자요. 복음의 가르침은 그 자체로 영원한 진리이고, 로마서 1:16-17에서 "내가 복음을 부끄러워하지 아니하노니 이 복음은 모든 믿는 자에게 구원을 주시는 하나님의 능력이 됨이라 먼저는 유대인에게요 그리고 헬라인에게로다 복음에는 하나님의 의가 나타나서 믿음으로 믿음에 이르게 하나니 기록된 바 오직 의인은 믿음으로 말미암아 살리라 함과 같으니라"고 말하고 있는 것처럼, 믿는 자들에게 계시되는 하나님의 의이고, 믿음에 그 의를 전달하는 도구라는 점에서, "의의 말씀"이다. 복음은 그리스도인들로 하여금 정확히 하나님의 마음과 뜻에 부합한 자들로 만들어서, 강하고 온전한 자들이 되게 해 주는 온전한 의의 규범이다(골 1:25-29). 여기에서 "경험하지 못한 자요"로 번역된 '아페이로스' (ἄπειρος)는 의의 말씀을 진정으로 알지도 못하였고 경험하거나 검증하지도 못하였으며 행하거나 실천하지도 못하였다는 것을 의미한다.

어린 아이니. 히브리인들은 단지 갓 태어난 그리스도인이고, 그리스도의 학교에 갓 입학한 신입생으로서, 하나님의 온전한 말씀을 경험할 수 없는 자들이다. 왜냐하면, 그들은 지식에 있어서 약하여, 유아들처럼 무지하고 확실히 알지 못하여 요동하기 때문이다(고전 14:20, "형제들아 지혜에는 아이가 되지 말고 악에는 어린 아이가 되라 지혜에는 장성한 사람이 되라"; 엡 4:14, "이는 우리가 이제부터 어린 아이가 되지 아니하여 사람의 속임수와 간사한 유혹에 빠져 온갖 교훈의 풍조에 밀려 요동하지 않게 하려 함이라").

14. 단단한 음식은 장성한 자의 것이니 그들은 지각을 사용함으로 연단을 받아 선악을 분별하는 자들이니라.

단단한 음식은 장성한 자의 것이니. 그리스도의 신성과 인성, 한 인격 안에서의 신성과 인성의 연합, 그리스도의 직임들, 그리스도께서 자신에 대한 구약의 모든 모형들과 자신의 복음 교회에 관한 예언들을 인격적으로 및 신비적으로 성취하신 것, 그리스도의 중보의 나라 등등에 관한 복음의 저 크고 깊고 높은 신비들은 "장성한" 그리스도인들이 먹는 "단단한 음식"이다. 그러한 그리스도인들은 이러한 복음의 신비들을 제대로 알 정도로 그 지각에 있어서 성숙하고 장성한 상태에 도달한 자들이고(고전 2:6; 14:20; 빌 3:15), 지식과 은혜에 있어서 "그리스도의 장성한 분량"에 이른 자들이다(엡 4:13, "우리가 다 하나님의 아들을 믿는 것과 아는 일에 하나가 되어 온전한 사람을 이루어 그리스도의 장성한 분량이 충만한 데까지 이르리니").

그들은 지각을 사용함으로. "지각"으로 번역된 '타 아이스테테리아' (τὰ αἰσθήτηρια)는 엄밀하게 말해서 원래 눈이나 혀나 손 같은 지각을 위한 기관들 또는 도구들을 의미하는데, 여기에서는 환유법적으로 보는 것과 맛보는 것과 느끼는 것 같은 지각을 가리키는 것으로 사용되어서, 유비를 통해서 복음의 가르침들을 분별하고 아는 영혼의 내적인 지각들과 기능들을 나타낸다. 여기에서 "사용함으로"로 번역된 '디아 텐 헥신' (διὰ τῆν ἕξιν)은, "의의 말씀"을 오랫동안 연구하고 실천하고 연습함으로써 은혜로 말미암은 지혜와 지식이 깊이 주입되고 숙성되고 온전하게 된 것을 의미한다. 그런 사람들은 그리스도의 신비에 관한 가장 심오한 가르침들을 깨달을 수 있고 선용할 수 있다. 연단을 받아. 여기에서 "연단을 받다"로 번역된 '게귐나스메나' (γεγυμνασμένα)는 원래 씨름 선수들이 승리를 위해서 오랫동안 피땀 흘려 연습하고 기량을 갈고 닦은 후에 자신의 모든 힘과 능력을 실제의 시합에서 다 쏟아 붓는 것을 가리킨다. 이렇게 씨름 선수들이 외적인 기관들이나 기량들을 갈고 닦는 것과 마찬가지로, 그리스도인들은 자신의 영적인 기관들이나 기량들을 열심히 갈고 닦아서 영적인 일들에 있어서 아주 숙련된 자들이 되는 것이 마땅하다.

선악을 분별하는 자들이니라. "분별하는 자들"로 번역된 '프로스 디아크리신' (πρὸς διάκρισιν)은, 자신의 지성으로는 어떤 것들의 특성과 차이들을 잘 분리해 내고 살펴서, 의의 말씀에 비추어서 무엇이 선하고 무엇이 악한지를 구별해 내고, 자신의 의지로는 선한 것을 선택하고 악한 것을 거부하며, 자신의 감정으로는 선을 사랑하고 악을 미워하는 것을 가리킨다. 사람이 외적인 지각들을 사용하고 연단해서는 어떤 음식이 사람에게 맛있고 좋으며 어떤 음식이 사람에게 해롭고 맛이 없는지를 구별해 낼 수 있는 것과 마찬가지로, 장성한 그리스도인들은 자신의 영적인 지각들을 연단해서, 자신의 깨어난 지성으로는 좀 더 심오한 복음의 가르침들을 깨닫고, 자신의 새로워진 의지로는 자신에게 계시된 그리스도의 좀 더 고상한 신비들을 바라게 된다. 이 서신의 수신자들인 히브리인들은 그동안 그리스도의 학교에서 잘 배우고 연단을 받아서 그러한 장성한 그리스도인들이 되어 있어야 마땅한 일이었다.

MATTHEW POOLE'S COMMENTARY

히브리서 6장

개요

1. 기독교 신앙의 좀 더 심오한 가르침들로 나아가라고 권함(1-3).
2. 배교의 죄와 위험성(4-9).
3. 하나님께서는 신자들이 행한 구제의 행위들을 잊지 않으심(10).
4. 약속들을 유업으로 받은 자들의 믿음과 인내를 부지런히 본받으라고 권함(11-12).
5. 하나님이 아브라함에게 하신 약속이 소망의 확실한 토대가 됨(13-20).

1-2. [1]그러므로 우리가 그리스도의 도의 초보를 버리고 죽은 행실을 회개함과 하나님께 대한 신앙과 [2]세례들과 안수와 죽은 자의 부활과 영원한 심판에 관한 교훈의 터를 다시 닦지 말고 완전한 데로 나아갈지니라.

사도는 앞에서 히브리인들의 잘못을 책망한 후에, 이제 여기에서는 그들에게 그러한 잘못을 고치고 바로잡으라고 권하고 명령한다. 그러므로 우리가 그리스도의 도의 초보를 버리고. "너희는 이미 너무나 많은 시간들을 허비해 버리고서, 그리스도를 아는 일에 있어서 거의 진보를 보이지 않았기 때문에, 이제 더 이상 기독교 신앙의 초보적인 가르침들에 머물러 있지 말고, 좀 더 깊은 가르침들로 나아가지 않으면 안 된다." 사도는 이렇게 말한 후에, 이 히브리인들이 이전에 배웠던 기독교 신앙의 초보적인 가르침들이 어떤 것들인지를 열거해 나가고, 이제는 그러한 것들에 계속해서 머물려고 하지 말고 온전한 가르침들로 나아가라고 권한다. 여기에서 "버리다"로 번역된 단어는 생략하거나 내버려 두는 것을 의미한다. 즉, 히브리인들은 그러한 초보적인 가르침들에 묶여서 옴짝달싹하지 못하고 앞으로 전진할 수 없었기 때문에, 사도는 그들이 이제는 그런 것들에 묶여 있지 말고 내버려 둔 채로 좀 더 앞으로 전진해서, 복음의 가르침에 있어서 좀 더 깊고 심오한 지식에 도달하여야 한다고 말하고 있는 것이다. 왜냐하면, 그들은 기독교 신앙에 입문해서 이미 "그리스도의 도의 초보"를 익혀서 아는 까닭에, 그러한 초보적이고 불완전한 가르침에 계속해서 머물러서는 아무런 진보도 만들어낼 수 없었기 때문이었다.

완전한 데로 나아갈지니라. 우리 그리스도인들은 우리를 움직여 가시는 원동력이 되시는 분(the great Mover)의 인도하심을 따라서, 그리스도에 관한 온전한 가르침에 도달하기 위하여 끊임없이 앞으로 나아가는 것이 마땅하다. 여기에서 "완전한 데"는 심오한 지식과 깊은 믿음, 철저한 회개와 영적 변화, 깊고 넓은 깨달음, 그리스도의 가르침을 온전히 행하는 것, 그리스도를 아는 지식을 끝까지 견고하게 붙잡는 것 등을 가리킨다.

교훈의 터를 다시 닦지 말고. 히브리인들이 완전한 데로 나아가는 것을 방해하고 있던 것은, 사도 바울이 그들에게 기독교 신앙의 초보를 가르쳐서, 그들로 하여금 그것을 받아들여 알고 믿게 함으로써, 이미 "교훈의 터"를 다 닦아 놓았는데도, 그들은 여전히 그 터에 머물러서 그 위에 다른 좀 더 깊은 것들을 세우고자 하지 않은 것이었다(고전 3:11, "이 닦아 둔 것 외에 능히 다른 터를 닦아 둘 자가 없으니 이 터는 곧 예수 그리스도라"; 엡 2:20, "너희는 사도들과 선지자들의 터 위에 세우심을 입은 자라 그리스도 예수께서 친히 모퉁잇돌이 되셨느니라"). 그러므로 그들은 그 "교훈의 터"에 머물러 있지 말고, 그 위에 사람들과 진리들을 세워나가야 하였다. 그들은 이 "교훈의 터"가 되는 초보적인 가르침들을 잊어버렸거나 아예 모르고 있을 수도 있었기 때문에, 사도 바울은 복음의 이 기본적인 원리들과 가르침들이 무엇이었는지를 그들에게 상기시켜 주기 위하여, 이 절과 다음 절에서 그 초보에 해당하는 여섯 가지 교훈들을 열거하는데, 이 여섯 가지 초보적인 교훈들은 통상적으로 그리스도인들의 자녀들이나 불신자들을 그리스도인들이 되게 하기 위하여 가르치는 것들이었다.

죽은 행실을 회개함. 그리스도인들이 가장 먼저 배워야 할 신앙원리 또는 교훈은 "회개"에 관한 것이었다. "회개"는 죄인의 마음이 근본적으로 바뀌어서 그 사람 자체가 변화되는 것을 의미한다. 이러한 "회개"에는 하나님의 율법을 통해서 죄를 알고 깨닫는 것, 자신의 죄에 대하여 비통해하고 근심하는 것, 그 심령이 죄로부터 하나님께로 온전히 돌아서는 것이 포함되는데, 이것은 고린도후서 7:9-11에 잘 설명되어 있다: "내가 지금 기뻐함은 너희로 근심하게 한 까닭이 아니요 도리어 너희가 근심함으로 회개함에 이른 까닭이라 너희가 하나님의 뜻대로 근심하게 된 것은 우리에게서 아무 해도 받지 않게 하려 함이라 하나님의 뜻대로 하는 근심은 후회할 것이 없는 구원에 이르게 하는 회개를 이루는 것이요 세상 근심은 사망을 이루는 것이니라 보라 하나님의 뜻대로 하게 된 이 근심이 너희로 얼마나 간절하게 하며 얼마나 변증하게 하며 얼마나 분하게 하며 얼마나 두렵게 하며 얼마나 사모하게 하며 얼마나 열심 있게 하며 얼마나 벌하게 하였는가 너희가 그 일에 대하여 일체 너희 자신의 깨끗함을 나타내었느니라." 또한, "회개"는 하나님으로부터 떠나 있는 동안에 자행한 온갖 죄악된 행위들로부터 돌아서는 것이다. 그 때에 그들이 자행한 행위들이 "죽은 행실"인 것은, 죄라는 것은 그들의 영혼을 영원토록 갉아먹고 파괴하는 것인데, 그들은 그 때에 죄 가운데서 죽어 있었기 때문이다(롬 6:23, "죄의 삯은 사망이요 하나님의 은사는 그리스도 예수 우리 주 안에 있는 영생이니라"; 엡 2:1-2, "그는 허물과 죄로 죽었던 너희를 살리셨도다 그 때에 너희는 그 가운데서 행하여 이 세상 풍조를 따르고 공중의 권세 잡은 자를 따랐으니 곧 지금 불순종의 아들들 가운데서 역사하는 영이라"). 아울러, "회개"는 그들의 죄와 그들이 죄 가운데서 죽어 있었다는 것을 알게 될 뿐만 아니라, 거기에 수반된 다른 진리들, 즉 그들이 하나님의 형상대로 지음을 받았지만, 배교하고 하나님을 떠나서, 그 결과 죄 가운데서 비참한 상태로 살 수밖에 없게 되었다는 것 등등을 아는 것도 포함한다. 이 히브리인들은 회개를 토대로 해서 주어진 하나님의 은혜를 선용해서 날마다 더 완전한 데로 나아가는 것이 마땅하였다.

하나님께 대한 신앙. 그리스도인들이 알아야 하는 초보적인 신앙원리 또는 교훈들 중에서 두 번째는 "하나님에 대한 신앙"이다. "하나님에 대한 신앙"은 우리를 구원하시기 위하여 하나님께서 은혜로 행하시는 모든 일들과 그 결과들에 대하여 동의하고 받아들이며 그 가운데 견고히 서는 것을 의미한다(히 11:1-2, "믿음은 바라는 것들의 실상이요 보이지 않는 것들의 증거니 선진들이 이로써 증거를 얻었느니라"). 하나님께서는 본성적으로나 관계 속에서 은혜의 역사들을 작정하시고 행해 오셨는데, 그 중에서도 특히 중요한 것은 자신의 전적인 은혜로 죄인들을 구속하시기 위한 사역을 계획하시고 실행하신 것이었다. 즉, 하나님께서는 그 대속 사역을 위하여 자기 아들 그리스도를 이 땅에 보내셨고, 예수 그리스도께서는 자신을 우리의 죄를 위한 대속 제물로 내어 주어 죽으심으로써, 하나님의 공의를 만족시키고 모든 의를 이루시고, 모든 믿는 자들에게 대속의 은혜를 받을 수 있는 길을 열어 주셔서, 그들에게 화목과 의와 거룩함과 양자됨과 영원한 구원을 주시고, 지금도 하늘로부터 모든 믿는 자들에게 자신의 보혈의 공로로 말미암은 은택들을 나누어 주고 계신다.

세례들. 이 서신의 수신자들인 히브리인들이 사도로부터 가르침 받은 기독교 신앙의 세 번째 기본적인 교훈은 "세례들에 관한 가르침"이었다. 이 가르침 속에는 세례가 우리에게 가르쳐 주는 교훈이 포함되어 있었다. "세례"는 은혜의 언약을 인치는 표징으로서, 세례에 참여한 자들은 은혜의 언약 속으로 들어간 자들이다. 따라서 "세례"는 은혜의 언약에 따른 의무들과 특권들을 인치고 확증해 주는 역할을 한다. 또한, 세례들에 관한 가르침 속에는 그리스도께서 믿는 자들에게 물과 성령으로 세례를 주신다는 가르침도 포함되어 있다(마 3:6; 요 3:5, "예수께서 대답하시되 진실로 진실로 네게 이르노니 사람이 물과 성령으로 나지 아니하면 하나님의 나라에 들어갈 수 없느니라"). "세례"는 믿음에 관한 다른 교훈들과는 달리, 하나님의 언약을 인치는 역할을 하기 때문에, 진정으로 자신의 죄를 고백하고 회개한 후에 복음을 믿고 순종하게 된 자들은 "세례"를 통해서 인침을 받고 확증을 받게 된다. 여기에서 "세례들"이라는 복수형이 사용되고 있기 때문에, 이 단어가 사람들이 처음으로 복음을 믿었을 때에 언약을 인치는 역할을 하는 최초의 예식인 세례를 가리키는 것이 과연 맞는 것인지에 대하여 의문이 제기되어 왔는데, 어떤 이들은 이것은 복수형을 사용해서 단수형을 나타내는 히브리적인 어법이라고 말하기도 하고, 어떤 이들은 한 번에 여러 명이 세례를 받았기 때문에, 그 날은 세례들의 날들로 불렸다는 것을 근거로 제시하기도 하며, 어떤 이들은 세례를 집례하는 자들이 여럿이었고, 믿는 자들과 그들의 자녀들이 받는 세례들이 서로 구별되어 있어서, 여러 가지 세례들이라는 의미로 복수형으로 표현된 것이라고 말하기도 한다. 어떤 이들은 여기에 언급된 것은 이 히브리인들이 사람들에게 믿음과 회개를 가르치고, 그리스도를 더 잘 알도록 이끌기 위해서 자주 사용하였던 유대인들의 결례들을 가리키는 것이라고 말한다. 복수형의 "세례들"은 신약성경에서 오직 네 번 사용되고 있는데, 언제나 유대인들의 결례들을 가리키는 것이라는 사실은 그들의 그러한 주장에 더욱 힘을 실어 준다(히 9:10, "이런 것은 먹고 마시는 것과 여러 가지 씻는 것과 함께 육체의 예법일 뿐이며 개혁할 때까지 맡겨 둔 것이니라"; 막 7:4, 8, "또 시장에서 돌아와서도 물을 뿌리지 않고서는 먹지 아니하며 그 외에도 여러 가지를 지키어 오는 것이 있으니 잔과 주발과 놋그릇을 씻음이러라").

안수. 기독교 신앙의 초보적인 교훈 중에서 네 번째 신앙원리 또는 가르침은 "안수"에 관한 것이었다. 그리스도와 그의 사도들은 병들을 고치거나(막 6:5; 눅 4:40; 행 28:8), 복을 전달해 주거나(마 19:13, 15), 교회에서 그리스도를 섬기도록 하기 위하여 구별된 직분자들에게 성령의 특별한 은사들을 전해 주기 위하여(행 6:6; 8:3, 17; 19:5-6) 안수를 사용하였다. 따라서 "안수"는 그리스도께서 이루신 구원의 여러 열매들을 성령을 통해서 사람들에게 전달해 줌으로써, 그들을 새롭게 하고 힘을 더해 주며 영생을 위하여 더욱 세워지게 만드는 역할을 한다. 어떤 이들은 초대 교회에서 이미 유아 때에 세례를 받은 아이들이 성장해서 스스로 신앙을 고백하게 되었을 때, 그들의 신앙을 확증해 주고, 하나님과 그들의 언약을 새롭게 하기 위하여 사용된 예식이었다고 생각한다. 왜냐하면, 그리스도인들의 자녀들은 교회에서 성찬에 참여할 수 있는 자격을 예비적으로 얻기 위하여 유아 때에 그들 자신이나 그들의 부모가 그들을 대신하여 세례를 받았는데, 그 자녀들이 성인이 되었을 때에는 그들의 신앙을 새롭게 확증해 주기 위한 예식이 필요하였기 때문이었다. 이것이 성경의 다른 대목들에서 확인된다면, "안수"에 대한 그러한 해석은 좀 더 만족스럽고 확실한 것이 될 수 있을 것이지만, 실제로는 그렇지 못한 것이 약점이다. 어떤 이들은 앞에 나온 "세례"의 경우와 마찬가지로, 여기에서 언급된 "안수"도 유대인들을 그리스도께로 인도하기 위한 유대적인 예식이었을 것이라고 생각한다. 그러나 이 히브리인들은 그 예식 자체에 매달리고, 그 예식을 통해서 그리스도께로 나아가고자 하지 않았기 때문에, 사도는 여기에서 그들에게 그러한 예식은 이제 그만 내버려 두고 앞으로 더 전진해서 그리스도 안에서 더 높은 경지에 도달하라고 권하고 있다는 것이다.

죽은 자의 부활. 그리스도인이 되기 위해서 반드시 배워야 하였던 기독교 신앙에서 다섯 번째의 기본적인 원리이자 교훈은 "죽은 자의 부활"에 관한 가르침이었다. "죽은 자의 부활"은 마지막 날에 온전히 이루어질 일이지만, 믿는 자들이 예수 그리스도의 부활에 의해서 얻어진 새 생명 속으로 들어갈 때에 부활은 시작된다(요 5:25-29; 롬 6:3-13). 사도는 빌립보서 3:10-12에서 "내가 그리스도와 그 부활의 권능과 그 고난에 참여함을 알고자 하여 그의 죽으심을 본받아 어떻게 해서든지 죽은 자 가운데서 부활에 이르려 하노니 내가 이미 얻었다 함도 아니요 온전히 이루었다 함도 아니라 오직 내가 그리스도 예수께 잡힌 바 된 그것을 잡으려고 달려가노라"고 말하고 있는 것처럼, 마지막 날의 부활에 이미 참여하기 시작한 믿는 자들은 저 마지막 날에 의인들의 온전한 부활에 참여할 수 있도록 온 힘을 다하라는 부르심을 받는다. 모든 그리스도인들, 특히 이 서신의 수신자들인 히브리인들은 복음의 이 교훈에 견고히 서 있어야 했다. 왜냐하면, 유대인들 중에서 사두개인들은 죽은 자의 부활을 부정하였고(마 22:23; 행 23:6-8), 아덴의 철학자들도 이 가르침을 조롱하였으며(행 17:18, 31-32), 이단들은 이 가르침을 왜곡하였기 때문이다(딤후 2:17-18). 그래서 기독교 신앙은 죽은 자의 부활을 특히 단호하고 분명하게 선언하고 있고, 사도 바울도 고린도전서 15장에서 죽은 자의 부활에 대하여 자세히 설명한다.

영원한 심판. 그리스도인들이 반드시 배워야 하였던 기독교 신앙의 여섯 번째 초보적인 원리 또는 교훈은 최후의 심판에 관한 가르침이었다. 모든 사람에게는 이 최후의 심판이 기다리고 있고, 거기에서 그들의 영원한 운명이 결정되는데, 이 심판에서 은혜의 언약을 지키며 살았던 모든 믿는 자들에게는 상으로 영원한 생명이 주어지고, 은혜의 언약을 무시하며 제멋대로 살았던 모든 불신자들에게는 벌로 영원한 사망이 주어진다. 히브리인들은 이 진리를 배워서, 자신들의 재판장이신 하나님과 이미 화목하게 된 자들이었기 때문에, 그 터를 다시 닦지 말고, 더 앞으로 전진해 나아가서, 그들의 일을 온전하게 하여, 그들의 주이신 예수 그리스도의 영광스러운 재림을 기다리는 것이 마땅한 일이었다(히 9:27-28; 행 17:31; 벧후 3:7, 10, 15; 유 1:6, 14-15; 계 20:11-15).

3. 하나님께서 허락하시면 우리가 이것을 하리라.

사도는 히브리인들이 그러한 진보를 이룰 수 있도록 해 주실 유일한 분이신 하나님을 언급하면서, 자기가 이제 그리스도의 제사장직과 그 사역에 대한 설명을 다시 이어서 해나갈 때, 하나님의 은혜로 그들이 그 신비를 깨달아 알게 되기를 기원한다. 우리가 이것을 하리라. 우리는 이미 기독교 신앙의 기본적이고 초보적인 원리들과 교훈들 속으로 들어갔기 때문에, 이제는 더 이상 거기에 머물러 있지 말고, 분명하고 확실하게 그런 교훈들을 떠나서, "완전한 데"로 나아가야 하고, 우리 모두가 참된 그리스도인들이라면, 우리는 반드시 그렇게 할 것이다. 어떤 이들은 사도 바울이 이러한 초보적인 교훈들에 대해서는 다른 때에 기회가 생기면 그 때에 다루기로 하고, 이제는 다시 계속해서 그리스도와 복음의 좀 더 심오한 신비들을 그들에게 가르침으로써, 그들에 대하여 자기가 의도한 강론을 끝마치고자 한다는 의미로 이 말을 하고 있는 것이라고 생각한다.

하나님께서 허락하시면. 여기에서 사도 바울이 히브리인들에게 기독교 신앙의 초보적인 교훈들에 대한 지식에 머물러 있지 말고 좀 더 완전한 지식, 또는 좀 더 깊은 은혜로 나아가라고 말하고 있는 것이든, 아니면 그러한 초보적인 교훈들에 대해서는 나중에 다루기로 하고, 이제는 복음의 좀 더 깊은 신비들을 설명하는 것으로 다시 되돌아가겠다고 말하고 있는 것이든, 그는 어느 쪽이든 그 일들이 되어 가는 대로 내버려 두겠다는 수동적인 태도를 취하고 있는 것은 결코 아니다. 따라서 "하나님께서 허락하시면"이라는 표현은, 사도가 무슨 선한 일을 하든, 모든 선한 일에는 하나님의 허락하심과 도우심이 필요하다는 것을 고백하는 것이고, 하나님께서 우리에게 선한 일을 허락하지 않으실 수도 있다는 사도의 수동적이고 부정적인 태도를 보여 주는 것은 아니다. 왜냐하면, 모든 사람들과 일들은 하나님의 권능 가운데 있어서, 그들로 하여금 무슨 일을 하고자 하게 하고 실제로 하게 하시는 분은 하나님이시기 때문이다(빌 2:13, "너희 안에서 행하시는 이는 하나님이시니 자기의 기쁘신 뜻을 위하여 너희에게 소원을 두고 행하게 하시나니"). 따라서 기독교 신앙에 있어서 진보를 이루어서 온전한 사람으로 자라가는 일과 관련해서(엡 4:13), 모든 지식과 은혜의 주이신 하나님께서 우리를 기뻐하시고 우리 안에서 역사하셔서 우리에게 은혜를 주신다면, 우리는 진보를 이루어서 "완전한 데로" 나아가게 될 것이다(히 12:2; 호 14:5; 말 4:6; 고전 3:6).

4. 한 번 빛을 받고 하늘의 은사를 맛보고 성령에 참여한 바 되고.

사도는 앞에서 히브리인들에게 "그리스도의 도의 초보를 버리고 완전한 데로 나아가라"고 권면한 후에, 이제 이 절부터 8절에서는, 만약 그들이 그렇게 하는 것을 소홀히 한다면, 배교의 위험성이 있고, 배교로 인하여 무시무시한 결과를 초래하게 될 것이라고 경고한다: 우리는 뒤로 물러나 영원한 멸망에 떨어지고자 하지 않는다면, 완전한 데로 나아가야 한다는 것이다. 따라서 사도는 그들에게 이렇게 말하고 있다: 너희는 이미 뒤로 물러나서 나태하고 둔해져 있다. 너희가 지금 이 상태에서 더욱 악화되지 않으려 한다면, 너희 스스로 분발하지 않으면 안 된다. 만약 너희가 계속해서 완전한 데로 나아가는 것을 소홀히 한다면, 너희는 믿음에서 완전히 떨어져 나가게 될 위험에 처하게 될 것이다.

한 번 빛을 받고. "빛을 받다"로 번역된 '포티스텐타스'(φωτισθέντας)는, 어떤 이들은 하나님의 빛줄기로 조명을 받은 자들이라는 의미에서 "세례를 받은 자들"을 가리키는 것이라고 해석하고, 어떤 이들은 여기에서 "빛을 받는다"는 것은 1절에서 말한 "회개"를 가리키는 것인데, "한 번"이라는 수식어가 붙은 것은 회개에 포함된 여러 가지 것들 중에서 특히 세례를 의미하는 것이라고 생각한다. 따라서 "한 번 빛을 받은" 자들은, 기독교 신앙의 초보적인 원리들에 대한 가르침을 받고서, 유대교와 이교의 어둠과 무지로부터 건짐을 받아, 복음의 진리들을 아는 지식으로 말미암아 이전과는 다른 사람들이 되어서, 새로운 빛으로 영적인 것들을 보고, 자신의 마음을 전에는 알지 못했던 것들에 두게 되었지만, 참된 영적인 눈이나 지각이 주어져 있지는 않아서, 마귀들과 같이 빛의 천사들처럼 된 반면에, 참된 그리스도인에게 주어지는 생명의 빛을 받지는 않은 자들을 가리킨다(요 8:12, "예수께서 또 말씀하여 이르시되 나는 세상의 빛이니 나를 따르는 자는 어둠에 다니지 아니하고 생명의 빛을 얻으리라"). 디모데후서 1:10("이제는 우리 구주 그리스도 예수의 나타나심으로 말미암아 나타났으니 그는 사망을 폐하시고 복음으로써 생명과 썩지 아니할 것을 드러내신지라")과 베드로후서 1:19("또 우리에게는 더 확실한 예언이 있어 어두운 데를 비추는 등불과 같으니 날이 새어 샛별이 너희 마음에 떠오르기까지 너희가 이것을 주의하는 것이 옳으니라")을 보라. 이 서신의 수신자들인 히브리인들은 그들 자신이 "빛을 받은" 자들이라고 공언하였다(롬 2:17-20, "유대인이라 불리는 네가 율법을 의지하며 하나님을 자랑하며 율법의 교훈을 받아 하나님의 뜻을 알고 지극히 선한 것을 분간하며 맹인의 길을 인도하는 자요 어둠에 있는 자의 빛이요 율법에 있는 지식과 진리의 모본을 가진 자로서 어리석은 자의 교사요 어린 아이의 선생이라고 스스로 믿으니"). 발람도 그런 자들 중의 한 사람이었다(민 24:1-3, "발람이 자기가 이스라엘을 축복하는 것을 여호와께서 선히 여기심을 보고 전과 같이 점술을 쓰지 아니하고 그의 낯을 광야로 향하여 눈을 들어 이스라엘이 그 지파대로 천막 친 것을 보는데 그 때에 하나님의 영이 그 위에 임하신지라 그가 예언을 전하여 말하되 브올의 아들 발람이 말하며 눈을 감았던 자가 말하며").

하늘의 은사를 맛보고. "맛보았다"는 것은 육신의 미각으로 느끼는 행위를 가리키지만, 여기에서는 사람의 심령의 행위를 비유적으로 표현한 것이다. 심령이 맛보았다는 것은 말 그대로 단지 어떤 것을 받아들여서 그것이 어떠하다는 것을 인식하고 인지하였다는 것만을 의미한다. 따라서 "하늘의 은사를 맛본" 자들이라는 것은, 복음 안에서 그들에게 계시된 그리스도와 그의 은택들을 받아들여서 소화시키지는 않고 맛만 보아서(요 4:39-40), 그것들을 일시적으로 잠시 믿고서 기쁨과 평안을 피상적으로 누리게 된 자들로서, 씨 뿌리는 자의 비유에 나오는 "돌밭"에 해당하는 자들을 가리킨다(마 13:20-21, "돌밭에 뿌려졌다는 것은 말씀을 듣고 즉시 기쁨으로 받되 그 속에 뿌리가 없어 잠시 견디다가 말씀으로 말미암아 환난이나 박해가 일어날 때에는 곧 넘어지는 자요"). 죄인들이 한 번 빛을 받아서 잠시 그리스도를 보게 되고, 그리스도께서 믿는 자들에게 주신 영광스러운 약속들을 보게 되면, 그리스도와 그 약속들은 그들의 본성적인 욕구들과 부합하기 때문에, 그들은 그리스도와 그의 약속들을 받아들여서 기뻐하고 좋아하게 되기는 하지만, 자기 자신을 낮추고자 하지는 않기 때문에, 그들의 심령은 여전히 "돌밭"과 같은 상태로 있게 된다. 헤롯이 바로 그런 사람이었다(막 6:20, "헤롯이 요한을 의롭고 거룩한 사람으로 알고 두려워하여 보호하며 또 그의 말을 들을 때에 크게 번민을 하면서도 달갑게 들음이러라").

성령에 참여한 바 되고. 여기에서 그들이 "성령에 참여하였다"는 것은, 성령께서 그들 속에 내주하게 되셨다는 의미가 아니라, 그들 속에서 역사하셨다는 것을 의미한다. 이러한 성령의 역사로 말미암아 그들은 자신의 힘으로 어떻게 해 보려고 애쓰지만, 그들의 본성이 변화된 것은 아니다. 신은 하나라는 주장을 굽히지 않고 죽음을 택한 소크라테스(Socrates), 또는 우리 주님으로부터 "네가 하나님의 나라에서 멀지 않도다"(막 12:34)라는 말씀을 들은 서기관이 그런 자들이다. 하나님께서는 그들에게 성령의 은사들을 주시고 역사하심으로써, 구원이라는 것이 인간의 본성으로는 불가능하고, 오직 그들을 새로운 피조물들로 만드는 성령의 지극히 큰 역사로만 가능하다는 것을 보여 주신다(창 6:3; cf. 고전 1:21, "하나님의 지혜에 있어서는 이 세상이 자기 지혜로 하나님을 알지 못하므로 하나님께서 전도의 미련한 것으로 믿는 자들을 구원하시기를 기뻐하셨도다"; 벧전 3:18-20). 그들은 성령의 역사로 말미암아 본성의 빛과 율법의 빛과 복음의 빛, 그리고 이 모든 것들에 수반되는 영적인 능력에 참여하였다. 그러한 것들은 그들로 하여금 자신들의 타락하고 부패한 본성을 깨닫게 해 주어서, 많은 죄들로부터 떠나게 함으로써, 그들이 받게 될 많은 벌들을 줄여 주기 위한 것이다(벧후 2:20, "의의 도를 안 후에 받은 거룩한 명령을 저버리는 것보다 알지 못하는 것이 도리어 그들에게 나으니라"). 이러한 자들은 많은 사람들이 자신들의 삶 속에서 빠지는 눈에 띄는 더럽고 추악한 것들을 겉으로는 피하면서 살아가지만, 그들 속에 있는 육신의 소욕들이 죽지 않고 살아 있기 때문에, 그들의 마음으로부터는 여전히 더럽고 추악한 것들이 끊임없이 올라온다. 따라서 그들 속에는 순전한 마음이나 "신성한 성품" 같은 것은 존재하지 않고, 오직 육신의 소욕만이 살아서 꿈틀댈 뿐이다. 하나님께서는 그런 자들을 그들의 열매에 따라 보응하신다. 마가복음 10:21-22을 보라: "예수께서 그를 보시고 사랑하사 이르시되 네게 아직도 한 가지 부족한 것이 있으니 가서 네게 있는 것을 다 팔아 가난한 자들에게 주라 그리하면 하늘에서 보화가 네게 있으리라 그리고 와서 나를 따르라 하시니 그 사람은 재물이 많은 고로 이 말씀으로 인하여 슬픈 기색을 띠고 근심하며 가니라."

5. 하나님의 선한 말씀과 내세의 능력을 맛보고도.

하나님의 선한 말씀. 그들은 "하나님의 선한 말씀," 즉 복음의 교훈과 약속들 가운데서 자신들이 좋아하는 것들만을 받아들여서 위로와 달콤함을 맛본다. 왜냐하면, 지금까지 죄를 지으며 살아오면서 어느 정도 가책을 느껴 왔던 그들은 복음을 통해서 죄 사함에 대하여 들을 때, 자신의 모든 죄들이 다 사함 받았다는 것을 받아들여서 믿고서, 뛸 듯이 기뻐하게 되기 때문이다(마 13:20-21; 눅 8:13, "바위 위에 있다는 것은 말씀을 들을 때에 기쁨으로 받으나 뿌리가 없어 잠깐 믿다가 시련을 당할 때에 배반하는 자요"). 그래서 많은 유대인들은 세례 요한의 가르침을 기뻐하였다(요 5:35, "요한은 켜서 비추이는 등불이라 너희가 한때 그 빛에 즐거이 있기를 원하였거니와").

내세의 능력. 그들 중의 일부의 경우에는, 성령께서 그들의 본성적인 양심에 말씀으로 역사하실 때, 최후의 심판에 관한 복음의 강력한 가르침들이 그들의 심령 속에 박힘으로써, 마치 최후의 심판이 그들 속에서 시작된 것처럼, 하나님의 진노의 불길이 그들의 죄로 말미암아 그들의 양심을 태우는 것을 경험하게 되는데, 로마 총독 벨릭스가 그런 경우에 해당한다(행 24:25-26, "바울이 의와 절제와 장차 오는 심판을 강론하니 벨릭스가 두려워하여 대답하되 지금은 가라 내가 틈이 있으면 너를 부르리라 하고 동시에 또 바울에게서 돈을 받을까 바라는 고로 더 자주 불러 같이 이야기하더라"). 또한, 그들 중의 일부는 말씀 속에서 성령으로 인하여 그리스도께서 그들을 장차 있을 하나님의 진노로부터 구원해 주실 구속주시라는 것을 알고서는, 이 땅에서 느낄 수 없는 지극한 행복감을 느끼게 되기도 하는데, 그것은 그들이 자기애(self-love)에 사로잡혀서, 옛적의 발람처럼(민 23:10), 하나님의 계시를 그 원래의 목적과 의도대로 받아들이는 것이 아니라, 자기가 좋아하는 방식으로 받아들여 적용하기 때문이다. 4절과 5절에 열거된 이 다섯 가지 예들은 부패한 본성을 죽이기 위한 성령의 역사들인데, 그들이 이러한 성령의 역사들을 악용할 때, 그들은 점점 더 성령을 거슬러 범죄하게 된다.

6. 타락한 자들은 다시 새롭게 하여 회개하게 할 수 없나니 이는 그들이 하나님의 아들을 다시 십자가에 못 박아 드러내 놓고 욕되게 함이라.

타락한 자들은. 여기에서 "타락한 자들"로 번역된 단어는 아담처럼 배교하여 그리스도로부터 떨어져 나가서 죄인들로 돌아가 기독교 신앙으로부터 철저하게 멀어진 자들을 가리킨다(롬 5:15-17). 그들은 그들에 대한 성령의 온갖 초자연적인 역사들을 배신하고 반역해서, 자신들의 본성의 욕구들을 채우는 데 악용하였고, 그들이 그리스도인이라는 신앙 고백을 하기 이전에 영위하였던 저 추악하고 더러운 성정과 행실을 그대로 간직하였다(벧후 2:18-22). 그들은 자신들이 고백한 기독교 신앙을 헌신짝처럼 아무런 미련 없이 내팽개쳤고, 완전히 파선하였다(유 1:4, 10, 16, 18-19). "다시"(πάλιν - '팔린')가 앞쪽을 수식해서, "다시 타락한 자들," 즉 그리스도인으로 신앙 고백을 했다가 배교하고서 이전처럼 다시 타락한 죄인들이 되었다는 것을 의미하는 것인지, 아니면 뒤쪽을 수식해서, "다시 새롭게 할 수 없다"는 것을 의미하는 것인지는 별로 어렵지 않다. 왜냐하면, 어느 쪽으로 해석해도, 둘 다 합당하기 때문이다. 해석자들은 일반적으로 흠정역의 번역처럼 "다시"가 뒤쪽을 수식하는 것으로 보기 때문에, 우리도 그렇게 해석할 것이다.

다시 새롭게 하여 회개하게. 그런 자들은 그들 자신을 새롭게 하여, 그들이 떨어져 나가기 이전에 향유하였던 것과 동일한 상태로 되돌릴 수 없다. 또한, 복음 사역자들도 권면이나 책망이나 위로를 통해서 그들을 새롭게 하여 회개하게 할 수 없다. 그들의 반역으로 인하여 성령께서는 진노하여 그들에게서 물러가셨기 때문에, 그들이 다시 자신들의 본성을 뛰어넘어 회개에 이를 수 있도록 돕지 않으시고(창 6:3; 사 63:10), 그들을 그들의 마음대로 하도록 내버려 두신다. 그러므로 그들은 자신 속에 있는 힘과 능력으로 다시 새롭게 되어야 하는데, 그런 일은 그 자신이나 다른 사람들의 도움으로 결코 할 수 있는 일이 아니다. 그들이 성령의 역사로 말미암아 새로운 힘을 얻게 되거나, 그들의 마음과 생각이 변화되어 회개하는 것은 불가능하다. 왜냐하면, 성령께서는 그들의 심령에 역사하셔서, 복음을 통하여 그리스도를 그들에게 계시해 주시고자 하셨지만, 그들은 성령의 그러한 역사들에 순종하여, 성령이 그들에게 말씀하시고 그 지극히 크신 능력으로 이루시겠다고 약속하신 더 낫고 큰 역사들을 구한 것이 아니라(히 6:9-10), 도리어 성령의 그러한 역사들에 불순종하고 대적하는 죄악을 자행하였기 때문이다.

할 수 없나니. 이것은 하나님의 절대적이고 전능하신 능력으로 그것을 하실 수 없으시다는 의미가 아니라, 하나님의 능력은 자신의 교회에서 자신이 어떻게 하시겠다고 밝히신 뜻과 작정하심에 의해서 제한을 받기 때문에, 그 정하신 뜻을 거슬러서 행하실 수 없으신데, 배교한 자들은 다시 돌이켜 회개하는 것이 불가능하기 때문에, 하나님께서도 그들을 다시 새롭게 하실 수 없으시다는 것이다. 왜냐하면, 하나님께서는 자신이 정하시거나 약속하신 것을 거슬러 행하심으로써 자기 자신을 부인하실 수 없으시기 때문이다(히 6:11; 11:6; cf. 마 7:18; 19:24, 26; 딤후 2:13, "우리는 미쁨이 없을지라도 주는 항상 미쁘시니 자기를 부인하실 수 없으시리라").

이는 그들이 하나님의 아들을 다시 십자가에 못 박아. 그들이 다시 새롭게 되는 것이 불가능한 이유는, 그들이 자신들의 배교로 그들의 구속주를 욕보였기 때문이다. 그들은 자신들의 구속주이신 하나님의 아들이 승천하셔서 하나님의 우편에 앉아 계시고, 자신의 성령을 보내셔서 그들의 본성을 변화시키시고, 그 아들을 알게 하시고 시인하게 하셨으며, 장차 하나님의 자녀들인 그들을 하늘의 영광으로 데려가실 것임을 복음을 통해서 알고 있었다. 하지만 그들은 자신들의 배교를 통해서 하나님의 아들을 사기꾼으로 여기고서(벧후 2:1; 유 1:4), 그 아들이 그들의 구주시라는 것을 부정하고, 그 아들의 대속의 희생제사를 거부하며, 그 아들을 보좌에서 끌어내었고, 만일 그 아들이 그들의 손이 닿는 곳에 계셨다면, 거리낌 없이 그 아들을 다시 십자가에 못 박고서 발로 짓밟았을 것이다(히 10:29). 그리고 그들은 실제로 그 아들의 지체들에게 그렇게 하였다. 이전 시대에는 로마 황제이자 배교자였던 율리아누스(the apostate Julian, 주후 331-363년)가 그랬고, 오늘날에는 교황주의자들이 그렇게 하고 있다.

드러내 놓고 욕되게 함이라. "드러내 놓고 욕되게 하였다"로 번역된 '파라데이그마티존타스' (παραδειγματίζοντας)는, 유대인들이 지독하게 잔인하고 수치스러운 죽음을 통해서 예수 그리스도께 이루 말할 수 없는 모욕과 수치를 안겨준 것과 같이, 앞에서 말한 배교자들은 그 정도로 예수 그리스도를 많은 사람들 앞에서 공개적으로 욕보인 것을 의미한다. 하지만 그리스도께서는 그러한 욕됨을 개의치 않으셨는데(히 12:2, "믿음의 주요 또 온전하게 하시는 이인 예수를 바라보자 그는 그 앞에 있는 기쁨을 위하여 십자가를 참으사 부끄러움을 개의치 아니하시더니 하나님 보좌 우편에 앉으셨느니라"), 그리스도의 사람들은 그 점에서 그를 본받는 것이 마땅하다(히 13:13, "그런즉 우리도 그의 치욕을 짊어지고 영문 밖으로 그에게 나아가자"). 이렇게 배교자들은 말로나 행위로나 그리스도를 모독하고 모욕한 것이다. 그들은 자신들의 배교를 통해서, 마치 그리스도 안에서는 선한 것을 조금도 찾을 수 없다는 듯이, 그를 악인으로 여기고서 배척함으로써, 많은 사람들 앞에서 공개적으로 구경거리로 만들어, 그에게 지독한 모욕과 수치를 안겨 주었다. 하지만 그들의 그러한 배교 행위는 그들 자신을 정죄하고 망하게 하는 짓이었다. 왜냐하면, 그리스도의 대속의 공로는 그들에게는 다시는 적용될 수 없고, 하나님께서도 그런 자들의 죄를 사하시겠다고 약속하지 않으신 까닭에, 그들은 회개하여 구원을 얻을 수 없기 때문이다. 그들은 그들의 죄를 사해 줄 수 있는 유일한 것인 그리스도의 피를 욕보이고 발로 짓밟았고, 그들의 그러한 배교의 죄는 그리스도의 나라의 법에서 사함받을 수 없는 것이기 때문에, 그들의 최종적인 멸망은 피할 수 없는 것이 된다.

7. 땅이 그 위에 자주 내리는 비를 흡수하여 밭 가는 자들이 쓰기에 합당한 채소를 내면 하나님께 복을 받고.

땅이 그 위에 자주 내리는 비를 흡수하여. 이 절의 처음 부분에 나오는 '가르'(γὰρ)는 여기에서 이야기를 도입하는 역할을 할 뿐이고, 이유를 나타내는 것은 아니다. 즉, 이 절은 진정으로 중생한 그리스도인들과 중생하지 못한 배교자들의 상태와 그 결국을 하나의 비유로 예시해서 보여 준다. 따라서 여기에서 사도는 이렇게 말한 것과 같다: 너희는 참되고 온전한 그리스도인들이 복을 받고 배교자들이 화를 입는다는 말씀을 듣고서, 거기에 대하여 이상하게 생각하거나 거리낌을 가질 필요가 없다. 왜냐하면, 그리스도께서 씨 뿌리는 자의 비유에서 말씀하신 것처럼, 사람들의 심령은 "땅"과 같아서, 성령께서 죄인에게 역사하셔서 새롭게 하신 "착하고 좋은 마음"(눅 8:15)은 "좋은 땅"(마 13:8; 눅 8:8)과 같기 때문이다. 왜냐하면, 성령께서는 죄인들의 심령에 역사하셔서 그들의 본성을 바꾸어 착하고 좋은 마음이 되게 하시기 때문이다(겔 11:19, "내가 그들에게 한 마음을 주고 그 속에 새 영을 주며 그 몸에서 돌 같은 마음을 제거하고 살처럼 부드러운 마음을 주어"; 36:26-27, "또 새 영을 너희 속에 두고 새 마음을 너희에게 주되 너희 육신에서 굳은 마음을 제거하고 부드러운 마음을 줄 것이며 또 내 영을 너희 속에 두어 너희로 내 율례를 행하게 하리니 너희가 내 규례를 지켜 행할지라"). 땅이 하나님이 내려 주시는 비를 흡수해서 촉촉하게 되어 그 습기로 열매를 맺는 것과 마찬가지로(시 45:9-10), 이 "착하고 좋은 마음"도 하나님의 말씀과 성례전들을 통해서 하늘로부터 내려오는 영적인 이슬과 비를 흡수해서 열매를 맺는다(신 32:2).

밭 가는 자들이 쓰기에 합당한 채소를 내면. 땅은 하나님이 정하신 바에 따라서(창 1:11-12; 2:5-6), 땅을 가는 자들을 위하여 온갖 종류의 열매들을 낸다. 마찬가지로, 이 착하고 선한 심령들도 그들의 밭을 가신 하나님이 기뻐하시고 흡족해하시는 그런 열매를 맺는다(마 13:23; cf. 벧후 1:5-8; 고후 9:10, "심는 자에게 씨와 먹을 양식을 주시는 이가 너희 심을 것을 주사 풍성하게 하시고 너희 의의 열매를 더하게 하시리니"; 갈 5:22-23, "오직 성령의 열매는 사랑과 희락과 화평과 오래 참음과 자비와 양선과 충성과 온유와 절제니 이같은 것을 금지할 법이 없느니라"). 사람들의 심령을 밭으로 삼아 씨 뿌리고 경작하시는 크신 하나님께서는 그들로부터 그러한 열매를 기대하신다(고전 3:6-7, 9, "나는 심었고 아볼로는 물을 주었으되 오직 하나님께서 자라나게 하셨나니 그런즉 심는 이나 물 주는 이는 아무 것도 아니로되 오직 자라게 하시는 이는 하나님뿐이니라 … 우리는 하나님의 동역자들이요 너희는 하나님의 밭이요 하나님의 집이니라").

하나님께 복을 받고. "좋은 땅"이 선한 열매를 맺는 것은 하나님께 복을 받았기 때문이다. 따라서 하나님으로부터 더 많은 복을 받을수록, 땅은 더 많은 열매를 맺게 된다(창 27:27). 땅이 열매를 맺은 것이 하나님께서 그 땅에 복을 주시는 원인이자 공로가 되는 것은 결코 아니다. 왜냐하면, 하나님께서 복을 주시는 것은 전적인 은혜로 말미암은 것이고, 땅이 만들어 낸 어떤 공로로 인한 것이 아니기 때문이다. 하지만 하나님께서는 자신의 은혜로 말미암아 "착하고 좋은 마음"에 복을 주시고, 그러한 심령들이 은혜의 방편들을 활용해서 끊임없이 영적인 위로와 힘을 더욱더 키워가서, 결국에는 하나님이 주시는 복의 완성인 영생에 이르게 하신다(히 6:9).

8. 만일 가시와 엉겅퀴를 내면 버림을 당하고 저주함에 가까워 그 마지막은 불사름이 되리라.

만일 가시와 엉겅퀴를 내면. 이 절의 처음 부분에 나오는 불변화사 '데'(δὲ, 한글개역개정에는 "만일")는 "그러나"라는 역접의 의미를 나타내는데, 사도는 앞에서 "좋은 땅"에 대한 설명을 마친 후에, 여기에서는 이 불변화사를 사용해서, 죄악된 배교자들의 상태와 그 결국을 보여 주는 "나쁜 땅"에 대한 설명을 이어나간다. 중생하지 못한 심령인 "나쁜 땅"에도, 말씀과 성례전들을 통해서 하늘로부터 내려오는 복음의 이슬과 영적인 비가 주어지지만, "나쁜 땅"은 그 밭의 소유자나 그 밭을 가는 자가 흡족해할 채소들이나 열매들을 내지 않고, 도리어 "가시와 엉겅퀴"를 낸다. 이렇게 배교자들은 성령의 온갖 조명들과 성령의 은사들을 통해서 성령의 초자연적인 이슬과 비를 맛보지만, 돌 같은 중생하지 못한 심령으로부터 오직 부패한 것들과 악들만을 낸다. 그들 속에는 육신의 소욕들과 정욕들이 깊이 뿌리내리고 있기 때문에, 그러한 소욕들과 정욕들의 열매들만이 나오는 것이다(눅 8:7, 13-14). 그들에게서 나오는 말들과 그들이 행하는 행위들은 불신앙과 외식과 배교로 점철되어 있어서, 하나님을 욕되게 하고 사람들을 해치는 해롭기 짝이 없는 것들이다(벧후 2:1-3, 12, 14, 18-22; 유 1:4, 8, 10, 12, 16, 19).

버림을 당하고. "버림을 당하다"로 번역된 '아도키모스'(ἀδόκιμος)는 여기에서 주인이 경작하기를 아예 포기하고 방치해서 전혀 돌보지 않는 땅을 의미한다. 배교자들이 타락한 마음을 지니고서 악을 옳다고 하고 선을 배척하면, 그들은 하나님으로부터 버림을 당하게 된다. 즉, 하나님께서는 성령을 통해서 영적인 이슬과 비를 그들에게 부어 주셨지만, 그들이 그 어떤 선한 열매도 맺지 않아서, 성령의 온갖 은사들이 그들에게 소용없게 되었기 때문에, 그들에게서 그 모든 것들을 거두어들이시고, 그들의 "상실한 마음"대로 하도록 그들을 내버려 두신다.

저주함에 가까워. 다윗이 길보아 산에서 죽은 사울과 요나단을 조문하여 "길보아 산들아 너희 위에 이슬과 비가 내리지 아니하며 제물 낼 밭도 없을지어다 거기서 두 용사의 방패가 버린 바 됨이니라"(삼하 1:21)고 길보아 산을 저주하였고, 그리스도께서 열매를 맺지 않은 무화과나무를 저주하셨듯이(마 21:19; 막 11:21), 배교자들은 그들의 주인이신 하나님께 버림을 받고 저주를 받게 된다(벧후 2:14). 그리스도께서는 이렇게 저주 아래 놓이게 된 배교자들을 심판하셔서, 그들을 눈먼 마음과 완악한 마음에 넘겨 주실 뿐만 아니라 사탄에게 넘겨주신다. 그러한 심판은 믿지 않은 유대인들에게 임하였는데(요 12:40, "그들의 눈을 멀게 하시고 그들의 마음을 완고하게 하셨으니 이는 그들로 하여금 눈으로 보고 마음으로 깨닫고 돌이켜 내게 고침을 받지 못하게 하려 함이라"), 배교자들에게도 똑같은 심판이 임할 것이다(딤전 1:19-20, "믿음과 착한 양심을 가지라 어떤 이들은 이 양심을 버렸고 그 믿음에 관하여는 파선하였느니라 그 가운데 후메내오와 알렉산더가 있으니 내가 사탄에게 내준 것은 그들로 훈계를 받아 신성을 모독하지 못하게 하려 함이라").

그 마지막은 불사름이 되리라. "가시와 엉겅퀴"의 최후는 불에 살라져서 없어지는 것이다. 이것이 배교자들의 최종적인 결말이 될 것이다. 그리스도께서는 자기를 거부하고 배척한 자들을 영원한 불로 멸하실 것이다(히 10:27, "오직 무서운 마음으로 심판을 기다리는 것과 대적하는 자를 태울 맹렬한 불만 있으리라"; 12:29; 마 3:12, "손에 키를 들고 자기의 타작 마당을 정하게 하사 알곡은 모아 곳간에 들이고 쭉정이는 꺼지지 않는 불에 태우시리라"; 25:41, "왼편에 있는 자들에게 이르시되 저주를 받은 자들아 나를 떠나 마귀와 그 사자들을 위하여 예비된 영원한 불에 들어가라"; 살후 1:7-9).

9. 사랑하는 자들아 우리가 이같이 말하나 너희에게는 이보다 더 좋은 것 곧 구원에 속한 것이 있음을 확신하노라.

사도는 이 서신의 수신자들인 히브리인들이 자기가 앞에서 말한 것이 그들이 그런 자들이라고 말하고 있는 것으로 오해하는 것을 피하기 위해서, 이 절에서는 히브리인들에 관한 자신의 판단과 생각을 덧붙이고, 다음 절에서는 그 이유를 덧붙인다.

사랑하는 자들아 우리가 이같이 말하나 너희에게는 이보다 더 좋은 것 … 이 있음을 확신하노라. 우리는 배교자들이 어떤 상태에 도달해서 어떤 상태로 되고, 그 결국이 어떠한지에 대하여 지금까지 말하였지만, 너희가 그런 배교자들이라고 말하는 것은 결코 아니다. 도리어, 우리는 말은 이렇게 하고 있지만, 너희가 그렇지 않다는 것을 "확신하고" 있다. 여기에서 "확신하다"로 번역된 단어는 단순한 추측이나 추정을 의미하지 않는다. 왜냐하면, 사도 바울은 영들을 분별하는 은사를 가지고 있었고, 이 글을 쓰고 있는 성령께서는 그들이 어떤 자들인지를 아주 잘 알고 있는 까닭에, 자기는 그들이 기독교 신앙에 있어서 좋은 상태에 있다는 것을 확신하였고, 성령께서도 그들에게 보내진 다른 사도들의 서신들을 통해서 그들이 그런 상태에 있다는 것을 증언하셨기 때문이다. 사도 바울이 그들이 배교자들이 아니라고 확신한다고 말한 것은, 단지 자기가 그들을 지극히 사랑하고 있어서, 그들을 좋은 쪽으로 보고 있기 때문이 아니라, 그들은 참된 그리스도인들이고 그리스도의 몸의 지체들이라는 것을 그가 확신하였기 때문이었다. 따라서 사도가 앞에서 배교자들에 대하여 쓴 내용으로 인해서 그들이 어떤 두려움을 지니게 되었든, 그들은 사도에게 아주 귀하고 소중한 자들이었다. 왜냐하면, 그들은 사도가 앞에서 배교자들의 특징들로 열거한 것들(히 6:4-5)보다 "더 좋은 것들"을 지니고 있었기 때문이었다. 즉, 성령께서는 그들의 심령에 역사하셔서 단지 빛만을 주시거나 그들의 감정을 고조시킨 데서 그친 것이 아니라, 그들에게 새로운 빛과 새로워진 마음과 새로운 깨달음의 눈을 주셔서, 그들로 하여금 구원받게 하셨다는 것이다. 그리스도께서는 자신의 지극히 크신 능력으로 역사하셔서, 그들을 신앙을 고백하는 그리스도인들이 되게 하셨을 뿐만 아니라, 새로운 피조물들이 되게 하셨고, 그 결과 그리스도의 영으로 말미암아 그들의 지성과 의지와 감정은 모두 변화되어서 진정으로 신령하게 되었다. 그리고 그들은 자신들에게 주어진 참된 은혜를 나타냄으로써(히 6:10), 자신들이 진정으로 변화되었다는 것, 즉 그들의 빛과 상태와 결국이 배교자들보다 더 낫고 뛰어나고 전혀 다른 성격의 것이라는 것을 드러내고 있다.

곧 구원에 속한 것. 여기에서 "구원에 속한 것들"은 그들이 구원받은 자들이라는 것을 보여 주는 것들, 이를테면 "영적인 생각"과 "신성한 성품" 등을 가리킨다. 영적인 생각을 하는 것의 뿌리에는 영원한 생명이 자리잡고 있다(롬 8:6["육신의 생각은 사망이요 영의 생각은 생명과 평안이니라"],10-11["그리스도께서 너희 안에 계시면 몸은 죄로 말미암아 죽은 것이나 영은 의로 말미암아 살아 있는 것이니라 예수를 죽은 자 가운데서 살리신 이의 영이 너희 안에 거하시면 그리스도 예수를 죽은 자 가운데서 살리신 이가 너희 안에 거하시는 그의 영으로 말미암아 너희 죽을 몸도 살리시리라"],16-17["성령이 친히 우리의 영과 더불어 우리가 하나님의 자녀인 것을 증언하시나니 자녀이면 또한 상속자 곧 하나님의 상속자요 그리스도와 함께 한 상속자니"]). 또한, 사도 베드로는 이 히브리인들에게 보낸 서신에서 "그의 신기한 능력으로 생명과 경건에 속한 모든 것을 우리에게 주셨으니 이는 자기의 영광과 덕으로써 우리를 부르신 이를 앎으로 말미암음이라 이로써 그 보배롭고 지극히 큰 약속을 우리에게 주사 이 약속으로 말미암아 너희가 정욕 때문에 세상에서 썩어질 것을 피하여 신성한 성품에 참여하는 자가 되게 하려 하셨느니라"(벧후 1:3-4)고 말함으로써, 그들이 "신성한 성품"에 참여한 자들이라고 말한다(cf. 벧전 1:1-5). 이것은 그들의 영들이 은혜의 상태에 있다는 것을 보여 주고, 그들이 구원받은 자들로서, 구원에 따른 약속들을 지니고 있는 자들임을 보여 준다. 따라서 그들은 그리스도와 연합된 자로서, 은혜로부터 떨어질 수 없는 자들이었다.

10. 하나님은 불의하지 아니하사 너희 행위와 그의 이름을 위하여 나타낸 사랑으로 이미 성도를 섬긴 것과 이제도 섬기고 있는 것을 잊어버리지 아니하시느니라.

이 절의 처음 부분에 나오는 불변화사 '가르'(γὰρ)는 사도가 앞에서 그들에 대하여 확신한다고 말한 이유를 이끄는 역할을 하는데, 사도는 그들의 마음속에 있는 하나님에 대한 믿음과 사랑, 그리고 그들의 행위 속에서 드러난 하나님에 대한 믿음과 사랑의 진정한 열매들이 바로 그 이유라고 말한다. 그런 것들은 그들이 참된 은혜 가운데 있음을 보여 주는 것들로서, "빛을 받는" 것보다 더 "좋은 것들"이었다. 하나님은 불의하지 아니하사. 이것은 이중부정으로서 강한 긍정이다. 하나님께서는 "불의하지 아니하실" 뿐만 아니라, 의로우시고 신실하시며 참되시기 때문에, 자기가 약속하신 것들을 반드시 행하신다. 이 확실한 진리는 이러한 강조의 부정문을 통해 단언되고 있다(cf. 살후 1:6-7; 요일 1:9). 만일 하나님께서 자신이 약속하신 것들을 행하지 않으신다면, 하나님은 불의하신 분이 되고 말 것이다.

너의 행위와 … 잊어 버리지 아니하시느니라. 하나님의 지식은 완전하기 때문에,

하나님께서는 모든 것들을 언제나 기억하고 계신다. 따라서 하나님은 이 히브리인들의 행위들을 통해서 드러난 그들 속에 있는 은혜를 알아차리시고서, 그들 가운데서의 자신의 은혜의 역사를 완성하심으로써, 그들에게 상을 주실 것이다. 사도는 빌립보서 1:6에서 "너희 안에서 착한 일을 시작하신 이가 그리스도 예수의 날까지 이루실 줄을 우리는 확신하노라"고 말하였듯이, 이 히브리인들 안에 있는 은혜로 말미암아 하나님께서 그들을 끝까지 지키셔서 구원을 이루게 하실 것을 확신하였다. 하나님께서는 너희가 믿음으로 말미암아 하나님의 이름으로 행한 일들, 너희가 복음을 담대하게 고백한 것을 결코 잊지 않으실 것이다(갈 5:6; 골 1:4; 살전 1:3). 그들은 자신들 속에 있는 하나님의 은혜로 말미암아 기뻐하였고, 처음부터 끝까지 순전히 하나님으로부터 온 이 은혜는, 그들이 하나님의 영광을 위하여 수고하고 애쓰는 것으로 나타났다. 즉, 그들은 궁핍한 성도들에게 하나님의 이름으로 필요한 것들을 공급함으로써, 이 은혜를 나타내었다(막 9:41).

그의 이름을 위하여 나타낸 사랑으로 이미 성도를 섬긴 것과 이제도 섬기고 있는 것을. 그들의 "사랑의 수고"는 그들이 그리스도를 위하여 행하였고 행하고 있는 일을 통해서 증명되었다. 그들은 자신들이 할 수 있는 모든 힘을 다해서 성도들에게 필요한 것들을 공급해 주고 위로하고 돌보아 주었는데, 성도들을 위하여 자신들의 재물만이 아니라 목숨까지도 내어주고자 하였다(요일 3:10-18, "그가 우리를 위하여 목숨을 버리셨으니 우리가 이로써 사랑을 알고 우리도 형제들을 위하여 목숨을 버리는 것이 마땅하니라 누가 이 세상의 재물을 가지고 형제의 궁핍함을 보고도 도와줄 마음을 닫으면 하나님의 사랑이 어찌 그 속에 거하겠느냐 자녀들아 우리가 말과 혀로만 사랑하지 말고 행함과 진실함으로 하자"). 사도는 히브리서 10:32-34에서 그들이 실제로 그렇게 하였다는 것을 확인해 준다: "전날에 너희가 빛을 받은 후에 고난의 큰 싸움을 견디어 낸 것을 생각하라 혹은 비방과 환난으로써 사람에게 구경거리가 되고 혹은 이런 형편에 있는 자들과 사귀는 자가 되었으니 너희가 갇힌 자를 동정하고 너희 소유를 빼앗기는 것도 기쁘게 당한 것은 더 낫고 영구한 소유가 있는 줄 앎이라." 또한, 아굴라와 브리스길라도 바울을 사랑하여 그렇게 하였다(롬 16:3-4, "너희는 그리스도 예수 안에서 나의 동역자들인 브리스가와 아굴라에게 문안하라 그들은 내 목숨을 위하여 자기들의 목까지도 내놓았나니 나뿐 아니라 이방인의 모든 교회도 그들에게 감사하느니라"). 그들의 그러한 행위는 그들이 하나님의 자녀들이라는 것을 보여 주는 것일 뿐만 아니라, 그리스도의 이름을 믿는 믿음으로 인하여 약탈과 탈취와 추방과 감옥에 갇히는 것과 죽음을 감수한 고난 받는 그리스도인들이었음을 보여 주는 것이다. 하나님을 인하여 이 히브리인들로부터 사랑을 받은 그러한 형제들은 이 히브리인들이 사망에서 생명으로 옮겨진 자들이라는 것을 증명해 주는 증거였다(요일 3:14, "우리는 형제를 사랑함으로 사망에서 옮겨 생명으로 들어간 줄을 알거니와 사랑하지 아니하는 자는 사망에 머물러 있느니라").

11. 우리가 간절히 원하는 것은 너희 각 사람이 동일한 부지런함을 나타내어 끝까지 소망의 풍성함에 이르러.

우리가 간절히 원하는 것은 너희 각 사람이 동일한 부지런함을 나타내어. 사도는 앞에서 히브리인들을 칭찬한 후에, 자기가 그들에게 듣기 좋으라고 그런 말을 한 것이 아님을 보여 주기 위하여, 이제 여기에서는 "그러나"라는 역접의 불변화사와 "우리가 간절히 원하는 것은"이라는 어구를 통해서, 그들에게 부족한 것이 무엇인지를 말해 준다. 여기에서 "간절히 원하다"로 번역된 '에피튀무멘'(ἐπιθυμοῦμεν)은, 사도가 그들을 마음속으로 깊이 사랑하여, 그들이 더욱더 유익을 얻게 되기를 간절하게 바라고 있다는 것을 나타낸다. 성령께서는 사도 바울에게 그러한 간절한 소원을 주셨고(갈 5:17), 그것은 그들이 행하면 유익이 되지만 안 해도 무방한 그런 것이 아니라, 그들이 완전한 데로 나아가기 위해서는 반드시 행해야 하는 것이었다. 사도는 누구에게나 그러한 간절한 소원을 품는 것은 아니었고, 히브리인들이 하나님과 하나님의 성도들을 사랑하는 것을 행위로 보여 준 자들이었기 때문에, 그들이 이전에 부분적으로 행해 왔던 것을 이제는 전면적으로 하나님의 모든 은혜의 방편들을 동원해서 이 땅에서 사는 날들이 끝날 때까지 부지런히 행함으로써, 하나님이 원하시는 "완전한 데로 나아가기"를 간절히 소원한 것이었다(벧후 1:5-10). "동일한 부지런함을 나타낸다"는 것은, 완전한 대로 나아가고자 하는 마음을 품고서 끝까지 최선을 다해서 분발하여 열심으로 달려가는 모습을 보이는 것을 의미한다(롬 2:7, "참고 선을 행하여 영광과 존귀와 썩지 아니함을 구하는 자에게는 영생으로 하시고").

끝까지 소망의 풍성함에 이르러. 그들의 심령은 하나님의 진리와 하나님의 약속들에 대하여 의심하는 온갖 생각들을 다 버리고서, 그리스도의 공로와 중보기도, 그리고 그들에 대한 하나님의 계획과 약속과 맹세에 의해서 확보된 영원한 구원을 향한 소망의 돛을 활짝 펼치고서, 그 어떤 요동함이나 불안함이나 참지 못하는 것을 다 떨쳐 버리고, 이 믿음의 지극히 확실하고 온전한 확신을 따라 끊임없이 앞으로 전진하는 것이 마땅하다(히 10:22-23, "우리가 마음에 뿌림을 받아 악한 양심으로부터 벗어나고 몸은 맑은 물로 씻음을 받았으니 참 마음과 온전한 믿음으로 하나님께 나아가자 또 약속하신 이는 미쁘시니 우리가 믿는 도리의 소망을 움직이지 말며 굳게 잡고"). 또한, 로마서 4:21("약속하신 그것을 또한 능히 이루실 줄을 확신하였으니")과 골로새서 1:21-23("전에 악한 행실로 멀리 떠나 마음으로 원수가 되었던 너희를 이제는 그의 육체의 죽음으로 말미암아 화목하게 하사 너희를 거룩하고 흠 없고 책망할 것이 없는 자로 그 앞에 세우고자 하셨으니 만일 너희가 믿음에 거하고 터 위에 굳게 서서 너희 들은 바 복음의 소망에서 흔들리지 아니하면 그리하리라 이 복음은 천하 만민에게 전파된 바요 나 바울은 이 복음의 일꾼이 되었노라")을 보라. 여기에서 "소망"은 믿음과 동일한 의미가 아니라, 믿음으로부터 필연적으로 생겨나는 것으로서, 하나님께서 약속하시고 맹세한 것을 장차 반드시 향유하게 될 것이라고 믿는 믿음 위에서 그 약속하신 것을 인내로써 간절히 소원하고 사모하는 것이다. 왜냐하면 하나님께서는 자신이 약속하신 것을 그리 멀지 않은 장래에, 그리고 가장 적절한 때에, 그 약속이 성취되기를 기다리는 모든 자들을 위하여 반드시 이루실 것이기 때문이다(히 11:1, "믿음은 바라는 것들의 실상이요 보이지 않는 것들의 증거니"; cf. 롬 4:13; 딛 1:2; 벧전 1:3, 13, 21). 그리스도인들이 이렇게 소망을 가지고서 부지런히 행하는 것은 그들의 날들이 끝날 때까지, 그리고 그들에게 주어진 은혜가 영광 중에서 온전하게 될 때까지, 즉 자신들이 믿고 소망하며 온전히 확신해 온 것을 온전히 향유하게 될 때까지 계속되어야 한다(롬 6:22, "그러나 이제는 너희가 죄로부터 해방되고 하나님께 종이 되어 거룩함에 이르는 열매를 맺었으니 그 마지막은 영생이라"; 벧전 1:9, 13, "믿음의 결국 곧 영혼의 구원을 받음이라 … 그러므로 너희 마음의 허리를 동이고 근신하여 예수 그리스도께서 나타나실 때에 너희에게 가져다주실 은혜를 온전히 바랄지어다").

12. 게으르지 아니하고 믿음과 오래 참음으로 말미암아 약속들을 기업으로 받는 자들을 본받는 자 되게 하려는 것이니라.

게으르지 아니하고. 너희가 부지런하고자 한다면, "게으름"을 떨쳐 버려야 한다. 왜냐하면, 너희는 본성적으로 게으름에 끌릴 수밖에 없기 때문이다(히 5:11). 너희는 육신적인 지각이나 감정은 빠르게 움직이지만, 하나님의 신비들을 이해하고 깨닫는 데에는 둔한 자들이다. 너희는 나름대로 믿음의 수고를 해 오긴 하였지만, 성령께서 너희에게 원하는 저 높은 수준, 즉 온갖 "게으름"을 다 내 버리는 수준까지는 이르지 못하였다.

믿음과 오래 참음으로 말미암아 약속들을 기업으로 받는 자들을 본받는 자 되게 하려는 것이니라. 사도는 "본받는 자들"로 번역된 '미메타이'(μιμηταὶ)라는 표현을 통해서, 히브리인들이 그들보다 앞서 온갖 고난과 역경 속에서도 끝까지 인내하면서 부지런히 "완전한 데로 나아가서" 구원을 이루고자 하였던 믿는 자들을 본받아야 한다는 것을 보여 준다. 하나님이 약속하신 것들은 그 어떤 피조물의 능력으로도 이룰 수 없고 오직 하나님의 능력으로만 이룰 수 있는 눈에 보이지 않고 뛰어난 장래의 일들이었기 때문에, 이전의 믿음의 선조들은 하나님이 주신 은혜 가운데서 "믿음과 오래 참음으로" 부지런히 행함으로써, 그 약속들을 자신들의 유업으로 받게 된 사람들이다(히 11:1, 9-10, 16; 13:7). 그들이 이 약속들을 유업으로 받기 위해서 "오래 참음"이 필요한 이유는, 하나님이 약속하신 것들은 그들로부터 아주 멀리 떨어진 저 장래의 일들이고, 그들은 많은 사람들로부터 많은 고난들을 겪으며, 불과 물을 통과하고(사 43:2), 하나님이 정하신 때를 기다려야 하기 때문이다(히 10:36, "너희에게 인내가 필요함은 너희가 하나님의 뜻을 행한 후에 약속하신 것을 받기 위함이라"; 12:1; 롬 15:4-5; 약 1:3). 그들이 본받아야 할 자들은 복된 약속들의 상속자들이었고(히 6:14), 그들 자신과 모든 족속이 복을 받는 통로이신 저 찬송 받으실 "자손"이신 그리스도 안에 있는 신령한 복들의 상속자들이었다(창 22:18). 여기에서 이런 질문이 제기될 수 있다: 히브리서 11:13에서 사도가 "이 사람들은 다 믿음을 따라 죽었으며 약속을 받지 못하였으되 그것들을 멀리서 보고 환영하며 또 땅에서는 외국인과 나그네임을 증언하였으니"라고 말한 것처럼, 아브라함은 약속들을 받지 못한 것이 분명한데, 그가 약속들을 유업으로 받았다고 본문에서는 말하고 있는 이유는 무엇인가? 예수 그리스도에 의한 칭의와 성화와 양자됨과 구원 같은 영적인 구원에 관한 약속들을 그들이 모두 받았다는 것은, 히브리서 11:10, 14, 16과 로마서 4:8-25("그가 백 세나 되어 자기 몸이 죽은 것 같고 사라의 태가 죽은 것 같음을 알고도 믿음이 약하여지지 아니하고 믿음이 없어 하나님의 약속을 의심하지 않고 믿음으로 견고하여져서 하나님께 영광을 돌리며 약속하신 그것을 또한 능히 이루실 줄을 확신하였으니 그러므로 그것이 그에게 의로 여겨졌느니라 그에게 의로 여겨졌다 기록된 것은 아브라함만 위한 것이 아니요 의로 여기심을 받을 우리도 위함이니 곧 예수 우리 주를 죽은 자 가운데서 살리신 이를 믿는 자니라")이 분명하게 보여 준다. 그들이 받은 그러한 약속들은 가나안 땅을 소유하게 되는 것과 같이, 하나님이 정하신 합당한 때, 즉 장차 그리스도께서 성육신하실 때에 이루어질 것이었고(요 8:56), 그런 의미에서 그들은 그 약속들이 그리스도 안에서 성취될 것임을 믿음으로 보았지만, 은혜의 언약 안에서 주어지는 구원과 영광과 천국을 실제로 누리지는 못하였고, 단지 장차 그런 것들을 유업으로 물려받게 될 것이라는 약속만을 받은 것이라고 할 수 있다.

13. 하나님이 아브라함에게 약속하실 때에 가리켜 맹세할 자가 자기보다 더 큰 이가 없으므로 자기를 가리켜 맹세하여.

하나님이 아브라함에게 약속하실 때에. 이 절의 처음 부분에 나오는 불변화사 '가르' (γὰρ)는, 사도가 이 절에서 말하는 것은 그가 앞에서 말한 것을 확증하는 것임을 보여 준다. 즉, 사도는 아브라함을 비롯한 믿음의 선조들은 "믿음과 오래 참음으로 말미암아" 약속들을 유업으로 받았는데, 하나님께서는 그들에게 약속을 하실 때에 "맹세"로써 약속을 하심으로써, 자신의 약속들이 확실함을 그들에게 보여 주셨다는 것이다. 자기가 하신 약속을 얼마든지 지키실 능력이 있으신 전능하신 하나님께서는 믿는 자들의 조상인 아브라함에게, 그의 "자손"인 구속주이신 그리스도를 통하여 육신적이고 영적인 복을 그에게 주시겠다고 약속하시고서, 그리스도의 모형으로서 이삭을 그에게 주셨고, 아브라함이 자기 아들 이삭을 하나님께 제물로 바치고자 하였을 때, 그의 믿음을 확인하시고서는 그 약속을 맹세로써 확증해 주셨다.

가리켜 맹세할 자가 자기보다 더 큰 이가 없으므로. 맹세로써 약속하는 사람은 자기보다 더 큰 사람을 걸고 맹세를 하여야 한다. 왜냐하면, 자기가 한 약속을 지켰는지 지키지 않았는지를 나중에 판단해 줄 수 있고, 안 지켰을 경우에는 거기에 합당한 벌을 내릴 수 있는 사람을 걸고 맹세를 하여야 하기 때문이다. 그런데 하나님께서는 자기보다 더 큰 이가 없었기 때문에, 다른 어떤 존재를 걸고서 맹세하실 수 없으셨다.

자기를 가리켜 맹세하여. 여호와 하나님께서는 가장 선하시고 가장 크신 분이시고, 모든 일을 최종적으로 확정하시는 분이시기 때문에, 자기 자신을 걸고 맹세하셨는데, 이것은 가장 확실한 맹세였다. 즉, 성자 하나님, 곧 "언약의 사자"가 육신을 입으시고 피조물이 되셔서 이 땅에 오신 것도 기이한 겸비인데, 하나님께서는 여기에서 마치 자신이 피조물이라고 되시는 듯이 자신의 손을 영원을 향하여 들어올리셔서, 자신의 무한하고 불변하는 존재의 제단에 올려놓으시고, 자신의 신성을 걸고서 맹세하심으로써, 자신의 약속이 지극히 확실한 것임을 보여 주셨다는 것이다. 왜냐하면, 이것은 하나님께서 아브라함에게 자기가 약속하신 것을 장차 이루어지게 하지 않으신다면, 하나님은 하나님이라는 지위를 잃게 될 것임을 의미하는 것이었기 때문이다. 이 맹세에 대해서는 창세기 22:15-18을 보라: "여호와께서 이르시기를 내가 나를 가리켜 맹세하노니 네가 이같이 행하여 네 아들 네 독자도 아끼지 아니하였은즉 내가 네게 큰 복을 주고 네 씨가 크게 번성하여 하늘의 별과 같고 바닷가의 모래와 같게 하리니 네 씨가 그 대적의 성문을 차지하리라 또 네 씨로 말미암아 천하 만민이 복을 받으리니 이는 네가 나의 말을 준행하였음이니라." 이것은 아브라함에게만이 아니라 모든 믿는 자들에게 은혜의 언약을 확증해 주시는 맹세였다.

14. 이르시되 내가 반드시 너에게 복 주고 복 주며 너를 번성하게 하고 번성하게 하리라 하셨더니.

사도는 여기에서 하나님께서 맹세하신 내용과 그 양식을 제시한다. 창세기 22:16에서 맹세의 양식을 보여 주는 '키'라는 표현은 이 본문에서 "반드시"로 번역된 불변화사 속에 함축되어 있다(히 3:11). 맹세의 양식들은 "만일 내가 ~하지 않는다면"을 나타내는 부정의 표현들인 경우도 있지만, 여기에서는 "반드시," 또는 "진실로"라는 긍정의 맹세 양식이 사용되고 있는데, 그리스도께서 "진실로"라는 긍정의 양식을 자주 사용하신다. 따라서 "반드시" 또는 "진실로"는 그리스도께서 자신이 하신 말씀이 절대적으로 참되다는 것을 단호하게 선언하시는 표현이다. 사도는 여기에서 하나님께서 당시에 아브라함에게 하신 맹세 전체가 아니라, 이 본문에서의 자신의 목적에 맞게 그 중에서 골자가 되는 내용만을 가져와서 인용한다. 히브리식 표현방식인 "복 주다"라는 단어 속에는, 육신적이고 영적인 온갖 복을 반드시 차고 넘치게 주시겠다는 의미가 내포되어 있다. 하나님께서는 아브라함의 육신의 자손들도 반드시 크게 번성하여 바다의 모래알처럼 많게 하실 것임과 동시에, 저 찬송 받으실 약속의 자손이신 우리 주 예수 그리스도를 그에게 주셔서, 그를 비롯한 모든 믿는 자들이 그러한 복을 받게 하실 것이라고 약속하셨다(창 22:16-18). 하나님께서 이렇게 맹세로써 주신 약속을 보면, 거기에는 자신이 아브라함을 얼마나 사랑하시는지를 말로 이루 다 표현할 수 없다는 듯한 하나님의 심정이 담겨 있다.

15. 그가 이같이 오래 참아 약속을 받았느니라.

그가 이같이 오래 참아. 아브라함이 보여 준 태도는 하나님께서 이렇게 맹세로써 하신 약속에 걸맞는 것이었다. 그는 많은 시험들 속에서 괴로움을 감수하며 꼬박 30년을 인내하며 기다렸다. 그는 모든 시험을 극복하였고, 끝까지 하나님의 언약을 굳게 믿었다. 그는 하나님께서 자신의 약속을 가장 적절한 때에 이루실 것을 알고서, 의심하거나 불평함이 없이, 믿음과 소망 가운데서, 하나님이 약속을 이루시기만을 인내로써 기다렸다. 그는 긴 호흡을 지닌 믿는 자였다(요 8:56, "너희 조상 아브라함은 나의 때 볼 것을 즐거워하다가 보고 기뻐하였느니라"; 롬 4:20-21; 약 1:2-3, "내 형제들아 너희가 여러 가지 시험을 당하거든 온전히 기쁘게 여기라 이는 너희 믿음의 시련이 인내를 만들어 내는 줄 너희가 앎이라").

약속을 받았느니라. 아브라함은 마침내 하나님께서 약속하신 것을 하나도 빠짐없이 모두 다 받았고 온전히 소유하였다. 그는 저 찬송 받으실 "자손"의 모형인 이삭을 통해서 육신의 복들을 받았고, 바로 그 약속의 "자손"인 메시야를 통해서 하늘의 가나안에서 온갖 신령하고 영원한 복을 받았다(마 22:32, "나는 아브라함의 하나님이요 이삭의 하나님이요 야곱의 하나님이로라 하신 것을 읽어 보지 못하였느냐 하나님은 죽은 자의 하나님이 아니요 살아 있는 자의 하나님이시니라").

16. 사람들은 자기보다 더 큰 자를 가리켜 맹세하나니 맹세는 그들이 다투는 모든 일의 최후 확정이니라.

사람들은 자기보다 더 큰 자를 가리켜 맹세하나니. 여기에서 사용된 불변화사 '가르'(γὰρ)는, 사도가 앞에서 하나님께서 맹세로써 약속하셨다는 것으로부터 이끌어낸 논증을 보충설명 하고 강화해서, 모든 믿는 자들로 하여금 소망의 온전한 확신을 가지고서, 하나님이 아브라함에게만이 아니라 그들에게도 하신 저 맹세와 약속을 끝까지 붙들고 부지런히 행하도록 권면하는 내용을 도입하는 역할을 한다. 즉, 사도는 여기에서 사람들의 맹세도 그들 가운데서의 의심들이나 다툼들이나 분쟁들을 최종적으로 확정해 주는 역할을 하는데, 하물며 하나님께서 맹세로써 말씀하신 것은 추호의 의심도 있을 수 없는 것이기 때문에, 이 서신의 수신자들인 히브리인들은 하나님이 맹세로써 약속하신 것을 굳게 믿어야 한다는 것이다. 이 맹세의 규례를 만들어 내고 창안해 낸 것은 사람들이 아니라 하나님이시기 때문에, 사람들은 맹세를 할 때에 하나님이 요구하신 것들을 지켜야 한다. 따라서 사람들은 하나님이 자신에 대한 예배의 일부로 제정하신 이 특별한 규례를 행할 때, 반드시 하나님의 뜻을 따라 합당하게 맹세하여야 하고, 오직 사람들의 마음의 의도와 은밀한 것들을 다 아시고, 만유보다 절대적으로 크신 하나님만을 가리켜서 맹세하여야 한다. 모든 사람들의 절대주권자이신 하나님께서는 전지전능하시고 모든 곳에 계시는 분이시기 때문에, 거짓 맹세하는 자들을 아시고, 그런 자들에게 육신적인 벌만이 아니라 영원한 벌도 가하신다. 하나님께서는 사람들이 하나님 이외의 다른 것을 가리켜 맹세하는 것을 책망하신다(신 6:13; 렘 4:2).

맹세는 그들이 다투는 모든 일의 최후 확정이니라. 하나님에 대한 예배의 특별한 부분인 맹세 규례에 있어서, 사람들은 자기가 맹세로써 한 말이 참되다는 것을 증언해 주실 공동 증인이자, 그것이 거짓 맹세였을 경우에는 거기에 합당한 심판을 내리시고 복수하실 분으로 하나님을 호출하는 것이기 때문에, 맹세는 사람들 서로 간의 신뢰와 믿음과 거기에 수반되는 사랑을 최종적으로 확증해 주는 것이다. 따라서 말이나 행위와 관련해서 사람들 간에 다툼이나 의심이나 의구심이나 분쟁이 일어났고, 그 일이 눈으로 보는 것이나 이치를 따져서 해결될 수도 없고, 그것을 아는 증인들을 세우거나 그 밖의 다른 어떤 방식으로도 해결될 수 없는 일인 경우에는, 사람들은 하나님을 가리켜 맹세함으로써, 하나님을 그 일에 대한 증인으로 호출하게 되는데, 이러한 맹세는 자기가 한 말이 거짓인 경우에는 하나님으로부터 기꺼이 거짓 맹세의 벌을 받겠다는 것을 공개적으로 선언한 것이기 때문에, 그 일에 대하여 의심이 있었던 사람들은 그 맹세한 사람이 하나님의 벌을 감수하면서까지 거짓말을 하지 않을 것으로 여겨서, 맹세로써 한 말이 참되다는 것을 믿게 되고, 따라서 지금까지 온갖 다툼과 의심과 논쟁이 일어났던 그 일은 그것으로 사람들 가운데서 최종적으로 확정되게 되고, 모든 다툼은 그치게 된다.

17. 하나님은 약속을 기업으로 받는 자들에게 그 뜻이 변하지 아니함을 충분히 나타내시려고 그 일을 맹세로 보증하셨나니.

사도는 앞 절에서 맹세의 성격에 대하여 말한 후에, 여기에서는 그것을 토대로 해서 하나님이 맹세로써 말씀하셨다는 것이 무엇을 의미하는지에 대한 설명을 덧붙인다. 즉, 하나님께서 맹세로 약속하신 목적은, 자신의 약속이 언제까지나 변함없을 것임을 분명하게 하심으로써, 믿는 자들에게 더 큰 힘과 위로가 되게 하시기 위한 것이었다는 것이다.

하나님은 … 충분히 나타내시려고. 헬라어 본문에는 이 절의 맨 앞에 '엔 호'(ἐν ᾧ)라는 어구가 나오는데, 이 어구는 "그 일에 있어서" 또는 "그 경우에 있어서"라는 의미이다(한글개역개정에는 이 어구를 나중에 "그 일을"로 번역하여, "보증하셨나니"의 목적어로 표현하였다 — 역주). 그리고 여기에서 "그 일" 또는 "그 경우"는 하나님께서 아브라함에게 맹세로써 약속하신 일을 가리키는데, 이 약속은 단지 아브라함에게만 적용되는 것이 아니라, 아브라함의 모든 믿는 자손들에게도 적용되는 것이었다(롬 4:23-24). 하나님께서는 전적으로 자신의 자유의지와 은혜로, 그리고 그들에 대한 자신의 선하심과 사랑하심으로 인하여, 그들이 그런 약속을 받을 만한 자격이 없는 것을 뻔히 아시면서도, 그들이 전혀 기대하지도 않은 것을 그들을 위하여 행하시겠다고 처음에는 단순히 계시하셨고, 다음으로는 약속하셨으며, 나중에는 맹세로써 확증하셨다. 하나님께서는 그들에 대한 자신의 값없이 거저 주시는 사랑이 얼마나 차고 넘치고 지극한지를 이런 식으로 모든 방법을 다 동원하셔서 보여 주셨기 때문에, 그러한 것들보다 더 확실하게 자신의 사랑을 그들에게 더 보여 주실 수 있는 방법은 없었다. 그들을 위한 하나님의 은혜의 계획은 하나님 자신 외에는 그 누구도 알 수 없고 드러내 보여 줄 수 없는 것이었기 때문에, 하나님께서는 친히 자신의 은혜의 영광스러운 계획을 그들에게 아주 분명하게 한 치의 의심할 여지도 없이 계시하시고 알게 하셨다.

약속을 기업으로 받는 자들에게. "약속을 기업으로 받는 자들," 즉 하나님의 약속을 유업으로 상속받게 될 자들"은 아브라함의 믿음의 자손들, 곧 모든 참된 믿는 자들을 가리킨다. 하나님께서는 자신의 약속을 따라서, 이삭과 마찬가지로 그들도 자신의 자녀들이자 상속자들로 삼으셨다(갈 3:22, 26, 29; 4:26-28). 그래서 로마서 8:17에서는 "자녀이면 또한 상속자 곧 하나님의 상속자요 그리스도와 함께 한 상속자"라고 말한다. 하나님께서는 오직 그러한 상속자들을 얻고자 하셨고, 그들의 구원을 확실히 하고자 하셨다.

그 뜻이 변하지 아니함을. 하나님 자신만이 아니라 하나님의 뜻과 작정하심도 변하지 않기 때문에, 영원 전부터 하나님께서 계획하시고 뜻하신 것들은 그 성취 여부가 불확실한 것이 전혀 없고, 절대로 바뀌지도 않으며, 상황에 따라 변경되지도 않는다. 하나님께서 자신이 약속하신 "자손"인 예수 그리스도로 말미암아 회개하고 믿은 자들을 구원하시고 온전하게 하시며 하나로 모으시고자 하신 영원하신 뜻과 작정하심은 일점일획도 결코 변하지 않았고, 앞으로도 결코 변하지 않을 것이다. 하나님께서는 그러한 뜻을 세상에 계시하였고, 만일 그러한 계시가 없었다면, 믿는 자들은 그 어떤 힘과 위로도 얻을 수 없을 것이다. 또한, 만일 하나님의 그러한 뜻이 변할 수 있는 것이라면, 그 뜻은 믿는 자들에게 지속적이고 영속적인 힘과 위로가 될 수 없을 것이다.

그 일을 맹세로 보증하셨나니. "보증하셨다"로 번역된 '에메시튜센'(ἐμεσίτευσεν)은 두 당사자 사이에서 보증인의 역할을 하는 중재자가 하는 고유한 행위이다. 따라서 우리가 이 단어를 성자 하나님께 적용하는 것은 합당하다. 왜냐하면, 예수 그리스도께서는 믿는 자들을 영원한 구원의 상속자들로 삼겠다고 약속하신 성부 하나님과 그 약속을 받은 믿는 자들 사이에 서서, 성부 하나님의 약속이 모든 믿는 자들에게 이루어질 것임을 보장하는 보증인으로서의 역할을 하시기 때문이다. 그래서 성자 하나님께서는 그들로 하여금 하나님의 약속이 변하지 않을 것이고 정확히 다 이루어질 것임을 알게 하시기 위하여, 맹세로써 그들에게 확증하시고 보증하심으로써, 이 약속에 대하여 그들이 가질 수 있는 온갖 의심과 두려움과 경계심을 제거하신다. 그들은 사람들이 맹세를 해도 그 맹세를 믿을 것인데, 하물며 중보자이신 예수 그리스도의 맹세를 그들이 믿고 만족하지 못한다면, 그것이 말이 되겠는가!

18. 이는 하나님이 거짓말을 하실 수 없는 이 두 가지 변하지 못할 사실로 말미암아 앞에 있는 소망을 얻으려고 피난처를 찾은 우리에게 큰 안위를 받게 하려 하심이라.

이 두 가지 변하지 못할 사실로 말미암아. 사도는 중보자이신 예수 그리스도의 맹세의 또 하나의 목적을 여기에서 덧붙이는데, 그것은 앞서 말한 하나님의 맹세와 약속은 영원토록 확고하고 변함이 없어서, 천지가 없어지더라도 없어질 수 없다는 것이다. 이는 하나님이 거짓말을 하실 수 없는. 만일 하나님께서 자신의 약속을 지키지 않으신다면, 하나님은 더 이상 하나님이 아니게 된다. 왜냐하면, 거짓말을 하실 수 없다는 것은 하나님의 본질에 속하는 진리인데, 하나님이 거짓말을 하신 것이 드러난다면, 그것은 하나님의 본질에서 어긋나는 것이어서, 이 약속을 하신 분은 더 이상 하나님이 될 수 없기 때문이다. 하나님께서는 속일 수도 없으시고, 자신의 마음이나 생각과 다른 것을 말씀하실 수도 없으시다(민 23:19; 삼상 15:29; 시 89:35; 딛 1:2). 따라서 하나님께서 자신의 약속이나 맹세를 깨뜨리신다는 것은 불가능하다. 우리에게 큰 안위를 받게 하려 하심이라. 우리를 위한 하나님의 약속이 결코 변하지 않을 것이라는 사실은 하나님의 약속에 대한 우리의 모든 의심과 두려움과 경계심과 근심과 의구심을 제거해 주고, 우리가 안팎으로 그 어떠한 시험이나 시련이나 박해를 만난다고 할지라도, 평안하고 침착하고 당당하며 굳센 마음과 심지를 견지하고, 당황하거나 당혹하지 않을 수 있게 해 준다.

앞에 있는 소망을 얻으려고 피난처를 찾은. 이것은 평범한 신앙인들의 마음이 아니라, 하나님의 약속에 대한 지극히 큰 확신과 위로 속에서, 온갖 시험과 고난 속에서도 그 약속을 견고하게 붙잡고 절대로 놓지 않고자 하는 믿는 자들의 마음이다. 그들은 그 약속이 자신들에게 주어진 것임을 분명히 알고, 믿음으로 말미암아 이미 그 약속을 받아 소유하였기 때문에, 요압이 살기 위하여 제단의 뿔을 붙잡고 놓으려고 하지 않았던 것처럼, 제단의 뿔이나 그 어떤 도피성보다도 훨씬 더 큰 안전함을 보장해 주는 그 약속을 절대로 놓으려고 하지 않는다. 그들은 이 견고한 요새로 들어가서, 그 곳을 자신들의 피난처로 삼아서 꼼짝도 않고 머물러 있기 때문에, 그 어떤 것도 그들의 위로를 방해하거나 그들을 해칠 수 없다(욥 13:15-16; 잠 18:10). 그들 "앞에 있는 소망"은 믿는 자들을 위하여 하늘에 준비된 저 영원하고 선하며 복된 삶이다. 이 영원한 생명은 그들 앞에 펼쳐진 소망의 대상이고, 하나님이 약속하신 상이다(벧전 1:3-4, "우리 주 예수 그리스도의 아버지 하나님을 찬송하리로다 그의 많으신 긍휼대로 예수 그리스도를 죽은 자 가운데서 부활하게 하심으로 말미암아 우리를 거듭나게 하사 산 소망이 있게 하시며 썩지 않고 더럽지 않고 쇠하지 아니하는 유업을 잇게 하시나니 곧 너희를 위하여 하늘에 간직하신 것이라"). 사도는 여기에서 환유법을 사용해서 소망의 대상을 "소망"이라고 표현함으로써, 소망과 소망의 대상을 한데 결합시킨다.

19. 우리가 이 소망을 가지고 있는 것은 영혼의 닻 같아서 튼튼하고 견고하여 휘장 안에 들어 가나니.

우리가 이 소망을 가지고 있는 것은 영혼의 닻 같아서 튼튼하고 견고하여. 이 절의 처음에 나오는 "이 소망"도, 우리가 앞에서 설명한 대로, 우리가 소망하는 대상과 그것을 은혜 가운데서 소망하는 행위 자체를 둘 다 나타낸다. 여기에서 사도는 배가 바다 위에서 폭풍을 만나서 거센 비바람과 풍랑에 의해서 이리저리 세차게 흔들릴 때에 그 배가 뒤집혀서 전복되지 않도록 견고하게 붙잡아 주는 역할을 하는 "닻"의 비유를 가져와서, "이 소망"이 바로 우리의 "영혼"에 "닻"으로서의 역할을 한다고 말한다. 즉, 우리의 영혼이 세상의 모든 풍조와 거짓들에 의해서 흔들리고 요동할 때마다, 우리의 영혼을 견고히 붙잡아 주는 역할을 하는 것이 바로 "이 소망"이라는 것이다. "이 소망"은 우리의 영혼을 위협하는 세상의 온갖 시험들과 풍랑들과 격랑들 가운데서, 우리의 영혼에 힘을 더해 주고 견고히 붙들어 주어서, 영원한 안식과 지극한 복에 대한 확신을 갖게 해주고, 하나님이 맹세로써 우리에게 주신 약속을 굳게 붙들게 하여, "튼튼하고 견고하게" 서서, 온갖 폭풍들을 다 이겨내고 앞으로 전진해 나아가게 만들어 준다.

휘장 안에 들어 가나니. "이 소망"은 우리의 "영혼" 속에 "닻"처럼 튼튼하고 견고하게 자리 잡고 있어서, 우리의 영혼은 너무나 견고하고 튼튼한 이 닻을 의지해서, "휘장"의 가장 내밀한 부분 속으로도 들어간다. "휘장"은 성전이나 성막에서 성소와 지성소를 구분하기 위하여 드리워진 것이었다. 이 휘장은 하나의 모형이었기 때문에, 그리스도께서 죽으실 때에 위아래로 찢어져 둘로 갈라졌고, 그 때에 그 모형의 참된 실체인 천국의 지성소가 유대인이나 이방인이나 모든 믿는 자들에게 드러났다. 히브리서 9:24("그리스도께서는 참 것의 그림자인 손으로 만든 성소에 들어가지 아니하시고 바로 그 하늘에 들어가사 이제 우리를 위하여 하나님 앞에 나타나시고")과 10:19-20("그러므로 형제들아 우리가 예수의 피를 힘입어 성소에 들어갈 담력을 얻었나니 그 길은 우리를 위하여 휘장 가운데로 열어 놓으신 새로운 살 길이요 휘장은 곧 그의 육체니라")을 보라. 그리스도인들은 자신들의 영혼의 "닻"인 이 소망을 의지해서 안전한 항구인 지성소로 들어가고, 이 지성소에는 세상의 그 어떤 풍랑도 닿을 수 없다. 그들의 영혼은 이 세상의 온갖 풍파와 시험의 태풍들에 의해서 이리저리 흔들렸지만, 상쾌한 순풍을 타고 이 지성소로 들어가서는, 하나님이 맹세로써 약속하셨고 그들이 믿고 확신해 왔던 저 영원한 안식과 지극한 복을 누리게 될 것이다. 골로새서 1:5("너희를 위하여 하늘에 쌓아 둔 소망으로 말미암음이니 곧 너희가 전에 복음 진리의 말씀을 들은 것이라")과 베드로전서 1:3-9("너희는 말세에 나타내기로 예비하신 구원을 얻기 위하여 믿음으로 말미암아 하나님의 능력으로 보호하심을 받았느니라 … 예수를 너희가 보지 못하였으나 사랑하는도다 이제도 보지 못하나 믿고 말할 수 없는 영광스러운 즐거움으로 기뻐하니 믿음의 결국 곧 영혼의 구원을 받음이라")을 보라.

20. 그리로 앞서 가신 예수께서 멜기세덱의 반차를 따라 영원히 대제사장이 되어 우리를 위하여 들어 가셨느니라.

그리로 앞서 가신 예수께서 … 우리를 위하여 들어 가셨느니라. 예수 그리스도께서는 우리로 하여금 천국에 들어가게 하시기 위하여, 성부 하나님의 말씀에 순종하셔서 육신을 입으시고 이 땅에 오셔서 죽으시고 다시 육신을 입으신 채로 하늘로 돌아가셔서, 우리의 머리이자 대표자로서 먼저 천국에 들어가셨고, 우리가 안전하고 쉽게 거기로 올 수 있는 길을 닦아 놓으셨을 뿐만 아니라, 천국을 온전히 소유하신 가운데 우리가 거할 곳들을 마련하고 계신다. 따라서 예수 그리스도께서는 우리 안에서 자신의 일을 다 마치신 후에는, 이 땅에 다시 오셔서 우리를 천국으로 데려가셔서, 우리로 하여금 천국을 온전히 향유하게 하실 것이다(히 9:24, "그리스도께서는 참 것의 그림자인 손으로 만든 성소에 들어가지 아니하시고 바로 그 하늘에 들어가사 이제 우리를 위하여 하나님 앞에 나타나시고"; 요 14:2-4, "내 아버지 집에 거할 곳이 많도다 그렇지 않으면 너희에게 일렀으리라 내가 너희를 위하여 거처를 예비하러 가노니 가서 너희를 위하여 거처를 예비하면 내가 다시 와서 너희를 내게로 영접하여 나 있는 곳에 너희도 있게 하리라 내가 어디로 가는지 그 길을 너희가 아느니라").

멜기세덱의 반차를 따라 영원히 대제사장이 되어. 사도는 우리를 위하여 먼저 하늘에 들어가신 분이 모든 믿는 자들의 구주이신 성육신하신 성자 하나님이라고 말한다. 그리스도께서는 반드시 모든 믿는 자들을 끝까지 안전하게 지키셨다가, 하늘에 안전하게 도달하여 거하게 하실 것이다. 그들의 주이신 예수께서는 위대하신 복음의 대제사장으로서의 자신의 직분을 따라 휘장 안의 하늘의 지성소로 들어가심으로써, 자신의 모든 모형들을 성취하시고 끝내셨다. 그래서 성부 하나님께서는 그리스도를 다른 모든 왕들과 대제사장들보다 더 뛰어나신 왕이자 대제사장, 즉 5:10에서 이미 말한 "멜기세덱의 반차를 따른 영원한 대제사장"으로 세우셨다. 사도는 5:10에서 "하나님께 멜기세덱의 반차를 따른 대제사장이라 칭하심을 받으셨느니라"고 말한 후에, 그리스도의 대제사장직이라는 본론을 벗어나서, 6장의 끝까지 히브리인들에 대한 권면을 해 오다가, 이제 비로소 다시 본론으로 돌아와서, 다음 장에서 본격적으로 다루게 될 것을 여기에서 다시 언급하고 있는 것이다.

MATTHEW POOLE'S COMMENTARY

히브리서 7장

개요

1. 멜기세덱은 아브라함이나 레위보다 더 높은 인물이기 때문에, 멜기세덱의 반차를 따른 제사장이신 그리스도는 아론의 반차를 따른 제사장들보다 더 높으신 분이라는 것이 증명됨(1–10).
2. 레위인의 제사장직은 불완전하였기 때문에, 좀 더 완전한 제사장직이 장차 오게 되어 있었음(11–19).
3. 하나님께서는 그리스도의 제사장직을 맹세로써 확증해 주심(20–22).
4. 그리스도의 제사장직은 영원토록 변함이 없음(23–25).
5. 다른 제사장들과는 달리, 그리스도는 흠 없는 제사장이심(26–28).

1. 이 멜기세덱은 살렘 왕이요 지극히 높으신 하나님의 제사장이라 여러 왕을 쳐서 죽이고 돌아오는 아브라함을 만나 복을 빈 자라.

이 멜기세덱은 살렘 왕이요. 사도는 이제 복음의 대제사장이신 그리스도께서는 멜기세덱의 반차에 속하신 분이라는 사실에 근거해서, 아론의 반차를 따른 제사장들보다 훨씬 더 높고 뛰어나신 분이라는 것을 증명한다. 이 서신의 수신자들인 히브리인들은 멜기세덱에 대하여 알고 있었고, 크게 공경하고 있었으며, 선지자 다윗의 글을 통해서 멜기세덱의 반차를 따라 교회에 한 제사장이 등장하여, 아론의 반차를 따른 제사장직을 폐하고, 죄인들을 하나님과 화목하게 하고 영생을 주시는 유일한 통로가 되실 것이기 때문에, 그들이 그를 꼭 붙잡아야 한다는 것을 알고 있었다. 사도는 먼저 이 장의 1절부터 10절까지에 걸쳐서 멜기세덱의 반차가 무엇인지를 설명한 후에, 다음으로 11절에서 28절까지에서는 그것을 그리스도께 적용한다. 사도는 6:20에서 그리스도께서는 승천하셔서 하늘에서 휘장 안으로 들어가심으로써, "멜기세덱의 반차를 따라 영원히 대제사장"이 되셨다고 밝힌 바 있기 때문에, 이제 여기에서는 그 멜기세덱이 어떤 인물이었는지를 보여 줌으로써, 그것이 무슨 의미인지를 드러내고자 한다. 구약성경에서 이 이름으로 불린 인물은 모세가 창세기 14:18-20에서 오직 한 번 언급하고 있다: "살렘 왕 멜기세덱이 떡과 포도주를 가지고 나왔으니 그는 지극히 높으신 하나님의 제사장이었더라 그가 아브람에게 축복하여 이르되 천지의 주재이시요 지극히 높으신 하나님이여 아브람에게 복을 주옵소서 너희 대적을 네 손에 붙이신 지극히 높으신 하나님을 찬송할지로다 하매 아브람이 그 얻은 것에서 십분의 일을 멜기세덱에게 주었더라." 멜기세덱은 아브라함과 마찬가지로 "떡과 포도주"로 살았고, 아브라함으로부터 십일조를 받았던 인물이었다는 것은 확실하다. 그가 거주하던 곳은 나중에 예루살렘이라 불리게 된 가나안 땅의 "살렘"이었다(수 10:1). 유대인들은 멜기세덱이 노아의 두 번째 아들인 "셈"이라고 생각하였지만, 성경에서 셈의 족보는 잘 알려져 있었기 때문에, 성경은 유대인들의 그러한 생각을 밑받침해 주지 않는다. 또한, 유대인들은 멜기세덱이 가나안 땅에 거하는 주민이었고, 그의 이름인 멜기세덱은 그 땅의 왕들의 이름으로 흔하게 사용되던 이름이었다는 사실을 들어서, 그가 노아의 세 번째 아들인 "함"의 자손이었다고 생각하기도 하였다. 멜기세덱이 다스리던 나라의 수도는 처음에는 "세덱"이었고, 다음에는 "살렘"이었다가, 나중에는 "예루살렘"으로 불리게 되었다. 왜냐하면, 여호수아 시대에 그 곳의 왕은 아브라함 시대의 "멜기세덱"과 마찬가지로 "아도니세덱"으로 불렸기 때문이다(수 10:1, "예루살렘 왕 아도니세덱"). 하지만 이 모든 것은 추측에 불과하다. 확실한 것이 있다면, 그것은 멜기세덱은 가나안의 다른 왕들처럼 왕적인 권세를 지니고 있던 "살렘 왕"이었다는 것이다. 그의 나라의 수도는 "살렘"이었는데, 아마도 "살렘"은 그가 다스리던 나라의 이름이자 수도의 이름이었던 것 같다. 이 "살렘"은 나중에 "세겜"이라 불리게 된 세겜 족속의 "살렘"이 아니었다. 창세기 33:18에 언급된 "가나안 땅 세겜"은 아비멜렉에 의해서 초토화되고 그 땅에는 소금이 뿌려졌다가(삿 9:34, 45), 세례 요한의 시대에 다시 재건되어서 "살렘"이라 불렸다(요 3:23, "요한도 살렘 가까운 애논에서 세례를 베푸니 거기 물이 많음이라 그러므로 사람들이 와서 세례를 받더라"). 멜기세덱이 다스리던 "살렘"은 시편 76:2에서 언급하고 있는 "살렘," 즉 예루살렘이라는 이름으로 더 잘 알려진 곳이었다. 이것은 멜기세덱이 사람이었다는 것을 보여 주고, 그러한 사실은 그에 대한 두 번째의 칭호인 "지극히 높으신 하나님의 제사장"이라는 어구가 잘 보여 준다.

지극히 높으신 하나님의 제사장이라. "지극히 높으신 하나님"께서는 자기 자신을 위하여 멜기세덱을 제사장으로 세우시고, 그의 반차를 정하시고서, 신앙과 관련된 모든 문제들, 즉 하나님과 사람 간의 거룩한 일들에 관한 모든 문제들을 주관하는 권세를 지닌 최고 대신, 곧 총리로 삼으셨는데, 이것은 하나님의 아들이 속한 반차를 아주 극명하게 보여 주시기 위한 것이었다. 멜기세덱은 자기 백성과 크신 하나님을 중재하는 제사장으로서 모든 일을 관장하였다. 즉, 그는 모든 세속적인 일들에 있어서 백성들을 다스렸고, 모든 거룩한 일들에서 그들을 가르치고 다스렸다.

여러 왕을 쳐서 죽이고 돌아오는 아브라함을 만나. 아브라함은 그돌라오멜 및 그와 동맹한 왕들을 쳐부수고서, 자신의 조카를 비롯해서 그들이 탈취해 간 모든 사람들과 물건들을 다시 되찾은 후에, 마므레에 있는 자신의 장막으로 돌아가고 있었고, 멜기세덱은 승리하고 돌아가는 아브라함, 곧 하나님의 친구이자 모든 믿는 자들의 조상이며, 자기 자신과 마찬가지로 왕이자 제사장이었던 아브라함이 먹고 힘을 차릴 만한 것들을 챙겨서, 자신의 수도인 예루살렘에서 나와서 아브라함을 영접하였다. 아브라함이 살렘 근방을 지나고 있었을 때, 멜기세덱은 그를 만나 환대를 베풀었다(창 14:13-20).

복을 빈 자라. 이것은 멜기세덱이 하나님께서 제사장들에게 행하라고 하신 거룩한 직무의 일을 행한 것이었고, 단순히 일반 사람들이 평범하게 복 받기를 빌어 준 그런 행위가 아니었다. 하나님께서는 민수기 6:23-27에서 사람들을 축복해 주는 것을 제사장들의 직무 중 하나로 규정하셨다: "아론과 그의 아들들에게 말하여 이르기를 너희는 이스라엘 자손을 위하여 이렇게 축복하여 이르되 여호와는 네게 복을 주시고 너를 지키시기를 원하며 여호와는 그의 얼굴을 네게 비추사 은혜 베푸시기를 원하며 여호와는 그 얼굴을 네게로 향하여 드사 평강 주시기를 원하노라 할지니라 하라 그들은 이같이 내 이름으로 이스라엘 자손에게 축복할지니 내가 그들에게 복을 주리라." 멜기세덱이 아브라함을 어떤 식으로 축복하였는지는 창세기 14:19에 나온다: "그가 아브람에게 축복하여 이르되 천지의 주재이시요 지극히 높으신 하나님이여 아브람에게 복을 주옵소서." 멜기세덱은 하나님의 위임을 받아서 제사장으로서의 자신의 직분과 하나님이 정하신 바에 따라 하나님의 이름으로 아브라함을 축복하면서, "천지의 주재"이시고 "지극히 높으신 하나님"이 자신의 모든 선한 것들을 아브라함에게 주시기를 복 빌어 준다. 창세기 15:1에서는 "이 후에 여호와의 말씀이 환상 중에 아브람에게 임하여 이르시되 아브람아 두려워하지 말라 나는 네 방패요 너의 지극히 큰 상급이니라"고 말한다.

2. 아브라함이 모든 것의 십분의 일을 그에게 나누어 주니라 그 이름을 해석하면 먼저는 의의 왕이요 그 다음은 살렘 왕이니 곧 평강의 왕이요.

아브라함이 모든 것의 십분의 일을 그에게 나누어 주니라. 아브라함은 멜기세덱에게 십일조를 드림으로써, 그를 하나님의 제사장으로 인정하였다. 아브라함은 그를 통해서 하나님의 축복을 받았기 때문에, 자신의 "노략물 중 십분의 일"(4절)을 그에게 나누어 줌으로써, 그를 통해서 하나님께 감사를 올려드렸다. 이것은 성경에서 하나님에게 바칠 십일조를 하나님의 제사장에게 드린 첫 번째 사례였는데(창 14:20), 나중에는 사람들이 전쟁에서 승리하여 개선한 후에는 노략물의 십일조를 하나님께 바치는 것이 열국들 중에서 하나의 관행으로 자리 잡았다. 아브라함은 하나님이 정하신 제도에 따라서 하나님의 제사장으로부터 축복을 받았고, 거기에 대하여 하나님께 감사를 드리는 것이 합당한 일이었기 때문에, 이렇게 멜기세덱에게 십일조를 드린 것이었다.

그 이름을 해석하면 먼저는 의의 왕이요. 사도는 이제 멜기세덱이라는 이름과 직함과 족보의 신비를 이 서신의 수신자들인 히브리인들에게 설명한다. "멜기세덱"이라는 이름은 "왕"이나 통치자, 또는 "나의 왕"을 의미하는 '멜렉' 또는 '말키'와 "의"를 뜻하는 '체데크'를 합친 복합어로서, 그의 성품이 의로울 뿐만 아니라, 의롭고 훌륭한 법들을 통해서 자신의 신민들을 의롭게 만드는 최고의 통치자, 전반적으로 타락하고 부패하였던 시대에 가나안 땅에서 의를 행하는 왕이라는 의미이다. 하나님께서는 장차 참 하나님이자 참 사람이 될 자신의 아들, 즉 저 위대하신 복음의 일꾼이신 그리스도가 "의의 왕"으로서, 우리 죄인들을 위하여 의를 이루실 뿐만 아니라 그 의를 우리 죄인들에게 주실 분이라는 것을 모형을 통하여 알게 해 주시기 위하여, 그리스도의 모형인 그에게 "멜기세덱"이라는 이름을 붙여 주신 것이었다. 예수 그리스도는 우리를 "하나님의 의"가 되게 하시는 "우리의 의의 주"이시다(사 32:1; 렘 23:6; 33:16; 슥 9:9; 고후 5:21, "하나님이 죄를 알지도 못하신 이를 우리를 대신하여 죄로 삼으신 것은 우리로 하여금 그 안에서 하나님의 의가 되게 하려 하심이라").

그 다음은 살렘 왕이니 곧 평강의 왕이요. 사도는 다음으로 멜기세덱의 직함인 "살렘 왕"이라는 호칭 속에 숨겨진 신비를 설명해 준다. 우리는 여기에서 사도가 멜기세덱이 첫 번째로는 "의의 왕"이고, 그 다음으로는 "살렘 왕," 곧 "평강의 왕"이라고 말씀하고 있는 순서를 눈여겨볼 필요가 있다. 왜냐하면, "평강"이라는 것은 "의"의 통치의 열매이기 때문이다. 멜기세덱은 자기 백성과 자기 주변의 사람들 사이에서 "의"를 지켜 다스렸던 반면에, 다른 왕들은 탐욕과 욕심으로 전쟁을 일으켜서 그들의 나라를 초토화시키고 결국 멸망하게 만들고 있었다. 이것은 "평강의 왕"이신 그리스도에게 그대로 적용되는 것이었다(사 9:6-7, "이는 한 아기가 우리에게 났고 한 아들을 우리에게 주신 바 되었는데 그의 어깨에는 정사를 메었고 그의 이름은 기묘자라, 모사라, 전능하신 하나님이라, 영존하시는 아버지라, 평강의 왕이라 할 것임이라 그 정사와 평강의 더함이 무궁하며 또 다윗의 왕좌와 그의 나라에 군림하여 그 나라를 굳게 세우고 지금 이후로 영원히 정의와 공의로 그것을 보존하실 것이라 만군의 여호와의 열심이 이를 이루시리라"). 그리스도께서는 멜기세덱이 다스렸던 "살렘" 또는 예루살렘에서 자신의 통치와 제사장직의 개시를 알리는 신호탄을 쏘아 올리셨다(마 21:5, 9-10, "시온 딸에게 이르기를 네 왕이 네게 임하나니 그는 겸손하여 나귀, 곧 멍에 메는 짐승의 새끼를 탔도다 하라 하였느니라 … 앞에서 가고 뒤에서 따르는 무리가 소리 높여 이르되 호산나 다윗의 자손이여 찬송하리로다 주의 이름으로 오시는 이여 가장 높은 곳에서 호산나 하더라"). 그는 하늘과 땅의 모든 것들과 천사들, 그리고 유대인이든 이방인이든 차별 없이 모든 사람들을 하나님과 화목하게 만드시고, 모든 피조세계를 회복되고 새롭게 된 사람들과 화목하게 하시는 화평의 일을 하신 "평강의 왕"이셨다(골 1:20, "그의 십자가의 피로 화평을 이루사 만물 곧 땅에 있는 것들이나 하늘에 있는 것들이 그로 말미암아 자기와 화목하게 되기를 기뻐하심이라"; 엡 2:13-17, "이제는 전에 멀리 있던 너희가 그리스도 예수 안에서 그리스도의 피로 가까워졌느니라 그는 우리의 화평이신지라 둘로 하나를 만드사 원수 된 것 곧 중간에 막힌 담을 자기 육체로 허시고 법조문으로 된 계명의 율법을 폐하셨으니 이는 이 둘로 자기 안에서 한 새 사람을 지어 화평하게 하시고 또 십자가로 이 둘을 한 몸으로 하나님과 화목하게 하려 하심이라 원수 된 것을 십자가로 소멸하시고 또 오셔서 먼 데 있는 너희에게 평안을 전하시고 가까운 데 있는 자들에게 평안을 전하셨으니"). "평강의 왕"이시자 자신의 핏값으로 우리의 평강을 사신 그리스도께서는 단지 내적으로 우리의 영혼에 영적인 평강을 주실 뿐만 아니라, 현세적인 평강도 주신다. 이렇게 그리스도의 나라는 "평강"으로 차고 넘친다(시 72:1, 3, 7; 사 54:10, 13; 요 14:27, "평안을 너희에게 끼치노니 곧 나의 평안을 너희에게 주노라"; 약 3:18, "화평하게 하는 자들은 화평으로 심어 의의 열매를 거두느니라").

3. 아버지도 없고 어머니도 없고 족보도 없고 시작한 날도 없고 생명의 끝도 없어 하나님의 아들과 닮아서 항상 제사장으로 있느니라.

아버지도 없고. 사도는 이 절에서 성경이 멜기세덱의 족보에 관하여 침묵하고 있다는 사실을 들어서, 그리스도의 인격과 제사장직이 영원함에 대하여 말한다. 하나님께서는 아버지도 없고 어머니도 없고 족보도 없고 태어난 날도 없고 죽은 날도 없는 멜기세덱을 하나의 모형으로 등장시키셔서, 그 실체인 그리스도가 어떤 분이신지를 보여 주셨다는 것이다. 하나님께서는 장차 등장하게 될 그리스도에 대한 좀 더 생생하고 완전한 모형을 사람들에게 보여 주셔서, 멜기세덱이 영원한 제사장인 것처럼, 그리스도께서 영원한 제사장이 되실 것이라는 점에서, 그리스도는 모든 점에서 지금까지 인류 역사상에 존재하였거나 앞으로 존재하게 될 모든 사람들과 다를 것임을 알게 해 주시기 위하여, 성경 기자들로 하여금 멜기세덱에 관한 것을 기록하지 않도록 하셨다. 이렇게 멜기세덱의 제사장직은 그의 출생에 의해서 시작된 것도 아니었고, 그의 죽음에 의해서 다른 사람에게 이어진 것도 아니었다. 즉, 멜기세덱에게는 "아버지가 없었기" 때문에, 그는 아버지로부터 제사장직을 물려받은 것도 아니었고, "생명의 끝도 없었기" 때문에, 그의 제사장직이 다른 사람에게 계승된 것도 아니었다는 것이다. 따라서 그의 제사장직은 레위 족속의 제사장직과는 전혀 다른 성질의 것이었다. 마찬가지로, 그리스도께서도 오직 성령의 능력으로 잉태되어 동정녀 마리아에게서 나셨기 때문에, 그의 인성과 관련해서는 인간 아버지가 없으셨다.

어머니도 없고. 아론 족속의 가문들에 속한 제사장들의 경우와는 달리, 성경에는 멜기세덱의 어머니가 누구였는지에 대해서, 즉 그가 자신의 어머니가 속한 어느 가문 출신의 제사장이었는지에 대한 기록이 없다. 마찬가지로, 그리스도께서도 그의 신성과 관련해서는 오직 성부 하나님의 영원하신 아들이시기 때문에, "어머니가 없으셨고," 그의 인성과 관련해서 그의 어머니였던 동정녀 마리아는 아론 족속이 아니라 다윗 족속이었기 때문에, 그리스도의 제사장직은 그의 어머니가 속한 가문으로부터 온 것도 아니었다.

족보도 없고. 아론 족속의 제사장들의 족보는 분명하였던 반면에(느 7:64), 성경에는 멜기세덱이 어느 가문의 자손이었는지, 그리고 어느 족보를 따라 제사장이 되었는지에 관한 기록이 전혀 없다. 마찬가지로, 그리스도께서는 아론 족속의 제사장들의 족보를 따라 제사장이 되신 것이 아니셨기 때문에, 그가 어느 족보를 따라 어떤 식으로 제사장이 되셨는지에 대해서는 아는 사람은 아무도 없었다(사 53:8). 히브리서 7:12, 15을 보라.

시작한 날도 없고 생명의 끝도 없어. 아담은 아버지도 없고 어머니도 없었지만 시작과 끝이 있었던 반면에, 멜기세덱은 실제로는 아버지와 어머니가 있었지만, 아버지와 어머니에 대한 기록은 없고, 태어난 때와 죽은 때에 관한 기록도 없다. 마찬가지로, 그리스도께서는 그의 제사장직과 관련해서 전임자도 없었고 후임자도 없을 것이다(히 7:16, 24, 28). 그리스도께서는 우리 인간을 위한 대속제물이자 하나님이 준비하신 어린 양으로서는 이 세상에 들어오신 때가 있었고 떠난 때가 있었지만, 하나님의 제사장으로서는 시작한 날도 없으셨고 끝나는 날도 없으시다. 예수 그리스도께서는 영원 전부터 제사장이셨고, 하나님께서 만유 가운데서 모든 것이 되실 때까지 그의 제사장직은 끝이 없을 것이다.

하나님의 아들과 닮아서. "닮다"로 번역된 '아포모이오메노스'(ἀφωμοιωμένος)는 멜기세덱은 이 모든 것에서 그리스도의 왕적인 제사장직이 어떤 것일지를 보여 주는 그림자이자 모형이었음을 나타낸다. 그가 지닌 이 특별한 것들은 참 하나님이자 참 사람이신 그리스도를 가시적으로 보여 준 모형이었다. 멜기세덱은 그리스도의 모습을 희미하게 보여 주는 모형이었고, 그리스도는 멜기세덱이라는 모형을 통해서 미리 보여진 참된 실체이셨다.

항상 제사장으로 있느니라. 이 구절은 앞에 나온 모든 설명을 포괄하는 핵심이다. 하나님께서는 다른 많은 사람들을 자기 아들의 모습을 보여 주는 주목할 만한 모형들로 삼으셨지만, 멜기세덱은 그 아들의 제사장직의 영원성을 보여 주는 유일한 모형이었다. 성령께서는 그리스도의 대제사장직의 영원성이라는 이 신비를 우리에게 알게 해 주시기 위하여, 마치 하늘로부터 뚝 떨어뜨려 놓는 것처럼, 멜기세덱을 택하여서 이 땅에 떨어뜨려 놓은 다음에, 곧 다시 하늘로 데리고 가셨고, 그에 관한 더 이상의 기록을 성경에 남겨 놓지 않았다. 왜냐하면, 시작과 끝이 기록되어 있지 않은 사람은 영원히 거하는 것이나 마찬가지이기 때문이다. 그러나 그리스도의 모형이었던 멜기세덱은 실제로 시작도 없고 끝도 없었던 인물이 아니었고, 단지 그리스도의 영원성을 보여 주기 위한 모형이었을 뿐이다.

4. 이 사람이 얼마나 높은가를 생각해 보라 조상 아브라함도 노략물 중 십분의 일을 그에게 주었느니라.

이 사람이 얼마나 높은가를 생각해 보라. 사도는 여기에서 멜기세덱을 아브라함과 비교해서, 멜기세덱은 하나님의 제사장이었기 때문에, 아브라함보다 더 높은 인물이었다고 말한다. 사도는 이 서신의 수신자들인 히브리인들에게 "한 번 깊이 생각해 보라"고 도전함으로써, 그들이 이것을 그냥 흘려보내는 것이 아니라, 그들 자신의 분별력을 적극적으로 사용해서, 정말 진지하고 골똘히 생각해 봄으로써, 이것을 그들의 마음에 새길 수 있게 만든다. 왜냐하면, 그들 민족의 조상으로서 지극히 공경하는 아브라함보다 멜기세덱이 더 높은 인물이었다는 것이 사실이라고 할지라도, 그들이 이 말을 건성으로 듣거나 흘려보낸다면, 사도가 이 말을 한 것이 아무 소용도 없게 될 것이었기 때문이다. 사도는 멜기세덱이 아브라함보다 더 높고 위대한 인물이었다고 말함으로써, 이 대제사장이 얼마나 무한히 위대한 인물이었는지를 그들의 눈 앞에 펼쳐 보여 준다. 이것은 멜기세덱이 이스라엘에서 나온 모든 대제사장들과 제사장들보다 월등히 위대한 인물이었다고 말한 것이었다. 이렇게 그리스도의 모형에 불과한 멜기세덱이 이 정도로 위대하고 뛰어난 인물이었다면, 그 모형의 참된 실체인 그리스도께서는 얼마나 더 위대하고 뛰어나신 분이시겠는가! 대제사장으로서의 그리스도께서 지니신 권세와 위엄은 아브라함과 레위와 레위 자손의 모든 제사장들은 물론이고, 저 위대한 대제사장이었던 멜기세덱을 무한히 능가하는 것이었다.

조상 아브라함도 노략물 중 십분의 일을 그에게 주었느니라. 멜기세덱의 이러한 위대성은 아브라함이 자신의 노략 중에서 십분의 일을 그에게 준 것에서 증명되었다. 왜냐하면, 아브라함은 이스라엘의 모든 조상들 중에서 최고의 족장으로서, 이 서신의 수신자들인 히브리인들이 다른 누구보다도 더 공경한 인물이었고(요 8:53, "너는 이미 죽은 우리 조상 아브라함보다 크냐"), 하나님께서 자신의 친구로 인정하신 인물이었으며, 모든 믿는 자들의 조상인 인물이었는데도, 하나님께 드려야 할 십일조를 멜기세덱에게 바침으로써, 그가 하나님의 대제사장임을 인정하였기 때문이다. 여기에서 "노략물"로 번역된 '아크로티니온' (ἀκροθινίων)은 수확한 곡물들 중에서 첫 번째의 것이나 가장 좋은 것, 특히 하나님께 봉헌된 만물 또는 첫 열매를 가리키는 것이지만, 여기에서는 대부분의 나라들에서 하나의 관행처럼 승전 후에 전쟁에서 탈취한 노략물 중에서 하나님께 바치게 되어 있던 사람들이나 물건들을 가리킨다. 멜기세덱은 세상에서 가장 큰 하나님의 제사장으로서 아브라함보다 높은 지위에 있었기 때문에, 아브라함은 자신의 노략물 중에서 하나님께 바치기로 되어 있던 십분의 일을 멜기세덱에게 주었다.

5. 레위의 아들들 가운데 제사장의 직분을 받은 자들은 율법을 따라 아브라함의 허리에서 난 자라도 자기 형제인 백성에게서 십분의 일을 취하라는 명령을 받았으나.

사도는 레위기 율법을 예로 들어서, 십일조를 받는 사람이 십일조를 드리는 사람보다 그 지위가 더 높다는 것을 증명한다. 레위의 아들들 가운데 제사장의 직분을 받은 자들은. 아브라함의 아들인 이삭, 이삭의 아들인 야곱, 야곱의 아들인 레위에게서 난 모든 자손들이 다 제사장이 될 수 있었던 것은 아니고(민 1:48-50; 3:1-5), 레위 자손들 중에서도 "아론"의 자손들만이 하나님의 명령에 의해서 제사장들로 성별되었고, 아론의 자손이 아닌 자가 제사장직을 맡는 것은 불법이었다. 하나님께서는 자신의 이러한 명령을 거역하고 반기를 든 고라와 다단과 아비람의 무리들에게 땅으로 입을 열어 그들을 삼키게 하시고, "여호와께로부터 불이 나와서 분향하는 이백오십 명을 불사르는" 이적을 보여 주심으로서, 아론의 자손들의 제사장직을 확고히 하셨는데, 이 기사는 민수기 16:1-17:13에 자세하게 기록되어 있다: "제사장 엘르아살이 불탄 자들이 드렸던 놋 향로를 가져다가 쳐서 제단을 싸서 이스라엘 자손의 기념물이 되게 하였으니 이는 아론 자손이 아닌 다른 사람은 여호와 앞에 분향하러 가까이 오지 못하게 함이며 또 고라와 그의 무리와 같이 되지 않게 하기 위함이라."

율법을 따라 … 백성에게서 십분의 일을 취하라는 명령을 받았으나. 하나님께서는 친히 하늘로부터 그들에게 율법을 주셔서, 이스라엘 백성으로부터 모든 십일조를 취하라고 명령하셨고(민 18:24, "이스라엘 자손이 여호와께 거제로 드리는 십일조를 레위인에게 기업으로 주었으므로 내가 그들에 대하여 말하기를 이스라엘 자손 중에 기업이 없을 것이라 하였노라"), 하나님의 대리자인 대제사장으로 하여금 모든 십일조를 주관하게 하셨는데(민 18:8-19, 25-29, "여호와께서 또 아론에게 이르시되 보라 내가 내 거제물 곧 이스라엘 자손이 거룩하게 한 모든 헌물을 네가 주관하게 하고 네가 기름 부음을 받았음으로 말미암아 그것을 너와 네 아들들에게 영구한 몫의 음식으로 주노라"), 모든 십일조는 레위인들과 과부들과 가난한 자들을 위하여 사용되었다(신 14:22-29, "너희 중에 분깃이나 기업이 없는 레위인과 네 성중에 거류하는 객과 및 고아와 과부들이 와서 먹고 배부르게 하라 그리하면 네 하나님 여호와께서 네 손으로 하는 범사에 네게 복을 주시리라"). 모든 이스라엘 사람들은 이 율법을 따라 하나님께 마땅히 드려야 할 것을 하나님의 대리자들로서 그들보다 더 높은 위치에 있는 제사장들과 레위인들에게 드려야 하였다. 그들의 모든 소산은 하나님이 복주신 것으로서, 그 첫 열매 또는 만물은 하나님께 바치게 되어 있었던 까닭에, 그들은 그것을 제사장들에게 바쳤다.

아브라함의 허리에서 난 자라도 자기 형제인. 이스라엘 사람들은 직분상으로 자신들보다 더 위에 있는 제사장들에게 십일조를 바치기는 하였지만, 둘 다 똑같이 아브라함의 허리로부터 나온 형제들이었다. 하지만 하나님께서는 자신의 규례를 정하셔서 직분상으로 레위인 제사장들을 다른 이스라엘 사람들보다 더 위에 두셨기 때문에, 이스라엘 사람들은 레위인 제사장들에게 십일조를 바쳤다. 따라서 레위인 제사장들이 이스라엘 백성들로부터 십일조를 받았다는 사실은 그들이 백성들보다 더 높은 직위에 있다는 것을 보여 주는 명백한 증거였다.

6. 레위 족보에 들지 아니한 멜기세덱은 아브라함에게서 십분의 일을 취하고 약속을 받은 그를 위하여 복을 빌었나니.

사도는 여기에서 멜기세덱이 레위 자손의 제사장들만이 아니라 아브라함보다도 더 위에 있었다는 것을 보여 주는 증거를 제시한다. 레위 족보에 들지 아니한 멜기세덱은. 멜기세덱은 자기보다 앞서 존재하였던 그 어떤 제사장의 자손이 아니었고, 하나님께서 친히 레위 자손의 모든 제사장들보다 더 위에 있는 제사장으로 세우신 인물이었기 때문에, 다른 모든 제사장들보다 더 큰 인물이었다. 아브라함에게서 십분의 일을 취하고 약속을 받은 그를 위하여 복을 빌었나니. 멜기세덱은 레위인 제사장들의 조상인 아브라함으로부터 십일조를 취하고서, 지존자의 지시로 아브라함을 축복하였다. 즉, 그는 아브라함이 하나님과 화목한 관계 가운데서 끊임없이 은혜를 받게 될 것이고, 하나님께서는 약속하신 대로 아브라함에게 현세적이고 영적인 복들을 무수히 내려 주실 것임을 예언하였다(창 15:1). 아브라함은 족장이었고, 하나님으로부터 다른 누구보다도 더 큰 약속을 받은 특별한 인물이었지만, 멜기세덱은 그런 아브라함에게 복을 빌어 주는 지위에 있었다. 하나님께서는 아브라함에게 무수히 많은 자손들로 이루어진 한 민족의 조상이 되게 하시겠다는 약속을 주심으로써, 이스라엘 중에서 믿는 자들만이 아니라 모든 믿는 이방인들까지 포함하는 하나님의 교회의 조상이 되게 하시겠다고 하셨고, 또한 그의 자손들에게 주시겠다고 하신 가나안 땅에는 멜기세덱이 왕으로 있었던 "살렘"과 하늘의 가나안도 포함되어 있었고, 무엇보다도 특히 모든 민족으로 하여금 복을 받게 해 줄 통로가 될 약속의 메시야가 그의 후손 중에서 나오게 될 것이라는 약속도 그에게 주어졌다. 그런데 이토록 큰 약속들을 받은 아브라함도 멜기세덱에게 십일조를 드리고 축복을 받음으로써, 멜기세덱이 자기보다 더 위에 있다는 것을 인정하였다.

7. 논란의 여지 없이 낮은 자가 높은 자에게서 축복을 받느니라.

하나님이 세우신 직분자로서 사람들에게 복을 빌어 주는 제사장들이 그러한 축복을 받는 사람들보다 더 크다는 것은 일반적으로 인정되는 원리이고 분명한 진리이기 때문에, 너희 히브리인들도 그것을 부정할 수 없다. 하나님의 교회에서 낮은 지위에 있는 사람은 하나님께서 직분상으로 자기 위에 세우신 사람으로부터 축복을 받기 때문에, 직분으로 말미암은 지위와 위엄에 있어서 그를 축복해 주는 사람보다 더 낮은 위치에 있다. 제사장들은 어떤 사람을 축복할 때, 하나님께서 자신의 축복기도를 통해서 그 사람에게 베풀어 주고자 하시는 은혜와 복을 하나님으로부터 받아서 권세를 가지고서 그 사람에게 실효적으로 전해 주는 일을 한다는 점에서, 그들의 축복을 받는 사람들보다 더 높은 위치에 있을 수밖에 없다.

8. 또 여기는 죽을 자들이 십분의 일을 받으나 저기는 산다고 증거를 얻은 자가 받았느니라.

사도는 멜기세덱이 죽지 않고 영원히 사는 인물이었다는 사실을 근거로 삼아서, 그의 제사장직이 레위인들의 제사장직보다 더 크고 위에 있다는 것을 증명한다. 영원히 죽지 않는 존재는 언젠가는 죽어 없어질 존재보다 더 크고 위에 있는데, 대제사장 멜기세덱의 반차는 바로 그런 것이었다. 사도는 앞 절에서 말한 원리를 강조하기 위하여 이 논거를 여기에서 도입한 후에, 그 원리와 연결시킨다.

또 여기는 죽을 자들이 십분의 일을 받으나. "여기는"으로 번역된 불변화사 '호데'(ὧδε)를 때를 가리키는 것으로 보는 경우에는 레위기 율법이 유지되고 있던 모세 시대를 가리키고, 장소를 가리키는 것으로 보는 경우에는 성전이 있던 가나안 땅의 예루살렘을 가리킨다. 이스라엘 교회가 모이는 곳이었던 예루살렘에서 레위인 제사장들은 자신들의 형제들로부터 십일조를 취하는 영광을 누리기는 하였지만, 결국은 죽어서 그들 자신만이 아니라 제사장으로서의 그들의 반차와 직분도 이 땅에서 사라졌다는 점에서, 그들에게 십일조를 바치고 축복을 받는 자들보다 특별히 더 나을 것이 없었다. 최초의 제사장이었던 아론은 물론이고 그의 모든 후계자들도 다른 이스라엘 사람들과 똑같이 결국은 죽을 수밖에 없는 사람들이었다.

저기는 산다고 증거를 얻은 자가 받았느니라. 사도는 멜기세덱과 그의 반차는 영원무궁토록 사라지지 않고 존재한다는 점에서, 레위인 제사장들 및 그들의 반차와는 비교할 수 없을 정도로 근본적으로 다른 것이었다고 말한다. "저기는"으로 번역된 '에케이'(ἐκεῖ)는 살렘 근방에서 아브라함이 멜기세덱에게 십일조를 바치고 축복을 받은 장소를 가리키는 것일 수도 있고, 성경에서 이 일에 대하여 기록하고 있는 대목인 창세기 14:18-20이나 시편 110:4("여호와는 맹세하고 변하지 아니하시리라 이르시기를 너는 멜기세덱의 서열을 따라 영원한 제사장이라 하셨도다")을 가리키는 것일 수도 있는데, 창세기의 해당 본문에는 그의 죽음에 관한 기록이 없고, 시편의 해당 본문에는 선지자 다윗이 멜기세덱의 반차는 영원하고, 제사장으로서의 멜기세덱의 반차와 직분이 성육신하신 성자 하나님 안에서 영원히 지속되고 있다고 증언하는 내용이 나온다. 이렇게 하나님의 교회에서 하나의 큰 빛인 다윗은 마치 멜기세덱이 에녹처럼 죽지 않고 승천하였고, 승천하는 그 순간까지 제사장의 직무를 수행하였기 때문에, 멜기세덱이라는 인물과 그의 제사장직이 끝난 것이 아니라 영원히 존재하고 있다는 듯이 말한다. 그러나 성경은 이 점에 대해서는 침묵한다. 어떤 해석자는 이 구절을 히브리서 6:19-20("우리가 이 소망을 가지고 있는 것은 영혼의 닻 같아서 튼튼하고 견고하여 휘장 안에 들어 가나니 그리로 앞서 가신 예수께서 멜기세덱의 반차를 따라 영원히 대제사장이 되어 우리를 위하여 들어 가셨느니라")에 비추어 읽어서, 곧바로 그리스도와 관련시켜서 이렇게 해석하기도 한다: 여기에서, 즉 이 세상에서는 제사장들이 십일조를 받지만, 거기에서는, 즉 "휘장 안에서는" 우리를 위하여 거기로 먼저 들어가신 예수께서 십일조를 받으신다. 따라서 "여기에서" 십일조를 받는 이는 제사장들이 아니라 "산다고 증거를 얻은 자"이시다. 이 해석자는 그런 취지의 말이 히브리서 7:23-25에 나온다고 말한다: "제사장 된 그들의 수효가 많은 것은 죽음으로 말미암아 항상 있지 못함이로되 예수는 영원히 계시므로 그 제사장 직분도 갈리지 아니하느니라 그러므로 자기를 힘입어 하나님께 나아가는 자들을 온전히 구원하실 수 있으니 이는 그가 항상 살아 계셔서 그들을 위하여 간구하심이라." 여기에서 "산다고 증거를 얻은 자"는 히브리서 7:24-25에서 "영원히 계시고" "항상 살아 계시는" 분으로 묘사된 "예수"를 가리키는 것일 수밖에 없다.

9. 또한 십분의 일을 받는 레위도 아브라함으로 말미암아 십분의 일을 바쳤다고 할 수 있나니.

또한 … 할 수 있나니. 사도는 이제 멜기세덱의 제사장직이 레위인들의 제사장직보다 더 위에 있다는 것을 하나의 사례를 들어서 보여 주는데, 이 사례는 누가 보아도 즉시 분명한 그런 것은 아니었고, 주목할 만한 것이기는 하지만 깨닫기가 쉽지 않은 것이었기 때문에, 헬라어에서 그런 것을 말하기 위하여 사용하는 '호스 에포스 에이페인' (ὡς ἔπος εἰπεῖν, "할 수 있나니")이라는 어구를 여기에서 도입하고 있는 것이 특기할 만하다: "나는 이제 내가 앞에서 한 말을 결정적으로 뒷받침해 줄 만한 말을 한 마디 하고서 이 논증을 끝마치고자 하지만, 내가 지금부터 할 말은 멜기세덱과 아브라함 간의 일이 일어난 지 162년 후에 태어난 레위에 관한 것이기 때문에, 해석하는 데 조금 어려움이 있을 수 있다." 그래서 여기에서 사도는 단정적인 어투를 사용하지 않고, "어떤 의미에서는 그렇게 말할 수도 있다"는 식의 어투를 사용한다.

십분의 일을 받는 레위도 아브라함으로 말미암아 십분의 일을 바쳤다고. 여기에서 "레위"는 레위 개인이 아니라, 레위로부터 생겨난 지파 중에서 이스라엘의 제사장이나 성전에서 일하는 자들이 된 자들을 집합적으로 가리킨다. 참고로, 레위 자신은 제사장이 아니었다. 그는 야곱의 셋째 아들이었는데, 하나님께서는 레위 지파 중에서 아론의 가문에 속한 자들을 제사장들로 성별하셨고, 다른 레위인들은 그 제사장들을 돕는 자들이 되게 하셨다. 레위인 제사장들은 하나님의 율법에 의거해서 자신들의 형제들로부터 십일조를 받았지만, 아브라함을 통해서, 또는 아브라함 안에서 멜기세덱에게 십일조를 바침으로써, 그들이 직분에 있어서 멜기세덱보다 못하다는 것을 보여 주었다. 멜기세덱은 하나님의 대제사장으로서, 레위인 제사장들이 하나님께 드려야 하는 것을 자기가 받았다. 이것은 실제로 그랬다는 것이 아니라, 비유적인 말이다. 왜냐하면, 이것은 레위인 제사장들이 아직 이 땅에 태어나서 존재하기도 전에 아브라함 안에서 존재하여 멜기세덱에게 십일조를 바친 것처럼 말하고 있기 때문이다. 하지만 레위는 실제로 아브라함의 때에 존재한 것은 아니었지만, 사실상 아브라함 안에 있었다고 말할 수 있다. 물론, 그리스도께서도 그의 인성과 관련해서는 사실상 아브라함의 허리에 계셨지만, 자연적인 출생을 통해서가 아니라 이적을 통해서 아브라함의 자손으로 태어나신 것이었다. 또한, 그리스도께서는 자신의 모형이었던 멜기세덱의 참된 실체로서, 멜기세덱을 훨씬 뛰어넘는 분이셨고, 멜기세덱조차도 오직 그리스도를 통해서만 복을 받게 되어 있었기 때문에, 아브라함 안에서 멜기세덱에게 십일조를 바친 아브라함의 자손들 중에는 그리스도는 포함되지 않는다.

10. 이는 멜기세덱이 아브라함을 만날 때에 레위는 이미 자기 조상의 허리에 있었음이라.

이 절의 처음 부분에 나오는 '가르'(γὰρ)는 이유를 나타내는 것으로서, 사도는 자기가 앞에서 레위가 아브라함으로 말미암아 멜기세덱에게 십일조를 바쳤다고 한 말이 사실이라는 것을 보여 주는 증거로, 아브라함이 멜기세덱에게 십일조를 바칠 때, 레위가 사실상 아브라함의 허리에 있었다는 사실을 제시한다. 이렇게 조상과 자손은 서로 연합되어서 하나이기 때문에, 아담이 선악과를 먹고 범죄하여 타락하였을 때, 아담의 모든 자손들도 진정으로 아담 안에 있었다(롬 5:12, "그러므로 한 사람으로 말미암아 죄가 세상에 들어오고 죄로 말미암아 사망이 들어왔나니 이와 같이 모든 사람이 죄를 지었으므로 사망이 모든 사람에게 이르렀느니라"). 사도는 이것이 참이라는 것에 대하여 한 점의 의혹도 없도록 하기 위해서, 여기에서 "멜기세덱이 아브라함을 만나서" 아브라함을 축복하였을 때, 레위가 아브라함 안에서 멜기세덱에게 십일조를 바친 것이라고, 그 시기를 정확히 못 박아서 말한다. 따라서 멜기세덱은 레위 족속의 모든 제사장들보다 더 큰 자였다. 그리고 멜기세덱은 그리스도의 모형인 인물이었고, 따라서 그리스도보다 못한 인물이었기 때문에, 그리스도께서 모든 레위인 제사장들보다 더 크신 분이시라는 것은 두말할 필요가 없다.

11. 레위 계통의 제사 직분으로 말미암아 온전함을 얻을 수 있었으면 (백성이 그 아래에서 율법을 받았으니) 어찌하여 아론의 반차를 따르지 않고 멜기세덱의 반차를 따르는 다른 한 제사장을 세울 필요가 있느냐.

레위 계통의 제사 직분으로 말미암아 온전함을 얻을 수 있었으면. 사도는 멜기세덱의 제사장직, 그리고 그 모형을 통해서 드러난 그리스도의 제사장직의 위엄과 영속성에 관한 가르침을 토대로 해서, 이제 이 서신의 수신자들인 히브리인들이 자신들의 구원을 위하여 의지해야 할 것은 아론의 제사장직이 아니라 그리스도의 제사장직이라는 결론을 제시한다. 왜냐하면, 아론의 제사장직이나 율법에 의해서는 온전함을 얻을 수 없고, 그것보다 더 나은 다른 반차, 즉 그리스도와 그의 법에 의해서만 온전함을 얻을 수 있는 까닭에, 아론의 제사장직은 폐하여졌고, 그 대신에 그리스도의 제사장직이 세워졌기 때문이다. 사도가 여기에서 사용하고 있는 반문의 형식은 이 서신의 수신자들인 히브리인들 속에 있는 의혹이나 의심을 단호하게 부정하는 의미를 지닌다. 즉, 사람들이 그리스도 없이, 아론 자손의 제사장들이 하나님께 드리는 속죄와 대속의 제사를 통해서, 자신들이 지은 죄들로 인한 죄책과 더러움과 그 결과물들로부터 벗어나서, 하나님으로부터 죄 사함과 의롭다 하심과 새롭게 하심을 얻어서 영생을 얻기에 합당한 자들이 되는 것(히 9:9; 10:1)은 절대적으로 불가능하다는 것이다. 왜냐하면, "레위 계통의 제사장 직분"은 그들에게 그런 것들을 해 줄 만한 능력과 권세를 지니고 있지 않기 때문이다.

백성이 그 아래에서 율법을 받았으니. 하나님께서 레위 계통의 제사장 직분을 창설하실 때, 하나님의 언약 백성인 이스라엘 교회는 "율법"을 받았다. 하지만 그 제사장 직분은 물론이고, 당시에 주어진 하나님의 율법도 그들의 죄를 속하여 죄 사함을 받게 해 주고, 영원한 생명을 얻게 해 줄 힘을 지니고 있지 않다(갈 3:17-19; 말 2:4-8). 하나님의 율법과 레위 계통의 제사장 직분은 장차 오기로 되어 있던 훨씬 더 나은 것을 보여 주는 모형들일 뿐이었기 때문에, 때가 차면 그들에게 계시되어서, 율법과 레위 계통의 제사장 직분이 지금까지 할 수 없었던 일을 온전히 해낼 수 있는 참된 실체로 그들을 인도하는 역할만을 할 수 있을 뿐이었다(갈 3:23-24, "믿음이 오기 전에 우리는 율법 아래에 매인 바 되고 계시될 믿음의 때까지 갇혔느니라 이같이 율법이 우리를 그리스도께로 인도하는 초등교사가 되어 우리로 하여금 믿음으로 말미암아 의롭다 함을 얻게 하려 함이라"; 4:3-5).

어찌하여 아론의 반차를 따르지 않고 멜기세덱의 반차를 따르는 다른 한 제사장을 세울 필요가 있느냐. 레위 계통의 제사장 직분과 율법은 죄인들을 온전하게 할 수 없었기 때문에, 죄인들을 온전하게 해 줄 수 있는 다른 제사장 직분과 법이 필요하였다. 그래서 율법이 주어지고 레위 계통의 제사장 직분이 세워진 지 사백 년 후에 살았던 다윗은 그것들의 불완전함을 느끼고서, 장차 왕적인 제사장과 또 다른 법이 나타나서, 아론의 불완전한 반차를 따라서는 불가능하였던 죄인들을 온전하게 하는 일을 하게 될 것이라고 성령의 감동을 따라 예언하였다. 이렇게 다윗이 예언하였던 그 제사장이 바로 멜기세덱의 반차를 따라 제사장이 되신 메시야 주 예수 그리스도이셨는데(시 110:4, "여호와는 맹세하고 변하지 아니하시리라 이르시기를 너는 멜기세덱의 서열을 따라 영원한 제사장이라 하셨도다"), 그리스도께서는 그 제사장 직분과 법에 있어서 레위 계통의 제사장 직분과 모세에 의해 주어진 율법보다 이루 말할 수 없이 더 뛰어나신 분이셨기 때문에, 레위인 제사장들이 감히 할 엄두조차 내지 못하였던 것, 즉 죄인들을 온전하게 하는 일을 완벽하게 하실 수 있으셨다.

12. 제사 직분이 바꾸어졌은즉 율법도 반드시 바꾸어지리니.

제사 직분이 바꾸어졌은즉. 사도는 아론의 반차를 따른 제사장 직분의 유효 기간은 끝났기 때문에, 이 서신의 수신자들인 히브리인들이 더는 거기에 매여 있을 필요가 없다고 말한다. 아론의 반차보다 더 나은 제사장 직분과 모세 율법보다 더 나은 법이 그것들 대신에 하나님의 교회에 주어졌다. 더 나은 제사장 직분이 오기 위해서는, 레위인 제사장 직분은 폐지되어야 하였다. 왜냐하면, 하나님께서는 원래부터 레위인 제사장 직분은 참된 것이 올 때까지만 한시적으로 유지하다가 폐지하기로 정하신 것이었기 때문이다. 율법도 반드시 바꾸어지리니. 제사장 직분이 더 나은 것으로 바뀌었기 때문에, 모세 율법도 더 나은 법으로 바뀌어야 하였다. 이렇게 해서 더 나은 제사장 직분은 더 나은 소망을 가져왔고, 은혜의 언약 가운데서 율법의 경륜은 복음의 경륜으로 대체되었다(갈 3:17-27; 히 7:18-19). 모세 율법과 거기에 따른 제사장 직분이 폐하여지고, 복음이라는 더 나은 법과 멜기세덱의 반차를 따른 더 나은 제사장 직분이 주어진 것은 하나님의 작정하심에 따라 반드시 이루어져야 할 일이었다. 복음의 대제사장이신 그리스도께서 이 땅에 오셔서 죽으시고 부활하시고 승천하셔서 하늘에서 이 모든 것을 온전하게 하셨을 때, 아론의 반차를 따른 제사장 직분과 모세 율법은 근본적으로 폐하여졌고, 그 경륜을 토대로 한 백성은 흩어졌고, 그 경륜의 중심지였던 성전과 도성은 폐허가 되었다. 그리고 그러한 옛 경륜을 다시 회복하고자 한 유대인들이나 배교한 그리스도인들의 모든 계획과 시도는 오늘날까지 실패해 왔다.

13. 이것은 한 사람도 제단 일을 받들지 않는 다른 지파에 속한 자를 가리켜 말한 것이라.

이것은 … 다른 지파에 속한 자를 가리켜 말한 것이라. 사도는 이렇게 제사장 직분이 근본적으로 바뀌었다는 것을 증명하기 위해서, 그리스도는 레위 지파가 아닌 다른 지파에 속해 있었다는 사실을 증거로 제시하는데, 사실상 이것은 그리스도께서 멜기세덱의 반차를 따른 제사장이시라는 것을 우회적으로 표현한 것이다. 다윗이 시편 110:4("여호와는 맹세하고 변하지 아니하시리라 이르시기를 너는 멜기세덱의 서열을 따라 영원한 제사장이라 하셨도다")에서 말한 "멜기세덱의 서열을 따라 영원한 제사장"이신 분이 참 하나님이자 참 사람이시고 하나님의 왕적인 대제사장이신 그리스도를 가리키지 않는다면, 누구를 가리킬 수 있겠는가? 마태복음 21:42("예수께서 이르시되 너희가 성경에 건축자들이 버린 돌이 모퉁이의 머릿돌이 되었나니 이것은 주로 말미암아 된 것이요 우리 눈에 기이하도다 함을 읽어 본 일이 없느냐")을 보라. 예수 그리스도께서는 그의 인성으로는 레위 지파가 아닌 유다 지파에 속한 자손이었기 때문에, 그가 대제사장이 되심으로써, 아론의 반차를 따른 제사장직은 폐하여진 것이었다(히 2:14; 창 49:10, "규가 유다를 떠나지 아니하며 통치자의 지팡이가 그 발 사이에서 떠나지 아니하기를 실로가 오시기까지 이르리니 그에게 모든 백성이 복종하리로다").

한 사람도 제단 일을 받들지 않는. "제단 일을 받들고" 희생제사를 드리는 일을 하는 것은 제사장이었는데, 그리스도께서 그의 인성을 따라 속해 계셨던 유다 지파에서 제사장이 된 사람은 단 한 사람도 없었다. 만일 레위 지파에 속하지 않은 어떤 사람이 제사장이 해야 할 일을 할 경우에는, 하나님께서는 웃시야의 경우처럼 치시거나(대하 26:18-19, "웃시야여 여호와께 분향하는 일은 왕이 할 바가 아니요 오직 분향하기 위하여 구별함을 받은 아론의 자손 제사장들이 할 바니 성소에서 나가소서 왕이 범죄하였으니 하나님 여호와에게서 영광을 얻지 못하리이다 웃시야가 손으로 향로를 잡고 분향하려 하다가 화를 내니 그가 제사장에게 화를 낼 때에 여호와의 전 안 향단 곁 제사장들 앞에서 그의 이마에 나병이 생긴지라"), 고라의 무리들의 경우처럼 죽이셨다(민 16:1-3, 28-35). 따라서 레위 지파 외에 다른 지파에 속한 자들 중에서는 그 누구도 제사장이 될 수 없었고, 하나님께서 다른 지파 중에서 특별히 택하셔서 제사장 직분을 수행하게 하신 이는 오직 유다 지파에 속하신 우리 주님뿐이었다.

14. 우리 주께서는 유다로부터 나신 것이 분명하도다 이 지파에는 모세가 제사장들에 관하여 말한 것이 하나도 없고.

우리 주께서는 유다로부터 나신 것이 분명하도다. 제사장 직분이 바뀌었다는 증거가 되는 사실, 즉 하나님께서 대제사장으로 세우신 그리스도께서 레위 지파가 아니라 유다 지파로부터 나셨다는 것은, 이 히브리인들이 그들 자신이 아는 족보와 로마인들에 의한 인구조사에 의해서 분명하게 드러나 있는 것이었기 때문에, 결코 부인할 수 없는 것이었다. 하나님께서 이렇게 로마인들로 하여금 인구조사를 하게 하신 것은, 그리스도께서 아브라함의 자손일 뿐만 아니라 다윗의 자손으로서, "다윗의 자손"이라는 이름으로 불리셨다는 것을 모든 사람으로 하여금 알게 하시기 위한 섭리였다(겔 34:23-24; 37:24-25). 우리 주님은 참 하나님이자 참 사람으로서 하나님과 사람을 중보하시는 분이셨기 때문에(시 110:1, 4; 마 22:42, 46), 그의 인성으로는 그의 어머니 마리아 쪽 족보가 분명히 보여 주듯이, 유다 지파로부터 나셨고(눅 3:33), 이것은 로마인들의 인구조사에 의해서 증명된 것이었으며, 그 덕분에 그리스도의 이름은 승천하신 후에도 한 세대가 넘도록 로마인들의 공문서에 유다 지파에 속한 사람으로 등재되어 서고에 보관되어 있었다.

이 지파에는 모세가 제사장들에 관하여 말한 것이 하나도 없고. 하나님께서는 유다 지파에 속한 사람들에게는 제사장 직분을 맡게 하실 계획이 전혀 없으셨고, 오직 예수 그리스도만을 왕적인 제사장으로 세우시겠다고 이전부터 약속하셨을 뿐이다.

모세의 글에 유다 지파와 관련해서 제사장 직분에 관한 얘기가 전혀 없다는 사실은 유다 지파에 속한 사람들은 제사장이 될 자격이 없었다는 것을 증명해 주는 것이었다. 왜냐하면, 제사장 직분에 관한 하나님의 지시와 명령은 오직 모세의 글에만 나오고, 다른 곳에는 나오지 않기 때문이다. 이렇게 신앙 문제에 있어서는 성경에서 분명하게 기록하지 않고 있는 것도 유효한 증거가 된다.

15. 멜기세덱과 같은 별다른 한 제사장이 일어난 것을 보니 더욱 분명하도다.

더욱 분명하도다. 하나님께서 유다 지파에 속한 그리스도를 제사장으로 세우셨다는 사실은 레위 지파의 제사장직이 바뀌고 폐하여졌다는 것을 보여 주는 확실한 증거이기 때문에, 모든 사람들은 그것을 분명하게 깨닫고 인정하는 것이 마땅하지만, 그리스도의 제사장직이 멜기세덱의 반차를 따른 것으로서 영원하다는 사실(16절)은 그것을 한층 더 분명하게 증명해 준다. 멜기세덱과 같은 별다른 한 제사장이 일어난 것을 보니. 여기에서 "보니"로 번역된 '에이'(εἰ)는, 맹세의 양식과 마찬가지로, 단 한 점의 의심도 없는 사실이라고 단호하게 단언하는 의미를 지닌 불변화사로 사용되고 있다. 사도는 그리스도께서는 멜기세덱과 같은 반차를 따라 멜기세덱의 제사장직과 관련하여 예언된 모든 지극히 뛰어난 특징들을 지니신 제사장이셨다는 것을 나타내기 위하여, 그리스도를 "멜기세덱과 같은"이라는 표현을 사용한다. 멜기세덱은 단지 자연법에 따라 하나님을 창조주로서 섬겼을 뿐만 아니라, 은혜의 법에 따라 아브라함 같은 족장들과 함께 장차 오실 그리스도를 믿고, 하나님을 그리스도 안에서의 구속주로 섬겼기 때문에, 그의 제사장 직분은 모세 율법과 연결된 하나님의 경륜에 속한 아론의 반차를 따른 제사장 직분을 훨씬 능가하는 것이었다. 그리스도가 하나님께서 일으키신 "별다른 한 제사장"이셨다는 것은, 그리스도께서는 레위 지파가 아니라 유다 지파에 속하신 분이었다는 점에서 아론과 달랐을 뿐만 아니라, 제사장의 반차 자체도 아론과 달랐다는 것을 의미한다. 왜냐하면, 그리스도께서는 멜기세덱의 반차를 따른 제사장 직분을 시작하심으로써, 아론의 반차를 따른 제사장직을 폐하셨기 때문이다.

16. 그는 육신에 속한 한 계명의 법을 따르지 아니하고 오직 불멸의 생명의 능력을 따라 되었으니.

그는 육신에 속한 한 계명의 법을 따르지 아니하고. 하나님께서는 모세 율법을 따라 아론의 반차를 따른 제사장직을 규율하시고서, 제사장들을 성별하여 제단에서 봉사하며 일들을 하게 하셨지만, 그 제사장들이 한 일들은 현세적인 약속들이나 경고들과 관련된 것으로서, 영혼을 영원히 살게 할 수 있는 일들이 아니었다. 반면에, 복음의 대제사장이신 주 예수 그리스도는 모세 율법 아래에서의 하나님의 경륜을 따라 제사장으로 세우심을 입거나 성별되신 것이 아니었다. 모세 율법은 단지 육신에 속한 것들, 즉 외적인 것들만을 규율하는 것이었고, 아론의 반차를 따라 제사장이 될 사람들은, 그 율법에 따라 물로 깨끗하게 함과 기름 부음과 피 뿌림을 받고, 제사장의 옷을 입으며(출 39장; 40:13-15, 31-32), 황소나 염소로 희생제사를 드리는 의식을 치른 후에 제사장으로 세움을 받았고, 그런 후에 성막이나 성전에서 복무하였지만, 예수 그리스도께서는 그런 의식을 치르지도 않으셨고 성막이나 성전에서 복무하지도 않으셨다. 왜냐하면, 그런 것들은 단지 육신적인 것들로서 오직 육체에 상관된 것들이었을 뿐이고, 사람들의 죄를 속해 주지도 못하고 영적이고 영원한 복들을 사람들에게 줄 수도 없는 것들이었기 때문이다(히 9:1-12; 19-26).

오직 불멸의 생명의 능력을 따라 되었으니. 하나님께서는 자신의 능력의 법에 따라 그리스도를 성별하시고 제사장으로 세우셨다. 그리스도께서는 성령과 능력으로 기름 부음을 받으셨기 때문에(행 10:38), 죄인들을 구원하시는 자신의 직분을 제대로 해내실 수 있으셨다. 왜냐하면, 생명이 없는 죽은 율법의 조문 아래에서는 수많은 영혼들이 생명을 얻지 못하고 멸망할 수밖에 없었지만, 그리스도께서는 생명의 성령의 능력을 따라 자신의 제사장 직분을 수행하심으로써 사람들의 영혼을 살리시는 일을 하실 수 있으셨기 때문이다. 복음의 대제사장이신 그리스도께서는 이 법에 의해서 생명을 자기 자신 안에 지니고 계셨기 때문에, 그의 사역을 바라고 기다린 자들에게 영원한 생명, 즉 결국에는 부패하고 썩어 없어질 육신적이고 육적인 목숨과 반대되는 영원히 죽지 않는 생명을 나누어 주실 수 있으셨다(요 5:21, 24-26). 그리스도와 그의 백성 안에 있는 이 능력의 생명은 영원히 없어지지 않고 멸해지지도 않는 그런 생명이다. 그리스도께서는 자신의 죽으심을 통해서 영원한 속량을 이루셨고, 자기 백성을 위한 영원한 복을 마련하셨다. 히브리서 7:25; 9:11-12, 28을 보라.

17. 증언하기를 네가 영원히 멜기세덱의 반차를 따르는 제사장이라 하였도다.

증언하기를. 이것은 시편 110:4에 나오는 틀림없는 증언에 의해서 증명된다. 성부 하나님께서는 그리스도를 멜기세덱의 반차를 따르는 제사장으로 세우시겠다는 것을 하늘에서는 천사들 앞에서 선포하셨고, 땅에서는 선지자 다윗을 통해서 온 천하에 계시하셨다. 네가 영원히 멜기세덱의 반차를 따르는 제사장이라 하였도다. 사도는 여기에서 또다시 멜기세덱이 죽었다는 기록이 성경에 나오지 않는다는 사실을 들어서, "멜기세덱과 같은 제사장," 즉 "멜기세덱의 반차를 따르는 제사장"(이 두 가지 표현은 그 의미가 서로 동일하다)이 영원할 것임을 증명한다. 그리스도께서는 육신적인 율법에 따라 세우심을 입으신 일시적인 제사장이셨던 것이 아니고, 자신의 모든 백성을 구원하시기 위하여 영원한 능력을 수여받으시고서 영원한 제사장으로 세움을 입으셨다. 히브리서 7:24-25, 28과 마태복음 1:21을 보라.

18. 전에 있던 계명은 연약하고 무익하므로 폐하고.

전에 있던 계명은 … 폐하고. 사도는 아론의 반차를 따른 제사장직이 불완전하였기 때문에 폐지되었다는 것을 증명한 후에, 이제 여기에서는 그 제사장직과 결부되어 있던 율법이나 언약도 연약하고 무익하였기 때문에 폐지될 수밖에 없었다는 것을 증명한다. "폐함"으로 번역된 '아테테시스'(ἀθέτησις)는, 어떤 것의 효력이나 구속력을 제거함으로써, 누구도 거기에 순종할 의무가 없게 하고, 그것을 어긴다고 하여도 벌을 받지 않게 하는 것을 의미한다. 모세 율법은 하나님이 제정하신 것인데, 하나님께서는 친히 복음을 통해서 자기 아들을 영원한 제사장으로 세우심으로써, 이전의 율법을 폐하셨다.

연약하고 무익하므로. 모세 언약과 율법은 유대인들이 그것을 통해서 구하였던 것을 그들에게 줄 힘이 없었고, 그것을 그토록 자랑하였던 그들에게 선한 열매를 주지 못하였다. 히브리인들은 율법보다 430년 전에 하나님이 그들에게 주신 약속은 아랑곳하지 않고, 오직 율법에만 잘못 매달려서, 율법을 통해서 대속과 성화를 기대하였기 때문에, 율법은 그들에게 연약하고 무익할 수밖에 없었다. 이렇게 그들이 율법 이전에 주어진 하나님의 약속을 등한히 하고 율법에 매달린 것은 결국 그들에게 치명적인 잘못이었다는 것이 드러났다. 왜냐하면, 사람이 의롭다 하심과 구원함을 얻는 것은 오직 그리스도를 의지할 때에만 가능한 것인데도, 그들은 그리스도와 그의 대속의 제사를 무시하고서, 오직 모세 율법에만 매달려서, 율법에 대한 외적인 순종을 통해서 하나님으로부터 의롭다 하심을 얻고 구원을 받고자 하였기 때문이었다(갈 3:17-27). 하나님께서는 원래 율법을 그들에게 주신 목적은 그들로 하여금 율법을 통해서 그리스도께로 나아가게 하시기 위한 것이었기 때문에, 만일 그들이 율법을 그러한 용도로 사용하였더라면, 율법은 그들에게 "힘 있고 유익한" 것이 되었을 것이다. 그러나 그들은 자신들이 하나님 앞에서 의롭다 하심을 얻거나 거룩하게 되기 위한 목적으로 율법을 잘못 사용하였기 때문에, 율법은 그들에게 "연약하고 무익한" 것이 될 수밖에 없었다.

19. (율법은 아무 것도 온전하게 못할지라) 이에 더 좋은 소망이 생기니 이것으로 우리가 하나님께 가까이 가느니라.

율법은 아무 것도 온전하게 못할지라. 율법이 이렇게 연약하고 무익한 이유는 불완전하기 때문이다. 사람들이 율법에 대하여 어떠한 기대를 지니고 있었다고 할지라도, 율법은 사람을 의롭게 하거나 거룩하게 하거나 온전하게 할 수 있는 초자연적인 도덕적 힘을 지니고 있지도 않았고, 사람을 그런 식으로 온전하게 해서, 하나님과 화목하게 하거나 구원을 받을 수 있게 해 줄 수 있는 힘을 지니고 있지도 않았다(히 9:9, "이 장막은 현재까지의 비유니 이에 따라 드리는 예물과 제사는 섬기는 자를 그 양심상 온전하게 할 수 없나니"; 10:1-2, "율법은 장차 올 좋은 일의 그림자일 뿐이요 참 형상이 아니므로 해마다 늘 드리는 같은 제사로는 나아오는 자들을 언제나 온전하게 할 수 없느니라 그렇지 아니하면 섬기는 자들이 단번에 정결하게 되어 다시 죄를 깨닫는 일이 없으리니 어찌 제사 드리는 일을 그치지 아니하였으리요").

이에 더 좋은 소망이 생기니. 이 구절을 이끌고 있는 역접의 '데' (δὲ)는 여기에서 말하고 있는 "소망"이 앞에 나온 "율법"의 반대개념이라는 것을 보여 준다. 즉, "율법"은 그 누구도 온전하게 해 줄 수 없었던 반면에, "더 좋은 소망," 즉 사도들이 전하고 그들이 받은 복음은 그들을 온전하게 해 줄 수 있다는 것이다. "생기니"로 번역된 '에페이사고게' (ἐπεισαγωγὴ)는 "더해졌다"는 의미이다. 즉, 율법 언약을 폐하기 위하여 복음이 들어와 더해졌다는 것이다. 따라서 복음이 들어옴으로써, 율법 언약은 폐지되었다. 사도는 복음의 법은 더 좋은 약속들을 전한다는 점에서 "더 좋은 소망"이라고 표현한다(히 8:6, "그는 더 좋은 약속으로 세우신 더 좋은 언약의 중보자시라"). 복음이 죄인들에게 주는 "더 좋은 소망"은, 그들이 복음으로 말미암아 온전하게 될 수 있다는 것, 즉 의롭다 하심을 받아서 거룩하게 되고 영생을 얻게 될 수 있다는 것이다. 성령께서는 죄인들의 마음에 역사하셔서, 이 약속들이 참되다는 것을 그들로 하여금 확신할 수 있게 해 주고, 그들은 그 소망을 따라 복음에 순종할 수 있게 된다.

이것으로 우리가 하나님께 가까이 가느니라. 그들은 이제 복음을 통해서 하나님 앞에 자유롭게 나아가서(히 4:14, 16; cf. 히 10:19-22; 롬 5:1-2), 하나님을 예배할 뿐만 아니라, 하나님으로부터 언약의 복들을 받을 수 있게 되었다. 율법 아래에서는 하나님이 진노하셔서 그들을 죽이실 것이 두려워서 하나님 앞에 함부로 나아갈 수 없었지만, 이제 그들은 예수 그리스도 안에서 지극히 큰 확신 가운데서 얼마든지 하나님 앞에 나아갈 수 있게 되었을 뿐만 아니라, 하나님과 교제하며, 하나님을 영원히 향유하는 복을 누릴 수 있게 되었다. 히브리서 12:18-21("너희는 만질 수 있고 불이 붙는 산과 침침함과 흑암과 폭풍과 나팔 소리와 말하는 소리가 있는 곳에 이른 것이 아니라 그 소리를 듣는 자들은 더 말씀하지 아니하시기를 구하였으니 이는 짐승이라도 그 산에 들어가면 돌로 침을 당하리라 하신 명령을 그들이 견디지 못함이라 그 보이는 바가 이렇듯 무섭기로 모세도 이르되 내가 심히 두렵고 떨린다 하였느니라")과 7:22-25("이와 같이 예수는 더 좋은 언약의 보증이 되셨느니라 제사장된 그들의 수효가 많은 것은 죽음으로 말미암아 항상 있지 못함이로되 예수는 영원히 계시므로 그 제사장 직분도 갈리지 아니하느니라 그러므로 자기를 힘입어 하나님께 나아가는 자들을 온전히 구원하실 수 있으니 이는 그가 항상 살아 계셔서 그들을 위하여 간구하심이라")을 비교해 보라.

20. 또 예수께서 제사장이 되신 것은 맹세 없이 된 것이 아니니.

사도는 하나님께서 맹세로써 그리스도를 제사장으로 세우신 사실을, 그리스도의 제사장직이 아론의 제사장직보다 더 뛰어나다는 것을 보여 주는 또 다른 증거로 제시한다. 맹세로써 제사장이 된 사람은 맹세 없이 제사장이 된 사람들보다 더 크고 뛰어난 제사장이라는 것은 두말할 필요가 없는데, 그리스도께서는 그렇게 맹세로써 제사장이 되신 분이라는 것이다. '카트 호손'(καθ ὅσον)은 상관어구로서 22절에 나오는 "이와 같이"에 걸리고, 그 중간에 나오는 21절은 삽입문이다. 사도는 이 상관어구를 통해서, 하나님께서 맹세라는 더 뛰어난 형식을 사용하셔서 그리스도를 제사장으로 세우셨다는 것은, 그리스도께서는 다른 제사장직보다 더 뛰어난 목적을 이루기 위한 제사장직으로 세우심을 받으셨고, 그 목적을 위해서 더 큰 능력을 수여받으신 것임에 틀림없다는 것을 보여 준다. 다윗은 하나님의 맹세를 전하면서, "여호와는 맹세하고 변하지 아니하시리라"(21절에는 "맹세하시고 뉘우치지 아니하시리니")고 말하고 있기 때문에, 하나님께서는 "맹세"를 하셨을 뿐만 아니라 "변하지 않을" 것이라고 말씀하심으로써, 두 번이나 맹세를 하신 셈이다. 성부 하나님께서는 이렇게 맹세에 맹세를 더하셔서, 그리스도를 멜기세덱의 반차를 따른 영원한 복음의 대제사장으로 세우셨다. 그리고 하나님의 이러한 맹세는 이 일에 더 큰 힘과 영광을 더해 주었다. 다윗은 이것을 시편 110:4에서 증언한다: "여호와는 맹세하고 변하지 아니하시리라 이르시기를 너는 멜기세덱의 서열을 따라 영원한 제사장이라 하셨도다." 레위 지파의 제사장들은 하나님의 정하심에 따라 외적인 예식들을 거쳐서 성별되고 제사장으로 세움을 입었다. 그러나 그리스도께서는 하나님의 맹세로써 제사장이 되셨다. 사도는 이것을 21절의 삽입문을 통해서 이것을 설명한다.

21. (그들은 맹세 없이 제사장이 되었으되 오직 예수는 자기에게 말씀하신 이로 말미암아 맹세로 되신 것이라 주께서 맹세하시고 뉘우치지 아니하시리니 네가 영원히 제사장이라 하셨도다).

그들은 맹세 없이 제사장이 되었으되. 모세는 하나님께서 자기에게 명하신 그대로 정확하게 행하였는데(출 40:16, "모세가 그같이 행하되 곧 여호와께서 자기에게 명령하신 대로 다 행하였더라"), 하나님은 아론의 반차를 따른 제사장들을 택하시고 성별하셔서 세우실 때에 맹세로써 하시지 않으셨다. 하나님께서는 그들의 직분에 일시적이고 잠정적인 존귀만을 수여하신 것이고, 때가 되면 영원한 참된 제사장직으로 바꾸실 것이었기 때문에, 단지 제사장들을 세울 때에 지켜야 할 규례만을 모세에게 주셔서, 제사장들을 세우게 하신 것이었다.

오직 예수는 자기에게 말씀하신 이로 말미암아 맹세로 되신 것이라 주께서 맹세하시고 뉘우치지 아니하시리니. 반면에, 다윗이 시편 110:4에 기록한 것이 잘 보여 주듯이, 성부 하나님께서 "예수"를 멜기세덱의 반차를 따른 영원한 제사장으로 세우실 때에는 "맹세"로써 하셨다. 여호와 하나님은 자신의 아들이신 예수 그리스도 앞에서 자신의 손을 드시고 맹세하시며(신 32:40, "내가 하늘을 향하여 내 손을 들고 말하기를 내가 영원히 살리라 하였노라"), "네가 영원히 제사장이라"고 말씀하셨다. 즉, 예수 그리스도께서 승천하셔서 하늘에서 지엄하신 분의 오른편에 앉으셨을 때, 하나님께서는 예수 그리스도가 멜기세덱을 따른 영원한 대제사장이시라는 것을 맹세로써 확증하셨고, 자기가 그리스도 앞에서 맹세하신 것을 뉘우치거나 바꾸시지 않으실 것이며, 그럴 필요도 없으시다. 왜냐하면, 그리스도께서는 하나님의 명하신 대속 사역을 온전히 이루심으로써, 이제 하나님께서 그리스도로 말미암아 자기 백성에게 영생과 구원을 주실 수 있게 되었고, 거기에는 후회하심이 있을 수 없기 때문이다.

네가 영원히 제사장이라 하셨도다. 하나님께서 맹세하시고 확증하신 내용은, 그리스도께서 하나님의 유일하고 영원한 제사장이시라는 것이었다. 그리스도의 제사장 직분은 유일하고 끝이 없다. 하나님께서는 자신의 기쁘신 뜻을 따라 아론의 반차를 따른 제사장들을 한시적이고 잠정적인 직분으로 세우신 것이었기 때문에, 때가 되었을 때, 그들에게서 제사장의 직분을 거두어 가셨지만, 그리스도의 제사장직은 영원할 것이라고 맹세로써 확증하셨기 때문에, 그리스도에게서 제사장직을 빼앗을 자는 아무도 없다. 하나님께서는 이런 식으로 자기 아들을 높이시고, 죄인들에게 왕적인 대제사장이신 그리스도를 주셔서, 그들의 대제사장이신 그리스도로 말미암아 그들의 모든 죄가 사함을 받게 될 뿐만 아니라, 그들과 관련된 모든 문제가 영원토록 해결 받을 수 있게 하셨다.

22. 이와 같이 예수는 더 좋은 언약의 보증이 되셨느니라.

이와 같이. 앞에서 설명한 바와 같이, 이 절은 20절과 상응관계를 이루는데, 이 절의 처음에 나오는 "이와 같이"라는 어구는 그것을 보여 준다. 즉, 그리스도의 제사장직은 하나님의 맹세로써 된 것이어서 지극히 뛰어난 제사장직이었기 때문에, 하나님께서 그 제사장직을 통해서 이루고자 하신 목적도 지극히 뛰어난 것임에 틀림없다는 것이다. 아론의 반차를 따른 제사장 직분도 하나님께서 정하신 것이기 때문에 뛰어난 것이었지만, 그리스도의 제사장직은 하나님이 맹세로써 수여하신 것이기 때문에, 최고의 언약과 결부된 영원한 직분으로서 더욱더 뛰어난 것이었다. 따라서 이 서신의 수신자들인 히브리인들은 그들의 구원을 위해서 아론의 제사장직을 버리고 그리스도의 제사장직을 꼭 붙드는 것이 지극히 마땅한 일이다.

예수는 … 보증이 되셨느니라. 참 하나님이자 참 사람이신 예수 그리스도는 죄인들이 구원을 받고 영생을 얻게 되는 것을 이루시고서, 그것을 "보증해" 주시는 담보이신데, 이것은 오직 영원한 제사장이신 그만이 하실 수 있는 일이었다(욥 17:3; 시 119:122, "주의 종을 보증하사 복을 얻게 하시고 교만한 자들이 나를 박해하지 못하게 하소서"; 잠 6:1-2, "내 아들아 네가 만일 이웃을 위하여 담보하며 타인을 위하여 보증하였으면 네 입의 말로 네가 얽혔으며 네 입의 말로 인하여 잡히게 되었느니라"). 모세의 경륜 아래에서 제사장들은 이스라엘 백성을 위한 보증과 담보였기 때문에, 모세는 이스라엘 백성의 원망으로 인하여 하나님이 그들 중에 염병을 보내셔서 그들을 죽이실 때, 아론을 보내어서 죽은 자들과 산 자들 사이에 서서 "보증" 또는 "담보"가 되게 하였다(민 16:46-48, "이에 모세가 아론에게 이르되 너는 향로를 가져다가 제단의 불을 그것에 담고 그 위에 향을 피워 가지고 급히 회중에게로 가서 그들을 위하여 속죄하라 여호와께서 진노하셨으므로 염병이 시작되었음이니라 아론이 모세의 명령을 따라 향로를 가지고 회중에게로 달려간즉 백성 중에 염병이 시작되었는지라 이에 백성을 위하여 속죄하고 죽은 자와 산 자 사이에 섰을 때에 염병이 그치니라"). 사도는 이 "보증" 또는 "담보"를 "중보자"로 해석하는데(히 8:6, "이제 그는 더 아름다운 직분을 얻으셨으니 그는 더 좋은 약속으로 세우신 더 좋은 언약의 중보자시라"), "중보자"는 예수 그리스도의 모든 직분들을 전체적으로 포괄해서 지칭하는 명칭이다. 그는 하나님이 약속하신 모든 것들을 하나님으로부터 받아서 우리에게 주시는 분이시기 때문에, 그 약속들을 이루시고 성취하시는 "유언한 자"이시다(히 9:15-17, "그는 새 언약의 중보자시니 이는 첫 언약 때에 범한 죄에서 속량하려고 죽으사 부르심을 입은 자로 하여금 영원한 기업의 약속을 얻게 하려 하심이라 유언은 유언한 자가 죽어야 되나니 유언은 그 사람이 죽은 후에야 유효한즉 유언한 자가 살아 있는 동안에는 효력이 없느니라"). 예수 그리스도께서는 하나님께 우리를 위하여 대속을 하시고, 우리의 모든 것을 자신의 것으로 돌리셔서 하나님과 결산하시는 분이시기 때문에, 우리의 "보증"이자 "담보"가 되신다. 그가 이렇게 하나님 앞에서 우리의 보증이자 담보가 되실 수 있는 것은, 그가 하나님의 율법 전체와 뜻에 죽기까지 온전히 순종하셔서, 우리 죄를 하나님 앞에서 온전히 대속하셨기 때문이었다(롬 5:19, "한 사람이 순종하지 아니함으로 많은 사람이 죄인 된 것 같이 한 사람이 순종하심으로 많은 사람이 의인이 되리라"; 고후 5:21, "하나님이 죄를 알지도 못하신 이를 우리를 대신하여 죄로 삼으신 것은 우리로 하여금 그 안에서 하나님의 의가 되게 하려 하심이라"; 갈 3:13, "그리스도께서 우리를 위하여 저주를 받은 바 되사 율법의 저주에서 우리를 속량하셨으니 기록된 바 나무에 달린 자마다 저주 아래에 있는 자라 하였음이라").

더 좋은 언약의. "더 좋은 언약"은 하나님께서 예레미야서 31:33-34에서 미리 말씀하신 복음 언약을 가리키는데, 사도는 예레미야서의 해당 본문을 가져와서 히브리서 8:10-12에서 복음을 설명한다: "주께서 이르시되 그 날 후에 내가 이스라엘 집과 맺을 언약은 이것이니 내 법을 그들의 생각에 두고 그들의 마음에 이것을 기록하리라 나는 그들에게 하나님이 되고 그들은 내게 백성이 되리라 또 각각 자기 나라 사람과 각각 자기 형제를 가르쳐 이르기를 주를 알라 하지 아니할 것은 그들이 작은 자로부터 큰 자까지 다 나를 앎이라 내가 그들의 불의를 긍휼히 여기고 그들의 죄를 다시 기억하지 아니하리라 하셨느니라." 복음 언약은 분명하고 명쾌하다는 것, 값없이 주어진다는 것, 온전하고 신령하다는 것, 영속적이라는 것, 그리스도의 죽으심으로 말미암아 확정되어서 성령을 부어주실 것이 약속되어 있다는 것 등으로 인하여, 모세 언약보다 더 낫고 "좋은 언약"이다. 히브리서 8:8-9, 11을 보라.

23. 제사장 된 그들의 수효가 많은 것은 죽음으로 말미암아 항상 있지 못함이로되.

제사장 된 그들의 수효가 많은 것은. 사도는 그리스도의 제사장직은 유일무이하고 그 자체로 충분하여 부족함이 없는 반면에, 아론의 반차를 따른 제사장직은 죽을 수밖에 없는 사람들이 맡았기 때문에 연약하고 유한할 수밖에 없었다는 사실에 비추어서, 전자가 후자보다 더 뛰어나다는 것을 보여 준다. 모세 율법 아래에서는 수많은 제사장들이 대대로 대제사장 아래에서 성전을 섬겼는데, 대제사장들의 수만 해도 칠십 명이 넘었다. 그리고 성전이 파괴되어서 더 이상 아론의 반차를 따른 제사장들이 율법에 따라 일할 수 없게 된 때에는 랍비들이 제사장들을 대신하였는데, 그들의 수도 만만치 않았다.

죽음으로 말미암아 항상 있지 못함이로되. 제사장들은 죽을 수밖에 없는 존재들이었기 때문에, 그들이나 그들의 제사장 직분도 영원할 수 없었고, 서로 다른 사람들이 대대로 그 직분을 이어갈 수밖에 없었다(출 28:43, "아론과 그의 아들들이 회막에 들어갈 때에나 제단에 가까이 하여 거룩한 곳에서 섬길 때에 그것들을 입어야 죄를 짊어진 채 죽지 아니하리니 그와 그의 후손이 영원히 지킬 규례니라"). 그들의 제사장 직분은 더 나은 제사장 직분에 의해서 대체되어 폐기될 때까지, 죽음으로 말미암아 한 사람이 죽으면 또 다른 사람이 맡는 것을 반복하여야 하였다. 이렇게 제사장들 자신과 그들의 제사장 직분은 둘 다 연약하고 잠정적이며 불완전한 것이었다.

24. 예수는 영원히 계시므로 그 제사장 직분도 갈리지 아니하느니라.

예수는 영원히 계시므로. 사도는 예수 그리스도라는 제사장(22절)을 아론의 반차를 따른 수많은 제사장들과 대비시킨다. 이 뛰어나신 제사장께서는 부활 후에 영원히 죽지 않고 살아 계신다(딤전 2:5, "하나님은 한 분이시요 또 하나님과 사람 사이에 중보자도 한 분이시니 곧 사람이신 그리스도 예수라"). 예수 그리스도께서도 영원하시고, 그가 맡으신 제사장 직분도 영원하다. 히브리서 7:25과 로마서 6:9("이는 그리스도께서 죽은 자 가운데서 살아나셨으매 다시 죽지 아니하시고 사망이 다시 그를 주장하지 못할 줄을 앎이로라")을 보라. 아론의 반차를 따른 제사장들은 다 죽었지만, 예수 그리스도께서는 영원히 계신다(계 1:17-18, "내가 볼 때에 그의 발 앞에 엎드러져 죽은 자 같이 되매 그가 오른손을 내게 얹고 이르시되 두려워하지 말라 나는 처음이요 마지막이니 곧 살아 있는 자라 내가 전에 죽었었노라 볼지어다 이제 세세토록 살아 있어 사망과 음부의 열쇠를 가졌노니").

그 제사장 직분도 갈리지 아니하느니라. "갈리지 않는"으로 번역된 '아파라바톤'(ἀπαράβατον)은, 아론의 반차를 따른 제사장 직분이 한 사람에게서 다른 사람에게로 넘어간 것과는 달리, 그리스도의 제사장 직분은 그에게서 다른 사람에게로 넘어갈 수 없다는 것을 보여 준다. 그 누구도 그리스도의 제사장직을 공유할 수도 없고, 계승할 수도 없다. 그리스도께서는 자신의 제사장 직분을 영원히 갖고 계신다. 교황이 그리스도의 대제사장직을 대신하거나 계승하는 체하고 있지만, 아무리 그래도, 그 누구라도 그리스도의 대제사장직을 대신할 수도 없고 계승할 수도 없다.

25. 그러므로 자기를 힘입어 하나님께 나아가는 자들을 온전히 구원하실 수 있으니 이는 그가 항상 살아 계셔서 그들을 위하여 간구하심이라.

그러므로 … 온전히 구원하실 수 있으니. 사도는 여기에서 그리스도의 제사장 직분이 할 수 있는 일을 들어서, 그리스도의 제사장직이 아론의 반차를 따른 제사장직보다 더 뛰어나고 우월하다는 것을 증명한다. 즉, 그리스도께서는 초자연적인 신적인 권능의 소유자이시기 때문에, 모든 죄와 죄책, 죄로 인한 더러움, 죄의 권세, 죄의 결과물들, 저주, 진노, 영원한 사망으로부터 죄인들을 "온전히" 조금도 남김없이 구원하실 수 있으시다는 것이다. 우리 자신이나 다른 사람들이 우리를 위해 해 줄 수 없는 바로 그런 일들을, 오직 그리스도께서는 하실 수 있으시고, 하실 수 있으실 뿐만 아니라 기꺼이 하시고자 하시기 때문에, 우리는 그리스도의 제사장직을 의지해서 영원히 안전하고 행복하고 복되고 영광스러운 상태로 들어갈 수 있다(롬 5:9-11, 17, "이제 우리가 그의 피로 말미암아 의롭다 하심을 받았으니 더욱 그로 말미암아 진노하심에서 구원을 받을 것이니 … 한 사람의 범죄로 말미암아 사망이 그 한 사람을 통하여 왕 노릇 하였은즉 더욱 은혜와 의의 선물을 넘치게 받는 자들은 한 분 예수 그리스도를 통하여 생명 안에서 왕 노릇 하리로다").

자기를 힘입어 하나님께 나아가는 자들을. 우리의 대제사장이신 그리스도를 의지해서 하나님께로 나아가는 자들은, 그의 피를 믿는 믿음을 가지고서, 자기 자신을 부인한 가운데, 오직 그와 그의 공로를 힘입어서 죄 사함 받기를 기도하고, 그리스도 안에서 하나님의 은혜와 긍휼이 자신들에게 주어지기를 기대하며, 그들 자신을 그리스도께 전적으로 복종시키고, 그리스도를 의지하여 자신들을 끝까지 흠이나 점 같은 것이 하나도 없이 순전하게 하나님께 드리는 가운데, 그리스도를 영원히 향유하는 복을 받고자 하는 자들이다. 자기를 믿는 자들을 하나님 앞으로 인도하셔서 흠 없는 자들로 세우시는 것은 그리스도께서 하시는 일이다(요 6:35-40; 벧전 3:18, "그리스도께서도 단번에 죄를 위하여 죽으사 의인으로서 불의한 자를 대신하셨으니 이는 우리를 하나님 앞으로 인도하려 하심이라").

이는 그가 항상 살아 계셔서 그들을 위하여 간구하심이라. 그리스도께서 죄인들을 온전히 구원하실 수 있는 것은, 그가 자기 안에 생명을 가지고 그 생명으로 사람들을 살리실 수 있는 분이실 뿐만 아니라, 죄인들의 대제사장으로서 언제까지나 영원히 살아 계셔서, 자기를 기다리는 모든 자들을 위하여 중보기도를 하시기 때문이다. 로마서 8:6을 보라. 또한, 그리스도께서는 자기를 의지하는 자들의 대변자가 되셔서, 그들에 대한 모든 고소들에 대하여 회개하고 믿는 자들을 변호해 주실 뿐만 아니라, 성부 하나님께서 자기 안에서 그들에게 약속하신 모든 것들을 그들에게 베풀어 주시기를 간구하신다(요일 2:1-2, "나의 자녀들아 내가 이것을 너희에게 씀은 너희로 죄를 범하지 않게 하려 함이라 만일 누가 죄를 범하여도 아버지 앞에서 우리에게 대언자가 있으니 곧 의로우신 예수 그리스도시라 그는 우리 죄를 위한 화목제물이니 우리만 위할 뿐 아니요 온 세상의 죄를 위하심이라"). 이사야서 53:12에서 하나님께서 "내가 그에게 존귀한 자와 함께 몫을 받게 하며 강한 자와 함께 탈취한 것을 나누게 하리니 이는 그가 자기 영혼을 버려 사망에 이르게 하며 범죄자 중 하나로 헤아림을 받았음이니라 그러나 그가 많은 사람의 죄를 담당하며 범죄자를 위하여 기도하였느니라"로 미리 말씀하신 것처럼, 그리스도께서는 하나님의 오른편에 앉아 계시면서 늘 하나님을 뵈옵고, 최고의 입법자이시자 재판장이시며 통치자이신 성부 하나님에 대하여 자기가 가지고 있는 모든 권리를 다 동원하셔서, 자기 백성들의 대표자로서 그들을 위하여 간구하시는데, 자신들의 죄책이나 연약함으로 인하여 스스로를 변호할 수 없는 자들을 위해서도 기꺼이 변호해 주신다(히 9:24, "그리스도께서는 참 것의 그림자인 손으로 만든 성소에 들어가지 아니하시고 바로 그 하늘에 들어가사 이제 우리를 위하여 하나님 앞에 나타나시고"). 그리스도께서는 자기를 믿는 모든 자들을 위하여 그렇게 하실 것이다. 믿는 자들은 그리스도의 희생제사로 말미암아 자신들의 죄가 속함을 받았다는 것을 믿고서, 그리스도를 의지하여 하나님께로 나아가서, 이 땅에서 하늘의 성소의 모형인 성전의 향단에서 분향하였듯이(출 30:1-10), 자신들이 그리스도의 공로를 힘입어 행한 모든 것들로 하나님 앞에서 분향하는 자들이다(계 8:3-4, "또 다른 천사가 와서 제단 곁에 서서 금 향로를 가지고 많은 향을 받았으니 이는 모든 성도의 기도와 합하여 보좌 앞 금 제단에 드리고자 함이라 향연이 성도의 기도와 함께 천사의 손으로부터 하나님 앞으로 올라가는지라"; 롬 8:31-36, "누가 정죄하리요 죽으실 뿐 아니라 다시 살아나신 이는 그리스도 예수시니 그는 하나님 우편에 계신 자요 우리를 위하여 간구하시는 자시니라").

26. 이러한 대제사장은 우리에게 합당하니 거룩하고 악이 없고 더러움이 없고 죄인에게서 떠나 계시고 하늘보다 높이 되신 이라.

사도가 복음의 대제사장이신 그리스도의 제사장 직분이 아론의 반차를 따른 제사장 직분보다 더 뛰어나고 우월하다는 것을 보여 주는 마지막 증거로 제시하는 것은 그리스도의 탁월한 인품 또는 성품이다. 그리스도께서 다른 그 어떤 존재보다도 더 뛰어난 자질과 성품을 지니고 계신다는 것은, 다윗이 그리스도께서 아론의 반차가 소멸된 후에 멜기세덱의 반차를 따라 제사장이 되실 것이지만, 그는 멜기세덱과도 달리 영원히 죽지 않으시는 분으로서, 하나님의 맹세로써 영원한 제사장으로 세우심을 받게 되실 분이라고 예언한 것에서 분명하게 드러난다.

이러한 대제사장은 우리에게 합당하니 거룩하고. 우리는 죄책으로 가득하고 더럽고 추악하며 비참한 죄인들이어서, 아무런 소망도 없고 우리 스스로는 아무것도 할 수 없는 자들이고, 그런 상태로 하나님 앞으로 나아갔다가는 영락없이 죽을 수밖에 없는 자들이었기 때문에, 우리에게 부합하고 꼭 필요하고 합당한 대제사장은 거룩하시고 악이 없으시고 더럽혀지지 않으시고 죄인들과 구별되시고 하늘들보다도 더 높으신 분이어야 했는데, 참 하나님이자 참 사람이시고 메시야이시며 복음의 대제사장이신 그리스도는 바로 그런 분이셨다. 만일 우리에게 하나님 앞에서 우리를 변호해 줄 분이 없다면, 우리는 영원히 망할 수밖에 없는데, 예수 그리스도는 하나님 앞에서 우리를 변호해 주시는 데 적임자이시기 때문에, 오직 그리스도만이 우리를 도우실 수 있으시고 구원할 수 있으시다. 여기에서 사도가 열거하고 있는 그리스도의 성품들은, 그의 희미한 그림자들이자 모형들에 불과하였던 아론의 반차를 따른 제사장들과는 달리, 그가 얼마나 온전한 제사장이신지를 잘 보여 준다. 예수 그리스도께서는 단지 직분상 외적으로만 뛰어나신 분이셨던 것이 아니라, 내적으로 인격적으로도 거룩하신 분이셨다. 하나님으로서의 그의 본성은 거룩 그 자체였고, 사람으로서의 그의 본성은 하나님의 뜻에 전적으로 부합하는 것이었다. 그는 나실 때부터 "거룩한 이"셨다(눅 1:35, "천사가 대답하여 이르되 성령이 네게 임하시고 지극히 높으신 이의 능력이 너를 덮으시리니 이러므로 나실 바 거룩한 이는 하나님의 아들이라 일컬어지리라"). 거룩함이라는 글자가 대제사장 아론의 경우에는 순금으로 만든 "패"에 새겨져 있었지만(출 39:30, "그들이 또 순금으로 거룩한 패를 만들고 도장을 새김 같이 그 위에 '여호와께 성결'이라 새기고"), 그리스도의 경우에는 그 인격 안에 새겨져 있었다. 그리스도께서는 잉태하실 때나 출생하실 때나 사시는 동안에나 죽으실 때에나 늘 거룩하셨다. 마귀는 그리스도 안에서 거룩하지 않은 그 어떤 것도 발견할 수 없었다(요 14:30, "이 후에는 내가 너희와 말을 많이 하지 아니하리니 이 세상의 임금이 오겠음이라 그러나 그는 내게 관계할 것이 없으니"). 그의 영혼과 몸은 자신의 모형들과는 비교할 수 없을 정도로 순전하였다(레 21:17-23). 천사들이든 사람들이든 그 어떤 피조물도 그리스도만큼 거룩한 존재는 없고, 그리스도만큼 하나님을 가장 많이 닮은 존재도 없다. 왜냐하면, 그리스도는 하나님이시기 때문이다(요 1:14, "말씀이 육신이 되어 우리 가운데 거하시매 우리가 그의 영광을 보니 아버지의 독생자의 영광이요 은혜와 진리가 충만하더라").

악이 없고. "악이 없다"로 번역된 '아카코스'(ἄκακος)는, 그리스도의 영혼과 육신은 태어날 때부터 본성적으로 악이나 정욕이 전혀 없었고, 악에 이끌리는 성향도 없었으며, 누구에게 해악이 될 만한 것이 없었고, 나다나엘을 능가하는 참 이스라엘 사람으로서 간사함이 없었으며, 지극히 순수하고 티없이 맑았다는 것을 의미한다. 그리스도는 선하셨고, 그가 행하시는 모든 일들도 선하였다(행 10:38, "하나님이 나사렛 예수에게 성령과 능력을 기름 붓듯 하셨으매 그가 두루 다니시며 선한 일을 행하시고 마귀에게 눌린 모든 사람을 고치셨으니 이는 하나님이 함께 하셨음이라").

더러움이 없고. "더러움이 없다"로 번역된 '아미안토스'(ἀμίαντος)는, 그리스도께서는 안과 밖으로 흠이나 오점이나 얼룩이 전혀 없었다는 것을 의미한다. 하나님 앞에서는 천사들과 하늘들도 이 대제사장만큼 그렇게 깨끗하지 못하다. 그리스도께는 죄의 모양조차도 없으셨다. 그리스도의 교회가 그토록 순전하다면, 그리스도 자신은 어떠하시겠는가(엡 5:27, "자기 앞에 영광스러운 교회로 세우사 티나 주름 잡힌 것이나 이런 것들이 없이 거룩하고 흠이 없게 하려 하심이라")!

죄인에게서 떠나 계시고. 그리스도께서는 죄인들에게 있거나 죄인들과 어울림으로써 물들게 되는 온갖 악한 습성들과 속성들과 행위들로부터 자유로우신 분이셨다. 그는 마치 죄인들과는 단 한 번도 함께 계신 적이 없는 것처럼, 죄책이나 오염으로부터 완전히 분리되어 계셨다. 그리스도께서는 하나님과 연합되어 의로 충만하셔서 죄인들을 의롭게 하셨지만, 죄인들로부터 그 어떤 것도 물들지 않으셨다.

하늘보다 높이 되신 이라. 다음 절에서 말하고 있듯이, 그리스도께서는 "단번에 자기를 드려" 모든 대속 사역을 이루신 후에, 모든 하늘들보다 훨씬 더 높이 오르셔서(엡 4:10), 하나님의 오른편에 있는 보좌에 앉으셨고, 하나님께서는 그리스도를 "모든 통치와 권세와 능력과 주권과 이 세상뿐 아니라 오는 세상에 일컫는 모든 이름 위에 뛰어나게 하시고 또 만물을 그의 발 아래에 복종하게 하시고 그를 만물 위에 교회의 머리로 삼으셨다"(엡 1:21-22). 그 어떤 제사장도 복음의 대제사장이신 그리스도께서 오르신 곳까지 높이 오를 수 없다. 이것은 그리스도가 얼마나 이루 말할 수 없이 뛰어나시고 탁월하신 대제사장이신지를 극명하게 보여 준다(히 4:14; 8:1; 9:11). 그는 하나님께서 자기에게 주신 모든 사람들을 다 구원하시고 끝까지 지키셔서 천국에 이르게 하실 수 있으실 정도로 그 모든 일에서 권능이 많으시고 형통하시는 분이시다! 지금 그리스도께서 하늘에서 하고 계시는 일은 중보기도이다.

27. 그는 저 대제사장들이 먼저 자기 죄를 위하고 다음에 백성의 죄를 위하여 날마다 제사 드리는 것과 같이 할 필요가 없으니 이는 그가 단번에 자기를 드려 이루셨음이라.

이 절에서 사도는 그리스도께서 하늘에서 대제사장으로서 지금도 계속해서 제사를 드리시는 것이 아니라 죄인들을 위하여 중보기도의 일을 하고 계시는 이유를 보여 주고, 이것을 통해서 그리스도의 제사장직이 아론의 반차를 따른 제사장직보다 훨씬 더 뛰어나고 우월하다는 것을 보여 준다. **그는 저 대제사장들이 … 날마다 제사 드리는 것과 같이 할 필요가 없으니.** 그리스도께서는 거룩하신 분이었기 때문에, 그렇지 않은 저 대제사장들처럼 날마다 반복해서 제사를 드릴 필요가 없으셨다.

먼저 자기 죄를 위하고 다음에 백성의 죄를 위하여. 아론의 반차를 따른 대제사장들은 일 년에 한 번 속죄일에 백성의 죄를 위해서만이 아니라 그들 자신을 위해서도 속죄제를 드려서 죄 사함을 받아야 했는데, 그것은 그들도 백성들과 마찬가지로 죄인들이었기 때문이었다(레 9:7, "모세가 또 아론에게 이르되 너는 제단에 나아가 네 속죄제와 네 번제를 드려서 너를 위하여, 백성을 위하여 속죄하고 또 백성의 예물을 드려서 그들을 위하여 속죄하되 여호와의 명령대로 하라"). 이렇게 아론과 그의 후계자들은, 장차 그리스도께서 오셔서 단번에 영원한 제사를 드리셔서 지금까지의 모든 제사를 폐하실 때까지, 계속해서 속죄일에 백성들과 그들 자신의 죄를 속하는 제사를 드려야 하였다. 하지만 그리스도께서는 속해야 할 그 어떤 죄도 없으셨기 때문에, 자신을 위하여 제사를 드릴 필요가 없었고, 오직 모든 사람들의 죄를 속하는 제사를 "단번에" 드리시기만 하면 되었고, 그 제사의 효력은 지금까지 무수히 드려진 모든 제사의 효력을 훨씬 능가하는 것이었다.

이는 그가 단번에 자기를 드려 이루셨음이라. 모든 사람의 죄를 속하시는 일은 그리스도께서 그들의 죄를 위하여 자기 자신을 희생제물로 드리시고서 죽으셨을 때에 이루어졌다. 예수 그리스도께서는 흠 없는 자신의 인성을 영원하신 성령으로 말미암아 하나님 앞에 속죄제물로 드리시기 위하여, 몸소 십자가에 달려 죽으셨고, 그런 후에 그의 영혼은 자신의 언약의 피를 들고 승천하셔서 하늘의 지성소에 있는 하나님의 보좌로 나아가심으로써 자신의 모든 백성의 죄를 속하셨다. 그리스도께서 이렇게 단번에 드리신 희생제사는 아론의 반차를 따른 제사장들이 지금까지 드렸던 모든 희생제사들과는 비교할 수 없을 정도로 뛰어난 것이었기 때문에, 죄인들을 하나님과 영원히 화목하게 할 수 있었다! 히브리서 9:11-12, 14, 24-26을 보라. 하나님께서는 그리스도의 이 제사를 받으시고서, 그를 모든 하늘들보다 훨씬 더 높이 높이시고, 그의 대제사장 직분을 맹세로써 확증하셨기 때문에, 이후에 그리스도께서 드리시는 모든 중보기도는 아주 강력하여서, 자신의 모든 백성을 그들의 죄와 죄과들로부터 구원할 수 있었다.

28. 율법은 약점을 가진 사람들을 제사장으로 세웠거니와 율법 후에 하신 맹세의 말씀은 영원히 온전하게 되신 아들을 세우셨느니라.

아론의 반차를 따른 제사장들이 그들 자신을 위한 속죄제사가 필요하였던 반면에, 복음의 대제사장이신 그리스도께서는 자기를 위한 속죄제사가 필요하지 않은 이유가 여기에 나오는데, 사도는 그 이유를 그리스도께서는 "아들"이셨기 때문이라고 말한다. 이것은 그리스도의 제사장직이 다른 모든 제사장직보다 더 뛰어나고 우월하다는 것을 보여 주는 마지막 설명이다.

율법은 약점을 가진 사람들을 제사장으로 세웠거니와. 하나님께서는 모세에게 율법을 주셔서, 아론의 반차를 따른 제사장들을 어떤 식으로 성별해서 세워야 하는지, 그 절차와 예식들을 정해 주셨는데, 이 제사장들은 육신적으로 약점들을 지닌 사람들이었을 뿐만 아니라, 도덕적인 약점도 지니고 있는 죄인들이었다. 아론과 그의 모든 자손들은 영적인 약점, 즉 죄악을 지니고 있었기 때문에(히 5:2, "그가 무식하고 미혹된 자를 능히 용납할 수 있는 것은 자기도 연약에 휩싸여 있음이라"), 백성들의 죄만이 아니라 그들 자신의 죄를 위해서도 하나님께 속죄제사를 드려야 하였다. 그들은 본성적으로 죄악된 자들이었고, 죽을 수밖에 없는 자들이었다(히 7:26).

율법 후에 하신 맹세의 말씀은. 성부 하나님께서는 자기 아들에게 자기가 그를 유일무이한 대제사장으로 세워서 죄인들을 온전하게 하는 이루게 하시겠다고 맹세로써 약속하셨고, 다윗은 자기에게 계시된 하나님의 그러한 뜻을 시편 110:4에서 증언하고 있다("여호와는 맹세하고 변하지 아니하시리라 이르시기를 너는 멜기세덱의 서열을 따라 영원한 제사장이라 하셨도다"). 하나님께서 맹세로써 하신 이 약속의 말씀은, 하나님이 모세에게 주신 율법에 따라 아론의 반차를 따른 제사장들을 세운 지 사백 년 후에 주어졌다. 하나님께서 자기 아들에게 하신 이 약속의 말씀은 "맹세"로 된 것이었기 때문에, 절대로 돌이킬 수 없는 것이었다. 이 약속은 그리스도께서 인성을 입으시고 하늘들보다 더 높이 오르셔서 하늘의 지성소로 들어가실 때에야 비로소 성취되었다(시 110:1, "여호와께서 내 주에게 말씀하시기를 내가 네 원수들로 네 발판이 되게 하기까지 너는 내 오른쪽에 앉아 있으라 하셨도다").

영원히 온전하게 되신 아들을 세우셨느니라. 성육신하신 성자 하나님, 즉 성부 하나님의 품 속에 계시다가 이 땅에 오신 저 영광스러운 독생하신 하나님은, 약점들을 지닌 아론의 반차를 따른 제사장들과는 달리, 완벽하고 온전하게 거룩하신 분이셨기 때문에, 사람들의 죄를 속하시는 일을 유일하게 하실 수 있으셨을 뿐만 아니라 그 일을 하시기에 합당하셨다. 그래서 성부 하나님께서는 자신의 맹세로써 참 하나님이자 참 사람이신 예수 그리스도를 유일하게 영원한 대제사장으로 삼으시겠다고 약속하셨고, 그 약속을 이루셨다. 그러므로 이 서신의 수신자들인 히브리인들은 하나님께서 원래부터 한시적이고 잠정적으로 세우신 아론의 반차를 따른 제사장 직분을 연연해하며 꼭 붙들고 놓지 않고자 하고, 하나님이 세우신 성자 예수 그리스도의 영원한 제사장 직분을 붙들고자 하지 않는 일이 있어서는 안 된다.

MATTHEW POOLE'S COMMENTARY

히브리서 8장

개요

1. 하늘에 계신 우리의 크신 대제사장이신 그리스도께서는 이 땅의 제사장들보다 더 뛰어난 직분을 가지고 계심(1–5).
2. 그리스도는 모세에게 주어진 것보다 더 좋은 언약의 중보자이심(6–13).

1. 지금 우리가 하는 말의 요점은 이러한 대제사장이 우리에게 있다는 것이라 그는 하늘에서 지극히 크신 이의 보좌 우편에 앉으셨으니.

사도는 위대한 복음의 일꾼이신 그리스도의 제사장직에 대한 설명을 마친 후에, 이제 여기에서는 그리스도께서 그 직분을 어떻게 수행하셨는지를 보여 준다. 즉, 그리스도께서는 아론의 반차를 따른 제사장들보다 훨씬 더 뛰어나시고 우월하신 제사장이셨기 때문에, 그가 제사장으로서 하신 일도 그들이 한 일들보다 훨씬 더 뛰어나고 우월할 수밖에 없었다는 것이다. 사도는 이 주제를 본격적으로 다루기에 앞서, 먼저 자기가 앞에서 말했던 내용을 다시 한 번 요약하는 것으로 시작한다.

지금 우리가 하는 말의 요점은. 사도는 여기에서 다른 주제로 넘어가기 위해서, 자기가 지금까지 해 온 말들의 '케팔라이온' (κεφάλαιον, "요점")은 "이러한 대제사장이 우리에게 있다는 것"이라고 운을 떼는데, 어떤 이들은 '케팔라이온' 은 "머리"라는 의미로서, 사도가 말해 온 범위를 가리키는 것이라고 해석하고, 어떤 이들은 사도가 지금까지 제사장직에 대하여 말해 온 것들 중에서 가장 중요하고 핵심이 되는 것, 즉 논증의 정수라고 할 수 있는 것을 가리키는 것이라고 해석한다. 사도가 뒤에서 하는 말들에 비추어 보면, 그러한 해석도 어느 정도 일리가 있기는 하지만, 우리는 전후 문맥을 다 함께 살펴보지 않으면 안 되는데, 그렇게 했을 때, 사도가 여기에서 사용한 '케팔라이온' 이라는 단어는 지금까지 앞에서 말해 온 것들(7장)을 전체적으로 개략적으로 간추려서 요약한 간략한 요점이라는 의미가 강하다. 따라서 이것은 사도가 여기에서 말하고자 하는 내용은 앞에서 이미 말한 것들에 의거해서 그 말들을 간략하게 요약한 것이 될 것임을 보여 준다. 사도는 앞에서 시편 110:4을 근거로 삼아서 자세하게 설명하였던 그리스도의 제사장직에 관한 가르침의 요점을 이 절에서 간략하게 다룬다.

이러한 대제사장이 우리에게 있다는 것이라 그는 하늘에서 지극히 크신 이의 보좌 우편에 앉으셨으니. 우리의 믿지 않는 유대인 형제들은 여전히 단지 죄인들로 남아 있는 반면에, "우리," 즉 바울과 믿는 히브리인들에게는 참 하나님이자 참 사람이신 그리스도께서 우리의 대제사장으로 계시기 때문에, 우리는 이 대제사장을 의지해서 죄 사함을 비롯한 구원에 속한 모든 것들을 받을 수 있는 권세가 있고, 실제로 그것들을 향유할 수 있다. 하늘로부터 뛰어난 능력을 받으신 그리스도께서는 사람들에 의해서 십자가에 못 박히셨지만, 바로 그 십자가를 통해서 죄와 사망과 음부, 그리고 그 모든 것들의 주(lord)인 마귀를 이기셨고, "통치자들과 권세들을 무력화하여 드러내어 구경거리로 삼으시고 십자가로 그들을 이기신"(골 2:15) 후에, 하늘들의 하늘로 들어가셔서, 하나님의 우편에 있는 자신의 보좌에 앉으시고, 하나님으로부터 수여받은 왕적인 제사장으로서의 모든 권세와 위엄을 가지고서 우리와 관련된 모든 일들을 처리하고 계신다(히 1:3, "그의 능력의 말씀으로 만물을 붙드시며 죄를 정결하게 하는 일을 하시고 높은 곳에 계신 지극히 크신 이의 우편에 앉으셨느니라"). 반면에, 아론의 반차를 따른 제사장들은 죄악된 자들이었기 때문에, 하늘의 성전의 모형이자 그림자였던 예루살렘 성전의 성소와 지성소에서 두려워 떨며 섬겼을 뿐이었다.

2. 성소와 참 장막에서 섬기는 이시라 이 장막은 주께서 세우신 것이요 사람이 세운 것이 아니니라.

섬기는 이. 사도는 여기에서 우리의 대제사장이신 그리스도께서 하늘에서 "지극히 크신 이의 보좌 우편에 앉으셔서" 하고 계시는 일과 관련해서, 그리스도를 "성소와 참 장막에서 섬기는 이"라고 말한다. "섬기는 이"로 번역된 '레이투르고스' (λειτουργὸς)는, 수이다스(Suidas, 10세기 말에 비잔틴에서 편찬된 사전)에 의하면, '레이온' (λήιον) 또는 '레이톤' (λήιτον)과 '에르곤' (ἔργον)의 복합어로서, "공적인 일"을 의미한다. 따라서 여기에서 "섬기는 이"는 가장 고위직부터 말단직에 이르기까지 공무를 행하는 모든 사람들을 가리킨다. 신약에서 성령께서는 최고의 공직을 맡은 자를 이 단어로 표현하는데, 이 절에서 이 단어는 높아지신 그리스도, 즉 하나님께서 미리 약속하신 대로 자신의 나라에서 만유의 주가 되어 만유를 다스리는 왕으로 앉히시고 공표하신 바로 그 그리스도를 가리킨다(시 2:6-7, "내가 나의 왕을 내 거룩한 산 시온에 세웠다 하시리로다"; 110:1; cf. 행 13:33). 여기에서 이 단어는 그리스도께서 하늘과 땅에서 왕과 제사장과 선지자라는 자신의 직분을 따라 하늘과 땅에 있는 만유를 다스리시고 주관하고 계시는 것을 가리키는 것으로 보는 것이 합당하다.

성소. 그리스도께서 다스리시고 주관하시는 일들은 '톤 하기온'(τῶν ἁγίων, "성소")에 속한 일들이다. 어떤 이들은 이 단어가 성도들을 가리키는 것이라고 본다. 즉, 그리스도는 성도들을 다스리시고 주관하시는 분이시라는 것이다(계 15:3, "하나님의 종 모세의 노래, 어린 양의 노래를 불러 이르되 주 하나님 곧 전능하신 이시여 하시는 일이 크고 놀라우시도다 만국의 왕이시여 주의 길이 의롭고 참되시도다"). 어떤 이들은 이 단어가 그리스도께서 자신의 백성에게 수여하시는 은혜들과 은사들을 가리키는 것이라고 생각한다. 하지만 여기에서 이 단어는 중성으로 되어 있기 때문에, 장소, 즉 하늘에 있는 "성소"인 지성소를 가리키는 것으로 보는 것이 가장 합당하다. 그리스도께서는 성도들을 다스리시고, 자기 백성에게 온갖 은사들을 수여하실 뿐만 아니라, 좀 더 포괄적으로 하늘의 지성소에서 만유를 다스리시고 계신다. 왜냐하면, 그리스도께서는 하늘의 지성소에서 만유를 다스리고 계시는 까닭에, 성도들을 살피시는 일도 하시고, 자기 백성에게 온갖 은혜와 은사들을 내려주시는 일도 하시는 것이기 때문이다. 따라서 이 단어는 하늘의 성소의 모형인 성전과 성막의 모든 거룩한 부분들을 나타내기 위하여 복수형으로 사용되고 있지만, 거룩한 처소, 즉 "성소"를 의미한다.

참 장막. 어떤 이들은 이 단어가 앞에 나온 "성소"라는 단어와 연결되어 사용되고 있다는 이유로, 앞 단어와 동일한 의미, 즉 "천국"을 가리키는 것이라고 생각한다. 그러나 사도는 히브리서 9:1-3에서 "성소"와 "장막"을 서로 구별해서 사용하고 있다: "첫 언약에도 섬기는 예법과 세상에 속한 성소가 있더라 예비한 첫 장막이 있고 그 안에 등잔대와 상과 진설병이 있으니 이는 성소라 일컫고 또 둘째 휘장 뒤에 있는 장막을 지성소라 일컫나니." 어떤 이들은 여기에서 말하는 "장막"이 그리스도의 몸을 가리키는 것이라고 이해하지만, 그러한 해석은 사도가 여기에서 말하고자 하는 것에 별로 부합하지 않는다. 따라서 여기에서 "장막"은 신비의 그리스도, 즉 이 땅에 있는 하나님의 거처이고 참 성전인 교회를 가리킨다. 왜냐하면, 그리스도는 "장막"을 이루고 있던 모든 그림자들과 모형들의 참된 실체였지만, 모든 그림자들이나 모형들이 동일하게 한 가지 방식으로 그리스도를 가리키고 있었던 것은 아니었기 때문이다(골 2:17, "이것들은 장래 일의 그림자이나 몸은 그리스도의 것이니라"). 그리스도로 말미암아 폐지된 모형들로는, 제사장직과 희생제사, 제단과 진설병, 향단과 언약궤 같은 모형들은 단일한 것들도 있었고, 여기에 언급된 장막과 성소, 성막 같이 많은 것들이 결합된 복합적인 모형들도 있었다. 따라서 그리스도만이 아니라, 하나님께서 친히 그 안에 거하시기 위하여 직접 지으신 그리스도의 몸으로서의 교회도 구약의 모형들을 성취한 참된 실체였다. 사도 자신도 그렇게 해석한다(고전 3:16-17, "너희는 너희가 하나님의 성전인 것과 하나님의 성령이 너희 안에 계시는 것을 알지 못하느냐 누구든지 하나님의 성전을 더럽히면 하나님이 그 사람을 멸하시리라 하나님의 성전은 거룩하니 너희도 그러하니라"; 고후 6:16, "하나님의 성전과 우상이 어찌 일치가 되리요 우리는 살아 계신 하나님의 성전이라"; cf. 엡 2:20-21; 벧전 2:4-5). 그리스도는 교회의 토대이고, 성도들은 그 성전과 성막을 이루고 있는 살아 있는 재료들이다. 성도들의 성품들과 은혜들과 은사들은 성전인 교회의 장식물들이고, 법들과 규범들, 명령들과 규례들은 그들을 서로 연결시켜 주고 묶어 주는 끈들이다. 그리고 옛적에 성막과 성전의 경우에도 그랬듯이, 하나님께서는 그리스도의 몸, 즉 참된 성전인 교회를 자신의 영광으로 충만하게 하고 계신다(학 2:7, 9; 계 21:22-23, "성 안에서 내가 성전을 보지 못하였으니 이는 주 하나님 곧 전능하신 이와 및 어린 양이 그 성전이심이라 그 성은 해나 달의 비침이 쓸 데 없으니 이는 하나님의 영광이 비치고 어린 양이 그 등불이 되심이라"). 사도는 구약의 "장막," 곧 성막은 단지 불완전한 그림자이자 모형이었기 때문에, 그것의 참된 실체인 그리스도의 몸인 교회를 "하나님의 참 장막"이라고 부른다. 하나님께서는 이 "참 장막"에 진정으로 친히 거하시기 때문에, 이 서신의 수신자들인 히브리인들은 거기로 들어가야 한다. 이 참 장막이 등장함으로써, 그 모형이었던 옛 장막은 폐하여지고 사라졌다. 왜냐하면, 하나님께서 예레미야 3:16-18에서 "여호와의 말씀이니라 너희가 이 땅에서 번성하여 많아질 때에는 사람들이 여호와의 언약궤를 다시는 말하지 아니할 것이요 생각하지 아니할 것이요 기억하지 아니할 것이요 찾지 아니할 것이요 다시는 만들지 아니할 것이며 그 때에 예루살렘이 그들에게 여호와의 보좌라 일컬음이 되며 모든 백성이 그리로 모이리니 곧 여호와의 이름으로 말미암아 예루살렘에 모이고 다시는 그들의 악한 마음의 완악한 대로 그들이 행하지 아니할 것이며 그 때에 유다 족속이 이스라엘 족속과 동행하여 북에서부터 나와서 내가 너희 조상들에게 기업으로 준 땅에 그들이 함께 이르리라"고 하신 말씀이 성취되었기 때문이다. 그러므로 히브리인들은 더 이상 그들 가운데 있었던 모형에 불과한 "증거의 장막"을 섬겨서는 안 되고, 그리스도 안에서 생겨난 하나님의 "참 장막"을 섬겨야 한다. 본문에서 사도가 말한 "참 장막"을 이런 식으로 해석하는 것이 옳다는 것은 분명하다. 여기에서 "장막"은 하나님의 거처인데, 기독교회도 하나님의 거처이다. 기독교회는 모든 부분에서 옛적의 장막인 "성막"과 흡사하고, 기독교회 외에는 옛적의 장막을 통해서 하나님께서 보여 주신 참된 실체라고 할 수 있는 것이 아무것도 없다. 또한, 기독교회는 그리스도께서 영광 중에 다스리고 계시는 것과도 아주 잘 부합한다. 왜냐하면, 그리스도께서는 하나님의 교회를 다스리시는 존귀하시고 영광스러운 통치자로서, 모형이었던 옛 장막을 훨씬 뛰어넘는 직분들과 언약과 예배와 특권들을 자신의 "참 장막"인 교회에 수여하시고서, 모든 것을 자신의 뜻대로 다스리시고 행하시고 계시기 때문이다(엡 4:8-13; 히 8:3, 5-13). 하나님의 교회의 머리이시자 유일하신 왕적인 대제사장이시고 자기 백성의 선지자이신 예수 그리스도께서는 자신의 유일한 대리자이신 성령을 통해서 자신의 몸인 교회를 다스리신다. 이 "참 장막"이자 하나님의 전인 교회의 창시자는 전능하시고 무한히 지혜로우시며 거룩하신 영원하신 하나님이시다. 교회가 하나님께서 지으신 것이라는 사실은 그 누구도 의문을 제기할 수 없고, 아무도 그 사실에 무엇을 더하거나 수정할 수 없다. 그렇기 때문에, 교회는 자신의 창시자를 닮아 있다.

이 장막은 주께서 세우신 것이요. "세웠다"로 번역된 '에펙센'(ἐπηξεν)은, 첫 장막의 모든 것들이 하나님께서 보여 주신 "본"과 지시를 따라 세워진 것과 마찬가지로, 이 참 장막을 세우는 데 필요한 모든 것들도 하나님이 친히 다 준비하셨다는 것을 보여 준다. 하나님께서는 참 장막의 모든 부분들을 다 모으시고 결합시키셔서 자신의 장막을 똑바로 세우시고, 그 터 위에 견고히 자리를 잡게 하셔서, 자신의 거처로 삼으셨다. 하나님께서는 자신의 모든 기술과 힘을 다하셔서 이 장막을 견고하게 세우셨기 때문에, 이 장막은 영원하고, 아무도 이 장막을 허물어뜨릴 수 없다(마 16:16, 18, "너는 베드로라 내가 이 반석 위에 내 교회를 세우리니 음부의 권세가 이기지 못하리라"). 참 장막인 교회는 하나님의 영원하신 안식처로서, 하나님께서 영원히 거하실 곳이다. 왜냐하면, 하나님께서 참 장막을 원하셨고, 참 장막을 영화롭게 하실 것이기 때문이다(히 12:26-28; 시 132:14; 사 11:10; 계 21장).

사람이 세운 것이 아니니라. 사람은 연약하고 죄악되며 죽을 수밖에 없는 존재인 까닭에, 그런 자들의 손으로는 하나님이 영원히 거하실 참 장막이 세워질 수 없기 때문에, 사도는 참 장막은 사람이 세운 것이 아니라고 단호하게 말한다. 왜냐하면, 어떤 만들어진 것은 그것을 만든 자를 넘어설 수 없는 까닭에, 연약하고 죽을 수밖에 없는 존재가 행하거나 만든 것들은 마찬가지로 연약하고 결함투성이이고 결국 썩어 없어질 수밖에 없는 것들이 되기 때문이다.

3. 대제사장마다 예물과 제사 드림을 위하여 세운 자니 그러므로 그도 무엇인가 드릴 것이 있어야 할지니라.

대제사장마다 예물과 제사 드림을 위하여 세운 자니. 그리스도께서는 왕이심과 동시에 대제사장으로서 하늘에서 자기 백성을 다스리신다. 따라서 이 땅에서 아론의 반차를 따른 대제사장들이 자신들에게 합당한 직무를 행하여야 하였던 것과 마찬가지로, 그리스도께서도 하늘에서 대제사장이라는 직분에 걸맞는 직무를 행하신다. 히브리서 5:1("대제사장마다 사람 가운데서 택한 자이므로 하나님께 속한 일에 사람을 위하여 예물과 속죄하는 제사를 드리게 하나니")이 분명히 보여 주고 있듯이, 이 땅의 대제사장들은 하나님의 제단 앞에서 사람들을 위하여 제사와 예물을 드려 주는 일을 하였다.

그러므로 그도 무엇인가 드릴 것이 있어야 할지니라. 이 땅의 제사장들은 사람들을 위하여 제사와 예물을 드리는 일을 하였기 때문에, 만일 그리스도께서 그들과 마찬가지로 이 땅에 속한 아론의 반차를 따른 제사장이셨다면, 그도 그렇게 하여야 했을 것이다. 헬라어 본문에는 "꼭 필요한"을 의미하는 형용사 '아낭카이온'(ἀναγκαῖον)과 결합되는 동사가 생략되어 있기 때문에, 해석자들은 다양하게 동사를 보충해 넣어서 이 구절을 해석한다. 어떤 이들은 be 동사의 현재형을 보충해 넣지만, 참 장막을 그리스도의 몸을 가리키는 것으로 해석하는 이들은 이 구절이 그리스도께서 참 장막을 세우시기 위해서는 먼저 자기 자신을 드려야 하셨다는 것을 말하고자 한 것으로 이해해서, be 동사의 과거형 또는 현재완료형을 보충해 넣는다. 그러나 우리는 이 구절을 다음과 같이 가정문으로 이해하는 것이 가장 좋다: "만일 이 대제사장이 이 땅의 제사장들처럼 연약하셨다면, 그들이 드리는 것과 같은 종류의 예물이나 제사를 드릴 필요가 있으셨을 것이다." 하지만 그리스도께서는 그럴 필요가 없으셨다. 사도는 그리스도께서 대제사장이신 데도 제사나 예물을 드리실 필요가 없으셨던 것은 그의 제사장직의 본질과 전적으로 부합한 것이었음을 이후에 증명한다.

4. 예수께서 만일 땅에 계셨더라면 제사장이 되지 아니하셨을 것이니 이는 율법을 따라 예물을 드리는 제사장이 있음이라.

예수께서 만일 땅에 계셨더라면 제사장이 되지 아니하셨을 것이니. 이것은 레위기 율법에서 정한 예물들과 제사들이 그리스도의 제사장직과 어울리지 않은 이유를 보여 준다. 그리스도께서는 그 인격이나 직분이 땅에 속한 것이었거나, 이 땅에서 율법에 따른 성전이나 성막을 섬겨야 하셨다면, 하나님이 정하신 바에 따라서 예물과 제사를 드려야 했던 제사장이 될 수 없으셨을 것이다. 왜냐하면, 그리스도께서는 아론의 가문이나 레위 지파에 속하지 않으셨기 때문이다. 따라서 만일 그리스도께서 이 땅에서 제사장 직분을 행하고자 하셨다면, 그는 아론의 반차를 따른 제사장도 될 수 없으셨고, 하나님의 맹세를 따라 멜기세덱의 반차를 따른 제사장도 될 수 없으셨을 것이다.

이는 율법을 따라 예물을 드리는 제사장이 있음이라. 이 땅에서의 제사장 직분과 그 지위와 직무는 율법에 의해서 아론의 가문에게 맡겨졌기 때문에, 아론의 자손들 외에는 그 누구도 율법에 따라 적법하게 이 땅에 있는 하나님의 성막이나 성전에서 제사나 예물을 드릴 수 없었다. 그런데 그리스도는 레위 지파의 사람이 아니었기 때문에, 성전의 성소에서나 제사장들의 뜰에서나 제사장으로서 섬길 수 없었다. 왜냐하면, 아론의 반차를 따른 제사장 직분과 직무는 그리스도의 모형들에게나 어울리고 적합한 것들이었기 때문이다.

5. 그들이 섬기는 것은 하늘에 있는 것의 모형과 그림자라 모세가 장막을 지으려 할 때에 지시하심을 얻음과 같으니 이르시되 삼가 모든 것을 산에서 네게 보이던 본을 따라 지으라 하셨느니라.

그들이 섬기는 것은 하늘에 있는 것의 모형과 그림자라. 아론의 반차를 따른 제사장들과 그들이 이 땅의 장막에서 섬긴 것은, 장차 하나님께서 친히 세우실 "참 장막"이 어떠할지를 미리 희미하게 보여 주는 모형으로서의 역할만을 한 것일 뿐이었다. 여기에서 "모형"으로 번역된 '휘포데이그마티'(ὑποδείγματι)는 참된 실체를 대략적으로만 희미하게 닮게 만들거나 그린 최초의 모형 또는 초안을 가리킨다(히 9:23, "하늘에 있는 것들의 모형은 이런 것들로써 정결하게 할 필요가 있었으나 하늘에 있는 그것들은 이런 것들보다 더 좋은 제물로 할지니라"). 마찬가지로, "그림자"는 원래의 참된 실체를 희미하게 닮은 것일 뿐이다. 이렇게 이 땅의 제사장들과 그들의 직무는 그리스도의 인격과 사역, 그리고 그리스도께서 행하실 하늘에 속한 일들을 희미하게 보여 주는 것들이었다. 하나님께서는 이렇게 아론의 반차를 따른 제사장 직분과 직무라는 모형을 통해서 유대인들을 참 실체인 그리스도와 그가 행하신 대속사역으로 이끌고자 하셨지만, 그들의 마음과 생각을 덮어 버린 "수건" 때문에,

그들은 그 모형을 통해서 그리스도를 분별할 수 없었다. 그래서 요한복음 1:17에서는 "율법은 모세로 말미암아 주어진 것이요 은혜와 진리는 예수 그리스도로 말미암아 온 것이라"고 말한다. 모세의 율법은 "그림자"였고, 그리스도는 참 실체였다. 히브리서 9:6, 23; 10:11을 보라. 하나님께서 구약 시대에 성막과 성전을 통한 경륜 속에서 보여 주신 모든 것들은, 장차 하나님이 그리스도와 그의 사역 안에서 나타내실 지극히 영광스럽고 탁월한 경륜을 대략적으로 희미하게 나타내는 것들이었다고 할 수 있다.

모세가 장막을 지으려 할 때에 지시하심을 얻음과 같으니. 모세는 산에서 하나님의 입으로부터 직접 자기가 무엇을 해야 하는지에 대하여 지시와 명령을 받았는데(출 25장), 성령께서는 사도행전 7:44에서 "광야에서 우리 조상들에게 증거의 장막이 있었으니 이것은 모세에게 말씀하신 이가 명하사 그가 본 그 양식대로 만들게 하신 것이라"고 말씀하심으로써, 그러한 사실을 확증해 주신다. 그런데 하나님께서 모세에게 지시하셔서 반드시 그대로 행하라고 명령하신 일은 이 땅의 "장막," 즉 성막과 제사장직과 제사에 관한 것이었다. **이르시되 삼가 … 하셨느니라.** 사도는 이 말씀을 하신 이가 모세와 이스라엘의 주권자이신 여호와이시고, 그 여호와께서 모세에게 주의해서 정신을 바짝 차리고서, 자신이 지시하신 것을 반드시 그대로 행하라고, 주의를 촉구하시는 가운데 말씀하셨다는 것을 강조한다.

모든 것을 산에서 네게 보이던 본을 따라 지으라. 하나님께서는 이렇게 말씀하셨다: "너는 이 시내 산 꼭대기에서 사십 주야를 나와 함께 있으면서, 내가 네게 장막과 관련하여 보여 준 모든 '본'과 식양을 다 보았다. 그러므로 너는 이스라엘 백성에게 명하여, 장막의 기명들과 부속물들과 구조와 관련된 모든 것들을 네가 본 그 '본'을 따라 그대로 만들게 하고, 장막에서 섬길 제사장들과 거기에서 드려질 여러 제사들도 내가 네게 지시한 그대로 행하여야 한다"(출 25-40장). 하나님께서 이 때에 모세에게 보여 주신 "본"을 따라 이스라엘 가운데 만들어지고 세워진 "장막"은 장차 세워지게 되어 있던 영적인 장막과 그리스도의 직분을 미리 보여 주는 예표이자 모형이었기 때문에, 나중에 세워진 참 실체와는 질적으로 다른 것이었다. 왜냐하면, 참 장막은 영적이고 하늘에 속한 것이었던 반면에, 이 첫 장막은 땅의 것들로 만들어진 모형에 불과한 것이었기 때문이다. 모세는 하나님께서 자기에게 보여 주신 "본"을 따라서 그대로 정확하게 "장막"을 세웠고, 자기가 본 것에서 그 어떤 것도 더하거나 빼거나 변경하지 않았다(출 40장).

6. 그러나 이제 그는 더 아름다운 직분을 얻으셨으니 그는 더 좋은 약속으로 세우신 더 좋은 언약의 중보자시라.

그러나 이제 그는 더 아름다운 직분을 얻으셨으니. 불변화사 '데'(δὲ, "그러나")는 역접의 의미이기 때문에, 사도는 여기에서 복음의 대제사장이신 그리스도를 등장시켜서, 앞에서 말한 아론의 반차를 따른 대제사장들과 대비시키는 가운데, 그리스도의 직분은 더 나은 약속들 위에 세워진 더 나은 언약의 중보자이시기 때문에, 그의 그림자들이자 모형들에 불과한 아론 계열의 대제사장 직분보다 더 뛰어나고 우월한 것이라고 말한다. 이렇게 주 그리스도께서 얻으신 복음의 대제사장 직분은, 그 영광스러운 결과들이 보여 주듯이, 레위 지파의 대제사장직을 훨씬 뛰어넘는 것이었다(히 9:11-12, 14; 10:12, 14, 18).

그는 … 중보자시라. 그리스도께서 더 나은 언약의 중보자시라는 것은 그리스도의 직분이 더 뛰어나고 우월한 직분이라는 것을 보여 주는 증거이다. "중보자"로 번역된 '메시테스'(μεσίτης)는 서로 멀리 떨어져 있는 당사자들만이 아니라 서로 원수지간인 당사자들의 중간에 서서 중재하는 자를 가리킨다. 하나님께서는 죄인들에 의해서 이루 말할 수 없이 모독을 당하셨고, 그들에 대한 진노하심이 이루 말할 수 없이 크셨기 때문에, 그리스도께서 하나님과 죄인들 사이에 서서 중재하시는 일은 순조로울 수 없었다. 그래서 그리스도께서는 자기 자신을 "보증" 또는 "담보"로 세우시고서(히 7:22) 이 중보사역을 담당하셔서, 죄인들이 하나님께 저질러 온 온갖 죄악들과 잘못들을 대신 짊어지시고서, 그 모든 죄악의 대가를 친히 받으심으로써, 언약을 따라 하나님께서 죄인들에게 긍휼을 베푸시게 하셨다. 그리스도께서는 이러한 대속의 희생제사를 통해서 성령을 모든 믿는 자들에게 보내실 수 있으셨고, 이제 성령으로 말미암아 사람들은 하나님이 그들에게 요구하시는 일들을 행할 수 있게 되어서, 회개하고 믿고 구속주께 순종하며, 전적으로 구속주의 공로를 의지해서 하나님의 은혜를 받을 수 있게 되었다. 또한, 그리스도께서는 하나님의 우편에 앉으셔서 중보기도를 통해서, 하나님의 언약으로 인한 현세와 내세에서의 온갖 복들을 모든 믿는 자들에게 베풀어 주신다(히 9장).

더 좋은 언약의. "더 좋은 언약"은 하나님과 죄인들 간에 엄숙하게 맺어진 복음 언약을 가리킨다. 이 언약에 따라서, 하나님께서는 특정한 조건들 아래에서 죄인들에게 죄 사함과 영원한 생명을 주실 수밖에 없고, 죄인들은 죄 사함과 영원한 생명을 얻기 위해서는 그 조건들을 충족시키지 않으면 안 된다. 이 언약은 중보자이신 그리스도께서 하나님과 죄인들 사이에서 중보하심으로써 이루어졌다. 그리스도께서는 이 언약을 위해서 "보증" 또는 "담보"가 되셨고, 자기 자신을 죽음에 내어 주심으로써, 이 언약을 공식적이고 최종적으로 확정하셨다. 성경에서는 다른 언약들이 희생제물의 피로써 최종적으로 확정되는 것에 대하여 종종 언급한다. 사도가 이 언약을 모세 언약보다 "더 좋은 언약"이라고 한 이유는, 언약의 내용과 관련된 것이 아니라 나타남의 방식(manner of exhibition)과 관련된 것이다(히 7:22, "이와 같이 예수는 더 좋은 언약의 보증이 되셨느니라"). 그래서 사도는 갈라디아서 3:17에서 "내가 이것을 말하노니 하나님께서 미리 정하신 언약을 사백삼십 년 후에 생긴 율법이 폐기하지 못하고 그 약속을 헛되게 하지 못하리라"고 말한다.

더 좋은 약속으로 세우신. 이 복음 언약은, 모세 언약과 마찬가지로, 율법에 따라 희생제물의 피로써 확정되고 견고하게 되었다(히 9:18-21, "이러므로 첫 언약도 피 없이 세운 것이 아니니 모세가 율법대로 모든 계명을 온 백성에게 말한 후에 송아지와 염소의 피 및 물과 붉은 양털과 우슬초를 취하여 그 두루마리와 온 백성에게 뿌리며 이르되 이는 하나님이 너희에게 명하신 언약의 피라 하고 또한 이와 같이 피를 장막과 섬기는 일에 쓰는 모든 그릇에 뿌렸느니라"). 그리스도께서는 이렇게 자신의 피로써 복음 언약을 최종적으로 확정하고 절대로 변개될 수 없도록 견고하게 하셨는데, 이 복음 언약은 모세 언약보다 더 신령하고 분명하며 광범위하고 보편적인 "더 좋은 약속들" 위에 세워진 것이었다.

7. 저 첫 언약이 무흠하였더라면 둘째 것을 요구할 일이 없었으려니와.

이것은 복음 언약이 모세 언약보다 더 낫다는 것을 증명하는 것이다. 왜냐하면, 만일 복음 언약이 모세 언약보다 딱히 더 나은 것이 없었다면, 모세 언약이 있는 상황에서, 복음 언약은 굳이 필요하지 않았을 것이기 때문이다. **저 첫 언약이 무흠하였더라면.** 모세가 중재자였던 첫 번째 언약과 관련된 경륜은 흠이 있는 것이었다. 그러나 언약의 내용은 아담으로부터 시작해서 모든 시대에 동일하였기 때문에, 첫 번째 언약의 내용 자체에 흠이 있었던 것은 아니었다. 하나님께서는 첫 번째 언약인 모세 언약과 관련된 경륜을 그 뒤에 올 언약과 관련된 경륜보다 덜 온전하게 하시긴 하셨지만, 모세 언약을 올바르게 사용한 사람들은 그 언약을 통해서 그리스도께로 나아와서 얼마든지 구원을 받을 수 있었다(갈 3:24, "이같이 율법이 우리를 그리스도께로 인도하는 초등교사가 되어 우리로 하여금 믿음으로 말미암아 의롭다 함을 얻게 하려 함이라"). 그러나 제사장들의 잘못과 백성들의 죄악 됨이라는 우연한 요소들로 인해서, 모세 언약은 그들로 하여금 구원을 받게 하는 데 전적으로 무력한 것이 되고 말았다. 따라서 그들이 모세 언약을 통해서 구원받지 못한 것은 전적으로 그들의 잘못이고 그들의 책임이었다고 사도는 말한다(8절).

둘째 것을 요구할 일이 없었으려니와. 사도는 여기에서 "둘째 것을 요구할 일이 없었어야 하지 않느냐"고 반문하는데(한글개역개정에는 서술문으로 번역되어 있다 – 역주), 이러한 반문은 "그런데 실제로는 둘째 것을 요구할 일이 있었다"는 강한 긍정을 나타낸다. 만일 첫 번째 언약을 토대로 한 모세의 경륜이 그 목적을 효과적으로 달성해서, 그 경륜 아래에 있던 모든 사람들을 그리스도께로 인도하여, 그리스도로 말미암아 구원받게 하였더라면, 첫 번째 언약은 온전하고 완벽한 것이 될 수 있었고, 하나님께서는 그것으로 만족하셨을 것이기 때문에, 그 언약 외에 또 다른 언약이 들어설 여지나 자리가 없었을 것이다. 그러나 하나님께서는 자신의 뛰어나신 지혜와 모략을 따라 두 번째 언약을 세우셔서, 결함이 있는 첫 번째 언약을 대체하시고, 첫 번째 언약은 폐기하시기로 작정하셨다(갈 3:21, "율법이 하나님의 약속들과 반대되는 것이냐 결코 그럴 수 없느니라 만일 능히 살게 하는 율법을 주셨더라면 의가 반드시 율법으로 말미암았으리라").

8. 그들의 잘못을 지적하여 말씀하시되 주께서 이르시되 볼지어다 날이 이르리니 내가 이스라엘 집과 유다 집과 더불어 새 언약을 맺으리라.

사도는 여기에서 유대인들이 모세 언약을 제대로 올바르게 사용하지 않고 잘못 사용하였다는 사실을 들어서, 모세 언약과 관련된 경륜에 흠이 있었다는 것을 증명한다. **그들의 잘못을 지적하여 말씀하시되.** 하나님께서는 이스라엘이 모세 언약을 잘못 사용하는 것을 보시고, 그들을 기뻐하지 않으시고 그들에 대하여 진노하셔서, 선지자 예레미야를 통해서, 이스라엘 집과 유다 집의 제사장들과 백성들을 호되게 질책하시면서, 그들이 자신들의 불신앙으로 말미암아, 그들이 하나님과 맺은 언약을 헛되게 하고, 그 언약에 나타난 하나님의 뜻을 오해하여, 불경건한 자들을 의롭다고 하시는 그리스도께로 오는 통로가 아니라, 도리어 그들 자신을 스스로 의롭다고 여기는 수단으로 그 언약을 사용하고 있다고 고소하신다. 따라서 모세 언약은 그 자체로 흠이나 결함이 있었던 것이 아니라, 오직 그 언약을 잘못 사용한 유대인들로 인해서 우연히 흠이 있게 된 것임은 너무나 분명하다. 왜냐하면, 모세 언약의 영적인 효력은 그렇게 온전히 계시되지는 않았지만, 모세 언약은 사람들의 마음을 변화시키기 위한 목적으로 주어진 것이었기 때문이다(신 10:16, "너희는 마음에 할례를 행하고 다시는 목을 곧게 하지 말라"; 30:6, "네 하나님 여호와께서 네 마음과 네 자손의 마음에 할례를 베푸사 너로 마음을 다하며 뜻을 다하여 네 하나님 여호와를 사랑하게 하사 너로 생명을 얻게 하실 것이며"). 모세, 여호수아, 사무엘, 다윗은 이 첫 번째 언약을 제대로 올바르게 사용해서 구원을 받았다. 첫 번째 언약은 유대인들에게 행위를 통해서 의롭다 하심을 얻으라고 명한 것이 아니었다. 왜냐하면, 첫 번째 언약은 피로써 확정되었는데, 이것은 그들에게 그리스도의 피를 믿는 믿음을 통해서만 그들이 의롭게 될 수 있고 구원받을 수 있다는 것을 가르쳐 주는 것이었기 때문이다. 그러나 그들은 첫 번째 언약을 통해서 그리스도께로 나아가고자 하지 않은 것이었기 때문에, 잘못이나 결함은 첫 번째 언약이 아니라 그들에게 있었다. 그래서 그들은 자신들의 죄악 가운데서 멸망하였다. 하나님께서는 사람들이 자신의 첫 번째 언약을 그런 식으로 잘못 사용하는 것을 보시고서, 그들에게 잘못이 있다고 질책하시며, 영원 전부터 작정하셨던 자신의 언약이 사람들에게 이루어질 수 있게 해 줄 두 번째 언약의 경륜을 준비하셨다.

볼지어다 날이 이르리니. "볼지어다"라는 단어는, 어떤 귀중하고 놀라우며 중요한 일을 말하고자 할 때, 말을 듣고 있는 사람들에게 그들의 눈과 귀와 마음을 집중하여 주의를 기울여서 유심히 듣게 하기 위하여 사용된다. 사도가 여기에서 인용한 예레미야서 31:31에도 "보라"는 단어가 나온다: "여호와의 말씀이니라 보라 날이 이르리니 내가 이스라엘 집과 유다 집에 새 언약을 맺으리라." 여기에서 "날들"은 메시야가 육체로 오시는 날을 가리키고, 예레미야서 31:22에서 선지자가 "반역한 딸아 네가 어느 때까지 방황하겠느냐 여호와가 새 일을 세상에 창조하였나니 곧 여자가 남자를 둘러 싸리라"고 말한 바로 그 날들을 가리키며, 예레미야서 23:5-6에서 "여호와의 말씀이니라 보라 때가 이르리니 내가 다윗에게 한 의로운 가지를 일으킬 것이라 그가 왕이 되어 지혜롭게 다스리며 세상에서 정의와 공의를 행할 것이며 그의 날에 유다는 구원을 받겠고 이스라엘은 평안히 살 것이며 그의 이름은 여호와 우리의 공의라 일컬음을 받으리라"고 한 은혜의 때를 가리킨다. 이 은혜의 때는 선지자 예레미야가 이 말씀을 기록한 때보다는 미래였고, 사도가 그 말씀을 여기에서 인용한 때보다는 과거였다. 따라서 하나님께서는 한편으로는 선지자 예레미야 때의 사람들이 첫 번째 언약을 잘못 사용하시는 것을 보시고, 그들에게 이 예언을 통해서 장차 그리스도께서 임할 것임을 계시해 주시고서는, 그들로 하여금 첫 번째 언약에 안주하거나 만족하지 말고, 그 언약을 통해서 그리스도께로 나아갈 것을 가르치신 것이었고, 다른 한편으로는 장차 그리스도께서 오셨을 때, 그리스도를 믿은 자들이 그들에게 주어진 언약을 올바르게 사용하고 있는 것임을 확증해 주고자 하신 것이었으며, 그리스도께서 오셨는데도, 그리스도를 믿지 않은 유대인들로 하여금 핑계할 수 없게 하고자 하신 것이었고, 그리스도의 제사장직을 한층 더 확증하고자 하신 것이었다.

주께서 이르시되. 이것은 선지자 예레미야가 생각해 낸 것이 아니라, 지존자이신 하나님께서 그에게 계시해 주신 것으로서, 하나님의 확실하고 참되고 결코 틀릴 수 없는 말씀이다. 하나님께서는 이렇게 자신의 뜻을 선지자에게 계시해 주시면서, 이것을 말과 글을 통해서 이스라엘 백성에게 전하게 하셨다. 그러므로 이 말씀은 너무나 확실하기 때문에, 모든 사람이 받아들이는 것이 마땅하다. 또한, 이 말씀은 레위 지파의 제사장이었던 예레미야가 이스라엘 백성에게 전한 것이기 때문에, 그 당사자들인 히브리인들은 더더욱 받아들이는 것이 마땅하다.

내가 이스라엘 집과 유다 집과 더불어 새 언약을 맺으리라. "내가 나의 언약을 온전하고 완전하게 할 것이다." 사도는 이 말씀을 예레미야서 31:31로부터 인용하였는데, 그 히브리어 본문에서 "맺으리라"로 번역된 단어는 '웨카랏티', 즉 "쪼개다, 가르다"이다. 이 단어는 그들이 계약을 맺을 때, 희생제물을 잡아 쪼개어 계약을 확정하는 관습에서 유래된 것인데, 비유적으로 계약을 맺는다는 의미로 사용되게 되었다. 여기에서 하나님께서 약속하신 "새 언약"은 장차 모세 아래에서의 첫 번째 언약보다 더 낫고 강력하며 뛰어난 경륜 속에서 베풀어질 언약을 가리키는 것이다. 하나님께서는 장차 그리스도의 사역 아래에서의 이 "새 언약"의 경륜 속에서, 선지자 예레미야가 이 글을 썼을 당시에 이스라엘 왕국과 유다 왕국으로 나뉘어 있었던 하나님의 가시적인 교회로서의 야곱의 자손 전체를 구원하시고자 하는 계획을 가지고 계셨다. 즉, 당시에 이미 앗수르인들에 의해서 먼 이방 땅으로 포로로 잡혀가고 흩어져서 거의 사라져 버린 것 같이 보였던 이스라엘 사람들을 다시 유다 사람들과 합쳐서 한 민족을 이루게 하셔서, 그들의 왕인 다윗, 곧 그리스도로 말미암아 구원을 받게 하고자 하시는 것이 하나님의 계획이었다(렘 23:5-6; 겔 37:21-28).

9. 또 주께서 이르시기를 이 언약은 내가 그들의 열조의 손을 잡고 애굽 땅에서 인도하여 내던 날에 그들과 맺은 언약과 같지 아니하도다 그들은 내 언약 안에 머물러 있지 아니하므로 내가 그들을 돌보지 아니하였노라.

사도는 여기에서 하나님께서 하신 말씀을 인용해서, 첫 번째 언약의 경륜이 이스라엘 백성의 잘못으로 말미암아 실패로 돌아가게 된 것임을 보여 준다. 또 주께서 이르시기를. 이 어구는 이 말씀이 하나님의 말씀으로서, 돌이키거나 취소할 수 없다는 것을 의미하는데, 선지자 예레미야는 예레미야서 31:31-34에서 이 어구를 네 번이나 사용하고 있고, 사도는 여기에서 세 번 사용하고 있다. 여기에서 "주"는 성부 하나님을 가리킨다. 하나님 외에는 그 누구도 참되고 확실하며 틀림없는 말씀을 할 수 없다. 이 언약은 … 그들과 맺은 언약과 같지 아니하도다. 이 서신의 수신자들인 히브리인들의 조상들이 애굽이라는 이방 땅에서 나그네와 객이 되어 종살이 하고 있던 때, 하나님께서는 그들과 언약을 맺으셨는데, 후일에는 방식과 경륜과 효과에 있어서 그러한 옛 언약과 같지 않은 새 언약을 맺으실 것이라고 말씀하신다.

내가 그들의 열조의 손을 잡고 애굽 땅에서 인도하여 내던 날에. 하나님께서는 아브라함에게 약속하신 대로 430년이 되는 날에 그들의 열조들의 손을 잡고서 애굽 땅으로부터 이끌어 내셨다(창 15:13, 16, "여호와께서 아브람에게 이르시되 너는 반드시 알라 네 자손이 이방에서 객이 되어 그들을 섬기겠고 그들은 사백 년 동안 네 자손을 괴롭히리니 … 네 자손은 사대 만에 이 땅으로 돌아오리니 이는 아모리 족속의 죄악이 아직 가득 차지 아니함이니라 하시더니"). 출애굽기 12:40-42을 보라: "이스라엘 자손이 애굽에 거주한 지 사백삼십 년이라 사백삼십 년이 끝나는 그 날에 여호와의 군대가 다 애굽 땅에서 나왔은즉 이 밤은 그들을 애굽 땅에서 인도하여 내심으로 말미암아 여호와 앞에 지킬 것이니 이는 여호와의 밤이라 이스라엘 자손이 다 대대로 지킬 것이니라." 하나님께서는 마치 아버지가 아들의 손을 잡고서 위험으로부터 건져내듯이, 이스라엘 백성을 애굽 땅으로부터 건져내셨다. 이것은 하나님께서 이스라엘 백성을 자신의 수중에 두시고 보호하시는 가운데, 그들의 원수들을 치시고, 여러 이적들을 통해서 그들을 애굽으로부터 구원해 내신 특별한 섭리를 나타내는 비유적인 표현이다. 하나님께서는 그런 식으로 그들을 구원해 내시고 그들에게 자유를 주신 후에, 그들과 언약을 맺으셨고, 그들을 속량해 주신 은혜를 기억하고서 그 언약을 지켜 자기에게 순종하는 백성이 되게 하고자 하셨다. 하지만 당시에 맺어진 언약은 율법에 정한 예법과 제사장 직분에 의해서 수행된 것이고, 외적인 것들을 규정하고 외적인 효과만을 가져다주는 것이었기 때문에, 하나님께서는 장차 그들에게 경륜과 효과와 능력에 있어서 월등하게 뛰어난 그리스도로 말미암은 언약을 주실 것이라고 약속하셨다.

그들은 내 언약 안에 머물러 있지 아니하므로. 첫 번째 언약의 경륜 아래에서 이 믿지 않는 히브리인들은 그 언약을 지키기로 동의함으로써 그 언약을 지킬 의무가 있었음에도 불구하고, 그 언약을 신실하게 지키지 않았고, 도리어 하나님과 그의 참되심을 배신하고 배교하였다(신 5:27, "당신은 가까이 나아가서 우리 하나님 여호와께서 하시는 말씀을 다 듣고 우리 하나님 여호와께서 당신에게 이르시는 것을 다 우리에게 전하소서 우리가 듣고 행하겠나이다"). 선지자 예레미야가 사용한 '헤페루' ("깨뜨리다")라는 단어는 언약을 깨뜨리고 무효로 돌려 버리는 것을 의미한다. 첫 번째 언약의 경륜은 그들을 하나님 가까이 붙잡아 두지 못하였고, 그들은 하나님의 모든 규례들을 깨뜨리고 우상 숭배자들로 돌아섰고, 그들의 하나님 여호와를 버리고, 주변의 이방 나라들의 신들을 섬겼다.

내가 그들을 돌보지 아니하였노라. "돌보지 아니하였다"로 번역된 '에멜레사' (ἠμέλησα)는, 그들이 온갖 속임수와 음란함으로 하나님과 맺은 언약을 깨뜨렸기 때문에, 하나님께서는 그들을 자기 백성의 지위에서 내치셔서, 그들을 존중하거나 제대로 신경 써서 돌보지도 않으셨다는 것이다. 그들이 하나님께로 돌아오기를 거부하였기 때문에, 하나님께서는 그들을 내치셔서 그의 백성이 되지 못하게 하시거나, 자기 백성으로 예전 같은 그런 지위에 있지 못하게 하시고, 아홉 지파와 반 지파가 어디에 있든, 그런 것에 상관하지 않으셨다. 하나님께서 이렇게 그들을 돌보지 않으셨기 때문에, 이 서신의 수신자들인 히브리인들은 지금 여전히 이방 나라들에 흩어져서 살고 있는 것이 아닌가! 사도는 여기에서 칠십인역 본문을 따르고 있기 때문에, 히브리어 본문에는 "내가 그들의 남편이 되었어도"('웨아노키 바알티')로 되어 있는 것을, 그들이 범죄한 결과로 하나님께서 그들을 버리시고 "돌보지 아니하신" 것으로 해석하고 있다. 따라서 히브리어 본문을 따르면, 하나님께서는 그들과 혼인하셔서 그들의 남편이 되셨는데도, 그들은 정절을 지켜서 그러한 혼인관계를 유지하고자 한 것이 아니라, 도리어 음탕한 마음을 따라 음란한 행위들을 자행함으로써 혼인관계를 파탄시킨 것이기 때문에, 그들의 죄는 더욱 크고 중한 것이었다. 에스겔서 16장과 23장을 보라. 그러나 사도는 칠십인역 본문을 여기에 인용함으로써, 하나님께서 그들을 돌보지 않으셨다는 결과를 말함으로써, 그러한 결과를 가져온 진짜 원인이었던 것, 즉 그들이 혼인관계에 있는 하나님을 속이고 음란하게 행함으로써, 하나님이 그들을 내치고 거절하시고 돌보지 않으시게 된 것임을 환유법적으로 표현하고 있다. 또한, 히브리어 본문에서 "남편이 되었다"로 번역된 '바알' 이라는 동사 자체가 "돌보지 않다, 멸시하다"라는 의미를 지니고 있었을 수도 있다. 왜냐하면, 킴히(Kimchi)를 비롯한 여러 랍비들이 이 단어를 그런 의미로 번역하고 있고, 다른 언어들에서도 이 단어는 그런 의미를 지니기 때문이다.

10. 또 주께서 이르시되 그 날 후에 내가 이스라엘 집과 맺을 언약은 이것이니 내 법을 그들의 생각에 두고 그들의 마음에 이것을 기록하리라 나는 그들에게 하나님이 되고 그들은 내게 백성이 되리라.

내가 … 맺을 언약은 이것이니. 하나님께서는 자기가 장차 그들과 맺게 될 언약은 시내 산에서 주어진 언약과는 완전히 다를 것이라고 말씀하신다. 왜냐하면, 첫 번째 언약은 모형들과 그림자들로 가득하였고, 육신적인 예법을 중심으로 한 것이었으며, 그들의 죄로 말미암아 무력화되고 말았기 때문이다. 그렇기 때문에, 하나님께서는 장차 그들과 확실하고 효과가 분명한 언약을 맺으실 것이라고 말씀하신다. 신약에서는 "언약을 맺다"라고 할 때, "맺다"에 해당하는 동사로, "온전하게 하다"와 "만들다"와 "배치하다, 처분하다," 이렇게 세 단어를 사용하는데, 그 중에서 여기에서 사용된 마지막 단어인 '디아테소마이'(διαθήσομαι)에서 헬라어에서 "언약"을 뜻하는 단어가 나왔다.

이스라엘 집과. "이스라엘"은 열두 지파 전체를 포괄하는 명칭이다(히 8:8; cf. 출 16:31; 40:38). 주님 자신도 이 명칭을 사용하셨고(마 10:6, "오히려 이스라엘 집의 잃어버린 양에게로 가라"), 베드로도 마찬가지이다(행 2:36, "그런즉 이스라엘 온 집은 확실히 알지니 너희가 십자가에 못 박은 이 예수를 하나님이 주와 그리스도가 되게 하셨느니라").

그 날 후에. 예레미야서에서 "그 날들 후에"는 그들이 바벨론으로부터 건짐을 받게 된 날들 이후를 가리키지만(렘 31:1, 8, 11, 16, 21), 특히 때가 차서, 메시야가 이 땅에 오셔서, 새 언약의 최초의 경륜이 시작된 날들을 가리킨다(갈 4:4, "때가 차매 하나님이 그 아들을 보내사 여자에게서 나게 하시고 율법 아래에 나게 하신 것은"). 예레미야 선지자는 이 대목에서 "여호와의 말씀이니라"를 덧붙임으로써, 하나님이 이 말씀을 확실하게 인치셨음을 강조한다.

내 법을 그들의 생각에 두고. 크신 하나님, 구속주 자신, 무한히 지혜로우시고 선하시며 능력이 많으신 성령께서만이 사람들의 심령에 임하셔서, 그 위에 하나님의 진리를 뚜렷하게 새겨 놓으실 수 있으시다(고후 3:3, "너희는 우리로 말미암아 나타난 그리스도의 편지니 이는 먹으로 쓴 것이 아니요 오직 살아 계신 하나님의 영으로 쓴 것이며 또 돌판에 쓴 것이 아니요 오직 육의 마음판에 쓴 것이라"). 그리고 모든 선한 것은 오직 하나님께만 속한 것이기 때문에, 오직 하나님께서만이 그 모든 선한 것들을 값없이 주시고 은혜로 베푸셔서, 사람들의 심령과 영혼을 변화시키시고 새롭게 만드실 수 있으시다(요 4:10, 14, "예수께서 대답하여 이르시되 네가 만일 하나님의 선물과 또 네게 물 좀 달라 하는 이가 누구인 줄 알았더라면 네가 그에게 구하였을 것이요 그가 생수를 네게 주었으리라 … 내가 주는 물을 마시는 자는 영원히 목마르지 아니하리니 내가 주는 물은 그 속에서 영생하도록 솟아나는 샘물이 되리라"). 복음의 모든 교훈들 속에는, 우리의 구원에 관한 하나님의 모든 뜻과 약속들과 명령들이 들어 있고, 우리가 마땅히 행하여야 할 도덕법도 들어 있어서, 그리스도께서는 지금 이 복음을 통해서 우리를 다스리고 계신다. 하나님께서는 예수 그리스도로 말미암은 이 복음의 모든 교훈들을 옳다고 하실 뿐만 아니라, 자신의 권능과 성령을 통해서 그 모든 교훈들을 세상에 전하시고, 특히 사람들의 "생각" 속에 새겨 넣으신다. 여기에서 "생각"으로 번역된 '디아노이안' (διάνοιαν)은 히브리어 본문에 나오는 '베키르밤', 즉 "내부, 안쪽"에 해당하는 역어이다. 우리 심령의 가장 내밀한 부분인 "생각" 또는 "지각"은 성령이 거기에 새기시는 하나님의 진리를 받을 수 있고, 거기에 새겨진 것들은 우리의 심령이 읽을 수 있다. 사도는 에베소서 1:17-19에서 하나님께서 예레미야서 본문에서 약속하신 것을 성도들에게 이루어 주시라고 이렇게 기도한다: "우리 주 예수 그리스도의 하나님, 영광의 아버지께서 지혜와 계시의 영을 너희에게 주사 하나님을 알게 하시고 너희 마음의 눈을 밝히사 그의 부르심의 소망이 무엇이며 성도 안에서 그 기업의 영광의 풍성함이 무엇이며 그의 힘의 위력으로 역사하심을 따라 믿는 우리에게 베푸신 능력의 지극히 크심이 어떠한 것을 너희로 알게 하시기를 구하노라."

그들의 마음에 이것을 기록하리라. "기록하리라"로 번역된 '에피그랍소' (ἐπιγράψω)는 그리스도의 영이 사람들의 마음이나 심령에 그들의 구원과 관련된 하나님의 모든 계획과 뜻을, 마치 종이에 쓰거나 돌에 새기는 것처럼, 분명하게 쓰거나 새기는 실제적인 강력한 역사를 나타내는 비유이다. 사람들의 심령에 대한 그리스도의 영의 그러한 역사를 통해서, 사람들은 새로운 빛과 생명과 능력을 받아서, 하나님의 성품에 참여하는 자들이 된다. 그랬을 때, 그들의 심령은 이전과 다른 어떤 기관으로 변하는 것은 아니지만, 그 속성과 활동에 있어서는 이전과 완전히 딴판으로 변화되기 때문에, 하나님의 권세와 능력으로 그 심령들 속에 새겨지고 세워진 하나님의 법을 알게 되고 지킬 수 있게 된다(겔 11;19-20; 36:26-27; 고후 3:3, 8-

10, 18).

나는 그들에게 하나님이 되고. 하나님께서는 그들을 회심시키시고 중생시키셔서 새롭게 하실 것이라고 약속하신 후에, 이제 여기에서는 거기에 더하여, 그들을 양자로 삼으실 것을 약속하신다. 이 약속을 따라, 모든 회개하고 믿은 자들은 그리스도 안에서 하나님의 자녀들이 된다(롬 9:6-8, "하나님의 말씀이 폐하여진 것 같지 않도다 이스라엘에게서 난 그들이 다 이스라엘이 아니요 또한 아브라함의 씨가 다 그의 자녀가 아니라 오직 이삭으로부터 난 자라야 네 씨라 불리리라 하셨으니 곧 육신의 자녀가 하나님의 자녀가 아니요 오직 약속의 자녀가 씨로 여기심을 받느니라"). 하나님은 모든 선과 복의 원인이자 원천이시기 때문에(창 15장; 17:1, 7), 이제 하나님께서 그들을 위하여 베푸시는 모든 선과 복은 그들의 것이 되고, 하나님은 그들의 모든 지식과 믿음과 예배의 최종적인 목표가 되신다. 하나님께서는 자신의 모든 지혜와 능력과 선하심을 다 동원하셔서, 그들을 모든 악에서 건지시고, 자신 안에서 영원토록 행복하고 복되게 하실 것이다.

그들은 내게 백성이 되리라. 이 참 이스라엘은 하나님의 참되고 신령하며 영원한 "씨"이자 백성이 되어서, 하나님이 그들에게 약속하셨거나 그들이 하나님께 바랄 수 있는 모든 것들에 참여하는 자들이 될 것이다. 따라서 그들의 이름은 사람들이 지닌 그 어떤 이름보다 뛰어난 영원한 이름이 되어서 영원토록 없어지지 않게 될 것이다(사 56:5). 그들은 하나님의 백성으로서, 하나님과 그의 영광을 위하여 행하고 증언하며 싸울 것이고, 언제나 하나님의 지시와 명령을 따라 움직일 것이다. 하나님께서는 자기를 예배하기 위한 자신의 백성이 되게 하시기 위하여, 자신의 독생자의 피로써 그들을 사시고 그들과 언약을 맺으셨기 때문에, 그들은 더 이상 그들 자신의 것이 아니고, 하나님의 것이다. 따라서 그들을 처분할 수 있는 권한은 전적으로 하나님께 있다(렘 23:7; 32:20; 겔 11:20; 37:23, 27; 슥 8:8; 고후 6:16).

11. 또 각각 자기 나라 사람과 각각 자기 형제를 가르쳐 이르기를 주를 알라 하지 아니할 것은 그들이 작은 자로부터 큰 자까지 다 나를 앎이라.

또 각각 자기 나라 사람과 각각 자기 형제를 가르쳐 이르기를 주를 알라 하지 아니할 것은. 이 구절의 3인칭 복수형 동사에 함축되어 있는 주어인 "그들"과 그들 한 사람 한 사람을 가리키는 "각각"이라는 불변화사는 히브리어 본문에 나오는 '이쉬'를 표현한 것으로서, 하나님의 언약을 따라 진정으로 하나님을 알게 된 각 사람을 가리키는데, 예레미야서 31:34에는 "그들이 다시는 각기 이웃과 형제를 가르쳐 이르기를 너는 여호와를 알라 하지 아니하리니"로 되어 있다. 여기에서 '우 메'(οὐ μὴ)라는 이중 부정은 히브리어 본문에 나오는 "다시는 … 아니하리니"를 표현한 것이다. 하나님께서는 모세 언약의 경륜 아래에서는 그들의 지식과 가르침이 둘 다 불완전해서, 그 교훈이 연약하고 열매를 맺지 못하여, 사람들의 심령이 하나님을 아는 올바른 지식으로 세워지지 못하였고, 따라서 구원을 받을 수도 없었지만, 복음의 경륜 아래에서는 그렇지 않을 것이라고 말씀하신다. "자기 나라 사람과 자기 형제"는, 같은 나라나 공동체에 속한 동일한 시민이거나 일을 통해서 서로 알게 된 사람들, 또는 혈육이나 친인척 관계에 있는 사람들 등과 같이 아주 가까운 사람이지만 하나님을 모르는 사람이어서, 가르칠 필요가 있고, 또한 가르칠 수 있는 사람들을 가리킨다.

"주를 알라"고 말한다는 것은 공식적이고 관례적으로 가르침을 베푸는 것을 가리킨다. 이 말은 그들에게 하나의 격언처럼 되어 있었고, 그들이 서로에게 입버릇처럼 한 말의 내용은 "주를 알라"는 것이었다. 그 밖에도, 그들은 "이것이 여호와의 성전이라"(렘 7:4, "너희는 이것이 여호와의 성전이라, 여호와의 성전이라, 여호와의 성전이라 하는 거짓말을 믿지 말라")든가, "여호와의 엄중한 말씀"(렘 23:34, "여호와의 엄중한 말씀이라 하는 선지자에게나 제사장에게나 백성에게는 내가 그 사람과 그 집안을 벌하리라 하셨다")이라든가, "여호와의 날"(암 5:18, "화 있을진저 여호와의 날을 사모하는 자여 너희가 어찌하여 여호와의 날을 사모하느냐 그 날은 어둠이요 빛이 아니라") 같은 말들을 입에 달고 살았다. 하지만 그들은 실제로는 스스로 여호와 하나님을 진심으로 믿고 사랑하며 경외하고 순종하지도 않으면서, 단지 입으로만 사람들에게 "주를 알라"고 말하고 가르친 것일 뿐이었고(요일 2:3-4, "우리가 그의 계명을 지키면 이로써 우리가 그를 아는 줄로 알 것이요 그를 아노라 하고 그의 계명을 지키지 아니하는 자는 거짓말하는 자요 진리가 그 속에 있지 아니하되"), 여호와께서 그들의 조상들을 애굽 땅에서 건지셨듯이, 북방의 바벨론에 포로로 잡혀간 자들도 그 땅에서 건져내셔서 돌아오게 하실 것임을 알라고 가르친 것일 뿐이었다(출 20:2; 렘 23:7-8, "그러므로 여호와의 말씀이니라 보라 날이 이르리니 그들이 다시는 이스라엘 자손을 애굽 땅에서 인도하여 내신 여호와의 사심으로 맹세하지 아니하고 이스라엘 집 자손을 북쪽 땅, 그 모든 쫓겨났던 나라에서 인도하여 내신 여호와의 사심으로 맹세할 것이며 그들이 자기 땅에 살리라 하시니라"). 그러나 "그 날 후에는" 하나님께서 그들을 죄와 저주와 진노와 사망으로부터 건져내실 것이고, 그들은 모형들과 그림자들과 예법들을 통해서 희미하고 모호하고 불완전하게 서로를 가르치지 않아도, 여호와 하나님을 진정으로 알고, 하나님의 뜻을 따라 예배하게 될 것이다. 또는, 그들이 전에는 이방인들을 개종시키기 위해서는, 여호와 하나님과 그 하나님에 대한 예배를 가르치는 데 몹시 힘들었지만, 그 때에는 그렇게 힘들이지 않아도 이방인들을 얻게 될 것이다.

그들이 작은 자로부터 큰 자까지 다 나를 앎이라. 하나님께서는 그들이 "작은 자부터 큰 자까지 다 나를 알게" 될 것이기 때문에, 그들이 서로를 가르칠 필요가 없다고 말씀하신다. 왜냐하면, 복음의 경륜 아래에서는 교회에 속한 모든 언약 백성들에게는, 그들이 그리스도 안에서 자녀 된 자들이든 아비 된 자들이든, 젊은 자들이든 나이 든 자들이든 할 것 없이(사 65:20; 요일 2:12-14), 하나님께서 그들의 마음속에 자신의 법을 새기셔서, 그들로 하여금 그리스도 안에서 때가 찬 경륜 가운데서 하나님을 아는 참된 구원의 지식을 얻게 하실 것이고(사 11:9, "내 거룩한 산 모든 곳에서 해 됨도 없고 상함도 없을 것이니 이는 물이 바다를 덮음 같이 여호와를 아는 지식이 세상에 충만할 것임이니라"), 그 때가 되면, 그들이 하나님을 온전히 알게 되어서 하나님을 떠나지 않게 될 것이기 때문이다. 그 날에는 영원한 언약을 따라, 만물이 각기 자기 자리를 잡게 된 가운데, 하나님께서는 그들의 하나님이 되실 것이고, 그들은 하나님의 백성이 될 것이다. 하나님께서는 자신의 복음의 경륜을 통해서 그들을 성령으로 충만하게 하시고, 성령의 온갖 은사들과 은혜들도 그들에게 충만하게 부어 주실 것이다. 그러므로 그들은 복음의 진리들 안에서 큰 빛과 조명을 받아서, 자신들이 무엇을 해야 하는지를 알게 될 것이고 행하게 될 것이다. 그 때가 되면, 그들은 말씀을 통해서 서로를 가르치는 통상적인 방식이 아니라, 마치 위로부터 직접 빛을 받는 것 같은 방식으로 하나님을 알게 될 것이기 때문에, 율법 아래에서와 같은 많은 주의와 경고와 책망 같은 것들을 필요로 하지 않게 될 것이고, 그런데도 반역할 마음을 먹지 않고 하나님께 전적으로 꼭 붙어 있게 될 것이다.

12. 내가 그들의 불의를 긍휼히 여기고 그들의 죄를 다시 기억하지 아니하리라 하셨느니라.

내가 그들의 불의를 긍휼히 여기고. 사도는 앞에서 하나님께서 복음 언약 아래에서 행하시겠다고 약속하신 일들, 즉 중생과 조명, 양자 삼으심, 그리고 이런 복들을 비롯한 모든 복들이 자신의 언약 백성에게 흘러가는 것을 방해하는 모든 죄들을 은혜로 제거하시겠다는 것을 설명하였는데, 이제 여기에서는 그런 모든 일들의 원인이 되는 하나님의 행위를 제시한다. 따라서 이 절의 처음에 나오는 '호티' (ὅτι)는 이유를 나타낸다. 하나님께서는 그리스도의 피로 말미암아 확정된 이 복음 언약의 경륜 아래에서, 전적인 은혜로 값없이 그들의 죄를 사하시고, 그들의 모든 죄와 불의를 지워 버리심으로써(히 2:17, "그가 범사에 형제들과 같이 되심이 마땅하도다 이는 하나님의 일에 자비하고 신실한 대제사장이 되어 백성의 죄를 속량하려 하심이라"), 그들의 원죄와 자범죄로 말미암은 형벌과 죄책과 죄의 권세로부터 그들을 건져 주시는 것은 물론이고, 예수 그리스도 안에서 그들을 받아들이셔서, 그들과 화목한 관계가 되신 후에, 모든 것에서 그들을 지극히 큰 은혜로 대하시게 될 것이다. 이것이 하나님께서 "그들의 불의를 긍휼히 여기실" 것이라는 말씀 속에 함축된 의미이다. 이사야서 55:7-9("악인은 그의 길을, 불의한 자는 그의 생각을 버리고 여호와께로 돌아오라 그리하면 그가 긍휼히 여기시리라 우리 하나님께로 돌아오라 그가 너그럽게 용서하시리라 이는 내 생각이 너희의 생각과 다르며 내 길은 너희의 길과 다름이니라 여호와의 말씀이니라 이는 하늘이 땅보다 높음 같이 내 길은 너희의 길보다 높으며 내 생각은 너희의 생각보다 높음이니라")과 요한일서 4:9-10("하나님의 사랑이 우리에게 이렇게 나타난 바 되었으니 하나님이 자기의 독생자를 세상에 보내심은 그로 말미암아 우리를 살리려 하심이라 사랑은 여기 있으니 우리가 하나님을 사랑한 것이 아니요 하나님이 우리를 사랑하사 우리 죄를 속하기 위하여 화목 제물로 그 아들을 보내셨음이라")을 보라.

그들의 죄를 다시 기억하지 아니하리라. 하나님의 언약 백성들이 하나님의 법을 어기고 아무리 많이, 그리고 아무리 큰 죄들을 지었다고 할지라도, 하나님께서는 언제나 그리스도로 말미암아 그들의 모든 죄를 사하시고, 그 죄들로부터 그들을 건지실 것이다(마 1:21; 롬 3:21-26). 하나님께서는 단지 지금 그들의 모든 죄를 사해 주시고 없애 주실 뿐만 아니라, 그리스도로 말미암은 하나님의 긍휼하심은 지극히 크고 확실해서, 그들의 그 어떤 죄로 인해서 그들에게 장차 책임을 물으시거나 그들을 벌하지도 않으실 것이다. 하나님께서는 그들의 죄를 사하실 뿐만 아니라 영원히 없애 주실 것이기 때문에, 누가 그들의 죄를 아무리 찾아보아도 결코 발견하지 못하게 될 것이다(히 10:3, 14; 사 43:25, "나 곧 나는 나를 위하여 네 허물을 도말하는 자니 네 죄를 기억하지 아니하리라"; 미 7:18-19, "주와 같은 신이 어디 있으리이까 주께서는 죄악과 그 기업에 남은 자의 허물을 사유하시며 인애를 기뻐하시므로 진노를 오래 품지 아니하시나이다 다시 우리를 불쌍히 여기셔서 우리의 죄악을 발로 밟으시고 우리의 모든 죄를 깊은 바다에 던지시리이다"). 하나님께서는 그들의 죄를 영원히 잊어버리실 것이지만, 자기 백성인 그들을 영원히 기억하실 것이다(시 112:6, "의인은 영원히 기억되리로다").

13. 새 언약이라 말씀하셨으매 첫 것은 낡아지게 하신 것이니 낡아지고 쇠하는 것은 없어져 가는 것이니라.

새 언약이라 말씀하셨으매 첫 것은 낡아지게 하신 것이니. 사도는 8절에서 하나님께서 예레미야 선지자를 통해서 "볼지어다 날이 이르리니 내가 이스라엘 집과 유다 집과 더불어 새 언약을 맺으리라"고 말하였고, 그것은 하나님께서 장차 더 나은 형태와 경륜으로 행하여질 마지막이고 최고의 언약이 될 "새 언약"을 맺으시고서, 회개하고 믿는 죄인들을 자기 백성으로 받아 주시겠다는 것이었다. 이제 사도는 여기에서 자기가 앞에서 "새 언약"에 대하여 말한 것으로부터 다음과 같은 결론을 이끌어 낸다: 복음이라는 "새 언약"과 관련해서 첫 번째 언약이라고 할 수 있는 모세 언약은, 하나님께서 그 언약을 "새 언약"으로 대체하셨기 때문에, 이제 그 능력과 힘과 효력과 구속력을 상실하고, 쓸모없고 무익하고 불완전한 것이 되어서 폐기되었다.

낡아지고 쇠하는 것은 없어져 가는 것이니라. 이렇게 낡아지고 무력해지고 쇠하여진 모세 언약은, 새로운 복음 언약이 맺어짐으로써 폐기된 것이기 때문에, 한동안은 지속된다고 하더라도, 그 효력은 전혀 없고, 점차 조금씩 쇠퇴하고 허물어지다가 결국에는 완전히 사라지고 없어질 수밖에 없다. 예수 그리스도께서 이 땅에 오셔서 십자가 위에서 죽으심으로써, 모형이었던 모세 언약이 그동안 가리켜 왔던 참 실체를 성취하시고, 복음의 대제사장으로서의 자신의 직무를 마치셨을 때, 사실상 모세 언약은 폐기되었다. 그리고 이 복음이 사도들에 의해서 온 천하에 널리 전하여지고 퍼졌을 때, 모세 언약의 구속력은 사라졌다(롬 10:16-18; 행 15장; cf. 고후 5:17). 따라서 지금은 히브리인들이 이미 효력을 상실해 버린 모세 언약을 고집해서는 안 되고, 앞으로 영원토록 있게 될 복음의 제사장직과 언약을 꼭 붙잡는 것이 마땅하다. 다니엘서 9:24-26을 보라: "네 백성과 네 거룩한 성을 위하여 일흔 이레를 기한으로 정하였나니 허물이 그치며 죄가 끝나며 죄악이 용서되며 영원한 의가 드러나며 환상과 예언이 응하며 또 지극히 거룩한 이가 기름 부음을 받으리라 그러므로 너는 깨달아 알지니라 예루살렘을 중건하라는 영이 날 때부터 기름 부음을 받은 자 곧 왕이 일어나기까지 일곱 이레와 예순두 이레가 지날 것이요 그 곤란한 동안에 성이 중건되어 광장과 거리가 세워질 것이며 예순두 이레 후에 기름 부음을 받은 자가 끊어져 없어질 것이며 장차 한 왕의 백성이 와서 그 성읍과 성소를 무너뜨리려니와 그의 마지막은 홍수에 휩쓸림 같을 것이며 또 끝까지 전쟁이 있으리니 황폐할 것이 작정되었느니라." 그런데도 히브리인들이 그렇게 하지 않는다면, 다니엘서에 나오는 예언대로, 그들은 자신들의 도성 및 성전과 더불어 총체적인 파국을 맞게 될 것이다. 실제로 사도가 이 서신을 쓴 지 여러 해가 지나서, 이러한 파국이 히브리인들에게 임하였다.

MATTHEW POOLE'S COMMENTARY

히브리서 9장

개요

1. 사람의 양심을 정결하는 데 있어서, 첫 장막의 섬김과 제사들은 그리스도의 피보다 훨씬 더 불완전하고 효력이 덜한 것이었음(1-14).
2. 새 언약을 확정하는 데 그리스도의 죽으심이 필요하였음(15-22).
3. 하늘에 속한 것들을 정결하게 하는 데에는 율법의 제사들보다 더 나은 제사가 필요하였음(23-24).
4. 그리스도께서는 자신을 제물로 단번에 드리셨음(25-28).

1. 첫 언약에도 섬기는 예법과 세상에 속한 성소가 있더라.

사도는 9:1부터 10:18까지에 걸쳐서 장막 및 언약의 두 경륜과 관련해서 마지막 두 가지 논증을 제시한다. 이 두 경륜 속에서는 아론 계열의 제사장들과 복음의 대제사장이 섬겼는데, 새 언약의 대제사장이신 그리스도께서는 모든 면에서 첫 언약의 제사장들보다 더 뛰어나고 우월하셨다. 이제 사도는 아론 계열의 제사장들의 장막과 섬김을 그리스도의 장막과 사역과 비교해서, 그러한 사실을 증명하기 위하여, 1절에서 10절까지 첫 언약에서 행해진 일들이 어떤 성격의 일들이었는지를 제시하는 것으로 시작한다. 그는 이 논증을 위해서 처음 부분에 '멘 운 카이'(μὲν οὖν καὶ)라는 세 개의 불변화사를 도입하는데, '카이'("그리고")는 앞 장과의 연결을 보여주는 것이고, '운'("그러므로")은 예시를 나타내는 것이며, '멘'("진실로")은 강조를 의미한다. 따라서 사도는 자기가 지금부터 하는 말들은 앞에서 한 말들에 의거한 것임을 분명히 한다.

첫 언약. 헬라어 본문에는 단지 '헤 프로테'(ἡ πρώτη)로만 되어 있는데, 이것은 생략법이 사용된 것이다. 일부 헬라어 사본들에는 '헤 프로테'("첫")에 '스케네'(σκηνή, "장막")를 덧붙여서 "첫 장막"으로 읽고 있지만, 그런 식으로 1절과 2절을 함께 읽는 경우에는, "첫 장막에도 장막이 있고"가 되어서, 불합리한 읽기가 되고 만다. 따라서 여기에서 사용된 '헤 프로테'는 바로 앞의 8:13("새 언약이라 말씀하셨으매 첫 것은 낡아지게 하신 것이니 낡아지고 쇠하는 것은 없어져 가는 것이니라")에 나온 "첫 것"을 가리키고, 또한 이 "첫 것"은 8:7("저 첫 언약이 무흠하였더라면 둘째 것을 요구할 일이 없었으려니와")에 나온 "첫 언약"을 가리키는 것이라고 보는 것이 합당하다. 이렇게 여기에 언급된 '헤 프로테'를 모세 언약을 가리키는 것으로 보면, 사도가 여기에서 언급하고 있는 세 가지는 거기에 속한 것들이기 때문에, 전후맥락이 잘 맞게 된다.

예법. 여기에서 사용된 '디카이오마타'(δικαιώματα)라는 단어는 흠정역에서는 "규례들"로 번역하였고, 다른 역본들에서는 "예식들, 예법들"로 번역하고 있다. 이 단어는 수동형 동사에서 유래한 것으로서, 하나님의 의로우신 판결 또는 규례를 의미할 수도 있고, 하나님의 율법이나 작정하심에 부합하는 의로운 일을 의미할 수도 있다(롬 8:4, "육신을 따르지 않고 그 영을 따라 행하는 우리에게 율법의 요구가 이루어지게 하려 하심이니라"). 이 단어가 복수형으로 사용된 경우에는, 하나님의 법들을 가리키는데, 여기에서는 특히 예식에 관한 법들, 즉 하나님께서 모세를 통해서 아론 계통의 제사장들에게 주신 올바른 섬김을 위한 법들을 가리킨다.

섬기는. 흠정역에서는 여기에서 사용된 '라트레이아스'(λατρείας)가 앞에 나오는 "예법"을 수식하는 것으로 보고서, "섬김"의 단수 속격, 즉 "섬김의"로 번역하였지만, 그렇게 번역하는 경우에는, 바로 뒤에 나오는 단어들인 "세상에 속한 성소"와의 연결이 어려워지게 된다. 따라서 '라트레이아스'를 복수 대격, 즉 "예법"과 동격으로 보고서, "섬김들" 또는 "예배"로 번역하는 것이 옳다. 흠정역 번역자들도 '라트레이아스'가 하나님을 예배하는 것과 관련이 있다고 보고서, 단순히 "섬김"으로 번역하지 않고 "하나님에 대한 섬김"으로 번역하였다. 사도는 아론 계열의 대제사장과 일반 제사장들이 아주 다양한 방식으로 하나님을 예배하였다는 것을 나중에 보여 주고 있기 때문에, 우리는 '라트레이아스'를 "섬김들" 또는 "예배들"로 번역하는 것이 합당하다.

세상에 속한 성소. '토 하기온'(τὸ ἅγιον)은 바로 앞에 나온 "섬김들" 또는 "예배들"이 행해진 "성소"를 의미하는데, 그 곳은 하나님 및 하나님을 예배하는 것과 관계되어 있었기 때문에, "거룩한 곳," 즉 "성소"라고 불렸다. 사도가 2절과 3절에서 설명하고 있듯이, 성소는 두 개의 "장막," 즉 성소와 지성소로 이루어져 있었다. 사도는 이 성소를 "세상에 속한"(κοσμικὸν - '코스미콘') 성소라고 표현한다. 출애굽기 26장이 자세하게 설명해 주고 있듯이, 이 성소는 외적으로 품위 있고 아름다우며 영광스러운 모습을 지니고 있었고, 하나님께서 친히 모세에게 보여 주신 "본"을 따라 지어진 것으로서, 신비를 담고 있는 구조물이었고, 더 나은 장막의 모형이었다. 이 성소는 세상 사람들의 눈에는 대단히 장엄하고 아름답고 영광스러운 것으로 보였지만, 부서지고 깨지기 쉽고 언젠가는 쇠하여 사라질 재료들로 만들어진 것이었다. 왜냐하면, 이 성소는 사람들의 손으로 만들어진 것으로서 "참 것의 그림자"이자 모형이었고, 장차 더 나은 성소가 나타났을 때에는 없어져야 할 것이었기 때문이다(히 9:24, "그리스도께서는 참 것의 그림자인 손으로 만든 성소에 들어가지 아니하시고 바로 그 하늘에 들어가사 이제 우리를 위하여 하나님 앞에 나타나시고").

2. 예비한 첫 장막이 있고 그 안에 등잔대와 상과 진설병이 있으니 이는 성소라 일컫고.

예비한 첫 장막이 있고. 여기에서 사도는 앞에서 말한 첫 언약에 속한 세 가지, 즉 "예법"과 "섬김들"과 "성소"에 대한 구체적인 설명으로 들어가면서, 가장 먼저 마지막에 언급한 "성소"에 대한 설명을 시작한다. 성소는 영광스러운 곳이었지만, 사도는 그리스도께서 섬긴 장소가 그 성소보다 더 영광스러운 곳이었다는 사실을 근거로 해서, 첫 언약의 경륜보다 더 뛰어나고 우월한 그리스도의 경륜을 증명한다. 이 절의 처음 부분에 나오는 '가르'(γὰρ)는, 사도가 지금부터 설명하고 있는 것은 그가 1절에서 말한 것을 보충설명하고 예시하고 있는 것임을 보여 준다. "장막"은 하나님께서 이스라엘 백성 가운데 머무실 때에 거하셨던 최초의 눈에 보이는 거처로서(삼하 7:6, "내가 이스라엘 자손을 애굽에서 인도하여 내던 날부터 오늘까지 집에 살지 아니하고 장막과 성막 안에서 다녔나니"), 하나님이 은혜로 그들과 함께 하심을 보여 주는 증표였다. 이 장막은 세 부분으로 이루어져 있었는데, 제사장의 뜰에는 놋쇠로 만들어진 번제단, 제사장들이 희생제물들을 씻거나, 제단에 나아가기 위하여 스스로를 정결하게 할 때에 사용하였던 놋대야가 있었다(출 27:1; 30:17-21; 38:1-20; 40:28-33). 사도는 여기에서 "제사장의 뜰"에 대한 언급은 생략한다. "첫 장막"은 이 제사장의 뜰과 휘장으로 구분되어 있었는데, "성소"라 불렸고, 거기에서 제사장들은 날마다 드리는 제사, 즉 "상번제"를 드렸다(출 26:36; 40:22-29). 성소의 안쪽에는 또다시 휘장으로 구분되어 있는 지성소가 있었고, 거기에는 법궤가 있었으며, 지성소에는 오직 대제사장만이 일 년에 한 번 들어갈 수 있었다(출 25:10, 22; 40:20-21). 이 "장막"은 하나님께서 보여 주신 "본"과 식양을 따라 하나님의 명령으로 모세에 의해서 준비되고 완성되고 봉헌되었다(출 40장). 제사장의 뜰과 성소는 휘장으로 구분되어 있었고, 성소와 지성소도 휘장으로 구분되어 있었기 때문에, 성소는 "첫 장막"이라 불렸고, 지성소는 "둘째 장막"으로 불렸다.

등잔대. 모세는 하나님이 보여 주신 "본"을 따라 동일한 재료와 형태로 등대를 만들었다(출 25:31, 40; 37:17, 25; 40:24-25). 등잔대는 순금으로 만들어졌고, 거기에는 여섯 갈래의 가지가 붙어 있었는데, 이것은 참 장막, 즉 하나님이 거하시는 교회이자 그리스도의 신비의 몸에 그리스도께서 주시는 빛의 성령을 나타내는 모형이었다(계 4:5, "보좌 앞에 켠 등불 일곱이 있으니 이는 하나님의 일곱 영이라"). 이 빛으로 인해서 교회는 "등잔대" 또는 "촛대"로 표상된다(계 1:4, 12-13, 20, "네가 본 것은 내 오른손의 일곱 별의 비밀과 또 일곱 금 촛대라 일곱 별은 일곱 교회의 사자요 일곱 촛대는 일곱 교회니라").

상. "상"은 조각목 위에 금을 씌워서 만들었고, 주위에는 금 테를 둘렀다(출 25:23-30; 37:10-16; 40:22-23). 이 "상"은 그리스도께서 자기 백성을 위해 준비하시고 마련하신 온갖 뛰어나고 탁월한 것들을 나타낸 모형으로서, 영적으로 유익하고 유용한 것이었다. 하지만 유대인들은 그들 자신의 불신앙과 속됨으로 인해서, 이 유익한 모형을 멸시하였다(말 1:7, "너희가 더러운 떡을 나의 제단에 드리고도 말하기를 우리가 어떻게 주를 더럽게 하였나이까 하는도다 이는 너희가 여호와의 식탁은 경멸히 여길 것이라 말하기 때문이라").

진설병. "진설병"은 상 위에 놓인 열두 개의 떡을 가리키는데, 안식일 아침마다 새로운 진설병으로 바꾸어 놓았고, 거기에 놓였던 진설병은 오직 제사장들만이 먹을 수 있었다(출 25:30; 40:23; 레 24:5-9). 하지만 다윗이 절박한 상황에 처했을 때, 하나님께서는 진설병에 관한 그러한 율법을 배제하시고, 다윗으로 하여금 진설병을 먹도록 허락하셨다(막 2:26, "그가 아비아달 대제사장 때에 하나님의 전에 들어가서 제사장 외에는 먹어서는 안 되는 진설병을 먹고 함께 한 자들에게도 주지 아니하였느냐"). "진설병"은 하나님께서 자신의 교회의 모형이었던 열두 지파를 위해 마련해 놓으신 양식을 상징하는 모형으로서, 자기 백성에게 하늘로부터 생명의 떡을 주셔서, 그들로 하여금 풍성한 영적인 양식이 있게 하실 것임을 보여 주는 것이었다(요 6:32-58). 골로새서 2:16-17을 참조하라: "그러므로 먹고 마시는 것과 절기나 초하루나 안식일을 이유로 누구든지 너희를 비판하지 못하게 하라 이것들은 장래 일의 그림자이나 몸은 그리스도의 것이니라."

이는 성소라 일컫고. 하나님의 장막은 두 개의 장막으로 나뉘어 있었는데, "첫 장막"은 하나님이 거하시는 장막이었기 때문에 "성소"라 불렸고, "둘째 장막"은 성소 중의 성소라는 의미에서 "지성소"라 불렸다. 이러한 명칭은 성령께서 직접 말씀하신 것이다(출 26:33, "그 휘장을 갈고리 아래에 늘어뜨린 후에 증거궤를 그 휘장 안에 들여놓으라 그 휘장이 너희를 위하여 성소와 지성소를 구분하리라").

3. 또 둘째 휘장 뒤에 있는 장막을 지성소라 일컫나니.

또 둘째 휘장 뒤에 있는. 이 휘장은 첫 장막과 둘째 장막을 구분하는 역할을 하였다. 첫 장막과 둘째 장막 사이에는, "청색 자색 홍색 실과 가늘게 꼰 베 실"로 짜서 "그 위에 그룹들을 정교하게 수 놓은" 신비한 휘장이 처음부터 끝까지 빈틈없이 걸려 있었다(출 26:31-32; 36:35-36; 40:21). 이 휘장의 신비에 대해서, 사도는 8절에서는 "성령이 이로써 보이신 것은 첫 장막이 서 있을 동안에 성소에 들어가는 길이 아직 나타나지 아니한 것이라"고 말한다. 히브리서 6:19-20을 보라: "우리가 이 소망을 가지고 있는 것은 영혼의 닻 같아서 튼튼하고 견고하여 휘장 안에 들어 가나니 그리로 앞서 가신 예수께서 멜기세덱의 반차를 따라 영원히 대제사장이 되어 우리를 위하여 들어 가셨느니라." "휘장"은 열려 있고 자유롭게 드나들 수 있는 것과 반대되는 개념인 감추어져 있고 멀리 있으며 모호한 것을 나타낸다.

장막을 지성소라 일컫나니. 둘째 휘장 뒤에는 "지성소"라 불린 둘째 장막이 있었는데(출 26:33), 지성소는 비록 모형이었기는 하지만, 하나님께서 특별히 나타나셔서, 주 예수 안에서 자기 백성들의 죄를 속해 주시고, 그들의 기도에 응답해 주시는 곳이었다. 지성소는 모든 성소 중에서 가장 거룩한 곳, 즉 하늘에 있는 참 지성소의 모형이었고, 복음의 대제사장이신 그리스도께서는 우리를 위해 거기로 들어가셔서, 성부 하나님의 오른편에 앉아 계시면서, 우리를 위하여 중보기도를 하고 계신다(히 6:19-20; 7:25; 9:24; 10:19).

4. 금 향로와 사면을 금으로 싼 언약궤가 있고 그 안에 만나를 담은 금 항아리와 아론의 싹난 지팡이와 언약의 돌판들이 있고.

금 향로. 지성소에는 금 향로가 놓여 있었고, 대제사장은 일 년에 한 번 지성소에 들어가서, 금 향로 위에 분향하였고, 대제사장이 제사를 드리는 동안에, 거기에서 올라간 향연은 속죄소 또는 시은좌를 덮음으로써, 죽지 않고 살 수 있었다(레 16:12-13, "향로를 가져다가 여호와 앞 제단 위에서 피운 불을 그것에 채우고 또 곱게 간 향기로운 향을 두 손에 채워 가지고 휘장 안에 들어가서 여호와 앞에서 분향하여 향연으로 증거궤 위 속죄소를 가리게 할지니 그리하면 그가 죽지 아니할 것이며"). 자세한 것은 요세푸스(Josephus)가 쓴 「유대고대사」 제3권 제7장을 보라. 많은 해석자들은 여기에 언급된 금 향로는 성소의 휘장 앞에 있던 금으로 된 향단을 가리키는 것이라고 보고서(출 30:1, 6-8, "너는 분향할 제단을 만들지니 곧 조각목으로 만들되 … 그 제단을 증거궤 위 속죄소 맞은편 곧 증거궤 앞에 있는 휘장 밖에 두라 그 속죄소는 내가 너와 만날 곳이며 아론이 아침마다 그 위에 향기로운 향을 사르되 등불을 손질할 때에 사를지며 또 저녁 때 등불을 켤 때에 사를지니 이 향은 너희가 대대로 여호와 앞에 끊지 못할지며"), 금 향로는 성소에서의 제사를 위해 휘장 앞에 있었고 휘장 안에 있지 않았다고 생각한다. "금 향로"는 그리스도의 백성들과 그리스도의 이름으로 드려진 모든 것들을 거룩하게 하시고 향기롭게 하시는 그리스도의 중보기도를 나타내는 모형이었다.

사면을 금으로 싼 언약궤. "언약궤"는 조각목으로 만들어진 궤로서, 이 궤는 온통 금으로 싸여 있었다(출 25:10-22; 37:1, 6; 40:20-21). 언약궤 위에는 순금으로 만들어진 속죄소가 놓여 있었다. 이 궤가 "언약궤"로 불리게 된 것은 그 속에 "증거판"이 두어졌기 때문이었다(출 25:16; 40:20). 모세는 시내 산에서 하나님께서 친히 만들어서 써 주신 두 개의 돌판을 받아 가지고 내려왔지만, 이스라엘 백성의 우상 숭배를 보고서 격노하여, 그 돌판들을 깨뜨려 버렸다. 그러자 하나님께서는 모세에게 처음 것과 똑같은 돌판들을 만들어서 다시 시내 산 꼭대기로 올라오라고 명하시고서는, 그들과의 언약의 조건들인 십계명을 다시 그 돌판들에 써서 모세에게 주셨는데(출 34:1-2, 28-29), 이 두 개의 돌판이 바로 언약궤 속에 들어 있던 "증거판"이었다. 출애굽기 31:18을 보라: "여호와께서 시내 산 위에서 모세에게 이르시기를 마치신 때에 증거판 둘을 모세에게 주시니 이는 돌판이요 하나님이 친히 쓰신 것이더라." 이 언약궤는 그리스도께서 하나님의 법과 언약을 깨뜨려 버린 우리와 하나님 사이를 중보하실 것임을 보여 주는 모형이었다.

그 안에 만나를 담은 금 항아리. 여기에서 "그 안에"(ἐν ᾗ - '엔 헤')는 방금 앞에서 언급된 언약궤를 가리키는 것이 아니다. 왜냐하면, 언약궤 안에는 오직 언약의 두 돌판 외에는 아무것도 들어 있지 않았기 때문이다. 따라서 "만나를 담은 금 항아리"는 금향로와 함께 둘째 장막, 즉 지성소에 두어졌다. 출애굽기 16:32-34에서 "모세가 이르되 여호와께서 이같이 명령하시기를 이것을 오멜에 채워서 너희의 대대 후손을 위하여 간수하라 이는 내가 너희를 애굽 땅에서 인도하여 낼 때에 광야에서 너희에게 먹인 양식을 그들에게 보이기 위함이니라 하셨다 하고 또 모세가 아론에게 이르되 항아리를 가져다가 그 속에 만나 한 오멜을 담아 여호와 앞에 두어 너희 대대로 간수하라 아론이 여호와께서 모세에게 명령하신 대로 그것을 증거판 앞에 두어 간수하게 하였고"라고 말하고 있듯이, 하나님께서는 율법을 주시기 전에 모세에게 항아리에 만나를 담아 두었다가 나중에 지성소에 두라고 미리 명하셨다. "만나"는 하나님께서 광야에서 사십 년 동안 이스라엘을 먹이셨던 양식으로서, 시편 78:24("그들에게 만나를 비 같이 내려 먹이시며 하늘 양식을 그들에게 주셨나니")에서는 이 만나를 "하늘 양식"이라 부른다. "만나"는 하나님께서 하늘로부터 자기 교회에 주신 "참 떡"이신 그리스도를 나타내는 모형이었다(요 6:30-58, "그들이 묻되 그러면 우리가 보고 당신을 믿도록 행하시는 표적이 무엇이니이까, 하시는 일이 무엇이니이까 기록된 바 하늘에서 그들에게 떡을 주어 먹게 하였다 함과 같이 우리 조상들은 광야에서 만나를 먹었나이다 예수께서 이르시되 내가 진실로 진실로 너희에게 이르노니 모세가 너희에게 하늘로부터 떡을 준 것이 아니라 내 아버지께서 너희에게 하늘로부터 참 떡을 주시나니 하나님의 떡은 하늘에서 내려 세상에 생명을 주는 것이니라 그들이 이르되 주여 이 떡을 항상 우리에게 주소서 예수께서 이르시되 나는 생명의 떡이니 내게 오는 자는 결코 주리지 아니할 터이요 나를 믿는 자는 영원히 목마르지 아니하리라").

아론의 싹난 지팡이. 하나님께서는 "아론의 싹난 지팡이"를 지성소의 언약궤 안에 넣어 두라고 명하신 것이 아니라, 언약궤 앞에 두라고 명하셨다. 민수기 17:10에서 "여호와께서 또 모세에게 이르시되 아론의 지팡이는 증거궤 앞으로 도로 가져다가 거기 간직하여 반역한 자에 대한 표징이 되게 하여 그들로 내게 대한 원망을 그치고 죽지 않게 할지니라"고 말하고 있듯이, 하나님께서는 참 제사장이신 그리스도의 모형으로 자신이 세우신 아론의 반차를 따른 제사장들의 권위를 부정하는 모든 자들에게 경고가 될 수 있도록 하시기 위하여, "아론의 싹난 지팡이"를 하나님이 친히 세우신 제사장 직분의 증표로서 지성소에 두게 하셨다. 민수기 17:1-11을 보라.

언약의 돌판들. 지성소에는 "언약궤," "만나를 담은 금 항아리," "아론의 싹난 지팡이"와 더불어 "언약의 돌판들"도 있었다. 하지만 "언약의 돌판들"은 "언약궤" 안에 넣어져서 보관되었다(왕상 8:9; 대하 5:10). 어떤 이들은 히브리서 1:3에서 그리스도께서 "지극히 크신 이의 우편에 앉으셨느니라"고 말할 때에 사용된 전치사 '엔'(ἐν)과 마찬가지로, 여기에서 사용된 '엔'도 "안에"라는 의미가 아니라 "곁에, 가까이에"를 의미하는 것으로 보고서, "언약의 돌판들"은 만나를 담은 금 항아리나 아론의 싹 난 지팡이 곁에, 또는 언약궤 옆에 놓여 있었던 것이라고 해석하지만, "언약의 돌판들"이 언약궤 안에 넣어져 있었다는 것은 의심할 여지가 없다.

5. 그 위에 속죄소를 덮는 영광의 그룹들이 있으니 이것들에 관하여는 이제 낱낱이 말할 수 없노라.

그 위에 속죄소를 덮는 영광의 그룹들이 있으니. 언약궤의 덮개의 양쪽 끝에는 금으로 쳐서 만든 "그룹" 천사가 있었다. 언약궤의 덮개와 이 "그룹" 천사들은 서로 나뉘어 있지 않고 한 덩어리로 연결되어 있었는데, 이 "그룹" 천사들의 발이 언약궤의 덮개의 모서리에 붙어 있었고, 얼굴들은 서로를 향해 마주 보고 있었으며, 날개들은 그 끝이 서로 맞닿아 있어서, 그 전체로 속죄소를 이루고 있었다. 출애굽기 25:17-22과 37:6-9; 40:20("속죄소를 궤 위에 두고")을 보라. 에스겔 선지자는 에스겔서 1장과 10장에서 이 "그룹" 천사들의 형상을 묘사한다. 하나님께서는 "그룹" 천사들 사이에서 자신의 영광을 나타내시고, 자신의 교회와 관련해서 명령할 모든 일들을 모세에게 말씀하셨다는 점에서, 그들은 "영광의 그룹들"이었다(출 25:22, "거기서 내가 너와 만나고 속죄소 위 곧 증거궤 위에 있는 두 그룹 사이에서 내가 이스라엘 자손을 위하여 네게 명령할 모든 일을 네게 이르리라"; 레 16:2, "여호와께서 모세에게 이르시되 네 형 아론에게 이르라 성소의 휘장 안 법궤 위 속죄소 앞에 아무 때나 들어오지 말라 그리하여 죽지 않도록 하라 이는 내가 구름 가운데에서 속죄소 위에 나타남이니라"). 이 "그룹들"은, 우리 주 예수께서 죄인들을 위하여 대속 사역을 행하셔서 하나님과 죄인들을 화목하게 하시고, 하나님의 백성들로 구원을 얻게 하시는 일을 하실 때, 천사들이 우리 주님을 수종드는 모습을 형상화한 모형이었다(히 1:14, "모든 천사들은 섬기는 영으로서 구원 받을 상속자들을 위하여 섬기라고 보내심이 아니냐"). 언약궤의 덮개의 두 끝에 서 있는 그룹 천사들은, 다른 천사들은 타락했을 때, 그리스도를 토대로 해서 서 있는 것을 보여 주는 것이었고, 그들이 날개들을 편 채로 있는 것은, 언제든지 그리스도를 섬길 준비를 하고 있음을 보여 주는 것이었다. 그들의 얼굴들이 서로를 마주 보고, 속죄소와 언약궤를 내려다보고 있는 것은, 사도가 베드로전서 1:10-12("이 구원에 대하여는 너희에게 임할 은혜를 예언하던 선지자들이 연구하고 부지런히 살펴서 자기 속에 계신 그리스도의 영이 그 받으실 고난과 후에 받으실 영광을 미리 증언하여 누구를 또는 어떠한 때를 지시하시는지 상고하니라 이 섬긴 바가 자기를 위한 것이 아니요 너희를 위한 것임이 계시로 알게 되었으니 이것은 하늘로부터 보내신 성령을 힘입어 복음을 전하는 자들로 이제 너희에게 알린 것이요 천사들도 살펴 보기를 원하는 것이니라")에서 말하고 있듯이, 천사들이 이 위대한 대속자이시고 하나님의 언약의 보증이자 중보자이신 그리스도와 그의 대속 사역의 신비를 살펴보고자 하고 있는 것을 나타낸다. 그리스도의 대속 사역은 단지 죄인들에게만이 아니라 천사들에게도 놀랍고 경이로운 일이었다(엡 3:9-11, "영원부터 만물을 창조하신 하나님 속에 감추어졌던 비밀의 경륜이 어떠한 것을 드러내게 하려 하심이라 이는 이제 교회로 말미암아 하늘에 있는 통치자들과 권세들에게 하나님의 각종 지혜를 알게 하려 하심이니 곧 영원부터 우리 주 그리스도 예수 안에서 예정하신 뜻대로 하신 것이라").

이것들에 관하여는 이제 낱낱이 말할 수 없노라. 사도는 자기가 여기에서 신비를 담고 있던 첫 언약에 속한 성소와 관련된 것들에 대하여 낱낱이 다 말하지 못하는 것에 대하여 사과한다. 사도가 이렇게 그런 것들에 대한 설명을 이 정도에서 그친 것은, 첫 언약의 경륜이 지닌 영광을 훼손하지 않기 위한 것이 아니었고, 단지 그러한 것들에 대해서는 히브리인들이 너무나 잘 알고 있었기 때문이었고, 이 정도만 설명해도, 그러한 것들은 흠이 있어서, 그 모든 모형들의 참 실체인 그리스도에 미치지 못한다는 것이 드러나기 때문이었다. 그래서 사도는 "성소"라는 장소에 관한 설명을 그치고, 성소 안에서 아론의 반차를 따른 제사장들에 의해 행해진 "섬김들" 또는 "제사들"에 관한 설명으로 넘어간다.

6. 이 모든 것을 이같이 예비하였으니 제사장들이 항상 첫 장막에 들어가 섬기는 예를 행하고.

사도는 이제 모세 언약의 경륜에 속한 첫 번째 요소인 장소, 즉 "성소"에 관한 설명을 마치고, 성소 안에서 행해진 아론 계열의 제사장들의 섬김들 또는 제사들이라는 두 번째 요소에 대한 설명으로 나아간다. "이 모든 것을 이같이 예비하였으니," 즉 장막이 만들어져서 봉헌되었고, 거기에 놓일 기명들도 다 제자리에 배치되어서, 하나님께서 친히 지시하신 대로 성소의 모든 것들이 갖추어졌을 때, 이제 "제사장들이 항상 첫 장막에 들어가 섬기는 예를 행하였다." 사도는 2절에서 첫째 휘장 안에 있던 성소에 대하여 설명한 바 있는데, 대제사장만이 아니라, 하나님이 정해 주신 절차에 따라 성별되고 세움 받은 모든 제사장들은 자신의 반차에 따라서 성소에 들어가, 하나님께서 그들에게 성소에서 행하라고 명하신 모든 섬김들을 항상 행할 수 있었다. 모든 제사장들은 성소에 진설병을 차려 놓는 일을 할 수 있었을 뿐만 아니라, 오직 그들만이 상에서 치워진 진설병을 먹을 수 있었다(출 25:30; 레 24:5-9, "너는 고운 가루를 가져다가 떡 열두 개를 굽되 각 덩이를 십분의 이 에바로 하여 여호와 앞 순결한 상 위에 두 줄로 한 줄에 여섯씩 진설하고 너는 또 정결한 유향을 그

각 줄 위에 두어 기념물로 여호와께 화제를 삼을 것이며 안식일마다 이 떡을 여호와 앞에 항상 진설할지니 이는 이스라엘 자손을 위한 것이요 영원한 언약이니라 이 떡은 아론과 그의 자손에게 돌리고 그들은 그것을 거룩한 곳에서 먹을지니 이는 여호와의 화제 중 그에게 돌리는 것으로서 지극히 거룩함이니라 이는 영원한 규례니라"). 또한, 등대에 있는 등불에 기름을 공급해서 꺼지지 않게 하는 일도 있었고(출 25:37-38; 27:20-21; 30:1, 8; 민 8:2-3), 언약궤 앞에 있던 금으로 된 향단 위에서 분향하는 일도 있었다. 제사장들은 향로를 가져다가, 번제단에 있는 불로 가득 채운 후에, 휘장 앞의 향단으로 가서, 향로 안의 불 위에서 향을 살랐다. 향연이 올라가는 동안에, 뜰에 있던 백성들은 죄 사함을 위한 기도를 올렸다(출 30:1-9, 34-36; 40:26-27; 눅 1:9-10). 제사장들은 하나님께서 명하신 예배의 모든 규례들을 성소 안에서 행하였다. 하지만 이렇게 성소 안에서 행해진 모든 섬김들 또는 제사들은, 그리스도의 피로 말미암아 제사장들이 된 모든 성도들이 복음 교회 안에서 행하게 될 참된 섬김들 또는 예배들의 모형일 뿐이었다(벧전 2:5, 9, "너희도 산 돌 같이 신령한 집으로 세워지고 예수 그리스도로 말미암아 하나님이 기쁘게 받으실 신령한 제사를 드릴 거룩한 제사장이 될지니라 … 너희는 택하신 족속이요 왕 같은 제사장들이요 거룩한 나라요 그의 소유가 된 백성이니"; 계 1:5-6; 5:9-10). 모든 성도들은 그리스도의 이름으로 끊임없이 기도와 찬송을 하나님께 드리는데, 그것은 그리스도의 공로를 의지해서 분향하는 것이고, 그렇게 해서 하나님 앞으로 올라가는 기도와 찬송은 향기로운 제사가 된다(말 1:11, "만군의 여호와가 이르노라 해 뜨는 곳에서부터 해 지는 곳까지의 이방 민족 중에서 내 이름이 크게 될 것이라 각처에서 내 이름을 위하여 분향하며 깨끗한 제물을 드리리니 이는 내 이름이 이방 민족 중에서 크게 될 것임이니라"; cf. 계 8:3, "또 다른 천사가 와서 제단 곁에 서서 금 향로를 가지고 많은 향을 받았으니 이는 모든 성도의 기도와 합하여 보좌 앞 금 제단에 드리고자 함이라"). 복음의 대제사장이신 그리스도께서 모든 성도들에게 약속하셨고, 지금도 계속해서 기도하고 계시듯이, 그들을 온전하게 하시고 지성소로 데려가셔서, 자기 안에서 영원토록 하나님을 찬송하고 향유하게 하실 때까지, 성도들은 이러한 제사를 통해서 성령으로 말미암아 하나님의 은혜의 빛과 생명의 떡을 얻는다(요 14:2-3, "내 아버지 집에 거할 곳이 많도다 그렇지 않으면 너희에게 일렀으리라 내가 너희를 위하여 거처를 예비하러 가노니 가서 너희를 위하여 거처를 예비하면 내가 다시 와서 너희를 내게로 영접하여 나 있는 곳에 너희도 있게 하리라"; 17:20-21).

7. 오직 둘째 장막은 대제사장이 홀로 일 년에 한 번 들어가되 자기와 백성의 허물을 위하여 드리는 피 없이는 아니하나니.

사도는 이 절에서는 대제사장이 일 년에 한 번 홀로 지성소로 들어가서 드리는 제사에 대하여 설명하는데, 이 규례에 대한 설명은 출애굽기 30:10("아론이 일 년에 한 번씩 이 향단 뿔을 위하여 속죄하되 속죄제의 피로 일 년에 한 번씩 대대로 속죄할지니라 이 제단은 여호와께 지극히 거룩하니라")과 레위기 16:34("이는 너희가 영원히 지킬 규례라 이스라엘 자손의 모든 죄를 위하여 일 년에 한 번 속죄할 것이니라 아론이 여호와께서 모세에게 명령하신 대로 행하니라") 등에 나온다.

오직 둘째 장막은 대제사장이 홀로 일 년에 한 번 들어가되. "둘째 장막," 즉 지성소는 대제사장이 일 년에 오직 한 번 속죄일에 혼자서 들어갈 수 있었고, 이것은 매년 반복되었다(출 30:10). 속죄일은 교회력으로는 "일곱째 달 열흘날"(레 25:9)이었고, 일반 역법으로는 "첫째 달 열흘날"이었다. 이 날에 대제사장은 지성소에 여러 차례 드나들어야 하였는데, 먼저는 자기 자신의 속죄제사를 위하여 들어갔고(레 16:11-14), 다음으로는 백성들의 속죄제사를 위하여 들어갔다(레 16:15-16). 또한, 처음에는 피를 가지고 휘장 안으로 들어갔고, 그런 후에 다시 나와서 금향로를 가지고 들어가서 분향하였다. 대제사장이 지성소에 들어가서 제사를 드리는 동안에는, 그 어떤 제사장도 성소에 들어와서는 안 되었다(레 16:17, "그가 지성소에 속죄하러 들어가서 자기와 그의 집안과 이스라엘 온 회중을 위하여 속죄하고 나오기까지는 누구든지 회막에 있지 못할 것이며").

피 없이는 아니하나니. 대제사장은 지성소에 처음으로 들어갈 때에는 "수송아지와 숫양의 피"(레 16:3, 14), 그리고 "염소의 피"(히 9:12-13)를 가지고 들어갔다. 그는 금향로 위에서 분향을 한 후에(히 9:4), 속죄소와 그 앞에 피를 뿌려서, 이 속죄의 피로 속죄를 행하여야 하였다(히 9:12-14).

자기와 백성의 허물을 위하여 드리는. 대제사장은 먼저 죄악된 자기와 자신의 가족을 위하여 피로 속죄하였고(레 16:11), 그런 후에 백성들의 무지와 부지중에 저지른 죄악들, 허물들, 온갖 종류의 죄들을 위하여 피로 속죄하였다(히 9:16; 7:27). 이 모든 허물들은 모르고 저지른 죄악들이었다. 이하의 절들이 보여 주듯이, 이러한 모형은 모든 점에서 복음의 대제사장이신 그리스도 안에서 완벽하게 성취되었다. 따라서 단지 그리스도의 직분만이 아니라, 그리스도의 섬김들 또는 제사들도 아론의 반차를 따른 모든 대제사장과 제사장들이 행한 섬김들이나 제사들을 훨씬 능가하는 이루 말할 수 없이 뛰어나고 우월한 것이었음이 증명된다.

8. 성령이 이로써 보이신 것은 첫 장막이 서 있을 동안에는 성소에 들어가는 길이 아직 나타나지 아니한 것이라.

성령이 이로써 보이신 것은. 삼위일체 하나님의 세 번째 위격이신 성령 하나님은 모세의 경륜 아래 있던 모든 것들을 세우시고, 이 모든 예식들과 제사들을 모세에게 보여 주시고서는, 장막 안에서 행하도록 명하셨다(레 16:1-2). 그러므로 성령께서는 그러한 징표들과 모형들을 제정하시고 세우신 분이시기 때문에, 그 모든 모형들과 거기에 표현된 규례들의 의미를 조금도 틀림없이 해석하실 수 있는 분이시다(출 30:10; 레 16:2, 12-15, 17). 지성소를 가리고 있던 휘장은 오직 속죄일에만 열렸고, 오직 그 때에만 지성소가 드러났다.

성소에 들어가는 길이 아직 나타나지 아니한 것이라. 하늘에 계신 하나님의 임재 앞에 나아갈 수 있는 참된 통로는 오직 우리의 크신 대제사장이신 그리스도로 말미암아서만 열릴 수 있었고, 우리는 그리스도의 피를 의지해서 하늘에 있는 하나님의 은혜의 보좌 앞으로 담대하게 나아갈 수 있고(히 10:19-22), 그리스도의 성령의 온전한 역사에 의해서만 하늘에 있는 지성소로 들어갈 수 있다. 이것은 나중에 복음 안에서 그리스도의 피 뿌림이 온 세상에 계시될 때까지는 그렇게 분명하고 온전하게 널리 알려지지 않았다. 그리스도께서는 히브리인들에게 계시되었고, 첫 언약의 모든 예법들과 규례들은 그리스도를 증거하는 것들이었기 때문에, 첫 언약의 경륜 아래 있었던 그들은 오직 그리스도를 의지해서만 천국에 갈 수 있었다. 하지만 첫 언약 아래에서 지성소로 들어갈 수 있는 통로에 대한 계시는 새 언약에 비해서 희미하고 모호한 것이었다.

첫 장막이 서 있을 동안에는. 그리스도께서 육체로 오셔서 자신의 죽으심을 통하여 온전한 제사를 드리심으로써 열어 놓으실 하늘로 들어가는 참되고 올바르며 합당한 길이 우리에게 계시되기 전의 기간, 즉 모세 언약의 경륜 아래 있던 대략 1,500년 동안에는, 하늘의 지성소로 들어가는 길은 모형을 통해서만 희미하고 모호하게 교회에 계시되었다. 그리스도의 죽으심으로 말미암아 지성소의 휘장이 찢어졌을 때(마 27:51), 비로소 천국이 활짝 열렸고, 모든 회개하고 믿은 죄인들은 그리스도로 말미암아 천국으로 들어갈 수 있게 되었을 뿐만 아니라, 매일매일 천국 백성으로 자신들이 해야 할 일들을 할 수 있게 되었다.

9. 이 장막은 현재까지의 비유니 이에 따라 드리는 예물과 제사는 섬기는 자를 그

양심상 온전하게 할 수 없나니.

이 장막은 현재까지의 비유니. 사도는 장막과 그 모든 구성부분들, 그리고 장막을 중심으로 한 모든 섬김들과 제사들은 "비유"(παραβολή - '파라볼레')였다고 말한다. "비유"는 어떤 단어나 사물을 원래의 의미로 사용하지 않고 다른 것을 나타내는 데 사용하는 것을 의미하는데, 참된 실체가 그림자보다 더 뛰어난 것과 마찬가지로, 이 때에 비유를 통해서 나타내지는 것은 비유로 사용된 것보다 흔히 더 뛰어나다. 따라서 여기에서 "비유"는 장차 올 것들의 모형이나 예표라는 말과 동일한 의미를 지닌다. 이렇게 장막과 거기에서의 여러 가지 섬김들과 제사들은 하늘에 속한 신령한 것을 아주 불완전하게 보여 주는 그림자들이어서, 오직 유아기에 있던 교회를 위해서만 유익한 것이었고, 교회가 성년에 도달해서, 마침내 참된 실체가 도래하였을 때에는, 그 효력이 끝나서 폐기될 것이었다. 따라서 장막과 관련된 경륜은 참 장막이 도래할 때까지만 유효한 것이었고, 참 장막이 도래한 때에는 효력을 상실하게 되어 있었다.

이에 따라 드리는 예물과 제사는. 이 장막은 크신 하나님이 계신 성막이었기 때문에, 거기에서는 하나님의 뜻을 따라 하나님께 합당한 제사들이 드려졌다. 이것에 대해서는 사도가 이미 히브리서 5:1("대제사장마다 사람 가운데서 택한 자이므로 하나님께 속한 일에 사람을 위하여 예물과 속죄하는 제사를 드리게 하나니"); 8:3("대제사장마다 예물과 제사 드림을 위하여 세운 자니")에서 설명한 바 있다.

섬기는 자를 그 양심상 온전하게 할 수 없나니. 제사장들은 모두 자신들의 힘으로 죄인들에게 하나님의 은총을 회복시켜 줄 수 없었다. 그들은 죄인들로 하여금 하나님과 화목하게 만들어 줄 수도 없었고, 하나님과 계속해서 교제하며 살아가게 해 줄 수도 없었으며, 하나님 안에서 복된 삶을 살 수 있게 해 줄 수도 없었다(히 10:3-4, "이 제사들에는 해마다 죄를 기억하게 하는 것이 있나니 이는 황소와 염소의 피가 능히 죄를 없이 하지 못함이라"). 따라서 그들은 하나님께 아무리 많은 제사를 드린다고 할지라도, 단 한 사람의 죄인도 온전히 의롭게 하거나 거룩하게 할 수 없었다. 그들은 하나님께서 명하신 대로 모든 것을 행하여, 제물을 드린 자를 외적으로 정결하게 하였지만, 그 사람의 양심을 정결하게 하거나 온전하게 할 수는 없었다. 또는, 이것은 제사장들이 그들 자신의 양심에서 죄책을 제거할 수 없었기 때문에, 그들의 양심은 계속해서 그들이 저지른 죄악들을 그들에게 소리쳐 알려 주었다는 의미일 수도 있다. 또한, 그들은 죄의 권세를 제거할 수 없었기 때문에, 여전히 죄에게 묶여서 죄의 종 노릇을 하며 살아갈 수밖에 없었다. 또한, 그들은 죄로 인한 두려움과 공포를 떨쳐내 버릴 수도 없었기 때문에, 계속해서 두려움과 공포 아래에서 불안해하고 떨면서 살아갈 수밖에 없었다. 그들은 장막과 거기에서 드려지는 섬김들과 제사들이라는 모형들과 그림자들을 통해서 죄인들을 참 제사장이자 희생제사이신 그리스도께로 인도했어야 했지만, 휘장에 가려 눈이 멀어서 그렇게 하지 못하였다.

10. 이런 것은 먹고 마시는 것과 여러 가지 씻는 것과 함께 육체의 예법일 뿐이며 개혁할 때까지 맡겨 둔 것이니라.

사도는 앞에서 장막들과 섬김들 또는 제사들, 그리고 예법들 또는 규례들과 관련해서, 모세 언약의 경륜이 참된 것의 모형이라는 것과 그 연약성을 보여 준 후에, 이 절에서는 그러한 것들의 육신성(carnality)과 유한성(mortality)을 보여 주는 것으로, 그것들에 대한 설명을 마무리한다. 그러한 것들은 그리스도가 빠진 경우에는 외적인 것에 불과한 것들이어서, 구체적인 예들이 잘 보여 주듯이, 오직 "육체"에만 영향을 미칠 수 있었고, 그 이상으로는 영향을 미칠 수 없었기 때문에, 양심을 온전하게 해 줄 수도 없었고, 죄인들을 의롭게 하거나 거룩하게 하거나 구원할 수도 없었다. 왜냐하면, 유대인들의 신앙생활은 먹을 것과 마실 것을 봉헌해 드리는 것, 하나님의 정하심을 따라 정하고 부정한 것으로 구별하여 가려서 먹고 마시는 것이 큰 부분을 차지하고 있었고, 모형들에 불과한 그러한 것들이 가리키는 참된 실체는 도외시된 상태에서, 그러한 것들은 사람을 하나님 앞에 세울 수 있는 것이 못 되었기 때문이었다(고전 8:8, "음식은 우리를 하나님 앞에 내세우지 못하나니").

먹고 마시는 것. 먹을 것에 관한 율법 규정은 레위기 11장과 신명기 14:3-21에 나와 있고, 제사장들이 마셔서는 안 되는 마실 것들에 대한 설명은 레위기 10:9("너와 네 자손들이 회막에 들어갈 때에는 포도주나 독주를 마시지 말라 그리하여 너희 죽음을 면하라 이는 너희 대대로 지킬 영영한 규례라")에 나오며, 나실인들에게 금지된 마실 것들에 대한 설명은 민수기 6:2-4("이스라엘 자손에게 전하여 그들에게 이르라 남자나 여자가 특별한 서원 곧 나실인의 서원을 하고 자기 몸을 구별하여 여호와께 드리려고 하면 포도주와 독주를 멀리하며 포도주로 된 초나 독주로 된 초를 마시지 말며 포도즙도 마시지 말며 생포도나 건포도도 먹지 말지니 자기 몸을 구별하는 모든 날 동안에는 포도나무 소산은 씨나 껍질이라도 먹지 말지며")에 나온다. 결혼한 여인이 부정을 저질렀는지를 시험하기 위한 "저주의 물"에 대한 규정은 민수기 5:24("여인에게 그 저주가 되게 하는 쓴 물을 마시게 할지니 그 저주가 되게 하는 물이 그의 속에 들어 가서 쓰리라")에 나오고, 그 밖에도 유월절 잔에 관한 규정과 감사의 잔에 관한 규정도 나온다. 자세한 것은 레위기 1장과 2장을 보라.

여러 가지 씻는 것. 제사장들이 성소에서 섬기거나 제사를 드릴 때에 자신들과 다른 사람들을 위하여 행해야 했던 결례들은 아주 많았다. 어떤 경우에는 피를 뿌려서 정결하게 하였고(출 29:20-21), 어떤 경우에는 물로 정결하게 하였으며(민 8:7; 19:9-19), 어떤 경우에는 놋대야에서 씻어 정결하게 하였다(출 29:4; 30:17-21). 나병 환자들이 나은 경우에는 새의 피를 우슬초에 찍어서 나병에서 정결함을 받을 자에게 일곱 번 뿌려 정결하게 하여야 했고(레 14:4-9), 부정한 자들을 정결하게 하는 결례도 있었다. 이 모든 것들은 하나님께서 친히 제정하신 것들이기는 했지만, 결례를 받는 죄인들의 육체 또는 몸만을 정결하게 해 줄 수 있을 뿐이었고, 그 이상의 효력은 없었다(히 9:13).

육체의 예법. 첫 언약에 속한 그 밖의 다른 온갖 예법들과 예식들도, 그리스도 없이 사용되는 경우에는, 양심에는 영향을 미칠 수 없고 오직 육체에만 영향을 미칠 수 있는 "육체의 예법"에 불과한 것들이었지만, 하나님께서는 유대인들을 이방인들과 구별해 두시기 위하여, 자신의 율법 속에 다양한 예법에 관한 규정을 두셔서, 그들로 하여금 자신의 뜻에 순종하여 그러한 예법들을 지켜 행하게 하셨다.

맡겨 둔 것이니라. "맡겨진 것들" 또는 "맡겨진"이라는 의미를 지닌 '에피케이메나' (ἐπικείμενα)는 9절의 '도라' (δῶρά, "주어진 것들," 한글개역개정에는 "예물들")와 동일한 의미이거나, 앞에 나온 문장 전체를 의미상의 주어로 하는 술어일 수 있다. 따라서 이 단어는 장막과 거기에 주어진 것들과 제사들은 먹고 마시는 것들과 씻는 것들과 육체의 예법과 함께 "개혁할 때까지" 그들에게 맡겨진 것들일 뿐이라는 의미이다. 이 모든 것들은 모세가 고안해서 스스로 만들어 낸 것들이 아니었고, 하나님께서 친히 제정하시고서, 자신의 권위에 의거해서 유대 교회에 명하신 것이었다. 하나님께서는 그들이 그것들을 제대로 사용해서 그리스도로 말미암아 생명을 얻게 하시기 위하여 그렇게 하신 것이었지만, 그들은 그것들을 악용하였기 때문에, 결국 그것들은 그들에게 무거운 짐이 되고 말았다. 왜냐하면, 그들이 하나님의 명령을 따라서 그것들을 통해서 하나님을 진심으로 섬겼다면, 그것들은 그들을 그리스도께로 인도하였을 것이고, 그들은 생명을 얻을 수 있었을 것이기 때문이다.

때까지. 그것들은 외적이고 육신적인 것들이었기 때문에, 언젠가는 없어질 유한

한 것들이었다. 왜냐하면, 하나님께서는 애초부터 참된 것이 올 "때까지"(μέχρι καιροῦ - '메크리 카이루') 그것들을 한시적으로만 존속시킬 작정이셨기 때문이었다. 여기에서 "~까지"는 그것들은 기간이 한정되어 있고 무한하고 영원히 유효한 것들이 아니었다는 것을 보여 준다. 즉, 그것들은 특정한 "때"까지만 존속하게 되어 있었고, 하나님께서 그 기간 동안에만 유대인들에게 그것들을 맡겨 두신 것이었다. 하나님이 정하신 "때"는 그리스도께서 대속 사역을 마치신 후에 하늘에 오르시고 하나님의 오른편에 앉으시는 때였다. 그 때 이후로는 그리스도께서 직접 하늘에서 자신의 영을 보내셔서, 자신의 사도들을 무오하게 인도하심으로써, 그들이 그리스도의 교회의 터를 올바르게 놓고서, 온 천하에 두루 복음을 전하여 견고하게 하는 일을 할 수 있게 하셨다. 사실, 당시의 유대인들이 메시야에게서 기대한 것이 그런 것이었다(요 4:25, "여자가 이르되 메시야 곧 그리스도라 하는 이가 오실 줄을 내가 아노니 그가 오시면 모든 것을 우리에게 알려 주시리이다"). 모든 신약성경은 사도들에 의해서 완성되었고, 사도들은 자신들이 전한 복음의 진리를 조금이라도 수정하거나 변경하지 말라고 엄히 명하였고, 그리스도의 교회가 그리스도께서 다시 오실 때까지 그 복음의 진리를 전하며 거기에 따라 살아가도록 하였다(마 28:20, "내가 너희에게 분부한 모든 것을 가르쳐 지키게 하라 볼지어다 내가 세상 끝날까지 너희와 항상 함께 있으리라").

개혁할. "개혁"으로 번역된 '디오르토세오스'(διορθώσεως)는 그리스도의 법과 통치와 규례를 통해서 모든 것들을 바로잡는 것을 의미하는데, 이것은 그리스도께서 새 언약의 대제사장으로서의 직무를 성취하실 때에 이루어질 일이었다. 교회의 위대하신 개혁자이신 그리스도께서는 만대로부터 감추어져 왔던 그리스도의 신비에 관한 참된 것을 사람들에게 계시하시고 견고히 하셔서, 오랜 세월 동안 참된 것을 대신해 왔던 그림자들인 모세 언약의 모든 경륜들과 거기에 따른 교회 체제를 폐하시고, 사람들로 하여금 이제까지 휘장과 수건으로 인하여 희미하게 보고 잘못 보아 왔던 하나님 앞으로 인도하여 분명히 보게 하심으로써, 모든 것들을 철저하게 바로잡아, 하나님이 첫 언약을 통해서 원래 이루고자 하셨던 목적이 이제 제대로 이루어질 수 있게 하셨다. 왜냐하면, 첫 언약은 그 자체로 흠이 있고 잘못된 것이 아니었고, 단지 사람들이 그것을 오용하고 악용한 까닭에, 하나님의 원래의 뜻을 이룰 수 없었던 것이기 때문이다. 이렇게 해서, 하나님의 아들이신 그리스도께서는 하나님이 원래 첫 언약을 통해서 의도하셨던 참된 교회 체제를 온전히 계시하시고 견고히 하셔서, 영원토록 모든 사람에게 본과 규범이 되게 하셨다. 이 요동하지 않는 그리스도의 나라는 히브리서 12:22-28에서 자세하게 설명된다.

11. 그리스도께서는 장래 좋은 일의 대제사장으로 오사 손으로 짓지 아니한 것 곧 이 창조에 속하지 아니한 더 크고 온전한 장막으로 말미암아.

사도는 이 절의 처음 부분에서 역접의 '데'(δὲ)를 사용해서, 앞에서 설명한 모형과 이제부터 설명하게 될 원형인 참된 것을 대비시키는 가운데, 모세의 경륜을 월등히 능가하는 그리스도의 직분과 장막과 제사와 사역을 히브리인들 앞에 펼쳐 놓기 시작한다.

그리스도께서는 장래 좋은 일의 대제사장으로 오사. 하나님께서 선택하신 대제사장은 다름 아닌 육체로 나타나신 성자 하나님이셨고, 그를 "성령과 능력"으로 기름 부으셨다(행 10:38, "하나님이 나사렛 예수에게 성령과 능력을 기름 붓듯 하셨으매 그가 두루 다니시며 선한 일을 행하시고 마귀에게 눌린 모든 사람을 고치셨으니 이는 하나님이 함께 하셨음이라"). 그리스도께서는 이전의 질서와 경륜을 폐하시기 위하여, 참된 대제사장으로 세우심을 입으시고 이 땅에 오셨다. 왜냐하면, 이전의 경륜에 속한 모든 것들은 단지 그리스도와 그로 말미암은 새로운 경륜을 희미하게 보여 준 모형들이었을 뿐이기 때문이다. 따라서 그리스도께서는 이전의 경륜 아래에서 약속되고 모형들을 통해 보여졌던 모든 "좋은 것들"을 이루시기 위하여 오셨다. 죄 사함, 화해, 의로움, 거룩함, 양자됨, 영광스러운 구원은 모두 이전의 경륜 아래에서는 장래에 도래할 것들이었는데, 이제 복음의 대제사장이신 그리스도께서 이 땅에 오심으로써 성취되기 시작하였고, 장차 그리스도께서 다시 오실 때에 온전히 완성될 것이다. 이것에 대해서 사도는 히브리서 9:26, 28에서 설명한다: "그리하면 그가 세상을 창조할 때부터 자주 고난을 받았어야 할 것이로되 이제 자기를 단번에 제사로 드려 죄를 없게 하시려고 세상 끝에 나타나셨느니라 … 이와 같이 그리스도도 많은 사람의 죄를 담당하시려고 단번에 드리신 바 되셨고 구원에 이르게 하기 위하여 죄와 상관 없이 자기를 바라는 자들에게 두 번째 나타나시리라."

더 크고 온전한 장막으로 말미암아. 하나님께서 이스라엘 백성에게 모형으로 주셨던 "성소," 즉 모세 언약 아래에서 성소와 지성소가 있던 "장막"이 희미하게 보여 준 원형은, 복음의 대제사장의 더 영광스러운 성소였는데, 사도는 그것을 "더 크고 온전한 장막"이라고 표현한다. 그리스도께서는 이 땅에서 자신의 교회의 "장막"에서 섬기신 후에(히 9:10; 8:2), 하나님께서 은혜의 보좌 위에 앉아 계시는 하늘들의 하늘, 곧 "참 하늘"의 지성소로 들어가셨다(히 9:24). 여기에서 "장막"은 그리스도의 육체를 가리킬 수 없다. 왜냐하면, 그리스도의 육체는 첫 언약의 성소에서 율법을 따라 "성소"와 "영문 밖에서" 드려진 제물들과 대응되는 제물이었고(히 13:11-12, "이는 죄를 위한 짐승의 피는 대제사장이 가지고 성소에 들어가고 그 육체는 영문 밖에서 불사름이라 그러므로 예수도 자기 피로써 백성을 거룩하게 하려고 성문 밖에서 고난을 받으셨느니라"), 따라서 그리스도께서는 대제사장으로서 자신의 피를 가지고 참 장막의 지성소로 들어가신 것이고, 자신의 육체를 "장막"으로 삼으신 것이 아니었기 때문이다. 요한복음 1:14("말씀이 육신이 되어 우리 가운데 거하시매 우리가 그의 영광을 보니 아버지의 독생자의 영광이요 은혜와 진리가 충만하더라")에서 "거하다"로 번역된 '에스케노센'(ἐσκήνωσεν, 원래의 뜻은 "장막을 치다" — 역주)은 하나님께서 육체로 거하시는 것만을 가리키는 것이 아니라, 성육신하신 성자 하나님께서 자신의 교회에 거하시는 것을 가리키는 것이기도 하다. 그리스도께서는 그의 신성만이 아니라 그의 인성도 이 세상에 거하셨기 때문에, 이 땅에 계시는 동안에 자기 백성과 함께 거하셨다. 이것이 "장막"이었고, 거기에서 그리스도의 전 존재와 그의 교회는 한데 만나고 교제할 수 있었다. 따라서 이 장막은 그리스도의 교회가 흩어져 있는 온 세상을 가리키는 것이기 때문에, 모형이었던 모세 언약 아래에서의 장막보다 양적으로 더 컸다. 모세 언약 아래에서의 장막은 제한된 작은 장소로 국한되어 있었던 반면에, 이 장막은 어느 한 지역에 국한된 것이 아니었고, 따라서 자신의 모형보다 이루 말할 수 없이 큰 것이었다. 또한, 이전의 장막은 널판들과 금은과 놋과 비단과 세마포와 가죽 등등으로 만들어진 것이었던 반면에, 이 장막은 하나님이 영원히 거하실 영적인 장막이자 성전이라는 점에서, 이전의 장막보다 더 온전한 것이었다(고전 3:9, 16-17; 고후 6:16, "하나님의 성전과 우상이 어찌 일치가 되리요 우리는 살아 계신 하나님의 성전이라 이와 같이 하나님께서 이르시되 내가 그들 가운데 거하며 두루 행하여 나는 그들의 하나님이 되고 그들은 나의 백성이 되리라"; 엡 2:12, 20-22, "너희는 사도들과 선지자들의 터 위에 세우심을 입은 자라 그리스도 예수께서 친히 모퉁잇돌이 되셨느니라 그의 안에서 건물마다 서로 연결하여 주 안에서 성전이 되어 가고 너희도 성령 안에서 하나님이 거하실 처소가 되기 위하여 그리스도 예수 안에서 함께 지어져 가느니라"; 벧전 2:5). 그리스도께서 섬기시는 "장막"은 모세가 섬겼던 장막보다 훨씬 더 영광스러운 곳이다(학 2:7-9, "이 성전의 나중 영광이 이전 영광보다 크리라").

손으로 짓지 아니한 것 곧 이 창조에 속하지 아니한. 사람들이 손으로 지은 "장막"은 아무리 잘 지어 놓아도 결국에는 썩어 없어질 수밖에 없다. 그러나 그리스도께서 섬기시는 이 장막은 하나님의 성령께서 직접 가장 좋고 영원히 없어지지 않을 재료들로 지으신 것이고, 지금도 짓고 계시는 것이다(엡 2:22). 사람에게는 이 장막의 형태를 정하고 장식하고 틀을 짜고 세울 수 있는 능력도 없고 기술도 없었다(히 8:2, "이 장막은 주께서 세우신 것이요 사람이 세운 것이 아니니라"). 옛 창조이든 새 창조이든, 창조 사역은 오직 하나님만이 하실 수 있으신 일이다. 이전의 장막은 사람들이 손으로 틀을 짜고 세운 것이었지만, 이 장막을 창조하시고 일으키시고 형태를 부여하시는 것은 하나님이시다(고후 5:5; 엡 2:20).

12. 염소와 송아지의 피로 아니하고 오직 자기의 피로 영원한 속죄를 이루사 단번에 성소에 들어가셨느니라.

사도는 그리스도의 직분과 성소에 대한 설명에서 그리스도께서 드리신 제사에 대한 설명으로 옮겨간다. 염소와 송아지의 피로 아니하고. 앞에서 이미 설명하였듯이, 아론의 반차를 따른 대제사장들은 "염소와 송아지의 피"로 제사를 드렸기 때문에(레 16:14-15), 결국에는 폐기될 연약한 제사일 수밖에 없었지만, 그리스도께서는 참된 것의 모형인 그러한 제사들과는 달리, 자신의 피로 제사를 드리셨다. 그들은 일 년에 한 번 속죄일에 그러한 제물들의 피를 가지고서 지성소로 들어가 제사를 드렸다(히 9:7, "오직 둘째 장막은 대제사장이 홀로 일 년에 한 번 들어가되 자기와 백성의 허물을 위하여 드리는 피 없이는 아니하나니"). 하지만 그러한 제사는 침해당한 하나님의 공의를 만족시킬 수도 없었고, 사람들의 죄를 속할 수도 없었으며, 죄를 범한 자들의 양심을 정결하게 하거나 온전하게 해 줄 수도 없었다(히 10:1-4, "율법은 장차 올 좋은 일의 그림자일 뿐이요 참 형상이 아니므로 해마다 늘 드리는 같은 제사로는 나아오는 자들을 언제나 온전하게 할 수 없느니라 그렇지 아니하면 섬기는 자들이 단번에 정결하게 되어 다시 죄를 깨닫는 일이 없으리니 어찌 제사 드리는 일을 그치지 아니하였으리요 그러나 이 제사들에는 해마다 죄를 기억하게 하는 것이 있나니 이는 황소와 염소의 피가 능히 죄를 없이 하지 못함이라").

오직 자기의 피로. 새 언약의 대제사장이셨던 그리스도께서는 자신의 순전하고 보배로우며 흠 없고 점 없는 "피"를 가지고 지성소로 들어가셨다(벧전 1:18-19, "너희가 알거니와 너희 조상이 물려 준 헛된 행실에서 대속함을 받은 것은 은이나 금 같이 없어질 것으로 된 것이 아니요 오직 흠 없고 점 없는 어린 양 같은 그리스도의 보배로운 피로 된 것이니라"). 그리스도의 피 한 방울 또는 몇 방울로는 속죄를 이룰 수 없었기 때문에, 그리스도께서는 겟세마네 동산에서 기도하실 때에 그의 몸에서 떨어진 핏방울들, 가시면류관을 쓰신 머리에서 가시에 찔려 흘러나온 피, 채찍에 맞은 등에서 흘러나온 피, 십가가 위에서 못 박힌 손과 발에서 나온 피를 비롯해서, 허리에 창이 찔리셨을 때에 쏟아진 나머지 모든 피를 다 합해야만 비로소 속죄를 이루실 수 있으셨다. 인류를 속죄하기 위해서는 그리스도 자신의 생명의 피가 필요하였다. 그래서 둘째 아담이신 그리스도께서는 첫째 아담과 그 자손들의 죄를 속하시기 위하여 피를 흘리셔야 하였다(롬 5:8-20; 빌 2:6, 8). 인류가 지은 모든 죄를 속하기 위해서는, 둘째 아담, 즉 사람의 피와 아울러서, 하나님의 피가 필요하였고, 그리스도의 피는 바로 그런 피였다(행 20:28, "하나님이 자기 피로 사신 교회"). 인류의 죄를 속하기 위한 "그리스도의 피"라는 속전은 그 값을 따질 수 없는 것이었다(요 6:51; 10:11, 15, "나는 선한 목자라 선한 목자는 양들을 위하여 목숨을 버리거니와 … 아버지께서 나를 아시고 내가 아버지를 아는 것 같으니 나는 양을 위하여 목숨을 버리노라").

단번에 성소에 들어가셨느니라. 그리스도께서는 십자가 위에서 숨을 거두신 직후에, 이 언약의 피를 가지고, 하늘의 지성소로 들어가셨다(이 때에 성전의 휘장이 둘로 찢어진 것은 복음의 크신 대제사장이 자신의 모형을 성취하셨음을 보여 주는 징표였다). 하늘의 지성소는 그 어떤 천사도 결코 들어갈 수 없었고, 오직 그리스도만이 들어갈 수 있는 곳이었다. 그리스도께서는 이제 휘장을 찢으시고 지성소를 활짝 여시고서는 거기로 들어가셨는데(히 10:19-20, "그러므로 형제들아 우리가 예수의 피를 힘입어 성소에 들어갈 담력을 얻었나니 그 길은 우리를 위하여 휘장 가운데로 열어 놓으신 새로운 살 길이요 휘장은 곧 그의 육체니라"; cf. 사 57:15), 자신의 피를 가지고, 하늘의 지성소에 있는 하나님의 공의의 보좌 앞으로 나아가셔서, 인류의 죄를 위한 영원한 속죄를 하심으로써, 자신의 모형인 대제사장들이 전에 제물을 태웠던 것처럼(레 16장), 그 모형을 성취하시고, 공의의 보좌를 은혜의 보좌로 바꾸어 놓으셨다. 왜냐하면, 속죄는 그리스도께서 죽으시고 부활하시고 승천하실 때까지의 45일이 지난 후에 이루어진 것이 아니라, 그리스도께서 십자가 위에서 숨을 거두시자마자 즉시 이루어졌기 때문이다. 그리스도께서는 이 죽으심을 통해서 "모든 의"를 이루셨다(마 3:15). 이것은 "단번에" 이루어진 일이었다. 그리스도께서는 죄로 말미암아 손상된 하나님의 공의를 만족시키시고, 율법을 온전히 이루시고서, 속죄를 위하여 하늘에 들어가셔서, 모든 것이 이루어졌다는 것을 보여 주시기 위하여, 하나님의 보좌 앞에 공적으로 모습을 나타내셨다(눅 23:43, 45-46; 요 19:30, "예수께서 신 포도주를 받으신 후에 이르시되 다 이루었다 하시고 머리를 숙이니 영혼이 떠나가시니라"). 그리스도께서는 아론의 반차를 따른 대제사장들이 수백 년에 걸쳐서 일 년에 한 번 행하였어도 결코 이룰 수 없었던 속죄를 "단번에" 이루셨다(히 9:26, 28; 10:10, 12, 14). 이것은 사도가 여기에서 "단번에"라고 말한 것이 그리스도께서 화목제물이 되셔서 피를 흘리시고, 그 피를 성부 하나님께 드리심으로써, "단번에" 영원히 효력이 있는 속죄를 완성하셨음을 의미한다는 것을 분명하게 보여 준다.

영원한 속죄를 이루사. 그리스도께서는 자신의 보혈의 공로를 가지고서, 의로우시고 긍휼에 풍성하신 재판장이신 성부 하나님 앞에 분향하고 기도하며 구하심으로써, 죄인들을 위한 영원한 속량을 온전히 얻어내셨다. 그 결과, 죄를 지은 사람들은 자신들의 모든 죄에 대하여 온전한 죄 사함을 얻게 되었고, 영원한 사망으로부터 건짐을 받게 되었으며(롬 3:25-26), 하나님과 온전히 화목하게 되어(고후 5:18-19, 21), 온갖 신령한 복을 다시 얻게 되었다. 그리스도께서 이루신 이 속죄는 모든 믿는 자들을 그들의 죄로 인한 죄책과 형벌로부터 영원히 자유롭게 해 주는 효력을 지니고 있기 때문에, 사도는 이 속죄를 "영원한" 속죄라고 부른다(골 1:21-23, "전에 악한 행실로 멀리 떠나 마음으로 원수가 되었던 너희를 이제는 그의 육체의 죽음으로 말미암아 화목하게 하사 너희를 거룩하고 흠 없고 책망할 것이 없는 자로 그 앞에 세우고자 하셨으니 만일 너희가 믿음에 거하고 터 위에 굳게 서서 너희 들은 바 복음의 소망에서 흔들리지 아니하면 그리하리라 이 복음은 천하 만민에게 전파된 바요 나 바울은 이 복음의 일꾼이 되었노라").

13. 염소와 황소의 피와 및 암송아지의 재를 부정한 자에게 뿌려 그 육체를 정결하게 하여 거룩하게 하거든.

그리스도께서 자신의 피를 가지고 하늘의 지성소로 들어가 드리신 제사는, 단지 죄인들을 하나님과 화목하게 하는 일에서만이 아니라, 죄인들을 정결하게 하는 일에 있어서도, 아론 계열의 대제사장들이 드린 제사들보다 월등히 뛰어난 것이었는데, 사도는 이 절과 다음 절에 걸쳐서 그것을 설명한다.

염소와 황소의 피. 여기에 언급된 "피"는 12절에 언급된 것과 동일한 의미이다. "황소"는 송아지를 의미하는데, 암수를 구별하기 위해서, 즉 수송아지라는 것을 나타내기 위해서 이 단어가 사용되었다. 민수기 7:87("또 번제물로 수송아지가 열두 마리요 숫양이 열두 마리요 일 년 된 어린 숫양이 열두 마리요 그 소제물이며 속죄제물로 숫염소가 열두 마리이며") 등을 비롯해서 구약의 본문에 나오는 "황소"는 거세된 황소들(oxen)이 아니라 거세되지 않은 황소들(bulls)을 가리킨다. 왜냐하면, 율법에서는 하나님께 드려지는 제사들에서 거세된 황소들을 제물로 사용하는 것을 금지하였기 때문이다. 레위기 22:17-24을 보라: "흠 있는 것은 무엇이나 너희가 드리지 말 것은 그것이 기쁘게 받으심이 되지 못할 것임이니라 … 너희는 고환이 상하였거나 치었거나 터졌거나 베임을 당한 것은 여호와께 드리지 말며 너희의 땅에서는 이런 일을 행하지도 말지며." 그 이유는 이렇게 흠이 있는 제물들은 장차 그 모형들을 온전히 성취하게 될 참된 제물인 그리스도를 제대로 올바르게 보여 줄 수 없었기 때문이었다. 이 피는 속죄소와 그 앞, 그리고 제단 위에 뿌려져서(레 16:14, 19) 죄들을 속하였고, 죄로 인한 죄책과 율법의 형벌을 제거하였다.

암송아지의 재를 부정한 자에게 뿌려. "암송아지의 재"를 준비하는 규례는 민수기 19:1-10에 나와 있다: 백성들이 붉은 암송아지를 끌고 가서 제사장에게 주면, 제사장은 그 암송아지를 진영 밖으로 끌고나가 죽인 후에, 자신의 손가락에 그 피를 묻혀서, 장막을 향하여 일곱 번 뿌렸다. 이 의식이 끝나면, 백성들로 하여금 암송아지를 제사장이 보는 앞에서 불사르게 하고, 제사장은 백향목과 우슬초와 홍색 실을 그 불 가운데 던져서, 그렇게 해서 생겨난 재를 진영 밖 정한 곳에 보관해 두었다. 이 재를 사용하기 위해서는, 재를 가져다가 흐르는 물과 함께 그릇에 담고, 우슬초 다발로 그 물을 찍어 율법적으로 부정한 사람들에게 뿌렸는데(히 9:18-20), 그렇게 하면 율법적으로 부정하게 되었던 사람들은 정결하게 되어 부정함에서 벗어날 수 있었다. 그러나 이러한 규례와 의식으로는 부정한 심령을 정결하게 할 수는 없었고, 아무리 이러한 결례를 행하여도 부정한 심령은 여전히 부정하고 거룩하지 못한 심령으로 남을 수밖에 없었다.

그 육체를 정결하게 하여 거룩하게 하거든. 이러한 뿌림들은 율법적으로 부정한 사람들을 거룩하게 하여, 율법적으로 정결하게 만들어서, 부정한 동안에는 참여할 수 없었던 성소의 제사에 다시 참여할 수 있게 해 주었다. 부정한 사람들은 이러한 의식을 통해서 외적으로 거룩한 자들이 된 것으로 여겨져서 회중 속으로 다시 받아들여졌고, 그들의 육체와 겉사람이 정하게 된 것으로 여겨져서 하나님에 대한 외적인 예배에 다시 참여할 수 있었다.

14. 하물며 영원하신 성령으로 말미암아 흠 없는 자기를 하나님께 드린 그리스도의 피가 어찌 너희 양심을 죽은 행실에서 깨끗하게 하고 살아 계신 하나님을 섬기게 하지 못하겠느냐.

하물며 … 그리스도의 피가 어찌 … 못하겠느냐. 이것은 그리스도의 제사와 율법의 제사들이 지닌 정결하게 하는 능력이 천지 차이라는 것을 전제한 반문이다. 그리스도께서 공의로우신 하나님께서 휘장 안으로 들어가셔서, 앉아 계시는 가장 높은 하늘에 있는 보좌 앞에 나아가실 때에 들고 가신 제물은 자신의 "피," 즉 성육신 하신 성자 하나님의 보배롭고 능력 있는 "피"였다.

영원하신 성령으로 말미암아. 그리스도께서는 자신의 영원히 죽지 않는 영혼 안에서 고난 가운데서 하나님의 모든 뜻에 순종하셨다. 그리스도의 몸과 영혼은 그의 영원하신 신성으로 말미암아 하나로 결합되어 있었고, 제물을 거룩하게 하는 제단처럼(마 23:19, "맹인들이여 어느 것이 크냐 그 예물이냐 그 예물을 거룩하게 하는 제단이냐"), 로마서 1:4("성결의 영으로는 죽은 자들 가운데서 부활하사 능력으로 하나님의 아들로 선포되셨으니 곧 우리 주 예수 그리스도시니라")에서 "성결의 영"이라 불린 그리스도의 영원하신 영혼은, 인류의 죄를 속하기 위한 제물로 십자가 위에 드려진 그의 몸이 하나님 앞에 합당하고 귀중한 제물이 되게 해 주었다. 그리스도께서 하나님께 드린 제물은 양이나 황소나 염소나 비둘기나 사람이나 천사의 생명 같은 것이 아니었고, 순전하시고 거룩하시며 흠이 없으시고 무죄하시며 해함도 없으신 자기 자신이었다(고후 5:21, "하나님이 죄를 알지도 못하신 이를 우리를 대신하여 죄로 삼으신 것은 우리로 하여금 그 안에서 하나님의 의가 되게 하려 하심이라"). 그러므로 그리스도께서 드리신 제물은, 그 온전함과 순전함에 있어서, 그의 모형들이었던 대제사장들이 드렸던 제물들과는 비교가 되지 않는 것이었다(레 22:20-21, "흠 있는 것은 무엇이나 너희가 드리지 말 것은 그것이 기쁘게 받으심이 되지 못할 것임이니라 만일 누구든지 서원한 것을 갚으려 하든지 자의로 예물을 드리려 하여 소나 양으로 화목제물을 여호와께 드리는 자는 기쁘게 받으심이 되도록 아무 흠이 없는 온전한 것으로 할지니"; 민 19:2, "여호와께서 명령하시는 법의 율례를 이제 이르노니 이스라엘 자손에게 일러서 온전하여 흠이 없고 아직 멍에 메지 아니한 붉은 암송아지를 네게로 끌어오게 하고").

흠 없는 자기를 하나님께 드린. 공의에 손상을 입으시고 진노하신 창조주이자 죄인들의 심판주이신 성부 하나님께서는 그리스도를 복음의 대제사장으로 세우시고 이 모든 일을 행하게 하심으로써, 이 지극히 온전한 제사를 받으시고 죄인들의 죄를 사하시고 그들과 화목하게 되셨다. 그리스도께서는 하나님의 공의를 만족시키셨고, 하나님의 율법에 순종하셨으며, 불의를 행하지 않으셨고, 자기에게 잘못한 죄인들을 온전히 용서해 주심으로써, 은혜로우시고 긍휼에 풍성하셨을 뿐만 아니라 의로우셨다(롬 3:25-26, "이 예수를 하나님이 그의 피로써 믿음으로 말미암는 화목제물로 세우셨으니 이는 하나님께서 길이 참으시는 중에 전에 지은 죄를 간과하심으로 자기의 의로우심을 나타내려 하심이니 곧 이 때에 자기의 의로우심을 나타내사 자기도 의로우시며 또한 예수 믿는 자를 의롭다 하려 하심이라"). 이렇게 해서, 죄인들은 다시 하나님을 그들의 하나님으로 섬길 수 있게 되었고, 하나님의 은총과 임재를 다시 누릴 수 있게 되었다(벧전 3:18, "그리스도께서도 단번에 죄를 위하여 죽으사 의인으로서 불의한 자를 대신하셨으니 이는 우리를 하나님 앞으로 인도하려 하심이라").

너희 양심을 … 깨끗하게 하고. 그리스도께서는 자신의 피로 단번에 영원한 제사를 드리신 일은 이미 끝났지만, 그 효력은 영원히 지속되어서, 단지 회개하고 믿는 죄인들의 죄를 사하시고 의롭다고 하실 뿐만 아니라, 사람들의 심령을 깨끗하게 하고 거룩하게 하신다. 즉, 그리스도께서는 자신의 이름으로 성령을 보내셔서, 사람들의 심령을 새롭게 하시는데, 그 심령 속에 내재되어 있는 온갖 부패하고 타락한 것을 제거하시고 거룩함을 주입하셔서(엡 4:23-24, "오직 너희의 심령이 새롭게 되어 하나님을 따라 의와 진리의 거룩함으로 지으심을 받은 새 사람을 입으라"), 온갖 선하고 아름다운 일들을 자원하여 행하고자 하는 소원을 주시고(시 110:3; 고전 6:1; 딛 3:5-6), 몸과 혼과 영을 한 가지로 하나님 앞에 거룩하게 만드신다(살전 5:23-24, "평강의 하나님이 친히 너희를 온전히 거룩하게 하시고 또 너희의 온 영과 혼과 몸이 우리 주 예수 그리스도께서 강림하실 때에 흠 없게 보전되기를 원하노라 너희를 부르시는 이는 미쁘시니 그가 또한 이루시리라"). 이렇게 해서, 영원히 죽지 않는 영혼에서 죄를 깨닫는 데 가장 민감하고 활발하고 예민한 부분인 "양심"은 자기에게 붙어 있던 죄로 인한 죄책과 더러움과 두려움으로부터 해방되어 깨끗하게 되어, 죄책감이나 형벌에 대한 두려움은 전혀 남아 있지 않게 되고, 도리어 그리스도의 보혈의 공로와 성령의 역사로 말미암아 믿음으로 인한 기쁨과 평안과 의로 충만하게 된다(롬 5:1-2, 5, 11).

죽은 행실에서. 영적으로 죽은 심령들로부터 생겨나는 온갖 죄의 역사들은 영혼들에게 영원한 사망을 가져다주지만(엡 2:1, "그는 허물과 죄로 죽었던 너희를 살리셨도다"), 그들은 죽은 사람들처럼 그것을 느끼지 못한다. 모세 율법이 만지는 것을 금한 것들은 그것을 만진 사람들을 단지 율법적으로 부정하게 하여 그 사람의 육체를 더럽히는 데 그치지만(민 19:18, "정결한 자가 우슬초를 가져다가 그 물을 찍어 장막과 그 모든 기구와 거기 있는 사람들에게 뿌리고 또 뼈나 죽임을 당한 자나 시체나 무덤을 만진 자에게 뿌리되"), 사람들의 심령에 역사하여 그 심령을 더럽히고 오염시키는 온갖 종류의 죄들은 훨씬 더 깊이 사람들의 심령을 더럽히고 오염시킨다. "뼈나 죽임을 당한 자나 시체나 무덤을 만진 자들"은 율법적으로 부정하게 되어 하나님을 예배하고 제사하는 것이 금지되었지만, 온갖 종류의 죄를 지은 자들은 그 심령이 부정하게 되어 하나님과의 모든 교제가 금지되고 영적으로 죽기 때문에, 그 심각성은 훨씬 더 큰 것이다.

살아 계신 하나님을 섬기게. 율법 아래에서 그 누구도 율법적으로 정결함이 없이는 장막으로 나아와서 회중의 예배나 제사에 참여할 수 없었던 것과 마찬가지로(민 19:13, 20), 그러한 모형의 참된 실체인 양심이 깨끗함을 받는 것이 없이는, 그 누구도 그 심령이 살아나서, 담대함과 확신을 가지고 하나님 앞으로 나아가서, 그들 자신을 산 제물로 드리며(롬 12:1, "형제들아 내가 하나님의 모든 자비하심으로 너희를 권하노니 너희 몸을 하나님이 기뻐하시는 거룩한 산 제물로 드리라 이는 너희가 드릴 영적 예배니라"), 일생동안 살아 계신 하나님을 섬길 수 없다. 하나님께서는 이렇게 이 땅에서 그들과의 교제를 점점 깊게 하심으로써, 그들이 장차 하늘의 지성소에서 그를 온전히 섬기고 누리게 될 수 있게 하신다.

15. 이로 말미암아 그는 새 언약의 중보자시니 이는 첫 언약 때에 범한 죄에서 속량하려고 죽으사 부르심을 입은 자로 하여금 영원한 기업의 약속을 얻게 하려 하심이라.

이로 말미암아 그는 새 언약의 중보자시니. 그리스도께서는 제사장직과 섬김, 제사와 정결하게 하는 능력과 마찬가지로, 언약과 그 경륜에 있어서도, 아론의 반차를 따른 대제사장들과는 비교할 수 없을 정도로 뛰어나고 우월하셨다. 앞 절에서 말하였듯이, 그리스도께서는 자신의 피로 영원한 제사를 드리심으로써, 죄인들로 하여금 의롭다 하심을 얻게 하시고, 죄인들을 거룩하게 하셨는데, 이것은 복음의 크신 대제사장으로서 하나님과 죄인들 사이에서 중보자로서 하신 일이었다. 즉, 그리스도께서는 자신의 죽으심을 통해서 죄인들에 대한 하나님의 언약, 즉 하나님의 언약의 경륜들 중에서 최고이자 최종적인 것이었던 바로 그 복음의 언약을 확정하시고 효력이 생겨나게 하셨고, 이제 하나님께서는 그 언약을 따라 회개하고 믿는 죄인들에게 죄 사함과 화해, 의로움과 거룩함, 양자됨과 영원한 기업을 상속할 상속자의 권리를 하사하시게 되었다.

이는 … 죽으사. 참 하나님이자 참 사람이신 그리스도의 죽으심은 지극히 뛰어난 제사였는데, 그 제사가 없이는 그 어떤 죄 사함도 있을 수 없었고(히 9:22), 죄인들에 대한 하나님의 언약도 효력을 발생할 수 없었다. 이런 이유로 인해서, 그리스도께서는 이 언약의 "중보자"가 되셔서, 자신의 죽으심을 통하여 지금까지의 모든 모형들을 다 성취하시고, 이 서신의 수신자들인 히브리인들과 그들의 조상들을 위하여 그러한 모형들이 지금까지 이룰 수 없었던 것을 이루셨다. 그러므로 그들은 그리스도의 죽으심을 인하여 더욱더 그리스도를 소중하고 귀하게 여기는 것이 마땅하다.

첫 언약 때에 범한 죄에서 속량하려고. 모세에 의한 하나님의 언약의 경륜 아래에 있던 모든 자들이 자행해 온 죄들로 말미암아 하나님의 공의가 손상을 입으셨기 때문에, 속전을 지불하여 그 죄들을 속함이 없이는, 그들의 죄는 사함 받을 수 없었다. 따라서 아론과 사무엘과 다윗을 비롯한 첫 언약 아래에서의 모든 믿는 자들의 죄악들은 장차 이루어지게 되어 있던 그리스도의 죽으심으로 말미암아 사함을 받은 것이었고, 하나님께서는 첫 언약 아래 있던 사람들에게 율법과 제사라는 모형과 그림자를 통해서 장차 있을 그리스도와 그의 죽음의 제사를 보여 주셨다. 하나님께서는 옛 언약 아래에서 짐승들이나 새들이 그들을 위하여 죽음으로써 그들의 죄가 사함을 받을 수 있는 규례를 주심으로써, 장차 그리스도께서 오셔서 죽으심으로써 모든 죄인들을 죄책과 형벌로부터 건져 주실 것임을, 그러한 모형 또는 그림자를 통해 보여 주신 것이었다. 하지만 옛 언약 아래에서 속죄제사를 통한 죄 사함은 모형에 불과한 것이었기 때문에, 만일 그리스도께서 오셔서 참된 속죄제사를 드리지 않으셨다면, 모든 사람들은 영원히 멸망할 수밖에 없었을 것이다. 이것에 대해서 사도 베드로는 사도행전 15:11에서 "우리는 그들이 우리와 동일하게 주 예수의 은혜로 구원 받는 줄을 믿노라"고 분명하게 말한다. 그리스도의 죽으심이 지닌 이러한 죄 사함의 능력은 오직 새 언약 아래에 사는 사람들에게만 국한된 것이 아니었다. 그 효력이 옛 언약 아래에 있던 모든 자들, 심지어 아론에까지 미쳐서, 그들의 죄를 사해 줄 수 있었다면, 새 언약 아래에 살면서 회개하고 믿은 모든 죄인들이 그리스도의 보혈의 공로를 의지하여 죄 사함을 받을 수 있다는 것은 두말할 필요가 없다.

부르심을 입은 자로 하여금 영원한 기업의 약속을 얻게 하려 하심이라. "부르심을 입은 자들"은 하나님의 부르심을 받아서 회개하고, 당시에 그들에게 계시된 언약의 사자이신 주 예수를 믿고, 하나님과의 언약 관계 속으로 들어가게 된 자들을 가리킨다(출 23:20-23, "내가 사자를 네 앞서 보내어 길에서 너를 보호하여 너를 내가 예비한 곳에 이르게 하리니 너희는 삼가 그의 목소리를 청종하고 그를 노엽게 하지 말라 그가 너희의 허물을 용서하지 아니할 것은 내 이름이 그에게 있음이니라 네가 그의 목소리를 잘 청종하고 내 모든 말대로 행하면 내가 네 원수에게 원수가 되고 네 대적에게 대적이 될지라"). 고린도전서 10:3-4, 9; 요한복음 5:45-47을 참조하라. 그리스도의 피로 말미암아 죄 사함을 받고, 양심이 깨끗하게 되어서, 성령의 역사로 말미암아 하늘의 가나안에 들어가기에 합당하게 된 사람들(롬 4:16, 24-25)은, 저 "영원한 기업"에 대한 약속을 받게 된 자들이고, 하나님께서는 그 보증으로 성령을 그들에게 주셨다(히 12:10, 14, 16). 에베소서 1:13-14; 베드로전서 1:3-4을 참조하라. 이 모든 것들은 그리스도의 죽으심으로 말미암아 확정되고 성취되었다.

16. 유언은 유언한 자가 죽어야 되나니.

유언은. 이 절의 처음 부분에 나오는 '가르'(γὰρ)는 사도가 여기에서 부르심을 받은 자들이 "영원한 기업"을 받기 위해서는, 중보자이신 그리스도께서 죽으셔야 하였던 이유를 설명하고 있음을 보여 준다. 여기에서 사도는 모든 나라에서 유언은 유언한 자의 죽음으로 그 효력이 발생하게 한 일반적인 자연법을 들어서, 그 이치를 설명한다. "유언"은 유언하는 사람이 자신의 소유인 재물이나 땅에 대한 소유권을 자기가 죽은 후에 다른 특정한 사람에게 넘기겠다는 것을 구두 또는 문서로 밝힌 것을 가리키는데, "새 언약"의 성격도 유언과 비슷하다. 하나님께서는 선지자들과 사도들이 증언하고, 두 가지의 성례전, 특히 성찬을 통하여 인치신(눅 22:20, "저녁 먹은 후에 잔도 그와 같이 하여 이르시되 이 잔은 내 피로 세우는 새 언약이니 곧 너희를 위하여 붓는 것이라") 자신의 최종적이자 최고의 언약을 성경이라는 문서에 기록해 놓으셨는데, 그것은 자기가 그리스도 안에서 부르신 모든 자들에게 하늘의 기업과 거기에 속한 모든 신령한 좋은 것들을 유업으로 주시겠다는 것이었다.

유언한 자가 죽어야 되나니. 만국법이나 자연법에 의하면, 유언이 효력을 발생해서 상속을 받으려면, 반드시 유언을 한 사람이 죽어야 한다. 유언을 한 아버지가 죽어야만, 아들이나 상속자는 그 유언을 따라 상속을 받게 된다. 유언을 한 사람이 죽으면, 유언은 확정되고 유효하게 되어서, 그 때에 유언이 집행되어서, 상속자의 유산 상속은 개시되고(17절), 이제는 더 이상 변경하는 것이 불가능하게 된다. 유언과 관련된 이러한 원칙은 확고부동한 것이다.

17. 유언은 그 사람이 죽은 후에야 유효한즉 유언한 자가 살아 있는 동안에는 효력이 없느니라.

유언은 그 사람이 죽은 후에야 유효한즉. 유언한 사람이 죽으면, 그 사람의 재물과 땅에 대한 그의 소유권은 그 사람에게서 상속자에게로 넘어가게 되기 때문에, 그 때부터는 상속자가 그 재물과 땅에 대한 자신의 소유권을 주장할 수 있게 되고, 상속자가 이렇게 획득한 소유권은 그 누구도 더하거나 수정하거나 무효로 할 수 없다.

유언한 자가 살아 있는 동안에는 효력이 없느니라. 유언을 한 사람이 살아 있는 동안에는, 유언은 아직 효력이 없다. 왜냐하면, 유언을 통해서 상속하고자 하는 재산은 아직 유언한 사람의 소유이고, 그 사람에게 여전히 필요하기 때문이다. 따라서 유언한 사람은 자신의 유언을 변경하거나 수정할 수 있다. 따라서 유언이라는 것 자체가, 유언한 사람이 죽을 때까지는, 다른 사람은 유업에 대하여 아무런 소유권도 없다는 것을 의미하는 것이다. 이 모든 것이 보여 주는 결론은, 새 언약은 언약을 한 사람의 죽음으로 말미암아, 그 효력이 개시된다는 것이다. 새 언약의 중보자이신 그리스도의 죽으심은 새 언약을 확정하는 데 있어서, 사람들이 한 유언보다 더 큰 의미를 지닌다. 왜냐하면, 그리스도의 중보로 이루어지는 새 언약은 사람들이 한 유언이 아니라 하나님께서 친히 말씀하신 것이어서, 절대로 변경되거나 수정될 수 없기 때문이다. 참 하나님이자 참 사람이신 그리스도께서 새 언약의 중보자로서 죽으실 때, 새 언약은 효력을 발휘하게 된다. 그리스도께서는 사망의 권세를 깨뜨리심으로써, 상속자들이 새 언약에서 요구한 조건들을 갖출 수 있게 하셔서, 그들로 하여금 유업을 받을 수 있는 자격을 갖추게 하신 후에, 이 언약의 집행자이신 성령을 보내셔서, 그들에게 이 유업을 신실하게 나누어 주게 하시고, 새 언약 아래 있는 상속자들에게만이 아니라 옛 언약 아래 있는 상속자들에게도 이 언약의 효력을 적용하게 하신다. 예수 그리스도는 창세로부터 죽임을 당하신 어린 양이심과 동시에, 유언의 중보자이시다.

18. 이러므로 첫 언약도 피 없이 세운 것이 아니니.

모든 유언이 유언한 사람의 죽음으로 말미암아 효력을 발생하고, 모든 언약이 죽음과 피로 말미암아 아주 강력하게 확정되기 때문에, 모세 언약도 죽음과 피로써 확정되었다. "세웠다"로 번역된 '엥케카이니스타이'(ἐγκεκαίνισται)는 엄밀하게 말하면 "새롭게 하였다, 갱신하였다"는 의미이다. 신약성경에서 이 단어는 이 곳과 히브리서 10:20("그 길은 우리를 위하여 휘장 가운데로 '열어 놓으신' 새로운 살 길이요 휘장은 곧 그의 육체니라")에서만 사용된다. 아람어 역본에서는 여기에 나오는 이 단어를 "확정하였다" 또는 "재가하였다"로 번역한다. 구약성경에서는 칠십인역은 신명기 20:5("책임자들은 백성에게 말하여 이르기를 새 집을 건축하고 낙성식을 행하지 못한 자가 있느냐 그는 집으로 돌아갈지니 전사하면 타인이 낙성식을 행할까 하노라")에 나오는 히브리어 '하나코'("봉헌하다")를 표현하는 데 이 단어를 사용한다. 이 신명기 본문에서는 어떤 사람이 집을 지어 놓고 봉헌하지 못한 채로 군대로 소집이 되었다면, 다시 집으로 돌아가서 그 집을 봉헌하여 자신의 소유권을 확실히 해 둠으로써, 다른 사람이 그 집에 대한 소유권을 주장할 수 없게 하라고 하고 있는데, 거기에서 이 단어는 "확실하고 견고하게 해서 아무도 범할 수 없게 하다"라는 원래의 의미로 사용되고 있다. 따라서 사도는 여기에서 옛 언약도 "피"로써 확정된 것이라고 말하고 있는 것인데, 이 "피"는 가장 엄숙한 최고의 인준이자 재가인 그리스도의 피의 모형이었다. 이렇게 구약의 여러 예들이 보여 주듯이, 이전의 언약, 특히 율법 아래에서의 모세 언약 자체도 피로써 확정되었다(창 15:9-10, 17-18; 31:44, 54). 출애굽기 24:5, 7-8을 보라.

19. 모세가 율법대로 모든 계명을 온 백성에게 말한 후에 송아지와 염소의 피와 및 물과 붉은 양털과 우슬초를 취하여 그 두루마리와 온 백성에게 뿌리며.

모세가 율법대로 모든 계명을 온 백성에게 말한 후에. 사도는 구약성경이 피로써 확정되었다는 것을, 구체적인 사례를 들어 증명한다. 즉, 하나님과 이스라엘 백성 사이의 중보자였던 모세는 하나님의 지시에 따라 책에 기록해 놓았던 옛 언약의 모든 명령들과 약속들과 조항들을 애굽으로부터 나온 이스라엘 백성에게 다 읽어 주어서, 하나님이 그들에게 약속하신 것들이 무엇이고 그 조건이 무엇인지를 자세하게 말해 주었고, 그들은 이 언약에 동의한다고 분명하게 선언하였다(출 24:3-4, 7, "모세가 와서 여호와의 모든 말씀과 그의 모든 율례를 백성에게 전하매 그들이 한 소리로 응답하여 이르되 여호와께서 말씀하신 모든 것을 우리가 준행하리이다 모세가 여호와의 모든 말씀을 기록하고 이른 아침에 일어나 산 아래에 제단을 쌓고 이스라엘 열두 지파대로 열두 기둥을 세우고 … 언약서를 가져다가 백성에게 낭독하여 듣게 하니 그들이 이르되 여호와의 모든 말씀을 우리가 준행하리이다").

송아지와 염소의 피와 및 물과 붉은 양털과 우슬초를 취하여 그 두루마리와 온 백성에게 뿌리며. 하나님과 이스라엘 백성 사이에 서서 중보자의 역할을 하였던 모세는 양 당사자의 동의 아래 언약이 성립되자, 언약을 확정하는 데 사용된 일반적인 의식을 행하여, "백향목과 홍색 실과 우슬초"로 만들어진 다발에 "송아지와 염소의 피"를 찍어서, 하나님의 언약을 기록한 "두루마리"와 "온 백성"에게 뿌려서 그 언약을 확정하였다(레 14:4, 6; 민 19:6, 18). 다윗은 시편 51:7에서 이 의식을 염두에 두고서 "우슬초로 나를 정결하게 하소서 내가 정하리이다 나의 죄를 씻어 주소서 내가 눈보다 희리이다"라고 말한다. 모세가 행한 이 의식은 출애굽기 24장에 나오는데, 그는 백성 중에서 장자들을 시켜서 소를 잡아 하나님께 번제와 화목제를 드리게 한 후에, 그 희생제물들로부터 받은 피 중에서 반은 양푼들에 담고 반은 제단과 언약의 두루마리와 온 백성에게 뿌려서, 하나님과 이스라엘 백성 사이에 맺어진 언약을 확정하였다(출 24:4-8, "모세가 여호와의 모든 말씀을 기록하고 이른 아침에 일어나 산 아래에 제단을 쌓고 이스라엘 열두 지파대로 열두 기둥을 세우고 이스라엘 자손의 청년들을 보내어 여호와께 소로 번제와 화목제를 드리게 하고 모세가 피를 가지고 반은 여러 양푼에 담고 반은 제단에 뿌리고 … 모세가 그 피를 가지고 백성에게 뿌리며 이르되 이는 여호와께서 이 모든 말씀에 대하여 너희와 세우신 언약의 피니라"; 레 8:3-4; 14:51). 히브리서 9:20("이는 하나님이 너희에게 명하신 언약의 피라")과 출애굽기 24:8("이는 여호와께서 이 모든 말씀에 대하여 너희와 세우신 언약의 피니라")은 이것을 분명하게 보여 준다. 이렇게 옛 언약은 피로써 견고하게 되고 변경할 수 없게 되었다. 하지만 이 모든 것은 그리스도의 죽으심으로써 하나님과 죄인들 간의 새 언약이 확정될 것임을 보여 주는 그림자이자 모형에 지나지 않은 것이었다. 그리스도는 하나님의 언약이 죄인들 가운데서 효력을 발생할 수 있게 하신 중보자이셨다. 그리스도께서는 이 언약의 효력이 발생되도록 하기 위하여 죽으셨고, 한편으로는 하나님의 편에 서서, 다른 한편으로는 죄인들의 편에 서서 자신의 피로써 이 언약을 확정하신 후에, 자신의 영인 성령을 통해서 이 언약을 죄인들에게 적용하셔서, 이 언약으로 인한 복들을 죄인들에게 부어 주신다(히 10:22; 11:28; 12:24; 사 52:15; 겔 36:25; 벧전 1:2, "하나님 아버지의 미리 아심을 따라 성령이 거룩하게 하심으로 순종함과 예수 그리스도의 피 뿌림을 얻기 위하여 택하심을 받은 자들에게 편지하노니").

20. 이르되 이는 하나님이 너희에게 명하신 언약의 피라 하고.

모세는 제단과 언약의 책과 이스라엘의 온 백성에게 피를 뿌린 후에, 그들에게 그 피의 의미를 가르쳐서, "내가 너희에게 뿌린 피는 언약을 확정하는 인침이기 때문에, 이 피로써 언약이 확정되었다"고 말하였다. 이 피는 모형으로서, 새 언약의 중보자이신 그리스도의 피를 표상하고 나타내는 것이었다. 이렇게 하나님의 새 언약은 그리스도의 피로 말미암아 확정되어서, 모든 회개하고 믿는 죄인들에게 그 효력이 발생하게 되어 있었다. 따라서 그리스도의 피가 없었다면, 새 언약은 확정될 수 없었을 것이기 때문에, 그리스도의 피는 이 새 언약의 움직일 수 없는 확고부동한 "터" 또는 토대였다(출 24:8; 고전 11:25, "식후에 또한 그와 같이 잔을 가지시고 이르시되 이 잔은 내 피로 세운 새 언약이니 이것을 행하여 마실 때마다 나를 기념하라 하셨으니"). 이렇게 하나님께서는 옛 언약과 관련해서도 모세를 통해서 이렇게 피로써 자기가 이스라엘 백성과 맺으신 언약이 확정되게 하심으로써, 장차 맺어지게 될 새 언약도 동일하게 "피로써" 확정될 것임을 보여 주셨다.

21. 또한 이와 같이 피를 장막과 섬기는 일에 쓰는 모든 그릇에 뿌렸느니라.

모세는 단지 언약의 책에만 피를 뿌린 것이 아니라, 일년마다 한 번씩 속죄일에 장막 자체에 피를 뿌렸는데, 이것은 하나님께서 명하신 것이었다(레 16:14, 16-17). 왜냐하면, 제단과 사람들만이 아니라, 장막 자체도 속죄가 필요하였기 때문이다(히 9:18, 20). 장막은 먼저 피를 뿌려 속죄하고, 그런 후에는 거기에 기름을 발라 거룩하게 하였는데(레 8:10-11, "모세가 관유를 가져다가 성막과 그 안에 있는 모든 것에 발라 거룩하게 하고 또 제단에 일곱 번 뿌리고 또 그 제단과 그 모든 기구와 물두멍과 그 받침에 발라 거룩하게 하고"), 이것은 참된 장막인 복음 교회에서 행해질 것에 대한 모형이었다(고전 6:11, "너희 중에 이와 같은 자들이 있더니 주 예수 그리스도의 이름과 우리 하나님의 성령 안에서 씻음과 거룩함과 의롭다 하심을 받았느니라"). 제사장들이 입는 모든 의복들과 그릇들은 이런 식으로 정결하게 해야 하였는데, 이것은 옛 언약 아래에서 섬기던 제사장들이 부정한 자들이어서 피로써 속죄하여야 하였다는 것을 보여 줌과 동시에, 그들이 사용하였던 모든 것들도 그들에 의해서 오염되어 부정하였기 때문에 속죄가 필요하였다는 것을 보여 준다. 왜냐하면, 제사장들이나 그들이 사용하는 물건들은 오직 그리스도의 피로 말미암아서만 온전히 정결하게 될 수 있었기 때문이다.

22. 율법을 따라 거의 모든 물건이 피로써 정결하게 되나니 피흘림이 없은즉 사함이 없느니라.

율법을 따라 거의 모든 물건이 피로써 정결하게 되나니. 어떤 물건들은 물로 씻거나 불로 태워서 정결하게 될 수 있었지만(레 16:28, "불사른 자는 그의 옷을 빨고 물로 그의 몸을 씻은 후에 진영에 들어갈지니라"; 민 31:23, "불에 견딜 만한 모든 물건은 불을 지나게 하라 그리하면 깨끗하려니와 다만 정결하게 하는 물로 그것을 깨끗하게 할 것이며 불에 견디지 못할 모든 것은 물을 지나게 할 것이니라"), 대부분의 물건들은 오직 "피로써" 율법적으로 정결하게 될 수 있었다.

피흘림이 없은즉 사함이 없느니라. 희생제물 같은 살아 있는 짐승이나 새의 죽음, 그리고 그 제물의 죽음만이 아니라 그 피를 뿌림이 있어야만, 율법적으로 죄 사함이 이루어질 수 있었고, 율법적으로 부정한 것을 정결하게 할 수 있었다. 하나님께서 이러한 모형을 통해서 이스라엘에게 보여 주신 것은, 하나님의 아들이자 하나님의 언약의 중보자이신 예수 그리스도께서 희생제물이 되셔서 흘리신 피가 없이는, 죄인들을 위한 죄 사함이나 형벌의 면제도 있을 수 없고, 죄인들의 더러움을 깨끗하게 하거나 그 타락한 본성을 새롭게 하는 것도 있을 수 없다는 것이었다. 왜냐하면, 죄인들로 하여금 죄 사함을 받게 하시고, 그들을 거룩하게 하실 성령이 그들에게 임하게 하시기 위해서는, 그 모든 것을 속죄하기 위한 속전으로 하나님께 드려진 그리스도의 피가 절대적으로 필요하였기 때문이다.

23. 그러므로 하늘에 있는 것들의 모형은 이런 것들로써 정결하게 할 필요가 있었으나 하늘에 있는 그것들은 이런 것들보다 더 좋은 제물로 할지니라.

그러므로 … 필요가 있었으나. 사도는 18절에서 첫 언약이 피로써 확정되었다고 선언한 후에, 19절부터 22절까지 그것을 증명해 왔기 때문에, 이제 여기에서는 그 결론을 다시 한 번 확인한다. 따라서 사도는 추론의 의미를 지니는 불변화사인 "그러므로"를 사용해서, 이미 앞에서 말한 대로, 첫 언약이 피로써 확정되고, 그 경륜에 속한 장막도 피로써 정결하게 되었다는 것을 여기에서 다시 한 번 요약해서 제시하고 있는 것이다. 하나님께서 이렇게 첫 언약에 속한 것들을 반드시 피로써 확정하고 정결하게 하라고 명시적으로 모세에게 명하신 것은, "하늘에 있는" 참된 것들의 모형들이 장차 도래할 하늘에 속한 참된 것들과 서로 대응이 되게 하시기 위한 것이었다.

하늘에 있는 것들의 모형은 이런 것들로써 정결하게 할. 옛 언약에 속한 장막들과 그 모든 부분들, 언약의 책, 그릇들, 섬김들 등등은 "하늘에 있는 것들의 모형들"이자 징표들이자 그림자들로서, 외적인 결례들에 의해서 정결하게 함으로써, 속된 용도로부터 구별하여 하나님께 거룩한 용도로 드려져야 했는데, 그러한 결례들을 행하기 위하여 사용된 것들 중에서 특히 짐승의 피는 장차 사람들과 물건들을 단지 외적으로만이 아니라 진정으로 온전하게 정결하게 해 줄 더 나은 "피"를 신비적으로 표상하는 것이었다.

하늘에 있는 그것들은 이런 것들보다 더 좋은 제물로 할지니라. 그리스도께서 섬기시는 복음의 장막과 그 모든 부분들, 새 언약, 새 섬김들은 그 기원이 하늘에 속한 것으로서 본질적으로 하늘의 것들로서의 성질을 지니고 있는 것들이기 때문에, 첫 언약 아래에서 땅에 속한 그 모형들보다 더 뛰어나고 영광스러운 것들이었다. 그것들은 신령한 것들이고, 썩지 않는 것들이기 때문에(히 9:11-12; 8:2; 12:22; 갈 4:26; 계 21장), 율법의 모든 제사들을 다 합친 것보다 더 귀하고 가치 있으며 더 큰 효력을 지닌 그리스도의 단번의 제사에 의해서 구별되고 성별되어서 하나님께 드려져야 하였다. 사도는 옛 언약에 속한 "이런 것들"과 대비시키는 가운데, 새 언약에 속한 것들이 훨씬 더 뛰어나고 우월한 것들이라는 것을 나타내기 위해서, 복수형으로 표현하여 "그것들"이라고 말한다. 그리스도의 피는 인격적인 연합으로 말미암아 하나님의 피였기 때문에, 오직 그 피만이 하나님 앞에서 영원한 효력을 지닌다. 그러므로 이 서신의 수신자들인 히브리인들은 그리스도의 피가 사람들과 물건들을 정결하게 하는 능력이 있다는 것을 믿고 의심하지 않는 것이 마땅하다.

24. 그리스도께서는 참 것의 그림자인 손으로 만든 성소에 들어가지 아니하시고 바로 그 하늘에 들어가사 이제 우리를 위하여 하나님 앞에 나타나시고.

그리스도께서는 … 손으로 만든 성소에 들어가지 아니하시고. 이 절의 처음 부분에 나오는 '가르'(γὰρ)는 사도가 여기에서 그리스도의 죽으심과 제사가 옛 언약 아래에서의 제사보다 더 뛰어나고 우월하다는 것을 증명하고 있는 것임을 보여 준다. 사도는 그리스도께서 섬기신 성소가 그의 모형이었던 옛 언약의 성소를 훨씬 더 능가하는 곳이었다는 사실을 들어서 그것을 증명한다. 복음의 대제사장이신 그리스도께서는 자신의 피를 가지고 아론과 같이 이 땅에 있는 연약하고 불완전한 지성소로 들어가셔서 거기에서 언약궤 위의 속죄소 앞에서 그 피를 드리신 것이 아니었다(히 9:8-9, "성령이 이로써 보이신 것은 첫 장막이 서 있을 동안에는 성소에 들어가는 길이 아직 나타나지 아니한 것이라 이 장막은 현재까지의 비유니 이에 따라 드리는 예물과 제사는 섬기는 자를 그 양심상 온전하게 할 수 없나니"). 참 것의 그림자인. 첫 언약에 속한 이 모든 것들은 단지 하나님께서 계시는 참되고 거룩하고 영광스러운 곳을 본떠서 그대로 만들어 놓은 모형들에 불과한 것들이었다.

바로 그 하늘에 들어가사. 우리의 대제사장이신 그리스도께서는 자신을 십자가 위에서 화목제물로 드리신 후에, 자신의 속죄의 피를 들고 하늘들의 하늘로 들어가셔서, 공의의 보좌 앞에 나아가, 인류의 모든 죄를 속하시고서는, 모든 회개하고 믿는 죄인들에게 공의의 보좌가 하나님의 은혜가 베풀어지는 참된 은혜의 보좌가 되게 하셨다. 이렇게 그리스도께서는 대속과 화목의 사역을 이루시고 승리하신 후에는 승천하셔서, 스스로 온전한 영광 가운데로 들어가셨고, 우리가 거기로 들어갈 수 있는 길을 활짝 열어 놓으셨다.

이제 우리를 위하여 하나님 앞에 나타나시고. 그리스도께서는 지금 하나님의 오른편 보좌에 앉아 계시면서, 우리를 변호하시는 중보자로서, 자신의 공로에 의거하여 우리의 죄를 사해 주시고, 우리를 웃는 얼굴로 받으셔서 은총을 내려 주시라고 하나님께 간구하시고 계신다. 이전에 죄 지은 아담에게는 하나님의 얼굴은 진노하시는 두렵고 공포스러운 모습이었다. 히브리서 7:25; 10:19; 로마서 8:34; 요한일서 2:1-2("나의 자녀들아 내가 이것을 너희에게 씀은 너희로 죄를 범하지 않게 하려 함이라 만일 누가 죄를 범하여도 아버지 앞에서 우리에게 대언자가 있으니 곧 의로우신 예수 그리스도시라 그는 우리 죄를 위한 화목 제물이니 우리만 위할 뿐 아니요 온 세상의 죄를 위하심이라"); 열왕기하 5:6을 보라. 그리스도께서는 한편으로는 하늘의 하나님의 임재 앞에서 우리를 변호하시는 가운데, 다른 한편으로는 우리로 하여금 장차 영원토록 하나님을 대면하면서 지극히 복된 삶을 살 수 있도록 하기 위하여, 이 땅에서 우리를 그러한 삶에 합당한 자들로 만들어 가신다.

25. 대제사장이 해마다 다른 것의 피로써 성소에 들어가는 것 같이 자주 자기를 드리려고 아니하실지니.

사도는 여기에서는 그리스도께서 드리신 제사는 "단번에" 드려진 것이라는 점에서, 아론 계열의 대제사장들이 해마다 드렸던 제사보다 더 뛰어나다는 것을 증명한다. 그들은 해마다 제사를 드려야 하였던 반면에, 그리스도께서는 제사를 반복해서 드리실 필요가 없었다. 사도는 "또한 … 아니다"(οὐδὲ - '우데')라는 단어를 도입어로 사용해서, 그리스도의 제사에는 율법적인 제사들이 지니고 있던 연약함이 없었다는 사실을 근거로, 전자가 후자보다 더 뛰어나고 우월한 것이었음을 추론한다. 아론 계열의 대제사장들은 율법에 따라 해마다 황소와 염소의 피, 즉 자신의 피가 아니라 자신에게 낯선 "다른 것의 피"를 가지고 장막의 지성소로 들어갔는데, 이렇게 그들이 일년에 한 번씩 계속해서 자주 제사를 드렸다는 사실은, 그 제사들이 단지 잠정적인 것으로서, 장차 그리스도께서 드리실 단번의 더 나은 제사를 위한 모형에 지나지 않았다는 것을 보여 주는 것이었다. 따라서 그리스도께서는 이 땅에 오셔서 해마다 죽으셔서 자신의 피로 제사를 자주 드리실 필요가 없으셨다.

26. 그리하면 그가 세상을 창조한 때부터 자주 고난을 받았어야 할 것이로되 이제 자기를 단번에 제물로 드려 죄를 없이 하시려고 세상 끝에 나타나셨느니라.

그리하면 그가 … 자주 고난을 받았어야 할 것이로되. "그리하면"으로 번역된 '에페이'(ἐπεὶ)는, 사도가 앞에서 말한 것과 반대되는 것이 사실이라고 가정하였을 때, 즉 "그리스도께서 단번의 제사가 아니라 자주 제사를 드리셔야 하였다면"이라고 가정하였을 때는, "그리스도께서 자주 고난을 받으셔야 하였을" 것이지만, 실제로는 자주 고난을 받으신 것이 아니기 때문에, 그 가정은 잘못된 것이라는 식으로 논증을 전개해 나간다. 즉, 만일 그리스도께서 자주 제사를 드려야 하셨다면, 자주 고난을 받아 피를 흘리셔야 하는데, 사실은 그렇지 않았다는 것이다. 하나님께서 자기 아들을 그런 식으로 자주 잔인하고 참혹한 죽음으로 내모신다는 것은 불가능하고 어처구니없는 일일 수밖에 없다.

세상을 창조한 때부터. 세상이 창조되고 나서 아담이 타락한 때로부터는 언제나 죄가 있었고, 따라서 죄를 속하기 위한 제사가 필요하였다. 따라서 그리스도께서 자주 제사를 드리셔야 하였다면, 이미 창세 때로부터 계속해서 제사를 드려 오셔야 하였다. 그러나 그리스도께서 자기 자신을 제물을 삼아 드리신 단번의 제사는 하나님의 공의를 온전히 충족시키는 것이었기 때문에, 하나님 앞에서 영원한 효력을 지닌다. 첫째 아담의 죄를 속하시기 위한 둘째 아담의 단번의 죽으심은 모든 죄를 속할 수 있는 능력에 있어서 온전한 것이었고, 그 효력에 있어서 영원한 것이었다. 하나님께서 아론 계열의 제사장들로 하여금 일년에 한 번씩 해마다 짐승의 피를 가지고 지성소로 들어가서 속죄를 하게 하신 것은, 유대인들에게 그들의 연약함을 보여 주시고, 장차 그리스도께서 드리실 단번의 영원한 제사에 대하여 그들에게 가르치시고, 그 제사로 그들을 인도하시기 위한 것이었다.

이제. 복음의 대제사장이신 그리스도께서는 어느 한 순간에 참 하나님이자 참 사람으로 나타나셔서, 단번의 영원한 제사로 인류의 죄를 속하신 것이 아니었고, 하나님께서는 아담이 타락한 때로부터 수많은 모형들과 예표들을 통해서 장차 그리스도께서 이 땅에 오셔서 드릴 제사에 대하여 약속하셨다. 그리고 "이제" 그 약속은 그리스도께서 고난을 받으시고 대속사역을 행하심으로써 이루어졌다(딤전 3:16, "크도다 경건의 비밀이여, 그렇지 않다 하는 이 없도다 그는 육신으로 나타난 바 되시고 영으로 의롭다 하심을 받으시고 천사들에게 보이시고 만국에서 전파되시고 세상에서 믿은 바 되시고 영광 가운데서 올려지셨느니라").

세상 끝에. 그리스도께서 다니엘서에 예언된 네 번째 왕국 아래에서 이 땅에서 사역을 행하시던 날들은, 요한일서 2:18("아이들아 지금은 마지막 때라 적그리스도가 오리라는 말을 너희가 들은 것과 같이 지금도 많은 적그리스도가 일어났으니 그러므로 우리가 마지막 때인 줄 아노라")에서는 "마지막 때"라고 부르고, 고린도전서 10:11("그들에게 일어난 이런 일은 본보기가 되고 또한 말세를 만난 우리를 깨우치기 위하여 기록되었느니라")에서는 "말세"라고 부르며, 갈라디아서 4:4("때가 차매 하나님이 그 아들을 보내사 여자에게서 나게 하시고 율법 아래에 나게 하신 것은")에서는 "때가 찼다"고 말한다. 그리스도께서는 하나님께서 정하신 가장 적절한 때에 이 땅에 나타나셨다. 이렇게 그리스도께서는 "세상 끝에," 즉 "말세에" 단 한 번 나타나셔서, 대속사역을 행하셨다.

자기를 단번에 제물로 드려 죄를 없이 하시려고 … 나타나셨느니라. 그리스도께서는 하나님이 원하시고 명하신 대로 세상 끝에 나타나셔서, 자기 자신을 제물로 삼아서, 자기 피를 가지고 휘장 안으로 들어가 하나님께 드림으로써, 모든 죄로 인한 죄책과 더러움과 죄의 권세를 제거하셨기 때문에, 이제는 자기가 죄인들을 대신하고 고난을 받으시고 죽으셔서 그들의 죄를 속하신 것을 믿고 자기에게로 피한 모든 믿는 자들을 의롭다고 하시고, 죄로 말미암은 정죄로부터 그들을 건지실 수 있으시다(사 53:1-12; 단 9:24; 롬 7:24-25; 요일 3:5, "그가 우리 죄를 없애려고 나타나신 것을 너희가 아나니 그에게는 죄가 없느니라").

27. 한번 죽는 것은 사람에게 정해진 것이요 그 후에는 심판이 있으리니.

한번 죽는 것은 사람에게 정해진 것이요. 이 절의 처음에 나오는 '카이'(καὶ, "그리고")라는 접속사는 사도가 여기에서 그리스도께서 오직 한 번만 죽으셔야 하였다는 것을 증명하고 있는 것임을 보여 준다. 사람이 "한번 죽는 것"은 하나님께서 정하셔서 공표하신 법에 따른 것이었다. 사람들을 다스리시는 최고의 주이자 통치자이자 심판주이신 하나님께서는 절대로 변경될 수 없고 돌이킬 수 없는 작정하심 가운데서, 인류를 대표하는 배교자 아담의 타락한 후손들, 즉 모든 죄악된 인류에 대하여, 자신의 법을 범하고 범죄하게 되면, 거기에 대한 형벌로 한 번의 죽음을 경고

하셨고, 실제로 아담이 범죄하자, 입법자이자 재판장으로서 모든 인류에게 한 번의 죽음을 선고하셨다(창 2:17, "선악을 알게 하는 나무의 열매는 먹지 말라 네가 먹는 날에는 반드시 죽으리라 하시니라"; 3:19, "네가 흙으로 돌아갈 때까지 얼굴에 땀을 흘려야 먹을 것을 먹으리니 네가 그것에서 취함을 입었음이라 너는 흙이니 흙으로 돌아갈 것이니라 하시니라"). 로마서 5:12, 14; 6:23을 참조하라. 하나님의 이러한 선고에 따라, 아담과 그의 모든 죄악된 자손들은 물론이고, 그들의 "보증"이자 담보이신 그리스도께서도 오직 "한 번" 죽음을 겪어야 하였다. 그래서 둘째 아담도 이 선고에 따라 오직 한 번만 죽으시면 되었다. 하나님의 이러한 선고는 모든 사람에게 빠짐없이 적용되는 법이기 때문에, 아무도 이 법에서 예외가 될 수 없다. 하지만 최고의 입법자이신 하나님께서는 스스로 원하시는 경우에는 자신의 그러한 법에 대한 예외를 만드실 수 있으시기 때문에, 에녹과 엘리야는 죽음을 맛보지 않고 "한 번의 죽음"에 해당하는 변화를 겪은 후에 하늘로 올리워졌고(히 11:5; 창 5:24; 왕하 2:11-12), 그리스도께서 재림하실 때에 여전히 살아 있는 성도들도 죽음을 맛보지 않고 변화를 받게 될 것이다(고전 15:51-54; 살전 4:17). 하나님께서는 자기 이름을 영화롭게 하시기 위하여, 그리스도와 베드로와 바울 등으로 하여금 죽은 자들을 다시 살리는 이적을 행하게 하셨지만, 그들이 또다시 죽었는지의 여부는 확실하지 않다. 사람이 한 번 죽게 되어 있다는 것은 하나님이 보편적으로 정하신 법이다.

그 후에는 심판이 있으리니. 사람이 죽음으로써 영혼이 육신으로부터 분리된 후에는 "심판"을 받게 된다. 따라서 각각의 영혼은 죽음에 의해서 크신 재판장이신 하나님의 법정으로 넘겨지고, 거기에서 하나님의 선고에 따라서 각자가 가야 할 곳으로 보내진다(롬 14:12, "우리 각 사람이 자기 일을 하나님께 직고하리라"). 그리고 최후의 심판의 날에는 모든 죄인들이 몸으로 부활하여 그 영혼과 몸이 결합된 온전한 사람의 형태로 최후의 법정에 서게 되고, 거기에서의 판결에 따라서 각자의 최종적이고 변경될 수 없고 영원한 상태가 확정된다(행 17:31; 롬 14:10; 고후 5:10; 유 1:6; 계 20:11-15).

28. 이와 같이 그리스도도 많은 사람의 죄를 담당하시려고 단번에 드리신 바 되셨고 구원에 이르게 하기 위하여 죄와 상관 없이 자기를 바라는 자들에게 두 번째 나타나시리라.

이와 같이 그리스도도 많은 사람의 죄를 담당하시려고 단번에 드리신 바 되셨고. "이와 같이"로 번역된 '후토스 카이'(οὕτως καὶ)는 추론의 의미를 지니기 때문에, 이 절의 내용이 앞 절에서 말한 것의 결론임을 보여 준다. 즉, 사람이 한번 죽는 것은 하나님께서 정하신 것이기 때문에, 그 결과 그리스도께서도 자기 자신을 한번만 드리시면 되었다는 것이다. 사람이라면 누구나 한번 죽게 되어 있는 하나님의 법은 모든 사람에게 적용되고 그리스도께도 적용된다. 우리의 대제사장이신 그리스도께서는 모든 사람의 죄를 속하시기 위하여, 모든 사람이 하나님으로부터 받아야 할 형벌을 대신 짊어지시고서, 자기 자신을 제물로 삼아 자신의 피를 하나님께 드리심으로써(사 53:6), 성부 하나님께서 자기에게 주신 "많은 사람"의 죄를 없이하시고, 죄로 인한 죄책과 더러움과 정죄와 죄의 권세로부터 그들을 건져 내셨다(마 20:28; 26:28; 요 10:15-16).

죄와 상관 없이 자기를 바라는 자들에게 두 번째 나타나시리라. 모든 회개하고 믿는 자들은, 시스라의 어머니가 자기 아들을 기다리면서 "창문을 통하여 바라보며 창살을 통하여 부르짖기를 그의 병거가 어찌하여 더디 오는가 그의 병거들의 걸음이 어찌하여 늦어지는가"라고 학수고대하였던 것처럼(삿 5:28), 그리스도께서 다시 오시기를 열렬히 사모하여, 그 때가 속히 오기를 믿음으로 간절하게 기도하며 살아간다(롬 8:23; 고후 5:1-10; 벧전 1:3-9). 그리스도께서는 이 땅에 처음으로 오시고 떠나실 때, 그들의 모든 죄를 망각의 땅으로 가져가셨기 때문에, 그들을 위하여 다시 고난을 받으시거나 죽으실 필요가 없으시고, 이번에는 영광 가운데서 그들과 세상에 다시 한 번 나타나실 것이다(행 1:11; 계 1:7).

구원에 이르게 하기 위하여. 그리스도께서 재림하실 때, 모든 믿는 자들은 부활하여 영혼과 몸이 다시 결합된 상태에서 온전한 구원을 얻게 될 것이고(빌 3:21, "그는 만물을 자기에게 복종하게 하실 수 있는 자의 역사로 우리의 낮은 몸을 자기 영광의 몸의 형체와 같이 변하게 하시리라"), 그리스도께서 공중에서 사람들과 천사들을 심판하실 때에 거기에 배석하게 될 것이다. 그리스도께서는 그 일을 마치신 뒤에는, 모든 성도들과 함께 하늘의 지성소로 돌아가실 것이고, 거기에서 그들은 그리스도 안에서 온전히 복된 자들이 되어서, 영원토록 지극히 복된 것들을 누리는 가운데, 하나님을 찬송하고 섬기고 누리며, 하나님께 영광을 돌리는 삶을 살게 될 것이다(고전 6:2-3; 살전 4:17).

MATTHEW POOLE'S COMMENTARY

히브리서 10장

개요

1. 율법의 제사들은 자주 드려졌지만 죄를 제거할 수 없었음(1-4).
2. 장차 율법의 제사들이 폐지되고 그리스도의 몸에 의한 제사가 있을 것이 시편 기자에 의해서 예언됨(5-9).
3. 그리스도께서 자신의 몸을 단번에 드리심으로써, 우리는 온전한 죄 사함을 얻게 됨(10-18).
4. 믿음과 사랑과 선행에 견고히 서 있으라고 권면함(19-25).
5. 진리를 아는 지식을 받은 후에 의도적으로 타락했을 때의 위험성(26-31).
6. 지금까지 선한 싸움을 해 왔다고 할지라도 끝까지 믿음을 지키지 못하면 상을 잃게 될 것이라고 경고함(32-39).

1. 율법은 장차 올 좋은 일의 그림자일 뿐이요 참 형상이 아니므로 해마다 늘 드리는 같은 제사로는 나아오는 자들을 언제나 온전하게 할 수 없느니라.

이 절의 처음 부분에 나오는 '가르'(γὰρ)는 이 절을 앞에 나온 내용과 연결해 줌과 동시에, 여기에서 사도가 9장에서 설명한 것을 좀 더 자세하게 보충설명하고 있는 것임을 보여 준다. 즉, 여기에서 사도는 그리스도께서 죄인들을 위하여 하나님께 드린 단번의 제사가 필요하였고, 율법의 모든 제사들보다 더 뛰어나고 우월하다는 것을, 후자의 제사들이 연약하였다는 사실로부터 증명한다. 율법을 따라 무수히 드려진 제사들이 죄를 제거할 수 없었던 반면에, 그리스도께서 단번에 드리신 영원한 제사는 모든 죄들을 제거하여, 회개하고 믿는 모든 자들을 온전하게 할 수 있기 때문에, 이 서신의 수신자들인 히브리인들은 율법에 따른 제사들이 아니라 그리스도께서 드리신 제사를 의지하여 죄 사함을 받고 구원을 얻어야 한다. 사도는 1절에서 18절까지 이러한 논증을 계속해서 전개해 나간다.

율법은 장차 올 좋은 일의 그림자일 뿐이요. 하나님께서는 시내 광야에서 모세를 통해서 이스라엘에게 "율법"을 주셔서, 모세로 하여금 섬기게 하셨는데, 이 경륜 속에는 제사장직과 언약, 희생제사들과 섬김들이 포함되어 있었다. "장차 오는 좋은 일의 그림자"에 대해서는 히브리서 8:5을 보라: "그들이 섬기는 것은 하늘에 있는 것의 모형과 그림자라 모세가 장막을 지으려 할 때에 지시하심을 얻음과 같으니 이르시되 삼가 모든 것을 산에서 네게 보이던 본을 따라 지으라 하셨느니라." "그림자"는 "형상"보다 못한 것이고, 원래의 실체 또는 본체와는 다른 종류의 것으로서, 장차 도래할 참된 것을 희미하고 모호하게 보여 주는 것일 뿐이다. "장차 오는 좋은 일"은 그리스도와 그의 모든 사역, 그리고 하나님의 언약을 따라 그리스도의 사역으로 인하여 현세와 내세에서 주어지게 될 온갖 특권들을 가리킨다. 모세 율법은 이 모든 것을 하나의 그림자로서 보여 준 것이었다.

참 형상이 아니므로. 율법에 속한 것들은 장차 올 "참 형상"의 내용과 실체를 그대로 담고 있었던 것이 아니라, 단지 그것들을 그림자 같이 희미하게 보여 주는 것들일 뿐이었다. 그것들은 장차 도래하게 될 "선한 것들"의 실체 자체가 아니었기 때문에, 단지 그것들을 사용하는 자들을 그리스도와 그리스도께서 이루신 일들로 인도할 수 있을 뿐이었다. 고린도전서 15:49에서는 이 "형상"을 본성이라는 의미로 사용해서, "우리가 흙에 속한 자의 형상을 입은 것 같이 또한 하늘에 속한 이의 형상을 입으리라"고 말한다.

해마다 늘 드리는 같은 제사로는 나아오는 자들을 언제나 온전하게 할 수 없느니라. 율법의 제사들은 그 조직과 구성에 있어서도 무력한 것이었을 뿐만 아니라, 본질적으로도 단지 그림자들에 불과한 것들이었기 때문에, 사람들을 의롭게 하거나 거룩하게 할 수 없었다. 그 제사들은 현세에서 사람들을 죄책이나 죄에 대한 형벌로부터 건져 줄 수 없었고, 내세에서는 더더욱 그렇게 할 수 없었다. 제사장들은 일 년에 한 번 속죄일에, 그리고 날마다 무수히 반복해서 제사를 드렸지만, 그런 식으로 영원히 제사를 드리고, 사람들이 속죄일에 그들 자신을 외적으로 아무리 낮춘다고 할지라도, 제사장들이나 백성들 중에서 그 누구도 온전하게 할 수 없었다. 왜냐하면, 율법의 제사들은 오직 사람들을 그리스도의 더 나은 제사로 인도하기 위한 목적으로 제정된 것이고, 그림자들에 불과한 율법의 제사보다 훨씬 더 고귀하고 능력이 많은 그리스도의 영원한 제사만이 그들을 온전하게 할 수 있었기 때문이었다.

2. 그렇지 아니하면 섬기는 자들이 단번에 정결하게 되어 다시 죄를 깨닫는 일이 없으리니 어찌 드리는 일을 그치지 아니하였으리요.

그렇지 아니하면 … 어찌 드리는 일을 그치지 아니하였으리요. 이절의 처음에 나오는 "그렇지 아니하면"은, 사도가 여기에서 율법 아래에서의 제사들은 그림자들로서의 연약성을 지니고 있었다는 것을 증명하고 있음을 보여 준다. 즉, 만일 율법의 제사들이 사람들을 온전하게 할 수 있었다고 가정한다면, 그 제사들은 반복해서 드려지지 않아도 되었을 것이기 때문에, 그쳤어야 하지만, 실제로는 그쳐지지 않고, 무수히 반복되었는데, 이것은 그 제사들이 사람들을 온전하게 할 수 없었다는 것을 보여 주는 증거가 된다는 것이다. 왜냐하면, 율법의 제사들은 사람들을 의롭게 하고 거룩하게 하고자 하는 목적으로 드려진 것이었던 까닭에, 만일 그런 목적이 달성되었더라면, 그러한 제사들을 계속해서 반복하여 드릴 이유나 필요가 없었을 것이기 때문이다.

섬기는 자들이 단번에 정결하게 되어 다시 죄를 깨닫는 일이 없으리니. 만일 율법의 제사들이 그러한 효과를 지닌 것이었다고 가정한다면, "섬기는 자들," 즉 이 제사를 드려서 속함을 받고자 한 자들은 죄 사함을 받고, 무죄 선고를 받아 의롭다 하심을 얻고서, 죄책과 형벌로부터 벗어나게 되어 "온전하게" 되었을 것이고, 자기가 저지른 죄 때문에 다시는 괴로워하거나 고민할 필요가 없게 되었을 것이며, 하나님께서 그들을 의롭다고 하시고 거룩하게 하셨기 때문에, 그들의 양심이 죄로 인하여 그들을 고소하거나 정죄하는 일도 다시는 없게 되었을 것이다(히 9:14, 26, 28). 로마서 5:1-2, 11과 비교해 보라: "그러므로 우리가 믿음으로 의롭다 하심을 받았으니 우리 주 예수 그리스도로 말미암아 하나님과 화평을 누리자 또한 그로 말미암아 우리가 믿음으로 서 있는 이 은혜에 들어감을 얻었으며 하나님의 영광을 바라고 즐거워하느니라 … 그뿐 아니라 이제 우리로 화목하게 하신 우리 주 예수 그리스도로 말미암아 하나님 안에서 또한 즐거워하느니라."

3. 그러나 이 제사들에는 해마다 죄를 기억하게 하는 것이 있나니.

만일 율법의 제사들이 제물을 드린 자들을 온전하게 할 수 있었다면, 사람들은 죄들을 다시는 기억할 필요가 없었을 것이다. 그러나 실제로는 사람들은 해마다 죄들을 기억하고서, 또다시 제사를 드려야 하였다. 그러므로 이것은 율법의 제사들이 연약하여서 사람들을 온전하게 할 수 없었다는 것을 보여 주는 것이다. 그림자들일 뿐이었던 율법의 제사들이 해마다 반복되었지만, 사람들이 지은 죄로 인한 죄책이나 죄의 죽이는 능력은 여전히 남아 있어서, 사람들에 대한 양심의 고소와 정죄는 계속되었고, 그들에 대한 하나님의 진노도 계속되었다. 그래서 아론은 일 년 전에 속죄제사를 드렸음에도 불구하고, 속죄일이 오면, 또다시 한 해 동안에 교회가 지은 모든 죄들을 속하기 위하여, 지은 죄들을 기억하고서, 도피염소의 머리에 안수하며 고백하여야 했다(레 16:22). 이렇게 속죄제사가 행해진 후에는, 즉시 그 효력이 사라져서, 그들은 그 제사들에 의해서 그 어떤 영적인 유익도 얻음이 없이 그런 제사들을 해마다 반복하였다. 따라서 과거와 현재의 죄들로 인한 죄책은 여전히 계속해서 남아 있었다. 반면에, 그리스도인들은 지금 다시 죄를 지은 경우에는, 그 죄를 속하기 위한 제사를 드릴 필요는 없고, 단지 자신들의 믿음과 회개를 새롭게 하기만 하면 되었다. 왜냐하면, 그리스도께서 단번에 드리신 영원한 제사는 온 인류의 모든 죄를 최종적으로 완전하게 사해 주시는 효력을 지니고 있고, 성령께서는 모든 회개하고 믿는 자들에게 그 효력을 적용하셔서, 그들의 모든 죄를 완벽하게 없이 하심으로써, 영원히 기억나지 않게 하시기 때문이다.

4. 이는 황소와 염소의 피가 능히 죄를 없이 하지 못함이라.

이 절의 처음 부분에 나오는 '가르'(γὰρ)는 이유를 나타내는 불변화사이기 때문에, 이것은 사도가 앞에서 율법의 제사들은 해마다 죄를 기억하게 한다고 말한 것을 여기에서 근거를 제시하며 증명하고 있는 것임을 보여 준다. 즉, 율법의 제사가 사람들에게 해마다 죄를 기억하게 하는 이유는, 황소와 염소의 피로 드리는 율법의 제사들 속에는 죄들을 없이 할 수 있는 능력이 없기 때문이라는 것이다.

이는 … 못함이라. 이것은 보편적인 전면 부정에 해당한다. 즉, 율법의 제사들은 황소와 염소의 피로 제사를 드리는 것이기 때문에, 본질적으로 죄를 없이 하는 것이 절대적으로 불가능하다는 것이다. 그 제사들은 외적인 것들인 까닭에, 사람들의 심령 속에 있는 영적인 악에 그 어떤 영향을 미칠 수 없다(미 6:6-7, "내가 무엇을 가지고 여호와 앞에 나아가며 높으신 하나님께 경배할까 내가 번제물로 일 년 된 송아지를 가지고 그 앞에 나아갈까 여호와께서 천천의 숫양이나 만만의 강물 같은 기름을 기뻐하실까 내 허물을 위하여 내 맏아들을, 내 영혼의 죄로 말미암아 내 몸의 열매를 드릴까"). 왜냐하면, 하나님께서 율법의 제사들을 세우신 목적은, 사람들이 그것들을 통해서 더 나은 제사, 즉 그리스도의 영원한 제사로 나아가도록 하시는 것이었기 때문이다. 하나님께서는 혈과 육을 기뻐하지 않으신다(시 50:13, "내가 수소의 고기를 먹으며 염소의 피를 마시겠느냐"; 사 1:11, "여호와께서 말씀하시되 너희의 무수한 제물이 내게 무엇이 유익하뇨 나는 숫양의 번제와 살진 짐승의 기름에 배불렀고 나는 수송아지나 어린 양이나 숫염소의 피를 기뻐하지 아니하노라").

황소와 염소의 피가 능히 죄를 없이 하지. "황소와 염소의 피"는 대제사장이 일년에 한 번 속죄일에 지성소로 가지고 들어갔는데(레 16장), 사도는 주로 계속해서 옛 언약 아래에서 속죄일에 대제사장이 행한 속죄제사를, 그리스도께서 드리신 영원한 제사와 대비시켜 말하고 있지만, 구약의 그 밖의 다른 모든 희생제사에서 사용된 제물의 피도 제물을 드린 자들의 죄를 속하여 사해 줄 수 없었고, 그들을 거룩하게 하여 깨끗하게 해 줄 수 없었으며, 그들의 죄책감을 제거하여 심령을 편안하게 해 줄 수 없었다. "황소와 염소의 피"는 하나님의 공의를 만족시켜서 하나님과 사람들 간의 화목이 이루어질 수 있게 하거나, 죄인들의 죄를 사해 줌으로써 그들의 양심을 달래 줄 수 있는 능력이나 효력을 지니고 있지 않았고, 단지 그 두 가지를 해낼 수 있는 그리스도의 피를 희미하게 보여 주는 모형으로서의 효력만을 지니고 있었다.

5. 그러므로 주께서 세상에 임하실 때에 이르시되 하나님이 제사와 예물을 원하지 아니하시고 오직 나를 위하여 한 몸을 예비하셨도다.

그러므로. 사도는 "그러므로"(διὸ - '디오')라는 도입어를 통해서, 한편으로는 율법의 제사들의 연약함, 다른 한편으로는 그리스도의 단번의 제사가 지닌 능력과 효력을, 이 둘에 대한 하나님의 증언을 근거로 증명한다. 주께서 세상에 임하실 때에 이르시되. 다윗이 하나님의 성령을 힘입어 확증하고 있듯이(시 40:6, "주께서 내 귀를 통하여 내게 들려 주시기를 제사와 예물을 기뻐하지 아니하시며 번제와 속죄제를 요구하지 아니하신다 하신지라"), 성육신하시기 이전부터 존재하셨던 성자 하나님께서는 성부 하나님을 대변하여, 자기가 인성과 신성이 한 인격 속에서 결합된 존재가 되어, 이 세상에 와서 하나님께 드려질 제물이 되실 것이라고 선언하셨다. 하나님이 제사와 예물을 원하지 아니하시고. 모세 율법에 의해서 요구된 황소와 염소의 피로 드려진 속죄제사들, 화목제사들, 피 없이 드려지는 온갖 종류의 예물들(레 7:16)은, 하나님께서 대속 제물로 원하시거나 요구하시거나 기뻐하신 것이 아니었다. 왜냐하면, 하나님께서는 율법의 제사들을 통해서 사람들의 죄를 없이 하시거나 사람들을 온전하게 하고자 하신 것이 결코 아니었기 때문이다. 이사야서 15:22; 1:11-15; 예레미야서 6:20; 아모스서 5:21-22을 보라.

오직 나를 위하여 한 몸을 예비하셨도다. 사도가 여기에서 인용한 말씀의 히브리어 본문은 직역하면 "오직 나를 위하여 귀를 뚫으셨도다"가 된다. 사도는 그 본문을 여기에서 헬라어로 "오직 나를 위하여 한 몸을 예비하셨도다"로 의역하고 있다. 이것은 전자의 비유적인 표현이 지닌 원래의 의미를 살려서 그대로 헬라어로 번역한 것이다. 사도는 이러한 의역을 통해서, 그리스도께서 자원하여 기꺼이 영원토록 하나님의 종이 되고자 하셨다는 것을 잘 보여 주고 있다(출 21:4-6, "만일 상전이 그에게 아내를 주어 그의 아내가 아들이나 딸을 낳았으면 그의 아내와 그의 자식들은 상전에게 속할 것이요 그는 단신으로 나갈 것이로되 만일 종이 분명히 말하기를 내가 상전과 내 처자를 사랑하니 나가서 자유인이 되지 않겠노라 하면 상전이 그를 데리고 재판장에게로 갈 것이요 또 그를 문이나 문설주 앞으로 데리고 가서 그것에다가 송곳으로 그의 귀를 뚫을 것이라 그는 종신토록 그 상전을 섬기리라"). 성자 하나님께서 이렇게 성부 하나님의 말씀을 전적으로 순종하고자 하셨기 때문에, 성부 하나님께서는 성령을 통해서 성자의 신성과 인성을 결합시켜 성육신하게 하셔서, 성자 그리스도로 하여금 하나님의 종이 되어 자신의 피로 온 인류의 죄를 위한 제사를 드림으로써, 하나님이 원하신 대속 사역을 이루도록 하셨고, 그리스도께서는 거기에 온전히 순종하셨다(빌 2:8). 이렇게 해서, 하나님께서는 성자 그리스도의 귀를 뚫으셨는데, 이것은 그리스도께서 육신을 입지 않으셨다면, 불가능하였을 일이었다.

6. 번제와 속죄제는 기뻐하지 아니하시나니.

여기에서는 앞에서 말한 "제사와 예물" 외에 두 종류의 제사가 더해지는데, 하나는 희생제물을 하나님의 제단 위에서 모두 다 태우고 제사장들에게는 아무것도 돌아가지 않는 "번제"였고(레 1:3, 9-10, 13-14, 17), 다른 하나는 희생제물을 전부 태우지 않고, 그 일부를 제사장의 분깃으로 돌리는 "화목제"였다(출 29:27-28). 이 네 종류의 제사들은 아론의 반차를 따른 제사장들이 속죄를 위하여 하나님께 드린 제사들의 전부였다. 하지만 하나님께서는 이 네 종류의 제사들을 통해서 죄인들을 온전하게 하고자 하는 의도가 처음부터 없으셨고, 그 제사들을 인정하시거나 기뻐하지도 않으셨다.

7. 이에 내가 말하기를 하나님이여 보시옵소서 두루마리 책에 나를 가리켜 기록된 것과 같이 하나님의 뜻을 행하러 왔나이다 하셨느니라.

이에 내가 말하기를 … 보시옵소서 … 왔나이다 하셨느니라. 성부 하나님께서 짐승들과 새들의 피로 드려지는 희생제사들이 자기를 기쁘게 하지 못하고, 죄를 속하는 데에도 무익하다고 선언하셨을 때, 나는 직접 하나님 앞에 나아가서, 다음과 같이 나의 뜻을 분명하게 밝혔다: "보시옵소서, 하나님께서 찾으시는 합당한 제물인 내가 왔나이다. 내가 화목제물로 하나님께 나를 드리기로 작정하고서, 이렇게 인성을 입고 이 땅에 왔나이다." 시편 40:6-8("주께서 내 귀를 통하여 내게 들려 주시기를 제사와 예물을 기뻐하지 아니하시며 번제와 속죄제를 요구하지 아니하신다 하신지라 그 때에 내가 말하기를 내가 왔나이다 나를 가리켜 기록한 것이 두루마리 책에 있나이다 나의 하나님이여 내가 주의 뜻 행하기를 즐기오니 주의 법이 나의 심중에 있나이다 하였나이다")과 요한복음 12:27("지금 내 마음이 괴로우니 무슨 말을 하리요 아버지여 나를 구원하여 이 때를 면하게 하여 주옵소서 그러나 내가 이를 위하여 이 때에 왔나이다")을 보라.

두루마리 책에 나를 가리켜 기록된 것과 같이. "두루마리"로 번역된 '케팔리스' (κεφαλις)는 "머리"를 뜻하지만, 흠정역 번역자들은 시편 40:7의 히브리어 본문에 나오는 '비메길라트 세페르'를 충실히 따라서 "두루마리"로 번역하였다. 히브리인들의 책들은 양피지들을 꿰매어 서로 연결해서 둘둘 말아 놓은 "두루마리" 형태로 되어 있었다. 이렇게 두루마리 형태로 된 구약성경에는 도처에 그리스도를 증거하는 글들이 기록되어 있었다. 그리스도께서는 친히 죽으시기 전에도 그렇게 증언하셨고(요 5:39, "너희가 성경에서 영생을 얻는 줄 생각하고 성경을 연구하거니와 이 성경이 곧 내게 대하여 증언하는 것이니라"), 부활하신 후에도 그렇게 증언하셨다(눅 24:44-46, "또 이르시되 내가 너희와 함께 있을 때에 너희에게 말한 바 곧 모세의 율법과 선지자의 글과 시편에 나를 가리켜 기록된 모든 것이 이루어져야 하리라 한 말이 이것이라 하시고"). 칠십인역에서는 이것을 두루마리 성경 전체의 머리 부분에 해당하는 모세 오경을 가리키는 것으로 보고서 "책의 머리에"로 번역하였고, 사도는 칠십인역의 번역을 가져오는 방식으로 이 본문을 인용하였다(눅 24:27, "이에 모세와 모든 선지자의 글로 시작하여 모든 성경에 쓴 바 자기에 관한 것을 자세히 설명하시니라"). 성령께서는 성경의 첫 머리인 모세 오경에서 그리스도의 신성, 그리스도의 인격 안에서 신성과 인성이 결합되리라는 것, 동정녀에게서 잉태되어 나시리라는 것, 그리스도께서 자기 자신을 속죄를 위한 화목제물로 드리셔서 하나님과 죄인들을 화목하게 하시리라는 것에 대하여 증언하신다(창 3:15, "내가 너로 여자와 원수가 되게 하고 네 후손도 여자의 후손과 원수가 되게 하리니 여자의 후손은 네 머리를 상하게 할 것이요 너는 그의 발꿈치를 상하게 할 것이니라"). 요한복음 5:45-47을 참조하라: "내가 너희를 아버지께 고발할까 생각하지 말라 너희를 고발하는 이가 있으니 곧 너희가 바라는 자 모세니라 모세를 믿었더라면 또 나를 믿었으리니 이는 그가 내게 대하여 기록하였음이라 그러나 그의 글도 믿지 아니하거든 어찌 내 말을 믿겠느냐."

하나님이여 … 하나님의 뜻을 행하러. "하나님의 뜻"은, 그리스도께서 성부 하나님의 명령에 순종해서, 자기 자신을 죄인들을 위한 속죄제물로 드려 죽으시는 것이었다. 즉, 그리스도께서 자기 자신을 제물로 드려서, 하나님의 공의를 만족시키고, 죄인들이 하나님의 긍휼을 받을 수 있는 길을 열어 놓으심으로써, 잃어버린 영혼들을 속량하고 회복하시는 것이 성부 하나님의 뜻이었다. 이러한 하나님의 뜻은 그리스도의 마음속에 있었고, 그리스도께서는 그 뜻에 순종하기를 기뻐하셨다(시 40:8). 그리스도께서는 본성적으로는 그 죽음을 피하고자 하셨지만, 자신의 뜻을 따라서는 그 죽음을 감당하고자 하셨고, 그 죽음으로부터 벗어나기 위하여 자신의 신적인 능력을 사용하고자 하지도 않으셨다(마 26:39, 46; 요 18:11).

8. 위에 말씀하시기를 제사와 예물과 번제와 속죄제는 원하지도 아니하고 기뻐하지도 아니하신다 하셨고 (이는 다 율법을 따라 드리는 것이라).

이 절에서 사도는 시편 40편에서 인용한 증언 전체를 되풀이하고 있고, 단지 괄호 안에서 "이는 다 율법을 따라 드리는 것이라"는 보충설명을 덧붙이고 있을 뿐이다. 즉, 옛 언약 아래에서 드려진 네 가지 제사들 모두는 율법을 따라 드려진 것들이기 때문에, 죄를 깨끗하게 할 수도 없고, 사람들을 의롭게 할 수도 없으며, 더 이상 죄를 기억하지 않아도 되게 해 줄 수도 없다는 것이다. 따라서 사도는 시편 40편의 증언을 근거로 해서, 하나님께서는 자신의 성령을 통해서 율법 아래에 있던 다윗에게, 자기가 구약의 제사들을 제정하신 목적과 그 제사들의 본질과 성격에 대하여 분명하게 말씀해 주셨는데, 그것은 그 제사들은 그것들보다 더 나은 제사로 사람들을 인도하기 위한 모형일 뿐이고, 그 자체로는 하나님께 열납될 수 없고 도리어 배척될 수밖에 없는 것들임을 보여 준다.

9. 그 후에 말씀하시기를 보시옵소서 내가 하나님의 뜻을 행하러 왔나이다 하셨으니 그 첫째 것을 폐하심은 둘째 것을 세우려 하심이라.

이 절에서 사도는 시편 기자가 성부 하나님께서 율법에 따른 제사들을 기뻐하지 않으신 반면에, 그리스도께서 드리실 제사는 너무나 정확하게 하나님의 뜻에 부합하는 것이었기 때문에, 그 제사를 기뻐하셨다고 단언하고 있는 것이라고 설명한다. 이것은 다윗이 율법에 따라 제사들을 드리고 있던 때에 하나님께서 다윗에게 계시하신 것이었다. 그 첫째 것을 폐하심은 둘째 것을 세우려 하심이라. 율법에 따른 모든 제사들은, 하나님께서 원래부터 더 나은 제사를 위한 모형들로 주신 것이었고, 따라서 죄를 속하거나 양심을 온전하게 하기에는 불충분하고 연약한 것들이었다. 따라서 하나님께서 원래 계획하시고 작정하신 대로 더 나은 제사, 즉 그리스도께서 자신의 몸을 드려 그 피로 드리는 제사를 견고히 하시기 위해서는, 모형에 불과하였던 율법의 제사들을 폐하신 것은 당연한 일이었다. 왜냐하면, 그리스도께서 하나님의 뜻과 명령에 온전히 순종하여 드리신 제사만이 사람들의 죄를 속하고 그들에게 영원한 의를 가져다주는 효력을 지닐 수 있었기 때문이다(빌 2:7-8, "오히려 자기를 비워 종의 형체를 가지사 사람들과 같이 되셨고 사람의 모양으로 나타나사 자기를 낮추시고 죽기까지 복종하셨으니 곧 십자가에 죽으심이라"). 사도는 이것을 증명한 후에, 그것으로부터 10절에 나오는 결론을 이끌어 낸다.

10. 이 뜻을 따라 예수 그리스도의 몸을 단번에 드리심으로 말미암아 우리가 거룩함을 얻었노라.

이 뜻을 따라. "이 뜻"은 시편 40:8에서 그리스도께서 "나의 하나님이여 내가 주의 뜻 행하기를 즐기오니 주의 법이 나의 심중에 있나이다"라고 하신 바로 그 "주의 뜻"을 가리킨다. 참 하나님이자 참 사람이신 그리스도께서 온 인류의 죄를 위하여 자신의 몸을 희생제물로 삼으셔서 단번에 영원한 제사를 드리시는 것이 하나님의 뜻이자 명령이었고, 그리스도께서는 그 뜻에 기꺼이 진심으로 순종하셨다(빌 2:8).

우리가 거룩함을 얻었노라. 여기에서 사용된 "거룩함을 얻었다"는 단어는 넓은 의미로 해석해서, 그리스도의 대속으로 말미암은 모든 은택들, 즉 죄 사함, 화목하게 됨, 형벌의 면제, 하나님의 형상의 회복, 마침내 죄에서 해방되어 다시는 범죄하지 않게 된 것, 영광 중에서 은혜가 온전하게 되는 것 등이 우리에게 주어진 것을 가리키는 것으로 보아야 한다.

예수 그리스도의 몸을 단번에. 그리스도께서 인류의 속죄를 위하여 희생제물로 죽음에 내어 주신 것은 자신의 "몸"이었고, 그 죄들을 속하여 사람들로 하여금 죄 사하심을 얻게 하기 위해서는 "피"를 흘리셔야 했는데, 이것은 그리스도께서 사도들과 함께 하신 최후의 만찬에서 분명하게 드러난다(눅 22:19-20, "또 떡을 가져 감사기도 하시고 떼어 그들에게 주시며 이르시되 이것은 너희를 위하여 주는 내 몸이라 너희가 이를 행하여 나를 기념하라 하시고 저녁 먹은 후에 잔도 그와 같이 하여 이르시되 이 잔은 내 피로 세우는 새 언약이니 곧 너희를 위하여 붓는 것이라"). 이렇게 그리스도께서는 참 하나님이자 참 사람이신 그의 몸을 드리셨다(행 20:28, "여러분은 자기를 위하여 또는 온 양 떼를 위하여 삼가라 성령이 그들 가운데 여러분을 감독자로 삼고 하나님이 자기 피로 사신 교회를 보살피게 하셨느니라"). 그리스도께서 단번에 드리신 제사는 죄인들로부터 죄를 없이 하고 그들을 온전하게 하여 영광에 이르게 하는 데 영원한 효력이 있는 것이었다. 그리스도의 영원한 제사로 말미암아 하나님의 목적은 단번에 이루어져서, 그 제사의 효력은 회개하고 믿는 모든 사람들에게 영원히 적용되기 때문에, 또 다시 그 제사를 반복할 필요는 없었다.

드리심으로 말미암아. 그리스도께서는 성부 하나님의 명령과 뜻을 따라 자신의 몸을 자원해서 기꺼이 제물로 드리시고서는, 그 피를 가지고 하늘의 지성소의 휘장 안으로 들어가셔서 성부 하나님께 드려서, 모든 죄를 속하셨는데, 만일 그리스도께서 하나님의 명령과 뜻을 따라 드리신 것이 아니었다면, 그 제사는 하나님께 열납되지 않았을 것이다(눅 23:46, "예수께서 큰 소리로 불러 이르시되 아버지 내 영혼을 아버지 손에 부탁하나이다 하고 이 말씀을 하신 후 숨지시니라"). 요한복음 20:15, 17-18; 19:28, 30("그 후에 예수께서 모든 일이 이미 이루어진 줄 아시고 성경을 응하게 하려 하사 이르시되 내가 목마르다 하시니 … 예수께서 신 포도주를 받으신 후에 이르시되 다 이루었다 하시고 머리를 숙이니 영혼이 떠나가시니라")을 보라.

11. 제사장마다 매일 서서 섬기며 자주 같은 제사를 드리되 이 제사는 언제나 죄를 없게 하지 못하거니와.

사도는 해마다 반복해서 드려진 율법의 제사들, 즉 속죄일의 제사가 죄인을 온전하게 할 수 없고, 오직 그리스도의 제사만이 죄인을 온전하게 할 수 있다는 것을 증명한 후에, 이제 여기에서는 해마다 드려진 속죄일의 제사만이 아니라, 매일 드려진 율법의 제사들도 죄인을 온전하게 할 수 없다는 것을 계속해서 증명해 나간다. 이런 식으로 사도는 11절에서 18절까지에 걸쳐서, 이 서신의 수신자들인 히브리인들은 율법을 따른 그 모든 제사들을 버리고, 오직 그리스도의 제사만을 의지하는 것이 마땅하다는 것을 논증한다.

제사장마다 매일 서서 섬기며 자주 같은 제사를 드리되. 아론 계열의 모든 제사장들은 각자의 반차에 따라서 번갈아 매일매일 제단에 서서 섬기며, 하나님께서 정하신 제사를 드렸다. 그들은 황소와 염소와 양과 새의 피로 드리는 똑같은 희생제사들을 하루에도 여러 번, 그리고 여러 날 동안에 걸쳐서 한꺼번에 자주 드려야 하였다(히 7:27, "그는 저 대제사장들이 먼저 자기 죄를 위하고 다음에 백성의 죄를 위하여 날마다 제사 드리는 것과 같이 할 필요가 없으니 이는 그가 단번에 자기를 드려 이루셨음이라").

이 제사는 언제나 죄를 없게 하지 못하거니와. 율법에 따른 이러한 제사들은 그러한 제사들을 드린 제사장들에게나, 제물을 가져온 자들에게나, 그들의 죄에 대하여 영적이고 영원한 속죄를 하는 데 무익한 것들이었다. 왜냐하면, 그러한 제사들은 그들의 죄책과 더러움과 형벌과 죄의 권세 같은 것을 단 하나라도 없이 해 줄 수 있는 것들이 아니었기 때문이다. 히브리서 10:4을 보라: "이는 황소와 염소의 피가 능히 죄를 없이 하지 못함이라."

12. 오직 그리스도는 죄를 위하여 한 영원한 제사를 드리시고 하나님 우편에 앉으사.

오직 그리스도는 죄를 위하여 한 영원한 제사를 드리시고. 참 하나님이자 참 사람이신 이 제사장, 즉 전능하신 복음의 일꾼이신 그리스도께서는, 율법의 제사장들과는 대조적으로, 그들과는 달리 자기 자신을 위해서는 제사를 드리실 필요가 없으셨기 때문에, 오직 다른 사람들의 죄를 위하여 자신의 몸을 제물로 삼아 단번의 영원한 제사를 드리셨고, 이것은 영원한 효력과 능력을 지닌 것이어서, 그들의 죄를 속하기 위하여 또다시 제사를 드릴 필요가 없었고, 단 한 번의 제사로 그들의 죄가 영원히 기억되지 않게 하셨다. 사도는 11절에 나온 "같은 제사들"과 대비되는 의미로 "영원까지"(한글개역개정에는 "영원한")라는 어구를 사용한 것이기 때문에, 우리는 이 어구가 그 앞에 나오는 "제사"를 수식하는 것으로 보고서, "영원까지 이르는 제사"로 번역하는 것이 합당하다. 율법의 제사들은 "언제든지 죄를 없게 하지 못하지만," 그리스도의 "한 제사"는 죄를 "영원에 이르기까지" 없게 할 수 있다.

하나님 우편에 앉으사. 아론 계열의 모든 제사장들은 하나님의 발등상 앞에서 늘 두려워 떨며 서서 섬겨야 하였던 반면에, 그리스도께서는 자주 제사를 드리실 필요가 없으셨기 때문에, 영원한 종으로서의 자신의 사역, 즉 죄를 없이 하시는 단번에 영원한 제사를 드리신 후에, 하늘에 오르셔서, 최고의 통치와 권능의 자리인 하나님의 우편에 앉으셨다. 거기에서 그리스도께서는 자신이 드리신 제사의 공로에 의거해서, 자신의 피로 사신 언약에 따른 긍휼하심들을 자신의 종들에게 베푸심으로써, 자신의 강력하고 권능 있는 명령을 통해서 그들의 모든 죄를 깨끗이 지워 없애시는 일을 하고 계신다(히 1:3; 2:9; 8:2).

13. 그 후에 자기 원수들을 자기 발등상이 되게 하실 때까지 기다리시나니.

그리스도께 이제 남은 일은 성부 하나님께서 자기에게 약속하신 것을 이루시기를 인내로써 기다리시는 것인데(시 110:1, "여호와께서 내 주에게 말씀하시기를 내가 네 원수들로 네 발판이 되게 하기까지 너는 내 오른쪽에 앉아 있으라 하셨도다"), 그 일은 이루어질 것이 지극히 확실한 일이어서, 그리스도께서는 그 일에서 결코 실망하지 않게 되실 것이기 때문에, 그 일이 이루어지기를 간절히 기다리고 계신다.

그리스도 자신과 관련해서, 그의 원수들은 이미 완전히 패한 상태이기 때문에, 더 이상 그에게 그 어떤 해도 끼칠 수 없다. 또한, 그리스도의 경륜과 관련해서, 그는 자신의 왕직과 제사장직에 반대하는 모든 원수들, 즉 마귀와 그의 사자들, 죄, 저주, 사망, 세상이 완전히 복속되기를 기다리고 계신다. 그리스도께서는 복음의 대제사장으로서 그들과 싸워 자신의 피로 그들을 멸하셨고, 그의 지체들도 그의 피를 의지해서 그 싸움을 계속해 나가고 있다(계 12:11, "또 우리 형제들이 어린 양의 피와 자기들이 증언하는 말씀으로써 그를 이겼으니 그들은 죽기까지 자기들의 생명을 아끼지 아니하였도다"). 그리스도께서는 자신의 죽으심을 통해서 자신의 원수들에게 치명상을 입히신 후에, 하나님의 우편에 앉으셔서, 자신의 택하신 자들로 이루어진 교회가 대대로 그 원수들을 이기고 승리하여, 결국에는 자신의 모든 원수들이 그와 교회의 발 아래에서 발등상이 될 날을 기다리고 계신다. 히브리서 2:8("만물을 그 발 아래에 복종하게 하셨느니라 하였으니 만물로 그에게 복종하게 하셨은즉 복종하지 않은 것이 하나도 없어야 하겠으나 지금 우리가 만물이 아직 그에게 복종하고 있는 것을 보지 못하고")과 고린도전서 15:26("맨 나중에 멸망 받을 원수는 사망이니라")을 보라.

14. 그가 거룩하게 된 자들을 한 번의 제사로 영원히 온전하게 하셨느니라.

이 절의 처음 부분에 나오는 '가르'(γὰρ)는 사도가 앞에서 말한 결과가 생겨난 이유를 여기에서 제시하고 있는 것임을 보여 준다. 그 이유는 율법을 따른 제사들이 결함을 지니게 된 이유와는 반대되는 것이다. **한 번의 제사로.** 사도는 율법을 따른 제사들은 죄인들은 온전하게 할 수 없었기 때문에, 바로 그런 이유로 인해서 무수히 반복해서 드려져야 하였지만, 그리스도께서 단번에 드리신 "한 번의 제사"는 죄인들을 온전하게 하는 효력을 영원히 지니고 있다.

그가 … 영원히 온전하게 하셨느니라. 참 하나님이자 참 사람으로서 복음의 대제사장이신 그리스도께서는 자기 자신을 속죄를 위한 "제물"로 단 한 번 드리심으로써, 죄인들을 온전하게 하시고, 그들로 하여금 의롭다 하심과 거룩하게 하심과 복된 삶을 영원히 얻게 하셨다. 이 효력은 영원히 지속되는 것이기 때문에, 아론 계열의 제사장들이 숫양의 제사로 성별되어 세우심을 받았듯이(출 29:22, 24, "너는 그 숫양의 기름과 기름진 꼬리와 그것의 내장에 덮인 기름과 간 위의 꺼풀과 두 콩팥과 그것들 위의 기름과 오른쪽 넓적다리를 가지라 이는 위임식의 숫양이라"), 모든 회개하고 믿은 자들은 그리스도의 제사로 말미암아 하나님의 영원한 제사장들로 성별되고 세우심을 받아서, 이 땅에서는 자신의 분량을 따라 하나님을 섬기다가, 장차 부활 후에는 하늘의 지성소에서 하나님을 영원토록 온전히 그 임재 앞에서 섬기게 될 것이다(벧전 2:9; 계 1:6; 5:10; 20:6).

거룩하게 된 자들을. "거룩하게 된 자들"은 성령으로 말미암아 그 심령이 새롭게 된 자들을 가리킨다. 성령께서는 그들의 양심에 예수의 피를 뿌려서, 죄로 인한 죄책과 형벌로부터 해방되게 해 주고, 그 본성을 거듭나게 하고 거룩하게 하여, 온갖 악한 습성들로부터 벗어나게 해 주어서, 하나님 앞에 본질적으로 거룩한 자들이 되게 해 준다(시 110:3, "주의 권능의 날에 주의 백성이 거룩한 옷을 입고 즐거이 헌신하니 새벽 이슬 같은 주의 청년들이 주께 나오는도다"; 고전 6:11, "너희 중에 이와 같은 자들이 있더니 주 예수 그리스도의 이름과 우리 하나님의 성령 안에서 씻음과 거룩함과 의롭다 하심을 받았느니라").

15. 또한 성령이 우리에게 증언하시되.

사도는 앞에서 그리스도께서는 단번의 영원한 제사로 죄인들을 온전하게 하셨다는 것을 말한 후에, 이제 여기에서는 하나님의 목적은 그리스도의 단번의 제사를 통해서 모든 죄들을 영원히 제거하시는 것이었기 때문에, 그리스도의 제사는 율법의 제사들과는 달리 되풀이해서 드릴 필요가 없었다는 것을 구약성경의 본문을 통해서 증명해 나간다. 사도는 이것이 진리의 "성령"께서 증언하신 것이라고 말함으로써, 자기가 지금부터 인용하는 구약의 말씀은 절대적인 권위를 지니는 것임을 분명히 한다. 왜냐하면, 성령께서 증언하시는 것은 의심할 여지가 전혀 없는 진리만을 말씀하시는 것인 까닭에, 거기에는 속임이라는 것은 존재할 수 없기 때문이다. 사도가 여기에서 인용하고 있는 예레미야서 31:31, 33-34은 이렇게 되어 있다: "여호와의 말씀이니라 보라 날이 이르리니 내가 이스라엘 집과 유다 집에 새 언약을 맺으리라 … 그러나 그 날 후에 내가 이스라엘 집과 맺을 언약은 이러하니 곧 내가 나의 법을 그들의 속에 두며 그들의 마음에 기록하여 나는 그들의 하나님이 되고 그들은 내 백성이 될 것이라 여호와의 말씀이니라 그들이 다시는 각기 이웃과 형제를 가리켜 이르기를 너는 여호와를 알라 하지 아니하리니 이는 작은 자로부터 큰 자까지 다 나를 알기 때문이라 내가 그들의 악행을 사하고 다시는 그 죄를 기억하지 아니하리라 여호와의 말씀이니라." 예레미야 선지자는 "여호와"께서 이 말씀을 하셨다고 말하고 있는데, 사도는 "성령"이 우리에게 증언하신 것이라고 분명하게 말하고 있기 때문에, 이것은 성령이 영원하신 하나님이시라는 것을 증명해 준다. 성령께서는 예레미야 선지자의 때에는 이스라엘 교회에 증언하셨고, 오늘날에는 복음 교회의 지체들로 부르심을 받은 우리에게 증언하고 계신다.

16. 주께서 이르시되 그 날 후로는 그들과 맺을 언약이 이것이라 하시고 내 법을 그들의 마음에 두고 그들의 생각에 기록하리라 하신 후에.

주께서 이르시되 … 하신 후에. 사도는 성령께서 증언하신 내용, 즉 새 언약에 관한 말씀을 인용하기에 앞서, 여기에 "주께서 가라사대"라는 서문을 붙인다. 이러한 내용의 서문은 예레미야서 31:31에도 나오지만, 사도는 그것을 자신의 말로 바꾸어서 여기에 표현해 놓았다. 그 날 후로는 그들과 맺을 언약이 이것이라 하시고 내 법을 그들의 마음에 두고 그들의 생각에 기록하리라. 하나님께서는 자기 백성인 참 이스라엘에게, 자기가 그들과 새 언약을 맺을 것임을 약속하신다. 시내 산에서 주어진 언약이 폐기된 "그 날 후로는," 하나님께서 자신의 성령을 통해서 그들의 마음과 생각을 새롭게 하셔서, 그들로 하여금 자신의 뜻에 순종하여 자신의 "법"을 따라 행하며 살아가게 하시리라는 것이다(렘 31:33). 사도는 이 말씀을 히브리서 8:10에서 그대로 인용한 바 있다: "또 주께서 이르시되 그 날 후에 내가 이스라엘 집과 맺을 언약은 이것이니 내 법을 그들의 생각에 두고 그들의 마음에 이것을 기록하리라 나는 그들에게 하나님이 되고 그들은 내게 백성이 되리라 또 각각 자기 나라 사람과 각각 자기 형제를 가르쳐 이르기를 주를 알라 하지 아니할 것은 그들이 작은 자로부터 큰 자까지 다 나를 앎이라." 사도가 그리스도께서 단번의 영원한 제사로 사람들의 죄를 속하셔서 의롭다고 하시고 온전하게 하셨다는 것을 증명하기 위해서, 여기에서 하나님께서 새 언약 아래에서 자기 백성들에게 자신의 성령으로 역사하셔서 그들의 심령을 거룩하게 하시겠다고 약속하셨음을 보여 주는 성령의 증언을 인용한 것은 적절한 것이었다. 왜냐하면, 하나님께서 사람들을 거룩하게 하시겠다고 약속하신 것 속에는, 그들을 온전하게 하셔서 의롭다 하심을 얻게 하시겠다고 약속하신 것이 포함되어 있기 때문이다. 사도는 8장에서는 하나님께서 아론 계열의 제사장직을 통한 언약의 경륜을 더 나은 것으로 바꾸시고자 하시는 계획을 원래부터 가지고 계셨다는 것을 증명하기 위한 목적으로 예레미야서의 이 본문을 인용하였다고 한다면, 여기에서는 죄인들을 의롭다 하시고 거룩하게 하시는 언약에 대하여 하나님의 약속들이 성취되기 위해서는, 그리스도께서 자기 자신을 단번에 하나님께 드려서 이루신 언약이 그러한 효력들을 지닐 수밖에 없다는 것을 증명하기 위해서 예레미야서의 동일한 본문을 인용한다.

17. 또 그들의 죄와 그들의 불법을 내가 다시 기억지 아니하리라 하셨으니.

하나님께서는 자기 백성인 참 이스라엘을 거룩하게 하실 뿐만 아니라, 의롭게 하실 것이라고 약속하신다. 즉, 그들의 모든 죄들은 사함을 받게 될 것이고, 하나님께서는 그들을 공식적으로 사면하심으로써, 그들이 마땅히 받아야 할 형벌을 면제해 주실 것이다. 히브리서 8:12을 보라: "내가 그들의 불의를 긍휼히 여기고 그들의 죄를 다시 기억하지 아니하리라 하셨느니라." 이 약속은 원래 예레미야서 31:34에 나온다: "그들이 다시는 각기 이웃과 형제를 가리켜 이르기를 너는 여호와를 알라 하지 아니하리니 이는 작은 자로부터 큰 자까지 다 나를 알기 때문이라 내가 그들의 악행을 사하고 다시는 그 죄를 기억하지 아니하리라 여호와의 말씀이니라." 성령의 이러한 증언 속에는 그리스도께서 장차 드리게 되실 단번의 영원한 제사에 대한 명시적인 언급이 나오지 않지만, 암묵적으로 함축되어 있다. 왜냐하면, 성령께서는 그런 의미로 증언하신 것이라는 사실은, 성경의 다른 본문들에서는 동일한 내용을 말하면서, 그것이 그리스도로 말미암아 맺어지게 될 새 언약이라는 것을 명시적으로 표현하고 있기 때문이다. 사도는 히브리서 8:6에서 "그러나 이제 그는 더 아름다운 직분을 얻으셨으니 그는 더 좋은 약속으로 세우신 더 좋은 언약의 중보자시라"고 말함으로써, 그리스도는 이 언약의 "중보자"로서, 그의 죽으심으로써 이 언약을 확정하시고, 모든 회개하고 믿는 자들의 죄가 영원히 사함을 받을 수 있게 하셨다는 것을 분명하게 보여 준다. 이사야서 53장을 보라.

18. 이것들을 사하셨은즉 다시 죄를 위하여 제사 드릴 것이 없느니라.

사도는 앞에서의 자신의 논증을 근거로 해서, 이제 그 결론을 여기에 제시한다: 예레미야서 31:34에서 하나님께서 약속하신 대로, 죄에 대한 온전한 사하심은 하나님의 은혜로 말미암아 자기 자신을 단번에 드리신 성자 그리스도의 영원한 제사에 의해서 성취되었고, 이제 회개하고 믿는 모든 자들은 영원한 죄 사함을 얻게 된다. 왜냐하면, 하나님께서는 그들의 죄를 영원히 사하심은 물론이고, 그 죄를 다시는 결코 기억하지 않으실 것이기 때문이다. 그러므로 죄인들로 하여금 그들의 죄를 사함받게 하기 위해서, 그리스도께서 또다시 제사를 드리실 필요도 없고, 또 다른 제사를 드릴 필요도 없다. 따라서 이 서신의 수신자들은 율법의 제사들을 버리고, 오직 그리스도의 제사를 꼭 붙드는 것이 마땅하다. 왜냐하면, 율법의 모든 제사들은 단지 모형에 불과한 것들이어서, 그리스도의 단번의 제사를 통해서 그 모형들은 다 성취되었고, 따라서 그 효력을 상실하고 폐기된 것인 까닭에, 더 이상 존재이유도 없고 효력도 없기 때문이다.

19. 그러므로 형제들아 우리가 예수의 피를 힘입어 성소에 들어갈 담력을 얻었나니.

사도는 복음의 크신 대제사장과 죄인들을 온전하게 하는 데 충분한 효력이 있는 그의 제사에 관한 교훈을 구체적으로 적용하는 것을 이 절에서 시작하여 13장의 일부까지 계속해 나간다. 사도가 여기에서 이렇게 다른 주제로 전환하고 있음을 보여주는 것은 "그러므로"(οὖν - '운')라는 불변화사이다. 이 불변화사는, 사도가 앞에서 가르친 모든 내용, 즉 복음의 대제사장이 참 하나님과 참 사람으로서의 그의 본성과 관련해서나, 그가 드린 제사 및 그 효력과 관련해서나, 아론 계열의 대제사장들보다 더 뛰어나시고 우월하시다는 것을 전제로 해서, 앞으로의 내용이 전개될 것임을 보여 주는 역할을 한다. 사도는 "이 모든 것들을 다 듣고 알았으니, '그러므로 형제들아' 라고 운을 뗀다. 우리는 이런 식의 이행을 히브리서 3:1, 12("그러므로 함께 하늘의 부르심을 받은 거룩한 형제들아 우리가 믿는 도리의 사도이시며 대제사장이신 예수를 깊이 생각하라 … 형제들아 너희는 삼가 혹 너희 중에 누가 믿지 아니하는 악한 마음을 품고 살아 계신 하나님에게서 떨어질까 조심할 것이요")에서도 볼 수 있는데, 이것은 사도가 그들을 "형제들"이라는 사랑스러운 호칭으로 부르는 가운데, 그들에 대한 형제로서의 사랑으로 그들의 구원을 위하여 그들을 가르치고 권하는 자신의 교훈을 받아들이라고 간곡하게 초대하는 의미를 지닌다.

우리가 … 성소에 들어갈 담력을 얻었나니. 하나님께서는 우리가 이 땅에서 살아가는 동안에도 하늘의 지성소를 들여다보게 하실 뿐만 아니라, 실제로 영적으로 그 지성소로 들어가서 교제하고 간구할 수 있는 자유를 허락하셨고, 성령께서는 우리 속에서 역사하셔서 우리에게 그렇게 할 수 있는 담력과 담대함을 주신다. 하나님께서는 이렇게 모든 회개하고 믿는 자들에게는 하늘의 지성소에 있는 하나님의 보좌 앞으로 나아가서 간구하여 복을 얻게 하시지만, 그렇지 않은 자들에게는 그러한 것을 허락하지 않으신다(엡 3:12, "우리가 그 안에서 그를 믿음으로 말미암아 담대함과 확신을 가지고 하나님께 나아감을 얻느니라"; 히 4:16, "그러므로 우리는 긍휼하심을 받고 때를 따라 돕는 은혜를 얻기 위하여 은혜의 보좌 앞에 담대히 나아갈 것이니라").

예수의 피를 힘입어. 우리 믿는 자들이 하늘의 지성소로 들어가기 위해서 필요한 것은, 우리를 위하여 속죄하는 제사를 드리시고, 지금 하나님의 우편에 앉아 계시면서, 우리를 위하여 기도하시는 "예수의 피"이다. 이것은 복음 아래에서 주어진 특권이 율법 아래에서 주어진 특권보다 이루 말할 수 없이 크다는 것을 잘 보여 준다. 왜냐하면, 율법의 경륜 아래에서는 이스라엘 백성이 아니라 오직 아론만이 지성소에 들어갈 수 있었을 뿐만 아니라, 그것도 단지 일 년에 한 번 그 자신과 백성들의 죄를 속하기 위한 짐승들의 피를 가지고 들어갈 수 있었던 반면에, 복음 아래에서는 죄 사함을 받지 못한 자들을 제외하고는, 모든 회개하고 믿은 죄인들은 누구라도 날마다 그리스도의 피를 믿는 믿음과 기도로써 하늘의 지성소에 들어가서 거기에서 하나님과 교제할 수 있기 때문이다.

20. 그 길은 우리를 위하여 휘장 가운데로 열어 놓으신 새로운 살 길이요 휘장은 곧 그의 육체니라.

그 길은 … 새로운 산 길이요. 여기에서 "길"은 우리가 그리스도의 피를 힘입어 하늘의 지성소로 들어가는 통로 또는 수단을 가리키는 비유적인 표현이다. 사도는 이 "길"이라는 비유적인 표현을 통해서, 우리가 "그리스도의 피"를 힘입기만 한다면, 하늘에 계신 하나님께 나아갈 수 있을 뿐만 아니라, 그리스도께도 나아갈 수 있다는 것을 보여 준다(요 14:6, "예수께서 이르시되 내가 곧 길이요 진리요 생명이니 나로 말미암지 않고는 아버지께로 올 자가 없느니라"). "새로운"으로 번역된 '프로스파톤' (πρόσφατον)은, 이 길이 새롭게 죽임을 당하시고 드려지신 그리스도라는 제물에 의해서 새롭게 드러나고 열리게 된 길이라는 것을 강조한다. 그리스도께서는 이 제사를 통해서 죄인들로부터 하늘을 가리고 있던 휘장을 찢으셔서, 그들이 전에는 똑똑히 볼 수 없었던 은혜의 보좌를 이제는 똑똑히 볼 수 있게 하셨다. 이 길은 단지 "새로운 길"일 뿐만 아니라, "살"(ζῶσαν - '조산') 길, 즉 그 길 안에서 행하는 모든 자들에게 생명을 주고 새 힘을 주는 길이다(요 14:6). 오직 대제사장에게만 열려 있었던 율법의 길과는 달리, 이 길은 모든 참 이스라엘에게 영원히 열려 있어서, 그들은 일년에 한 번이 아니라 언제든지 그 길을 통해 지성소로 들어갈 수 있다. 이 길은 영원한 생명의 길이고 안전한 길이다(사 35:8-10, "거기에 대로가 있어 그 길을 거룩한 길이라 일컫는 바 되리니 깨끗하지 못한 자는 지나가지 못하겠고 오직 구속함을 입은 자들을 위하여 있게 될 것이라 우매한 행인은 그 길로 다니지 못할 것이며 거기에는 사자가 없고 사나운 짐승이 그리로 올라가지 아니하므로 그것을 만나지 못하겠고 오직 구속함을 받은 자만 그리로 행할 것이며 여호와의 속량함을 받은 자들이 돌아오되 노래하며 시온에 이르러 그들의 머리 위에 영영한 희락을 띠고 기뻠과 즐거움을 얻으리니 슬픔과 탄식이 사라지리로다").

우리를 위하여 … 열어 놓으신. 그리스도께서 이렇게 친히 새롭게 만드시고 완성하시고 열어 놓으신 이 길은, 우리로 하여금 그 길로 행하여 하나님께 이르게 하기 위한 것이다. 그리스도께서는 그 길을 영원토록 안전한 길로 온전하게 해 놓으셨기 때문에, 그 누구도 그 길로 다니는 자들을 방해하거나 훼방할 수 없다.

휘장 가운데로 … 휘장은 곧 그의 육체니라. 옛 언약 아래에서 성소와 지성소를 구분하고 지성소를 가리기 위하여 존재했던 둘째 휘장은, 자신의 신성을 가리고 있던 그리스도의 "육체"를 가리키는 모형이었다. 그리스도께서는 자신의 죽으심을 통하여 그 휘장을 찢으심으로써, 하늘의 지성소에 있는 은혜의 보좌 앞에 나아갈 수 있는 길을 열어 놓으셨고, 그 때부터 하나님께서는 이 땅에 있는 죄인들과 화목하게 되셔서, 그들에게 은혜로 나아오실 수 있게 되셨다(히 9:12, "염소와 송아지의 피로 하지 아니하고 오직 자기의 피로 영원한 속죄를 이루사 단번에 성소에 들어가셨느니라"; cf. 마 27:51, "이에 성소 휘장이 위로부터 아래까지 찢어져 둘이 되고").

21. 또 하나님의 집 다스리는 큰 제사장이 계시매.

그리스도인들은 하나님께로 나아갈 수 있는 "자유"만이 아니라, 거기로 나아갈 수 있는 "길"과 거기로 나아갈 때에 받을 수 있는 "도움"도 가지고 있다. 우리가 하나님께로 나아갈 때에 우리를 모든 면에서 도움을 베푸시는 분은, 다른 모든 제사장들보다 월등하게 뛰어나신 "큰 제사장," 즉 이 땅에서 자신의 대속사역을 다 이루신 후에 지극히 높아지셔서 하늘의 지존자의 우편에 앉아 계신 참 하나님이자 참 사람인 그리스도 자신이다. 거기에서 그리스도께서는 모든 권세와 능력을 입으시고서, 히브리인들과 이방인들로 이루어진 참 이스라엘, 즉 살아 계신 하나님의 교회를 다스리고 계신다(히 3:6; 행 20:28). 그들이 찬송과 기도의 제사를 하나님께 드리면, "큰 제사장"이신 그리스도께서는 거기에 자신의 보혈의 공로로 향기롭게 하셔서, 그들을 대신하여 하나님의 보좌 앞에 올려드리시고, 끊임없이 그들을 위하여 중보기도 하시며, 그들이 행하고 드리는 모든 것들을 자신의 피로 정결하게 하여, 성부 하나님께서 기쁘게 받으시는 제사들이 되게 하신다(히 8:1-2, "지금 우리가 하는 말의 요점은 이러한 대제사장이 우리에게 있다는 것이라 그는 하늘에서 지극히 크신 이의 보좌 우편에 앉으셨으니 성소와 참 장막에서 섬기는 이시라 이 장막은 주께서 세우신 것이요 사람이 세운 것이 아니니라").

22. 우리가 마음에 뿌림을 받아 악한 양심으로부터 벗어나고 몸은 맑은 물로 씻

음을 받았으니 참 마음과 온전한 믿음으로 하나님께 나아가자.

우리가 … 하나님께 나아가자. 사도는 앞에서 말한 교회의 특권들, 즉 우리가 기도와 온갖 종류의 예배와 교제 속에서 "큰 제사장"이신 그리스도를 의지해서 영적으로 하나님께 나아갈 수 있게 된 것을 토대로 해서, 이제 여기에서는 우리가 어떻게 하는 것이 마땅한지를 우리에게 가르친다. 히브리서 4:16("그러므로 우리는 긍휼하심을 받고 때를 따라 돕는 은혜를 얻기 위하여 은혜의 보좌 앞에 담대히 나아갈 것이니라")과 7:25("그러므로 자기를 힘입어 하나님께 나아가는 자들을 온전히 구원하실 수 있으니 이는 그가 항상 살아 계셔서 그들을 위하여 간구하심이라")을 보라.

참 마음과. "참 마음"은 진실하고 순전한 마음을 의미한다. 그리스도인들은 하나님을 예배하는 모든 행위들 속에서 참되고 진실한 마음을 지녀야 할 뿐만 아니라, 하나님께서 정하신 내용과 방식에 부합되게 하나님의 뜻을 따라 예배를 드림으로써, 하나님께 온전히 영광을 돌리고, 하나님으로부터 복을 얻고자 하는 마음을 지녀야 한다(시 37:31, "그의 마음에는 하나님의 법이 있으니 그의 걸음은 실족함이 없으리로다"). 온전한 믿음으로. 하나님의 약속은 그가 요구하시는 대로 행하는 모든 자들에게 참되고 신실하며 불변하기 때문에, 그리스도인들은 그리스도의 공로를 온전히 의지할 뿐만 아니라, 하나님의 약속을 조금도 의심 없이 믿는 "온전한 믿음"을 가지고서 하나님의 은혜의 보좌 앞에 나아가야 한다(히 6:11; 골 2:2; 약 1:5-7).

마음에 뿌림을 받아 악한 양심으로부터 벗어나고. 그리스도인들은 그들의 모든 행위들을 관장하는 일차적인 기관인 마음과 거기에 속한 모든 기능들, 즉 "속사람"이 깨끗하게 씻겨서 모든 더러움에서 정결하게 되어, 하나님의 법 아래에 있게 된 사람들이다. 사도는 여기에서 옛 언약 아래에서 아론 계열의 제사장들이 행한 결례, 즉 부정한 자들이나 물건에 피를 뿌려서 정결하게 한 예식에 빗대어서, 모든 회개하고 믿은 자들은 의롭다 하심을 얻었을 때, 그리스도의 피로 말미암아 정결하게 되어서, 하나님의 임재 앞에 나아갈 수 있게 되었고, 그들의 예배가 하나님께 열납되는 예배가 되었기 때문에(롬 3:23-26; 히 10:19-20), 이제는 양심이 그들에게 그들이 지은 죄들로 인한 죄책과 형벌을 일깨워 주면서 그들을 고소하고 정죄하고 경고하는 것에서 해방되었고, 그들이 하나님과 교제하는 것을 가로막는 죄의 온갖 더러움으로부터도 해방되었다는 것을 말해 준다(히 9:14).

몸은 맑은 물로 씻음을 받았으니. 사도는 앞에서 우리의 심령, 곧 속사람이 정결하게 된 것에 대하여 말한 후에, 여기에서는 겉사람에 해당하는 우리의 "몸"도 성령에 의해서 거룩하게 되어서, "육"의 모든 더러움으로부터 깨끗하게 되었음을 말해 준다. 율법 아래에서 제사장들은 성소에서 섬기는 일을 하기 전에 "몸을 맑은 물로 씻어" 정결하게 하여야 했는데, 여기에서도 사도는 앞에서와 마찬가지로 거기에 빗대어서 우리의 "몸"도 정결하게 된 것에 대하여 말한다. 그리스도인들은 하나님 앞에 예배하기 위하여 나아가려면, 하나님의 성령을 힘입어서, "옛 사람"의 이 타락하고 부패한 지체들을 벗어 버리고 죽여야 한다(겔 36:25; 고전 6:11, 19-20; 고후 7:1, "그런즉 사랑하는 자들아 이 약속을 가진 우리는 하나님을 두려워하는 가운데서 거룩함을 온전히 이루어 육과 영의 온갖 더러운 것에서 자신을 깨끗하게 하자"; 요일 3:3, "주를 향하여 이 소망을 가진 자마다 그의 깨끗하심과 같이 자기를 깨끗하게 하느니라").

23. 또 약속하신 이는 미쁘시니 우리가 믿는 도리의 소망을 움직이지 말며 굳게 잡고.

굳게 잡고. 사도는 복음의 대제사장과 그가 온전히 이루신 일, 즉 죄를 없이 하시고 영원한 의를 가져다주신 것에 관한 교훈을 토대로 해서, 모든 믿는 자들이 그 교훈을 "굳게 잡는" 것이 마땅한 도리라고 말한다: "그러므로 우리는 우리의 모든 힘과 능력을 총동원해서, 그리스도를 믿는 믿음과 그 약속에 대한 소망을 끝까지 견고하게 붙들고 결코 놓지 않아야 한다. 원수들이 그 어떤 감언이설로 우리를 유혹하거나, 박해 같은 폭력을 동원해서, 우리를 그리스도에 대한 믿음과 소망으로부터 떼어놓고자 하여도, 우리는 여전히 우리의 온 마음과 뜻을 다하여 그 믿음과 소망을 붙들어야 한다.

우리가 믿는 도리의 소망을. 우리는 우리의 믿음과 소망을 우리의 마음속에 진실하게 가지고 있을 뿐만 아니라, 온 세상 앞에서도 말과 행위로 그 믿음과 소망을 분명하게 내보여야 한다. 즉, 우리는 하나님의 교회에서 하나님이 제정하신 성례전들과 규례들을 시인하고, 우리의 대제사장이신 그리스도 안에서 우리가 가지고 있는 소망을 시인하며, 그리스도께서 우리를 위해 이루신 모든 것들, 그리고 우리 안에서와 우리에게 행하시기로 약속하신 모든 것들을 믿고 소망하여야 한다(히 3:1, 6; 4:14; 6:11; 롬 10:9-10, "네가 만일 네 입으로 예수를 주로 시인하며 또 하나님께서 그를 죽은 자 가운데서 살리신 것을 네 마음에 믿으면 구원을 받으리라 사람이 마음으로 믿어 의에 이르고 입으로 시인하여 구원에 이르느니라"; 벧전 1:3, 21, "우리 주 예수 그리스도의 아버지 하나님을 찬송하리로다 그의 많으신 긍휼대로 예수 그리스도를 죽은 자 가운데서 부활하게 하심으로 말미암아 우리를 거듭나게 하사 산 소망이 있게 하시며 … 너희는 그를 죽은 자 가운데서 살리시고 영광을 주신 하나님을 그리스도로 말미암아 믿는 자니 너희 믿음과 소망이 하나님께 있게 하셨느니라").

움직이지 말며. "움직이지 말며"로 번역된 '아클리네' (ἀκλινῆ)는, 좌로나 우로나 치우침도 없고, 원래의 상태에서 벗어난 것도 없이, 하나님께서 계시해 주신 상태에서 조금도 빗나가지도 않고 흔들림도 없는 것을 의미한다. 사도는 히브리서 6:6, 9에서 그러한 믿음과 소망으로부터 떠나서 "타락한 자들"에 대하여 언급하면서, "사랑하는 자들아 우리가 이같이 말하나 너희에게는 이보다 더 좋은 것 곧 구원에 속한 것이 있음을 확신하노라"고 말한 바 있다. 사도는 다른 사람들이 변절하여 배교한다고 하여도, 우리가 좌로나 우로나 치우치거나 요동함이 없이 이 믿음과 소망을 굳게 붙잡아야 하는 이유를 곧바로 이어서 우리에게 말해 주는데, 그것은 이 약속을 우리에게 주신 이는 미쁘시다는 것이다.

또 약속하신 이는 미쁘시니. 모든 믿는 자들에게 어떻게 하시겠다고 약속하신 하나님은 원래부터 신실하시고 변함이 없으셔서 반드시 약속을 지키시는 분이실 뿐만 아니라(민 23:19, "하나님은 사람이 아니시니 거짓말을 하지 않으시고 인생이 아니시니 후회가 없으시도다 어찌 그 말씀하신 바를 행하지 않으시며 하신 말씀을 실행하지 않으시랴"), 하나님의 능력은 그 누구도 막을 수 없고 거스를 수 없다. 그런 하나님께서 구속주를 끝까지 믿고 의지하여 믿음을 지키는 모든 자들에게 상을 주실 것이고, 그들에게 은혜와 도우심을 베푸셔서, 그들로 하여금 끝까지 믿음을 지킬 수 있게 하시겠다고 약속하셨기 때문에, 그들은 원수들의 힘이나 그들 자신의 연약함을 두려워할 필요가 없다. 하나님께서는 얼마든지 그들로 하여금 그들이 마땅히 행해야 할 일들을 행할 수 있게 하시고, 온갖 환난들과 고난들을 넉넉히 감당할 수 있게 하셔서, 마침내 소망이 이루어지는 것을 볼 수 있게 하실 수 있으신 분이시다(고전 10:13, "사람이 감당할 시험 밖에는 너희가 당한 것이 없나니 오직 하나님은 미쁘사 너희가 감당하지 못할 시험 당함을 허락하지 아니하시고 시험 당할 즈음에 또한 피할 길을 내사 너희로 능히 감당하게 하시느니라"; 살전 5:23-24, "평강의 하나님이 친히 너희를 온전히 거룩하게 하시고 또 너희의 온 영과 혼과 몸이 우리 주 예수 그리스도께서 강림하실 때에 흠 없게 보전되기를 원하노라 너희를 부르시는 이는 미쁘시니 그가 또한 이루시리라"; 살후 3:3, "주는 미쁘사 너희를 굳건하게 하시고 악한 자에게서 지키시리라").

24. 서로 돌아보아 사랑과 선행을 격려하며.

서로 돌아보아. 사도는 앞에서 우리의 대제사장에 관한 복음의 교훈을 토대로 해서, 하나님에 대한 우리의 의무와 도리를 강조한 후에, 이제 여기에서는 그러한 교훈이 그리스도인들에게 서로에 대한 의무와 도리를 부과하고 있다는 것을 보여 준다. 즉, 그리스도의 몸 전체는 유대인들과 이방인들로 이루어져 있는데, 이 몸의 지체들은 똑같이 그리스도의 단번의 영원한 제사에 참여한 자들로서, 그리스도 안에서 하나로 연합되어 있는 자들이기 때문에, 서로를 살피고 돌아보는 것이 마땅하다는 것이다. 그들은 그리스도의 몸 전체와 거기에 속한 각각의 지체들의 영적인 상태를 분별할 수 있는 능력을 지닌 자들로서, 서로가 자신에게 주어진 의무와 도리에 맞게 행할 수 있도록, 서로를 격려하고 권면하고 책망하고 위로하여야 한다(히 3:13, "오직 오늘이라 일컫는 동안에 매일 피차 권면하여 너희 중에 누구든지 죄의 유혹으로 완고하게 되지 않도록 하라"; 롬 14:19, "그러므로 우리가 화평의 일과 서로 덕을 세우는 일을 힘쓰나니"; 15:7, 14, "내 형제들아 너희가 스스로 선함이 가득하고 모든 지식이 차서 능히 서로 권하는 자임을 나도 확신하노라"; 골 3:16, "그리스도의 말씀이 너희 속에 풍성히 거하여 모든 지혜로 피차 가르치며 권면하고"; 살전 5:11, 15, "그러므로 피차 권면하고 서로 덕을 세우기를 너희가 하는 것 같이 하라").

사랑과 선행을 격려하며. "격려하며"로 번역된 '파록쉬스몬'(παροξυσμὸν)은 의사들이 사용하는 용어에서 가져온 것인데, 의사들은 환자에게서 갑자기 급격하게 열이 올라서, 환자가 아주 강한 발작을 일으켜, 그 격렬한 발작이 환자의 몸과 병상을 공포스러울 정도로 심하게 흔들리게 하는 현상을 표현할 때에 이 단어를 사용한다. 여기에서 사도는 그리스도인들이 그리스도의 단번의 영원한 제사에 감격하여 격렬한 감정에 휩싸여서, 온 마음과 힘을 다해서 최고의 사랑으로 지극히 강렬하고 뜨겁게 서로를 사랑하는 모습을 보여 주는 것을 표현하는 데 이 단어를 사용하고 있다. 그러한 사랑에 사로잡힌 자들은 자신의 모든 것을 다 쏟아 부어서 서로를 살피고 도우며 서로에게서 지극히 큰 기쁨을 느끼고 서로에 대하여 진실하게 행할 수밖에 없게 된다(히 13:1, "형제 사랑하기를 계속하고"; 롬 12:9-10, "사랑에는 거짓이 없나니 악을 미워하고 선에 속하라 형제를 사랑하여 서로 우애하고 존경하기를 서로 먼저 하며": 살전 4:9, "형제 사랑에 관하여는 너희에게 쓸 것이 없음은 너희들 자신이 하나님의 가르치심을 받아 서로 사랑함이라"; 벧전 1:22, "너희가 진리를 순종함으로 너희 영혼을 깨끗하게 하여 거짓이 없이 형제를 사랑하기에 이르렀으니 마음으로 뜨겁게 서로 사랑하라"). 형제에 대한 그러한 사랑은 서로에 대한 "선행들," 즉 긍휼로 가득한 선행들로 나타난다. 따라서 그리스도인들은 서로를 불쌍히 여기고 도우며 권면하고 부족한 것을 채워주고 위로하는 일들을 하게 되고(약 2:13, 15-16, "만일 형제나 자매가 헐벗고 일용할 양식이 없는데 너희 중에 누구든지 그에게 이르되 평안히 가라, 덥게 하라, 배부르게 하라 하며 그 몸에 쓸 것을 주지 아니하면 무슨 유익이 있으리요"; 요일 3:14, 16-18, "그가 우리를 위하여 목숨을 버리셨으니 우리가 이로써 사랑을 알고 우리도 형제들을 위하여 목숨을 버리는 것이 마땅하니라 누가 이 세상의 재물을 가지고 형제의 궁핍함을 보고도 도와 줄 마음을 닫으면 하나님의 사랑이 어찌 그 속에 거하겠느냐"), 그것도 값없이 기쁜 마음으로 늘 변함없이 행하게 된다(엡 2:10, "우리는 그가 만드신 바라 그리스도 예수 안에서 선한 일을 위하여 지으심을 받은 자니"; 4:32, "서로 친절하게 하며 불쌍히 여기며 서로 용서하기를 하나님이 그리스도 안에서 너희를 용서하심과 같이 하라"; 딤전 6:18, "선을 행하고 선한 사업을 많이 하고 나누어 주기를 좋아하며 너그러운 자가 되게 하라").

25. 모이기를 폐하는 어떤 사람들의 습관과 같이 하지 말고 오직 권하여 그 날이 가까움을 볼수록 더욱 그리하자.

사도는 앞에서 모든 믿는 자들이 하나님과 형제 그리스도인들에게 어떤 동기를 가지고 어떤 식으로 행하여야 하는지, 그 의무와 도리를 설명한 후에, 이제 이 장의 나머지 부분에서는 그들이 그렇게 행하는 데 도움이 될 것들을 제시하는데, 이 절에서는 그 중에서 첫 번째로 도움이 되는 것에 대하여 말한다. 사도가 가장 먼저 그들에게 주는 권면은 그리스도의 몸의 지체들인 형제들이 함께 모이는 것을 생각으로 가볍게 여기지도 말고 나쁘게 말하지도 말며, 그 모임에서 떨어져 있지도 말고, 떨어져 나가지도 말라는 것이다.

모이기를 폐하는. "모이기"로 번역된 '에피쉬나고겐' (ἐπισυναγωγὴν)은, 엄밀하게 말하면, 유대인들의 회당에 새로운 사람이 더해지는 것을 가리키지만, 여기에서는 이방인들이 회심과 그리스도를 믿는 믿음의 고백을 통하여 아브라함의 자손이 되어서 새로운 지체들로 이전의 교회의 회중에 더해지는 것을 의미한다. 유대인들은 오직 그들만이 하나님의 유일한 백성이라는 자부심을 갖고 있었기 때문에, 그들 중의 일부는 이방인들을 경멸하는 가운데, 계속해서 이방인들과의 모든 교제를 거부하고, 이방인들과 분리되어서 따로 살아갔다. 사도는 그런 유대인들에게 그들의 회중에 이방인들이 더해진다고 해서, 그들이 교회를 떠난다면, 그것은 교회의 모임들에 참석하여 하나님이 명하신 여러 규례들과 의무들을 행함으로써 이방인들의 구원을 위하여 힘써야 하는 그들의 의무와 도리를 저버리는 일일 뿐만 아니라, 하나님과 그리스도를 저버리는 일이라고 충고하며, 그들을 책망한다.

어떤 사람들의 습관과 같이 하지 말고. 이렇게 교회에 이방인들이 새로운 지체들로 들어왔다고 해서, 교회를 떠나고, 하나님을 예배하고 섬기는 것을 저버리는 일은, 이 서신의 수신자들인 히브리인들 중에서 흔히 일어난 일이었다. 히브리인들 중에는 어떤 자들은 그들 자신의 민족을 우상화하고 있었기 때문에, 어떤 자들은 자신들이 이방인들보다 더 거룩하다고 생각하였기 때문에(갈 2:12-14, "야고보에게서 온 어떤 이들이 이르기 전에 게바가 이방인과 함께 먹다가 그들이 오매 그가 할례자들을 두려워하여 떠나 물러가매 남은 유대인들도 그와 같이 외식하므로 바나바도 그들의 외식에 유혹되었느니라"), 어떤 자들은 그리스도나 이방인들의 영혼보다도 그들 자신의 명예와 부와 편안함을 더 소중히 여겼기 때문에, 어떤 자들은 그리스도께서 누가복음 8:13-14에서 예언하였던 박해가 실제로 일어났기 때문에, 박해가 두려웠기 때문에(갈 6:12, "무릇 육체의 모양을 내려 하는 자들이 억지로 너희에게 할례를 받게 함은 그들이 그리스도의 십자가로 말미암아 박해를 면하려 함뿐이라"), 이렇게 이방인들을 배척하는 일이 비일비재하게 일어났다.

오직 권하여. "권하여"로 번역된 '파라칼룬테스'(παρακαλοῦντες)는 앞에서 말한 모임을 폐하거나 떠나는 것과는 반대로 함께 모이는 것을 전제한다. 믿는 자들은 함께 모여서 서로를 권하고 책망하고 격려하고 위로하여서, 그리스도의 마음과 뜻을 따라서 함께 모여 해야 할 일들을 끝까지 해 나감으로써, 믿음 안에서 서로의 마음과 손을 강하게 하여, 앞에서 예로 든 그 밖의 다른 의무들과 도리들을 변함없이 준행해 나가도록 하여야 한다.

그 날이 가까움을 볼수록 더욱 그리하자. "그 날"은 그들이 죽어서 하나님 앞에서 결산을 해야 할 날을 가리키는 것일 수도 있고, 그리스도께서 미리 말씀하셨고(마 24장) 전에 다니엘이 예언하였던 대로(단 9:26-27), 하나님께서 예루살렘에 대한 심판을 집행하셔서, 성전이 불타고 도성이 멸망하며 백성들이 온 세상으로 흩어지게 될 날을 가리키는 것일 수도 있으며, 복음이 세상에 대하여 증언한 최후의 심판의 날(행 17:31)을 가리키는 것일 수도 있다. 이 모든 날들은 다른 누구보다도 이 서신의 수신자들인 히브리인들에게 매일 더 가까이 다가오고 있었고, 그들은 그 날들이 점점 다가오고 있다는 것을 믿었다. 그들은 이것을 단지 그럴 것이라고 추측하고 있었던 것이 아니고, 확실히 알고 있었기 때문에, 그 날에 대비하기 위하여, 더욱더 악을 버리고 선을 행하며, 교회로 모여 교제하는 일을 폐하는 것이 아니라 도리어 그리스도 및 그의 회중을 가까이 하는 데 힘쓰는 것이 마땅하였다.

26. 우리가 진리를 아는 지식을 받은 후 짐짓 죄를 범한즉 다시 속죄하는 제사가 없고.

사도는 여기에서 배교하는 자들에 대해서는 하나님께서 혹독한 벌을 내리실 것이라는 사실을 들어서, 그가 앞에서 말한 모든 믿는 자들의 의무이자 도리, 즉 함께 모여서 서로에게 사랑과 선행을 격려하는 일이 얼마나 중요한지를 다시 한 번 역설하는데, 이 절의 처음 부분에 나오는 불변화사 '가르'(γὰρ)는 사도가 여기에서 우리가 그렇게 하여야 하는 이유를 말하고 있음을 보여 준다.

우리가 진리를 아는 지식을 받은 후 짐짓 죄를 범한즉. 여기에서 "짐짓 죄를 범한다"는 것은, 우리가 그리스도와 그의 사도들이 우리에게 알게 해 주었고, 이적들과 성령의 은사들을 통해서 확증된 참된 복음의 교훈, 즉 죄인들이 우리의 크신 대제사장이신 그리스도를 힘입어서 하나님께 나아갈 수 있는 길이 열렸다는 것을 알고서, 그 진리를 믿고 거기에 동의하여 순종하고, 사랑과 공경함 가운데서 우리의 판단력과 의지와 감정을 다하여 우리의 신앙을 고백한 후에(요 8:31; 14:6), 외부의 위협이나 박해에 의해서가 아니라, 우리 자신의 의지로 자발적으로 그리스도와 그의 규례들을 버리고 변절하는 것을 가리킨다. 이렇게 우리가 진리를 아는 지식을 얻은 후에, 거기에 대한 우리의 신앙 고백을 부정하고, 그 진리의 터 위에 모인 회중을 버린다면, 그것은 의도적이고 고의적으로 범죄하는 것이다. 히브리서 6:4-6을 보라: "한 번 빛을 받고 하늘의 은사를 맛보고 성령에 참여한 바 되고 하나님의 선한 말씀과 내세의 능력을 맛보고도 타락한 자들은 다시 새롭게 하여 회개하게 할 수 없나니 이는 그들이 하나님의 아들을 다시 십자가에 못 박아 드러내 놓고 욕되게 함이라."

다시 속죄하는 제사가 없고. 하나님께서 복음에 정하신 의로운 법에 따라서, 이 배교의 죄를 범한 자들은 다시는 사함 받을 수 없다. 왜냐하면, 그들의 죄를 사함 받기 위해서는, 그들의 죄를 속해 줄 수 있는 제사가 있어야 하는데, 그런 제사는 존재하지 않기 때문이고, 오직 그리스도의 단번의 영원한 제사만이 그들의 죄를 속해 줄 수 있는데, 그들은 바로 그 제사를 부정하고 버린 자들이기 때문이다. 그리스도의 제사 외에는 그들이 하나님 앞에 그 어떤 제사를 가져간다고 할지라도, 그들의 죄는 사함 받을 수 없기 때문에, 그들의 죄로 인한 죄책과 죄의 권세, 그리고 하나님의 진노하심은 그들 위에 계속해서 머물러 있게 되고, 결국 그들의 멸망은 돌이킬 수 없는 것이 되고 만다.

27. 오직 무서운 마음으로 심판을 기다리는 것과 대적하는 자를 태울 맹렬한 불만 있으리라.

오직 무서운 마음으로 심판을 기다리는 것. 이 절의 처음 부분에 나오는 '데'(δὲ)는 역접으로서, 앞에서 말한 죄인들을 "속죄하는 제사" 대신에, 무시무시한 심판이 그들을 기다리고 있음을 보여 준다. 그들의 깨어난 양심은 저 무시무시하고 끔찍하고 심판이 반드시 자기에게 임할 것임을 그들에게 알려 주지만, 양심의 정죄 아래 있는 악인들은 그 심판이 언제 어떻게 임할지를 모르기 때문에, 두려움과 공포에 휩싸여서 하루하루를 살아갈 수밖에 없게 된다. 이것은 마가복음 9:48에서 "거기에서는 구더기도 죽지 않고 불도 꺼지지 아니하느니라"고 한 말씀과 동일한 취지이다. 의로우신 심판주께서 내리신 선고가 집행되기를 기다리는 그들은 너무나 무시무시한 공포와 두려움에 시달릴 수밖에 없다.

맹렬한 불. 하나님께서 내리신 선고는 "맹렬한 불"에 의해서 집행될 것임에 틀림없다. "맹렬한 불"은 공의에 손상을 입으신 하나님으로부터 나오는 진노의 불을 가리킨다(겔 36:5; 38:19; 습 1:18, "그들의 은과 금이 여호와의 분노의 날에 능히 그들을 건지지 못할 것이며 이 온 땅이 여호와의 질투의 불에 삼켜지리니 이는 여호와가 이 땅 모든 주민을 멸절하되 놀랍게 멸절할 것임이라"; 3:8, "나 여호와가 말하노라 그러므로 내가 일어나 벌할 날까지 너희는 나를 기다리라 내가 뜻을 정하고 나의 분노와 모든 진노를 쏟으려고 여러 나라를 소집하며 왕국들을 모으리라 온 땅이 나의 질투의 불에 소멸되리라"). 하나님께서는 의로우신 원수 갚으심을 집행하실 때, 이 진노의 불로 그들을 삼켜서 순식간에 다 태움으로써 그들의 존재를 없애 버리시는 것이 아니라, 그 불로 영원토록 그들을 찌르고 태우며 극심한 고통을 안겨 주시는 방식으로, 그들을 심판하실 것이다.

대적하는 자를 태울. "대적하는 자들"로 번역된 '휘페난티우스'(ὑπεναντίους)는 겉으로는 대적이 아닌 듯이 신앙 고백을 하여 위장하고서 은밀하게 활동하는 대적들이기 때문에, 그리스도와 그의 교회에 가장 큰 해악을 끼치는 원수들이다(마

25:41; 막 9:43-44; 살후 1:8-9, "하나님을 모르는 자들과 우리 주 예수의 복음에 복종하지 않는 자들에게 형벌을 내리시리니 이런 자들은 주의 얼굴과 그의 힘의 영광을 떠나 영원한 멸망의 형벌을 받으리로다").

28. 모세의 법을 폐한 자도 두세 증인으로 말미암아 불쌍히 여김을 받지 못하고 죽었거든.

여기에서 사도는 이 서신의 수신자들인 히브리인들에게 적절한 예를 들어서, 그러한 죄인들에게 정해진 형벌을 예시한다. 왜냐하면, 모세의 율법을 범한 좀 더 작은 죄를 범한 자들도 죽음의 벌을 받았다고 한다면, 그리스도의 복음을 범한 더 큰 죄를 범한 자들이 더 중한 벌을 받게 될 것은 너무나 분명한 일이기 때문이다.

모세의 법을 폐한 자도. 여기에서 "모세의 법을 폐한 자"는, 모세의 중보에 의해서 주어진 하나님의 율법을 모욕하거나 배척하거나 파기하거나 효력이 없게 만들어서, 율법으로부터 배교하여, 마치 폐한 것 같이 행하는 자로서, 교회 앞에서 공개적으로 오만방자하고 뻔뻔스럽게 그런 배교를 행하는 자를 가리킨다(민 15:30-31, "본토인이든지 타국인이든지 고의로 무엇을 범하면 누구나 여호와를 비방하는 자니 그의 백성 중에서 끊어질 것이라 그런 사람은 여호와의 말씀을 멸시하고 그의 명령을 파괴하였은즉 그의 죄악이 자기에게로 돌아가서 온전히 끊어지리라").

두세 증인으로 말미암아 불쌍히 여김을 받지 못하고 죽었거든. 그런 배교자들은 그가 누구이든 한 사람도 예외 없이 "불쌍히 여김을 받지 못하고," 즉 동정이나 긍휼을 베풀 여지가 전혀 없는 가운데 사형이 선고되어야 하였고, 율법에 따라 그들을 고소하고 그들의 죄를 증언한 "두세 증인"을 시작으로 해서, 백성들은 그들을 불쌍히 여김이 없이 가차 없이 돌로 쳐죽여야 하였다(신 13:6-11). 이것에 대해서는 신명기 17:2-7을 보라: "네 하나님 여호와께서 네게 주시는 어느 성중에서든지 너희 가운데에 어떤 남자나 여자가 네 하나님 여호와의 목전에 악을 행하여 그 언약을 어기고 가서 다른 신들을 섬겨 그것에게 절하며 내가 명령하지 아니한 일월성신에게 절한다 하자 그것이 네게 알려지므로 네가 듣거든 자세히 조사해 볼지니 만일 그 일과 말이 확실하여 이스라엘 중에 이런 가증한 일을 행함이 있으면 너는 그 악을 행한 남자나 여자를 네 성문으로 끌어내고 그 남자나 여자를 돌로 쳐죽이되 죽일 자를 두 사람이나 세 사람의 증언으로 죽일 것이요 한 사람의 증언으로는 죽이지 말 것이며 이런 자를 죽이기 위하여는 증인이 먼저 그에게 손을 댄 후에 뭇 백성이 손을 댈지니라 너는 이와 같이 하여 너희 중에서 악을 제할지니라."

29. 하물며 하나님 아들을 짓밟고 자기를 거룩하게 한 언약의 피를 부정한 것으로 여기고 은혜의 성령을 욕되게 하는 자가 당연히 받을 형벌은 얼마나 더 무겁겠느냐 너희는 생각하라.

하물며 … 형벌은 얼마나 더 무겁겠느냐. 사도는 앞에서 율법을 폐하고 배교한 자들에 대한 엄격하고 혹독한 형벌을 예로 든 후에, 여기에서는 복음을 폐하고 배교한 자들의 죄와 그 죄에 대한 형벌이 그것보다 더 엄격하고 혹독할 것임은 당연한 일이 아니냐고 반문한다. 그들은 죽음보다 이루 말할 수 없이 더 크고 중하고 혹독한 벌을 받게 되리라는 것이다. 너희는 생각하라. 사도는 이 서신의 수신자들인 히브리인들에게, "너희 자신이 판단자들이 되어서, 이것에 대하여 한 번 생각해 보고 판단해 보라고 말한다. 즉, 그들이 스스로 조금만 생각해 보아도, 그것은 너무나 분명한 일이라는 것이다. 당연히 받을. 그런 자들이 받을 형벌이 율법을 폐한 자들이 받은 형벌보다 더 중할 것임은 사람들이 판단해 보아도 "당연한" 것인데, 하물며 하나님의 의로우시고 가차 없으신 심판에 비추어 보았을 때에는 너무나 당연한 일이라는 것은 두말할 필요조차 없다.

하나님 아들을 짓밟고. 공개적이고 의도적으로 복음에 반기를 들고 복음을 부정하고 배교한 자들은, 성육신하신 성자 하나님을 그의 보좌로부터 끌어내려서, 자신들의 발로 그리스도를 짓밟고, 마치 그리스도께서 가장 악한 흉악범이라도 되신다는 듯이, 온갖 끔찍할 정도로 악하고 추악한 말들로 욕하고 비방하여, 이루 다 말할 수 없을 정도로 경멸하고 모욕한 자들이기 때문에, 모세의 율법을 폐한 유대인보다 훨씬 더 중한 죄를 지은 자들이다. 그리스도는 모세보다 훨씬 더 크시고 뛰어나신 분인데도, 만일 그리스도께서 이 땅에 계셨다면, 그들은 하늘보다 더 높으신 분이자 그들을 위해서 많은 고초를 겪으신 분을 땅바닥에 쓰러뜨린 후에 발로 밟고 짓이겼을 자들이다. 사도는 그리스도의 교회의 모임을 경멸하여 버리고 떠난 자들은 바로 그런 짓을 한 것이라고 말한다. 왜냐하면, 그리스도의 온갖 뛰어난 것들이 교회의 모임 속에서 드러나기 때문이다.

언약의 피를 부정한 것으로 여기고. "언약의 피"는 영원한 은혜의 언약을 확정한 그리스도의 피를 가리킨다. 그리스도께서는 자신의 피로 이 언약을 확정하심으로써, 이 언약과 거기에 속한 약속들, 즉 죄 사함과 의로움과 거룩함과 은혜와 영광이 모든 회개하고 믿은 죄인들에게 영원토록 확실한 효력이 있게 하셨다. 그런데 복음을 배교한 자들은 그런 그리스도의 피를 사람들의 평범한 피 또는 행악자의 피로 여겨서, 율법 아래에서 드려진 황소나 염소나 숫양이나 새들의 피와 별반 다를 것이 없어서, 사람들의 심령을 거룩하게 하지 못하고 도리어 부정하게 하는 것으로 생각한 자들이다.

자기를 거룩하게 한. 대부분의 해석자들은 여기에서 "자기"는 배교자를 가리키는 것으로 본다. 따라서 그러한 해석에 따르면, 사도는 "자기를 거룩하게 한"으로 번역된 '엔 호 헤기아스테' (ἐν ᾧ ἡγιάσθη)라는 말을 통해서, 배교자들이 그 피로 말미암아 거룩하게 된 적이 있다는 것을 상기시킴으로써, 그들의 죄를 더욱 가중시키고 있는 것이 된다. 왜냐하면, 그들은 한때 그리스도의 피로 말미암아 자신들이 거룩하게 되었다고 생각하고서, 그것을 자랑스럽게 여겼고, 교회도 그들이 세례를 받고 믿음을 고백한 것을 보고서, 그들을 거룩하게 된 자들로 여겼으며, 그래서 그들은 교회의 지체로서 그리스도의 피로 인한 열매들이 믿는 자들에게 전달되는 성례전들에 참여하였고, 그리스도께서 자신의 피로 사신 외적인 특권들을 누렸음에도 불구하고, 바로 그 피를 멸시한 것이기 때문이다. 어떤 이들은 여기에서 "자기"는 그리스도 자신을 가리키는 것으로 본다. 이 해석에 의하면, 이 어구는 그리스도께서 자신의 피로써 거룩한 희생제물로 하나님에 대하여 자신을 거룩하게 하셨다는 의미가 된다(요 17:19, "또 그들을 위하여 내가 나를 거룩하게 하오니 이는 그들도 진리로 거룩함을 얻게 하려 함이니이다"). 따라서 배교자들이 영생과 구원을 위하여 의롭다 하심을 받을 수 있는 유일한 길이자 통로인 교회의 모임과 회중을 버리고 떠난 것은, 그리스도께서 자신의 피로 세우신 새 언약을 멸시하고 버린 것과 같은 것이었다.

은혜의 성령을 욕되게 하는 자가. 진리의 지식을 짓밟고 배교한 자들은 피조물이 아니라 성령 하나님을 멸시하고 해를 끼치고 상처를 입히고 크게 근심하게 한 자들이다. 성령은 죽은 죄인들을 살리는 영으로서, 그들을 그리스도 및 그의 하나님과 연합되는 데 적합한 자들로 만들기 위한 온갖 역사를 행하신다. 이 성령께서는 교회의 모임과 회중 가운데서 은혜로 역사하여, 배교자들에게도 온갖 자연적이거나 초자연적인 지식과 은사들을 나타내시고 주셨다. 그러나 그들은 교회의 모임과 회중을 버리고 배교함으로써, 자신들에게 주어진 지식과 은사들을 헛되게 하였다(히 6:4-5, "한 번 빛을 받고 하늘의 은사를 맛보고 성령에 참여한 바 되고 하나님의 선한 말씀과 내세의 능력을 맛보고도"). 그들은 성령과 그 은사들을, 마치 악한 영으로 인한 속임수들인 것처럼 여기고서, 멸시하고 배척하고 버렸다. 뿐만 아니라, 그들은 그리스도에 대한 악의와 앙심, 그리스도의 교회와 신앙에 대한 혐오감에서 의도적으로 그렇게 하였다. 그들은 그들을 사랑하신 하나님을 버렸고, 그들을 속량하신 그리스도를 버렸으며, 그들을 의롭게 만들어 주었던 그리스도의 피를 버렸고, 그들을 새롭게 해 준 성령을 버림으로써, 구원받기를 의도적으로 거부하고서, 그런 죄인들에게 내리시는 하나님의 지극히 엄한 형벌을 스스로 자초한 자들이기 때문에, 그런 형벌을 받아 마땅하다. 왜냐하면, 그들이 지은 죄는 바로 마귀가 짓고 있는 죄와 같기 때문이다.

30. 원수 갚는 것이 내게 있으니 내가 갚으리라 하시고 또 다시 주께서 그의 백성을 심판하리라 말씀하신 것을 우리가 아노니.

말씀하신 것을 우리가 아노니. 사도는 여기에서 "이유" 또는 "근거"를 나타내는 불변화사 '가르'(γὰρ)를 앞세워서, 하나님의 증언을 근거로 해서, 앞에서 말한 것, 즉 배교자들에게 가해질 하나님의 형벌이 혹독할 것임을 증명한다: 성경에 정통한 너희 히브리인들은 그것을 아주 잘 알고 있다. 너희는 하나님께서 배교자들에 대하여 무엇을 말씀하셨고, 누구를 통해서 그렇게 말씀하셨는지를 알고 있다(요 9:29, "하나님이 모세에게는 말씀하신 줄을 우리가 알거니와 이 사람은 어디서 왔는지 알지 못하노라"). 이것에 대한 그들의 지식은 분명하고 확실한 것이었다. 왜냐하면, 하나님께서는 그것을 모세를 통해서 그들에게 말씀하셨고, 그들을 위하여 성경에 기록하셨기 때문이다(신 32:35-36, "그들이 실족할 그 때에 내가 보복하리라 그들의 환난날이 가까우니 그들에게 닥칠 그 일이 속히 오리로다 참으로 여호와께서 자기 백성을 판단하시고 그 종들을 불쌍히 여기시리니 곧 그들의 무력함과 갇힌 자나 놓인 자가 없음을 보시는 때에로다").

원수 갚는 것이 내게 있으니 내가 갚으리라 하시고. 이것은 신명기 32:35에 나오는 말씀으로서, 히브리어 본문에는 "원수 갚는 것과 보응이 내게 있다"로 되어 있다: "각 사람의 행위에 따라 원수를 갚고 보응하는 공의를 베푸는 권한과 권세는 최고의 입법자이자 재판장이고 절대주권자인 내게 속해 있다." 하나님께서는 자기 백성을 거슬러 행해진 온갖 해악들에 대하여 반드시 원수를 갚으실 것이고, 자기 아들을 거슬러 행해진 온갖 죄악들과 해악들에 대해서는 더더욱 반드시 원수를 갚으실 것이다. 왜냐하면, 원수 갚는 것은 하나님의 고유한 일이기 때문이다. 또한, 하나님께서는 행악자들이 행한 모든 죄악들에 대하여 반드시 보응하셔서 형벌로 되갚아 주실 것이다. 하나님은 의로우시고 능력이 많으신 분이실 뿐만 아니라, 실제로 그

의로우심과 능력을 나타내셔서, 원수를 갚으시고 보응을 행하시는 분이시다(신 32:41, 43; 시 94:1; 롬 12:19; 살후 1:8). 이 말씀을 하신 이는, 신실하시고 참되시며 능력이 많으시며, 자신의 약속들만이 아니라 자신의 경고들도 반드시 그대로 행하시는 여호와이시다. 신명기 32:15-17을 보면, 사도가 여기에 인용한 말씀은 여호와 하나님께서 자기에게 반기를 들고 자기를 떠나서 우상들을 섬긴 배교자 여수룬에게 경고하신 말씀이다: "여수룬이 기름지매 발로 찼도다 네가 살찌고 비대하고 윤택하매 자기를 지으신 하나님을 버리고 자기를 구원하신 반석을 업신여겼도다 그들이 다른 신으로 그의 질투를 일으키며 가증한 것으로 그의 진노를 격발하였도다 그들은 하나님께 제사하지 아니하고 귀신들에게 하였으니 곧 그들이 알지 못하던 신들, 근래에 들어온 새로운 신들 너희의 조상들이 두려워하지 아니하던 것들이로다."

또 다시 주께서 그의 백성을 심판하리라. 사도는 여기에서 하나님에 의한 또 하나의 증언을 근거로 드는데, 이 말씀은 하나님께서 배교자들을 벌하시고, 자기 백성을 신원하실 것임을 말하고 있는 신명기 32:36("참으로 여호와께서 자기 백성을 판단하시고 그 종들을 불쌍히 여기시리니 곧 그들의 무력함과 갇힌 자나 놓인 자가 없음을 보시는 때에로다")과 시편 135:14("여호와께서 자기 백성을 판단하시며 그의 종들로 말미암아 위로를 받으시리로다")에서 가져온 것이다. 앞에서 말한 의로우신 절대주권자 여호와 하나님께서는 자기 아들과 자신의 언약 백성을 멸시하고 욕하며 배교하는 죄를 범한 자들을 혹독하게 벌하심으로써, 자기 아들과 자신의 백성의 억울함을 풀어 주시고, 그들을 구원하시고 건지시며 의롭다 하실 것이다. 하나님께서는 반드시 그 배교자들에게 원수를 갚으셔서, 그들에게 짓밟혔던 자기 백성의 무죄함과 진실함과 선함을 분명하게 드러내실 것이다.

31. 살아 계신 하나님의 손에 빠져 들어가는 것이 무서울진저.

사도는 형벌을 가하실 하나님이 어떤 분이신지를 알게 되면 두려워 떨 수밖에 없다는 사실을 근거로 해서, 그러한 배교자들이 받게 될 형벌이 얼마나 무시무시한 것이 될 것인지를 다시 한 번 강조한다. 즉, 사도는 다니엘서 5:5-6에서 벨사살 왕에 대하여, "사람의 손가락들이 나타나서 왕궁 촛대 맞은편 석회벽에 글자를 쓰는데 왕이 그 글자 쓰는 손가락을 본지라 이에 왕의 즐기던 얼굴 빛이 변하고 그 생각이 번민하여 넓적다리 마디가 녹는 듯하고 그의 무릎이 서로 부딪친지라"고 묘사하였듯이, 배교자들은 하나님이 어떤 분이신지를 생각만 해도, 벨사살 왕이 보였던 것과 같은 반응을 보이게 될 것이라고 말하고 있는 것이다. 이루 말할 수 없이 큰 능력을 그 수중에 쥐고 계시는 하나님께서는 자신의 대적들에 대하여 원수를 갚으시듯이 (대상 29:12, "부와 귀가 주께로 말미암고 또 주는 만물의 주재가 되사 손에 권세와 능력이 있사오니 모든 사람을 크게 하심과 강하게 하심이 주의 손에 있나이다"; 시 90:11, "누가 주의 노여움의 능력을 알며 누가 주의 진노의 두려움을 알리이까"), 자신들의 하나님을 부정함으로써 하나님을 격노하시게 한 배교자들에 대하여 보복하실 것이다. 원수 갚으심에 있어서 후회하심이 없으신 하나님께서는 영원히 살아 계시는 분이시기 때문에, 반드시 원수를 갚으실 것이다. 하나님께서는 자신의 손을 하늘을 향하여 드시고, "내가 영원히 살리라"고 말씀하셨는데(신 32:39-40, "이제는 나 곧 내가 그인 줄 알라 나 외에는 신이 없도다 나는 죽이기도 하며 살리기도 하며 상하게도 하며 낫게도 하나니 내 손에서 능히 빼앗을 자가 없도다 이는 내가 하늘을 향하여 내 손을 들고 말하기를 내가 영원히 살리라 하였노라"), 바로 그 하나님이 "영영히 타는 불"과 "삼키는 불"로 배교자들을 벌하실 것이다. 이사야서 33:14("시온의 죄인들이 두려워하며 경건하지 아니한 자들이 떨며 이르기를 우리 중에 누가 삼키는 불과 함께 거하겠으며 우리 중에 누가 영영히 타는 것과 함께 거하리요 하도다")과 마태복음 10:28("몸은 죽여도 영혼은 능히 죽이지 못하는 자들을 두려워하지 말고 오직 몸과 영혼을 능히 지옥에 멸하실 수 있는 이를 두려워하라")에서는 하나님을 그런 분으로 묘사하고 있다. 배교자들에 대한 하나님의 원수 갚으심은 자기 자신이 영원하신 것처럼 영원할 것이다.

32. 전날에 너희가 빛을 받은 후에 고난의 큰 싸움을 견디어 낸 것을 생각하라.

전날에 너희가 … 생각하라. 이 절의 처음 부분에 나오는 '데'(δὲ)는 역접이라기보다는, 사도가 여기에서 그들로 하여금 자신들의 신앙을 끝까지 지키게 하기 위한 또 하나의 권면이나 지시를 덧붙이고 있는 것임을 보여 주는 단순한 계사이다. 사도는 그들로 하여금 배교해서는 안 된다는 것을 보여 주기 위하여, 그들이 지난날에 그 신앙을 지키기 위하여 얼마나 애썼는지를 다시 한 번 상기하고 그들의 마음속에 떠올려 보라고 권면한다. 왜냐하면, 그들이 지난날에 자신들의 신앙을 위하여 얼마나 고군분투하였는지를 떠올려 보는 것만으로도, 그들은 그 신앙이 얼마나 귀중한 것인지를 깨달을 수 있을 것이었기 때문이다.

빛을 받은 후에. 그들은 지난날에 복음의 진리를 깨닫고서, 복음을 사랑하여 확신 가운데서 받아들여서, 외적으로 신앙을 고백하고, 그리스도와 합하여 세례를 받은 후에, 그리스도의 교회의 지체들이 되었을 뿐만 아니라(히 6:4-5, "한 번 빛을 받고 하늘의 은사를 맛보고 성령에 참여한 바 되고 하나님의 선한 말씀과 내세의 능력을 맛보고도"), 자신들이 그리스도의 백성이라는 것을 공개적으로 증언하였다.

고난의 큰 싸움을 견디어 낸 것을. 그들은 그리스도와 그의 복음을 위하여, 하나님이 주신 불굴의 담대함과 인내로써 자원하여 기쁜 마음으로 용감하게 여러 고난들을 감당하였었다: 그 때에 너희의 믿음은 요동할 수 없는 것이었기 때문에, 너희는 믿음 위에 견고히 서서, 교회 안팎에서 마귀와 그의 도구들의 수많은 집중적인 공격들을 감당하고 이겨낼 수 있었다. 마귀는 수많은 고난들과 해악들을 너희에게 가하면, 너희가 믿음에서 떨어져 나갈 것으로 생각하였지만, 너희는 너희의 믿음을 끝까지 온전하게 지켜낼 수 있었다. 너희는 처음 신앙을 가졌을 때에도 그렇게 많은 고난들을 인내로써 잘 감당해 낸 자들이었기 때문에, 신앙 안에서 살아 온 세월이 많이 흐른 지금에 있어서는 그런 고난들을 훨씬 더 잘 감당할 수 있지 않겠는가(롬 8:18; 고후 1:6-8; 딤후 1:8; 벧전 5:9).

33. 혹은 비방과 환난으로써 사람에게 구경거리가 되고 혹은 이런 형편에 있는 자들과 사귀는 자 되었으니.

혹은 비방과 환난으로써 사람에게 구경거리가 되고. "사람에게 구경거리가 되었다"로 번역된 '테아트리조메노이' (θεατριζόμενοι)는, 그들이 극장이나 경기장에서 수많은 관중들 앞에서 공공연하게 노출되어서 그들의 구경거리가 된 것을 의미한다(고전 4:9, "내가 생각하건대 하나님이 사도인 우리를 죽이기로 작정된 자 같이 끄트머리에 두셨으매 우리는 세계 곧 천사와 사람에게 구경거리가 되었노라"). 그리스도인들 중에서 다수는 경기장 같은 공공장소에서 수많은 사람들 앞에서 짐승들의 밥이 되기도 하였다(고전 15:32, "내가 사람의 방법으로 에베소에서 맹수와 더불어 싸웠다면 내게 무슨 유익이 있으리요 죽은 자가 다시 살아나지 못한다면 내일 죽을 터이니 먹고 마시자 하리라"). 또는, 그리스도께서 마태복음 10:17-18에서 "사람들을 삼가라 그들이 너희를 공회에 넘겨 주겠고 그들의 회당에서 채찍질하리라 또 너희가 나로 말미암아 총독들과 임금들 앞에 끌려 가리니 이는 그들과 이방인들에게 증거가 되게 하려 하심이라"고 말씀하셨듯이, 사람들은 그리스도인들을 재판정에 세워서, 거기에서 공공연히 조롱하고 욕한 후에 죽이기도 하였다. 이렇게 그들은 말과 행위로 공공연하게 수치와 모욕을 당하고 환난을 겪어야 하였다. 오늘날의 그리스도인들과 마찬가지로, 그들에게는 수치스럽고 모욕적인 별명들이 붙여졌고,

혐오스러운 죄명들로 낙인 찍혔으며, 그들은 무수히 맞고 채찍질 당하고 고문당하며, 쇠사슬에 묶이고, 투옥당하고, 추방당하였다.

혹 이런 형편에 있는 자들과 사귀는 자 되었으니. 그들은 고난당하는 형제 그리스도인들의 고통과 아픔에 동참하기도 하였는데, 이것은 또 다른 종류의 고난이었다. 그들은 마귀와 그의 도구들에 의해서 박해와 고난을 당하고 있던 그리스도의 모든 지체들의 고통에 함께 동참하여 그 고통을 나누었고 짐을 나누어 졌으며, 그 형제들을 위하여 마음으로 크게 근심하였고, 그 형제들을 공개적으로 시인하고 위로하였으며, 있는 힘을 다해서 그 형제들을 도왔다(히 10:34; 고후 11:25-26).

34. 너희가 갇힌 자를 동정하고 너희 소유를 빼앗기는 것도 기쁘게 당한 것은 더 낫고 영구한 소유가 있는 줄 앎이라.

너희가 갇힌 자를 동정하고. 그들이 "갇힌 자" 였던 사도 바울을 동정하고 함께 아파하며 도운 것은, 그들이 앞에서 말한 두 가지 종류의 고난을 다 겪었음을 보여 주는 증거였다. 사도 바울의 예는 그들이 다른 형제들의 고난에 동참한 것을 증명해 주는 것이었다. 왜냐하면, 그가 복음을 전하다가 예루살렘(행 21:33, 37; 22:24-25)과 가이사랴(행 23장; 27장)와 로마(행 28장)에서 갇혔을 때, 그들은 그에게 닥칠 위험을 미리 경고해 주었고, 그와 함께 짐을 져 주었으며, 그를 위로해 주었고, 그를 놓여나게 하기 위하여 있는 힘을 다해 애썼기 때문이다.

너희 소유를 빼앗기는 것도 기쁘게 당한 것은. 그들은 복음을 위하여 재산을 강탈당하는 고난을 겪었다. 그들의 원수들은 복음을 믿는다는 죄목을 씌워서, 그들의 재산과 땅과 생계수단을 강제로 강탈하거나 몰수하거나 벌금이라는 미명 하에 닥치는 대로 온갖 것들을 다 빼앗아갔다(살전 2:14). 당시에 그리스도인이 된 히브리인들에게는 각자 재산이 있었지만, 모든 사람이 다 동일한 정도로 재산을 갖고 있었던 것은 아니었다. 그들 중에는 이방인들의 미신과 우상 숭배를 거부하였기 때문에, 지극히 가난한 삶을 살게 된 사람들도 있었지만, 그들은 그들보다 앞서 사도들이 그랬듯이(행 5:41, "사도들은 그 이름을 위하여 능욕 받는 일에 합당한 자로 여기심을 기뻐하면서 공회 앞을 떠나니라") 그리스도를 위하여, 그리고 그리스도께 순종하여(마 5:11-12) 그러한 가난이라는 고난을 감당하게 된 것을 영광스럽게 여기고서, 그 극한 가난을 기꺼이 즐거운 마음으로 감당하였다.

더 낫고 영구한 소유가 있는 줄 앎이라. 그들은 하나님의 약속에 대한 믿음과 그들의 심령 속에서의 하나님의 역사로 말미암아 그들 앞에는 "더 낫고 영구한 소유가"

있다는 것을 온전히 확신하였다. 왜냐하면, 하나님께서는 그들에게 성령을 보내셔서, 그들이 "하나님의 상속자"라는 것을 깨닫게 해 주시고, 상속자에게 합당한 행동을 할 수 있게 해 주셨기 때문이다(롬 8:15-17, "너희는 다시 무서워하는 종의 영을 받지 아니하고 양자의 영을 받았으므로 우리가 아빠 아버지라고 부르짖느니라 성령이 친히 우리의 영과 더불어 우리가 하나님의 자녀인 것을 증언하시나니 자녀이면 또한 상속자 곧 하나님의 상속자요 그리스도와 함께 한 상속자니 우리가 그와 함께 영광을 받기 위하여 고난도 함께 받아야 할 것이니라"). 하나님께서는 그들에게 합당한 "소유," 즉 이 세상이 그들에게 줄 수 없는 영적인 "소유"를 약속하셨고, 그 약속에 따라 그들이 장차 받게 될 부와 존귀와 즐거움들은 땅에 속한 모든 것들을 다 합한다고 하여도 미치지 못할 것들이고, 질적으로 비교조차 할 수 없는 것들로서, 그들의 영혼을 위한 신령한 소유이다(벧전 1:3-4, "우리 주 예수 그리스도의 아버지 하나님을 찬송하리로다 그의 많으신 긍휼대로 예수 그리스도를 죽은 자 가운데서 부활하게 하심으로 말미암아 우리를 거듭나게 하사 산 소망이 있게 하시며 썩지 않고 더럽지 않고 쇠하지 아니하는 유업을 잇게 하시나니 곧 너희를 위하여 하늘에 간직하신 것이라"). 그들에게 주어질 "더 낫고 영구한 소유"의 꽃은 그리스도 안에서의 하나님이시다. 창세기 15:1에서 "이 후에 여호와의 말씀이 환상 중에 아브람에게 임하여 이르시되 아브람아 두려워하지 말라 나는 네 방패요 너의 지극히 큰 상급이니라"고 말씀하고 있는 것처럼, 하나님은 그들의 "지극히 큰 상급"이 될 것이고, 하나님께서 그들을 위해 해 주실 수 있는 모든 것들이 그들의 소유가 될 것이다. 여호와 하나님 자신은 그들의 지극히 탁월한 영원한 분깃이자 기업이다. 이 분깃과 기업은 사람들이나 마귀들이 닿을 수 없는 하늘에 있어서, 그 누구도 그것을 그들로부터 빼앗아 가거나, 그것으로부터 그들을 떼어놓을 수 없기 때문에, 지극히 안전하다(마 6:19-20; 19:28-29; 시 16:5; 고후 5:1; 살후 1:4-5).

35. 그러므로 너희 담대함을 버리지 말라 이것이 큰 상을 얻게 하느니라.

그러므로 너희 담대함을 버리지 말라. 사도는 여기에서 이 서신의 수신자들인 히브리인들이 기독교 신앙을 끝까지 지키는 데 도움이 되는 마지막 권면을 제시한다. "버리지 말라"로 번역된 '메 아포발레테' (μὴ ἀποβάλλητε)는, 은밀하게 신앙을 훼손하는 것으로부터 공개적으로 대담하게 신앙을 부인하는 것에 이르기까지 그 어떤 정도의 배교도 하지 말라는 것이고, 그들의 신앙을 조금이라도 경시하거나 멸시하거나 배척하지 말라는 것이다. 그들은 이미 고난을 받을 만큼 받아서, 자신들의 신앙을 지킬 만큼 단단해지고 견고해졌기 때문에, 앞으로 닥쳐올 그 어떤 고난도 넉넉히 감당할 수 있는 그런 상태에 있었다. 그러므로 사도는 기독교 신앙에 대한 그들의 신앙 고백을 계속해서 담대하고 결연하게 견지하라고 그들에게 권면한다(엡 6:10, 16, "끝으로 너희가 주 안에서와 그 힘의 능력으로 강건하여지고 … 모든 것 위에 믿음의 방패를 가지고 이로써 능히 악한 자의 모든 불화살을 소멸하고"). 진실하고 솔직하며 담대한 신앙 고백을 지니고 있으면, 그 어떤 위협이나 폭력 앞에서도 당황하거나 허둥대지 않을 수 있다. "담대함"은 막강한 불굴의 믿음과 영생에 대한 소망으로부터 나오는 열매이다. 그러한 "담대함"만 가지고 있다면, 그리스도께서 친히 모범을 보여 주셨듯이(막 8:31-32), 그들은 자신들의 신앙으로 인하여 많은 모욕과 고난을 받는다고 할지라도, 얼마든지 당당하게 그 신앙을 끝까지 지킬 수 있다(행 4:13, 29, 31, "그들이 베드로와 요한이 담대하게 말함을 보고 그들을 본래 학문 없는 범인으로 알았다가 이상히 여기며 또 전에 예수와 함께 있던 줄도 알고 … 주여 이제도 그들의 위협함을 굽어보시옵고 또 종들로 하여금 담대히 하나님의 말씀을 전하게 하여 주시오며 … 빌기를 다하매 모인 곳이 진동하더니 무리가 다 성령이 충만하여 담대히 하나님의 말씀을 전하니라").

이것이 큰 상을 얻게 하느니라. 믿는 자들이 그러한 "담대함"을 끝까지 견지하는 데에는, 신약성경에서 그들에게 약속한 "큰 상"보다 더 큰 격려가 되고 힘이 되는 것은 없을 것이었기 때문에, 사도는 여기에서 그러한 "담대함"을 끝까지 견지하는 자들에게는 가장 큰 상이 기다리고 있다고 말한다. 여기에서 사도가 말하는 "큰 상"은, 믿는 자들이 장차 누리게 될 하나님과 그의 모든 충만을 가리키는데, "상"이라고 할 만한 것 중에서 질적으로나 양적으로나 이것에 비할 수 있는 것은 아무것도 없을 정도로, 이 상은 이루 말할 수 없이 큰 상이다(창 15:1, "이 후에 여호와의 말씀이 환상 중에 아브람에게 임하여 이르시되 아브람아 두려워하지 말라 나는 네 방패요 너의 지극히 큰 상급이니라"; 마 5:12, "기뻐하고 즐거워하라 하늘에서 너희의 상이 큼이라 너희 전에 있던 선지자들도 이같이 박해하였느니라"; 10:32, "누구든지 사람 앞에서 나를 시인하면 나도 하늘에 계신 내 아버지 앞에서 그를 시인할 것이요").

36. 너희에게 인내가 필요함은 너희가 하나님의 뜻을 행한 후에 약속하신 것을 받기 위함이라.

너희에게 인내가 필요함은. 이 절의 처음 부분에 나오는 '가르'(γὰρ)는 이것이 앞에서의 권면을 강화하는 말임을 보여 준다: 너희의 담대함을 버리지 말라. 왜냐하면, 너희가 장차 상을 받기 위해서는 반드시 은혜 가운데서 인내할 필요가 있기 때문이다. 너희가 너희에게 주어진 무거운 짐들을 지고, 너희가 마땅히 해야 할 일들을 인내로써 끝까지 감당하는 가운데, 너희가 받을 상을 사모하며 기다리는 것이 너희에게 유익할 뿐만 아니라, 너희는 반드시 그렇게 하여야 한다. 그러므로 너희가 모욕과 수치와 환난과 불 같은 시험들을 겪는다고 하여도, 너희는 인내로써 너희의 담대함을 끝까지 견지하여야 한다(히 6:12, "게으르지 아니하고 믿음과 오래 참음으로 말미암아 약속들을 기업으로 받는 자들을 본받는 자 되게 하려는 것이니라"; 롬 2:7, "참고 선을 행하여 영광과 존귀와 썩지 아니함을 구하는 자에게는 영생으로 하시고"; 약 1:4, "인내를 온전히 이루라 이는 너희로 온전하고 구비하여 조금도 부족함이 없게 하려 함이라").

너희가 하나님의 뜻을 행한 후에. "하나님의 뜻을 행하였다"는 것은, 하나님의 선하시고 온전하신 뜻을 따라 하나님의 약속들을 믿고, 하나님의 명령들에 순종하며, 하나님이 주신 시련들을 감당하고, 모든 일 속에서 인내로써 끝까지 믿음을 지킨 것을 의미한다. 우리가 이렇게 인내로써 우리의 담대함을 끝까지 지키는 가운데 우리에게 주어진 일을 마친다면, 우리는 "하나님의 뜻을 행하였다"고 말할 수 있다.

약속하신 것을 받기 위함이라. 너희는 너희에게 주어진 경주를 다 마친 후에야 비로소 온전한 상을 받을 수 있다. 하나님의 뜻을 행한 자들에게는 반드시 하나님의 상이 주어진다(벧전 1:9, "믿음의 결국 곧 영혼의 구원을 받음이라"; 5:4, "그리하면 목자장이 나타나실 때에 시들지 아니하는 영광의 관을 얻으리라"). 사도는 여기에서 환유법을 사용해서 하나님이 약속하신 상을 "약속"(한글개역개정에서는 "약속하신 것"으로 번역함 — 역주)이라고 표현하고 있다(히 6:15, "그가 이같이 오래 참아 약속을 받았느니라"; 9:15, "이로 말미암아 그는 새 언약의 중보자시니 이는 첫 언약 때에 범한 죄에서 속량하려고 죽으사 부르심을 입은 자로 하여금 영원한 기업의 약속을 얻게 하려 하심이라"; 딤전 4:8, "육체의 연단은 약간의 유익이 있으나 경건은 범사에 유익하니 금생과 내생에 약속이 있느니라"; 딤후 1:1, "하나님의 뜻으로 말미암아 그리스도 예수 안에 있는 생명의 약속대로"). 베드로전서 1:9에서는 사도가 여기에서 말한 약속, 즉 장차 성도들이 받게 될 영원한 생명과 영광스러운 기업을 "시들지 아니하는 영광의 관"이라고 부른다.

37. 잠시 잠깐 후면 오실 이가 오시리니 지체하지 아니하시리라.

사도는 그들이 그들의 "담대함"을 끝까지 견지해야 하는 이유로, 그리스도께서 이 땅에 재림하셔서, 그들의 담대함에 대한 상을 주실 날이 멀지 않았다는 사실을 제시하면서, 하박국 선지자가 교회를 위해 기록한 하나님의 약속(합 2:3, "이 묵시는 정한 때가 있나니 그 종말이 속히 이르겠고 결코 거짓되지 아니하리라 비록 더딜지라도 기다리라 지체되지 않고 반드시 응하리라")에 근거해서 그 사실을 증명한다. 이 서신의 수신자들인 히브리인들은, 이 말씀을 전한 것이 그들 자신의 선지자인 하박국이었기 때문에, 이 사실을 충분히 잘 알고 있었다. 이 말씀은 원래 바벨론에서 포로생활을 하고 있던 유대인들을 위로하기 위한 것이었지만, 모든 시대의 고난 받는 교회에도 그대로 적용되는 말씀이었기 때문에, 이 서신의 수신자들인 히브리인들에게 적용되고, "말세를 만난" 우리에게도 적용되는 말씀이다(고전 10:11, "그들에게 일어난 이런 일은 본보기가 되고 또한 말세를 만난 우리를 깨우치기 위하여 기록되었느니라"). 하박국 선지자는 원래 은혜의 "묵시"와 관련해서, 이 묵시가 장차 반드시 이루어질 것이라고 말한 것이지만, 칠십인역에서는 이 말씀을 장차 "오실 이"에 대한 말씀으로 해석한다. 사도는 이 약속의 말씀은 그 약속을 성취하실 분이 오시지 않고는 이루어질 수 없는 것이었기 때문에, 칠십인역의 번역을 따라 "오실 이"라고 말하고 있다.

잠시 잠깐 후면. 하나님께서는 하박국 선지자를 통해서, 이 약속은 신속하게 이루어질 것이라고 말씀하신다. 이 약속은 그리스도와 그들을 위하여 최대한 신속하게 성취될 것이었기 때문에, 그 시간이 별로 남아 있지 않다! 예수 그리스도께서는 요한계시록 22:7, 12, 20에서 친히 자기가 속히 오실 것이라고 약속하신다: "보라 내가 속히 오리니 이 두루마리의 예언의 말씀을 지키는 자는 복이 있으리라 … 보라 내가 속히 오리니 내가 줄 상이 내게 있어 각 사람에게 그가 행한 대로 갚아 주리라 … 이것들을 증언하신 이가 이르시되 내가 진실로 속히 오리라."

오실 이가 오시리니. 너희를 박해하는 자들에게 원수를 갚아 주시고 그들로부터 너희를 구원하시기 위하여 오시기로 약속하신 "이"이신 예수 그리스도께서는 반드시 오실 것이고, 그리스도께서 하신 약속도 반드시 이루어질 것이다. 그가 오셔서 자기 백성의 고난을 끝내시고서, 그들에게 영광의 면류관을 씌워 주실 것이다. 그리스도께서 "오시리라"는 것은, 그가 그를 믿고 인내로써 고난을 받은 모든 자들을 구원하시고 온전히 새롭게 하시며 상을 주시라는 것을 뜻하는 환유법적인 표현이다.

지체하지 아니하시리라. 그리스도께서 시간을 질질 끌어서 하나님이 정하신 때를 넘김으로써, 모든 믿는 자들의 구원이 지체되게 하시는 일은 절대로 없을 것이다. 하나님께서는 자신의 무한하신 지혜와 선하심 가운데서 그리스도의 고난 받는 지체들이 가장 큰 위로를 받을 수 있는 지극히 적절한 "때"를 정하셨고, 그리스도께서는 단 한순간도 늦음이 없이 바로 그 "때"에 오실 것이다(사 46:12-13, "마음이 완악하여 공의에서 멀리 떠난 너희여 내게 들으라 내가 나의 공의를 가깝게 할 것인즉 그것이 멀지 아니하나니 나의 구원이 지체하지 아니할 것이라 내가 나의 영광인 이스라엘을 위하여 구원을 시온에 베풀리라").

38. 오직 나의 의인은 믿음으로 말미암아 살리라 또한 뒤로 물러가면 내 마음이 그를 기뻐하지 아니하리라 하셨느니라.

이 구절도 앞에 나오는 구절과 마찬가지로 하박국 선지자가 전한 말씀이다(합 2:4, "보라 그의 마음은 교만하며 그 속에서 정직하지 못하나 의인은 그의 믿음으로 말미암아 살리라"). 사도는 이 말씀을 통해서, 그리스도께서 장차 오실 때, 인내로써 담대함을 지킨 자들은 상을 받고, 믿음으로부터 떠나간 자들은 상을 잃게 될 것임을 보여 줌으로써, 그들이 약속을 사모하는 가운데 끝까지 인내하며 담대함을 지키는 것이 얼마나 중요한 것인지를 다시 한 번 강조하고 역설한다. 사도 바울은 사람이 자신의 힘과 공로를 통해서가 아니라 오직 하나님으로부터 오는 믿음으로 말미암아 의롭다 하심을 얻는다는 것, 그리고 믿음으로 의롭다 하심을 얻은 자들은 믿음 가운데서 그 의를 붙잡음으로써 영원히 살게 될 것임을 증명하기 위해서, 하박국 선지자의 이 말씀을 여러 가지 목적으로 사용한다(롬 1:17, "복음에는 하나님의 의가 나타나서 믿음으로 믿음에 이르게 하나니 기록된 바 오직 의인은 믿음으로 말미암아 살리라 함과 같으니라"; 갈 3:11, "또 하나님 앞에서 아무도 율법으로 말미암아 의롭게 되지 못할 것이 분명하니 이는 의인은 믿음으로 살리라 하였음이라").

오직 나의 의인은 믿음으로 말미암아 살리라. "의롭다 하심을 얻은 자들," 즉 새 언약에서 정한 조건에 따라서 믿음으로 말미암아 그리스도 안에서 하나님의 의를 얻고, 성령에 의해서 새롭게 되고 거룩하게 된 의인들은, 진정으로 영적으로 복되고 영원한 삶을 살게 될 것이다. 그러한 의인들은 끝까지 오직 믿음으로 살다가, 그들의 삶은 장차 오실 그리스도로 말미암아 영광 중에서 온전하게 될 것이다. 그들은 복음을 진심으로 받아들여서, 복음 안에 있는 하나님의 약속들을 의지해서, 그들의 의이시고 그들의 주이신 그리스도, 즉 참 하나님이자 참 사람이신 그리스도와 결혼하여, 신령한 삶을 사는 자들이다. 그들은 온갖 수치와 모욕, 고난과 박해 가운데서도, 그들의 믿음은 점점 더 커져서, 이 믿음을 굳게 붙잡고서 끝까지 지켜 나갈 것이다. 죄인들은 이렇게 오직 믿음을 통해서만 의롭다 하심을 얻어서, 복음에 약속된 영생에 속한 것들을 날마다 그리스도로부터 공급받아 살아가게 되고, 그리스도께서 그들에게 주신 영생이 온전하게 될 날을 사모하며 살아가게 된다(막 13:13, "너희가 내 이름으로 말미암아 모든 사람에게 미움을 받을 것이나 끝까지 견디는 자는 구원을 받으리라"; 요 6:47, "진실로 진실로 너희에게 이르노니 믿는 자는 영생을 가졌나니"; 갈 2:20, "내가 그리스도와 함께 십자가에 못 박혔나니 그런즉 이제는 내가 사는 것이 아니요 오직 내 안에 그리스도께서 사시는 것이라 이제 내가 육체 가운데 사는 것은 나를 사랑하사 나를 위하여 자기 자신을 버리신 하나님의 아들을 믿는 믿음 안에서 사는 것이라"; 골 3:4, "우리 생명이신 그리스도께서 나타나실 그 때에 너희도 그와 함께 영광 중에 나타나리라").

또한 뒤로 물러가면. 하박국 2:4을 보라: "보라 그의 마음은 교만하며 그 속에서 정직하지 못하나 의인은 그의 믿음으로 말미암아 살리라." 사도는 그 말씀을 인용하면서, 거기에서 "그의 마음은 교만하여"로 번역된 '우펠라'를 여기에서는 헬라어로 '휘포스테일레타이'(ὑποστείληται, "물러가다")로 번역하였다. '우펠라'는 헬라어로 여러 가지로 번역되지만, 그 의미는 거품처럼 부풀어 오르게 된 것을 가리킨다. 하바국 선지자가 거기에서 경고한 죄들은 "교만"과 "불신앙"이었다. 한편, 사도가 여기에서 사용한 헬라어 '휘포스테일레타이'의 원래의 의미는, 두려움이나 나태함으로 인해서 물러가거나 알려고 하지 않는 것을 가리킨다. 따라서 이 두 단어를 통해서 나타내고자 한 의미는 이런 것이다: 어떤 사람이, 유대인들이 흔히 그러하듯이, 마음의 교만으로 인해서 그리스도의 의를 의지하고자 하지 않거나, 두려움 또는 나태함으로 인해서 그리스도의 의를 붙잡으려고 하지 않고, 도리어 박해의 때에 그들이 고백하였던 그리스도에 대한 신앙과 담대함을 버리고 물러가는 것이다. 왜냐하면, 믿는 자들은 점진적으로든 한꺼번에든, 두려움으로 인해서 신앙으로부터 뒤로 물러나거나, 나태함으로 인해서 신앙을 잃거나, 속임에 의해서 신앙을 버리고서, 그들 자신이 살고자, 하나님을 멸시하고 배척하며 멀리하게 될 수 있기 때문이다.

내 마음이 그를 기뻐하지 아니하리라. 하나님께서는 그런 자들을 기뻐하거나 즐거워할 수 없으시고, 그런 자들에게 기쁨이나 생명을 주실 수 없으시다. 반대로, 하나님의 마음은 그런 자들과 그런 자들이 짓는 죄를 몹시 혐오하시고 가증스럽게 여기신다. 하나님이 어떤 자들을 기뻐하지 않으신다는 것은 그들에게 비참과 죽음과 영원한 멸망을 의미한다. 신명기 32:15, 18-21을 보라: "그런데 여수룬이 기름지매 발로 찼도다 네가 살찌고 비대하고 윤택하매 자기를 지으신 하나님을 버리고 자기를 구원하신 반석을 업신여겼도다 … 너를 낳은 반석을 네가 상관하지 아니하고 너를 내신 하나님을 네가 잊었도다 그러므로 여호와께서 보시고 미워하셨으니 그 자녀가 그를 격노하게 한 까닭이로다 그가 말씀하시기를 내가 내 얼굴을 그들에게서 숨겨 그들의 종말이 어떠함을 보리니 그들은 심히 패역한 세대요 진실이 없는 자녀임이로다 그들이 하나님이 아닌 것으로 내 질투를 일으키며 허무한 것으로 내 진노를 일으켰으니 나도 백성이 아닌 자로 그들에게 시기가 나게 하며 어리석은 민족으로 그들의 분노를 일으키리로다."

39. 우리는 뒤로 물러가 멸망할 자가 아니요 오직 영혼을 구원함에 이르는 믿음을 가진 자니라.

사도는 그들의 상태에 대한 희망적인 단언, 또는 자신과 그들이 결국에는 온전한 구원에 이르게 될 것이라는 희망적인 암시로 끝을 맺음으로써, 히브리서 6:9("사랑하는 자들아 우리가 이같이 말하나 너희에게는 이보다 더 좋은 것 곧 구원에 속한 것이 있음을 확신하노라")에서 그랬던 것과 마찬가지로 여기에서도 자기가 지금까지 한 말에 대한 그들의 모든 반감을 제거한다.

우리는 뒤로 물러가 멸망할 자가 아니요. 사도는 역접의 '데'(δὲ)를 사용해서, 자기는 이 서신의 수신자들인 히브리인들을 자기가 지금까지 설명한 배교자들에 속한 자들로 여기지 않는다는 것을 분명히 하고, "우리"라는 표현을 통해서 자기와 그들을 한데 결합시켜서, 그들이 사실상 자기와 같은 자들이고, 앞으로도 자기와 같이 끝까지 믿음을 지켜 구원을 이루게 될 것이라는 확신을 천명함으로써, 그들을 비롯해서 모든 그리스도인들이 마땅히 어떻게 행해야 하는지를 은연중에 보여 준다: 우리는 그리스도와 그의 복음과 우리의 도리로부터 뒤로 물러나서 타락하여 배교할 그런 자들이 아니다. 진리를 떠나 배교한 자들의 결국은 "멸망," 즉 하나님의 의로우신 판결에 따라서 모든 복과 생명과 영광으로부터 철저하게 분리되어서, 지옥에서 몸과 영혼이 영원토록 고통당하게 되는 것이다(마 10:28, "몸은 죽여도 영혼은 능히 죽이지 못하는 자들을 두려워하지 말고 오직 몸과 영혼을 능히 지옥에 멸하실 수 있는 이를 두려워하라"). 배교의 아들들은 "멸망의 자식들"이다(요 17:12, "내가 그들과 함께 있을 때에 내게 주신 아버지의 이름으로 그들을 보전하고 지키었나이다 그 중의 하나도 멸망하지 않고 다만 멸망의 자식뿐이오니 이는 성경을 응하게 함이니이다"; 살후 2:3, "누가 어떻게 하여도 너희가 미혹되지 말라 먼저 배교하는 일이 있고 저 불법의 사람 곧 멸망의 아들이 나타나기 전에는 그 날이 이르지 아니하리니").

오직 영혼을 구원함에 이르는 믿음을 가진 자니라. 사도는 자기와 그들은 믿음의 아들들, 즉 그리스도를 믿는 믿음 가운데 뿌리를 내리고서, 그리스도와 그의 몸인 교회에 꼭 붙어서, 끝까지 믿음을 지키는 참되고 진실한 신자들이라고 천명한다(엡 3:17, "믿음으로 말미암아 그리스도께서 너희 마음에 계시게 하시옵고 너희가 사랑 가운데서 뿌리가 박히고 터가 굳어져서"; 골 2:6-7, "그러므로 너희가 그리스도 예수를 주로 받았으니 그 안에서 행하되 그 안에 뿌리를 박으며 세움을 받아 교훈을 받은 대로 믿음에 굳게 서서 감사함을 넘치게 하라"). 이 "믿음"은 복음 언약에 따라 믿는 자들의 "영혼"이 구원과 영광에 이르게 해 준다(요 3:15-16, 36, "하나님이 세상을 이처럼 사랑하사 독생자를 주셨으니 이는 그를 믿는 자마다 멸망하지 않고 영생을 얻게 하려 하심이라"; 5:40; 살후 2:14, "이를 위하여 우리의 복음으로 너희를 부르사 우리 주 예수 그리스도의 영광을 얻게 하려 하심이니라"). "믿음"은 그리스도께서 모든 믿는 자들로 하여금 그러한 것들, 즉 구원과 영생과 영광을 얻을 수 있게 하시기 위하여 하나님께 자기 자신을 속전으로 바치셨다는 사실을 믿고 깨닫고 자신의 것으로 받아들여서 끝까지 견지하는 것이다.

MATTHEW POOLE'S COMMENTARY

히브리서 11장

개요

사도는 이 장 전체에 걸쳐서 옛적에 뛰어난 믿음을 지닌 많은 사람들의 모범을 들어서, 믿음의 본질과 하나님이 믿음을 기쁘게 받으신다는 사실을 설명한다.

1. 믿음은 바라는 것들의 실상이요 보이지 않는 것들의 증거니.

믿음은. 사도는 앞에서 이 서신의 수신자들인 히브리인들에게 그리스도를 믿는 믿음을 끝까지 변함없이 지켜서 하나님으로부터 큰 상을 받고 그들의 영혼의 구원을 받으라고 권면한 후에(히 10:39; 벧전 1:9), 이제 이 장에서는 그 권면을 더욱 강화하기 위하여, "믿음"에 대한 설명을 시작으로 해서, 그들보다 앞서 구약의 모든 시대에 걸친 믿는 자들의 사례들을 들어서, 믿음이 그러한 목적을 위하여 유효하다는 것을 증명해 나간다. 사도는 먼저 1절에서는 믿음이 무엇인지를 두 부분으로 설명하고, 2-3절에서는 앞에서 말한 믿음의 두 부분을 증명한 후에, 4-40절에서는 믿음의 조상들이 보여 준 여러 가지 사례들을 통해서 믿음의 능력이 어떠한 것인지를 예시한다. 이 절의 처음 부분에 나오는 불변화사 '데'(δὲ)는, 이 절에 나오는 내용이 그러한 믿음이 실제로 믿는 자들의 영혼을 구원한 실제적인 예들로부터 도출된 것임을 보여 준다. 사도는 이 서신의 수신자들인 히브리인들 중에서 그 누구도 그 점에 있어서 잘못 이해하는 일이 없도록 하기 위하여, 여기에서 믿음의 형태와 본질이라는 측면에서가 아니라 믿음의 효과 또는 결과라는 측면에서 믿음에 대하여 설명해 나간다. 사도가 여기에서 설명하는 믿음은, 성령께서 하나님의 택함 받은 자들 속에서 역사하셔서, 그들의 영혼을 사시고 의롭다고 하심으로써 영광에 이르도록 하시기 위하여 그들에게 주신 하나님의 선물이자 신령한 열매이다(요 12:38; 롬 5:1; 고후 12:9; 엡 1:19-20; 2:8, "너희는 그 은혜에 의하여 믿음으로 말미암아 구원을 받았으니 이것은 너희에게서 난 것이 아니요 하나님의 선물이라").

바라는 것들의 실상이요. 여기에서 "실상"으로 번역된 '휘포스타시스'(ὑπόστασις)는 고린도후서 9:4("혹 마게도냐인들이 나와 함께 가서 너희가 준비하지 아니한 것을 보면 너희는 고사하고 우리가 이 '믿던 것' 에 부끄러움을 당할까 두려워하노라") 에서는 "자신만만해서 자랑한 것"을 의미하고, 히브리서 1:3("이는 하나님의 영광의 광채시요 그 '본체' 의 형상이시라")에서는 "인격적인 실체"를 의미하며, 히브리서 3:14("우리가 시작할 때에 '확신한 것' 을 끝까지 견고히 잡고 있으면 그리스도와 함께 참여한 자가 되리라")에서는 "믿음의 확신"을 의미하는데, 여기에서는 "믿는 자들의 심령이 하나님의 약속을 진심으로 확신 가운데서 현재적으로 동의하고 받아들이는 것"을 의미한다. 이러한 확신 가운데서 받아들이는 것의 토대 또는 기초가 되는 것은 하나님의 약속이다. 믿는 자들의 이러한 '휘포스타시스' 를 통해서, 그들의 지각으로는 느낄 수 없고 알 수 없지만 그들의 심령 속에서 지극히 간절하고 맹렬하게 사모하고 갈구하는 장차 도래할 선한 것들은, 그러한 '휘포스타시스' 를 행하는 심령 속에서 정신적이고 지적으로 실재하는 실체가 된다(롬 8:18, 26; 요 3:36, "아들을 믿는 자에게는 영생이 있고 아들에게 순종하지 아니하는 자는 영생을 보지 못하고 도리어 하나님의 진노가 그 위에 머물러 있느니라").

보이지 않는 것들의 증거니. "증거"로 번역된 '엘렝코이' (ἔλεγχοι)는, 사람의 지각으로는 알 수 없는 것을 사람들에게 의심의 여지가 없는 것으로 드러내 주는 것, 이를테면 과학적인 지식 같은 것을 가리킨다. 논리학자들은 그러한 증거를 "예증"이라고 부른다. 사도는 이 단어를 사용해서, 하나님의 계시들이 나타나는 저 영적인 공간에서는 인간의 지각이나 자연적인 이성에게는 아무것도 드러나지 않고, 과거와 현재와 미래의 온갖 종류의 영적인 진리와 선악에 속한 것들은 오직 "믿음"에게만 인식되고 드러난다는 것을 보여 준다(요 17:6, 8; 엡 1:17-19, "우리 주 예수 그리스도의 하나님, 영광의 아버지께서 지혜와 계시의 영을 너희에게 주사 하나님을 알게 하시고 너희 마음의 눈을 밝히사 그의 부르심의 소망이 무엇이며 성도 안에서 그 기업의 영광의 풍성함이 무엇이며 그의 힘의 위력으로 역사하심을 따라 믿는 우리에게 베푸신 능력의 지극히 크심이 어떠한 것을 너희로 알게 하시기를 구하노라").

2. 선진들이 이로써 증거를 얻었느니라.

이 절에 나오는 것은 앞에 나온 믿음에 대한 설명 중에서 첫 번째 부분, 즉 믿음은 "바라는 것들의 실상"이라는 것을 증명하는 내용인데, 그것은 모든 믿음의 조상들이 이 "믿음"의 역사를 통해서, 자신들의 "바라는 것들"이 실현될 것이라는 증언을 얻었다는 것이다. 여기에서 "선진들"로 번역된 '프레스뷔테로이' (πρεσβυτεροὶ)는, 아담으로까지 거슬러 올라가는 족보에 기록된 이 히브리인들의 조상들과 선조들을 가리킨다. 성경에 기록된 바 와 같이, 그들은 하나님께서 그들에게 나타내신 것들과 하나님의 섭리들을 통해서 하나님의 약속을 믿고 행함으로써, 오늘날의 그리스도인들과 마찬가지로, 우리 주 예수 그리스도의 은혜로 말미암아 구원을 얻어서, 하나님과 동행하고 하나님을 예배하며 하나님을 기쁘시게 해 드린 자들이라는 증언을 하나님으로부터 받았다. 이 모든 것은 오늘날의 그리스도인들의 경우와 동일한 믿음의 은혜가 그들 속에서 역사하여, 하나님의 불가시적인 것들이 그들에게 주어졌기 때문에 가능하였다(행 15:17, "이는 그 남은 사람들과 내 이름으로 일컬음을 받는 모든 이방인들로 주를 찾게 하려 함이라 하셨으니").

3. 믿음으로 모든 세계가 하나님의 말씀으로 지어진 줄을 우리가 아나니 보이는 것은 나타난 것으로 말미암아 된 것이 아니니라.

믿음으로 … 우리가 아나니. 이 절에 나오는 것은 1절에 나오는 믿음에 대한 설명 중에서 두 번째 부분, 즉 믿음은 "보이지 않는 것들의 증거"라는 것을 증명하는 내용이다. 왜냐하면, 우리는 하나님께서 창조하신 것들을 우리의 눈으로는 볼 수 없고 오직 믿음으로만 알고 깨달을 수 있기 때문이다. 사도가 여기에서 말하는 "믿음"은 앞에서 설명한 것과 동일하게 하나님이 주신 믿음이지만, 사도는 여기에서는 눈에 보이지 않는 진리들을 분명하게 알게 하고 증명해 주는 것으로서의 믿음에 대하여 말한다. "믿음"은 우리의 지각에 기이한 빛을 전달하고 비추어서, 하나님의 말씀으로부터 오는 빛이 우리의 지각에 생생하게 각인되게 함으로써, 우리의 자연적인 이성으로는 알 수 없는 것들을 아주 확실하게 아는 지식에 도달하여서, 하나님의 말씀과 진리를 전적으로 동의하고 받아들이게 된다. 그러므로 믿는 자들의 지각은 실체를 분명하고 확실하게 알 수 있는 지각이기 때문에, 하나님을 알지 못하는 이방인들의 지각과는 근본적으로 다르다(롬 1:19-23).

모든 세계가. "모든 세계"로 번역된 '투스 아이오나스'(τοῦς αἰῶνας)는 누가복음 16:8("주인이 이 옳지 않은 청지기가 일을 지혜 있게 하였으므로 칭찬하였으니 이 '세대'의 아들들이 자기 시대에 있어서는 빛의 아들들보다 더 지혜로움이니라")에서는 "세대들"을 의미하고, 에베소서 2:2("그 때에 너희는 그 가운데서 행하여 이 세상 '풍조'를 따르고 공중의 권세 잡은 자를 따랐으니 곧 지금 불순종의 아들들 가운데서 역사하는 영이라")에서는 세대들 속에서 살아가는 사람들의 부패하고 타락한 풍조와 행동거지를 의미하며, 히브리서 1:2("이 모든 날 마지막에는 아들을 통하여 우리에게 말씀하셨으니 이 아들을 만유의 상속자로 세우시고 또 그로 말미암아 '모든 세계'를 지으셨느니라")에서는 여기에서와 마찬가지로 "세계들"을 의미하는 총칭적인 단어로 사용된다. 즉, 여기에서 "세계들"은, 모든 장소들과 시간들과 시대들, 천상계와 지상계와 지하계에 속한 모든 것들, 천사들과 사람들을 비롯한 모든 종류의 피조물들, 그리고 그러한 존재들이 창조된 온갖 상태들과 조건들을 모두 다 포괄하는 모든 피조된 것들을 가리킨다.

하나님의 말씀으로 지어진 줄을. 하늘과 땅과 바다, 그리고 거기에 있는 온갖 삼라만상들, 눈에 보이는 세계와 눈에 보이지 않는 세계 등 모든 피조된 것들은 하나님의 능력의 말씀에 의해서 창조되고 존재하게 되어서, 그들의 고유한 질서 속에 두어져서, 그들의 창조 목적에 합당한 역할을 하고 있다. 창조주 하나님, 즉 삼위일체 하나님께서는 자신의 놀라운 능력으로 이 모든 영광스럽고 기이한 일을 그 어떤 고통이나 수고나 괴로움이나 돕는 손길도 없이 순식간에 만들어 내셨다. "하나님이 이르시되 … 하시니 … 그대로 되니라"(창 1:3, 6, 9, 11, 14). 시편 33:6, 9을 보라: "여호와의 말씀으로 하늘이 지음이 되었으며 그 만상을 그의 입 기운으로 이루었도다 … 그가 말씀하시매 이루어졌으며 명령하시매 견고히 섰도다."

보이는 것은 나타난 것으로 말미암아 된 것이 아니니라. 눈에 보이는 세계와 거기에 있는 모든 눈에 보이는 것들은 모두 다 무로부터 창조된 것들이었다. 만유는 눈에 보이지 않는 저 형태도 없고 공허하며 어두운 혼돈으로부터 생겨났고(창 1:2, "땅이 혼돈하고 공허하며 흑암이 깊음 위에 있고 하나님의 영은 수면 위에 운행하시니라"), 저 형태도 없고 공허하며 어두운 물질은 그 자체가 무로부터 생겨난 것으로서, 그 이전에 존재하는 물질은 없었다. 다른 모든 존재들은 이미 있는 것들로부터 어떤 것들을 만들어내는 반면에, 하나님께서는 무로부터 유를 창조해 내시는데, 이것이 창조주와 피조물의 결정적인 차이이다. 창세기 1:1; 시편 89:11-12; 148:5-6("그것들이 여호와의 이름을 찬양함은 그가 명령하시므로 지음을 받았음이로다 그가 또 그것들을 영원히 세우시고 폐하지 못할 명령을 정하셨도다"); 이사야서 42:5("하늘을 창조하여 펴시고 땅과 그 소산을 내시며 땅 위의 백성에게 호흡을 주시며 땅에 행하는 자에게 영을 주시는 하나님 여호와께서 이같이 말씀하시되"); 45:12, 18("대저 여호와께서 이같이 말씀하시되 하늘을 창조하신 이 그는 하나님이시니 그가 땅을 지으시고 그것을 만드셨으며 그것을 견고하게 하시되 혼돈하게 창조하지 아니하시고 사람이 거주하게 그것을 지으셨으니 나는 여호와라 나 외에 다른 이가 없느니라")을 보라.

4. 믿음으로 아벨은 가인보다 더 나은 제사를 하나님께 드림으로 의로운 자라 하시는 증거를 얻었으니 하나님이 그 예물에 대하여 증언하심이라 그가 죽었으나 그 믿음으로써 지금도 말하느니라.

사도는 여기에서 이 서신의 수신자들인 히브리인들의 시대에 이르기까지 이전 교회의 모든 시대에 걸친 믿음의 조상들의 사례를 들어서, 자기가 앞에서 설명한 믿음을 예시하는 일을 착수하면서, 대홍수 이전의 옛 세상에서 살았던 신자들의 사례들로부터 시작한다. 여기에서 사도가 말하는 "믿음"은 그가 앞에서 설명한 것과 동일하게 하나님의 은혜로 말미암아 주어진 것이지만, 단지 여기에서는 장차 하나님께서 그리스도 안에서 사람들의 죄를 사하시고 거룩하게 하시는 일을 하고자 하시는 것을 온전히 받아들여서, 그런 하나님을 믿고 사랑하는 가운데 살아가는 것이 믿음으로 여겨진다.

믿음으로 아벨은 가인보다 더 나은 제사를 하나님께 드림으로. 아담의 둘째 아들이었던 아벨은 훌륭한 믿음을 지닌 인물이었고, 그의 믿음은 그와 그의 "제사"가 하나님께 열납되게 해 주었다. 그는 이 세상에서 신앙으로 인해서 죽은 최초의 순교자였고(눅 11:51), 자신의 피로써 하나님의 참되심을 인친 인물이었다. 창세기 4:3-4("세월이 지난 후에 가인은 땅의 소산으로 제물을 삼아 여호와께 드렸고 아벨은 자기도 양의 첫 새끼와 그 기름으로 드렸더니 여호와께서 아벨과 그의 제물은 받으셨으나")을 보면, "날들의 끝에"(한글개역개정에는 "세월이 지난 후에"), 즉 안식일에 아벨은 자신의 양들 중에서 가장 살지고 좋은 것으로, 참되고 살아 계시며 지존자이신 하나님, 자신의 창조주이자 구속주이신 하나님께 자신의 죄를 속하기 위하여 피의 제사를 드렸다. 하나님을 경외하는 가운데 믿음으로 피의 제사를 드린 아벨은, 장차 때가 차면 이 땅에 오셔서 자신의 피로 단번의 영원한 제사를 드리실 여자의 후손이신 그리스도의 모형이었다. 아벨이 드린 제사는 제물의 외적인 가치가 아니라 내적인 가치라는 측면에서 하나님께서 요구하신 것에 합당한 것이었고, 반면에 그의 형인 가인의 제사는 그렇지 않았다. 가인은 하나님께서 나중에 율법의 예식법에서 요구한 "땅의 소산"을 제물로 드렸지만, 자기가 죄로 인한 죄책과 더러움 가운데 있었고, 그런 사람은 하나님께 나아가 제사를 드리기에 합당하지 않은 사람이라는 것에 대해서 신경을 쓰지도 않았을 뿐만 아니라, 하나님께서 정하신 합당한 방식과 절차를 따라 그런 것을 제거하려고 하지도 않았다. 가인이 그런 사람이었다는 것은 그가 나중에 자기 동생 아벨을 죽인 것에서 분명하게 드러난다. 하나님께서는 사람들의 죄를 깨끗하게 하시고 사하시고자 하셨고, 사람들이 죄로 인하여 자기 자신을 부인하고 낮추고서, 그리스도의 제사를 믿는 믿음으로 자기에게 나아오기를 바라셨기 때문에, 아벨의 제사는 하나님의 그러한 뜻에 더 부합하는 것이었다는 점에서, "더 나은 제사" 였다.

의로운 자라 하시는 증거를 얻었으니. 아벨은 믿음의 제사를 드림으로써, 자기가 죄인이라는 것을 인정하고, 자기에게 뿌려질 그리스도의 피가 필요하다는 것을 고백하는 증언을 한 것이었다. 아벨은 다른 모든 믿는 자들과 마찬가지로, 자신의 공로가 아니라 믿음의 의로 말미암아 하나님으로부터 "의로운 자"라 칭함을 얻게 되었다(롬 3:22, 25-26, "예수 그리스도를 믿음으로 말미암아 모든 믿는 자에게 미치는 하나님의 의니 차별이 없느니라"; 빌 3:9, "내가 가진 의는 율법에서 난 것이 아니요 오직 그리스도를 믿음으로 말미암은 것이니 곧 믿음으로 하나님께로부터 난 의라"). 그리고 하나님의 성령께서는 아벨이 의롭게 되고 거룩하게 되어서 의로운 자가 되었다는 것을 그의 영혼에 증언해 주셨다. 이것은 다른 사람들에게도 드러났고, 참 하나님이자 참 사람이신 그리스도께서 친히 그렇게 증언하셨다(마 23:35, "의인 아벨의 피로부터 성전과 제단 사이에서 너희가 죽인 바라갸의 아들 사가랴의 피까지 땅 위에서 흘린 의로운 피가 다 너희에게 돌아가리라").

하나님이 그 예물에 대하여 증언하심이라. 하나님께서는 아벨과 그의 제사를 받으심으로써, 눈에 보이는 가시적인 증표를 통해서, 아벨이 참되다는 것을 하늘로부터 친히 증언하셨고, 가인은 그것을 보고서, 하나님께서 그와 그의 아우를 차별하신다고 생각해서 분노하였다(창 4:3-7, "세월이 지난 후에 가인은 땅의 소산으로 제물을 삼아 여호와께 드렸고 아벨은 자기도 양의 첫 새끼와 그 기름으로 드렸더니 여호와께서 아벨과 그의 제물은 받으셨으나 가인과 그의 제물은 받지 아니하신지라 가인이 몹시 분하여 안색이 변하니 여호와께서 가인에게 이르시되 네가 분하여 함은 어찌 됨이며 안색이 변함은 어찌 됨이냐 네가 선을 행하면 어찌 낯을 들지 못하겠느냐 선을 행하지 아니하면 죄가 문에 엎드려 있느니라 죄가 너를 원하나 너는 죄를 다스릴지니라"). 하나님은 나중에 다른 사람들의 제사에 대해서 그러하셨듯이, 아마도 하늘로부터 불을 내리셔서, 아벨이 드린 제물을 사르시는 방식으로 그의 제사를 받으신 것으로 보인다(레 9:24, "불이 여호와 앞에서 나와 제단 위의 번제물과 기름을 사른지라 온 백성이 이를 보고 소리 지르며 엎드렸더라"; 삿 6:19, 21; 왕상 18:38; 대하 7:1). 하나님께서는 그런 식으로 아벨의 제사를 받으심으로써, 그가 의로운 자라는 것을 증언하셨다.

그가 죽었으나 그 믿음으로써 지금도 말하느니라. 가인은 자기 아우인 아벨이 이 세상에서 다시는 말을 하지 못하게 하고, 세상 사람들도 다시는 그 아우에 대해서 말하는 일이 없도록 하기 위하여, 아벨을 죽여서 이 세상에서 존재하지 못하게 하였다. 하지만 아벨은 자신의 "믿음"으로써 지금도 여전히 살아서 말하고 있다(마 22:32, "나는 아브라함의 하나님이요 이삭의 하나님이요 야곱의 하나님이로라 하신 것을 읽어 보지 못하였느냐 하나님은 죽은 자의 하나님이 아니요 살아 있는 자의 하나님이시니라"). 아벨은 이렇게 자신의 살아 있음을 통해서, 자기가 참된 자였음을 하나님께 증언하고 있고, 사람들의 영혼을 복되게 하시는 유일하게 참되신 하나님을 증언하고 있다. 아벨은 자신의 모범과 성경에 나오는 자신에 대한 기록을 통해서, 그에 대한 이야기를 읽는 모든 사람들에게, 자기를 본받아 믿음으로 하나님을 예배하고, 죽기까지 인내로써 그리스도를 의지하여 복음 안에서 하나님을 섬기라고 말하고 있다. 또한, 창세기 4:10에서 여호와 하나님께서 "네가 무엇을 하였느냐 네 아우의 핏소리가 땅에서부터 내게 호소하느니라"고 말씀하셨듯이, 아벨의 피는 자기를 죽인 자에 대하여 하나님께서 공의를 베푸시라고 소리치고 있다(히 12:24, "새 언약의 중보자이신 예수와 및 아벨의 피보다 더 나은 것을 말하는 뿌린 피니라"). 아벨은 예수를 위하여 순교한 다른 모든 사람들과 함께, 그들로 하여금 피 흘리게 만든 박해자들에 대하여 하나님의 의로우신 원수 갚으심이 집행되기를 지금도 탄원하고 있다(눅 11:51, "아벨의 피로부터 제단과 성전 사이에서 죽임을 당한 사가랴의 피까지 하리라 내가 너희에게 이르노니 과연 이 세대가 담당하리라"; 계 6:9-11, "다섯째 인을 떼실 때에 내가 보니 하나님의 말씀과 그들이 가진 증거로 말미암아 죽임을 당한 영혼들이 제단 아래에 있어 큰 소리로 불러 이르되 거룩하고 참되신 대주재여 땅에 거하는 자들을 심판하여 우리 피를 갚아 주지 아니하시기를 어느 때까지 하시려 하나이까 하니 각각 그들에게 흰 두루마기를 주시며 이르시되 아직 잠시 동안 쉬되 그들의 동무 종들과 형제들도 자기처럼 죽임을 당하여 그 수가 차기까지 하라 하시더라"). 아벨은 그의 믿음으로 말미암아 성경에 하나님의 훌륭한 아들들 중의 하나로 기록되고, 오늘날까지 교회에서 유명한 자로, 모든 세대 가운데서 회자되고 있다. 믿음은 이렇게 믿음으로 살아간 사람들이 그리스도로 말미암아 하나님께 열납되고, 하나님께서 그들이 당한 해악들과 피를 기억하시며, 그들의 이름이 하늘에서와 이 땅의 교회에서 기억되게 하는 힘을 지니고 있다.

5. 믿음으로 에녹은 죽음을 보지 않고 옮겨졌으니 하나님이 그를 옮기심으로 다시 보이지 아니하였느니라 그는 옮겨지기 전에 하나님을 기쁘시게 하는 자라 하는 증거를 받았느니라.

믿음으로 에녹은 죽음을 보지 않고 옮겨졌으니. 에녹은 교회의 계보에서 아담의 제칠대손으로서(창 5:21), 자신의 당대에서 불경건한 자들에게 하나님의 심판을 경고하여, 그들로 하여금 깨어서 정신을 차리고 회개하게 하는 사역을 한 아주 유명한 선지자였고(유 1:14-15, "아담의 칠대 손 에녹이 이 사람들에 대하여도 예언하여 이르되 보라 주께서 그 수만의 거룩한 자와 함께 임하셨나니 이는 뭇 사람을 심판하사 모든 경건하지 않은 자가 경건하지 않게 행한 모든 경건하지 않은 일과 또 경건하지 않은 죄인들이 주를 거슬러 한 모든 완악한 말로 말미암아 그들을 정죄하려 하심이라 하였느니라"), "보아너게 곧 우레의 아들"(막 3:17)이었다. 그는 사도가 앞에서 설명한 그런 하나님에 대한 믿음을 지니고 있었고, 그 믿음은 그리스도로 말미암아 하나님께 상달되어, 하나님께서는 그로 하여금 죽음을 맛보지 않게 하시고 바로 하늘로 데려가셨다(창 5:24, "에녹이 하나님과 동행하더니 하나님이 그를 데려가시므로 세상에 있지 아니하였더라"). 사도는 여기에서 창세기 5:24의 칠십인역 본문을 인용한다. 에녹은 하나님의 이적적인 역사로 인해서 그의 죽을 몸이 영원히 죽지 않는 몸으로 변화되었기 때문에, 그의 영혼과 몸이 분리되지 않은 상태에서 그대로 하늘로 들려 올라갔다. 하나님께서는 에녹에게 놀라운 은혜와 은총을 베푸셔서, 아담 안에서 태어난 모든 사람에게 공통적으로 내려졌던 죽음의 벌을 면제해 주셨는데, 이후에 많은 세대가 흐른 후에 엘리야에게도 똑같은 은혜와 은총을 베푸셨다. 교회의 모든 나머지 조상들, 그리고 에녹보다 더 오래 산 조상들도 다 죽었지만(창 5:5, 8, 27), 에녹은 죽지 않았다.

다시 보이지 아니하였느니라. 창세기 5:24에는 "세상에 있지 아니하였더라"로 되어 있는데, 이것은 에녹이 변화되어 하늘로 올라가서 거기에 거처를 정하고 거기에서 살게 되었기 때문에, 사람들 가운데도 없었고, 여느 죽은 자들처럼 무덤에도 없었다는 의미이다. 그래서 후대에 사람들이 승천한 엘리야를 아무리 찾았어도 발견할 수 없었듯이(왕하 2:16-17, "그에게 이르되 당신의 종들에게 용감한 사람 오십 명이 있으니 청하건대 그들이 가서 당신의 주인을 찾게 하소서 염려하건대 여호와의 성령이 그를 들고 가다가 어느 산에나 어느 골짜기에 던지셨을까 하나이다 하니라 엘리사가 이르되 보내지 말라 하나 무리가 그로 부끄러워하도록 강청하매 보내라

한지라 그들이 오십 명을 보냈더니 사흘 동안을 찾되 발견하지 못하고"), 에녹도 마찬가지였다.

하나님이 그를 옮기심으로. 하나님께서는 에녹의 몸을 신령하고 능력 있고 영화롭고 썩지 않는 몸으로 변화시키신 후에, 그를 자신의 거처인 하늘로 데리고 가셨다. 장차 그리스도께서 재림하실 때, 그 때까지 살아 있는 모든 믿는 자들은 에녹과 똑같은 방식으로 변화를 받게 될 것이고, 이미 죽은 자들은 부활의 몸을 다시 받게 될 것이다(고전 15:51-54, "보라 내가 너희에게 비밀을 말하노니 우리가 다 잠 잘 것이 아니요 마지막 나팔에 순식간에 홀연히 다 변화되리니 나팔 소리가 나매 죽은 자들이 썩지 아니할 것으로 다시 살아나고 우리도 변화되리라 이 썩을 것이 반드시 썩지 아니할 것을 입겠고 이 죽을 것이 죽지 아니함을 입으리로다 이 썩을 것이 썩지 아니함을 입고 이 죽을 것이 죽지 아니함을 입을 때에는 사망을 삼키고 이기리라고 기록된 말씀이 이루어지리라"; 살전 4:15-17). 즉, 하나님께서는 에녹을 하늘로 데려가시기 위해서는 그의 몸을 썩지 않을 몸으로 변화시키셔야 하였다. 그래야만 에녹은 하늘에 올라가서, 천사들이나 영들과 함께 어울릴 수 있을 것이었기 때문이다. 이렇게 에녹은 이 땅에서는 믿음으로 하나님과 동행하다가, 죽음을 맛보지 않고 하늘로 옮겨져서, 지금은 직접 하나님을 뵈옵고 그 임재를 누리고 있다.

그는 옮겨지기 전에 하나님을 기쁘시게 하는 자라 하는 증거를 받았느니라. 에녹은 이 땅에서 사는 동안 내내 이 죄악된 세상 속에서 하나님과 동행하며 살아가면서 말과 행위로써 하나님을 증언하였다. 그래서 하나님께서는 에녹의 심령에 친히 역사하심을 통하여, 그리고 세상에서의 자신의 역사를 통하여, 그리고 선지자 모세로 하여금 에녹에 대하여 기록하게 하심으로써, 교회의 모든 세대에게 거듭거듭, 에녹이 하나님과 동행하는 삶을 살았기 때문에 하나님이 그를 기뻐하셨다고 증언하셨다(창 5:22, 24). 에녹은 단지 하나님에 의해서 은혜로 의롭다 하심을 받고 기뻐하심을 얻고 사랑을 받은 데서 그친 것이 아니라, 자신이 받은 모든 은혜를 생각과 말과 행위를 통해서 하나님을 기뻐하시는 일들을 행하는 데 사용하였고, 하나님과 끊임없이 교제하고 동행하는 가운데, 열매 없는 어둠의 일에 참여하지 않고 도리어 책망하는 삶을 살았다. 에녹의 그러한 삶은 하나님을 기쁘시게 해 드렸고, 하나님께서는 이적을 통하여 에녹의 몸을 변화시켜 이 세상으로부터 하늘로 옮기심으로써, 에녹이 그런 삶을 산 자라는 것을 온 세상에 증언하셨다. 만일 에녹이 하나님을 기쁘시게 해 드린 인물이 아니었다면, 이런 일은 결코 없었을 것이다.

6. 믿음이 없이는 하나님을 기쁘시게 하지 못하나니 하나님께 나아가는 자는 반드시 그가 계신 것과 또한 그가 자기를 찾는 자들에게 상 주시는 이심을 믿어야 할지니라.

모세는 에녹이 믿음으로 하나님을 기쁘시게 해 드렸다는 것을 명시적으로 기록해 놓지는 않았지만, 사도는 여기에서 에녹의 믿음이 하나님을 기쁘시게 해 드린 요인이었음을 증명한다. 왜냐하면, 믿음이 없이 하나님을 기쁘시게 해 드리는 것은 불가능하기 때문이다. 믿음이 없이는 하나님을 기쁘시게 하지 못하나니. 에녹이 그리스도 안에서 하나님을 믿는 믿음으로 말미암아 하나님을 기쁘시게 해 드렸다는 사실이 보여 주듯이, 믿음이 없이 하나님께서 기뻐하시는 어떤 일을 하는 것은 절대적으로 불가능하고, 하나님으로부터 의롭다 하심을 얻는 것도 절대적으로 불가능하다. 왜냐하면, 불신앙, 즉 믿음의 결여는 하나님을 거짓말쟁이로 만드는 것이고(요일 5:10, "하나님의 아들을 믿는 자는 자기 안에 증거가 있고 하나님을 믿지 아니하는 자는 하나님을 거짓말하는 자로 만드나니 이는 하나님께서 그 아들에 대하여 증언하신 증거를 믿지 아니하였음이라"), 그리스도께서 헛된 일을 하셨다고 말하는 것이며(요 5:40), 하나님이 하신 말씀들은 속임수이자 사기라고 말하는 것이기 때문이다. 그래서 사도는 그리스도를 믿는 믿음이 없이는 하나님을 기쁘시게 하지 못한다고 단호하게 말한다(요 14:6, "예수께서 이르시되 내가 곧 길이요 진리요 생명이니 나로 말미암지 않고는 아버지께로 올 자가 없느니라"). 무슨 일에서든지 원인이 없으면 결과도 없기 때문에, 하나님을 기쁘시게 하는 결과를 가져다주는 원인은 "믿음"이다. 사도는 이것을 다음 구절에서 증명한다.

하나님께 나아가는 자는. "하나님께 나아간다"는 것은, 죄를 떠나서 하나님께로 나아가, 하나님의 다스리심과 인도하심 아래에 있고자 하는 것이고, 자신의 마음과 뜻과 감정과 생각과 소원과 결단과 행위의 거룩한 움직임을 통해서 하나님을 가까이 함으로써, 하나님으로부터 열납하심을 얻고 의롭다 하심과 복을 받고자 하는 것이며, 기도를 비롯한 여러 가지 마땅히 행해야 할 일들을 통해서 그리스도를 힘입어서 자유롭고 담대하게 하나님 앞으로 나아가고자 하는 것을 의미한다.

반드시 그가 계신 것과. 첫째로, 하나님께 나아가는 자는 누구든지, 하나님께서 자신의 말씀을 통해서 자기 자신에 대하여, 그리고 자기가 기뻐하시는 것들에 대하여 말씀하신 모든 것들을 진심으로 온전히 받아들여야 하지만, 특히 하나님이 모든 존재의 원인이신 제1원인으로서 스스로 존재하시는 분이시라는 것을 받아들여야 한다. 또한, 이 하나님은 세 위격과 한 본성으로 이루어진 삼위일체 하나님이시라는 것, 그 모든 속성들과 성품들은 지극히 뛰어나고 탁월하시다는 것, 그리고 무한히 지혜로우시고 능력이 많으시며 의로우시고 선하시며 영원하시다는 것, 만유의 창조주이자 최고의 통치자이시고 입법자이시라는 것을 믿어야 한다.

또한 그가 자기를 찾는 자들에게 상 주시는 이심을 믿어야 할지니라. 둘째로, 하나님께 나아가는 자는, 하나님은 각 사람의 행위를 따라 모든 사람들에게 보응하시는 분이심을 믿어야 한다. 특히, 하나님께서는 "자기를 찾는 자들"에게는, 자기 자신과 자기가 그들의 유익을 위하여 하실 수 있는 모든 것들을 차고 넘치게 상으로 주시는 분이시다. "자기를 찾는 자들"은, 믿음과 사랑 가운데서 온 마음과 뜻과 목숨을 다하여 최고의 선이신 하나님을 사모하고 갈구하는 자들을 가리킨다. 이사야서 45:22("땅의 모든 끝이여 내게로 돌이켜 구원을 받으라 나는 하나님이라 다른 이가 없느니라"); 로마서 2:6, 12("하나님께서 각 사람에게 그 행한 대로 보응하시되 … 무릇 율법 없이 범죄한 자는 또한 율법 없이 망하고 무릇 율법이 있고 범죄한 자는 율법으로 말미암아 심판을 받으리라"); 요한계시록 22:12("보라 내가 속히 오리니 내가 줄 상이 내게 있어 각 사람에게 그가 행한 대로 갚아 주리라")을 보라.

7. 믿음으로 노아는 아직 보이지 않는 일에 경고하심을 받아 경외함으로 방주를 준비하여 그 집을 구원하였으니 이로 말미암아 세상을 정죄하고 믿음을 따르는 의의 상속자가 되었느니라.

믿음으로 노아는 … 경고하심을 받아. 옛 세상에서 믿음을 보여 준 마지막 모범이자 새 세상의 선조였던 노아는 앞에서 말한 것과 동일한 "믿음"으로 말미암아 하나님으로부터 직접적인 계시를 통해 경고를 받았는데(창 6:13-14, 21, "하나님이 노아에게 이르시되 모든 혈육 있는 자의 포악함이 땅에 가득하므로 그 끝 날이 내 앞에 이르렀으니 내가 그들을 땅과 함께 멸하리라 너는 고페르 나무로 너를 위하여 방주를 만들되 … 너는 먹을 모든 양식을 네게로 가져다가 저축하라 이것이 너와 그들의 먹을 것이 되리라"), 이렇게 옛 세상에서는 하나님으로부터 직접적인 계시들이 많이 주어졌고, 모세는 그러한 계시들을 성경에 기록해 놓았다. 이것은 세상의 모든 시대에서 하나님을 믿는 믿음의 토대이자 근거는 하나님의 말씀이었다는 것을 보여 준다.

아직 보이지 않는 일에. 노아가 받은 경고는 "아직 보이지 않는 일"이었고, 하나님의 계시를 통해서만 알 수 있는 일이었기 때문에, 오직 믿음이 있어야만 그 경고를 받아들일 수 있었는데, 그 내용은 하나님께서 백 년이 지난 후에 대홍수를 통해서 세상을 멸망시키시고, 노아와 그의 가족, 그리고 다른 피조물들을 그 대홍수로부터 구원하셔서, 노아의 자손들로 이 세상을 다시 채우시고, 세상의 풍토를 새롭게 하실 것이라는 것이었다. 그런데 이 모든 것들은 노아가 하나님의 계시로 경고를 받을 당시에는 인간의 그 어떤 지각으로도 알 수 없는 것들이었다.

경외함으로. "경외함으로"로 번역된 '율라베테이스' (εὐλαβηθεὶς)라는 단어 속에는, 노아가 하나님의 계시를 올바르게 제대로 받아들였다는 의미가 함축되어 있다. 노아에게는 하나님을 경외하는 마음, 즉 하나님을 진노하시게 하지 않기 위하여 조심하고, 하나님에 대하여 두려워하는 마음이 있었기 때문에, 하나님께서 죄악된 세상을 머지않아 멸망시키시고, 노아와 그의 가족들을 그 멸망에서 구원하시겠다는 뜻을 계시하셨을 때, 그 말씀을 경건한 마음으로 믿고 받아들일 수 있었다. 히브리서 5:7을 보라: "그는 육체에 계실 때에 자기를 죽음에서 능히 구원하실 이에게 심한 통곡과 눈물로 간구와 소원을 올렸고 그의 경건하심으로 말미암아 들으심을 얻었느니라."

방주를 준비하여 그 집을 구원하였으니. 노아는 하나님의 지시하심을 온전히 순종하여, 하나님께서 해 주신 말씀대로 "방주"를 완벽하게 그대로 준비해서, 대홍수의 때에 대비하였기 때문에, 자기와 자신의 가족을 구원할 수 있었다(창 6:14-16, 22). 베드로전서 3:20을 보라: "그들은 전에 노아의 날 방주를 준비할 동안 하나님이 오래 참고 기다리실 때에 복종하지 아니하던 자들이라 방주에서 물로 말미암아 구원을 얻은 자가 몇 명뿐이니 겨우 여덟 명이라." 노아와 그의 가족은 이 방주 덕분에 온 세상을 삼킨 물 가운데서 구원을 받을 수 있었다. 여기에서 "대홍수"는 물세례의 모형이었고, "방주"는 우리의 구원의 방주이신 그리스도의 모형이었으며, 노아의 가족은 세상에 속한 무수한 사람들과 대비되는 그리스도의 작은 권속의 모형이었고, 노아의 가족이 물로부터 구원을 받은 것은 모든 믿는 자들이 불의 대홍수로부터 영원한 구원을 받게 될 것에 대한 모형이었다(벧후 3:6-7, 11-12, 14, "이로 말미암아 그 때에 세상은 물이 넘침으로 멸망하였으되 이제 하늘과 땅은 그 동일한 말씀으로 불사르기 위하여 보호하신 바 되어 경건하지 아니한 사람들의 심판과 멸망의 날까지 보존하여 두신 것이니라 … 이 모든 것이 이렇게 풀어지리니 너희가 어떠한 사람이 되어야 마땅하냐 거룩한 행실과 경건함으로 하나님의 날이 임하기를 바라보고 간절히 사모하라 그 날에 하늘이 불에 타서 풀어지고 물질이 뜨거운 불에

녹아지려니와 … 그러므로 사랑하는 자들아 너희가 이것을 바라보나니 주 앞에서 점도 없고 흠도 없이 평강 가운데서 나타나기를 힘쓰라"). 이것은 노아나 그리스도인들이나, 하나님의 말씀에 순종하는 동일한 믿음으로, 하나님이 준비하신 방주 속으로 들어가서, 하나님의 구원을 누리게 되는 것임을 보여 준다.

이로 말미암아 세상을 정죄하고. 노아는 하나님의 말씀에 순종해서 방주를 준비하여 자신의 믿음을 나타냄으로써, 죄악된 세상, 즉 나머지 인류의 불신앙과 불순종에 대해서 증언하였다. 왜냐하면, 노아가 백이십 년에 걸쳐서 방주를 짓는 가운데 하나님의 경고를 전하며 회개를 촉구하여, 어떻게 해서든 온 인류에 대한 하나님의 심판을 막아 보기 위해서 애썼음에도 불구하고, 노아를 제외한 다른 사람들은 전혀 듣지 않고 믿지 않았기 때문이다(벧후 2:5, "옛 세상을 용서하지 아니하시고 오직 의를 전파하는 노아와 그 일곱 식구를 보존하시고 경건하지 아니한 자들의 세상에 홍수를 내리셨으며"). 노아는 이렇게 자신의 말과 가르침을 통해서 실질적으로 그들을 정죄하였고, 그들에 대한 하나님의 심판을 선언함으로써 법적으로도 그들을 정죄하였다. 마태복음 12:41-42("심판 때에 니느웨 사람들이 일어나 이 세대 사람을 정죄하리니 이는 그들이 요나의 전도를 듣고 회개하였음이거니와 요나보다 더 큰 이가 여기 있으며 심판 때에 남방 여왕이 일어나 이 세대 사람을 정죄하리니 이는 그가 솔로몬의 지혜로운 말을 들으려고 땅 끝에서 왔음이거니와 솔로몬보다 더 큰 이가 여기 있느니라")과 요한복음 12:48("나를 저버리고 내 말을 받지 아니하는 자를 심판할 이가 있으니 곧 내가 한 그 말이 마지막 날에 그를 심판하리라")을 보라.

믿음을 따르는 의의 상속자가 되었느니라. 노아는 이 믿음으로 말미암아, 의의 약속을 받아, "의의 상속자"가 되어서, 영원한 생명과 구원을 얻기에 합당한 자로 여기심을 받게 되었다. 왜냐하면, 노아는 이 믿음으로 말미암아 온갖 의의 열매들을 맺어서, 하나님께 찬송과 영광을 돌려 드리는 삶을 살았기 때문이다(롬 5:1, "우리가 믿음으로 의롭다 하심을 받았으니 우리 주 예수 그리스도로 말미암아 하나님과 화평을 누리자"; 요 1:12, "영접하는 자 곧 그 이름을 믿는 자들에게는 하나님의 자녀가 되는 권세를 주셨으니").

8. 믿음으로 아브라함은 부르심을 받았을 때에 순종하여 장래의 유업으로 받을 땅에 나아갈새 갈 바를 알지 못하고 나아갔으며.

믿음으로 아브라함은 부르심을 받았을 때에 순종하여 장래의 유업으로 받을 땅에 나아갈새. 사도는 이제 이 절부터 22절까지에 걸쳐서, 대홍수 이후에 아브라함을 필두로 해서 모세 시대에 이르기까지 믿음의 모범들에 대하여 설명해 나가기 시작한다. 사도가 첫 번째로 언급하고 있는 인물은, 하나님으로부터 모든 믿는 자들의 조상이라는 말씀을 들을 자격이 있었던 아브라함이다. 아브라함이 보여 준 믿음도 놀라운 것이었고, 하나님께서 아브라함에게 베푸신 은혜도 놀라운 것이었기 때문에, 이 서신의 수신자들인 히브리인들을 비롯한 그의 후손들은 그를 대단히 자랑스러워하였다. 하나님께서는 아브라함에게, 그가 지금 살고 있는 우상의 땅을 떠날 것을 분명하게 친히 명하셨다(창 11:31, "데라가 그 아들 아브람과 하란의 아들인 그의 손자 롯과 그의 며느리 아브람의 아내 사래를 데리고 갈대아인의 우르를 떠나 가나안 땅으로 가고자 하더니 하란에 이르러 거기 거류하였으며"; 12:1-3, "여호와께서 아브람에게 이르시되 너는 너의 고향과 친척과 아버지의 집을 떠나 내가 네게 보여 줄 땅으로 가라"). 여호수아서 24:2-3("여호수아가 모든 백성에게 이르되 이스라엘의 하나님 여호와께서 이같이 말씀하시기를 옛적에 너희의 조상들 곧 아브라함의 아버지, 나홀의 아버지 데라가 강 저쪽에 거주하여 다른 신들을 섬겼으나 내가 너희의 조상 아브라함을 강 저쪽에서 이끌어 내어 가나안 온 땅에 두루 행하게 하고 그의 씨를 번성하게 하려고 그에게 이삭을 주었으며")과 사도행전 7:2-3을 보라. 아브라함은 하나님의 말씀에 순종하여, 자신의 가족을 이끌고, 하나님이 그에게 보여 주시는 땅, 즉 하나님께서 그와 그의 자손에게 기업으로 주고자 하시는 땅으로 갔는데, 그 땅은 가나안 땅이었다(창 13:14-17; 25:18-19, 21). 아브라함은 하나님께서 약속과 함께 주신 이 명령에 그대로 순종하였다(창 12:4, "이에 아브람이 여호와의 말씀을 따라갔고 롯도 그와 함께 갔으며 아브람이 하란을 떠날 때에 칠십오 세였더라"; 행 7:4). 이렇게 아브라함은 믿음으로 말미암아 스스로 자원해서 진심으로 자기 자신과 자신의 가족을 하나님께 온전히 맡기고 의탁하였다.

갈 바를 알지 못하고 나아갔으며. 아브라함은 자신의 아버지인 데라와 함께 갈대아 우르에 있던 자신의 본토와 친척과 친구들을 떠나서, 하란으로 갔고, 거기에서 데라가 죽을 때까지 머물렀다(창 11:31; 행 7:4). 그후에 아브라함은 하나님의 지시하심을 따라서 이 곳에서 저 곳으로 이동을 계속하였는데, 이 때에는 자기가 어디를 향해서 어떤 길로 가고 있는지를 전혀 알지 못한 채로, 온전히 하나님의 말씀과 인도하심에만 의지해서, 모든 길에서 하나님의 공급하심과 보호하심을 믿고 나아갔다.

9. 믿음으로 그가 이방의 땅에 있는 것 같이 약속의 땅에 거류하여 동일한 약속을

유업으로 함께 받은 이삭 및 야곱과 더불어 장막에 거하였으니.

믿음으로 그가 이방의 땅에 있는 것 같이 약속의 땅에 거류하여. 아브라함은 믿음이 있었기 때문에, 하나님의 지시하심에 따라서 이곳저곳으로 옮겨가며 장막을 쳤고, 어느 한 곳에 정착하여 산 것이 아니라, 나그네와 객으로서 떠돌아다니며 장막에 거하였다. 아브라함의 여정은 모세가 쓴 글에 나오는데, 그는 하란에서 세겜으로 옮겨갔고, 다시 세겜에서 벧엘로 갔으며, 거기에서 좀 더 남방으로 내려가서, 마침내 애굽에 다다랐다. 창세기 12장을 보라. 가나안 땅은 하나님께서 아브라함과 그의 자손에게 기업으로 주시겠다고 언약하신 곳이었지만, 아브라함은 다른 인접한 땅들에서는 물론이고, 가나안 땅에서도 나그네와 객으로 거류하였다(창 15:18-21). 즉, 아브라함은 하나님의 약속을 믿었기 때문에, 하나님이 정하신 때에 그 약속하신 가나안 땅을 자기에게 주실 것을 믿고서, 그 땅을 단 한 뼘도 소유하지 않고, 단지 매장지만을 돈으로 주고 샀을 뿐, 그 땅에서 이방인처럼 머물러 살았다는 것이다(창 25:9-10; 행 7:5).

동일한 약속을 유업으로 함께 받은 이삭 및 야곱과 더불어 장막에 거하였으니. 아브라함은 가나안 땅에 대한 공동상속자들인 자기 아들 이삭과 자신의 손자인 야곱, 그리고 그들의 자손과 함께 그 땅에 머물면서도, 집을 짓지 않고 장막에서 거하였는데, 이것은 하나님께서 지시하실 때에 즉시 장막을 걷어 떠날 수 있도록 하기 위한 것이었다. 가나안 땅에 사는 사람들은 아브라함과 영적인 교제를 할 수 있는 자들이 아니었고, 가나안 땅은 아브라함에게 이방 땅이었으며, 아브라함에게는 그가 가야 할 더 나은 곳이 있었다. 아브라함과 그의 권속들은 이 세상에서 살았지만, 더 나은 곳의 시민들이었기 때문에, 이 세상의 시민들이나 주민들이 아니었다(창 26:3; 28:13-14).

10. 이는 그가 하나님이 계획하시고 지으실 터가 있는 성을 바랐음이라.

아브라함이 이렇게 하나님의 지시하심을 따라 나그네와 객이 되어서 이곳저곳으로 옮겨 다니는 고단한 순례의 삶을 살았음에도 만족할 수 있었던 것은, 하나님께서 그를 가장 좋은 곳으로 인도하실 것이라는 견고한 믿음이 있었기 때문이었다. 성령께서는 아브라함에게 역사하셔서, 하나님의 분명한 약속을 믿는 믿음을 그에게 주셨기 때문에, 아브라함은 하나님이 그를 이 세상에 있는 그 어떤 곳보다도 더 좋은 곳으로 인도하실 것임을 분명하게 알 수 있었고, 따라서 그 곳을 간절하게 사모하고 소망하는 가운데, 고단한 순례의 삶을 인내로써 감당하고, 그 약속이 성취될 날을 기다릴 수 있었다. 왜냐하면, 그에게는 하나님께서 그를 날마다 그 약속의 땅으로 더 가까이 데려가고 계신다는 믿음이 있었기 때문이다(롬 8:19; 고후 5:1-2, 8-9, "만일 땅에 있는 우리의 장막 집이 무너지면 하나님께서 지으신 집 곧 손으로 지은 것이 아니요 하늘에 있는 영원한 집이 우리에게 있는 줄 아느니라 참으로 우리가 여기 있어 탄식하며 하늘로부터 오는 우리 처소로 덧입기를 간절히 사모하노라").

이는 그가 … 터가 있는 성을 바랐음이라. "성"으로 번역된 '폴리스'(πόλις)는 이 땅의 예루살렘 같이 건물들과 집들로 이루어진 곳을 의미하기도 하고, 나라나 공동체를 의미하기도 하는데, 여기에서는 영적인 의미로 이 세상의 그 어떤 성이나 나라와도 비교할 수 없을 정도로 더 나은 곳 또는 나라를 가리킨다. 이 성은 그 본질에 있어서나, 거처와 거기에 사는 주민들, 살아가는 상태에 있어서, 이 땅에 있는 그 어떤 곳이나 나라도 따라올 수 없다. 이 "성"은 천국 그 자체인데, 히브리서에서는 자주 천국을 이런 식으로 표현한다(히 11:16; 12:22; 13:14; 계 3:12). 이 성은 말뚝들과 끈들로 단단히 묶은 장막처럼 움직일 수 없는 곳이고, 사람들이 지은 곳들과는 달리 절대로 없어질 수 없는 곳이다. 인류 역사는 이 세상에서 가장 좋은 성들의 흥망성쇠를 우리에게 말해 준다. 하지만 이 "성"은 만세반석 위에 지어지고, 만세반석이신 그리스도에 의해서 지어지기 때문에, 그리스도의 불변하심과 전능하심과 영원하심이 이 성의 "터"이자 토대이다. 그렇기 때문에, 이 성은 견고하고 절대로 무너지지 않는다(벧전 1:4, "썩지 않고 더럽지 않고 쇠하지 아니하는 유업을 잇게 하시나니 곧 너희를 위하여 하늘에 간직하신 것이라").

하나님이 계획하시고 지으실. 이 성을 계획하시고 지으실 이는 하나님이시기 때문에, 이 성도 영원하고, 이 성의 주민들도 영원하다. 이 성을 자신의 마음속에서 설계하시고, 자기가 이 성을 짓겠다고 공공연하게 선언하시며, 실제로 이 성의 터를 쌓고, 거처들을 지으며, 모든 필요한 것들을 다 완비하실 위대한 건축자는, 사람이 아니라, 무한히 지혜로우시고 전능하시며 영원하신 하나님이시다. 이 성은 오직 하나님만이 지으실 수 있으신 그런 성이기 때문에, 사람들이 지은 그 어떤 훌륭하고 견고한 성들보다도 훨씬 더 뛰어날 수밖에 없다. 그러한 성은 인간의 기술이나 능력으로는 지을 수 없고, 오직 하나님만이 지으실 수 있으시다.

11. 믿음으로 사라 자신도 나이가 많아 단산하였으나 잉태할 수 있는 힘을 얻었으니 이는 약속하신 이를 미쁘신 줄 알았음이라.

믿음으로 사라 자신도 나이가 많아 단산하였으나 잉태할 수 있는 힘을 얻었으니. 아브라함과 사라는 사도가 앞에서 말한 그 동일한 믿음으로 약속의 자녀를 얻었다. 왜냐하면, 사도는 여기에서 명시적으로는 사라만을 언급하고 있기는 하지만, 이 일에 있어서 큰 믿음을 보여 주었던 아브라함도 당연히 여기에 포함되는 것이 마땅하기 때문이다. 아브라함은 이삭과 관련된 하나님의 약속을 믿는 믿음으로 인해서, 사도가 로마서 4:17-22에서 분명하게 보여 주듯이, 믿는 자들의 조상이라는 영광스러운 호칭까지 얻었기 때문에, 우리는 이 구절이 사라만이 아니라 아브라함에 대해서도 함께 말하고 있는 것으로 보아야 한다. 사라는 처음에는 하나님의 약속의 말씀을 듣고서 웃음으로써 불신앙을 보이기도 하였지만, 언약의 사자이신 그리스도로부터 책망을 받고서는, 다음번에는 그 약속을 믿었고(창 18:9-16), 하나님이 베푸시기로 약속하신 긍휼을 기다림으로써, 자신의 믿음을 증언하였다. 사라는 원래부터 불임이었고, 또한 나이가 많아서 자녀를 얻는 것이 불가능하였지만, 믿음으로 말미암아, 하나님으로부터 자녀를 잉태할 수 있는 힘을 얻어서, 자신의 죽은 모태로부터 아들을 얻을 수 있었다. 사라는 선천적으로 불임이었고, 나이가 구십이 되어서, 여자로서 자녀를 잉태할 수 있는 나이가 지났음에도 불구하고, 믿음으로 말미암아 아들을 낳고, 이삭의 어머니가 되었는데, 이삭은 하나님께서 약속하신 약속의 자녀였다(창 15:4; 18:11). 로마서 4:17-19을 보라.

이는 약속하신 이를 미쁘신 줄 알았음이라. 사라는 아브라함과 마찬가지로, 하나님께서 자기가 약속하신 것을 반드시 지키시는 신실한 분이실 뿐만 아니라, 그 약속을 지킬 수 있는 힘을 가지고 계시다는 것을 믿고서, 하나님의 약속을 철석같이 진심으로 믿고서 기다림으로써, 하나님께 영광을 돌렸다(롬 4:18, 20-21). 하나님께서 아브라함과 사라에게 주신 약속은, 그들의 노년에 아들이 있으리라는 것이었다. 이 약속은 창세기 13:15-16("보이는 땅을 내가 너와 네 자손에게 주리니 영원히 이르리라 내가 네 자손이 땅의 티끌 같게 하리니 사람이 땅의 티끌을 능히 셀 수 있을진대 네 자손도 세리라")에서는 일반적으로 주어졌고, 창세기 15:4-5("여호와의 말씀이 그에게 임하여 이르시되 그 사람이 네 상속자가 아니라 네 몸에서 날 자가 네 상속자가 되리라 하시고 그를 이끌고 밖으로 나가 이르시되 하늘을 우러러 뭇별을 셀 수 있나 보라 또 그에게 이르시되 네 자손이 이와 같으리라")에서는 구체적으로 주어졌으며, 창세기 17:15-17; 18:10, 14; 21:1-3, 12에서는 두 사람 모두에게 주어졌다.

12. 이러므로 죽은 자와 같은 한 사람으로 말미암아 하늘의 허다한 별과 또 해변

의 무수한 모래와 같이 많은 후손이 생육하였느니라.

아브라함과 사라의 이러한 믿음, 그리고 그 믿음으로 말미암아 이삭을 잉태하고 낳는 열매를 거두게 된 것으로 인해서, 하나님께서 약속하신 대로 아브라함의 자손이 무수하게 생겨날 수 있는 토대가 놓여졌다. 백 세나 된 아브라함과 원래 불임인데다가 구십 세가 된 사라, 즉 자녀를 낳을 수 있는 생식과 관련해서는 죽은 자들이라고 할 수 있는 이 두 사람으로부터, 하늘의 허다한 별들과 해변의 무수한 모래들같이 이루 헤아릴 수 없이 많은 자손들이 생겨나게 되었고(롬 4:19-20, "그가 백 세나 되어 자기 몸이 죽은 것 같고 사라의 태가 죽은 것 같음을 알고도 믿음이 약하여지지 아니하고 믿음이 없어 하나님의 약속을 의심하지 않고 믿음으로 견고하여져서 하나님께 영광을 돌리며"), 그 자손들 가운데는 땅의 모든 족속으로 하여금 복을 받게 해 주실 아브라함의 단 한 명의 자손, 곧 메시야께서 포함되어 있었다. 하나님의 약속대로, 이삭이 태어난 지 사백 년이 채 안 된 때에, 아브라함의 자손은 이미 여자와 어린아이를 제외하고 싸울 수 있는 남자만 해서 60만명이 넘었고, 그 후에는 더 엄청난 수로 불어났다(창 13:16; 15:5; 출 12:47; 대상 21:5-6).

13. 이 사람들은 다 믿음을 따라 죽었으며 약속을 받지 못하였으되 그것들을 멀리서 보고 환영하며 또 땅에서는 외국인과 나그네임을 증언하였으니.

이 사람들은 다 믿음을 따라 죽었으며. "이 사람들," 즉 하나님의 동일한 약속들의 상속자들이었던 아브라함과 사라와 이삭과 야곱 등등은 그들이 나왔던 자신의 본향인 갈대아 우르로 되돌아갈 수 있는 기회가 있었지만(히 11:15), 오로지 믿음을 따라, 하나님이 주신 약속을 이루실 날을 기다리면서, 하나님과 동행하고 하나님을 예배하며 살아감으로써, 불신앙의 죄를 정죄하고, 죽을 때까지 믿음을 따라 살아갔다. 그들은 이렇게 믿음으로 말미암아 그러한 삶을 살아갔고, 믿음 안에서 자신들의 삶을 규율하며 살아갔으며, 믿음을 따라, 즉 믿는 상태로 살아갔다. 그들 안에서 믿음은 그들의 영혼과 마찬가지로 불멸의 것이었다. 그들의 죽음은 그들이 하나님의 언약을 지켜야 하는 기간이 끝난 것을 의미하는 것이었기 때문에(눅 2:29, "주재여 이제는 말씀하신 대로 종을 평안히 놓아 주시는도다"), 그들이 원한 것이었고(고후 5:8, "우리가 담대하여 원하는 바는 차라리 몸을 떠나 주와 함께 있는 그것이라"), 소망이 가득하고 복된 것이었다(살전 4:13, "형제들아 자는 자들에 관하여는 너희가 알지 못함을 우리가 원하지 아니하노니 이는 소망 없는 다른 이와 같이 슬퍼하지 않게 하려 함이라").

약속을 받지 못하였으되. 그들은 하나님이 약속하신 것들을 실제로 눈으로 보고 만질 수 있는 형태로 받지는 못하였는데, 그것들은 무수한 자손들, 문자 그대로의 가나안 땅, 육신을 입고 이 땅에 오신 메시야, 영광스러운 부활 같은 것들이었다. 그러나 그들은 이 모든 것들이 장차 그들에게 이루어질 것을 믿었기 때문에, 믿음 안에서 한없이 기뻐하며 죽을 수 있었다. 그들은 각각 자신의 후손들에게 남긴 축복기도를 통해서 자신의 그러한 믿음을 보여 주었다. 이삭은 야곱에게 축복기도를 남겼고, 야곱은 자신의 아들들인 이스라엘의 열두 지파의 족장들에게 축복기도를 남겼다.

그것들을 멀리서 보고. 그들은 하나님이 약속하신 것들을 실제로 받아서 누리지는 못하였지만, 믿음으로 말미암아 그 약속들이 장차 이루어지는 모습을 멀리서나마 볼 수 있었다. 아브라함은 그렇게 믿음의 눈으로 멀리서 메시야를 보았다(요 8:56, "너희 조상 아브라함은 나의 때 볼 것을 즐거워하다가 보고 기뻐하였느니라"). 그들은 모두 이 땅에서 장차 주어질 약속의 기업은 물론이고, 무덤 너머에서 주어질 저 하늘에서의 안식을 믿음의 눈으로 분명하게 볼 수 있었기 때문에, 자신들이 죽었을 때에 자신들에게 주어질 부활과 천국과 영광을 볼 수 있었다. 그래서 야곱은 자신의 아들들을 축복하면서, "여호와여 나는 주의 구원을 기다리나이다"(창 49:18)라고 고백할 수 있었다.

환영하며. 그들이 가진 믿음으로 인해서, 하나님의 약속의 참됨과 선함과 확실함은 그들의 심령과 마음에 깊이 새겨져 있었고, 그들의 의지 속에는 그 약속들에 대한 강력한 시인과 확신이 자리잡고 있었으며, 그들의 감정은 그 약속들에 대한 사랑과 사모함과 기뻐함으로 충만하였다. 그들의 영혼은 마치 오랫동안 만나지 못했던 혈육이나 친구들을 만나게 되었을 때의 그 한없는 반가움과 기쁨으로, 그 약속들에 대하여 하나님께 감사하고 고마워하였으며, 믿음으로 그리스도를 꼭 붙들고, 천국을 사모하며, 영광의 약속들을 부둥켜 안은 채로 죽었다.

또 땅에서는 외국인과 나그네임을 증언하였으니. 그들은 이 땅에 사는 동안에는 말과 행위를 통해서, 자신들이 이 세상에 대하여 이방인이고 나그네라는 것을 분명하게 나타내었는데, 아브라함은 "나는 당신들 중에 나그네요 거류하는 자이니"(창 23:4)라고 고백하였고, 야곱은 "내 나그네 길의 세월이 백삼십 년이니이다 내 나이가 얼마 못 되니 우리 조상의 나그네 길의 연조에 미치지 못하나 험악한 세월을 보내었나이다"(창 47:9)라고 고백하였다. 그들은 이방인과 나그네답게 이 땅의 일들에 얽매이지 않고 자유로웠으며, 이 땅의 것들을 소유하지도 않았으며, 이 땅이 마치 본향인 것처럼 이 땅에서 친숙하고 편안하게 살아가지도 않았다. 또한, 그들은 이 땅에 속한 다른 사람들과 섞여서 사이좋게 만족하며 살아가지도 않았고, 반대로 순례자들로서 이곳저곳을 유랑하며, 하나님께서 지시하시는 곳에서 장막을 치고 거하다가, 하나님이 떠나라고 하시면 떠나는 삶을 살았다. 그들은 이 땅에서 살아가기는 하였지만, 이 땅의 주민들로 살아간 것은 아니었고, 오로지 하나님의 백성으로 살아가고자 했을 뿐이었다(시 39:12, "여호와여 나의 기도를 들으시며 나의 부르짖음에 귀를 기울이소서 내가 눈물 흘릴 때에 잠잠하지 마옵소서 나는 주와 함께 있는 나그네이며 나의 모든 조상들처럼 떠도나이다"; 105:12-13, "그 때에 그들의 사람 수가 적어 그 땅의 나그네가 되었고 이 족속에게서 저 족속에게로, 이 나라에서 다른 민족에게로 떠돌아다녔도다"). 고린도후서 5:6-8을 보라: "그러므로 우리가 항상 담대하여 몸으로 있을 때에는 주와 따로 있는 줄을 아노니 이는 우리가 믿음으로 행하고 보는 것으로 행하지 아니함이로라 우리가 담대하여 원하는 바는 차라리 몸을 떠나 주와 함께 있는 그것이라." 그들은 모두 이 땅에서 살아가면서도, 한결같이 이 세상에는 마음이 없었고, 이 세상을 떠나서 그들의 본향인 천국으로 가서 하나님과 함께 살아가게 되기를 사모하며 소망하였다.

14. 그들이 이같이 말하는 것은 자기들이 본향 찾는 자임을 나타냄이라.

그들이 이렇게 끝까지 믿음을 놓지 않고 믿음을 따라 죽을 수 있었던 것은, 자신들이 죽어서, 이 땅의 그 어디에서 어떤 삶을 사는 것보다도 훨씬 더 나은 곳으로 가서 거기에서 지극히 복된 삶을 살게 될 것임을 보았기 때문이었다. 그래서 믿는 자들이었던 그들은 자신들의 말과 삶을 통해서, 이 땅에서는 자신들이 나그네들이자 순례자들이라는 것을 고백하고, 하나님이 약속하신 것들을 믿음으로 보고 사모함으로써, 그들을 보거나 그들과 교제하는 모든 사람들에게, "자기들이 본향 찾는 자들"이라는 것, 즉 그들이 이 땅에서는 찾지 못하고 장차 죽어서 그들에게 주어질 안식처를 찾아 가는 자들이라는 것을 분명하게 선언하고 보여 주었다. 왜냐하면, 자신의 "본향"에서 나그네와 순례자로 살아가는 사람은 아무도 없기 때문이다. 이 땅은 그들의 본향이 아니었기 때문에, 그들은 자신들의 본향으로 가는 길을 찾아서, 그들을 이 땅보다 더 나은 곳으로 인도해 줄 믿음을 따라 행하였다. 이렇게 해서, 사도는 10절("이는 그가 하나님이 계획하시고 지으실 터가 있는 성을 바랐음이라")에서 자기가 이미 말했던 것으로 우리를 다시 데려 간 후에, 즉시 다음 절에서 이 본향은 그들이 이전에 살다가 나왔던 갈대아 우르가 아닌가 하는 사람들의 의구심을 지우기 위해서, 그들이 찾는 본향은 그들의 이전 고향보다 훨씬 더 나은 곳임을 분명히 한다.

15. 그들이 나온 바 본향을 생각하였더라면 돌아갈 기회가 있었으려니와.

그들은 가나안 땅에서 이방인이자 나그네들로 살았지만, 만일 그들이 이전에 살았고, 그래서 그 어느 곳보다도 더 그들에게 친숙하고 정겨웠을 그들의 고향인 갈대아 우르를 자신들의 본향이라고 생각하였다면, 얼마든지 그 곳으로 다시 돌아갈 수 있었을 것이다. 그러나 그 곳은 그들이 찾는 본향이 아니었다. 그들은 그 곳보다 더 나은 곳, 즉 믿음으로 말미암아 그들이 보았던 "본향"을 마음에 두고 있었다. 반면에, 그들이 떠나 왔던 갈대아 우르는 그들의 눈으로 얼마든지 볼 수 있는 곳이었기 때문에, 만일 그 곳이 그들이 원해 왔던 본향이라면, 그들은 얼마든지 그 곳으로 돌아갈 수 있었을 것이지만, 그들에게는 거기로 돌아갈 마음이 추호도 없었다. 왜냐하면, 그들은 하늘의 부르심에 순종해서, 하나님께서 약속하신 본향만을 일편단심으로 바라보며 사모하였기 때문이다. 창세기 29-31장이 보여 주듯이, 야곱은 아내를 얻기 위해서 자신의 고향인 갈대아 땅으로 가기는 했지만, 하나님께서 그를 부르셨을 때, 기꺼이 그 곳을 다시 떠났다. 그들은 자원해서 그 곳을 떠났고 멀리하였으며 다시는 돌아보지 않았고, 오직 더 나은 곳을 사모할 뿐이었다.

16. 그들이 이제는 더 나은 본향을 사모하니 곧 하늘에 있는 것이라 이러므로 하나님이 그들의 하나님이라 일컬음 받으심을 부끄러워하지 아니하시고 그들을 위하여 한 성을 예비하셨느니라.

그들이 이제는 더 나은 본향을 사모하니 곧 하늘에 있는 것이라. 그들은 이 세상에 마음을 두지 않고 나그네들로 살아가면서, 자신들의 본향인 하늘에 있는 "한 성," 즉 "하나님이 계획하시고 지으실 터가 있는 성"(10절)만을 지극히 간절하고 열렬한 마음으로 구하고 사모하고 소망하였기 때문에, 바로 그 본향 외에는 다른 모든 것들을 하찮은 것으로 여겼다. 그들이 사모한 하늘에 있는 그들의 본향은 완전한 삶과 충만한 영광이 존재하는 곳이기 때문에, 하늘이 땅에서 먼 것처럼, 이 땅에 있는 그 어떤 곳보다도 훨씬 더 뛰어난 곳이다(딤후 4:18, "주께서 나를 모든 악한 일에서 건져내시고 또 그의 천국에 들어가도록 구원하시리니"; 벧전 1:4, "썩지 않고 더럽지 않고 쇠하지 아니하는 유업을 잇게 하시나니 곧 너희를 위하여 하늘에 간직하신 것이라"). 그들은 하늘에 있는 본향과 하늘에서 누리게 될 삶과 사귐과 기쁨을 사모하였기 때문에(빌 3:20-21, "우리의 시민권은 하늘에 있는지라"), 거기에 못 미치는 이 세상과 이 세상에서의 삶은 그들을 만족시킬 수 없었다.

이러므로 하나님이 그들의 하나님이라 일컬음 받으심을 부끄러워하지 아니하시고. 그들은 믿음을 따라 죽을 때까지 이 세상에서 나그네로 살면서, 하나님이 주신 약속들을 믿고 소망하며, 오직 하늘에 있는 자신들의 본향만을 사모하였기 때문에, 하나님께서는 그들을 멸시하지 않으셨고, 그들을 자신의 백성으로 인정하는 것을 자신의 명성에 해악을 끼치는 것이라고 생각하지 않으셨다. 도리어, 하나님께서는 자신이 "그들의 하나님이라 일컬음을 받으시는" 것을 자신의 명성에 전혀 누가 되지 않는 것으로 여기셨고, 그들을 자신의 기쁨으로 여기셨다. 그래서 하나님께서는 그들이 죽고 나서, 자기가 그들의 하나님이 되신다는 것을 기꺼이 시인하시고 인정하셨다(출 3:6, 15, "나는 네 조상의 하나님이니 아브라함의 하나님, 이삭의 하나님, 야곱의 하나님이니라 … 하나님이 또 모세에게 이르시되 너는 이스라엘 자손에게 이같이 이르기를 너희 조상의 하나님 여호와 곧 아브라함의 하나님, 이삭의 하나님, 야곱의 하나님께서 나를 너희에게 보내셨다 하라 이는 나의 영원한 이름이요 대대로 기억할 나의 칭호니라"; 마 22:31-32, "죽은 자의 부활을 논할진대 하나님이 너희에게 말씀하신 바 나는 아브라함의 하나님이요 이삭의 하나님이요 야곱의 하나님이로라 하신 것을 읽어 보지 못하였느냐 하나님은 죽은 자의 하나님이 아니요 살아 있는 자의 하나님이시니라 하시니"). 야곱이 요셉의 아들에 대하여 "내가 애굽으로 와서 네게 이르기 전에 애굽에서 네가 낳은 두 아들 에브라임과 므낫세는 내 것이라 르우벤과 시므온처럼 내 것이 될 것이요"(창 48:5)라고 말했던 것처럼, 하나님께서는 그들을 자신의 것으로 여기셔서, 그들의 이름을 자신의 호칭에 넣어서 자신을 부르시는 것은 전혀 부끄러워하지 않으셨다. 따라서 그들은 몸으로는 죽었지만, 영으로는 살아 있다. 하나님께서 자신의 호칭에 그들의 이름을 넣어서 부르신 것은, 장차 그들의 몸도 부활하여, 그들이 영과 몸이 있는 온전히 산 사람들로 살아 계신 하나님을 섬기게 될 것임을 분명하게 보여 준다. 왜냐하면, 하나님께서는 이 세상에서 순례길을 행하느라고 결코 안식하지 못하였던 그들로 하여금 천국에서 반드시 안식을 얻게 하실 것이기 때문이다.

그들을 위하여 한 성을 예비하셨느니라. 그들은 이 땅에서 살아가는 동안에 가나안 땅에 머물렀고, 예루살렘의 주민들로 살았지만, 그들이 구하고 사모한 하늘에 있는 본향(히 11:10)은 가나안 땅이나 예루살렘을 무한히 능가하는 곳으로서(엡 2:19, "이제부터 너희는 외인도 아니요 나그네도 아니요 오직 성도들과 동일한 시민이요 하나님의 권속이라"; 빌 3:20, "우리의 시민권은 하늘에 있는지라 거기로부터 구원하는 자 곧 주 예수 그리스도를 기다리노니"), 살아 계신 하나님이 계시는 살기 좋고 평화로우며 부요하고 영광스러운 도성이다(히 12:22, "하나님의 도성인 하늘의 예루살렘"; 13:14, "우리가 여기에는 영구한 도성이 없으므로 장차 올 것을 찾나니"). 하나님께서 그들을 위하여 예비하신 그 성은, 그들이 이 땅에서 나그네로 살아가면서 안식하지 못하고 무수히 근심하고 슬퍼하며 고난을 겪은 것에 대한 충분한 보상이 될 것이다. 왜냐하면, 거기에서 그들은 지극한 즐거움들과 부요함과 존귀와 안식을 영원토록 누리게 될 것이기 때문이다(벧전 1:4, "썩지 않고 더럽지 않고 쇠하지 아니하는 유업을 잇게 하시나니 곧 너희를 위하여 하늘에 간직하신 것이라").

17. 아브라함은 시험을 받을 때에 믿음으로 이삭을 드렸으니 그는 약속들을 받은 자로되 그 외아들을 드렸느니라.

아브라함은 시험을 받을 때에 믿음으로 이삭을 드렸으니. 아브라함은 뛰어난 믿음을 지니고 있었는데, 하나님께서는 아브라함이 다른 모든 것들보다도 자기를 더 믿고 사랑하는 것이 진실인지를 아시기 위하여 아주 드문 방식으로 그를 시험하셨는데, 그것은 아브라함에게 그가 지극히 사랑하는 그의 독자 이삭을 모리아 산으로 데리고 와서 번제물로 자신에게 바치라고 명하신 것이었다(창 22:2, "여호와께서 이르시되 네 아들 네 사랑하는 독자 이삭을 데리고 모리아 땅으로 가서 내가 네게 일러 준 한 산 거기서 그를 번제로 드리라"). 하나님의 이러한 명령은 결코 불의한 것이 아니었다. 왜냐하면, 하나님께서는 모든 사람들과 그들의 삶에 대하여 절대적인 주권과 통치권을 지니고 계시는 분이어서, 사람들을 죽이거나 살리실 수 있으신 권세를 지니고 계시기 때문이다(신 32:39, "이제는 나 곧 내가 그인 줄 알라 나 외에는 신이 없도다 나는 죽이기도 하며 살리기도 하며 상하게도 하며 낫게도 하나니 내 손에서 능히 빼앗을 자가 없도다"). 아브라함은 하나님께서 명하신 대로 다 순종하여 자신의 독자 이삭을 하나님께 드렸다. 왜냐하면, 아브라함은 하나님의 명령에 순종하기로 결심하고서, 이삭을 번제단에 묶어 놓고 번제로 드리기 위하여 죽이려던 찰나에, 하나님께서 개입하셔서 실제로 번제로 드리지는 못하였지만, 만일 하나님이 개입하지만 않으셨다면, 이삭은 아브라함의 손에 죽어서 번제단 위에서 한 줌의 재로 변하고 말았을 것이었기 때문이다(창 22:3, 6-13).

그는 약속들을 받은 자로되 그 외아들을 드렸느니라. 이삭은 아브라함이 하나님의 약속을 따라 받은 독자였다. 아브라함은 이삭과 관련해서 무수한 약속들을 받았고, 교회에 대한 그러한 약속들은 이삭을 통해서 성취될 것이었다. 즉, 이삭으로부터 무수한 자손들이 생겨나서 가나안 땅을 기업으로 받게 될 것이었고, 이삭을 통해서 아브라함과 이삭을 비롯해서 만민으로 하여금 축복받게 해 주실 그리스도께서 이 땅에 오시게 되어 있었다. 그럼에도 불구하고, 아브라함은 하나님을 굳게 믿었기 때문에, 하나님의 명령을 따라 이삭을 번제물로 바칠 수 있었다. 하나님에 대한 그의 강력한 믿음은 그의 이성과 혈육의 정을 잠재울 수 있었고, 그로 하여금 그가 이삭을 번제물로 바친다고 하여도, 하나님께서는 그와 사라가 나이가 많아 죽은 몸과 죽은 모태가 된 상태에서도 이삭을 얻을 수 있게 해 주신 것처럼, 이번에도 이삭을 통해서 약속하신 것들을 이루실 수 있을 것이라고 확신할 수 있게 해 주었다. 그래서 아브라함은 하나님의 말씀에 순종해서 이삭을 하나님께 드렸다.

18. 그에게 이미 말씀하시기를 네 자손이라 칭할 자는 이삭으로 말미암으리라 하셨으니.

하나님께서는 이전에 아브라함에게 자기가 약속한 것들을 이삭을 통해서 이루실 것이라고 분명하게 말씀하셨기 때문에, 이삭을 번제물로 바치라는 하나님의 명령은 아브라함에게 더욱더 큰 시험이 될 수밖에 없었다. 즉, 하나님께서는 "네 자손이라 칭할 자," 곧 지극히 복되시고 찬송 받으실 그리스도와 그의 신비의 몸인 교회가 아브라함의 독자 이삭으로 말미암게 될 것이고 이삭의 족보로부터 생겨나게 될 것이라고 이미 약속하셨다(갈 4:28, "형제들아 너희는 이삭과 같이 약속의 자녀라"). 아브라함은 하나님의 그러한 약속과 계시를 이미 받은 상태에서(창 17:19, 21), 이삭을 번제물로 바치라는 명령을 받았기 때문에, 이 두 가지는 서로 모순되어 보일 수밖에 없었다. 하지만 아브라함은 자신의 이성으로는 이해할 수 없지만, 하나님께서 이 두 가지를 다 이루실 것임을 믿었다. 즉, 아브라함은 자기가 하나님의 명령을 따라 이삭을 번제물로 바친다고 하여도, 하나님께서는 자기에게 주신 약속들을 어떻게 해서든지 이삭을 통해서 이루실 것임을 믿었다.

19. 그가 하나님이 능히 이삭을 죽은 자 가운데서 다시 살리실 줄로 생각한지라 비유컨대 그를 죽은 자 가운데서 도로 받은 것이니라.

그가 하나님이 능히 이삭을 죽은 자 가운데서 다시 살리실 줄로 생각한지라. 믿음은 아브라함으로 하여금 이삭을 바치는 하나님의 명령에 따른 "시험"의 의미를 추론하게 만들었고, 그는 이 시험이 하나님의 능력을 믿느냐 믿지 못하느냐에 대한 시험인 것을 알고서, 그에게는 하나님이 죽은 자를 살리실 수 있으신 분으로 믿고 있었기 때문에, 믿음으로 이삭을 바칠 수 있었다. 즉, 아브라함은 하나님께서는 이삭을 통해서 자신의 약속들을 이루실 것이라고 분명하게 말씀하셨기 때문에, 자기가 이삭을 죽여서 번제물로 바치더라도, 이삭을 다시 살리셔서 자신의 약속들을 이루실 것이라고 믿었기 때문에, 하나님의 명령에 순종하여 이삭을 바칠 수 있었다는 것이다. 그리고 그러한 믿음은 하나님께서 자녀를 낳는 것과 관련해서는 거의 죽은 자들이나 다름없었던 아브라함과 사라의 몸에서 이삭이 생겨나게 하신 일을 경험한 것으로부터 자라난 것이었다(롬 4:17-22). 죽은 자들 가운데서 다시 살리실 수 있으신 하나님의 전능하신 능력은 이 시험에 내포된 온갖 난점들을 다 해결해 주는 열쇠였다. 죽은 자들 가운데서 다시 살리실 수 있으신 하나님께서 이삭을 죽여 바치라고 명하셨다면, 그것은 결코 살인이 될 수 없었다. 왜냐하면, 하나님께서는 아브라함이 이삭을 죽이는 것을 막으실 수도 있으시고, 설령 이삭이 죽었다고 하더라도 다시 살리실 수 있으시기 때문이다. 이삭이 번제물이 되어 죽더라도, 하나님이 약속하신 것들은 반드시 이루어질 것이다. 왜냐하면, 하나님께서는 죽은 이삭을 다시 살리셔서, 이삭을 통하여 그 약속들을 이루실 것이기 때문이다. 여기에서 혈육의 정에 관한 문제가 대두된다: 내게는 나를 살리시고 내 자녀를 죽은 자들 가운데서 다시 살리실 수 있으신 하나님보다 나의 자녀가 더 소중한가? 하나님께서는 죽은 자를 살리실 수 있으시기 때문에, 우리에게 난제들로 보이는 것들을 다 해결하실 수 있으시다. 그렇기 때문에, 복음 전체에 걸쳐서 이 원리는 거듭거듭 반복해서 그리스도인들의 믿음을 떠받치는 확실한 지지대 역할을 한다.

비유컨대 그를 죽은 자 가운데서 도로 받은 것이니라. 이삭의 출생은 죽은 자들 가운데서의 일종의 부활 같은 것이었고, 하나님께서 이삭을 아브라함에게 도로 주신 것도 그런 것이었다. 왜냐하면, 아브라함은 손을 들어서 이삭을 죽이려고 했고, 바로 그 순간에 천사가 나타나 그것을 멈추게 한 것인 까닭에, 아브라함의 입장에서는 이삭은 죽은 것이나 마찬가지였기 때문이다(창 22:11-12). 아브라함은 자신의 믿음의 승리에 대한 트로피이자 상으로, 이삭을 번제단으로부터 도로 돌려받았다. 따라서 이삭은 죽은 자들 가운데서 다시 살리심을 받은 자와 같았고, 이 시험에서 아브라함이 승리했음을 생생하게 보여 주는 증표였다. 아브라함은 자기 아들 이삭을 통해서 부활의 예표를 보았고, 그리스도 안에서의 훨씬 더 영광스러운 부활의 전조를 보았다.

20. 믿음으로 이삭은 장차 있을 일에 대하여 야곱과 에서에게 축복하였으며.

사도는 1절에서 설명한 믿음의 모범적인 사례로 아브라함 다음에 이삭의 예를 든다. 이삭의 믿음은 하나님께서 이삭의 자손에 관하여 보여 주신 특별한 계시에 대한 것이었다. 이삭은 이 믿음을 따라서 자신의 두 아들이 복 받기를 원하고 기도했는데, 그것은 단지 축복기도에서 그친 것이 아니라, 두 아들의 장래에 대하여 하나님이 정하신 일들을 예언한 것이기도 하였다. 즉, 하나님께서는 야곱과 그의 자손 이스라엘에게는 언약에 따른 복을 주시기로 예정하셨고, 에서와 그의 자손 에돔 족속에게는 세상적인 복을 주시기로 예정하셨다(창 27:27, 39). 이 두 가지 복들은 장래에 있을 일들이었고, 수백 년 후에 야곱과 에서의 자손들에게 이루어질 일들이었다. 하나님께서 이삭에게 그의 두 아들과 그들의 자손들에 대하여 계시해 주신 장래의 일들은 눈에 보이지 않는 것들로서, 단지 믿음으로 바라고 소망해야 하는 것들이었다. 하나님께서 야곱과 그의 자손에게 주신 복들은, 하나님이 아브라함과 이삭에게 주신 저 언약으로 인한 영적인 복들로서, 아담의 범죄로 인한 땅의 저주를 능가하는 풍성한 복들과 형제들을 다스리는 권세였다(창 27:28-29, "하나님은 하늘의 이슬과 땅의 기름짐이며 풍성한 곡식과 포도주를 네게 주시기를 원하노라 만민이 너를 섬기고 열국이 네게 굴복하리니 네가 형제들의 주가 되고 네 어머니의 아들들이 네게 굴복하며 너를 저주하는 자는 저주를 받고 너를 축복하는 자는 복을 받기를 원하노라"). 반면에, 하나님께서 에서와 그의 자손에게 주신 복들은 단지 이 땅에 속한 세상적인 복들로서, 때가 되면 종살이에서 벗어나서 이 땅의 좋은 것들을 마음껏 누리게 되리라는 것이었다(창 27:39-40, "네 주소는 땅의 기름짐에서 멀고 내리는 하늘 이슬에서 멀 것이며 너는 칼을 믿고 생활하겠고 네 아우를 섬길 것이며 네가 매임을 벗을 때에는 그 멍에를 네 목에서 떨쳐버리리라"). 이삭은 이 모든 장래의 일들을 믿음으로 미리 보고서, 하나님께서 자신의 두 아들에게 정하신 분깃들을 그들에게 미리 말해 주었다. 에서에 대한 이삭의 예언은 그의 자손인 에돔 족속과 관련해서 그대로 다 이루어졌고(삼하 8:11; 왕하 8:20), 야곱에 대한 이삭의 예언이 그의 자손에게 그대로 다 이루어진 것은 구약성경 전체에 나와 있다.

21. 믿음으로 야곱은 죽을 때에 요셉의 각 아들에게 축복하고 그 지팡이 머리에 의지하여 경배하였으며.

믿음으로 야곱은 죽을 때에 요셉의 각 아들에게 축복하고. 야곱은 자신의 조상들인 아브라함과 이삭보다 결코 그 믿음이 못하지 않아서, 하나님의 정하심을 따라 장자로서 아버지 이삭의 확증에 의해 언약의 복을 물려받았고(창 28:1, 3-4), 죽을 때에는 비록 몸은 약해졌지만 믿음은 강해져서, 할아버지이자 선지자로서 요셉과 그의 아들들을 축복하였다(창 48:15-20). 야곱은 요셉의 장자인 므낫세보다 둘째 아들인 에브라임을 더 사랑하여, 자신의 오른손을 에브라임의 머리에, 자신의 왼손을 므낫세의 머리에 얹고 축복기도를 하면서, 이 둘을 자신의 아들들로 입양하여, 언약의 복을 그들에게 물려주었다. 즉, 야곱은 요셉에게 속한 분깃을 그의 두 아들에게 나누어 주어서, 그 두 사람으로 하여금 두 지파를 이루게 하였다(창 49:22-26). 이렇게 믿음으로 야곱은 하나님의 말씀을 받아서, 므낫세와 에브라임을 위한 축복기도를 통해 그 말씀을 그들 각자에게 미리 알려 주었다.

그 지팡이 머리에 의지하여 경배하였으며. 야곱이 지닌 믿음으로 인한 또 하나의 행위는, 그가 죽을 때에 하나님을 경배하며, 하나님이 그에게 약속하신 유업을 확고하게 믿고 기대하는 가운데, 자신의 몸을 하나님께 의탁하였다는 것인데, 성경의 기사들은 그의 이러한 모습을 분명하게 보여 준다. 창세기 47:29-31("이스라엘이 죽을 날이 가까우매 그의 아들 요셉을 불러 그에게 이르되 이제 내가 네게 은혜를 입었거든 청하노니 네 손을 내 허벅지 아래에 넣고 인애와 성실함으로 내게 행하여 애굽에 나를 장사하지 아니하도록 하라 내가 조상들과 함께 눕거든 너는 나를 애굽에서 메어다가 조상의 묘지에 장사하라 요셉이 이르되 내가 아버지의 말씀대로 행하리이다 야곱이 또 이르되 내게 맹세하라 하매 그가 맹세하니 이스라엘이 침상 머리에서 하나님께 경배하니라")과 48:21-22("이스라엘이 요셉에게 또 이르되 나는 죽으나 하나님이 너희와 함께 계시사 너희를 인도하여 너희 조상의 땅으로 돌아가게 하시려니와 내가 네게 네 형제보다 세겜 땅을 더 주었나니 이는 내가 내 칼과 활로 아모리 족속의 손에서 빼앗은 것이니라")을 보라. 야곱은 요셉을 불러 놓고서, 침상 머리에서 몸을 일으킨 후에, 자신의 지팡이를 의지하여 지팡이 머리에 기댄 채로, 자기 아들 요셉에게 믿음으로 자신의 뜻을 전하면서, 자기를 동일한 약속의 상속자들인 아브라함과 이삭이 매장된 가나안 땅의 막벨라 굴에 함께 묻어 줄 것을 맹세로써 약속하게 한다. 왜냐하면, 가나안 땅의 막벨라 굴은 하나님께서 야곱의 아들들의 열두 지파에게 주시기로 약속하셨던 땅의 보증으로 주신 것이었기 때문이다. 요셉이 그렇게 하겠다고 야곱에게 맹세하자, 야곱은 하나님께 절하고 경배하며, 하나님께서 아브라함과 이삭과 야곱의 자손에게 하신 약속들을 지속적인 섭리를 통해 점진적으로 이루어 가시는 것에 대하여, 자신의 마음을 들어서 하나님께 감사하였다. 야곱이 그렇게 하였을 때, 그는 믿음으로 겸손하게 하나님 앞에 절하며, 자신의 주권자이신 주 하나님과 구주를 경배한 것이었다. 요셉은 야곱의 아들이었고, 그에게서 축복을 받는 위치에 있는 아랫사람이었기 때문에, 야곱이 요셉에게 절할 이유는 없었기 때문에, 야곱은 믿음으로 오직 하나님께 경배하였다.

22. 믿음으로 요셉은 임종시에 이스라엘 자손들이 떠날 것을 말하고 또 자기 뼈를 위하여 명하였으며.

믿음으로 요셉은 임종시에 이스라엘 자손들이 떠날 것을 말하고. 야곱이 라헬에게서 얻은 첫 번째 아들이었던 요셉은 다른 형제들보다 하나님의 사랑을 더 많이 받아서, 형제들의 시기로 인해 애굽으로 팔려갔다가, 하나님의 역사로 인해 애굽을 다스리는 총리가 되어, 형제들의 구원자가 되었고, 아버지 야곱의 축복으로 장자권의 상속자가 되어, 아버지 야곱과 같이 족장이자 선지자가 되었다. 요셉은 이 땅에서의 순례길을 마칠 날이 다가오자, 자신의 자녀들과 형제들과 조카들에게 장차 이스라엘 자손들이 애굽으로부터 떠나게 될 것임을 말해 주고, 그들이 그들의 자손들에게도, 애굽에서 정착하는 것이 아니라, 애굽을 떠나 더 나은 곳으로 가는 것이 하나님의 뜻이라는 것을 알려 주어서, 자신의 죽음으로 인해서 이스라엘 자손을 약속의 땅으로 인도하고자 하시는 하나님의 섭리가 방해를 받지 않게 하고자 하였다. 요셉의 예언처럼, 하나님께서는 그들의 후손들인 이스라엘 자손들에게 모세를 보내셔서, 그들을 애굽 땅으로부터 영광스럽게 이끌어 내시고 약속의 땅으로 인도하셔서, 그 땅을 그들의 기업으로 주셨다. 이 일은 요셉이 죽은 후 오랜 세월이 지나서 이루어진 일이었지만, 요셉은 "믿음으로" 그러한 예언을 한 것이었다(창 50:24, "요셉이 그의 형제들에게 이르되 나는 죽을 것이나 하나님이 당신들을 돌보시고 당신들을 이 땅에서 인도하여 내사 아브라함과 이삭과 야곱에게 맹세하신 땅에 이르게 하시리라 하고"). 하나님께서는 아브라함과 이삭과 야곱에게 맹세하셨고, 요셉이 유언으로 예언한 것을, 요셉이 죽은 지 백육십 년이 지난 후에 이루셨다.

또 자기 뼈를 위하여 명하였으며. 또한, 요셉은 "믿음으로" 자기가 죽으면, 자신의 시신을 방부처리하여서 미라로 만들어, 이스라엘 자손이 애굽을 떠날 때에 함께 가져다가, 가나안 땅에 매장해 달라고 부탁하면서, 그들로 하여금 반드시 그렇게 하겠다고 맹세하게 하였다(창 50:25, "요셉이 또 이스라엘 자손에게 맹세시켜 이르기를 하나님이 반드시 당신들을 돌보시리니 당신들은 여기서 내 해골을 메고 올라가겠다 하라 하였더라"). 이것은 요셉이 자기와 동일한 유업을 약속받은 야곱과 함께 하기 위하여, 자신의 뼈를 가나안 땅에 묻고 싶은 소원을 말한 것이기도 하지만, 하나님께서 그가 정하신 때에 이스라엘 자손을 애굽으로부터 이끌어 내셔서 약속의 땅으로 인도하실 것임을 그들에게 확증해 주고 상기시켜 주고 격려해 주는 증표 역할을 하게 하기 위한 것이었다. 이스라엘 자손들은 나중에 이 맹세를 지켜서, 애굽을 떠날 때에 요셉의 뼈도 함께 가져가서(출 13:19, "모세가 요셉의 유골을 가졌으니 이는 요셉이 이스라엘 자손으로 단단히 맹세하게 하여 이르기를 하나님이 반드시 너희를 찾아오시리니 너희는 내 유골을 여기서 가지고 나가라 하였음이더라"), 에브라임 지파의 영지인 세겜에 장사하였다(수 24:32, "이스라엘 자손이 애굽에서 가져 온 요셉의 뼈를 세겜에 장사하였으니 이곳은 야곱이 백 크시타를 주고 세겜의 아버지 하몰의 자손들에게서 산 밭이라 그것이 요셉 자손의 기업이 되었더라").

23. 믿음으로 모세가 났을 때에 그 부모가 아름다운 아이임을 보고 석 달 동안 숨겨 왕의 명령을 무서워하지 아니하였으며.

믿음으로 모세가 났을 때에 그 부모가 … 석 달 동안 숨겨. 모세의 부모는 자신들의 조상들만큼이나 뛰어난 믿음을 지니고 있었다. 왜냐하면, 모세의 부모였던 아므람과 요게벳은 둘 다 레위 지파 사람들로서(출 6:20, "아므람은 그들의 아버지의 누이 요게벳을 아내로 맞이하였고 그는 아론과 모세를 낳았으며"), 히브리인들이 낳은 모든 사내아이들을 나일 강에 익사시키라는 애굽 왕 바로의 잔혹한 칙령 아래에서 태어난 모세를 숨겼기 때문이다. 여기에서 '파테론'(πατέρων, 직역하면 "아버지들")은 "낳은 자, 부모"를 뜻하는 '고네이스'(γονεῖς)를 의미한다. 역사 속에서는 모세를 숨긴 것이 오직 어머니가 한 일처럼 말하고 있지만, 출애굽기 2:2("레위 가족 중 한 사람이 가서 레위 여자에게 장가 들어 그 여자가 임신하여 아들을 낳으니 그가 잘 생긴 것을 보고 석 달 동안 그를 숨겼으나")이 보여 주듯이, 사실 그것은 아버지인 아므람의 지시에 의한 것이었다(cf. 행 7:20, "그 때에 모세가 났는데 하나님 보시기에 아름다운지라 그의 아버지의 집에서 석 달 동안 길리더니"). 모세는 형인 아론이 태어난 지 삼 년 후에 태어났고, 요셉이 죽은 지 65년 후에 태어났다. 모세의 부모는 애굽 왕 바로의 칙령과 그 칙령에서 정한 혹독한 형벌을 잘 알았으면서도, 모세를 석 달 동안 숨겼다(출 2:2-3). 그들은 믿음으로써 그 모든 두려움들과 어려움들을 이기고서, 석 달 동안에 걸쳐서 모세를 어떻게든 살리기 위한 방도를 백방으로 강구했을 것이고, 결국에는 모세를 안전하게 다른 곳으로 데려다 줄 "갈대 상자"를 마련해서 나일 강에 띄워 보냈던 것 같다.

아름다운 아이임을 보고. 그들의 믿음의 역사가 발휘된 이유는, 모세가 "아름다운 아이"라는 것을 보았기 때문이었다. '아스테이온' (ἀστεῖον)은 "아름다운, 준수한"이라는 의미이다. 모세는 단지 부모의 눈으로 보기에 "아름다운 아이"였던 것이 아니라, 스데반이 이것을 해석해서 "그 때에 모세가 났는데 하나님 보시기에 아름다운지라"(행 7:20)이라고 말한 것에서 알 수 있듯이, "하나님께서 보시기에 아름다운"(ἀστεῖον τῷ θεῷ - '아스테이온 토 테오') 아이였다. 하나님께서는 모세가 큰 인물이고, 하나님의 교회에서 크게 쓰임 받게 될 인물이라는 것임을 알려 주는 징표로서, 모세에게 태어날 때부터 모종의 영광스러운 모습을 수여하셨다. 이렇게 하나님께서는 모세의 용모에 무엇인가 아주 특별한 표를 주셨고, 모세의 부모는 믿음으로 그것을 분별하고서는, 모세를 숨기고 보호하여야 하겠다는 결심을 하게 된 것이었다.

왕의 명령을 무서워하지 아니하였으며. 믿음은 모세의 부모에게서 두려움을 없애 주었다. 왜냐하면, 그들은 하나님께서 갓 태어난 모세에게 모종의 영광스러운 모습을 수여하심으로써, 모세가 하나님의 교회에서 크게 쓰임 받게 될 것임을 보여 주신 것을 알았던 까닭에, 애굽 왕 바로의 그 어떤 무시무시한 칙령으로도 이 아이에 대한 하나님의 계획을 좌절시킬 수 없을 것이라고 확신하였고, 따라서 "왕의 명령을 무서워하지" 않을 수 있었기 때문이다. 그래서 모세의 부모는 모세를 석 달 동안 집에 숨겼을 때나, 나중에 모세를 갈대 상자에 넣어 나일 강 가 갈대 사이에 두었을 때에도, 어떻게든 그를 보호하고 지킬 방도를 치밀하게 마련하였고, 그들의 그러한 의도는 제대로 성공을 거두었다(출 2:3-10, "그 여자가 임신하여 아들을 낳으니 그가 잘 생긴 것을 보고 석 달 동안 그를 숨겼으나 더 숨길 수 없게 되매 그를 위하여 갈대 상자를 가져다가 역청과 나무 진을 칠하고 아기를 거기 담아 나일 강 가 갈대 사이에 두고").

24. 믿음으로 모세는 장성하여 바로의 공주의 아들이라 칭함 받기를 거절하고.

모세 자신도 자신의 부모만큼 뛰어난 믿음의 소유자여서, 하나님을 믿는 믿음의 대단히 모범적인 사례를 보여 주었다. 모세는 교회의 원수들에 의해서 나일 강에서 건짐을 받아 그들로부터 자신의 이름을 받았고, 그들 중의 악명 높은 자의 양자가 되어서, 철없던 어린 시설과 무모했던 청년 시절을 거쳐, 나이가 들고 성장해서, 남자다운 사려 깊음과 제대로 된 믿음을 발휘할 수 있는 나이인 사십 세의 장년이 되었다(출 3:11; 행 7:23, "나이가 사십이 되매 그 형제 이스라엘 자손을 돌볼 생각이

나더니"). 이렇게 모세는 가난한 이스라엘 자손으로 태어났지만, 애굽 왕 바로의 딸인 공주에 의해서 죽음에서 건짐을 받아 살아나서 그녀의 양자로 입양되었고, 공주의 허락 하에 자신의 생모의 손에서 양육을 받으면서, 애굽인들의 모든 지혜로 교육을 받아, 공주의 아들로서 영화와 존귀를 누리면서, 사십 세가 될 때까지는 애굽 나라를 이어받을 수 있는 탄탄대로를 걷고 있었다. 하지만 모세는 사십 세가 되었을 때, 자신을 구해 주고 길러 준 공주에 대한 비열한 배은망덕함이나 그 어떤 배신하고자 하는 마음으로 인해서가 아니라, 하나님에 대한 믿음으로 말미암아, 하나님 안에서 더 나은 직함과 더 큰 존귀를 얻기 위하여, 자신이 기존에 지니고 있던 모든 직함들과 존귀를 내려 놓고, "공주의 아들이라 칭함 받기를 거절하였다." 모세의 그러한 믿음은, 그가 나중에 보여준 언행 속에서 그대로 드러났다(히 11:25).

25. 도리어 하나님의 백성과 함께 고난 받기를 잠시 죄악의 낙을 누리는 것보다 더 좋아하고.

도리어 하나님의 백성과 함께 고난 받기를 … 더 좋아하고. "믿음"은 모세로 하여금 자기가 기존에 갖고 있던 모든 기득권을 포기하게 만들었을 뿐만 아니라, 그가 앞으로 무엇을 해야 할 것인지를 결정하는 데에도 영향을 미쳤다. 왜냐하면, 그는 자기가 공주의 아들로서 애굽에서 지니고 있던 온갖 권력과 부귀영화 속에서 얼마든지 온갖 세상적인 즐거움들을 누릴 수 있었음에도 불구하고, 하나님께서 그가 세상의 낙을 누리는 것을 기뻐하지 않으시는 것을 알았던 까닭에, 자신의 혈육들인 하나님의 백성과 함께 모든 압제와 고난과 박해를 받는 쪽을 선택하였는데, 이것은 전적으로 그의 믿음으로 말미암은 결정이었고 선택이었기 때문이다. "하나님의 백성"은 이 세상에서 가장 큰 특권을 받은 무리로서, 하나님이 주신 소망을 힘입어서 하나님을 위하여 기꺼이 많은 고난들을 받는 쪽을 선택한 무리였다. 모세는 자기가 하나님의 백성과 함께 그러한 고난들을 감내하면, 자신의 심령이 하나님의 영광에 참여하게 될 뿐만 아니라, 결국에는 영원한 안식과 영광을 누리게 될 것이라는 것을 알았고, 자신이 받는 고난들은 단지 일시적인 것들이어서 머지않아 속히 끝나게 되리라는 것도 알았다(롬 8:18; 고후 4:17-18, "우리가 잠시 받는 환난의 경한 것이 지극히 크고 영원한 영광의 중한 것을 우리에게 이루게 함이니 우리가 주목하는 것은 보이는 것이 아니요 보이지 않는 것이니 보이는 것은 잠깐이요 보이지 않는 것은 영원함이라").

잠시 죄악의 낙을 누리는 것보다. "믿음"은 모세로 하여금 그를 유혹하는 "죄악의 낙"를 거절하도록 만들었다. 만일 그가 계속해서 바로의 왕궁에 머물러 있으면서, 자신이 이스라엘 자손이라는 것을 부인하고, 자기가 애굽인이라는 것을 공언하고서, 애굽인들과 함께 자신의 형제들인 이스라엘 자손들을 잔혹하게 노예로 부리는 데 앞장서며, 공주의 아들에게 주어진 온갖 권력과 부귀영화를 마음껏 누리는 삶을 살았다면, 그는 "죄악의 낙"을 누리는 삶을 피할 수 없었을 것이다. 모세가 누릴 수 있었을 그러한 "낙들"은 죄악되고 일시적이며 순간적이고 덧없는 것들이어서, 오래 갈 수도 없는 것들이었고 그의 영혼을 만족시켜 줄 수도 없는 것들이었으며, 그 끝에는 영원한 고통과 괴로움만이 기다리고 있는 속이는 것들이었던 반면에, 모세가 선택한 것, 즉 하나님의 백성과 함께 고난 받는 삶은 결국에는 영원한 기쁨과 즐거움으로 이어질 것이었다(막 9:43-44, 47; 눅 16:25).

26. 그리스도를 위하여 받는 수모를 애굽의 모든 보화보다 더 큰 재물로 여겼으니 이는 상 주심을 바라봄이라.

그리스도를 위하여 받는 수모를 애굽의 모든 보화보다 더 큰 재물로 여겼으니. 믿음은 모세의 앞서의 선택에 결정적인 영향을 미쳤다. 모세는 믿음으로 말미암아 하나님이 주신 감동에 의해서 이 모든 것을 둘러싼 진실을 알게 되었고, 진실이라는 지극히 타당하고 합당한 근거 위에서 그러한 선택을 하였다. 그는 이 일과 관련해서 하나님이 보여 주신 모든 것들을 신중하게 숙고한 후에, 제대로 된 판단과 단호한 결정을 할 수 있었는데, 그것은 하나님의 백성이 그리스도를 믿는 믿음을 가지고서, 하나님의 약속에 따라, 그들의 조상 야곱은 물론이고 그들을 보호해 왔던 언약의 사자인 그리스도를 기다린다는 이유로(창 48:15-16), 그들의 원수들에 의해서 온갖 극심한 고난과 수모와 가난과 고통과 괴로움을 겪고 있지만, 모세는 그리스도에 대한 믿음과 사랑으로 인하여 그런 하나님의 백성과 함께 고난을 당하기로 선택한 것이었다. 애굽이나 애굽 왕 바로가 모세에게 해 줄 수 있는 것들은 하나도 예외 없이 모두 다 육신에 의해서 티끌 속에 세워진 것들이고, 잠시 즐겁게 해 주다가 결국에는 허무로 끝나게 될 그런 것들이었기 때문에, 모세는 그런 것들보다도, 하나님의 백성과 함께 받는 고난과 수모를, 하나님의 약속을 따라 장차 하나님의 백성에게 주어질 온갖 뛰어난 것들과 더불어서, 훨씬 더 귀하고 소중하고 영광스럽고 부요한 보화이자 무한히 더 바람직하고 사모할 만한 보화로 여겼다. 애굽의 모든 보화가 귀하고 값진 것이라고 해도, 그리스도께서 모세를 위하여 하늘에 쌓아 두신 보화에 비하면 아무것도 아니지 않겠는가?

이는 상 주심을 바라봄이라. 이것은 모세가 애굽의 모든 영광과 보화를 거절하고, 하나님의 백성과 함께 그리스도를 위하여 받는 수모를 택하게 된 동기였다. 모세는 하나님의 "상 주심"을 바라보았기 때문에, 애굽으로부터 자신의 눈과 마음을 돌릴 수 있었고, 그리스도를 위하여 받는 고난과 수모가 가져다줄 영광스러운 결과에 몰두할 수 있었다. 왜냐하면, 하나님께서는 그리스도를 위하여 고난 받는 쪽을 선택한 모세에게 이루 말할 수 없이 영광스럽고 영원한 상을 이미 준비해 두셨기 때문이다(고후 4:17-18). 그 상은 하나님께서 약속하신 것이었고, 그리스도께서 자신의 피로 이루신 것이었다. 그리고 이 상을 받을 자격이 있는 사람들은, 믿음으로 말미암아 그리스도를 위하여 수모와 능욕을 당한 자들이다(롬 8:17-18, "자녀이면 또한 상속자 곧 하나님의 상속자요 그리스도와 함께 한 상속자니 우리가 그와 함께 영광을 받기 위하여 고난도 함께 받아야 할 것이니라 생각하건대 현재의 고난은 장차 우리에게 나타날 영광과 비교할 수 없도다"; 딤후 2:12, "참으면 또한 함께 왕 노릇 할 것이요 우리가 주를 부인하면 주도 우리를 부인하실 것이라"; 벧전 4:13-14, "오히려 너희가 그리스도의 고난에 참여하는 것으로 즐거워하라 이는 그의 영광을 나타내실 때에 너희로 즐거워하고 기뻐하게 하려 함이라 너희가 그리스도의 이름으로 치욕을 당하면 복 있는 자로다 영광의 영 곧 하나님의 영이 너희 위에 계심이라").

27. 믿음으로 애굽을 떠나 왕의 노함을 무서워하지 아니하고 곧 보이지 아니하는 자를 보는 것 같이 하여 참았으며.

믿음으로 애굽을 떠나 왕의 노함을 무서워하지 아니하고. 모세는 앞에서와 동일한 뛰어난 믿음으로, 애굽 왕 바로에게 이스라엘 자손들로 하여금 애굽을 떠나 자유를 얻게 해 줄 것을 요구하였고, 애굽 왕이 거절하자, 애굽 왕과 애굽 백성들에게, 하나님이 경고하신 열 가지 재앙을 내린 후에, 결국 애굽의 종살이의 사슬을 끊고, 이스라엘 자손들을 데리고, 열 가지 재앙으로 인해서 초토화되고 혐오스러운 곳이 된 애굽을 떠났다. 이렇게 모세는 애굽 왕과의 대결에서 승리한 승리자로서, 애굽인들로부터 받은 탈취물들을 가지고서 애굽을 떠난 것이었기 때문에, 모세와 이스라엘 자손을 위한 모세의 일에 대한 애굽 왕 바로의 분노와 광분을 두려워하지 않았다. 모세는 자기를 죽이겠다고 위협한 애굽 왕 바로의 경고를 두려워하지 않았고(출 10:28-29), 애굽 왕이 격노하여 자신의 군대를 보내어 모세와 이스라엘 자손을 멸하기 위하여 추격해 왔을 때에도, 애굽 왕 바로를 두려워하지 않았다.

곧 보이지 아니하는 자를 보는 것 같이 하여 참았으며. "참았다"로 번역된 '에카르

테레센' (ἐκαρτέρησεν)은, 모세가 전혀 두려움이 없이 담대하여 당황하는 것이 없었기 때문에, 그 어떤 것도 그를 곤혹스럽게 할 수 있는 것이 없었다는 의미이다. 여유만만하면, 두려움은 사라지는 법이다. 모세는 믿음으로 내내 언약의 사자이신 성자 하나님이자 그와 이스라엘 자손의 구속주이신 그리스도를 바라보는 가운데, 하나님의 지시를 따라 멈추거나 전진하면 되었기 때문에, 여유만만하였고 거기에는 두려움이 들어설 여지가 없었다. 모세가 늘 바라본 "보이지 아니하는 자"에 대해서, 사도는 디모데전서 6:14-16에서 눈에 보이지 않는 "복되시고 유일하신 주권자이시며 만왕의 왕이시며 만주의 주"라고 말하면서, "우리 주 예수 그리스도께서 나타나실 때까지 흠도 없고 책망 받을 것도 없이 이 명령을 지키라 기약이 이르면 하나님이 그의 나타나심을 보이시리니"라고 권한다. 그리스도께서는 모세와 더불어서, 그리고 모세를 위하여, 애굽 왕 바로와 싸우시고서, 애굽으로부터 자신의 교회를 건지시겠다는 약속을 이루셨고, 광야에서는 내내 모세와 이스라엘을 내내 보호하시며 지도하시는 가운데, 약속의 땅으로 인도하셨다. 이것은 모세로 하여금 하나님의 군대와 더불어서 두려움 없이 당당하게 약속의 땅을 향하여 전진해 나갈 수 있게 해주었다.

28. 믿음으로 유월절과 피 뿌리는 예식을 정하였으니 이는 장자를 멸하는 자로 그들을 건드리지 않게 하려 한 것이며.

믿음으로 유월절과 피 뿌리는 예식을 정하였으니. "믿음"은 모세가 하나님의 규례들과 관련하여 행한 모든 일에도 영향을 미쳤다. 모세는 하나님의 입으로부터 규례들에 관한 율법을 받았고, 거기에 순종해서 유월절을 정하였다. 모세는 하나님의 도구가 되어서, 유월절을 제정하여, 이스라엘 자손들로 하여금 지키게 하였다(출 12:21, "모세가 이스라엘 모든 장로를 불러서 그들에게 이르되 너희는 나가서 너희의 가족대로 어린 양을 택하여 유월절 양으로 잡고"). 모세는 유월절과 관련해서 하나님이 명하신 모든 세부적인 것들을 그대로 다 엄숙하게 지켰고, 이 유월절은 옛 언약 아래에서 내내 지켜오다가, 마침내 하나님이 정하신 바에 따라서 "유월절 양"이신 그리스도께서 자기 자신을 제물로 드리심으로써 그 목적이 달성되고 마침내 끝나게 되었다(고전 5:7, "너희는 누룩 없는 자인데 새 덩어리가 되기 위하여 묵은 누룩을 내버리라 우리의 유월절 양 곧 그리스도께서 희생되셨느니라"). 모세는 유월절에 관한 규례 속에서 그리스도를 보았고, 원래의 진짜 유월절 양이신 하나님의 아들 그리스도에 대하여 증언하였다. 유월절 양이신 그리스도로 말미암아, 하나님의 진노는 애굽인들에게는 임하였던 반면에, 이스라엘 자손들에게는 지나갔다(출 12:21). 모세는 "믿음으로" 유월절을 제정하고서," 우슬초 묶음을 가져다가 그릇에 담은 피에 적셔서 그 피를 문 인방과 좌우 설주에 뿌리고 아침까지 한 사람도 자기 집 문 밖에 나가지" 못하게 하였다(출 12:22). 모세는 유월절에 하나님께서 자신의 천사로 하여금 이스라엘 자손들의 집을 건너뛰게 함으로써 그들을 살리시는 역사 속에서(히 11:23), 우리의 유월절 양이신 그리스도께서 자신의 피를 뿌리셔서, "멸하는 자"로부터 영혼들을 구원하셔서(요 5:46), 이 세상의 애굽으로부터 건져 내셔서 하늘의 가나안으로 인도하시는 모습을 보았다.

이는 장자를 멸하는 자로 그들을 건드리지 않게 하려 한 것이며. "유월절"과 "피 뿌리는 예식"의 목적은, 애굽인들의 장자들을 죽인 멸하는 사자가 이스라엘 자손을 건드리지 않게 하기 위한 것이었다(출 12:29-30). 모세는 믿음으로 이 규례들과 관련하여 자기가 해야 할 모든 일들을 하였고, 믿음은 이 규례들을 통해서 하나님께서 자신의 약속에 대하여 신실하시다는 것을 모세에게 증명해 주었다. 또한, 이 규례들은 그리스도의 피 아래에 있는 자들에게, 그들이 위험에 처했을 때에는, 하나님께서 반드시 개입하셔서 그들을 구원하실 것임을 깨닫게 해 주셨고, 그러한 구원의 소망과 확신을 가질 수 있게 해 주었다.

29. 믿음으로 그들은 홍해를 육지 같이 건넜으나 애굽 사람들은 이것을 시험하다가 빠져 죽었으며.

믿음으로 그들은 홍해를 육지 같이 건넜으나. 모든 이스라엘이 다 믿음을 갖고 있었던 것은 아니지만(고전 10:5), 모세를 비롯해서 아론과 갈렙, 여호수아 등과 같은 인물들이 뛰어난 믿음을 지니고 있었기 때문에, 하나님께서는 그 믿는 자들을 위하여, 이스라엘 자손들로 하여금 홍해를 육지 같이 건너게 하시고, 거기에 빠져 죽지 않게 하셨다. 이스라엘 자손들이 애굽인들의 추격에 의해서 거의 붙잡히게 될 즈음에, 모세는 하나님의 명령에 따라 자신의 지팡이를 높이 들어서 홍해 위로 자신의 손을 뻗었고, 그 때에 하나님께서는 즉시 동풍을 보내셔서 홍해를 둘로 가르셔서, 물이 수정으로 된 벽들처럼 양쪽으로 곧추 서게 하시고, 그 바닥이 드러나 마른 땅처럼 되게 하셨다. 모세와 이스라엘 자손들은 홍해의 마른 바닥으로 뛰어들어서, "홍해를 육지 같이" 건널 수 있었기 때문에, 이스라엘 자손 중에는 단 한 사람도 익사하지 않았고, 도리어 이 일을 통해서 하나님의 놀라우신 능력과 긍휼을 경험할 수 있었다(출 14:22).

애굽 사람들은 이것을 시험하다가 빠져 죽었으며. 반면에, 이스라엘 자손들을 추격하여 다 죽이고자 하였던 애굽 사람들은 그들의 왕과 함께 홍해에 빠져서, 도리어 그들 자신들이 죽고 말았다. 왜냐하면, 그들은 주제넘게 믿음이 아니라 자신들의 감에 의존해서, 하나님의 그 어떤 명령도 받지 않은 채로, 자기들도 이스라엘 자손들처럼 안전하게 무사히 홍해를 육지처럼 건널 수 있을 것이라고 생각해서, 거기로 뛰어들었기 때문이었다. 하나님께서는 자신의 사자들을 통해서 애굽 사람들로 하여금 홍해의 마른 바닥으로 뛰어들게 하신 후에, 수정으로 된 벽들이 되어 곧추 세워져 있던 홍해의 물이 다시 원래대로 돌아오게 하셔서, 그들을 신속하게 덮치고 삼키게 하심으로써, 애굽 사람들 모두를 홍해 한가운데에 수장시키셨고, 하나님의 백성을 박해한 이 주제넘고 믿지 않는 자들 중에서 단 한 사람도 죽음을 피할 수 없게 하셨다. 하나님께서 이스라엘 자손에게 행하신 이 큰 일은 이중의 의미를 지니고 있었는데, 이 큰 일의 문자적인 의미는 이스라엘 자손들이 애굽 사람들로부터 구원받게 된 것이었고, 신비적인 의미는 이스라엘 자손들이 모세의 인도로 세례를 받아 하나님의 언약 속으로 들어오게 된 것이었다. 이스라엘 자손들은 모두가 다 참된 믿음을 지니고 있지는 않았지만, 하나님을 믿는 믿음을 고백한 자들이었다. 하나님께서 홍해에서 이스라엘 자손들에게 행하신 이 일의 의미는 고린도전서 10:2에 설명되어 있다: "모세에게 속하여 다 구름과 바다에서 세례를 받고."

30. 믿음으로 칠 일 동안 여리고를 도니 성이 무너졌으며.

여호수아의 인도 아래 이스라엘 자손들은 약속의 땅으로 들어가서, 이 믿음으로 행함으로써, 난공불락의 여리고 성을 무너뜨렸다. 그들이 하나님의 말씀과 명령에 믿음으로 순종해서, 제사장 일곱이 부는 양각 나팔 소리와 더불어서, 다같이 여리고 성을 매일 한 번씩 엿새 동안을 돌고, 일곱째 날에는 일곱 번을 돈 후에, 마지막에는 큰 소리로 외쳤을 때, 하나님의 전능하신 능력으로 말미암아 그 견고하던 여리고 성은 완전히 무너져 내렸다(수 6:20, "이에 백성은 외치고 제사장들은 나팔을 불매 백성이 나팔 소리를 들을 때에 크게 소리 질러 외치니 성벽이 무너져 내린지라 백성이 각기 앞으로 나아가 그 성에 들어가서 그 성을 점령하고"). 하나님께서는 여호수아가 이끄는 이스라엘 자손들이 여리고 성을 공격하기 전에, 먼저 여호수아서 5:13-15에서 자기 자신이 이스라엘 자손들의 군대 대장이시라는 것을 보여 주셨다: "여호수아가 여리고에 가까이 이르렀을 때에 눈을 들어 본즉 한 사람이 칼을 빼어 손에 들고 마주 서 있는지라 여호수아가 나아가서 그에게 묻되 너는 우리를 위하느냐 우리의 적들을 위하느냐 하니 그가 이르되 아니라 나는 여호와의 군대 대장으로 지금 왔느니라 하는지라 여호수아가 얼굴을 땅에 대고 엎드려 절하고 그에게 이르되 내 주여 종에게 무슨 말씀을 하려 하시나이까 여호와의 군대 대장이 여호수아에게 이르되 네 발에서 신을 벗으라 네가 선 곳은 거룩하니라 하니 여호수아가 그대로 행하니라." 그런 후에, 여호수아와 이스라엘 자손들은 여리고 성을 공격할 때, 하나님께서 그들에게 지시하신 모든 것을 그대로 다 순종하고, 하나님에 대한 그들의 사랑을 나타내 보이며, 하나님이 그들에게 약속하신 것을 이루실 줄을 믿었고, 실제로 하나님의 약속대로 여리고 성이 무너졌을 때에는, 그들 앞에서 여리고의 견고한 성벽들을 추풍낙엽처럼 무너뜨리신 것이 전적으로 그들의 믿음으로 말미암아 하나님께서 하신 일임을 고백하며, 하나님께 모든 영광을 돌렸다.

31. 믿음으로 기생 라합은 정탐꾼을 평안히 영접하였으므로 순종하지 아니한 자와 함께 멸망하지 아니하였도다.

믿음으로 기생 라합은 … 순종하지 아니한 자와 함께 멸망하지 아니하였도다. 유대인들은 여호수아서 2:1에서 "눈의 아들 여호수아가 싯딤에서 두 사람을 정탐꾼으로 보내며 이르되 가서 그 땅과 여리고를 엿보라 하매 그들이 가서 라합이라 하는 기생의 집에 들어가 거기서 유숙하더니"라고 말하고 있는 것을 알고 있었기 때문에, 사도는 여기에서 "라합"을 "기생"으로 소개하는데, 가나안 땅으로 정탐을 간 사람들은 라합이 운영하는 기생집에 가서 묵게 되었다. 또는, 여호수아서 2:1에 대한 칠십인역의 읽기, 그리고 성령께서 여기에서와 야고보서 2:25("또 이와 같이 기생 라합이 사자들을 접대하여 다른 길로 나가게 할 때에 행함으로 의롭다 하심을 받은 것이 아니냐")에서 확증해 주는 바와 같이, 라합은 공적인 창기로서, 먹고 마실 것을 팔고, 아울러 자신의 몸으로 매춘을 해서 생계를 유지하던 여자였다. 이렇게 라합은 추악한 죄인이었고, 아울러 가나안 사람이었지만, 이스라엘 자손들이 여리고 성을 멸망시켰을 때, 그녀가 지닌 저 동일한 복음의 믿음으로 말미암아, 여리고 성의 믿지 않고 순종하지 않던 주민들과 더불어 멸망당하지 않고, 진영 밖에서 율법적으로 정결하게 하는 예식을 거친 후에 하나님의 교회로 받아들여져서(수 6:23, 25, "여호수아가 기생 라합과 그의 아버지의 가족과 그에게 속한 모든 것을 살렸으므로 그가 오늘까지 이스라엘 중에 거주하였으니 이는 여호수아가 여리고를 정탐하려고 보낸 사자들을 숨겼음이었더라"), 메시야를 탄생시킨 족보에 편입된 이스라엘의 어머니들 중의 한 사람이 되는 영광을 얻게 되었다(마 1:5, "살몬은 라합에게서 보아스를 낳고").

정탐꾼을 평안히 영접하였으므로. 라합이 믿는 자였다는 것을 보여 주는 분명한 증거는, 그녀가 여호수아가 여리고로 보낸 정탐꾼을 영접해서, 발각되지 않도록 숨겨 주고, 어떻게 하면 안전하게 여리고 성을 빠져 나갈 수 있는지를 조언해 주어서, 무사히 이스라엘 진영으로 돌아갈 수 있게 해 준 것이었다(수 2:3-4, "여리고 왕이 라합에게 사람을 보내어 이르되 네게로 와서 네 집에 들어간 그 사람들을 끌어내라 그들은 이 온 땅을 정탐하러 왔느니라 그 여인이 그 두 사람을 이미 숨긴지라"). 그녀가 이렇게 한 동기는, 하나님께서 가나안 땅을 이스라엘 자손들에게 주시겠다고 하신 약속을 그녀가 믿었기 때문이었다. 라합은 하나님께서 홍해에서 이스라엘 자손들을 위해 큰 일들을 행하심으로써, 자신의 약속을 확증하셨다는 것을 들었기 때문에, 그녀도 하나님의 백성에 속하여 그 가운데 분깃을 얻기만을 소망하고 있었고, 그녀의 그러한 소망은 결국 이루어졌다(수 2:9-12, "이는 너희가 애굽에서 나올 때에 여호와께서 너희 앞에서 홍해 물을 마르게 하신 일과 너희가 요단 저쪽에 있는 아모리 사람의 두 왕 시혼과 옥에게 행한 일 곧 그들을 전멸시킨 일을 우리가 들었음이니라 우리가 듣자 곧 마음이 녹았고 너희로 말미암아 사람이 정신을 잃었나니 너희의 하나님 여호와는 위로는 하늘에서도 아래로는 땅에서도 하나님이시니라"). 여기에서 바울은 그녀가 믿음으로 말미암아 멸망하지 않았다고 말하고, 야고보서 2:25에서 야고보는 그녀가 정탐꾼들을 보호해 준 행위로 말미암아 의롭다 하심을 받은 것이라고 말하고 있지만, 이 둘은 서로 모순되지 않는다. 왜냐하면, 그녀는 저 동일한 믿음으로 말미암아 의롭다 하심을 얻고 멸망에서 건짐을 받았고, 그녀가 정탐꾼들을 숨겨 주고 무사히 되돌아가게 해 준 것은, 하나님에 대한 그녀의 믿음이 참되고 진실한 것임을 온전히 분명하게 드러내 주고 증명해 준 것이었기 때문이다.

32. 내가 무슨 말을 더 하리요 기드온, 바락, 삼손, 입다, 다윗 및 사무엘과 선지자들의 일을 말하려면 내게 시간이 부족하리로다.

내가 무슨 말을 더 하리요. 이것은 사도가 믿음의 모범들이었던 조상들의 사례를 예시하는 것을 이쯤에서 마치려고 하기 위하여 한 말이다. 따라서 그는 이렇게 말한 것과 같다: "내가 지금까지 믿음의 모범들을 든 것만으로 충분한 터이기 때문에, 구태여 더 많은 예들을 들 필요가 어디 있겠는가? 구약성경은 믿음의 모범을 보여 주는 예들로 가득하다. 하지만 지금까지 말한 것으로도 이미 충분할 것이기 때문에, 나는 더 이상의 예를 들지 않으려 한다."

기드온, 바락, 삼손, 입다, 다윗 및 사무엘과 선지자들의 일을 말하려면 내게 시간이 부족하리로다. 사도는 구약성경에 나오는 믿음의 모범을 보여 준 조상들을 일일이 다 열거하여, 그들이 한 믿음의 일들을 낱낱이 다 여기에서 말하고자 한다면, 끝이 없을 것이기 때문에, 그런 것들을 쓸 시간이 턱없이 부족할 것이라고 말한다. 그러면서, 사도는 믿음의 모범들을 보여 준 인물들 중에서 아직 언급하지 않았지만 사실은 꼭 언급했어야 할 이름들을 우리에게 보여 주는데, 여기에 열거된 인물들은 시대순을 따른 것이 아니고, 사도가 생각나는 대로 적은 것이다. 사도는 네 명의 사사들, 한 명의 왕, 한 명의 선지자, 그리고 "선지자들"을 언급하는데, 그들에 관한 이야기들은 구약성경에 나와 있다. "기드온"에 관한 이야기는 사사기 6장에 나오고, "바락"에 관한 이야기는 사사기 4장에 나오며, "삼손"에 관한 이야기는 사사기 13-16장에 나오고, "입다"에 관한 이야기는 사사기 11-12장에 나오며, "다윗 및 사무엘"에 관한 이야기는 사무엘상하와 역대상에 나온다. 사도는 33-38절에서 그들이 믿음으로 행한 놀라운 일들을 시대순에 상관없이 열거하는데, 어떤 것들은 특정한 인물에게 해당되는 것이고, 어떤 것들은 그들 모두에게 해당되는 것이다.

33. 그들은 믿음으로 나라들을 이기기도 하며 의를 행하기도 하며 약속을 받기도 하며 사자들의 입을 막기도 하며.

그들은 믿음으로 나라들을 이기기도 하며. 그들은 동일한 복음적인 믿음으로 말미암아 "나라들을 이겼다." "나라들을 이겼다"는 것은 교회의 강력한 원수들을 무찔렀다는 의미이다. 그들 중에서 "나라들을 이긴" 일로 뛰어난 인물은 다윗이었는데, 다윗은 에돔, 모압, 암몬, 아람 같은 "나라들"을 정복하고서, 이스라엘의 영토를 유프라테스 강까지 넓혔다. 다윗을 비롯한 그들은 하나님의 부르심에 순종해서 그렇게 하였고, 그렇게 할 때에 승리에 대한 하나님의 약속이 있었다. 따라서 이 모든 것은 그들의 믿음과 기도를 통해서 하나님의 팔이 행하신 일이었다(시 18:29-42, "내가 주를 의뢰하고 적군을 향해 달리며 내 하나님을 의지하고 담을 뛰어넘나이다"; 20:5, 9).

의를 행하기도 하며. 그들은 그들 자신이 두드러지게 의로운 자들이었고, 남들에게 공의를 베푸는 자들이었다. 그들의 가장 큰 힘은 그들이 하나님으로부터 공급받은 "의"에 있었다. 그렇기 때문에, 그들은 하나님과 사람들의 모든 일에 있어서 의로운 재판관들이 될 수 있었다(삿 6장; 삼상 7:15, 17; 12:2, 6).

약속을 받기도 하며. 그들은 하나님께서 그들에게 약속하신 온갖 좋은 것들을 실제로 받아서 향유하였다. 특히 기드온과 바락은 가나안 족속과 미디안 족속에 대하여 승리를 거두었고(삿 4장; 6장), 삼손은 블레셋 족속에 대하여 승리를 거두었으며, 다윗은 교회의 원수들에 대하여 승리를 거두었다. 그들은 이 모든 것들에 대하여 하나님의 약속을 먼저 얻었고, 그런 후에 실제로 그 모든 것들을 싸워 얻었다. 믿음은 그들로 하여금 약속 가운데서 이 모든 좋은 것들을 얻게 해 주었고, 결국에는 그 약속들이 다 이루어져서, 실제로 그것들을 얻어 향유하게 해 주었다. 왜냐하면, 하나님께서 교회와 그들에게 약속하신 모든 좋은 것들은 결국에는 온전히 성취될 수밖에 없기 때문이다.

사자들의 입을 막기도 하며. 하나님의 뛰어난 선지자였던 다니엘은 자신의 신앙으로 말미암아 믿지 않는 자들에 의해서 사자굴에 던져져서 사자 밥이 될 운명에 처해졌지만, 하나님께서는 그의 믿음과 기도를 받으셔서 사자들의 입을 막아 다니엘을 건드리지 못하게 하시고서, 도리어 그 사자의 입을 열어 대적들을 삼키게 하셨다(단 6:22). 삼손과 다윗은 하나님의 능력과 힘을 의지해서, 그들과 다른 사람들을 삼키고자 하였던 사자들을 죽였다(삿 14:6; 삼상 17:34-36). 믿음은 그들에게 그러한 성공을 얻게 해 주었다.

34. 불의 세력을 멸하기도 하며 칼날을 피하기도 하며 연약한 가운데서 강하게 되기도 하며 전쟁에 용감하게 되어 이방 사람들의 진을 물리치기도 하며.

불의 세력을 멸하기도 하며. 사도가 32절에서 말한 "선지자들" 중에서 어떤 사람들은 그 동일한 믿음으로 하나님과 친밀하게 교제하고 하나님의 비밀에 참여하는 자들이 되어서, 우상 숭배와 폭군의 위협에 도전해서, 참 하나님을 고백하고 예배하였기 때문에, "맹렬히 타는 풀무불"에 던져지는 형벌을 받았다(단 3:19, 23, "느부갓네살이 분이 가득하여 사드락과 메삭과 아벳느고를 향하여 얼굴빛을 바꾸고 명령하여 이르되 그 풀무불을 뜨겁게 하기를 평소보다 칠 배나 뜨겁게 하라 하고 … 이 세 사람 사드락과 메삭과 아벳느고는 결박된 채 맹렬히 타는 풀무불 가운데에 떨어졌더라"). 그러나 그들은 믿음으로 말미암아 그 맹렬한 불길에 의해서 타 죽지 않았고, 도리어 그 불길은 그들을 풀무불 속에 던진 자들을 태워 죽였다(단 3:22-28). 이 때에 하나님의 아들께서 그들이 던져진 풀무불 속으로 강림하셔서 그들과 동행하셔서, 불의 태우는 힘을 차단하셨기 때문에, 그 맹렬한 불길은 그들이나 그들의 옷을 조금도 태우지 못한 것은 물론이고, 그을리게 할 수도 없었다! 또한, 모세와 아론의 기도는 "기브롯 핫다아와"와 "다베라"에서의 불을 끄기도 하였다. 후자의 일에 대해서는 민수기 11:1-3에서 "여호와께서 들으시기에 백성이 악한 말로 원망하매 여호와께서 들으시고 진노하사 여호와의 불을 그들 중에 붙여서 진영 끝을 사르게 하시매 백성이 모세에게 부르짖으므로 모세가 여호와께 기도하니 불이 꺼졌더라 그 곳 이름을 다베라라 불렀으니 이는 여호와의 불이 그들 중에 붙은 까닭이었더라"고 기록하고 있다.

칼날을 피하기도 하며. 다른 사람들은 칼을 비롯해서 전쟁의 온갖 도구들에 의해서 죽임을 당하고 멸망을 받았지만, 사도가 32절에서 열거한 믿음의 용사들은 그런 것들이 난무하는 가운데서도 죽임을 당하지 않았다. 이 믿음의 용사들은 하나님의 뜻을 따라 하나님의 약속에 의지해서 수많은 전투들에 나가서, 그들의 칼로 원수들을 죽임으로써, 하나님의 뜻을 성취하였다. 하나님께서는 자신의 선지자들을, 그들을 죽이고자 한 원수들의 칼날로부터 구하신 적이 얼마나 많으셨던가!

연약한 가운데서 강하게 되기도 하며. 믿음의 모범을 보인 사람들도 실제로 본성적으로는 몸과 마음이 다 연약해서, 그들의 원수들에 비해서 자신들이 수도 적고 약하며, 세력과 힘과 방책에 있어서 그들에게 미치지 못하는 것을 보고서, 그 심령과 영혼이 두렵고 떨며 정신이 아득해진 그런 사람들이었지만, 하나님을 믿는 믿음으로 말미암아 사자처럼 담대하고 강해져서, 힘과 수에서 월등한 원수들을 무찌르고, 놀라운 승리를 거두곤 하였다(삿 4:8; 6:15-16; 7:5, 7, 10; 11:29; 15:11, 19; 삼상 7:9-10).

전쟁에 용감하게 되어. 믿음은 하나님에 의해서 전쟁으로 부르심 받은 자들을 용맹스러운 용사들로 만들어 주었기 때문에(삼하 22:30-38), 그 어떤 위협도 그들로 하여금 겁을 집어먹게 하지 못하였고, 그 어떤 힘든 전쟁도 그들을 지치게 하지 못하였다. 그래서 그들은 사람들이 보기에 이기기가 도저히 불가능할 것 같아 보인 전투들에서도 믿음으로 말미암아 넉넉히 승리를 거둘 수 있었다(시 27:1-3, "여호와는 나의 빛이요 나의 구원이시니 내가 누구를 두려워하리요 여호와는 내 생명의 능력이시니 내가 누구를 무서워하리요 악인들이 내 살을 먹으려고 내게로 왔으나 나의 대적들, 나의 원수들인 그들은 실족하여 넘어졌도다 군대가 나를 대적하여 진 칠지라도 내 마음이 두렵지 아니하며 전쟁이 일어나 나를 치려 할지라도 나는 여전히 태연하리로다").

이방 사람들의 진을 물리치기도 하며. 그들은 대적들의 진을 무너뜨렸다. "진"으로 번역된 '파렘볼레'(παρεμβολή)는 하나의 요새나 망루를 의미하기도 하고(행

21:34), 군대가 주둔해 있는 진이나 장소 전체를 의미하기도 한다(히 13:11, 13). 여기에서 이 단어는 복수형으로 사용되고 있기 때문에, 군사들이 기거하고 있는 진영의 수많은 장막들을 가리키고, 환유법적으로 "군대들"을 뜻한다. "물리쳤다"로 번역된 '에클리난'(ἔκλιναν)은 능동의 의미로 해석해서 장막들과 진영들을 무너뜨리고 훼파하거나, 군대들을 패퇴시킨 것을 가리킨다. 교회의 원수들인 모든 우상 숭배자들은 믿는 자들의 약속의 땅에 대하여 외인들이었고, 하나님에 대해서는 더더욱 외인들이었기 때문에, 미디안 족속의 군대와 진처럼(삿 7:13-23), 믿는 자들인 그들에 의해서 철저하게 멸해지고 무너뜨려지고 패퇴당하였다.

35. 여자들은 자기의 죽은 자들을 부활로 받아들이기도 하며 또 어떤 이들은 더 좋은 부활을 얻고자 하여 심한 고문을 받되 구차히 풀려나기를 원하지 아니하였으며.

여자들은 자기의 죽은 자들을 부활로 받아들이기도 하며. "믿음으로" 선지자 엘리야는 사렙다 과부의 죽은 아들을 다시 살렸고(왕상 17:22-23), 선지자 엘리사는 수넴 여인의 죽은 아들을 다시 살렸다. 이 "여자들," 즉 이 어머니들은 자신들의 믿음으로 말미암아 자신들의 죽은 아들을 선지자들에 의해 행해진 이적으로 인해서 다시 살아 있는 채로 돌려받았고, 선지자들은 믿음과 기도로 말미암아 그 죽은 아들들을 다시 살려서 그 어머니들에게 돌려 줄 수 있는 긍휼하심을 하나님으로부터 받았다. 장차 모든 사람들이 부활하게 되는 날에는, 우리 모두가 하나님의 권능에 의해서 부활하게 될 것인데, 그 때에는 오직 믿음을 가진 자들만이 영생으로 부활하게 될 것이고, 우리는 다시 살아나서 영원한 생명을 누리게 될 뿐만 아니라, 다른 사람들을 죽은 자들 가운데서 다시 돌려받게 될 것이다.

또 어떤 이들은 … 심한 고문을 받되 구차히 풀려나기를 원하지 아니하였으며. 사도가 32절에서 말한 선지자들 외에, 다른 선지자들도 "심한 고문을 받았다"(ἐτυμπανίσθεσαν - '에튐파니스테산'). 그들이 어떠한 고문을 받고 죽었는지는 그렇게 확실하지 않지만, 원수들은 그들의 가죽을 벗겨서 북을 만드는 가죽으로 사용하기도 하였고, 고문대 위에서 그들의 사지를 늘려 죽이기도 하였으며, 몽둥이 등으로 그들을 때려서 죽이기도 하였다. 한 예로, 안티오코스 에피파네스(Antiochus Epiphanes) 통치 하에서, 엘르아살은 이방종교로 개종하지 않는다는 이유로, 그러한 고문을 통하여 개종을 강요받다가 죽은 것으로 보인다. 엘르아살은 자신을 고문하는 원수들로부터, 여호와 하나님에 대한 그의 신앙을 부인하기만 하면, 편안히 살

수 있다는 회유를 받았지만, 그러한 제안을 거부하고서, 우상 숭배자가 되어서 하나님을 불순종하기보다는 차라리 극형을 당하고 죽는 쪽을 택하였다.

더 좋은 부활을 얻고자 하여. 그들로 하여금 혹독한 고문을 받고 죽는 편을 택하게 만든 것은, 그들이 이 땅에서 누릴 수 있는 그 어떤 삶보다도 비할 바 없이 더 나은 삶으로 부활할 것이라는 하나님의 약속에 대한 그들의 믿음이었다. 그들은 자신들을 지금 위협하는 죽음으로부터 살아날 수도 있었고, 그것은 일종의 부활이라고 할 수 있는 것이었다. 하지만 그들은 그러한 부활은, 그들이 혹독한 고문을 당하고 죽어서 부활하여, 하늘에서 하나님과 함께 누리게 될 저 영원하고 영광스러우며 지극히 복되고 더할 나위 없이 기쁜 삶에 비하면 아무것도 아닌 것으로 여겼다. 사도는 고린도후서 4:17-18에서, 그들로 하여금 그러한 죽음을 기꺼이 감수하게 만든 것이 무엇이었는지를 잘 설명해 준다: "우리가 잠시 받는 환난의 경한 것이 지극히 크고 영원한 영광의 중한 것을 우리에게 이루게 함이니 우리가 주목하는 것은 보이는 것이 아니요 보이지 않는 것이니 보이는 것은 잠깐이요 보이지 않는 것은 영원함이라."

36. 또 어떤 이들은 조롱과 채찍질뿐 아니라 결박과 옥에 갇히는 시련도 받았으며.

또 어떤 이들은 … 시련도 받았으며. 이 동일한 복음적인 믿음은, 사도가 앞에서 언급한 인물들 외에도, 미가야(왕상 22:24), 엘리사(왕하 2:23), 이사야(사 8:18), 아모스(암 7:10) 등과 같은 많은 선지자들과 성도들로 하여금, 하나님과 그의 교회의 원수들인 유대인들이나 이방인들로부터 조롱과 채찍질과 결박과 투옥 같은 "시련들"을 기꺼이 기쁜 마음으로 인내로써 받을 수 있게 해 주었다.

조롱과 채찍질뿐 아니라. 원수들은 그들을 모욕하고 비꼬는 온갖 말들과 일들로, 그리고 우스꽝스러운 별명들로, 그들을 사람들 가운데서 웃음거리와 놀림감으로 만들어서, 그들의 고통을 더해 주었다. 왜냐하면, 순수한 영혼에게는 자신들에게 가해진 모욕과 비꼼과 수치들이 외적으로 겪는 모진 고문보다도 더 견디기 힘든 것들이기 때문이다. 하지만 믿음은 그들로 하여금 그 모든 것들을 겸손히 감내하게 만들어 주었고, 그런 대우들로부터 초연해질 수 있게 만들어 주었다(시 31:20; 52:1-5; 120:2-4, "여호와여 거짓된 입술과 속이는 혀에서 내 생명을 건져 주소서"; 140:3). 원수들은 흉악범들이나 노예들에게나 가하는 극히 수치스럽고 고통스러운 "채찍질"을 그들에게 가하여 극심한 고통을 안겨 주었다. 채찍들은 가죽 끈이나 밧줄이나 쇠사슬로 만들어졌고, 그 고통은 극심하였다(렘 20:2, "바스훌이 선지자 예레미야를 때리고 여호와의 성전에 있는 베냐민 문 위층에 목에 씌우는 나무 고랑으로 채워 두었더니"; 37:15). 이러한 채찍질은 안티오코스 시대만이 아니라 그 이전 시대, 그리고 그리스도와 사도들의 시대에서도 비일비재하게 그들에게 가해졌다(고후 6:5; 11:23).

결박과 옥에 갇히는. 박해자들은 그들에게 쇠로 만든 차꼬와 족쇄를 채우고서, 음산하고 춥고 더러운 지하감옥에 던져 넣었지만, 그들은 박해자들의 그러한 잔인한 처사를 기쁜 마음으로 인내로써 감내하였고, 사람의 악이 사람들을 고문하기 위하여 고안해 낸 그러한 도구들과 감옥을 마다하지 않았으며, 간수들이 그들을 냉혹하게 대하여, 누구도 만나지 못하게 하고, 못살게 구며, 고난의 떡과 물만을 먹게 하여도, 그런 것들을 다 기꺼이 감내하였다(대하 18:26; 행 16:24).

37. 돌로 치는 것과 톱으로 켜는 것과 시험과 칼로 죽임을 당하고 양과 염소의 가죽을 입고 유리하여 궁핍과 환난과 학대를 받았으니.

돌로 치는 것. 옛적의 선지자들과 믿음의 용사들 중 몇몇은 저 동일한 믿음으로 말미암아, 무죄한 성도들이 아니라 흉악범들에 대한 형벌로나 합당한 사악한 고문들과 잔혹한 죽임들을 당하였고, 그들 중에서는 여호야다의 아들 스가랴(대하 24:21) 등은 돌에 맞아 죽기도 하였다(마 21:35; 23:37; 눅 13:34). 톱으로 켜는 것. 히브리인들 사이에서 알려져 있는 전승에 의하면, 이사야 선지자가 이렇게 죽었다고 한다. 이 형벌은 이스라엘에 인접한 나라들에서 흔히 행해지던 형벌이었는데(삼하 12:31; 암 1:3), 이스라엘에서 무죄한 선지자들과 성도들에게 가해졌고, 그리스도께서는 친히 이것에 대해서 간접적으로 언급하신다(마 24:51, "엄히 때리고 외식하는 자가 받는 벌에 처하리니 거기서 슬피 울며 이를 갈리라").

시험. "시험"은 죽음의 방식이 아니기 때문에, 여기에서 "시험을 당하였다"로 번역된 '에페이라스테산'(ἐπειρασθησαν)은 '에퓌라스테산'(ἐπυράσθησαν, "화형을 당하였다")을 필사자가 잘못 필사한 것이 아닌가 하는 견해가 우세하다. 왜냐하면, 화형은 사도가 여기에서 열거하고 있는 잔혹한 죽음들 중의 하나로 손색이 없을 뿐만 아니라, 당시에 널리 행해지던 형벌이었기 때문이다(렘 29:22). 또는, 이것은 그들로 하여금 신앙을 부인하도록 시험하기 위하여, 여러 가지 고문 수단들을 사용하여, 고문의 강도를 점점 높여 가서, 결국에는 죽음에 이르게 한 것을 가리키는 것일 수도 있다.

칼로 죽임을 당하고. 그들은 참수를 당하거나 조각조각 베는 방식으로 "칼"에 의해서 죽임을 당하기도 하였다(막 6:16-17, "헤롯은 듣고 이르되 내가 목 벤 요한 그가 살아났다 하더라"). 요한계시록 20:4에서는 예수 그리스도로 말미암은 순교자들이 그러한 죽음으로 죽임을 당하게 될 것을 예언하고 있다: "또 내가 보좌들을 보니 거기에 앉은 자들이 있어 심판하는 권세를 받았더라 또 내가 보니 예수를 증언함과 하나님의 말씀 때문에 목 베임을 당한 자들의 영혼들과 또 짐승과 그의 우상에게 경배하지 아니하고 그들의 이마와 손에 그의 표를 받지 아니한 자들이 살아서 그리스도와 더불어 천 년 동안 왕 노릇 하니." 이 모든 종류의 죽음들은 박해자들에 의해서 그들에게 지극히 부당하고 잔혹하게 가해진 형벌들이었지만, 그들은 그 형벌들을 기쁜 마음으로 인내로써 감내하였다.

양과 염소의 가죽을 입고 유리하여. 그들 중에서 어떤 이들은 믿음으로, 사도가 앞에서 말한 여러 가지 참혹한 방식으로 죽임을 당하였지만, 어떤 이들은 그 동일한 믿음으로 죽음만큼이나 잔인한 추방이라는 형벌을 받아서 이곳저곳으로 옮겨 다니며 정처 없는 유랑의 삶을 살거나, 또는 자신들을 죽이려고 하는 자들을 피해서, 선한 양심을 지키며 살기 위하여, 자원해서 인적이 드문 산속이나 광야 같은 곳으로 숨어 들어 살아가기도 하였다. 그들 중에서 자신들이 오랫동안 살아 왔던 곳에서 강제로 부당하게 폭력적으로 추방을 당한 사람들은, "양과 염소의 가죽"만을 입은 채로 유랑하는 삶을 살았다. "양과 염소의 가죽"은, 짐승의 가죽을 벗겨서 가공하지 않은 채로 그대로 손쉽게 몸에 걸칠 수 있었기 때문에, 엘리야의 경우처럼 선지자들이 흔히 입던 옷이었다(왕하 1:8; 슥 13:4).

궁핍과 환난과 학대를 받았으니. 그들은 아는 사람들이 없는 쓸쓸하고 황량한 곳들을 전전하며 살아가느라고, 돈을 비롯해서 생활에 필수적인 물품들조차 제대로 갖지 못하였고, 그들이 아무리 궁핍하고 가난하여도, 그들을 도와 줄 사람들도 없이 살아야 하였고(왕상 17:4), 안으로는 큰 압박감과 밖으로는 고통을 안고서, 모든 사람에 의해서 박해와 설움을 당하며, 똑같은 처지가 되어 보지 않은 자들은 도저히 알 수 없는 힘겨운 삶을 살아가야 하였다. 그들을 뒤쫓는 박해자들로 인해서 그들 앞에는 늘 위험들이 도사리고 있었고, 그들의 여정은 늘 고단하고 힘든 것이었으며, 그들이 그런 와중에서 겪게 된 온갖 해악들은 그들의 슬픔은 더욱 가중시켰다. 그럼에도 불구하고, 그들은 오로지 하나님만을 붙들고 소망하는 가운데, "믿음으로" 기꺼이 그 모든 것들을 감내하며 살았다.

38. (이런 사람은 세상이 감당하지 못하느니라) 그들이 광야와 산과 동굴과 토굴에 유리하였느니라.

이런 사람은 세상이 감당하지 못하느니라. 사도는 독자들이 자기가 11장에서 써 내려 가고 있는 인물들이 흉악한 범죄자들이어서, 세상이 그들을 죽이려고 이렇게 혈안이 되어 뒤쫓았던 것은 아닌가 하고 잘못 생각하지 않도록 하기 위해서, 여기에서 잠깐 그들이 어떤 사람들이었는지를 설명하는 말을 끼워 넣는다: "너희는 이 사람들이 어떤 부류의 사람들이었는지를 알고 싶은가? 그렇다면, 나는 너희에게 그들의 사람됨과 인품을 누구보다도 더 잘 알고 계시는 하나님이 그들에 대하여 판단하신 것을 너희에게 알게 해 주고자 한다. 하나님께서는 그들은 세상이 감당하지 못한 자들이라고 말씀하신다. 즉, 세상은 그들이 살 만한 곳이 되지 못하였고, 세상에 사는 사람들은 그들과 어울려 살 만한 사람들이 아니었으며, 세상은 그들이 거기에 함께 살아서 가져다 줄 복을 받기에 합당한 곳이 아니었다. 만일 그들이 세상에 없었다면, 하나님께서는 죄악된 세상을 불태워서 신속하게 끝장을 내셨을 것이다. 이렇게 세상은 그들 덕분에 더 오랫동안 보존될 수 있었음에도 불구하고, 그들을 이루 말할 수 없이 잔인하고 가혹하게 대하고 박해하였다.

그들이 광야와 산과 동굴과 토굴에 유리하였느니라. 그들은 박해자들을 피하여 어쩔 수 없이 사람들과의 모든 관계로부터 단절된 채로 세상에서 가장 황량한 곳들로 떠돌아야 하였다. 그들은 인적이 드문 광야로 물러가서 짐승들과 함께 지내기도 하였고, 산과 암벽을 올라가서, 거기에 있는 인공적이거나 자연적인 "동굴과 토굴"에 몸을 의탁하기도 했다. 왜냐하면, 이 세상에서 믿음의 용사들인 그들을 받아 줄 수 있는 곳은 오직 그런 곳들뿐이었기 때문이다. 하지만 그들의 믿음으로 말미암아 최고의 동반자이신 하나님과 하나님으로부터 오는 위로와 힘이 그런 곳들에서도 늘 그들과 동행하셨기 때문에, 그들은 믿음으로 이 모든 것들을 기꺼이 감당할 수 있었다. 사무엘상 22:1, 4; 열왕기상 17:3; 18:13; 마카베오1서 1:53; 2:28-30을 보라.

39. 이 사람들은 다 믿음으로 말미암아 증거를 받았으나 약속된 것을 받지 못하였으니.

사도는 여기에서 이 장의 2절에서 자기가 제시한 명제("선진들이 이로써 증거를 얻었느니라")로 다시 되돌아온다. 이렇게 사도는 지금까지 이 모든 사례들을 통해서 그 명제를 증명한 후에, 이제 믿음의 선진들에 관한 이야기 전체를 그 명제로 끝을 맺고 있는 것이다.

이 사람들은 다 믿음으로 말미암아 증거를 받았으나. 여기에서 사도가 말하는 "이 사람들"은 그가 2절에서 말한 "선진들"을 가리킨다. "증거를 받았다"로 번역된 '마르튀레텐테스'(μαρτυρηθέντες)는, 엄밀하게 말해서, "순교를 당하였다" 또는 "순교자들이 되었다"는 의미이고, 특히 죽음으로써 그리스도를 증언한 것을 가리킨다. 그들은 믿음으로 말미암아 모든 극심한 고난을 다 견디고 끝까지 믿음을 지켜서, 세상에 대하여 하나님의 신실한 증인들로 행하여 하나님을 영화롭게 해 드리고 기쁘시게 해 드린 자들이었기 때문에, 하나님께서도 그들의 행적을 성경에 기록하게 하셔서, 놀랍고 영광스러운 방식으로 그들에 대하여 증언하셨다. 그들은 세상으로부터 모욕과 수모와 고난을 당하고 죽었지만, 세상에서 살기에는 너무나 선하고 의로운 자들이었기 때문에, 하나님께서는 그들을 하늘로 부르셔서 자기와 함께 살기에 합당한 자들로 여기셨다(히 11:2, 5, 16, 35).

약속된 것을 받지 못하였으니. 하지만 이 믿음의 용사들은, 아브라함이나 그의 믿는 자손들처럼, 이 땅에 사는 동안에 하늘의 가나안에 대한 약속을 받기는 하였지만, 실제로 그 땅을 향유하지는 못하였다(히 11:13, "이 사람들은 다 믿음을 따라 죽었으며 약속을 받지 못하였으되 그것들을 멀리서 보고 환영하며 또 땅에서는 외국인과 나그네임을 증언하였으니"). 그들 중에서 어떤 이들은 그들의 시대를 위해 약속된 은혜와 좋은 것들을 받기는 하였지만(히 11:33, "그들은 믿음으로 나라들을 이기기도 하며 의를 행하기도 하며 약속을 받기도 하며 사자들의 입을 막기도 하며"), 메시야께서 육체로 나타나셔서 그 모든 것들을 온전히 이루시는 것을 볼 수는 없었다. 그들은 믿음으로 그 날과 그 날이 다가오고 있음을 보고 즐거워하였지만, 시므온처럼 직접 그리스도를 본 사람은 그들 중에서 아무도 없었다(눅 2:26, 29). 하지만 그리스도께서 대속의 사역을 이루신 이후에 태어나서 믿음을 가진 사람들이 그리스도로 말미암은 영원한 은택들, 즉 영원한 복과 영광을 받은 것처럼, 그들도 비록 약속된 것을 실제로 받지는 못하였지만, 믿음으로 그러한 것들을 받은 것이나 다름없었다(행 15:11).

40. 이는 하나님이 우리를 위하여 더 좋은 것을 예비하셨은즉 우리가 아니면 그들로 온전함을 이루지 못하게 하려 하심이라.

이는 하나님이 우리를 위하여 더 좋은 것을 예비하셨은즉. 그들이 약속된 것을 받지 못한 이유들이 이 절에 요약되어 있는데, 그것은 하나님께서 그렇게 하신 것은 메시야의 성육신 이전과 이후의 믿는 자들에 대한 하나님의 섭리라는 것이다. 하나님께서는 장차 성육신하신 성자 하나님을 믿게 될 자들이 누구인지를 영원 전부터 미리 아셨고, 그들을 그리스도 안에서 믿음으로 부르시기로 예정하시고서는(롬 8:29, "하나님이 미리 아신 자들을 또한 그 아들의 형상을 본받게 하기 위하여 미리 정하셨으니 이는 그로 많은 형제 중에서 맏아들이 되게 하려 하심이니라"), 구약의 신자들보다 신약의 신자들을 위하여 더 좋은 것을 예비하셔서, 전자에 속한 자들이 모형들과 휘장들을 통해서 그리스도에 대하여 알았던 것들을 후자에 속한 자들은 실체이자 원형으로 알게 하셨고, 전자에 속한 자들이 약속으로만 알았던 것들을 후자에 속한 자들은 그것들을 직접 소유하여 눈으로 보고 손으로 만질 수 있게 하셨으며, 전자에 속한 자들이 메시야의 초림과 관련하여 소망으로 알고 있던 것들을 후자에 속한 자들은 메시야의 재림의 보증에 해당하는 것으로서의 메시야의 초림을 직접 경험하게 하셨고, 전자에 속한 자들이 각자에게 주어진 성령과 은혜의 분량을 따라 알았던 것들을 후자에 속한 자들은 충만함 가운데서 온전히 알게 하셨다(눅 10:23-24, "제자들을 돌아 보시며 조용히 이르시되 너희가 보는 것을 보는 눈은 복이 있도다 내가 너희에게 말하노니 많은 선지자와 임금이 너희가 보는 바를 보고자 하였으되 보지 못하였으며 너희가 듣는 바를 듣고자 하였으되 듣지 못하였느니라"; 요 1:14, 16, "말씀이 육신이 되어 우리 가운데 거하시매 우리가 그의 영광을 보니 아버지의 독생자의 영광이요 은혜와 진리가 충만하더라 … 우리가 다 그의 충만한 데서 받으니 은혜 위에 은혜러라"; 7:39; 고후 3:8; 엡 3:8-11; 딛 2:13; 벧전 1:12).

우리가 아니면 그들로 온전함을 이루지 못하게 하려 하심이라. 하나님의 이러한 은혜로우신 섭리의 마지막 목적은, 구약의 신자들과 신약의 신자들이 다 함께 "온전함을 이루게" 하시기 위한 것이었다. 그들은 모든 사람들이 다 부활하게 될 때까지는, 그들이나 우리나 몸과 영혼이 재결합함으로써 저 온전한 은혜와 영광의 상태에 도달하지 못할 것이기 때문에, 그들이 우리를 앞서지도 못할 것이고, 우리가 그들을 앞서지도 못할 것이다. 그러나 하나님의 나팔 소리가 울려 퍼지자마자, 죽은 자들은 동시에 부활하게 될 것이고, 산 자들은 순식간에 변화를 받아서, 모든 믿는 자들이 함께 구름 속으로 끌어 올려져서, 공중에서 주를 영접하게 될 것이다(살전 4:15-17, "우리가 주의 말씀으로 너희에게 이것을 말하노니 주께서 강림하실 때까지 우리 살아 남아 있는 자도 자는 자보다 결코 앞서지 못하리라 주께서 호령과 천사장의 소리와 하나님의 나팔 소리로 친히 하늘로부터 강림하시리니 그리스도 안에서 죽은 자들이 먼저 일어나고 그 후에 우리 살아 남은 자들도 그들과 함께 구름 속으로 끌어 올려 공중에서 주를 영접하게 하시리니 그리하여 우리가 항상 주와 함께 있으리라"). 하나님께서 이렇게 모든 세대의 모든 신자들을 마지막 때에 함께 온전하게 하고자 하시는 것은, 그리스도를 머리로 해서, 모든 신자들이 그리스도의 한 몸이 되게 하시기 위한 것이고, 한 명의 지체라도 빠진다면, 그리스도의 몸은 온전한 몸이 될 수 없기 때문이고(마 8:11; 엡 4:4), 그리스도를 머리로 한 몸이 온전하게 될 때, 하나님께서는 만유 안에서 만유의 주가 되고자 하시기 때문이다. 그리스도께서 자신의 모든 원수들을 복속시키시고, 자신의 모든 지체들을 다 모으셨을 때, 그리스도의 몸과 그의 나라는 온전하게 될 것이고, 하나님께서는 만유 안에서 만유의 주가 되실 것이다(고전 15:28, "만물을 그에게 복종하게 하실 때에는 아들 자신도 그 때에 만물을 자기에게 복종하게 하신 이에게 복종하게 되리니 이는 하나님이 만유의 주로서 만유 안에 계시려 하심이라").

MATTHEW POOLE'S COMMENTARY

히브리서 12장

개요

1. 그리스도의 모범을 보고 힘을 얻어서 변함없이 인내로써 믿음의 경주를 하라고 권면함(1–4).
2. 하나님에 의한 징계들이 주는 유익(5–13).
3. 화평함과 거룩함을 따르라고 권면함(14–17).
4. 율법의 경륜과 복음의 특권들을 비교함(18–24).
5. 하늘로부터 주어진 말씀을 거부했을 때의 위험에 대하여 경고함(25–29).

1. 이러므로 우리에게 구름 같이 둘러싼 허다한 증인들이 있으니 모든 무거운 것과 얽매이기 쉬운 죄를 벗어 버리고 인내로써 우리 앞에 당한 경주를 하며.

사도는 이 장에서는 믿는 자들이 그리스도에 관한 앞서의 교훈에 합당하고, 앞서 11장에서 열거하였던 신앙의 모범들에 어울리는 자들이 되기 위해서는 어떻게 해야 할 것인지에 대하여 권면한다. 이러므로. 사도는 '토이가룬'(τοιγαροῦν, "이러므로")이라는 추론의 불변화사로 이 장을 시작한다. 즉, 이렇게 하나님으로부터 약속을 받기는 하였지만, 약속하신 것들을 실제로 받지는 못했으면서도, 오로지 믿음으로 자신들이 달려갈 길을 달려간 신앙의 모든 용사들이 우리를 둘러싸고 있다는 것을 알았다면, 우리는 그러한 사실로부터 우리가 어떻게 해야 마땅한지를 충분히 추론할 수 있다는 것이다.

우리에게 구름 같이 둘러싼 허다한 증인들이 있으니. 하나님께서는 "우리," 즉 나 바울과 너희 히브리인들을 위해서는, 구약의 신자들보다 더 좋은 것들을 준비해 주시고 향유하게 하셨기 때문에, 우리에게는 그만큼 더 막중한 책임이 주어져 있다. 구약 시대에 살았던 무수한 신자들은 우리에게 너무나 가치 있고 소중한 허다한 증인들이고, 그들은 오로지 하나님을 위하여 살고 고난 받은 자신들의 모범적인 삶을 통해서 구름처럼 우리의 영혼에 차고 넘치는 감화를 내려 주어서, 우리로 하여금 그들처럼 끝까지 믿음을 지킬 수 있는 힘을 우리에게 주고 있다. 또한, 우리를 둘러싼 이 허다한 믿음의 증인들은 구약성경에 기록된 그들에 관한 이야기들을 통해서, 우리에게 어떻게 행하여야 하는지를 잘 가르쳐 주고 있을 뿐만 아니라, 위로와 힘도 더해 주고 있기 때문에, 우리는 우리가 달려갈 길을 몰랐다거나, 우리에게 그런 모범이 없어 힘을 낼 수 없었다는 말을 할 수가 없다.

모든 무거운 것과 … 벗어 버리고. 헬라와 로마의 경주자들은 거추장스러운 옷들을 다 벗어 버렸기 때문에, 좀 더 쉽고 가볍게 경주를 펼칠 수 있었다. 사도는 그러한 경주자들에 빗대어서, 모든 그리스도인들도 그들의 발목을 붙잡아서 그들의 경주를 방해하는 온갖 세상적인 것들, 즉 그들의 부패한 자아나 세상 등등을 "벗어 버려야" 한다고 권면한다(마 16:24; 눅 21:34; 딤전 6:9-11, "부하려 하는 자들은 시험과 올무와 여러 가지 어리석고 해로운 욕심에 떨어지나니 곧 사람으로 파멸과 멸망에 빠지게 하는 것이라 돈을 사랑함이 일만 악의 뿌리가 되나니 이것을 탐내는 자들은 미혹을 받아 믿음에서 떠나 많은 근심으로써 자기를 찔렀도다 오직 너 하나님의 사람아 이것들을 피하고 의와 경건과 믿음과 사랑과 인내와 온유를 따르며"; 딤후 2:4, "병사로 복무하는 자는 자기 생활에 얽매이는 자가 하나도 없나니 이는 병사로 모집한 자를 기쁘게 하려 함이라").

얽매이기 쉬운 죄를. 믿는 자들의 내면에 있는 악하고 무거운 것은 모든 그리스도인들에게 남아 있는 옛 사람, 곧 부패하고 타락한 본성인데, 바울은 로마서 7:24에서 그것을 "사망의 몸"이라고 부른다("오호라 나는 곤고한 사람이로다 이 사망의 몸에서 누가 나를 건져내랴"). 그러나 그리스도인 각자의 죄악은 옷보다도 더 각 사람에게 들러붙어서 그를 둘러싸고 옥죄고서는, 앞으로 전진해나갈 수 없게 만든다(고전 9:27; 골 3:5). 그래서 다윗은 자신의 죄악에 의해서 발목을 붙잡히지 않기 위하여 세심하고 주의 깊게 살폈고, 시편 18:23에서는 "나는 그의 앞에 완전하여 나의 죄악에서 스스로 자신을 지켰나니"라고 고백한다. 그리스도인들은 자기 속에 있는 그러한 죄악들을 죽이는 것이 마땅하다.

인내로써 우리 앞에 당한 경주를 하며. 그리스도인들은 이 땅에서 자신의 생명이 다할 때까지 경주를 계속해 나가야 하는데, 하나님께서 정하신 그 목적지까지 도달하는 길이 아무리 힘들고 멀며 어렵다고 할지라도, 참고 꾸준히 달려서, 반드시 이 경주를 잘 마쳐야 한다(시 119:32-33, "주께서 내 마음을 넓히시면 내가 주의 계명들의 길로 달려가리이다"; 눅 13:24; 고전 9:24-27; 갈 5:7, "너희가 달음질을 잘 하더니 누가 너희를 막아 진리를 순종하지 못하게 하더냐"; 빌 3:13-14, "형제들아 나는 아직 내가 잡은 줄로 여기지 아니하고 오직 한 일 즉 뒤에 있는 것은 잊어버리고 앞에 있는 것을 잡으려고 푯대를 향하여 그리스도 예수 안에서 하나님이 위에서 부르신 부름의 상을 위하여 달려가노라"; 딤후 4:7, "나는 선한 싸움을 싸우고 나의 달려갈 길을 마치고 믿음을 지켰으니"). "구름 같이 허다한 증인들"이 그들보다 먼저 이미 그 길을 달려갔기 때문에, 그들은 그 증인들의 모범 속에서 교훈과 위로와 힘을 얻을 수 있다.

2. 믿음의 주요 또 온전하게 하시는 이인 예수를 바라보자 그는 그 앞에 있는 기쁨을 위하여 십자가를 참으사 부끄러움을 개의치 아니하시더니 하나님 보좌 우편에 앉으셨느니라.

믿음의 주요 또 온전하게 하시는 이인 예수를 바라보자. 사도는 마치 자기가 앞서 말한 허다한 증인들로는 충분하지 않다는 듯이, 그들 모두보다 믿음의 더 뛰어난 모범을 보여 주신 우리 주 예수 그리스도의 예를 여기에 덧붙인다. 그리스도는 그들의 경주에서 모범이실 뿐만 아니라, 그들이 도움을 얻기 위하여 바라보아야 할 "주"이기도 하시다. "바라보자"로 번역된 '아포론테스' (ἀφορῶντες)는 신약성경에서 오직 여기에서만 사용된 단어로서, 우리의 마음과 정신을 흐트러뜨려 놓는 모든 것들을 배제하고서, 오로지 우리가 집중해야 하는 대상만을 온 마음을 다해 바라보는 것을 의미한다. "바라본다"는 것을 의미하는 이 단어는 지각을 나타내는 단어이기는 하지만, 여기에서는 특히 마음과 지성의 행위를 가리킨다. 사도는 경주자들과 관련해서 사용되던 이 단어를 가져와서 여기에서 사용하고 있는 것이기 때문에, 여기에서도 경주와 경주자들에 관한 비유는 계속되고 있다고 할 수 있다. 즉, 경주자들은 경주를 할 때에 자신들의 인도자로부터 도움을 얻기 위해서 인도자에게서 눈을 떼지 않았는데, 그리스도인들도 믿음의 경주를 제대로 잘하기 위해서는, 다른 모든 것들로부터 눈을 돌려서 그 어떤 것도 보지 않고, 오로지 그들을 도우실 예수만을 온 마음으로 집중해서 바라보아야 한다는 것이다. 여기에서 "주"로 번역된 '아르케곤' (ἀρχηγὸν)에 대해서는 히브리서 2:10에 나오는 설명을 보라. 이 단어는 여기에서는 예수는 그리스도인들의 경주를 가장 먼저 시작하신 창시자이시고, 그들로 하여금 이 경주를 온전히 잘 마쳐서 목표지점에 정확히 도달하게 해 주시는 가장 앞선 인도자시라는 것을 의미한다. 예수 그리스도께서는 각각의 신자가 믿음의 경주를 시작해서 달려갈 길을 다 마치고 목적지에 도달할 때까지, 각 사람에게 힘과 도움을 주셔서, 최종 목적지에 도달할 수 있게 해 주신다(요 6:29-30; 빌 4:13; 딤후 4:7; 요일 5:4-5, "무릇 하나님께로부터 난 자마다 세상을 이기느니라 세상을 이기는 승리는 이것이니 우리의 믿음이니라 예수께서 하나님의 아들이심을 믿는 자가 아니면 세상을 이기는 자가 누구냐").

그는 그 앞에 있는 기쁨을 위하여 십자가를 참으사. 성부 하나님은 예수 그리스도께서 모든 고난을 감당하시고 이 경주를 다 마치신 경우에, 그에게 저 기쁘고 영광스러운 결과를 분명하고 확실하게 약속하셨고, 그 결과는 그에게만이 아니라, 그를 믿는 모든 자들에게도 영원토록 이어질 것이었다(눅 24:26; 요 17:1, 5, 24; 벧전 1:10-11, "이 구원에 대하여는 너희에게 임할 은혜를 예언하던 선지자들이 연구하고 부지런히 살펴서 자기 속에 계신 그리스도의 영이 그 받으실 고난과 후에 받으실 영광을 미리 증언하여 누구를 또는 어떠한 때를 지시하시는지 상고하니라"). 그래서 그리스도께서는 장차 자기와 자기 사람들에게 주어질 그 기쁜 결과를 바라보시고서는 힘을 얻으셔서, 이루 말할 수 없는 인내로써 기쁜 마음으로, 십자가와 거기에 따르는 모든 고난들, 즉 사람들로부터 모욕과 수치를 당하시고, 맞으며, 가시 면류관에 찔리시고, 채찍질을 당하시며, 그의 손과 발이 못 박힐 때, 그의 심령 속에서의 깊은 고뇌와 슬픔 및 그의 육신 속에서의 극심한 고통은 물론이고, 마귀들과 사람들이 광분해서 악의적으로 그에게 가한 모든 해악들을 다 참아 내셨다. 그는 자신이 진 무거운 짐을 버거워하지도 않으셨고, 그 짐을 피해 뒤로 물러나시거나, 그 짐 아래에서 기진맥진해서 쓰러지지도 않으셨다. 도리어, 그는 무한한 온유하심과 드러나지 않은 불굴의 인내로써 자기에게 예언된 모든 것들을 다 겪으시고 담당하셨다! 이사야서 53:1-12을 보라.

부끄러움을 개의치 아니하시더니. 그리스도께서는 온 세상에서 가장 뛰어나시고 고결하시며 전혀 죄가 없으신 분이셨음에도 불구하고, 원수들로부터 온갖 모욕과 수모를 당하시고, 신성모독과 조롱과 비웃음의 말들과 행위들을 죄인들로부터 당하시며, 심지어 가장 수치스러운 죽음까지 당하셨지만, 그 모든 수치들을 아무렇지도 않게 생각하셨다(빌 2:6-8, "그는 근본 하나님의 본체시나 하나님과 동등됨을 취할 것으로 여기지 아니하시고 오히려 자기를 비워 종의 형체를 가지사 사람들과 같이 되셨고 사람의 모양으로 나타나사 자기를 낮추시고 죽기까지 복종하셨으니 곧 십자가에 죽으심이라").

하나님 보좌 우편에 앉으셨느니라. 그리스도께서 이렇게 자신을 낮추시고 사람의 모양으로 나타나셔서 온갖 수모를 다 참으신 것의 결과는, 하나님께서 그리스도를 지극히 높이신 것이었다. 그리스도께서는 죽은 자 가운데서 다시 살아나시고 하늘에 오르셔서, "공중의 권세 잡은 자"(엡 2:2)와 죄와 사망을 이기시고 승리자가 되셔서, 하나님의 보좌 우편에 앉게 되셨다. 이렇게 하나님께서는 그리스도에게 큰 영광을 주시고, 세상의 크신 통치자이신 만왕의 왕, 만주의 주가 되게 하심으로써(빌 2:9-10, "하늘에 있는 자들과 땅에 있는 자들과 땅 아래에 있는 자들로 모든 무릎을 예수의 이름에 꿇게 하시고 모든 입으로 예수 그리스도를 주라 시인하여 하나님 아버지께 영광을 돌리게 하셨느니라"; cf. 히 8:1), 하나님을 섬기며 고난을 받는 모든 자들에게 영광스러운 상을 주시는 이시라는 것을 보여 주셨다.

3. 너희가 피곤하여 낙심하지 않기 위하여 죄인들이 이같이 자기에게 거역한 일을 참으신 이를 생각하라.

생각하라. 사도는 앞 절에서 말한 것으로부터 도출되는 결론을 이 절에서 제시한다. 즉, 이 서신의 수신자들은 그리스도의 그러한 모범을 눈여겨보고 본받는 것이 마땅하다는 것이다. 왜냐하면, 그들이 지금까지 그 어떤 고난을 당했다고 할지라도, 그것들은 그리스도께서 당하신 고난에 비하면 작은 것들에 지나지 않기 때문이다(4절). "생각하라"로 번역된 '아날로기사스테' (ἀναλογίσασθε)는, 그리스도의 모범을 깊이 숙고해서 그들 자신이 어떻게 하는 것이 마땅하겠는지를 생각하거나 추론해 보아서, 그들이 숙고한 주제에 걸맞는 행동을 하라는 의미이다.

죄인들이 이같이 자기에게 거역한 일을 참으신 이를. 사도가 앞에서 이미 말하였듯이, 지극히 악하고 야비한 죄인들이 그리스도를 반대하고 거역하며 온갖 수모와 조롱을 퍼부었음에도 불구하고, 그리스도께서는 끝까지 인내하시며 다 받으시고 참으셨다. 그런데 그리스도께서는 지극히 선하시고 죄는 전혀 없으셨고, 그가 하신 일이라고는 늘 두루 다니시며 그들에게 선을 행하신 것뿐이었기 때문에, 그들의 죄와 그것을 참으신 그리스도의 인내는 유례가 없는 것이었다. 그리스도만큼 비웃음과 조롱을 당하시고, 심하게 욕을 먹으시며 모독과 침 뱉음을 당하시고, 모욕적인 대우를 받은 사람은 아무도 없었다. 또한, 그리스도만큼 그 모든 것들을 다 감내하시고 참으신 사람도 아무도 없었다(롬 15:3, "그리스도께서도 자기를 기쁘게 하지 아니하셨나니 기록된 바 주를 비방하는 자들의 비방이 내게 미쳤나이다 함과 같으니라").

너희가 피곤하여 낙심하지 않기 위하여. 그들이 그리스도의 모범을 깊이 숙고해야 하는 이유는, 그들의 심령이 활기와 힘과 생기를 잃고, 기진맥진하여 지치고 힘들어서 낙심해서, 무너지고 쓰러지고 주저앉아서, 그리스도인으로서 마땅히 달려가야 할 길을 멈추고, 경주를 중단해 버리지 않도록 하기 위한 것이다. 마귀는 그리스도인들로 하여금 어떻게 해서든지 그런 식으로 그들의 경주를 중단하게 만들기 위하여 온갖 술수를 다 동원하여 애쓰는 자이다. 그래서 마귀는 그리스도께 그러하였듯이, 그리스도인들이 죄인들로부터 수많은 극심한 반대와 배척을 당하게 만들고, 결국에는 피를 흘리게 만들어서, 결국에는 너무 힘들어서 그 경주를 포기하게 만들고자 하는 것이다.

4. 너희가 죄와 싸우되 아직 피흘리기까지는 대항하지 아니하고.

너희는 이미 그리스도를 위하여 많은 고난을 당하였지만, 그리스도께서는 너희에게 그러한 고난보다 더한 "피흘리는" 고난을 요구하시고, 그러한 "피흘리는" 고난은 너희에게 아직 임하지 않았다(히 10:32-34, "전날에 너희가 빛을 받은 후에 고난의 큰 싸움을 견디어 낸 것을 생각하라 혹은 비방과 환난으로써 사람에게 구경거리가 되고 혹은 이런 형편에 있는 자들과 사귀는 자가 되었으니 너희가 갇힌 자를 동정하고 너희 소유를 빼앗기는 것도 기쁘게 당한 것은 더 낫고 영구한 소유가 있는 줄 앎이라"). 그리스도께서 자신의 제자들인 너희에게 요구하시는 것은, 너희가 그리스도를 위하여 너희의 혈육과 재물은 물론이고 너희의 목숨까지 내어 놓는 것이다(눅 14:26, "무릇 내게 오는 자가 자기 부모와 처자와 형제와 자매와 더욱이 자기 목숨까지 미워하지 아니하면 능히 내 제자가 되지 못하고"). 다른 순교자들이 그리스도를 위하여 원수들에 의해서 폭력적이고 피비린내 나는 죽음을 맞았던 것처럼, 그리스도께서는 너희에게도 그런 죽음을 통하여 자기를 증언하라고 요구하실 수 있으시다. 그리스도께서 무죄하심에도 불구하고, 너희의 죄를 사하시고 너희에게 영원한 생명과 구원을 주시기 위하여, 수치스럽고 참혹한 죽음을 겪으신 것을 깊이 묵상하라. 그리하면, 너희는 기진맥진하여 지쳐 쓰러져서 너희에게 주어진 경주를 포기하고, 그리스도와 그의 진리를 배신하는 배교자가 되지 않을 수 있다. 너희는 사람들이나 마귀들이 너희를 유혹하거나 강제해서 그리스도에게서 떠나 배교하도록 하기 위하여 사용하는 온갖 시험들에 적극적으로 대항하여야 한다. 왜냐하면, 너희가 그리스도를 바라보기만 한다면, 그러한 시험들을 이길 수 있는 힘과 지혜가 너희에게 주어질 것이기 때문이다. 그러므로 너희는 깨어서 기도하고, 모든 시험들에 대하여 있는 힘을 다해서 대항하라(눅 22:31-32, "시몬아, 시몬아, 보라 사탄이 너희를 밀 까부르듯 하려고 요구하였으나 그러나 내가 너를 위하여 네 믿음이 떨어지지 않기를 기도하였노니 너는 돌이킨 후에 네 형제를 굳게 하라"; 벧전 5:9, "너희는 믿음을 굳건하게 하여 그를 대적하라 이는 세상에 있는 너희 형제들도 동일한 고난을 당하는 줄을 앎이라").

5. 또 아들들에게 권하는 것 같이 너희에게 권면하신 말씀도 잊었도다 일렀으되 내 아들아 주의 징계하심을 경히 여기지 말며 그에게 꾸지람을 받을 때에 낙심하지 말라.

또 … 잊었도다. "잊었다"로 번역된 '에클레레스테'(ἐκλέλησθε)는 "너희가 잊었느냐"라고 의문문으로 번역될 수도 있고, "너희가 잊었도다"라고 서술문으로 번역될 수도 있다. 어느 쪽이든, 사도는 이 절에서 그들이 박해의 때에 꼭 기억해야 할 아주 중요한 것을 잊고 있는 것은 아닌지를 확인하면서, 그리스도와 복음을 위하여 박해 받는 것을 어떻게 해석해야 하고, 그 박해들을 어떤 식으로 선용해야 하는지에 대해서, 하나님께서 그들에게 주신 말씀이나 명령을 그들이 반드시 기억해야 한다는 것을 그들에게 상기시켜 준다. 사도는 그렇게 함으로써, 그들이 하나님께서 그들에게 명하신 경주를 끝까지 인내로써 달려가는 데 추가적인 도움을 제공해 준다.

아들들에게 권하는 것 같이 너희에게 권면하신 말씀도. "권면하신 말씀"으로 번역된 '파라클레세오스'(παρακλήσεως)는 원래 "위로"를 의미하지만, 여기에서는 그들이 그들에게 큰 해를 입힐 악을 저지르지 않기 위해서 반드시 행해야 하는 아주 중요한 일에 대한 권면을 의미한다. 사도가 여기에서 "너희가 권면하신 말씀도 잊었도다"라고 말한 것은 환유법적 표현으로서, "너희에게 이렇게 권면하신 하나님을 잊었도다"라는 의미이다. 사도가 여기에서 인용한 말씀은 솔로몬이 잠언에 기록한 것으로서, 당시에 하나님께서 자신의 자녀들에게 주신 권면이었다. 따라서 이 권면의 말씀은, 지금 하나님의 자녀들이거나 앞으로 하나님의 자녀들이 될 모든 자들에게 주어진 권면일 뿐만 아니라, 바로 이 서신의 수신자들인 히브리인들에게 주어진 권면이기도 하다. 이 권면의 말씀은 "내 아들아"라는 단수형으로 되어 있지만, 그리스도 예수 안에서 하나님의 자녀가 된 모든 자들에게 하신 말씀이기 때문에, 이 단수형은 하나님의 모든 자녀들을 가리키는 단수이다.

내 아들아 주의 징계하심을 경히 여기지 말며. 이 권면의 말씀은 잠언 3:11에 기록되어 있다: "내 아들아 여호와의 징계를 경히 여기지 말라 그 꾸지람을 싫어하지 말라." 하나님의 자녀들이라면 누구든지, 마치 부모가 자녀를 징계하듯이, 하나님께서 직접, 또는 그들을 돌보는 자들이 그들의 잘못된 것들을 바로잡아 고쳐 주기 위하여 징계할 때, 그들의 잘못을 고치려고 하지 않고, 도리어 그 징계를 무시하며 안

중에 두지도 않고 경시해서는 안 된다. 왜냐하면, 그러한 징계는 지극히 은혜로우시고 자애로우신 성부 하나님이신 "주"께로부터 오고, 성부 하나님은 그들에게 해로운 일을 하실 수 없으신 분이시고, 오로지 그 징계를 통해서 그들에게 유익을 가져다주시기 위한 것일 뿐이기 때문이다. 그들이 그리스도로 인하여 박해자들로부터 고난을 받게 된다면, 그 고난들은 그 자체로는 해악 같지만, 그것이 성부 하나님의 명령에 의해서 그들이 겪는 징계인 경우에는, 그들이 죄를 짓는 것을 막아 주고, 그들의 도리들을 다할 수 있게 해 줌으로써, 그들로 하여금 장차 지극히 큰 복들을 받게 해 주는 것이기 때문에, 그들에게 지극히 유익한 은총이 된다.

그에게 꾸지람을 받을 때에 낙심하지 말라. 하나님의 자녀들은 하나님의 책망들을 싫어하거나 거부감을 보이거나 낙심해서도 안 되고, 그러한 책망들을 빌미로 삼아서, 우리의 아버지 하나님에 대한 믿음이나 소망이나 사랑을 놓아 버리거나, 하나님의 길이나 진리이나 신앙 자체를 포기해서도 안 되며, 박해로 인해서 지치고 힘들어서, 믿는 자들이 달려가야 할 길을 포기해 버려서도 안 되고, 오로지 끝까지 하나님을 믿고 신뢰하며 그들에게 주어진 경주를 완주하여야 한다(히 12:14-15; 마 10:22, "너희가 내 이름으로 말미암아 모든 사람에게 미움을 받을 것이나 끝까지 견디는 자는 구원을 얻으리라"; 눅 22:28-30, "너희는 나의 모든 시험 중에 항상 나와 함께 한 자들인즉 내 아버지께서 나라를 내게 맡기신 것 같이 나도 너희에게 맡겨 너희로 내 나라에 있어 내 상에서 먹고 마시며 또는 보좌에 앉아 이스라엘 열두 지파를 다스리게 하려 하노라").

6. 주께서 그 사랑하시는 자를 징계하시고 그가 받아들이시는 아들마다 채찍질하심이라 하였으니.

주께서 그 사랑하시는 자를 징계하시고. 이 절의 처음 부분에 나오는 '가르'(γὰρ)는, 사도가 앞에서 하나님의 책망을 받더라도 낙심해서는 안 된다고 말한 이유를 여기에서 제시함으로써, 앞에서의 권면을 더욱 강화시키고 있음을 보여 준다. 즉, 마치 부모가 자기 자녀를 사랑하듯이, 하나님께서는 자신이 택하신 모든 자녀들을 지극히 사랑하시고 자신의 품에 안으시며 자상하고 자애롭게 돌보시기 때문에(엡 5:1), 그 자녀들에게 영적인 유익을 주시기 위하여, 그들의 잘못된 것들을 어떤 때에는 자신의 말씀으로 훈계하기도 하시고 어떤 때에는 회초리로 징계하기도 하시며, 그들을 가르치시고 양육하신다(고전 11:32, "우리가 판단을 받는 것은 주께 징계를 받는 것이니 이는 우리로 세상과 함께 정죄함을 받지 않게 하려 하심이라").

그가 받아들이시는 아들마다 채찍질하심이라. "채찍질"은 벌 중에서도 가장 아프고 혹독한 벌로서, 가장 강도 높은 징계를 의미한다. 하나님께서는 자신의 양자로 삼으셔서, 큰 기쁨과 흡족하심 가운데서 자기 품에 품으신 자신의 모든 자녀들에 대하여 단 한 사람의 예외도 없이 징계를 행하신다. 잠언 3:12("대저 여호와께서 그 사랑하시는 자를 징계하시기를 마치 아비가 그 기뻐하는 아들을 징계함 같이 하시느니라"); 요한계시록 3:19("무릇 내가 사랑하는 자를 책망하여 징계하노니 그러므로 네가 열심을 내라 회개하라")을 보라. 이 말씀들은 표현은 서로 다르지만, 그 의미는 동일하다. 즉, 하나님께서는 아버지로서 자기가 기뻐하시는 아들을 징계하여 바로잡으신다는 것이다.

7. 너희가 참음은 징계를 받기 위함이라 하나님이 아들과 같이 너희를 대우하시나니 어찌 아버지가 징계하지 않는 아들이 있으리요.

너희가 참음은 징계를 받기 위함이라 하나님이 아들과 같이 너희를 대우하시나니. 사도는 성부 하나님이 그들에게 고난과 환난과 징계를 주시는 것은 그들이 하나님의 아들이기 때문이라고 말한다. 너희가 하나님 아버지께서 너희를 자녀로 여기시고서 너희를 징계하시려고 여러 가지 고난과 환난을 주시는 것처럼 느낀다면, 너희는 그 징계를 순순히 받아들여서 인내로써 잘 감당하는 가운데, 하나님께서 그 징계를 너희에게서 거두어 가실 때를 믿음으로 기다리는 것이 마땅하다. 왜냐하면, 너희가 성부 하나님의 자녀들인 까닭에, 하나님께서는 너희를 지극히 사랑하시고 아끼셔서 징계하시는 것이기 때문이다(레 26:41; 욥 13:15; 시 89:30; 미 7:9).

어찌 아버지가 징계하지 않는 아들이 있으리요. 하나님의 자녀들 중에서 징계를 받지 않은 사람은 아무도 없다. 심지어 하나님께서 가장 사랑하시는 독생자이신 그리스도께서도 우리를 위하여 대신 징계를 받으셨다(사 53:5, "그가 찔림은 우리의 허물 때문이요 그가 상함은 우리의 죄악 때문이라 그가 징계를 받으므로 우리는 평화를 누리고 그가 채찍에 맞으므로 우리는 나음을 받았도다"; 히 5:8-9, "그가 아들이시면서도 받으신 고난으로 순종함을 배워서 온전하게 되셨은즉 자기에게 순종하는 모든 자에게 영원한 구원의 근원이 되시고"). 여기에서 사용된 의문문은 강한 긍정의 의미를 지닌다.

8. 징계는 다 받는 것이거늘 너희에게 없으면 사생자요 친아들이 아니니라.

하나님의 자녀들은 예외 없이 누구나 하나님으로부터 징계를 받기 때문에, 만약 하나님께서 너희를 징계하지 않으신다거나, 너희에게 은혜가 없다거나, 너희가 징계를 제대로 감당하지 않거나, 징계 아래에서 제대로 처신하지 않는다면, 너희는 하나님의 참된 자녀가 아니라, 가짜 자녀이고, 하나님이 보시기에 "사생자"나 마찬가지이다. 왜냐하면, 하나님의 징계가 없는 자들은, 하나님으로부터 완전히 버림받은 지독하게 사악한 자들로서, 죄의 권세와 지배 아래에서, 그들의 철저한 멸망을 향하여 내달릴 수밖에 없게 되기 때문이다(요 8:41-42, 44 "너희는 너희 아비가 행한 일들을 하는도다 대답하되 우리가 음란한 데서 나지 아니하였고 아버지는 한 분뿐이시니 곧 하나님이시로다 예수께서 이르시되 하나님이 너희 아버지였으면 너희가 나를 사랑하였으리니 이는 내가 하나님께로부터 나와서 왔음이라 나는 스스로 온 것이 아니요 아버지께서 나를 보내신 것이니라 … 너희는 너희 아비 마귀에게서 났으니 너희 아비의 욕심대로 너희도 행하고자 하느니라 그는 처음부터 살인한 자요 진리가 그 속에 없으므로 진리에 서지 못하고 거짓을 말할 때마다 제 것으로 말하나니 이는 그가 거짓말쟁이요 거짓의 아비가 되었음이라"). 눈에 보이는 가시적인 교회의 지체들이기는 하지만, 하나님의 징계를 받지 않는 자들은 "사생자들"로서, 그들의 마음은 하나님과 그의 법으로부터 떠나 있는 자들이고, 육신의 소욕과 일들에 이끌려서, 그들의 행실로 육신의 욕심을 이루고, 지독한 죄악들을 마음대로 자행하여도, 그들을 제어하는 징계가 없는 자들이다. 그들은 그런 자들이기 때문에, 하나님께서는 그들을 그들의 부패하고 타락한 마음에 내버려 두시고, 징계하지 않으신다(사 1:4-6; 호 4:14, 17).

9. 또 우리 육신의 아버지가 우리를 징계하여도 공경하였거든 하물며 모든 영의 아버지께 더욱 복종하며 살려 하지 않겠느냐.

또 우리 육신의 아버지가 우리를 징계하여도 공경하였거든. 여기에서 사도는 육신의 아버지가 자녀들을 징계하여도, 자녀들은 육신의 아버지를 멸시해서는 안 되고 공경하는 것이 마땅하다는 사실, 그리고 하나님께서는 우리의 아버지이시고, 그 어떤 육신의 아버지보다도 더 낫고 선하신 아버지시라는 사실에 근거해서, 우리가 하나님의 징계에 순종하는 것이 마땅하고, 하나님께서 우리를 징계하실 때, 우리가 그 징계를 가볍게 여기거나 낙심해서는 안 된다는 것을 다시 한 번 강조하고 역설한다. 우리 모두에게는 육신의 아버지가 있고, 육신의 아버지는 우리를 이 땅에 육체로 태어나게 한 이차적인 원인이기 때문에, 우리는 그 아버지의 자녀이다(히 7:5, 10). 따라서 육신의 아버지는 우리를 양육하기 위하여 말과 회초리를 사용해서 우리를 가르치고 바르게 키울 의무가 있기 때문에, 우리를 징계하여 우리에게 고통과 아픔을 가져다주었고(삼하 7:14; 잠 22:15, "아이의 마음에는 미련한 것이 얽혔으나 징계하는 채찍이 이를 멀리 쫓아내리라"), 우리는 그런 육신의 아버지를 공경하였다. "공경하였다"로 번역된 '에네트레포메타'(ἐνετρεπόμεθα)는, 우리가 저지른 잘못들로 인하여 부끄러움과 수치를 뒤집어쓰고서, 감히 육신의 아버지의 얼굴을 정면으로 쳐다보지도 못한 채 어쩔 줄 몰라 하며, 우리의 잘못을 바로잡아 올바른 사람이 되게 하기 위하여 우리를 징계하는 아버지를 공경하고, 그 징계를 달게 받았다는 것을 의미한다.

하물며 모든 영의 아버지께 더욱 복종하며 살려 하지 않겠느냐. 이러한 훈계조의 말은, 사도가 여기에서 단순한 교훈을 전하고 있는 것이 아니라, 그들을 징계하시는 하나님께 기꺼이 복종하고 그 뜻에 순종하라고 강력하게 촉구하고 있는 것임을 보여 준다. 하나님께서는 "모든 영의 아버지"로서, 우리의 자연적이고 영적인 존재를 창조하신 분이시고, 우리를 다스리시고 지키시며 보호하시고 주관하시는 분이시라는 사실은, 하나님이 우리를 회초리로 징계하실 때, 우리가 우리 자신을 부인하고, 그 징계를 자원하는 마음으로 기꺼이 받아 복종하여서, 우리의 잘못된 것들을 고치고, 우리 자신을 더욱더 우리의 영의 아버지께 맡기며 믿고 의지하여야 하는 최고의 이유이다. 우리가 그렇게 하는 것은 우리의 의무이자, 우리에게 주어진 특권이다. 사람들이나 천사들은 우리를 주관할 권세가 없고, 오직 "모든 영의 아버지"이신 성부 하나님께만 그럴 권세가 있으시다. 그리고 하나님의 자녀들인 우리의 잘못들을 바로잡으셔서, 영원한 생명과 구원을 얻게 하시는 것은, 하나님께서 가장 관심을 갖고 행하시는 큰 일이다(창 2:7; 민 27:16; 전 12:7; 슥 12:1).

이렇게 하나님께서 우리의 불멸의 영혼을 징계하시는 이유는, 우리로 하여금 은혜에서 영광으로 더욱더 진보하여, 더 깊은 영적인 삶과 하나님에 대하여 더 온전한 삶을 살게 하시기 위한 것이다(요 3:6; 롬 8:5-6, "육신을 따르는 자는 육신의 일을, 영을 따르는 자는 영의 일을 생각하나니 육신의 생각은 사망이요 영의 생각은 생명과 평안이니라"). 하나님께서는 우리에 대한 징계를 통해서, 우리의 삶이 성육신하신 하나님이 이 땅에서 사셨던 그러한 삶을 점점 더 많이 닮게 하신다(갈 2:20, "내가 그리스도와 함께 십자가에 못 박혔나니 그런즉 이제는 내가 사는 것이 아니요 오직 내 안에 그리스도께서 사시는 것이라 이제 내가 육체 가운데 사는 것은 나를 사랑하사 나를 위하여 자기 자신을 버리신 하나님의 아들을 믿는 믿음 안에서 사는 것이라"; 엡 4:18; 빌 1:21; 벧전 4:6; 요일 3:9, "하나님께로부터 난 자마다 죄를 짓지 아니하나니 이는 하나님의 씨가 그의 속에 거함이요 그도 범죄하지 못하는 것은 하나님께로부터 났음이라"). 하나님의 징계는 하나님께서 우리로 하여금 그러한 신령한 삶에서 날마다 진보하게 만드시는 도구와 수단인데, 우리의 신령한 삶은 하늘에서의 영원한 삶으로 완성되고 온전하게 된다(행 14:22; 롬 5:3-5; 8:18; 고후 4:17-18; 약 1:12, "시험을 참는 자는 복이 있나니 이는 시련을 견디어 낸 자가 주께서 자기를 사랑하는 자들에게 약속하신 생명의 면류관을 얻을 것이기 때문이라"; 유 1:20-21, "사랑하는 자들아 너희는 너희의 지극히 거룩한 믿음 위에 자신을 세우며 성령으로 기도하며 하나님의 사랑 안에서 자신을 지키며 영생에 이르도록 우리 주 예수 그리스도의 긍휼을 기다리라").

10. 그들은 잠시 자기의 뜻대로 우리를 징계하였거니와 오직 하나님은 우리의 유익을 위하여 그의 거룩하심에 참여하게 하시느니라.

그들은 잠시 자기의 뜻대로 우리를 징계하였거니와. 하나님께서는 우리의 육신의 아버지들보다 더 나은 아버지이시기 때문에, 자녀들을 징계하시는 목적에 있어서도 우리의 육신의 아버지들과는 비교할 수 없는 정도로 더 선하시다. 왜냐하면, 우리의 육신의 아버지들은 "잠시," 즉 어린 시절과 젊은 시절 동안에 잠시 잠깐 동안, 실제로 우리에게 가장 유익한 방식이 아니라, 자신들의 육정으로 옳다고 생각되는 자의적인 방식을 따라 말과 회초리로 우리를 양육한 것일 뿐이기 때문이다. 그들은 자신들의 생각이 선하든 악하든, 그 생각을 기준으로 해서 우리를 징계하였다. 따라서 그들이 우리를 징계한 목적은 그들의 생각을 관철하기 위한 것이었다고 말할 수 있는데, 우리의 육신의 아버지들이 지닌 생각들은 얼마나 불완전하고 결함이 많은 것들인가!

오직 하나님은 우리의 유익을 위하여 그의 거룩하심에 참여하게 하시느니라. 반면에, 우리의 영의 아버지이신 하나님께서는 "우리의 유익을 위하여"(ἐπι τὸ συμφέρον - '에피 토 쉼페론') 우리를 징계하신다. 여기에서 '쉼페론'은, 엄밀하게 말해서 "함께 짊어진다"는 의미를 지닌 단어로서, 하나님께서 자신의 자녀들을 징계하실 때에는, 그들의 무거운 짐을 직접 거들어 주시고 함께 져 주실 뿐만 아니라, 그들에게 은혜를 주셔서 그 짐을 질 수 있게 하셔서, 그들로 하여금 그 징계를 통해서 영적인 유익을 얻게 하신다는 뜻을 내포하고 있다. 하나님께서 이렇게 우리의 잘못된 것들을 바로잡아 주셔서 영적으로 진보할 수 있도록 하시기 위하여, 이렇게 징계를 통해 함께 짐을 져 주시는 일을 "잠시"가 아니라 우리의 평생에 걸쳐서 우리에게 행하신다. 그리고 하나님께서 우리를 이렇게 징계하시는 목적은, 우리로 하여금 "그의 거룩하심"에 참여하게 하시기 위한 것이다. 우리는 하나님의 징계를 통해서 "그의 거룩하심"에 참여하는 자들이 되어서, 영적인 생명을 풍성하고 차고 넘치게 받게 되고, 하나님이 자라게 하심에 따라서 우리 속에서는 하나님의 거룩한 성품이 점점 더 커져가게 된다(엡 3:13, 19, "그 너비와 길이와 높이와 깊이가 어떠함을 깨달아 하나님의 모든 충만하신 것으로 너희에게 충만하게 하시기를 구하노라"; 골 2:19, "온 몸이 머리로 말미암아 마디와 힘줄로 공급함을 받고 연합하여 하나님이 자라게 하시므로 자라느니라").

11. 무릇 징계가 당시에는 즐거워 보이지 않고 슬퍼 보이나 후에 그로 말미암아 연단 받은 자들은 의와 평강의 열매를 맺느니라.

무릇 징계가 당시에는 즐거워 보이지 않고 슬퍼 보이나. 사도는 여기에서 그리스도인들에게 하나님의 징계를 가볍게 여기지도 말고, 하나님의 징계 아래에서 낙심하지도 말아야 하는 추가적인 이유를, 그 징계로 인한 선한 결과를 근거로 해서 다시 한 번 역설함과 동시에, 하나님의 징계는 아프고 슬퍼 보이기 때문에, 마치 하나님의 사랑이나 그들의 유익을 위한 것일 수 없다는 듯이, 하나님의 징계를 나쁘게 말하고 폄하하는 우리 육신의 중상모략에 절대로 속아 넘어가서는 안 된다는 것을 보여 준다. 사도는 영들의 아버지이신 하나님께서 자기 자녀들에게 가하시는 모든 징계와 책망은 단 하나의 예외도 없이, 그것들이 가해지는 내내, 하나님의 자녀들에 의해서 아프고 고통스러운 것으로 느껴질 수밖에 없다는 것을 인정한다. 즉, 그들은 하나님의 징계 속에서 그 어떤 기쁨도 느낄 수 없고, 오로지 큰 고통과 슬픔과 아픔만을 느끼게 된다는 것이다. 하나님께서는 잘못한 우리를 징계하실 때, 우리에게 즐거움을 주고자 하시는 것이 아니고, 도리어 우리로 하여금 하나님의 회초리로 인한 아픔과 슬픔을 생생하게 느끼고서, 우리의 잘못을 깨닫고서 고치도록 하시기 위한 것이기 때문에, 하나님의 징계는 그 자체로는 우리에게 결코 즐거운 것이 될 수 없다.

후에 그로 말미암아 연단 받은 자들은 의와 평강의 열매를 맺느니라. 사도는 하나님의 징계가 우리에게 이렇게 아픔과 고통과 슬픔만을 가져다준다고 해서, 하나님의 자녀들인 우리가 그러한 징계 아래에서 낙심하거나 의기소침할 이유는 전혀 없다고 말한다. 왜냐하면, 하나님의 징계는 언제까지나 계속되는 것도 아니고, 징계가 끝난 후에는 우리에게 유익을 가져다주기 때문이다. 징계 후에 우리에게 주어지는 유익은, 영원까지 이어지는 우리에 대한 보상이 된다. 하나님의 지시하심과 복 주심을 따라서 징계로 인한 아픔과 슬픔을 잘 선용해서 자신들의 잘못을 고치게 된 하나님의 자녀들이 맺는 열매는, 모든 죄에서 정결하게 되고, 하나님의 온전하신 뜻에 합하여 의로운 삶을 살게 되며(사 27:9, "야곱의 불의가 속함을 얻으며 그의 죄 없이함을 받을 결과는 이로 말미암나니 곧 그가 제단의 모든 돌을 부서진 횟돌 같게 하며 아세라와 태양상이 다시 서지 못하게 함에 있는 것이라"), 그들의 영혼은 기쁨과 평안으로 충만하게 될 뿐만 아니라, 하나님의 징계 아래에서 생겨난 고통과 슬픔을 극복하는 과정에서 모든 선한 것들과 복과 은혜를 풍성하게 받아 누리게 된다는 것이다. 즉, 하나님께서는 자신의 자녀들에게 징계를 주실 뿐만 아니라, 그 징계를 감당하고 극복해 낼 수 있는 은혜도 주시는데, 그 가운데서 그들은 연단을 받아 차고 넘치는 복을 열매로 받게 된다는 것이다(사 32:17, "공의의 열매는 화평이요 공의의 결과는 영원한 평안과 안전이라"; 롬 5:1-5; 약 1:2-4, "내 형제들아 너희가 여러 가지 시험을 당하거든 온전히 기쁘게 여기라 이는 너희 믿음의 시련이 인내를 만들어 내는 줄 너희가 앎이라 인내를 온전히 이루라 이는 너희로 온전하고 구비하여 조금도 부족함이 없게 하려 함이라").

12. 그러므로 피곤한 손과 연약한 무릎을 일으켜 세우고.

사도는 앞에서 말한 하나님의 징계와 그 섭리에 관한 가르침을 토대로 해서, 여기에서는 이 서신의 수신자들인 히브리인들에게 구체적인 권면을 행한다. **그러므로.** 이것은 사도가 지금부터 말하는 것들은 자기가 앞에서 분명하게 설명한 진리로부터 이끌어 낸 것들이기 때문에, 그들이 반드시 행하여야 하는 것들이라는 것을 강조하는 도입어이다. **일으켜 세우고.** "일으켜 세우다"로 번역된 '아노르토사테'(ἀνορθώσατε)는, 원래 있어야 할 자리를 벗어나서 엉뚱한 곳에 있거나 잘못된 곳에 붙어 있는 것들을 올바른 위치로 되돌려서 바로잡는 것을 의미하기 때문에, 여기에서는 그리스도인으로서 경주를 하다가 마땅히 달려가야 할 길에서 벗어나거나, 힘들고 기진맥진해서 아예 경주를 포기하고 주저앉아 버린 자들이 자기 자신을 다시 일으켜 세우거나 올바른 길로 다시 돌아가서 경주를 계속해 나가는 것을 가리킨다.

피곤한 손과 연약한 무릎을. 축 늘어진 "손들"과 마비되어 제대로 일으켜지지 않는 "무릎들"은, 하나님의 자녀들이 하나님의 징계 아래에서 낙심하고 의기소침해져서 모든 것을 포기하고 그만두고 싶어 하는 마음과 심령의 상태를 나타내는 비유적인 표현이다(사 35:3-6, "너희는 약한 손을 강하게 하며 떨리는 무릎을 굳게 하며 겁내는 자들에게 이르기를 굳세어라, 두려워하지 말라, 보라 너희 하나님이 오사 보복하시며 갚아 주실 것이라 하나님이 오사 너희를 구하시리라 하라 … 그 때에 저는 자는 사슴 같이 뛸 것이며 말 못하는 자의 혀는 노래하리니 이는 광야에서 물이 솟겠고 사막에서 시내가 흐를 것임이라").

사도가 여기에서 하고 있는 권면의 요지는, 사악한 원수들과 믿지 않는 형제들로부터 오는 시련들 아래에서, 우리의 생각과 감정과 육신을 올바르게 제대로 추스르고 바로잡아서, 하나님을 경외하는 가운데 하나님으로부터 오는 힘을 덧입어서, 늘 깨어서 기도하고(딤전 2:8), 하나님의 모든 계명들에 순종하여 끊임없이 하나님의 길들로 행하며(시 119:48, 100), 하나님의 모든 징계들을 인내로써 달게 감내하여, 그 징계들로 인한 화평한 열매를 맺음으로써, 그리스도인으로서의 우리의 경주를 온전하게 하라는 것이다. 이것이 이 비유가 보여 주는 진리이다.

13. 너희 발을 위하여 곧은 길을 만들어 저는 다리로 하여금 어그러지지 않고 고침을 받게 하라.

이 서신의 수신자들인 히브리인들은 믿지 않는 유대인 형제들에 의한 폭력적인 박해로 인해서, 그들의 마음과 생각이 유대교와 기독교 사이에서 갈팡질팡하는 "저는 다리"와 같았기 때문에, 얼마든지 하나님의 길에서 벗어나고, 복음의 진리로부터 이탈하여 잘못된 길로 빠질 수 있었다. 그래서 사도는 그들이 원래의 제자리로 돌아와서, 한 마음으로 그리스도인으로서의 경주를 행하며, 마땅히 행해야 할 일들을 하기 위해서는, 그들 앞에 있는 걸림돌들과 거치는 반석들을 제거하여서, 그들이 가는 길을 "곧은 길"로 만들고 평탄한 길로 만들지 않으면 안 된다고 말한다. 왜냐하면, 만일 그들이 그렇게 하지 않는다면, 그들의 그러한 잘못된 행위들로 인하여 하나님의 손 아래에서 징계를 받게 될 것이고, 그들은 그 징계를 견디지 못하고 더욱더 진리를 벗어나서 배교하거나, 다른 형제들에게 걸림돌이 되는 방식으로 행하여, 형제들의 심령에 상처를 주게 될 수도 있을 것이었기 때문이다(행 15:1, "어떤 사람들이 유대로부터 내려와서 형제들을 가르치되 너희가 모세의 법대로 할례를 받지 아니하면 능히 구원을 받지 못하리라 하니"; 갈 2:11-15; 6:12, "무릇 육체의 모양을 내려 하는 자들이 억지로 너희에게 할례를 받게 함은 그들이 그리스도의 십자가로 말미암아 박해를 면하려 함뿐이라").

14. 모든 사람과 더불어 화평함과 거룩함을 따르라 이것이 없이는 아무도 주를

보지 못하리라.

이 장에 나오는 권면 중에서 두 번째 권면이 이 절에서부터 시작되어서 이 장의 끝까지 이어진다. 사도는 여기에서 우리 주 예수 그리스도께서 복음 교회의 대제사장이 되셔서, 죄인들을 하나님과 화목하게 하시고 거룩하게 하신 일을 하셨다는 것을 이 서신의 수신자들인 히브리인들에게 충분히 다 보여 주었기 때문에, 이제는 그들이 사람들과는 "화평함"을 추구하고, 하나님을 향해서는 온전한 "거룩함"을 추구하는 것만이 남았다고 말한다.

모든 사람과 더불어 화평함과 거룩함을 따르라. "따르라"로 번역된 '디오케테'(διώκετε)는, 박해자들이 그리스도의 무죄한 종들을 끈질기고 집요하게 붙잡을 때까지 추적하고 추격하는 것 같이, 온 힘을 다해 지침이나 만족을 모른 채로 끈기 있게 추구하는 것을 의미한다. 즉, 그리스도인들은 모든 선하고 합법적인 일들에서 온갖 부류의 사람들과 더불어서, 우리에게 가능한 한도 내에서 최대한도로, 생각과 말과 행위로 한 마음과 한 뜻을 가지고서 평화롭게 함께 살아가고자, 진심으로 간절하고 끈질기고 지침이 없이 꾸준히 추구하고 노력하고 애써야 한다는 것이다(시 34:14, "악을 버리고 선을 행하며 화평을 찾아 따를지어다"; 고전 10:32, "유대인에게나 헬라인에게나 하나님의 교회에나 거치는 자가 되지 말고"; 13:4-5, 7; 벧전 3:10-11, "생명을 사랑하고 좋은 날 보기를 원하는 자는 혀를 금하여 악한 말을 그치며 그 입술로 거짓을 말하지 말고 악에서 떠나 선을 행하고 화평을 구하며 그것을 따르라"). "거룩함"으로 번역된 '하기아스몬'(ἁγιασμὸν)은 우리의 심령이 하나님을 향하여 갖는 것이 마땅한 성품을 가리키는 말로서, 영적으로 더럽고 추한 것으로부터 온전히 정결하고, 하나님의 거룩하심에 합당한 그러한 거룩함을 지니는 것을 의미한다(엡 4:24, "하나님을 따라 의와 진리의 거룩함으로 지으심을 받은 새 사람을 입으라"). 성령의 모든 은혜들의 열매이자 정수는 "거룩함"이다(벧전 1:15-16; 요일 3:2-3). 따라서 그리스도인들은 우리의 모든 힘을 다해서 온전한 거룩함에 이르기 위해 애쓰는 것이 마땅하다(시 110:3; 고후 7:1, "그런즉 사랑하는 자들아 이 약속을 가진 우리는 하나님을 두려워하는 가운데서 거룩함을 온전히 이루어 육과 영의 온갖 더러운 것에서 자신을 깨끗하게 하자").

이것이 없이는 아무도 주를 보지 못하리라. 거룩함이 결여된 심령은 믿음으로나 눈으로나 "주를 보지" 못한다. 그런 자들은 은혜 가운데서나 영광 가운데서나 그리스도 안에서 하나님과 하나 될 수도 없고, 교제할 수도 없으며, 하나님을 누릴 수도 없다. 사도는 이 말을 통해서, 거룩함이 없이는 그들이 하나님을 볼 수도 없고 누릴 수도 없다는 것을 은연중에 암시하고 단언한다(마 5:8; 고전 6:9-10; 12:13; 갈 5:21; 요일 3:2-3).

15. 너희는 하나님의 은혜에 이르지 못하는 자가 없도록 하고 또 쓴 뿌리가 나서 괴롭게 하여 많은 사람이 이로 말미암아 더럽게 되지 않게 하며.

사도는 그들이 "화평함"과 "거룩함"을 추구하여야 한다는 것을 더욱 강조하기 위하여, 여기에서는 비유적인 표현을 통해서, 어떤 것들이 그들이 그러한 것들을 추구하는 데 방해가 되는지를 말해 주고, 그런 일들이 일어나지 않도록 조심하라고 당부한다. 사도가 그들에게 이러한 주의를 주면서, 특히 에서의 예를 구체적으로 든 것은 합당하다(15-17절).

너희는 하나님의 은혜에 이르지 못하는 자가 없도록 하고. "하나님의 은혜에 이르지 못한다"는 것은, 복음 안에서 주어진 은혜를 받지 못하는 것을 가리키는 것일 수도 있고(딛 2:11-13, "모든 사람에게 구원을 주시는 하나님의 은혜가 나타나 우리를 양육하시되 경건하지 않은 것과 이 세상 정욕을 다 버리고 신중함과 의로움과 경건함으로 이 세상에 살고 복스러운 소망과 우리의 크신 하나님 구주 예수 그리스도의 영광이 나타나심을 기다리게 하셨으니"), 유혹이나 박해로 말미암아 복음에 대한 신앙고백으로부터 떨어져 나가서 배교하는 것을 가리키는 것일 수도 있다(히 4:1; 10:38; 고후 6:1). 갈라디아서 1:6("그리스도의 은혜로 너희를 부르신 이를 이같이 속히 떠나 다른 복음을 따르는 것을 내가 이상하게 여기노라"); 3:3("너희가 이같이 어리석으냐 성령으로 시작하였다가 이제는 육체로 마치겠느냐")을 보라.

또 쓴 뿌리가 나서 괴롭게 하여. 이것은 독이 있는 잎사귀를 내는 뿌리를 지닌 식물들을 표현한 말에서 가져온 비유인데, 모세는 신명기 29:18에서 이 비유를 사용해서, "너희 중에 남자나 여자나 가족이나 지파나 오늘 그 마음이 우리 하나님 여호와를 떠나서 그 모든 민족의 신들에게 가서 섬길까 염려하며 독초와 쑥의 뿌리가 너희 중에 생겨서"라고 말한 바 있다. 사도는 이 비유를 통해서 말하고자 하는 것은, 하나님을 떠나서 배교하여 우상에게 간 자들은, 쓸개와 쑥이 사람들에게 쓴 것처럼, 그들의 본성과 말과 행위들이 하나님께 쓴 자들이라는 것이다. 사도는 이 비유를 사용해서, 이 서신의 수신자들인 히브리인들에게, 그들 중에서 잘못된 가르침들과 이단사설들, 음행들, 세속적이고 속된 것들, 더럽고 추악한 것들이 생겨나고 자라서, 교회들을 오염시키고, 골칫덩어리가 되어 교회들을 괴롭게 하며, 교회들이 거룩함을 추구하는 것을 방해하는 일이 벌어지지 않도록 하라고 당부하고 있다(히 3:8; 호 12:14; 갈 1:7; 약 3:14, "너희 마음 속에 독한 시기와 다툼이 있으면 자랑하지 말라 진리를 거슬러 거짓말하지 말라").

많은 사람이 이로 말미암아 더럽게 되지 않게 하며. 그러한 독이 있는 쓴 뿌리 하나로 인해서, 교회에 속한 그리스도인들 전체가 오염되고 독에 중독될 수 있다. 왜냐하면, 그런 자의 죄는 누룩처럼 전염성이 강해서 신속하게 퍼져나가 교회 전체를 오염시키고 더럽히기 쉽기 때문이다(고전 5:6, "너희가 자랑하는 것이 옳지 아니하도다 적은 누룩이 온 덩어리에 퍼지는 것을 알지 못하느냐"; 갈 5:7-9, "너희가 달음질을 잘 하더니 누가 너희를 막아 진리를 순종하지 못하게 하더냐 그 권면은 너희를 부르신 이에게서 난 것이 아니니라 적은 누룩이 온 덩이에 퍼지느니라"). 이렇게 쓴 뿌리는 아주 위험한 것이었기 때문에, 이미 사도 시대에, 사도의 이러한 경고와 주의를 제대로 귀 기울여 듣지 않은 초대 교회들은, 그들 중에 섞여 있던 더럽고 음란한 이단들에 의해서 교훈과 도덕 양면으로 오염되어 변질되고 말았다!

16. 음행하는 자와 혹 한 그릇 음식을 위하여 장자의 명분을 판 에서와 같이 망령된 자가 없도록 살피라.

여기에서 사도는 자기가 앞에서 말한 "쓴 뿌리"로부터 생겨나는 두 가지 특별한 열매들을 들어서, "쓴 뿌리"가 무엇인지를 좀 더 구체적으로 설명한다. 음행하는 자. "음행하는 자"로 번역된 '포르노스'(πόρνος)는 단지 결혼하지 않은 사람들이 저지르는 음행을 가리키는 것으로 너무 좁게 해석해서는 안 되고, 예루살렘 사도들이 이방 그리스도인들에게 "우상의 제물과 피와 목매어 죽인 것과 음행을 멀리할지니라 이에 스스로 삼가면 잘되리라"(행 15:29)고 권면한 것 속에 언급된 "음행"과 마찬가지로, 성적으로 음란하고 추잡한 온갖 종류의 행위들을 가리키는 것으로 보아야 한다. 그러한 의미에서의 음행은 이미 이방 교회들 속에 침투해 들어와서, 많은 신자들이 물들 염려가 있었기 때문에, 야고보와 베드로와 유다는 자신들의 서신에서 그러한 음행에 대하여 경고하였다.

망령된 자. "망령된 자"로 번역된 '베벨로스'(βέβηλος)는 경건한 자와 반대되는 개념으로서, 하나님에 대하여 불순한 마음을 품고서, 십계명의 첫 번째 돌판을 여지없이 짓밟는 자를 가리키는데, 그런 자는 하나님과 그의 은혜와 영광을 멸시하고, 거룩한 것들을 무시하고 배척하는 가운데, 쾌락들과 재물과 명예를 탐하고, 그런 것들에 탐닉해서 살아가는 자이다(딤전 1:9, "알 것은 이것이니 율법은 옳은 사람을 위하여 세운 것이 아니요 오직 불법한 자와 복종하지 아니하는 자와 경건하지 아니한 자와 죄인과 거룩하지 아니한 자와 망령된 자와 아버지를 죽이는 자와 어머니를 죽이는 자와 살인하는 자며"; 4:7, 16, "망령되고 허탄한 신화를 버리고 경건에 이르도록 네 자신을 연단하라"; 딤후 2:16, "망령되고 헛된 말을 버리라 그들은 경건하지 아니함에 점점 나아가나니").

혹 한 그릇 음식을 위하여 장자의 명분을 판 에서와 같이. 에서는 야곱의 형으로서, 이 히브리인들과 아주 깊은 관계에 있는 인물이어서 아주 좋은 사례가 될 수 있었기 때문에, 사도는 여기에서 그를 "망령된 자"의 대표적인 예로 든다. 에서는 지독하게 속된 자여서, 태어날 때부터 가지고 있던 장자권의 축복을 불경스럽게도 하찮은 것으로 여기고 멸시하였다. 하나님께서는 장자권을 지닌 자에게는 다른 형제들보다 두 배의 분깃을 주라고 명하셨고, 또한 장자권을 지닌 자는 한 가문의 제사장이자 다스리는 자가 되었으며, 하나님의 언약의 복들을 계승할 자격이 있는 자로서, 그리스도의 모형으로서의 역할을 하였다. 그런데도 에서는 단 한 번 자신의 배고픔을 면하기 위해서 육신의 천한 욕구로 인해서, 장자권을 하찮게 여기고서는, 팥죽 한 그릇에 자신의 장자권을 동생인 야곱에게 넘겨 버리는 불경스럽고 야비한 짓을 저질렀다(창 25:32, 34). 그런데 그리스도인들 중에서 에서와 같은 자들이 있었다(빌 3:18, "내가 여러 번 너희에게 말하였거니와 이제도 눈물을 흘리며 말하노니 여러 사람들이 그리스도의 십자가의 원수로 행하느니라"; 벧후 2:10-19, "특별히 육체를 따라 더러운 정욕 가운데서 행하며 주관하는 이를 멸시하는 자들에게는 형벌할 줄 아시느니라 이들은 당돌하고 자긍하며 떨지 않고 영광 있는 자들을 비방하거니와 더 큰 힘과 능력을 가진 천사들도 주 앞에서 그들을 거슬러 비방하는 고발을 하지 아니하느니라 그러나 이 사람들은 본래 잡혀 죽기 위하여 난 이성 없는 짐승 같아서 그 알지 못하는 것을 비방하고 그들의 멸망 가운데서 멸망을 당하며 불의의 값으로 불의를 당하며 낮에 즐기고 노는 것을 기쁘게 여기는 자들이니 점과 흠이라 너희와 함께 연회할 때에 그들의 속임수로 즐기고 놀며 음심이 가득한 눈을 가지고 범죄하기를 그치지 아니하고 굳세지 못한 영혼들을 유혹하며 탐욕에 연단된 마음을 가진 자들이니 저주의 자식이라"; 유 1:4-19, "이는 가만히 들어온 사람 몇이 있음이라 그들은 옛적부터 이 판결을 받기로 미리 기록된 자니 경건하지 아니하여 우리 하나님의 은혜를 도리어 방탕한 것으로 바꾸고 홀로 하나이신 주재 곧 우리 주 예수 그리스도를 부인하는 자니라 … 그들이 너희에게 말하기를 마지막 때에 자기의 경건하지 않은 정욕대로 행하며 조롱하는 자들이 있으리라 하였나니 이 사람들은 분열을 일으키는 자며 육에 속한 자며 성령이 없는 자니라"). 그런 자들은 에서의 속되고 더러우며 음란한 영이 그들 속에서 활동하고 있는 자들이다.

살피라. "살피라"로 번역된 '에피스코푼테스'(ἐπισκοποῦντες)는, 그들 자신을 아주 엄격하고 엄밀하게 검사하고 검열하라는 의미이다. 이 단어의 어원인 '스코페인'(σκοπεῖν)은 총을 쏘는 사람들이 목표물을 정확히 맞추기 위하여 집중해서 정조준하는 것을 의미한다. 이 어원에 덧붙여진 전치사는 행위에 의도성을 더해 주는 역할을 한다. 따라서 이 단어는 그리스도인들이 그들 자신을 철저히 주의해서 살피고, 사역자들은 교회의 지체들을 철저히 주의해서 살펴야 한다는 것을 뜻한다.

17. 너희가 아는 바와 같이 그가 그 후에 축복을 이어받으려고 눈물을 흘리며 구하되 버린 바가 되어 회개할 기회를 얻지 못하였느니라.

너희가 아는 바와 같이 그가 그 후에 축복을 이어받으려고 눈물을 흘리며 구하되 버린 바가 되어. 사도는 앞에서 에서가 저지른 죄를 설명한 후에, 이제 여기에서는 에서가 받은 벌에 대하여 설명한다. 즉, 에서는 자신의 장자권을 하찮은 것으로 여기고서, 팥죽 한 그릇에 그것을 팔아 버린 후에, 장자권의 축복을 물려받고 싶은 욕심이 생겨서, 자기를 축복해 주라고 애원하였지만, 하나님은 물론이고 아버지 이삭에게서도 거절을 당하고서, 결국 축복을 얻지 못하였고, 하나님과 아버지 이삭에 의해서 장자권의 축복은 확고하게 야곱에게로 돌아갔다(창 27장). 이 서신의 수신자들인 히브리인들은 모세가 에서에 대하여 기록한 글을 통해서 이러한 결말을 아주 잘 알고 있었다. 사도는 에서가 자신의 장자권으로 인한 축복을 되찾기 위해서 "눈물을 흘리며 구하였다"고 여기에서 설명하고 있다. 창세기 27:34, 38("에서가 그의 아버지의 말을 듣고 소리 내어 울며 아버지에게 이르되 내 아버지여 내게 축복하소서 내게도 그리하소서 … 에서가 아버지에게 이르되 내 아버지여 아버지가 빌 복이 이 하나 뿐이리이까 내 아버지여 내게 축복하소서 내게도 그리하소서 하고 소리를 높여 우니")은 그가 자기 아버지에게 울며불며 매달린 채로 축복해 주기를 간청하였음을 잘 보여 준다.

회개할 기회를 얻지 못하였느니라. 하나님께서는 장자권을 가진 자에게 복 주시겠다고 약속하셨기 때문에, 이제 장자권이 없게 된 에서에게 복을 주고자 하지 않으셨다(롬 11:29, "하나님의 은사와 부르심에는 후회하심이 없느니라"). 또한, 아버지 이삭은 자기가 에서가 아니라 야곱을 축복한 것에 대하여 후회하지 않았고, 도리어 자신의 축복이 야곱에게 돌아갔음을 확증하였다(창 27:33, 40; 28:1, 3-4).

사도는 에서의 사례를 통해서, 이 모든 것을 잘 알고 있는 이 서신의 수신자들인 히브리인들이 이 세상에서 자신들의 편안함이나 명예나 이익을 얻기 위해서 하나님의 복을 하찮은 것으로 여기고 경시한다면, 나중에 그들이 하나님으로부터 영원한 기업을 물려받는 복을 받으려고 눈물로 간청을 한다고 하여도, 하나님께서는 그들의 간청을 가차없이 거절하실 것임을 명심하고서, 그들 가운데서 "쓴 뿌리"가 생겨나서, 에서와 같은 죄를 범하는 일이 없도록 각별히 조심하여야 한다고 경고한다. 마태복음 7:22-23을 보라: "그 날에 많은 사람이 나더러 이르되 주여 주여 우리가 주의 이름으로 선지자 노릇 하며 주의 이름으로 귀신을 쫓아 내며 주의 이름으로 많은 권능을 행하지 아니하였나이까 하리니 그 때에 내가 그들에게 밝히 말하되 내가 너희를 도무지 알지 못하니 불법을 행하는 자들아 내게서 떠나가라 하리라."

18-19. [18]너희는 만질 수 있고 불이 붙는 산과 침침함과 흑암과 폭풍과 [19]나팔 소리와 말하는 소리가 있는 곳에 이른 것이 아니라 그 소리를 듣는 자들은 더 말씀하지 아니하시기를 구하였으니.

이 절의 처음 부분에 나오는 '가르'(γὰρ)는, 사도가 이 절에서부터 24절에 이르기까지에 걸쳐서, 이 서신의 수신자들인 히브리인들에게 권면하는 형식을 빌려서, 모든 그리스도인들에게, 그들은 구약 교회가 가지고 있었던 것보다 더 큰 도움들을 가지고 있다는 말을 덧붙임으로써, 그들이 그러한 도움들을 선용해서, 거룩함과 화평함을 추구하여야 한다는 것을 역설하고 있는 것임을 보여 준다. 즉, 구약 교회는 율법의 경륜 아래에서 자신들에게 크게 도움이 되는 것들을 가지고 있지 못하였지만, 이제 그리스도인들은 율법에서 벗어나서, 복음의 경륜 아래에서 구약 교회보다 훨씬 더 크고 힘 있는 도움들을 받게 되었다는 것이다. 사도는 18-21절에서는 율법의 경륜에 대하여 설명하고, 22-24절에서는 복음의 경륜에 대하여 설명하는 방식으로, 그리스도인들은 시내 산에서 주어진 언약의 경륜으로부터 벗어나 있음을 보여 준다.

너희는 만질 수 있고 불이 붙는 산과 … 이른 것이 아니라. 너희는 너희의 몸으로 시내 산으로 오라는 부르심을 받은 것도 아니고, 너희의 믿음으로 모세가 아라비아의 시내 산에서 전한 저 언약의 경륜을 따라 행하라고 부르심을 받은 것도 아니다. 눈으로 볼 수 있고 손으로 만질 수 있는 이 땅에 있는 "산"은, 그 산에서 주어진 언약의 경륜이 땅에 속한 제단과 제사를 중심으로, 육신적이고 감각적인 신앙을 만들어 내고, 하나님에 대하여 땅에 속한 생각들과 행실들을 생겨나게 하는 비천한 것임을 보여 주는 상징성을 지닌다. 이스라엘 자손들은 그들의 눈으로 볼 수 없고 손으로 만질 수 없는 여호와 하나님의 명령과 인도하심을 따라 애굽을 떠나서 광야에서 지혜롭게 행하여, 삼 개월 후에 시내 산에 당도한 것이었지만, 거기에서 그들에게 주어진 돌판에 기록된 율법에 육신적으로 집착하지 않고, 율법 속에서 영적인 의미를 깨닫고서, 올바른 신앙으로 나아가기는 어려운 일이었다(출 19:1, 12-13, 23). 하나님께서는 "불 가운데서" 시내 산 위에 강림하셨다(출 19:18, "시내 산에 연기가 자욱하니 여호와께서 불 가운데서 거기 강림하심이라 그 연기가 옹기 가마 연기 같이 떠오르고 온 산이 크게 진동하며"). 그 불은 중천까지 타올랐고(신 4:11; 5:23-24), 하나님이 불 가운데서 말씀하신 율법을 범한 자들을 태울 불이었다(신 33:2).

침침함과 흑암과 폭풍과. 출애굽기 19:18에서는 여호와 하나님께서 불 가운데서 강림하실 때, 시내 산에 연기가 자욱하였는데, 그 연기가 "옹기 가마 연기"처럼 검고 짙은 연기였다고 말한다. "흑암"은 검고 짙은 구름이 산을 뒤덮고 있었음을 보여 주고(신 4:11; 5:23), "폭풍"은 하나님께서 시내 산에 강림하실 때, 우렛소리와 번개와 지진 같은 무시무시한 것들이 동반되었음을 보여 주는데, 이 모든 것들은 하나님의 위엄을 드러내는 것들임과 동시에(출 19:16, 18; 20:18), 이 언약을 범하는 자들을 가장 낮은 지옥에까지 추격해서 반드시 벌하실 것이라는 하나님의 맹렬하고 무시무시한 진노와 분노의 폭풍을 예시해 보여 주는 것들이었다. 하나님께서는 이렇게 이스라엘 자손들에게 율법을 주실 때, 율법을 범하였을 때에 그 결과가 어떤 것일지를 가시적인 모형으로 함께 보여 주셨다(출 19:22, 24). 이스라엘 자손들은 전능자의 이러한 무시무시한 모습에 잔뜩 겁을 집어먹고서, 하나님으로부터 도망치기에 바빴고, 진심으로 거룩함을 추구하고자 하지 않았다(사 33:14, "시온의 죄인들이 두려워하며 경건하지 아니한 자들이 떨며 이르기를 우리 중에 누가 삼키는 불과 함께 거하겠으며 우리 중에 누가 영영히 타는 것과 함께 거하리요 하도다").

나팔 소리와. "나팔 소리"는 아주 높고 날카로우며 두려운 소리를 내며, 점점 더 커지는 가운데 길게 났다. 이것은 이스라엘 자손들을 공포 속으로 몰아넣어서, 그들은 율법을 듣고 언약을 맺기 위하여 여호와 하나님께 가까이 나아가기를 두려워하였다. 이 나팔 소리는 이스라엘 자손들이 율법을 범하였을 때에 그들에게 임할 형벌을 보여 주는 모형이었지만, 장차 모든 사람들에 대한 하나님의 심판을 희미하게 보여 주는 모형이기도 하였다(출 19:16, 19; 20:18). 데살로니가전서 4:16("주께서 호령과 천사장의 소리와 하나님의 나팔 소리로 친히 하늘로부터 강림하시리니 그리스도 안에서 죽은 자들이 먼저 일어나고"); 데살로니가후서 1:7-9을 보라.

말하는 소리가 있는 곳에. 이러한 경고 후에, 언약의 사자는 불 가운데서 지극히 위엄 있고 분명하고 큰 목소리로 이스라엘 자손들에게 그들과 맺으실 언약, 즉 십계명을 그들의 언어로 말씀하셨는데, 이것은 그들로 하여금 그 언약을 듣고 이해하며, 그 언약이 얼마나 두려운 것인지를 느끼도록 하시기 위한 것이었다(출 20:1-20; 신 4:10, 12-13; 5:1-27).

그 소리를 듣는 자들은 더 말씀하지 아니하시기를 구하였으니. 이스라엘 자손들은 언약의 사자의 목소리를 들을 때, 그 위엄과 두려움에 압도되어서, 자신들에게 더 이상 그런 식으로 말씀하지 마시기를 간청하였다(출 20:19; 신 5:23-26; 18:16). 즉, 그들은 하나님께서는 더 이상 자신들에게 말씀하지 마시고, 모세를 통해서 하나님의 율법을 자신들에게 말씀해 주시기를 원하였다.

20. 이는 짐승이라도 그 산에 들어가면 돌로 침을 당하리라 하신 명령을 그들이 견디지 못함이라.

사도는 이스라엘 자손들이 하나님께서 직접 말씀하지 마시고 모세를 통해서 말씀해 주시라고 간청한 이유를 덧붙이는데, 이것은 이 언약의 경륜이 얼마나 두려운 것이었는지를 한층 더 부각시켜 준다. 하나님의 음성은 너무나 두렵고 무시무시한 것이어서, 이스라엘 자손들은 자신들이 그 음성을 조금만 더 듣고 있다가는, 자신들의 힘과 능력으로는 감당할 수 없어서, 결국 자신들이 죽고 말 것이라고 느꼈기 때문에, 그런 간청을 한 것이었다. 왜냐하면, 하나님께서는 이미 사람이든 짐승이든 여호와께서 강림하신 산을 침범하면 반드시 죽임을 당하게 될 것이라고 경고하셨기 때문이다(출 19:12-13, 21, 23-24, "너는 백성을 위하여 주위에 경계를 정하고 이르기를 너희는 삼가 산에 오르거나 그 경계를 침범하지 말지니 산을 침범하는 자는 반드시 죽임을 당할 것이라 그런 자에게는 손을 대지 말고 돌로 쳐죽이거나 화살로 쏘아 죽여야 하리니 짐승이나 사람을 막론하고 살아남지 못하리라 하고 나팔을 길게 불거든 산 앞에 이를 것이니라 하라"). 그래서 모세는 이 언약의 경륜이 얼마나 엄중한지를 그들에게 보여 주면서, 그들이나 그들의 짐승들이 거룩한 산을 침범하는 일이 없도록 조심하고 주의하라고 아주 단단히 당부하였다. 하나님께서는 그들로 하여금 율법을 통해서 그리스도께로 나아가도록 하시기 위하여 그들에게 율법을 주신 것이었지만, 그들은 대체로 하나님의 그러한 의도와 목적을 깨닫지 못하였기 때문에, 하나님께서 율법을 주실 때에도 산을 침범하는 사람이나 짐승을 가차없이 죽이라고 명하신 것으로 보아서, 율법을 범한 자들에 대한 형벌은 얼마나 더 무시무시할지를 느끼고서 두려움에 떨 뿐이었다(출 20:19-20, "모세에게 이르되 당신이 우리에게 말씀하소서 우리가 들으리이다 하나님이 우리에게 말씀하시지 말게 하소서 우리가 죽을까 하나이다 모세가 백성에게 이르되 두려워하지 말라 하나님이 임하심은 너희를 시험하고 너희로 경외하여 범죄하지 않게 하려 하심이니라").

21. 그 보이는 바가 이렇듯 무섭기로 모세도 이르되 내가 심히 두렵고 떨린다 하였느니라.

모세는 하나님께서 거룩하게 성별하시고, 하나님의 큰 은총을 입어서 하나님과 친밀하게 교제하는 자였고, 이스라엘 자손들과 하나님 사이에 서서 그들의 복과 위로를 위하여 중보자로서의 일을 하도록 하나님의 부르심과 지시하심을 받은 자였다. 그런데도 율법 수여자로서 시내 산에 강림하신 여호와 하나님께서는 자신의 크신 위엄과 두려우심을 나타내셨고, 그것은 너무나 무시무시하고 큰 공포와 경악을 불러일으키는 것이었기 때문에, 그런 모세조차도, 하나님이 나타내신 위엄 앞에서 두려워 떨며, 자기를 구원해 주시라고 하나님께 부르짖었고, 그에게 다시 대답해 주시는 하나님의 음성을 듣고서야 비로소 위로와 힘을 얻었다(출 19:19). 그리스도인들은 이제 그러한 무시무시한 언약의 경륜으로 나아오도록 부르심을 받지 않게 되었고, 거룩함을 추구함에 있어서 복음의 경륜만큼 큰 도움이 되지 않는 그러한 언약의 경륜으로부터 면제받고 자유를 얻어서, 모세 언약의 온갖 두려움들과 저주들로부터 벗어나 복음의 경륜 속으로 들어가도록 허락을 받았다.

22. 그러나 너희가 이른 곳은 시온 산과 살아 계신 하나님의 도성인 하늘의 예루살렘과 천만 천사와.

사도는 이제 이 절에서부터 24절까지는 그리스도인들이 복음의 경륜을 힘입어서 나아가게 된 더 나은 곳과 특권들을 소개한다. 너희는 거룩함을 추구함에 있어서, 앞에서 예로 든 그러한 방해물들과 불이득들에서 벗어나서, 크게 도움을 받을 수 있는 상태로 나아가게 되었다. 너희는 비록 눈에 보이지는 않지만 지극히 뛰어난 이러한 모든 것들로 믿음으로 나아가서, 그 모든 것들에 참여할 수 있게 되었다.

그러나 너희가 이른 곳은 시온 산과. 우리는 사도가 여기에서 말하는 "시온 산"을 문자 그대로 해석해서, 다윗의 도성이 건설된 산을 가리키는 것으로 이해해서는 안 된다. 왜냐하면, 예루살렘이 건설된 곳인 "시온 산"은, 사도가 대비시키고자 하는

"시내 산"과 마찬가지로 눈으로 볼 수 있고 손으로 만질 수 있는 곳이었기 때문이다. 따라서 여기에서 "시온 산"은 이 땅에서 가장 높은 곳보다 더 높은 곳, 즉 하늘만큼 높은 곳이고(히 12:25; 9:24; 요 3:13, "하늘에서 내려온 자 곧 인자 외에는 하늘에 올라간 자가 없느니라"), 하나님께서 거룩하심으로 통치하시는 곳이다(미 4:6-7, "여호와께서 말씀하시되 그 날에는 내가 저는 자를 모으며 쫓겨난 자와 내가 환난받게 한 자를 모아 발을 저는 자는 남은 백성이 되게 하며 멀리 쫓겨났던 자들이 강한 나라가 되게 하고 나 여호와가 시온 산에서 이제부터 영원까지 그들을 다스리리라 하셨나니"). 거기로부터 온갖 선한 은사들과 복음의 복들이 모든 믿는 자들을 지체로 하는 교회로 전달된다(사 8:18; 28:16; 59:20; 계 14:1).

살아 계신 하나님의 도성인 하늘의 예루살렘과. "하늘의 예루살렘"은 살아 계신 하나님이 건축자이시고, 거기에는 하나님이 거하신다. 그 곳에는 오직 생명밖에 없고, 거기로부터 그리스도의 음성이 나와서, 죽은 영혼들에게 생명을 주시고, 그들로 하여금 하나님에 대하여 거룩함의 삶을 살 수 있게 해 준다(시 46:4-5; 48:1, 8; 87:3; 사 40:14; 요 5:25). 사도는 그 곳을 이 땅의 그 어떤 도성과도 구별하기 위해서, 그 곳의 시작과 끝과 본질이 온통 다 하늘에 속한 것임을 나타내는 "하늘의"라는 수식어를 덧붙인다. 그 곳은 오직 거룩함만이 있는 곳이고, 거기로부터 모든 믿는 자들은 지극히 영적인 감화를 받아서 거룩함에 참여하는 자들이 된다. 거기에는 육신적인 것과 두려운 것과 사망에 속한 것과 열매 맺지 못하는 것이 없고, 오로지 거룩함의 열매를 맺게 하는 것과 거룩함만이 존재한다(사 42:1-25; 65:17-19; 66:10; 요 17:24; 갈 4:26; 계 3:12; 21:2, 10).

천만 천사와. 하늘의 예루살렘에는 수많은 뛰어난 주민들이 거하고 있고, 믿는 자들은 그들과 합류하게 된다. 이 무수한 천사들은 자신들의 일과 존재 목적에 합당한 거룩함과 능력과 신속함과 재능들을 다 갖추고서, 율법 아래에서와 마찬가지로 복음 아래에서도 모든 믿는 자들을 섬기는 영들로 활동하고 있는 존재들이기 때문에, 믿는 자들과 천사들은 서로 밀접한 관계 가운데 있다. 천사들은 수적으로는 무수히 많지만(시 68:17; 103:20; 104:4; 행 7:53; 갈 3:19; 계 5:11), 모두 다 한결같이 일사불란하게 하나님의 명령과 지시하심에 따라서 곳곳에서 하나님이 기뻐하시는 일들을 수행하고 있다. 천사들이 율법의 경륜 아래에서는 맹렬히 타는 불로서 활동하여 두려운 존재들이었지만, 복음의 경륜 아래에서는 지극히 평화롭고 자애로운 존재들로 활동한다(눅 2:13-14, "홀연히 수많은 천군이 그 천사들과 함께 하나님을 찬송하여 이르되 지극히 높은 곳에서는 하나님께 영광이요 땅에서는 하나님이 기뻐하신 사람들 중에 평화로다 하니라"). 천사들은 시내 산에서는 사람들이 볼 수 있고 느낄 수 있도록 외적으로 활동하였지만, 시온 산으로부터는 사람들의 심령 속에 영적으로 역사하고(마 4:11; 눅 22:43; 시 91:11), 악한 영들에 대적하여 싸우는 일을 한다. 천사들의 사역은 구원 사역에 있어서 율법 아래에서는 별 효과를 거두지 못하였지만, 복음 아래에서는 큰 효과를 거두고 있다(행 7:53; 히 1:14, "모든 천사들은 섬기는 영으로서 구원 받을 상속자들을 위하여 섬기라고 보내심이 아니냐"; 계 19:10). 천사들이 율법 아래에서 행한 사역은 잠정적이고 일시적인 것이었지만, 복음 아래에서 행하고 있는 사역은 세상 끝날까지 지속적으로 이루어져서, 모든 믿는 자들을 안전하게 아브라함의 품 속에 데려다 줄 때에야 비로소 끝나게 된다(눅 16:22). 천사들은 하나님으로부터 받은 것들을 모든 믿는 자들에게 전달해 줌과 동시에, 그리스도인들의 출입을 살펴서, 하나님 앞에 아뢰는 역할을 함으로써, 믿는 자들이 거룩함에 있어서 성장하는 것을 돕는다(고전 11:10, "그러므로 여자는 천사들로 말미암아 권세 아래에 있는 표를 그 머리 위에 둘지니라"; 마 18:10, "삼가 이 작은 자 중의 하나도 업신여기지 말라 너희에게 말하노니 그들의 천사들이 하늘에서 하늘에 계신 내 아버지의 얼굴을 항상 뵈옵느니라"). 하나님께서는 우리가 거룩함을 추구할 때에 천사들에 의한 이러한 도움을 경시하지 말라고 말씀하신다(히 2:2, "천사들을 통하여 하신 말씀이 견고하게 되어 모든 범죄함과 순종하지 아니함이 공정한 보응을 받았거든").

23. 하늘에 기록된 장자들의 모임과 교회와 만민의 심판자이신 하나님과 및 온전하게 된 의인의 영들과.

모임과. 믿는 자들이 합류하게 될 이 하늘의 도성의 또 다른 주민들은, 그들이 이 땅에서도 이미 교제하고 있는 보편 교회, 즉 만유 안에서 만유를 충만하게 하고 계시는 그리스도의 충만인 그리스도의 몸 전체, 그리스도께서 모든 시대와 세대에서 온 세상의 모든 족속들로부터 불러 모으신 회중이다(계 5:9, "일찍이 죽임을 당하사 각 족속과 방언과 백성과 나라 가운데에서 사람들을 피로 사서 하나님께 드리시고"; 7:9-10, "내가 보니 각 나라와 족속과 백성과 방언에서 아무도 능히 셀 수 없는 큰 무리가 나와 흰 옷을 입고 손에 종려 가지를 들고 보좌 앞과 어린 양 앞에 서서 큰 소리로 외쳐 이르되 구원하심이 보좌에 앉으신 우리 하나님과 어린 양에게 있도다 하니"). 그들 중의 일부는 이 땅에서 여전히 순례길을 행하여 하늘의 본향을 향해 나아가고 있고, 일부는 이미 본향에 들어가서 승리의 개가를 부르고 있다. 그리스도인들은 구약 교회와는 달리, 어느 특정한 민족의 회중 같은 협소한 "모임"으로 부르심을 받거나 거기에 참여하고 있는 것이 아니라, 성도들 전체가 속해 있는 회중으로 부르심을 받은 것이기 때문에, 이것은 그들이 거룩함을 추구하는 데 더 큰 도움이 된다(시 22:27-28; 갈 4:25-27).

장자들의 … 교회와. 이 "모임," 즉 회중은 어중이떠중이들의 모임이 아니라, 거룩한 부르심에 의해서 세상으로부터 부르심을 받아서, 그리스도를 자신들의 머리로 영접하고서, 산 자들이 되어서 그리스도의 명령과 통치에 복종하는 "교회"이다. 그리스도께서는 그들에게 하나님의 신비들을 계시하셨다는 점에서, 그들은 연약하거나 유치한 교회가 아니라, 성숙함에 이른 강하고 온전한 교회이다(히 5:12-13; 6:1; 갈 4:1, 3-4). 이 택함 받고 부르심 받아서 하나님의 뜻에 순종하는 "모임"은 오직 하나님의 "장자들," 즉 그리스도에 의해서 거듭나서 그리스도의 장자권에 의해 존귀하게 되어서, 그리스도의 뒤를 따라 장자들이 된 자들로만 이루어져 있다(롬 8:17, 29). 그들은 그리스도의 힘이자 아름다움이다. 반면에, 시내 산에서 형성된 교회는 단지 모형적이고 문자적이며 외적으로만 장자들의 교회였기 때문에(출 4:22, "너는 바로에게 이르기를 여호와의 말씀에 이스라엘은 내 아들 내 장자라"; 골 1:15, 18), 시온 산에서 형성된 교회만큼 일반적이고 보편적으로 하나님의 강력하고 충만한 은혜를 누리지 못하였다(요 1:16; 갈 3:26, 29). 그들에 대하여 로마서 8:17에서는 "자녀이면 또한 상속자 곧 하나님의 상속자요 그리스도와 함께 한 상속자니"라고 말하고, 요한계시록 1:6에서는 "그의 아버지 하나님을 위하여 우리를 나라와 제사장으로 삼으신 그에게 영광과 능력이 세세토록 있기를 원하노라"고 말하며, 베드로전서 2:5에서는 "너희도 산 돌 같이 신령한 집으로 세워지고 예수 그리스도로 말미암아 하나님이 기쁘게 받으실 신령한 제사를 드릴 거룩한 제사장이 될지니라"고 말한다.

하늘에 기록된. 시내 산에서 형성된 교회에 속한 자들은 그들의 가문과 혈통에 따라서 이 땅의 족보에 기록이 되어서, 그들이 진짜 유대인들이거나 제사장들인지는 금방 확인될 수 있었다. 왜냐하면, 족보라는 것은 바로 그러한 목적으로 기록되고 보존되었기 때문이다(스 2:43). 그러나 그리스도인들은 하나님에게서 나서 하나님의 본성에 참여한 자들이었기 때문에, 하늘에 속한 자들로서, 하늘에 있는 어린 양의 생명책에 기록되었고(눅 10:20, "귀신들이 너희에게 항복하는 것으로 기뻐하지 말고 너희 이름이 하늘에 기록된 것으로 기뻐하라"), 그리스도를 믿는 믿음으로 말미암아 천국의 자유민, 즉 시민들이 되어서, 하늘의 유업을 물려받을 권세와 상속자로서 그들에게 주어진 하늘에 속한 온갖 특권들을 수여받게 되었다(계 20:12, "내가 보니 죽은 자들이 큰 자나 작은 자나 그 보좌 앞에 서 있는데 책들이 펴 있고 또 다른 책이 펴졌으니 곧 생명책이라 죽은 자들이 자기 행위를 따라 책들에 기록된 대로 심판을 받으니"; 21:27, "무엇이든지 속된 것이나 가증한 일 또는 거짓말하는 자는 결코 그리로 들어가지 못하되 오직 어린 양의 생명책에 기록된 자들만 들어가리라"). 거룩함을 추구하는 모든 그리스도인들에게 이러한 것들은 얼마나 힘과 위로가 되는 특권들인가!

만민의 심판자이신 하나님과. 시내 산에 있었던 이스라엘 자손들은 언약의 창시자이시고 주이시며 심판자이신 여호와 하나님께 나아갔다가 죽게 되면 어쩌나 하는 공포에 사로잡혀서 두려워 떨었지만(출 20:18), 이제 시온 산에 있는 그리스도인들은 믿음으로 인한 자유함과 담대함, 사랑의 힘, 견고한 소망 가운데서, 자신의 절대 주권으로 만유를 다스리시고, 각 사람의 행위를 따라 보응하시며, 모든 믿는 자들을 큰 은혜와 긍휼하심 가운데서 다스리시는 하나님께 나아갈 수 있다(사 59:20; 히 10:19). 하나님은 "만민의 심판자"이시지만, 그리스도인들은 시내 산의 이스라엘 자손들과는 달리, 그들이 하나님께로 나아가는 것을 가로막는 것은 아무것도 없고(출 19:12; 엡 2:18), 하나님이 불로 삼키실 것을 두려워하여 공포에 질렸던 이스라엘 자손들과는 달리(신 5:24-25), 그리스도 안에서 그들을 의롭다 하시고 은혜와 사랑을 충만히 부어 주신 하나님께 담대하게 나아갈 수 있다. 이제 그들에게 하나님의 보좌는 은혜의 보좌이고, 하나님께서는 그들에게 자기에게로 나아오라고 힘주시고 격려해 주신다(요 5:22; 행 10:22; 롬 3:6). 또한, 그리스도인들은 심판의 날에도 자신들의 "심판자" 앞에서 두려워 떨지 않고 담대하게 설 수 있고, 도리어 하나님으로 인하여 힘을 얻을 수 있다(롬 8:1, 33-34; 요일 4:17, "이로써 사랑이 우리에게 온전히 이루어진 것은 우리로 심판 날에 담대함을 가지게 하려 함이니"). 하나님께서는 그들에게 영광스러운 상을 주셔서(딤후 2:8), 이 땅에서는 그들의 거룩함을 온전하게 하시고, 장차 천국에서는 그들에게 영광의 면류관을 씌워 주신다. 우리가 거룩함을 추구하는 데, 이것보다 더 큰 도움이 어디 있겠는가!

온전하게 된 의인의 영들과. 복음이 믿는 자들을 온전한 상태로 이끈다는 사실은, 그들이 거룩함을 추구하는 데 큰 힘이 된다. 왜냐하면, 의인들의 영이 자신들의 몸으로부터 분리된 채로 지금 천국에서 온전한 거룩함을 누리고 있다면, 이 땅에 있는 그리스도인들도 결국에는 그들과 동일하게 거룩함에 있어서 온전한 상태에 도달하게 될 것이라는 소망을 지닐 수 있기 때문이다. 믿는 자들이 이 땅에서 온갖 난관들을 헤치고 거룩함을 추구하였다면, 그들은 죽어서 "온전하게 된 의인의 영들"과 동일한 상태에 이르게 될 것임은 확실하고, 그러한 소망은 그들로 하여금 더욱 더 거룩한 삶을 힘써 추구하게 만든다(롬 8:22-23; 고후 5:1-2, 8). 빌립보서 3:12-14을 보라.

24. 새 언약의 중보자이신 예수와 및 아벨의 피보다 더 나은 것을 말하는 뿌린 피니라.

새 언약의 중보자이신 예수와. 시온 산 언약의 중보자는 시내 산 언약의 중보자보다 더 나은 분이시기 때문에, 그리스도인들에게 요구되는 거룩함을 이루는 데 더욱 큰 도움이 될 수 있다. 믿는 자들은 이제 단순한 사람에 지나지 않은 모세에게로 나아가거나, 모세를 의지할 필요가 없다. 모세는 그 자신도 죄인이었기 때문에, 하나님의 뜻을 선포하는 종으로서, 자신의 직분을 두렵고 떨리는 마음으로 행하였고, 거역하는 이스라엘 자손들을 이끄는 데 너무나 힘들고 역부족이었으며, 그가 죽음으로써, 그의 직분과 사역도 사라졌다. 그러나 새 언약의 중보자이신 예수 그리스도께서는 성육신하신 성자 하나님으로서, 자기 자신은 죄가 없으셨으면서도, 죄인들을 위하여 자신을 드려서 그들의 죄를 대속하시고, 그들로 하여금 하나님과 화목하게 하시며, 하나님의 자녀들이 되게 하셔서, 하나님께 가까이 나아갈 수 있게 하셨고, 스스로 율법을 온전히 이루시고, 그들의 마음에 하나님의 법을 기록하신 분이시다. 또한, 그리스도께서는 지금도 살아 계셔서, 하나님의 우편에서 죄인들을 위하여 중보기도 하고 계시기 때문에, 그들을 끝까지 구원하실 수 있으신 분이시다(히 1:1-3; 3:6; 7:26; 계 1:13). 예수 그리스도는 문자적이고 어둡고 두려우며 준엄하게 명하고 단죄하는 결국에는 사라져 버릴 잠정적인 언약의 중보자가 아니시고, 지극히 신령하고 가볍고 명랑하며 은혜롭고 사람들을 의롭고 거룩하게 하는 하나님의 영원한 언약의 경륜의 중보자이시기 때문에, 믿는 자들이 거룩한 삶을 추구함에 있어서, 새 언약은 옛 언약보다 더 큰 도움이 된다(히 8:10-11; 고후 3:6; 5:19).

아벨의 피보다 더 나은 것을 말하는 뿌린 피니라. 시온 산 언약을 확정하는 데 사용된 제사와 제물은, 시내 산 언약을 확정하는 데 사용되었던 모든 모형적인 제사들과 제물들보다 이루 말할 수 없이 "더 나은" 것이어서, 새 언약에 참여한 자들이 거룩함을 추구하는 데 훨씬 더 큰 도움을 준다. 하나님의 흠 없으신 어린 양의 피는 회개하고 믿는 죄인들에게 뿌려졌을 때, 그들의 모든 죄를 사하는 효력을 지니고 있는 것은 물론이고, 그런 후에 그들에게 주어진 성령을 통해서 그들을 계속해서 거룩하게 하여서, 그들 속에서 온전한 거룩함을 이루게 한다(히 9:12; 벧전 1:18; 요일 1:7, 9). 옛 언약에서 사람들의 죄를 속하기 위하여 제물로 드려진 짐승들의 피가 뿌려졌을 때에는, 그 피는 단지 모형에 불과한 것이어서, 사람들로 하여금 그들의 죄를 사함 받게 하거나 그들의 양심을 정결하게 할 수 없어서, 해마다 그리고 날마다 사람들에게 죄를 상기시켜 줄 뿐이었고, 그런 짐승들의 피는 아벨의 피와 마찬가지로 복수와 정죄를 요구하고 부르짖을 뿐이었다(창 4:10, "네 아우의 핏소리가 땅에서부터 내게 호소하느니라"; 사 66:3, "소를 잡아 드리는 것은 살인함과 다름이 없이 하고 어린 양으로 제사 드리는 것은 개의 목을 꺾음과 다름이 없이 하며 드리는 예물은 돼지의 피와 다름이 없이 하고"). 하지만 새 언약에서 그리스도께서 자신의 피를 뿌려 하나님께 대속의 제사를 드리셨을 때에는, 하나님께서 죄 없이 죽으신 이의 피를 받으시고서는, 그리스도께서 모든 사람을 대신하여 피 흘리신 것으로 여기셔서, 회개하고 믿는 모든 사람들의 죄를 사하여 주시고, 그들의 양심을 정결하게 해 주신다. 어떤 이들은 여기에서 "아벨의 피"를, 아벨이 자신의 피를 뿌려서 하나님께 제사한 것을 가리키는 것으로 해석하기도 한다(창 4:4). 이렇게 해석한다면, 사도는 그리스도의 피의 제사가 모세의 피의 제사들보다 더 나은 것은 물론이고, 창세로부터 하나님께 드려져서 받아들여졌던 모든 피의 제사들보다 더 나은 것이라고 말하고 있는 것이 된다. 왜냐하면, 아벨의 피의 제사 같은 것들은 분명히 하나님께 받아들여지기는 하였지만, 어디까지나 그리스도의 피의 제사의 모형들일 뿐이었기 때문이다. 사도가 여기에서 이 모든 것들을 비교하는 이유이자 목적은, 그리스도인들은 거룩함을 추구함에 있어서, 이전의 구약 교회에게 주어져 있던 것들보다 더 큰 도움들과 동기들과 힘들을 지니고 있다는 사실을 보여 주는 것이다.

25. 너희는 삼가 말씀하신 이를 거역하지 말라 땅에서 경고하신 이를 거역한 그들이 피하지 못하였거든 하물며 하늘로부터 경고하신 이를 배반하는 우리일까보냐.

사도는 앞에서 여러 가지 근거들, 특히 그리스도께서 자신의 피로 그들에게 말씀하시고 계신다는 사실을 들어서, 그들이 거룩함을 추구하는 삶을 살아야 한다고 역설한 후에, 이제 이 절부터 27절까지는 경고의 방식으로, 28절부터 29절까지는 권면의 방식으로 앞서의 논증을 구체적으로 적용한다.

너희는 삼가 말씀하신 이를 거역하지 말라. 사도는 "너희는 보라" 또는 "너희는 주의하라"를 의미하는 단어로 그들에 대한 경고를 시작한다(한글개역개정에는 "삼가"). 이 단어는 앞으로 말할 것들이 대단히 중대한 내용이어서, 그들의 영혼에 중대한 결과를 가져다줄 것이기 때문에, 두려워함과 근신함으로 깨어서 정신을 바짝 차리고서 들어야 한다는 것을 나타낸다(눅 12:15, "그들에게 이르시되 '삼가' 모든 탐심을 물리치라 사람의 생명이 그 소유의 넉넉한 데 있지 아니하니라 하시고"). 그들도 예수께서 자신의 피로 말씀하신 우리와의 모든 복음 언약을, 자신들의 심령 속에서 회피하거나 폄하하고 멸시하거나 싫어하거나 배교하지 않도록 조심하고 주의하라는 것이다. 그리스도께서는 복음을 통해서 그들에게 자신의 피가 필요한 그들의 죄악을 깨우쳐 주시고, 회개하고 그의 피를 믿고서 속량함을 받으라고 부르시며, 그들의 죄 사함과 거룩함과 영광을 위하여 하나님께 자기가 중보기도 하고 계신다는 것을 밝히시고, 그들이 거룩함을 좇는다면, 이 모든 것들이 그들에게 분명하게 드러날 것이라고 말씀하시며, 그들에게 거룩함을 좇으라고 끈질기게 권면하신다.

땅에서 경고하신 이를 거역한 그들이 피하지 못하였거든. 사도는 작은 것을 들어서 큰 것에 대한 교훈을 전하는 "하물며" 화법을 사용해서, 그들의 선조들이 하나님께서 이 땅에 있는 시내 산으로부터 말씀하시고, 돌판들에 기록하셔서, 모세를 통해서 이스라엘 자손들에게 주신 율법 언약을 청종하고 믿고 순종하기를 거부함으로써, 하나님의 보응을 피할 수 없었다는 것을 생각할 때, 그들이 복음을 통한 예수 그리스도의 말씀을 거부한다면, 그것이 얼마나 큰 위험을 초래하게 될 것인지를 보여주는 방식으로, 그들에 대한 자신의 경고를 강화한다(히 2:2-3, "천사들을 통하여 하신 말씀이 견고하게 되어 모든 범죄함과 순종하지 아니함이 공정한 보응을 받았거든 우리가 이같이 큰 구원을 등한히 여기면 어찌 그 보응을 피하리요"; 10:28-29, "모세의 법을 폐한 자도 두세 증인으로 말미암아 불쌍히 여김을 받지 못하고 죽었거든 하물며 하나님의 아들을 짓밟고 자기를 거룩하게 한 언약의 피를 부정한 것으로 여기고 은혜의 성령을 욕되게 하는 자가 당연히 받을 형벌은 얼마나 더 무겁겠느냐 너희는 생각하라"; 신 33:1, 4; 행 7:51, 53; 고전 10:1-10).

하물며 하늘로부터 경고하신 이를 배반하는 우리일까보냐. 사도는 예수 그리스도를 멸시하고 등을 돌리며, 그의 음성에 귀를 막고, 그가 계시하신 하나님의 복음 언약을 청종하지 않는 모든 자들은 옛 언약에서 불순종했던 자들보다 훨씬 더 큰 죄인들이라고 말한다. 왜냐하면, 예수 그리스도는 하나님의 독생자로서, 하늘에서 성부 하나님의 품속에 계시다가, 거기로부터 복음을 들고 이 땅에 오셔서, 자신의 피로 복음 언약을 확정하신 분이시기 때문이다(히 1:2; 요 1:14, 16-18; 3:13). 그런 예수 그리스도와 그의 복음을 거역하고 배반하는 죄는 비할 바 없이 큰 죄이기 때문에, 거기에 대한 벌도 커서, 그런 자들은 현세에서와 내세에서 그 벌을 받게 될 것이고, 그런 죄와 죄인들에 대해서는, 그들의 죄를 속해 줄 제사가 남아 있지 않다(마 11:24; 살후 1:7-9; 히 10:26-31, "우리가 진리를 아는 지식을 받은 후 짐짓 죄를 범한즉 다시 속죄하는 제사가 없고 오직 무서운 마음으로 심판을 기다리는 것과 대적하는 자를 태울 맹렬한 불만 있으리라 모세의 법을 폐한 자도 두세 증인으로 말미암아 불쌍히 여김을 받지 못하고 죽었거든 하물며 하나님의 아들을 짓밟고 자기를 거룩하게 한 언약의 피를 부정한 것으로 여기고 은혜의 성령을 욕되게 하는 자가 당연히 받을 형벌은 얼마나 더 무겁겠느냐 너희는 생각하라 원수 갚는 것이 내게 있으니 내가 갚으리라 하시고 또 다시 주께서 그의 백성을 심판하리라 말씀하신 것을 우리가 아노니 살아 계신 하나님의 손에 빠져 들어가는 것이 무서울진저").

26. 그 때에는 그 소리가 땅을 진동하였거니와 이제는 약속하여 이르시되 내가 또 한 번 땅만 아니라 하늘도 진동하리라 하셨느니라.

그 때에는 그 소리가 땅을 진동하였거니와. 복음을 멸시하고 거부한 자들의 죄와 거기에 대한 벌은 두 언약에 연루된 분이 예수 그리스도시라는 사실에 의해서 더욱 가중된다. 지금 자신의 피로 말씀하고 계시는 언약의 사자이신 예수 그리스도께서는 옛적에 시내 산에서 율법을 주실 때에 말씀하셨던 분이고, 율법 언약의 경륜 아래에서 이스라엘 교회에 말씀하신 분이시다(출 20:1, 19; 신 4:12; 5:2, 4, 22). 그 때에 그리스도께서는 자신의 음성으로 시내 산을 진동시키셨는데(출 19:18; 시 68:7-8; 114:4, 7), 단지 문자 그대로의 시내 산만이 아니라, 이스라엘의 낮고 미천한 상태도 진동시키셔서, 다른 민족들과 마찬가지로 평범하고 미천하였던 이스라엘과 언약을 맺으시고, 그들을 교회로 부르셔서, 그들에게서 "수치"를 제거하시고(수 5:9), "하늘"이라는 호칭을 얻게 하셨다(마 21:43, "내가 너희에게 이르노니 하나님의 나라를 너희는 빼앗기고 그 나라의 열매 맺는 백성이 받으리라"). 이사야 선지자는 그 하늘을 옛 하늘이라고 표현하는데, 장차 예수 그리스도께서 이 땅에 오셔서 그 하늘을 진동시키시고 제거하실 것이라고 예언한다(사 65:17, "보라 내가 새 하늘과 새 땅을 창조하나니 이전 것은 기억되거나 마음에 생각나지 아니할 것이라").

이제는 약속하여 이르시되 내가 또 한 번 땅만 아니라 하늘도 진동하리라 하셨느니

라. 옛적에 땅을 진동시키셨던 바로 그 예수께서는 "이제는" 자기가 개혁의 때까지 세워 두신 이스라엘 교회, 즉 그가 시내 산에서 세우셨던 교회만이 아니라, 그의 죽음과 부활을 통해서 세우셨던 교회까지 "또 한 번" 진동시키실 것이라고 약속하셨고, 이 때에 그 일부를 성취하셨다(학 2:6-7, "만군의 여호와가 이같이 말하노라 조금 있으면 내가 하늘과 땅과 바다와 육지를 진동시킬 것이요 또한 모든 나라를 진동시킬 것이며 모든 나라의 보배가 이르리니 내가 이 성전에 영광이 충만하게 하리라 만군의 여호와의 말이니라"). 예수께서는 자신의 "별"(마 2:2)과 목자들에게 비쳐 주신 "빛"(눅 2:9), 그의 세례(마 3:17)와 변모(마 17:5), 그의 기도(요 12:28-30)와 그의 수난(마 27:51; 눅 23:44-45), 성령을 보내심(행 2:2-4)을 통해서도 하늘을 진동시키셨지만, 여기에서 "하늘도 진동하리라"고 하신 것은, 유대인들의 장막에 세워진 구약 교회를 흔드시고 진동시키셔서 제거하시고, 예수께서 일꾼이심과 동시에, 대제사장과 통치자가 되시는 좀 더 영적인 하늘에 속한 장막을 세우시겠다는 것이었다(히 3:1-2).

27. 이 또 한 번이라 하심은 진동하지 아니하는 것을 영존하게 하기 위하여 진동할 것들 곧 만드신 것들이 변동될 것을 나타내심이라.

이 또 한 번이라 하심은. 이 절의 첫 부분에 나오는 "이 또 한 번이라 하심은"이라고 다시 한 번 반복되고 있는 어구는, 사도가 앞 절에서 말한 내용을 여기에서 보충 설명하고 있는 것임을 보여 준다. 그는 이렇게 말한 것과 같다: 나는 너희에게 하나님께서 "내가 또 한 번 … 진동하리라"고 약속하셨다고 앞에서 말하였는데, 그 말씀이 무슨 의미인지는 이제 너희에게 설명해 주고자 한다. 하나님께서 하늘도 진동시키실 것이라고 하신 말씀은, 단지 작은 변화를 의미하는 것이 아니고, 앞에서 말한 이스라엘과 관련된 하늘과 땅을 완전히 제거하시고, 그들의 교회와 신앙과 경륜을 완전히 다 폐하시겠다고 하시는 것인데, 그 이유는 그런 것들은 사람의 손으로 만든 것들이기 때문이다(히 9:24). 옛 언약 아래에서의 장막과 제단과 제사는 하나님의 지시를 따라 사람들이 그 손으로 만든 것들이어서, 하나님의 신령한 목적을 이루지 못하는 것들이고, 단지 장차 올 지극히 더 나은 것들의 모형들일 뿐이었다. 따라서 하나님께서는 자기가 장차 "참 것"을 이 땅에 오게 하시기 위하여, 그 모형들을 진동시키시고 제거하실 것이라고 약속하고 계시는 것이다.

진동하지 아니하는 것을 영존하게 하기 위하여. 하나님께서 약속하신 이 더 나은 것들은, 그리스도의 "흔들리지 않는 나라," 그리스도의 복음의 법과 규례에 의해서 세워진 하늘에 속한 교회를 가리킨다. 그리스도께서는 자기가 모든 성도들을 하늘로 불러서 자기와 함께 하게 함으로써 이 교회를 완성하실 때까지는, 이 교회는 결코 진동하지 않고 영속하게 될 것이라고 약속하셨다(학 2:7; 마 17:5; 28:18-20, "예수께서 나아와 말씀하여 이르시되 하늘과 땅의 모든 권세를 내게 주셨으니 그러므로 너희는 가서 모든 민족을 제자로 삼아 아버지와 아들과 성령의 이름으로 세례를 베풀고 내가 너희에게 분부한 모든 것을 가르쳐 지키게 하라 볼지어다 내가 세상 끝날까지 너희와 항상 함께 있으리라 하시니라").

28. 그러므로 우리가 흔들리지 않는 나라를 받았은즉 은혜를 받자 이로 말미암아 경건함과 두려움으로 하나님을 기쁘시게 섬길지니.

그러므로 우리가 흔들리지 않는 나라를 받았은즉. 여기에서 사도는 앞에서 자기가 말한 것을 토대로 해서, 그리스도인들이 행해야 할 몇 가지 의무들을 제시하기 시작하는데, 이 절과 다음 절에서는 두 번째 돌판과 관련된 하나님에 대한 의무들에 대하여 말하고, 13:1부터는 두 번째 돌판과 관련된 사람들에 대한 의무들에 대하여 말한다. 사도는 이 절에서 "우리가 흔들리지 않는 나라를 받았은즉"이라고 말함으로써, 그리스도인들에게 주어진 특권들에 대하여 말하고 나서는, 그들에게 주어진 의무에 대하여 말하는 것으로 나아간다. 이 서신의 수신자들인 히브리인들은 믿음으로 말미암아 그러한 특권들을 받아서, 그리스도의 "흔들리지 않는 나라"의 법과 통치에 복종하게 되었는데, 이 나라를 세우신 분은 하나님이시고, 이 나라를 다스리시는 왕은 그리스도이시고, 이 나라의 신하들은 직분자들이며, 회개하고 믿은 죄인들은 이 나라의 백성이다. 이 나라는 복음의 법을 통해서 완벽하게 거룩하고 의로우며 선한 통치가 베풀어진다. 그리스도인들이 이 나라에서 받은 특권들은 이 땅에는 "은혜"이고, 장차 하늘에서는 "영광"이다. 이 나라는 하늘로부터 내려오는 것이기 때문에, 영원히 요동하지 않고 진동하지 않는 영원한 것이고, 음부의 권세가 절대로 이길 수 없다(슥 9:9; 고전 15:24-28; 엡 4:11-16; 골 1:13; 2:3).

은혜를 받자 이로 말미암아 경건함과 두려움으로 하나님을 기쁘시게 섬길지니. 우리는 우리 영혼에 주어진 은혜를 굳게 붙잡아야만, 믿음과 사랑 가운데서 그 나라의 법에 순종하는 참되고 지혜로우며 겸손한 백성들이 될 수 있다. 이 세상에서 하나님을 예배하고 섬기며 동행하는 우리의 모든 행위들이 그리스도 안에서 하나님을 기쁘시게 해 드리는 것들이 되고(엡 1:6), 우리의 말과 행위가 늘 하나님의 거룩하신 뜻에 합당한 것들이 되며(히 11:4-5), 우리 자신을 낮추고 지극히 겸손한 마음으로 오직 하나님을 공경하고 경외하는 마음으로(창 18:27; 눅 18:13), 하나님으로부터 받은 법을 따라서 올바르게 하나님을 섬기고, 모든 공로와 영광을 하나님께 돌려 드림으로써, 거룩한 질투의 하나님께서 우리에게 진노하지 않으시게 한다면(요 12:49-50), 그것은 우리가 그러한 "은혜"를 받았다는 것을 보여 주는 증거가 된다.

29. 우리 하나님은 소멸하는 불이심이라.

모세는 율법 아래에서 이스라엘 자손들로 하여금 그 언약의 경륜에 복종하도록 하기 위하여, 여호와 하나님이 어떤 분이시라는 것을 말함으로써, 그들이 불순종했을 때에 받게 될 벌이 얼마나 두려운 것인지를 보여 주었는데(신 4:23-24, "너희는 스스로 삼가 너희의 하나님 여호와께서 너희와 세우신 언약을 잊지 말고 네 하나님 여호와께서 금하신 어떤 형상의 우상도 조각하지 말라 네 하나님 여호와는 소멸하는 불이시요 질투하시는 하나님이시니라"), 사도는 여기에서 바로 그 말씀을 가져와서 경고함으로써, 그리스도인들이 자기가 앞에서 말한 대로 반드시 행하여야 한다는 것을 강조하고 역설한다. 하나님께서 이런 무시무시한 경고를 통해서, 이스라엘 자손이 율법을 범해서는 안 된다는 것을 강조하셨다면, 이 복음의 언약과 관련해서는 더더욱 그리스도인들이 자신의 의무를 저버려서는 안 된다는 것은 두말할 필요가 없다. 전능하신 하나님은 지극히 은혜로우시지만, 지극히 의로우신 분이시기도 하기 때문에, 언약에 의해서 하나님을 자신들의 하나님으로 섬기는 그리스도인들이 "경건함과 두려움"으로 하나님을 섬기지 않고, 그 언약을 어긴다면, 그들을 "소멸하는 불"이 되실 것이다. 사람들이 하나님의 복음의 법을 멸시했을 경우에는, 그 복음의 법은 시내 산에서 맹렬한 불 같았던 율법과 같이 되어서, 그러한 죄인들을 영원히 꺼지지 않은 불 속으로 던져 넣게 될 것이다(히 10:27-31). 마태복음 3:12; 25:41; 데살로니가후서 1:6-9("너희로 환난을 받게 하는 자들에게는 환난으로 갚으시고 환난을 받는 너희에게는 우리와 함께 안식으로 갚으시는 것이 하나님의 공의시니 주 예수께서 자기의 능력의 천사들과 함께 하늘로부터 불꽃 가운데에 나타나실 때에 하나님을 모르는 자들과 우리 주 예수의 복음에 복종하지 않는 자들에게 형벌을 내리시리니 이런 자들은 주의 얼굴과 그의 힘의 영광을 떠나 영원한 멸망의 형벌을 받으리로다")을 보라.

MATTHEW POOLE'S COMMENTARY

히브리서 13장

개요

1. 형제 사랑(1).
2. 손님 대접(2).
3. 환난당하는 자들을 불쌍히 여겨야 함(3).
4. 정절(4).
5. 자족(5-6).
6. 말씀 전하는 자들을 귀히 여겨야 함(7-8).
7. 다른 교훈을 피하여야 함(9).
8. 그리스도에 대한 신앙고백(10-14).
9. 그리스도로 말미암아 하나님께 찬송의 제사를 드려야 함(15).
10. 선을 행하고 서로 나누어 주어야 함(16).
11. 영적으로 다스리는 자들에게 순종해야 함(17).
12. 사도를 위해 기도해 줄 것을 부탁함(18-19).
13. 기도와 문안인사로 끝마침(20-25).

1. 형제 사랑하기를 계속하고.

사도는 이 장에서 그리스도의 "흔들리지 않는 나라"의 신민들에 대한 권면을 계속해 나가는데, 그것은 그들이 자신들에게 주어진 그러한 특권들에 합당한 의무들을 행하여야 한다는 것이다. 사도는 이제 여기에서는 그들의 구속주의 법의 두 번째 돌판에 담겨 있는 "이웃"에 대한 도리와 직접적으로 관련이 있는 의무들을 구체적으로 권면하면서, 그 중에서 가장 중요하고 근본이 되는 것, 즉 "형제 사랑"에 대하여 언급한다. 여기에서 "형제"는 모든 참된 그리스도인들을 가리킨다. 왜냐하면, 성령께서는 모든 참된 그리스도인들을 "형제들"이라고 표현하기 때문이다: 너희는 너희의 속사람과 마음과 의지와 감정을 언제나 모든 참된 그리스도인들을 잘되게 하기 위한 일에 쏟아 부음으로써, 그들에게 늘 선한 말과 선한 일을 행함으로써, 너희 속에 성령의 열매인 "사랑"이 늘 두드러지게 자리 잡을 수 있게 하라(마 12:50; 28:10; 요 13:34-35; 20:17; 고전 13:1-13; 엡 4:32; 살전 4:9; 요일 3:14, 16).

2. 손님 대접하기를 잊지 말라 이로써 부지중에 천사들을 대접한 이들이 있었느

니라.

"형제 사랑"이 사람들과 관련하여 그리스도의 나라의 백성들에게 합당한 첫 번째 의무라면, 그 두 번째 의무는 그리스도인 나그네와 객을 대접하는 것이다. **손님 대접하기를 잊지 말라.** 여기에서 "잊지 말라"는 것은 소홀히 하거나 무관심하지 말라는 것이다. 사도는 이러한 당부를 통해서, 그들이 당장에는 실제로 자신들의 손으로 손님 대접을 하고 있지는 않다고 할지라도, 언제나 손님 대접의 중요성을 마음에 새기고 늘 염두에 두어야 한다는 것을 강력하게 상기시켜 준다. "잊지 말라"는 부정 명령문은 강한 긍정의 명령문, 즉, 모든 방해물들과 장애물들을 다 제거하고서 반드시 기억하라는 의미이다. 사도는 그들이 알지 못하는 그리스도인 형제가 하나님의 섭리에 의해서 그들에게 온 경우에는, 그들에게는 그러한 그리스도인들을 영접하고 환대하여야 할 의무가 있다는 것을 기억하고서, 그 형제를 사랑으로 잘 대접해야 한다는 것을 명심하라고 엄명한다(마 22:39; 25:35, "내가 주릴 때에 너희가 먹을 것을 주었고 목마를 때에 마시게 하였고 나그네 되었을 때에 영접하였고"). '크세노스'(ξενὸς)는 대체로 손님을 의미하지만, 주인을 의미하기도 한다. 여기에서 사도가 요구하고 있는 것은 주인이 손님을 대접할 때에는 사랑으로 대접하여야 한다는 것이다(딛 1:8, "오직 나그네를 대접하며 선행을 좋아하며 신중하며 의로우며 거룩하며 절제하며"). 그리스도께서 "내가 진실로 너희에게 이르노니 하나님의 나라를 위하여 집이나 아내나 형제나 부모나 자녀를 버린 자는 현세에 여러 배를 받고 내세에 영생을 받지 못할 자가 없느니라"(눅 18:29-30)고 약속하셨듯이, 그리스도인들은 집을 떠나 나그네와 객으로 떠돌아다니게 되는 경우가 얼마든지 있을 수 있었기 때문에, 사도는 자신과 온 교회를 돌보아 준 "가이오"처럼(롬 16:23), 그들도 그리스도인들로서 나그네와 객이 된 자들을 따뜻하고 정중하게 자신들의 집으로 맞아들여서 영접하고 환대하며, 힘을 차리는 데 필요한 것들을 기꺼이 기쁜 마음으로 내어 주고(창 18:4-6), 그 형제들이 믿음을 끝까지 견지하도록 도움을 주며(요삼 1:6-8), 하나님의 일을 하는 형제들인 경우에는 그들의 일을 도와주어야 한다고 말하고 있는 것이다(딤전 5:10, "선한 행실의 증거가 있어 혹은 자녀를 양육하며 혹은 나그네를 대접하며 혹은 성도들의 발을 씻으며 혹은 환난 당한 자들을 구제하며 혹은 모든 선한 일을 행한 자라야 할 것이요").

이로써 부지중에 천사들을 대접한 이들이 있었느니라. 손님 대접은 기독교회와 그 수많은 지체들에게 큰 유익을 가져다준다. 왜냐하면, 아브라함과 롯은 그들 자신이 나그네와 객으로 살아가고 있던 때에도 이 의무를 충실히 행하여, "부지중에" 천사들을 자신들의 장막과 집으로 영접함으로써(창 18:2-3), 아브라함의 경우에는 메시야가 그들에게 주어질 것이라는 하나님의 기쁜 소식을 듣기도 하였고, 롯의 경우에는 심판으로부터 건짐을 받기도 하였다(창 19:10, 15-17). 지금은 천사들이 성도들과 늘 동행하면서, 성도들로부터 대접을 받는 가운데, 그들을 지켜 주고, 그들에게 복을 가져다주며, 그들을 악한 영들과 해로운 것들로부터 지켜 주는 일을 하고 있다 — 비록 천사들의 그러한 사역은 우리가 잘 눈치 채지 못하고 알지 못하지만(히 1:14, "모든 천사들은 섬기는 영으로서 구원 받을 상속자들을 위하여 섬기라고 보내심이 아니냐"). 천사들만이 아니라 그리스도께서도 친히 순례길에 있는 자신의 지체들과 동행하시며, 성도들 안에 거하시고, 성도들로부터 대접을 받으시며, 그들과 함께 먹고 마신다(마 10:40-42, "너희를 영접하는 자는 나를 영접하는 것이요 나를 영접하는 자는 나를 보내신 이를 영접하는 것이니라 선지자의 이름으로 선지자를 영접하는 자는 선지자의 상을 받을 것이요 의인의 이름으로 의인을 영접하는 자는 의인의 상을 받을 것이요 또 누구든지 제자의 이름으로 이 작은 자 중 하나에게 냉수 한 그릇이라도 주는 자는 내가 진실로 너희에게 이르노니 그 사람이 결단코 상을 잃지 아니하리라 하시니라"; 25:34-36, "그 때에 임금이 그 오른편에 있는 자들에게 이르시되 내 아버지께 복 받을 자들이여 나아와 창세로부터 너희를 위하여 예비된 나라를 상속받으라 내가 주릴 때에 너희가 먹을 것을 주었고 목마를 때에 마시게 하였고 나그네 되었을 때에 영접하였고 헐벗었을 때에 옷을 입혔고 병들었을 때에 돌보았고 옥에 갇혔을 때에 와서 보았느니라"). 하나님께서는 이렇게 형제들을 대접한 자들에게는 현세와 내세에서 반드시 상을 주실 것이다.

3. 너희도 함께 갇힌 것 같이 갇힌 자를 생각하고 너희도 몸을 가졌은즉 학대 받는 자를 생각하라.

너희도 함께 갇힌 것 같이 갇힌 자를 생각하고. 그리스도의 나라의 백성들에게 주어진 또 하나의 의무는, 그리스도인 형제들과 아픔을 함께 하는 것인데, 그리스도와 복음을 위하여 투옥되어 족쇄가 채워져서 갇혀 있는 형제들을 기억하고 기도하며, 그들을 찾아가고, 그들이 힘을 차리는 데 필요한 모든 일들을 행하는 것이다. 따라서 그리스도인들은 마치 자신들이 갇힌 것처럼, 고통과 궁핍을 그들과 함께하며, 모든 정당한 수단들을 동원해서 그들을 감옥에서 건져내고자 하여야 한다(마 25:36; 엡 6:19-20; 골 4:18; 딤후 1:16-18, "원하건대 주께서 오네시보로의 집에 긍휼을 베푸시옵소서 그가 나를 자주 격려해 주고 내가 사슬에 매인 것을 부끄러워하지 아니하고 로마에 있을 때에 나를 부지런히 찾아와 만났음이라 원하건대 주께서 그로 하여금 그 날에 주의 긍휼을 입게 하여 주옵소서").

너희도 몸을 가졌은즉 학대 받는 자를 생각하라. 히브리서 11:36-37에서 "어떤 이들은 조롱과 채찍질뿐 아니라 결박과 옥에 갇히는 시련도 받았으며 돌로 치는 것과 톱으로 켜는 것과 시험과 칼로 죽임을 당하고 양과 염소의 가죽을 입고 유리하여 궁핍과 환난과 학대를 받았으니"라고 말한 것처럼, 어떤 형제들이 사람들에게 그러한 학대를 받을 이유가 없음에도 불구하고, 그리스도와 복음을 위하여 박해와 압제와 환난을 당하여 그러한 학대와 고통을 받고 있다면, 우리는 우리도 몸을 지닌 자들로서 언제든지 그런 고통을 겪을 수 있다는 것과 우리와 그들이 그리스도의 한 몸에 속한 지체들이라는 것을 생각해서, 마치 우리가 그들과 같은 입장과 처지에 있는 것처럼, 그들과 함께 아파하여야 한다(고전 12:25-27, "몸 가운데서 분쟁이 없고 오직 여러 지체가 서로 같이 돌보게 하셨느니라 만일 한 지체가 고통을 받으면 모든 지체가 함께 고통을 받고 한 지체가 영광을 얻으면 모든 지체가 함께 즐거워하느니라 너희는 그리스도의 몸이요 지체의 각 부분이라").

4. 모든 사람은 결혼을 귀히 여기고 침소를 더럽히지 않게 하라 음행하는 자들과 간음하는 자들을 하나님이 심판하시리라.

모든 사람은 결혼을 귀히 여기고. 그리스도의 나라의 백성들에게 요구되는 또 하나의 의무는 "정절"이다. 사도는 여기에서 결혼은 모든 사람에게 존귀한 것이라고 말하는 방식으로, 결혼을 귀히 여길 것을 명하고 있다. "결혼"은 하나님께서 아담과 하와를 지으시고서, 창세기 2:24에서 "이러므로 남자가 부모를 떠나 그의 아내와 합하여 둘이 한 몸을 이룰지로다"라고 명하심으로써, 자신의 법으로 제정하신 제도이고, 그리스도께서도 마태복음 19:4-5에서 "사람을 지으신 이가 본래 그들을 남자와 여자로 지으시고 말씀하시기를 그러므로 사람이 그 부모를 떠나서 아내에게 합하여 그 둘이 한 몸이 될지니라 하신 것을 읽지 못하였느냐"고 말씀하심으로써, 그러한 사실을 확증하셨다. 모든 존귀의 원천이신 하나님께서는 "결혼"에 자신의 이름과 탁월하심을 수여하셔서, 변개할 수 없는 법을 통해서 결혼을 영광스럽고 존귀한 것으로 만드셨다. 하나님께서 결혼 제도를 제정하시고 결혼을 존귀한 것으로 만드셨기 때문에, 모든 사람은 결혼을 존귀한 것으로 여기는 것이 마땅하다. 따라서 하나님께서 결혼을 제정하신 이래로, 모든 시대에 모든 곳에서 이루어진 결혼은 모두

다 존귀할 수밖에 없다. 그러나 특히 그리스도의 나라에 속한 온갖 부류의 참된 그리스도인들의 경우에는, 그들의 신분이 방백들이든 사역자들이든 교회의 지체들이든, 그리스도인으로 부르심을 받은 자들이라면, 그들의 결혼은 특히 존귀하다. 이렇게 하나님께서는 결혼한 자들 간에 거룩하고 순전한 교제를 보전하셔서, 죄를 방지함과 아울러서, 그들의 자녀들을 거룩하게 하심으로써, 자신의 택함 받은 자들을 교회에 더하시기를 원하셨다(시 111:3; 말 2:14-15, "이는 너와 네가 어려서 맞이한 아내 사이에 여호와께서 증인이 되시기 때문이라 그는 네 짝이요 너와 서약한 아내로되 네가 그에게 거짓을 행하였도다 그에게는 영이 충만하였으나 오직 하나를 만들지 아니하셨느냐 어찌하여 하나만 만드셨느냐 이는 경건한 자손을 얻고자 하심이라 그러므로 네 심령을 삼가 지켜 어려서 맞이한 아내에게 거짓을 행하지 말지니라"; 고전 7:9; 살전 4:3-4; 벧전 3:1, 7).

침소를 더럽히지 않게 하라. "침소를 더럽히지 않는" 것은, 하나님의 법에 따라 결혼의 침소를 선하고 도덕적으로 사용하고, 남편이 아내를, 그리고 아내가 남편을 순리에 따라 합당하게 사용하는 것을 의미한다. 그런 결혼생활은 부정하거나 더러운 것도 아니고, 그리스도의 순전하심에 어긋나는 것도 아니며, 도리어 그 자체로 거룩하고 순전하고 정결하며, 그리스도의 나라의 백성들 가운데서 정절과 순결을 보존하는 가장 뛰어난 수단이다. 그리스도인들은 이런 식으로 결혼생활을 유지함으로써, 그들의 몸이 음행이나 간음으로 더럽혀지거나 욕되게 되는 것을 막을 수 있다. 그런데도 사도가 디모데전서 4:1-3에서 "성령이 밝히 말씀하시기를 후일에 어떤 사람들이 믿음에서 떠나 미혹하는 영과 귀신의 가르침을 따르리라 하셨으니 자기 양심이 화인을 맞아서 외식함으로 거짓말하는 자들이라 혼인을 금하고 어떤 음식물은 먹지 말라고 할 터이나"라고 말하였듯이, 교황주의자들은 "믿음에서 떠난" 자들처럼, 혼인을 아예 하지 않아야만 거룩하고 순전하고 정결한 삶을 살아갈 수 있다고 주장한다. 이렇게 모든 남편과 아내들은 결혼을 존귀하게 여기고서, 그 침소를 더럽히지 않아야 한다. 왜냐하면, 그들의 몸은 그리스도의 지체들이고, 성령의 전들이기 때문이다(고전 6:15, 17-20).

음행하는 자들과 간음하는 자들을 하나님이 심판하시리라. 하나님께서는 모든 남자들과 여자들의 부정한 어울림을 미워하시고, 그 중에서도 특히 그리스도인들의 음행을 미워하시기 때문에, 온갖 종류의 음행을 저지르는 자들, 특히 그리스도의 순전한 나라의 백성이라고 고백한 자들 중에서 "음행하는 자들과 간음하는 자들"을 반드시 심판하시고 영원한 형벌을 가하실 것이다(벧후 2:6; 유 1:4, 7, "이는 가만히 들어온 사람 몇이 있음이라 그들은 옛적부터 이 판결을 받기로 미리 기록된 자니 경건하지 아니하여 우리 하나님의 은혜를 도리어 방탕한 것으로 바꾸고 홀로 하나이신 주재 곧 우리 주 예수 그리스도를 부인하는 자니라 … 소돔과 고모라와 그 이웃 도시들도 그들과 같은 행동으로 음란하며 다른 육체를 따라 가다가 영원한 불의 형벌을 받음으로 거울이 되었느니라"; 계 2:21, "내가 그에게 회개할 기회를 주었으되 자기의 음행을 회개하고자 하지 아니하는도다").

5. 돈을 사랑하지 말고 있는 바를 족한 줄로 알라 그가 친히 말씀하시기를 내가 결코 너희를 버리지 아니하고 너희를 떠나지 아니하리라 하셨느니라.

사도가 그리스도의 나라의 백성들에게 다섯 번째로 명하는 의무는 우리의 처지와 형편에 만족하라는 것이다. 이 의무는 동사가 없는 두 개의 명제로 표현되어 있지만, 거기에 명령형 동사를 보충해 넣어서 해석하는 것이 가장 좋다. 돈을 사랑하지 말고. 이 어구는 직역하면 "돈을 사랑함이 없는 행실을 가지라"가 되는데, 거기에서 "행실"로 번역될 수 있는 '호 트로포스'(ὁ τρόπος)는, 엄밀하게 말하면, "회전하는 것"을 의미하지만, 여기에서는 사람이 자신의 삶의 행위들에서의 여러 가지 움직임, 일상적인 대화 속에서는 "행실"이라 불리는 것을 뜻한다. 따라서 이 어구는 돈이나 재물에 대한 무절제하고 죄악된 사랑으로 인해서 돈이나 재물에 마음이나 눈이나 발길을 돌려서 따라가서는 안 된다는 것이다. 돈이나 재물을 사랑하지 말라는 말씀은 마태복음 6:25, 31; 디모데전서 6:9-10("부하려 하는 자들은 시험과 올무와 여러 가지 어리석고 해로운 욕심에 떨어지나니 곧 사람으로 파멸과 멸망에 빠지게 하는 것이라 돈을 사랑함이 일만 악의 뿌리가 되나니 이것을 탐내는 자들은 미혹을 받아 믿음에서 떠나 많은 근심으로써 자기를 찔렀도다"); 야고보서 4:13; 요한일서 2:15("이 세상이나 세상에 있는 것들을 사랑하지 말라 누구든지 세상을 사랑하면 아버지의 사랑이 그 안에 있지 아니하니") 등에 나온다. 이리저리 분주히 움직여서 온갖 수단과 방법을 동원해서 돈과 재물을 긁어모으기 위하여 밤낮으로 애쓰고 땀 흘려서, 세상의 재물을 창고에 가득 쌓아 두고자 하는 것(전 4:7-8; 합 2:6, 9)은 참된 그리스도인의 모습이 아니다(엡 5:3, 5; 골 3:5; 벧후 2:3-15).

있는 바를 족한 줄로 알라. 우리는 우리가 생각하기에 충분하다고 여겨질 정도의 돈과 재물을 얻었을 때에야 비로소 만족해서는 안 되고, 하나님께서 지금 우리에게 허락하신 이 세상의 것들이 많든 적든, 거기에 진심으로 만족하고 족하게 여겨야 한다(빌 4:11-12, "내가 궁핍하므로 말하는 것이 아니니라 어떠한 형편에든지 나는 자족하기를 배웠노니 나는 비천에 처할 줄도 알고 풍부에 처할 줄도 알아 모든 일 곧 배부름과 배고픔과 풍부와 궁핍에도 처할 줄 아는 일체의 비결을 배웠노라"; 딤전 6:8, "우리가 먹을 것과 입을 것이 있은즉 족한 줄로 알 것이니라").

그가 친히 말씀하시기를 내가 결코 너희를 버리지 아니하고 너희를 떠나지 아니하리라 하셨느니라. 사도는 여기에서 그리스도인들이 자기에게 지금 있는 것으로 만족해야 하는 이유를 제시함으로써, 그들이 그렇게 할 것을 더욱 강조하는데, 그 이유는 하나님께서는 그들이 필요로 하는 것들을 그들에게 공급해 주시기로 특별히 약속하셨다는 것이다. 하나님께서는 창세기 28:15("내가 너와 함께 있어 네가 어디로 가든지 너를 지키며 너를 이끌어 이 땅으로 돌아오게 할지라 내가 네게 허락한 것을 다 이루기까지 너를 떠나지 아니하리라")에서는 "야곱"에게, 신명기 31:6, 8("너희는 강하고 담대하라 두려워하지 말라 그들 앞에서 떨지 말라 이는 네 하나님 여호와 그가 너와 함께 가시며 결코 너를 떠나지 아니하시며 버리지 아니하실 것임이라 하고 … 그리하면 여호와 그가 네 앞에서 가시며 너와 함께 하사 너를 떠나지 아니하시며 버리지 아니하시리니 너는 두려워하지 말라 놀라지 말라")에서는 "이스라엘"에게, 여호수아 1:5("네 평생에 너를 능히 대적할 자가 없으리니 내가 모세와 함께 있었던 것 같이 너와 함께 있을 것임이니라 내가 너를 떠나지 아니하며 버리지 아니하리니")에서는 "여호수아"에게 그렇게 엄숙하게 약속하셨고, 이 약속은 모든 믿는 자들에게 그대로 적용된다. 왜냐하면, 하나님께서는 모든 믿는 자들에게 자신의 임재를 허락하시고, 그들의 곁을 늘 지키시며, 자신의 임재에 따른 온갖 복들을 다 그들에게 허락하실 것이라고 약속하셨기 때문이다(시 46:1, 5, "하나님은 우리의 피난처시요 힘이시니 환난 중에 만날 큰 도움이시라 … 하나님이 그 성 중에 계시매 성이 흔들리지 아니할 것이라 새벽에 하나님이 도우시리로다"; 사 41:10; 43:2; 63:9).

6. 그러므로 우리가 담대히 말하되 주는 나를 돕는 이시니 내가 무서워하지 아니하겠노라 사람이 내게 어찌하리요 하노라.

그러므로 우리가 담대히 말하되 주는 나를 돕는 이시니. 그리스도의 나라의 모든 참된 백성들은 사도 바울과 더불어서, 하나님의 그러한 약속을 의지해서, 온갖 두려움과 의심을 뛰어넘는 담대하고 흔들리지 않는 마음과 견고한 확신 가운데서, 자신들의 믿음에 있어서 요동하거나 움츠러들거나 부끄러워하지 않고, 도리어 온 세상에 자신들의 믿음을 공개적으로 고백하면서, "주는 나를 돕는 이"시라고 선포할 수 있다. 무한한 능력과 지혜와 선하심을 지니신 주 하나님은 자신의 모든 백성들과 늘 함께 하셔서, 그들에게 모든 경우에 언제나 모든 필요한 것들을 공급해 주시는 분이심은 물론이고, 모든 환난 날에 그들을 변함없이 도우시는 분이시다. 모세가 자신의 아들의 이름을 "엘리에셀"이라고 지어서, "내 아버지의 하나님이 나를 도우사 바로의 칼에서 구원하셨다"고 고백하였고(출 18:4), 다윗이 "주는 나의 도움이시요 나를 건지시는 이시라"고 고백하였듯이(시 27:9; 40:17; 56:4, 11; 118:6), 그들도 그렇게 고백할 수 있다.

내가 무서워하지 아니하겠노라 사람이 내게 어찌하리요 하노라. 믿음은 믿는 자들에게서 그들에게 일어날 수 있는 온갖 해악에 대한 두려움을 내어 쫓아 주고, 그들의 심령 속에 두려워하지 않는 마음을 생겨나게 해 주는데, 사람들은 믿는 자들에게 일어나는 그런 해악들의 도구가 될 수 있다(시 46:2-3). "나는 사람이 내게 행할 것들을 두려워하지 않으리라"는 믿는 자들의 고백 속에는, 하나님의 도우심에 대한 확고한 신뢰 가운데서 흔들림 없고 견고한 마음가짐과 생각이 내포되어 있고, 사람들의 온갖 반대와 박해 가운데서도 말과 행위로 하나님과 그의 말씀을 따르고자 하는 단호하고 결연한 의지가 내포되어 있다.

7. 하나님의 말씀을 너희에게 일러 주고 너희를 인도하던 자들을 생각하며 그들의 행실의 결말을 주의하여 보고 그들의 믿음을 본받으라.

사도는 그리스도의 법을 따라 살아가는 그의 백성들이 행하여야 할 또 하나의 의무는 그들의 경건한 사역자들을 본받는 것이라고 여기에서와 17절에서 말한다.

하나님의 말씀을 너희에게 일러 주고 너희를 인도하던 자들을 생각하며. 너희는 너희의 영적인 인도자들과 치리자들을 공경하고, 그들을 인하여 하나님께 감사하는 것이 마땅하다. 왜냐하면, 하나님께서는 성령을 통해서 그들을 너희에게 보내 주시고 너희 위에 세우셔서, 그들로 하여금 너희에게 복음을 전하고, 너희의 덕 세움을 위하여 성령의 감동을 따라 그리스도의 복음에 관한 글들을 쓰게 하심으로써, 너희를 그리스도로 말미암아 하나님께로 나아갈 수 있도록 인도하게 하시고, 너희로 하여금 그리스도와 더불어 영원한 생명을 누리게 하셨기 때문이다. 그러므로 너희는 그런 자들이 너희에게 보여 준 뛰어나고 훌륭한 모범들을 기억하고 늘 간직하고서, 그들의 믿음을 본받아야 한다. 그런 자들 중에는 죽거나, 예수의 진리를 증언하다가 순교하여 승천한 자들도 있고, 아직 너희 가운데 살아 있는 자들도 있다. 너희는 그런 자들 모두를 기억하여야 하지만, 특히 너희를 복음으로 하나님께 인도하여 하나님의 자녀들이 되게 한 너희의 영적인 아버지들을 기억하여야 한다(고전 4:15; 고후 2:17; 딤전 5:17; 딤후 3:14-17; 벧전 4:11; 5:2-3).

그들의 믿음을 본받으라. 너희가 그들이 얼마나 뛰어난 신자들이었는지를 기억하는 가장 좋은 방법은, 그들을 본받아서, 그들이 가르치고 실천한 복음의 교훈을 믿고, 그들처럼 그 믿음에 견고히 설 뿐만 아니라, 다른 사람들에게도 그 복음을 전하는 것이다(딤전 4:12, "누구든지 네 연소함을 업신여기지 못하게 하고 오직 말과 행실과 사랑과 믿음과 정절에 있어서 믿는 자에게 본이 되어"; 6:11, "오직 너 하나님의 사람아 이것들을 피하고 의와 경건과 믿음과 사랑과 인내와 온유를 따르며"; 딤후 2:22, "너는 청년의 정욕을 피하고 주를 깨끗한 마음으로 부르는 자들과 함께 의와 믿음과 사랑과 화평을 따르라").

그들의 행실의 결말을 주의하여 보고. 너희는 그리스도께 합당한 그들의 교훈만이 아니라, 그들의 삶도 본받아야 한다(고전 11:1, "내가 그리스도를 본받는 자가 된 것 같이 너희는 나를 본받는 자가 되라"). 그들의 삶과 행실은 하늘에 속한 것들로서, 정직하고 올바르며 흠 없는 것이었다(고후 10:3; 빌 3:19-20, "그들의 마침은 멸망이요 그들의 신은 배요 그 영광은 그들의 부끄러움에 있고 땅의 일을 생각하는 자라 그러나 우리의 시민권은 하늘에 있는지라 거기로부터 구원하는 자 곧 주 예수 그리스도를 기다리노니"). 그들이 이 세상에서 행한 모든 것들과 그들의 생명은 그리스도와 더불어서 하나님 안에 감추어져 있었다. 그들의 행실은 하나님의 뜻에 따라 이루어진 것들이었고 하나님의 뜻에 부합하는 것들이었다. 그들의 삶은 처음부터 끝까지 그런 것이었다. 따라서 너희는 그들의 삶을 되돌아보고서, 그들의 모범을 의지해서, 너희를 더럽히고 억눌러 왔던 죄와 참상의 잔재들로부터 빠져 나와서(계 14:13), 너희를 대적하는 세상과 모든 반대에 대하여 승리를 거두고, 그들이 너희 가운데서 가르치고 실천하였던 진리를 너희의 피로 인침으로써, 죽음을 통하여 모든 것을 이기고 승리한 자들이 되어서, 영원한 생명과 평안과 영원한 영광 속으로 들어가고, 너희를 위하여 하늘에 예비된 썩지 않고 더럽혀지지 않고 쇠하지 않는 유업을 물려 받는 자들이 되어야 한다(롬 8:37; 딤후 4:8; 벧전 1:4; 3:4).

8. 예수 그리스도는 어제나 오늘이나 영원토록 동일하시니라.

이 절의 첫머리에는 앞뒤의 연결관계를 보여 주는 단어가 나오지 않지만, 이 절의 내용은 앞 절에 걸리는 것으로 볼 수도 있고 뒷 절에 걸리는 것으로 볼 수도 있다. 왜냐하면, 사도는 여기에서 앞뒤로 연결되지 않는 독립적인 경구들을 열거하고 있는 것이 아니라, 그리스도의 나라의 백성들이 행하여야 할 의무들을 제시하고 강력히 권하고 있는 것이기 때문이다. 따라서 우리는 앞 절에 걸리는 것으로 보는 경우에는, 사도가 그들이 자기가 앞서 말한 그들의 의무대로 행하여야 하는 중대한 이유, 즉 그들이 자신들의 인도자들을 기억하고 그들의 믿음을 본받으며 그들의 행실의 결국을 주목해야만 하는 중대한 이유를 여기에서 제시하고 있는 것이라고 볼 수 있다. 왜냐하면, 그들의 인도자들은 예수 그리스도를 믿고 가르치며 교제하는 삶을 살아감으로써, 예수 그리스도에 의해서 온전하게 된 자들이기 때문이다. 따라서 사도는 그들도 그들의 인도자들처럼 오로지 "어제나 오늘이나 영원토록 동일하신" "예수 그리스도"로 말미암아서만 구원을 받고 복을 받을 수 있고, 다른 방식으로 구원을 받거나 복을 받을 수 있는 길은 전혀 없다는 것을 강조한다(요 14:6, "예수께서 이르시되 내가 곧 길이요 진리요 생명이니 나로 말미암지 않고는 아버지께로 올 자가 없느니라").

또는, 우리는 뒷 절에 걸리는 것으로 보는 경우에는, 사도가 다음 절에서 권면하고 있는 것의 이유를 여기에서 제시하고 있는 것으로 볼 수 있다. 즉, 예수 그리스도는 그의 인격은 물론이고, 그가 자신의 백성들에게 명하신 그의 교훈과 믿음과 행실에 있어서도 동일하시기 때문에, 그들은 "여러 가지 다른 교훈"에 끌리거나 휩쓸려가서는 안 된다는 것이다. 예수 그리스도는 그 인격과 관련해서, 모든 시대와 세대에 걸친 자신의 신비의 몸과 거기에 속한 모든 지체들을 돌보시고 사랑하심에 있어서 언제까지나 변함이 없으시고, 그들을 홀로 두지도 않으시고 버리지도 않으시는 그런 분이시다. 또한, 그리스도께서는 그가 가르치신 믿음과 법과 행실의 규범에 있어서도 언제까지나 변함이 없으시다(엡 4:20-21, "오직 너희는 그리스도를 그같이 배우지 아니하였느니라 진리가 예수 안에 있는 것 같이 너희가 참으로 그에게서 듣고 또한 그 안에서 가르침을 받았을진대"). 그리스도께서 가르치신 순전하고 온전하며 흠 없는 신앙은 모든 시대에 걸쳐서 전혀 변함이 없고 늘 동일하다(마 5:18; 고후 11:3-4; 갈 1:6-7; 엡 4:4-6, "몸이 하나요 성령도 한 분이시니 이와 같이 너희가 부르심의 한 소망 안에서 부르심을 받았느니라 주도 한 분이시요 믿음도 하나요 세례도 하나요 하나님도 한 분이시니 곧 만유의 아버지시라 만유 위에 계시고 만유를 통일하시고 만유 가운데 계시도다"; 벧전 1:23, 25, "너희가 거듭난 것은 썩어질 씨로 된 것이 아니요 썩지 아니할 씨로 된 것이니 살아 있고 항상 있는 하나님의 말씀으로 되었느니라 … 오직 주의 말씀은 세세토록 있도다 하였으니 너희에게 전한 복음이 곧 이 말씀이니라").

9. 여러 가지 다른 교훈에 끌리지 말라 마음은 은혜로써 굳게 함이 아름답고 음식으로써 할 것이 아니니 음식으로 말미암아 행한 자는 유익을 얻지 못하였느니라.

여러 가지 다른 교훈에 끌리지 말라. 사도는 그들이 여러 가지 이상한 교훈들에 휘둘려서는 안 된다고 말한다. 그리스도의 교훈은 영원토록 변함이 없는 것이기 때문에, 그의 백성들은 그의 교훈에서 떠나서는 안 된다. 인간이 고안해 낸 이런저런 교훈들은 그들을 하나님께로 인도해 줄 수 없는 것들이기 때문에, 본질적으로 어제나 오늘이나 동일한 그리스도의 교훈과 다르다. 그러므로 그들은 그런 인간적인 교훈들에 휘둘려서, 판단과 믿음과 실천에 있어서 끊임없이 이리저리 요동하며 끌려 다녀서는 안 된다. 당시에 거짓 사도들과 교사들은 이교 사상과 유대교를 복음과 결합해서, 칭의와 구원을 받기 위해서는 그리스도도 믿어야 하지만, 율법도 지켜야 한다는 것과 같은 이상하고 잘못된 여러 가지 교훈들을 퍼뜨리고 다녔다(마 15:9, "사람의 계명으로 교훈을 삼아 가르치니 나를 헛되이 경배하는도다"; 고후 11:4, "만일 누가 가서 우리가 전파하지 아니한 다른 예수를 전파하거나 혹은 너희가 받지 아니한 다른 영을 받게 하거나 혹은 너희가 받지 아니한 다른 복음을 받게 할 때에는 너희가 잘 용납하는구나"; 엡 4:14, "이는 우리가 이제부터 어린 아이가 되지 아니하여 사람의 속임수와 간사한 유혹에 빠져 온갖 교훈의 풍조에 밀려 요동하지 않게 하려 함이라"; 살후 2:10, 12; 딤전 4:1-3; 딤후 4:3-4, "때가 이르리니 사람이 바른 교훈을 받지 아니하며 귀가 가려워서 자기의 사욕을 따를 스승을 많이 두고 또 그 귀를 진리에서 돌이켜 허탄한 이야기를 따르리라"; 벧후 2:1, 18-19; 유 1:12).

마음은 은혜로써 굳게 함이 아름답고. 선한 마음이 하나님에 대하여 견고해지는 것은 영혼의 온전한 구원과 다를 바가 없다(고전 15:58; 벧후 3:17-18, "사랑하는 자들아 너희가 이것을 미리 알았은즉 무법한 자들의 미혹에 이끌려 너희가 굳센 데서 떨어질까 삼가라 오직 우리 주 곧 구주 예수 그리스도의 은혜와 그를 아는 지식에서 자라 가라 영광이 이제와 영원한 날까지 그에게 있을지어다"). 그리고 이것은 오직 은혜로써만 가능하다. 언제까지나 변함없고 동일한 그리스도의 순전한 교훈을 통해서 그리스도 안에서 믿는 자들의 심령 속에 부어진 하나님의 값없는 사랑은, 그들의 영혼을 거듭나게 하고 끝까지 보전하여 영생에 이르게 한다(살후 2:16-17; 벧전 5:10, "모든 은혜의 하나님 곧 그리스도 안에서 너희를 부르사 자기의 영원한 영광에 들어가게 하신 이가 잠깐 고난을 당한 너희를 친히 온전하게 하시며 굳건하게 하시며 강하게 하시며 터를 견고하게 하시리라").

음식으로써 할 것이 아니니. 음식법과 예법에 관한 여러 가지 다양한 교훈들은 그리스도의 교훈에서 떠난 이상한 것들로서, 사람의 마음을 하나님과 합하게 만들지는 못하고, 도리어 그 마음이 하나님으로부터 떠나게 만들 뿐이다. 왜냐하면, 그리스도 안에 있고 그리스도로부터 나온 교훈 이외의 다른 모든 교훈들은 하나님께 이상한 것들이어서, 하나님께서 가증스럽게 여기시기 때문이다(갈 5:2; 골 2:18-19, 23, "아무도 꾸며낸 겸손과 천사 숭배를 이유로 너희를 정죄하지 못하게 하라 그가 그 본 것에 의지하여 그 육신의 생각을 따라 헛되이 과장하고 … 이런 것들은 자의적 숭배와 겸손과 몸을 괴롭게 하는 데는 지혜 있는 모양이나 오직 육체 따르는 것을 금하는 데는 조금도 유익이 없느니라"; 딤후 2:16, "망령되고 헛된 말을 버리라 그들은 경건하지 아니함에 점점 나아가나니"; 약 1:8).

음식으로 말미암아 행한 자는 유익을 얻지 못하였느니라. 그러한 여러 가지 이상한 교훈들을 잘 알아서, 끊임없이 그러한 것들을 고백하고 실천하여, 때와 절기를 지키고, 부정하고 정한 음식을 가려 먹으며, 복잡한 예법들을 지켜 행한 자들은, 그런 것들로 인해서 아무런 유익도 얻지 못하였다. 왜냐하면, 그러한 것들은 육신적이고 땅에 속한 것들이어서, 하나님 앞에서 그들을 의롭다 하심을 얻게 해 줄 수도 없었고, 그들의 심령을 새롭게 하거나 거룩하게 해 줄 수도 없었으며, 그들의 영적인 삶에 그 어떤 유익도 가져다줄 수 없었고, 게다가 그런 것들은 썩어 없어질 것들이어서, 그들로 하여금 영생을 얻게 해 줄 수도 없었기 때문이다(롬 14:17-18, "하나님의 나라는 먹는 것과 마시는 것이 아니요 오직 성령 안에 있는 의와 평강과 희락이라 이로써 그리스도를 섬기는 자는 하나님을 기쁘시게 하며 사람에게도 칭찬을 받느니라"; 고전 6:13, "음식은 배를 위하여 있고 배는 음식을 위하여 있으나 하나님은 이것 저것을 다 폐하시리라 몸은 음란을 위하여 있지 않고 오직 주를 위하여 있으며 주는 몸을 위하여 계시느니라").

10. 우리에게 제단이 있는데 장막에서 섬기는 자들은 그 제단에서 먹을 권한이 없나니.

우리에게 제단이 있는데. 그러한 다른 교훈들은 단지 무익한 데서 그치는 것이 아니라, 그리스도인들에게 유해하다. 왜냐하면, 그리스도인들은 자신의 온 마음을 그리스도께 드려서 그리스도와 교제하는 일에 전념하여야 함에도 불구하고, 그러한 교훈들은 그들의 마음을 빼앗아서 그리스도로부터 멀어지게 만들기 때문이다. 그리스도의 백성들은 그리스도의 순전하고 변함없는 교훈을 꼭 붙잡고서, 모세 율법의 제단과 대비되는 그들의 "제단"인 그리스도 앞에 나아가서 그 앞에서 먹고 마시는 것이 마땅하다. 왜냐하면, 그리스도인들은 그 제단 앞에 나아가야만, 유대인들이 먹는 음식과는 다른 자신들의 영혼을 위한 음식을 구할 수 있고 먹을 수 있기 때문이다. 그리스도인의 영혼을 살리는 온갖 음식들, 즉 하나님과의 화해, 하나님의 양자됨, 의롭다 하심을 얻음, 우리 본성이 새로워짐, 은혜 안에서 자라감, 은혜 안에서 끝까지 믿음을 지킴, 영광 가운데서 온전해짐 같은 것들은, 오직 그리스도의 신성의 제단 위에 드려진 그의 인성의 제물로부터만 우리에게 주어질 수 있다(요 6:55-57; 고전 9:13; 10:16-18). 우리에게 있는 그리스도라는 제단은, 우리 자신과 우리가 드리는 예물을 거룩하게 성별하여서, 우리로 하여금 하나님 앞으로 나아갈 수 있게 해 주는 제단이다(히 13:15; 마 23:19; 엡 5:20; 골 3:17). 이 제단으로 인해서 우리 자신과 우리가 드리는 모든 것이 성부 하나님께 받아들여진다. 또한, 우리에게 있는 그리스도라는 제단은, 우리를 끝까지 지키고 보호하여, 영광 중에 그리스도께서 다시 나타나실 때에 우리의 구원을 온전하게 해 주실 그런 제단이다(출 21:14; 계 6:9, 11). 이것은 모든 그리스도인 개개인에게 있는 제단이다. 하나님께서는 율법 아래에서는 오직 하나의 제단만을 허락하셨고, 다른 모든 제단들을 금하셨기 때문에, 이스라엘 자손들이 다른 제단들을 만들고 늘려간 것에 대하여 진노하시고 경고하셨다(출 20:24-26; 27:1-2; 대하 4:1; 호 8:11; 10:1). 율법 아래에서의 유일한 하나의 제단은, 장차 죄인들은 오직 그리스도라는 유일한 참된 제단을 통해서 하나님 앞에 나아가야만 열납될 수 있다는 것을 보여 주는 모형이었다.

장막에서 섬기는 자들은 그 제단에서 먹을 권한이 없나니. 모세 언약의 경륜을 고집해서 음식법과 예법들을 지키는 모든 유대인들과 유대화된 그리스도인들은 이 제단에 참여할 특권이나 자격이 없다. 그들이 그러한 것들을 고집하는 한, 그들에게는 이 제단에 참여할 수 있는 영광이 주어질 수 없다. 왜냐하면, 그들은 음식법과 예법들을 고집함으로써, 이 제단을 부정하고, 하나님의 아들을 배척하는 자들임을 나타낸 것인 까닭에, 그리스도에 의해서 배척될 수밖에 없는 자들이기 때문이다.

11. 이는 죄를 위한 짐승의 피는 대제사장이 가지고 성소에 들어가고 그 육체는 영문 밖에서 불사름이라.

사도는 여기에서 율법의 제단에서의 섬김과 복음의 제단에서의 섬김을 예시함으로써, 자기가 앞에서 말한 것의 이유와 증거를 제시하는데, 이 절의 처음 부분에 나오는 '가르'(γὰρ)가 그것을 보여 준다. 유대인들과 유대화된 그리스도인들은 그리스도의 제단에서 먹을 자격이 없는데, 그것은 그들 자신의 율법이 그렇게 정하고 있기 때문이다(레 6:30, "피를 가지고 회막에 들어가 성소에서 속죄하게 한 속죄제 제물의 고기는 먹지 못할지니 불사를지니라"; 16:27, "속죄제 수송아지와 속죄제 염소의 피를 성소로 들여다가 속죄하였은즉 그 가죽과 고기와 똥을 밖으로 내다가 불사를 것이요"). 즉, 율법을 따라서 일 년에 한 번 제사장들과 백성들을 위한 속죄제의 제물이 된 저 살아 있는 짐승들인 황소와 염소는 그 고기는 물론이고 가죽과 똥까지 영문 밖에서 전부 다 불사르게 되어 있었다. 하나님께서는 제사장들이나 백성들이 이 속죄제의 제물이 된 황소나 염소의 그 어떤 부분도 가지거나 먹을 수 없도록 자신의 율법에 규정해 놓으셨다. 이것은 문자적인 의미이고, 거기에는 더 깊은 의미가 담겨 있었다. 거기에서 대제사장은 참 하나님이자 참 사람이신 그리스도를 가리키는 것이었고, 제단은 그리스도의 신성을, 성소는 하늘 자체를, 제물은 그리스도의 인성을 가리키는 것이었다. 그리고 하나님께서 그 제물을 먹지 못하게 하신 것은, 장막에서 섬기는 제사장들이나 백성들은 그 참된 제물인 그리스도를 먹어서는 안 된다는 것을 보여 주신 것이었다.

12. 그러므로 예수도 자기 피로써 백성을 거룩하게 하려고 성문 밖에서 고난을 받으셨느니라.

속죄 제물은 "영문 밖에서 불사르게" 되어 있었기 때문에, "그러므로 예수도" 그 모형을 성취하시기 위하여 "성문 밖에서 고난을 받으셨다." 율법 아래에서 속죄 제물은 사람들이 먹어서는 안 되는 것이었듯이, 새 언약 아래에서 속죄 제물이셨던 그리스도도 사람들이 먹어서는 안 되는 것이었다. 그래서 예수께서는 그 모형을 성취하시기 위하여, 예루살렘의 "성문 밖에서," 즉 저주 받은 자들의 두개골들과 뼈들이 산재해 있던 골고다 언덕 위에서 "고난을 받으셨다." 이스라엘 자손들은 영문 안에서 살고 있었기 때문에, 속죄 제물이 영문 밖에서 불살라졌듯이, 유대인들은 예루살렘 도성 안에 살고 있었기 때문에, 그리스도께서는 성문 밖에서 고난을 받으셨다. 대제사장이 속죄일에 속죄의 피를 지성소로 가지고 들어갔듯이, 그리스도께서도 자신의 피를 들고 하늘의 지성소로 들어가셨고, 그렇게 하심으로써, 회개하고 믿어서 그리스도를 힘입어 하나님께 나아오는 모든 자들로 하여금 죄 사함과 양심의 평안, 성령으로 말미암은 새롭게 하심을 받을 수 있게 하셨다. 반면에, 여전히 유대교를 고집하는 자들은, 영문 밖에서 완전히 불살라진 속죄 제물을 먹을 수 없었던 것과 마찬가지로, 그리스도라는 희생 제물도 먹을 수 없다. 그러므로 그들은 음식법과 예법을 통해서 의롭다 하심을 얻을 수 없었다. 왜냐하면, 옛 언약의 모든 희생 제사의 "참 것"인 그리스도의 피만이 그들로 하여금 하나님 앞에서 의롭다 하심을 얻을 수 있게 해 줄 수 있기 때문이다(롬 3:25; 5:9; 요 1:29).

13. 그런즉 우리도 그의 치욕을 짊어지고 영문 밖으로 그에게 나아가자.

"그런즉"은, 사도가 앞에서 말한 그리스도인들에게 주어진 특권을 토대로 해서, 그들이 마땅히 하여야 할 의무를 여기에서 말하고 있다는 것을 보여 준다. 예수께서는 "성문 밖에서 고난을 받으셨을" 때, 거기에서 흘리신 자신의 피를 가지고 하늘의 지성소로 들어가셔서 하나님께 드리심으로써, 우리를 거룩하게 하셨고, 우리에게는 예수라는 그러한 제단과 희생제물이 있기 때문에, 우리는 우리를 위해 저주를 받으신 예수에게 "나아가야" 한다. 왜냐하면, 온갖 음식법과 예법들을 통해서 장막을 섬기는 모든 것은 이미 폐하여졌고, 그런 것들을 토대로 해서 생겨난 유대교는 온갖 잘못된 이상한 교훈들과 세상적인 것들로 가득 찬 것들인 까닭에, 우리는 그런 다른 교훈들로부터 돌아서서, 그리스도의 교훈으로 나아가야 하고, 그리스도께서 받으신 고난을 부끄러워하는 것이 아니라 도리어 자랑하며, 그리스도를 우리의 모범으로 삼아 본받아(벧전 2:21; 4:12-19), 그리스도께서 우리에게 지워 주시는 온갖 조롱과 모욕과 채찍질과 박해 같은 십자가를 인내로써 담대하게 짊어지고서, 그리스도라는 제단 앞에 나아가서 믿음과 사랑 가운데서 복을 받는 것이 마땅하기 때문이다(갈 3:13). 히브리서 11:9; 로마서 6:5-6; 고린도전서 1:30; 갈라디아서 2:20; 빌립보서 3:8-10을 보라.

14. 우리가 여기에는 영구한 도성이 없으므로 장차 올 것을 찾나니.

이 절의 처음 부분에 나오는 '가르'(γὰρ)가 분명하게 보여 주듯이, 이 절의 내용은 사도가 앞에서 말한 그리스도인들의 의무를 더욱 강조하고 강화하는 것이다. 즉, 사도는 이 서신의 수신자들인 히브리인들은, 유대교를 비롯해서 여러 잘못된 교훈들과 세상을 떠나서, 영문 밖으로 예수를 향하여 나아가기 위해서는, 그들의 목숨까지 바쳐야 한다고 할지라도, 그렇게 하는 것을 주저할 이유가 없다는 것을 여기에서 보여 준다. 왜냐하면, 이 세상은 불완전하고 덧없으며 사라져 버릴 곳인 까닭에, 아무리 좋게 봐주어도, 우리가 살기에 합당하지 않은 곳이고, 이 세상에서의 우리의 삶은 결코 만족스러운 것이 될 수 없기 때문이다. 그러므로 우리는 영문 밖으로 나아가서, 그리스도와 함께 죽고, 그리스도를 위하여 죽는 것이 더 낫다. 그리고 우리에게는 영문 밖으로 나아가서, 그리스도와 함께 고난을 받아야 할 충분한 이유가 있는데, 그것은 우리가 그리스도와 함께 고난을 받고 죽는다면, 우리는 그 즉시 우리가 살기에 합당한 유일한 곳인 하늘의 도성으로 들어가서, 거기에서의 삶을 누릴 수 있게 되기 때문이다(히 11:10, 16; 12:22; 빌 3:20-21).

15. 그러므로 우리는 예수로 말미암아 항상 찬송의 제사를 하나님께 드리자 이는 그 이름을 증언하는 입술의 열매니라.

이 절을 이끌고 있는 "그러므로"는, 여기에서 사도가 말하고 있는 것은, 단지 우리는 그리스도라는 제단과 희생제물을 갖는 특권을 지니고 있기 때문에, "치욕을 지고 영문 밖으로 그에게 나아가는" 것이 마땅하다고 앞에서 한 말로부터 이끌어내고 있는 권면일 뿐만 아니라, 이 서신의 수신자들인 히브리인들이 "장막의 제사가 폐기되었다면, 우리에게는 더 이상 하나님께 드릴 제사가 없는 것이 아니냐"고 반론을 제기하게 될 것을 미리 예상하고서 거기에 대하여 대답하고 있는 말임을 보여 준다. 즉, 사도는 이렇게 말하고 있는 것이다: 이제 우리가 하나님께 드려야 할 제사는 손으로 짐승을 잡아 드리는 그런 제사가 아니라, 이 제단 앞에서 믿음과 진실한 마음으로 드리는 찬송의 제사가 되어야 한다(벧전 2:5, "너희도 산 돌 같이 신령한 집으로 세워지고 예수 그리스도로 말미암아 하나님이 기쁘게 받으실 신령한 제사를 드릴 거룩한 제사장이 될지니라"). 하나님께서는 짐승을 잡아 드리는 온갖 희생제사들보다 찬송의 제사를 가장 원하시고 기뻐하신다(시 50:23, "감사로 제사를 드리는 자가 나를 영화롭게 하나니"). 우리는 하나님께서 우리에게 그의 도성의 시민들이 되는 특권과 영광을 주시고, 고난을 통해서 거기로 인도하고 계시는 것에 대하여, 하나님께 찬송의 제사를 드리는 것이 마땅하다(골 1:11-12, "그의 영광의 힘을 따라 모든 능력으로 능하게 하시며 기쁨으로 모든 견딤과 오래 참음에 이르게 하시고 우리로 하여금 빛 가운데서 성도의 기업의 부분을 얻기에 합당하게 하신 아버지께 감사하게 하시기를 원하노라"). 우리는 이 모든 복들의 근원이시고 이 모든 복들을 우리에게 후히 나누어 주시는 하나님께, 우리의 일생에 걸쳐서 늘 찬송의 제사를 드려야 한다. 호세아 선지자는 "우리가 수송아지를 대신하여 입술의 열매를 주께 드리리이다"(호 14:2)라고 표현하였는데, 여기에서 성령께서는 사도가 말한 "찬송의 제사"가 바로 그 "입술의 열매"라고 해석하신다. 우리는 "찬송의 제사"와 "입술의 열매"라는 표현들은, 성령께서 우리를 전인적으로 감화하고 인도하여서,

예수 그리스도로 말미암아 우리를 속량하신 것에 대하여, 입술로든 삶으로든 사랑과 찬송과 감사와 존귀를 하나님께 늘 드리는 것을 가리키는 제유법적인 표현들이라고 이해하여야 한다(롬 12:1, "형제들아 내가 하나님의 모든 자비하심으로 너희를 권하노니 너희 몸을 하나님이 기뻐하시는 거룩한 산 제물로 드리라 이는 너희가 드릴 영적 예배니라"). 시편 50:23; 고린도전서 6:20; 에베소서 5:20; 빌립보서 4:6-7; 골로새서 3:17; 데살로니가전서 5:17-18을 보라.

16. 오직 선을 행함과 서로 나누어 주기를 잊지 말라 하나님은 이같은 제사를 기뻐하시느니라.

오직 선을 행함과 서로 나누어 주기를 잊지 말라. 그리스도께서 자기 백성들을 위하여 성문 밖에서 고난을 당하신 것으로 인하여 그리스도인들이 행하여야 할 마지막 의무는, 다른 사람들에게 후히 나누어 주는 것과 선을 행하는 것이다. 사도는 이렇게 말함으로써, 한편으로는 그리스도인들이 다른 사람들에 대하여 무관심하여 사람들이 어떻게 되든 말든 아무런 신경도 쓰지 않는 일이 있어서는 안 된다는 것을 명시적으로 보여 주고 있고, 다른 한편으로는 모든 필요한 사람들에게 영적으로나 육신적으로나 선한 것들을 후히 나누어 주고 선한 일들을 적극적으로 행하여, 그들의 영혼에 덕을 세우고 그들의 몸을 돌보아 주는 일에 늘 힘써야 하고, 특히 믿음의 권속에 속한 가난한 형제들에게 더욱 그렇게 하여야 한다는 것을 암묵적으로 보여 주고 있다(갈 6:10; 요일 3:17). 이것은 하나님의 법과 명령에 순종함으로써 하나님께 영광을 돌리는 일이다(마 6:1-4; 엡 6:5-9).

하나님은 이같은 제사를 기뻐하시느니라. 우리가 이렇게 선을 행하고, 가난한 성도들에게 필요한 것들을 나누어 주는 것은, 하나님께서 율법의 여러 가지 제사들 대신에 우리에게 요구하시는 복음적인 제사들 중의 일부로서, 그리스도의 유일한 참된 제사를 따라 거룩하게 성별되어 드려지는 제사들이다. 이 제사들은 그리스도의 법을 따라 그리스도를 본받은 제사들이기 때문에, 때로는 하나님께 드려지는 다른 제사들과 거룩한 것들보다 더 하나님을 기쁘시게 하고 하나님께 열납되는 제사들이다. 또한, 하나님께서 그러한 제사를 드린 자들에게는 현세에서는 세상적이고 영적인 복들로, 하늘에서는 영원한 부요함과 영광으로 크게 상을 주실 것이다(잠 19:17, "가난한 자를 불쌍히 여기는 것은 여호와께 꾸어 드리는 것이니 그의 선행을 그에게 갚아 주시리라"; 미 6:6-8; 마 9:13; 마 25:34-40; 고후 9:12).

17. 너희를 인도하는 자들에게 순종하고 복종하라 그들은 너희 영혼을 위하여 경

성하기를 자신들이 청산할 자인 것 같이 하느니라 그들로 하여금 즐거움으로 이것을 하게 하고 근심으로 하게 하지 말라 그렇지 않으면 너희에게 유익이 없느니라.

너희를 인도하는 자들에게 순종하고 복종하라. 그리스도께서 자신의 나라의 백성들에게 요구하시는 또 하나의 의무는, 그들을 맡고 있는 목회자들이나 교회의 인도자들이나 다스리는 자들에게 합당한 태도를 취하여야 한다는 것이다. 그리스도께서는 자신의 교회에 인도자들을 세우셔서, 성도들을 멸망으로 이끄시기 위해서가 아니라 덕을 세우시기 위하여 성도들을 다스리는 권세와 권능을 주시고서는, 성도들로 하여금 그들의 사역과 가르침에 따르게 하시고, 그들이 그리스도께로부터 받아 가르친 교훈을 온전한 믿음으로 순종하게 하시며, 그들의 권세에 복종하게 하셨기 때문에, 성도들은 그들을 공경하는 가운데, 그들의 믿음과 거룩한 행실을 본받는 것이 마땅하다고 말씀하신다(행 20:18). 그리스도께서 자신의 교회에 세우신 인도자들로는, 사도들과 복음전도자들과 장로들과 목사들과 교사들 같은 항존직과 임시직이 있는데, 그들은 그리스도로부터 위임을 받아서, 성경에 기록된 그리스도의 법을 따라 그리스도의 이름으로 그들의 권세를 행사하는 자들이다(엡 4:11-12). 따라서 그리스도인들은 성령이 자신들 위에서 세우신 모든 인도자들을 공경하고 그들의 가르침에 순종하고 복종하여야 한다. 그런데도 그리스도인들이 인도자들을 멸시하고 순종하지 않는다면, 그것은 그 인도자들을 그들에게 보내신 그리스도와 하나님을 멸시하고 불순종하는 것이 된다(마 10:40; 눅 10:16).

그들은 너희 영혼을 위하여 경성하기를 자신들이 청산할 자인 것 같이 하느니라. 사도는 여기에서 그리스도인들이 그들의 인도자들에게 순종하고 복종하여야 하는 합당한 이유를 제시하는데, 그것은 인도자들은 그들의 영혼에 지대한 관심을 가지고 돌보는 자들이기 때문이라는 것이다. 인도자들은 그리스도의 법에 따라서 그들의 영혼을 밤낮으로 깨어 살피며, 큰 열심과 눈물 속에서 말씀으로 그들을 권면하고 책망하며 위로하고, 그들의 영혼을 위하여 하나님께 눈물로 기도하며 부르짖는 자들이라는 것을 기억하라! 밤낮으로 깨어서 너희의 육신의 목숨을 지켜 주고 보호해 주는 사람이 너희에게 있다면, 너희는 그 사람에게 한없이 감사하고 공경할 것이다. 그런데 하물며 하나님의 말씀으로 너희의 영혼을 경책해서 끝까지 구원에 이르게 하고자 하는 자들을 너희가 공경하고 순종하지 않는다면, 그것이 말이 되겠는가? 사도행전 20:28-31; 디모데후서 4:5; 요한계시록 3:2-3을 보라. 하나님께서는 그들에게 너희의 영혼을 맡기셨기 때문에, 그들은 장차 너희의 영혼에 대하여 상당한 정도로 책임을 져야 한다(겔 3:17-21; 33:7, 9). 따라서 그들이 자신들의 의무를 소홀히 하고 신실하지 않게 행하여, 너희의 영혼이 잘못된다면, 하나님께서는 그들에게도 책임을 물으실 것이기 때문에, 그들은 마치 "자신들이 청산할 자인 것 같이," 즉 자신들이 하나님 앞에서 너희의 영혼을 두고 결산을 할 자들인 것처럼, 온 마음과 힘을 다해서 너희의 영혼을 돌볼 수밖에 없다(마 18:23; 25:14, 30).

그들로 하여금 즐거움으로 이것을 하게 하고 근심으로 하게 하지 말라. 너희를 인도하는 자들은 너희의 영혼을 돌보는 일을 기쁨으로 편안하게 행할 뿐만 아니라, 하나님 앞에 너희의 영혼을 데리고 가서 결산할 때, 기쁜 마음으로 너희에 대하여 하나님께 보고하고 결산할 수 있어야 한다(살전 2:19-20, "우리의 소망이나 기쁨이나 자랑의 면류관이 무엇이냐 그가 강림하실 때 우리 주 예수 앞에 너희가 아니냐 너희는 우리의 영광이요 기쁨이니라"). 이러한 사실은 너희에게 영원한 위로와 힘이 된다(살후 1:7, 10, "환난을 받는 너희에게는 우리와 함께 안식으로 갚으시는 것이 하나님의 공의시니 … 그 날에 그가 강림하사 그의 성도들에게서 영광을 받으시고 모든 믿는 자들에게서 놀랍게 여김을 얻으시리니"). 너희가 그들에게 불순종한다면, 그들은 그들이 너희를 신실하게 돌본 것에 대하여 하나님으로부터 상을 받을 것이지만, 하나님 앞에서 너희를 고소할 수밖에 없고, 자신들의 수고가 헛되어 너희의 영혼이 멸망당하게 되는 것을 볼 때, 탄식과 눈물과 신음과 슬픔과 무거운 마음을 가눌 길이 없게 될 것이다(고후 3:15-16; 12:21).

그렇지 않으면 너희에게 유익이 없느니라. 너희가 하나님의 말씀과 인도자들에 대하여 불순종하고, 인도자들이 하나님께 그러한 사실을 고하여 결산하게 된다면, 이 두 가지는 너희 자신에게 엄청난 해악을 가져다주게 될 것이다. 그 때에 너희가 받게 될 벌은 소돔과 고모라 사람들이 받게 될 벌보다 더 클 것이다(마 10:15, "내가 진실로 너희에게 이르노니 심판 날에 소돔과 고모라 땅이 그 성보다 견디기 쉬우리라"; 11:22, 24). 왜냐하면, 하나님께서는 너희를 "외식하는 자가 받는 벌"에 처하시고(마 24:51, "엄히 때리고 외식하는 자가 받는 벌에 처하리니 거기서 슬피 울며 이를 갈리라"), 영원한 멸망에 처하실 것이기 때문이다(살후 1:7-9, "주 예수께서 자기의 능력의 천사들과 함께 하늘로부터 불꽃 가운데에 나타나실 때에 하나님을 모르는 자들과 우리 주 예수의 복음에 복종하지 않는 자들에게 형벌을 내리시리니 이런 자들은 주의 얼굴과 그의 힘의 영광을 떠나 영원한 멸망의 형벌을 받으리로다").

18. 우리를 위하여 기도하라 우리가 모든 일에 선하게 행하려 하므로 우리에게

선한 양심이 있는 줄을 확신하노니.

우리를 위하여 기도하라. 그리스도의 나라의 백성들에게 합당한 마지막 의무는, 몇몇 특별한 이유들로 인하여 드리는 기도이다(18-19절). 그들은 자신들의 새로워진 심령으로 은혜의 성령으로 말미암은 감화와 도우심을 힘입어서, 하나님께 그들의 소원들을 믿음으로 간절하고 끈질기게 쏟아 내어 간구하여야 하는데, 사도는 여기에서 특히 하나님께서 자신을 비롯해서 그들의 영적인 인도자들과 치리자들에게 약속하신 필요한 것들을 공급해 주시고, 그들의 사역이 형통할 수 있게 해 주시라고 기도해 주기를 부탁한다. 성령께서는 그들이 사역자들을 위하여 무엇을 기도하여야 하는지를 다른 곳에서 구체적으로 말해 준다(고후 3:5-6; 엡 6:18-20, "모든 기도와 간구를 하되 항상 성령 안에서 기도하고 이를 위하여 깨어 구하기를 항상 힘쓰며 여러 성도를 위하여 구하라 또 나를 위하여 구할 것은 내게 말씀을 주사 나로 입을 열어 복음의 비밀을 담대히 알리게 하옵소서 할 것이니"; 골 4:3-4, "또한 우리를 위하여 기도하되 하나님이 전도할 문을 우리에게 열어 주사 그리스도의 비밀을 말하게 하시기를 구하라 내가 이 일 때문에 매임을 당하였노라 그리하면 내가 마땅히 할 말로써 이 비밀을 나타내리라"; 살후 3:1-2, "끝으로 형제들아 너희는 우리를 위하여 기도하기를 주의 말씀이 너희 가운데서와 같이 퍼져 나가 영광스럽게 되고 또한 우리를 부당하고 악한 사람들에게서 건지시옵소서 하라").

우리가 모든 일에 선하게 행하려 하므로 우리에게 선한 양심이 있는 줄을 확신하노니. 사도는 자기가 유대교를 배척한 것에 대하여, 누군가가 어떤 편견이나 악한 의도로 자기를 비난하거나 고소할 수도 있었기 때문에, 그럼에도 불구하고 자기는 그들이 기도해 주기에 합당한 인도자라는 것을 보여 주기 위해서, 여기에서 이 말을 덧붙이고 있다. 사도는 하나님의 성령을 의지해서, 자기는 하나님의 말씀으로 인하여 올바른 양심을 갖고 있고, 그 양심은 자기가 순수함과 진실함 가운데서 복음의 진리를 모든 사람들에게 전해 왔고, 이 세상에서 자신의 삶과 행실은 온갖 경건함과 정직함 가운데서 복음에 합당한 것이었음을 증언해 주고 있다고, 그들에게 분명하게 밝힌다(행 23:1, "바울이 공회를 주목하여 이르되 여러분 형제들아 오늘까지 나는 범사에 양심을 따라 하나님을 섬겼노라 하거늘"; 24:14). 고린도전서 4:4("내가 자책할 아무 것도 깨닫지 못하나 이로 말미암아 의롭다 함을 얻지 못하노라 다만 나를 심판하실 이는 주시니라")과 고린도후서 1:12("우리가 세상에서 특별히 너희에 대하여 하나님의 거룩함과 진실함으로 행하되 육체의 지혜로 하지 아니하고 하나님의 은혜로 행함은 우리 양심이 증언하는 바니 이것이 우리의 자랑이라")을 보라.

19. 내가 더 속히 너희에게 돌아가기 위하여 너희가 기도하기를 더욱 원하노라.

당시에 로마에 억류되어 있었던 사도는 하나님의 은혜로 말미암아 자신의 원수들에 의한 온갖 방해들을 이기고 속히 자유의 몸이 되어서, 이 서신의 수신자들인 히브리인들에게 돌아가서, 복음으로 인한 유익을 끼치기를 원하였기 때문에, 더욱 더 그들에게 자기를 위하여 집중적으로 간절하고 기도해 줄 것을 거듭 요청하고 촉구한다. 사도행전 12장에는, 하나님께서 베드로를 위한 교회의 기도에 응답하셔서, 천사를 보내셔서 헤롯 왕에 의해 옥에 갇힌 베드로를 건져 내신 사건이 기록되어 있는데(행 12:1-12, "그 때에 헤롯 왕이 손을 들어 교회 중에서 몇 사람을 해하려 하여 … 이에 베드로는 옥에 갇혔고 교회는 그를 위하여 간절히 하나님께 기도하더라 … 홀연히 주의 사자가 나타나매 옥중에 광채가 빛나며 또 베드로의 옆구리를 쳐 깨워 이르되 급히 일어나라 하니 쇠사슬이 그 손에서 벗어지더라 … 마가라 하는 요한의 어머니 마리아의 집에 가니 여러 사람이 거기에 모여 기도하고 있더라"), 사도 바울은 하나님께서 자기를 위한 이 히브리인들의 기도도 들으시고 응답하시기를 소망하였다(몬 1:22, "오직 너는 나를 위하여 숙소를 마련하라 너희 기도로 내가 너희에게 나아갈 수 있기를 바라노라").

20. 양들의 큰 목자이신 우리 주 예수를 영원한 언약의 피로 죽은 자 가운데서 이끌어 내신 평강의 하나님이.

사도는 교회가 자기를 위하여 기도해 줄 것을 부탁하고 나서, 이제 여기에서는 그들을 위하여 간절한 기도를 쏟아 내면서(20-21절), 이 기도를 이 서신의 결미의 도입부로 사용한다. 성부 하나님께서는 죄인들을 자신과 화목하게 하시고 그들에게 "평강"을 주신 분이시고, 자신의 나라의 모든 백성 가운데 "평강"이 있게 하신 분이시며, 충만한 복과 은혜와 행복과 선한 것들을 차고 넘치게 부어 주신 분이시다(롬 15:3; 빌 4:9; 살전 5:23). 성부 하나님께서는 우리 주 예수 그리스도를 죽은 자 가운데서 다시 살리시고, "양들의 큰 목자"로 높이심으로써, 자신의 영광스러운 능력을 나타내신 분이시다(엡 1:19-20; 롬 1:4). "우리 주 예수"께서는 우리의 죄를 위한 속죄 제물로 자신의 피를 흘리시고, 우리를 그 핏값으로 사셔서, 회개하여 자기를 믿은 모든 죄인들을 의롭다 하심을 얻게 하시고 거룩하게 하셔서, 하나님께서 우리와 맺으신 은혜 언약에 따라 자신의 양들이 되게 하셨고(요 10:9-30; 고전 6:11; 빌 2:7, 10; 딛 2:14; 벧전 1:18-19), 장차 하늘에서는 그 부활의 능력으로 우리를 온전하게 하셔서 자기와 함께 영원히 있게 하실 것이다(벧전 5:4; 엡 1:19).

21. 모든 선한 일에 너희를 온전하게 하사 자기 뜻을 행하게 하시고 그 앞에 즐거운 것을 예수 그리스도로 말미암아 우리 가운데서 이루시기를 원하노라 영광이 그에게 세세무궁토록 있을지어다 아멘.

모든 선한 일에 너희를 온전하게 하사 자기 뜻을 행하게 하시고. 하나님께서는 너희에게 은혜를 주시고 너희를 온전하게 하셔서, 너희로 하여금 앞에서 언급된 모든 의무들은 물론이고, 하나님이 너희에게 명한 모든 선한 일을 행하여, 성경에 기록된 하나님의 뜻과 법을 따라 살아가게 하시는 분이시다(고후 13:9; 엡 4:12; 딛 3:14; 벧전 4:2, "그 후로는 다시 사람의 정욕을 따르지 않고 하나님의 뜻을 따라 육체의 남은 때를 살게 하려 함이라"; 5:10, "모든 은혜의 하나님 곧 그리스도 안에서 너희를 부르사 자기의 영원한 영광에 들어가게 하신 이가 잠깐 고난을 당한 너희를 친히 온전하게 하시며 굳건하게 하시며 강하게 하시며 터를 견고하게 하시리라"; 엡 2:10, "우리는 그가 만드신 바라 그리스도 예수 안에서 선한 일을 위하여 지으심을 받은 자니 이 일은 하나님이 전에 예비하사 우리로 그 가운데서 행하게 하려 하심이니라").

그 앞에 즐거운 것을 예수 그리스도로 말미암아 우리 가운데서 이루시기를 원하노라. 하나님께서는 자신의 성령으로 말미암아 너희 가운데서 역사하셔서, 너희로 하여금 이 모든 선한 일들을 행하게 하셔서, 너희가 하나님이 기뻐하시는 자들이 되기를 바라신다. 왜냐하면, 이 모든 선한 일들은 하나님의 기대를 만족시키는 것들이고, 하나님 앞에 향기로운 제물이며, 하나님이 보시기에 지극히 기뻐하시는 것들이기 때문이다(빌 2:13; 골 1:9-10). 너희가 그러한 선한 일들을 행할 때, 예수 그리스도께서는 너희의 그 모든 선한 일들에 자신의 피를 뿌리시고, 자신의 기도로 향기롭게 하셔서, 하나님께 바쳐드리고, 하나님께서는 그것들을 받으시고 흠향하실 뿐만 아니라, 그 일들로 인하여 너희에게 더욱 큰 은혜를 내리시고, 장차 너희의 행위에 따라 상을 내려 주실 것이다(히 11:5-6; 10:19-22). 이 모든 것들은 그리스도의 공로와 중보기도로 말미암아 은혜로 이루어지는 일이기 때문에, 사도는 이 서신의 수신자들인 히브리인들로 하여금 그러한 은혜를 받을 수 있게 해 주시라고 하나님께 간절히 기도하고 있는 것이다.

영광이 그에게 세세무궁토록 있을지어다 아멘. 성부 하나님께서는 자기 아들 안에서와 성령을 통해서 그들 가운데서와 그들을 위해서 이 모든 선한 일을 행하시고, 그들 가운데서 자신의 영광스러운 온전함들을 나타내신 분이시기 때문에, 모든 시대와 세대에 걸쳐서 진정으로 늘 존귀와 영광을 받으시기에 합당하신 분이시다(엡 3:21; 빌 4:20; 벧후 3:18; 계 4:11; 5:13). 사도는 자기가 기도한 내용을 확실하게 인치기 위하여, 믿음으로 "아멘"이라는 말을 덧붙임으로써, 하나님께서 자신의 기도에 대하여 "아멘"으로 화답하셔서, 하나님의 뜻이 하늘에서 이루어진 것 같이 땅에서도 이루어지기를 간절히 소망하는 자신의 마음을 나타낸다.

22. 형제들아 내가 너희를 권하노니 권면의 말을 용납하라 내가 간단히 너희에게 썼느니라.

사도는 그들을 위한 기도를 마친 후에, 이제 이 서신을 본격적으로 마무리하는 절차로 나아가서, 그들이 자신의 서신을 순수한 마음으로 받아들여 주기를 바라는 자신의 심정을 피력한다. 즉, 그들이 자기와 동일한 그리스도인들일 뿐만 아니라 히브리인들이기도 하다는 점을 생각해서, 사도는 그들이 이 서신에서 자기가 그들에게 한 모든 교훈과 책망과 권면과 위로의 말들을 선한 의도로 온전히 받아서 견고히 붙잡아 행해 주기를 애정 어린 마음으로 그들에게 부탁하고 청한다. 이것이 여기에서 "권면의 말"이 의미하는 것이다. 사도는 모세와 선지자들이 증언하였던 그리스도의 교훈에 관한 계시를 "간단히" 몇 마디로 요약해서 써서, 그들에 대한 사랑과 선의를 담아 서신의 형태로 그들에게 보냈는데, 그것은 그들이 내용이나 분량 면에서 부담을 갖지 않도록 하기 위한 것이었다. 왜냐하면, 그리스도인들은 신앙 고백을 한 자들일지라도, 대부분이 아주 짤막한 하늘에 관한 강론조차도 지겨워하기 때문이다.

23. 우리 형제 디모데가 놓인 것을 너희가 알라 그가 속히 오면 내가 그와 함께 가서 너희를 보리라.

여기에서 사도는 자기가 디모데를 그들에게 보냈다는 좋은 소식을 그들에게 전한다. 사도는 앞서 두기고를 골로새 교회로 보냈고(골 4:7-8), 에바브로디도를 빌립보 교회에 보냈다(빌 2:25, 28). 또한, 사도는 디모데를 곧바로 이 서신의 수신자들인 히브리인들에게 보내려고 했지만, 네로 황제 앞에서의 심문 일정 때문에, 잠시 그 계획을 보류했다가, 그 일정이 끝난 후에, 디모데에게 이 서신을 주어서, 이 히브리인들과 나머지 다른 교회들에 디모데를 보냈는데, 디모데가 이 서신을 그들에게 전하고 다시 자기에게 돌아오면, 자기가 디모데와 함께 그들을 방문하고자 하는 계획을 갖고 있었다. "놓인"으로 번역된 '아포렐뤼메노스'(ἀπολελυμενος)는 어떤 사람에게 할 일을 주어서 보낸 것을 의미하는데, 사도행전 13:3에서 "이에 금식하며 기도하고 두 사람에게 안수하여 보내니라"고 할 때, "보내니라"에 해당하는 단어가 바로 이 단어이다. 또한, 이 서신의 후기도 이러한 해석을 지지해 준다. 성경에는 디모데가 옥에 갇혔음을 보여 주는 그 어떤 기사도 나오지 않기 때문에(빌 2:19-20, "내가 디모데를 속히 너희에게 보내기를 주 안에서 바람은 너희의 사정을 앎으로 안위를 받으려 함이니 이는 뜻을 같이하여 너희 사정을 진실히 생각할 자가 이밖에 내게 없음이라"), 사도가 여기에서 디모데가 옥에서 풀려났다고 말한 것으로 해석하는 것은 무리가 있다.

24. 너희를 인도하는 자들과 및 모든 성도들에게 문안하라 이달리야에서 온 자들도 너희에게 문안하느니라.

사도는 그들에게 자신의 문안인사를 전한다. 문안인사는 그들의 영혼과 육신이 평안하고 형통하며 건강하고 행복하며, 그들이 하는 모든 일에서 성공하기를 기원하고 바라는 선한 소원을 전달하는 것이다. 사도는 먼저 그들을 인도하고 다스리는 자들에게 문안인사를 전하면서(히 13:7, 17), 그들이 성도들 가운데서 행하는 사역이 형통하고 성공을 거두기를 기원하고, 다음으로는 그리스도께서 명하신 대로(마 10:12; 눅 10:5, "어느 집에 들어가든지 먼저 말하되 이 집이 평안할지어다 하라") "모든 성도들"에게 문안인사를 전하면서, 그들에게 복음 안에서 평강이 있기를 기원한다. 여기에서 "모든 성도들"은 여러 곳에 흩어져서 함께 모여 교회들을 형성하고 있던 모든 히브리인들을 가리킨다. 이 서신은 먼저 그들에게 전달될 것이었고, 그런 후에 그들이 다른 성도들에게 이 서신을 전달할 것이었기 때문에, 사도는 그들에게 문안인사를 전하고 있다. 또한, 사도는 "이달리야"에 있는 그리스도의 교회에 속한 모든 성도들의 문안인사를, 그들을 대신해서 이 서신의 수신자들인 히브리인들에게 전한다. 이러한 문안인사들은 악용되고 남용되는 일이 비일비재하긴 하였지만, 성령께서 거하시는 교회들에 의해서 주고받는 경우에는 큰 무게와 가치를 지니고 있었다.

25. 은혜가 너희 모든 사람에게 있을지어다.

사도는 자기가 늘 사용하던 축도로 이 서신을 끝맺는다. 데살로니가후서 3:17-18에서 "나 바울은 친필로 문안하노니 이는 편지마다 표시로서 이렇게 쓰노라 우리 주 예수 그리스도의 은혜가 너희 무리에게 있을지어다"라고 말하고 있는 것에서 알 수 있듯이, 사도는 자신의 모든 서신을 이 축도로 끝맺고 있다. 사도 바울은 성령의 감화를 받는 사도답게, 하나님께서 자기에게 주신 "은혜"를 소중히 여겨서, 바로 그 동일한 은혜, 즉 택하심으로부터 온전한 구원에 이르기까지 예수 그리스도 안에서 하나님의 은혜와 사랑으로 인하여 주어지는 온갖 신령한 은사들이 이 서신의 수신자들인 모든 히브리인들에게도 임하게 되기를 진심으로 간절하게 축복한다. 그리고 사도는 자신의 소원과 기도와 선언이 그리스도의 나라의 모든 참된 백성들에게 임하게 될 것을 확신한다는 의미로 "아멘"이라는 말로 이 모든 것을 인친다. 한 본질 안에서 세 위격으로 계시는 삼위일체 하나님이시여, 이제부터 영원토록 주의 은혜의 영광으로 이 온 땅을 충만하게 하소서. 아멘. 이 서신의 헬라어 사본들에는, 이 서신이 "이달리야에서 디모데에 의해서 히브리인들에게 씌어졌다"는 후기가 붙어 있다.